Helena Paterson

Das keltische Mondrad

Buch zwei

So deuten Sie Ihr Mondhoroskop

AURUM

Zum Gedenken an meinen Vater,
einen Mann der Meere,
dessen Arbeitsleben sich nach den Gezeiten richtete
und nach der Position der Gestirne.

Die englische Originalausgabe erschien 1999 unter dem Titel „The Celtic Moon Sign Kit“
bei Connections Book Publishing Ltd., London,
adaptiert aus „The Handbook of Celtic Astrology“ von Helena Paterson (© 1994),
erschienen bei Llewellyn Publications, St. Paul, MN, USA.

Ins Deutsche übersetzt von Ingrid O. Fischer.

Die Deutsche Bibliothek – CIP-Einheitsaufnahme

Paterson, Helena
Das keltische Mondrad : (alles, was Sie brauchen,
um Ihr keltisches Mondhoroskop zu erstellen) / Helena Paterson.
(Ins Dt. übers. von Ingrid O. Fischer). – Braunschweig : Aurum
Einheitssacht.: The Celtic Moon sign kit <dt.>
ISBN 3-591-08447-6

1999
ISBN 3-591-08447-6

Printed in China

Inhalt

Basiskapitel

Die Interpretationen in den folgenden Kapiteln beziehen sich sowohl auf Sonnenstellungen (Baumzeichen) als auch auf Mondstellungen (Tierkreiszeichen). Lesen Sie zuerst die allgemeinen Informationen zu Ihrem Mondsymbol und Ihrem Baumzeichen und wenden Sie sich dann der Zahl für Ihre Mondstellung zu, um das auf Sie zutreffende Basiskapitel zu vervollständigen. Die Kapitel zu den Konjunktionen und Aspekten der Planeten beginnen auf Seite 150. In all diesen Kapiteln wurde die persönlichere Anrede „du“ verwendet.

Keltisches Mondzeichen: Birke

Mondsymbol: Weißer Hirsch

Das Mondsymbol des weißen Hirschs repräsentiert den Beginn der sieben Monate langen Herrschaft des Sonnenkönigs nach dem alten keltischen Mondkalender. Einen Hinweis auf „den weißen Hirsch der sieben Täfelchen“ (Monate) findet man im *Song of Amergin*, einer archaischen Anrufung, von der oft behauptet wird, der Großbarde der Kelten habe sie gesungen, als die Kelten im Jahre 1200 vor unserer Zeitrechnung zum ersten Mal in Irland einwanderten. Die Birke ist das erste Baumzeichen im keltischen Mondtierkreis, und während des ersten Mondmonats benutzten die Druiden Birkenruten, um den Geist des alten Jahres damit auszutreiben. Dieses Ritual war als das „Ziehen der Grenzen“ bekannt und sollte die Stammesgrenzen und die Abfolge der Jahreszeiten neu festlegen.

Der mystische Tierkreis der Druiden, der auf ihrem Mondkalender basiert, symbolisiert die Reise der Seele, die dem spiraligen Licht der Sonne durch die Mondphasen folgt: die innere Harmonie von Tag und Nacht, Sonne und Mond. Die Druiden stellten die Sonne daher an den Anfang ihres Tierkreises, eine Stellung, in der ihre Rückkehr (oder Wiedergeburt) nach der Wintersonnenwende beginnt. Die jährliche Wiedergeburt der Sonne bestärkte die Druiden in ihrem Glauben an die Reinkarnation, da die Sonne ein altes Symbol für das Leben und die Ewigkeit ist. Die einzelnen keltischen Stämme hatten unterschiedliche Namen für den Sonnenkönig, aber der eine große Souverän, der von allen Kelten anerkannt wurde, ist König Arthur.

Der Birkencharakter

Du wurdest zu einer Jahreszeit geboren, in der die dunklen Winternächte länger und stärker sind als das Licht des Tages. Das kann anfänglich viel von deiner Persönlichkeit und deinem individuellen Potential hemmen. Tief in dir befindet sich jedoch ein Quell der inneren Stärke, die dich dazu befähigt, alle persönlichen Beschränkungen und bescheidenen Anfänge zu überwinden; das bezieht sich auf König Arthur, deinen archetypischen Charakter. Wie eine Motte vom Licht angezogen wird, so wirst auch du beginnen, das Licht deines wahren Potentials zu entdecken. In der Folge wirst du lernen, deine Energie mit großer Selbstdisziplin und kühner Strategie zu lenken. Du hast die Mentalität und das Durchhaltevermögen eines Langstreckenläufers, etwas, das dich möglicherweise von anderen isoliert. Familiäre Verpflichtungen und Verantwortlichkeiten kommen dir manchmal vor wie ein Kreuz, das du tragen mußt, und persönliche Beziehungen können dich einen ähnlichen Preis kosten. Die Zeit ist jedoch auf deiner Seite und das mit deinem Zeichen assoziierte schlummernde Potential wird sich entwickeln, ähnlich wie die Kraft der Sonne im Laufe des ersten Halbjahres zunimmt.

Dir sind einige ausgeprägte Charakterzüge in die Wiege gelegt worden, die sich in einem Sinn für Moral und hohen Idealen äußern. Daher wirst du viele innere Kämpfe auszufechten haben. In der Art, wie du diese Probleme löst, liegt der Schlüssel für die Entwicklung deiner Psyche. Der Birkencharakter enthält das schlummernde Potential aller Zeichen. Daher wird deinem Zeichen die Tugend der Geduld zugeschrieben. In der Mythologie wird unter anderem der Aspekt des zweitgeborenen Kindes mit deinem Zeichen assoziiert, was eine interessante psychologische Auswirkung haben kann: Du wirst vielleicht die Rolle des Familienoberhauptes übernehmen müssen, nicht etwa, weil das dein Geburtsrecht wäre, sondern einfach weil du die Familienpflichten ernster nimmst als deine Brüder oder Schwestern. Oft wirst du auch finanziell das erfolgreichste Familienmitglied sein. Dennoch neigst du nicht dazu, mit deinem Erfolg zu prahlen oder dein Geld unklug auszugeben. Tief in dir wohnt eine Einsamkeit, die es dir schwer macht, Gefühle zum Ausdruck zu bringen. Die Möglichkeit, eine erfolgreiche Ehe oder Partnerschaft einzugehen, ergibt sich aus diesem Grund vermutlich erst später in deinem Leben.

Mit den Aspekten 160, 167 oder 186 hast du einen starken moralischen Charakter und wirst in geschäftlichen Dingen als ehrlicher und persönlich integrer Mensch angesehen. Auch dein Selbstvertrauen und deine allgemeine Vitalität werden durch diese Aspekte erhöht. Obwohl Ziele einfacher zu erreichen sind, solltest du dich davor hüten, allzu hochnäsig zu werden. Die Aspekte 161, 182 oder 198 aktivieren deine grundlegende Eigenschaft, nach innen zu blicken. Das kann bewirken, daß du zwar eine hohe Stufe auf der Leiter des materiellen Erfolges erreichst, dich aber dennoch in einer zunehmend isolierten Position wiederfindest. Mit 158, 165, 179, 189, 195, 217, 219 oder 273 kannst du deine persönlichen Gefühle leichter ausdrücken und hast alle Chancen, ein glückliches und zufriedenes Liebesleben zu führen. Die Schwierigkeiten, denen du in persönlichen Beziehungen begegnest, sind jedoch deine Achillesferse. Zu mehr Einsicht in diesen Punkt und in deine gesamte Psyche kann dir die Stellung des Mondes in deinem Horoskop verhelfen.

1

Birke

Mond im Widder

Du verfügst über sehr viel Zielgerichtetheit und innere Autonomie, eine Kraft, die zum Einsatz kommt, sobald du dich für einen bestimmten Weg entschieden hast. Dein Schwachpunkt besteht in der Tendenz, Enthusiasmus oder Selbstvertrauen zu verlieren, wenn andere, besonders dein Partner, deine Ideen nicht voll unterstützen. Du hast jedoch Führungsqualitäten, die stark genug sind, um die anderen auf deine Seite zu bringen, vorausgesetzt du kämpfst mit fairen Mitteln. Dein Schattenselbst, die lunare Seite deines Charakters, spiegelt das zwanghafte innere Bedürfnis wider, um jeden Preis zu gewinnen. Deine natürliche Zurückhaltung oder deine vorsichtige Annäherung an das Leben entspricht deinem Birkencharakter und ist oft eine Quelle der Verwirrung. Deine „Lieblingssätze" beginnen mit „Wenn nur..." und enthüllen eine Form von „Doppeldenken", das du einsetzt, wenn du erklären sollst, warum du nicht früher die Initiative ergriffen, eine impulsive Entscheidung getroffen oder dich wider besseres Wissen auf ein riskantes Spiel eingelassen hast. Mit 160 oder 167 ist das Glück auf deiner Seite. Diese Aspekte lenken alle vorsichtigen Gedanken ab und helfen, positive Antworten zu finden und den Sinn für Humor nicht zu verlieren. Außerdem fördern sie Fairneß und einen hohen moralischen Standard. Die Aspekte 159, 166, 180, 185 196 oder 202 heben dein Bedürfnis nach Unabhängigkeit hervor. Du verfügst über einen immensen Tatendrang, solltest aber auch auf deinen Jähzorn achten. Mit 179, 212 oder 217 bist du ein leidenschaftlicher Liebhaber, der seine Freiheit nur ungern aufgibt. Wenn du es dennoch tust, wirst du allerdings ein treuer und loyaler Partner sein. Insgesamt weist deine Mondstellung auf starke Gefühle hin, die ein aktives Liebesleben garantieren.

Schlummerndes Potential

Dein schlummerndes Potential besteht in der Fähigkeit, höhere Ideale in anderen wachzurufen. Indem du dich dieser Aufgabe widmest, wirst du deine inneren Konflikte lösen und deine karmische Aufgabe erfüllen. In vergangenen Leben hattest du hohe Ämter inne, aber das Leid anderer hat dich nicht berührt und du hast deine Autorität eifersüchtig bewacht. Diese Resterinnerung verfolgt dich in deinen Träumen, wenn du versuchst, dich von dem kalten Wesen zu lösen, das immer noch in dir wohnt. Du wirst in deinem Leben vielleicht ein paar persönliche Opfer bringen müssen, aber das darf nicht auf Kosten der Gefühle oder der Zuneigung anderer geschehen. Psychologisch gesehen, hast du noch viel aus der engeren Zusammenarbeit mit anderen Menschen zu lernen, und wenn du ihre Loyalität ebenso anerkennst wie ihre Schwächen, kann deine innerste Furcht vor Einsamkeit zerstreut werden. Deine robuste körperliche und seelische Energie ist normalerweise ein Garant für ausgezeichnete Gesundheit, und es ist sehr unwahrscheinlich, daß du gesundheitliche Probleme oder nervöse Beschwerden haben wirst. Sollten sie jedoch auftreten, werden sie sich als Fieberkrankheiten oder Migräne äußern.

2

Birke

Mond im Stier

Du bist ein äußerst praktischer Mensch. Deinen Weg durchs Leben gehst du ruhig und erfolgreich und du hast deinen eigenen komfortablen und sicheren Lebensstil. Du fühlst dich stark von den Künsten angesprochen und deine eigenen schöpferischen Fähigkeiten äußern sich in beträchtlichen Leistungen im Geschäftsleben oder als Künstler. Dein Schattenselbst, die bezaubernde, lunare Seite deines Charakters, enthüllt ein sinnliches Wesen und tiefe Gefühle. Als Birkencharakter bist du demonstrativer im Zeigen deiner Gefühle, aber du mußt anderen auch erlauben, ihre eigenen Träume oder persönlichen Wünsche zu haben, da du dazu neigst, besitzergreifend zu sein. Du bist jedoch ein großzügiger und gutmütiger Mensch und ein fürsorglicher Elternteil und Partner. Mit den Aspekten 165 oder 167 ist dieser großzügige Charakterzug gleichzeitig ein Segen und ein Fluch, da er es dir beinahe unmöglich machen kann, dein eigenes Privatleben zu genießen, besonders wenn dich deine Karriere in das Rampenlicht von Politik oder Unterhaltungskunst stellt. Mit 164 oder 181 wirst du dich rasch an äußeren Druck anpassen und im allgemeinen deine Gegner überlisten. Mit 159 oder 180 wirst du aggressiver reagieren, und Dummheit wird dir ein Greuel sein. Mit 165 oder 170 bist du ein Romantiker. Diese Aspekte sind ein gutes Zeichen dafür, daß du in einer Partnerbeziehung Glück finden wirst. Insgesamt hat deine Mondstellung einen stabilen Einfluß auf deine Gefühle und erleichtert dir den Umgang mit persönlichen Beziehungen. Deine einzige Schwäche ist Eifersucht, die auftritt, wenn du das Gefühl hast, daß dein Partner das Interesse an der Beziehung verliert.

Schlummerndes Potential

Dein schlummerndes Potential besteht darin, deine schöpferischen Talente zu fördern und andere zu ermutigen, die Schönheit und die Natur mehr anzuerkennen. Das ist deine karmische Aufgabe, und wenn du ein gutes Beispiel gibst, wirst du die innere Leere erlösen, die du in deiner Kindheit empfunden hast und die nichts mit Reich- oder Armsein zu tun hat. Das ist eine Resterinnerung aus vergangenen Leben, in denen du nie Zeit hattest, zum Vergnügen durch die Landschaft zu wandern, weil du dir durch harte Arbeit auf dem Land dein Brot verdienen mußtest. In deinem gegenwärtigen Leben genießt du es wahrscheinlich immer noch, deinen Garten zu bearbeiten oder exotische Blumen zu pflanzen. Du wirst in deinem Leben viele ungewöhnlich talentierte Menschen treffen, die ähnlich oft Erfolg hatten wie sie versagt haben. Psychologisch gesehen stellen sie den Teil deiner Psyche dar, der sich entwickeln muß – einen winzigen Teil, der voll integriert werden muß.

3

Birke

Mond im Zwilling

Du bist ein komplexer Mensch, der dazu neigt, hin und wieder aus Spaß an der Sache ganz untypisch zu handeln. Aber unter dieser Maske bist du bestrebt, ernst genommen zu werden – zumindest wenn es dir in den Kram paßt. Du hast schon früh im Leben herausgefunden, daß du sehr viel besser mit Menschen zurechtkommst, die dich nicht allzu ernst nehmen, denn ein Teil von dir ist sehr beeindruckend und gibt anderen das Gefühl, im Nachteil zu sein. Dein Schattenselbst, die Mondseite deines Charakters, ist schillernd und flackert auf und ab wie eine defekte Glühbirne. Das lenkt andere ab und bewirkt, daß sie nie ganz sicher sind, wie du regaieren wirst, wenn überhaupt, und du kannst währenddessen eine Menge über sie lernen. Mit den Aspekten 160, 167, 181 oder 203 nimmt dein grenzenloses Interesse an der menschlichen Natur philosophische Ausmaße an und weist auf besondere intellektuelle Fähigkeiten hin. Mit 161 oder 175 wirst du hart arbeiten haben müssen, um deine eigenen Zweifel und Ängste zu überwinden, aber in diesem Prozeß wirst du sehr viel Wissen erlangen. Mit 165, 179, 201 oder 217 kann dein rastloses Wesen vom richtigen Partner gezügelt werden. Insgesamt weist deine Mondstellung auf ein gefühlsmäßiges Bedürfnis nach Bewegung oder Veränderung hin, was deine persönlichen Beziehungen belasten kann. Deine gesellige Persönlichkeit zieht viele Bewunderer an, die sich in deiner Gesellschaft wohlfühlen. Und das ist vielleicht deine Art, dein wahres Wesen zu zeigen.

Schlummerndes Potential

Dein schlummerndes Potential besteht darin, frei und offen zu kommunizieren. In vergangenen Leben warst du ein Meister darin, die Wahrheit zu deinen Gunsten zurechtzubiegen oder ein falsches Bild von dir zur Schau zu stellen, um andere zu beeindrucken. In deinem gegenwärtigen Leben korrumpiert diese Resterinnerung noch immer deine Gedankenmuster. Im Laufe deines Lebens wirst du vielleicht wieder ganz von vorn beginnen müssen, um deinen rechten Kurs zu finden, denn du glaubst noch immer an deine eigene Propaganda. Deine karmische Aufgabe besteht darin, deinen niederen Geist oder deine niederen Instinkte einer höheren Moral zu unterstellen. Psychologisch gesehen reagierst du auf negative Einflüsse, die eine grundlegende Instabilität deines Charakters bewirken können. Aber es ist auch sehr gut möglich, daß du genau darin auch eine Quelle der Wahrheit erkennen kannst. Der Spruch „Kenne dich selbst“ sollte dein ganz persönliches Motto werden.

4

Birke

Mond im Krebs

Du arbeitest auf Ziele hin, die alle in zwei Bereichen deines Lebens liegen: Beruf und Familie. Alles andere ist entweder irrelevant oder nicht erwähnenswert. Diese extreme Form der Annäherung an das Leben kann dich jedoch auf Messers Schneide bringen, sowohl im emotionalen als auch im materiellen Bereich. Während du danach strebst, in deinem Beruf eine gehobenere Position zu erreichen, und gleichzeitig sicherstellst, daß dein Partner und deine Familie gut versorgt sind, bist du in Gefahr, deine eigenen Bedürfnisse und deine eigene Identität zu verleugnen. Dein Schattenselbst wohnt in deinem Unbewußten und möchte ebenfalls genährt und verstanden werden. Dazu reicht weder die Liebe deiner Familie aus, noch die Anerkennung oder der Erfolg im Beruf. Mit den Aspekten 168 oder 187 hast du gelernt, an dich zu glauben, und mit 170, 189 oder 206 hast du dir einen wunderbaren Zufluchtsort abseits vom äußeren Arbeitsdruck geschaffen. Mit 160 oder 167 verfügst du über Weitblick und einen großzügigen Geist. Mit 161 oder 175 nimmst du das Leben manchmal viel zu ernst und neigst dazu, dir unnötig Sorgen über deine Gesundheit und deine Familie zu machen. Beide Aspekte weisen auf einen Menschen hin, der viel aus eigener Kraft erreicht. Insgesamt übt deine Mondstellung einen mächtigen Einfluß aus und alle Aspekte betonen die signifikanten Charakterzüge.

Schlummerndes Potential

Dein schlummerndes Potential besteht darin, anderen in der Stunde der Not zu helfen, aber gleichzeitig darfst du nicht zulassen, daß sie dich aussaugen. Obwohl du große innere Reserven hast und ein einfallsreicher Mensch bist, hat niemand, besonders in Krisensituationen, unerschöpfliche Kräfte. Deine Mondstellung kennzeichnet die Wende des Sonnenjahres nach der Sommersonnenwende. Die Druiden glaubten, daß die Seele in dieser Zeit eigenartige Träume hatte. Dein Unbewußtes ist daher besonders in der Nacht aktiv, wenn sich Träume von vergangenen Leben einstellen. Manche Einzelheiten mögen dir bekannt vorkommen, aber deine große karmische Aufgabe in diesem Leben besteht darin, mit offenem Herzen zu geben und keinen Groll gegen andere zu hegen. Dein psychologisches Profil deutet an, daß deine Eltern dir als Kind Zuneigung versagt haben oder daß sie vielleicht überängstlich waren. Das kann jetzt den gegenteiligen Effekt haben und eine klaustrophobische Atmosphäre in deinem Heim schaffen. In jeden Fall mußt du deinen eigenen Kindern und deinem Partner mehr Raum geben.

5

Birke

Mond im Löwen

Du hast keine Probleme, an dich selbst zu glauben, und diese positive Einstellung kann andere inspirieren, wenn du sie nicht einengst. Als Birkencharakter bist du ein warmer und ernsthafter Mensch, aber du kannst allzu leicht ein Snob werden oder ein „eitler Glorreicher“ (ein Ausdruck, mit dem die Römer die ersten Kelten beschrieben, auf die sie in Gallien trafen). Du fühlst dich wie selbstverständlich zu einem öffentlichen Amt oder einer hohen sozialen Stellung in deiner Gemeinschaft hingezogen. Dein Schattenselbst, die Mondseite deines Charakters, projiziert ein großartiges Bild nach außen, das in deinem Unterbewußten normalerweise mit niedriger Frequenz wirkt. Das deutet an, daß du ursprünglich ein scheues Kind warst, das sich irgendwann entschlossen hat, ein betörenderes oder prächtigeres Image anzunehmen, um dadurch mehr Aufmerksamkeit auf sich zu ziehen. Mit Aspekt 167 wurden dir ein gutes Aussehen und eine hohe soziale Stellung in die Wiege gelegt. Mit 159, 166 oder 185 werden dir deine Energie und persönliche Motivation ganz allgemein zum Erfog verhelfen. Mit 160, 174 oder 191 wirst du dein Glück bis an die Grenzen herausfordern, aber die Kombination deines keltischen Mondzeichens und deiner Mondstellung weist auf deine Fähigkeit hin, alle Rückschläge sofort zu deinem künftigen Vorteil zu nutzen. Deine Mondstellung weist auf eine gehörige Portion Selbstvertrauen hin. Wenn es um persönliche Beziehungen geht, gehörst du zu denen, die wahrscheinlich heiraten und auch noch eine sehr gute Partie machen, aber obwohl ihr euch gegenseitig Respekt und Zuneigung entgegenbringen werdet, mußt du dich auf jeden Fall davor hüten, deinem Partner und deinen Kindern gegenüber eine dominante Rolle einzunehmen, denn das ist etwas, was dir leicht passieren kann.

Schlummerndes Potential

Dein schlummerndes Potential besteht darin, dein Leben in die Hand zu nehmen und andere durch gutes Beispiel zu lenken. In vergangenen Leben hast du gezögert, dich in die Angelegenheiten anderer Leute einzumischen und bist ein unabhängiger Mensch geblieben, ein Beobachter. Deine karmische Aufgabe ist, bewußt humanitäre Gefühle und Prinzipien zu entwickeln. Jetzt wünschst du dir vielleicht manchmal, dein Leben wäre weniger hektisch, aber du blühst auf, wenn du exklusive Geschäftverträge abschließt oder deine Ziele durch reine Willenskraft und eindrucksvolle Taktiken erreichst – der beste Managerverstand ist der, der sich auf selbsterlernte Expertisen verläßt. Psychologisch gesehen bringt dich dein unersättlicher Appetit auf öffentliche Anerkennung manchmal sehr nah an die Grenze zu unzumutbarem Verhalten. Wenn du lernst, dich hin und wieder zurückzuhalten, wirst du vielleicht herausfinden, daß dir eine Menge entgangen ist.

6

Birke

Mond in der Jungfrau

Du bist ein Mensch, der es vorzieht, ruhig im Hintergrund zu arbeiten. Das kommt deinem Bedürfnis nach einem zurückgezogenen Privatleben entgegen und dem Wesen deiner Arbeit, das völlige Konzentration verlangt. Alles, was du tust, tust du höchst konzentriert – und das kann dazu führen, daß du das Leben aus einer engen Perspektive betrachtest. Zweifellos siehst du das anders und wirst diese Deutung sehr sorgfältig analysieren. Dein Schattenselbst, die Mondseite deines Charakters, reflektiert einen kritischen Geist, der die „Nadel im Heuhaufen“ finden kann. Es enthüllt eine Tiefe deines Charakters, die von den meisten Menschen nicht einfach erkannt wird, nur von engen Freunden und Familienmitgliedern, und die eine große Fähigkeit zur Hingabe und zum Dienst an der Gemeinschaft zeigt. Mit Aspekt 208 wirst du dazu neigen, dieses Talent auf einer oberflächlicheren Ebene einzusetzen. Dies ist ein ausgezeichneter Aspekt im Umgang und für die Arbeit mit den Medien. Mit 204 bist du ein ernsthafter und hingebungsvoller Forscher. Mit 170 oder 269 befähigt dich dein Instinkt oder deine intuitive Einsicht dazu, schwer zugängliche Informationen zu bekommen, die anderen entgehen. Deine Mondstellung weist auf maßvolle Emotionen hin, die in allen persönlichen Beziehungen wenig ermunternd sind. Mit 165, 167, 179 oder 195 kannst du deine Gefühle leichter zum Ausdruck bringen. Mit 161 oder 182 wirst du vielleicht an einem Minderwertigkeitskomplex leiden oder es allgemein schwierig finden, mit anderen umzugehen. Auf der anderen Seite könnte deine Mondstellung auf einen äußerst feinen Instinkt hinweisen, der zum Einsatz kommt, wenn die Wahl eines Partners ansteht.

Schlummerndes Potential

Dein schlummerndes Potential besteht darin, dich in ungelöste Lebensprobleme zu versenken, während du gleichzeitig offen bleibst. Deine karmische Aufgabe besteht darin, den Weg der schmalen „Freiheitslinie" zu gehen, welche die Druiden mit den Tag- und Nachtgleichen in Verbindung brachten. Das waren im keltischen Mondtierkreis traditionellerweise die Zeiten, in denen der Seele wichtige Entscheidungen abverlangt wurden und die ein gesteigertes Bedürfnis nach Gleichgewicht und Harmonie mit sich brachten. In diesem Leben wirst du daher auf großen Widerstand von anderen treffen, wenn du deinen kompromißlosen Weg weiterverfolgst. Dein psychologisches Profil weist darauf hin, daß du ein geborener Pessimist bist, der aber auch bereit ist, seinen Standpunkt zu verteidigen und angesichts von Herausforderungen einen kühlen Kopf behält. Diese „Belagerungsmentalität" kann jedoch destruktiv sein. Sie muß als persönlicher Aktivposten und nicht als ständig widersprechende Stimme in deine Psyche integriert werden.

7

Birke

Mond in der Waage

Du gehörst zu den Menschen, die wissen, wie man hart arbeitet und gut spielt. Das ist ein ziemlicher Balanceakt, aber gleichzeitig der Schlüssel zum Erfolg in deinem Leben. Du bist ein aalglatter Verkäufer und ein geschickter Verhandler und bleibst bei all dem völlig neutral und ungefährdet. Du bist jedoch ein sentimentaler Mensch, wenn es um familiäre Verpflichtungen geht, und das kann dich sowohl eine Menge Gefühle als auch eine Menge Geld kosten. Dein Schattenselbst, die Mondseite deines Charakters, bevorzugt den einfachen und bequemen Weg durchs Leben. Aber das kann einem Menschen, der entschlossen ist, erfolgreich zu sein oder ehrgeizige Ziele zu verfolgen, Probleme bereiten. Mit den Aspekten 174 oder 208 wirst du Geld vergeuden und in frivole Vorhaben verwickelt werden, während du mit 167, 181 oder 186 vorsichtiger Geld ausgeben und mehr am Leben teilnehmen wirst. In Herzensangelegenheiten sollten dich diese Aspekte weniger leichtgläubig machen. Insgesamt weist deine Mondstellung auf heiße und kalte Emotionen hin, auf wechselhafte Loyalitäten, die eine Quelle der Unzufriedenheit in allen persönlichen Beziehungen sein können. Du neigst dazu, andere zu manipulieren. Halte Ausschau nach positiven Aspekten mit Jupiter, Venus und Saturn, um diesen Charakterzug zu mildern.

Schlummerndes Potential

Dein schlummerndes Potential besteht darin, ein harmonisches Gleichgewicht oder eine Mäßigung in allen Dingen zu erzielen. Das ist deine karmische Lektion, eine schwierige und manchmal undankbare Aufgabe, die mit dem Herbstäquinox im keltischen Mondkalender zusammenhängt, der Zeit, in der die Druiden in Kämpfen einen Waffenstillstand verhängten. In diesem Leben wird man dich wahrscheinlich in die Position eines neutralen Ratgebers versetzen oder dich für qualifiziert halten, ein gerechtes Urteil zu fällen. In vergangenen Leben hast du es sehr gern vermieden, Partei zu ergreifen oder moralische Ansichten zu vertreten. Dein psychologisches Profil deutet auf eine Person, die dieser Aufgabe gewachsen ist, und wenn dein Bewußtsein voll in deine eigene Psyche integriert ist, wirst du vielleicht verstehen, daß Irren menschlich ist und selbstverständlich keine unverzeihliche Sünde. In diesem Leben neigst du zum Moralisieren, selbst wenn du nicht alle Fakten kennst. Das kann auf Eltern zurückgehen, die entweder sehr puritanisch waren oder keinen Mut in moralischen Angelegenheiten hatten.

8

Birke

Mond im Skorpion

Du liebst Machtspiele. Egal ob du Angestellter oder Chef bist, das Gebiet, auf dem du arbeitest, ist deine persönliche Wettkampfarena. Deine Ansichten sind oft zwanghaft bis zum fanatischen Eifer. So gefährlich du als Gegner bist, so unerschütterlich bist du in deiner Loyalität Freunden gegenüber. Dieser Aspekt deines Charakters hat ein unnachgiebiges Wesen und kann zweischneidig sein. Er läßt dich sowohl für als auch gegen das Gesetz oder die Gesellschaft im allgemeinen arbeiten. Dein Schattenselbst, die Mondseite eines Charakters, beißt zu wie eine Kobra – und sie kann wie ein Adler stundenlang kreisen, wenn sie Gerechtigkeit sucht. Mit 166 oder 268 wirst du deine persönlichen Gefühle und Emotionen unterdrücken und nach außen hin mit Nerven aus Stahl und kalter Gleichgültigkeit reagieren. Mit 267 wirst du bemerkenswerte Kräfte für das Allgemeinwohl einsetzen, und wenn du dazu noch 279 hast, könntest du mithelfen, eine gerechtere Gesellschaft aufzubauen. Deine Mondstellung verrät intensive, leidenschaftliche Gefühle, die manche Menschen beängstigend finden. In persönlichen Beziehungen werden dir die Aspekte 160, 165, 167 oder 170 helfen, deine wahren Gefühle zum Ausdruck zu bringen, ohne allzu aggressiv oder anspruchsvoll zu sein. Insgesamt versorgt dich deine Mondstellung mit einem starken Überlebensinstinkt, der dich befähigt, immer wieder neu anzufangen und dich nach Mißerfolgen wieder ganz nach vorn zu begeben.

Schlummerndes Potential

Dein schlummerndes Potential besteht darin, deine analytischen Fähigkeiten und deine intuitive Einsicht bewußt zu entwickeln, so daß du verborgene Wahrheiten entdecken kannst, nicht nur in deiner Psyche sondern auch in bezug auf Informationen, die der Öffentlichkeit zugänglich gemacht werden müssen. Deine furchtlose Herangehensweise allein reicht jedoch nicht aus, und während du anderen hilfst, ihre innersten Lebensängste zu bewältigen, wirst du viele deiner eigenen Dämonen besiegen. Es besteht nicht der geringste Zweifel daran, daß du die Macht hast, andere Menschen zu beeinflussen, und diese Macht solltest du sehr sorgfältig kontrollieren. In diesem Leben wirst du alle Arten von persönlichen Schicksalsschlägen und Traumen erleben. Wahr ist allerdings auch, daß du eindeutig zu deiner Hochform aufläufst, wenn es darum geht, scheinbar gänzlich aussichtslose Dinge in Angriff zu nehmen. Psychologisch gesehen bist du manchmal dein eigener schlimmster Feind. Sobald du erkannt hast, daß persönliche Siege bedeutungslos sind, wenn sie auf Kosten unschuldiger oder menschlich wertvoller Gegner errungen werden, ist deine karmische Aufgabe nahezu erfüllt. Die Kombination deines keltischen Mondzeichens und deiner Mondstellung weist darauf hin, daß deine wahre Berufung auf dem Gebiet der Psychologie oder Psychiatrie liegt, vorausgesetzt die anderen Aspekte in deinem Horoskop weisen ebenfalls in diese Richtung.

9

Birke

Mond im Schützen

Am eindrucksvollsten sind deine Haltung und dein Selbstvertrauen. Du hast Witz und Humor, und obwohl du unverblümt ehrlich bist, mögen dich alle, was es dir einfach macht, Geschäfte auf globaler Ebene abzuwickeln. Wahrscheinlich bist du schon von Kindheit an gern gereist, vielleicht weil deine Eltern im Ausland gearbeitet haben oder du viel Zeit mit Leuten verbracht hast, die deinen Geist für weitere Horizonte geöffnet haben. Dein Schattenselbst, die Mondseite deines Charakters, ist ein Freigeist und übt einen rastlosen Einfluß aus, der dein angeborenes Verantwortungsbewußtsein unterminieren kann. Deine Konzentration kann daher zunehmen oder abnehmen, je nachdem wie du dich gerade fühlst. Mit 160 oder 181 ist diese Rastlosigkeit stärker ausgeprägt, bringt dich jedoch dazu, deine persönlichen Ambitionen auszudehnen und deine Gedanken auf viele andere Ebenen zu lenken als nur auf materielle Ziele. Mit 166 oder 167 zielen deine Energie und deine Vorhaben in die richtige Richtung, aber mit 174 solltest du dich beraten lassen, bevor du Geld investierst. Mit 161 oder 182 können dich deine persönlichen Begrenzungen bitter frustrieren. Deine Mondstellung weist auf ein Bedürfnis nach Freiheit in persönlichen Beziehungen hin, und du tust gut daran, dich nicht zu schnell oder zu früh fest zu binden. Du wirst deinen idealen Partner wahrscheinlich im Ausland oder auf deinen Reisen finden. Insgesamt gibt dir deine Mondstellung ein gutes Maß an dynamischer Energie und hebt dein intellektuelles Niveau.

Schlummerndes Potential

Dein schlummerndes Potential besteht darin, dein Wissen auf einer höheren geistigen Ebene zu entwickeln. Wenn du diese Aufgabe bewältigst, kannst du beginnen, das Wesen des universalen Geistes zu verstehen, der die Menschheit inspiriert, ein göttliches Wissen, das die Druiden Awen nannten. In deiner letzten Inkarnation hast du eine spirituelle Bekehrung erfahren, aber in deinem jetzigen Leben ist dieses Licht noch ziemlich schwach. Deine karmische Aufgabe besteht darin, es wieder zu entfachen und andere zu inspirieren. In diesem Leben wirst du Antworten auf viele Fragen suchen. Das weist sowohl auf Reisen in andere Länder hin als auch auf die Selbsterforschung des Geistes. In jedem Fall wirst du früher oder später entdecken, daß das, wonach du suchst, ganz in deiner Nähe liegt, aber die Erfahrungen, die du auf dem Weg dorthin machst, sind von unschätzbarem Wert. Dein psychologisches Profil deutet an, daß du ein bestimmtes Maß an persönlicher Freiheit oder Raum brauchst, und wenn du diese Unabhängigkeit auf andere ausdehnst, besonders auf Familienmitglieder, wird dein Bedürfnis nach Fairplay befriedigt.

10

Birke

Mond im Steinbock

Deine Lebensphilosophie ist einfach: Kein Gewinn ohne Schmerz. Du hast es jedoch darauf angelegt, auseinandergenommen zu werden. Diese harte Einstellung stammt wahrscheinlich daher, daß du schon früh in deinem Leben Demütigungen hast hinnehmen müssen, und indem du eine gefühlsmäßige Festung um dich herum aufgebaut hast, hast du unabsichtlich das Tor für Menschen verschlossen, die dir etwas beibringen könnten. Dein Schattenselbst, die Mondseite deines Charakters, greift auf Verteidigungsmechanismen zurück, um dich in einem spiraligen Abstieg in die Dunkelheit zu ziehen, in der du dich sicher fühlst. Das ist keine gänzlich negative Erfahrung, denn sie bringt dich in Kontakt mit den Urenergien, die mit der

Wintersonnenwende assoziiert werden und von den Druiden als erneuernd angesehen wurden. Eher ist es eine Fehlinterpretation deines wahren Potentials. Mit 161 oder 182 kannst du bis zur Saturnrückkehr, die etwa um deinen achtundzwanzigsten Geburtstag eintritt, in diesem emotionalen Vakuum eingeschlossen bleiben. Mit 167 oder 168 hast du jede Chance, die Schwere deiner Mondstellung zu überwinden. Die innere Stärke dieser beiden Aspekte fördert Selbstvertrauen, Optimismus und – was am wichtigsten ist – eine Zielgerichtetheit, die kein Versagen zuläßt. Insgesamt weist deine Mondstellung auf kontrollierte Emotionen hin, denen es an Wärme oder Ernsthaftigkeit mangeln kann.

Schlummerndes Potential

Dein schlummerndes Potential besteht darin, aus einer Charakterform auszubrechen, die sowohl spirituell als auch geistig überholt ist – eine karmische Aufgabe, die eine völlige Transformation von Herz und Verstand verlangt. Wenn du diese Aufgabe erfüllst, wirst du unweigerlich anderen auf dem Weg helfen, weil du „eine Säule der Stärke" in deiner Gemeinschaft verkörperst. In diesem Leben wirst du Zeiten der Dunkelheit und Verzweiflung erfahren, aber vergiß nicht: Wenn du in den Abgrund blickst, blickt der Abgrund auf dich zurück. Dein psychologisches Profil weist auf eine geistige Stärke hin, die alles überwinden kann, aber ihr starres Wesen muß lernen, biegsam zu werden wie die Birke. Obwohl die Eiche größer wird und eine längere Lebensdauer hat, wächst die Birke auch auf steinigem Boden, wo Eichen nie Wurzeln schlagen könnten.

11

Birke

Mond im Wassermann

Du bist ein Visionär, der über das Stehvermögen und die Willenskraft verfügt, die nötig sind, um künftige Generationen zu beeinflussen. Gleichgültig wie kontrovers deine Ideen oder dein Verhalten auch sein mögen, du wirst die Aufmerksamkeit anderer brillanter Geister anziehen und selbst den Repekt jener, die dich für einen gefährlichen Radikalen halten. Deine unverblümten Ansichten werden den Menschen Hoffnung bringen, die große Ungerechtigkeit erlitten haben. Obwohl du nach außen hin ein unzugängliches Individuum bleibst, werden die Menschen, die dir am nächsten sind, deine Freundlichkeit und dein Mitgefühl aus erster Hand erlebt haben. Dein Schattenselbst, die Mondseite deines Charakters, verfügt über einen hohen Grad an natürlicher Intelligenz, die nicht aus Büchern oder mit konventionellen Mitteln erworben werden kann. Obwohl du möglicherweise einige akademische Qualifikationen erlangen wirst, ist es wahrscheinlicher, daß du dir selbst beibringst, was es über das Verstehen von komplexen Problemen zu lernen gibt, die zum Großteil ungelöst bleiben. Besonders für die naturwissenschaftliche oder mathematische Welt hast du ein einzigartiges Verständnis. Mit den Aspekten 162 oder 169 wirst du vielleicht viele brilliante Ideen hervorbringen, die zu bizarr oder unkonventionell sind, als daß andere sie verstehen könnten. Mit zusätzlich 161 oder 175 bist du beständiger und konstruktiver in deinen Bemühungen und wirst deine Theorien mit klaren Beweisen untermauern können. Mit 176 hast du einen rebellischen Zug, der ein Stolperstein für das Erreichen deiner Ziele sein kann. Mit 157 bist du der Mann oder die Frau, um öffentlich zu sprechen oder im Umgang mit den Medien. Mit 170 kannst du ein kultivierter und charmanter Mensch sein. Insgesamt weist deine Mondstellung auf kühle Emotionen hin, die dennoch auf die Bedürfnisse anderer eingehen.

Schlummerndes Potential

Dein schlummerndes Potential besteht darin, dir der endlosen Möglichkeiten im Leben bewußt zu werden, anstatt die engen Begrenzungen zu akzeptieren, die dir von Menschen auferlegt werden, die Veränderungen fürchten. Deine karmische Aufgabe ist nicht einfach, da du Unwissenheit und Bigotterie überwinden und gleichzeitig voll Mitgefühl bleiben mußt. In deinen vergangenen Leben warst du zu stolz für Kompromisse. In diesem Leben wirst du vielleicht Feindseligkeit und Gleichgültigkeit erfahren, aber wenn du deinen Glauben behältst, kannst du aus den Auseinandersetzungen als Sieger hervorgehen. Dein psychologisches Profil zeigt einen hohen Grad an nervöser Energie, die strenge Kontrolle erfordert. Dein Bedürfnis nach Unabhängigkeit kann das Gefühl der Isolation verstärken, das mit deinem Baumzeichen verbunden ist. Wenn du lernst, eine vernünftigere Einstellung zu entwickeln, wirst du feststellen, daß andere dich oder deine Ideen nicht ungebührlich zurückweisen.

12

Birke

Mond in den Fischen

Du bist sehr intuitiv und setzt dein tiefes Verständnis für praktische Zwecke ein. Wie ein Wünschelrutengänger, der nach Wasser zur Bewässerung sucht, wird dich dein sechster Sinn befähigen, die richtigen Entscheidungen im Leben zu treffen. Aber das Leben ist nie so einfach, und du hast vielleicht bereits entdeckt, daß was für dich richtig ist, nicht notwendigerweise richtig für andere sein muß, besonders nicht für die, die dir am nächsten sind. Daher wirst du vielleicht einige schwierige Zugeständnisse machen müssen. Dein Schattenselbst, die Mondseite deines Charakters, enthüllt einen mitfühlenden Menschen mit höchst empfindsamem Wesen. Mit 163 mußt du darauf achten, daß du die Realitäten nicht mit persönlichen Phantasien verwechselst, obwohl deine Intuition mit diesem Aspekt zeitweise äußerst genau ist. Mit 170 kommt deine Wertschätzung der Künste und Musik aus einem inneren Gefühl der Harmonie und des Gleichgewichts. Mit 267 ist dein intuitives Wesen höchst konzentriert und zutiefst durchdringend. Mit 161 oder 175 wirst du dich vielleicht davor hüten müssen, neurotische Neigungen zu entwickeln, besonders wenn du gefühlsmäßig verletzt bist. Insgesamt zeigt deine Mondstellung, daß du mit Gefühlsbeziehungen sehr empfindsam umgehst und es vorziehst, dein Privatleben und deine beruflichen Verpflichtungen so weit wie möglich voneinander zu trennen.

Schlummerndes Potential

Dein schlummerndes Potential besteht darin, die Dinge, die du in deinem Leben am meisten schätzt, miteinander in Einklang zu bringen. In vergangenen Leben warst du ein Mensch mit großen Idealen, der nichts weniger als das Perfekte akzeptieren konnte. Eine Resterinnerung daran lebt noch in dir weiter. Daher kommt deine Abneigung gegenüber Häßlichkeit oder Verschmutzung. Das kann dich auch physisch beeinflussen und sich zum Beispiel in eigenartigen Allergien zeigen. In engen persönlichen Beziehungen wirst du dich oft enttäuscht fühlen, aber das liegt zu einem großen Teil an deiner emotionalen Natur, die auf jede Art von Kritik oder Zensur mit einer Überreaktion antwortet. Dein psychologisches Profil zeigt abwechselnd Stärken und Schwächen – wechselnde Bewußtseinswellen, die von einer grundlegenden Dualität des Charakters zeugen. Du kannst dich jedoch sehr rasch an sich verändernde Lebensumstände anpassen, und dein echtes Interesse an anderen Menschen wird belohnt werden. Deine karmische Aufgabe besteht darin, andere zu ermutigen, mehr Vertrauen in sich selbst zu haben.

Keltisches Mondzeichen: Eberesche

Mondsymbol: Grüner Drache

Der grüne Drache ist das keltische Symbol der spirituellen Erneuerung zu einer Jahreszeit, in der das Licht allmählich aus der Dunkelheit zurückkommt. In den Mythen der Welt stehen Drachen, die gewöhnlich große Geheimnisse und reiche Schätze bewachen, für übernatürliche Kräfte. Die magische Eberesche war in der keltischen Mythologie als „Lebensbaum" bekannt, und man glaubte, daß sich das Leben mit jeder Beere, die man davon aß, um ein Jahr verlängerte. Die Beeren heilten auch Verwundete. Sie wurden von einem grünen Feuerdrachen bewacht, da ihr Geschenk der Unsterblichkeit den Göttern vorbehalten war. Im zweiten Mondmonat fertigten die Druiden Stäbe aus Ebereschenzweigen an und verwendeten sie im Ritual, um die Zukunft vorherzusagen. Die Eberesche wurde um Ortschaften herum gepflanzt und an einsamen Orten als Schutz gegen böse Geister und die furchtbaren Kräfte des Blitzes.

Das Feuerfest Brigantia wurde zur Zeit des Neumondes im Ebereschenmonat gefeiert. Der Name kommt von Brighid oder Brigid, dem Jungfrauenaspekt einer dreieinigen keltischen Göttin. Sie repräsentiert die Kraft des Neumondes, das Frühjahr und das Meer. Beim ersten Schimmer der Morgenröte am folgenden Tag verwandelte sich die Cailleach, die den Aspekt der alten Frau verkörpert, in eine schöne junge Braut. Das Fest Mariä Lichtmeß am 2. Februar ist die christliche Version dieser alten Zeremonie, Brighid wurde durch die Jungfrau Maria und die heilige Birgit ersetzt. Der Arthur-Legende zufolge versammelten sich an diesen Tag die keltischen Ritter und Barone um den Stein mit dem Schwert, das den rechtmäßigen König proklamierte. Arthur Pendragon wurde also zu einer Jahreszeit mit einem Herrschaftsymbol von Gottes Gnaden ausgestattet, in der das durchdringende Licht der Sonne die Dunkelheit des Winters zu durchbrechen beginnt. Die Kraft der Sonne hängt zu dieser Zeit mit dem Planeten Uranus zusammen, der auch die Kraft der Vision oder des progressiven Denkens repräsentiert, den Schlüssel zur innewohnenden Göttlichkeit des Menschen.

Der Ebereschencharakter

Du wurdest zu einer Jahreszeit geboren, in der der Himmel voller Vorzeichen ist und in einem eigenartigen, neuen Licht erstrahlt, das manchmal die Macht und Form von Blitzen annimmt. Psychologisch gesehen bewirkt dieser rastlose und stürmische Einfluß radikale Reaktionen auf das Leben – einen Geisteszustand, der im Widerspruch zum konventionellen Denken stehen kann. Im wesentlichen hast du andere Werte als der Rest der Gesellschaft, weil du ein Visonär bist, was mit deinem archetypischen Brigantia-Charakter zusammenhängt. Der wahre Wert origineller Ideen erschließt sich nicht immer auf der praktischen Ebene. Das kann dich der Lächerlichkeit preisgeben oder im Extremfall dafür sorgen, daß du als gefährlicher Subversiver betrachtet wirst. Während du dich nach außen hin vielleicht gleichgültig gibst, leidest du innerlich unter einer Frustration, die zur Hauptquelle deines exzentrischen Verhaltensmusters werden kann. Das Anzünden von Kerzen und Fackeln zu Ehren Brigantias um Mitternacht, in der „magischen" Stunde der Dunkelheit, symbolisiert ein „Erwachen" der ganzen Psyche, eine Transformation, die Erkenntnis, daß deine Wahrnehmung des Lebens ihren eigenen Gesetzen folgt.

Deine Fähigkeit, unkonventionelle Ideale zu verfolgen, ist auf einen starken, ererbten Familieneinfluß zurückzuführen – einen einzigartigen Geisteszustand, der eine Reihe höchst erfinderischer Individuen auszeichnet, die festgefahrene Ideologien und unnachgiebiges Denken grundsätzlich in Frage stellen. Diese Fähigkeit, unabhängig zu denken, erbt man normalerweise von der Großmutter, möglicherweise aber auch von der Urgroßmutter mütterlicher- oder väterlicherseits. Du hast auch ihre Frustration geerbt, und wie du damit umgehst, ist der Schlüssel zum Verständnis und zur Entwicklung deines bewußten Selbst. Mit 178 begegnest du den Ideen anderer zwar mit Toleranz, steckst jedoch möglicherweise völlig in deinen eigenen Ideen fest und engst damit deine Argumente ein. Mit 179 oder 189 bist du ein überzeugender und eifriger Streiter, der treue Verbündete anzieht. Deine persönlichen Beziehungen sind von mehr Wärme geprägt. Ganz allgemein wirkt sich dein Bedürfnis nach persönlichem Freiraum und Unabhängigkeit jedoch nicht gerade förderlich auf persönliche Beziehungen aus. Mit 180 oder 185 bist du ein Aktivist im wahrsten Sinne des Wortes. Mit 181 oder 186 sind dein menschenfreundliches Wesen und dein Gerechtigkeitssinn gut ausgebildet, und deine innere Frustration ist weniger stark. Du verfügst über eine beeindruckende Antriebsenergie und Vitalität. Mit 182 oder 192 zeigt sich dein Mangel an Selbstvertrauen in deiner Unfähigkeit, Gefühle zu äußern und ganz allgemein zu kommunizieren. Das verstärkt zwar deine innere Frustration, sorgt aber auf der anderen Seite dafür, daß sich deine Selbständigkeit zu einer außerordentlichen Charakterstärke entwickelt. Mit 183 oder 193 ist dein rebellisches Wesen voll ausgeprägt, und das verlangt nach stabilisierenden Aspekten. Mit 186, 187, 242, 243, 250 oder 264 kombiniert können deine unkonventionellen Ideen andere inspirieren und dein einzigartiges Potential wird sich ständig entwickeln. Das Maß an Harmonie oder Disharmonie in deiner Psyche wird von deiner Mondstellung näher erklärt.

13

Eberesche

Mond im Widder

Du hast den Kampfgeist eines intellektuellen Gladiators. Er kann dich beinahe über Nacht beruflich an die Spitze bringen, da deine direkte Vorgehensweise die gängigen Beförderungsverfahren glatt hinter sich läßt. Obwohl du bei all deinen Vorhaben auf den Rückhalt oder die Loyalität deiner alten Freunde zählen kannst, wirst du auch viel Neid, Eifersucht und Verrat hinter den Kulissen auf den Plan rufen. Sei also vorsichtig. Dein Schattenselbst, die Mondseite deines Charakters, verrät einen leidenschaftlichen Willen, Veränderungen durch originelle Ideen und Ziele zu erzwingen, was ziemlich entnervend für jene sein kann, die nicht über deine Imagination oder Vision verfügen. Deine Reaktion auf ihre Unnachgiebigkeit kann dich zeitweise sehr bestimmt und wenig sympathisch machen, aber andererseits blühst du angesichts von Herausforderungen und Neuerungen regelrecht auf. Vorsicht ist jedoch absolut geboten, wenn du es mit Menschen zu tun hast, die dir anscheinend widerspruchslos folgen. Sie spielen ein finsteres Spiel, das dich am Ende überflüssig macht. Mit 160 oder 167 weißt du, wie du deine schärfsten Gegner überzeugen kannst, weil du starke Moralvorstellungen und edle Ideale hast. Mit 159 oder 173 bringt dich dein körperliches und geistiges Durchhaltevermögen in eine überlegene Position, aber es ist nicht vorhersehbar, wie lange dein Stehvermögen andauert. Mit 158 oder 165 kannst du die Herzen und den Verstand der meisten zynischen Seelen gewinnen. Dennoch solltest du die Karte des gesellschaftlichen Charmes nur in Notfällen ausspielen. Mit 162 oder 169 hat dein visionärer Geist eine Quelle angezapft, aus der das Wissen stammt, das einen New Age-Pionier auszeichnet. Insgesamt feuert deine Mondstellung deine Emotionen und Ideale an, und du wirst treue Freunde um dich scharen. Dein Liebesleben wird hingegen sehr viel weniger stabil sein.

Schlummerndes Potential

Dein schlummerndes Potential ist komplex. Du bist sozusagen dazu bestimmt, Wellen zu schlagen, die hin und wieder die Tendenz haben, deinen eigenen Vorgarten zu überschwemmen. In vergangenen Leben warst du dein eigenes Gesetz, und diese Resterinnerung erhebt auch in diesem Leben ihr Haupt. Du wirst mit der Bigotterie und Ignoranz anderer konfrontiert werden, aber deine wichtigste Aufgabe besteht darin, die innere Frustration zu erlösen, die deine einzigartigen Talente unterminieren kann. Das ist ein Teil deiner karmischen Lektion, und wenn du sie dahingehend ausweiten kannst, daß du deinem Partner mit mehr emotionaler Empfindsamkeit begegnest, wirst du eine innere Harmonie erfahren, die dein ganzes Wesen transformieren kann. Dein psychologisches Profil weist auf einen inneren Kampf zwischen Herz und Verstand hin. Das kann auf die Dauer zu einem mentalen Trauma führen. Die Lösung besteht darin, mitfühlender zu denken und weniger impulsiv zu handeln.

14

Eberesche

Mond im Stier

Du hast liebenswerte Eigenschaften und bist daher ein gern gesehener Kamerad und Arbeitskollege, aber als Ebereschencharakter vertrittst du einige starke Ansichten, die auf Widerstand stoßen können. Du hast schon früh im Leben entdeckt, daß du verändernd auf die Einstellung anderer einwirken kannst, wenn du ruhig und scheinbar versöhnlich bleibst. Während du dem Anschein nach konsequent bleibst, nimmst du eine Menge Informationen auf und verarbeitest sie. Dein Schattenselbst, die Mondseite deines Charakters, enthüllt tief verwurzelte Überzeugungen und Motive. Du handelst aus der inneren Überzeugung heraus, daß du genau weißt, wohin du im Leben gehst. Das kann jedoch ein falsches Sicherheitsgefühl in einer sich rasch verändernden Welt erzeugen. Mit 179 oder 217 hast du eine künstlerische Ader und genießt die Gesellschaft anderer. Diese Aspekte sind ausgezeichnet für liebevolle Beziehungen. Mit 159 oder 166 hast du einen guten Start, und mit 160 oder 167 verfügst du über eine magnetische Persönlichkeit und viele einflußreiche Freunde. Mit 161 oder 175 hast du die Neigung, alles auf die harte Tour zu lernen, wenngleich dich das insgesamt in deinen Überzeugungen und in deiner Motivation bestärkt. Mit 162 oder 169 bist du ein absoluter Individualist mit hoch spezialisierten Talenten. Mit 176 können deine starren Ansichten unnötige Konflikte in deinem Privatleben und im Beruf verursachen. Dennoch hat deine Mondstellung insgesamt einen stabilen Einfluß auf deine Emotionen und fördert kreative und gleichzeitig praktische Ideen.

Schlummerndes Potential

Dein schlummerndes Potential besteht darin, Brücken zu bauen oder Bewußtheit zu entwickeln. Wenn du nicht allzu selbstgefällig wirst, kannst du über deine innere Furcht vor emotionaler oder materieller Unsicherheit hinauswachsen. Deine karmische Aufgabe besteht darin, innere Stärke und Selbständigkeit zu entwickeln. In einem noch nicht lange vergangenen Leben hast du deine Ideale für andere aufgegeben, die dich dann enttäuscht haben. In diesem Leben wirst du wahrscheinlich weite Reisen unternehmen, aber du gehst nur widerstrebend von deinem Heim weg, wenn du es dir aufgebaut hast. Psychologisch gesehen brauchst du ein geregeltes Leben, um dich wirklich eins mit dir selbst zu fühlen, auch wenn du gern Menschen triffst und neue Fähigkeiten lernst. Dein starker Wunsch nach einer eigenen Identität resultiert wieder einmal aus der Erfahrung, die du in vergangenen Leben gemacht hast. Es ist diese Monderinnerung, die jetzt einen starken Sinn für persönliche Bindungen erzeugt.

15

Eberesche

Mond im Zwilling

Du bist ein überaktiver Mensch, der ständig in neue Projekte verwickelt ist und allgemein die Nase vorn hat, wenn Veränderungen anstehen, weil er gut informiert ist. Deinen Wirbelwindverstand und deine hochgeladene Energie, die für den Ebereschencharakter typisch sind, setzt du ein, um gegen Apathie anzukämpfen und Kontroversen anzustacheln, wo immer du auch bist. Das einzige Problem ist deine Tendenz, deine eigene Meinung ständig zu ändern, so daß andere nie wissen, was du wirklich sagen willst. Dein Schattenselbst, die Mondseite deines Charakters, hat viele Gesichter, was dazu führt, daß du ein vollendeter Schauspieler bist, der viele Rollen gleichzeitig spielt. Das kann sehr unterhaltsam und zeitweise sehr provokativ sein, aber wenn es darum geht, den Rest der Menschheit zu verstehen, hast du einiges zu lernen. Mit 161 oder 175 nimmst du dich vielleicht ein bißchen zu ernst. Mit 165 bist du so eine Art Schlangenbeschwörer, dessen Vorstellung faszinierend anzusehen ist. Mit 159 bringen dir deine unabhängigen Ansichten Respekt ein. Mit 160 oder 167 kannst du dich für eine gute und wertvolle Sache einsetzen, obwohl du manchmal zu Überreaktionen neigst. Mit 162 bist du sehr emotional, manchmal sogar explosiv und irrational in deinen Gefühlsäußerungen, verfügst aber über erstaunliche intellektuelle Fähigkeiten. Mit 176 gewinnst du nur wenige Freunde, weil es dir an Takt mangelt. Mit 168 oder 169 ist dein Ansatz konstruktiver, und du kannst auf jede Art von Kritik mit geschickter Verteidigung reagieren. Insgesamt weist deine Mondstellung auf zahlreiche Freundschaften und Liebesaffären hin.

Schlummerndes Potential

Dein schlummerndes Potential besteht darin, eine zusammenhängende Strategie zu finden, um deine ungewöhnlichen und einzigartigen Fähigkeiten nutzbringend anwenden zu können. Deine außerordentliche Wortgewandtheit und dein kohärentes Denken sind von großem Vorteil für dich, aber das ist noch nicht genug. In diesem Leben bist du kein passiver Zuschauer, und was du jetzt erlebst, ist eindeutig selbst verschuldet. In vergangenen Leben hat du dir eine Menge Wissen angeeignet, ohne seinen Wert oder Nutzen zu erkennen, und diese Resterinnerung ist eine ständige Mahnung, deine oberflächliche Intelligenz auf das Niveau eines gründlicheren Verstehens zu bringen. Dein psychologisches Profil enthüllt einen hohen Grad an nervöser Spannung, die zu vielen Formen von Neurosen führen kann. Auf der anderen Seite bist du ein hochintelligentes Individuum, das eine Menge Freiraum braucht. Ist dieses Kriterium erfüllt, kann sich dein gegenwärtiger Prozeß der Selbstfindung auf alle Ebenen ausdehnen, und genau darin besteht deine karmische Aufgabe.

16

Eberesche

Mond im Krebs

Deine Empfindsamkeit und dein mitfühlendes Wesen sind liebenswerte Charakterzüge. Du verfügst über hellseherische Kräfte und eine kluge Einsicht, verbunden mit einer äußerst modernen oder fortschrittlichen Art, Informationen oder neue Technologien zu analysieren. Deine Verbindung mit dem Paranormalen weist auf geistige Aktivitäten in der Gruppe hin, wo du deine Fähigkeiten als Heiler oder Heilerin einsetzen kannst. Dein Schattenselbst, die Mondseite deines Charakters, hat ein Bedürfnis nach Respekt und Anerkennung. Diese Seite deiner Persönlichkeit muß lernen, frei zu geben, ohne selbstzentrierte Erwartungen zu hegen. Mit 160 oder 167 verfügst du über die Fähigkeit, dich erfolgreich für das Wohl anderer einzusetzen. Mit 164 oder 169 bist du hochintelligent, hast deine Emotionen unter Kontrolle, bist anpassungsfähig und geistig rege. Mit 161 oder 175 zeugt dein Bedürfnis nach Respekt von einem wesentlichen Mangel an Selbstvertrauen und einer Überempfindlichkeit für persönliche Kritik. Mit der Zeit werden sich deine mentalen und psychischen Fähigkeiten zu außerordentlichen Stärken entwickeln. Mit 162 neigst du zu eher unberechenbaren Stimmungsschwankungen und bizarrem Verhalten. Mit 163 ist deine Intuition weniger verläßlich, aber in Verbindung mit 170 oder 288 hast du bemerkenswerte Kräfte, die positiv ausgerichtet sind. Insgesamt weist deine Mondstellung auf ein sympathisches Wesen hin, das familiäre Bindungen und persönliche Beziehungen stärkt.

Schlummerndes Potential

Dein schlummerndes Potential besteht darin, Verantwortungsgefühl zu entwickeln. In vergangenen Leben bist du auf einem schmalen Grat zwischen Mitgefühl und selbstgeschaffem Martyrium gewandert. Deine karmische Aufgabe in diesem Leben besteht darin, falsche Gefühle zu vermeiden und deine Integrität zu wahren. In diesem Leben wirst du Zeuge vieler seltsamer oder bizarrer Ereignisse sein, die auf deine hochentwickelten hellseherischen Fähigkeiten zurückzuführen sind. Dein Glaubenssystem ist keinesfalls konventionell und kann sich an einem bestimmten Punkt in deinem Leben entweder völlig auf das Materielle konzentrieren oder ganz dem Spirituellen zuwenden. Dein psychologisches Profil enthüllt einen starken Widerstand, Rat von anderen anzunehmen, und die Unfähigkeit, einen Mißerfolg zu akzeptieren. Folglich mußt du völlig neue emotionale Reaktionsmuster entwickeln, wenn du eine andere Dimension der Selbstbewußtheit erreichen willst.

17

Eberesche

Mond im Löwen

Du bist ein stolzes und selbständiges Individuum und lebst in der Überzeugung, daß das Leben alles für die bereithält, die gewillt sind, sich dafür anzustrengen. Deine Energie und dein Enthusiasmus machen dich zu einer natürlichen Autorität in jedem Beruf und in jedem Einflußbereich. Dein Schattenselbst, die Mondseite deines Charakters, hat eine starke persönliche Ausstrahlung, die ein großes Publikum anzieht und mit der du stets die Hauptrolle spielst. Auf der Ebene persönlicher Beziehungen ist es jedoch nicht sehr einfach, mit dir auszukommen, denn obwohl du ein liebevolles Wesen hast, neigst du dazu, diejenigen zu unterdrücken, die dir am nächsten sind. Mit 160 oder 167 bist du großmütiger und dein leidenschaftliches Verlangen, anderen zu helfen, spiegelt sich in deinem Alltag wider. Mit 159 oder 166 liebst du Machtspiele und kämpfst aggressiv in jeder Arena. Mit 168 sind deine intellektuellen Fähigkeiten auf ein Ziel gerichtet, und du hast deine Emotionen besser unter Kontrolle. Mit 161 oder 175 kann dein autoritäres Verhalten diktatorisch werden, aber du gleichst das mit absoluter Ehrlichkeit und praktischen Lösungen aus. Mit 162 oder 169 bist du ein brillanter Stratege und ein hochintelligentes und erfinderisches Individuum. Mit 163 oder 177 neigst du zu unrealistischen Ideen oder Ambitionen, denen es an praktischer Anwendbarkeit mangelt. Mit 170 ist dir deine Intuition eine mächtige Hilfe beim Erreichen wichtiger Ziele. Insgesamt bringt diese Mondstellung Glanz in dein Leben.

Schlummerndes Potential

Dein schlummerndes Potential liegt in der Entwicklung innerer Stärke und persönlicher Prinzipien auf einer höheren Ebene. Du wirst lange Perioden der selbstgewollten Isolation oder des Selbstzweifels durchleben, aber letztlich wirst du entdecken, daß dein Sinn für Individualität von einzigartigem Wert ist. In früheren Leben hast du ein mächtiges Ego entwickelt, das Aufmerksamkeit und Respekt verlangt. Diese Resterinnerung kann sich noch immer in arrogantem oder pompösem Verhalten äußern. Dein psychologisches Profil zeigt auch ein Bedürfnis, anderen deinen Willen aufzudrücken. Das ist zwar selten zu deinem eigenen Vorteil, enthüllt aber ein angeborenes Gefühl der Überlegenheit. Dieser ausgeprägte Charakterzug kann gesellschaftlich unakzeptabel werden, aber bei deinen engen Freunden bringt er eine andere Saite der Führerschaft und persönlichen Integrität zum Klingen, die Respekt gewinnt. Und darin besteht deine karmische Aufgabe in diesem Leben.

18

Eberesche

Mond in der Jungfrau

Du hast eine Mission im Leben. Du bist zielstrebig und hast eine analytische Art, komplexe Aufgaben anzugehen. Auch deine Emotionen unterziehst du stets einer genauen Prüfung, so daß jede deiner Handlungen sorgfältig vorausberechnet scheint. Dein Schattenselbst, die Mondseite deines Charakters, ist mißtrauisch, wenn es darum geht, sich mit den Motivationen oder augenscheinlichen Interessen anderer auseinanderzusetzen. Du hast, was man am besten als „Detektivmentalität" bezeichnen kann: einen zutiefst neugierigen Geist, gepaart mit einer scharfen Beobachtungsgabe und einem Sinn für kleinste Details. Deine ganz persönliche Exzentrik kann sich darin niederschlagen, daß du eigenartige Ideen hast oder Heilmittel für Gesundheitsprobleme entwickelst. Mit 162, 169 oder 188 kannst du ein Science-Fiction-Schriftsteller werden oder ein wissenschaftlicher Berater. Du hast großes Interesse am Paranormalen oder an den revolutionären Methoden, die in der modernen Naturwissenschaft verwendet werden, und bist ein brillanter Forscher. Mit 164 oder 167 fühlt sich dein neugieriger Geist am besten in praktischen und über das Praktische hinausgehenden Projekten aufgehoben. Diese Aspekte weisen auch auf einen hohen Grad an Intelligenz hin. Im allgemeinen hat diese Mondstellung einen schwierigen Einfluß auf persönliche Beziehungen. Mit 165 oder 170 ist deine Fähigkeit, echte Emotionen zu zeigen, gut ausgeprägt und sollte sich im Lauf deines Lebens weiter entwickeln. Mit 161, 172 oder 175 wirst du vielleicht unverheiratet oder ungebunden bleiben wollen und echte Freundschaften festen Bindungen vorziehen. Mit 160 könntest du sogar beschließen, Missionar zu werden.

Schlummerndes Potential

Dein schlummerndes Potential besteht darin, Selbstvertrauen zu entwickeln und zuzulassen, daß der Schmerz und die Sorgen anderer dein Herz und deinen Verstand berühren. Das ist gleichzeitig auch deine karmische Aufgabe. In vergangenen Leben warst du ein mitfühlender Denker und ein praktischer Verwalter menschlicher Angelegenheiten, aber du hast es immer vorgezogen, die Bedürfnisse anderer Menschen aus sicherer Entfernung und mit entsprechendem Abstand zu bewerten. In diesem Leben wirst du unmittelbar in viele menschliche Tragödien verwickelt sein, ob du es willst oder nicht. Dein kühles und kontrolliertes Gefühlswesen eignet sich sehr gut, um Menschen auf der praktischen und humanitären Ebene zu helfen. Aus dieser Phase deines Lebens solltest du als wahrer Menschenfreund hervorgehen. Wenn du die Mythologie des Weinzeichens liest, wirst du die Mondseite deines Charakters noch näher beschrieben finden (siehe Seite 105). Auf der psychischen Ebene neigst du dazu, dir über deine Gesundheit Sorgen zu machen, was bis zur Hypochondrie gehen kann.

19

Eberesche

Mond in der Waage

Du bist ein überzeugender und gewandter Redner. Manchmal fällt es dir jedoch schwer durchzuhalten, was dazu führt, daß du unzuverlässig wirst und schnell ernüchtert bist. Das gilt für laufende Projekte ebenso wie für persönliche Beziehungen. Du hast zwar einen angeborenen Sinn für Harmonie und Toleranz, aber du gerätst leicht aus dem Gleichgewicht, wenn Menschen oder Situationen nicht mit deinen eigenen Vorstellungen übereinstimmen. Dein Schattenselbst, die Mondseite deines Charakters, schreckt vor unangenehmen Konfrontationen zurück. Auf der anderen Seite kannst du extrem manipulativ werden, wenn es dir in den Kram paßt, und damit brichst du vielleicht unabsichtlich selbst einen Streit vom Zaun. Mit 164 oder 166 bist du klug genug, deine Spuren zu verwischen. Mit 165 oder 179 ist deine Überzeugungskraft mit echtem Interesse an den Gefühlen und am Wohlergehen anderer gepaart. Mit 159 ist dein messerscharfer Verstand provokativ und leichtfertig. Mit 160 oder 167 verfügst du über Humor und Intelligenz. Mit 162 gehst du nie auf Kompromisse ein, und mit 161 neigst du zu unberechenbaren Stimmungsschwankungen. Deine Mondstellung weist jedoch insgesamt auf eine gut ausgeglichene, harmonische Persönlichkeit und einen stabilen Charakter hin.

Schlummerndes Potential

Dein schlummerndes Potential besteht darin, deine Stellung im Leben zu halten, ohne allzu oft die Seiten zu wechseln. In vergangenen Leben hast du ein paar sehr subtile Lektionen in Sachen Diplomatie und Kompromisse gelernt, aber in diesem Leben wirst du dich vielleicht auf eine Weise anpassen müssen, die deinem Ego einen schmerzlichen Knacks versetzt. Deine karmische Aufgabe besteht darin, dich vor bitteren Gegenangriffen zu hüten. Nur so kannst du andere dazu bringen, dich zu unterstützen und zu lieben, etwas, das dir bisher nie so recht gelungen ist. Deine persönliche Suche steht metaphysisch gesehen mit dem schwindenden Licht im Winter in Verbindung. In psychologischen Termini ausgedrückt, befindest du dich in einer Identitätskrise. Persönliche Beziehungen und das Bewußtsein für die eigene Identität sind der Schlüssel zur spirituellen Entwicklung. Daher haben Partner immer auch eine karmische Verbindung, die oft schon viele Jahrhunderte alt ist.

20

Eberesche

Mond im Skorpion

Du bist ein revolutionärer Denker, der an die Macht und persönliche Freiheit des Einzelnen glaubt. Deine großen Leidenschaften und Gefühle sind oft unterdrückt und brodeln unter der Oberfläche dahin – beinahe wie die Lava in einem Vulkan, der irgendwann ausbrechen wird. Der Mechanismus, der zu diesem Ausbruch führt, ist allerdings ebenso komplex wie deine ganze Mentalität und all deine visionären Ideale. Dein Schattenselbst, die Mondseite deines Charakters, reagiert in dramatischer Weise auf die Mondphasen, wobei der Neumond wichtige Entscheidungen herbeiführt und Veränderungen auslöst und der Vollmond unerfüllte Emotionen an die Oberfläche bringt. Deine innere Furcht vor Mißerfolg hat dieses stürmische Reservoir an Emotionen geschaffen. Mit 266 oder 273 können die Tiefen deiner Emotionen nur durch die bedingungslose Liebe eines anderen ausgelotet werden. Mit 268 oder 277 ist dein Wunsch nach Unabhängigkeit stärker als alles andere und wird sämtliche persönlichen Beziehungen abbrechen, wenn sie ihm im Weg stehen. Mit 264 oder 267 bringst du deine Gefühle warm zum Ausdruck und gehst das Leben allgemein versöhnlicher und bedachter an. Mit 164, 165, 166 oder 167 sind deine Emotionen kontrollierter und du kannst deine Ziele mit weniger Kampf und Bitterkeit erreichen. Mit 159, 173 oder 176 geht dein explosives Temperament zu häufig mit dir durch, was schädliche Konsequenzen hat. Mit 168 oder 204 nimmst du das Leben ernster. Diese Aspekte geben jedem Horoskop Stabilität. Insgesamt intensiviert diese Mondstellung deine Emotionen und Ideale.

Schlummerndes Potential

Dein schlummerndes Potential besteht darin, Selbstdisziplin zu üben, indem du deine leidenschaftlichen, innersten Wünsche objektiv betrachtest und darüber reflektierst. In vergangenen Leben hast du bewußt das Bedürfnis geschaffen, dich mächtig zu fühlen, um deine emotionale Unsicherheit zu verschleiern. Diese Resterinnerung wirkt als aggressives Gedankenmuster weiter und muß transformiert werden. Als Teil deiner karmischen Aufgabe wirst du in diesem Leben eine Reihe persönlicher Transformationen erfahren – eine Wiedergeburt, die mit dem keltischen Feuerfest Samhain in Verbindung steht. Nachdem du die Mythologie des Schilfzeichens gelesen hast, solltest du in der Lage sein, deine persönlichen Erfahrungen mit dem Zyklus der spirituellen Wiedergeburt in Verbindung zu bringen. Dein psychologisches Profil weist auf das Bedürfnis hin, tiefer in die Mysterien des Lebens einzutauchen, in erster Linie um die tiefsten Ebenen deiner selbst klar zu sehen. Das ist der zweite Teil deiner karmischen Aufgabe. Die okkulten oder esoterischen Lehren, die in alten Philosophien verborgen sind, werden dich mit allem versorgen, was du dafür brauchst.

21

Eberesche

Mond im Schützen

Du bist ein Weltbürger und fühlst dich nichts und niemandem verpflichtet, außer deinen eigenen Idealen und originellen Philosophien. Als von Grund auf progressiver Denker fällt es dir leicht, dich anzupassen und dir neue Techniken anzueignen. Dein Schattenselbst, die Mondseite deines Charakters, tut alles mit unerschütterlichem Optimismus. Für andere bist du eine Quelle der Ermutigung und der Stimulation, aber dein Wunsch, völlig unabhängig zu sein, kann deine Bereitschaft, intime Beziehungen einzugehen, begrenzen. Du hast jedoch ein starkes emotionales Bedürfnis, Freundschaften mit Gleichgesinnten zu schließen, das im Laufe der Zeit dazu führen kann, daß du in einer verwandten Seele deinen idealen Partner entdeckst. Mit 165 oder 170 bist du ein heimlicher Romantiker und findest dein persönliches Glück oft unerwartet oder auf einer Reise. Mit 160 oder 167 fühlst du dich zu Partnern hingezogen, mit denen du auf einer intellektuellen Ebene harmonierst. Mit 162 oder 220 neigst du zu unkonventionellen Beziehungen, die für beide Seiten angenehm sind. Mit 164 oder 186 hast du einen großzügigen Geist und bist allgemein sehr tolerant. Mit 166 bist du ein großartiger Liebhaber und ein leidenschaftlicher Kämpfer für die Rechte der Tiere. Insgesamt identifiziert sich deine Mondstellung mit der spirituellen Befreiung der Menschheit, die Hand in Hand mit Umweltfragen und dem Schutz der Natur geht.

Schlummerndes Potential

Dein schlummerndes Potential besteht darin, dein Bewußtsein aus der Oberflächlichkeit zu heben, indem du dich in der Kunst der Unterscheidung übst. In vergangenen Leben hat sich deine Weigerung, dich einem Menschen oder einer Sache voll und ganz hinzugeben, zur Heuchelei entwickelt, die dem Zweck diente, den Status quo aufrechtzuerhalten. Deine karmische Aufgabe besteht also darin, die Wahrheit zu sagen und dich nicht in unhaltbare Situationen hineinzureden. Dein psychologisches Profil weist auf ein äußerst nervöses oder rastloses Individuum hin, das dennoch in allen Bereichen erfolgreich ist. Insgesamt bist du voll von Energie, die kontrolliert und in eine Richtung gebracht werden will. Dein größter menschlicher Vorteil ist dein angeborener Sinn für Humor.

22

Eberesche

Mond im Steinbock

Dein angeborenes Pflichtgefühl kann im Widerstreit mit deinem Wunsch nach Unabhängigkeit stehen. Du bist ein sehr privater Mensch, obwohl du dich in berufliche Positionen gezogen fühlst, in denen du unweigerlich Aufmerksamkeit auf dich ziehst. Dein Schattenselbst, die Mondseite deines Charakters, ist höchst empfindlich gegenüber Kritik oder Ablehnung durch andere. Normalerweise deutet diese Mondstellung ein starkes, inneres Bedürfnis nach einer Vaterfigur an, weil es entweder nie einen Kontakt zum leiblichen Vater gegeben hat oder weil die Vater-Kind Beziehung nie gefestigt werden konnte. Die Gründe dafür können unterschiedlich sein: vorzeitiger Tod, Scheidung oder häufige Abwesenheit. Vielleicht war dein Vater aber auch kein Mann, zu dem du leicht ein Gefühlsband knüpfen konntest. Bei Männern kann sich das später in einem starken, bewußten Bedürfnis manifestieren, selbst Vater zu werden. Mit 175, 182 oder 192 war der elterliche Einfluß sehr fordernd, manchmal sogar rauh. Mit 160, 167, 181 oder 186 bist du in den Genuß einer guten Erziehung gekommen. Mit 165 oder 170 wurden dir ein gutes Aussehen und natürliche Anmut in die Wiege gelegt, die viele Bewunderer anzieht. Mit 161, 182 oder 209 neigst du dazu, zu lange über vergangene Ungerechtigkeiten oder persönliche Kränkungen nachzugrübeln. Mit 159 oder 166 verbirgt sich hinter deinem aggressiven Wesen ein deutlicher Minderwertigkeitskomplex. Mit 162 oder 169 hast du einen brillianten Verstand geerbt. Mit 163 oder 184 wurden dir hellseherische Fähigkeiten in die Wiege gelegt. Insgesamt sorgt deine Mondstellung für eine vorsichtigere Einstellung und unterdrückt Emotionen. Auf der positiven Seite verleiht sie dir große innere Stärke und Selbstdisziplin.

Schlummerndes Potential

Dein schlummerndes Potential besteht darin, für dich selbst einzustehen, das heißt, Verantwortung zu übernehmen und dadurch an innerer Reife zu gewinnen. Das ist eine karmische Aufgabe, und daher wirst du die harten Realitäten des Lebens bis ins Extrem kennenlernen. Deine Mondstellung bezeichnet die Zeit der Wintersonnenwende, eine Zeit der Prüfung, die den Druiden zufolge den evolutionären Prozeß des Individuums und der ganzen Menschheit kennzeichnet. In vergangenen Leben neigtest du wegen deiner großen Empfindsamkeit dazu, dich aus Situationen zurückzuziehen, die deine emotionale und materielle Sicherheit bedrohten. Dein psychologisches Profil weist auf eine gewisse Resignation dem Schicksal gegenüber hin, das eher hart mit dir umgegangen ist. Das kann zu negativem Denken führen oder dazu, daß du dein Los zu bereitwillig annimmst.

23

Eberesche

Mond im Wassermann

Du bist ein einzigartiger Individualist, geboren zur Zeit des Neumonds, der das keltische Feuerfest Brigantia kennzeichnet. Der rituelle Einsatz von Feuer, das Licht symbolisiert, ist ein sehr alter Brauch, der in den meisten Kulturen der Welt praktiziert wird. Die Bedeutung dieses Festes liegt darin, daß der Geist des Lichts in der Winterdunkelheit invoziert wird (in China markiert diese Zeit den Beginn des Neuen Jahres). Dein Schattenselbst, die Mondseite deines Charakters, kann viele Jahre lang einen latenten Einfluß auf dich ausüben. Im wesentlichen symbolisiert es fortgeschrittenes Wissen oder einen erfinderischen Genius, der für andere schwer zu verstehen ist – dich selbst eingeschlossen. Daher kann es sein, daß du äußerst frustriert bist, weil du die Dinge so anders wahrnimmst als der Rest der Gesellschaft. Dein Schattenselbst kann auch Lernschwierigkeiten verursachen, aber die Zeit wird kommen, wo du den wahren Wert dieser Mondstellung erkennst. Mit 157 oder 171 wirst du vielleicht versuchen, besonders klug zu sein, und deinen scharfen Verstand höher bewerten als echtes Wissen. Mit 164 oder 167 kannst du deine Ideen frei und intelligent mitteilen. Mit 158 verläßt du dich auf deinen Charme und mit 159 auf deine persönliche Autorität. Mit 160 oder 167 gehst du den ethischen oder moralistischen Weg. Mit 161 verfolgst du deine Ziele mit kalter

Gleichgültigkeit. Mit 163 oder 177 bist du sehr intuitiv, neigst aber dazu, falschen Propheten zu folgen. Mit 169 findet dein visionärer Geist kreative und lukrative Betätigungsmöglichkeiten und mit 168 oder 170 bist du ein überzeugter Humanist. Mit 162 bist du ein geborener Revolutionär und Egozentriker. Insgesamt weist deine Mondstellung auf ein egozentrisches Verhaltensmuster hin, verbunden mit einem Mangel an Emotionen, der jede Form von Intimität einschränken kann. Halte Ausschau nach positiven Aspekten mit Venus und Jupiter oder zwischen Venus, Jupiter und Neptun.

Schlummerndes Potential

Dein schlummerndes Potential besteht darin, deine eigene Göttlichkeit als Teil des Ganzen zu erkennen und nicht umgekehrt. Viele Menschen, die mit deiner Mondkombination im keltischen Horoskop geboren werden, sind leidenschaftslose Agnostiker oder überzeugte Atheisten. Deine karmische Aufgabe besteht darin, für dich selbst zu entdecken, daß moderne Technologien sinnlos sind und sogar gefährlich werden, wenn sie von seelenlosen Menschen kontrolliert werden. Dein psychologisches Profil enthüllt einen enormen Stolz, der dein Ego aufbläht. Es gibt jedoch noch eine andere Seite an dir, die alle Anzeichen eines außergewöhnlichen Humanisten aufweist. Diese besonderen Qualitäten sind dein Leitstern zu Inspiration und spirituellem Wachstum.

24

Eberesche

Mond in den Fischen

Du hast die Seele eines Mystikers und den visionären Verstand eines Intellektuellen. Obwohl du deinen Weg durch das Labyrinth des Lebens intuitiv finden wirst, bist du auch fähig, rationale Schlüsse aus dem Irrationalen oder Bizarren zu ziehen. Dein Schattenselbst, die Mondseite deines Charakters, hat eine Brücke zu deinem bewußten Selbst gebaut. Sie gibt dir nicht nur Einsicht in dein eigenes Schicksal, sondern kann dir auch einen guten Blick für die sich verändernde Welt am Beginn des einundzwanzigsten Jahrhunderts verleihen. Mit 163 kann dein intuitives Wesen, obwohl es unter anderem von künstlerischen Talenten inspiriert ist, labil werden und deine Geistesstärke schwächen. Mit 177 bist du in kritischen Zeiten, wenn mehr Vorsicht angebracht wäre, eher unrealistisch. Mit 170 bist du offen für Ideen und hast eine lebhafte Imagination, die positiv in Richtung Kunst oder auf das Schreiben von Romanen gelenkt werden kann. Du kannst deine eigene Gesellschaft lange Zeit genießen. Mit 157 bist du möglicherweise allzu verinnerlicht, aber mit 166 erwirbst du rasch neue Fertigkeiten und verfügst über intuitives Wissen zu vielen Themen. Mit 158 oder 165 bist du der geborene Romantiker und Poet. Mit 166 bist du direkter in deinen Aussagen und Meinungen, und mit 167 empfindest du tiefes Mitgefühl und Achtung für alle Lebewesen. Mit 162 bist du ein hochintelligenter Mensch, dessen brillante Ideen völlig jenseits des Verständnisses anderer liegen. Mit 169 können deine höchst originellen Gedanken leichter ausgedrückt und verstanden werden. Mit 175 oder 205 bist du ein geborenes Genie. Mit 168 kannst du ein Experte auf deinem Gebiet werden. Insgesamt verlangt deine Mondstellung geistige Stabilität. Wenn sie daher mit 164, 242, 243, 251 oder 258 verbunden ist, wirst du wahrscheinlich in allen persönlichen Unternehmungen erfolgreich sein.

Schlummerndes Potential

Dein schlummerndes Potential besteht darin,

Ordnung in deine persönlichen Angelegenheiten zu bringen, da du von der Prämisse ausgehst, daß die Welt um dich herum im Chaos versinkt. Obwohl das so scheinen mag, beginnt das Chaos innen und wird nach außen projiziert. Damit soll nicht gesagt werden, daß es kein Chaos in der äußeren Welt gibt, aber seine Quelle sprudelt in den Tiefen des menschlichen Wesens. Deine karmische Aufgabe besteht darin, so viele Rätsel wie möglich zu lösen, und obwohl du zeitweise den Überblick verlieren kannst, bist du dazu ausersehen, große Klarheit in Gedanken und Visionen zu erlangen. Dein psychologisches Profil weist auf eine große Verletzlichkeit und Empfindsamkeit hin. Das kann deine psychischen Schaltkreise gelegentlich zum Stillstand bringen, um dich vor Neurosen zu schützen. Daher wirst du dich manchmal in die Einsamkeit zurückziehen, um deine Batterien neu aufzuladen. Deine persönliche Entwicklung hängt davon ab, wie du dich mit der inneren Wahrheit konfrontierst.

Keltisches Mondzeichen: Esche

Mondsymbol: Seepferd

Das Seepferd ist ein zoomorphes keltisches Symbol, das mit den Meeresgöttern assoziiert wird, da es halb als Pferd und halb als Fisch gesehen wurde. Der archetypische Symbolismus fand später Eingang in die Heraldik, und das Symbol des Seepferdes, das den irischen Meeresgott Lir repräsentiert, taucht im alten Wappen der Stadt Belfast in Nordirland auf. Lir kann mit dem griechischen Meeresgott Poseidon oder seinem römischen Gegenstück Neptun identifiziert werden. In der Astrologie repräsentieren die mystischen Eigenschaften, die mit allen Meeresgöttern assoziiert werden, die unbekannten und noch ungeformten Kräfte oder Energien, die den Eschencharakter deutlich beeinflussen. Der Planet Neptun kann selbst heute noch nicht einfach definiert werden, da er ein verschwommenes Stadium der Evolution repräsentiert, das einen chaotischen Aspekt beinhaltet, aber sein höchstes Ziel ist, das Bewußtsein der Menschheit über den subjektiven Zustand des Verlangens hinauszuheben. In der keltischen Mythologie wurde die Esche hauptsächlich mit den mächtigen Meeresgöttern und mit Zauberei assoziiert. Im dritten Mondmonat des Jahres fertigten die Druiden Zauberstäbe aus den jungen, gewundenen Zweigen der Esche an, und ihr Holz wurde als Talisman gegen Ertrinken verwendet. In der arthurischen Legende ist Lirs Gegenstück der mystische Fischerkönig, den Sir Galahad heilte, nachdem er den Heiligen Gral gefunden hatte.

Der Eschencharakter

Du wurdest zu einer Jahreszeit geboren, in der die fürchterliche Kraft des Meeres gegen die Küsten Irlands und Englands schlägt. Obwohl das ein natürliches Phänomen ist, stellte es für die alten Kelten eine Naturgewalt dar, die der Mensch gar nicht oder nur wenig unter Kontrolle hatte. Daher identifizierten sie es mit dem rastlosen Geist des Meeresgottes Lir. Der Monat der Esche ist der letzte Mondmonat des Winters im keltischen Kalender und symbolisiert die turbulente Konfrontation von Licht und Dunkelheit. Psychologisch hat das eine polarisierende Wirkung, die sich als Dualität in deinem Charakter manifestiert. Obwohl du ein künstlerisches und empfindsames Wesen hast, kannst du plötzlich zum Stillstand kommen wie ein Sturm und nach außen hin ruhig und pragmatisch erscheinen. Dennoch bleibt eine innere Gefühlstiefe oder Empfindsamkeit, die dich sehr verletzbar machen kann. Es ist daher schwierig, dein wahres Wesen oder deine Motive einzuschätzen. Du verstehst sowohl, was die Menschheit an der Basis zusammenhält, als auch ihr spirituelles Wesen. Daher neigst du dazu, einen unmoralischen Standpunkt einzunehmen, wenn du versuchst, deine eigenen Grenzen oder deine persönliche Ethik zu etablieren.

Du hast hellseherische Fähigkeiten geerbt, die viele Jahre in dir schlummern können. Es gibt starke Verbindungen zur Seefahrt und zu medizinischen Berufen. Dein archetypischer Einfluß wird mit dem Fischerkönig assoziiert und betont deine heilenden oder nautischen Fertigkeiten. Die mystisch-spirituelle Verbindung kann sich in einem starken Interesse an religiösen oder spirituellen Angelegenheiten manifestieren. Obwohl das normalerweise mit der väterlichen Seite der Familie assoziiert wird, übt der Mond einen mächtigen weiblichen Einfluß aus, der auf eine Abstammung von starken weiblichen Charakteren auf beiden Seiten hinweist.

Mit 178 bist du ein Träumer und Poet. Mit 179 hast du die romantische Seele eines Idealisten. Mit 180 reagierst du auf Herausforderungen mit subtilem Humor. Mit 181 bist du ein leidenschaftlicher Heiler und über die Maßen großzügig. Mit 182 neigst du dazu, Gefühle in dich hineinzufressen, bist aber allgemein sehr selbständig. Mit 183 bist du unberechenbar, aber sehr menschenfreundlich. Mit 184 bist du ein wahrer Mystiker, aber immer in Gefahr, von labilen oder negativen Energien beeinflußt zu werden, die dich anzuziehen scheinen. Mit 185 sind deine physischen und mentalen Energien gut ausgeglichen. Mit 186 oder 187 wirst du deine persönlichen Fähigkeiten voll entwickeln. Mit 188 bist du ein brillanter Stratege. Mit 189 hast du ein ruhiges und angenehmes Temperament. Mit 194 besteht die Möglichkeit, daß du allzu fasziniert bist von eigenartigen Kulten oder moralisch schwächenden Einflüssen. Mit 204, 234 oder 242 verfügst du über einen starken Willen und physisches und geistiges Durchhaltevermögen, das dich an die Spitze deines Berufes bringt. Insgesamt sind die Stärken und Schwächen deines Zeichens gut ausgeglichen, aber deine Mondstellung wird darüber Auskunft geben, wie die Tiefe deiner Gefühle kontrolliert werden kann.

25

Esche

Mond im Widder

Du bist ein selbständiger Mensch, der in Zeiten persönlicher Krisen sehr viel Initiative zeigt. Du bist aufgeschlossen für die Ideen anderer, bleibst jedoch stets unabhängig. Du kannst ungeduldig werden – hauptsächlich mit dir selbst –, wenn die Dinge nicht nach Plan gehen, aber nur weil du dazu neigst, die feineren Details zu übersehen, um dir einen Vorteil zu verschaffen. Dein Schattenselbst, die Mondseite deines Charakters, hat das Bedürfnis, neue Maßstäbe zu setzen, besonders im Bereich der Kunst oder in der Unterhaltungsindustrie. Auf deinem Gebiet (es gibt auch eine starke Verbindung zu medizinischen Berufen) wirst du in Bereiche gezogen, die dir eine völlig neue Perspektive abverlangen. Mit 165 oder 179 sind deine künstlerischen Fertigkeiten äußerst kreativ und originell. Mit 159 besteht die Möglichkeit, daß du auf einem ganz bestimmten Gebiet öffentliche Anerkennung bekommst. Mit 160 oder 167 wirst du wahrscheinlich einen medizinischen Beruf ergreifen, vielleicht Chirurg oder Psychiater, weil du sowohl als Heiler wie als Techniker ein Naturtalent bist. Mit 161 oder 175 wird dir deine Fähigkeit, aus schmerzhaften Erfahrungen zu lernen, enormes praktisches Wissen einbringen. Mit 162 kann sich dein bewundernswerter Mut in Tollkühnheit verwandeln. Mit 176 geht dein Temperament schnell mit dir durch, aber du bist ein leidenschaftlicher Verfechter der Menschenrechte. Mit 163 sind deine außersinnlichen Fähigkeiten gut entwickelt, aber es fehlt dir an gesundem Menschenverstand. Mit 170 hast du viel Charme und persönliche Anziehungskraft, und mit 164 oder 166 kannst du deine Ideen kunstvoll, intelligent und mit kontrollierter Leidenschaft zum Ausdruck bringen. Insgesamt verlangt dein Mondeinfluß nach mehr Kontrolle und Stabilität. Mit 204, 232, 251 oder 258 inszenierst du deine kreativen Fertigkeiten und Ideen ausgesprochen sorgfältig bis zur Perfektion.

Schlummerndes Potential

Dein schlummerndes Potential besteht darin, ein Lebensziel festzulegen und eine Selbstidentität zu entwickeln, die in Harmonie mit deinen Emotionen und deinem Geist sind. In früheren Leben warst du sehr empfänglich für Schmeicheleien, die deine Zeit und deine Energie in die falsche Richtung gelenkt haben. Die Resterinnerung daran beeinflußt dein jetziges Leben noch immer. Du wirst dich daher mit deinen Schuldgefühlen oder deiner Unentschlossenheit auseinandersetzen müssen. Dein psychologisches Profil weist auf bestimmte Hemmungen hin, die aus einem Mangel an klaren Zielen resultieren. Du befindest dich wahrlich auf einer Reise der Selbstentdeckung, die zu einer Herausforderung werden kann, wenn du sie richtig angehst. Du verfügst über eine innere Vitalität, die in hoch kreative Fertigkeiten und mitfühlende Ideale einfließen kann, und darin besteht deine karmische Aufgabe in diesem Leben.

26

Esche

Mond im Stier

Du bist ein sanfter Mensch mit guten Manieren und Eigenschaften, die andere Leute anziehend und beruhigend finden, aber du bist nicht sehr stark, wenn es darum geht, deinen Standpunkt gegen Ungerechtigkeiten oder Einmischung von außen zu vertreten. Unter deiner ruhigen Oberfläche schlägt ein leidenschaftliches Herz, und deine Ideale können nicht so einfach kompromittiert oder unterminiert werden. Dein Schattenselbst, die Mondseite deines Charakters, übt einen starken Gefühlseinfluß auf alles aus, was du tust oder worauf du dich einläßt. Du hast das innere Bedürfnis nach emotionaler und finanzieller Sicherheit, aber du wirst dich wahrscheinlich in eine berufliche Laufbahn gezogen fühlen, in der es an verläßlichen oder profitablen Belohnungen mangelt. Mit 165 äußert sich deine Wertschätzung der Künste in einem verfeinerten Geschmack, und finanzielle Sicherheit ist gewährleistet. Mit 160 hast du noble Ideale, und deine Beliebtheit und dein Glück sind von Dauer. Mit 161 neigst du dazu, harte Urteile zu fällen, aber mit 167 verfügst du über größere Integrität. Mit 162 hast du einen originellen Stil, aber mit 163 verlangen deine kreativen Fertigkeiten Disziplin. Mit 172 wirst du allzu leicht entmutigt, aber mit 179 hast du eine natürliche Ausstrahlung, die andere inspiriert – ein ausgezeichneter Aspekt für künstlerischen Erfolg. Mit 166 lassen deine Energie und dein Enthusiasmus einfach nie nach, aber mit 173 oder 177 können sich deine Konzentration und deine Motivation von einer Minute auf die andere in Luft auflösen. Deine Mondstellung übt einen äußerst günstigen Einfluß aus. Daher sind alle negativen Aspekte weniger wirksam und werden eher als notwendige Erinnerungshilfen angesehen, um Selbstzufriedenheit oder Trägheit zu vermeiden. Es ist wenig wahrscheinlich, daß deine persönlichen Beziehungen scheitern.

Schlummerndes Potential

Dein schlummerndes Potential liegt darin, einen Zustand der Zufriedenheit zu erlangen, indem du eher deine Bedürfnisse als dein Verlangen erkennst. Das ist deine karmische Aufgabe und bedeutet, daß du neue Werte entwickeln mußt und dich nicht in Eifersüchteleien ergehst, die von Zeit zu Zeit hochkommen können. In vergangenen Leben hast du oft sehr wütend reagiert, wenn deine Liebe zurückgewiesen wurde. In diesem Leben wirst du vielleicht ein paar Überlebenskämpfe auszufechten haben und noch bestimmter danach streben, dir eine sichere Umgebung zu schaffen. Dein psychologisches Profil zeigt, nicht überraschend, ein Verhaltensmuster, das zum Großteil von deinem Bewußtsein kontrolliert wird, da du kaum impulsiv handelst. Deine Instinkte funktionieren jedoch äußerst präzise und sind ein Maßstab deines inneren Wissens.

27

Esche

Mond im Zwilling

Du bist ein guter Gesprächspartner und nimmst eifrig am Leben teil. Da du dich jedoch rasch gelangweilt fühlst, wirst du kaum dauerhafte Beiträge leisten – aber gleichzeitig hat deine lebhafte Imagination zur Folge, daß deine faszinierenden Ideen oft von anderen aufgegriffen und weiterbearbeitet werden, die ihr wahres Potential erkennen. Dein Schattenselbst, die Mondseite deines Charakters, schläft nie, sondern hält immer nach neuen Möglichkeiten im Leben Ausschau. Das Ergebnis davon ist eine unersättliche Neugier, die aus einer hochgradig nervösen Energie und einander widersprechenden Emotionen resultiert. Deine Meinungen und Gefühle sind so veränderlich, daß es anderen schwer fällt, mit dir Schritt zu halten. Mit 166 sind dein agiler Verstand und deine Schmetterlingsemotionen ungezügelt. Mit 165 hast du eine magnetische Persönlichkeit und bist ein großes Licht in der Gesellschaft. Mit 159 verbinden sich dein scharfer Verstand und deine künstlerischen Fähigkeiten und machen dich zu einem geborenen Komiker oder Schauspieler. Mit 160 bist du ein Mensch mit vielen Talenten, und mit 167 weisen deine humanitären Ideale auf einen entsprechenden Beruf hin. Mit 161 bist du ernsthafter, neigst jedoch zu Depressionen. Mit 162 bist du ein seltenes Genie an der Grenze zum Bizarren. Mit 163 hast du deutlich übersinnliche Fähigkeiten, aber solche Geschenke erfordern Selbstdisziplin und Training. Mit 164 nimmst du Fakten und Zahlen leicht auf und hast einen konzentrierteren Verstand. Mit 170 kannst du deinen wahren Seelenpartner finden. Deine Mondstellung verlangt insgesamt nach Stabilität und einer positiven Richtung, wenn du deine ungewöhnlichen Talente voll nutzen willst. Mit 168 oder 169 kannst du höchst erfolgreich sein, aber mit 175 bist du zu großen Taten fähig. Mit 173 oder 177 bist du allzu leicht desillusioniert und neigst dazu, dich auf deinen Charme zu verlassen.

Schlummerndes Potential
Dein schlummerndes Potential besteht darin, die Meinungen und Talente anderer schätzen zu lernen. In vergangenen Leben hast du darauf bestanden, deine Freiheit um jeden Preis zu erhalten, was es anderen beinahe unmöglich machte, nah genug an dich heranzukommen, um dich zu lieben und zu verstehen. Das zeigte sich auch darin, daß du unfähig warst, die Beiträge anderer wertzuschätzen. In diesem Leben ermuntert dich diese Resterinnerung dazu, auf der Suche nach dem idealen Wohnsitz von Ort zu Ort zu ziehen. Psychologisch gesehen reflektiert das die Suche nach deiner eigenen Identität. Es gibt jedoch einen mystischen Grund für deine Rastlosigkeit: Du hast viel zu sagen, was für eine Menge Menschen von besonderer Bedeutung ist. Es ist daher wahrscheinlich, daß du weiterhin reisen wirst, auch wenn du dich an einem Ort niedergelassen hast, denn dieses Bedürfnis nach Bewegung und Freiheit ist wesentlich für dein Wachstum und dein Wohlergehen. Es ist deine karmische Aufgabe.

28

Esche

Mond im Krebs

Du bist ein wohlmeinender Zuhörer und Vertrauter. Obwohl du dazu neigst, deine eigenen Probleme zu dramatisieren, bist du äußerst empfänglich für die Gefühle anderer. Du bist ein geborenes Medium, das Notsignale von völlig Fremden aufnehmen kann, und in deinem engen Familien- und Freundeskreis funktionieren deine Antennen erstaunlich genau. Dein Schattenselbst, die Mondseite deines Charakters, wird durch die Stellung deines Mondes doppelt hervorgehoben. Die Mondzyklen haben daher einen starken Einfluß auf deine Stimmungsschwankungen, die extreme Höhen und Tiefen erreichen können. Beginnend mit dem Neumond werden deine Initiative und dein Optimismus aktiviert und erreichen ihren Höhepunkt um den Vollmond herum. Danach können sie in plötzliche Depressionen oder in einen Mangel an Selbstvertrauen münden. Der Kurs muß jedoch nicht immer so extrem sein – es hängt davon ab, was sich in deinem Leben tut. Unter Streß ist er normalerweise voll aktiviert, und sogar in Zeiten relativer Normalität wirst du feststellen, daß deine Energie mit dem zu- und abnehmenden Mond steigt und fällt. Mit 160 fördert er hochgeistige Ideale, aber mit 161 bist du oft pessimistisch gestimmt. Mit 163 evoziert der Zyklus deine intuitiven Kräfte und mit 266 verstärkt er deine Unsicherheitsgefühle. Mit 164 oder 167 hilft er, einen hohen Grad an Intelligenz zu entwickeln. Mit 165 oder 170 verstärkt er den Ausdruck deiner Gefühle und künstlerischen Talente. Mit 168 bringt er insgesamt mehr Stabilität. Mit 169 ist dein sympathisches Wesen verbunden mit der Fähigkeit, intelligent zu analysieren und originelle Lösungen zu finden. Mit 159 oder 174 bist du weniger gewillt, andere zu unterstützen, und kannst sehr egozentrisch werden. Mit 175 wirst du lernen, dein Leben durch beständige Willensanstrengung letztendlich in den Griff zu bekommen, obwohl du nach wie vor zu extremen Stimmungsschwankungen neigst.

Schlummerndes Potential
Dein schlummerndes Potential besteht darin, den emotionalen Ballast abwerfen zu lernen, den du angesammelt hast. In früheren Leben hattest du die Tendenz, dich körperlich und seelisch krank zu machen, um Sympathie zu bekommen oder schwierigen Situationen nicht stellen zu müssen. Nun wirst du als Teil deiner

karmischen Aufgabe mehr als genug familiäre Bürden oder Verantwortlichkeiten aufgelastet bekommen, aber das wird deinen Charakter stärken und deine hoch empfindsamen Emotionen stabilisieren. Dein psychologisches Profil enthüllt eine Überempfindlichkeit für Streit und harsche Bedingungen, was nahelegt, daß deine Gefühle verletzt wurden oder du eine schwere Kindheit hattest. Ein Teil deines inneren Drangs nach Sicherheit und Anerkennung resultiert aus einem Gefühl der Unzulänglichkeit. Du wirst daher ein liebevoller – und sogar verwöhnender – Elternteil werden, und indem du andere hegst, wirst du dein Karma erlösen.

29

Esche

Mond im Löwen

Du bist ein geborener Schauspieler, eine glanzvolle Persönlichkeit, die eine Aura des Selbstvertrauens nach außen projiziert. Das kann zunächst darüber hinwegtäuschen, daß du hinter den Kulissen ein ausgesprochen scheuer und höchst privater Mensch bist. Du bist aber auch ein Künstler, dessen feuriges Temperament sich ideal zum Darstellen leidenschaftlicher Rollen eignet. Der sensiblere Teil deines Wesens gibt dir einen Hauch von echter Sympathie und menschlicher Verletzbarkeit. Dein Schattenselbst, die Mondseite deines Charakters, enthüllt das Bedürfnis, geliebt und bewundert zu werden. Auf der anderen Seite bist du liebevoll und großzügig und reagierst in Notfällen und schwierigen Situationen sehr gut. Dein Schwachpunkt kann Stolz oder Eitelkeit sein, aber insgesamt zeigt deine Mondstellung ein eher liebenswertes und sehr integres Individuum. Mit 257 erschöpft sich deine Vitalität schnell, aber mit 258 verfügst du über eine angeborene Gelassenheit oder natürliche Haltung, die von einer harmonischen Persönlichkeit und innerer Stärke zeugt. Mit 259 bist du leicht beleidigt und neigst zu Ungeduld im Hinblick auf schnelle Ergebnisse. Mit 165 oder 179 können dir deine künstlerischen Talente und sozialen Fertigkeiten Ruhm und Reichtum einbringen. Mit 160 oder 167 weisen diese Aspekte auf Verbindungen mit medizinischen und juristischen Berufen hin, mit 162 bist du eine Primadonna und mit 163 ein wahrer Mystiker. Insgesamt weist deine Mondstellung auf einen schöpferischen Unternehmungsgeist hin, der schon früh in die richtigen Bahnen gelenkt werden muß. Mit 164, 168 oder 175 wirst du dich schließlich in jedem gewählten Beruf auszeichnen. Mit 173, 174 oder 177 besteht die Möglichkeit, daß deine großartigen Vorhaben auf der ganzen Linie scheitern.

Schlummerndes Potential

Dein schlummerndes Potential besteht in der Erkenntnis, daß du lernen mußt, deine Ziele durch eigene Anstrengung zu erreichen und nicht, indem du die Hände in den Schoß legst und dich ausschließlich auf die Hilfe deiner einflußreichen Freunde verläßt. Das zu lernen, ist deine karmische Aufgabe. In früheren Leben mußtest du nicht selten auf die härteste Weise erfahren, daß diese Arten von Freundschaften deine Selbstentschlossenheit schwächen und wenig dazu beitragen, dein Selbstvertrauen aufzubauen. In diesem Leben wirst du daher erleben, daß dein Vertrauen immer wieder auf unerwartete Weise mißbraucht wird. Dein psychologisches Profil weist darauf hin, daß du ein Mensch mit Prinzipien bist, der alle ablehnt, die ihn behindern. Deine natürliche Überschwenglichkeit bringt das sehr gut zum Ausdruck, ist aber auch eine Quelle des Optimismus und guten Humors.

30

Esche

Mond in der Jungfrau

Du stammst von einer langen Reihe von Ahnen ab, die der Gemeinschaft oder dem Land gedient haben. Daher kommt deine Bereitschaft, anderen zu helfen. Der Arztberuf oder die Arbeit in einer Klinik stehen an der Spitze deiner Liste. Die Kombination deiner Mondstellung mit dem keltischen Baumzeichen weist darauf hin, daß deine künstlerischen Talente in Richtung Kunsthandwerk, Innenarchitektur oder Architektur gelenkt werden können. Dein Schattenselbst, die Mondseite deines Charakters, verrät kühle und zurückhaltende Emotionen. Das liegt in erster Linie an deiner analytischen und subjektiven Art zu reagieren, die ihre eigenen Stärken und Schwächen hat. Im Grunde bist du ein hochgradig empfindsames und sanftes Individuum, das sich in der Kunst der Unterscheidung übt, um in einer unsicheren Umgebung gefühlsmäßig zu überleben. Mit 171 hast du vielleicht keine entsprechende Ausbildung, verfügst aber dennoch über ein natürliches Talent, in der Öffentlichkeit zu sprechen. Mit 164 oder 167 bist du mit einem offenen Geist und ausgezeichneter Intelligenz gesegnet – gute Aspekte für Schriftsteller oder Journalisten. Mit 179 hast du eine charismatische Persönlichkeit und höchstwahrscheinlich Glück in der Liebe. Mit 159 bist du hoch motiviert, aber mit 161 verlangst du Respekt. Mit 163 bist du ein spiritueller Heiler und mit 169 wirst du rasch dein wahres Potential erkennen. Mit 168 oder 175 kommt der Erfolg spät im Leben, ist dann aber höchst profitabel. Mit 162 bist du ein unabhängiger Freigeist. Deine Mondstellung übt jedoch keinen radikalen Einfluß aus und obwohl manche Aspekte ein kontroverses Verhalten betonen, überwiegt das ausgeglichene Wesen deines Mondes.

Schlummerndes Potential

Dein schlummerndes Potential besteht darin, deine Meinung offen und ehrlich zu sagen. In früheren Leben hast du lieber kritische Anmerkungen gemacht als Feststellungen und bist offenen Diskussionen gern aus dem Weg gegangen. In diesem Leben besteht deine karmische Aufgabe darin, Einsicht in die Schmerzen anderer zu gewinnen. Dein Wunsch, der Menschheit zu helfen, wird dir helfen, eine Naturheilmethode zu entwickeln. Dein psychologisches Profil zeigt Gefühlsnarben, die darauf schließen lassen, daß du schon früh schmerzhafte Erfahrungen gemacht hast, oder sie gehen auf Resterinnerungen aus früheren Leben zurück. Als Ergebnis bist du vielleicht hypochondrisch oder ein Gesundheitsfanatiker.

31

Esche

Mond in der Waage

Du hast Stil und Elan und bist ein exotisches Individuum, das nicht nur aus der Menge herausragt, sondern auch einen höchst glanzvollen Lebensstil pflegt. Aber natürlich bist du ein Meister der Illusion. Dein Schattenselbst, die Mondseite deines Charakters, verleiht dir das, was man als „Regenbogenimage“ bezeichnen könnte. Dein angeborenes Farbempfinden und dein Sinn für Schönheit schenken dir eine mystische Aura. Männer und Frauen haben diese Ausstrahlung, die zwar ein weibliches Prinzip betont, aber auch die Harmonie des Männlichen und des Weiblichen betont, die mit dem Herbstäquinox verbunden ist. In der druidischen Kosmologie sind die Äquinoxe Zeiten der Regeneration, in denen Licht und Dunkelheit spirituelles und persönliches Wachstum gleichermaßen fördern. Mit 159, 166 oder 179 bist du charismatisch und sexuell anziehend. Mit 165 hast du eine angenehme Stimme und anmutige Bewegungen. Mit 260 hast du eine philosophische Einstellung, und mit 162 bist du ein Visionär, dessen ungewöhnliche Ideen andere faszinieren können. Mit 163 ist deine Spiritualität hoch entwickelt und verlangt nach gelegentlichem Rückzug. Mit 164 oder 167 kann dein Potential positiv in die Künste oder Wissenschaften gelenkt werden. Mit 168 bist du ehrgeizig und bereit, deine Zeit abzuwarten, bis sich die rechte Gelegenheit ergibt. Mit 169 hast du originelle Talente, die sich selbst fördern, und mit 170 geht deine Empfindsamkeit in Richtung Kunst und verrät ein spirituelles Wesen. Mit 172 oder 177 verbirgt sich hinter deiner Empfindsamkeit ein Gefühl der persönlichen Unzulänglichkeit. Mit 161 oder 175 mögen deine Träume anfänglich scheitern, aber du wirst andere Wege finden, wenn sie auch weniger glanzvoll oder aufregend sind.

Schlummerndes Potential
Dein schlummerndes Potential besteht darin, etwas über die Bedürfnisse anderer in Erfahrung zu bringen. Das wird dir so manches Opfer abverlangen. In früheren Leben war dein stark ausgeprägter Individualismus deine Schwachstelle, weil du zugelassen hast, daß er deinen emotionalen und spirituellen Bedürfnissen in die Quere kam. Deine karmische Aufgabe erfordert Perioden der Einsamkeit, in denen du den Wert der Liebe und Unterstützung, die sich aus gegenseitigen Verpflichtungen ergibt, erkennen lernst. Dein psychologisches Profil zeigt tiefverwurzelte Frustrationen, deren Ursache ein Mangel an Selbstausdruck sein könnte. Tief in dir schlummert jedoch das kompensierende Geschenk der Beredsamkeit, das zur rechten Zeit hochkommen wird. Dein wahres Potential zeigt sich, wenn du als Friedenstifter tätig wirst.

32

Esche

Mond im Skorpion

Du bist eine rätselhafte Persönlichkeit. Selbst deine engsten Freunde und Angehörigen werden Schwierigkeiten haben, dich wirklich kennenzulernen. Du bist jedoch sehr liebesfähig und verfügst über einen angeborenen Instinkt, deine Kinder und deinen Parnter zu beschützen. Dein Schattenselbst, die Mondseite deines Charakters, übt immer noch einen starken Einfluß auf dein Verhaltensmuster aus. Daher neigst du dazu, auf Situationen in deinem jetzigen Leben mit außergewöhnlicher Einsicht zu reagieren, indem du eher die Ursachen ansprichst als die sich daraus ergebende Wirkung. Das ist eine ausgezeichnete Mondstellung für einen Psychologen oder holistischen Arzt; ihre Kehrseite kann ein überwältigendes Verlangen sein, andere zu kontrollieren oder zu manipulieren. Mit 266 sind deine Emotionen und Begierden zu intensiv und erfordern die konstruktiven Aspekte von 264, 267, 270, 279 oder 282, damit sich dein wahres Potential voll entwickeln kann. Mit 268 solltest du dich vor Beschuldigungen hüten, die mit Problemen aus der Vergangenheit zu tun haben, besonders wo du das Gefühl hast, von bestimmten Leuten schlecht behandelt worden zu sein. Mit 204 hast du einen durchdringenden Verstand und eine Intelligenz, die Kritiker in ihre Schranken verweist. Mit 160 oder 165 hast du die Fähigkeit zu lieben und mit wahrem Mitgefühl zu vergeben. Mit 159 oder 173 hast du ein unversöhnliches Wesen und ein heftiges Temperament. Mit 161 hast du einen forschenden Geist und die Mentalität eines Detektivs oder Wissenschaftlers. Mit 167 oder 179 bist du geselliger und gesprächiger. Mit 170 bist du hoch spirituell und hast klare Glaubensvorstellungen, während du mit 177 eher ein Amateur im Bereich des Okkulten bist.

Die Kombination deines keltischen Baumzeichens und deiner Mondstellung verrät eine Faszination für das Okkulte und für ungewöhnliche Heilmethoden.

Schlummerndes Potential

Dein schlummerndes Potential weist auf eine der schwierigsten karmischen Aufgaben hin. Sie verlangt einen starken Willen und Vertrauen in deine Fähigkeit, dein Leben zu ändern. Schon von Kindheit an hast du dich von deinen eigenen Instinkten und emotionalen Idealen leiten lassen, was oft bedeutete, daß du dich in deine eigene Welt der Fantasie und Selbsttäuschung zurückgezogen hast. Jetzt mußt du dich dort hinauswagen und die Tür hinter dir zuschlagen. Die Transformation wird erstaunlich sein und eine echte Entwicklung wird nicht lange auf sich warten lassen. Dein psychologisches Profil verrät einen unterdrückenden Einfluß auf den tiefsten Ebenen deines Unbewußten. Das kann professionelle Hilfe oder Behandlung erfordern.

33

Esche

Mond im Schützen

Du bist ein nomadischer Geist, der Routine und permanente Verpflichtungen als äußerst beengend empfindet. Du segelst durch das Leben und legst kaum einmal an, und wenn, dann nur eben lange genug, um notwendigen Nachschub oder Informationen an Bord zu nehmen. Dein neugieriger Verstand nimmt leicht eine riesige Menge an Informationen auf, aber du bist dir nicht immer sicher, welchen Kurs dein Leben nimmt. Dein Schattenselbst, die Mondseite deines Charakters, verstärkt diese Dualität. Deine Fähigkeit, die Leute zu verwirren, weil du ständig deine Identität zu ändern scheinst, ist verwandt mit der Fähigkeit, die Gestalt zu wechseln, die den alten Druiden zugeschrieben wurde. Das zoomorphe Symbol des Seepferdes ist besonders bedeutungsvoll für dich, da es für den sich entwickelnden Geist der Menschheit steht, und das faßt deine persönliche Suche im Leben zusammen. Mit 171 stellt dein rastloser Geist ständig die falschen Fragen. Mit 217 bist du mehr an amorösen Angelegenheiten interessiert, während du mit 159 Punkte sammeln willst. Mit 160 wirst du einen moralischen Standpunkt einnehmen und die Stärke deiner Überzeugungen erkennen. Mit 161 langweilst du andere mit deinem Wissen, aber mit 162 inspirierst du sie mit deiner Vision. Mit 163 wirst du vielleicht dein eigenes Shangri-La oder den Heiligen Gral finden, aber nur wenige werden dich auf diesem Weg begleiten. Mit 266 wird deine Suche zur Besessenheit werden, aber mit 267 wirst du auf einige aufregende Wahrheiten stoßen. Mit 167 und 168 wirst du dein Wissen in Weisheit verwandeln. Mit 171 oder 174 werden sich deine Frustrationen in Zynismus und extravaganten Äußerungen manifestieren. Mit 175 wirst du erkennen, daß Ehrlichkeit deine beste Rettung ist. Insgesamt erweitert deine Mondstellung deinen gesamten Horizont.

Schlummerndes Potential

Dein schlummerndes Potential hat etwas mit Deprogrammieren zu tun oder damit, selbständig denken zu lernen. In früheren Leben hast du auf deiner Suche nach Wissen zu viele unwesentliche Details angesammelt – mit dem Ergebnis, daß dieses oberflächliche Wissen dich davon abgehalten hat, dein wahres Potential zu entwickeln und dich auf wirkliche Werte zu konzentrieren. Daher wirst du in diesem Leben so manche Dummheit machen, aber du wirst dabei vielleicht „die Weisheit des Narren“ entdecken, die in den esoterischen Lehren und im

Druidentum eine tiefe Bedeutung hat. Die Erleuchtung ist oft in den ganz einfachen Wahrheiten enthalten, und wenn du es schaffst, sie zu entdecken, ist deine karmische Aufgabe erfüllt. Dein psychologisches Profil zeigt eine gewisse Naivität oder Verletzlichkeit gegenüber Menschen, die sich Meister nennen und willige Anhänger wie dich um sich scharen. Deine scheinbare Willigkeit, die von anderen als Charakterschwäche gesehen wird, entwickelte sich aus einem Mangel an elterlicher Führung oder ist das Ergebnis einer zu behüteten Kindheit.

34

Esche

Mond im Steinbock

Du hast ein intuitives Verständnis für Finanzen, das dir hilft, deine idealistischen Projekte in die Tat umzusetzen – eine seltene Kombination praktischer und künstlerischer Talente. Dein Schattenselbst, die Mondseite des Charakters, verrät eine angeborene Reserviertheit und eine allgemein vorsichtigere Art. Es weist auch auf ein ausgeprägtes Pflichtgefühl hin, besonders in Familienangelegenheiten. Dein keltisches Mondzeichen ist eng mit dem Beruf verbunden, ja sogar mit so etwas wie Berufung, auf jeden Fall aber mit einem ernstzunehmenden Beruf, und wahrscheinlich wirst du dich für eine Karriere in der Verwaltung oder im Management entscheiden. Du wirst deiner Karriere stets den Vorrang vor persönlichen Beziehungen geben und höchstwahrscheinlich nicht vor deinem achtungzwanzigsten Geburtstag eine Familie gründen. Deiner Meinung nach brauchen Beziehungen Zeit zum Reifen. Mit 179 oder 221 gestalten sich deine persönlichen Beziehungen zufriedenstellender. Mit 159 wirst du deine Unabhängigkeit behalten wollen, selbst wenn du verheiratest bist oder in einer festen Beziehung lebst. Mit 160 oder 167 schaffst du es, das Leben voll und ganz zu genießen, obwohl du gleichzeitig nach wie vor ganz in deinem Beruf aufgehst. Das hat natürlich zur Folge, daß andere deine grenzenlose Energie bewundern. Mit 161 neigst du zu depressiven Stimmungen und nimmst das Leben zu ernst. Mit 162 hast du einen rebellischen Zug, der andere bisweilen überrascht. Auch dieser Aspekt ist ein Zeichen für hohe Intelligenz und ungewöhnliche Talente. Insgesamt betont deine Mondstellung deine Stärken und Schwächen, die sich eher auszuschließen als auszugleichen scheinen.

Schlummerndes Potential

Dein schlummerndes Potential besteht darin, dich auf eine klarere Vision der Zukunft zu konzentrieren. In früheren Leben hast du dazu geneigt, dich an Gefühlsverbindungen zu klammern, die spirituell überflüssig waren, in dem Sinne, daß sie ihren Zweck erfüllt hatten. In diesem Leben wirst du eine selbstauferlegte Beschränkung nach der anderen ablegen und dir Schritt für Schritt deine eigene Zukunft schaffen. Du bist durchaus in der Lage, ein Führer oder Lehrer für die jüngere Generation zu werden, vorausgesetzt du überwindest deine innere Angst, von anderen Menschen zurückgewiesen zu werden. Das ist deine karmische Aufgabe. Dein psychologisches Profil weist auf ein Bedürfnis nach Abhängigkeit hin, aus dem heraus du dich zu sehr auf deine Eltern und Freunde verlassen hast. Deine Mondstellung bezeichnet die Wintersonnenwende, die nach druidischem Glauben eine Zeit der Regeneration ist, und zwar sowohl auf der spirituellen als auch auf der körperlich-irdischen Ebene. Daher dein Wunsch nach Veränderung deiner Psyche und deines ganzen Lebensstils.

35

Esche

Mond im Wassermann

Du bist ein Mensch, der in der Loge des Lebens sitzt und von seinem einzigartigen, vorteilhaften Platz aus die Welt an sich vorüberziehen läßt. Dein Schattenselbst, die Mondseite deines Charakters, enthüllt eine unpersönliche Hingabe an humanitäre Ziele. Dein emotionales Wesen ist äußerst empfindsam und mitfühlend, wenn auch intellektuell kontrolliert. Mit 157 oder 171 kannst du dich verbal sehr gut artikulieren, aber aufgrund deines oberflächlichen oder unperfekten Wissens fehlt es dir an durchgängiger Objektivität. Mit 158 oder 165 hilft dir deine gesellschaftliche Gewandtheit, einflußreiche Leute kennenzulernen, die deinen Idealen wohlgesonnen sind. Mit 159 greifst du zu Überraschungstaktiken, während du dich mit 160 mehr auf dein Glück als auf dein Urteilsvermögen verläßt. Mit 161 bist du ein geheimer Planer und neigst zu melodramatischen Ausbrüchen. Mit 162 widmest du dich beispielsweise dem Schutz vom Aussterben bedrohter Tiere, mit denen du dich emotional identifizierst. Mit 163 ist dein mitfühlendes Wesen höchst ausgeprägt, und mit 164 oder 267 bringst du überzeugende Argumente auf sehr kraftvolle Weise vor. Mit 164 oder 167 bist du hochintelligent und idealistisch, aber auch sehr praxisorientiert und anpassungsfähig, wenn es darum geht, deine Ziele zu erreichen. Insgesamt weist deine Mondstellung auf mentale und emotionale Objektivität hin, die sowohl im wissenschaftlichen als auch im künstlerischen Bereich zur Geltung kommen kann.

Schlummerndes Potential

Dein schlummerndes Potential besteht darin, dein eigenes, einzigartiges Potential voll zu entwickeln. In früheren Leben hattest du die Tendenz, dich durchs Leben treiben zu lassen und unmögliche Träume zu träumen. Das kann leicht wieder in Frustration oder Selbstgefälligkeit enden, obwohl du auch eine Resterinnerung an Freiheit und inspirierte Visionen hast. Du wirst einzigartige Abenteuer erleben, die dir helfen sollten, deinen visionären und fortschrittlichen Geist zu aktivieren. Dein psychologisches Profil deutet ein Bedürfnis an, Freunde in emotionalen Krisen zu unterstützen, auch wenn du nach außen hin versuchst, selbstbewußt oder indifferent zu wirken. Du hast die seltsame Tendenz, ganz allein loszuwandern und dich in der Menge zu verlieren, und doch bist du ein emotionaler und spiritueller Führer. Das ist deine karmische Aufgabe.

36

Esche

Mond in den Fischen

Du stehst mit einem Fuß im „jenseitigen" Reich des Bewußtseins, was dir – den Druiden zufolge – Zugang verschafft zu einer göttlichen Quelle mystischer Inspiration. Obwohl diese Gabe mit einem künstlerischen und sanften Wesen assoziiert wird, kann sie emotional äußerst destabilisierend sein und jeden Verstand oder jede Logik auflösen. Dein Schattenselbst, die Mondseite deines Charakters, wurde mit einer doppelten Portion an neptunischen Einflüssen getränkt. Deine Wertvorstellungen unterscheiden sich sehr von denen, die der Rest der Menschheit pflegt. Daher müssen alle Neptunaspekte sorgfältig gegeneinander abgewogen werden. Im allgemeinen werden alle positiven Neptunaspekte die Verwirrung abschwächen, und positive Aspekte mit Pluto werden das gleiche bewirken. Mit 157 werden sich deine geistigen Fähigkeiten in Gerissenheit äußern, aber mit 167 oder 168 sind deine Verstandeskräfte wiederhergestellt. Mit 158 hast du beträchtliche künstlerische Fähigkeiten und

Glück sowohl in der Liebe als auch in Geldangelegenheiten. Mit 159 oder 166 neigst du weniger dazu, ziellos durchs Leben zu treiben. Mit 160 oder 161 ist dein Kampf mit Moralität oder Wertvorstellungen positiv beeinflußt. Mit 162 oder 169 hat deine einzigartige Lebensphilosophie einen intellektuellen Einschlag. Mit 163 wirst du dich vielleicht entschließen, in einer unwirklichen Welt zu leben, aber dein Mitgefühl ist eine Quelle des Lichts. Mit 170 vermeidest du aufgrund deiner intuitiven Einsicht alles, was zu klaustrophobisch ist. Mit 266 oder 268 kann deine weltfremde Mentalität übermächtig werden, aber mit 267 hast du die Geistesstärke, Selbsttäuschungen zu widerstehen und dein eigenes Schicksal zu kontrollieren. Dein Mond steht vermutlich in Konjunktion mit deiner Sonne, und das zeigt, daß deine Seele nicht im Gleichgewicht ist.

Schlummerndes Potential
Deine karmische Aufgabe ist eine besonders schwierige. Du hast eine überaus empfindsame Psyche, die sich innerlich zusammenrollt, wenn sie mit schmerzvollen Erfahrungen konfrontiert wird. In diesem Leben mußt du daher lernen, sanft aufzutreten und keine bewußten oder imaginären Dämonen aufzuschrecken. In vergangenen Leben hast du viele menschliche Greueltaten miterlebt, die dich als Resterinnerung an Angst und Abscheu in deinen Träumen verfolgen. Psychologisch gesehen mußt du dir deinen Weg durch ein Minenfeld voll roher Emotionen bahnen. Während andere Menschen solche Themen offen und ehrlich ansprechen müssen, geht es bei dir eher darum, einen neuen Glauben zu finden, auch und vor allem an dich selbst. Darin besteht deine karmische Aufgabe.

Keltisches Mondzeichen: Erle

Mondsymbol: Habicht

Der Habicht oder Jagdfalke war dem keltischen Kriegergott Bran geweiht, der mit dem Geist der Erle identifiziert wurde. Die Erle war ein Symbol des Feuers, und die mit diesem Baum verbundene Mythologie hat in erster Linie mit Krieg und Kampf zu tun. Die Kelten betrachteten den Habicht als einen Omenvogel. Ein kreisender Habicht kündigte sowohl Sieg als auch Tod an – zwei Schicksalsaspekte, die für einen Kriegergott besonders signifikant sind. Der keltischen Legende zufolge war Bran der alte Herrscher Britanniens und wurde als mächtiger Riese dargestellt, der mit Speer und Schwert bewaffnet war, um zur Zeit des Frühlingsäquinox, des Alban Eilir, die Dunkelheit des Winters zu vertreiben. Die Äquinoxe spielen eine wichtige Rolle im spirituellen Mondkalender der Druiden, und zwar als Zeiten, in denen Tag und Nacht gleich lang sind, als kurze Intervalle der spirituellen Harmonie zwischen Sonne und Mond, aber auch als Grenze zu der Zeit, in der das Licht über die Dunkelheit dominiert (und umgekehrt im Herbst). Im vierten Mondmonat des Jahres verwendeten die Kelten das Holz der Erle, um Kohle für ihre Metallarbeiten herzustellen. Es war die Zeit, um Waffen für die Jagd und für künftige Schlachten zu schärfen und zu schmieden. Der feurige, rote Planet

Mars, den die Druiden Merth nannten, wurde mit dem Frühlingsäquinox identifiziert und bezeichnete eine Zeit der aktiven Krise, in der die Selbstmotivation bewußt aktiviert wurde, um eine neue Gesellschaftsordnung zu errichten und neue spirituelle Bewußtheit zu fördern. König Arthur wurde später als Erlencharakter identifiziert, der hauptsächlich aus einer Mischung von Licht und Dunkelheit besteht und daher eine Kombination aus Stärke und Verletzbarkeit verkörpert – ein Sonnenheld mit einer Achillesferse.

Der Erlencharakter

Du wurdest zu einer Jahreszeit geboren, in der das Licht, dein bewußtes Selbst, als selbstbewußter Charakter aufzusteigen beginnt, der nicht mehr von verborgenen Ängsten niedergehalten wird, sondern bereit ist, seinen eigenen Weg in der Welt zu gehen. Der Weg nach vorn ist immer noch voller Fallgruben. Daher hat dich der Mond, dein Unbewußtes, mit der Tugend des Mutes bewaffnet. Du bist so erpicht darauf, das Leben zu erforschen, daß du deine Freunde und Kameraden oft auf dem Weg zurückläßt. Du bist ein standhafter Verbündeter, wenn die Situation es erfordert, aber du ziehst es vor, deine eigenen Schlachten zu schlagen und selbst das Tempo anzugeben. Deine letztendliche Bestimmung im Leben ist immer unsicher, und ein rastloser Geist herrscht vor, wenn die Sonne beginnt, ihren Schatten über die Erde zu werfen.

Da dein Zeichen die erste Vereinigung und Trennung im Mondtierkreis bezeichnet, können dir persönliche Beziehungen entweder Stabilität oder Instabilität bringen. Deine Verletzlichkeit kann sich als Bedürfnis nach Anerkennung manifestieren und dich für Schmeichelei und falsche Freunde empfänglich machen. Deine Vitalität und dein Enthusiasmus sind kompensierende Faktoren, und du hast ein sehr unkompliziertes Gefühlsleben, da du deine Gefühle und Meinungen offen und ehrlich ausdrückst.

Mit 159 kannst du mit Worten aggressiv werden, aber mit 158 hast du die Macht, andere mit deinem Charme einzuwickeln wie der Rattenfänger von Hameln: Alle tanzen nach deiner Pfeife und folgen dir bis zum bitteren Ende. Das ist seltsamerweise ein ausgezeichneter Aspekt für eine perfekte Liebesheirat. Mit 180 hast du den Mut, zu deinen Überzeugungen zu stehen, aber dein feuriges Temperament ist äußerst flüchtig und kann einen Mangel an Mitgefühl aufweisen. Mit 181 hast du ein hohes Maß an Mut und Vitalität, die gut ausgeglichen sind mit persönlicher Integrität und Großzügigkeit. Mit 182 bist du weniger wetteifernd und eher selbstsüchtig. Mit 183 erreicht deine physische und mentale Energie einen hohen Grad an nervöser Erregung, aber mit 184 können sich deine persönlichen Wünsche und Ambitionen in unrealistischen Plänen verlieren. Mit 263 sind deine Reaktionen extrem und zwanghaft, aber mit 264 bist du fähig, klare Entscheidungen zu treffen und dich über Beschuldigungen zu erheben. Mit 185, 186 oder 187 ebnen dir dein Stehvermögen und deine klaren Ziele den Weg zum Erfolg. Mit 190, 191 oder 192 wirst du vielleicht kämpfen müssen, um deine Ziele zu erreichen, aber du verfügst über einen enormen inneren Antrieb und glaubst an dich selbst. Die Mondstellung ist jedoch der Schlüssel zu deinem wahren Potential.

37

Erle

Mond im Widder

Du bist ein Energiebündel, das sich nie geschlagen gibt. Wenn du Fehler machst oder unklug handelst, kannst du deinen Kurs sehr schnell ändern, weil du ein Opportunist bist und schnell lernst. Dein Schattenselbst, die Mondseite eines Charakters, hat die ganze Welt im Visier, wenn es um persönliche Ambitionen und Wünsche geht. Aber manchmal bist du so sehr auf schnellen Gewinn bedacht, daß dir etwas unendlich Wertvolleres durch die Finger gleitet. Du gehst gern Risiken ein und hältst dich im Grunde nicht an die Regeln, und doch kannst du wider alle Erwartungen gewinnen. Deine natürliche Spontaneität zieht enge Freundschaften an, aber dein Enthusiasmus, der die ganze Welt verändern will, muß mit kühler Logik und in Teamarbeit gemäßigt werden. Mit 217 hast du eine höchst erotische und leidenschaftliche Ausstrahlung. Mit 159 kann dein explosives Temperament unversöhnlich und grausam sein. Mit 160 sind deine Ambitionen mehr darauf ausgerichtet, jenen zu helfen, die weniger gut dran sind. Mit 167 können dein ungeheurer Enthusiasmus und deine Energie zu weit gestreut sein, aber du bist fairer, besser gestimmt und hast das Glück auf deiner Seite. Mit 161 bist du konventioneller und weniger geneigt, Risiken einzugehen, und mit 168 bist du ein stolzes, selbstbewußtes Individuum, das das Leben ernst nimmt. Mit 162 sind deine Führungsqualitäten gut ausgebildet, aber dein emotionales Wesen ist eher unberechenbar und labil. Mit 166 sind deine persönlichen Ambitionen intelligenter ausgerichtet und dein leidenschaftliches Wesen ist besser kontrolliert. Mit 172 oder 173 hast du es schwer, persönliche Beziehungen aufrechtzuerhalten, was zu bitterer Enttäuschung führen kann. Insgesamt muß dein feuriges Temperament durch toleranteres oder reiferes Denken gezügelt werden.

Schlummerndes Potential

Dein schlummerndes Potential besteht darin, weniger extrem zu sein und deinem Selbst mehr Zeit zu geben, auf natürliche Weise zu wachsen. In vergangenen Leben hast du Projekte immer sehr schnell abgeschlossen, ohne wirklich in die Tiefe zu gehen oder die erfüllende Freude über eine persönliche Leistung auszukosten. In diesem Leben wirst du vielleicht häufig die Richtung ändern, aber irgendwann wirst du erkennen, daß sich die Welt um dich herum entfaltet, wenn du still stehst. Eine andere Perspektive zu entwickeln ist deine karmische Aufgabe. Das bedeutet, weniger egoistisch zu sein und emotional mehr auf andere abgestimmt. Wenn du in diesem Leben glücklich werden willst, mußt du deinen inneren Drang kontrollieren, vor Situationen wegzulaufen, die dein Freiheitsgefühl bedrohen.

38

Erle

Mond im Stier

Du bist ein selbstsicherer Mensch, der aufgrund seiner Hartnäckigkeit und praktischen Art garantiert Erfolg haben wird. Obwohl du ein weniger feuriges Temperament hast, als deinem Baumzeichen zugeschrieben wird, hast du tiefe Emotionen, bist äußerst sinnlich und verfügst über sexuelle Anziehungskraft. Dein Schattenselbst, die Mondseite deines Charakters, spricht in erster Linie auf Kunst an. Du hast ein angeborenes Talent, Falsches von Echtem unterscheiden zu können. Materielle Sicherheit ist dir wichtig. Daher zieht es dich eher in gutbezahlte, seriöse Berufe als in die Verfolgung schrulliger Ambitionen. Auch persönliche Beziehungen laufen besser, weil du Kränkungen oder emotionale Unsicherheit ablehnst. Mit 178 hast du einen zutiefst konzentrierten Geist, der zu stark nach innen gerichtet oder unflexibel werden kann. Mit 167 oder 168 nimmst du Wissen leicht auf und bist der geborene Lehrer oder Geschäftsführer. Mit 158 manifestiert sich deine Wertschätzung der Künste in höchst kreativen Talenten, und mit 170 fühlst du dich vielleicht zu einem Beruf hingezogen, der sowohl gefühlsmäßg als auch spirituell erfüllend ist. Mit 159 bist du in allen Unternehmungen höchst motiviert. Außerdem verstärkt dieser Aspekt deinen Sexualtrieb. Mit 160 hast du ein philosophisches Wesen und einen angeborenen Optimismus, der alle Rücksschläge oder Enttäuschungen im Leben ausgleicht. Mit 161 bist du eher festgefahren in deinen Gewohnheiten, und das kann zu Selbstzweifel führen. Insgesamt übt deine Mondstellung einen ausgleichenden Einfluß aus und bringt einige deiner feineren Züge ans Licht.

Schlummerndes Potential

Dein schlummerndes Potential besteht darin, deine schöpferischen Fähigkeiten zu entwickeln, indem du intuitives Wissen aufnimmst und es aufbereitest, um etwas von wirklichem Wert aufzubauen. In diesem Leben wirst du einiges zu knabbern haben, wenn es darum geht, wichtige Entscheidungen zu treffen, da du Veränderungen ablehnst, die deine gewohnte Routine unterbrechen. In vergangenen Leben hast du zu viel Wert auf persönlichen Besitz gelegt, um einen Mangel an emotionaler Sicherheit zu kompensieren. Nun wirst du mit zunehmender Reife entdecken, daß die Menschen dich um deiner selbst willen lieben und weil du viel zu geben hast. Deine karmische Aufgabe besteht darin, deine Hoffungen und Ängste mitzuteilen und zu lernen, dem Leben gefühlsmäßig und materiell mehr zurückzugeben, statt immer nur herauszunehmen, was dir deiner Meinung nach zusteht.

39

Erle

Mond im Zwilling

Du hast eine lebhafte Veranlagung und eine temperamentvolle Persönlichkeit. Dein Charakter ist zwiespältig und daher Stimmungsschwankungen unterworfen, die sich in einem hyperaktiven Verhaltensmuster zeigen. Im wesentlichen hast du aufgrund deiner unersättlichen Neugier auf das Leben eine niedrige Toleranzschwelle für Langeweile. Dein Schattenselbst, die Mondseite deines Charakters, schläft mit einem offenen Auge. Du hast einen hohen Grad an emotionaler, physischer und nervöser Energie, die miteinander im Wettstreit sind, statt auf ein gemeinsames Ziel hinzuarbeiten. Mit anderen Worten, deine Handlungen werden nicht von deinem Verstand kontrolliert und deine Emotionen gehen manchmal mit dir durch. Du bewegst dich sozusagen mit Überschallgeschwindigkeit und nur wenige Leute können mit dir mithalten. Mit 159 hast du einen klugen aber boshaften Geist, aber mit 166 hast du die Fähigkeit, wesentliche Fakten zu begreifen und sie in überzeugende Argumente zu transformieren. Mit 165 neigst du dazu, dich schnell zu verlieben, aber dieser Aspekt hilft, all deine Fähigkeiten und Handlungen zu harmonisieren. Mit 167 sind deine impulsiven Wünsche kontrollierter, aber du hast einen teuren Geschmack. Mit 159 oder 160 brauchst du ständig geistige und körperliche Stimulation; Mißerfolg schlägt sich auf deine Gesundheit und dein Wohlergehen. Mit 168 hast du eine praktischere Einstellung und verfügst allgemein über große Entschlossenheit. Mit 162 hast du Talent zum Schreiben und einen brillanten Intellekt. Mit 163 oder 170 ist dein Geist höchst aufnahmefähig, aber du mußt dich vor Selbsttäuschung hüten. Deine Mondstellung erfordert so viele stabile Aspekte wie möglich, wenn du in deinen Unternehmungen Erfolg haben willst. Aber dein Einfallsreichtum ist so groß, daß dich nichts von deiner Freude am Leben abhalten wird.

Schlummerndes Potential

Dein schlummerndes Potential besteht darin, deine Energien zu sammeln und die Lücken zu schließen, die hinter dir klaffen. In diesem Leben wirst du sehr viel nützliches und spezifisches Wissen anhäufen und es muß wohl nicht eigens erwähnt werden, daß dein Leben sehr interessant sein wird. In früheren Leben hast du gern über andere geklatscht und dir damit unnötig viele Feinde gemacht. Dein psychologisches Profil ist komplex, weil dein zwiespältiger Charakter unterschiedliche Signale gibt. Letztendlich mußt du dein Bewußtsein auf die höchstmögliche Ebene bringen, um deine Dualität in eine dritte Dimension zu transformieren, die von den Druiden als die spirituelle Inspiration von Awen angesehen wurde – die Fähigkeit des höheren Denkens. Das ist deine karmische Aufgabe, und sie hält eine zutiefst spirituelle Erfahrung für dich bereit.

40

Erle

Mond im Krebs

Du bist ausgesprochen gewitzt und hast einen natürlichen Instinkt in Sachen Geld. Dein Baumzeichen steht zwar mit Risikobereitschaft und einer „Auf Teufel komm raus"- Einstellung in Verbindung, aber der Schlüssel zu deinen innersten Gedanken liegt in deiner Mondstellung. Dein Schattenselbst, die Mondseite deines Charakters, enthüllt ein höchst übersinnliches Wesen. Als Erlencharakter bist du im allgemeinen etwas vorsichtiger und neigst dazu, deiner Intuition oder deinem Herzen zu folgen. Das kann den feurigen Aspekt deines Charakters abschwächen, aber wenn es notwendig ist, nicht von der Stelle zu weichen, bist du ein großartiger Gegner – obwohl das selten eintreten wird, da du deine Züge auf eine Weise planst, die Konfrontationen und Zusammenstöße vermeidet. Familiäre Verpflichtungen werden ebenfalls mit deiner Mondstellung assoziiert, und obwohl du vielleicht ein starrköpfiges Kind warst, hast du viele wichtige Lektionen schon früh im Leben gelernt. Mit 161 hast du ein ausgezeichnetes Gedächtnis, das wissenschaftliches Arbeiten leichter macht. Mit 267 bist du weniger gehemmt und sagst, was du denkst – und fühlst. Mit 160 hast du einen verführerischen Charme und eine gesellschaftliche Selbstsicherheit, die direkt auf deine ererbten Charakterzüge zurückzuführen sind. Mit 159 verfügst du über eindrucksvolles Geschick in finanziellen Dingen, und mit 166 ist dein Konkurrenzgeist aggressiver und arbeitet stets zu deinem Vorteil. Mit 168 bist du ein Mensch mit Prinzipien und hast Pflichtgefühl und traditionelle Werte von deiner Familie mitbekommen. Mit 162 bist du ein Familienrebell und mit 171 oder 177 läßt du dich allzu leicht von unehrlichen Menschen beeinflussen. Insgesamt verrät deine Mondstellung eher einen gefühlsbetonten Charakter als einen rationalen Denker.

Schlummerndes Potential

Dein schlummerndes Potential besteht darin, dir neue Emotionen und Einstellungen anzueignen, weil du mächtige Erinnerungen geerbt hast, die entweder rückwärts blicken oder tief in der Vergangenheit verwurzelt sind. In vergangenen Leben hast du zuwenig Anerkennung in deiner Familie und in engen Beziehungen allgemein erfahren. Eine Resterinnerung davon bleibt in deinem jetzigen Leben, aber du wirst schließlich entdecken, daß du ein emotionales Löschpapier warst und die Ängste und Besorgnisse anderer absorbiert hast. Wenn deine Zeit gekommen ist, beginnt der Transformationsprozeß, in dem dein eingeschlossener Geist befreit wird, und das ist deine karmische Aufgabe. Du wirst einen großen moralischen Sieg erringen und dich fühlen, als hätte man das Gewicht der Welt von deinen Schultern genommen.

41

Erle

Mond im Löwen

Du hast einen vorzüglichen Stil und soziales Geschick, beides perfekt auf deine ehrgeizigen Pläne im Leben zugeschnitten. Deine natürliche Wortgewandtheit kennzeichnet einen ausgezeichneten öffentlichen Redner, Schauspieler oder Politiker, aber du wirst auch in jedem anderen Beruf glänzen und dir auf jeden Fall einen Namen machen. Dein Schattenselbst, die Mondseite deines Charakters, enthüllt einen angeborenen Sinn für Macht und Autorität. Deine Freundlichkeit und Großzügigkeit Freunden oder sogar völlig Fremden gegenüber ist lobenswert, aber dein egoistisches Wesen bläst sich nur zu leicht auf, wenn du mit Kritik konfrontiert wirst. In deinem Fall kann verletzter Stolz zu einer Quelle großen Herzeleids werden und deine Gesundheit oder dein Wohlergehen beeinträchtigen. Insgesamt verfügst du über eine ungeheure Vitalität und einen Mut, der dich in allen persönlichen Krisen aufrecht hält. Mit 159 oder 176 bist du jähzornig und hast die eindeutige Tendenz, auf Angriffe mit aggressiven Gegenschlägen zu reagieren. Mit 160 oder 167 entwaffnet dein guter Humor Freunde wie Feinde gleichermaßen. Mit 161 wirst du weniger wahrscheinlich persönliche Kritik anziehen, aber die Leute stehen deinen Motiven im allgemeinen eher skeptisch gegenüber. Mit 162 werden manche Leute deinen unkonventionellen Methoden zustimmen, während andere dich für einen gefährlichen Extremisten halten. Mit 163 mußt du dich vor Selbstbetrug hüten, und mit 266 können dir deine rücksichtslosen Taktiken Feinde schaffen. Mit 169 setzt du deine Überzeugungskünste weniger selbstsüchtig ein, und mit 168 verfügst du über großes schöpferisches Potential. Mit 175 oder 267 bist du in der Lage, dich über sämtliche Rückschläge hinwegzusetzen und dir immer wieder ein neues Leben aufzubauen.

Schlummerndes Potential

Dein schlummerndes Potential besteht darin, deine Träume zu erkennen anstatt sie auszuagieren. Dein eigennütziges Wesen hat daran die Schuld, und doch bist du alles andere als ein selbstsüchtiger Mensch, wenn es darum geht, anderen zu helfen, die es im Leben nicht so gut haben. In diesem Leben wirst du mit berühmten und glanzvollen Persönlichkeiten in Kontakt kommen und könntest sehr wohl selbst eine führende Persönlichkeit werden. Das Ausmaß deines Erfolgs hängt davon ab, ob du dich in mehr Selbstdisziplin übst, aber wesentliche Wendepunkte in deinem Leben werden mit deinen Kindern zu tun haben oder mit anderen jungen Leuten, mit denen du dich identifizieren kannst. Dein psychologisches Profil weist auf die Furcht hin, allein oder ungeliebt zu sein, was mit deinem überaus großzügigen und liebevollen Wesen in Verbindung steht. Vorausgesetzt, du erwartest nicht, daß deine Liebe in teuren Geschenken oder dergleichen vergolten wird, bist du fähig, ein ausgesprochen liebender Partner und Elternteil zu sein. Das ist deine karmische Aufgabe.

42

Erle

Mond in der Jungfrau

Du legst großen Wert darauf, die Fakten und Zahlen zu kennen, bevor du dich auf ein Unternehmen einläßt. Du machst das zwar intuitiv, aber dahinter steht das Bedürfnis, alles, was deine emotionale Sicherheit betrifft, abzumessen und zu analysieren, was wiederum deine Gesundheit und deinen Seelenfrieden angreift. Dein Schattenselbst, die Mondseite deines Charakters, verrät eine latente Form von niedrigem Selbstwert. Daher kann deine Neigung, dir Sorgen zu machen, zu einer zynischen Lebenseinstellung führen. Erlenmenschen sind im allgemeinen selbstbewußt, aber deine Mondstellung gibt dir im besten Fall einen guten Geschäftssinn mit praktischem Ansatz. Mit 183 bist du ein brillanter Forscher mit einem analytischen Geist, aber eher ein Einzelgänger. Mit 166 lernst du schnell und bist sehr anpassungsfähig. Mit 159 arbeitest du auf deinem Gebiet sehr hart, aber obwohl du ausgesprochen ehrgeizig bist, lehnst du allzu viel Verantwortung ab. Mit 160 bist du freundlich und rücksichtsvoll und deine technischen und wissenschaftlichen Fähigkeiten sind hervorgehoben. Mit 161 bist du umsichtig und methodisch, du widmest dich ganz deiner Karriere und neigst zum Moralisieren. Mit 162 hast du einen brillanten Verstand, neigst jedoch zu exzentrischem Verhalten. Mit 266 möchte dein forschender Geist zu den Ursachen vordringen, statt sich nur mit den offensichtlichen Wirkungen zu beschäftigen – ein ausgezeichneter Aspekt für Analytiker, Chirurgen oder Psychiater. Mit 167, 169 oder 267 solltest du in der Lage sein, deine präzisen Fertigkeiten zu nutzen. Mit 171, 172 oder 177 wirst du dich manchmal in dich selbst zurückziehen, und das kann eine überaus anstrengende Erfahrung sein. Von einer positiveren Seite aus betrachtet, weist deine Mondstellung insgesamt darauf hin, daß schmerzhafte Selbstbeurteilung eine hervorragende Arbeit sein kann.

Schlummerndes Potential

Du mußt durch deine innersten Gedanken gehen und sie an die Oberfläche bringen, denn erst wenn du das geschafft hast, kannst du beginnen dich selbst zu finden. In vergangenen Leben hast du eine Menge Zeit tief in Gedanken verbracht und darüber deine eigenen Bedürfnisse ebenso vergessen wie die Bedürfnisse anderer. Dein psychologisches Profil weist auf ein Übermaß an Selbstversunkenheit hin, die zu einem ungesunden Zwang werden kann. Aber was du der Menschheit bieten kannst, ist sehr nützlich. Deine karmische Aufgabe besteht darin, den Weg für Projekte zu bahnen, die Veränderungen zum größeren Wohl der Menschheit herbeiführen können.

43

Erle

Mond in der Waage

Du bist im allgemeinen mit dir und der Welt im Einklang. Obwohl du viel Initiative und großen Enthusiasmus für neue Projekte oder Ideen zeigst, ziehst du es vor, Dinge in deinem eigenen, ruhigen und entspannten Tempo zu tun. Das ist dir wichtig, da es Zeiten gibt, in denen du es als störend empfindest, Entscheidungen treffen zu müssen. Dein Schattenselbst, die Mondseite deines Charakters, ist gut in dein Bewußtsein integriert. Als Erle steht dein Mond im Zeichen des Herbstäquinoxes und deine Sonne im Zeichen des Frühlingsäquinoxes. Die Äquinoxe waren wichtige Daten im Kalender der Kelten. Sie zeigten das kurze Zwischenspiel an, in dem Sonne und Mond eine göttliche Union bildeten. Im persönlichen Bereich betrifft das individuelle Eigenschaften, die voll integriert sind. Mit 159 ziehst du es vor, in allen Beziehungen die Initiative zu ergreifen, aber dein Enthusiasmus nimmt mit dem Mond zu und ab. Mit 160 ist die Expansion in deinem Leben direkt mit funktionierenden Partnerschaften verbunden und weist auf künstlerische und schriftstellerische Fähigkeiten hin. Mit 168 verfügst du über Geduld und ein gerechtes Urteilsvermögen – ein ausgezeichneter Aspekt für Anwälte und Politiker. Mit 162 hast du deutlich humanitäre Züge, und mit 163 bist du unbekümmert und nicht materialistisch. Mit 266 bist du ein Senkrechtstarter und hast eine glückliche Hand in Geschäftsdingen. Mit 167 können persönliche und berufliche Partnerschaften sehr erfolgreich sein, aber mit 172 oder 173 fällt es dir schwer, Kompromisse zu schließen. Insgesamt verrät deine Mondstellung natürlichen Charme und Höflichkeit, aber dein Selbstbewußtsein muß vielleicht bewußt entwickelt werden.

Schlummerndes Potential

Dein schlummerndes Potential besteht darin, anderen die Augen für ihren eigenen Wert zu öffnen. In früheren Leben warst du mehr damit beschäftigt, um dich selbt zu kreisen und dein Ego zu stärken. Daher wirst du jetzt ein paar persönliche Opfer für einen Partner oder andere Menschen bringen müssen. Wenn du das nicht als persönlichen Verlust deiner Freiheit oder deiner Wahlmöglichkeiten siehst, bleibst du in Harmonie mit dir selbst, und darin besteht deine karmische Aufgabe. Dein psychologisches Profil verrät einen Sinn für Individualität, und der kann dafür sorgen, daß du sehr enttäuscht reagierst, wenn du dich von einem Partner nicht unterstützt fühlst. Es ist daher sehr wichtig, daß du nicht zu früh im Leben heiratest oder zu schnell eine feste Bindung mit einem Partner eingehst.

44

Erle

Mond im Skorpion

Du weißt, wie man hart arbeitet und gut spielt. In deinem Leben gibt es keine halben Sachen: Andere Menschen fliegen entweder auf dich oder sie gehen dir ganz aus dem Weg. Dein Schattenselbst, die Mondseite deines Charakters, verrät unter der Oberfläche schwelende Emotionen, die jederzeit ausbrechen können wie die glühende Lava, die im Innern eines Vulkans vor sich hinbrodelt. Du bist extrem launisch und deine unmoralische Ader kann bisweilen selbstzerstörerisch werden. Positiv schlägt zu Buche, daß deine Selbstbestimmtheit so manchen schweren Rückschlag überwinden kann, der schwächere Individuen regelrecht zerstören würde. Mit 266 kann du sarkastisch und nachtragend sein, bis hin zur seelischen Grausamkeit, wenn dies nicht durch konstruktivere Aspekte ausgelichen wird. 264, 273, 279 oder 282 lenken deine Energie und deine Ambitionen in Richtung Harmonie mit dir selbst und anderen. Mit 159 bist du ein sehr leidenschaftliches Indivuduum und alle deine persönlichen Beziehungen sind ausgesprochen emotional, wobei Eifersucht ein Normalzustand ist. Mit 166 hast du deine Emotionen besser unter Kontrolle, und mit 167 hast du eine altruistische Ader. Diese beiden Aspekte begünstigen auch die Bildung von Wohlstand und Reichtum. Mit 160 ist Mäßigung in allen Dingen angesagt und muß bewußt entwickelt werden, denn dein Hunger nach Leben kann zu extremer Selbstsucht führen. Mit 161 verfügst du über Managementfähigkeiten, und obwohl du ein wenig unflexibel bist, hast du starke innere Resourcen. 176 aktiviert dein explosives Temperament. Insgesamt weist deine Mondstellung auf einen starken Draht zum Okkulten oder zu den Mysterien des Lebens hin.

Schlummerndes Potential

Dein schlummerndes Potential liegt in der Zügelung deiner extremen Wünsche und deines begehrlichen Wesens. In vergangenen Leben waren diese beiden Charakterzüge deine größte Schwäche. Wenn du sie in diesem Leben nicht überwindest, können sie kriminelle Neigungen und sexuelles Fehlverhalten fördern. Die Wahrscheinlichkeit ist hoch, daß du in diesem Leben moralisch in die Klemme geraten wirst, was sich direkt auf deine karmische Aufgabe der Selbstkontrolle und Mäßigung auswirken kann. Dein psychologisches Profil enthüllt eine selbstzerstörerische Ader. Dennoch bist du ein instinktiver Überlebenskünstler und verfügst über die Fähigkeit, dein eigenes Schicksal sorgfältig zu planen, was ein Segen und ein Fluch gleichermaßen sein kann.

45

Erle

Mond im Schützen

Du bist ein Mensch, der ein permanentes Bedürfnis nach Herausforderung hat, und zwar sowohl geistig als auch körperlich. Obwohl du eine Situation rasch erfassen und zu deinem Vorteil zurechtbiegen kannst, sind deine Handlungen im allgemeinen von Fairneß und Humor geprägt. Dein Schattenselbst, die Mondseite deines Charakters, verrät den „ewigen Studenten", der mit einer natürlichen Neugier auf das Leben gesegnet ist. Dein wahres Potential kommt jedoch normalerweise nicht während der Schulzeit zum Ausdruck, sondern erst mit zunehmender Reife entweder auf der Universität oder noch später in beruflichen Fortbildungen. Du verfügst über schriftstellerisches Talent, das ermuntert und gefördert werden sollte. Mit 160 oder 167 wird dieses Schreibtalent zum Blühen kommen, aber mit 161, 174 oder 177 können deine kreativen Ideen aus einer Reihe von Gründen ins Schwimmen kommen. Mit 175 wirst du deine Ziele im Leben trotz ständiger Kämpfe aus eigener Kraft erreichen. Mit 163, 165 oder 170 beschäftigen sich deine kreativen Gedanken mit Dichtkunst, Romantik, spirituellen Angelegenheiten und mit den Künsten, während sie mit 159 zu Ruhm und finanziellen Erfolgen führen können. Mit 162 oder 169 fließen sie in moderne Technologien, Computer oder wissenschaftliche Erfindungen. Mit 266 oder 267 könntest du Journalist oder Finanzberater werden. Insgesamt herrscht allgemeine Rastlosigkeit vor, die positive oder schöpferische Ventile finden muß, damit die enorme Menge an Energie in die richtigen Kanäle geleitet werden kann.

Schlummerndes Potential

Dein schlummerndes Potential besteht darin, dir deiner Handlungen und Worte stets bewußt zu sein. Du neigst zur Indiskretion und kannst daher trotz deiner Ernsthaftigkeit und Ehrlichkeit sehr leicht mißverstanden werden. Im Grunde ist es ein Mangel an Takt oder Diplomatie auf deiner Seite, der zu unnötigen Konflikten führen kann. In vergangenen Leben hast du deine Angelegenheiten auf eben diese Weise gehandhabt, aber deine karmische Aufgabe verlangt, daß du eine klarere Perspektive entwickelst, um mehr Lebenserfahrung zu gewinnen, die dir innere Tiefe der Weisheit geben wird. In diesem Leben wirst du weit reisen und die freie Natur der erstickenden Atmosphäre der Stadt vorziehen. Dein psychologisches Profil weist auf ein einzigartiges Potential für enormes spirituelles und intellektuelles Wachstum hin.

46

Erle

Mond im Steinbock

Du hast einander widersprechende Wertvorstellungen, die deine ehrgeizige Strategie im Leben untergraben können. Dein instinktiv vorsichtiges Wesen und deine Emotionen können plötzlich in impulsive Worte und Handlungen umschlagen. Dein Schattenselbst, die Mondseite deines Charakters, wird als düstere Stimme deines Bewußtseins laut. Für den Erlencharakter ist das ein einengender Einfluß, aber dein natürlicher Enthusiasmus und dein Unternehmungsgeist sind stark und gut ausgerichtet. Konflikte ergeben sich, weil du manchmal das Gefühl hast, daß etwas in deinem Leben fehlt, wenn es darum geht, das zu genießen, wofür du so hart gearbeitest hast. Deine Mondstellung weist auf familiäre Belastungen hin oder auf ein körperliches Handikap, das deine Teilnahme am Sport oder am Leben im allgemeinen einschränken kann. Aber mit 160 oder 167 bist du ausgesprochen kommunikativ und hast einen weiten Horizont. Mit 166 setzt du deine Energie und deine Zeit konstruktiv ein und kommst höchstwahrscheinlich in den Genuß einer Machtposition. Mit 161 bist du außergewöhnlich selbstdiszipliniert, mußt aber persönliche Opfer auf dem Altar des Erfolgs darbringen. Mit 168 werden deine Emotionen so stark kontrolliert, daß es ihnen an wirklicher Wärme oder demonstrativem Ausdruck fehlt. Das ist jedoch ein ausgezeichneter Aspekt für großen finanziellen Gewinn. Mit 169 hast du mathematische und wissenschaftliche Fähigkeiten. Mit 172 oder 173 ist dein Herz nicht immer bei deiner Karriere, und persönliche Beziehungen leiden ebenfalls unter Gedankenlosigkeit oder einem Mangel an Spontaneität. Insgesamt weist deine Mondstellung auf plötzliche Anfälle von Depression oder ein pessimistisches Wesen hin, das die erhebenden Aspekte von Jupiter, Venus und Mars braucht.

Schlummerndes Potential

Dein schlummerndes Potential besteht darin, deine allgemeinen Erwartungen auf eine höhere Ebene zu heben. In vergangenen Leben hattest du starke familiäre Bindungen und Verpflichtungen, aber diesmal mußt du diese selbstgeschaffenen Ketten abstreifen, um mehr Bewußtsein oder größere Selbstbewußtheit zu entwickeln. In diesem Leben wirst du vielleicht mit Situationen konfrontiert, die dein Selbstwertgefühl untergraben, was auf eine Disharmonie in der Familie zurückgeführt werden kann. Wenn du dich darüber erhebst, wirst du eine dramatische Transformation deiner ganzen Persönlichkeit erleben, und darin besteht deine karmische Aufgabe. Psychologisch ausgedrückt geht es darum, eine reife Ebene des Denkens und Fühlens zu erreichen, ohne deine angeborene Unschuld oder dein Urvertrauen zu verlieren.

47

Erle

Mond im Wassermann

Du bist ein unkonventioneller und origineller Denker, dem persönliche Freiheit und Redefreiheit über alles geht. Gleichzeitig bist du ein Menschenfreund und sehr freundlich und loyal deinen Freunden und deiner Familie gegenüber. Obwohl du widerspenstig und griesgrämig sein kannst, überwiegen deine positiven Charakterzüge. Dein Schattenselbst, die Mondseite deines Charakters, enthüllt eine angeborene Genialität und eine natürliche Begabung für moderne Wissenschaften. Normalerweise hast du auch ein Gespür für Astrologie und Astronomie. Gefühlsmäßig kannst du manchmal unnahbar oder verschlossen sein, was mit deinem Bedürfnis nach Unabhängigkeit zu tun hat und mit und einem hohen Grad an nervöser Energie, die bewußte Kontrolle erfordert, wenn Beziehungen erfolgreich sein sollen. Mit 164 wird diese nervöse Spannung durch ausgezeichnetes logisches Denken positiv gelenkt. Mit 165 oder 179 hast du Charme und persönliche Anziehungskraft und kannst deine Gefühle gut zum Ausdruck bringen. 159 bewirkt emotionale Disharmonie, welche die Spannung erhöht, aber in Notfällen sind deine Reaktionen rasch und hilfreich. Mit 162 oder 169 bist du ein hervorragender Student oder Gelehrter auf deinem Gebiet, aber dein unberechenbares Verhalten kann gesellschaftliche Probleme hervorrufen. Mit 168 bist du berechenbarer und deine Perspektive ist konzentrierter, aber deine Emotionen sind weniger liebevoll. Insgesamt enthüllt deine Mondstellung in Kombination mit deinem Baumzeichen ein überwältigendes Bedürfnis nach persönlicher Unabhängigkeit, das sich hinderlich auf jede intime oder emotionale Beziehung auswirkt.

Schlummerndes Potential

Deine karmische Aufgabe besteht darin, deine Träume und Ideen auf weniger unpersönliche Weise mit anderen zu teilen. Du wirst dann vielleicht entdecken, daß deine gleichgültige Einstellung, die durch innere Unzufriedenheit entstanden ist, sich rasch zu echtem Wissen oder Verständnis deiner einzigartigen Talente entwickelt. In vergangenen Leben hast du Phasen großer innerer Einsamkeit oder Isolation durchgemacht, die zwar selbstverschuldet waren, aber dennoch zu innerem Wachstum und spiritueller Bewußtheit beigetragen haben. Dein psychologisches Profil enthüllt ein mächtiges Ego, das sich hinter einer leidenschaftslosen Fassade verbergen kann. Deine Andersartigkeit ist eigentlich eine Form von Elitedenken, das als Indifferenz zur Schau gestellt wird. Dennoch bist du eine bewegende Kraft, wenn es um die praktische Umsetzung humanitärer Ideale geht, die einen radikalen Ansatz erfordern.

48

Erle

Mond in den Fischen

Du bist ein faszinierendes Individuum. Obwohl du ein sanftes und liebenswertes Wesen hast, bist du auch ein leidenschaftlicher Aktivist, wenn es um eine gute Sache geht. Dein Schattenselbst, die Mondseite deines Charakters, ist sehr empfindsam und zeitweise leichtgläubig und naiv. Du neigst in Krisenzeiten dazu, deine Meinung zu ändern, was zu Verwirrung führt und das Gedankenchaos noch verschlimmert. Deine Imagination ist gut entwickelt, und wahrscheinlich verfügst du über künstlerische Fähigkeiten. Wenn deine Energie und deine Motivation im Fluß sind, kannst du aufregend neue und höchst schöpferische Projekte in die Wege leiten. Mit 163 hast du das starke Bedürfnis, anderen zu helfen, aber deine Energie kann sich rasch erschöpfen oder fehlgeleitet werden. Mit 160 oder 167 zeigst du viel Mitgefühl für Leidende und Gebrechliche – ein ausgezeichneter Aspekt für alle helfenden und heilenden Berufe. Mit 166 zeigst du mehr Initiative, und mit 168 bist du entschlossen und integer genug, um deine Träume in die Tat umzusetzen. Mit 170 bist du sehr charismatisch und eine hochentwickelte Seele. Mit 162 oder 169 bist du ein wahrer Visionär und Idealist. Mit 177 kannst du dein Leben leicht verträumen, außer du hast noch ein paar andere stabilisierende Aspekte im Horoskop. Deine Mondstellung verlangt nach Unterstützung, damit du dein Potential konstruktiv nutzen kannst. Halte Ausschau nach den selbstbewußten Aspekten von Mars und den hilfreichen Aspekten von Saturn und Jupiter.

Schlummerndes Potential
Dein schlummerndes Potential liegt darin, aufzuwachen und für alle Möglichkeiten im Leben offen zu sein, nicht nur für einige wenige, die nicht zuviel von deiner Zeit in Anspruch nehmen. In vergangenen Leben hattest du dich anscheinend in deine eigene Realität eingeschlossen, was dein Selbstwachstum nicht gefördert hat. Daher wird es dir in diesem Leben schwerfallen durchzustarten. Sobald du jedoch erkennst, daß du sehr wohl ein angemessener Wettstreiter bist, wirst du intuitiv deinen Weg finden. Dein psychologisches Profil weist auf eine Tendenz hin, dich in deine eigene Welt zurückzuziehen. Es kann sein, daß du die physische Welt zu ermüdend findest. Aber du hast die Fähigkeit, durch passive Kontemplation zu transzendieren, ohne darüber die Realität aus den Augen zu verlieren, und das ist deine karmische Aufgabe.

Keltisches Mondzeichen: Weide

Mondsymbol: Seeschlange

Die Seeschlange personifiziert den Schlangentanz der keltischen Mondgöttin, welche die Meere und das Schicksal der Menschheit kontrolliert. Das heilige Symbol der Schlange ist vielen alten Mythen zufolge mit Weisheit und Prophezeiung verbunden. Die Kelten und die alten Griechen brachten die Weide mit der dreiköpfigen Mondgöttin in Verbindung, die bei den Griechen Hekate heißt und bei den Kelten „die Alte mit dem Schleier“. Sie wurde mit der dunklen Mondphase assoziiert, der Zeit, in der der Mond am Nachthimmel nicht zu sehen ist, etwa vier Tage bevor sich die glänzende Sichel des neuen Mondes zeigt. Obwohl diese archetypische Göttin die dunkleren Aspekte der Psyche repräsentiert, symbolisiert sie in erster Linie die Notwendigkeit, die Realität des Bösen oder des negativen Denkens sowie der Ängste anzuerkennen, die jede menschliche Entwicklung behindern. Tief in unserem Unbewußten liegt ewige Weisheit, und im Mondmonat der Weide führten die Druiden zu Beltane heilige Riten durch, um diese spirituelle Quelle anzuzapfen. Beltane war eine der großen Geistnächte des Jahres, die andere war Samhain (Halloween). Es war eine Zeit der Prophezeiung und Divination, aber, noch wichtiger, eine Zeit, in der alle Kelten ihre spirituelle und physische Vitalität erneuerten. Daher symbolisierten die Fruchtbarkeitsriten zu Beltane die Geburt, während die Riten zu Samhain die Toten ehrten. Die arthurische Mondgöttin Morgan Le Fay wird mit diesem Zeichen identifiziert.

Der Weidencharakter
Du wurdest zu einer Jahreszeit geboren, in der sich überall neues Leben zu regen beginnt, eine dynamische Erdenergie, die pflanzliches, tierisches und menschliches Wachstum stimuliert. Dieser belebende Einfluß regt unser sinnliches Wesen an und aktiviert unsere innersten Wünsche. Psychologisch gesehen wurdest du unter einem der mysteriösesten und am schwersten faßbaren Zeichen im keltischen Mondtierkreis geboren, was buchstäblich einen Schleier über dein wahres Potential legt. Du bist daher

äußerst schwer zu verstehen oder genauer kennenzulernen. Du hast eine Reihe von starken Charakterzügen geerbt und, was vielleicht am wichtigsten ist, übersinnliche Kräfte, die möglicherweise viele Jahre latent bleiben. Frauen werden immer einen großen Einfluß auf dein Leben ausüben, besonders Großmütter und Großtanten. Töchter oder Enkeltöchter werden eine stimulierende Herausforderung sein und den fehlenden Teil deines sich entwickelnden Selbstbewußtseins repräsentieren.

Dein Herrscherplanet, der Mond, wurde schon immer als Symbol der Illusion angesehen, da nichts unter dem Einfluß des Mondes Geborene von Dauer ist. Er verändert und erneuert alles auf seinem Weg. Wie sich das manifestiert, hängt von deiner Fähigkeit ab, dein hoch intuitives Wesen mit Verstand und einem Sinn fürs Praktische auszugleichen. Mit den Konjunktionen 163 oder 184 werden deine übersinnlichen Fähigkeiten kräftig aktiviert und können dich zu eigenartigen religiösen Sekten oder Geheimgesellschaften ziehen. Im allgemeinen kannst du dich auf dein intuitives Wesen verlassen, das aus einer reichen Quelle der Klugheit und der guten Einfälle schöpft. Du neigst zu festen Meinungen und starken Gefühlen. Das kann deine größte Stärke sein, aber auch deine größte Schwäche, je nachdem wie tolerant du bist. Mit 167 oder 186 hast du eine gesunde Toleranzschwelle und mit 204 ein logisches Denkvermögen, das dich konstruktiv kritisch macht, wobei du mögliche Vorzüge nicht übersiehst. Mit 180 ist deine Energie aggressiv auf Selbstverbesserung und ehrgeizige Ziele gerichtet.

Mit 181 bist du ein natürlicher Heiler mit einer profunden Lebensphilosophie. Die extreme Natur dieser Konjunktion kann einen extravaganten Lebensstil fördern. Mit 184 führst du ein zurückgezogenes Leben, aber mit den Aspekten 159, 166 oder 185 ist dein Leben sehr ereignisreich, auch wenn es dich an den Rand deines physischen und geistigen Durchhaltevermögens bringt. Mit 188 fließen deine übersinnlichen Fähigkeiten in paranormale Aktivitäten, während du mit 189 oder 200 ein geborener Poet und Mystiker bist. Mit 158, 165 oder 179 bringst du deine Gefühle liebevoll zum Ausdruck und dein Charme zieht viele Freunde und Bewunderer an. Diese Aspekte weisen auch auf künstlerische Fähigkeiten und eine Liebe zur Natur hin. Mit 190, 191 oder 192 kann deine Energie und Vitalität mit dem Mond zu- und abnehmen, was sich in erster Linie auf der unbewußten Ebene abspielt. 157 sorgt für ein Ungleichgewicht in der ganzen Psyche und betont alle negativen Charakterzüge. 258 weist auf eine positive Integration des Unbewußten und des Bewußten hin, die sich als harmonische Persönlichkeit manifestiert. Deine Mondstellung ist jedoch der Schlüssel zu deinem einzigartigen Potential.

49

Weide

Mond im Widder

Diese Mondstellung unterstreicht alle rastlosen und emotionalen Charakterzüge, die mit deinem Zeichen assoziiert werden. Schon sehr früh hast du gelernt, gefühlsmäßig unabhängig und selbständig zu sein. Du bist ein energischer Mensch, der in Alltagsangelegenheiten offen seine Meinung sagt, aber wenn es um kontroverse Themen geht, bist du zurückhaltender, weil du viele eigenartige und leidenschaftliche Ansichten hast. Wenn du herausgefordert wirst, machst du deinen Standpunkt ohne Rücksicht auf Verluste klar. Dein Schattenselbst, die Mondseite deines Charakters, reagiert schnell auf Herausforderungen und Situationen, die eine unmittelbare Aktion verlangen. Diese Mondenergie kann positiv in die Kunst gelenkt werden oder in Berufe, die manuelle Fertigkeiten verlangen, denn dein persönliches Wachstum resultiert in erster Linie aus der unmittelbaren Erfahrung. Mit 162 oder 176 ist Takt nicht deine stärkste Seite, aber du setzt dich ohne zu zögern für Benachteiligte ein. Mit 158 oder 170 bringst du deine Gefühle gut zum Ausdruck und deine persönlichen Beziehungen sind sehr erfüllend. Künstlerische Fähigkeiten sind ebenfalls hervorgehoben. Mit 159 oder 166 werden deine Ambitionen positiv aktiviert. Halte Ausschau nach weiteren Aspekten mit Jupiter und Saturn. Sie geben dir jene Selbstmotivation und Stabilität, die zu persönlichen Erfolgen führt. Mit 161, 173, 174, 177, 236, 237 oder anderen negativen Aspekten zwischen Sonne und Mond kann dein wahres Potential in dir verborgen bleiben. Insgesamt verrät deine Mondstellung ein energisches Individuum, das jede Situation durch reine Willenskraft und originelles Denken retten kann.

Schlummerndes Potential

Dein schlummerndes Potential liegt darin, deine ursprüngliche Impulsivität beherrschen zu lernen und deine originellen Gedanken zu einem konstruktiven Aktionsplan zu verbinden, der solide Ergebnisse bringt. In vergangenen Leben hast du häufig die Richtung geändert, um persönliche Erfüllung zu finden, aber sie ist dir immer entglitten. In diesem Leben wirst du viele Kompromisse schließen müssen, was normalerweise Zeiten der Anpassung mit sich bringt. Du bist jedoch gut qualifiziert, um dich, wenn nötig, nach vorn zu bewegen, und schleppst wenig emotionalen Ballast mit dir herum. Du wirst vielleicht Phasen erleben, in denen du Zeit für dich selbst brauchst, und dann ist es wichtig, daß du auf dein inneres Selbst hörst. Es wird dich verstehen lassen, daß zeitweilige Isolation ein Reinigungsprozeß ist, der zur Selbstentdeckung führt und die gesamte Psyche vereint – eine karmische Aufgabe, die rasches Selbstwachstum fördert.

50

Weide

Mond im Stier

Du hast ein äußerst sinnliches Wesen, das dich zu den Künsten und zu den Freuden des Lebens zieht. Mit dem Mond in seiner stabilsten Stellung bist du gleichzeitig extrem praktisch. Emotionale und finanzielle Sicherheit steht ganz oben auf deiner Liste. Dein Schattenselbst, die Mondseite deines Charakters, bremst impulsives Verhalten und sorgt für eine stete und entschlossene Einstellung. Sie betont auch ein geselliges Wesen und künstlerisches Potential. Obwohl sie ein besitzergreifendes Wesen in persönlichen Beziehungen fördert und das Bedürfnis, schöne Dinge anzusammeln, übt deine Mondstellung insgesamt einen festigenden Einfluß aus, der alle Extreme ausgleicht. Die Aspekte bestätigen das wahre Ausmaß dieser harmonischen Mondenergie. Mit 158, 179, 218 oder 221 verfügst du über beträchtlichen Charme und gute Umgangsformen. Künstlerische Talente werden gut eingesetzt und bilden einen integralen Teil deiner Persönlichkeit. Mit 172, 214, 222 oder 224 wurden dein sinnliches Wesen und deine empfindsamen Gefühle früh im Leben unterdrückt, normalerweise von lieblosen Eltern oder durch harte soziale Bedingungen. Mit 166, 167, 181, 186 oder 204 wirst du alle Rückschläge mit Humor, Optimismus, Vitalität und Zähigkeit überwinden. Mit 163 oder 184 ist die mystische Seite deines Wesens stark ausgeprägt, aber es kann zu geistiger oder emotionaler Verwirrung kommen. Mit 170, 189, 206 oder 244 gibt dir dein mystisches Wesen Inspiration und praktische Führung in spirituellen Angelegenheiten sowie künstlerische Fähigkeiten. Insgesamt wirkt die stabilisierende Stellung deines Mondes ausgleichend auf alle negativen oder schwierigen Planetenaspekte.

Schlummerndes Potential

Dein schlummerndes Potential besteht darin, eine vielseitige Strategie und persönliche Initiative zu entwickeln. Die Kombination deines Baumzeichens und deiner Mondstellung weist auf eine wichtige Phase der Transformation hin, die eine sorgfältige Untersuchung deiner wirklichen Motive verlangt. Dein starker Überlebensinstinkt resultiert aus der Resterinnerung an Verfolgung, die mit deinen übersinnlichen Fähigkeiten zu tun haben kann oder mit starken Familienbanden. Daher wirst du in diesem Leben eine Reihe persönlicher Krisen durchleben, weil du unfähig bist, dein überkommenes Wertesystem zu ändern. Dein psychologisches Profil weist auf einen starken Sexualtrieb und tiefverwurzelte Emotionen hin, die in Liebesbeziehungen destruktiv sein können. Deine karmische Aufgabe besteht darin, den Unterschied zwischen Bedürfnissen und Wünschen zu verstehen.

51

Weide

Mond im Zwilling

Du hast sehr viel nervöse Energie und wechselhafte Ideen. Das kommt von einem extrem rastlosen Geist, Körper und Verstand und steht auch in Verbindung mit einer unruhigen Kindheit und deinem Familienhintergrund. Dein Schattenselbst, die Mondseite deines Charakters, kann viele Masken und Verkleidungen anlegen, um sich in jede Nische der Gesellschaft einzufügen – oder einfach, weil es ihm Spaß macht, die Reaktion anderer zu beobachten. Du bist im Grunde ein „Leute-Beobachter", der von menschlichem Verhalten fasziniert ist. Deine Fähigkeit, Ideen und Lebenserfahrungen mitzuteilen, resultiert aus den vereinten Energien von Sonne und Mond, die Autoren und geschickte Verhandler begünstigen, aber auch Menschen, die in bezug auf neue Ideen und Techniken am Ball bleiben müssen. Wenn verschiedene Aspekte mentale oder psychologische Blockaden schaffen, wird sich deine nervöse Energie so aufladen, daß deine einzige Möglichkeit zu reagieren in einem explosiven Ausbruch besteht. Als Alternative kannst du clevere Maßnahmen ergreifen, um deine Ambitionen zu erfüllen. Mit 160, 167, 181, 186, 188, 197, 203, 204 oder 205 wirst du deine Kommunikationsfähigkeit zu einem hohen Grad entwickeln und eine Menge Wissen anhäufen. Mit 177, 194, 209 oder 211 führen deine übersinnlichen Fähigkeiten zu Ziellosigkeit und Unzuverlässigkeit. Insgesamt verrät deine Mondstellung einen forschenden Geist, der in die Mysterien des Lebens eintauchen wird. Du gehörst vielleicht zu den Vertretern deines Baumzeichens, die am besten qualifiziert sind, das komplizierte Wesen des Mondes zu erklären.

Schlummerndes Potential

Dein schlummerndes Potential besteht darin, ein Meister auf allen Ebenen der Kommunikation zu werden, was dir ermöglichen wird, eine starke Verbindung mit deinem höheren Selbst einzugehen. Aber zuerst mußt du einen neutralen Standpunkt einnehmen, um deine Meinungen mit den Meinungen anderer abzustimmen. Obwohl das ein Teil deiner karmischen Aufgabe ist, verlangt dein schwer faßbares Wesen, das von einer ewigen Rastlosigkeit oder dem mystischen Vorgang des kreativen Denkens geprägt ist, nach mehr Selbstdisziplin, und wenn du die aufbringen kannst, ist dein Karma erfüllt. In vergangenen Leben warst du in zahlreiche Intrigen verwickelt, die deine Aufmerksamkeit von deinem wahren Potential oder von persönlichen Zielen abgelenkt haben. In diesem Leben wirst du die tiefgreifenden Einflüsse eines philosophischen Wesens erfahren, die deinen Lebensstil zum Besseren wenden. Dein psychologisches Profil enthüllt ein Bedürfnis nach gesellschaftlicher Bestätigung und Anerkennung von anderen, die wenn sie erreicht wird, mit geistiger Entwicklung synchronisiert werden sollte.

52

Weide

Mond im Krebs

Du hast eine starke Imagination und eine hohe Gefühlsebene, die positive Ableitung verlangt. Du bist wahrscheinlich ein natürliches Medium, das dramatische Vorahnungen oder ausgeprägte Déjà-vu-Erlebnisse hat. Dein Schattenselbst, die Mondseite deines Charakters, wird stark von den wechselnden Mondphasen beeinflußt. Wie sich das manifestiert, hängt von den Mondaspekten ab, aber im allgemeinen wird dein Verhaltensmuster Stimmungsänderungen zeigen, die mit dem Neumond beginnen und einen Höhepunkt um Vollmond erreichen, um dann in der dunklen Phase vor Neumond unterschwellige Tiefen zu durchlaufen. In der persönlichen Horoskopanalyse beginnt der Mondzyklus normalerweise mit einer Erneuerung der emotionalen Energie und des Unternehmungsgeistes, während der Vollmond der Höhepunkt der Erkenntnis ist. Die abnehmende Phase wirkt sich nicht notwendigerweise schwächend aus, da sie auch eine Zeit bezeichnet, in der die emotionalen Batterien in aller Stille wiederaufgeladen werden können, aber es ist nicht die beste Zeit, um allzu viele Verpflichtungen einzugehen. Die dunkle Phase ist eine Zeit der inneren Illumination und liefert den Funken einer Idee, die sich dann plötzlich mit dem Neumond manifestiert. Mit den Konjunktionen 163 oder 266 können die Tiefen deiner Emotionen auf der bewußten Ebene unverständlich werden, sind aber über die Symbolik der Träume zugänglich. Mit 167 oder 168 verfügst du über moralische Integrität, die dich mit einem passenden Arbeitsrahmen versorgt und deine Konzentration stärkt. Mit 184 kann das mit deinem Baumzeichen assoziierte mystische Element sowohl inspirierend als auch negativ verführerisch sein. Mit 239, 240, 241, 248 oder 249 hast du die Fähigkeit, die öffentliche Meinung oder Autoritätspersonen zu beeinflussen, und diese Aspekte bringen Inspiration, innere Stärke und Glück in dein Leben. Insgesamt enthüllt deine Mondstellung ein hoch aufgeladenes, emotionales und übersinnliches Wesen, das zumindest einige stabile Aspekte braucht. Achte auf positive Aspekte zwischen Sonne und Mond und Mond mit Merkur, Saturn und Pluto.

Schlummerndes Potential

Dein schlummerndes Potential liegt darin, dich mit deinem emotionalen Wesen abzufinden – oder mit anderen Worten, das weibliche Prinzip der bedingungslosen Liebe zu verstehen. In vergangenen Leben mußtest du viele familiäre Verpflichtungen erfüllen, die deine Emotionen und dein Mitgefühl erschöpft haben. In diesem Leben besteht die Gefahr, daß sich die gleiche Geschichte wiederholt, aber wenn du anfängst, alle Schichten deiner emotionalen Schuld abzulegen, können sich deine geistige Einstellung und dein physisches Äußeres dramatisch wandeln. Solche Transformationen bringen unweigerlich eine Verjüngung mit sich und kommen einer körperlichen und spirituellen Wiedergeburt gleich. Dein psychologisches Profil weist auf einen starken Widerstand gegen Veränderung hin, der aus der Angst zu versagen resultiert, und dennoch bist du ein vollendeter Teilnehmer am Leben mit all seinen Vorzügen. Vergiß das nicht und überwinde deine Angst.

53

Weide

Mond im Löwen

Du hast einen kultivierten Geschmack, leidenschaftliche Emotionen und ein liebevolles Wesen. Du bist äußerst wettbewerbsfähig und hast sowohl dein gesellschaftliches Leben als auch deine beruflichen Ziele gut im Griff. Dein Schattenselbst, die Mondseite deines Charakters, ist stolz und hat ein angeborenes Talent, sich in Szene zu setzen. Dein Leben ist stets ein Drama, das du zum Großteil selbst verursachst. Du bist eine schillernde Gestalt, die sich selbst „erfunden" hat – ein vollendeter Schauspieler vieler Rollen. Deine Freunde und deine vielen Bekannten sind dir wichtig, stellen sie doch ein ausgewähltes Publikum dar, vor dem du deine persönlichen Dramen aufführen kannst. Das soll nicht heißen, daß es dir an Wärme und Ernsthaftigkeit fehlt, sondern nur, daß du tief drinnen eine höchst empfindsame Person bist, der es anfänglich an Selbstvertrauen mangeln kann. Mit 165, 166, 167, 181, 186, 188, 227 oder 258 war Selbstvertrauen noch nie dein Problem und du hast die bestmöglichen Voraussetzungen, um in all deinen Unternehmungen erfolgreich zu sein, vorausgesetzt du tappst nicht in die Fallen der Hemmungslosigkeit. Mit 172, 174, 191 oder 213 kann dein Hang zum Luxus ein Laster werden, das deine Vitalität und deine moralische Integrität schwächt. Mit 163 können sich deine übersinnlichen Fähigkeiten in Größenwahn äußern, aber mit 170, 189, 241, 244, 249 oder 250 ist dein künstlerisches und spirituelles Wesen hoch entwickelt und du wirst deine entsprechenden Fähigkeiten gut nutzen. Insgesamt gibt dir deine Mondstellung ein erfreuliches Maß an innerer Vitalität.

Schlummerndes Potential

Dein schlummerndes Potential besteht darin, dein Urvertrauen und deine Integrität zu stärken, um anderen mit gutem Beispiel voranzugehen. Das ist deine karmische Aufgabe, die keinesfalls einfach ist. Aber du hast angeborene Führungsqualitäten, die von anderen bewundert werden, und allein das sollte eine Reihe von Anhängern anziehen, da dein Einfluß nicht auf persönlichen Ruhm abzielt. In vergangenen Leben hast du erlebt, was Schwäche und falscher Stolz bewirken, und wenn dir das Sprichwort „Wer zögert ist verloren" etwas sagt, solltest du dich stets daran erinnern und deine Prioritäten nicht aus den Augen verlieren. Dein psychologisches Profil weist auf die Schwierigkeit hin, zum Kern deines wahren Wesens vorzudringen. Du willst wissen, wie deine Erfolge von anderen gesehen werden, weil du denkst, daß du deinen wahren Wert dann besser einschätzen kannst. Wenn du bereit bist, Zeit mit dir allein zu verbringen, wirst du vielleicht entdecken, daß Selbstkritik der beste Weg zur Selbsterkenntnis ist.

54

Weide

Mond in der Jungfrau

Deine Wahrnehmung vom Leben wird von deiner Fähigkeit gesteuert, alle Gefühle auszuschalten. Das versetzt dich zwar in die einzigartige Position, deine Gefühle genau interpretieren und analysieren zu können, stellt dich aber auch in ein gefühlsmäßiges Vakuum. Dein Schattenselbst, die Mondseite deines Charakters, kann leicht zu einem eigenen Seinszustand werden, statt Teil deines Selbst zu sein. Dein Streben nach Perfektion ist ein Akt der Reinigung, der wesentliche Ursprung und Zweck des Feuerfestes Beltane. Du bist also in Harmonie mit den Mondenergien deines Baumzeichens. Mit 164, 166, 167, 185, 186, 197 oder 203 ist die Reichweite deiner Ideen größer und deine intellektuellen Fähigkeiten sind fein auf deine übersinnlichen Fähigkeiten abgestimmt. Mit 171, 208, 245 oder 271 hat dein Geist keine eindeutige Richtung und obwohl du anscheinend gut informiert bist, unterliegst du einer Reihe falscher Vorstellungen. Mit 169, 188, 205, 240 oder 250 hast du einen fortschrittlichen und visionären Geist, der sich mit den humanitären Prinzipien des New Age identifiziert. Insgesamt fördert deine Mondstellung unterscheidende Intelligenz und passive Emotionen.

Schlummerndes Potential

Dein schlummerndes Potential liegt darin, dein intuitives Wissen über die Natur zu entwickeln, zu perfektionieren und es auf dem Gebiet der Forschung, Medizin und Heilkunde einzusetzen, um anderen zu helfen. Das ist deine karmische Aufgabe und sie verlangt beträchtliche Hingabe. In vergangenen Leben hast du aufgrund deines hoch entwickelten spirituellen Wesens ein sehr einsames Leben geführt. Daher wirst du in diesem Leben beträchtliche Zweifel am Sinn deiner Ziele haben oder bestürzt über die Zerstörung deiner Umwelt sein, denn du bis ein echtes Naturkind. Dein psychologisches Profil weist auf eine Neigung zu Angstschüben und nervösen Leiden hin, die vermutlich von deiner subjektiven und introspektiven Art zu denken verursacht werden. Sie sind nicht einfach loszuwerden, da sie ein Teil deiner Persönlichkeit sind, aber Bewußtheit kann ein mildernder Faktor sein.

55

Weide

Mond in der Waage

Du hast eine künstlerische Ader, die mit deinen intellektuellen Fähigkeiten im Widerstreit stehen kann. Es hängt davon ab, ob deine Gefühle in kritischen Lebensphasen deine Entscheidungen beeinflussen. Dein Schattenselbst, die Mondseite deines Charakters, verhält sich entweder widerspenstig oder findet einen idealen Kompromiß. Du hast Charme und Charisma, denen man nur schwer widerstehen kann, aber in persönlichen Beziehungen werden sie leicht zur Ablenkung oder für subtile, manipulative Manöver mißbraucht. Mit 165, 179, 217, 221 oder 273 hast du ein einnehmendes Wesen, das dich ausgesprochen populär macht, und wirst wahrscheinlich sowohl in der Liebe als auch in finanziellen Angelegenheiten Glück haben. Mit 172, 222, 224 oder 274 bist du zwar ein leidenschaftlicher Liebhaber, aber ein Hauch von Disharmonie verringert deine Chancen, eine beständige oder liebevolle Beziehung einzugehen. Mit 216, 225 oder 226 hast du magnetischen Charme und eine künstlerische Ader, bist aber empfänglich für Selbsttäuschung und betrügerische Partner. Wie du sicher schon vermutet hast, spielen Partnerschaften eine wichtige Rolle in deinem Leben. Deine Mondenergie wirkt am besten in engen Partnerschaften, in denen Entscheidungen gemeinsam getroffen werden. Wenn du die Charakteranalyse für das Weinzeichen (Seite105) liest, welches das Herbstäquinox bezeichnet, wirst du die Bedeutung dieser Aussage besser verstehen.

Schlummerndes Potential

Dein schlummerndes Potential hat mit Selbstwert zu tun und damit, daß du dich davor hüten mußt, deinem starken Ego zuviel Macht über dein Leben einzuräumen. Letztendlich mußt du die sehr subtile Lektion lernen, daß deine individuellen Fähigkeiten dich für eine harmonische Beziehung qualifizieren und nicht für einen einsamen Lebensstil. Das zu erkennen ist deine karmische Aufgabe. In vergangenen Leben waren deine ehrgeizigen Projekte völlig von Eigeninteressen gelenkt. In diesem Leben kannst du auch eine einsame Rolle spielen, aber eher, um deine Ziele neu zu überdenken. Dein psychologisches Profil weist auf eine Neigung hin, deine Meinung und deine Loyalität zu ändern, wenn die Dinge schwierig werden. Aber wenn du lernst, diese schmerzhaften Lektionen zu schätzen, wirst du bald erkennen, daß Gewinnen oder Verlieren sehr viel weniger wichtig ist als teilzunehmen.

56

Weide

Mond im Skorpion

Du bist zweifellos einer der rätselhaftesten Weidencharaktere. Alles an dir ist mysteriös und schwer faßbar und dennoch läßt du andere nie im Zweifel über deine wahren Gefühle und heftigen Leidenschaften. Dein Schattenselbst, die Mondseite deines Charakters, reagiert auf die dunkle Phase des Mondes. Du hast dich immer in magischen Kreisen bewegt und verfügst über die übersinnlichen Fertigkeiten eines Meisters. Wie du dein Leben lebst, ist eine andere Frage; an der Oberfläche kann es ziemlich gewöhnlich aussehen, aber einfühlsame Menschen werden dich immer als „nicht ganz von dieser Welt" erkennen. Wenn das in deinen Ohren zu dramatisch klingt, wurden deine übersinnlichen Fähigkeiten vielleicht noch nicht aktiviert, aber das ist nur eine Frage der Zeit. Mit 167, 169, 186, 188, 189, 197, 203, 204, 264, 267 oder 279 wirst du deine übersinnlichen Kräfte positiv einsetzen, um anderen zu helfen. Mit 159, 166, 185 oder 231 sind deine klugen Einsichten auf die Hochfinanz gerichtet, und obwohl du Machtspiele liebst, wirst du klare, aber faire Urteile fällen. Mit 179, 217, 272 oder 273 wird dein starker Sexualtrieb durch ein romantisches und liebevolles Wesen ausgeglichen. Jeder Aspekt mit 172, 190, 194, 209, 237, 263, 265, 268, 277 oder 289 kann dich hinsichtlich deiner übersinnlichen Kräfte, deiner starken Gefühle und deines Lebensziels in die Irre führen. Insgesamt sorgt deine Mondstellung für ein unsicheres Gleichgewicht zwischen Heilen und Regenerieren auf der einen und rücksichtslosem Ausbeuten und Degenerieren auf der anderen Seite. Studiere alle Aspekte gut.

Schlummerndes Potential

Dein schlummerndes Potential besteht darin, innere Stärke für eine künftige Transformation zu entwickeln. Du scheinst in deinem jetzigen Leben an einem Wendepunkt angekommen zu sein, was bedeuten kann, daß du deine Schritte eher zurückverfolgst, als erneut in die falsche Richtung zu gehen. In vergangenen Leben warst du oft in Machtspiele verwickelt. Daher wirst du in diesem Leben vermutlich einige Kämpfe über Besitztum oder Gegenstände von materiellem Wert auszufechten haben. Psychologisch gesehen repräsentiert das eine Anhäufung von überflüssigem emotionalem Ballast, der weggeschafft werden muß. Unterbewußt weißt du, daß drastische Aktionen erforderlich sind, obwohl deine rücksichtslosen Entscheidungen anderen wie sinnlose Selbstzerstörung vorkommen. Aber deine Fähigkeit, dein Leben neu aufzubauen ist unweigerlich mit Transformation oder Erleuchtung verbunden, und das ist dein karmisches Ziel.

57

Weide

Mond im Schützen

Du bist ein Wahrheitssucher und wirst auf deiner Suche nach idealen Lösungen endlose Möglichkeiten austesten und zahlreiche Philosophien erforschen. Dein angeborener Optimismus und dein fröhliches Wesen machen dich zu einem beliebten Freund und Gefährten. Dein Schattenselbst, die Mondseite deines Charakters, gibt dir Urvertrauen und ein höheres Ziel im Leben. Deine übersinnlichen Fähigkeiten oder intuitiven Einsichten gehen in Richtung Religion oder Moral, aber dein wißbegieriges Wesen und dein ausgeprägtes Bedürfnis nach Unabhängigkeit gewährleisten einen vorurteilslosen Ansatz. Daher wirst du möglicherweise viele Geheimnisse der menschlichen Psyche entschlüsseln können und viele mysteriöse Elemente in der Natur entdecken. Mit 160, 167, 181, 186, 197, 203, 205, 230, 234, 241 oder 244 hast du besondere charakterliche Qualitäten und stehst zu deinen Überzeugungen. Mit 174, 177, 191, 194, 208, 211, 223 oder 245 können dein rastloses Wesen und dein Mangel an Diskretion die Oberhand gewinnen, und wenn das geschieht, wirst du dein materielles und spirituelles Erbe verschleudern, es sei denn, daß andere Aspekte für ein Gegengewicht sorgen. Mit zusätzlich 175, 192, 238, 239 oder 278 werden dein innerer Antrieb und dein angeborener Gerechtigkeitssinn siegen.

Schlummerndes Potential

Dein schlummerndes Potential besteht darin, deinen Kurs zu halten, obwohl er in den ersten Jahrzehnten deines Lebens nicht leicht zu finden ist. Normalerweise wird er mit Hilfe eines älteren Menschen oder unter elterlicher Anleitung festgelegt. Dein Bedürfnis nach Unabhängigkeit kann jedoch deinen Blick trüben, und das hat dich in vergangenen Leben zu einem nomadischen Leben ermutigt. In diesem Leben wirst du es anfänglich vermeiden, irgendeine Verpflichtung einzugehen, was zur Folge hat, daß andere Menschen dich weniger ernst nehmen. Dein psychologisches Profil enthüllt eine Dualität polarer Charakterzüge und einander wenig ergänzender Eigenschaften. Deine Suche nach Wahrheit ist in Wirklichkeit eine Suche nach deiner wahren Identität, und das schwer faßbare Wesen deines Baumzeichens symbolisiert deine karmische Aufgabe.

58

Weide

Mond im Steinbock

Du bist ein ernsthafter Student im spirituellen oder esoterischen Bereich. Deine übersinnlichen Fähigkeiten und dein intuitives Wissen können aber auch mit Unbehagen oder Vorsicht betrachtet werden. Dein Schattenselbst, die Mondseite deines Charakters, übt einen stabilisierenden, aber manchmal auch restriktiven oder begrenzenden Einfluß aus. Es ist immer eine Frage von Stimmungsschwankungen und einem angeborenen Sinn für Selbstdisziplin, der allzu streng angewendet werden kann. Kurz gesagt, du neigst dazu, dir das Leben schwer zu machen, indem du den steinigen Weg gehst, anstatt nach einfacheren Möglichkeiten Ausschau zu halten. Obwohl das zu hart verdientem Ruhm oder Wohlstand führen kann, wird es selten innere Zufriedenheit oder Glück bringen. Aber die Planetenaspekte üben oft einen mildernden Einfluß aus und enthüllen andere, verborgene Dimensionen deines Charakters. Mit jedem der folgenden Aspekte – 160, 167, 169, 179, 181, 185, 187, 188, 203, 204, 232 oder 242 – wird die düstere Seite deines Wesens erfolgreich neutralisiert und dein Durchhaltevermögen entwickelt sich zur positiven Objektivität. Wenn du mehr als zwei dieser Aspekte hast, bist du in der Tat ein starker Charakter und kannst dich über alle Rückschläge hinwegsetzen und deine Hemmungen überwinden. Mit 161, 182, 198, 209, 245 oder 283 sinken deine Stimmungsschwankungen häufig in Depressionen und akute Melancholie ab, was deine Energie und deine Motivation schwächt. Mit 165, 217 oder 273 werden persönliche Beziehungen besser bewältigt und du solltest einen idealen Partner finden. Insgesamt verleiht dir deine Mondstellung im besten Fall tugendhafte Charakterzüge und verstärkt deine intellektuellen Fähigkeiten.

Schlummerndes Potential

Dein schlummerndes Potential besteht darin, spirituelle und emotionale Reife zu erlangen. Deine Mondstellung bezeichnet im keltischen Kalender das Herannahen des neuen Sonnenjahres zur Wintersonnenwende. Daher wirst du in deinem Leben einen entscheidenden Bewußtseinssprung machen. Aber wenn du an der Schwelle stehst, zögerst du, dein Ego zu opfern. Deine karmische Aufgabe besteht also darin, Opfer für andere zu bringen. In vergangenen Leben warst du dein eigenes Gesetz und hattest eine Position inne, von der aus du eine sehr einseitige Gerechtigkeit ausgeübt hast. Psychologisch gesehen mußt du nun all deine Vorurteile loslassen, um mit einem vollkommen leeren Geist und reinem Gewissen wiedergeboren zu werden.

59

Weide

Mond im Wassermann

Du hast die Gabe der Prophetie und Vision. Obwohl dein emotionales Wesen manchmal ziemlich leidenschaftslos wirkt, hast du starke humanitäre Gefühle, die sich gegen Ungerechtigkeit wenden. Dein Schattenselbst, die Mondseite deines Charakters, ist ausgesprochen erfinderisch. Viele Astrologen sind mit deiner Mondstellung geboren, wobei die Betonung auf abstrakten, wissenschaftlichen Fähigkeiten liegt. Im allgemeinen neigst du zu kontroversen Meinungen und bist manchmal unberechenbar und exzentrisch. Wie stark diese Charakterzüge ausgeprägt sind, werden die Planetenaspekte zeigen, aber die Art, wie sie sich in übersinnlichen Fähigkeiten manifestieren, kann für andere sehr entnervend sein, da sie ins Herz des orthodoxen Glaubenssystems zielen und die Illusion zerstören, daß sie eher „gemacht" als von mystischer Spiritualität geprägt sind. Mit 162 oder 169 wird dein übersinnliches Wesen brillant eingesetzt, mit intellektuellem Können und intuitivem Wissen. Mit 183 oder 188 bist du ein progressiver Denker, der andere mit seinen erstaunlichen Einsichten inspirieren kann, aber deine hochgradig nervöse Spannung braucht kreative Ventile und Selbstdisziplin, um bizarres Verhalten zu vermeiden. Mit 205 oder 250 kannst du deine Ansichten in konstruktiven Dialogen und mit vernünftigen Argumenten mitteilen. Jeder Planetenaspekt mit Uranus muß sorgfältig unter die Lupe genommen werden, aber wenn er mit zusätzlich 167, 168, 181, 186, 187,

197, 204 oder 232 auftritt, ist dein humanitäres Wesen gut ausgebildet und du kannst bemerkenswerte, übersinnliche Kräfte entwickeln. Insgesamt verrät deine Mondstellung eine individualistische Lebenseinstellung, die dir einzigartige Einsichten in eine Reihe von verblüffenden Themen gewährt.

Schlummerndes Potential

Deine karmische Aufgabe besteht darin, deine Gefühle und Emotionen von einer Ebene zu holen, auf der sie künstlich produziert werden, um deinen intellektuellen Idealen zu entsprechen. In vergangenen Leben hattest du die Tendenz, deine Gefühle von deinem Kopf beherrschen zu lassen – mit furchtbaren Konsequenzen. Das hat dich nicht nur von den Menschen isoliert, denen du zutiefst zugeneigt warst, sondern hat auch bleibende, schmerzhafte Eindrücke und Schuldgefühle hinterlassen. In diesem Leben mußt du also lernen, ein paar oberflächliche Masken abzulegen, die ein falsches Image geschaffen haben, das jede wirkliche Intimität mit anderen ausschließt – sogar mit deinem Parnter. Dein psychologisches Profil weist auf einen starken Willen hin, der herrisch werden kann, aber dein Sinn für Fairneß sorgt für eine Art Selbstregulierung – ein signifikanter Faktor auf dem Weg zu deinem karmischen Ziel.

60

Weide

Mond in den Fischen

Du bist der geborene Künstler und Mystiker. Du siehst die Welt aus einer einzigartigen Perspektive der spirituellen Reinheit. Das ist eine Sichtweise, die von Zynikern als Weltfremdheit oder Naivität bezeichnet werden würde. Dein Schattenselbst, die Mondseite deines Charakters, ist höchst empfänglich ist für die Gedanken und Gefühle anderer. Das kann dazu führen, daß du extrem ungeschützt und offen bist, sowohl für die negativen Energien, die dich umgeben, als auch für die positiven und konstruktiven Kräfte. Auf der psychischen Ebene kann sich das in einem Bedürfnis nach Einsamkeit und innerer Kontemplation niederschlagen. Die Schwierigkeit, die sich auf der seelischen Ebene ergibt, besteht darin, zwischen negativen äußeren Einflüssen und dem zu unterscheiden, was aus deiner inneren Quelle der Weisheit kommt. Deine Fähigkeit, ein Kanal für heilende Energien zu sein, wird dich irgendwann veranlassen, der Menschheit auf praktische und bedeutungsvolle Weise zu dienen. Aber da deine Schwächen den gleichen Ursprung haben wie deine Stärken, kann es nur allzu leicht passieren, daß du vom Weg abkommst und dich Drogen oder Alkohol zuwendest. Jeder Planetenaspekt mit Neptun muß daher sorgfältig untersucht werden. Mit 163 oder 184 verlangen deine Vision und dein mitfühlendes Wesen nach einer klareren Richtung, aber mit 170 oder 189 sind deine künstlerische Ader und dein spirituelles Wesen gut ausgeglichen und werden intelligent gehandhabt. Mit 164, 167, 168, 186, 187, 197, 206, 244 oder 251 üben diese Aspekte einen hilfreichen und praktischen Einfluß aus, der deinen Geist und deine Emotionen stärken kann. Mit 174, 177, 194, 208, 211, 247 oder 289 kann sich deine Realitätsflucht destruktiv auswirken und dazu führen, daß du in einer Welt der Phantasie und des Chaos gefangen bist. Mit den Konjunktionen 160, 162, 180, 196, 199, 227, 229, 230 oder 240 wirst du plötzliche Energieausbrüche erleben und in kritischen Phasen deines Lebens hoch motiviert sein. Insgesamt verrät deine Mondstellung ein künstlerisches Temperament und eine spirituelle Quelle der Stärke, die alle schwachen Züge überwinden kann.

Schlummerndes Potential

Dein schlummerndes Potential besteht darin, dich vor Energien schützen zu lernen, die geistig und emotional beunruhigend sind, ohne die auszuschließen, die dich erheben. In vergangenen Leben hast du eine Menge Zeit mit der einsamen Suche nach spiritueller Erleuchtung verbracht. Obwohl du spirituelle Stärke entwickelt hast, bist du nach wie vor völlig offen für Leute mit bösen Absichten. Daher wirst du in diesem Leben viele eigenartige Dinge im Zusammenhang mit Menschen und Orten erleben, die eine seltsame Wirkung auf dich ausüben. Das sollte dir zunehmend größere Einsichten bescheren, vorausgesetzt es hat keine lähmende Wirkung auf deine Psyche oder bedroht deinen Realitätssinn. Deine karmische Aufgabe besteht darin, dich mit der dunkleren Seite der Menschheit abzufinden. Dein psychologisches Profil gibt ein faszinierendes Beispiel dafür, was Denken in der fünften Dimension bedeutet, in der Zeit und Raum neu definiert wird. Auf der spirituellen Ebene verrät es prophetische Vision.

Keltisches Mondzeichen: Weißdorn

Mondsymbol: Silberkelch

Der Silberkelch repräsentiert den magischen Kessel der Ceridwen, eine göttliche Quelle der Unsterblichkeit in der keltischen Mythologie. Er gehörte zu den vier Schätzen, welche die Danaaer nach Irland brachten, eine mysteriöse Rasse „strahlender Menschen", die späteren Götter und Göttinnen der Kelten. Ceridwen war eine mächtige Mondgöttin, die die magischen Künste aus den „Büchern von Feryllt" (alte alchemistische Formeln) gelernt hatte. Sie kannte die Geheimnisse der Schöpfung, des ewigen Lebens, des Heilens und wußte, wie man Tote wieder zum Leben erweckt. Ihr Kessel wurde später mit dem Silberkessel der arthurischen „Suche nach dem Heiligen Gral" identifiziert, in welcher die Geschichte des Josef von Arimathea erzählt wird. Man glaubte, er habe Glastonbury besucht und einen Weißdornstab gepflanzt, der zu einem Baum heranwuchs und noch heute außer der Zeit zu Weihnachten blüht. Er symbolisiert die Geburt Christi und die Gründung der ersten keltisch-christlichen Kirche in England. Josef von Arimathea soll einen Silberkelch, den Christus beim Letzten Abendmahl verwendet hatte, im Chalice Well beim Glastonbury Tor vergraben haben.

Im sechsten Mondmonat kamen die keltischen Ritter und Sonnenkönige dem Ziel ihrer Suche immer näher, so daß ihr spirituelles Selbst zur Wintersonnenwende wiedergeboren werden konnte. Das Symbol des Kessels oder Kelches bezieht sich auch auf das Metallhandwerk der Kelten und ihrer Schmiedegötter, die als Wächter des himmlischen Feuers verehrt wurden, das die höheren geistigen Kräfte lenkt. Die Mythologie des Vulcanus, eines Schmiedegotts, ist besonders relevant, denn sie zeigt die enge Verbindung zwischen dem Schmiedehandwerk und alten Einweihungszeremonien, die mit der sich entwickelnden Seele in Verbindung stehen. Vulcanus und sein keltisches Gegenstück Govannan repräsentieren unsichtbare Gottheiten, die an einem Ort in der Nähe der Sonne wohnen, den man weder direkt anschauen noch ganz verstehen kann.

Der Weißdorncharakter

Du wurdest zu einer Jahreszeit geboren, in der das Strahlen der Sonne und die Natur in Harmonie waren. Der Weißdorncharakter wurde also aus einer hellen Lichtform und aus einer Energie geschmiedet, die ein vielseitig talentiertes Individuum hervorgebracht haben, das sich mit Leichtigkeit an jede Situation anpassen kann.

Deine große Stärke besteht darin, die Schwächen deiner Gegner zu erkennen. Du bist jedoch kein skrupelloser Mensch, sondern einfach ein kluger Stratege. Menschen, die in diesem Zeichen geboren wurden, haben im allgemeinen eine charismatische Persönlichkeit und ein strahlendes Selbstvertrauen, das große Führer auszeichnet und Menschen, die andere inspirieren. Aber wo liegen deine Schwachpunkte? Du hast ein impulsives Temperament, das sich wahrscheinlich immer wieder in Wutausbrüchen und messerscharfen verbalen Angriffen Luft macht. Dennoch hast du ein sympathisches Wesen, bist ein guter Zuhörer und kommunizierst auf natürliche Weise. Dein Humor kann manchmal scharf und voller Anspielungen sein, die weniger schnelle Denker meist gar nicht mitbekommen, und du hast schriftstellerisches oder journalistisches Talent. Da du dich sehr rasch an veränderte Umstände anpassen kannst, wirst du deine persönlichen Fertigkeiten zur Kunst erheben. Deine jugendliche Frische scheint bis ins hohe Alter ungetrübt zu bleiben. Das Geheimnis dahinter ist ein agiler Geist und die Bereitschaft, ständig mit neuen Ideen zu experimentieren. In dieser Merkur-Vulcanus-Eigenschaft liegt die ganze Alchemie eines Lebens, das immer im Fluß ist, sich ständig verändert und nie still steht. Wenn du dich entspannst, scheint die ganze Welt für einen Moment stillzustehen.

Mit 157 neigst du dazu, dich clever durchs Leben zu schlagen, aber du bist sehr intelligent und vielseitig talentiert. Mit 158, 165, 179, 217 oder 234 ist dein Charisma höchst magnetisch und du fühlst dich zu den darstellenden Künsten hingezogen. Mit 160, 167, 181, 186, 227 oder 244 neigst du zu einer philosophisch-moralischen Weltsicht und kannst viele Menschen beeinflussen. Diese Aspekte betonen dein sympathisches Wesen. Mit 176, 190, 235 oder 268 kann dein unberechenbares Naturell Chaos in dein persönliches Leben bringen, und wenn es nicht kontrolliert wird, kann es deine Existenz oder Stellung im Leben gefährden. Mit 164, 168, 187 oder 242 sind deine Handlungen kontrollierter. Diese Aspekte stabilisieren einen gesunden Menschenverstand und die sorgfältige Handhabung deiner Finanzen. Weißdorncharaktere verfügen angeblich über übersinnliche Fähigkeiten wie Telepathie und Telekinese (die Fähigkeit, Gegenstände mit Gedankenkraft zu bewegen). Diese Kräfte werden durch folgende Aspekte verstärkt: 170, 183, 184, 188, 189, 199, 205, 258, 255 oder 285. Deine Mondstellung wird viele Seiten deines lunaren Charakters erklären.

61

Weißdorn

Mond im Widder

Du hast einen schnellen aber unsteten Verstand und Disziplin ist nicht deine Stärke. Du bist jedoch sehr anpassungs- und wettbewerbsfähig auf jedem Gebiet oder in jeder Sportart. Dein Schattenselbst, die Mondseite deines Charakters, handelt lieber als große Worte zu machen. Obwohl du dickköpfig bist, hast du einen starken Überlebensinstinkt, der dir in Sekundenschnelle eine ganze Reihe von Fluchtmöglichkeiten aufzeigt. Du bist im Grunde ein unkonventioneller Mensch mit einem starken Hang zur Individualität. Du ziehst es vor, dir alle Möglichkeiten offen zu halten, und obwohl du manchmal impulsiv handelst und verbale Zusicherungen machst, neigst du dazu die Rahmenbedingen zu ändern, wenn es dir in den Kram paßt. Persönliche Beziehungen sind schwer aufrechtzuerhalten, weil dir persönliche Freiheit ein emotionales Anliegen ist. Du bist in erster Linie ein Abenteurer und Opportunist. Deine Fähigkeit, das andere Geschlecht zu bezaubern, wird von deiner Mondstellung stark gefördert. Die Aspekte beleuchten jedoch deine wahren Motive. Mit 158, 170, 179, 189, 195, 201 oder 273 sind deine Motive ehrenhaft, du hast natürlichen Charme und bist empfindsam für die Gefühle anderer, außerdem hast du eine künstlerische Ader. Mit 190, 214, 222, 263, 265, 268 oder 274 sind deine Motive fragwürdig und du neigst dazu, andere zu manipulieren. Mit 162, 169, 183, 185, 188, 199, 205 oder 233 werden deine telepathischen Kräfte aktiviert. Insgesamt verrät deine Mondstellung einen hohen Grad an körperlicher, geistiger und emotionaler Energie, die vorzeitig ausbrennen kann, wenn sie nicht sparsamer eingesetzt wird.

Schlummerndes Potential

Deine karmische Aufgabe besteht darin, eine bewußte Entscheidung über deine wahre Richtung im Leben zu treffen und dich daran zu halten. Das fällt dir nicht leicht und wird anfangs vermutlich eine Menge Zeit in Anspruch nehmen. In vergangenen Leben hat stumpfe Routinearbeit dich schnell gelangweilt, weil sie dein gesellschaftliches Leben und deine ehrgeizigen Pläne durchkreuzt hat. Die Resterinnerung daran zeigt sich jetzt als eine gewisse Rastlosigkeit, und es fällt dir immer noch schwer, etwas ernst zu nehmen, obwohl sich deine Einstellung bei deinem flüchtigen Wesen auch rasch ändern kann. An einem sorgenfreien Lebensstil muß jedoch bewußt gearbeitet werden, und dein psychologisches Profil weist auf das Bedürfnis hin, eine ganz persönliche Spur im Leben zu hinterlassen.

62

Weißdorn

Mond im Stier

Du hast einen beruhigenden Einfluß auf andere und verfügst über eine ausgeglichene Lebenseinstellung. Deine Emotionen haben Tiefgang und erweisen sich in persönlichen Beziehungen als ausgesprochen stabil. Dein Schattenselbst, die Mondseite deines Charakters, verleiht dir gesunden Menschenverstand und eine künstlerische Ader. Du hast eine sehr sinnliche Ausstrahlung, die attraktiv ist, ohne dein Interesse oder dein Verlangen allzu offen nach außen zu projizieren. Dein Hauptziel im Leben besteht darin, einen guten Lebensstil genießen zu können, ohne dich allzu sehr dafür anstrengen zu müssen. Dennoch bist du ein verlässlicher Arbeiter oder Angestellter, und finanzielle Sicherheit ist dir wichtig. Du mußt nur den richtigen Beruf finden, am besten einen, in dem du das Gefühl hast, etwas zu tun, das sich als von bleibendem Wert erweist. Das Theater, die Künste und pädagogische Berufe sprechen dich an, denn sie geben dir die Einflußmöglichkeiten, die einerseits ganz deinem Wesen entsprechen und außerdem auch noch deinen hohen Anforderungen genügen, denn wenn es um Arbeit geht, bist du ein Perfektionist. Mit 158, 159, 170, 179, 189, 195, 201, 216 oder 221 kommt dein künstlerisches Temperament voll auf seine Kosten, und du wirst ein sehr glanzvolles Leben führen. Du wirst viele Bewunderer haben, solltest dich jedoch vor Schmeichelei hüten. Mit 177, 194, 211, 214, 224, 226, 253 oder 274 ist dein wahres Potential schwerer zu erkennen, und du bist allzu leicht unzufrieden und desillusioniert. Persönliche Beziehungen sind schwierig aufrechtzuerhalten. Mit 166, 167, 169, 181, 185, 188, 202, 203 oder 205 bist du eine durch und durch lebendige Persönlichkeit mit einem sehr weiten Horizont. Alle diese Aspekte verfeinern deinen Geist und erhöhen die Wahrscheinlichkeit, daß du über telepathische oder übersinnliche Kräfte verfügst. Insgesamt übt deine Mondstellung einen festigenden Einfluß aus und ist eine Quelle innerer Kraft.

Schlummerndes Potential

Dein schlummerndes Potential besteht darin, deine Flügel auszubreiten und deinen Horizont zu erweitern. Dabei wirst du entdecken, daß Leben so viel mehr bedeuten kann als reine Existenz. Du mußt den Boden bereiten, wenn du wahren geistigen Frieden und innere Zufriedenheit finden willst. Du hast dir vielleicht eine komfortable Nische geschaffen, aber du bist ebenso verletzlich wie der Rest der Gesellschaft in einer sich rasch verändernden Welt. In vergangenen Leben hattest du wichtige Positionen inne, aber deine Ansichten waren dogmatisch und selbstgefällig. Auch in diesem Leben bekommst du die Chance, andere zu beeinflussen, aber du solltest bereit sein, dir ihre Ideen und Erwartungen anzuhören. Dein psychologisches Profil verrät eine tiefverwurzelte Furcht vor dem Unbekannten, die in Wirklichkeit für das Bedürfnis steht, deine Energien zu entwickeln und transformieren, damit du in diesem Leben wiedergeboren werden kannst. Darin besteht deine karmische Aufgabe.

63

Weißdorn

Mond im Zwilling

Du genießt es, im Leben den „Narren" zu spielen. Wenn du dich in der Symbolik des Tarot auskennst, wirst du wissen, daß die Tarotkarte „Der Narr" eine wichtige Bedeutung hat, weil sie die Zahl 0 trägt, die vielleicht auch als das Symbol des Kreises gemeint ist und damit für die Suche der Seele nach Ganzheit im Sinne von Weisheit und Perfektion steht. Der Narr symbolisiert die ungebundene Energie, die alle Dinge durchdringt und sich auf der psychischen Ebene stark auflädt. Dein Schattenselbst, die Mondseite deines Charakters, verrät Ehrfurcht und grenzenlose Neugier. Andere mögen dich zeitweise für extrem naiv halten, weil du fähig bist, ohne Rücksicht auf Verluste die Wahrheit zu sagen, beinahe wie ein Kind. Aber Kinder sehen die Welt ohne engstirnige Bigotterie und ohne Zynismus. Du bist daher in der Lage, eine Menge Wissen zu erwerben, das eine einfache aber profunde Botschaft für diejenigen beinhaltet, die bereit sind zuzuhören. Dennoch wird alles von deiner Fähigkeit abhängen, die tieferen Bedeutungen zu erfassen, da deine Mondstellung auch eine gewisse Oberflächlichkeit fördert. Im allgemeinen hast du die Fähigkeit, beide Seiten der Medaille zu sehen, aber wegen des flüchtigen Temperaments, das mit deinem Baumzeichen assoziiert wird, kannst du plötzlich deine Meinung ändern und deine Ansichten mit großer Vehemenz in den Raum stellen. Mit

157, 171 oder 208 wirst du wirklich nur die wesentlichen Details erfassen, auch wenn dir dein Praxiswissen gestattet, informierter zu scheinen als du bist. Mit 167, 169, 181, 185, 188, 197, 199, 203 oder 205 verfügst du über einen ausgezeichneten Verstand, große persönliche Integrität und ein natürliches Talent, über dein Gebiet zu schreiben und zu referieren. Mit 158, 170, 189, 195, 201 oder 206 hast du eine künstlerische Ader, die dich auf die Bühne zieht, wo du als Komödiant oder Clown sehr viel Erfolg haben kannst, weil du ein geborener Mime bist. Insgesamt weist deine Mondstellung die Notwendigkeit hin, Selbstdisziplin zu üben, und wenn du die Aspekte 168, 187 oder 204 hast, verfügst du über gute Verstandeskräfte und die nötige Selbstkontrolle, um dein explosives Temperament zügeln. Achte auf positive Aspekte zwischen Sonne, Mond und Venus. Sie schenken dir innere Harmonie und Toleranz.

Schlummerndes Potential

Dein schlummerndes Potential erfordert die Fähigkeit, nicht vom Rand der Welt zu fallen. Mit anderen Worten, versuche nicht zu klug zu sein. Der wahre Narr spielt nur ein Spiel, während du leicht in schlechte Gesellschaft geraten und vom Weg abkommen kannst. Auf deinen Reisen wirst du alle möglichen Leute treffen, aber du mußt dir selbst treu bleiben, wenn du deine Ziele erreichen willst. Psychologisch gesehen bist du ein räselhafter Charakter, der äußerst schwierig zu analysieren ist, aber du bist fähig, bei anderen verschiedene Saiten zum klingen zu bringen. Spirituell gesehen hast du dir über Jahrhunderte hinweg einen schwer faßbaren Geist bewahrt. Deine karmische Aufgabe besteht darin, bewußt deine wahre Identität aufzubauen oder ganz einfach du selbst zu sein, statt falsche Bilder zu erschaffen, die deine innere Wahrheit verzerren.

64

Weißdorn

Mond im Krebs

Du bist ein gewitzter Taktiker, der anderen immer eine Nasenlänge voraus ist, wenn es darum geht, in die Zukunft zu investieren oder sich eine sichere Stellung im Leben zu schaffen. Du hast den Dreh heraus, immer zur richtigen Zeit am richtigen Ort zu sein. Dein Schattenselbst, die Mondseite deines Charakters, ist psychisch gut auf die wechselnden Lebenszyklen eingestimmt – daher deine Fähigkeit, mit den Gezeiten zu gehen und nicht gegen sie anzuschwimmen. Es muß jedoch gesagt werden, daß du dich allzu leicht in deine Einstellung und Handlungen verstrickst, und das kann deine Vernunft beeinträchtigen. Im Herzen bist du eher ein Traditionalist als ein Trendsetter. Deine persönlichen Beziehungen entwickeln sich leicht zu intensiven Affären und du kannst ein übertrieben beschützender Elternteil oder Partner werden. Die Aspekte 160, 165, 167, 179, 181 oder 186 betonen dein fürsorgliches Wesen und verringern deine Neigung, dir ständig Sorgen zu machen. Dein Liebesleben blüht genau wie deine Finanzen. Mit 161, 182 oder 209 neigst du zu depressiven Schüben und dazu, dich in dich selbst zurückzuziehen, was deine Beziehungen empfindlich stören kann. Mit 170, 184, 189, 287 oder 288 weisen deine übersinnlichen Fähigkeiten darauf hin, daß du ein geborenes Medium bist. Mit 177, 194, 211 oder 289 bist du zu offen für „falsche Wellenlängen" – chaotische Botschaften, die deine Gesundheit gefährden können. Mit zusätzlich 242, 250 oder 282 werden dich deine Ausdauer und dein Durchhaltevermögen trotz ungünstiger Einflüsse in der Spur halten. Insgesamt verrät deine Mondstellung ein hypersensibles Wesen, das positive Aspekte braucht, um sich mehr zu öffnen.

Schlummerndes Potential

Dein schlummerndes Potential besteht darin, Dinge wertzuschätzen, die man nicht mit Geld kaufen kann, und deine Emotionen und Gefühle mehr zu achten als Macht. In vergangenen Leben hattest du die Tendenz, die Schwächen anderer zu deinem Vorteil auszunutzen, aber in diesem Leben kann sich das umkehren. Dein psychologisches Profil zeigt ein komplexes Verhaltensmuster und enthüllt eine altmodische Moral, obwohl du der Ansicht zu sein scheinst, daß „in der Liebe und im Krieg alles fair“ ist. Die Frage ist: Fair wem gegenüber? Resterinnerungen aus vergangenen Leben rufen normalerweise instinktive Reaktionen hervor, die sich als „Stimme des Gewissens“ manifestieren und dir helfen, dein Karma zu erfüllen.

65

Weißdorn

Mond im Löwen

Du scheinst genau zu wissen, wohin du im Leben gehst, und wirst alles um dich herum entsprechend organisieren. Dein Schattenselbst, die Mondseite deines Charakters, ist fest entschlossen, nicht hinter den Kulissen stehenzubleiben, denn du weißt, wie man die Dinge ohne große Anstrengung oder Härte in Gang bringt. Die einzige Schwierigkeit, die auftreten kann, besteht darin, daß andere nicht mit dir kooperieren wollen, aber selbst das wird dich nicht bremsen. Du weichst dann einfach auf Plan B aus, wo du die Rolle des Verletzten spielen und dir der Unterstützung deiner vielen hochgestellten Freunde sicher sein kannst. Du verfügst über einige bewundernswerte Eigenschaften: Stil, Phantasie und absolute Integrität in dem Sinne, daß dir Bösartigkeit völlig fremd ist. Mitten in einer grauen Welt bist du ein schillernder Charakter mit viel menschlicher Wärme. Dennoch muß deine Fähigkeit, andere Menschen zu beeinflussen, mit Ernsthaftigkeit und Bescheidenheit ausgeglichen werden, denn sonst läufst du Gefahr, arrogant und dogmatisch zu werden. Mit 160, 165, 167, 179 oder 186 bist du charmant ohne herablassend zu wirken, und deine organisatorischen Fertigkeiten werden sehr geschätzt. Mit 161, 173 oder 182 fällt es dir schwer, deine natürliche Vitalität aufrechtzuerhalten, und vielleicht scheiterst du einfach, weil du Pech hast. Mit 162, 169, 183 oder 188 bist du eine dynamische Persönlichkeit mit einem brillanten Intellekt und einem originellen Stil. Insgesamt verlangt deine Mondstellung mehr Toleranz und weniger Aufgeblasenheit. Mit 204, 219, 232, 239 oder 279 siegen deine positiven Mondzüge trotz anfänglicher Selbstzweifel und einem Mangel an Bescheidenheit.

Schlummerndes Potential

Dein schlummerndes Potential besteht darin, dir gut zu überlegen, was du dir wünschst, weil du die schöpferische Kraft hast, es Wirklichkeit werden zu lassen. Diese Fähigkeit ist eine Resterinnerung an vergangene Leben, in denen du ein vollendeter Alchemist warst. In diesem Leben verlangt die Bewältigung deines Alltags mehr Überlegung und weniger Egoismus. Du mußt dich frei in allen Schichten der Gesellschaft bewegen, und deine größten Tugenden sind deine Großherzigkeit und deine Toleranz. Deine karmische Aufgabe besteht darin, diese Tugenden bewußt auf die höchstmögliche Ebene zu bringen und dann alle Gefühle der Überlegenheit und jegliches Elitedenken auszulöschen. Dein psychologisches Profil zeigt ein sehr geselliges Individuum, das gesellschaftliche

Kontakte und ständige Aufmerksamkeit genießt. Du neigst dazu, deinen Partner zu idealisieren oder auf ein Podest zu stellen. Das kann zu unnötigen Enttäuschungen führen und ist ebenfalls auf deine Neigung zum Phantasieren zurückzuführen.

66

Weißdorn

Mond in der Jungfrau

Du bist ein Meister in der Planung deines Leben und hast jedes Detail sorgfältig ausgearbeitet. Im Grunde genommen hast du den Kopf eines Computerprogrammierers. Dein Schattenselbst, die Mondseite deines Charakters, nimmt nichts als gegeben hin und neigt dazu, sich über alles Sorgen zu machen, einschließlich der eigenen Gesundheit. Deine Wahrnehmung ist zwar engstirnig, kann aber bemerkenswerte Einsichten in die Funktionsweise eines Systems oder in ein Thema hervorbringen. Du hast buchstäblich den Finger am Puls des Lebens. Dein emotionales Wesen ist ebenfalls sehr geschliffen und kontrolliert und scheint das flüchtige Temperament, das mit deinem Baumzeichen assoziiert wird, zu neutralisieren. Irgendwo muß es sich aber manifestieren, und es ist am wahrscheinlichsten, daß es sich in fanatischem Eifer oder in einer Leidenschaft für deine Arbeit und dein Lebensziel zeigt. Du bist also so etwas wie ein moderner Kreuzritter, der alles einsetzt, um die Welt wieder in Ordnung zu bringen. Mit 163, 177, 194 oder 211 denkst du in abstrakten Begriffen, die völlig an der Realität vorbeigehen können. Mit 164, 167, 181, 186, 197 oder 203 hast du Zugang zu weiteren Horizonten und deine Tendenz, dir ständig Sorgen zu machen, ist abgemildert. Mit 165, 179 oder 189 ist dein eigentlich kühles Gefühlswesen weicher und ausdrucksvoller. Die positive Mischung aus Emotionen und Intellekt macht dich geselliger und anmutiger. Mit 162, 169, 183, 188, 199 oder 205 hast du einen sprunghaften Geist, der beinahe genial ist und erstaunliche Fakten und Zahlen hervorbringen kann. Insgesamt enthüllt deine Mondstellung eine kritische Einstellung und eine Abneigung, Einflüsse zu akzeptieren, die außerhalb deiner Kontrolle liegen.

Schlummerndes Potential

Dein schlummerndes Potential besteht darin, deine logischen Schlüsse mit subtileren Gedanken zu verbinden. In vergangenen Leben warst du sehr kritisch und hattest die Tendenz, Menschen und Angelegenheiten vorschnell zu beurteilen. Darüber hast du fast das Gesamtbild und seine Auswirkungen aus den Augen verloren. Die Resterinnerung daran übt einen negativen Einfluß auf dein jetziges Leben aus, was zur Folge hat, daß du weiterhin in ein paar Sackgassen gerätst. Aber du hast die Fähigkeit, deinen Geist und deine Sinne neu zu programmieren, und darin besteht deine karmische Aufgabe. Dein psychologisches Profil ist faszinierend komplex und voller Widersprüche, aber du verstehst die Menschen besser als du vielleicht denkst.

67

Weißdorn

Mond in der Waage

Du könntest sicherlich ein Buch über gute Manieren schreiben und darüber, wie man seinen Chef oder andere Leute beeindruckt. Dein Schattenselbst, die Mondseite deines Charakters, balanciert auf dem feinen Grat zwischen eigenen Interessen und echter Sorge um das Wohlergehen anderer. Im Grunde lehnst du Konfrontationen oder Mißstimmigkeiten jeglicher Art ab. Daher wirst du stets versuchen einen diplomatischen Weg zu finden, um Konflikte zu lösen. Das kann jedoch manchmal zur Folge haben, daß du einen sinnlosen Kompromiß weiterhin aufrechterhältst, obwohl dadurch nichts erzielt wird, außer du bist bereit, entschieden zu handeln und keinen Rückzieher zu machen oder die einfachste Möglichkeit zu wählen, wenn die Lage schwierig wird. Das Problem wird in persönlichen Beziehungen noch deutlicher, wenn deine Gefühle unklar sind und deine Unentschlossenheit einen Konflikt nach dem anderen verursacht. Dein flüchtiges Temperament neigt dazu, zwischen zwei Extremen zu pendeln, wenn Diplomatie zu nichts führt. 160, 164, 167, 179, 186 oder 197 sind günstige Aspekte, wenn es darum geht, faire Urteile zu treffen und eine Karriere zu verfolgen. Mit 159, 162, 166, 180 oder 185 wirst du deine Ziele aggressiver und unabhängiger verfolgen und dich für Redefreiheit und die Rechte Einzelner einsetzen. Mit 163, 177, 194, 200 oder 211 läßt du dich leicht ablenken und von anderen manipulieren. Diese Aspekte sind im allgemeinen ungünstig, wenn Entscheidungsfreudigkeit gefordert ist, und fördern die Tendenz, unrealistische Projekte zu verfolgen. Insgesamt aktiviert deine Mondstellung deine übersinnlichen Fähigkeiten, besonders die telepathischen, die sehr erfolgreich in geschäftlichen Angelegenheiten oder in der Partnerschaft eingesetzt werden können.

Schlummerndes Potential

Dein schlummerndes Potential besteht darin, innere Harmonie zu entwickeln und sie auf deine Beziehung mit einem Partner auszudehnen. Als Individuum hast du einen Punkt erreicht, an dem du dich ohne den Einfluß einer anderen Seele nicht weiterentwickeln kannst. In diesem Leben wirst du dich vielleicht in isolierten Positionen wiederfinden, um deine Selbständigkeit oder deinen Eigenwert zu beweisen. Aber du brauchst die Wärme und Zuneigung einer stabilen Beziehung, um spirituell und emotional zu überleben, und das ist deine karmische Aufgabe. Eine Resterinnerung an frühere Leben kann dich stark zögern lassen, weil du in der Vergangenheit von denen verraten wurdest, die dir am nächsten waren. In diesem Leben hast du die Tendenz, trotz deiner Schuldgefühle ohne Bedauern zu handeln. Psychologisch gesehen bist du ein Einzelgänger, der sich danach sehnt, aus der Kälte zu kommen.

68

Weißdorn

Mond im Skorpion

Deine durchdringenden Einsichten und dein höchst übersinnliches Wesen versetzen dich automatisch in die Position, andere Menschen zu beeinflussen, unabhängig davon, in welchem Baumzeichen du geboren wurdest. Dein Schattenselbst, die Mondseite deines Charakters, kämpft einen mächtigen inneren Kampf um Vorherrschaft auf den elementarsten Ebenen der menschlichen Natur. Obwohl das zum Großteil bedeutet, daß du mit deiner Sexualität klarkommen mußt, hat es auch mit deinem Sinn für Moral zu tun. Du hast dir erfolgreich dein eigenes Wertsystem geschaffen, ohne Rücksicht auf äußere Vorgaben zu nehmen.

Ganz allgemein verfügst du über dynamische Energie und große Willenskraft, die zu wichtigen Errungenschaften führen kann, und wenn du dich einmal einer Sache verpflichtet hast, wirst du sie verfolgen, mit welchem Risiko sie auch verbunden sein mag. Diese Zielstrebigkeit kann deine größte Stärke, aber auch deine größte Schwäche sein. Das flüchtige Temperament, das mit diesem Baumzeichen assoziiert wird, kann äußerst explosiv und unversöhnlich werden. Das kann in persönlichen Beziehungen großen Schaden anrichten, wird sich aber vielleicht auch in Arbeitssituationen manifestieren, in denen du zu dramatischen Abgängen neigst. Jeder Aspekt mit 167, 181, 186, 195, 197, 203, 273 oder 279 wird helfen, deine ganze Psyche zu „erhellen", und deine Zielstrebigkeit ist mehr darauf gerichtet, anderen zu helfen. Mondstellungen im Skorpion zeugen von mächtigen Resteinflüssen, die konstruktiv oder destruktiv sein können, egal in welche Richtung sie gehen, sind sie äußerst schwer zu zerstreuen oder aufzulösen. Mit 163, 177, 184, 211, 263, 268 oder 289 sind es negative Einflüsse, die die dunkleren Elemente deiner Seele wachrufen können. Insgesamt weist deine Mondstellung auf starke innere Turbulenzen aufgrund unterdrückter Emotionen hin, aber du bist innerlich stark genug, um alle emotionalen Verstimmungen zu überwinden.

Schlummerndes Potential

Dein schlummerndes Potential besteht darin, dich auf ein paar einfache ethische Richtlinen einzustimmen und sie zu befolgen, ohne bei all dem gleich zum Fanatiker zu werden. Deine unterdrückten Emotionen sind eine Resterinnerung aus vergangenen Leben, in denen du Mitglied einer strengen religiösen Sekte warst. In diesem Leben wirst du mit kritischen Wahlmöglichkeiten konfrontiert, die du unbewußt selbst hervorgerufen hast und auf die du die Antworten kennst. Dein psychologisches Profil zeigt Charakterstärke und eine starre Mentalität, die alles auf die Spitze treibt, auch schmerzhafte Selbstanalyse. Deine selbstauferlegten Qualen stehen in Verbindung mit den Einweihungsriten der keltischen Schmiedegötter, die das Bedürfnis repräsentieren, eine Grundsubstanz auf ihren Kern zu reduzieren und dabei ihre wertvollste Qualität freizulegen. Darin besteht deine karmische Aufgabe.

69

Weißdorn

Mond im Schützen

Deine pure Anwesenheit trägt dazu bei, die allgemeine Stimmung zu heben. Dein Humor und dein Selbstvertrauen sind einfach ansteckend. Dein Schattenselbst, die Mondseite deines Charakters, schöpft aus einer ewigen Quelle des Optimismus und der Hoffnung. Daher kannst du andere zum Guten beeinflussen. Du weißt aber auch, daß andere versuchen, deine Worte und Taten zu interpretieren, und hast Angst mißverstanden zu werden. Daher wirst du vielleicht zunächst aus der Gesellschaft aussteigen und dich weigern, persönliche Verpflichtungen einzugehen. Schließlich wirst du gezwungen, das Leben ernster zu nehmen, denn deine Mondstellung wird mit dem ewigen Studenten assoziiert, der einen Schatz an weltlichem und philosophischem Wissen anhäuft. Ein solcher Prozeß erfordert jedoch sehr viel Selbstdisziplin. Mit 160, 167, 186 oder 197 ist dein Wort dein Pfand und du hast einen philosophischen Geist, aber dein Humor bleibt lebendig. Lachen ist ein großer Heiler und deine Sorge um das Wohlergehen anderer kann dich in soziale Berufe oder in das Priesteramt ziehen. Du hast schriftstellerisches Talent, das auch im Journalismus zur Geltung kommen kann. Mit 161, 168, 175, 192 oder 198 nimmst du das Leben zu ernst und neigst zum Predigen oder Moralisieren statt anderen zu helfen. Mit 162, 169, 183, 188, 199 oder 205 bist du hochintelligent – ein revolutionärer Denker, der Autoritätspersonen mit seinen kompromißlosen Ansichten in Sachen Menschlichkeit verstören kann. Insgesamt zeigt deine Mondstellung, daß dein hitziges Temperament sich gegen Ungerechtigkeiten wehrt, die anderen widerfahren.

Schlummerndes Potential

Dein schlummerndes Potential besteht darin, dich nicht für allzu viele gute Zwecke oder riesige Projekte zu engagieren, die kein klares Mandat haben. In vergangenen Leben hast du Zeit und Energie verschwendet, um Hirngespinsten nachzujagen, statt einem detaillierten Plan zu folgen, der deine Prioritäten festlegt. In diesem Leben bist du aufgefordert, deinen Horizont zu erweitern, und obwohl ein paar Abweichungen für die Zukunft nützlich sein können, besteht deine karmische Aufgabe darin, deine hoch entwickelten intuitiven Kräfte weiser einzusetzen. Du wirst viele Menschen mit unterschiedlichen Ansichten kennenlernen, aber du selbst bist durchaus fähig, die Quelle der Wahrheit zu finden. Das steht mit der spirituellen Suche nach dem Heiligen Gral in Verbindung und setzt voraus, daß man die richtigen Fragen stellt. Dein psychologisches Profil weist darauf hin, daß du hohe Erwartungen an das Leben hast, und diese Art von Resterinnerung verstärkt normalerweise den Glauben an Reinkarnation.

70

Weißdorn

Mond im Steinbock

Du bist ein Mensch, der alles auf die harte Tour lernt, statt Rat anzunehmen oder einfachere Möglichkeiten zu wählen. Du bist verläßlich und gewissenhaft und hast eine Menge gesunden Menschenverstand. Dein Schattenselbst, die Mondseite deines Charakters, übernimmt völlig selbstverständlich eine dominierende Rolle, um so auf die Bedürfnisse anderer zu reagieren. Dein Privatleben ist eingeschränkt, weil du ständig damit beschäftigt bist, die Probleme anderer zu lösen. Du strahlst eine Würde aus, die andere bewundern. Aber unter diesem starken Äußeren bist du sehr sensibel und verletzlich und fühlst dich leicht deprimiert und unsicher. Dein hitziges Temperament wurde schon früh im Leben unterdrückt, aber wenn du das Gefühl hast, daß andere deine Gutherzigkeit ausnutzen, sagst du deine Meinung und weist sie in ihre Schranken. Mit 159, 162, 166, 180 oder 185 wirst du wahrscheinlich nicht übervorteilt. Du bist zwar hilfsbereit, aber immer in den Grenzen, die du selbst gesteckt hast. In finanziellen Angelegenheiten solltest du bald unabhängig sein. Jeder Aspekt mit 160, 164, 167, 169, 181 oder 186 wird deinem Charakter Tiefe und Breite verleihen. Du hast starke individuelle Züge und Talente, die einen Unternehmer kennzeichnen. Mit 161, 175, 182, 192, 198 oder 209 bist du ein profunder Denker, der sich vorkommt, als liege das Gewicht der Welt auf seinen Schultern. Dennoch wirst du weiterhin kämpfen, um deine Ziele zu erreichen, und schließlich dort erfolgreich sein, wo selbst die entschlossensten Menschen versagten. Insgesamt hat deine Mondstellung einen stabilen Einfluß auf die Verwirklichung deines Potentials.

Schlummerndes Potential

Dein schlummerndes Potential besteht darin, dich von einem Verhaltensmuster zu befreien, das sich bereits in deinen Eltern manifestiert hat. Dein Familienkarma ist äußerst komplex und du warst gezwungen, die gleiche Rolle in vielen früheren Leben zu spielen. In diesem Leben wirst du jedoch früher oder später entdecken, daß du übertölpelt wurdest. Mit anderen Worten, du wirst plötzlich merken, daß du bereitwillig an deinem eigenen Niedergang mitgewirkt hast. Dein psychologisches Profil verrät charakterliche Stärken und Schwächen, die ausgeglichen werden müssen, damit du anfangen kannst, dein wahres Selbst zu entwickeln. Wenn du dich über die Familiendisharmonie hinwegsetzen kannst, hast du den ersten Schritt in die richtige Richtung getan und kannst anfangen, deine eigene karmische Aufgabe zu erfüllen.

71

Weißdorn

Mond im Wassermann

Du hast eine einzigartige Vorstellung von der Welt und den Menschen. Sie bringt dich dazu, dich mit unkonventionellen oder kontroversen Themen zu beschäftigen, die anscheinend nur du selbst verstehst. Dein Schattenselbst, die Mondseite deines Charakters, hat Zugang zu einem fortgeschrittenen menschlichen Bewußtsein, das noch nicht zum Einsatz gekommen ist. Damit stehst du nicht allein da. Vielleicht wirst du irgendwann Menschen kennenlernen, die ebenfalls Zugang zu diesem Bewußtsein haben. Wie du damit umgehst, hängt von dem Maß an Selbstdisziplin ab, das du aufbringen kannst, und davon, ob du fähig bist, anderen deine Ideen auf einfache, verständliche Weise mitzuteilen. Da du ein willensstarkes Individuum bist, neigst du zu dogmatischen Ansichten, obwohl dein Denken sehr originell und progressiv ist. Gefühle läßt du eher intellektuell und emotional beherrscht nach außen dringen. Im Grunde bist du ein freundlicher und rücksichtsvoller Mensch, der seine Emotionen am liebsten auf einer unpersönlichen und humanitären Ebene zum Ausdruck bringt. Mit 162, 169, 183, 188 199 oder 205 verfügst du über einen sprühenden Intellekt, der kontrolliert werden will. Dennoch wirst du dir in der New Age Bewegung einen Namen machen. Mit 160, 164, 167, 181, 186, 197 oder 203 ist dein Geist besser ausgeglichen und du verfügst über persönliche Integrität, die Respekt verdient. Du bist im wesentlichen ein toleranter Mensch, der sich stets ehrenvoll verhält. Mit 176 oder 210 fehlt es dir an Stabilität bezüglich deines intellektuellen Potentials und du kannst extrem reaktionär werden. Insgesamt verrät deine Mondstellung einen hohen Grad an emotionaler Spannung, die nach bewußter Kontrolle verlangt.

Schlummerndes Potential

Dein schlummerndes Potential besteht darin, den Wert der Freundschaft und deiner Träume oder Visionen zu erkennen. In deinen Träumen wirst du telepathische Anweisungen oder Botschaften erhalten, die dir helfen können, den Grund für deine Handlungen zu verstehen. In vergangenen Leben warst du mit der Gesellschaft und mit persönlichen Beziehungen unzufrieden. Die Resterinnerung daran veranlaßt dich, ständig die Richtung zu ändern oder nach grüneren Weiden Ausschau zu halten, nur um zu entdecken, daß du dich finanziell und emotional noch stärker verstrickt hast. Dein psychologisches Profil verrät ein gewaltiges Ego, das sich in einer destruktiven Form von Stolz zeigt. Wenn du dich von dieser Selbstüberschätzung lösen kannst, wirst du dich im klaren Spiegel deines Geistes selbst erkennen können. Diese spirituelle Erfahrung zu machen, ist die karmische Aufgabe, die du erfüllen mußt.

Du bist ein Mensch, den Träume in höchste Unruhe versetzen können. Das hat zur Folge, daß du einen großen Teil deines Lebens damit verbringst, Menschen oder Situationen zu vermeiden, die dir instinktiv unbehaglich sind oder dich unsicher machen. Dein Schattenselbst, die Mondseite deines Charakters, ist sehr empfänglich für negative Einflüsse und zeitweise sehr verletzlich. Dein größter Vorteil ist ein ausgeprägter Idealismus, von dem sich der Rest der Menschheit eine Scheibe abschneiden könnte. Du hast ein sanftes, liebenswertes Wesen und obwohl du sehr leichtgläubig sein kannst, hast du die Fähigkeit, dich über die dunkleren Aspekte der menschlichen Seele zu erheben: Macht und Habgier. Du hast die Fähigkeit, andere mit deinen mitfühlenden Taten und kreativen Talenten zu beeinflussen. Letzteres kann viele Formen annehmen, aber mit deinem Baumzeichen ist eine mystische Alchemie verbunden, die Magier und Illusionisten hervorbringt. Dein mitfühlendes, nicht materiell orientiertes Wesen fühlt sich in sozialen Berufen aufgehoben. Mit 167, 170 oder 189 wirst du wahrscheinlich mit Wohltätigkeitsorganisationen zu tun haben und mit Gruppen, die sich mit spirituellem Heilen beschäftigen. Du verfügst über eine stille Ernsthaftigkeit, die einen beruhigenden Einfluß ausübt. Mit 163, 177, 184 oder 194 hast du zwar eine künstlerische Ader und heilende Kräfte, aber es kann ihnen an Realitätsbezug mangeln. Mit 168, 187 oder 204 bist du insgesamt konzentrierter und deine Selbstdisziplin hilft dir, dein wahres Potential zu verwirklichen. Insgesamt enthüllt deine Mondstellung ein spirituelles Wesen und künstlerische Fähigkeiten.

Schlummerndes Potential

Dein schlummerndes Potential besteht darin, deine unbewußten Ängste zu transzendieren, die mit deinem persönlichen Wachstum unvereinbar sind. In vergangenen Leben hast du eng mit Menschen zusammengearbeitet, die an schweren Krankheiten oder unter sozialen Entbehrungen gelitten haben. In diesem Leben solltest du in der Lage sein, die Energien aus der Resterinnerung daran in ein konstruktives Programm zu deiner Weiterentwicklung zu leiten. Dein mitfühlendes Wesen wird vielen Prüfungen unterzogen und diese Erfahrungen können sehr ermüdend sein, sowohl spirituell als auch physisch, aber sie können sämtliche Illusionen und Ängste bannen. Das ist die karmische Aufgabe, die du erfüllen mußt. Dein psychologisches Profil enthüllt gewisse Angstgefühle, die ursprünglich von einem niederen Selbstwertgefühl stammen können. Als Ergebnis neigst du dazu, dich hinter einem stärkeren Partner zu verstecken oder Entschuldigungen für deine Abwesenheit zu erfinden.

Keltisches Mondzeichen: Eiche

Mondsymbol: Weiße Stute

Das Pferd, das mit den Sonnenwenden assoziiert wird, hatte für die Kelten einen heiligen Ursprung. Die weiße Stute wurde mit der keltischen Pferdegöttin Rhiannon und mit der Sommersonnenwende in Verbindung gebracht und repräsentierte die alte matriarchalische Kultur. Die symbolische Wiedergeburt ihres Sohnes Pryderi als schwarzer Hengst zur Wintersonnenwende spiegelt den Kompromiß, zu dem der Kampf um die Vorherrschaft zwischen der keltischen Mondgöttin und den Sonnengöttern schließlich führte. Dem keltischen Mythos zufolge wurde Pryderi nach seiner Geburt entführt. Seine Mutter wurde fälschlich angeklagt, ihn getötet zu haben, und mußte eine demütigende und ungerechte Strafe auf sich nehmen. Pryderis Wiederkehr stellt im keltischen Mythos die alte Autokratie der matriarchalischen Mondgöttin wieder her und bestätigt die Echtheit des alten keltischen Tierkreises. Das Pferd war ein beliebtes Totemtier der Kelten, und Pferde wurden bereits auf den frühesten keltischen Münzen dargestellt.

Die Eiche wurde in der irisch-keltischen Mythologie mit dem „Guten Gott" oder „Dagda" assoziiert, der mit dem alten griechischen Gott Jupiter und über ihn mit dem Planeten Jupiter in Verbindung steht. Beide waren Donnergötter, und sowohl von der Eiche als auch von der Esche sagt man, daß sie den Blitz anzieht, der den Druiden zufolge für göttliche Inspiration steht. Im siebten Mondmonat bezeichnet die Eiche einen Wendepunkt in der irdischen Existenz, an dem die Seele zu den Höhen von Gwynvwd (keltischer Himmel) aufsteigt, um sich an ihren Zweck oder ihre Aufgabe auf der Erde zu erinnern. Zur Zeit der Sommersonnenwende befindet sich das Licht (die Sonne) auf seinem Höhepunkt und symbolisiert die Erweiterung des menschlichen Bewußtseins.

Der Eichencharakter

Du wurdest zu einer Jahreszeit geboren, in der die Sonne und damit das Licht den Höhepunkt erreicht. Daher werden deine bemerkenswerten Eigenschaften mit einem erleuchteten Geist in Verbindung gebracht. Es überrascht nicht, daß Eichencharaktere über die besten menschlichen Eigenschaften verfügen, die man sich nur vorstellen kann. Du fühlst dich von fordernden Berufen und von verantwortungsvollen Positionen natürlich angezogen. Deine Neigung, dich an strenge moralische Richtlinien zu halten und ohne Rücksicht auf Verluste die Wahrheit zu sagen, verbindet dich mit dem Opfer des Eichenkönigs, der zur Sommersonnenwende symbolisch stirbt, um nach druidischer Auffassung in der zweiten Jahreshälfte durch sein Königreich in der Unterwelt zu reisen. Psychologisch gesehen kann dich das zu einem willigen Opfer machen oder zu einem unbekümmerten Charakter, der das Leben in all seiner Fülle zu leben weiß.

Deine ererbten Charakterzüge kommen von der väterlichen Seite deiner Familie, aber in deiner Jugend hat deine Mutter wahrscheinlich den stärksten Einfluß auf dich ausgeübt. Eine Vaterfigur oder ein männlicher Einfluß scheint zu dieser Zeit zu fehlen. Vielleicht haben sich deine Eltern scheiden lassen oder dein Vater war aus beruflichen Gründen lange nicht zu Hause. In deinen eigenen Beziehungen legst du eine geistige Großzügigkeit an den Tag, die dich zu einem idealen Elternteil oder Partner macht. Allerdings fällt es anderen manchmal schwer, dem hohen Standard gerecht zu werden, an dem du ihr Verhalten mißt, und wenn du das Gefühl hast, in deinem Heim oder in deiner Ehe keine Unterstützung zu bekommen, schwindet ein Großteil deiner Motivation dahin oder wird in die falsche Richtung gelenkt. In Herzensangelegenheiten bist du viel verletzlicher als andere Zeichen, da dein vertrauensvolles Wesen dich eher zum Opfer von Mißstimmung macht als zum Verursacher. Im allgemeinen segeln Eichencharaktere mit Stil und Selbstvertrauen durchs Leben und ziehen einflußreiche Freunde an. Mit 160, 167, 181, 197 oder 203 sind alle positiven Charakterzüge aktiviert und dein Sinn für Fairneß steht genausowenig in Frage wie deine persönliche Integrität. Deine enorme Vitalität und dein Unternehmungsgeist werden dir sämtliche Türen öffnen, weil du „die Schlüssel zum Königreich“ in der Hand zu halten scheinst. Doch alles hat seinen Preis, und die glücklichen Einflüsse, die dich umgeben, können auch Trägheit, Hemmungslosigkeit und protziges Auftreten erzeugen. Mit 161, 175, 187 oder 204 nimmst du die Dinge weniger selbstverständlich hin und bist ein tiefgründiger Lebensphilosoph. Mit 164 bist du ein sehr talentierter Redner und mit 165, 170, 179 oder 189 können dir dein charmantes Wesen und dein sozialer Hintergrund eine hohe Stellung im Leben sichern. Es gibt starke Verbindungen zu den Künsten und Hinweise auf glanzvolle Freundschaften. Ganz allgemein wirst du immer Menschen um dich haben, weil du eine magnetische Ausstrahlung hast. Deine Mondstellung wird klären, wie fein sie eingestimmt ist.

73

Eiche

Mond im Widder

Du hast alles, was man braucht, um deinen Weg durchs Leben zu gehen und deine eigenen Ziele konsequent zu verfolgen. Obwohl es manchmal aussieht, als handeltest du einzig und allein aus reinem Eigeninteresse, bist du entschlossen, Veränderungen zu bewirken, die für andere letztendlich von Vorteil sind. Dein Schattenselbst, die Mondseite deines Charakters, reagiert stark auf die Not anderer. Zwar bist du oft taktlos und intolerant, aber du teilst auch Schläge für Freiheit und Gerechtigkeit aus, die das Leben für alle besser machen. Was immer deine Motive auch sein mögen, jedenfalls kann niemand sagen, daß du nicht zu deinen Überzeugungen stehst. Du bist ein starker Verbündeter, aber auch ein gefährlicher Feind, weil du immer davon ausgehst, daß man entweder für oder gegen dich ist. Mit 159, 166, 180, 185, 196 oder 202 bist du ein menschlicher Dynamo, der alle Mitbewerber aus dem Rennen werfen kann. Deine Dreistigkeit und dein scharfer Witz sind ein deutlicher Charakterzug, aber du mußt lernen, dein impulsives und aggressives Wesen zu zügeln. Mit 170, 179 oder 189 bist du romantisch und im allgemeinen sehr einfühlsam und liebenswert. Insgesamt verrät deine Mondstellung glühende Leidenschaften und ein feuriges Temperament.

Schlummerndes Potential

Dein schlummerndes Potential besteht darin, deine Fähigkeiten als unabhängiger Schiedsrichter oder Vermittler unter Beweis zu stellen. Du bist zwar ein würdiger Gegner, aber deine wahre Charakterstärke liegt in deiner Fähigkeit, die Wahrheit zu sagen oder faire Urteile zu fällen. In früheren Leben warst du meist sehr impulsiv und hast die Konsequenzen deines Verhaltens anschließend bitter bereut. Daher wird es dir in diesem Leben manchmal schwerfallen, feste Verpflichtungen einzugehen, aber du kannst aus deinen Fehlern lernen und deinen Plan ändern. Dein psychologisches Profil enthüllt ein dickköpfiges Individuum, das sich schwer tut, von anderen Rat oder Hilfe anzunehmen. Du ziehst es vor, die Dinge auf deine Weise zu tun, weil du leidenschaftlich an dich selbst glaubst. Persönliche Beziehungen werden immer eine große Rolle in deinem Leben spielen, denn sie zeigen dir, wie du Kopf und Herz zusammenbringen kannst. Darin besteht deine karmische Aufgabe.

74

Eiche

Mond im Stier

Du hast einen tadellosen Geschmack – eine Eigenschaft, die es dir möglich macht, geschickt in Antiquitäten oder Kunstgegenstände zu investieren. Du bist ein Meister im Geschäft und äußerst fähig in der Abwicklung von Finanzen. Dein Schattenselbst, die Mondseite deines Charakters, gibt dir einen Sinn für Harmonie und Grazie. Du bewegst dich in besseren Kreisen der Gesellschaft und verfügst über natürliche Haltung und Selbstsicherheit, ohne in irgendeiner Weise anmaßend zu wirken. Du bist warmherzig und liebevoll und hast feste Wertvorstellungen. Wie die Eiche, deren Wurzeln tief in die Erde reichen, willst auch du Wurzeln schlagen und solide Ergebnisse erzielen. Es besteht aber auch die Möglichkeit, daß du allzu starr in deinen Ansichten wirst und geradezu besessen von deiner Routine. Mit 165, 170, 179, 189, 195 oder 201 kannst du deinen kultivierten Geschmack und deine künstlerische Ader voll ausleben und wirst Glück in der Liebe haben und finanziell abgesichert sein. Alle Aspekte mit 177, 182, 194 oder 211 können dein wahres Potential untergraben. Mit 272 oder 274 werden deine besitzergreifenden und eifersüchtigen Charkterzüge schmerzhafte Trennungen und innere Qualen bringen. Die Aspekte 164, 167, 181 oder 186 steigern deine geistige Flexibilität und helfen dir allgemein, deinen Horizont zu erweitern. Insgesamt weist deine Mondstellung auf großes Durchhaltevermögen hin.

Schlummerndes Potential

Dein schlummerndes Potential besteht darin, den Unterschied zwischen deinen eigenen Wünschen und den Bedürfnissen anderer zu erkennen. In früheren Leben warst du ein sehr sinnlicher Mensch, der die feineren Aspekte des Lebens schätzte, obwohl das zum Zwang werden konnte. Jetzt besteht deine karmische Aufgabe darin, ein inneres Gefühl der Zufriedenheit auf einer neuen Bewußtseinsebene zu entwickeln. Dein psychologisches Profil weist auf eine gewisse Gefühlstiefe hin, die möglicherweise schwer nach außen zu bringen ist. Du hat vielleicht Hemmungen, deine Träume mit anderen zu teilen, denn eine Resterinnerung zeugt davon, daß du in der Vergangenheit tief verletzt wurdest. Obwohl sich diese Unsicherheit früh in deinem jetzigen Leben manifestieren kann, hat sie ihre Wurzeln in früheren Leben und zeugt von einem permanenten Machtkampf mit einem Partner oder Kindern. Weil du ein willensstarker Charakter bist, führt das in familiären Auseinandersetzungen dazu, daß Persönlichkeiten aufeinanderprallen und kaum Raum für Kompromisse bleibt. Als Eichencharakter bist du jedoch bereit, persönliche Opfer für deine Familie zu bringen.

75

Eiche

Mond im Zwilling

Du kannst deine Ideen mit außerordentlicher Kunstfertigkeit verbreiten. Du bist witzig, äußerst anpassungsfähig und hast ein Talent zum Schreiben und für Sprachen. Dein Schattenselbst, die Mondseite deines Charakters, interagiert auf intellektueller und emotionaler Ebene mit deinem bewußten Selbst. Daher hast du eine hoch entwickelte Vorstellungskraft, die stark auf Logik und Intuition fußt – eine seltene Kombination. Emotional bleibst du jedoch am liebsten frei, ungebunden und kokett. Deine rastlose Neugier bringt dich dazu, Wissen und eine riesige Fülle von Informationen anzuhäufen. Als Eichencharakter hast du ein angeborenes Gefühl dafür, was Recht und was Unrecht ist, das dich in moralischen Angelegenheiten extrem einflußreich macht. Als Journalist oder Kommentator wirst du als besonders gut informiert geachtet. Egal welchen Beruf du wählst, du weißt, wie du Menschen mit deinen vielseitigen Fertigkeiten beeindrucken kannst. Mit 157 bist du äußerst witzig und intellektuell versiert, aber es kann dir an Ernsthaftigkeit fehlen. Mit 160, 164, 167, 186 oder 197 ist dein Sinn für Moral betont, und auf der Suche nach Wissen beschäftigst du dich sehr intensiv mit allen möglichen profunden Philosophien. Mit 162, 169, 183, 188, 199 oder 205 handelst du von einer höheren geistigen Ebene aus, was dir unter anderem einen Blick in die Zukunft ermöglicht. Insgesamt enthüllt deine Mondstellung flüssige Gedanken und Gefühle, denen du eine Richtung geben solltest, damit sie sich nicht einfach zerstreuen.

Schlummerndes Potential

Dein schlummerndes Potential besteht darin, die Welt aus einem anderen Blickwinkel zu betrachten. Du wirst entdecken, daß die negativen Eigenschaften anderer deine Unfähigkeit widerspiegeln, dein eigenes Selbst zu verstehen. In früheren Leben warst du sehr clever, wenn es darum ging, deine Gedanken auf andere zu projizieren. Deine karmische Aufgabe besteht nun darin, einfach zu beobachten und zuzuhören. Dein psychologisches Profil enthüllt eine vielseitige Persönlichkeit, die in einer zweigesichtigen Welt der Realität auf der einen und der Illusion auf der anderen Seite lebt. Das macht es anderen schwer zu verstehen, wer du wirklich bist. Aber vielleicht besteht dein Beitrag für die Gesellschaft darin, die Imagination und Neugier anderer Menschen zu stimulieren.

76

Eiche

Mond im Krebs

Du bist ein freundlicher und sympathischer Mensch mit starken mütterlichen oder väterlichen Instinkten und dem Wunsch, deine Familienmitglieder und engen Freunde zu beschützen. Dein Schattenselbst, die Mondseite deines Charakters, ist stark übersinnlich. Du bist sehr empfindsam, gefühlsmäßig schnell verletzt und äußerst sensibel für Kritik. Die Opferbereitschaft deines Baumzeichens kann sich auch negativ auswirken und dich entweder zu einem willigen Märtyrer machen oder deine Neigung betonen, anderen ständig dein Leid zu klagen. Ganz allgemein haben die Mondzyklen einen starken Einfluß auf dein emotionales Verhalten und bewirkt, daß deine Stimmungen wie ein Pendel zwischen zwei Extremen steigen und fallen. Wenn dein Mond positiv aspektiert ist, hat dein fürsorgliches Wesen alle Kennzeichen eines Wohltäters. Mit 160, 167, 186 oder 197 bist du ein wahrhaft erleuchtetes Individuum, das eine Menge Zeit darauf verwenden wird, denen zu helfen, die außerhalb der Gesellschaft stehen. Mit 161, 175 oder 182 hast du sehr viel innere Stärke und klare Absichten, aber du neigst zu düsteren Stimmungen und hast keinen Sinn für Humor. Mit 170, 184 oder 206 sind deine übersinnlichen Fähigkeiten gut entwickelt und du bist ein wahrer Mystiker und geborener Heiler. Insgesamt bezeichnet deine Mondstellung ein erfinderisches und unternehmungslustiges Individuum.

Schlummerndes Potential

Dein schlummerndes Potential besteht darin, dein eigenes Versagen tolerieren zu lernen. In früheren Leben hat sich dein Gefühl der Unzulänglichkeit negativ in Hypochondrie niedergeschlagen. In diesem Leben wirst du schwere Familienlasten auf dich nehmen müssen und dabei etwas über die emotionalen Bedürfnisse anderer erfahren. Dein psychologisches Profil enthüllt eine Neigung, in der Vergangenheit zu schwelgen, indem du dich auf vergangene Ereignisse konzentrierst und schmerzhafte Erinnerungen in einer Art rückläufigem Zyklus neu durchlebst. Wenn du schließlich in der Lage bist, deine gegenwärtige Lebenserfahrung zu schätzen, stehst du an der Schwelle zur Erneuerung deines Selbst. Deine karmische Aufgabe besteht darin zu akzeptieren, wer du bist, und dann zu entscheiden, ob irgendwelche Veränderungen notwendig sind. Die Wanderung von der Kälte und Dunkelheit des Winters zur Wärme und zum Licht des Sommer im keltischen Mondtierkreis symbolisiert den Pfad einer neugeborenen Seele.

77

Eiche

Mond im Löwen

Du bist ein außerordentlich geradliniger Mensch. An dir und deinen Zielen im Leben ist nichts Komplexes oder Schwieriges. Du strahlst ein Selbstvertrauen aus, das den Enthusiasmus und die Erwartungen anderer steigert. Dein Schattenselbst, die Mondseite deines Charakters, manifestiert sich in deinem Sinn für Würde und in deinen gesellschaftlichen Fertigkeiten. Du hast mächtige Emotionen, die du kraftvoll zum Ausdruck bringst, aber immer mit großer Zuneigung. Als Eichencharakter gibst du Herzensangelegenheiten natürlich den Vorrang vor allem anderen in deinem Leben. Da du jedoch sehr empfänglich für falsche Freunde und Schmeichelei bist, solltest du in persönlichen Beziehungen mehr Vorsicht und Sorgfalt walten lassen. Das kann eine schwierige Aufgabe sein, denn instinktiv verhältst du dich großherzig und vertrauensvoll. Auf der anderen Seite forderst du das aufrührerische und hinterhältige Verhalten anderer heraus, weil du sie dominieren oder ihr Leben nach deinen Plänen organisieren willst. Mit 165, 170, 179 oder 189 bist du empfänglicher für die Gefühle anderer und findest wahrscheinlich Zufriedenheit und Glück in romantischen Beziehungen. Künstlerische Talente sind ebenfalls betont. Mit 190, 194, 196, 207 oder 222 wirst du in den meisten persönlichen Beziehungen Streit und Unzufriedenheit erleben, weil du entweder zu anspruchsvoll bist oder völlig unsensibel. Insgesamt enthüllt deine Mondstellung einen hohen Grad an emotionaler und physischer Energie, die positiv in die Kunst oder den Sport gelenkt werden kann.

Schlummerndes Potential

Dein schlummerndes Potential besteht darin, deine enorme Energie und Willenskraft im Team und nicht im Alleingang einzusetzen. Obwohl du dich anfangs auf der persönlichen Ebene auszeichnen mußt, wird die Glanzzeit deines inneren Wachstums kommen, wenn du dein Glück und deine Sachkenntnis mit anderen teilst. In vergangenen Leben hast du dir Anerkennung und Ruhm erworben, indem du in kritischen Situationen die Initiative ergriffen hast. In diesem Leben wirst du sicherlich aufgerufen, deine Führungsqualitäten einzusetzen und wenn nötig, einige persönliche Opfer zu bringen. Die symbolische Aufgabe, das Ego um des spirituellen Wachstums willen zu opfern, die mit deinem Baumzeichen assoziiert wird, ist für Menschen mit Löwenmond die schwierigste, aber sie ist Teil deiner karmischen Lektion. Dein psychologisches Profil enthüllt großen Stolz auf die Freiheit, selbst wählen zu können, statt Teil der Herde zu sein. Wenn du erkennst, daß jede Form von Elitedenken der Freiheit des Einzelnen entgegenwirkt, wirst du dein Karma vielleicht erfüllen.

78

Eiche

Mond in der Jungfrau

Du strebst danach, einen Kern des Selbstvertrauens in dir aufzubauen, indem du deine Ideen und Ziele an einem Ideal ausrichtest, was deine emotionalen Bedürfnisse aufs Spiel setzen kann. Dein Schattenselbst, die Mondseite deines Charakters, weigert sich anfangs, vom Herzen oder vom Gewissen beeinflußt zu werden. Stattdessen ziehst du es vor, vom intellektuellen Podest des Skeptizismus und der Logik aus zu agieren – nur um zu entdecken, daß deine Schlüsse reichlich oberflächlich sind. Im Grunde haderst du mit der Natur und mit deiner eigenen Spiritualität. Unbewußt nimmst du jedoch eine Menge Wissen oder Inspiration auf, die dich den selbstaufopfernden Tugenden deines Baumzeichens zugeneigt macht. Negativ an deiner Mondstellung ist die Tendenz, sich innerlich Sorgen zu machen. Das kann deine körperliche und geistige Vitalität angreifen. Mit 164, 166, 167, 185, 188, 196, 197 oder 204 ist dein Geist sehr stark und du hast größeren Weitblick und mehr physische Vitalität. Mit 161, 182 oder 209 kann deine Neigung dir Sorgen zu machen zu schwachen Leistungen und einem Mangel an Selbstwertgefühl führen. Vitalität und Motivation sind ebenfalls schwer aufrechtzuerhalten. Insgesamt zeigt deine Mondstellung einen guten Geschäftssinn und kühle Emotionen, die für andere sehr schwer zu verstehen und zu erwidern sind. Versuche also, nicht unnahbar zu erscheinen und andere dabei zu entfremden.

Schlummerndes Potential

Dein schlummerndes Potential besteht darin, deine analytischen Fähigkeiten mit Bescheidenheit einzusetzen und deine Angst zu überwinden, ein Opfer von Verfolgung oder Betrug zu werden. Diese Angst ist eine Resterinnerung an Erfahrungen in vergangenen Leben und sehr komplex. Deine Weigerung, dich zu sehr von deinen Gefühlen beeinflussen zu lassen, ist eine Manifestation deines instinktiven Bedürfnisses, der Manipulation durch andere zu widerstehen. Das ist der Hauptgrund für deine natürliche Reserviertheit. In diesem Leben kann deine Fähigkeit, die Ursachen der Schmerzen anderer zu erkennen, zur Quelle der Heilung deiner eigenen Wunden werden. Dein psychologisches Profil enthüllt unter Schichten zurückgehaltener Emotionen ein äußerst sensibles und einfühlsames Wesen. Dein Kopf mag zwar dein Herz regieren, aber dennoch bist du sehr empfänglich für Einflüsse von außen, die deine Einstellungen schrittweise verändern können.

79

Eiche

Mond in der Waage

An der Oberfläche bist du freundlich und gelassen, aber tief innen wägst du sorgfältig ab, ob die Chancen zu deinen Gunsten stehen. Dieses scheinbar berechnende Verhaltensmuster gibt dir die besten Voraussetzungen, um ein sorgenfreies Leben zu führen. Dein Schattenselbst, die Mondseite deines Charakters, kennt die Vorteile von Kompromissen und Diplomatie. Obwohl du ein starkes Ego hast, mußt du deine Selbständigkeit bewußt entwickeln, wenn du deine Ziele im Leben erreichen willst. Dennoch bist du von Natur aus charmant und kultiviert und verkörperst einige der besten Charakterzüge der Eiche. Dein Schwachpunkt ist deine Unschlüssigkeit, die auf deine wechselnden Emotionen zurückzuführen ist. In persönlichen Beziehungen, besonders in Partnerschaften, strebst du nach einem solchen Maß an Harmonie, daß du ungewollt die Illusion eines Glücks erzeugst, das vielleicht gar nicht da ist. Mit anderen Worten, es fällt dir schwer zuzugeben, daß dein unklares Verhalten oft zu häuslichen Verstimmungen beiträgt. Mit 165, 179, 201 oder 217 hast du Glück in der Liebe und in finanziellen Dingen. Deine Wertschätzung der Künste ist ebenfalls betont. Die Aspekte mit 172, 190 oder 222 weisen auf Disharmonie und turbulente Emotionen hin. Insgesamt enthüllt deine Mondstellung einen Sinn für Fairplay und hervorragende Manieren, wenn auch etwas unbeständige Gefühle.

Schlummerndes Potential

Dein schlummerndes Potential besteht darin, deine Erwartungen und Bedürfnisse auf die Bedürfnisse anderer abzustimmen. Das ist vielleicht eine der schwierigsten karmischen Aufgaben, da deine Mondstellung die polarisierende Energie der Äquinoxe bezeichnet, die entweder eine Spaltung der Psyche verursacht oder Herz und Verstand vereinigt. In vergangenen Leben hattest du die Tendenz, dich immer für die einfachen Möglichkeiten zu entscheiden und damit deine Position aufs Spiel zu setzen. In diesem Leben wirst du in allen Arten von Auseinandersetzungen als Schiedsrichter oder neutraler Ratgeber fungieren. Das sollte dir helfen, objektiver und entschlossener zu werden, aber in erster Linie wird es dich an die Konsequenzen deiner eigenen Handlungen erinnern. Dein psychologisches Profil enthüllt ein inneres Gefühl der Einsamkeit, das dich schon früh dazu drängt, die Gesellschaft anderer zu suchen. Wie man sich in der Gesellschaft bewegt, wirst du bald wissen, aber du mußt lernen, mit der gleichen Einfühlsamkeit zu lieben.

80

Eiche

Mond im Skorpion

Du bist ein hervorragender Überlebenskünstler. Das liegt hauptsächlich an deiner Fähigkeit, immer wieder neu anzufangen, ohne dem Alten nachzutrauern. Dein Schattenselbst, die Mondseite deines Charakters, überwindet das Joch eines erdgebundenen Geistes. Das einzige, worauf du achten mußt, ist deine Neigung, Dinge zu dramatisieren, was dazu führen kann, daß du viele Brücken hinter dir abbrichst und nicht mehr voll am Leben teilnimmst. Du hast mächtige Emotionen und eine Leidenschaftlichkeit, die andere überwältigen kann. Da du nichts halbherzig machst, neigst du dazu, ziemlich übertrieben in den Freuden des Lebens zu schwelgen, was dein spirituelles Selbst schwächen kann. Deine durchdringende Einsicht in die menschliche Natur kann dich zu einem aufmerksamen Analytiker machen. Dein selbstopferndes Eichenwesen kann sich ins Gegenteil verkehren. Da du mit dem tödlichen Stachel des Skorpions bewaffnet bist, bist du kein passives Opfer; du verteidigst deinen Standpunkt und zwingst andere zu kapitulieren. Mit 159, 166, 180, 185, 196, 267 oder 276 bist du eine Kraft, mit der gerechnet werden muß, und obwohl sich andere nicht für dich erwärmen können, respektieren sie deinen Mut und deine Ehrlichkeit. Mit 190, 297, 268, 271 oder 277 sind all deine destruktiven Züge ausgeprägt und du kannst völlig von deinen turbulenten Gefühlen beherrscht werden und dich der Maßlosigkeit hingeben. Achte auf stabilisierendere Aspekte mit Saturn. Insgesamt enthüllt deine Mondstellung starke unterschwellige Gefühle und übersinnliche Energie, die deine gesamte Charakterstärke brauchen, um kontrolliert zu werden.

Schlummerndes Potential

Dein schlummerndes Potential besteht darin, Verhaltensmuster aus früheren Leben zu transformieren, die sich als glühende Intensität manifestieren. Du kannst karmische Energie in anderen aktivieren, und daher fühlen sich manche Leute nicht wohl in deiner Gegenwart. In diesem Leben mußt du deine gewaltige innere Stärke neu ausrichten und deinen Lebenszweck neu definieren. Obwohl viel abgelegt werden muß, hast du einen angeborenen Sinn für richtig oder falsch und schwarz oder weiß, aber es ist Zeit, auch die Regenbogenfarben deines höheren Geistes zu erforschen. Dein psychologisches Profil enthüllt ein verschlossenes Wesen, das selbst Analytiker nur schwer verstehen können. Bestimmte Gedanken behältst du zwar immer noch für dich, aber sie sollten sich nach und nach zu einer Formel für Selbstwachstum zusammenfügen.

81

Eiche

Mond im Schützen

Du bist der archetypische Eichencharakter. Deine Mitmenschen lieben dich wegen deiner Großzügigkeit und deines jovialen Wesens. Du bist äußerst anpassungsfähig und tolerant, und obwohl du ein freiheitsliebendes Individuum bist, kann man sich in Krisenzeiten sehr gut auf dich verlassen. Dein Schattenselbst, die Mondseite deines Charakters, ist eine ewige Quelle des Optimismus und guten Willens. Während dein Mondzeichen die positiven Aspekte deines Baumzeichens bestätigt, äußern sich die negativen Aspekte eher im Extremen und Unerhörten denn als Einschränkung. Mit anderen Worten, du bist weniger pessimistisch als blind optimistisch. In jungen Jahren warst du aus reinem Spaß an der Sache unkonventionell, aber als reifer Erwachsener drehst du dich höchstwahrscheinlich ganz plötzlich um 180 Grad und wirst zu einem führenden Mitglied der Gemeinschaft. Eine rastlose Energie durchdringt deine ganze Psyche, die kreative Ableitung verlangt. Mit 160, 167, 181, 186 oder 197 bist du dir selbst treu, großzügig, ernsthaft, philosophisch und hochgesinnt, aber nie hochnäsig. Im allgemeinen sind das gute Aspekte, die Glück in dein ganzes Leben bringen. Mit 174, 191 oder 208 wirst du jedes Erbe verschleudern und deine Energie in frivole Eskapaden fließen lassen. Insgesamt unterstreicht deine Mondstellung dein enormes Potential, aber du mußt die gleiche Menge an Selbstdisziplin aufbringen, um es nutzen zu können.

Schlummerndes Potential

Dein schlummerndes Potential besteht darin, vor deiner eigenen Tür zu kehren, bevor du anfängst darüber zu philosophieren, was mit der Welt und der Gesellschaft im allgemeinen nicht stimmt. Sonst machst du dich selbst lächerlich. In früheren Leben hattest du die Tendenz, in rücksichtslosen Vergnügungen zu schwelgen. In diesem Leben wirst du sicher ein paar Fehler machen, die deinen Lebensstil oder deine finanzielle Sicherheit bedrohen könnten. Aber das „Drachenauge" (ein keltisches Symbol des seelischen Wachstums) hat dir so gute Karten gegeben, daß du sämtliche Schicksalsschläge überstehen wirst. Dein psychologisches Profil enthüllt eine robuste physische und mentale Konstitution.

82

Eiche

Mond im Steinbock

Du bist ein Mensch, der durch reine Ausdauer und Selbstdisziplin an Boden gewinnt. Nichts fällt dir einfach in den Schoß, aber du verfügst über die innere Stärke des Eichencharakters und die konzentrierte Energie deiner Mondstellung. Dein Schattenselbst, die Mondseite deines Charakters, hat alle Stärken und Schwächen, die mit deinem Mond assoziiert werden. Auf der einen Seite hast du viel gesunden Menschenverstand und ein hartnäckiges und einfallsreiches Wesen. Auf der anderen Seite neigst du zu depressiven Stimmungen und kannst sehr nachtragend sein. Du wirst andere Menschen wahrscheinlich nie so nah an dich heranlassen, daß sie dich verletzen können, und dein Mangel an Wärme hat eine äußerst abschreckende Wirkung auf andere. Du bist eine sehr nüchterne Ausgabe deines Baumzeichens, und doch gibt es eine tugendhafte Seite an dir, die weniger extravagant ist als zutiefst lobenswert. Dein trockener Humor kann äußerst witzig sein und beruht auf einigen wenigen, gut gewählten Worten. Alle Aspekte mit 160, 167, 179, 181, 186 oder 197 heben deine Stimmung und feuern deine Imagination an. Persönliche Beziehungen sind ebenfalls erfolgreicher. Mit 161, 172, 182, 192, 198 oder 209 verfügst du zwar über einen profunden Geist und gewaltige innere Antriebskraft, aber es fehlt dir an körperlicher und geistiger Vitalität und du kannst allzu materialistisch werden. Insgesamt ist dein Mondzeichen übervorsichtig und wenig selbstsicher, aber als stabilisierender Einfluß hat es viel zu bieten.

Schlummerndes Potential

Dein schlummerndes Potential besteht darin, aus deinem selbstgeschaffenen Gefängnis auszubrechen. Dein sehr einfühlsames und mitfühlendes Wesen liegt unter Tonnen von karmischem Schutt, der sich über Jahrhunderte hinweg angesammelt hat. Daher deine jetzige Neigung, Trödel zu sammeln. Karmischer Schutt ist ebenso wertlos und doch glaubst du, du könntest etwas Wertvolles darin finden. In diesem Leben steigen deine feineren Eigenschaften stufenweise nach oben und du wirst etwas unendlich Wertvolles finden, das du bis jetzt übersehen hast: Selbstachtung. Das ist deine karmische Aufgabe, die dir den Weg für künftiges Wachstum ebnet. Dein psychologisches Profil enthüllt ein starkes, bewußtes Bedürfnis, die Verantwortung für dein eigenes Leben zu übernehmen, was auf einen emotional fordernden oder dominierenden Elternteil zurückzuführen ist. Das hat vielleicht zu deiner Unfähigkeit beigetragen, deine Gefühle offen auszudrücken.

83

Eiche

Mond im Wassermann

Du bist ein Kind des Neuen Zeitalters. Egal ob du alt oder jung bist, du bist von Natur aus auf die Zukunft und nicht auf die Vergangenheit programmiert. Dein Schattenselbst, die Mondseite deines Charakters, hat Einblick in das wechselnde Gesicht der Menschheit. Wie ein Astronom, der das ganze Universum und noch einiges darüber hinaus im Blick hat, kannst du als Sozialreformer oder Astrologe das Schicksal der Menschheit planen. Du verfügst über die wesentlichen Voraussetzungen und den richtigen Kopf, um das menschliche Wissen bis an die äußersten Grenzen des Verstehbaren zu erweitern, aber das ist keine einfache Aufgabe. Du wirst überall auf Bigotterie und Engstirnigkeit treffen, und das kann sehr entmutigend sein. Dein unkonventioneller Lebensstil und dein Mangel an Respekt vor Autorität kann gesellschaftliche Probleme verursachen. Deine unabhängige Einstellung wird bewundet, kann sich aber als emotionale Barriere manifestieren, die selbst dir nahestehende Menschen fernhält. Mit 162, 169, 183, 188, 199 oder 205 bist du ein Individualist, der auf allen Ebenen, von der Produktion bis zum Spitzenmanagement, radikale Veränderungen herbeiführen kann. Mit 176, 193 oder 210 verfügst du zwar über intellektuelle Fähigkeiten, aber deine Stimmungsschwankungen und dein exzentrisches Verhalten können deine Glaubwürdigkeit in Frage stellen. Du mußt zu den Anfängen zurückgehen und deinen Geist entsprechend erziehen. Insgesamt verrät deine Mondstellung einen echten Menschenfreund, der an das beste in anderen glaubt, bis er vom Gegenteil überzeugt wird, besonders in Herzensangelegenheiten.

Schlummerndes Potential

Dein schlummerndes Potential besteht darin, anderen klarzumachen, daß das Leben ein einzigartiges Abenteuer ist. Da du dich manchmal buchstäblich draußen in der Kälte wiederfindest, weißt du aus eigener bitterer Erfahrung, was Not bedeutet. Du hast deine gegenwärtigen Träume über viele Inkarnationen hinweg verfolgt und beginnst jetzt, das wahre Potential zu entdecken, das in ihnen verborgen liegt. In diesem Leben wirst du deine egoistische Weltsicht jedoch durch eine neu gefundene Menschlichkeit ergänzen müssen. Darin besteht deine karmische Aufgabe. Dein psychologisches Profil enthüllt ein inneres Bedürfnis, dir Nahestehende zu dominieren, aber aus einem eigenartigen Grund wirst du selbst zum Opfer oder Verlierer. Daher oder weil du Angst davor hast, wirst du immer rasch aufgeben. Deine einzigartigen Eigenschaften können für andere ziemlich verwirrend und schwer zu akzeptieren sein, aber deine Freundlichkeit wird Loyalität und Zuneigung erzeugen.

84

Eiche

Mond in den Fischen

Du hast eine scheinbar weltfremde Lebensauffassung, aber du rührst an den guten Kern in jedem Menschen, der die Menschlichkeit allgemein fördert. Dein Schattenselbst, die Mondseite deines Charakters, nährt Demut und Mitgefühl. Du bist überaus intuitiv und empfänglich für die Gefühle anderer, besonders wenn sie Schmerzen haben oder unter Streß stehen, bist aber selbst oft emotional und körperlich überlastet. Du hast eine gewisse Zerbrechlichkeit an dir, aber als Eichencharakter verfügst du auch über große innere Vitalität und Ausdauer. Dein mitfühlendes Wesen wird dich unweigerlich in soziale Berufe ziehen, aber du hast auch eine künstlerische Ader, die sich in deiner Kleidung und in deinem Farbgefühl zeigt. Weil du zusätzlich fähig bist, in die Welt der Illusion einzutreten, ist dein Charakter ideal für Schauspielerei, Schriftstellerei und Fotografie. Mit 170, 189, 200 oder 206 werden deine künstlerischen Fertigkeiten, aber auch deine Heilerkräfte aktiv sein. Du verfügst über natürliche Gelassenheit und persönlichen Magnetismus. Mit 163, 177, 184, 194 oder 211 bist du zu offen für negative Einflüsse und neigst dazu, dich in einem Nebel der Verwirrung durchs Leben treiben zu lassen. Achte auf positive Aspekte mit Jupiter und Saturn als Ausgleich. Insgesamt enthüllt deine Mondstellung einen verworrenen Eichencharakter, der mehr mystisch als praktisch ist. Das kann zur Folge haben, daß Herzensangelegenheiten entweder äußerst romantisch und erfüllend sind oder eher katastrophale Zwischenspiele.

Schlummerndes Potential

Dein schlummerndes Potential besteht darin, deinen intuitiven und abstrakten Geist mit deinem rationalen und analytischen Verstand zu verbinden. Du betätigst zur Zeit nur einen von zwei Hebeln und das schafft Ungleichgewicht. Ein karmischer Resteinfluß ist offensichtlich und sorgt für nervöse Spannung. In vergangenen Leben hast du vorsichtshalber eher deine linke Gehirnhälfte oder dein rationales Denken eingesetzt, aber das hat dich an an die Grenze des spirituellen Niedergangs gebracht. In diesem Leben neigst du dazu, eher zuviel Mitgefühl und Demut an den Tag zu legen. Dein psychologisches Profil zeigt, daß du zu immenser Gedankenklarheit fähig bist, aber deinen Seelenfrieden noch nicht erreicht hast. Indem du dein spirituelles Selbst pflegst, wirst du große Fortschritte machen und auch anderen weiterhelfen, und darin besteht deine karmische Aufgabe. Die Psychologie gibt Einblick in das menschliche Verhalten, aber das spirituelle Wesen der Menschheit ist wie ein Schmetterling – das keltische Symbol für Reinkarnation und die Ahnengeister, welche das rationale Denken und die materielle Welt herausfordern.

Keltisches Mondzeichen: Stechpalme

Mondsymbol: Einhorn

Das Einhorn repräsentiert im alten keltischen Boibel-Loth Alphabet ein Sonnenjahr mit fünf Jahreszeiten, und sein Horn, ein Symbol für die Sonnenkraft, weist auf die Hundstage des Hochsommers, der mit dem Mondmonat der Stechpalme korrespondiert. Obwohl das Einhorn heute als mythologisches Tier betrachtet wird, glaubte man im Europa des Mittelalteres, daß sein spiralförmiges Horn Könige vor Giftanschlägen schützen könne. Etwa zu dieser Zeit tauchte das Einhorn im englischen Königswappen auf, und ein spiraliges Horn, das angeblich von einem Einhorn stammt, befindet sich in der Kunstsammlung König Edwards im Buckingham Palast. Mystische Legenden behaupten, daß Einhörner einst durch die Welt streiften und von einer solchen Reinheit des Geistes waren, daß sie die Welt mit Licht erfüllten. Nur Jungfrauen konnten sie berühren oder zähmen und nur, wenn ihr Herz rein war. Während der menschliche Geist in der Dunkelheit und in Kriesenzeiten unsicher werden kann, ist der Geist des Einhorns eine mysteriöse Quelle des Lichts, das auch in der tiefsten Dunkelheit scheint.

Im rituellen Mondkalender der Druiden wurde der Stechpalmenkönig als „Dunkler Häuptling" bezeichnet, der dunkle Zwilling (Avagddu) des Taliesin, eines Eichenkönigs und Sonnengottes. Die Stechpalme steht für den immergrünen Aspekt der Seele und der Eiche, das Opferego. Daher verwandelt sich die weiße Stute, die den Eichenmonat symbolisiert, um die Jahreswende, wenn der Sonnengeist an die irdische Ebene gebunden ist, in das sagenhafte Einhorn. Im achten Mondmonat fungierte das Einhorn, welches ein Symbol für das unverminderte Licht ist, als Führer durch das unterirdische Reich der Erdgöttin Danu, der Herrscherin dieses Zeichens.

Der Stechpalmencharakter

Du wurdest zu einer Jahreszeit geboren, die das allmähliche Abnehmen des Sonnenlichts ankündigt. Bis zum Herbstäquinox sind die Tage jedoch nach wie vor länger als die Nächte. Deine bemerkenswerten Eigenschaften werden von dem bewußten Bedürfnis beeinflußt, eine Reihe fester Werte zu schaffen. Du bist ein unternehmungslustiges Individuum, das sich zum potentiellen Gründungsmitglied von Vereinen oder Institutionen eignet. Du hast eine praktische Lebenseinstellung und obwohl du in großartige Projekte verwickelt werden kannst, gehst du keine Risiken ein. Im allgemeinen verfügst du über eine gute Mischung von persönlichen Eigenschaften und obwohl du sehr gastfreundlich und hilfsbereit bist, erwartest du von anderen, daß sie für ihren Lebensunterhalt genauso hart arbeiten wie du. Du hast ein sehr hingebungsvolles Wesen und wirst höchstwahrscheinlich deine Jugendliebe heiraten. Du kannst aber auch bissig oder gereizt werden, wenn andere deine Gefühle oder Ideen nicht respektieren.

Von der mütterlichen Seite deiner Familie hast du ein paar starke Charakterzüge geerbt, was sich in deinem selbstherrlichen Verhalten zeigt. Die Vorfahren deiner Mutter waren „Staatsgründer“ in dem Sinne, daß sie Dinge ins Leben riefen, die Bestand hatten. Vielleicht leitest du einen Familienbetrieb oder nützt Fertigkeiten, die über Generationen an dich weitergegeben wurden. Das kann zur Folge haben, daß du ein dogmatischer und aufgeblasener Mensch bist, der dazu neigt, sich ins Leben seiner Kinder oder anderer Familienmitglieder einzumischen. Vorausgesetzt, du gestattest anderen, ihre eigenen Interessen und Ziele zu verfolgen, bist du ein ausgezeichneter Partner. Psychologisch gesehen bist du eine eigenartige Mischung aus harten Worten und starken Emotionen. Du verfügst über große Ernsthaftigkeit und eine persönliche Integrität, die möglicherweise von Leuten ausgenutzt wird, die weniger Skrupel oder moralische Bedenken haben. Dennoch ist das dein stärkster persönlicher Vorteil.

Mit 160, 164, 167, 187, 197 oder 204 sind deine positiven Charakterzüge voll entwickelt und du kannst dich über alle anfänglichen Fehlschläge hinwegsetzen und dir und deiner Familie ein wohlhabendes Leben aufbauen. Mit 161, 182, 192, 198 oder 209 kann die ernste Seite deines Wesens äußerst langweilig und streng sein. Wahrscheinlich lehnst du jede Art von Wettbewerb ab und erwirbst dir mehr Sympathie als Respekt, wenn du den Märtyrer spielst. Mit 168 oder 175 bist du zwar ein wenig zu ernsthaft und neigst zu Stimmungsschwankungen, aber deine angeborenen Charakterzüge sind gut entwickelt und du wirst deine Ziele erreichen, wenn auch nicht auf die einfache Tour. Dein Baumzeichen wird mit starken religiösen Gefühlen in Verbindung gebracht oder mit einem überlieferten Glauben. Obwohl das wahrscheinlich eine orthodoxe Glaubensrichtung ist, hast du ein tiefes Interesse am spirituellen Wesen der Menschheit geerbt. Deine Mondstellung kann nähere Auskunft darüber geben.

85

Stechpalme

Mond im Widder

Du lehnst jede Art von Einschränkung ab, einschließlich Druck von deiner Familie. Du wirst daher schon früh mit deinen Eltern in Konflikt geraten. Obwohl du ihre Ideen respektierst, hast du andere Wertvorstellungen, was zu Verstimmungen führen kann, wobei keine der beiden Seiten nachgibt. Dein Schattenselbst, die Mondseite deines Charakters, enthüllt einen abenteuerlichen Geist und ein sehr unternehmungslustiges Individuum. Du wirst dich dem Leben immer direkt annähern, und alles, was dir an Diplomatie fehlt, wirst du mit Ehrlichkeit und Loyalität wettmachen. Du verstehst gut, worauf es ankommt, und kommst schnell in Gang, um einen Vorsprung zu haben. Das funktioniert meistens erstaunlich gut, aber es passiert nur allzu leicht, daß du wichtige Einzelheiten übersiehst, und das kann der Sache schaden. Du brauchst einen guten Partner – im Geschäft und in der Ehe – der dir den notwendigen Anker gibt. Deine Emotionen gehen auf und ab und du mußt lernen, dein Temperament zu zügeln. Mit 165, 166, 179 oder 217 hast du eine positive Mischung von Eigenschaften, die andere anziehend finden. In deiner Familie wird wahrscheinlich weniger oft gestritten. Mit 159, 172, 173 oder 222 machen dich deine aggressiven Taktiken und ausgeprägten Eigeninteressen unpopulär, und die Liebe wird unter diesen Aspekten nie wirklich erblühen. Achte auf positive Aspekte zwischen Sonne und Mond und zwischen Jupiter und Venus. Insgesamt erfordert deine Mondstellung mehr Selbstdisziplin und Durchhaltevermögen.

Schlummerndes Potential

Dein schlummerndes Potential besteht darin, Kooperation zu lernen und Konfrontationen zu vermeiden. Keine einfache Aufgabe, wenn du eher jähzornig bist. Als Stechpalmencharakter weißt du jedoch, wann du dich in Sicherheit bringen mußt, wenn eine Situation unhaltbar geworden ist. Das bedeutet nicht, daß du unehrliche Kompromisse eingehst, aber du bist klug genug zu wissen, wann du dich den Erfordernissen anpassen mußt. In diesem Leben werden dir nur wenige Menschen nah genug kommen, um dich gut zu kennen, da du dich immer weiterbewegst und deine Ansichten ständig änderst. Dein psychologisches Profil enthüllt eine geheime Angst vor Versagen oder davor, nicht genug Zeit zu haben, um all deine Träume und Wünsche zu verwirklichen. Daher bist du ständig unterwegs, um Dinge zu beenden. Du hast eine Resterinnerung daran, daß du für alles, was du brauchtest oder behalten wolltest, kämpfen mußtest. Das hat dich zu einem geborenen Kämpfer oder Wettstreiter gemacht. Deine karmische Aufgabe besteht jedoch darin, deinen angeborenen Sinn für Humor und deine Integrität auf positive Weise einzusetzen.

86

Stechpalme

Mond im Stier

Du hast genügend Charme und schätzt die feineren Dinge im Leben. Du wirst deiner Familie ein bequemes Heim schaffen, und weil du dich finanziell und emotional sicher fühlen mußt, wirst du hart arbeiten, um langfristig erfolgreich zu sein. Dein Schattenselbst, die Mondseite deines Charakters, enthüllt starke Wertvorstellungen und praktische Ansichten. Du bist eine sehr positive Ausgabe des Stechpalmencharakters und wirst traditionelle Familienwerte aufrechterhalten wird. Obwohl du ein sehr geduldiger und verläßlicher Mensch bist, hast du ein stark sinnliches und besitzergreifendes Wesen, das aus Eifersucht leicht explodiert, was wiederum Wutanfälle auslösen kann. Du reagierst anfänglich langsam, aber wenn du einmal auf der Palme bist, fällt es dir schwer zu verzeihen, da deine Gefühle nicht einfach abzustellen sind. Mit 165, 170, 179, 195, 201 oder 217 ist dein sinnliches Wesen intensiv aber stabil und deine Zuneigung kommt warm zum Ausdruck. Daher wirst du wahrscheinlich sowohl den idealen Partner als auch finanzielle Sicherheit finden. Deine künstlerischen Fähigkeiten sind gut entwickelt. Aspekte mit 177, 190, 194 oder 222 schwächen kreative Fähigkeiten und persönliche Beziehungen. Dein leidenschaftliches Wesen kann auch maßlos und allgemein destruktiv werden. Achte auf positive Aspekte zwischen Jupiter und Saturn und Sonne und Mond mit Venus. Insgesamt enthüllt deine Mondstellung ein willensstarkes Individuum mit gutem Geschäftssinn, das allen Widerständen zum Trotz erfolgreich sein wird.

Schlummerndes Potential

Dein schlummerndes Potential besteht darin, deinen Geist und deine Interessen auszuweiten, um etwas über die Ideen und Bedürfnisse anderer Menschen zu erfahren. Dein ausgesprochen kompakter Lebensstil kann emotional und spirituell klaustrophobisch werden. Um in diesem Leben innerlich wachsen zu können, mußt du dich mit dem Gedanken anfreunden, Dinge auf eine andere Weise zu tun. Dein Potential steht außer Frage, soweit es persönlichen Erfolg betrifft. Es kann dich jedoch davon abhalten, wahre Bewußtheit zu erleben. In vergangenen Leben hast du materielle Ziele verfolgt und dabei deine spirituelle Identität verloren. Dein psychologisches Profil enthüllt sexuelle Zufriedenheit, die du mit persönlicher Macht in Verbindung bringst, was wiederum dein Ego bestärkt. Wenn du diese Energie freiwillig in kreative Ventile leitest, wird sich deine Unsicherheit auflösen und deine Grundinstinkte werden auf eine höhere Geistesebene gehoben. Du mußt nach innen blicken, um diesen Zustand zu erreichen. Das ist deine karmische Aufgabe.

87

Stechpalme

Mond im Zwilling

Du hast die Angewohnheit, andere mit deinem scharfen Witz und deinen klugen Antworten in Wut zu bringen. Verbal bist du zu Glanzleistungen fähig, was dich aus schwierigen Situation retten kann. Wahr ist aber auch, daß du diese Situationen ungewollt selbst geschaffen hast. Dein Schattenselbst, die Mondseite deines Charakters, versteht es, nach Belieben unterschiedliche Bilder zu projizieren. Du bist ein geborener Mime und verwendest diese Fähigkeit, um Leuten, die du langweilig findest, das Wasser abzugraben. Andere sehen dein kindliches Wesen, das an Altklugheit grenzt. Als Stechpalmencharakter, der mit einem Fuß in der Anderswelt steht, bist du ein elfenartiges Wesen, das zu einem schelmischen Kobold werden kann. Alles in allem hast du deine eigenen Wertvorstellungen, die mehr amoralisch als unmoralisch sind, aber nur wenige werden den Unterschied verstehen. Du bist jedoch sympathisch und spontan und kannst amüsante Konversation betreiben, die andere zum Lachen bringt – ein Geschenk in einer Welt, die sich verdunkelt, wenn das Lachen aus ihr verschwindet. Mit 164, 167, 186 oder 203 gibt es nichts Oberflächliches an dir. Du hast starke Moralvorstellungen und vielseitige Fähigkeiten, besonders als Schriftsteller oder Schauspieler. Mit 194 oder 208 bist du in der Tat ein schelmischer Kobold, der Hader und Unzufriedenheit anstiften kann. Obwohl das normalerweise nicht böse gemeint ist, kann es für andere sehr beunruhigend sein. Deine Mondstellung enthüllt insgesamt einen hohen Grad an nervöser Spannung und eine Neigung, wenn irgend möglich keine familiären Verpflichtungen einzugehen.

Schlummerndes Potential

Dein schlummerndes Potential besteht darin, geschickter mit anderen Menschen umzugehen. Obwohl du sehr kommunikativ bist, streifst du durch das Leben anderer wie ein Nomade, der sich nie fest an einem Ort niederläßt. Je klarer deine Richtung im Leben wird, desto mehr Wissen wirst du auf deinen Reisen erwerben, das sich schließlich zu einem bemerkenswerten Nachschlagewerk zusammenfügt. In vergangenen Leben bist du davon ausgegangen, daß die Reise selbst aufregender ist als die Ankunft am Ziel. Deine karmische Aufgabe in diesem Leben besteht darin, deine Stellung zu festigen und etwas von echtem Wert zu schaffen. Psychologisch gesehen brauchst du eine Menge persönliche Freiheit, um in deinem eigenen Tempo zu reifen.

88

Stechpalme

Mond im Krebs

Wahrscheinlich mußt du dich mit widersprüchlichen Bedürfnissen auseinandersetzen, zum Beispiel den Ansprüchen deiner Familie und beruflichen Verpflichtungen. Du wirst daher schwierige Entscheidungen treffen müssen, aber ein zufriedenstellender Kompromiß wird selten zu erreichen sein. Dein Schattenselbst, die Mondseite deines Charakters, reagiert mit außergewöhnlicher Präzision auf die Mondzyklen. Das kann zur Folge haben, daß sich deine Emotionen sehr unterschiedlich äußern: von angemessen stabil, über hohe Erwartungen bis zu depressiven Schüben, ja sogar Melancholie. Als Stechpalmencharakter werden dir Familienangelegenheiten immer am Herzen liegen und du wirst dich an den Familientraditionen orientieren. Der vorhin erwähnte Konflikt ist ein tief psychologischer. Du neigst dazu, dich ins Zentrum des Familienlebens zu stellen, und gefällst dir in der Rolle des Hauptverdieners und Beschützers. Mit 158, 160, 167, 181 oder 197 machst du dir weniger Sorgen und bist geselliger und toleranter. Mit 161, 182, 198 oder 209 stehen deine Stimmungsschwankungen konstruktiven Leistungen im Wege, und Familienbelastungen fordern ihren Preis, emotionell und finanziell. Mit 170, 184 oder 200 fühlt sich dein hoch empfindsames Wesen zu Spiritualismus oder eigenartigen Sekten hingezogen. Insgesamt bezeichnet deine Mondstellung einen gewitzten und einfallsreichen Menschen mit starken Gefühlen, der die ständige Zuneigung anderer braucht.

Schlummerndes Potential

Deine karmische Aufgabe besteht darin, dich in Demut zu üben, weil du von Natur aus überheblich bist. Es ist jetzt an der Zeit zu erkennen, daß deine Wertvorstellungen auf den neuesten Stand gebracht werden müssen. Du neigst dazu, dich an Resterinnerungen zu klammern, die eher Hirngespinsten gedient haben als der Realität. In diesem Leben wirst du aufwachen und dich deinem Familienkarma stellen müssen. Psychologisch gesehen bedeutet das, Familienangelegenheiten zu bewältigen, die weiterhin Unfrieden bringen, obwohl du alles versucht hast, um einen Kompromiß herbeizuführen. Auf der anderen Seite kann dein eigenes Verhalten zum Unfrieden beitragen und du mußt dich selbst erforschen. Die Hauptquelle deiner Unzufriedenheit ist das Gefühl, von deiner Familie nicht geschätzt zu werden, und auch dieser Spieß kann umgedreht werden. Die Wahrheit liegt in der Mitte.

89

Stechpalme

Mond im Löwen

In dir schlummert ein Topmanager, der nur darauf wartet, sämtliche Familiengeschäfte oder Investitionen neu organisieren zu können. Du hast das Selbstvertrauen eines Gewinners, zumindest was die materielle Seite des Lebens betrifft. Dein Schattenselbst, die Mondseite deines Charakters, ist eine nie versiegende Quelle der Energie und des Enthusiasmus. Du bist ein liebevoller, warmherziger Mensch, der seiner Familie und seinen Freunden große Loyalität entgegenbringt. Dein Geschmack ist sehr kultiviert und du liebst den Luxus. Du bist äußerst empfindsam und nimmst dir Seitenhiebe und unfaire Kritik sehr zu Herzen. Schon früh im Leben hast du zu allem eine eigene Meinung, was auf eine dickköpfige Natur zurückzuführen ist oder auf das Bedürfnis, alles nach eigenen Vorstellungen zu tun. Im allgemeinen hast du viele kreative Ideen und weißt, wie du sie fördern kannst. Du kannst andere mit deinem natürlichen Enthusiasmus und deinem robusten Wesen inspirieren. Du bist zwar ehrgeizig, aber nicht rücksichtslos und verfügst über beträchtlichen Charme und Toleranz. Manchmal ödest du andere mit deinem reichlich arroganten Gehabe an. Mit 158, 170, 179 oder 189 hast du magnetischen Charme und bist zwar eitel, aber auch sehr beliebt bei deinen Mitmenschen. Deine kreativen Talente kommen zum Einsatz. Mit 174, 191, 194 oder 208 bist du ein Verschwender und neigst dazu, mit deinen Leistungen anzugeben. Im Grunde bist du jedoch reichlich faul und ganz schön versnobt. Insgesamt gibt deine Mondstellung deinem Baumzeichen, das manchmal ein wenig streng oder selbstherrlich sein kann, eine Menge Stil und Elan.

Schlummerndes Potential

Dein schlummerndes Potential besteht darin, deine Träume durchzuspielen, damit sie Wirklichkeit werden können. Das wird dir helfen, innere Stärke zu entwickeln und eher ein Trendsetter zu werden als ein Mitläufer. Obwohl du ein stolzer Individualist bist, mußt du lernen, im Team zu arbeiten. Das wird dir helfen, deine Selbstzweifel zu überwinden, und das ist deine karmische Aufgabe. In vergangenen Leben hast du Reichtum geerbt und das hat deine eigenen Talente oder möglichen Leistungen geschwächt. In diesem Leben wirst du viele Menschen treffen, die deine Bewußtheit stärken, aber sie können auch deine Entschlossenheit schwächen oder dein Selbstbewußtsein anknacksen. Das geschieht jedoch häufig sehr subtil. Glücklicherweise bist du ein willensstarker Mensch, der selten einen Rat von anderen annimmt. Dein psychologisches Pofil enthüllt eine extravagante Persönlichkeit mit einem unberechenbaren Verhaltensmuster, das einem Bedürfnis nach Originalität und freiem Ausdruck entspringt.

90

Stechpalme

Mond in der Jungfrau

Du hast einen gewieften Geschäftssinn und die Mentalität eines Buchhalters, der finanzielle Ausgaben stets bis ins Detail überprüft. Das macht dich zu einem wichtigen Mitarbeiter in so gut wie jedem Betrieb. Deinem Schattenselbst, der Mondseite deines Charakters, fällt es schwer, sich zu entspannen. Deine eher puritanischen Emotionen können auf extravertiertere Menschen abstoßend wirken und obwohl du sehr intelligent bist, kann es dir an Vison fehlen. Als Stechpalmencharakter bist du ohnehin geneigt, dir Sorgen zu machen, und deine Mondstellung verstärkt diesen Zug noch und unterstreicht psychologische Hemmungen, die deine Gesundheit und dein Wohlergehen beeinträchtigen können. Höchstwahrscheinlich bist du sehr an allem interessiert, was gesund ist, und Hypochondrie liegt dir nicht fern. Im Grunde besteht dein Problem darin, daß deine natürliche Vitalität einzig in mentale Aktivitäten fließt. Körperliche Betätigung ist also die Lösung. Außerdem solltest du deinen Geist von vielen unwichtigen Einzelheiten befreien. Aspekte mit 166, 167, 185, 188, 196 oder 197 werden dir helfen, deinen Geist „auszumisten" und deine geistige und körperliche Vitalität zu steigern, indem sie die nervöse Spannung auflösen. Mit 158, 165 oder 217 machen deine kühlen Emotionen leidenschaftlicheren Reaktionen Platz und fördern gesellschaftliche Aktivitäten. Mit den Konjunktionen 161, 182 oder 198 hast du zwar ein profundes Wissen erworben, führst aber möglicherweise ein sehr einsames und leeres Leben. Insgesamt enthüllt deine Mondstellung ein kühles Temperament und ein Streben nach Perfektion.

Schlummerndes Potential

Dein schlummerndes Potential besteht darin, das zu sagen, was du wirklich empfindest, anstatt immer nur das, was du sagen solltest. Wenn du diese karmische Aufgabe erfüllst, wirst du entdecken, daß deine natürlichen Instinkte stark sind und wahrscheinlich viel zutreffender als deine Fähigkeit, Gefühle und Gedanken bis ins kleinste Detail zu analysieren. In früheren Leben wurdest du wegen deiner religiösen und politischen Überzeugungen verfolgt und bewundert. In diesem Leben werden andere bei dir Halt suchen, weil du anscheinend auf alles eine Antwort hast. Diese Art der Interaktion fördert jedoch die gegenseitige Abhängigkeit und kann deine Sicht verschleiern. Dein Mitgefühl und deine perfekten Ideale weisen in Wirklichkeit auf einen Mangel an Selbstvertrauen hin. Dein psychologisches Profil verrät, daß du andere innerlich sehr kritisch beurteilst, was deine eigenen Schwächen reflektiert.

91

Stechpalme

Mond in der Waage

Du scheinst ein fröhlicher und optimistischer Mensch zu sein, aber unter der Oberfläche bist du viel komplexer und daher interessanter. Deine Fähigkeit, schwierige Situationen leicht zu nehmen, ist eine Errungenschaft und nicht etwa nur die einfachste Möglichkeit. Dein Schattenselbst, die Mondseite deines Charakters, hat einen ausgeprägten Sinn für Gerechtigkeit und Diplomatie. Du kannst Familienstreitigkeiten schlichten und darin bist du sehr entschieden und äußerst erfolgreich. In persönliche Beziehungen kannst du jedoch einige Probleme erleben. Du bist nicht nur äußerst kokett, sondern verliebst dich auch viel zu schnell und zu früh im Leben, bevor du gelernt hast, Kompromisse zu schließen. Du wirst sehr wahrscheinlich schwierige Partner anziehen, weil du immer nach jemandem suchst, der sich nicht von deiner Schlagfertigkeit oder deinem Charme einnehmen läßt. Das läuft eher auf eine Herausforderung hinaus als auf eine romantische Verbindung. Mit 165, 179, 201 oder 217 wirst du wahrscheinlich den idealen Partner finden und sowohl Glück in der Liebe haben als auch ein komfortables Einkommen. Diese Aspekte betonen auch künstlerische Talente und eine Wertschätzung der Kunst im allgemeinen. 177, 190, 214 oder 222 beeinträchtigen deine gesellschaftlichen Fertigkeiten und können deinen Charme in zynische Manipulation verwandeln. Insgesamt enthüllt deine Mondstellung ein verfeinertes Wesen und liebenswerte Eigenschaften, die alle Fehler überwiegen.

Schlummerndes Potential

Dein schlummerndes Potential besteht darin, deine inneren Reserven zu mobilisieren und erfolgreicher zu nutzen. Das kann zur Folge haben, daß die Beziehung mit einem Partner plötzlich weniger aufreibend und statt dessen sehr viel harmonischer ist. Du merkst vielleicht, daß du dich zu sehr auf die Hilfe deines Partners verläßt, statt die Verantwortung zu teilen, besonders wenn es um Kinder geht. In vergangenen Leben warst du in kritischen Zeiten oft unentschlossen und hast deine Hauptziele aus den Augen verloren. In diesem Leben wirst du vielleicht gezwunden, dich auf ein Lebensziel zu konzentrieren. Das wird deine Energie bündeln und Entscheidungen relativ einfach machen. Dein psychologisches Profil enthüllt ein ziemlich ausgeglichenes Verhaltensmuster und keine größeren Charakterschwächen. Es ist lediglich erforderlich, daß du deine Motive im Leben neu bewertest.

92

Stechpalme

Mond im Skorpion

Du wirst völlig von deinen mächtigen Emotionen beherrscht, deren Tiefe und Intensität deine ganze Psyche durchdringt. Aber du hast auch einen scharfsinnigen und analytischen Verstand, der zum Kern jedes Problems vorstoßen kann. Dein Schattenselbst, die Mondseite deines Charakters, ist dynamisch und faszinierend. Deine Mondstellung betont den Familiensinn, den du als Stechpalmencharakter ohnehin hast, aber du bist eher anspruchsvoll – als Elternteil und als Kind. Du solltest nicht versuchen, anderen deine Wertvorstellungen aufzudrängen. Dein unbeirrbares Zielbewußtsein kann so überwältigend sein, daß es dir nicht nur wenig Freunde bringt, sondern dich sogar von deiner Familie trennt. Deine größte Stärke besteht darin, dich an kritischen Wendepunkten deines Lebens sofort anpassen zu können, auch wenn das harte Entscheidungen erfordert. Deine größte Schwäche ist ein innerer Drang, das von dir Geschaffene zu zerstören. Das kann deine Familie oder deine Geschäftspartner veranlassen, dir finanzielle Unterstützung zu verweigern. Mit 166, 185, 217, 267 oder 276 bist du in deinen Handlungen und Emotionen kontrollierter, und obwohl du äußerst ehrgeizig und materialistisch bist, begegnest du deinen Freunden und deiner Familie mit großer Loyalität. Du bist eher ein feuriger als ein romantischer Liebhaber. Mit 190, 265, 271 oder 277 kann dein rastloses Streben nach Macht und Reichtum deine Energie erschöpfen und bewirken, daß du später im Leben in Not gerätst. Achte auf positive Aspekte zwischen Mars und Jupiter und Saturn mit Mars und Sonne. Insgesamt enthüllt deine Mondstellung enorme Ausdauer und leidenschaftliche Wünsche.

Schlummerndes Potential
Dein schlummerndes Potential besteht darin, die negativen und erdrückenden Einflüsse abzuschütteln, die eine Art Schranke vor deiner sich entwickelnden Selbstbewußtheit bilden. Zwar mußt du tief in dein Unbewußtes eintauchen, aber es kann sein, daß du dich in deinem Karma aus vergangenen Leben verstrickst. Deine Mondstellung bezeichnet das keltische Fest Samhain, eine Zeit, in der die Grenzen zwischen der natürlichen und der übernatürlichen Welt fließend sind. Es ist eine Zeit der Divination, aber noch wichtiger eine Zeit, in der die Seele in die Unterwelt, Annwn, hinabsteigen kann, was die Kabbalisten als die „dunkle Nacht der Seele" bezeichneten. Pwyll (der keltische Pluto), der Gott der Unterwelt, bewacht die Quelle oder den aufkeimenden Samen des Lebens, jenen Aspekt der Transformation, der als „dunkler Samen" tief in der Seele schlummert. Psychologisch ausgedrückt bewirkt das eine völlige Veränderung deines Verhaltensmusters, durch die du eine neue spirituelle Richtung bekommst.

93

Stechpalme

Mond im Schützen

Du hast ein rastloses Wesen, aber deine intuitiven Kräfte sind hoch entwickelt. Sie regen zu philosophischen Studien an, die dich zu einem wohlgebildeten Menschen machen. Dein Schattenselbst, die Mondseite deines Charakters, enthüllt ein prophetisches Talent und den Wunsch nach freien Ausdrucksmöglichkeiten. Du hast ein enormes intellektuelles Potential, das in deiner Jugend nicht einfach zu entwickeln ist, weil du alle Pfade zum Wissen erforschen mußt. Du läßt dich allzu leicht von den Freuden des Lebens ablenken und obwohl du dich körperlich stark verausgabst, suchst du zusätzlich ständig nach intellektuellen Herausforderungen oder engen persönlichen Bindungen. Wenn du in einer Beziehung allerdings dein Bedürfnis nach Freiheit verteidigen mußt, wirst du einen raschen Abgang machen. Für einen Stechpalmencharakter eher untypisch drückst du dich vor Familienverpflichtungen und wirst dein Elternhaus früh verlassen. Mit 160, 167, 181, 186, 197 oder 203 ist dein intellektuelles Potential aktiviert und obwohl du immer noch Raum zum Manövrieren brauchst, hast du starke moralische Prinzipien und Werte, die dich bei älteren Familienmitgliedern beliebt machen. Mit 174, 191 oder 208 bist du zwar großzügig und sehr vital, neigst aber dazu, dich aufzubauschen und Zeit, Geld und Energie in wertlose Vorhaben zu investieren. Insgesamt weist deine Mondstellung auf häufige Wohnungswechsel hin und betont die Neigung, die eigene Meinung zu frei zu äußern – aus einem Mangel an Takt oder Überlegung heraus.

Schlummerndes Potential
Dein schlummerndes Potential besteht darin, zwischen Realität und Phantasie unterscheiden zu lernen. Weil du es genießt, deine Ideen und Philosophien vor jedem auszubreiten, der zuhören will, bist du ein Meister in der Kunst des Geschichtenerzählens. In vergangenen Leben hast du deine Leistungen oft überbewertet. Jetzt mußt du, wenn du ernst genommen werden willst, dein Repertoire an Informationen kritisch überprüfen. Im Hinblick auf deine karmische Aufgaben geht es darum, die Wahrheit zu finden, die ursprünglich verdeckt war. Psychologisch ausgedrückt forderst du Aufmerksamkeit, und obwohl das mit Humor und Spontaneität geschieht, kann es auf die Dauer ermüdend für andere sein. Die unterschwellige

Stärke deines Charakters setzt sich gegen Korruption und Ungerechtigkeit zur Wehr und bewegt sich damit auf einer höheren Ebene der Wahrheit.

94

Stechpalme

Mond im Steinbock

Du bist ein ernsthafter Mensch, der ein gewisses Selbstbewußtsein und eine natürliche Würde ausstrahlt, angesichts derer andere Menschen nur Bewunderung empfinden können. Dein Schattenselbst, die Mondseite deines Charakters, pflegt konventionelle Werte und verfügt über eine gehörige Portion Selbstdisziplin. Als Stechpalmencharakter wirst du Familienangelegenheiten mit Pflichtgefühl und einem Sinn für Moral regeln. Es fällt dir jedoch schwer, persönliche Beziehungen auf einer intimen Ebene zu handhaben. Du bist ein geborener Grübler und neigst zu Depressionen. Dennoch kannst du alle Probleme mit Geduld und Durchhaltevermögen lösen. Manche mögen dich zwar für humorlos halten, aber dafür bist du in der Lage, schwierige Situationen mit einigen wohl gewählten Worten zu entschärfen. Andere wissen genau, woran sie mit dir sind, denn du bist offen und ein verläßlicher Freund. Mit 160, 167, 181, 186 oder 197 wird dein ernstes Wesen durch Optimismus und Gefühlswärme aufgelockert. Obwohl du immer noch ein ernsthafter Denker bist, bist du vielseitiger und verfügst außerdem über mehr Vitalität, sowohl körperlich als auch geistig. Mit 161, 182, 198, 209 oder 217 handelt es sich bei deinen düsteren Stimmungen und deiner Unfähigkeit, Gefühle zu zeigen, um ererbte Charakterzüge, die nur schwer überwunden werden können. Zusätzliche Aspekte mit 223, 242 oder 258 verbessern deine Erfolgschancen und mildern den Einfluß negativer Aspekte. Insgesamt enthüllt deine Mondstellung ein überempfindliches Wesen, das erklärt, warum du deine echten Gefühle nicht gern zur Schau stellst.

Schlummerndes Potential

Dein schlummerndes Potential besteht darin, die Schuldgefühle loszulassen, die sich in diesem Leben als Resterinnerung an viele vergangene Inkarnationen angehäuft haben, in denen du Macht über andere hattest. Jetzt trägst du zwar schwer an Familienpflichten, aber die zugrundeliegende Botschaft lautet, mehr Mitgefühl und Verständnis für andere aufzubringen. Dann kannst du dein eigenes Selbstwertgefühl pflegen. Wenn du das nicht tust, wirst du entweder zum Märtyrer oder zum Tyrannen. In diesem Leben wirst du Verständnis für deine eigenen Bedürfnisse und die anderer entwickeln – und das wird bewirken, daß du plötzlich erheblich jünger aussiehst. Deine Mondstellung bezeichnet die Wintersonnenwende, eine Zeit, in der deine spirituelle Vitalität auf dem Tiefpunkt ist. Das ist aber auch der Punkt, von dem aus sie mit der Wende des neuen Sonnenjahres erneuert wird. In psychologischen Termini ausgedrückt bedeutet das, mit mehr Selbstvertrauen und Phantasie im voraus zu planen.

95

Stechpalme

Mond im Wassermann

Du hast eine Vision. Sie bildet einen großen Teil deiner Auffassung und Einstellungen und konzentriert sich auf das, was kommen wird. Dein Schattenselbst, die Mondseite deines Charakters, ist die Quelle deines fortschrittlichen Geistes. Obwohl andere deine Ideen oft nicht verstehen, kann deine Vision im Lauf der Zeit zur treibenden Kraft für gesellschaftliche Veränderungen werden. Du bist ein Trendsetter. Als Stechpalmencharakter wirst du Schwierigkeiten haben, Familientraditionen aufrechtzuerhalten, wenn deine Mondstellung bewirkt, daß du sie für überholt hältst. Du bist jedoch intelligent genug, um zu erkennen, was erhalten und lediglich aufgebessert werden sollte. Gefühlsmäßig stehst du sentimentalen Idealen jedoch eher gleichgültig gegenüber und dein Bedürfnis nach Unabhängigkeit kann zu Verstimmungen in der Familie führen. Deine starken Punkte sind Freundlichkeit, Sympathie und Menschlichkeit. Sie können jedoch von rebellischem und unberechenbarem Verhalten getrübt werden. Mit 162, 169, 183, 188, 199 oder 205 sind deine Vision und deine humanitären Ideale voll ausgebildet und du bist eine brillianter Technologe und Wissenschaftler. Als einzigartiger Individualist bist du fähig, entscheidende Veränderungen herbeizuführen. Mit 176, 193, 210 oder 252 führen dein exzentrisches Verhalten und dein rebellisches Wesen zur Selbstzerstörung. Achte auf positive Aspekte mit Saturn. Sie geben Stabilität.

Schlummerndes Potential

Dein schlummerndes Potential besteht darin, dein exzentrisches Verhalten zu zügeln und mehr Selbstdisziplin zu üben. Sprühende Genialität kann äußerst ermüdend sein und leicht dazu führen, daß du deine Zeit und deine Energie in eine Vorstellung investierst, die niemanden beeindruckt. Obwohl du ein kühles, beinahe gleichgültiges Wesen an den Tag legst, gibst du überhebliche oder elitäre Äußerungen von dir. In diesem Leben wirst du wahrscheinlich eine Menge Zeit mit dir selbst verbringen, was sich kontraproduktiv auf die Verwirklichung deines wahren Potentials auswirken kann. Wenn du die Demut an den Tag legst, die mit deinem Baumzeichen assoziiert wird, kannst du großen Einfluß auf künftige Generationen haben. Das ist deine karmsiche Aufgabe. Dein psychologisches Profil enthüllt ein Bedürfnis, dich mit radikalen Forderungen zu identifizieren, um deinen eigenen Glauben zu rechtfertigen. Dennoch bist du ein ernsthafter Kämpfer für persönliche Freiheit und freie Rede.

96

Stechpalme

Mond in den Fischen

Du hast ein sehr sanftes und mitfühlendes Wesen und bist sehr intuitiv und offen für Energien, die Menschen und Orte umgeben. Dein Schattenselbst, die Mondseite deines Charakters, ist auf die Schönheiten der Natur, die Elementale und das Feenvolk eingestimmt. Für dich als Stechpalmencharakter ist das mystische Einhorn der spirituelle Führer, der dich sicher durch die Anderswelt geleiten kann. Du kannst dich intuitiv mit der Monddimension identifizieren. Sie eröffnet dir eine Welt der Mythen und Legenden, die im abstrakten oder imaginativen Geist existiert. Einige der genialsten Künstler schöpfen aus dieser Quelle, und auch du hast das Potential zum Künstler oder Musiker. Im Hinblick auf Familieneinflüsse kannst du leicht von einem herrischen Elternteil dominiert werden, oder dein gutherziges Wesen wird ausgenutzt. Daher flüchtest du in die Welt der Phantasie und der Träume. Du mußt dich jedoch vor irrationalem Verhalten hüten und darfst die Phantasie nicht mit der Realität verwechseln. Mit 170, 184, 189, 200 oder 206 bist du ein wahrer Mystiker und genialer Künstler, ein Zeitreisender in die Mysterien. Da diese Aspekte dein Mondselbst stark aktivieren, brauchst du mindestens einen der folgenden Aspekte für Stabilität und positive Integration des rationalen Denkens: 164, 178, 204 oder 258. Mit 163, 177, 194, 211 oder 259 bist du möglicherweise in einer unwirklichen Welt eingeschlossen, was deine geistige und körperliche Gesundheit angreifen kann. Achte auf positive Aspekte mit Jupiter und auch mit Saturn, Merkur und der Sonne in Beziehung zum Mond. Insgesamt übt deine Mondstellung einen mystischen Einfluß aus, der praktische Betätigung braucht.

Schlummerndes Potential

Dein schlummerndes Potential besteht darin, dein Denken zu kristallisieren. Anzunehmen, daß die Welt, in der du lebst, eine andere ist als die jenseitige Welt deiner Träume und Phantasien, bedeutet, das bewußte und das unbewußte Selbst in verschiedene Fächer zu stecken. Zwischen diesen beiden Geistesebenen findet jedoch ein reger Austausch statt, der aus dem universellen Bewußtsein schöpft, das eins ist mit der Natur und der höheren Intelligenz des erleuchteten Denkens. In früheren Leben hast du dich zurückgezogen, um eins mit der Natur und ihrem Schöpfer zu werden. In diesem Leben wirst du diese Einheit oder mysteriöse Essenz des Lebens erfahren. Deine karmische Aufgabe besteht darin, deine bemerkenswerte Intuition zu diesem Zweck einzusetzen und den notwendigen Übergang zu machen. Dein psychologisches Profil enthüllt eine nervöse Gereiztheit, die schwer zu erklären ist, aber oft mit Allergien einhergeht. Du fühlst dich wie ein Fisch, der in einem verschmutzten Fluß schwimmt und das klare Wasser sucht. Du solltest dir klarmachen, daß deine Qual größtenteils selbstverschuldet ist und durch den Glauben erlöst werden kann, daß nichts unmöglich ist.

Keltisches Mondzeichen: Haselstrauch

Mondsymbol: Lachs

Der Lachs repräsentiert die seherischen Kräfte der Haseldryade. In der irischen Legende von Finn fielen die Nüsse des Haselstrauchs in Conlas Brunnen und fütterten die Regenbogenlachse, die darin umherschwammen. Die Haselnuß war ein Sinnbild konzentrierter Weisheit, und man konnte sich alles Wissen über die Künste und die Wissenschaften dadurch erwerben, daß man sie aß. Daher der englische Ausdruck „in a nutshell" („in einer Nußschale" für „auf einen Blick" oder „kurz zusammengefaßt"). Als Finn einen der Lachse fing und ihn aß, empfing er sofort Weisheit und prophetische Vision. Der Lachs ist der König der Flußfische, und das mystische Element des Wassers ist von großer Bedeutung für das keltische Ahnenwissen. Conlas Brunnen speist sich aus dem Fluß Boyne, der nach der Göttin Boann benannt ist, welche die irischen Dichter als Quelle der künstlerischen Inspiration verehrten. Die Kelten waren seit der Antike als „Volk des Meeres" bekannt.

In der keltischen Mythologie taucht der Haselstrauch als Bile Ratha auf oder der verehrte Baum des „Rath" (Wohnsitz eines altirischen Häuptlings), in dem der romantische Aes Sidhe (Feengeist) lebte. Auch Mac Coll oder Mac Cool, ein irischer Gott und einer der drei alten Herrscher Irlands, hat mit dem Haselstrauch zu tun, denn sein Name bedeutet „Sohn des Haselbuschs". Die Liebe der irischen Kelten zur Poesie und Rhetorik geht ihren eigenen Angaben zufolge auf ihren alten Gottes Ogma zurück, der verwandt ist mit Hermes oder Merkur, dem Herrscher dieses Zeichens. Hermes war als Gott der Beredsamkeit und als Götterbote bekannt. Im neunten Mondmonat des Jahres verwendeten die Druiden Haselzweige zur Divination und um verborgene Quellen zu finden. Wenn sie aufgerufen wurden, Streitigkeiten zu schlichten und das keltische Gesetz zu vertreten, führten sie weiße Haselzweige als Symbol der Gerechtigkeit mit sich.

Der Haselstrauchcharakter

Du wurdest zu einer Jahreszeit geboren, in der das Tageslicht allmählich zu schwinden beginnt. Das ist die Zeit, in der die Haselnüsse reifen, ein Symbol dafür, daß das Licht in winzige Teilchen reinen Lichts kondensiert. Du hast ein enormes persönliches Potential, das stark konzentriert ist, und dein inneres Bedürfnis, Wissen zu erlangen, macht dich zu einem Experten auf deinem Gebiet. Du bist sehr einfühlsam und mit guten Verstandeskräften ausgestattet – ein kluger Mensch mit potentiellen Fähigkeiten in den Künsten und Wissenschaften, die dich zu einem Kunsthandwerker, Lehrer oder Schriftsteller machen können. Du wirkst eher kühl und so, als hättest du immer alles unter Kontrolle. Aber nervöse Spannungen lassen dich zu Kopfschmerzen neigen, und ganz allgemein kann man sagen, daß dein Körper normalerweise nicht so robust ist wie dein Geist.

Während dein künstlerisches Temperament von der mütterlichen Seite der Familie stammt, kommen deine intellektuellen oder praktischen Fähigkeiten von der väterlichen. Das bewirkt eine gewisse Zwiespältigkeit deines Charakters mit Eigenschaften, die einander zu widersprechen scheinen. Dennoch gehören Menschen, die im Zeichen des Haselstrauchs geboren sind, zu den vernünftigsten im keltischen Mondtierkreis. In erster Linie bist du ein kluger Stratege, der immer ein paar Ersatzpläne in der Tasche hast. Du bist zwar nicht übertrieben pessimistisch, aber die Erfahrung hat dich gelehrt, auf alles vorbereitet zu sein. Deine genaue Kenntnis des menschlichen Wesens kann dich gelegentlich sehr kritisch oder zynisch machen, manchmal auch neugierig oder hinterhältig. Du neigst dazu, deinen Partner und deine Kinder mit materiellen Mitteln zu verwöhnen. Damit beruhigst du dein schlechtes Gewissen oder dein Unbehagen darüber, daß du deine Gefühle nicht immer offen zeigen kannst.

Mit 157 oder 171 schlägst du dich vermutlich clever durchs Leben. Mit 164, 167, 186, 197, 203 oder 258 hast du eine philosophische Einstellung und einen neugierigen aber praktischen Verstand, der eine große Menge an Wissen aufnehmen kann. Du bist im allgemeinen ausgeglichen und optimistisch. 172, 178, 198 oder 259 betonen deine Unfähigkeit, Gefühle auszudrücken; außerdem neigst du dazu, starre Ansichten zu vertreten. Es gibt Unstimmigkeiten zwischen deinem Bewußtsein und deinem Unbewußten, und das kann dein Potential hemmen. Mit 169, 188, 199 oder 205 sind deine wissenschaftlichen Fähigkeiten ausgeprägt und mit 170, 184, 189 oder 206 deine künstlerischen Fähigkeiten, besonders die Poesie, und du bist alles in allem eine eher romantische Seele. Allgemein erfordert dein zwiespältiger Charakter eine sorgfältige Analyse. Die Planetenaspekte sollten genauere Informationen darüber geben. Deine Mondstellung wird die verborgene Dimension deines Unbewußten beleuchten und eine Charaktertiefe enthüllen, die jetzt noch nicht offensichtlich ist.

97

Haselstrauch

Mond im Widder

Du liebst intelligente Debatten oder Auseinandersetzungen, denn deine mentalen Reflexe funktionieren sehr gut. Obwohl du stürmisch und temperamentvoll sein kannst, bist du auch ein fairer Wettstreiter, wenn Auszeichnungen gewonnen werden können. Dein Schattenselbst, die Mondseite deines Charakters, reagiert mit großem Enthusiasmus, während Geduld etwas ist, das du bewußt entwickeln mußt. Deine Lebenseinstellung ist sehr unkonventionell, und im allgemeinen lehnst du jeden Rat von anderen ab. Aber genau diese Einstellung bringt das einzigartige Potential zum Vorschein, das mit deinem Baumzeichen assoziiert wird. Du hast neue Ideen, die das konventionelle und zu starr gewordene Wissen herausfordert und umkrempelt. Du mußt jedoch taktvoller vorgehen, wenn du Menschen in Machtpositionen beeinflussen willst – Menschen, die du als starke Verbündete und nicht als gefährliche Gegner haben möchtest. Mit 165, 170, 179, 189, 195 verfügst du über Charme, Feingefühl und persönlichen Magnetismus, der mächtige Freunde anzieht. Es gibt auch eine starke Verbindung zu den Künsten. Du bist zwar ein Idealist, aber dein intuitiver Geist ist auch praktisch ausgerichtet. 159, 166, 180, 185, 196 oder 202 geben dir Ausdauer und Entschlossenheit und machen dich zu einer Kraft, mit der gerechnet werden muß. Aber du brauchst positive Herausforderungen und eine Richtung im Leben. Alles in allem bringt deine Mondstellung geborene Sieger hervor.

Schlummerndes Potential

Dein schlummerndes Potential besteht darin, deine Talente einzubringen, ohne das dafür zu verlangen, was du als gerechte Belohnung betrachtest. Mit anderen Worten, deine Leistungen werden sich selbst belohnen, indem sie dir rasches inneres Wachstum bescheren und das befriedigende Wissen, daß du etwas bewirkt hast. Das ist deine karmische Aufgabe. In diesem Leben mußt du lernen, deine Aufmerksamkeit auf die Bedürfnisse derjenigen zu lenken, die deine eigenen Schwächen oder Charakterzüge widerspiegeln. In vergangenen Leben warst du sehr aggressiv und hast anderen die Schuld für deine Fehler zugeschrieben. Dein psychologisches Profil enthüllt wechselnde Verhaltensmuster, die in kritischen Zeiten aus einem Gefühl der Unzulänglichkeit und Unentschiedenheit heraus sehr anmaßend sein können. Es geht darum, deinen dualen Charakter in einer einzigen Indentität zu integrieren. Selbstprüfung kann der Schlüssel dazu sein, aber im Grunde genommen bist du ein einzigartiger Individualist, der sich nicht dafür entschuldigen sollte, daß er seine Rechte geltend macht, vorausgesetzt sie sind fair und ehrlich.

98

Hasel-
strauch

Mond im
Stier

Du hast eine positive Lebenseinstellung, weil du ein sehr selbständiger und ehrgeiziger Mensch bist. Deine Ziele sind sorgfältig geplant und bis ins kleinste Detail ausgearbeitet. Dein Schattenselbst, die Mondseite deines Charakters, gibt dir große Stabilität und verstärkt deine Verstandeskräfte. Du bist ein sehr warmer und liebevoller Mensch und verfügst nicht über das kühle Wesen, das mit deinem Baumzeichen assoziiert wird. Du fühlst dich mehr zu den Künsten als zu den Wissenschaften hingezogen, aber du hast das Potential, Architekt oder Ingenieur zu werden. Du hast einen Sinn für Design und konstruierst gern Dinge, die sowohl praktisch verwendbar als auch ästhetisch ansprechend sind. Du bist ein sehr nachdenklicher Mensch, der sich von akademischen Qualifikationen nicht beeindrucken läßt, der aber praktische Erfahrung respektiert. Mit 164, 165, 179, 195 oder 201 ist dein künstlerisches Potential aktiviert. Außerdem bist du intelligent und kannst die meisten Probleme mit technischem Know-how lösen. Mit 172 oder 211 bist du leicht entmutigt und es fehlt dir an guten Umgangsformen. Mit den Konjunktionen 161, 182 oder 198 hast du zwar einen ernsten und rationalen Verstand, aber es kann dir an Imagination mangeln. 167, 181, 186, 197 oder 203 erweitern deine Ideen und dein Potential, und du wirst das Glück immer auf deiner Seite haben. Insgesamt bringt deine Mondstellung eine positive Richtung in dein Leben.

Schlummerndes Potential

Dein schlummerndes Potential besteht darin, in die Offensive zu gehen und starr auf deine Ziele fixiert zu sein. Die meisten deiner Handlungen werden von deinem Unbewußten kontrolliert, das eine starke Resterinnerung an Unsicherheit beinhaltet. Daher vermeidest du jedes Risiko, und deine Ambitionen sind eher zurückhaltend. Du wirst ein böses Erwachen erleben, wenn du den Kopf immer in den Sand steckst. Dein psychologisches Profil verrät große innere Ruhe, die auf ein ausgeglichenes Individuum hinweist. In der Tat brauchst du keine psychologische Beratung, außer deine Planetenaspekte verlangen es. Die Druiden glaubten an Reinkarnation und nannten sie den „ungebrochenen Faden“, während östliche Astrologen von einer ungebrochene Kette der Seelenleben sprechen. Du glaubst vielleicht nicht an Reinkarnation, aber deine Mondstellung symbolisiert viele Déjà-vu-Erlebnisse. Du bist sehr intuitiv und hast klare Einsichten. Deine karmische Aufgabe besteht darin, diese Fähigkeit auf einer höheren Bewußtseinsebene zu entwickeln, um dein wahres Potential zu erfüllen.

99

Hasel-
strauch

Mond im
Zwilling

Du hast einen zwiespältigen Charakter, der sich in körperlicher und geistiger Rastlosigkeit, Unentschiedenheit und wechselnden Meinungen niederschlägt. Dein Bedürfnis, mehrere Dinge gleichzeitig zu tun, ist wesentlich für dein psychisches Wohlergehen. Dein Schattenselbst, die Mondseite deines Charakters, lebt im Kopf. Mit anderen Worten, du neigst dazu, deine Gefühle zu intellektualisieren. Dennoch bist du alles andere als gefühllos und du hast ein lebhaftes Temperament, ähnlich wie der Weißdorncharakter. Weil du mit diesen unstabilen Emotionen ins Reine kommen mußt, versuchst du deine Handlungen zu rechtfertigen. Als Haselstrauchcharakter regiert dein Kopf dein Herz, was von deiner Mondstellung noch verstärkt wird. Dein Geist ist also äußerst komplex, aber du bist dennoch sehr intelligent und fähig, dich klar auszudrücken und schwierige Themen zu verstehen. Du weißt wenig Wissen so geschickt einzusetzen, daß andere denken, du seist viel intelligenter als du tatsächlich bist. Mit 164, 197 oder 203 sind deine geistigen Fähigkeiten eindrucksvoll und stabil. Du kannst deine Ansprüche sehr hoch schrauben. Mit 171 oder 208 pflegst du eher oberflächliche Werte und klatschst lieber über andere als ernsthafte Konversation zu betreiben. Aspekte mit 168, 187 oder 204 geben deinem aufnahmefähigen Geist eine Menge Stabilität, fördern eine ernsthaftere Anschauung und bewirken, daß du bei allem, was du lernst, mehr in die Tiefe gehst. Insgesamt macht deine Mondstellung dauerhafte Beziehungen weniger wahrscheinlich.

Schlummerndes Potential

Dein schlummerndes Potential besteht darin, deine Hauptziele nicht aus den Augen zu verlieren und deine vielseitigen Talente dort einzusetzen, wo sie am meisten gebraucht werden. Du bist der geborene Botschafter, der sich berufen fühlt, andere Menschen über bestimmte Fakten aufzuklären, aber du mußt sicherstellen, daß deine Informationen gut fundiert sind. Du wirst in diesem Leben vielleicht Schwierigkeiten haben, dich an einem Ort niederzulassen, aber das ist ein Teil deines Lernprozesses. Dein psychologisches Profil ist faszinierend, weil du noch keine einheitliche Identität hast. Das ist kennzeichnend für eine karmische Transformation im Anfangsstadium und manifestiert sich als Wunsch, frei von gesellschaftlichem Druck und persönlichen Verpflichtungen zu bleiben. Wenn du bereit bist, dich dem Rest der Menschheit anzuschließen, wirst du aufgrund deiner Fähigkeit, gut informierte Urteile zu fällen statt von obskuren Hypothesen auszugehen, eine dramatische Bewußtseinsverlagerung erfahren.

100

Hasel-
strauch

Mond im
Krebs

Du bist sehr gefühlsbetont und handelst eher instinktiv als rational. Du hast eine starke Vorstellungskraft und bist außerdem ein cleveres und beharrliches Individuum. Dein Schattenselbst, die Mondseite deines Charakters, geht sehr einfühlsam und mitfühlend auf die Bedürfnisse anderer ein. Deine Familie spielt die zentrale Rolle in deinem Leben und hat den größten Einfluß auf dich. Es ist dir ein Bedürfnis, sie zu hegen und zu beschützen, aber sie ist auch eine Quelle der Stärke für dich. Du solltest darauf achten, daß sich deine Familienmitglieder nicht zu sehr von deinem guten Willens abhängig fühlen, denn du neigst dazu, deine Autorität überzubetonen. Dennoch bist du ein liebevoller Partner und Elternteil, der hart arbeitet, um ein gemütliches Heim zu schaffen. Da du jedoch stark von den Mondzyklen und -aspekten beeinflußt wirst, neigst du zu Stimmungsschwankungen. Mit 160 oder 167 wirst du dir weniger unnötige Sorgen um deine Familie machen und breitere Interessen haben. Mit 161, 175, 182 oder 198 nimmst du das Leben viel zu ernst und trägst schwer an deinen familiären Verpflichtungen. Diese Aspekte haben zwar eine dunkle Qualität, aber sie geben auch innere Stärke, die alle Rückschläge oder psychologischen Blockaden überwindet. Mit 158 oder 165 bist du ein freundlicher und wohltätiger Mensch mit Glück in der Liebe und in den Finanzen. Insgesamt enthüllt deine Mondstellung starke Emotionen, die deine geistigen Fähigkeiten unterwandern können, wenn du nicht achtsam bist.

Schlummerndes Potential

Dein schlummerndes Potential besteht darin,

dein Selbstwertgefühl zu stärken, damit du weder zu sehr von deiner Familie abhängig bist noch von der Sympathie anderer Menschen in deiner Umgebung. Obwohl du nach außen hin sehr selbstbewußt erscheinst, verhältst du dich zu Hause häufig diktatorisch und emotional instabil. In diesem Leben erlebst du emotionale Rückschläge, die sich im Laufe der Zeit jedoch als sehr lehrreich für deine persönliche Entwicklung erweisen. Dein psychologisches Profil enthüllt ein Bedürfnis nach Anerkennung oder sozialem Status. Im Grunde bist du ein Materialist oder zumindest jemand, der andere nach ihrem materiellen Erfolg beurteilt. Deshalb arbeitest du so hart für einen komfortablen Lebensstil, statt dich auf dein emotionales Wohlergehen und das deiner Familie zu konzentrieren. Du mußt eine Resterinnerung an selbstgeschaffene Ängste überwinden. Darin besteht deine karmische Aufgabe.

101

Hasel-strauch

Mond im Löwen

Du hast eine mächtige Präsenz und erfreust dich einer gewissen Popularität unter Freunden und Arbeitskollegen. Der Grund ist dein großzügiges Wesen und dein Mut, zu deinen Überzeugungen zu stehen. Dein Schattenselbst, die Mondseite deines Charakters, sprüht vor Kreativität und Unternehmungsgeist. Du hast die Fähigkeit, andere zu inspirieren, und das macht dich zu einer Führungspersönlichkeit. Wenn dein Mond schlecht aspektiert ist, kannst du überheblich oder diktatorisch werden. Du hast jedoch einen Sinn für effektvolle Darbietungen, der die Menschen auf deine Seite zieht. Im allgemeinen bringst du deine Gefühle sehr offen und mit viel Leidenschaft und großen Gesten zum Ausdruck. Das wird deine für einen Haselstrauchcharakter typische Art zu denken dramatisch ändern. Deine intellektuellen Fähigkeiten sind bei den Künsten gut aufgehoben, und du könntest ein guter Drehbuchschreiber oder Theaterproduzent werden. Du bist auch ein geborener Darsteller und könntest Schauspieler oder Politiker werden. Mit 158, 167, 170, 179, 189, 195 oder 201 sind deine künstlerischen Fähigkeiten aktiv und du wirst viele Bewunderer anziehen. Dein Liebesleben zeugt von einem sehr romantischen Lebensstil. Mit 177, 194 oder 211 fehlt es deiner künstlerischen Ader und deiner geistigen Kapazität an Konzentration oder Disziplin, und deine Gefühle sind eher frivol und unaufrichtig. Mit 157 sind deine intellektuellen Fähigkeiten betont, aber es mangelt ihnen an Flexibilität. Mit 204 verfügst du sowohl über künstlerisches Talent als auch über intellektuelle Fähigkeiten. Insgesamt enthüllt deine Mondstellung leidenschaftliche Ideale und große Willenskraft.

Schlummerndes Potential

Deine karmische Aufgabe besteht darin, Selbstdisziplin zu üben, aber du hast ein starkes und ausgesprochen eigenwilliges Ego. Obwohl du eine Menge Selbstvertrauen hast, wirst du leicht nachlässig, wenn du nicht voll und ganz gefordert wirst. Dein Leben kann zu einer beinahe endlos langen Vergnügungsreise werden, weil du ein maßloses Wesen und einen sehr teuren Geschmack hast. Du hast die Fähigkeit, schnell viel Geld zu verdienen, aber du kannst es ebenso schnell ausgeben. Das geht auf Resterinnerungen an vergangenen Glanz und sozialen Status zurück. In diesem Leben wirst du wahrscheinlich sowohl Reichtum als auch Armut kennenlernen, wenn du nicht besser mit deinen Finanzen umgehen lernst. Dein psychologisches Profil enthüllt einen komplexen Geist und komplexe Verhaltensmuster. Es scheint, als könntest du dich nicht entscheiden, was du wirklich vom Leben willst. Manchmal fühlst du dich ganz oben, doch dann fängst du an, dir über deinen extravaganten Lebensstil Sorgen zu machen, und verfällst der Mäßigung bis hin zur Selbstverleugnung. Der Schlüssel zur Selbstzufriedenheit besteht darin, klare Entscheidungen zu treffen und weniger empfänglich für Schmeicheleien zu sein.

102

Hasel-
strauch

Mond
in der
Jungfrau

Du verkörperst alle geistigen Fähigkeiten und Emotionen des Haselstrauchcharakters. Alles, was du tust, geschieht nach einem genauen System und mit einem scharfen Blick für Details. Dein Schattenselbst, die Mondseite deines Charakters, ist stark konzentriert, und deine Emotionen sind so kontrolliert, daß du sie selten zur Schau stellst, denn sie könnten deine Reserviertheit und deine Zurückhaltung kompromittieren. Dein keusches Verhalten erweckt den Anschein, als wünschtest du dir nichts sehnlicher, als dich von der Welt zurückzuziehen, um hinter Klostermauern der Menschheit zu dienen. Dennoch bist du ein disziplinierter Denker und Analytiker. Du fühlst dich zu den Wissenschaften hingezogen und könntest dir als Forscher oder Dozent einen Namen machen. Dein Privatleben ist strikt privat, aber als Vermittler oder Ratgeber bist du sehr begabt. Mit 166, 167, 185, 188, 196, 197 oder 204 hat dein Geist beachtliche Tiefe, und du verfügst insgesamt über mehr Vitalität, die deine Rückzugstendenzen ausgleicht. Mit 157 bist du hochintelligent, aber es fehlt dir an Gedankentiefe. Mit den Konjunktionen 161, 182 oder 198 hast du einen präzisen Intellekt, aber wenig Lebenserfahrung und eine Neigung zu Depressionen. Insgesamt verrät deine Mondstellung ein wissenschaftliches Talent und eine Neigung, Emotionen zu zügeln. Letzteres kann dich auf die Dauer regelrecht körperlich krank machen. Du solltest mehr Zeit mit deinen Freunden und im Kreise deiner Familie verbringen.

Schlummerndes Potential

Dein schlummerndes Potential besteht darin, immenses Wissen in einfache Weisheit zu verwandeln. Wenn du deine Emotionen völlig ausschließt, läufst du Gefahr, so etwas wie ein menschlicher Roboter zu werden. Obwohl du das Bedürfnis hast, der Menschheit zu dienen, solltest du auch Schmerz und Freude erleben. Das ist deine karmische Aufgabe. Als natürlicher Skeptiker wirst du solche Dinge wie Karma, Reinkarnation und sogar Astrologie vermutlich für abergläubischen Unsinn halten, aber vielleicht findest du ein passendes Gegenstück in der Psychoanalyse. Dein psychologisches Profil verrät sehr viel Feingefühl für die Schmerzen anderer, das von eigenen inneren Schmerzen oder Narben zeugt. Dein Glaube an gesunde Ernährung und Naturmedizin ist eine Resterinnerung an vergangene Leben, in denen du ein Heiler warst.

103

Hasel-
strauch

Mond in der Waage

Dein romantisches Wesen wirkt äußerst attraktiv auf andere. Du gibst dich zwar gelassen, weißt aber ganz genau, wie du andere zu deinem Vorteil manipulieren kannst. Dein Schattenselbst, die Mondseite deines Charakters, lehnt Unstimmigkeiten oder Auseinandersetzungen ab, bringt aber gleichzeitig wechselhafte Emotionen hervor und verunsichert damit sich selbst und andere. Die Leute wissen nie, wie du gefühlsmäßig reagieren wirst, auch wenn du versuchst, sie von deiner Denkweise zu überzeugen. Dein analytischer Geist kann sehr überzeugend sein, und du verläßt dich auf deine Fähigkeit der Schönrednerei, um schwer akzeptable Fakten an den Mann zu bringen. In geschäftlichen Dingen bist du zwar ein guter Vermittler, aber das trifft nicht unbedingt auch auf dein Privatleben zu. Weil dein emotionales Wesen oft zwischen zwei Verhaltensextremen hin und her pendelt, wirst du kaum verhindern können, daß häusliche Konflikte außer Kontrolle geraten. Mit 158, 165, 179, 201 oder 217 bist du ein sehr überzeugender Liebhaber und Finanzberater, und deine Interessen kreisen um die Kunst. Diese Aspekte unterstreichen deinen persönlichen Magnetismus, aber du neigst dazu, im Luxus zu schwelgen, was zu Gewichts- oder allgemeinen Gesundheitsproblemen führen kann. Aspekte mit 172, 173, 190, 214 oder 222 weisen auf emotionale Probleme hin und können deine geistige und körperliche Energie beeinträchtigen. Achte auf positive Aspekte zwischen Merkur und Jupiter, aber auch zwischen Venus und Mars. Insgesamt enthüllt deine Mondstellung ein unausgeglichenes Temperament, aber auch Kompromißbereitschaft.

Schlummerndes Potential

Dein schlummerndes Potential besteht darin, deine Ziele im Leben neu zu definieren, um deine Zeit und Energie besser einsetzen zu können. Es geht darum, dein Verlangen nach harmonischen Beziehungen unter die Lupe zu nehmen und deine egoistischen Motive aufzugeben. Das ist deine karmische Aufgabe. Wenn du sie bewältigt hast, wirst du größere Harmonie in dir finden, die dein emotionales Verhalten beeinflußt. In diesem Leben wirst du vielen Menschen begegnen, deren Probleme eine exakte Spiegelung deiner eigenen zu sein scheinen. Sie gehören zu einer Gruppe von Seelen, die durch ein karmisches Band verbunden sind und sich nur entwickeln können, indem sie den anderen Teil ihres Selbst (ihren Seelenpartner) finden. Private oder geschäftliche Partnerschaften spielen hier eine sehr wichtige Rolle. Dein psychologisches Profil enthüllt Schwierigkeiten, deine eigenen Fehler und Schwächen zu erkennen, aber es ist immer schwierig, sich mit dem eigenen Ego zu konfrontieren.

104

Hasel-
strauch

Mond im Skorpion

Du bist ein sehr einfallsreiches aber kritisches Individuum, und deine Bemühungen um Erfolg im Leben sind subtil und beständig. Dein Schattenselbst, die Mondseite deines Charakters, hat eine äußerst magnetische Ausstrahlung, die leicht einschüchternd auf andere wirkt. Deine immens kraftvollen Energien und verborgenen Gefühlstiefen werden nur von sehr wenigen Menschen wirklich verstanden, geschweige denn geschätzt. Meist behältst du deine Gedanken und tieferen Emotionen für dich, weil du den Motiven anderer mißtraust. Das hört sich vielleicht nach Paranoia an, aber wahr ist auch, daß du einige psychologische Blockaden (oder Sicherheitsventile) hast, die plötzlich mit voller Wucht aufbrechen und sich in explosiven Gefühlen entladen können. Als Haselstrauchcharakter hast du einen sehr durchdringenden Verstand, der Informationen ans Licht bringen kann, die vielleicht aus kriminellen oder anderen fragwürdigen Motiven heraus absichtlich verschleiert wurden – Informationen, die andere in Mißkredit bringen können. Mit 159, 166, 267 oder 276 hast du den Instinkt eines Bluthundes, wenn es um das Verfolgen deiner Ziele geht. Dein leidenschaftliches Wesen ist beherrscht und dein analytischer Verstand funktioniert rasiermesserscharf. Du wirst zwar gefährliche Feinde haben, aber du bist ebenso gefürchtet. Mit 190, 265, 271 oder 277 neigst du dazu, Gewalt und rücksichtslose Taktiken einzusetzen, um Erfolg zu haben. Insgesamt enthüllt deine Mondstellung ein Zielbewußtsein, das dich an den Rand der Selbstzerstörung treiben kann, wenn es nicht gezügelt wird.

Schlummerndes Potential

Dein schlummerndes Potential besteht darin, anderen eher Respekt als Furcht abzunötigen. Auch wenn du es vielleicht nicht absichtlich darauf anlegst, in einer Weise aufzutreten, die bewirkt, daß andere deinen Motiven mißtrauen, kann dein inneres Bedürfnis nach Macht in eine Art Größenwahn ausarten. Das wird zwar nur selten geschehen, aber du solltest dennoch leiser treten und allzu dramatische Gefühlsausbrüche vermeiden. Du wirst Zeiten durchleben, in denen du dich völlig allein fühlst und dich sogar von denen entfremdest, die dir am nächsten sind. In Zeiten wie diesen lernst du karmische Lektionen, die dir schmerzhaft deutlich machen, wo du in der Vergangenheit Fehler gemacht hast, die sich jetzt wiederholen. Dein psychologisches Profil verlangt eine tiefere Analyse als wir hier durchführen können. Es soll lediglich gesagt sein, daß du eine kritische Bewußtseinstransformation durchläufst, eine Art Reinigung, deren Ziel es letztendlich ist, die alten Geister zu bannen, die dich in deinen Träumen noch immer verfolgen.

105

Haselstrauch

Mond im Schützen

Dein Geist ist philosophisch ausgerichtet, was deine Haselstraucheigenschaften stark erweitert und neu konzentriert. Ganz sicher bist nicht prüde oder selbstverleugnend. Dein Schattenselbst, die Mondseite deines Charakters, mischt sich mit unerhörten Ideen und rastlosen Emotionen in dein Bewußtsein ein, was zur Folge hat, daß dein Verhalten sehr widersprüchlich ist. Du sagst zum Beispiel etwas und tust etwas anderes - sozusagen aus Protest oder weil du auf keinen Fall in ein Schema eingepaßt werden willst. Das wird unter anderem zu offenen Konfrontationen führen und dein Urteilsvermögen deutlich verbessern. Negative Aspekte können deine Konzentration jedoch beeinträchtigen. Deine rastlosen Emotionen verlangen positive Aspekte, um in kreative Kanäle fließen zu können. In erster Linie müssen sie körperlich ausagiert werden, da sie überflüssige Energie repräsentieren. Du brauchst eine Menge persönlicher Freiheit. Mit 160, 167, 181, 197 oder 203 hast du zwar hohe Moralvorstellungen, bist aber auch gutmütig, offen, liebevoll, optimistisch und gut gelaunt – persönliche Vorzüge, die eher auf Menschlichkeit hinweisen als auf eine unpersönliche, analytische Art, die Dinge anzugehen. Mit 174, 191 oder 208 orientierst du dich zwar immer noch an humanitären Prinzipien, neigst aber dazu, deine Bildungschancen zu verspielen und deine Zeit für nutzlose Dinge zu verschwenden. Achte auf positive Aspekte zwischen Jupiter und Saturn und Merkur mit

Jupiter und Saturn. Insgesamt erweitert deine Mondstellung deine geistigen Fähigkeiten beträchtlich.

Schlummerndes Potential

Dein schlummerndes Potential besteht darin, deine nervöse und rastlose Energie zu zerstreuen. Sie ist zwar eine Quelle der geistigen und körperlichen Energie, kann sich aber negativ auf die persönliche Entwicklung auswirken. Als Haselstrauchcharakter bist du dir der Bedeutung des Maßhaltens stärker bewußt als die meisten. In früheren Leben warst du in komplizierte Beziehungen verstrickt, die deine physische, mentale und emotionale Energie erschöpft haben. In diesem Leben wirst du ständig die Richtung wechseln, aber irgendwann wirst du eine Nische finden und dich niederlassen. Im Herzen wirst du jedoch immer ein rastloser Geist bleiben. Dein psychologisches Profil enthüllt eine deutliche Spaltung im Charakter, die dein widerspenstiges Wesen erklärt. Es könnte sich zum Beispiel um einen psychologischen Wettstreit zwischen einer oberflächlichen Teilpersönlichkeit und einer hochgeistigen handeln. Deine karmische Aufgabe besteht darin, den Streit in deiner Psyche zu schlichten und beide Anteile zu integrieren.

106

Haselstrauch

Mond im Steinbock

Du verfügst über Umsicht, Durchhaltevermögen und eine Menge Selbstdisziplin und Ehrgeiz. Es fällt dir jedoch schwer, Gefühle auszudrücken, weil du ein scheues Wesen bist und eher unfähig zu kommunizieren. Dein Schattenselbst, die Mondseite deines Charakters, legt eine natürliche Zurückhaltung an den Tag, die als Mangel an Wärme oder Zuneigung mißverstanden werden kann. Im Grunde brauchst du nur Zeit, um die Leute kennenzulernen. Als Haselstrauchcharakter hast du einen äußerst rationalen und ernsthaften Verstand, der auch als kühl und berechnend bezeichnet werden könnte. Deine Ideen sind immer konstruktiv und du planst alles bis ins kleinste Detail voraus, um sicher sein zu können, daß du deine Hausaufgaben gemacht hast. Obwohl du kein schneller Lerner bist, wirst du klügere Menschen schrittweise überholen, einfach weil du zum Erfolg entschlossen bist. Dir fehlt es vielleicht an kreativer Vorstellungskraft, aber du hast einen mathematischen Verstand und ein Talent für Konstruktionsarbeit, die Struktur und Gleichgewicht verlangt. Mit 160, 167, 181, 186 oder 197 hast du ein strahlenderes Wesen und mehr Phantasie. Du bist kontaktfreudiger, idealistischer und weniger materialistisch. Mit 161, 182, 198 oder 209 neigst du zu depressiven Stimmungen und hast vielleicht ernsthafte Kommunikationsprobleme. Das wiederum bringt alle negativen Eigenschaften hervor, die mit deinem Baumzeichen assoziiert werden. Achte auf positive Aspekte mit Mars und Venus. Insgesamt enthüllt deine Mondstellung eine Charakterstärke, die dich beruflich an die Spitze bringen könnte.

Schlummerndes Potential

Dein schlummerndes Potential wird aktiviert, wenn du es auf Leistung konzentrierst. Du hast zwar mehr als genug Familienverpflichtungen, die dich emotional erschöpfen können, aber du mußt dir die Freiheit geben, eine eigene Karriere zu verfolgen. In früheren Leben warst du ein williges Arbeitspferd oder ein Fußabstreifer für deine Familie. In diesem Leben spielst du die gleiche Rolle, bist aber gezwungen, eine etwas dominantere Position einzunehmen. Vielleicht glaubst du, es sei dir ein Bedürfnis, anderen Unterstützung und Sicherheit zu geben, aber das ist nur eine Resterinnerung daran, daß du dich unsicher und ungeliebt fühltest. Deine Mondstellung markiert die Wintersonnenwende. Nach druidischer Überlieferung ist das die Zeit, in der die Seele beurteilt wird, um für eine neue Reise durch das Goldene Rad des Lebens erneuert zu werden. Psychologisch gesehen steht das für die Notwendigkeit, Verantwortung für das eigene Leben zu übernehmen.

107

Haselstrauch

Mond im Wassermann

Du bist freundlich zu jedermann und orientierst dich an humanitären Prinzipien. Du neigst zu exzentrischem Verhalten, eckst aber normalerweise nicht damit an, weil du ein außerordentlich interessanter Charakter bist. Dein Schattenselbst, die Mondseite deines Charakters, ist ganz auf fortschrittliche akademische und soziale Entwicklung eingestellt. Du bist zwar ein Idealist, aber auch ein Intellektueller, der sich zu den modernen Wissenschaften hingezogen fühlt. Deine Mondstellung wird mit Astrologie, Astronomie und originellen Ideen und Erfindungen assoziiert. Gefühlsmäßig gibst du dich eher distanziert und hast daher Schwierigkeiten, intime Beziehungen einzugehen. Im Grunde bist du ein sehr unabhängiger Mensch, ein völliger Individualist, der viel Freiraum braucht, um gut arbeiten und leben zu können. Deshalb legst du ein unberechenbares Verhaltensmuster an den Tag. Zeit bedeutet dir sehr wenig, und normale Routine schränkt dich nur ein. Mit 162, 169, 183, 188, 199 oder 205 sind deine humanitären Ideale betont und dein wissenschaftliches Potential ist beachtlich. Deine hohe Intelligenz braucht ein positives Ziel, sonst wird sie extrem sprunghaft und instabil. Mit 176, 193 oder 210 vertrittst du sehr radikale Ansichten, die dich in Schwierigkeiten bringen können. Insgesamt enthüllt deine Mondstellung ein unkonventionelles Verhalten, zeigt aber gleichzeitig auch, daß du dich deinen Freunden gegenüber äußerst loyal verhältst.

Schlummerndes Potential

Dein schlummerndes Potential besteht darin, deine Ansichten und Gefühle ständig zu überdenken, weil du sehr selbstgefällig bist. Indem du versuchst, allzu unkonventionell zu sein, verletzt du ungewollt diejenigen, die dir am nächsten sind, mit taktlosen Bemerkungen und kalter Gleichgültigkeit. In früheren Leben hat dein irrationales Verhalten zu Mißstimmigkeiten in persönlichen Beziehungen geführt. Das hat zur Folge, daß du einen Teil deines jetztigen Lebens allein verbringst, was dir vielleicht hilft, dein einzigartiges Potential auf sinnvolle Art und Weise zu nutzen. Dein Mond liegt in einem Abschnitt des Tierkreises, der das keltische Fest der Brigantia markiert – ein signifikanter Einfluß, der wie ein Inspirationsblitz einschlägt und eine Idee zum Keimen bringt. Dein einzigartiges Talent, originell zu denken und die Dinge mit absoluter Klarheit so zu sehen, wie sie sind, kann der ganzen Menschheit helfen, vorausgesetzt, du setzt diese Fähigkeiten mit der kritischen Sorgfalt deines Baumzeichens ein, und darin besteht deine karmische Aufgabe. Dein psychologisches Profil enthüllt ein sprunghaftes Verhaltensmuster, das von einem hohen Grad an nervöser Energie und Spannung zeugt. Dein Bedürfnis nach persönlicher Unabhängigkeit kann verschroben wirken, aber deiner Distanziertheit liegt eine außerordentliche Charakterstärke zugrunde und der Wille, Bigotterie und Unwissenheit zu überwinden.

108

Haselstrauch

Mond in den Fischen

Du bist emotional und sentimental, sehr leicht zu beeindrucken und sehr offen für äußere Einflüsse. Du hast zwar eine mitfühlende Natur und starke Ideale, bist aber auch ziemlich weltfremd und lehnst jede Form von Materialismus ab. Dein Schattenselbst, die Mondseite deines Charakters, ist eine Quelle außerordentlich intuitiven Wissens und großer Einsichten. Als Haselstrauchcharakter hast du eine spezielle Mischung von Eigenschaften, die deinem künstlerischen Potential Form geben und deinen Widerstand gegen negative Einflüsse stärken können. Du könntest daher ein genialer Autor von Tatsachenberichten oder Romanen werden. Auch wirst du dich zur Meeresbiologie hingezogen fühlen oder zu Themen, die mit dem Leben im Meer oder Laborforschung zu tun haben. Es gibt auch einen Draht zur Fotografie oder zum Filmemachen. Deine leidenschaftliche Natur und dein Interesse an Gesundheit können dich in helfende oder soziale Berufe ziehen. Mit 170, 189, 200 oder 206 wirst du dich wahrscheinlich den Künsten widmen, aber du bist auch ein Mystiker, der sich für spirituelles Heilen begeistern kann. Mit 163, 177, 184, 194 oder 211 können dein höchst abstrakter Verstand und deine Sensibilität Verwirrung stiften und einen überwältigenden Sinn für das Irreale hervorbringen, wenn das nicht durch die Aspekte 164, 187 und 204 ausgeglichen wird. Insgesamt enthüllt deine Mondstellung einen stark übersinnlichen Haselstrauchcharakter, dessen Einsicht durch Demut und Weitblick verbessert wird.

Schlummerndes Potential

Dein schlummerndes Potential besteht darin, deine Perspektiven anzupassen und dein idealistisches Denken weiterzuentwickeln. Deine karmische Aufgabe ist, keinerlei Urteil über andere zu fällen. Das wird deine innere Entwicklung rapide beschleunigen. Deine Mondstellung im Zeichen Fische kann eine extreme Polarität mit deinem keltischen Mondzeichen in den Graden Löwe/Jungfrau bilden. Das erscheint auf dem Mondrad als Sonne-/Mondpolarität oder als „Quadrat". Eine solche Polarität enthüllt einen Persönlichkeitskonflikt, der in früheren Leben wurzelt und in diesem Leben als Gebundensein an einen Beruf wiederauftauchen kann, der nicht zu dir paßt oder an dem du nicht wirklich interessiert bist. Dein Baumzeichen bildet eine Polarität mit Eberesche und Esche und weist auf einen Konflikt zwischen materiellen und nichtmateriellen Belohnungen hin. Dein psychologisches Profil enthüllt ein zwiespältiges Verhaltensmuster. Du bist zwar in der Lage, schwierige Probleme mit mentalem Schwung zu lösen, aber alle emotionalen Probleme bleiben eine Quelle der Unruhe oder nervösen Spannung, wann immer du das Gefühl hast, von anderen manipuliert zu werden. Deine beste Verteidigung besteht in solchen Fällen darin, deine Gefühle offener zu zeigen.

Keltisches Mondzeichen: Wein

Mondsymbol: Weißer Schwan

Der weiße Schwan symbolisiert die strahlende Göttlichkeit der Tuatha Danaans, der alten keltischen Götter, die im Monat des Weinstocks zum Herbstäquinox in die Anderswelt verschwanden. Der irische Mythos von Lir, dem großen Meeresgott, erzählt, daß seine vier schönen Kinder die letzten und begabtesten Kinder der Götter waren, aber sie wurden von einer bösen Stiefmutter in vier weiße Schwäne verwandelt. Als sie endlich von dem Zauberbann erlöst wurden, hatte das Christentum die alten Götter Irlands ersetzt, und sie starben an gebrochenem Herzen. Das Klagelied, das die Schwäne beim Tod ihres lebenslangen Partners anstimmen, wird in Irland noch heute mit dem Klagelied der langverlorenen Götter assoziiert.

In der druidischen Kosmologie wird das Herbstäquinox von Königin Guinevere verkörpert. Ihr Name kommt von dem keltisch-brythonischen Wort „Gwenhwyvar", das „weißer Geist" oder „Phantom" bedeutet. In der keltischen Astrologie war der Planet Venus, der Herrscher dieses Zeichens, als „Gwena" bekannt, was „weiß" oder „Licht" bedeutet. Im zehnten Mondmonat, zum Herbstäquinox verwandelte sich das schwindende Licht des keltischen Sonnenkönigs Arthur in das Mondlicht der Königin Guinevere. Der „Weiße Schwan" ist die alte Bezeichnung für die Cygnus-Konstellation – nach druidischer Auffassung die Heimat ihrer großen matriarchalen Schöpfergottheit. Das Herbstäquinox galt als Zeit der Versöhnung zwischen den Sonnengöttern und den Mondgöttern, die große Einsicht in die Dualität der Seele bringt.

Der Weincharakter

Du wurdest zu einer Jahreszeit geboren, die auch als die Dämmerung der Sonnengötter bezeichnet wird, eine Zeit, in der sich der helle Schein der Sonne in ein weiches, indirektes Licht verwandelt. Das hellste Licht am Himmel ist das Mondlicht, was zur Folge hat, daß deine bemerkenswerten Eigenschaften nicht immer offen zu Tage treten, sondern ein verborgenes, inneres Licht reflektieren. Die spiralig gedrehten Äste des Weinstocks symbolisieren das Licht der Sonne, das zur Wintersonnenwende allmählich im spiraligen Schwanz der Sternenschlange Sarph verschwindet. Als Weincharakter bist du daher eine eigenartige Mischung aus Freude und Traurigkeit. Im einen Augenblick bist du voller Enthusiasmus und Vitalität und im nächsten voll von unterdrückter Wut und Traurigkeit. Deine Emotionen sind immer ziemlich weit oben, und dennoch gibst du dich im Angesicht von Widerstand oder Krisen bemerkenswert kühl. Andere sollten deine Charakterstärke nicht unterschätzen, denn du bist ein geborener Organisator und Überlebenskünstler. Es wird dir vielleicht schwer fallen, dich mit deinem ausgeprägten Unsicherheitsgefühl auseinanderzusetzen, was zur Folge haben kann, daß du völlig von deinem Partner oder deiner Familie abhängig wirst.

Deine ererbten Charakterzüge kommen von der mütterlichen Seite deiner Familie und bringen ein ausgeprägt sinnliches Wesen, Erfahrenheit in Liebesdingen und gesellschaftliche Gewandtheit mit sich. Du hast einen feinen Geschmack und schätzt die feineren Dinge des

Lebens. Dein Takt und deine Freundlichkeit können eine harmonische Atmosphäre schaffen. In persönlichen Beziehungen bist du allerdings erheblich leidenschaftlicher und läßt sehr viel offener Dampf ab. Daher kann es schwierig sein, eine Ehe aufrechtzuerhalten; vieles wird von deiner Partnerwahl abhängen. Dein Schwachpunkt ist eine plötzliche auftretende Trägheit oder ein Mangel an Motivation, der wiederum für unnötigen Streß in Beziehungen sorgt. Ganz allgemein fällt es dir schwer, einen Wechsel im Leben zu akzeptieren, eine Erinnerung aus deiner Jugend, in der du dich oft anpassen mußtest.

Mit 165, 179, 195, 201 oder 258 sind deine besten Eigenschaften aktiviert und du hast ein ruhiges und sanftes Temperament. Du bist ein beliebtes Mitglied der Gesellschaft, und deine künstlerische Ader kommt gut zum Ausdruck. Glück in der Ehe oder in Partnerschaften ist beinahe garantiert, und deine Psyche ist in einem harmonischen Gleichgewicht. Alle Aspekte mit 172, 177, 194, 211, 224, 226 oder 259 kreuzen deine Pläne, Glück in der Liebe und finanzielle Sicherheit zu finden sowie dein wahres Potential zu verwirklichen. Aspekte mit 167, 168, 181, 186, 187 oder 219 stärken deine Willenskraft und heben deine Lebensgeister. Sie stellen positive Einflüsse dar, die deine Emotionen stabilisieren und dir helfen, dich auf deine Lebensziele zu konzentrieren. Insgesamt verlangen deine Unsicherheitsgefühle nach emotionaler und materieller Sicherheit, aber du wirst unweigerlich sowohl großes Glück als auch großes Unglück im Leben haben. Die Stellung deines Mondes erklärt deine Stärken und Schwächen, indem sie dir Einblick in die karmischen Einflüsse auf dein Leben gibt.

109

Wein

Mond im Widder

Du hast natürliches Selbstvertrauen und ein feuriges Temperament, das jede Unsicherheit wettmacht. Es kommt vor, daß du den Bogen überspannnst und deine Fähigkeiten übertreibst. Dein Schattenselbst, die Mondseite deines Charakters, lehnt konventionelles Verhalten ab, weil es einen Mangel an persönlicher Freiheit bedeutet. Dein Abenteurergeist will alle Möglichkeiten im Leben erforschen, die Gelegenheiten zum Weiterkommen bieten. Als Weincharakter bist du wahrscheinlich hoch motiviert. In der Tat verfügst du über eine mentale und physische Vitalität, die willentlich regeneriert werden kann, wenn sie in die rechte Richtung gelenkt wird. Du mußt jedoch dein impulsives und ungeduldiges Wesen zügeln; diese Charakterzüge treten besonders stark hervor, wenn du zornig oder aggressiv bist. Deine Emotionen sind nicht besonders kultiviert, und dein Verhalten wird leicht rauh oder grob. Aspekte mit 170, 179, 189, 195 oder 201 mildern deine derben Charakterzüge beträchtlich ab und unterstreichen deine künstlerische Ader. Mit 159, 166, 180, 185, 196 oder 202 sind alle deine Stärken voll ausgeprägt, und wahrscheinlich erreichst du all deine Ziele im Leben. Insgesamt weist dich deine Mondstellung als einen geborenen Kämpfer aus, der auf die Unterstützung anderer verzichten kann.

Schlummerndes Potential

Dein schlummerndes Potential besteht darin, deine Bedürfnisse auf die deines Partners oder dir nahestehender Menschen abzustimmen. Du hast starke Überzeugungen, aber in kritischen Zeiten bist du leicht unentschieden. Deine Mondstellung kann eine Polarität mit dem Herbstäquinox bilden, und dadurch lernst du, was Selbstbewußtsein wirklich bedeutet. Dein augenscheinliches Selbstvertrauen kann nämlich sehr schnell in sich zusammenbrechen, denn es gibt eine Resterinnerung daran, daß du von einem Partner verraten wurdest. In diesem Leben wirst du nach einer Beziehung streben, in der dein verborgenes Potential erkannt wird. Du wirst alles daransetzen, um dem Puppenstadium zu entkommen und ein schöner Schmetterling zu werden, der das folgende Zeichen, Efeu, symbolisiert. Deine karmische Aufgabe besteht darin, eher innere Ruhe als Überlebenswillen zu entwickeln. Dein psychologisches Profil enthüllt ein bewußtes Bedürfnis nach innerer Entwicklung, und obwohl diese sehr viel langsamer vonstatten geht als dir lieb ist (daher dein ungeduldiges Wesen), lernst du auf der karmischen Ebene sehr rasch.

110

Wein

Mond im Stier

Du bist seelisch stabil und deine Sicht der Welt wird dadurch bereichert, daß du die Natur ebenso wertschätzen kannst wie ein inspirierter Künstler. Dein Schattenselbst, die Mondseite deines Charakters, betont die feineren Züge des Weinzeichens. Du hast, was man am besten als ästhetischen Geschmack beschreiben könnte, und doch weißt du auch einfache, praktische Dinge zu schätzen. Du verfügst über großes Durchhaltevermögen und wirst von Freunden und Arbeitskollegen als zuverlässig und vertrauenswürdig angesehen. Deine Zuneigung bringst du warm zum Ausdruck, und all deine persönlichen Beziehungen scheinen auf Dauer angelegt zu sein. Die mit dem Weinzeichen assoziierte Unsicherheit ist jedoch auch in dir tief verwurzelt. Dein Selbsterhaltungstrieb macht dich zu einem gewitzten Investor in Immobilien oder solide Unternehmungen. Dein Wunsch, etwas zu besitzen, kann sich auch auf deinen Partner richten und heftige Eifersuchtsanfälle auslösen. Mit 165, 179, 189, 201 oder 258 hast du natürlichen Charme und gute Umgangsformen. Deine innere Harmonie sorgt für harmonische Beziehungen im Äußeren. Deine künstlerische Ader kommt ebenfalls voll zum Ausdruck. Aspekte mit 177, 194, 211, 214, 222 oder 259 durchkreuzen deine Pläne und beschränken den Ausdruck deiner Gefühle, indem sie all deinen Zielen eine unrealistische Note geben. Alles in allem enthüllt deine Mondstellung große innere Stärke.

Schlummerndes Potential

Dein schlummerndes Potential besteht darin, dich selbst „aufzuhellen“, denn du bist zu stark nach innen gekehrt, was dich buchstäblich in eine dunkle Wolke hüllen kann. Du läufst Gefahr, ein Gefangener deiner Gedanken und Gefühle zu werden, wenn du weiterhin festgefahrene Ansichten vertrittst, die aus früheren Leben stammen. In diesem Leben stehst du vor einer der schwierigsten karmischen Aufgaben, denn du mußt dein Wertsystem von Kopf bis Fuß neu strukturieren; von der untersten Stufe des niederen Geistes bis zur höchsten Stufe der Erleuchtung. Die spiralige Projektion deines Schattenselbst nach innen berührt all deine Wünsche und Instinkte, die bisher unterdrückt wurden und jetzt eine Transformation durchlaufen müssen, die dein ganzes Wesen regenerieren wird. Dein psychologisches Profil zeigt an der Oberfläche ein normales Verhaltensmuster, aber du führst außerdem ein geheimes, inneres Leben, das auf der intuitiven Ebene eine wichtige Bedeutung für dich hat. Du bist daher fähig, durch Meditation zu den höheren Ebenen des Geistes vorzudringen.

111

Wein

Mond im Zwilling

Die helle Seites deines Wesens ist ebenso stark ausgeprägt wie die dunkle. Du weißt deine Einsicht in die Mysterien des Lebens mit dem Geschick eines Jongleurs oder Magiers zu nutzen. Dein Schattenselbst, die Mondseite deines Charakters, erkennt die Dualität der Psyche als eine alternierende Quelle der Kraft oder Macht. Als Weincharakter bist du ein Führer oder Bote, der auf vielen verschiedenen Intelligenzstufen kommunizieren kann, zum Beispiel mit Feen und Elementalen. Diese Fähigkeit schöpft aus einem überlieferten Wissen um die Kräfte der Natur, das vielen Stadtmenschen abhanden gekommen ist. Dein Gefühlswesen ist jedoch eher unbeständig, was dein Denkvermögen beeinträchtigen kann. Als Ergebnis hast du einen sprunghaften Verstand, und es fällt dir schwer, dich auf eine einzige Sache zu konzentrieren. Wenn dein Mond gut aspektiert ist, verfügst du über die wahrhaft erstaunliche Fähigkeit, schwer verständliches Wissen ans Licht zu holen und es auf verständliche Weise zu präsentieren. Mit 164, 188, 197, 203 oder 204 bist du sehr intelligent und fähig, zu einer Reihe von Themen Vorträge zu halten. Das sind die positiven Aspekte, die dir Einsicht und geistige Stabilität geben. Mit 171 oder 208 wird dein launenhaftes Temperament durch wertlose Ideen noch zusätzlich bestärkt. Achte auf positive Aspekte mit Saturn und Jupiter für geistige Stärke und erweiterndes Denken. Alles in allem gibt deine Mondstellung einer Persönlichkeit und deinem Charakter jenen Funken, der deine Beliebtheit steigert.

Schlummerndes Potential

Dein schlummerndes Potential besteht darin, Schlüsse zu ziehen und die Dinge nicht frei in der Luft hängen zu lassen. Erst dann wirst du die Triebfeder des rationalen Verstandes verstehen, die die Dinge ins rechte Lot bringen und deine Phantasie erweitern kann. Deine grenzenlose Neugier bringt dir zwar viel Wissen ein, aber wenn du ihr freien Lauf läßt, wird sie dich verwirren und eher oberflächlich machen. In diesem Leben wirst du viele faszinierende Menschen treffen, deren Erfahrungen deine eigenen widerspiegeln. Du bist jedoch fähig, die tiefere Symbolik hinter deinen Erfahrungen zu erkennen, und indem du ein Führer oder Lehrer für andere bist, erfüllst du deine karmische Aufgabe. Psychologisch gesehen wechseln deine Verhaltensmuster je nach augenblicklicher Stimmung oder aktuellen Einflüssen.

112

Wein

Mond im Krebs

Du hast ein sehr gutes Gedächtnis, das dich intuitiv mit den alten, archetypischen Göttern verbindet. Das hat deine Art, Menschen und Ereignisse zu erleben, sehr stark beeinflußt. Dein Schattenselbst, die Mondseite deines Charakters, hat Zugang zu früheren Leben und zum Wissen der Ahnen. Du bist ein sehr einfallsreicher Mensch, der Dinge zurückverfolgt oder improvisiert, um seine Ziele zu erreichen. Du bist sehr emotional und zu intensiven persönlichen Beziehungen fähig, aber gleichzeitig bist du vorsichtig, wenn du neue Freundschaften schließt oder enge Beziehungen eingehst. Du bist äußerst sensibel und das macht dich empfänglich für emotionale Erpressung. Auf der anderen Seite bist du durchaus fähig, den Märtyrer zu spielen, wenn es dir in den Kram paßt. Als Weincharakter sind dir emotionale und finanzielle Sicherheit wichtig, und du wirst hart arbeiten, um sie zu erreichen. Wenn du deinen Beschützerinstinkt zügeln kannst, wirst du deinen Partner und deine Familienmitglieder verwöhnen und im Gegenzug Unterstützung von ihnen bekommen. Mit 160, 167, 181 oder 186 bist du wesentlich kontaktfreudiger und dein Mitgefühl und deine Wohltätigkeit erstrecken sich auf einen breiteren Kreis von Freunden oder Fremden. Mit 161, 175, 182 oder 198 leidest du an depressiven Stimmungen und ziehst dich vielleicht in die eher düstere Ecke deines Wesens zurück. Achte auf positive Aspekte mit Venus und Mars, die dir innere Harmonie und größere Vitalität bringen. Insgesamt enthüllt deine Mondstellung ein unternehmungslustiges Wesen, das mit der Liebe und Unterstützung seiner Familie alle Rückschläge im Leben überwinden kann.

Schlummerndes Potential

Dein schlummerndes Potential besteht darin, deine inneren Reserven für bewußtes Selbstwachstum oder mehr Bewußtheit zu nutzen. Intuitiv erfüllst du diese karmische Aufgabe, aber dennoch fragst du weiter, warum andere dich nicht mit dem Respekt behandeln, den du zu verdienen glaubst. Deine innere Würde ist eine Resterinnerung an vergangene Leben, in denen du eine Autoritätsposition innehattest. In diesem Leben wirst du allerdings einige Rückschläge erleben, die sehr erniedrigend sein können. Dein psychologisches Profil verrät ein Übermaß an emotionaler Energie, die oft unterdrückt ist. Du versuchst, deine intuitiven Emotionen zu rationalisieren, statt sie als das anzunehmen, was sie sind. Du bist ein kreativer Mensch und kannst materiell sehr erfolgreich sein, wenn du deine Instinkte und deine Klugheit richtig einsetzt.

113

Wein

Mond im Löwen

Du hast ein mächtiges Ego, das deine Gefühle und persönlichen Ambitionen dominieren kann. Das bringt zwar eine enorme Antriebskraft und kreative Talente mit sich, kann aber auch zu Intoleranz und pompösem Verhalten führen. Dein Schattenselbst, die Mondseite deines Charakters, drängt sich mit extravagantem Verhalten ins Rampenlicht. Dieser ausgeprägte Hang zum Dramatischen wird normalerweise von einem auffallenden Äußeren begleitet. Als Weincharakter ist deine künstlerische Ader stark ausgeprägt und dein Wunsch nach öffentlicher Anerkennung zeugt von einem tiefen Unsicherheitsgefühl. Der Wunsch, eine bestimmte Rolle zu spielen, ist Teil des menschlichen Verhaltens, und weil du eine Führerrolle spielen mußt, wirst du dich zum Management hingezogen fühlen oder selbst ein Unternehmen gründen, in dem du dein eigener Chef sein kannst. Mit 158, 170, 179, 189, 195, 201 oder 258 verfügst du über immensen Charme, Aufrichtigkeit, Großzügigkeit und natürliche Wärme, auf die andere ansprechen. Du kannst Erfolg in den Künsten haben und ein glanzvolles Leben führen. Du hast auch Glück in der Liebe, aber dein teurer Geschmack kann dich ruinieren, wenn er nicht kontrollliert wird. Aspekte mit 177, 194, 211 oder 259 können deine Pläne durchkreuzen und auf ein seelisches Ungleichgewicht hinweisen, das sich normalerweise als Konflikt mit deinen Familienmitgliedern und Arbeitskollegen manifestiert.

Schlummerndes Potential

Deine karmische Aufgabe gehört zu den weniger komplexen oder mysteriösen. Dein starkes Bedürfnis, dich selbst zu bestätigen, ist bereits eine karmische Lektion mit dem Ziel, dein Selbstvertrauen bewußt aufzubauen, um die Zurückhaltung wettzumachen, die du in früheren Leben geübt hast. Dein Drang, dich in den Mittelpunkt zu stellen, ist also wichtig für deine Entwicklung, aber wenn du dich ihm zu sehr hingibst, strapazierst du den guten Willen und die Geduld anderer über Gebühr. Das hat zur Folge, daß du Menschen anziehst, die dein Ego niederhalten oder zerstören wollen, und weil du dich sozusagen auf der Grenze zur berechtigten Selbstbestätigung bewegst, kann es auch passieren, daß du dich selbst überschätzt. Dein psychologisches Profil enthüllt ein niedriges Selbstwertgefühl. Dein natürliches Talent, die Führerrolle zu übernehmen, macht dich aber auf jeden Fall sympathisch, und andere werden immer freundlich auf deine Wärme und deinen Enthusiasmus reagieren.

114

Wein

Mond in der Jungfrau

Du hast sehr klare Vorstellungen, die sich nie ändern oder offen zur Diskussion stehen. In deinem Kopf hast du bereits alle Fakten analysiert, und das gleiche gilt für deine Emotionen. Dein Schattenselbst, die Mondseite deines Charakters, ist nach innen gewandt. Obwohl du einen Sinn für Demut hast und das bewußte Bedürfnis, der Menschheit zu dienen, kann dein Mangel an Wärme oder Spontaneität persönliches Engagement erschweren. Als Weincharakter wirst du jedoch immer versuchen, zu einer ausgeglicheneren Einstellung zu gelangen, und deine Mondstellung unterstreicht die Bedeutung eines kompensierenden Aspekts für die Verwirklichung deines Potentials. Die Tatsache, daß du ein harter Arbeiter und ein absoluter Perfektionist bist, erhöht deine Chancen auf Beförderung oder Anerkennung allerdings beträchtlich. Die Dualität, die allgemein mit deinem Baumzeichen assoziiert wird, hat sich als Ungleichgewicht manifestiert, was zur Folge hat, daß du lieber zu Hause oder zumindest allein arbeitest. Im Grunde bist du ein sehr privates und zurückgezogenes Individuum. Mit 167, 185, 188, 197 oder 203 sind deine Persönlichkeit und dein Charakter besser entwickelt und du hast insgesamt breitere Interessen. Du bist philosophischer und freier im Ausdruck deiner Gefühle. Mit 157 bleibst du in deinen Ansichten dogmatisch, und mit 161, 182 oder 198 mangelt es dir an physischer und mentaler Vitalität. Insgesamt enthüllt deine Mondstellung eher eine Neigung zu den Naturwissenschaften als zu den Künsten. Wenn künstlerische Fähigkeiten jedoch von anderen Aspekten bestätigt werden, fließen sie am wahrscheinlichsten in Berufe wie Kunstkritiker oder Kunsthandwerker.

Schlummerndes Potential

Dein schlummerndes Potential besteht darin, unabhängiger zu sein, ohne zum Einsiedler zu werden. Obwohl du ein gewisses Maß an Zurückgezogenheit brauchst, um deine Batterien neu aufzuladen, kann sie deine spirituelle und physische Vitalität schwächen und dich depressiv machen, wenn sie zu lange praktiziert wird. Übertriebene Introspektion kann zu psychosomatischen Krankheiten führen. Weincharaktere machen sich gern Sorgen über ihre Gesundheit und sind häufig Vegetarier oder Gesundheitsfanatiker. In diesem Leben wirst du vielleicht Menschen kennenlernen, die an schweren Depressionen leiden. „Gleiches zieht Gleiches an" hat im Rahmen der karmischen Gesetze eine tiefe Bedeutung. Solche Begegnungen sind außerordentlich wichtig, denn sie zwingen dich, die Stärken und Schwächen deiner früheren Leben zu konfrontieren. Dein psychologisches Profil verrät hohe Intelligenz und unersättliche Neugier.

115

Wein

Mond in der Waage

Du hast eine charmante und höfliche Art, die andere anziehend finden, bist aber auch ziemlich unentschieden und leicht zu beeinflussen. Dein Schattenselbst, die Mondseite deines Charakters, wird stark von den Zyklen des Mondes beeinflußt, die extreme Höhen und Tiefen auf der emotionalen Ebene bewirken. Das kann sich auch auf deine physische Energie und deine Motivation auswirken. Als Weincharakter bist du möglicherweise gefordert, dich immer wieder schnell anzupassen, und deine Mondstellung kann durchaus auch Gleichgewicht und Harmonie bringen, wenn Mond und Venus gut aspektiert sind. Das künstlerische Potential, das mit deinem Zeichen assoziiert wird, ist voll aktiviert und die ausgeprägte Dualität von Licht und Dunkelheit kann sich auch zu einer harmonischen Einheit zusammenfügen. Dein Schwachpunkt ist deine Tendenz, dich auf andere zu verlassen, und das kann dich sowohl finanziell als auch emotional in sehr unangenehme Situationen bringen. Mit 158, 167, 179, 189, 217 oder 258 sorgen dein Sinn für Gerechtigkeit und deine innere Harmonie für Stabilität und inneren Frieden. Du bist sehr kreativ und hast ein hervorragendes Gefühl für Farben. Die Aspekte mit 173, 190, 214 oder 222 fördern im allgemeinen Disharmonie und weisen auf ein niedriges Energieniveau hin. Achte auf positive Aspekte mit Jupiter, um diese Einflüsse zu kompensieren. Insgesamt enthüllt deine Mondstellung einen Idealisten mit einnehmendem Wesen.

Schlummerndes Potential

Dein schlummerndes Potential erfordert eine schmerzliche Selbstanalyse, denn du bist das, was man als schwer faßbares Individuum bezeichnet. Andere sind sich nie ganz sicher über deine Motive, und deine Handlungen entsprechen nicht immer deinen wahren Gefühlen. In vergangenen Leben hat es dir an Stehvermögen gemangelt und du hast deine Loyalität schnell gewechselt, wenn es dir in den Kram paßte. In diesem Leben fühlt sich dein Ego schnell verletzt, erholt sich aber ebenso schnell wieder, wenn dein Sinn für Realität erwacht. Da du um das Herbstäquinox geboren wurdest, können dein Sinn für die Realität und dein Sinn für das Irreale ineinander überfließen, was zur Folge hat, daß es dir schwer fällt, Entscheidungen zu treffen. Dein psychologisches Profil verrät eine Oberflächlichkeit, die irreführend ist, weil sie die ernsthafte Seite deines Wesens verschleiert. Zu guter Letzt mußt du lernen, deinem eigenen Urteilsvermögen zu trauen und deine Motive neu zu bewerten – eine karmische Lektion in Weisheit und Wahrheit.

116

Wein

Mond im Skorpion

Du bist ein stark motiviertes Individuum mit leidenschaftlichen Emotionen und Wünschen, die berufliche Angelegenheiten genauso betreffen können wie persönliche Beziehungen. Dein Schattenselbst, die Mondseite deines Charakters, fühlt sich zur dunklen Seite des Mondes hingezogen. Manche Menschen finden die Dunkelheit beängstigend, aber nach Auffassung der Druiden enthielt sie einen „dunklen Samen“ oder die Quelle des aufkeimenden Lebens, die in Annwn entsprang, einem mystischen Tempel in der keltischen Anderswelt. Der Abstieg nach Annwn war ein Akt der Einweihung und Transformation, den die Seelen durchlaufen mußten, um alljährlich zur Zeit der Wintersonnenwende wiedergeboren oder erneuert zu werden. Als Weincharakter weißt du um den befreienden Einfluß von Pluto oder Pwyll, dem keltischen

Gott der Unterwelt. Du verstehst die Dualität von Licht und Dunkelheit, die mit deinem Zeichen verbunden ist, und holst dir Kraft aus der Dunkelheit, um deine kreativen Fähigkeiten zu fördern und dein Zielbewußtsein aufrechtzuerhalten. Mit 167, 170, 186, 189, 264, 267 oder 287 werden deine leidenschaftlichen Gefühle und kreativen Talente in positive Bahnen gelenkt und dein freier Geist bringt Licht oder Wissen in die Welt. Die Aspekte mit 172, 190, 265, 271 oder 277 betonen die rücksichtslosen Seiten deines Wesens und können dich grausam und hinterhältig machen. Jupiter und Venus sorgen für mildernde Aspekte. Insgesamt enthüllt deine Mondstellung eine starke Phantasie und die potentielle Fähigkeit, in die Zukunft zu schauen.

Schlummerndes Potential

Dein schlummerndes Potential besteht darin, innere Stärke zu entwickeln, um eine Transformation zu durchlaufen, die in diesem Leben auf dich wartet. Achte darauf, wie sich deine unbewußten Wünsche manifestieren, damit du sie besser kontrollieren kannst. Das ist deine karmische Aufgabe. In diesem Leben wirst du in Kontakt mit vielen gefangenen Seelen kommen, die über mehrere Inkarnationen hinweg ein dekadentes Leben geführt haben. Du hast die Macht, diese Menschen zu heilen, aber zu deinem eigenen Schutz ist es wichtig, daß du zuerst in tiefe Meditation gehst oder dich einer Psychoanalyse unterziehst, um dich von allen unguten Resteinflüssen zu befreien. In früheren Leben warst du zwar in okkulte Studien verwickelt, hast dich jedoch zurückgehalten, um dein gesellschaftliches Ansehen nicht zu gefährden. Dein psychologisches Profil enthüllt einen rationalen Verstand, der dich befähigt, das Okkulte oder jeden Gegenstand, der Analyse verlangt, objektiv unter die Lupe zu nehmen Auch die Hochfinanz könnte deine Stärke sein.

117

Wein

Mond im Schützen

Du bist ein Optimist mit einem offenen Geist, der viele Interessen und zahlreiche Aktivitäten möglich macht. Dein ausgeprägter Sinn für Humor kann alle dunklen Wolken vertreiben, die plötzlich am Horizont auftauchen. Dein Schattenselbst, die Mondseite deines Charakters, enthüllt einen rastlosen Geist, der aus einem Bedürfnis nach Freiheit und Unabhängigkeit resultiert. Als Weincharakter bist du selbstbewußt und kannst dich schnell an veränderte Gegebenheiten anpassen. Angesichts von Herausforderungen jeder Art blühst du auf. Die starke Dualität, die mit deinem Zeichen verbunden ist, zieht zum Licht. Daher kommt dein Wunsch nach geistiger Entwicklung. Du fühlst dich am wohlsten, wenn du intellektuell gefordert wirst, und das ist auch ein wichtiger Faktor in Partnerschaften. Du hast das Bedürfnis, viel körperliche und emotionale Energie in Aktivitäten zu investieren, die eine Menge Ausdauer verlangen, wie Bergsteigen oder extreme Sportarten. Wenn du noch jung bist, wird es dir schwerfallen, dich niederzulassen oder lange im gleichen Job zu bleiben, und selbst wenn du das tust, bleibst du ein Freigeist. Mit 160, 167, 181, 186, 197 oder 203 bist du ein Wirbelwind an Aktivität, und deine Suche nach Wissen kann kann dir Ruhm und Ehre einbringen. Du fühlst dich zu philosophischen Studien und zur Religion hingezogen. Dein stark moralischer Charakter und dein faires Urteilsvermögen können dich zum Priester und Richter machen. Mit 174, 191 oder 208 bist du blind optimistisch und äußerst maßlos. Insgesamt übt deine Mondstellung einen erhebenden Einfluß auf deine ganze Psyche aus.

Schlummerndes Potential

Dein schlummerndes Potential besteht darin, deine wahre Identität durch geistige Entwicklung zu finden. Du stehst am Beginn einer sehr wichtigen Entdeckung; schlage beim Zeichen Eiche (Seite 71) nach, um etwas über die tiefere Bedeutung des Opferegos zu erfahren. Deine karmische Aufgabe besteht darin, dein Ego zu opfern, um das strahlende Wesen deiner Seele zu entdecken. In vergangenen Leben hast du nur die Oberfläche des wirklichen Wissens berührt. In diesem Leben kannst du jedoch wahrhaft weise werden, vorausgesetzt du verschwendest deine Zeit nicht für wertlose Unternehmungen. Du wirst das erste Stadium dieses Prozesses jedoch nicht vor deiner ersten Saturnrückkehr erreichen, also nicht vor deinem achtundzwanzigsten Lebenjahr. In diesem Leben wirst du großen Seelen begegnen, die dich zu deinem Ziel führen. Dein psychologisches Profil zeigt, daß dein fröhliches Wesen und deine robuste Konstitution eine gute Versicherung gegen Krankheiten und Neurosen sind.

118

Wein

Mond im Steinbock

Du bist ein wertvoller Mensch, der Werte und Traditionen der alten Welt verkörpert und den eine Aura der Respektabilität und Autorität umgibt. Dein Schattenselbst, die Mondseite deines Charakters, könnte niemandem die Schau stehlen. Du scheinst zwar wenig Emotionen zu haben, wenn überhaupt, aber das ist nur eine Projektion, die andere fernhalten soll, damit du ihre Motive beobachten kannst. Als Weincharakter machst du dir wenig Sorgen, und obwohl es dir schwerfallen kann, dich an bestimmte Situationen anzupassen, steigst du unaufhaltsam bis zur Spitze deines Berges wie die Sonne nach der Wintersonnenwende. In Hinblick auf die Dualität, die mit dem Weinzeichen assoziiert wird, identifizierst du dich mit der dunklen Phase des Mondes, die etwa vier Tage vor Neumond auftritt. Das führt zu einer introspektiven Denkweise, die dennoch profunde Einsichten hervorbringt. Mit 160, 167, 181, 186 oder 197 hast du eine gut angepaßte Persönlichkeit und bist gerecht, intelligent und ehrlich. Deine Vitalität und dein Unternehmungsgeist sind stark ausgebildet, und das macht dich spontan. Mit 161, 182, 198 oder 209 nimmst du das Leben zu ernst und hast wenig gesellschaftlichen Kontakt, was dich sehr einsam machen kann. Achte auf positive Aspekte mit Venus und Uranus. Insgesamt enthüllt deine Mondstellung Selbständigkeit und ehrgeizige Ziele.

Schlummerndes Potential

Dein schlummerndes Potential besteht darin, bewußt eine wichtige Rolle im Leben zu spielen, was verhindern kann, daß du dich immer an den Standard oder die Ideale anderer anpassen mußt. Du neigst eher zum Gehorsam als dazu, die Auflagen der Gesellschaft oder Autoritäten in Frage zu stellen. Es ist Zeit, die Form zu zerbrechen, die von deinen Eltern und dem Familienkarma vergangener Leben gegossen wurde, und das ist die karmische Aufgabe, die du in dieser Inkarnation erfüllen mußt. In diesem Leben wirst du wahrscheinlich gehobene Positionen erreichen, und in der Art, wie du sie ausfüllst, liegt der Schlüssel zu deinem wahren Potential als progressiver Denker. Du bekommst eher die Chance, wiedergeboren zu werden, als die Gelegenheit, alte Theorien aufrechtzuerhalten. Dein psychologisches Profil zeigt eine überraschende

Unreife oder Naivität, wenn es darum geht, deine selbstverschuldeten Beschränkungen zu akzeptieren. In den seltenen Fällen, in denen du atypisch reagierst, solltest du mehr über deine intuitiven Reaktionen nachdenken als über deinen sorgfältig ausgearbeiteten Plan.

119

Wein
Mond im Wassermann

Du hast deine eigene Vision von der Zukunft, und sie erfordert einen unabhängigen Standpunkt gegenüber Menschen, die den natürlichen Fortschritt behindern. Obwohl diese Menschen viele, anscheinend gerechtfertigte Gründe für ihr Verhalten angeben, ist ihr eigentliches Motiv die grenzenlose Furcht vor dem Unbekannten. Dein Schattenselbst, die Mondseite deines Charakters, ist ein furchtloser Kämpfer für Menschenrechte und Redefreiheit. Du sorgst also eher für Unruhe, als daß du versuchst, das Gleichgewicht aufrechtzuerhalten. Die Dualität, die mit deinem Zeichen assoziiert wird, zieht in Richtung Konfrontation, obwohl sie sehr unberechenbar sein und plötzlich das Tempo oder die Richtung wechseln kann. Du läßt andere gern im Unklaren, weil es dir selbst Zeit gibt, eine andere List auszuhecken. Zwar genießt du das aufregende Spektakel, andere Menschen auf dem falschen Fuß zu erwischen, aber du bist dennoch ein Verfechter humanitärer Ideale. Mit 162, 169, 183, 188, 199 oder 205 bist du ein extrem radikaler Mensch, gewinnst aber mit deinen brillanten Ideen und deiner Originalität den Respekt deiner Gegner. Es kann schwer sein, eng mit dir zusammenzuleben, aber mit zusätzlich 165, 170, 179 oder 189 bist du gesellschaftlich besser integriert und bereit, Kompromisse einzugehen. Mit 176, 193 oder 210 kann dein griesgrämiges Verhalten völlig unakzeptabel werden. Insgesamt enthüllt deine Mondstellung hohe Ideale und eine Selbstgenügsamkeit, die mit deinem Hang, das Leben zu genießen, nicht ganz unvereinbar ist.

Schlummerndes Potential

Dein schlummerndes Potential besteht darin, deine Vison zu entwickeln und sie in eine Quelle der Erleuchtung zu verwandeln. Deine Mondstellung bezeichnet das keltische Fest der Brigantia, und dieser Einfluß bewirkt, daß du das Licht in einer Zeit verbreitest, in der die Dunkelheit noch immer einen starken Zugriff auf die Phantasie der Menschen hat. Ein gewisses Maß an Zurückhaltung ist zwar notwendig, um dich vor zynischen Gegnern zu schützen, es darf dich jedoch nicht vom Rest der Menschheit isolieren. In früheren Leben hattest du viele Konfrontationen mit Autoritäten, die neue Ideen unterdrückten, weil sie ihre Politik störten. Deine karmische Aufgabe ist, dein Überlegenheitsgefühl und deine „Ich-bin-eine-Insel-Mentalität“ zu überwinden. In diesem Leben wirst du zweifellos in einige Hornissennester stechen, aber der Stachel der Wirklichkeit ist ein deutlicher Hinweis darauf, daß Fortschritt nicht ausschließlich im Besitz von Idealisten ist. Dein psychologisches Profil enthüllt eine Mischung aus Freundlichkeit und einem eigensinnigen Beharren darauf, daß deine Meinung oder Vision nicht in Zweifel gezogen werden kann. Das macht dich zu einem faszinierenden und dynamischen Charakter, wenn auch nicht immer beliebt bei Freunden und Kritikern.

Du bist leicht zu beeindrucken, nimmst jede Information auf, und deine Sinne sind gleichermaßen empfindsam. Wie du das interpretierst, ist eine andere Frage. Dein Schattenselbst, die Mondseite deines Charakters, kommt besser nach dem Herbstäquinox zur Geltung, wenn der Mond zur Quelle des inneren Lichts wird. Das geht weiter, bis die Sonne nach dem Frühlingsäquinox zur Quelle des Bewußtseins wird. Die mächtige Dualität von Licht und Dunkelheit hat eine große spirituelle Bedeutung für dich als Weincharakter. Weil du ein sehr sensibles Individuum bist, sind deine Erfahrungen im Leben mehr auf die unsichtbare oder parallele Geisterwelt eingestimmt als auf die Welt der Materie. Du bist jedoch in der Lage, von einer dieser Welten in die andere zu gehen, und das verschafft dir größere Einsicht in die menschliche Natur. Obwohl dir diese Fähigkeit vielleicht nur unterschwellig bewußt ist, erklärt sie Phasen, in denen dein Verhalten verwirrt oder desorientiert ist. Du bist empfänglich für Drogen, Medikamente oder Alkohol, die du besser völlig vermeiden solltest. Mit 170, 189, 200 oder 206 sind deine künstlerischen Talente aktiviert und du hast eine mystische Ader, die deinen Hang zur Spiritualität bestärkt. Mit 163, 177, 189, 194 oder 211 gibt deine Neigung, dich in Drogen oder Alkohol zu flüchten, Anlaß zur Besorgnis und hemmt deine kreativen Fähigkeiten. Achte auf positive Aspekte zwischen Saturn und Neptun und Merkur mit Jupiter oder Saturn. Insgesamt enthüllt deine Mondstellung stark übersinnliche Fähigkeiten, die strenge Kontrolle und sorgfältiges Training erfordern.

Schlummerndes Potential

Dein schlummerndes Potential besteht darin, einen Weg zu finden, auf dem sich deine latenten spirituellen Fähigkeiten entwickeln können. Das kann zum Beispiel bedeuten, deine Berufung zu erkennen, die dem Wohl der Gemeinschaft dient. In diesem Leben fällt es dir schwer, deine Aufmerksamkeit auf spezifische Ziele zu konzentrieren. Du magst zwar ein Experte im Lösen hypothetischer Probleme sein, aber du mußt diese Fertigkeit auf die Bewältigung alltäglicher Probleme ausdehnen und auf diese Weise eine solide Basis für bewußtes Selbstwachstum schaffen. In früheren Existenzen hast du ein sehr spartanisches Leben geführt, um dich rein fühlen zu können. Deine karmische Aufgabe besteht nun darin, diese einzigartige Einsicht auf praktische Realitäten auszudehnen. Dein psychologisches Profil enthüllt eine Neigung zur Abhängigkeit und ein Bedürfnis, dich an andere anzulehnen. Das Problem ist nur, daß diese sich schließlich gegen dich wenden. Mit anderen Worten, du kannst nichts ernten, wofür du keinen Samen gesät hast. Dein stärkster Charakterzug ist dein Glaube, daß das Leben keine Bedeutung hat, wenn es nicht die spirituelle Natur der Menschheit oder des eigenen Bewußtseins anspricht.

Keltisches Mondzeichen: Efeu

Mondsymbol: Schmetterling

Der Schmetterling war ein Synonym für den keltischen „Feenglauben", und die Kelten trugen Broschen mit Schmetterlingsmotiven, um die Seelen ihrer Vorfahren und ihre alten Götter zu ehren. Die Feen bilden eine Art Brücke über die Zeit, eine Brücke zum Wissen der Ahnen und zu den übersinnlichen Phänomenen, die mit der übernatürlichen Welt verbunden sind. Den Ursprung des Schmetterlingssymbols findet sich in der irischen Sage von Etain im Feenland. Die liebliche Etain lebte in der Anderswelt, die auch als Land der Jugend bekannt ist. Sie war ein unsterbliches Wesen, eine Fee. König Midir herrschte über dieses mystische Königreich, und als er Etain heiratete, hatte das einen eifersüchtigen Wutausbruch seiner ersten Frau Fuamnach zur Folge. Sie war eine mächtige Zauberin und verwandelte Etain in einen schönen Schmetterling. Dann rief sie einen Sturm hervor, der Etain aus dem Feenreich vertreiben sollte. Etain wurde in das Schloß eines Häuptlings von Ulster mit Namen Etar geblasen und fiel in den Trinkbecher von Etars Frau, die Etain zusammen mit dem Getränk verschluckte. Da Etain unsterblich war, wurde sie als Tochter Etars wiedergeboren und wuchs heran, ohne etwas über ihre wahre Natur und ihre Vorfahren zu wissen. Doch am Ende wurde sie wieder mit ihrem Ehemann vereint, und der zarte Schmetterling wurde zum keltischen Symbol der Reinkarnation.

Im elften Mondmonat schmückten die Kelten die heiligen Schreine und Altäre ihrer Mondgöttinnen mit blühendem Efeu. Efeu symbolisiert als immergrüne Pflanze den ewigen Aspekt der Natur und die Unsterblichkeit der menschlichen Seele. Persephone, die Herrscherin dieses Zeichens, hat eine zweifache Natur. In den Sommermonaten ist sie eine Erdgöttin, und in den dunklen Wintermonaten wird sie als Gattin Plutos zur bleichgesichtigen, dunklen Mondgöttin Hekate, der Königin der Unterwelt. Persephone erinnert an die mysteriösen, schwer faßbaren keltischen Mondgöttinnen Arianrhod und Etain. Sie alle haben eine ähnliche Mythologie, die mit verborgener Weisheit assoziiert wird.

Der Efeucharakter

Du wurdest zu einer Jahreszeit geboren, in der der dunkle Nachthimmel einen dramatischen Hintergrund für das Licht des Mondes bildet und die Sterne in der nördlichen Hemisphäre viel strahlender erscheinen läßt. Den Druiden zufolge geschieht das, wenn der Vollmond seinen dunklen Schatten auf eine unsichtbare Mondgöttin wirft. Im keltischen Mondtierkreis bildet der Mond, der Herrscher der Weide, eine Polarität mit deinem Zeichen. Obwohl Persephone ein unentdeckter und verborgener Planet bleibt, haben schon viele Astronomen von einem fehlenden Planeten gesprochen, dessen Orbit zwischen Pluto und Neptun liegen soll, und der Name Persephone paßt in die mythologische Abfolge von Planeten in unserem Universum. Als Efeucharakter hast du das zwiespältige Wesen, das mit deiner archetypischen Göttin assoziiert wird, und deine bemerkenswertesten Charakterzüge sind großes Durchhaltevermögen und persönliche Talente, die als „Feengeschenke“ bezeichnet werden könnten, weil sie kaum aus Büchern zu lernen sind. Du hast eine ausgeprägte künstlerische Ader und eine widersprüchliche Einstellung zu moralischen und materiellen Werten.

Persönliche Beziehungen sind zwar für die meisten Menschen eine Quelle einschneidender Gefühlserfahrungen, und in deinem Fall können sie erhebliche Schwierigkeiten mit sich bringen. Das hat zwar größtenteils mit deiner Neigung zu tun, dich regelmäßig in neue Partner zu verlieben, aber wenn du dich für jemanden entscheidest, kannst du besitzergreifend werden und dich anklammern wie der kriechende Efeu, der andere Pflanzen überwuchert. Wenn diese Tendenzen in einem frühen Stadium aufgegeben werden, hast du eine größere Chance als die meisten, einen perfekten Partner zu finden und eine wahrhaft harmonische Beziehung zu leben.

Mit 165, 170, 179, 189, 195, 201 oder 258 sind deine feinsten Eigenschaften aktiviert: Du bist von Natur aus charmant und diplomatisch, und deine ungewöhnlichen Talente kommen positiv zum Einsatz. Du hast Glück in der Liebe und in finanziellen Dingen. Alle Aspekte mit 177, 194, 211, 224, 226 oder 259 sind deinem Glück und deinem Erfolg eher abträglich. Du verlierst dein Herz zu schnell und hüllst dich in ein Netz aus Phantasien, um dich gegen die härteren Realitäten des Lebens zu schützen. Zusätzliche Aspekte mit 167, 181, 186 oder 219 können dir Glück bringen und alle negativen Aspekte ausgleichen. Insgesamt bist du eine sehr charmante und wohlmeinende Person, hast aber auch eine subtile Art, andere zu manipulieren. Die Stellung des Mondes beleuchtet deine Stärken und Schwächen und gibt relevante Information über die karmischen Einflüsse in deinem Leben.

121

Efeu

Mond im Widder

Du gehst alle Dinge direkt an, läßt keinen Zweifel daran, was du denkst, und kannst sehr aggressiv werden, wenn du das Gefühl hast, daß dir deine Felle davonschwimmen. Du bist ein großzügiges und lebendiges Individuum, dessen Aktivitäten andere mit angehaltenem Atem beobachten. Dein Schattenselbst, die Mondseite deines Charakters, hat ein unstetes Temperament, das von einem wachen und wechselhaften Verstand zeugt. Du bist eine sehr energische Person, die ständig beschäftigt sein muß. Als Efeucharakter verfügt du über großes Durchhaltevermögen, aber deine Energie kann plötzlich abfallen, wenn du nicht lernst, dich zu zügeln. Du verliebst dich sehr schnell und verhältst dich getreu dem Sprichwort „Heirate mit Hast und bereue mit Muße“. Du bist eine ungestüme Person mit einem spontanen und unternehmungslustigen Wesen, das einen aufregenden Lebensstil verspricht. Mit 170, 189, 195 oder 201 bist du ziemlich zurückhaltend, und obwohl du deinen eigenen Weg im Leben gehst, bist du ein fürsorglicher Elternteil und Partner. Mit 159, 166, 180, 196 oder 202 bist du ein menschlicher Dynamo, der nie zu schlafen scheint. Deine Energie wird zwar gut abgeleitet, aber du mußt dich in Geduld und Toleranz üben, wenn du deine Ziele erreichen willst. Achte auf stabilisierende Aspekte mit Saturn und Jupiter. Insgesamt enthüllt deine Mondstellung ein stark motiviertes Individuum, das die Dinge gern unter Kontrolle hat.

Schlummerndes Potential

Dein schlummerndes Potential besteht darin, Gleichgewicht in dein Leben zu bringen, und das hat unmittelbar mit der Erfüllung deines Karmas zu tun. Die nautische Metapher „Kapitän seines Schicksals und Meister seiner Seele“ gibt die wesentliche Botschaft deines Unbewußten wieder, das Resterinnerungen an vergangene Leben enthält. Deine Selbstbewußtheit in diesem Leben ist noch ein Baby in dem Sinne, daß du dir ein paar Dinge erst noch erwerben mußt. Daher die hektische Aktivität, mit der du versuchst, dir eine sichere Stellung im Leben aufzubauen. Du wirst an vielen Kreuzungen mit falschen Richtungsweisern anlangen. Dein psychologisches Profil enthüllt ein unberechenbares Verhaltensmuster – eine Reaktion auf die Tatsache, daß du dich oft in Situationen wiederfindest, die du nicht gewollt hast. Wenn du mehr Bewußtheit anstrebst, solltest du größeren Wert auf den stabilisierenden Einfluß deines Partners oder deiner Kinder legen oder eine Karriere verfolgen, die Verläßlichkeit und Verantwortungsgefühl verlangt. Darin besteht deine karmische Aufgabe.

122

Efeu

Mond im Stier

Du verfügst über die Stabilität und Ausdauer, die eine solide Basis für Erfolg im Leben schafft. Du hast einen verfeinerten Geschmack und einen Sinn für die Künste und gesellschaftliche Etikette. Dein Schattenselbst, die Mondseite deines Charakters, gewährleistet emotionale und materielle Sicherheit. Mit dieser Sicherheit im Rücken kannst du dich an die Arbeit machen und Bedeutendes bewirken, sowohl zu Hause als auch an deinem Arbeitsplatz. Als Efeucharakter verfügst du über ein enormes Durchhaltevermögen. Du bist ein Meister im Geschäftsleben und deines eigenen Glückes Schmied. Angesichts solcher Stärken ist schwer abzuschätzen, wo du scheitern könntest, aber Schwachpunkte gibt es immer, auch wenn sie gut versteckt sind. Umgekehrt können sich sogenannte Schwächen in die größten Stärken verwandeln. Deine konzentrierte Zielstrebigkeit bringt Ergebnisse, kann aber auch breiteres Wissen einschränken. Mit 160, 167, 179, 181, 189, 201 oder 258 verfügst du über Charme und Anziehungskraft, einen hervorragenden Intellekt und künstlerische Fähigkeiten mit viel Aussicht auf Erfolg. Aspekte mit 177, 194, 211, 214 oder 222 weisen auf wunde Punkte in deinem Horoskop hin, die dein wahres Potential behindern können. Sie sorgen für ein Ungleichgewicht der Emotionen und Prioritäten. Achte auf positive Aspekte zwischen Sonne und Mond und Venus und Jupiter. Insgesamt zeugt deine Mondstellung von hoffnungsvollen und positiven Aussichten, verbunden mit praktischen Fertigkeiten.

Schlummerndes Potential

Dein schlummerndes Potential besteht darin, deine wahren Talente voll zu nutzen. Unsere Aktionen werden in einem solchen Ausmaß vom Unbewußten kontrolliert, daß es sehr schwierig einzuschätzen ist, wieviel inneres Wachstum in einem Leben möglich ist. Du gehst einen sehr geraden Weg durchs Leben, aber es fehlt dir vielleicht an Phantasie und Spontaneität, möglicherweise weil du in früheren Leben sehr maßlos warst und verschwenderisch mit deiner Zeit umgegangen bist. Daher neigst du zu Überreaktionen und verfolgst deine Ziele zwanghaft bis zur letzten Konsequenz. Deine Intuition ist hoch entwickelt, und du hast viel gesunden Menschenverstand, aber dein höherer Geist muß noch entwickelt werden. Das ist der Schlüssel zu bewußtem Wachstum, das deine ganze Psyche beleben kann, und gleichzeitig deine karmische

Aufgabe. Dein psychologisches Profil enthüllt ein Verhaltensmuster, das sich schon früh im Leben herausgebildet hat, größtenteils durch Familieneinflüsse. Es färbt deine Wahrnehmung und dein Bewußtsein mehr als jede gegenwärtige Lebenserfahrung.

123

Efeu

Mond im Zwilling

Du bist ein witziger und höchst amüsanter Gesprächspartner. Andere genießen deine Gesellschaft, wissen jedoch nie, wann du es ernst meinst. Aber es gibt eine sehr ernsthafte Seite an deinem Wesen. Dein Schattenselbst, die Mondseite deines Charakters, hat ihre eigene Dualität. Deine Emotionen können heiß und kalt sein, und die starke Meinung, die du heute vertrittst, kann sich morgen völlig anders anhören. Es scheint, als hättest du ein paar grundlegende Fakten gelernt, verfügtest aber ansonsten allenfalls über oberflächliches Wissen. Das stimmt nicht ganz, denn du hast einen forschenden Geist, der viele Informationen speichern kann und sie mit natürlicher Bewußtheit in hochgeistige Ideen verwandelt. Als Efeucharakter ist deine Zwiespätigkeit weniger ausgeprägt und dein intuitives Wissen ist genauer. Mit 164, 188, 197, 203 oder 204 ist dein höherer Geist aktiviert und du bist zutiefst philosophisch. In der Bewältigung schwieriger Themen bist du Meister. Zusätzlich ist deine Kommunikationsfähigkeit gut ausgebildet. Mit 174, 177, 191 oder 208 mangelt es deinen Ideen an Klarheit, und du kannst zum zwanghaften Lügner werden, um deine Gleichgültigkeit zu verschleiern. Achte auf positive Aspekte mit Saturn und Venus. Sie bringen Konzentration, Ehrlichkeit und weniger Unbeständigkeit in Beziehungen. Insgesamt garantiert deine Mondstellung einen interessanten und sehr aktiven Lebensstil.

Schlummerndes Potential
Dein schlummerndes Potential besteht darin, eine feste Brücke zwischen den beiden Dimensionen des Bewußtseins zu bauen. Du bist ein Zeitreisender in dem Sinne, daß dein Geist auf beiden Ebenen erfolgreich funktioniert, was dir große Gedankenfreiheit gibt. An einem bestimmten Punkt muß dir jedoch klar werden, daß dein gegenwärtiges Leben eine karmische Lektion in Integration und nicht in Trennung ist. In früheren Leben hattest du die Tendenz, die Dinge entweder schwarz oder weiß zu sehen. Ein derart dualistisches Denken kann sich polarisieren, wenn man es zuläßt, aber als Efeucharakter ist deine Fähigkeit, deinen Geist zu kontrollieren, sehr gut ausgebildet. Du fühlst dich vielleicht zum Sprachstudium hingezogen, weil du die Sprache als Mittel zu mehr Selbstausdruck erkennst. Deine karmische Aufgabe besteht jedoch darin, auf allen Ebenen zu kommunizieren, um deine ganze Psyche zu zentrieren. Dein psychologisches Profil enthüllt eine Feinheit des Geistes, die auch manipulativ werden kann, und dein Verhaltensmuster ist ähnlich schwer faßbar wie dein Archetyp Persephone.

124

Efeu

Mond im Krebs

Du hast ein sympathisches und liebevolles Wesen, und deine Freunde und Familienmitglieder schätzen deinen Rat und deine Unterstützung. Dein Schattenselbst, die Mondseite deines Charakters, reagiert instinktiv auf die Bedürfnisse und Ängste anderer. Du neigst dazu, dir unnötige Sorgen über deine finanzielle oder emotionale Sicherheit zu machen, und bist im Grunde eine sehr empfindsame Seele, die leicht von jeder Form von Kritik verletzt ist. Als Efeucharakter sind deine Stimmungsschwankungen weniger stark ausgeprägt, vorausgesetzt dein Mond ist gut aspektiert. Deine Emotionen sind ziemlich gut ausgeglichen, und dein intuitiver Geist hat Einblick in das menschliche Wesen und in das Mysterium der Natur. Du hast die latenten Kräfte eines Mystikers oder Mediums, und das bringt dich in Verbindung mit der jenseitigen Welt der Feen oder Ahnengeister. Da du ein starkes Interesse an Ahnenkunde und Geschichte hast, solltest du sehr interessante Information entdecken. Mit 170, 189, 206 oder 288 ist deine intuitive Einsicht aktiviert und wird schöpferisch angewendet. Mit 161, 175, 182 oder 198 neigst du dazu, in tiefe Depressionen zu fallen und dich in dich selbst zurückzuziehen. Zusätzliche Aspekte mit 160, 167, 181 oder 186 fördern dein Selbstvertrauen und locken dich aus deinem Schneckenhaus. Achte auf positive Aspekte mit Jupiter und Saturn. Sie bringen dir Enthusiasmus und Unternehmungslust. Insgesamt enthüllt deine Mondstellung ein hartnäckiges Individuum mit einem starken Überlebensinstinkt.

Schlummerndes Potential

Dein schlummerndes Potential besteht darin, intuitive Weisheit zu entwickeln. In diesem Leben neigst du zu Selbstgerechtigkeit und dazu, andere heimlich zu verurteilen oder ihnen zu grollen, was von einer Resterinnerung an frühere Leben stammt, in denen du Angriffen auf dein Selbstwertgefühl ausgesetzt warst. Ausgelöst wurden diese Angriffe von deinen starren Ansichten und deinem Stolz, der keine Kompromisse zuließ. In diesem Leben wirst du deine karmische Lektion in Toleranz, Mitgefühl und der Demut hauptsächlich in deiner eigenen Familie und unter engen Freunden lernen müssen. Im Familien- oder Gruppenkarma sind die umgekehrten Rollen sehr signifikant, daher wirst du, wenn du unter Kritik leidest, an eine Zeit erinnert, in der du einen Mangel an Mitgefühl an den Tag gelegt oder andere zu hart beurteilt hast. Dein psychologisches Profil enthüllt eine verborgene Charaktertiefe, die an die Oberfläche gebracht werden muß. Deine Tendenz, Dinge zu sammeln und überall zu speichern, ist symbolisch für dein Anklammern an Untugenden aus vergangenen Leben.

125

Efeu

Mond im Löwen

Du bist ein selbstsicherer Mensch mit viel Charme und höflichen Umgangsformen, der durch seine pure Gegenwart ein wenig Sonnenschein in das Leben anderer bringt. Dein Schattenselbst, die Mondseite deines Charakters, strahlt selbst an dunklen, wolkenverhangenen Tagen Licht und Wärme aus. Du bist äußerst kreativ und unternehmungslustig und übernimmst in jeder Situation gern die Führung, denn du bist ein ausgezeichneter Organisator. Als Efeucharakter verfügst du über eine gut ausgeglichene Mischung menschlicher Eigenschaften, und deine großzügige Einstellung gibt dir die Möglichkeit, ständig etwas dazuzulernen. Du vertrittst zwar gelegentlich starke Meinungen, aber andererseits kann deine

Großzügigkeit alle persönlichen Vorurteile überwinden. Du bringt deine Gefühle auf liebevolle Weise zum Ausdruck, stellst deinen Partner aber auch gern auf ein Podest, was katastrophale Folgen haben kann, wenn sich herausstellt, daß er oder sie deinem Ideal nicht gerecht werden kann. Mit 165, 170, 179, 189, 195, 210 oder 258 ist dein künstlerisches Potential aktiviert und du hast Flair und Stil. Du bist ein sehr bunter Schmetterling, den andere fasziniert beobachten – einer der wirklich „schönen Menschen". Mit 177, 194, 211 oder 259 stehen deine Eitelkeit und Maßlosigkeit der Verwirklichung deiner Pläne entgegen. Achte auf positive Aspekte mit Jupiter und Saturn, die deine Entschlußkraft stärken. Insgesamt verrät deine Mondstellung ein natürliches Talent, Karriere zu machen.

Schlummerndes Potential

Dein schlummerndes Potential besteht in der Entwicklung deiner Liebesfähigkeit. Das ist ein Thema, das bei den meisten Menschen für Verwirrung sorgt. Aber du hast sozusagen den Finger am Puls, denn du bist bereit, große Opfer für diejenigen zu bringen, die du liebst. Du wirst in Herzensangelegenheiten sehr wahrscheinlich unter Betrug oder Untreue leiden. Dennoch bleibst du immer optimistisch und verlierst nicht den Glauben daran, daß die Liebe alles überwindet. In früheren Leben hast du einen Sinn für Fairneß und Gleichheit entwickelt, den du in diesem Leben auf deine Angehörigen anwendest, nur um herauszufinden, daß sie ihre eigenen Ideale haben. Deine karmische Aufgabe besteht also darin, deine Vorstellung von Liebe auf die Ebene der universalen Liebe zu bringen, die sich auf alle Menschen und vor allem auf dich selbst bezieht. Dein psychologisches Profil enthüllt ein ausgeprägtes Verhaltensmuster, das alle Kennzeichen eines großen Führers hat.

126

Efeu

Mond in der Jungfrau

Deine Intelligenz fließt in praktische Dinge und ist gut geerdet, aber dennoch hoch genug, um dich zu einem Intellektuellen zu machen. Du hast einen sehr kritischen Verstand und differenzierte Emotionen. Dein Schattenselbst, die Mondseite deines Charakters, gibt dir einen Fokus für konzentriertes Lernen und Stabilität in allem, was du tust. Sie übt einen starken Einfluß aus, der sich in einem Bedürfnis nach Regelmäßigkeit und dem Wunsch, sich ständig zu beweisen, äußern und dein gesellschaftliches Leben behindern kann. Als Efeucharakter kann das sowohl deine Stellung im Leben stärken als auch deine Inspiration blockieren. Dein rationaler Verstand versucht deine intuitive Einsicht zu kontrollieren, was zur Folge haben kann, daß dein Schmetterlingsgeist eine farblose Motte bleibt. Deine Mondaspekte werden zeigen, ob dieses Ungleichgewicht bereits verwurzelt ist, oder ob es noch Möglichkeiten der Expansion und Transformation gibt. Alle Aspekte mit 158, 160, 167, 170, 188, 189, 197, 203 oder 206 wirken inspirierend und aktivieren deine Wertschätzung der Künste und Wissenschaften. Du bist aufgeschlossen, und dein äußerst intuitiver Geist enthüllt einen Schatz an Wissen. Mit 157 hast du eine unflexible Einstellung, und mit 161, 182 oder 198 wird deine hochgradig nervöse Energie nicht kreativ abgeleitet, was zu geistiger und körperlicher Ermüdung führen kann. Insgesamt betont deine Mondstellung Eigeninteressen sehr stark, was du dadurch mindern kannst, daß du enger mit anderen zusammenarbeitest.

Schlummerndes Potential

Dein schlummerndes Potential besteht darin, die Wahrheit in allen Dingen zu erkennen, die dein analytischer Verstand studieren kann. In früheren Leben hast du dich von deinem eigenen verwirrten Denken und den Versprechungen anderer täuschen lassen. Deshalb entwickelst du in diesem Leben die Fähigkeit zu differenzieren, aber du mußt dich davor hüten, zynisch oder allzu kritisch zu werden. Im Extrem betrieben kann das Verleugnen deiner Bedürfnisse und der Bedürfnisse deiner Partner oder Freunde kontraproduktiv werden. Deine karmische Aufgabe besteht also darin, dies vermeiden zu lernen. In diesem Leben wirst du oft mit der Unaufrichtigkeit von Menschen konfrontiert, denen du zu helfen versuchst, aber dadurch bekommst du Einsicht in die menschliche Natur und deine eigene Psyche. Tief innen bist du ein sehr empfindsamer Mensch, der lieber ein ruhiges Leben führt, und deine natürliche Reserviertheit resultiert aus einer erfrischenden Bescheidenheit. Dein psychologisches Profil enthüllt ein Verhaltensmuster, das sich kaum verändert: Alles, was du sagst oder tust, geschieht auf angemessene Weise.

127

Efeu

Mond in der Waage

Du bist ein geborener Diplomat und vermeidest jegliche Verstimmung oder Uneinigkeit in deinem Heim oder am Arbeitsplatz. Während du versuchst, es allen recht zu machen, stellst du möglicherweise fest, daß du zwischen allen Stühlen sitzt. Dein Schattenselbst, die Mondseite deines Charakters, pendelt zwischen zwei Extremen hin und her, aber deine instinktiven Reaktionen werden immer durch Gerechtigkeit und Mitgefühl ausgeglichen. Die verborgene Weisheit, über die du als Efeucharakter verfügst, kommt gelegentlich an die Oberfläche und bringt ideale Lösungen oder Kompromisse hervor, aber ansonsten tust du lieber gar nichts, wenn du im Zweifel bist. Das ist eigenartigerweise oft genau die richtige Entscheidung. Deine anlagebedingte Unentschlossenheit kann dein Vorteil sein, denn alles scheint in deinem Sinne zu funktionieren, selbst wenn es auf Messers Schneide steht. Dein Glaube an Vorsehung oder „Feenglück" zahlt sich in der Regel aus. Mit 158, 167, 179, 189, 217 oder 258 bist du sehr charmant und kultiviert. Du hast eine magnetische Ausstrahlung und eine künstlerische Ader, und nur wenige können mit dir mithalten. Mit 257 gibt es ein Ungleichgewicht in deiner Psyche, das dein wahres Potential beschränken kann. Aspekte mit 190, 214 oder 222 fördern Unzufriedenheit und maßloses Verhalten. Achte auf positive Aspekte zwischen Sonne und Mond und Venus mit Mars oder Jupiter. Insgesamt verrät deine Mondstellung einen Sinn für Romantik und einen erlesenen Geschmack.

Schlummerndes Potential

Dein schlummerndes Potential besteht darin, mehr Selbständigkeit oder persönliches Verantwortungsgefühl zu entwickeln. In diesem Leben wechselst du gern die Seiten, wenn du das Gefühl hast, daß deine Stellung untergraben wird. Deine karmische Aufgabe ist besonders schwer, denn sie erfordert eine Auseinandersetzung mit deinem starken Ego, das sich allen bewußten Anstrengungen widersetzt. Jeder Kompromiß, den du eingehst, ist eine Projektion dessen, was du wirklich möchtest, aber es ist stets dein Ego, das an die Oberfläche kommt. Du brauchst das Gefühl, alles unter Kontrolle zu haben, bist aber nicht bereit, aus vollem Herzen zu geben. Deine

Erfahrungen in persönlichen Beziehungen sind besonders hart. Dein psychologisches Profil enthüllt ein Verhaltensmuster, das viel komplexer ist als du denkst. Du hältst dich für gelassen, aber die Menschen um dich herum wissen nie genau, wie du reagieren wirst.

128

Efeu

Mond im Skorpion

Du neigst zum Fatalismus und bist der Ansicht, daß manche Dinge vorbestimmt und daher unwiderruflich sind. Dein Schattenselbst, die Mondseite deines Charakters, verfügt über großes Wissen und durchdringende Einsicht in die unbekannten Bereiche des Geistes und der Seele. Obwohl das in der Psychoanalyse ein nützliches Werkzeug ist, zögerst du es einzusetzen. Doch wenn du deinen Geist nicht disziplinierst und entsprechend schulst, wirst du höchstwahrscheinlich sehr abergläubisch bleiben. Als Efeucharakter hast du enormes physisches und mentales Stehvermögen, das unter harten Bedingungen oder in gefährlichen Situationen aufblüht und dir ein Gefühl der Überlegenheit gibt. Machtkämpfe üben eine natürliche Anziehungskraft auf dich aus, und du kannst zum rücksichtslosen Konkurrenten werden. Wenn dein Mond gut aspektiert ist, sind deine Lebensziele in Übereinstimmung mit dem Wohl aller Menschen. Aspekte mit 167, 170, 186, 189, 264, 267 oder 287 heben deine Wünsche und Ansprüche auf eine sehr viel höhere Ebene als moralisch vernünftig oder gerecht ist. Dein Wissen könnte eine Quelle der Regeneration für dich und andere werden. Mit 172, 190, 265, 271 oder 277 sorgen dein geheimnistuerisches Wesen und deine ehrgeizigen Pläne für eine unbehagliche Atmosphäre um dich herum, und deine Rücksichtslosigkeit ist aktiviert. Alles in allem legt deine Mondstellung entweder die Samen zur Selbstzerstörung oder zur Transformation deiner ganzen Psyche. Um letzteres zu erreichen, mußt du deine emotionale Energie in kreative Projekte lenken.

Schlummerndes Potential

Dein schlummerndes Potential ist eine intensive Form der Selbstentwicklung, die dauerhaftes Engagement verlangt. Obwohl es dir nicht an Willenskraft und Durchhaltevermögen mangelt, fordert dir dein Karma einige schwierige Entscheidungen ab. Du mußt dich von einem Restwunsch nach Macht befreien, und das kann nur geschehen, wenn du einen großen Teil von dir abgeworfen hast – oder, um genauer zu sein, einen großen Teil dessen, wovon du „denkst", daß du es bist. In diesem Leben wirst du vielleicht öfter in Ungnade fallen, aber jedesmal, wenn du dich wieder fängst und von vorn anfängst, solltest du es in dem Bewußtsein tun, eine bemerkenswerte Transformation durchlaufen zu haben. Der Geist des Schmetterlings symbolisiert eine Seele, die sich aus einer erdgebundenen Existenz befreit hat. Durch deine Transformation hast du dich von der materiellen Welt befreit und deinen kreativen Fähigkeiten eine neue Richtung gegeben – und genau das ist deine karmische Aufgabe. Dein psychologisches Profil enthüllt eine tiefsitzende Angst vor Einsamkeit, die sich in Übergangszeiten tatsächlich manifestieren kann.

129

Efeu

Mond im Schützen

Du bist ein rastloses Individuum, das die Welt sowohl im Geiste als auch auf Reisen erforschen möchte. Deine Suche nach Wissen und deine abenteuerlichen Reisen könnten einen faszinierenden Lesestoff abgeben. Dein Schattenselbst, die Mondseite deines Charakters, weilt bereits im Reich des Phantastischen und der mystischen Wesen. Als Efeucharakter hast du großes körperliches und mentales Stehvermögen – eine hohe Energiestufe, die kreative Ventile braucht und jede Menge körperlicher Betätigung. Du sprichst zwar frank und frei über alles, hast aber dennoch eine schwer faßbare Seite an dir, die sich in einem Bedürfnis nach persönlicher Freiheit manifestiert. Du bist ein geborener Philosoph, und dein wißbegieriger Geist wird sich jedem Thema aus verschiedenen Blickwinkeln annähern, um eine breitere Perspektive zu bekommen. Obwohl du möglicherweise viele Einzelheiten übersiehst, bist du, wenn dein Verstand diszipliniert und konzentriert ist, für jeden Beruf geeignet, der einen hohen Standard voraussetzt. Mit 160, 167, 181, 186, 197 oder 203 kann dein Potential voll verwirklicht werden, und du hast so großartige Eigenschaften wie Ehrlichkeit, Humor, Großzügigkeit und gesundes Urteilsvermögen. Die extreme Natur dieser Aspekte kann auch zu Maßlosigkeit führen, aber du bist ohnehin „größer ist als das Leben selbst". Mit 174, 191, 194, 208 oder 211 bist du ein Zeitverschwender, deine intutive Einsicht kann in geistige Verwirrung abgleiten, und deine Vitalität ist geschwächt. Achte auf positive Aspekte zu Saturn, die deine Entschlossenheit stärken. Insgesamt sorgt deine Mondstellung für strahlende Energie, die deine Lebensgeister hebt und all deine Tugenden fördert.

Schlummerndes Potential

Dein schlummerndes Potential besteht darin, deine duale Identität zu integrieren, indem du sie in die spirituelle Dimension hebst, die mit deinem Zeichen assoziiert wird. Die Polarität zwischen deinem Schützemond und dem Zeichen Zwillinge kann sich zum Wettstreit zwischen nieder- und höhergeistiger Aktivität ausweiten. Wenn diese beiden harmonisch ausgeglichen sind, kannst du innerlich wachsen und spirituelle Weisheit erwerben. In früheren Leben hast du dich auf kluge Taktiken verlassen und dich schlau durchs Leben geschlagen statt Verantwortung zu übernehmen. Auch in diesem Leben streifst du gern frei umher, aber diesmal bemühst du dich, dein Wissen zu erweitern – eine karmische Aufgabe. Dein psychologisches Profil enthüllt eine unkomplizierte Persönlichkeit und ein geradliniges Verhaltensmuster. Du bist nicht der Typ, der sich unnötig Sorgen macht, und weil du einen offenen und ehrlichen Geist hast, wirst du keine psychischen Probleme haben.

130

Efeu

Mond im Steinbock

Du bist ein ernsthafter Kandidat für Macht- oder Autoritätspositionen im Leben. Allerdings nimmst du die Dinge gelegentlich ein bißchen zu ernst. Dein Schattenselbst, die Mondseite deines Charakters, wird stark von den Mondzyklen beeinflußt. Zwischen Neumond und Vollmond hast du deine Hochleistungsphase, während du in der abnehmenden Mondphase oft sonderbar deprimiert bist. Als Efeucharakter reagierst du empfindlich auf die Mondeklipsen. Diese Ereignisse sollten sorgfältig aufgezeichnet werden, da sie verborgene Probleme ans Licht bringen, die inneren Streß verursacht haben. Wenn sie an die Oberfläche kommen, können sie gelöst werden und Erneuerung oder inneres Wachstum fördern. Die latent in dir vorhandenen übersinnlichen Fähigkeiten und dein intuitives Wissen werden um den Vollmond herum aktiviert. Du bist ein sehr praktischer, erdgebundener Mensch, der überhaupt nicht dazu neigt, in phantastischen Vorstellungen zu schwelgen, und das ist im Umgang mit übernatürlichen Phänomenen deine größte Stärke. Aspekte mit 160, 167, 181, 186 oder 197 gleichen dein psychisches Ungleichgewicht aus, indem sie dir eine Energie zur Verfügung stellen, die depressive Stimmungen vertreibt und deine Batterien wiederauflädt, und zwar genau in den Momenten, in denen du es am meisten brauchst. Sie steigern auch deine Intelligenz und Vitalität. Mit 161, 172, 182, 198 oder 209 können deine Stimmungsschwankungen melancholische Tiefen erreichen, und du ziehst dich möglicherweise völlig zurück. Diese Aspekte bringen große Schwierigkeiten in persönlichen Beziehungen. Achte auf positive Aspekte mit Saturn und Venus. Insgesamt zeugt deine Mondstellung von großer Disziplin.

Schlummerndes Potential

Dein schlummerndes Potential besteht darin, deinen „Schmetterling" fliegen zu lassen, indem du dich von deinen inneren Ängsten befreist, die sich als immer wiederkehrende, verstörende Träume manifestieren. Sie beziehen sich zwar hauptsächlich auf Kindheitserlebnisse, sind aber auch eine Resterinnerung an Zurückweisungen in vergangenen Leben. Du hast eine sehr empfindsame Seele, die Probleme in Beziehungen immer mit Arbeit kompensiert hat. Dabei ist jedoch ein Gefühlsvakuum entstanden, das die vorsichtige Art erklärt, die du jetzt an den Tag legst. Deine karmische Aufgabe besteht darin, anderen bedingungslos zu vertrauen. Das wirst du zunächst ablehnen, weil deine Resterinnerung einen mächtigen Einfluß ausübt, aber zwischen deinem achtundzwanzigsten und deinem sechsundfünfzigsten Lebensjahr wird dich eine Woge emotionaler Energie erfassen, die deine ganze Psyche transformiert. Dein psychologisches Profil enthüllt einen introversiven Charakter mit einer dennoch faszinierenden Persönlichkeit.

131

Efeu

Mond im Wassermann

Du hast einen sehr erfinderischen, abstrakten Geist, der außergewöhnliche Zukunftsvisionen entwickeln kann. Deine starken humanitären Glaubenssätze sind jedoch fest in deiner Lebenserfahrung verwurzelt und resultieren aus dem Bedürfnis, das Leid der Welt auszumerzen. Dein Schattenselbst, die Mondseite deines Charakters, hat ein mächtiges Gewissen. Obwohl du eine eher leidenschaftslose Natur bist und unkomplizierte Beziehungen vorziehst, wirst du als Efeucharakter am Ende in den meisten Fällen ein treuer und liebevoller Partner. Du verfügst über große körperliche und geistige Ausdauer, wenn es darum geht, ein gerechtes Anliegen zu verfolgen. Das kann in deinem Leben zu einem Hauptthema werden, da du ein Freigeist und Reformer bist. Du neigst zum Intellektualisieren, bist aber dennoch ein Idealist, der sich zum Beispiel sehr stark für den Umweltschutz engagieren kann. Der Planet Erde spielt in deinem Zeichen eine große Rolle, und du respektierst die Tierwelt und die Natur. Mit 162, 169, 183, 188, 199 oder 205 bist du ein ausgezeichneter Mitstreiter und Organisator, hochintelligent und fähig, andere von seinen Ideen zu überzeugen. Deine persönlichen Beziehungen könnten vielleicht glücklicher sein, aber mit zusätzlich 165, 170, 179 oder 189 bist du ein sehr charmanter und überzeugender Liebhaber. Mit 176, 193 oder 210 kann dein exzentrisches Wesen dauerhafte Beziehungen unmöglich machen, und deine Lebensziele sind vielleicht etwas zu bizarr. Insgesamt stattet dich deine Mondstellung mit einem einzigartigen Verständnis für die natürliche und die übernatürliche Welt aus – ein ausgezeichneter Einfluß für einen Science-fiction-Autor.

Schlummerndes Potential

Dein schlummerndes Potential besteht darin, bewußte Kontrolle über dein unberechenbares Ego zu erlangen. Das manifestiert sich in diesem Leben als Suche nach den legendären Drachen, die es zu erschlagen gilt, aber du mußt achtgeben, daß sie nicht deine eigenen Erfindungen sind. In vergangenen Leben warst du vermutlich ein Kreuzritter oder ein Missionar. Deine Resterinnerung hat etwas Fanatisches an sich und bezieht sich auf hohe Ideale, die nicht immer geschätzt wurden. Auch in diesem Leben wirst du von den führenden Kräften der Gesellschaft oder von Autoritäten im allgemeinen enttäuscht werden. Die größte Unterstützung wirst du von Gleichgesinnten bekommen, die längst nicht mehr in der Minderheit sind, weil das neue Denken mit altmodischen Vorurteilen aufräumt. Dein psychologisches Profil enthüllt ein unberechenbares Verhaltensmuster, aber genau genommen bist du ein sehr selbständiges Individuum, das auf der Basis seiner inneren Vision und seines Wissens sein eigenes Drehbuch geschrieben hat.

132

Efeu

Mond in den Fischen

Du bist der wahre Schmetterlingsgeist. Deine innere Weisheit wird von anderen nicht immer geschätzt oder verstanden, weil sie ein schwer faßbares Ideal repräsentiert, das sich auf der physischen Ebene nicht voll materialisieren kann. Dein Schattenselbst, die Mondseite deines Charakters, löst sich im Tageslicht auf und wird um Mitternacht, in der magischen Stunde wiedergeboren. Du bist ein sanfter und mitfühlender Mensch, der sehr empfindsam auf das Leid oder den Schmerz anderer reagiert. Als Efeucharakter verfügst du über großes Stehvermögen, das deinen zarten Körper Lügen straft. Das zeichnet einen idealen Heiler aus, aber dein ausgeprägter Sinn für Schönheit und Farben können auch einen bildenden Künstler, Musiker, Schriftsteller oder Dichter aus dir machen. Die Welt des Tanzes oder des Films sind weitere mögliche Betätigungsfelder. Auf jeden Fall wirst du einen Beruf ausüben, der eher Berufung ist als nur ein Job. Es gibt eine geheimnisvolle Seite an dir, etwas geradezu Mystisches. Manchmal bist du sehr vage, um nicht zu sagen verwirrt, und das kommt nicht von ungefähr, denn du bist von Natur aus auf die jenseitige Dimension eingestimmt. Mit 170, 189, 200 oder 206 bist du ein wahrer Mystiker, und dein dramatisches Talent ist voll ausgeprägt. Du hast Charisma und Stil. Alle Aspekte mit 166, 177, 189, 194 oder 211 sind deiner Gesundheit und deinem allgemeinen Wohlergehen äußerst abträglich und lassen dein wahres Potential nicht aufblühen. Suche nach positiven Aspekten mit Jupiter. Insgesamt ist deine Mondstellung eine Quelle der Inspiration.

Schlummerndes Potential

Dein schlummerndes Potential besteht darin, deine künstlerische Ader und dein spirituelles Wesen zu entwickeln. Beide sind mit bewußtem innerem Wachstum verbunden – eine schwierige karmische Lektion, die du in diesem Leben bewältigen mußt. Da du eine sehr sensible Seele bist, hast du dich in früheren Leben von den harten Realitäten zurückgezogen, und diese Resterinnerung verfolgt dich noch immer. Du betrachtest andere eher kritisch und das ist auch angebracht, denn auf der anderen Seite kann dein vertrauensvolles und verletzliches Wesen betrügerische oder unmoralische Menschen anziehen, die dich erneut in die Dunkelheit oder das Chaos führen. Du bist sehr wohl in der Lage, deine karmische Aufgabe in diesem Leben zu erfüllen und dich auf eine höhere Geistesstufe zu begeben, aber zuerst mußt du dich von allen negativen Einflüssen befreien. Dein psychologisches Profil enthüllt ein passives Wesen – ein ruhiges Individuum, das keinen Staub aufwirbeln möchte. Vielleicht ist es an der Zeit, etwas bestimmter aufzutreten.

Keltisches Baumzeichen: Schilf

Mondsymbol: Weißer Hund

Der weiße Hund wird der geisterhaften Meute der weißen Hunde zugeordnet, die König Arawn, dem vorzeitlichen Herrscher von Annwn in der keltischen Unterwelt gehörten. In der keltischen Mythologie bewacht ein weißer Hund den Eingang zum Mysterientempel von Annwn, ähnlich wie zwei andere Hunde, Cerberus und Anubis, die Eingänge der unterirdischen Mysterientempel im alten Griechenland und in Ägypten bewachen. Anderswelt und Unterwelt werden oft für identisch gehalten, aber sie stellen unterschiedliche Dimensionen in der Zeit dar. Die Anderswelt ist eine Art keltischer Himmel, in den die Götter zurückkehren und wo die Sidhe (Feen) wohnen. Die Unterwelt ist der ursprüngliche Ort der Schöpfung mit Annwn, wo alles Leben geformt und im Laufe der Evolution immer wieder zerstört und neugeformt wird. Pwyll, oder Pluto, herrscht über beide Reiche und wurde von den Druiden als Retter der Menschheit verehrt, denn er hat die Macht der Regeneration, die den Tod in das Tor zur Wiedergeburt verwandelt. In diesem Punkt unterscheidet sich der druidische Glaube von dem der Griechen und Römer, denn der Hades wurde als Ort ohne Wiederkehr betrachtet.

Im zwölften Mondmonat wurde das Feuerfest Samhain gefeiert. Zu Samhain ehrte man die Toten und das vergangene Jahr, und es war eine Zeit, in der die Grenzen zwischen der natürlichen und der übernatürlichen Welt fließend waren – eine Zeit der Divination, aber auch eine Zeit der Reinigung, in der alle Schrecken der Vergangenheit symbolisch verbrannt wurden. Schilf hat einen dichten Wuchs und treibt eine Wurzel unter die Wasseroberfläche, die fast so dick ist wie die eines Baumes. Deshalb wurde er von den Druiden mit einer verborgenen Dryade oder einem Gott der Unterwelt identifiziert.

Der Schilfcharakter

Du wurdest zu einer Jahreszeit geboren, in der die Dämmerung und das Schwarz der Nacht aufeinander zukommen. Schwarz stellte für die Druiden die äußerste Dunkelheit dar, die von Pwyll oder dem Planeten Pluto beherrscht wurde. Der Schilfmonat fällt in eine Zeit, in welcher der Ostwind rauh durch die Schilfdickichte der Flüsse bläst. Der revolutionäre Einfluß deines Herrscherplaneten Pluto (Pwyll) bringt die von Persephone oder Arinarhod verborgengehaltene Weisheit an die Oberfläche. Schilfcharaktere tragen die beiden Seiten des Efeucharakters in sich. Persephone und Pluto vereinen zwei Aspekte der Psyche, die dennoch voller Dramatik und Leidenschaft bleibt. Du hast ähnlich wie die Efeumenschen eine starke persönliche Ausstrahlung, aber du bist energischer und gehst weniger Kompromisse ein, denn die Rolle, die du spielst, schließt Schwächen oder Unentschlossenheit aus. Du bist mehr ein Katalysator als ein Wettstreiter und willst eher das ganze Lebensmuster transfomieren als nur bestimmte Aspekte.

Deine ererbten Charakterzüge und Talente kommen hauptsächlich von der väterlichen Seite deiner Familie, aber deine Mutter hat den stärksten Einfluß auf dein Leben. In der Psychologie Jungs repräsentieren Pluto und Persephone „Animus und Anima", die maskuline und feminine Entwicklung der Persönlichkeit und ein Tor zum kollektiven Unbewußten, während die Persona die Brücke zur Welt des Bewußtseins bildet. Da so viel von deiner Persönlichkeit unterdrückt oder verborgen ist, bleibst du ein rätselhafter Mensch. Was jedoch deutlich zu Tage tritt, sind leidenschaftliche Gefühle, ein mißtrauisches Wesen und eine Neigung zum Fatalismus. Das kommst daher, daß du ein Vergnügen an Intrigen und Dramatik hast – in persönlichen Beziehungen und ganz allgemein im Leben. Allerdings wird jeder, der mutig genug ist, sich mit dir einzulassen, herausfinden, daß du ein sehr fürsorglicher und einfallsreicher Liebhaber bist. Beruflich kann dich das Spannungsfeld der Geschäftswelt reizen oder jedes Gebiet, auf dem Antriebskraft und ein durchdringender Verstand verlangt werden, etwa in der Forschung oder Ermittlung. Deine Furchtlosigkeit weist darauf hin, daß du gefährliche Beschäftigungen bevorzugst.

Alle Aspekte mit 264, 267, 269, 270, 273, 278, 279 oder 287 sind positive Einflüsse, die verborgene Züge an die Oberfläche bringen und deiner Persönlichkeit eine völlig neue Dimension geben. Auch negative oder schwierige Aspekte wie 265, 268, 271, 277, 283, 286 oder 289 bringen eine neue Charakterdimension. Zusätzliche Aspekte mit 167, 181, 186 oder 204 können alle negativen Einflüsse ausgleichen, deine Lebensgeister wecken und deinen Charakter stärken. Insgesamt strebst du nach vollkommener Macht – nicht nur in dir selbst, du versuchst auch andere dahingehend zu beeinflussen. Die Stellung deines Mondes gibt mehr Einsicht und informiert über die karmischen Einflüsse in deinem Leben.

133

Schilf

Mond im Widder

Du bist sehr unternehmungslustig und sehr energisch und haßt Beschränkungen jeder Art. Neue Projekte beginnst du mit sehr viel Enthusiasmus, hast aber Probleme sie fertigzustellen, weil du dich auf halber Strecke bereits grünerem Gras auf anderen Weiden zuwendest. Dein Schattenselbst, die Mondseite deines Charakters, neigt wegen seiner stürmischen Natur und seines unausgeglichenen Temperaments zu Überreaktionen. Du hast den Mut, für deine Überzeugungen einzustehen, auch wenn sie ziemlich töricht oder unüberlegt sind. Als Schilfcharakter bist du in deinen Methoden nicht sehr fein, aber dein abenteuerlicher Geist gibt deiner Persönlichkeit und deinem Charakter große Kraft. Du hast Situationen gern unter Kontrolle und bist ein loyaler Freund, aber gleichzeitig ein scharfer Konkurrent, der in jeder gegebenen Wettbewerbssituation vorrangig darauf achtet, daß seine eigenen Interessen gewahrt bleiben. Wenn deine Mondaspekte positiv sind, bist du ein furchtloser Kämpfer für die Unterdrückten. Mit 159, 166, 180, 196, 202 oder 276 bist du zwar energisch, aber dein leidenschaftliches Wesen ist besser kontrolliert. Du gehst bis an die Grenze, um Erfolg zu haben, der sehr profitabel sein und dir öffentliche Anerkennung einbringen kann. Mit 176, 190, 207, 222, 265 oder 277 kann dich dein Jähzorn in Schwierigkeiten bringen. Diese Aspekte können selbst deine besten Bemühungen untergraben und auch in persönlichen Beziehungen für Hader und Streit sorgen. Insgesamt unterstreicht deine Mondstellung den Wunsch nach Herausforderung, der gefährlich sein kann und etwas mit dem Charakter deines Zeichens zu tun hat. Wenn du allgemein etwas vorsichtiger bist, wird dein Überlebensinstinkt jedoch eine Quelle der Stärke und des Einfallsreichtums bleiben.

Schlummerndes Potential

Dein schlummerndes Potential besteht darin, tief in dich heineinzuschauen und herauszufinden, warum du eine so rastlose Seele bist. Dein hektischer Lebensstil und deine wahnsinnige Aktivität sind ein Ablenkungsmanöver, das niemanden täuscht außer dich selbst. In vergangenen Leben hast du eine Menge Widerstand gegen den Erfolg anderer aufgebaut, und diese Resterinnerung treibt dich dazu, in diesem Leben ein Sieger zu sein. Du hast Opfer für andere gebracht, die deiner Meinung nach nicht geschätzt wurden. Jetzt achtest du in erster Linie auf deine eigenen Interessen – daher deine Probleme in Partnerschaften oder in der Ehe. Du wirst dich sicher oft in isolierten Situationen wiederfinden, und obwohl es dir nichts ausmacht, manchmal allein zu sein, lebst du nicht gern allein. Eine erfolgreiche Partnerschaft sollte dir helfen, deine wahre Identität zu finden, und das ist deine karmische Aufgabe. Dein psychologisches Profil verrät Furcht vor völligem Alleinsein.

134

Schilf

Mond im Stier

Du bist ein äußerst praktischer und verläßlicher Mensch mit einem besonders gut ausgeprägten Sinn für alles Geschäftliche. Alles, was du tust, ist gut geplant und sauber ausgeführt. Dein Schattenselbst, die Mondseite deines Charakters, ist eine Quelle der Stabilität und Ausdauer. Als Schilfcharakter bist du entschlossen und bestimmt, wenn es darum geht, Macht- oder Autoritätspositionen zu erreichen. Die rücksichtslose Seite deines Wesens ist stark kontrolliert, aber deine leidenschaftliche Natur kann äußerst eifersüchtig und besitzergreifend werden. Im allgemeinen übt deine Mondstellung einen sehr positiven Einfluß aus, besonders auf den Ausdruck von Gefühlen. Wenn du daher keine negativen Aspekte hast, bist du ein liebevoller und fürsorglicher Partner und Elternteil. Der Austausch zwischen deinem Bewußten und deinem Unbewußten ist eher unflexibel, was deine Vorstellungskraft einengen kann. Du neigst zu Sturheit, wehrst dich gegen sämtliche Veränderungen und gibst strenger Routine den Vorzug im Leben. Mit 160, 167, 179, 181, 189, 201 oder 279 bist du toleranter und dein höherer Geist ist besser ausgeprägt, was umfangreiches Wissen und breite Interessen fördert. Aspekte mit 172, 177, 194, 214, 259, 263, 268, 271 oder 274 untergraben deine Charakterstärke und bringen deine rücksichtslose Seite zum Vorschein. Insgesamt bringt deine Mondstellung kreative Fähigkeiten und große Selbständigkeit.

Schlummerndes Potential
Dein schlummerndes Potential besteht darin, einige deiner leidenschaftlichsten Wünsche unerfüllt zu lassen, denn sie sind eine Resterinnerung an vergangene Leben, in denen du dir und anderen eine Menge Schmerz zugefügt hast. Du hast immer noch eine Intensität, die deiner Familie und deinen Freunden unheimlich sein kann. Deine Sorge um finanzielle Sicherheit kann ungesund werden und zu häuslichen Problemen führen. Bestenfalls zielen deine Aktivitäten auf die Sicherung eines bequemen Lebensstils für deine Familie, aber dahinter steht oft der Wunsch, etwas zu besitzen, deinen Partner eingeschlossen. In diesem Leben wirst du Konflikte und Krisen erleben, die einen grundsätzlichen Kampf ums Überleben repräsentieren. Du mußt Mäßigung lernen, weil du zu Maßlosigkeit neigst; und diese karmische Aufgabe ist schwieriger zu erfüllen, als du vielleicht denkst, weil du intensive Gefühle hast und zu extremen Reaktionen neigst. Dein psychologisches Profil enthüllt ein Verhaltensmuster, das zwischen sehr ruhigen und sehr aggressiven Reaktionen pendelt.

135

Schilf

Mond im Zwilling

Du bist ein äußerst moderner Mensch, der immer genauestens über sämtliche neuen Trends und Moderichtungen informiert ist. Deine lebhafte Persönlichkeit und deine scheinbar sorglose Einstellung täuschen über tiefere Emotionen und Ambitionen hinweg. Dein Schattenselbst, die Mondseite deines Charakters, reagiert sehr rasch auf jede Situation im Leben. Du hast viele Gesichter und ein Talent, schwunglosere Menschen auszustechen. Als Schilfcharakter bist du im allgemeinen sehr flexibel, besonders wenn es um das Mitteilen deiner Gedanken und Gefühle geht. Deine Schwäche liegt in der Wechselhaftigkeit deiner Gefühle, die wiederum deine Entscheidungen beeeinflußt und in einen Mangel an Antrieb und Motivation mündet. Merkur in deinem Horoskop ist der Schlüssel zu geistiger Stabilität, und wenn er in der Waage steht, hast du einen guten Verstand, bist aber langsam im Treffen von Entscheidungen. Steht er im Skorpion, verläßt du dich auf intuitves Denken, aber deine Konzentration ist ausgezeichnet. Merkur im Schützen schwächt deine Konzentration, aber dafür bist du tolerant und aufrichtig in allem, was du tust. Mit 167, 169, 181, 188, 197, 203, 204 oder 279 hast du einen intellektuellen Verstand. Diese Aspekte bringen positive Motivation und moralische Tugenden. Dein Machtbedürfnis richtet sich auf Wohltätigkeit und darauf, anderen zu helfen. Mit 171, 177, 208 oder 271 weichst du Verpflichtungen aus und vermeidest stur alle Veränderungen. Insgesamt enthüllt deine Mondstellung eine hochgradige nervöse Energie, die dein leidenschaftliches Wesen entfacht.

Schlummerndes Potential
Dein schlummerndes Potential besteht darin, einen inneren Fokus zu finden und deine Lebensauffassung auf eine höhere Ebene zu heben. Dein Mangel an Integrität macht dich weit offen für oberflächliche Werte und falsche Freunde. In vergangenen Leben hast du gesellschaftliche Verpflichtungen oder Zusammenarbeit vermieden und nur nach Urinstinkten gehandelt, die dein rauhes und unkultiviertes Verhalten verstärkt haben. In diesem Leben versuchst du verzweifelt, deinen Geist dadurch zu

kultivieren, daß du anspruchsvolle Ansichten vertrittst. Wahrscheinlich wirst du weiterhin den Unschuldigen spielen, wenn du deinen Umgang mit zwielichtigen Gestalten erklären sollst. Deine karmische Aufgabe ist jedoch sehr präzise: Entwickle dich, indem du deinen Geist mit höheren Prinzipien bekanntmachst, oder du wirst in die zwielichtige Welt zurückfallen. Dein psychologisches Profil ist, wie erwartet, ziemlich komplex, und dein Verhaltensmuster ist schwer zu interpretieren. Wenn du jedoch die richtige Tür findest, können dein bewußter und dein unbewußter Verstand auf eine höhere Ebene des Geistes gelangen.

136

Schilf

Mond im Krebs

Du hast ein gutes Gedächtnis und eine ausgeprägte Vorstellungskraft, die kreative Ventile braucht. Du bist freundlich, rücksichtsvoll und sehr hilfsbereit. Dein Schattenselbst, die Mondseite deines Charakters, ist sehr empfänglich ist für die wechselnden Energie- und Emotionszyklen des Mondes. Du schwelgst lieber in der Vergangenheit, als dich den Veränderungen zu stellen, die die Zukunft betreffen. Als Schilfcharakter wirst du Seitenhiebe oder Kritik weder schnell austeilen noch vergeben und vergessen. Aber es gibt ein enges Verhältnis zwischen deiner Mondstellung und deinem Baumzeichen, das deine Entschlossenheit und deine Initiative stärkt. Du bist ein raffinierter Geschäftsmensch und kannst im Banken- oder Versicherungsgeschäft sowie in der Hochfinanz eine hohe Stellung einnehmen. Deine Intuition oder dein „Gespür“ erweist sich als unschätzbar, nicht nur im Beruf sondern auch ganz allgemein. Mit 170, 189, 206, 264, 267 oder 288 bist du sehr mitfühlend und deine Intuition und dein Verstand sind gut ausgeglichen. Du hast insgesamt eine viel charmantere und anmutigere Art. Aspekte mit 177, 182, 184, 194 oder 289 schwächen deinen Charakter und machen deine Intuition äußerst fragwürdig. Verlaß dich also bei wichtigen Entscheidungen lieber nicht darauf. Aspekte mit zusätzlich 160, 167, 181 oder 186 bringen Glück oder Reichtum, wenn du es am meisten brauchst. Insgesamt enthüllt deine Mondstellung eine sehr emotionale Person mit viel Zähigkeit und Willenskraft.

Schlummerndes Potential

Dein schlummerndes Potential besteht darin, die Hilfe der Menschen, die du immer mit Mißtrauen betrachtest, dankbar annehmen zu lernen. In vergangenen Leben warst du in materiellen und emotionalen Dingen eher kleinlich und hast nichts hergegeben, ohne dafür bezahlt zu werden. In diesem Leben willst du das gutmachen, indem du anderen hilfst, aber du wirst eine schwere Familienbürde auf dich nehmen müssen, die mit deinem Karma zu tun hat. Gruppen- oder familienkarmische Aufgaben sind oft schwer zu erfüllen, weil sie starke Resterinnerungen daran wachrufen, verlassen oder sich selbst überlassen worden zu sein. Deine karmische Aufgabe besteht darin, anderen zu vergeben, und dadurch, daß du ihren Schmerz annimmst, wirst du deinen eigenen los. Dein psychologisches Profil enthüllt ein stark gespanntes Verhaltensmuster mit sehr viel Wut oder Ablehnung. Familienfehden werden weiterhin wüten, bis du dich darüber erheben und deine negative Einstellung transformieren kannst.

137

Schilf

Mond im Löwen

Du hast einen großartigen persönlichen Stil, der andere Menschen im allgemeinen tief beeindruckt. Du bist immer gut gekleidet und gepflegt, und deine charmanten Umgangsformen machen dich zu einer wichtigen Figur der Gesellschaft. Dein Schattenselbst, die Mondseite deines Charakters, fühlt sich vom Rampenlicht angezogen. Du bist ein sehr kreativer Mensch und ein tüchtiger Organisator und Promotor. Als Schilfcharakter verfügst du über Finesse und hast anspruchsvolle Interessen, aber du bist nicht nur ein Aushängeschild, sondern setzt dir selbst hohe Ziele. Du wirst wahrscheinlich auch die Hilfe einflußreicher Freunde in Anspruch nehmen und auf unfaire Taktiken zurückgreifen, um deine Ziele zu erreichen. Deine sehr leidenschaftliche Natur ist schwer zu kontrollieren. Daher hast du wahrscheinlich zahlreiche heiße Affären, aber du schaffst es dennoch, sie alle mit Würde hinter dir zu lassen. Aspekte mit 166, 167, 179, 185, 195 oder 278 bringen deine besten Eigenschaften hervor, und du wirst einen hohen Grad an Erfolg und öffentlicher Anerkennung erzielen. Mit 177, 194, 259, 271, 274 oder 277 wird dein wahres Potential von Eitelkeit, aufgeblasenen Einstellungen und großspurigem Denken untergraben. Achte auf positive Aspekte mit Jupiter und Venus, denn sie bringen den Ausgleich. Insgesamt enthüllt deine Mondstellung ein feuriges Temperament, aber dennoch bist du ein sehr warmer und rücksichtsvoller Mensch, der das Leben gelegentlich fast schon zu sehr genießt.

Schlummerndes Potential

Dein schlummerndes Potential besteht darin, mehr Demut zu entwickeln. In diesem Leben neigst du zum Größenwahn, und das ist eine Reaktion auf dein niedriges Selbstwertgefühl in vergangenen Leben. Du mußt dein Leben zwar selbst in die Hand nehmen, aber das heißt nicht, daß du zum Exhibitionisten werden mußt. Du bist nicht einfach zu verstehen, weil du andere gern aufwiegelst und mit besonderer Vorliebe Intrigen anzettelst. Außerdem fehlt es dir an Selbstdisziplin, und das kann selbst deine feinsten Charakterzüge schwächen. In diesem Leben wirst du Menschen anziehen, die deinem Ego schmeicheln und die deine eigenen Schwächen widerspiegeln – eine karmische Lektion, die dich dazu veranlassen soll, genauer in den Spiegel zu schauen. Dein psychologisches Profil enthüllt einen gewissen Snobismus, ein Klassenbewußtsein, das gut versteckt ist, obwohl du auf der gesellschaftlichen Leiter ganz nach oben willst. Du hast eine geheimnisvolle Seite an dir, die dir auch in künftigen Leben erhalten bleiben wird.

138

Schilf

Mond in der Jungfrau

Du bist ein äußerst diskreter Mensch, der eine Situation rasch analysieren und dann seinen Erkenntnissen entsprechend handeln kann. Es fällt dir schwer, völlig loszulassen, und deine Vorstellung von Entspannung kommt anderen wie harte Arbeit vor. Dein Schattenselbst, die Mondseite deines Charakters, ist auf der Suche nach dem perfekten Ideal. Deine Perspektive im Leben ist daher stark auf unpersönliche Ideen und Philosophien konzentriert und zieht die menschliche Natur wenig in Betracht. Als Schilfcharakter zeigst du deine leidenschaftlichen Gefühle weniger deutlich und bist eher kritisch, sowohl deinem Partner gegenüber als auch in allen anderen emotionalen Beziehungen. Deine Leidenschaften kommen eher verbal in intellektuellen Debatten zum Ausdruck oder in der Arena des Geschäftslebens, wo dein erlesener Geist jeden Rivalen ausschalten kann. Du würdest einen guten Enthüllungsjournalisten abgeben. Alle Aspekte mit 160, 164, 167, 169, 189, 197, 269 oder 279 bringen Inspiration und Selbstvertrauen und tragen dazu bei, deine Gefühle und deine Gedanken zu integrieren und dich liebenswerter und geselliger machen. Mit 161, 182, 198, 209 oder 271 ist die harte Seite deiner Natur ausgeprägt, und deine Pläne können aufgrund von Pech oder falschem Timing scheitern. Insgesamt betont deine Mondstellung einen guten Kopf für Geschäfte, während sie sich auf den Ausdruck von Gefühlen eher negativ auswirkt. Lies alle Aspekte genau durch, denn du hast einander widersprechende Ideale, die positive oder harmonisierende Einflüsse verlangen.

Schlummerndes Potential

Dein schlummerndes Potential besteht darin, ganz bewußt das zu sagen, was du wirklich fühlst und denkst, aber dabei auch die Gefühle anderer in Betracht zu ziehen. In vergangenen Leben war dein Mangel an Erfolg hauptsächlich darauf zurückzuführen, daß du deine Hoffnungen in den guten Willen anderer gesetzt hast. In dieses Leben hast du eine starke Resterinnerung an sexuelle Frustration mitgebracht. Während du lernst, dich nicht auf andere zu verlassen, wirst du gleichzeitig lernen, Mitgefühl zu haben und anderen zu helfen. Das ist deine karmische Lektion. Du wirst dich in diesem Leben plötzlich von Ereignissen oder persönlichen Beziehungen distanzieren, die dich belasten, und da du anderen nicht wehtun möchtest, übst du dich in der Kunst der Täuschung. Letztlich entwickelst du ein Filtersystem, das es dir gestattet, kritische Entscheidungen zu treffen, ohne dabei gefühlsmäßig ins Wanken zu geraten. Dein psychologisches Profil enthüllt ein außergewöhnliches Potential, das einen idealen Psychiater oder Psychologen aus dir machen kann.

139

Schilf

Mond in der Waage

Du bist eine sehr liebenswerte Person, die alles tut, um zu Hause und am Arbeitsplatz eine harmonische Atmosphäre zu schaffen. Persönliche Beziehungen, besonders mit Partnern, können insofern sehr einflußreich sein, als sie dieses feine Gleichgewicht entweder unterstützen oder stören. Dein Schattenselbst, die Monddimension deines Charakters, hat den echten Wunsch, es jedem recht zu machen, und wird deshalb feststellen, daß man es niemandem recht machen kann. Als Schilfcharakter greifst du auf Charme und Diplomatie zurück, um deine Ziele zu erreichen. Das kann zur Folge haben, daß dein subtiler Geist sehr manipulativ wird. Deine Mondstellung begünstigt faires Urteilsvermögen, und das kann deinen Geist auf die höheren Ebenen der Intelligenz und der intuitiven Weisheit heben. Deine Emotionen sind mehr sinnlich und romantisch als leidenschaftlich. Du schätzt die Künste und bist sehr kultiviert. Mit 158, 167, 179, 195 oder 273 sind deine Gefühle aufrichtig, und dein Mitgefühl für andere ist echt. Außerdem hast du eine künstlerische Ader, die du stärker fördern solltest. Du würdest einen guten Diplomaten oder Künstler abgeben. Aspekte mit 177, 194, 214, 222 oder 174 wirken sich negativ aus und vereiteln deine Träume und Wünsche. Insgesamt enthüllt deine Mondstellung ein angenehmes Temperament und viel Kompromißbereitschaft.

Schlummerndes Potential

Dein schlummerndes Potential besteht darin, toleranter zu werden und mehr bedeutungsvolle

Beziehungen zu pflegen. In diesem Leben wirst du große Bewußtseinssprünge von einem Extrem zum anderen erleben. Dieses Ungleichgewicht führte in vergangenen Leben zu Selbstsüchtigkeit und Egoismus. Das versuchst du jetzt dadurch zu kompensieren, daß du auf die Meinungen anderer hörst und dich von ihren Gefühlen beeinflussen läßt. Aber das ist eine neue Erfahrung für dich, und weil du die Einmischung anderer eigentlich ablehnst, kommt es vor, daß du plötzlich deine Meinung änderst und dich zurückziehst. Unter deinem lässigen Wesen wohnt ein sehr starkes Ego, und obwohl eine starke Motivation für Schilfcharaktere wichtig ist, kann sie deinen natürlichen Hang zur Eifersucht oder Bitterkeit verstärken. Deine karmische Lektion hat mit dem Herbstäquinox zu tun, einer Zeit des inneren Wachstums, das darauf wartet, daß eine Brücke zwischen deinem Bewußten und deinem Unbewußten gebaut wird, und das kann geschehen, indem du den mittleren Pfad zur spirituellen Erleuchtung gehst. Dein psychologisches Profil macht deutlich, daß du eine neue Identität suchst.

140

Schilf

Mond im Skorpion

Du hast eine magnetische Persönlichkeit und eine sexuelle Ausstrahlung, die auf andere faszinierend, attraktiv oder sogar bedrohlich wirkt. Auf jeden Fall kann deine Präsenz Urinstinkte wecken oder äußerst ursprüngliche Reaktionen auslösen. Dein Schattenselbst, die Mondseite deines Charakters, ist auf das Übersinnliche und auf die Mysterien des Lebens eingestimmt. Du hast intensive, leidenschaftliche Gefühle und kannst deinen Partner völlig dominieren, indem du seine Willenskraft untergräbst. Als Schilfcharakter mußt du dich davor hüten, deine Macht über andere zu mißbrauchen, weil das zu Skandalen und kriminellen Aktionen führen könnte. Eine Konjunktion zwischen deinem Mond und deiner Sonne verstärkt deine Schilfeigenschaften und kann sowohl deine negativen als auch deine positiven Eigenschaften in etwas verwandeln, das man als übernatürliche Kräfte bezeichnen könnte. Noch weiter verstärkt wird dieser Aspekt, wenn auch Merkur im Skorpion liegt. Mit Merkur im Schützen oder in der Waage solltest du fähig sein, diese Macht weiser handzuhaben. Die Quelle deines Wissens wirkt transformierend auf dich und andere. Mit 173, 190, 209, 265, 271 oder 277 kann sich deine Leidenschaftlichkeit in seelische Grausamkeit verwandeln, weil blockierende Einflüsse dich zu mehr Rücksichtslosigkeit zwingen. Insgesamt verkompliziert deine Mondstelllung deine mächtigen Wünsche und Ambitionen. Wenn du deine Ziele vereinfachen willst, mußt du dich sehr davor hüten, in emotionale Erpressung oder subversive Aktivitäten verwickelt zu werden.

Schlummerndes Potential

Deine karmische Aufgabe besteht darin, dich selbst in einem dunklen Spiegel zu betrachten. Das kann sehr schmerzhaft sein, weil es eine völlige Transformation des Bewußten und des Unbewußten mit sich bringt, was bedeutet, daß du dir neue Werte schaffen und selbständiger werden mußt. In früheren Leben hast du viele materielle Reichtümer angehäuft, aber das hat dir kein persönliches Glück gebracht, wie es oft der Fall ist. In diesem Leben wirst du anfangs große Härte oder sogar Armut erfahren, aber wenn du die Freundlichkeit und Großzügigkeit anderer zu schätzen beginnst, wird sich deine Lebensauffassung grundlegend verändern. Psychologisch gesehen hast du eine dominante

Persönlichkeit, aber du bist auch äußerst ehrlich und hast eine Charaktertiefe, die andere als Stärke oder Tugend und nicht als Schwäche betrachten.

141

Schilf

Mond im Schützen

Du bist voll von hoch geladener, strahlender Energie, aber du verzettelst sie leicht in viele Richtungen. Das hat zur Folge, daß du zwar viele Gedankensamen säst, aber erst viel später im Leben anfängst, ihre Früchte zu ernten. Dein Schattenselbst, die Mondseite deines Charakters, hebt deine Lebensgeister in Krisenzeiten. Du bist ein ehrlicher Mensch mit einer hoch entwickelten Intuition. Dein für den Schilfcharakter typisches starkes Zielbewußtsein wird durch einen philosophischen Ansatz und große Offenheit betont. Die geheimnisvolle Seite deines Wesens tritt weniger stark hervor, und deine Leidenschaft sowie deine hochgradige Energie fließen in körperliche und intellektuelle Herausforderungen. Du fühlst dich zu gefährlichen Sportarten und Aktivitäten ebenso stark hingezogen wie zu Berufen, die physische und mentale Ausdauer verlangen. Möglicherweise bist du so etwas wie ein Glücksritter. Im privaten Bereich hast du es jedenfalls überhaupt nicht eilig dich niederzulassen, und dauerhafte Beziehungen sollten deinem Bedürfnis Rechnung tragen, dich weiterhin deinen verschiedenen Großtaten widmen zu können. Aspekte mit 160, 167, 181, 186, 197, 203, 278 oder 279 verstärken dein immenses Potential und qualifizieren dich für so gut wie jedes Studium an einer Unversität. Ganz allgemein bist du ein beliebtes Aushängeschild jeder Gemeinschaft. Mit 174, 191, 194, 208, 211 oder 280 sind deine Ziele möglicherweise zu hoch gesteckt, was deine Motivation und deinen Charakter schwächen kann. Achte auf positive Aspekte mit Saturn, um deine Selbstdisziplin zu verbessern. Alles in allem erweitert deine Mondstellung deinen Horizont.

Schlummerndes Potential

Dein schlummerndes Potential ist ein offenes Buch, weil du einen starken Charakter hast, der Anspruch auf eine Erwähnung in den Geschichtsbüchern erhebt. Deine karmische Lektion besteht jedoch darin, dir selbst und anderen gegenüber feste Verpflichtungen einzugehen. In vergangenen Leben hast du nur wenig Anerkennung bekommen. Daher deine Restereinnerung an verpaßte Möglichkeiten und wenig reizvolle Herausforderungen. Du wirst in diesem Leben einigen Menschen begegnen, die vor Situationen weglaufen, mit denen sie nicht umgehen können oder wollen. Diese Spiegelbilder sollten dich veranlassen, über deine eigenen Schwächen nachzudenken. Du hast eine Mission im Leben, die sich zur Besessenheit ausweiten kann, aber deine Suche nach höherer Bildung ist im wesentlichen eine Suche nach Wahrheit – nach einer Wahrheit, die du letztendlich in dir selbst findest.

142

Schilf

Mond im Steinbock

Du bist eine ernstzunehmende Figur in der Geschäftswelt oder in Berufen, die hundertprozentige Hingabe erfordern, denn du hast eine Strenge an dir, die andere für beinahe übermenschlich halten. Dein Schattenselbst, die Mondseite deines Charakters, reagiert in dramatischer Weise auf die Mondzyklen. In der abnehmenden, dunklen Phase, kurz vor Neumond, fällst du in dunkle Depressionen, die dich kurzfristig völlig lahmlegen können. Deine für einen Schilfcharakter typische leidenschaftliche Natur wird auf der emotionalen Seite unterdrückt und auf materielle Ziele und einen entsprechenden Status gelenkt. Das hat zur Folge, daß dein gesellschaftliches und privates Leben beinahe nicht existent ist. Menschen mit Mond im Steinbock suchen sich in der Regel Partner, die ihren versteckten Humor ebenso ans Licht holen wie persönliche Eigenschaften, die in der Öffentlichkeit meist nicht hervortreten. Deine Charaktertiefe braucht Zeit, um sich manifestieren zu können, aber wenn das geschieht, siehst du plötzlich um Jahre jünger aus, weil sich sämtliche Blockaden schichtenweise aufzulösen beginnen. Aspekte mit 160, 167, 181, 186, 197 oder 278 helfen Depressionen zu vertreiben, vermehren deine Lebensfreude und erweitern deinen Intellekt. Mit 161, 182, 198, 209, 224 oder 283 befindest du dich auf einer emotionalen Abwärtsspirale, und trübe Gedanken verdüstern dein Leben. Achte auf positive Aspekte mit Mars, Saturn und Venus. Sie können die Dinge zum Besseren wenden. Alles in allem bringt deine Mondstellung große innere Stärke hinzu, fördert aber auch einen Mangel an Empfindsamkeit.

Schlummerndes Potential

Dein schlummerndes Potential besteht darin, deine innere Stärke in eine Quelle ethischer Ideale zu verwandeln, statt weiterhin rein materielle Werte hochzuhalten. Dies ist vermutlich nicht deine letzte Wiedergeburt auf der Erde, aber du stehst kurz vor einer karmischen Entscheidung, die großen Einfluß auf deine künftigen Inkarnationen haben wird. In früheren Leben warst du schon viele Male an diesem Punkt, bist aber über deine Unfähigkeit gestolpert, starre Ansichten und selbsgerechtes Verhalten loszulassen. Daher bist du jetzt in einer Position, in der du andere beurteilen mußt. Vielleicht bist du ein Arbeitgeber oder auf einer höheren moralischen Ebene als Richter oder Juror tätig. Tätiges Mitgefühl wird dir helfen, deine eigenen Resterinnerungen an unfaire Behandlung loszulassen, und darin besteht deine karmische Aufgabe. Dein psychologisches Profil enthüllt ein Verhaltensmuster, das schon früh im Leben geformt wurde und sich entwickeln muß, um in die Gesellschaft zu passen.

143

Schilf

Mond im Wassermann

Du bist ein militanter Streiter für eine gerechte Sache und wirst alles einsetzen, was in deiner Macht steht, ohne jedoch in Anarchie zu verfallen. Dein Schattenselbst, die Mondseite deines Charakters, ist unberechenbar und sorgt dafür, daß dein Horoskop schwer zu analysieren ist. Deine für einen Schilfcharakter typische Zielstrebigkeit kann also plötzlich ins Wanken kommen, aber dein Bedürfnis Einfluß auszuüben ist dramatisch erhöht. Obwohl du eher ein Intellektueller bist und viele originelle Ideen hast, kann dein Wunsch nach Unabhängigkeit regelrecht zur Besessenheit werden. Dein leidenschaftliches Wesen und deine Sexualität können sehr unkonventionell werden, und deinen Emotionen kann es an Wärme mangeln. Dennoch bist du ein Verfechter humanitärer Ideale, dem sehr daran gelegen ist, die Lebensqualität unterprivilegierter Menschen zu verbessern. Auf diesem Gebiet kannst du sicherlich etwas bewirken, besonders als Soziologe oder als Mitglied einer Wohltätigkeitsorganisation. Aspekte mit 152, 169, 183, 188, 199, 205 oder 285 betonen deine humanitäre Seite und deinen starken Intellekt, der höchst originelle Projekte initiiert. Du bist möglicherweise ein bißchen exzentrisch und würdest einen liebenswerten Professor abgeben. Mit 176, 193, 210 oder 286 kann dein unkonventionelles Verhalten pervers werden und dein Jähzorn unkontrollierbar. Achte auf positive Aspekte mit Saturn und Jupiter. Insgesamt bringt deine Mondstellung große Inspiration und fördert inneres Wachstum oder höheres Wissen.

Schlummerndes Potential

Dein schlummerndes Potential besteht darin, praktisches Wissen und gesunden Menschenverstand zu entwickeln, um zu vermeiden, daß du eine Menge Zeit in aussichtslose Projekte investierst. In früheren Leben hat dich dein immenser Stolz und deine rebellische Natur aus der Gesellschaft vertrieben und Glück in persönlichen Beziehungen verhindert. Jetzt geht es darum, Mäßigung in allen Dingen zu lernen. In diesem Leben wirst du mit vielen Vorurteilen zu kämpfen haben, weil du „deiner Zeit voraus" bist, und zwar in dem Sinne, daß deine visionären Ideen den Rahmen dessen sprengen, was die meisten Menschen verstehen können. Die Reinigungsriten, die mit deinem Zeichen assoziiert werden, befreien Verstand, Körper und Geist von Lust. Deshalb lernst du deine karmische Lektion, indem du emotional auf Abstand bleibst, aber dieses Verhalten kann schließlich in echte Liebe münden. Dein psychologisches Profil verrät Furcht vor Impotenz, die sich zwar auch auf der körperlichen Ebene manifestieren kann, aber sehr viel mehr die emotionale und spirituelle Ebene betrifft.

144

Schilf

Mond in den Fischen

Du bist sehr einfühlsam und liebst die Künste und die Schönheit. Dein mitfühlendes Wesen zieht dich aber auch in die heilenden Berufe. Dein Schattenselbst, die Mondseite deines Charakters, weiß, was Demut ist. Als Schilfcharakter kann dich das zum Heiler machen, der über eine außerordentliche Einsicht verfügt, sowohl in die richtige Diagnose als auch in die passende Heilmethode. Ähnlich gut eignest du dich als Geistheiler. Du bist eine eigenartige Mischung aus Sanftheit und Stärke, und dieser Kontrast geht auf die Dualität deines Fischemonds zurück, der zwei ineinander verwobene Persönlichkeiten offenbart, die völlig unterschiedlich reagieren. Oft bist du innerlich über dein eigenes Verhalten schockiert, und doch gibt es eine andere Seite in dir, die jede Möglichkeit wahrnimmt, ein paar Hiebe auszuteilen. Menschen mit einem dualen Wesen verstehen den dualen Zyklus von Leben und Tod und haben daher Zugang zu den Mysterien. Kurz gesagt, du bist ein spiritueller Mensch. Mit 170, 189, 206 oder 288 hat dein spirituelles Wesen eine mystische Qualität, die dich in das übersinnliche Reich von Pwyll oder Pluto zieht. Dein künstlerisches Potential ist ähnlich gut ausgeprägt wie deine Heilkräfte. Aspekte mit 177, 194, 211 oder 289 üben einen extrem negativen Einfluß aus und können deine spirituellen Anlagen zu verrückten Phantasien oder gefährlichen Illusionen degradieren. Achte auf positive Aspekte mit Jupiter und Saturn. Insgesamt mildert deine Mondstellung das Wesen deines Zeichens.

Schlummerndes Potential

Dein schlummerndes Potential besteht darin, inneren Zugang zur spirituellen Welt zu finden. Das wird dir eine echtere Vision geben, als wenn du dich nur auf religiöse Lehren und verstaubte Dogmen verläßt. Deine karmische Aufgabe bezieht sich auf den Glauben der Druiden, daß die Seele aus freien Stücken beschließt, sich über viele Leben hinweg weiterzuentwickeln. Mit anderen Worten, was du tun mußt, mußt du selbst tun. Du kannst dich nicht auf die Erfahrungen anderer verlassen, denn jede Seele geht ihren eigenen Weg. In früheren Leben standest du in enger Verbindung mit obskuren religiösen Gemeinschaften und hast nur wenige wahrhaft erleuchtete Seelen getroffen. In diesem Leben wirst du vielen Menschen begegnen, die plötzlich auf wunderbare Weise als Boten oder Führer in dein Leben treten, und das meist in kritischen Zeiten, wenn dein Glaube ins Wanken gerät. Durch Meditation und ein einfaches Leben wirst du große Fortschritte machen. Dein psychologisches Profil enthüllt eine hohe emotionale Spannung, die deine Gesundheit beeinträchtigen kann. Zeiten der völligen Zurückgezogenheit können dir helfen, deine innere Stärke zu finden.

Keltisches Mondzeichen: Holunder

Mondsymbol: Schwarzes Pferd

Das schwarze Pferd ist die mystische Persona von Pryderi, dem Sohn der keltischen Pferdegöttin Rhiannon und Pwyll, dem Gott der Unterwelt. Die symbolische Wiedergeburt von Pryderi am Tag der Wintersonnenwende spiegelt den Kompromiß, zu dem der Kampf zwischen der keltischen Mondgöttin und den Sonnengöttern um die Vormachtstellung schließlich führte. Alle Göttinnen wurden als Manifestationen der großen Mondgöttin Ceridwen angesehen, und eine davon, Rhiannon, erscheint zur Sommersonnenwende als weiße Stute. Der Name Pryderi bedeutet „Ärger“ oder „Sorge“, und das war passend, denn Pryderis Verschwinden brachte seiner Mutter eine ungerechte Strafe ein und bewirkte, daß sie den Glauben an die Mondgöttin verlor. Seine Wiederkehr sieben Jahre später stellte die alte Autokratie des Matriarchats wieder her und bestätigt den alten keltischen Mondkalender und Tierkreis.

Den Holunderbaum umgibt seit der Jungsteinzeit die Aura des Mystischen, denn damals wurden die Umrisse seiner Blätter auf Grabsteine gemeißelt, um Tod und Wiedergeburt zu symbolisieren. Im rituellen Tierkreis der Druiden kennzeichnet er das kritische Stadium zwischen Leben und Tod zur Zeit der Wintersonnenwende. Die Druiden stellten Saturn, der als Sadorn bekannt war, an das Ende des lunaren Tierkreises, weil er die Gefangenschaft der Sonne oder des Sonnengeistes bezeichnet. Astrologisch gesehen regiert Saturn über alle formativen Prozesse und ist der „Herr des Mineralreiches“, in dem die Quelle allen Lebens und allen Lichtes gefangen ist. Die Kosmologie der Druiden bestätigt also ein genaues Wissen über die Planetenstellungen und ihre Einflüsse. Im dreizehnten Mondmonat feierten die Druiden die Sonnenwende mit Holunderwein, dem letzten Geschenk ihrer Erdgöttin. Dem Holunderwein wird nachgesagt, daß er Leib und Seele verjüngt und mächtige prophetische Träume erzeugt.

Der Holundercharakter

Du wurdest zu einer Jahreszeit geboren, in der die Erde in dunkle Nächte eingehüllt ist. Mit einzig dem mystischen Licht des Mondes als Führung ist es eine Zeit der stillen Unsicherheit, aber gleichzeitig eine Zeit großer spiritueller Bewußtheit. Als Holundercharakter kämpfst du trotz enormer Widerstände weiter und trägst letztlich den Sieg in all deinen Unternehmen davon. Deine größte Stärke ist deine Integrität und das instinktive Wissen, wann du recht hast und andere im Unrecht sind – eher eine moralische Beurteilung als eine materielle Entscheidung. In deiner Jugend verschwendest du viel Zeit und Energie auf wilde Abenteuer, und dein Freigeist lehnt Disziplin und Autorität ab. Darunter kann deine Erziehung leiden. Dennoch wirst du anderen Respekt abnötigen und mächtigen Einfluß ausüben, wenn du älter wirst, und du wirst nie aufhören zu lernen und dein Wissen zu erweitern.

Deine ererbten Chrakterzüge kommen von der väterlichen Seite deiner Familie, aber deine Mutter hat dich ermutigt, deinen eigenen Weg im Leben zu gehen. Von ihrer Seite der Familie hast du eine gewisse Wildheit geerbt, den ungezähmten Geist des „schwarzen Fohlens". Du bist eine unverblümte Person und sprichst gelegentlich ohne zu denken, was wie du meinst ein einfacher Ausweg aus einer Situation sein kann. Manchmal glaubst du, daß du andere auf Abstand halten kannst, indem du frei und offen deine Meinung sagst. Andererseits kannst du, wenn du von einer Sache tief berührt bist, andere mit großer Redegewandtheit oder noblen Gesten davon überzeugen. Deine Suche nach Glück oder Reichtum wird dich an viele ferne Orte bringen, nur um zu entdecken, daß deine wahre Bestimmung viel näher liegt. Das Studium alter Kulturen und Philosophien kann dir den Weg weisen, und selbst wenn du körperlich nie reist, unternimmst du sehr aufregende und lebendige Reisen in deinem Geist. Du bist sehr energisch und brauchst ständig physische oder geistige Stimulation. Dein Privatleben ist ein offenes Buch, da du nie Verpflichtungen eingehst, bevor du dazu bereit bist.

Aspekte mit 160, 167, 181, 186, 197, 203, 242, 258, 278 oder 279 betonen deine besten Eigenschaften und bereiten den Boden für Glück und Wohlstand, was dir im Leben jede Menge Spielraum gibt. Deine moralische Integrität und deine intellektuellen Fähigkeiten sollten es dir ermöglichen, ohne große Anstrengung einflußreiche Positionen zu erreichen. Mit 168, 187, 204, 238 oder 282 bist du ernster und dein Fortschritt kann langsamer sein, aber gleichzeitig hast du mehr logischen Verstand und eine bessere Strategie. Aspekte mit 161, 182, 192, 209 oder 283 können deine Anstrengungen behindern, indem sie deine Vitalität schwächen und deinen Willen, alle Hindernisse zu überwinden. Insgesamt bist du ein äußerst extravagantes Individuum mit Humor und Optimismus, das Licht aussendet und andere inspiriert.

145

Holunder

Mond im Widder

Du bist ein schlagfertiges, rastloses Individuum, dem es an Geduld und Durchhaltevermögen fehlt. Allerdings bist du schon längst aus den Federn, wenn andere noch friedlich schlafen. Dein Schattenselbst, die Mondseite deines Charakters, reagiert mit großem Enthusiasmus und Wagemut auf Herausforderungen und Hindernisse im Leben. Dein für einen Holundercharakter typischer Pioniergeist wird viele Grenzen überschreiten und zahlreiche Alternativen für die konventionelle Art Dinge zu tun bereithalten. Du bist so impulsiv, daß du dich oft unversehens in gefährlichen Situationen wiederfindest. Aber gerade dann bist du am besten, und deine aggressiven Taktiken und blitzschnellen Reflexe verhelfen dir zum Sieg. Dein sehr satirischer Humor kann das Ego deines Gegners treffen. Dein eigenes Ego bläst sich gern auf, wenn andere dich ignorieren. Mit 166, 185, 202, 217, 232 oder 276 hast du mehr Kontrolle über deine Leidenschaften und lenkst deine Energie in gut ausgedachte Pläne und Vorhaben. Diese Aspekte werden mit Erfolg durch konzentrierte Anstrengung identifiziert. Mit 176, 190, 207, 222, 265 oder 277 sind Aggressivität und selbstsüchtige Handlungen betont, was dich möglicherweise zum Tyrannen macht, zu einem Menschen, mit dem man unmöglich arbeiten oder zusammenleben kann. Achte auf positive Aspekte mit Jupiter und Saturn. Insgesamt unterstreicht deine Mondstellung deine Rastlosigkeit, verstärkt aber auch deinen Willen zu siegen.

Schlummerndes Potential

Dein schlummerndes Potential besteht darin, eine kontrollierte Bewußtseinsebene zu entwickeln. Das Ungleichgewicht in deiner Psyche manifestiert sich als hochgradige emotionale und physische Energie, der es an einer deutlichen oder logischen Richtung mangelt. In früheren Leben hattest du Schwierigkeiten, ohne die Hilfe anderer konkrete Entscheidungen zu treffen. In diesem Leben bist du entschlossen, alles im Alleingang zu machen, was dich sehr egozentrisch erscheinen läßt. Du wirst dich möglicherweise öfter von anderen isolieren, um Kräfte zu sammeln und deine Perspektive neu einzustellen. Das kann ein neues Identitätsgefühl zur Folge haben, das besser funktioniert, wenn du mit anderen zusammenarbeitest. Von besonderer Bedeutung ist dies in persönlichen Beziehungen, denn durch einen Partner, der dir die Hilfe und Anleitung gibt, die du suchst, kann deine ganze Psyche harmonisch transformiert werden. Das ist mehr oder weniger deine karmische Aufgabe. Dein psychologisches Profil zeigt ein unberechenbares Verhaltensmuster, das von einem Mangel an bewußter Kontrolle zeugt, aber das kann sich ändern, wenn du emotional reifer geworden bist, was später ist als bei den meisten.

146

Holunder

Mond im Stier

Du hast große Durchhaltekraft und feststehende Werte, die eher materialistisch sind. Deine Wertschätzung der Künste fördert jedoch deinen ästhetischen Geschmack und deinen Stil. Dein Schattenselbst, die Mondseite deines Charakters, bringt emotionale Stabilität in dein Leben sowie die Fähigkeit, deine Zuneigung warm auszudrücken. Deine Liebe zu den guten Dingen im Leben kann exzessiv werden, aber du bist ein großzügiger Gastgeber. Dein Bedürfnis nach emotionaler und finanzieller Sicherheit schränkt deine Entwicklung als Holundercharakter ein, aber sicher führst du ein zufriedeneres Leben. Deine Interessen gehen in Richtung

Kunst, Geschäfte oder Investitionen. Deine Mondstellung betont einen Widerstand genüber Veränderungen, und das paßt eigentlich nicht zu jemandem mit einem derart freien und expansiven Geist. Wenn dein Merkur im Schützen steht und nicht in Verbindung mit deiner Sonne, ist das nicht so stark ausgeprägt. Mit 165, 167, 179, 181, 186, 189, 201 oder 273 hast du Charme, eine magnetische Ausstrahlung und alle damit verbundenen gesellschaftlichen Vorzüge. Du hast zwar einen feinen Geschmack und vertust deine Zeit nicht mit nutzlosen Dingen, aber deine humanitären Ideale stellen deine materialistische Einstellung in den Schatten. Aspekte mit 161, 172, 177, 182, 209, 214 oder 271 blockieren deine Fähigkeit, Gefühle auszudrücken, betonen engstirnige Werte und schränken deinen Erfolg ein. Achte auf positive Aspekte mit Mars und Jupiter und Jupiter und Saturn. Insgesamt übt deine Mondstellung einen stabilisierenden Einfluß aus, der künstlerische und praktische Fertigkeiten fördert.

Schlummerndes Potential

Dein schlummerndes Potential besteht darin, deinen Intellekt bewußt zu fördern und auszubilden, denn du neigst zu maßlosen Exzessen und extremen Leidenschaften. Das hängt mit einer Resterinnerung an vergangene Leben zusammen, in denen dein starker Sexualtrieb deine moralische Integrität aufs Spiel setzte. Auch in diesem Leben zieht es dich in Beziehungen, die zwar deinem Ego schmeicheln, aber ansonsten destruktiv und von Heuchelei geprägt sind. Du wirst also deinen Appetit zügeln müssen – nicht um körperlich abzuspecken und leichter zu werden, sondern damit dein niederer Geist seine Flügel leicht und frei ausbreiten und auf die Ebene des höheren Geistes fliegen kann. Deine karmische Aufgabe besteht darin, dich in der Kunst der Unterscheidung zu üben und deine Eifersucht Schritt für Schritt überwinden zu lernen. Dein psychologisches Profil zeigt einen Charakter, der kaum zu Ängsten oder Neurosen neigt.

147

Holunder

Mond im Zwilling

Du bist ein vielbeschäftigter Mensch, der nie genug Zeit hat, um all die Termine wahrnehmen zu können, die er in seinem Kalender notiert hat. Du hast ein natürliches Talent zum Schreiben und für Sprachen, da Kommunikation ein wesentlicher Teil deiner Persönlichkeit ist. Dein Schattenselbst, die Mondseite deines Charakters, schläft nie. Selbst deine Träume sind voll von lebhaften Ereignissen und Menschen, die irgendwann deinen Weg kreuzen werden. Als Holundercharakter hast du ein extrem rastloses Wesen und sehr viel nervöse und körperliche Energie. Du bist sehr intellektuell und stets bestrebt, geistig auf dem neuesten Stand zu bleiben. Daher bist du auch ein eifriger Leser, der alles Gedruckte verschlingt, dessen er habhaft werden kann, und dein wißbegieriger Verstand will in alle nur vorstellbaren Themen eintauchen. Als Journalist oder Berichterstatter bist du eine außergewöhlich gute Informationsquelle. Deine Emotionen sind jedoch so wechselhaft, daß dauerhafte Beziehungen schwer aufrechtzuerhalten sind. Doch das macht dir nichts aus, denn es gibt immer neue Leute, die du treffen und andere Orte, die du besuchen kannst. Mit 167, 169, 188, 197, 203 oder 204 hast du einen brillanten Intellekt und die Fähigkeit, dich schnell in schwierige Themen einzuarbeiten. Du bist ein genialer und sehr kreativer Schriftsteller. Mit 171, 177, 208 oder 210 bist du eher oberflächlich und neigst zu Klatsch und Übertreibung. Achte auf positive Aspekte mit

Jupiter und Saturn. Insgesamt betont deine Mondstellung deine Rastlosigkeit, bringt jedoch viel Witz und Logik in deine Suche nach Wissen.

Schlummerndes Potential

Dein schlummerndes Potential besteht darin, deine wichtigsten Ziele nicht aus den Augen zu verlieren, denn du bist so mit deinen hastigen Auf- und Abtritten beschäftigt, daß du das Offensichtlichste gern übersiehst. Du scheinst immer gerade anzukommen oder wegzugehen – eine Art zeitliche Wiederholung, die mit deiner karmischen Aufgabe zu tun hat. In früheren Leben hast du die grenzenlose Freiheit eines Wildpferds genossen, aber am Ende hast du erkannt, daß die Gesellschaft anderer und persönliche Beziehungen auch Spaß machen können. Diese Resterinnerung veranlaßt dich nun, in hektische Kommunikation mit anderen zu treten und Beziehungen als eine Art Sport anzusehen. Du wirst dich bewußt entscheiden müssen, ob du bleiben oder gehen willst. Wenn du dich für das Bleiben entscheidest, wirst du feststellen, daß deine nervöse Energie verschwindet und daß Worte eine wichtige Bedeutung haben und nicht nur reine Kommunikationsmittel sind. Das ist deine karmische Aufgabe. Dein psychologisches Profil zeigt ein unbeständiges Verhaltensmuster, aber in ständiger Bewegung und Veränderung scheinst du aufzublühen.

148

Holunder

Mond im Krebs

Du bist ein sehr gefühlsbetonter Mensch, obwohl du dich ständig selbst davon überzeugen willst, daß es dir egal ist, was andere Menschen denken. Du hast ein freundliches und sympathisches Wesen und machst dir echt Gedanken um die Gefühle anderer. Dein Schattenselbst, die Mondseite deines Charakters, reagiert auf die sich verändernden Mondzyklen. In der zunehmenden Mondphase bist du sehr optimistisch, aber in der dunklen Phase vor Neumond kann deine Energie plötzlich auf ein sehr niedriges Niveau fallen. Als Holundercharakter bist du vorsichtig und erfinderisch. Du wirst wahrscheinlich früh im Leben eine Familie gründen, da du starke mütterliche oder väterliche Instinkte hast. Dennoch bist du ein ziemlich komplexes Individuum, und deine Stimmung ist nicht immer einfach einzuschätzen. Deine Suche nach Wissen richtet sich auf alte Kulturen, Geschichte und Antiquitäten. Du hast ein feines Gespür für geschichtliche Zusammenhänge, und deine intuitive Einsicht weckt den Forscher in dir und veranlßt dich, alte Stätten aufzusuchen. Aspekte mit 170, 186, 189, 197, 204 oder 242 betonen deine mitfühlenden Eigenschaften und eine ausgeglichene Mischung aus Emotionen und Intellekt. Deine vielseitigen Fertigkeiten sind ebenfalls aktiviert. Mit 161, 177, 182, 194, 209 oder 211 können deine Stimmungen in Depressionen abfallen. Diese Aspekte untergraben im allgemeinen dein wahres Potential. Positive Aspekte mit Jupiter üben hier einen kompensierenden Einfluß aus. Insgesamt bringt deine Mondstellung einen nachdenklicheren Einfluß als deiner Grunddispoition förderlich ist.

Schlummerndes Potential

Dein schlummerndes Potential ist so komplex wie dein Wesen. Deine Mondstellung bezeichnet die Zeit um die Sommersonnenwende, und diese Wende bedeutet, daß du dein Ego opfern mußt, um dich auf eine spirituelle oder höhergeistige Ebene zu begeben. Aber bevor du diese Reise antreten kannst, mußt du erst eine feste Basis errichten, von der aus du dich entwickeln kannst. In vergangenen Leben warst du ein anspruchsvoller Elternteil, selbst sehr erfolgreich und mit allzu ehrgeizigen Plänen für deine Kinder. Die Resterinnerung daran hat einen mächtigen Einfluß auf dein jetziges Leben, und deine karmische Aufgabe besteht darin, eine neue bewußte Einstellung und ein neues emotionales Muster zu entwickeln. Das wird dir helfen, dein gefangenes Ego zu befreien. Schließlich wirst du merken, daß dein freier Geist sich ohne die emotionalen Fesseln entwickelt, die du ihm angelegt hast, wenn du dich auf deine eigenen Ziele konzentriertest. Dein psychologisches Profil zeigt ein sehr empfindsames Individuum, das zu Stimmungsschwankungen neigt und nicht gern Ratschläge annimmt.

149

Holunder

Mond im Löwen

Du hast ein ausgezeichnetes Organisationstalent, das es dir gestattet, dein Leben zur Gänze auszukosten, und dein großartiger Lebensstil hebt dich deutlich von der Masse ab. Dein Schattenselbst, die Mondseite deines Charakters, ist sehr kreativ und gefühlsbetont. Du denkst immer in weiten Dimensionen und hast hochgesteckte Ziele. Als Holundercharakter sind deine Führungsqualitäten betont, was dich ermuntern sollte, schon früh im Leben Verantwortung zu übernehmen. Du bist zwar ein Freigeist, aber deine Maßlosigkeit in materiellen Dingen kann extreme Formen annehmen. Du gibst sehr viel Geld für kostbare Geschenke und erstklassiges Essen aus und kannst mit Fug und Recht als Connoisseur bezeichnet werden, aber dieses gute Leben kann dich auch snobistisch, aufgeblasen und überheblich machen. Im allgemeinen bist du jedoch ein sehr liebenswerter Mensch, dessen Gesellschaft man allenthalben genießt. Mit 165, 167, 179, 186, 195 oder 242 sind all deine gesellschaftlichen Tugenden und deine künstlerischen Fähigkeiten voll aktiviert. Du hast das Glück auf deiner Seite und wirst höchstwahrscheinlich auch Glück in der Liebe haben. Alle Aspekte mit 177, 182, 194, 209, 245 oder 259 üben einen schwächenden Einfluß aus, betonen deine Eitelkeit, Faulheit und Intoleranz wirken allgemein demotivierend. Achte auf positive Aspekte mit Mars und Saturn. Insgesamt zeigt deine Mondstellung ein feuriges Individuum, das nie in der zweiten Reihe steht.

Schlummerndes Potential

Dein schlummerndes Potential besteht darin, deine übermäßige Energie zu festigen, bevor sie verdampft und deine Kraft mindert. Du hast in diesem Leben Gelegenheit, dir einen eigenen Lebensstil zu schaffen und damit im karmischen Sinne deine eigene Bestimmung. Deine hochgradige Energie ist extrem explosiv und kann schnell ausbrennen. In früheren Leben bist du der Realität gern ausgewichen, indem du Luftschlösser gebaut hast. Die Resterinnerung daran übt nach wie vor einen ablenkenden Einfluß aus. Im Lauf deines Lebens wirst du einige Schlüsselerlebnisse mit Kindern haben. Du kannst dich sehr gut in ihre Phantasiewelt einfühlen, aber dann solltest du erkennen, daß deine eigenen Phantasievorstellungen dich davon abgehalten haben, dein wahres Potential zu verwirklichen. Dein psychologisches Profil zeigt einen Peter Pan - Charakter, der möglicherweise Zeit seines Lebens ein eher unreifer Mensch bleibt.

150

Holunder

Mond in der Jungfrau

Du machst dir Sorgen, selbst wenn alles gut läuft, weil du dazu tendierst, in jedem Vertrag vor allem das Kleingedruckte zu lesen, das immer eine Warnung oder Verzichtserklärung beinhaltet. Dein Schattenselbst, die Mondseite deines Charakters, reagiert eher gemessen auf das Leben. Du bist sehr kritisch anderen gegenüber, aber wenn es um dich selbst geht, muß deine Kritik schon fast als Selbstzüchtigung bezeichnet werden. Das kann dein Holunderego dämpfen, aber es gibt dir auf der anderen Seite eine sehr viel konzentriertere Perspektive und sorgt dafür, daß du deine Zeit und Energie nicht für riskante Unternehmungen verschwendest. Deine natürliche Vitalität kann jedoch ebenfalls beeinträchtigt sein, und das ist eine ernstere Angelegenheit. Wenn dein Merkur im Steinbock steht, bist du vermutlich sehr viel ernster und vernünftiger als andere Holundercharaktere. Merkur im Schützen wird deinen Horizont erweitern und dein kritisches Wesen in Schach halten. Mit Merkur im Skorpion wird deine Suche nach Wissen obskure und tiefgehende Informationen ans Licht bringen. Aspekte mit 160, 164, 167, 169, 189, 197 oder 242 neutralisieren die negativen Aspekte deiner Mondstellung und sorgen für eine harmonische Perspektive, indem sie deinen Intellekt und deine Emotionen vereinen. Mit 161, 182, 198, 209 oder 245 arbeitest du nur mit halbem Tempo, und deine Hoffnungen und Träume zerbrechen schnell oder werden nie aktiviert. Achte auf positive Aspekte mit Jupiter und Mars. Insgesamt übt deine Mondstellung einen hemmenden Einfluß aus, obwohl sie deine Exzesse einschränkt und deine Ansichten auf den Punkt bringt.

Schlummerndes Potential

Dein schlummerndes Potential besteht darin, dein bewußtes und dein unbewußtes Wesen in Einklang zu bringen. In früheren Leben war dein Verstand deinem körperlichen und seelischen Durchhaltevermögen immer eine Nasenlänge voraus. Das hatte zur Folge, daß du oft krank warst. Die Resterinnerung daran verfolgt dich noch immer und erklärt, warum du jetzt lernen mußt, dein Tempo besser zu bestimmen. Deine karmische Aufgabe besteht darin, mehr Verantwortung für deine Handlungen zu übernehmen und Menschen mit ernsthaften Handikaps zu helfen. Du wirst in diesem Leben einige Menschen kennenlernen, die trotz ihrer Behinderungen ein erfülltes und aktives Leben führen. Ihre enorme Motivation und ihr unabhängiger Geist sollten großen Eindruck auf dich machen. Dein psychologisches Profil weist auf eine Berufung hin, möglicherweise im Bereich Medizin oder Gesundheitspflege.

151

Holunder

Mond in der Waage

Deine Grundhaltung ist gelassen und höflich, was zu Hause und am Arbeitsplatz für eine angenehme Atmosphäre sorgt. Dein Schattenselbst, die Mondseite deines Charakters, schätzt die Schönheit der Natur und die feineren Dinge im Leben. Du bist im Grunde ein Idealist und der Ansicht, daß die Welt sehr viel schöner sein könnte, wenn die Menschen romantischer und weniger aggressiv wären. Als Holundercharakter hast du Charme und bist fähig, den Standpunkt anderer zu respektieren. Deine Suche nach Wissen richtet sich mehr auf die Künste als auf die Wissenschaften. Unentschiedenheit ist deine Schwäche, und du kannst gefühlsmäßig manipulativ werden. Persönliche Beziehungen spielen mit dieser Mondstellung eine große Rolle. Da du Streitigkeiten und Mißstimmungen ablehnst, ist deine Partnerwahl entscheidend für dein persönliches Glück. Auch deine persönliche Freiheit steht in engen Beziehungen auf dem Spiel. Aspekte mit 165, 167, 179, 195, 213 oder 219 aktivieren die feinere Seite deiner Natur, und dein Charisma zeichnet dich als Führungspersönlichkeit aus. Das kann deine Suche nach Wissen zwar verlangsamen, aber dafür bringt es ein paar angenehme Ablenkungen. Mit 177, 194, 211, 214, 222 oder 223 wird dein idealistisches Wesen einen Schlag abbekommen, und deine Maßlosigkeit ist schwer unter Kontrolle zu halten. Achte auf positive Aspekte zwischen Jupiter und Saturn und Sonne oder Mond mit Saturn. Insgesamt betont deine Mondstellung emotionale Empfindsamkeit und eine ausgeglichene Einstellung.

Schlummerndes Potential

Um dein schlummerndes Potential zu entdecken, mußt du die darin verborgenen Bedeutungen und Symbole entschlüsseln, und das wird dir nur gelingen, wenn du deinen intuitiven oder abstrakten Geist entwickelst. In einem unlängst vergangenen Leben hast du eine Liste von Dingen aufgestellt, die dir notwendig schienen, um ein zufriedenes Leben zu führen, aber diese Liste wurde immer länger, so daß du am Ende nichts erzielt hast. Die Resterinnerung daran lebt in deinem Unbewußten fort, und die Symbole sind abstrakt geworden, weil sie in der Realität nie erreichbar waren. Das erinnert an den Glauben der alten Ägypter, daß sie sicher durch die Unterwelt geleitet würden, wenn sie die lange Liste ihrer Götter auswendig lernten. Deine karmische Aufgabe ist, selbständig zu werden, und wenn du das erreichst, wirst du innere Harmonie finden und dich selbst erkennen. In psychologischen Termini ausgedrückt bedeutet das, daß du deinen Selbstwert erkennen wirst.

152

Holunder

Mond im Skorpion

Du bist eine faszinierende Persönlichkeit und trotz deines hektischen Lebensstils ein sehr privater Mensch. Dein Schattenselbst, die Mondseite deines Charakters, ist leidenschaftlich und emotional und hat ausgeprägte übersinnliche Fähigkeiten. Du hast eine intensive sexuelle Ausstrahlung. Als Holundercharakter nutzt du dein Zielbewußtsein, um deinen Geist zu verbessern und deine enormen physischen Energien auf Aktivitäten zu lenken, die Durchhaltevermögen und Fitneß verlangen. Deine intuitive Wahrnehmung und dein analytischer Verstand können zur Wurzel eines jeden Problems oder Mysteriums vordringen, und deine Suche nach Wissen wird dich in die Tiefen menschlicher Erfahrung führen. Dein Bedürfnis nach Unabhängigkeit kann in Konflikt mit einem sehr komplizierten Liebesleben geraten. Du spielst nicht gern die zweite Geige, und wenn deine Eifersucht erst geweckt ist, reagierst du extrem wütend. Wenn Merkur im Skorpion steht und schlecht aspektiert ist, wird das sehr viel wahrscheinlicher eintreten. Ein sorgfältiges Studium der Planetenaspekte wird mehr enthüllen. Aspekte mit 160, 167, 186, 189, 264, 267 oder 279 sind sehr vorteilhaft und heben deinen Geist und deine Moral auf eine höhere Ebene, was dich zu einem intelligenten, fürsorglichen und großzügigen Menschen macht. Mit 190, 194, 209, 210, 265, 271 oder 277 ist die dunklere Seite deines Wesens betont, was für andere sehr unangenehm sein kann. Achte auf positive Aspekte zwischen Jupiter und Pluto, Pluto und Merkur und Uranus und Saturn. Insgesamt betont deine Mondstellung einen starken Überlebenstrieb.

Schlummerndes Potential
Dein schlummerndes Potential besteht darin, mehr bewußte Selbstkontrolle zu üben und Empfindsamkeit für die Gefühle anderer zu entwickeln. Du erlebst eine innere Schlacht, die schon in vielen früheren Leben gewütet hat. In diesem Leben wirst du eine Reihe von traumatischen Erlebnissen haben, aber du wirst dich von jedem einzelnen dieser Erlebnisse erholen, denn sie gehören alle zu einer karmischen Lektion, die dir die Augen öffnen soll für diesen gefährlichen Gipfel, auf den du dich selbst verbannt hast, weil du deine Wut einfach nicht loslassen willst. Dein Interesse an spirituellen Lehren sollte es dir ermöglichen, dich grundlegend zu verändern, indem du dich auf deine innere Weisheit oder dein höheres Selbst einstimmst. Solange dieser Übergang nicht vollzogen ist, läufst du Gefahr, im Chaos zu versinken. Dein psychologisches Profil zeigt einen Menschen, der gern mit dem Feuer spielt. Für dieses Verhaltensmuster ist meist ein übertrieben strenger Elternteil verantwortlich, der die Freiheit des Kindes beschnitten hat.

153

Holunder

Mond im Schützen

Du bist ein äußerst optimistischer Mensch – gelegentlich sogar blind optimistisch. Aber deine lebhafte Persönlichkeit und Ausstrahlung färbt auf andere ab und schafft ein Gefühl der Hoffnung. Dein Schattenselbst, die Mondseite deines Charakters, verfügt über eine gut entwickelte Intuition, die prophetisch sein kann. Du lernst schnell aus deinen Fehlern, weil du ein großzügiges Wesen hast. Als Holundercharakter hast du einen sehr rastlosen Geist, der Zeit braucht, um sich auf wichtige Dinge konzentrieren zu können. Du wirst daher Schwierigkeiten haben, ein Thema wirklich eingehend zu studieren, bevor du erwachsen bist. Dennoch kannst du als Schüler deine Lehrer mit deinem forschenden Verstand und deiner Vielseitigkeit beeindrucken. Deine enorme Energie und dein Enthusiasmus machen dich zum Allroundtalent mit besonderer Betonung auf Sportarten im Freien und intellektuellen Interessen. Aspekte mit 160, 167, 181, 186, 197, 203, 204, 242 oder 278 sind äußerst vorteilhaft und bringen dein ganzes Potential ans Licht; du bist Spitzenklasse. Das einzige, worauf du achten mußt, ist deine Tendenz, dich in blindem Optimismus selbst zu überfordern. Mit 174, 191, 194, 208 oder 245 kann dein wahres Potential durch mangelnde Motivation oder allzu großen Stolz blockiert sein. Das sind schwierige Aspekte in jedem Horoskop. Achte auf positive Aspekte mit Saturn und Mars. Insgesamt betont deine Mondstellung all deine Stärken und Schwächen und deine Entschlossenheit, ein aufregendes Leben zu führen.

Schlummerndes Potential
Dein schlummerndes Potential besteht darin, deinen bewußten Geist von zwanghaftem Lernen zu befreien. Du hast die Tendenz, dich mit nutzlosen Information vollzustopfen, um andere zu beeindrucken, aber selektive Studien würden diesen Zweck besser erfüllen. Deine Furcht mißverstanden zu werden oder intellektuell unterlegen zu sein, resultiert aus früheren Leben und hat ein Bedürfnis nach Selbstverbesserung geschaffen. Wenn du beginnst dein eigenes Wissen zu erweitern, wirst du mehr Vertrauen in deine eigenen Fähigkeiten entwickeln, und das ist deine karmische Aufgabe. Reisen werden deinen Horizont erweitern und du wirst deine größten Erfolge entweder im Ausland haben oder durch den Einfluß eines Fremden. Dein

psychologisches Profil enthüllt eine klaustrophobische Mentalität die eng mit deiner Furcht verbunden ist, in eine emotionale Falle zu geraten. Wenn du lernst, dich anderen anzupassen, werden sich all deine negativen Gedanken und Ängste auflösen.

154

Holunder

Mond im Steinbock

Du gibst dich nach außen hin sehr konventionell, aber tief in dir wohnt eine andere Persönlichkeit, die den Einfluß einer sehr traditionellen Erziehung abschütteln will. Dein Schattenselbst, die Mondseite deines Charakters, bringt Geduld und Selbstdisziplin. Du bist ziemlich ernst und neigst weniger zu Maßlosigkeit – ein reifer Holundercharakter, der „einen weisen Kopf auf jungen Schultern" trägt. Deine Gefühle zeigst du nicht sehr offen, aber du bist treu und verläßlich in allen persönlichen Beziehungen. Die ehrgeizige Seite deines Wesens richtet sich auf materiellen Erfolg. Und da kann es Probleme geben, weil du immer zwischen deiner Karriere und deinen Familienverpflichtungen hin- und hergerissen wirst. Mit zunehmendem Erfolg werden diese Tendenzen jedoch allmählich verschwinden und du wirst deine Zuneigung großzügiger zum Ausdruck bringen. Die Stellung der Venus in deinem Horoskop ist der Schlüssel, mit dem du einen verschlossenen Teil deiner Psyche aufschließen kannst. Mit 158, 160, 167, 170, 179, 181, 186, 189 oder 195 sind deine unterdrückten Emotionen befreit und dein potentieller Intellekt und deine kreativen Fertigkeiten aktiviert. Du solltest Glück in der Liebe haben und Erfolg im Beruf. Aspekte mit 161, 182, 198, 209, 224 oder 245 üben einen äußerst negativen Einfluß aus, der dein Selbstvertrauen untergraben kann und Hemmungen und depressive Stimmungen fördert. Achte auf positive Aspekte zwischen Sonne oder Mond mit Jupiter und Uranus. Insgesamt fördert deine Mondstellung Stabilität und Selbstbestimmung.

Schlummerndes Potential

Deine Aufgabe besteht darin, eine karmische Familienschuld abzuzahlen, die viele Generationen zurückgeht. Um dich von den Forderungen deiner Eltern zu befreien, hast du dich in eine intensive karmische Situation begeben, und zwar als Empfänger komplexer Emotionen deines Partners und möglicherweise auch deiner Kinder. Nahezu deine gesamte emotionale Energie wird darauf verwendet, ihre Probleme zu verstehen. In diesem Leben mußt du lernen, die Geduld eines Hiob zu entwickeln, und am Ende wird ein neuer Tag anbrechen, an dem du plötzlich außerhalb der Szene stehst und nach innen blickst. Normalerweise geschieht das in deinem achtundzwanzigsten und sechsundfünfzigsten Lebensjahr und ist mit der Rückkehr des Saturn verbunden, dem Herrn des Karmas in der esoterischen Astrologie. Diese Saturnrückkehr setzt gefangene Energien frei und bezeichnet ein „Erwachsenwerden", sowohl gefühlsmäßig als auch spirituell. Dein psychologisches Profil enthüllt ein unterdrücktes Ego, das eine neue Indentität sucht.

155

Holunder

Mond im Wassermann

Du bist ein sehr unabhängiger und völlig unkonventioneller Mensch – entschlossen, aus eigener Anstrengung deinen Weg im Leben zu gehen und Autoritäten oder den Status Quo zu ignorieren. Dein Schattenselbst, die Mondseite deines Charakters, braucht viel Freiraum, um idealistische Projekte und geniale Pläne zu verfolgen. Als Holundercharakter hast du einen äußerst progressiven Geist. Deine Vision von der Zukunft kann sehr faszinierend und originell sein. Dein Einfallsreichtum und deine wissenschaftlichen Fähigkeiten in Verbindung mit deinem Bedürfnis, Neues zu erforschen, könnten einen Astronauten aus dir machen oder zumindest einen Testpilot. Du hast eine natürliche Neigung zur Astrologie, Astronomie, Computertechnologie und zu allem, was mit moderner Wissenschaft und Technologie zu tun hat. Mit 162, 169, 183, 199, 205 oder 243 bist du dabei, Anerkennung für deine hoch originelle Arbeit zu erlangen. Du bist ein Verfechter humanitärer Ideen und hast den Wunsch, das Wissen der Menschheit zu steigern und die Umwelt zu verbessern, in der wir alle leben. Mit 176, 193, 210 oder 246 ist dein wahres Potential blockiert durch einen Mangel an Selbstkontrolle und rebellische Ansichten, die dir wenig Freunde oder Respekt einbringen. Achte auf positive Aspekte mit Saturn, denn sie sorgen für innere Stärke. Insgesamt bringt deine Mondstellung große Inspiration, aber dein Bedürfnis nach Unabhängigkeit kann sich ungünstig auf persönliche Beziehungen auswirken.

Schlummerndes Potential

Dein schlummerndes Potential besteht darin, mehr Sinn für die Realität zu entwickeln. Das gilt auch für persönliche Beziehungen und für deine Arbeit. Du bist sehr originell im Denken und in deiner Vision, aber es kann allzu leicht passieren, daß du dich selbst in einer idealistischen Welt einschließt, die erst in irgendeiner fernen Zukunft existieren wird. In vergangenen Leben hat dir dein Erfindungsreichtum Erfolg gebracht, aber dieser Erfolg ist dir buchstäblich zu Kopf gestiegen. Du warst sexuell so aktiv, daß du dich nie jemandem außer dir selbst verpflichtet hast. Das manifestiert sich jetzt in einem mächtigen Ego, in einem starken Bedürfnis nach Unabhängigkeit und in einer Neigung, emotional auf Abstand zu gehen. Das gibt dir zwar Zeit nachzudenken, aber deine karmische Aufgabe besteht darin, ein paar Opfer für deinen Partner und deine Familie zu bringen. Dein psychologisches Profil zeugt von innerer Unzufriedenheit, die dein Verhalten beeinflußt und dich veranlaßt, die Regeln anzuzweifeln oder verändern zu wollen.

156

Holunder

Mond in den Fischen

Du hast ein freundliches und sympathisches Wesen, das versucht, sich mit der Gesellschaft im allgemeinen abzufinden. Du fühlst dich oft sehr verletzlich und zu offen für Kräfte von außen, aber du kannst dich leicht an Veränderungen anpassen. Dein Schattenselbst, die Mondseite deines Charakters, reagiert äußerst empfindsam auf die Gefühle und Ängste anderer. Du bist sehr intuitiv und empfänglich für Übersinnliches. Für einen Holundercharakter bist du sehr nachdenklich und romantisch, aber stets bereit, anderen auf ruhige und dennoch praktische Weise zu helfen. Du fühlst dich besonders zu den Künsten hingezogen, und auf deiner Suche nach Wissen schlägst du den spirituellen Weg ein. Du hast sehr tiefe Emotionen und neigst weniger dazu, dich auf wilde Abenteuer einzulassen. Es gibt aber noch eine andere

Seite deiner Persönlichkeit, die pragmatischer ist, und dein Zielbewußtsein ist mehr eine Berufung, ein Ruf, der eher aus dem Herzen kommt als aus dem Intellekt. Du bist ein natürlicher Heiler und Mystiker. Mit 170, 189, 206 oder 244 ist dein künstlerisches Potential aktiviert, und deine Heilkräfte sind ebenso hoch entwickelt wie deine Spiritualität. Aspekte mit 177, 194, 211 oder 247 hemmen deine kreativen Talente und machen dein spirituelles Wesen offen für den betrügerischen Einfluß falscher Freunde. Deine Verletzlichkeit ist negativen Einflüssen ausgesetzt. Achte auf positive Aspekte mit Jupiter und Saturn. Insgesamt bringt deine Mondstellung einfachen Glauben und eine Liebe zur Menschheit.

Schlummerndes Potential

Dein schlummerndes Potential besteht darin, die innere Stärke zu entwickeln, die es mit der physischen Welt aufnehmen kann. Deine Empfindsamkeit ist sowohl ein Vorteil als auch eine Achillesferse. In vergangenen Leben hast du deine Stärke aus einem einfachen Lebensstil bezogen und bist einem spirituellen Pfad gefolgt. Es gibt starke Verbindungen mit religiösen Orden oder Missionsschulen. Die Resterinnerung daran bewirkt, daß du jetzt eine chaotische Welt wahrnimmst, die von Gier und Korruption manipuliert wird – eine apokalyptische Vision. In diesem Leben wirst du manchen deiner schlimmsten Ängste begegnen, aber wenn du deine eigene Gebrechlichkeit erkennst, kannst du diese Dualität integrieren. Das ist eine schwierige karmische Aufgabe, aber du hast einen inneren Glauben, der auf eine alte Seele hinweist. Dein psychologisches Profil enthüllt ererbte Schwächen, die auf physische oder mentale Krankheiten zurückgeführt werden können, aber auf der anderen Seite hast du auch erstaunliche Selbstheilungskräfte, die dir immer wieder auf die Beine helfen.

Konjunktionen und Aspekte

Die folgenden Abschnitte beziehen sich auf Planetenaspekte. Lesen Sie zunächst Ihr Basiskapitel und alles über Ihre Mondstellung, bevor Sie sich mit den Informationen aus diesem Kapitel beschäftigen.

157 Mond Konjunktion Merkur

Dieser Aspekt findet sich häufig in den Horoskopen hochintelligenter Menschen und Menschen mit hoher Empfindsamkeit und Imagination. Eine hochgradig nervöse Energie ist vorhanden, die positiv abgeleitet werden muß. Der Mond ist ein Planet des Schwankens und der Reaktionen. Daher sind seine Auswirkungen von den Planeten gefärbt, mit denen er Kontakt aufnimmt. Wenn die Konjunktion gut aspektiert ist, mit 167, 168, 203 oder 204, ist das Nervensystem gestärkt. Mit 165, 170, 201 oder 206 ist deine Imagination inspirierend und wird kreativ in die Kunst geleitet – ausgezeichnete Aspekte für Eberesche, Esche, Weide, Holunder, Efeu und Schilf.

158 Mond Konjunktion Venus

Die Emotionen sind ruhig und die Gefühle werden liebevoll ausgedrückt. Charme und persönlicher Magnetismus ziehen viele Bewunderer an, aber eine Tendenz zur Eitelkeit und allzu großer Eigenliebe ist vorhanden. Man findet eine Wertschätzung der Kunst und der Ästhetik, aber die Liebe zum Luxus und zu reichhaltiger Nahrung kann sich zur Maßlosigkeit entwickeln. Aspekte mit 168 oder 219 bringen mehr Selbstdisziplin und einen praktischen Umgang mit Finanzen. Aspekte mit 174 oder 223 ermutigen verschwenderisches Geldausgeben und Maßlosigkeit, aber auch zahlreiche Liebesaffären. Insgesamt bringt diese Konjunktion Harmonie und Beliebtheit in der Gesellschaft.

159 Mond Konjunktion Mars

Das Energieniveau ist ähnlich hoch wie die persönlichen Ambitionen. Ein Bedürfnis nach emotionaler Unabhängigkeit ist vorhanden, und wenn diese Freiheit vorenthalten wird, kann es zu aggressiven Reaktionen kommen. Allgemein gibt es eine Neigung zu heftigen Debatten oder Auseinandersetzungen und die Tendenz, Risiken einzugehen. Diese Aspekte erfordern daher eine sorgfältige Analyse. Mit einem Quadrat zur Sonne oder zum Uranus besteht eine Tendenz zum Leichtsinn. Mit 168 oder 232 werden Zeit und Energie konstruktiv eingesetzt. Im Horoskop von Erle oder Schilf verlangt diese Konjunktion besondere Aufmerksamkeit, weil sie den Unterschied zwischen Erfolg und Versagen machen kann; weitere Aspekte können Auskunft darüber geben, wie sich dieser Einfluß niederschlagen wird.

160 Mond Konjunktion Jupiter

Diese Konjunktion bringt enorme Energie und Vitalität, die sich gewöhnlich in einem Händchen für Geschäfte und einem aufregenden Lebensstil zeigt. Der Hang zu den schönen Seiten des Lebens verlangt einen hohen Lebensstandard und ein hohes Einkommen, aber insgesamt ist das ein ausgezeichneter Einfluß, der Großzügigkeit, Ehrlichkeit und Großherzigkeit mit sich bringt. Ebenfalls vorhanden ist ein Sinn für Fairplay verbunden mit moralischer Ethik. Das extreme Wesen Jupiters kann jedoch die Tendenz zu Dünkel und Eitelkeit verstärken. Mit zusätzlich 223 oder 235 können Eitelkeit und blinder Optimismus in den finanziellen Bankrott führen, und oft werden Einkommen oder Erbe gewissenlos verspielt. Mit 242 oder 279 werden alle Mittel gut verwaltet.

161 Mond Konjunktion Saturn

Das ist eine starke Konjunktion. Sie bringt die Fähigkeit, sehr hart zu arbeiten, und ein ausgeprägtes Pflichtgefühl, aber auch eine Tendenz zu Selbstzucht und Sparsamkeit. Außerdem ist eine Neigung zum Perfektionismus vorhanden, die regelrecht zum Zwang werden kann und verhindert, daß die Leistung anderer gelobt wird. Emotionen werden nicht leicht ausgedrückt, und das kann zu Einsamkeit und Depressionen führen. Ein solcher Einfluß bringt jedoch Stabilität und Ausdauer. Mit 165, 167 oder 242 werden Gefühle offener und aufrichtiger ausgedrückt. Mit 172, 224 oder 245 resultiren starke Hemmungen aus der Kindheit, in der es vielleicht an Zuneigung und Ermunterung durch die Eltern fehlte.

162 Mond Konjunktion Uranus

Diese Konjunktion bringt einen hohen Grad an emotionaler Spannung ins Spiel, die in der Regel mit der völligen Ablehnung von Konformität oder konventionellen Regeln einhergeht. Kinder mit diesem Planeteneinfluß sind schwierig zu erziehen und werden auch als Erwachsene einen Grad an Unabhängigkeit beibehalten, der pervers werden kann, wenn er durchkreuzt wird. Es ist jedoch ein echter Sinn für humanitäre Angelegenheiten vorhanden und ein visionärer Geist mit einer hohen Intelligenz, die, wenn sie angemessen ausgebildet wird, brillante und höchst originelle Ideen hervorbringt. Mit 169, 205 oder 243 sind die Emotionen stabiler und dein Geist ist toleranter und bewegt sich auf einer höheren, eher philosophischen Ebene. Mit 210 oder 237 untergräbt dein explosives Temperament dein wahres Potential und stellt eher eine Belastung dar als daß es ein Vorteil ist.

163 Mond Konjunktion Neptun

Die emotionale Ebene ist hoch, und Menschen mit dieser Konjunktion sind geborene Mystiker und Künstler, da sie eine starke Imagination haben, die aus der Liebe zur Natur und zur Schönheit schöpft. Sie bringen anderen viel Sympathie und Mitgefühl entgegen, sind aber auch offen für negative Einflüsse, die Verwirrung und Instabilität bringen können. Mit 164, 168 oder 251 sind Emotionen und Imagination gut unter Kontrolle und werden von einem gesunden Menschenverstand gestärkt. Aspekte mit 211, 226 oder 247 zeigen Leichtgläubigkeit und die Tendenz, in einer unwirklichen Welt zu leben.

164 Mond Trigon Merkur

Dieses Trigon weist auf einen gesunden Menschenverstand und Intelligenz hin. Freiheit in Bewegung und Ausdruck fördern Redegewandtheit und eine ungehemmte Körpersprache. Ein forschender Verstand, der rasch Information und Fakten aufnimmt, verrät eine Begabung auf vielen Gebieten. Das Leitmotiv ist, immer am Puls der Zeit zu sein und die neuesten Trends mitzumachen, aber weil das mit minimalster Anstrengung geschieht, mangelt es oft an echter Wissenstiefe. Das wird durch eine gewisse Klugheit ausgeglichen und durch die Fähigkeit, logische Schlüsse zu ziehen. Mit 167, 203 oder 204 kommen ein größerer Anreiz, das Denken zu vertiefen, und ein guter Kopf für Geschäfte. Aspekte mit 177, 208 oder 271 behindern wahres Wissen und fördern unrealistische Ideen, falsche Einschätzungen und dogmatische Meinungen. Insgesamt ist das ein positiver Aspekt für alle Zeichen.

165 Mond Trigon Venus

Ein ausgezeichneter Aspekt für Ehe und Partnerschaften. Gefühle werden liebevoll ausgedrückt, und in Situationen, die Loyalität und Kooperation verlangen, bist du sehr hilfsbereit. Du hast einen teuren Geschmack, aber auch eine künstlerische Ader, die in handwerklichem Geschick zum Ausdruck kommt, was es dir ermöglicht, dein Heim auch mit niedrigem Budget luxuriös einzurichten. Wenn es keine negativen Aspekte mit Saturn gibt, ist dieser Venuseinfluß äußerst wohltuend in allen Horoskopen, besonders aber für Weide, Wein und Efeu.

166 Mond Trigon Mars

Normalerweise ist das ein Zeichen für gute Gesundheit und schnelle Reaktionen, sowohl geistig als auch körperlich. Es gibt eine Tendenz, ohne Rücksicht auf Verluste Risiken einzugehen. Emotionen sind meist gut kontrolliert, und der Verstand kann scharf sein und zum Zynismus neigen. Du bist ein geborener Wettkämpfer mit großen Ambitionen, fair und vom Glück begünstigt. Aber angesichts unfairer Taktiken oder illoyalen Verhaltens richtest du verbale Angriffe mit vernichtender Genauigkeit genau auf die Schwachpunkte deines Gegners. Mit 231 oder 232 bist du nachdenklicher und konstruktiver, aber mit 236 oder 237 ist dein Pech oft das direkte Ergebnis falscher Einschätzungen oder schlechter Laune, die zu Streit und Disharmonie führt. Insgesamt erhöht dieser Aspekt die persönliche Motivation.

167 Mond Trigon Jupiter

Ein sehr guter Einfluß, der ein angenehmes Temperament, gute Laune und Großzügigkeit hervorbringt. Dieser Aspekt garantiert Beliebtheit und Erfolg und zeugt von idealistischen Eigenschaften und einer fairen Einstellung, die den Schwächen anderer Rechnung trägt. Insgesamt übt dieser Aspekt einen mächtigen und positiven Einfluß aus, aber die extreme Natur Jupiters kann zu Maßlosigkeit neigen, und positive Aspekte brauchen die herausfordernden, negativen Aspekte, um Selbstgefälligkeit oder Trägheit zu vermeiden. Ein ausgezeichneter Einfluß für Birken- und Holundercharaktere. Menschen mit diesem Aspekt profitieren oft davon, daß sie eine Zeitlang im Ausland leben.

168 Mond Trigon Saturn

Dieser Aspekt betont die Fähigkeit zu organisieren und Verantwortung zu übernehmen, was aber durch einen Mangel an Imagination und Konzentration begrenzt werden kann. Ein starkes Pflichtgefühl ist vorhanden und die Bereitschaft, beträchtliche Opfer zu bringen, um Verpflichtungen zu erfüllen. Es kann dir zwar an Spaß im Leben fehlen, aber dieser Aspekt erhöht die Möglichkeit, daß du deine Ziele erreichst. Dieses Trigon sorgt für einen sehr nüchternen Einfluß in Horoskopen, die genau das nötig haben. Es zeigt sich als natürliche Reserviertheit oder vorsichtige Art und weist auf ein autokratisches Wesen hin – ein stabilisierender Einfluß für Erle, Weißdorn und Holunder.

169 Mond Trigon Uranus

Dieser Aspekt findet sich oft in den Horoskopen von Astrologen. Er bezeichnet einen hohen Grad an intuitivem Wissen und visionärer Einsicht. Toleranz und humanitäre Ideale sind betont, aber auch ein starkes Bedürfnis nach Unabhängigkeit. Die nervöse Energie ist hoch, wird aber gut in interessante Projekte geleitet. Das Leben ist nie langweilig, und oft gibt es ungewöhnliche und bizarre Interessen. Dein radikales Denken hat für konventionelle Theorien nichts übrig und lehnt Autorität ab, aber der Austausch beschränkt sich normalerweise auf philosophische Diskussionen und schließt keine dramatischen Aktionen ein. In den Horoskopen aller Zeichen sorgt dieser Aspekt für visionäre Inspiration.

170 Mond Trigon Neptun

Deine Imagination ist stark und darauf ausgerichtet, etwas Besonderes im Leben zu tun. Eine Berufung kann innere Zufriedenheit bringen. Deine magnetische Ausstrahlung und dein anmutiges Verhalten ziehen Aufmerksamkeit auf sich. Dieser Aspekt findet sich oft in den Horoskopen von Künstlern, Heilpraktikern und Menschen mit einer spirituellen Mission. Weil du sehr empfänglich für äußeren Druck und jede Art von Disharmonie in persönlichen Beziehungen bist, hast du das Bedürfnis, ruhige Zufluchtsorte auf dem Land zu finden, wo die Schönheit der Natur einen beruhigenden Enfluß ausübt. Musik und Kunst sind weitere Mittel zur Entspannung. Dieser Aspekt bringt ausgezeichnete Einflüsse für Esche und Efeu, solange auch stabilisierende Aspekte mit Saturn vorhanden sind.

171 Mond Trigon Merkur

Dein scharfsinniger Intellekt kann gerissen und hinterhältig werden, und es gibt eine starke Neigung zum Klatsch. Dein rastloses Denken sorgt für Widersprüchlichkeit und nervöse Spannung. Aufgrund deines scharfen Verstands bist du nie um eine Antwort verlegen, was dich für Berufe prädestiniert, in denen schnelles Denken erforderlich ist, besonders im kaufmännischen Bereich. Insgesamt hast du die Tendenz zu sprechen, ohne dich um die Konsequenzen zu kümmern. 203 oder 204 bringen mehr charakterliche Tiefe und heben deinen Geist auf eine höhere Ebene.

172 Mond Quadrat Venus

Deine Unfähigkeit, Gefühle auszudrücken, kann zu Enttäuschungen in persönlichen Beziehungen führen und eine Unvereinbarkeit in der Ehe oder in Partnerschaften betonen. Es zeigen sich starke Stimmungsschwankungen und ein möglicherweise schwaches Urteilsvermögen. Hinter allzu selbstbewußtem Verhalten verbirgt sich oft ein Minderheitskomplex. Zusätzlich 217 oder 221 helfen das Selbstvertrauen zu stärken und sensible Gefühle offener und mit Zuneigung und Aufrichtigkeit auszudrücken. Mit 214 oder 226 zeigt sich eine kalte Indifferenz, die antisozial sein kann. Probleme im Zusammenhang mit finanzieller Sicherheit können ebenfalls auftauchen. Insgesamt ein schwieriger Aspekt für persönliche Beziehungen.

173 Mond Quadrat Mars

Die Tendenz, aggressiv und streitsüchtig zu werden, resultiert aus überreizten Emotionen, die in impulsive und kämpferische Reaktionen münden. Mars übt eher einen kämpferischen Einfluß aus, aber wenn er schlecht aspektiert ist, ruft er innere Frustration hervor, die sich auf begrenzte Möglichkeiten bezieht. Selbstrespekt und Selbstkontrolle müssen sorgfältig entwickelt werden, aber normalerweise gibt es einen hohen Grad an Intelligenz und unternehmungslustige Ambitionen. Mit 236 besteht ein Bedürfnis nach einem neuen Lebensstil und besserer Planung. Mit 237 ist dein schwankendes Temperament explosiv, unkontrollierbar und möglicherweise so destruktiv, daß es zu Nervenzusammenbrüchen kommt. Achte auf positive Aspekte mit Mars und Jupiter oder Venus und Saturn als Ausgleich.

174 Mond Quadrat Jupiter

Beliebtheit und Humor sind vorhanden, aber innere Konflikte können sich an moralischen oder religiösen Glaubenssätzen entzünden. Das Urteilsvermögen in finanziellen Dingen ist normalerweise schwach und es gibt eine Tendenz zur Faulheit. Die Gesundheit, besonders die der Leber, kann durch Maßlosigkeit beeinträchtigt werden. Wegen des starken Willens, das Leben zur Fülle zu leben, findet sich dieser Aspekt oft im Horoskop erfolgreicher Menschen. Die Stellung des Saturn ist wesentlich, da er die extremeren Tendenzen zügeln kann. Ideale Aspekte sind 168 oder 242, da sie mehr Selbstdisziplin bringen. Mit 191 oder 245 bleibt das Urteilsvermögen schwach und der Erfolg beschränkt.

175 Mond Quadrat Saturn

Dieser kraftvolle Aspekt ist der Schlüssel zu Erfolg oder Versagen im Leben. Er wird gleichgesetzt mit Kampf und Entschlossenheit, die sich auf den höchsten Erfolg richtet, aber die Stärke des Individuums ist dabei von größter Wichtigkeit. Er verursacht unweigerlich Depressionen aufgrund eines mangelnden Selbstvertrauens, das auf eine schwierige Mutter-Kind Beziehung zurückgeht. Das Fehlen einer Mutterfigur führt oft dazu, daß ein Partner gewählt wird, der bedeutend älter ist, was im späteren Leben Probleme verursachen kann. Achte auf positive Aspekte zwischen Saturn und Jupiter sowie Sonne und Mond mit Venus und Jupiter. In den Horoskopen von Birke, Stechpalme, Schilf und Holunder Zeichen bringt dieser Aspekt die innere Stärke, die notwendig ist, um höhere Bewußtseinsebenen zu erreichen.

176 Mond Quadrat Uranus

Echtes Talent und intellektuelle Fähigkeiten gehen mit Sturheit und Fanatismus einher. Die positiven Züge brauchen Stärke und Richtung von anderen Planeten, um Rastlosigkeit und Eigenwilligkeit auszugleichen. Eine hohe nervöse Spannung bringt Genialität und eigenwilliges Denken mit sich – beides schwierig für die vollkommene Integration in die Gesellschaft. Aspekte mit 188 oder 243 bringen Stabilität und stärken Körper und Geist. Mit 210 oder 237 steigen Fanatismus, Intoleranz und Jähzorn auf eine gefährliche Ebene, was zu gewalttätigen Konfrontationen mit Autoritäten führen kann. Das ist ein schwer faßbarer Aspekt, der sorgfältige Untersuchung verlangt. Achte auf stabilisierende Aspekte zum Ausgleich.

177 Mond Quadrat Neptun

Mit diesem Aspekt wird viel Selbsttrug verbunden, was sich in unrealistischen Plänen, Geld zu machen oder berühmt zu werden, manifestieren kann. In emotionalen Beziehungen können Komplikationen auftreten, die sehr schwierig zu verstehen und noch schwieriger zu lösen sind. Die Neigung zum Wunschdenken kann dazu führen, daß sich das betreffende Individuum außergewöhnliche Geschichten zusammenspinnt und seine erträumte Welt für die Realität hält, was sich hemmend auf die Kreativität auswirkt. Allgemein ist dieser Aspekt ein Schwachpunkt in jedem Horoskop.

178 Sonne Konjunktion Merkur

Der einzige Aspekt, den Sonne und Merkur bilden können, ist die Konjunktion. Sie stärkt zwar die geistige Stabilität, macht aber auch leicht dogmatisch und voreingenommen. Da der Geist nicht von den Gefühlen abgetrennt ist, fließen normalerweise viele Gedanken und Überlegungen in diese Richtung. Mit schlechten Aspekten besteht die Tendenz zu allzu großer Introspektion. Aspekte mit 185, 186 oder 203 erweitern den Intellekt und den gesamten Horizont. Mit 182 oder 209 richtet sich der Geist nach innen und fördert persönliche Hemmungen.

179 Sonne Konjunktion Venus

Das ist ein ausgezeichneter Aspekt in jedem Horoskop. Er zeugt von echter Zuneigung, Großzügigkeit und einer charmanten Disposition. Die Neigung zu Kunst, Musik und kultiviertem Geschmack ist stark. Eine sinnliche Ausstrahlung zieht viele Bewunderer an. Menschen mit dieser Konjunktion in ihrem Horoskop sind normalerweise von auffallender, strahlender Erscheinung und eignen sich als Schauspieler oder Fotomodelle. Allerdings besteht immer die Gefahr, daß das Aussehen auf Kosten der Charaktertiefe gepflegt wird.

180 Sonne Konjunktion Mars

Sonne und Mars haben eine besondere Beziehung, da beide eine Quelle der Energie und des inneren Wachstums sind. Mars ist aggressiver, aber die Sonne fördert bewußtes Wachstum. Diese Konjunktion zeugt von der Bereitschaft, auf jedem Gebiet hart zu arbeiten, aber auch von der Tendenz, dies bis zur völligen körperlichen Erschöpfung zu tun. Der wilde Enthusiasmus kann zu kleineren Unfällen führen, häufig zu Kopfverletzungen. Wird diese zusätzliche Energie gut gelenkt, ist dies ein ausgezeichneter Aspekt, besonders für Esche, Erle und Holunder. Mit 187 oder 232 ist die Energie konstruktiv organisiert und wird kreativ eingesetzt.

181 Sonne Konjunktion Jupiter

Das ist ein äußerst glücklicher Aspekt, und wenn die Konjunktion frei von negativen oder depressiven Aspekten ist, verfügst du über die bestmöglichen Eigenschaften. Dazu gehört ein kulitivierter Geist und guter Humor mit einem satirischen Einschlag, wenn Mars in einer guten Stellung ist. Optimismus und Großzügigkeit wirken auch positiv auf andere. Materielles Glück ist immer auf deiner Seite, auch wenn sich die Ereignisse überschlagen und finanzielle Schwierigkeiten verursachen. Insgesamt ist viel strahlende Energie und Vitalität vorhanden, die deine ganze Persönlichkeit durchdringt. Aspekte mit 242 oder 243 bestätigen einen hohen Grad an Erfolg, der Ruhm und Ehre bringt. Mit 245 oder 247 zeigt sich ein Mangel an Ambitionen und eine gewisse Orientierungslosigkeit.

182 Sonne Konjunktion Saturn

Aspekte, die sich auf Sonne und Saturn beziehen, bringen die notwendige Stabilität in jedes Horoskop. Obwohl alle Sonne/Saturn-Aspekte ein gewisses Maß an persönlicher Begrenzung und Frustration bringen, stehen sie im keltischen Mondtierkreis für bewußtes Wachstum, das sich nur entwickeln kann, wenn man die Verhaltensmuster aus vergangenen Leben losläßt, die sich als negative Charakterzüge manifestierten. Diese Konjunktion kann beträchtlichen Erfolg bedeuten, aber es ist immer ein hart erworbener Erfolg. Eine schwierige Beziehung mit deinen Eltern, besonders mit deinem Vater, bringt den Willen, alle Hindernisse zu überwinden, und obwohl das Leben nicht unbedingt ein Spaß ist, werden alle Opfer willig dargebracht. Achte auf positive Aspekte mit Mars, Jupiter und Venus. Alle negativen Aspekte mit Saturn und Jupiter oder Saturn und Mars können sehr aufschlußreich sein.

183 Sonne Konjunktion Uranus

Diese Konjunktion kann beträchtliches Talent hervorbringen, wenn ihre unbeständige und verunsichernde Natur kontrolliert wird. Oft gibt es ein Gespür für „moderne“ Berufe, im Sinne von neu geschaffenen Systemen oder Arbeitsmethoden, und ein natürliches Talent für Astrologie und Astronomie. Die hohe Intelligenz kann, wenn sie angemessen ausgebildet wird, brillant werden, denn sie nimmt visionäre Ideen auf und ist dem konventionellen Denken um Jahre voraus. Der Schwachpunkt besteht in einem unberechenbaren Verhaltensmuster und in einem ausgeprägten Dünkel, der gezähmt werden muß, wenn persönliche und gesellschaftliche Kontakte erfolgreich sein sollen. Die Aspekte 186, 189, 255 oder 258 bringen große Hilfe und Richtung – besonders 258, denn er sorgt für innere Harmonie und weckt alle natürlichen Talente.

184 Sonne Konjunktion Neptun

Diese Konjunktion ist ausgezeichnet für Kreativität im Bereich Tanz, Dichtkunst, Theater oder Film. Sie kennzeichnet im allgemeinen auch einen geborenen Mystiker. Da Neptun als nebulös oder schwierig zu definieren gilt, besteht ein mystischer und spiritueller Einfluß, der eine sehr einschläfernde Energie und Aura erzeugt. Sonderbare Wellenlängen werden aktiviert, die eine „jenseitige Präsenz“ haben oder einen hypnotischen Effekt. Ein ausgezeichneter Aspekt für Stechpalme, Efeu und Schilf, vorausgesetzt es gibt noch irgendwo im Horoskop mindestens einen positiven Aspekt zu Saturn.

185 Sonne Trigon Mars

Das ist ein dynamischer Aspekt von enormer Energie und Vitalität. Er findet sich oft in den Horoskopen von Sportlern oder Soldaten. Aktion ist das Stichwort, aber das aggressive Wesen kommt normalerweise in Bereichen zum Einsatz, die strenges Training und Disziplin erfordern. Wenn Saturn oder Neptun schlecht aspektiert sind, kann er begrenzt oder geschwächt sein, aber alles in allem ist dies ein stark motivierender Aspekt, der durch reine Ausdauer und Willenskraft Sieger hervorbringen kann. Dieser Aspekt zeugt von Kraft und guter Gesundheit und ist ausgezeichnet für Birke, Erle und Holunder.

186 Sonne Trigon Jupiter

Dieser Aspekt ist direkt mit juristischen, kirchlichen oder verlegerischen Berufen verbunden. Es ist ein sehr guter Aspekt, weil er eine Art Versicherung gegen Armut oder Unglück bietet. Für die Persönlichkeit bringt er Selbstvertrauen, geistige Großzügigkeit und ein fröhliches oder joviales Wesen. Es ist ein ausgezeichneter Aspekt für inneres Wachstum oder klassisches Studium. Menschen mit diesem Aspekt lassen sich von materiellem Wohlstand nicht verderben, weil sie Intelligenz oder intellektuelle Fähigkeiten über alles schätzen. Insgesamt bringt dieser Aspekt eine große Bandbreite an kreativen Talenten.

187 Sonne Trigon Saturn

Erfolg kommt wahrscheinlich durch harte Arbeit und Geduld, und die Betonung liegt auf einem gutorganisierten und moralischen Leben. Auch Langlebigkeit wird mit diesem Aspekt assoziiert, der oft im Horoskop von Staatsmännern auftaucht oder von Menschen, die sich großen Respekt erwerben. Die meisten positiven Saturnaspekte werden mit Tradition und weltlichem Erfolg assoziiert, und dieser besondere Aspekt wird im keltischen Mondtierkreis mit den Ahnen in Verbindung gebracht. Findet er sich im Horoskop von Birke, Stechpalme oder Holunder, sind Familienerbschaften sehr wahrscheinlich.

188 Sonne Trigon Uranus

Ausgezeichnete Führungskräfte werden mit diesem Aspekt assoziiert, besonders wenn er einen guten Aspekt zu Jupiter hat. Er zeugt von einem weiten Horizont und starken humanitären Prinzipien. Gelegentliche Taktlosigkeiten gehen meist als offenes Wort oder ehrlicher Dialog durch – das Privileg einer starken Führungspersönlichkeit. Dieser Aspekt wird auch mit Langlebigkeit assoziiert, die normalerweise in der Familie liegt. Sie basiert auf progressivem Denken oder stetem innerem Wachstum. Beträchtliche Gefühlsreserven sind eine Quelle leidenschaftlicher Ideale sowie der Originalität und Inspiration. Für Eberesche, Erle, Weißdorn und Holunder kann dieser Aspekt einen starken Einfluß auf die Berufswahl haben.

189 Sonne Trigon Neptun

Es gibt eine harmonische Verbindung zwischen Bewußtem und Unbewußtem oder zwischen Verstand und Emotionen. Charme und eine eigenartige Anziehungskraft schaffen etwas Mysteriöses und eine schwer faßbare Persönlichkeit. Die Intuition ist hoch entwickelt und mit einer künstlerischen Ader verbunden. Der Aspekt kann jedoch ohne die Hilfe anderer Planetenaspekte nicht voll zum Ausdruck kommen. Mit positiven Saturnaspekten kommt die Fähigkeit, Ideen, Inspiration und künstlerisches Potential aufblühen zu lassen. Isoliert betrachtet zeugt dieses Trigon von einer Wertschätzung der Kunst, und Leute mit diesem Aspekt sind regelmäßig in Kunstgalerien und Ausstellungen anzutreffen. Ein ausgezeichneter Aspekt für Esche, Weißdorn, Wein und Efeu, aber er bringt jedem Horoskop Harmonie und Ausgeglichenheit.

190 Sonne Quadrat Mars

Hochgeladene Energie kann mit diesem Aspekt fehlgeleitet werden und in impulsive Handlungen fließen, die oft zu Unfällen aus Unachtsamkeit führen. Das Risiko kann aus reiner Freude daran zu einer Lebensform werden. Mit 166, 204 oder 232 sind Energie und Leidenschaft kontrolliert und Risiken werden sorgfältig gegen die möglichen Vorteile abgewogen. Mit 236 oder 237 gibt es ein dringendes Bedürfnis, ruhig über deine wahren Motive nachzudenken, und Selbstdisziplin wird gebraucht, um deinen Jähzorn zu kontrollieren.

191 Sonne Quadrat Jupiter

Deine Rastlosigkeit ist ein höchst schwieriger Charakterzug. Blinder Optimismus herrscht vor und der Wunsch zu tun, was du möchtest, ohne über die Konsequenzen nachzudenken. Anmaßendes Verhalten und die Aussicht, schnelles Geld zu machen, sind riskante Faktoren, wenn es darum geht, deinen Lebensunterhalt zu verdienen. Deine Gesundheit kann unter deiner Vorliebe für üppiges Essen leiden. Negative Jupiterzüge können durch eine starke Saturnstellung im Horoskop gemildert werden, besonders mit Sonne und Mond in Konjunktion.

192 Sonne Quadrat Saturn

Dieser Aspekt findet sich oft im Horoskop erfolgreicher Menschen, denn er sorgt für eine innere Stärke, die enorme Motivation gibt und den Willen, persönliche Einschränkungen zu überwinden. Die Kommunikation mit anderen bleibt jedoch eingeengt, was auf einen Minderwertigkeitskomplex zurückzuführen ist. Die allgemeine Gesundheit kann unter mangelnder Vitalität leiden, aber das wird oft durch beharrliche Anstrengung und einen geordneten Lebensstil ausgeglichen. Aspekte mit 181, 231 oder 242 beleben die Energie neu und erweitern persönliche Grenzen. Mit 198 oder 245 neigst du zu Depressionen und einer düsteren Weltsicht.

193 Sonne Quadrat Uranus

Dieser Aspekt ist ein Hinweis auf beträchtliche nervöse Spannung. Menschen mit diesem Aspekt neigen oft dazu, anderen ihre moralischen und religiösen Ansichten aufzudrücken, manchmal auf extreme Weise. Es gibt das Verlangen, „anders" zu sein, das auf ein mächtiges Ego hinweist und darauf, daß du frustriert bist, weil du von anderen nicht verstanden wirst. Aspekte mit 169, 243 oder 258 bringen Stabilität, stellen das Gleichgewicht wieder her und bringen neue Inspiration. Mit 176 oder 286 sind ein explosives Temperament und fanatischer Glaube nicht hilfreich.

194 Sonne Quadrat Neptun

Das ist ein sehr schwächender Einfluß. Es gibt einen unverhältnismäßig hohen Grad an psychologischer Verwirrung, die den Charakter schwächt, besonders wenn bereits starke Emotionen vorhanden sind. Das ist Neptun in seiner chaotischen Form, der alle falschen Kanäle öffnet und sonderbare und unzuverlässige Kontakte herstellt. Die Begeisterung für eigenartige Kulte oder Sekten kann sich als verheerend erweisen. Drogen und Alkohol sollten unbedingt vermieden werden, denn sie können ebenso gefährlich sein. In der Wahl deiner Freunde mußt du dich vor Leichtgläubigkeit und Naivität hüten. Achte auf moralisch stärkende Aspekte mit Jupiter und Saturn.

195 Merkur Konjunktion Venus

Diese Konjunktion bezeichnet eine wunderbare Kombination aus Idealismus und künstlerischem Verständnis. Sie bringt einen ruhigen Geist und ein natürliches Talent zum Singen oder öffentlichen Sprechen. Sehr gut ist dieser Aspekt für Berufe, die handwerkliches Geschick verlangen: Schneider, Friseure, Musiker, um nur einige zu nennen. Andere Aspekte können kreative Züge entweder stärken oder hemmen. Mit 165, 189 oder 219 werden ausgeprägte künstlerische Talente gut genutzt. Mit 182, 209 oder 224 wird das künstlerische Potential um einer materiellen Karriere willen unterdrückt, vielleicht weil du als Kind unter Armut gelitten hast.

196 Merkur Konjunktion Mars

Diese Konjunktion bringt schnelle mentale und physische Reflexe und einen messerscharfen, satirischen Verstand, der sehr amüsant sein kann. Die Fähigkeit, ernsthafte Studien zu betreiben, ist ebenso vorhanden wie ein schriftstellerisches Talent. Wenn die Konjunktion schlecht aspektiert ist, kann sie bittere Streitigkeiten ermuntern, die die geistige Gesundheit beeinträchtigen. Aspekte mit 186, 187 oder 232 stärken den Geist und bringen Zielbewußtsein ins Leben. Menschen mit den Aspekten 209, 236 oder 237 können ihr eigener schlimmster Feind werden, wenn sie sich aggressiven Taktiken zuwenden und nicht auf guten Rat hören.

197 Merkur Konjunktion Jupiter

Diese Konjunktion bringt Optimismus und hohe Intelligenz, obwohl das wahre Potential normalerweise erst durch weiterführende Bildung und zunehmende Lebenserfahrung entwickelt wird. Es muß innerhalb eines klaren Rahmens gearbeitet werden, weil Menschen mit dieser Konjunktion extrem vielseitig sind. Erfolg in den Bereichen Kunst und Literatur oder Rechtswesen ist wahrscheinlich, und mit positiven Aspekten zu Neptun ist auch Religion von großem Interesse. Die Tendenz zu philosophieren und starke Meinungen zu vertreten, ist vorhanden. Insgesamt zeugt die Konjunktion von einem offenen und forschenden Verstand und feinen Idealen.

198 Merkur Konjunktion Saturn

Mit dieser Konjunktion ist ein sehr nüchterner Einfluß verbunden, der das Leben zu einer ernsten Angelegenheit machen kann. Menschen mit dieser Konjunktion halten sich an das Gesetz und betrachten moralisches Verhalten als essentielle Voraussetzung für ein ordentliches Leben. Lernprozesse vollziehen sich eher langsam, und Kinder mit dieser Stellung sollten nicht zu einem Studium oder zum Besuch einer höheren Schule gezwungen werden. Mit sorgfältiger Anleitung und Ermunterung können sie dennoch gute Ideen produzieren und später wertvolle Beiträge zur Gesellschaft leisten. Achte auf positive Aspekte mit Jupiter und Mars, weil eine Tendenz zur Depression besteht.

199 Merkur Konjunktion Uranus

Menschen mit dieser Konjunktion müssen ihr Leben nach ihren eigenen Vorstellungen leben, da sie ein willensstarkes Wesen haben und einen sehr unabhängigen Geist, der sich weigert, konventionelle Werte anzunehmen. Es gibt eine starke Identifikation mit neuen Richtungen in der Wissenschaft und ein geniales Potential, das Freiraum braucht, um sich entwicklen zu können. Konjunktionen werden weder positiv noch negativ gesehen; alles hängt von den Aspekten mit anderen Planeten ab. Mit positiven Saturn – und Jupiteraspekten wird diese Konjunktion zu einer Quelle großer Inspiration. Positive Uranusaspekte finden sich normalerweise im Horoskop von Astrologen. Der Planet Uranus wird mit Reisen durch den Weltraum assoziiert, mit moderner Wissenschaft, Aeronautik, Astronomie und Astrologie. Wegen seiner schwankenden Achseninklination wird er mit exzentrischem Verhalten assoziiert.

200 Merkur Konjunktion Neptun

Diese Konjunktion zeugt von kreativer Imagination und ist oft im Horoskop von Poeten, Musikern oder Komponisten zu finden. Sie bezeichnet ein freundliches und sanftes Wesen, mit einer Tendenz, „nicht von dieser Welt zu sein“ und unkontrollierten Impulsen zu folgen. Daher muß es eine Art Schutz oder Bewußtheit geben. Aspekte mit 164, 244 oder 288 bringen gesunden Menschenverstand, geistige Frische und klare Einsichten. Mit 177 oder 209 gibt es Charakterschwächen und trübe Stimmungen, die sehr schwer zu überwinden sind.

201 Merkur Trigon Venus

Dieser Aspekt ähnelt dem Aspekt 195, aber mit der Betonung auf Erweiterung des künstlerischen Potentials für ein breiteres Publikum. Positive Aspekte mit Jupiter weisen auf eine Verbindungen zur Welt der Literatur oder des Theaters hin; mit Saturn betonen sie die administrative Seite der Kunst; mit Neptun weisen sie auf die Film- oder Modewelt, mit Uranus auf moderne Musik und Künste. Pluto und Mars betonen leidenschaftliche Affären und leidenschaftliche Ideen.

202 Merkur Trigon Mars

Dieser Aspekt ist äußerst vorteilhaft für das Nervensystem und stimuliert den Geist. Oft ist eine bemerkenswerte literarische Begabung vorhanden, und Menschen mit diesem Aspekt schlagen sich gut in Debatten und sind sichere Redner. Eine gewisse Unbesonnenheit bleibt allerdings ebenso bestehen wie die Tendenz, gern unnötige Risiken einzugehen. Sehvermögen, Gehör und Reflexe sind normalerweise sehr gut, daher kann Fliegen und Rennfahren entweder Hobby oder Beruf sein. Die Richtung im Leben muß jedoch klar sein, da die Neigung vorhanden ist, ohne klaren oder konstruktiven Plan durch das Leben zu rasen. Achte auf stärkende Aspekte mit Saturn, die praktisches Planen fördern.

203 Merkur Trigon Jupiter

Dieser Aspekt weist auf einen aktiven Geist hin, aber auch auf einen deutlichen Mangel an Ehrgeiz. Es fehlt also eigentlich am notwendige Antrieb, aber obwohl das so ist, ist der Geist von hohem Kaliber, und erfolgreiche schriftstellerische Fähigkeiten sind ein hervorstechender Zug. Auch ausgezeichneter Humor ist vorhanden. Die besten positiven Aspekte findest du mit Mars und der ehrgeizigen Strategie Saturns. Alle positiven Aspekte mit Jupiter sind eine Quelle dauerhaften Glücks.

204 Merkur Trigon Saturn

Mit diesem Aspekt mangelt es nicht an Ehrgeiz, und die allgemeine Einstellung ist ebenso ernsthaft und praktisch wie ehrlich und moralisch. Gedankentiefe und gute Verstandeskräfte sind mit der Fähigkeit zu organisieren verbunden. In jedem Horoskop ist das ein stabilisierender Einfluß, besonders günstig im Geschäftsleben oder in Berufen, die sorgfältige Analyse von Fakten und Zahlen verlangen. Ein ausgezeichneter Aspekt für Birke, Haselstrauch, Wein und Holunder, bei denen das individuelle Potential starke Unterstützung braucht.

205 Merkur Trigon Uranus

Die Einstellung ist progressiv und der Geist sehr intuitiv und wendig. Große Selbständigkeit ist vorhanden und ein ausgezeichnetes Gedächtnis. Dieses Trigon zeigt einen völligen Individualisten mit außerordentlich originellen Ideen. Der Inhalt ist der gleiche wie für 199, aber Trigone brauchen oft die harten Aspekte mit Mars und Saturn, um ihr Potential voll aktivieren zu können.

206 Merkur Trigon Neptun

Dieser Aspekt zeigt eine starke Imagination, die leicht entwickelt und durch Poesie, Tanz oder Schauspielerei erweitert werden kann. Kreativität, die sich im Horoskop zeigt, beeinflußt die Art und Weise, wie der Geist funktioniert, da er sehr empfänglich für äußere Einflüsse ist. Positive Aspekte mit Jupiter bringen den Showman hervor, während negative Aspekte mit Saturn den Geist stärken können. Insgesamt ist dieser Aspekt sehr spirituell und fördert eine Neigung zum Mystizismus.

207 Merkur Quadrat Mars

Dieser Aspekt zeigt einen scharfen Verstand und eine scharfe Zunge. Eine scheinbar angeborene

Reizbarkeit und ein stacheliges Wesen haben in den allermeisten Fällen mit Überarbeitung oder erschöpfender Routine zu tun. Die Schuld bei anderen zu suchen, ist oft ein Versuch, die eigenen Fehler zu entschuldigen, die entstehen, wenn du gegen die Uhr arbeitest. Aspekte mit 166, 231 oder 232 helfen, dein Temperament zu zügeln, erweitern den Geist und fördern konstruktivere Planung.

208 Merkur Quadrat Jupiter

Mit diesem Aspekt sind künstlerische und literarische Fähigkeiten verbunden, und das kommt in einem originellen und fruchtbaren Geist zum Ausdruck. Menschen mit diesem Aspekt müssen sich jedoch vor Indiskretion hüten oder davor, ihre Fähigkeiten zu überschätzen. Eine gewisse Geistesabwesenheit ist gelegentlich festzustellen, aber die wirkliche Schwäche ist mangelndes Urteilsvermögen, besonders wenn negative Aspekte mit Neptun vorhanden sind. Mit 168, 198 oder 242 ist der Geist sehr stark und die Ziele sind klar definiert. Achte auf positive oder konstruktive Aspekte mit Saturn zum Ausgleich

209 Merkur Quadrat Saturn

Es gibt eine Tendenz, Komplotte und Intrigen zu spinnen, die aus starrem Denken resultiert. Die dunkle Wolke der Depression ist nie weit und wird von ständigen Sorgen und Ängsten um materielle Sicherheit und einem Gefühl der Einsamkeit gespeist. Deine Zuverlässigkeit und Geduld stehen jenseits allen Zweifels. Auch mangelt es dir nicht an der Fähigkeit, dich eingehend und in aller Tiefe mit einem Thema zu beschäftigen. Du hast eine Härte an dir oder einen Mangel an Sympathie, der sich in Form von seelischer Grausamkeit anderen gegenüber manifestieren kann. Aspekte mit 168, 181 oder 242 können die geistige und körperliche Vitalität stark verbessern und insgesamt eine breitere Perspektive bringen.

210 Merkur Quadrat Uranus

Es gibt eine Neigung zu Exzentrizität und einen Mangel an Takt, der für andere lästig werden kann. Normalerweise steht das in Verbindung mit der Überzeugung, „besser" zu sein oder irgendwie auserwählt, eine einzigartige Rolle im Leben zu spielen. Das große Talent, das mit diesem Aspekt verbunden ist, wird durch wunderliches Verhalten untergraben. Es gibt die Tendenz, aufgrund innerer Spannung und Verwirrung Energie zu verschwenden. Achte auf positive Aspekte mit Saturn und Jupiter.

211 Merkur Quadrat Neptun

Deine fruchtbare Imagination und deine intuitve Wahrnehmung werden nicht immer positiv angewendet. Sorgen und mangelndes Selbstvertrauen sind Teil einer umständlichen Art, die auf Selbsttäuschung und einer intrigierenden Mentalität basiert und zu mehr und mehr mentaler Verwirrung führt. Du hast jedoch einen feinen Sinn für Kunst und Schönheit, und wenn dieser konstruktiver angewendet wird, kann der Bann gebrochen werden. Aspekte mit 181, 204 oder 251 können die Kette der Selbsttäuschung durchbrechen und eine positivere Anwendung der Talente ermuntern.

212 Venus Konjunktion Mars

Alle Aspekte zwischen Venus und Mars sind signifikant, da sie intime Einzelheiten über das Sexualleben enthüllen. Mars und Venus stehen für das männliche und das weibliche Wesen. In der esoterischen Astrologie repräsentiert Mars die „Tierseele" der Menschheit und Venus die „Menschenseele", gleichzusetzen mit dem niederen und dem höheren Geist. Die Marsenergie muß sich stufenweise auf die höhere Schwingungsebene von Venus entwickeln, und ihre gemeinsame Wirkung kann Einsicht in das spirituelle Wesen bringen. Bei einer Konjunktion muß man also in Betracht ziehen, welcher Planet den stärkeren und wirksameren Einfluß ausübt.

Negative Aspekte zwischen Venus und Saturn oder Pluto können die feineren Gefühle der Liebe hemmen, und mit Mars in der dominanten Rolle wird das Verhalten im allgemeinen rauher. Diese besondere Konjunktion verrät jedoch eine harmonische Mischung aus venusischem Charme und Marsenergie und weist auf ein aktives und erfreuliches Sexualleben hin. Menschen mit dieser Konjunktion sind sehr attraktiv für das andere Geschlecht, denn sie haben eine Ausstrahlung, der nur schwer zu widerstehen ist. Das ist ein ausgezeichneter Aspekt für Erle und Wein.

213 Venus Konjunktion Jupiter

Diese Konjunktion ist ausgezeichnet für Geschäftspartnerschaften, ganz besonders zwischen Angehörigen unterschiedlichen Geschlechts. Charme und Großzügigkeit führen zu persönlicher Beliebtheit. Menschen mit dieser Konjunktion im Horoskop haben Glück, weil beide Planeten als „günstig" betrachtet werden. Für sich allein sind sie eine Quelle kreativer Talente, zusammen bringen sie Glück und größere Erfolgschancen. Mit dieser Konjunktion sind Ideale verbunden, die trotz negativer oder schwieriger Aspekte bestehen bleiben. Insgesamt bringt sie ein sanftes Wesen und eine menschliche Einstellung.

214 Venus Konjunktion Saturn

Alle Aspekte zwischen Venus und Saturn begrenzen Zuneigung und weisen auf Selbstaufopferung hin. Die Konjunktion bewirkt, daß Ehen oder persönliche Verpflichtungen aufgeschoben werden, und ist mit hemmenden psychischen Faktoren verbunden. Manchmal haben die Ursachen nichts mit der Person in dieser Konjunktion zu tun, sondern mehr mit der Wahl ihres Partners, und das ist eine komplexere Angelegenheit. Zum Beispiel könnte dich die Tatsache, daß deine Eltern sich wenig Zuneigung entgegengebracht haben, dazu bringen, einen Partner zu wählen, der entweder viel älter ist als du oder emotional verschlossen. Das steht dauerhaftem Glück entgegen. Insgesamt hat ein starkes Pflichtgefühl den Vorrang vor persönlichen Gefühlen und kann zum Wohl eines alten Elternteils oder Verwandten eingesetzt werden.

215 Venus Konjunktion Uranus

Wenn anderswo im Horoskop künstlerische Talente angezeigt sind, fügt diese Konjunktion viel Originalität hinzu. Der Wunsch nach Frieden oder Harmonie ist zwar vorhanden, aber auch eine hohe Spannung, die über künstlerische Beschäftigung nach außen verlagert werden kann. Wenn jedoch keine positiven Ventile gefunden werden, können sich die Emotionen auf unkontrollierbare Weise anhäufen und zu einem höchst exzentrischen Verhalten führen, das wenig Rücksicht auf persönliches Ansehen nimmt. Aspekte mit 188, 243 oder 255 sind positive Einflüsse, die die Emotionen ausgleichen und kreative Talente erfolgreicher ausrichten können. Insgesamt besteht eine Neigung zu unkonventionellen Beziehungen.

216 Venus Konjunktion Neptun

Jeder Aspekt zwischen Venus und Neptun betont die romantische Seite in Männern und Frauen. In Hinsicht auf Harmonie in der Psyche, sagt man von Neptun, er sei die „höhere Oktave" oder die spirituelle Schwingung. Eine Konjunktion betont künstlerische Fähigkeiten und ein romantisches Wesen. Eine solche Schwingung hat eine mystische und magnetische Qualität, die die ganze Psyche durchdringt. Menschen mit dieser Konjunktion beziehen ihre inspirierenden Talente aus dem Reich des Unbewußten oder aus der Anderswelt. Positive Aspekte zum rationalen Saturn und zum kreativ lenkenden Jupiter werden gebraucht, um einen geraden Kurs beizubehalten, weil das Potential sonst in einem traumähnlichen Zustand bleibt. Besonders signifikant ist das bei Esche und Efeu.

217 Venus Trigon Mars

Gefühle werden mit diesem Aspekt ebenso voll ausgelebt wie die Begeisterung für Liebesaffären, die außerehelich oder promiskuitiv sein können. Andere Aspekte wie zum Beispiel 219 oder 232 ermuntern hingegen Treue und Loyalität einem einzigen Partner gegenüber. Insgesamt besteht ein Bedürfnis nach freiem Ausdruck, denn wenn dieser behindert wird, kann nervöser und emotionaler Streß entstehen. Menschen mit diesem Aspekt neigen dennoch dazu, enge Bindungen einzugehen, die dem Druck der Zeit und allen Gefühlskonflikten widerstehen.

218 Venus Trigon Jupiter

Dieser Aspekt hat den gleichen Einfluß wie 213, nur daß Trigone den positiven oder vorteilhaften Einfluß auf eine höhere geistige Ebene bringen. In diesem Fall verbindet es künstlerischen Ausdruck mit Geist und/oder Intellekt. Menschen mit diesem Aspekt fühlen sich daher sowohl in der Kunst als auch im Bereich des akademischen Wissens zu Hause. Die extreme Natur von Venus und Jupiter ist jedoch voll aktiviert, und Maßlosigkeit und Extravaganz müssen auf jeden Fall gezügelt werden. Dieser Aspekt bringt Inspiration für alle Zeichen, besonders für Eberesche, Esche, Stechpalme, Wein und Efeu.

219 Venus Trigon Saturn

Der Einfluß von Saturn auf Venus kühlt die Gefühle ab und behindert den freien Fluß der künstlerisch-kreativen Talente, die mit Venus assoziiert werden. Ein gesellschaftliches Leben ist oft nicht vorhanden, und Beziehungen mangelt es an Spaß und Spontaneität. Im besten Fall weist dieser Aspekt auf ein Händchen für Geschäfte und erfolgreiche finanzielle Investitionen hin. Achte auf den ausgleichenden Einfluß anderer Planetenaspekte, besonders auf positive Aspekte zwischen Sonne und Mond mit Venus, Mars und Jupiter.

220 Venus Trigon Uranus

Dieser Aspekt bringt normalerweise künstlerisches Talent, vor allem musikalische Fähigkeiten. Menschen mit diesem Trigon haben ein geniales Wesen und oft zahlreiche Freunde und Bekannte. Sie sind sehr gesellig und wahrscheinlich Mitglied in verschiedenen Vereinen. Sie haben ein romantisches und sehr empfindsames Wesen und hegen nicht selten Sympathie für gesellschaftliche Außenseiter, was zur Folge hat, daß sie eine äußerst eigenartige Mischung von Freunden haben.

221 Venus Trigon Neptun

Menschen mit diesen Aspekt haben etwas Flüchtiges und Außerweltliches an sich. Eine künstlerische Ader ist zwar normalerweise vorhanden, aber sie muß ermuntert werden, da sie leicht ausbluten oder ihre besondere Qualität verlieren kann. Eine Aura des Glanzes und der Kultiviertheit bleibt allerdings ein ganzes Leben lang erhalten. Hilfe und Ermunterung kommen von Aspekten mit Jupiter und Saturn.

222 Venus Quadrat Mars

Obwohl Gefühle warm und liebevoll ausgedrückt werden, zeugt dieser Aspekt von intensiven sexuellen Beziehungen, die oft von Debatten über aufreizendes Verhalten gestört werden. Emotionen sind leicht übersensibel, und das kann Familienbeziehungen und Partnerschaften belasten. Siehe auch 212 zur Beziehung zwischen Venus und Mars. Dieser negative Aspekt verhindert innere Harmonie. Achte auf kompensierende Aspekte, wie sie in Abschnitt 212 beschrieben werden.

223 Venus Quadrat Jupiter

Dieser Aspekt zeugt von extremen Gefühlen und dem starken Wunsch nach einem luxuriösen Leben. Ein übertriebener Hang zum Dramatischen ist ebenso vorhanden wie die Tendenz, in Liebesaffären verwickelt zu werden. Mit 219 oder 242 sind die Gefühle besser ausgeglichen, die Maßlosigkeit ist geringer, und die Finanzen sind besser. Insgesamt verlangt dieser Aspekt kontrollierende Faktoren im Horoskop. Achte auf die Position von Sonne und Mond. Wenn sie einen positiven Aspekt bilden, bedeutet das mehr Harmonie für die gesamte Psyche.

224 Venus Quadrat Saturn

Abschnitt 214 erklärt die Beziehung dieser beiden Planeten in jedem Aspekt. Bei einem Quadrat liegt die Betonung auf finanziellen Angelegenheiten. Oft zeugt es von verlorenen Erbschaften und mißglückten finanziellen Transaktionen oder Investitionen. Achte auf positive Aspekte mit Mars und Jupiter, die mehr Glück und Selbständigkeit bringen.

225 Venus Quadrat Uranus

Dieser Aspekt hat den gleichen Inhalt wie 215, aber beim Quadrat liegt die Betonung mehr auf der Wahl von Freunden oder Geschäftspartnern. Extreme Vorsicht ist geboten, da verheerende Beziehungen zustandekommen können, die ihre Spuren hinterlassen werden. Achte auf die gleichen kompensierenden Aspekte wie in 215 und prüfe, ob Saturn als Hilfe stark aspektiert ist.

226 Venus Quadrat Neptun

Dieser Aspekt zeigt hohe Ideale, aber sie müssen sorgfältig analysiert werden, da sie äußerst unrealistisch sein können. In emotionalen Beziehungen kommt es oft zu Enttäuschungen wegen der Unzuverlässigkeit des Partners. Es gibt auch die Tendenz, Liebesaffären geheimzuhalten. Sorgfalt muß angewandt werden im Geschäft und in den Finanzen. Lies 216, um weitere Information über die Beziehung zwischen Venus und Neptun zu erhalten. Die gleichen kompensierenden Aspekte sollten helfen, eine praktischere Perspektive zu entwickeln.

227 Mars Konjunktion Jupiter

Diese Konjunktion bringt eine mächtige Verbindung von kreativer und bestimmter Energie. Alle Ziele werden positiv und energisch verfolgt. Menschen mit dieser Konjunktion vertreten ihre Ziele stets offen und frei, und obwohl sie in Streitereien verwickelt werden können, sind sie sehr fair und großzügig. Schwierige Entscheidungen zu treffen, ist kein Problem für sie, da sie die Fähigkeit haben, das ganze Bild oder alle Möglichkeiten zu sehen. Sie kommen mit jeder Veränderung klar, weil sie in der Lage sind, beide Seiten der Medaille zu sehen. Vielleicht sind sie die größten Opportunisten und die besten Unternehmer, weil das Glück normalerweise auf ihrer Seite ist. Mit einer so starken Kraft braucht man ein Quadrat im Horoskop, um sicherzustellen, daß der Erfolg nicht kurzlebig ist. Aspekte mit 175 oder 192 bringen große innere Stärke und eine Motivation, die im Lauf der Zeit zunimmt. Mit zusätzlich 242 ist anhaltender Erfolg garantiert.

228 Mars Konjunktion Saturn

Das ist eine sehr kraftvolle Konjunktion. Oft zeugt sie von beträchtlichem Leid oder von einer Behinderung durch einen Unfall. Sie kann kleiner oder größer sein, je nach den anderen Aspekten im Horoskop. Ein Trigon zwischen Sonne und Mond bringt innere Harmonie, aber ein paar Quadrate werden gebraucht, die bewirken, daß keine Begrenzung akzeptiert wird. Mit 175 oder 192 ist der Wille, alle Hindernisse zu überwinden, einfach erstaunlich. Insgesamt zeugt diese Konjunktion von einer großen Herausforderung, findet sich aber oft im Horoskop von Menschen, die sich dadurch Respekt erwerben, daß sie schwierige Situationen sehr gut meistern.

229 Mars Konjunktion Uranus

Das ist eine sehr kraftvolle Konjunktion, die auf einen hohen aber gespannten Energiepegel hinweist, der immer kurz vor dem Zusammenbruch ist. Menschen mit dieser Konjunktion sind hoch produktive Individuen, die sich körperlich und geistig immer bis an die eigene Grenze herausfordern. Ihr Lebensstil ist aufregend und meist von Drama und Kontroversen geprägt. Mit ihrem lebhaften und flüchtigen Temperament sind sie oft große Artisten und Unterhaltungskünstler und üben selten konventionelle Berufe aus. Achte auf stabilisierende und kreative Aspekte, damit dieses Potential voll verwirklicht werden kann; positive Aspekte mit Venus, Jupiter und Saturn bringen einen guten Ausgleich.

230 Mars Konjunktion Neptun

Diese Konjunktion ist immer schwer zu definieren. Das feurige Wesen des Mars trifft auf den nebulösen Einfluß von Neptun, der wie das Meer von einem auf den anderen Moment von ruhig zu stürmisch wechseln kann. Bezogen auf die Person weist das auf eine Menge Enthusiasmus hin, der sorglos eingesetzt wird, wobei die Energiereserven nie groß sind. Dieser Aspekt kann künstlerische Kreativität bringen und sorgt für eine starke und intuitive Vorstellungskraft. Übersinnliche Fähigkeiten sind vorhanden, die sich als Macht oder Einfluß auf den Geist anderer manifestieren können. Mars ist eine selbstbewußte Kraft, die sorgfältige Lenkung erfordert. Achte auf moralische und weniger selbstsüchtige Motive in positiven Aspekten mit Venus, Jupiter und Saturn.

231 Mars Trigon Jupiter

Abschnitt 227 vermittelt einen Eindruck vom Zusammenspiel dieser beiden Planeten. Dieser Aspekt funktioniert nach dem gleichen Muster, aber ein Trigon weist auf eine harmonischere Mischung der Züge hin und darauf, daß die Energie gleichermaßen für physische und intellektuelle Ziele verwendet wird. Starke Willenskraft ist gepaart mit großem Optimismus und der Fähigkeit, das Leben zu genießen. Insgesamt ist das ein sehr positiver Aspekt, der mit guter Gesundheit, Reichtum und einem erfüllten Liebesleben in Verbindung gebracht wird.

232 Mars Trigon Saturn

Das ist ein „harter“ Aspekt, der mit enormer Ausdauer und der Fähigkeit, schwierige Situationen zu meistern, identifiziert wird. Er findet sich in den Horoskopen von Bergsteigern, Forschern, Angehörigen militärischer Elitetruppen oder Menschen, die unter harten Bedingungen arbeiten oder viele Untergebene haben und mit gutem Beispiel vorangehen müssen. Menschen mit diesem Aspekt haben ein gutes Urteilsvermögen und wissen genau, was sie vom Leben wollen und was sie tun müssen, um es zu bekommen. Ein ausgezeichneter Aspekt für Erle, Eiche und Holunder.

233 Mars Trigon Uranus

Dieser Aspekt zeugt von der Fähigkeit, schnelle Entscheidungen zu treffen und von einem hohen Energiepegel, der angesichts großer Herausforderungen aktiviert wird. Er ähnelt dem obigen Aspekt, aber hier liegen die Berufe eher im Ingenieurwesen oder im Bereich Technologie, wo ein erfinderischer Geist erforderlich ist, der schwierige Probleme lösen kann. Menschen mit diesem Trigon sind ausgezeichnete Kraftfahrer und Piloten und haben im allgemeinen eine Vorliebe für gefährliche Sportarten.

234 Mars Trigon Neptun

Abschnitt 230 erläutert das Wesen dieser beiden Planeten. Dieser Aspekt hat den gleichen Inhalt, wirkt aber auf einer höheren Ebene. Er betont das spirituelle Wesen in einem disziplinierten Geist und Körper und weist auf einen militanten Kreuzritter mit starken religiösen Überzeugungen hin. Es gibt eine starke Anziehung zu mystischen Kulten oder Heilergruppen und zur nautischen Welt. Imagination und Intuition sind hoch entwickelt. Die Fähigkeit, anderen stets eine Nasenlänge voraus zu sein, kann etwas mit Telepathie zu tun haben. Sicherlich ist mit diesem Aspekt eine große mentale Kraft verbunden.

235 Mars Quadrat Jupiter

Dieser Aspekt weist auf blinden Optimismus und impulsive Aktionen hin. Sorgfalt und Weitblick müssen entwickelt werden, da die Energie hoch ist und positive Ventile nicht leicht zu finden sind. Rücksichtsloses und rebellisches Verhalten kann schwer zu zügeln sein, wenn es sich einmal manifestiert hat. Die mangelnde Bereitschaft, sich zu mäßigen, kann zum ernsten Problem werden. Insgesamt zeigt dieser Aspekt rastlose Energie, die Selbstdisziplin braucht und Mäßigung in allen Dingen. Aspekte mit 232 oder 242 bringen einen guten Ausgleich, aber weitere Unterstützung durch ähnliche Aspekte ist von Vorteil.

236 Mars Quadrat Saturn

Dieser Aspekt kann das wahre Potential in jedem Horoskop untergraben. Das Interesse an neuen Projekten kann schnell erlahmen, was mit der Unfähigkeit zu tun hat, einen gleichmäßigen Energiefluß aufrechtzuerhalten. Menschen mit diesem Aspekt sind in der einen Minute voller Energie und in der nächsten absolut lethargisch. Entweder werden die eigenen Fertigkeiten überschätzt oder die wahren Themen werden nie angesprochen. Das Ergebnis ist ein mangelndes Zielbewußtsein und eine Neigung, sich treiben zu lassen. Aspekte wie 166, 185, 231 oder 242 können die Dinge verbessern, aber eine Tendenz, die Verantwortung abzulehnen, wenn es hart wird, bleibt bestehen.

237 Mars Quadrat Uranus

Dieser Aspekt zeugt von explosivem Temperament, Intoleranz und einer Tendenz, anderen grundsätzlich zu widersprechen. Ein hoher Grad an nervöser Spannung in Kombination mit unkoordinierten Reflexen führt oft zu Unfällen. Disziplin im Sinne von Selbstkontrolle muß auf allen Ebenen geübt werden, da es in der ganzen Psyche eine störende Schwingung gibt. Achte auf positive Aspekte zwischen Sonne und Mond und Jupiter und Saturn.

238 Mars Quadrat Neptun

Dieser Aspekt weist auf große Empfindsamkeit hin und kann die Achillesferse in jedem Horoskop sein. Er zeigt Führungspotential aber auch Fluchttendenzen durch Drogen oder Alkohol – ein gefährliches Vergnügen, da außerdem auch noch allergische Reaktionen auf medizinische Drogen möglich sind. Dieser Aspekt taucht oft in den Horoskopen von Schauspielern oder Seeleuten auf. Beide fühlen sich vom wässrigen Reich angezogen, das auf der einen Seite die trügerische Welt der Illusion repräsentiert und auf der anderen das Ziel interessanter Entdeckungsreisen.

239 Jupiter Konjunktion Saturn

Jupiter und Saturn üben exrem gegensätzliche Planeteneinflüsse aus. Jupiter ist der größte Planet unserer Galaxie und symbolisiert die Ausweitung des Geistes, ein sehr kreativer Einfluß, während Saturn mit Begrenzungen identifiziert wird. In alter Zeit war Saturn der äußerste Planet im bekannten Universum. In der modernen Astrologie symbolisieren seine Ringe Grenzen und Beschränkung. Im keltischen Mondtierkreis regiert Jupiter über das Zeichen Eiche, das die Sommersonnenwende kennzeichnet. Saturn herrscht über den letzten Mondmonat des Jahres (Holunder) und kennzeichnet die Gefangenschaft des Sonnenkönigs, der schließlich am Tag der Wintersonnenwende wiedergeboren wird. Jupiter und Saturn repräsentieren daher verschiedene Enden des Lichtspektrums, das von den Druiden beobachtet wurde: das ausweitende Licht der Sommersonne und das sich zusammenziehende Licht der Wintersonne. Diese Konjunktion ist eine sehr mächtige Planetenbeziehung und weist auf großes Potential, verbunden mit einer konzentrierten Perspektive und physischer und mentaler Ausdauer hin. Die Fähigkeit, Ziele zu erreichen, ist beträchtlich, nicht nur durch harte Arbeit sondern auch durch einen brillanten Intellekt, wenn Merkur im Horoskop gut aspektiert ist. Insgesamt ist diese Konjunktion eine Quelle der Kraft und des Glaubens an sich selbst.

240 Jupiter Konjunktion Uranus

Diese Konjunktion betont ein starkes Bedürfnis nach Unabhängigkeit, da beide Planeten mit Freiheit im Ausdruck identifiziert werden – Jupiter mit kreativer Intelligenz und Uranus mit progressivem Denken. Menschen mit diesem Aspekt sind meist rastlos und lehnen Begrenzungen jeder Art ab. Großes Potential ist vorhanden, aber andere Aspekte werden gebraucht, um diese sehr flüchtige Kreativität voll zu aktivieren. Achte auf ähnliche Aspekte, die Kraft, Konzentration und positive Richtung bringen.

241 Jupiter Konjunktion Neptun

Beide Planeten werden mit kreativen Talenten assoziiert, und diese Konjunktion eignet sich hervorragend, um das künstlerische Potential zu aktivieren. Man braucht jedoch mehr Ausdauer und Selbstbestimmung, um dieses ätherische Talent, das zum Schriftstellerischen neigt, voll verwirklichen zu können. Ein hoher Grad an Idealismus ist vorhanden und intuitive Wahrnehmung verbunden mit philosophischen oder religiösen Ideen. Menschen mit diesem Aspekt sind mitfühlend und haben eine humanitäre Ader, die auch die Tierliebe einschließt. Finanzieller Erfolg ist wahrscheinlich und kommt aus ungewöhnlichen Quellen oder in Form eines unregelmäßigen Einkommens.

242 Jupiter Trigon Saturn

Das ist einer der besten Aspekte in jedem Horoskop, denn er weist auf Erfolg und Fortschritt durch stete Anwendung konstruktiver und kreativer Fähigkeiten hin. Wenn Jupiter oder Saturn gute Aspekte zur Sonne haben, hast du einen breiten Horizont und bist dir andererseits auch deiner Fehler und Schwächen bewußt, was größere Anpassungsfähigkeit und vielseitige Fähigkeiten begünstigt. Dieser Einfluß beibt ein Leben lang positiv.

243 Jupiter Trigon Uranus

Dieser Aspekt bringt eine positive Mischung aus originellem Denken, Führungsqualitäten und mitfühlenden Idealen. Die Ablehnung engstirniger Ansichten und jeder Form von Konventionalität begünstigt höheres Wissen und Lernen. Das ist ein ausgezeichneter Aspekt für Eberesche, Eiche und Holunder, der aber auch allen anderen Zeichen eine breitere Perspektive eröffnet.

244 Jupiter Trigon Neptun

Abschnitt 241 informiert über das Zusammenspiel dieser beiden Planeten. Trigone üben einen integrierenden und ausgleichenden Einfluß aus. Jupiter wird mit kreativer Energie und allgemein mit Glück assoziiert. Neptun ist ebenfalls künstlerisch kreativ und bezieht sich eher auf das spirituelle Wesen, weniger auf materiellen Reichtum. Dieser Aspekt zeugt von einer natürlichen Veranlagung, Unterprivilegierten zu helfen. Es besteht das Bedürfnis, sich periodisch von der Welt zurückzuziehen und neue Kraft zu sammeln, da das Aufrechterhalten eines hohen moralischen und spirituellen Niveaus sehr ermüdend sein kann.

245 Jupiter Quadrat Saturn

Dieser Aspekt stellt vor eine schwierige Aufgabe. Er findet sich oft im Horoskop von Menschen, die sich dominanten Kräften beugen und Einschränkungen resignierend hinnehmen. Aber Quadrate sind auch sehr faszinierend, denn sie bezeichnen Bereiche im Horoskop, die mehr Mühe oder Kraft erfordern; in der karmischen Astrologie gelten sie als Bereiche potentiellen Wachstums. Menschen mit diesem Aspekt müssen vielleicht prüfen, ob sie Autoritäten oder ihre persönlichen Begrenzungen herausfordern wollen. Wenn sie erkennen, daß sie für ihre eigenen Schwächen verantwortlich sind, werden sie stufenweise mehr Selbstdisziplin lernen. Das ist die einzige Alternative zu einem niedrigen Selbstwertgefühl.

246 Jupiter Quadrat Uranus

Jupiter und Uranus stehen beide für einen „freien Geist" und werden schon früh mit dem Bedürfnis nach persönlicher Unabhängigkeit assoziiert. Dieser Aspekt bringt alle negativen Qualitäten der Rastlosigkeit und Direktheit hervor, die irgendwann untragbar werden und Beziehungen stören können. Finanzielle Verluste ergeben sich wahrscheinlich aus einer Mentalität, die jeden guten Rat ignoriert. Achte auf hilfreiche Aspekte von Sonne und Mond mit Jupiter und Uranus und auf Aspekte, die geistige Stabilität bringen.

247 Jupiter Quadrat Neptun

Wenn das ganze Horoskop Charakterstärke und praktische Fertigkeiten zeigt, bringt dieser Aspekt Empfindsamkeit für das Leid anderer und kann positiv in die Linderung dieses Leids gelenkt werden. Das Interesse an Sekten und sonderbaren religiösen Kulten kann jedoch verheerende Folgen haben, weil die negative, maßlose Natur des Jupiters von der negativen Neigung Neptuns zu Drogen und Alkohol beeinflußt wird. Insgesamt zeigen sich unrealistische Ambitionen, und in finanziellen Angelegenheiten sollte man sich besser professionell beraten lassen.

248 Saturn Konjunktion Uranus

Diese Konjunktion weist auf eine Konfrontation des rationalen Verstandes mit dem irrationalen Geist hin, wobei beide gleich stark oder einflußreich sind. Ambitionen, Selbständigkeit und Selbstbestimmung wechseln sich mit Depression und nervöser Spannung ab. Diese plötzlichen Veränderungen, die die Persönlichkeit und den Charakter beeinflussen, können schwer zu akzeptieren sein. Die Stellung Merkurs und seine Aspekte entscheiden letztendlich darüber, welcher Persönlichkeitsanteil stärker ist und ob beide gut ausgeglichen und integriert sind. Merkur im Steinbock, im Stier oder in der Jungfrau betont praktisches oder rationales Denken. Mit Merkur im Wassermann ist der Geist inspiriert, wenn auch manchmal irrational, in den Zwillingen ist er erfinderisch und vielseitig, in der Waage hat er gute Verstandeskräfte, ist aber eher unentschlossen. Im Widder ist der Geist scharf und direkt, aber gelegentlich wenig rational, im Löwen äußert er starke Meinungen, legt aber auch großen Optimismus an den Tag, im Schützen ist er tolerant und trotz seiner Rastlosigkeit intellektuell. Im Krebs ist er gewitzt und sehr intuitiv, in den Fischen flexibel und leicht zu beeindrucken. Im Skorpion ist er durchdringend und analytisch. Diese Aspekte geben eine Richtung und enthüllen sämtliche Stärken und Schwächen.

249 Saturn Konjunktion Neptun

Wenn der Rest des Horoskops künstlerische Fähigkeiten zeigt, bringt dieser Aspekt Imagination und Inspiration in eine konstruktive Form. Obwohl es einen Konflikt zwischen Materialismus und Idealismus geben kann, stabilisiert Saturn die nebulose Qualität Neptuns. Ein Händchen fürs Geschäftliche, das oft mit dieser Konjunktion einhergeht, resultiert aus einem intuitiven

Wissen um die Wünsche der Kunden. Das spirituelle Wesen ist orthodoxer und weniger mystisch.

250 Saturn Trigon Uranus

Abschnitt 248 informiert über die unterschiedlichen geistigen Zustände, die mit diesen beiden Planeten assoziiert werden. Wenn die Konzentrationsfähigkeit gut ist, wird sie durch diesen Aspekt gestärkt, der von großer Initiative und Willenskraft zeugt, gepaart mit Geduld und Vorsicht. Erfolg ist wahrscheinlich in wissenschaftlichen und administrativen Berufen. Ein ausgezeichneter Aspekt für Birke, Eberesche, Weißdorn und Haselstrauch.

251 Saturn Trigon Neptun

Dieser Aspekt ähnelt 249, aber ein Trigon ist besser für künstlerische oder kreative Talente. Imagination und Intuition werden gut eingesetzt. Gesunder Menschenverstand, verbunden mit guten organisatorischen Fertigkeiten, ist ebenfalls vorhanden. Das spirituelle Wesen ist zwar weniger mystisch, spielt aber dennoch eine große Rolle. Dieser Aspekt verrät eine alte Seele und bringt daher ein gutes Urteilsvermögen, wenn es um Gewissensfragen geht.

252 Saturn Quadrat Uranus

Dieser Aspekt zeugt von geistiger Spannung und depressiven Stimmungen. Diese Planeten weisen auch auf den Einfluß hin, den Generationen aufeinander ausüben, weil sich ihr Orbit zeitweise berührt. Dieser Aspekt deutet einen starken Generationskonflikt mit den Eltern und später mit den eigenen Kindern an, der sich normalerweise als Aufeinanderprallen von Wertvorstellungen manifestiert. Achte auf positive Aspekte mit Jupiter und lies Abschnitt 248 zur Bedeutung der Merkurposition.

253 Saturn Quadrat Neptun

Dieser Aspekt zeigt emotionalen Streß und psychische Hemmungen. Desillusionierung und persönliche Enttäuschungen können eine Form von Paranoia fördern. Es gibt die Tendenz, sich in nicht praktikable Projekte zu verwickeln, aber obwohl das zu Frustration und Ungeduld führt, werden Menschen mit diesem Aspekt selten durch Erfahrung klug. Achte auf positive Aspekte zu Merkur und Jupiter für unterstützende Stärke und Richtung.

254 Uranus Konjunktion Neptun

Diese Konjunktion hat einen bemerkenswerten Einfluß, da sie nur etwa alle 171 Jahre auftritt, und wenn das der Fall ist, bringt sie wahrhaft große Menschen hervor. Das letzte Mal trat sie um 1820 auf und begann dann zwischen Jannuar 1989 und März 1997 eine Konjunktion zu formen. In dieser Zeit geriet die Konjunktion wegen der retrograden Bewegung beider Planeten leicht auseinander, am exaktesten oder stärksten war sie 1993. Insgesamt zeigt sie viel Originalität und Freundlichkeit, und obwohl ein starker Eigenwille vorherrscht, ist er darauf gerichtet, wohltätigen Zwecken zu dienen.

255 Uranus Trigon Neptun

Dieser Aspekt bleibt aufgrund der langsamen Bewegung der Planeten in Beziehung zur Erde lange Zeit bestehen. Wenn er auftritt, ist einer der Planeten außerdem noch in Kontakt mit einem anderen, größeren Planeten. Das bringt große Einsicht in die gesamte Psyche und das ganze psychologische Verhaltensmuster. Dieser Aspekt weist auf große Intuition und Sensitivität hin, und das mystische Wesen des Neptun ist synonym mit einer Form von Spiritualität, die übersinnlich und visionär ist.

256 Uranus Quadrat Neptun

Dieser Aspekt zeugt von intensiven Emotionen und einer Neigung zur Maßlosigkeit. Wenn einer der Planeten der Herrscher deines Baumzeichens ist (Eberesche oder Esche), muß das mit dem Zeichen assoziierte Potential gefördert werden. Achte auf Unterstützung durch die stärkenden Aspekte Saturns und die kreative Richtung durch Jupiter. Die Beziehung zwischen Sonne und Mond sollte ebenfalls genau betrachtet werden.

257 Mond Konjunktion Sonne

Diese Konjunktion bezeichnet die Phase des Neumondes. Sie betont die Notwendigkeit, hin und wieder neue Anfänge zu machen, weil sie ein inneres Ungleichgewicht andeutet, das tiefverwurzelte Angewohnheiten formt, die aufgegeben werden müssen, wenn sich inneres Wachstum und größere Selbstbewußtheit entwickeln sollen. Das Zeichen, in dem die Sonne steht, ist ein sehr kraftvoller Konzentrationspunkt im Horoskop, und wenn Merkur und Venus im gleichen Zeichen stehen, was häufig der Fall ist, kommt es zu einem noch größeren Ungleichgewicht, mit starker Betonung der Stärken und Schwächen des Charakters. Aspekte mit Sonne und Mond bringen mildernde Einflüsse, und die Stärke von Saturn und Jupiter kann für positive Ventile sorgen.

258 Mond Trigon Sonne

Dieser Aspekt verbindet Bewußtes und Unbewußtes. Die allgemeine Harmonie von Persönlichkeit und Charakter wird betont und äußert sich in einem ruhigen Temperament und großer Beliebtheit. Wenn Sonne und Mond jedoch schwierige Aspekte mit Saturn oder Venus bilden, kann die Beliebtheit abnehmen. Insgesamt ist das ein ausgezeichneter Aspekt in jedem Horoskop. Alle sogenannten negativen Aspekte können große Motivation bringen, denn dieser Aspekt zeugt auch von einem Mangel an Ehrgeiz, weil ein Leben in Glück und Zufriedenheit manchmal eine gewisse Trägheit fördert.

259 Mond Quadrat Sonne

Dieser Aspekt enthüllt innere Konflikte, die mit einer schwierigen Beziehung zu den Eltern in Verbindung stehen können. Es kann sein, daß man von den Eltern in eine bestimmte Karriere gezwungen wurde, was schließlich zu allgemeiner Unzufriedenheit führt. Menschen mit diesem Aspekt sind oft arrogant und nicht bereit, einen Rat anzunehmen. Oft kompensieren sie innere Konflikte oder Probleme in der Familie durch eine erfolgreiche Karriere.

260 Sonne Trigon Venus

Dieser Aspekt tritt nie auf, da die Venus nicht mehr als 48 Grad von der Sonne entfernt sein kann.

261 Allgemeines zu den Aspekten der Sonne

Die Sonne beeinflußt das bewußte Selbst, die Vitalität, den Selbstausdruck und alle Aktivitäten im Leben. Wenn die Sonne ein Trigon mit anderen Planeten bildet, zeigt sich eine positive Mischung von Zügen, die einerseits mit den betreffenden Planeten assoziiert werden und andererseits mit dem Zeichen, in dem die Sonne steht. Obwohl Trigone ausgezeichnete Aspekte sind, die auf Glück und Möglichkeiten im Leben hinweisen, brauchen sie normalerweise den Druck der Quadrate, um ihr schlafendes Potential voll aktivieren zu können.

262 Allgemeines zu den Aspekten des Mondes

Der Mond beherrscht die Emotionen, das instinktive

Verhalten und den unbewußten oder intuitiven und abstrakten Geist. Der Mond ist ein Planet der Schwankung und der Reaktion, der im Zusamenhang mit den Mondaspekten eher „empfängt“ als „aussendet“. Er übt jedoch durch sein monatliches Zu- und Abnehmen großen Einfluß auf das tägliche Leben aus. Seine Aspekte wirken ähnlich wie die der Sonne, aber weil der Mond mit dem Unbewußten zu tun hat, ist ihr Einfluß nicht immer offensichtlich, außer im emotionalen Verhalten. Er wirkt auf einer tieferen Geistesebene, in einer lunaren Dimension, die sich als Schattenselbst manifestiert, auf das in den vorangehenden Kapiteln dieses Buches hingewiesen wird.

263 Pluto Konjunktion Sonne

Es wird gesagt, daß Pluto jeden Planeten „intensiviert“, mit dem er in Kontakt kommt. Das Kapitel über das Schilfzeichen vermittelt eine tiefere Einsicht in das Wesen Plutos. Menschen mit dieser Konjunktion sind wahrscheinlich sehr auf Macht fixiert, was einen überwältigenden Einfluß auf alle Zeichen ausüben kann. Sie kann sich auch als drastischer Aufruhr manifestieren oder als dramatische Veränderung über Nacht. Das mächtige Wesen Plutos ist jedoch extrem regenerierend, und diese Konjunktion bringt die Fähigkeit, selbst die größten Katastrophen zu überleben und wieder neu anzufangen. Äußere Planeten wie Pluto werden von den meisten Astrologen eher als äußerer oder Generationeneinfluß angesehen denn als persönliche Züge oder Eigenschaften. Pluto übt einen signifikanten, transformierenden Einfluß auf der unterschwelligen Ebene des Bewußtseins aus, die sich im Verhaltensmuster äußert. Der regenerierende Einfluß kann viele Jahre latent vorhanden sein und ist sehr komplex. Die folgenden Aspekte werfen daher nur Streiflichter auf die magnetische Macht Plutos über Geist und Emotionen.

264 Pluto Trigon Sonne

Dieser Aspekt zeugt von starken Führungsqualitäten und dem Wunsch, das Leben voll auszuleben. Menschen mit diesem Aspekt haben eine magnetische Ausstrahlung, die attraktiver ist als mit einer Konjunktion oder einem Quadrat. Das Trigon zeugt von einem positiven Umgang mit allen Energien und von der Fähigkeit, entschlossen und ohne Gegenbeschuldigungen immer wieder neu anzufangen.

265 Pluto Quadrat Sonne

Mit diesem Aspekt wird viel versteckter Groll assoziiert, und Macht kann zum Zwang werden. Positiver Ausdruck ist nicht einfach, und dadurch kann sich innere Spannung aufbauen. Dieser Aspekt verrät aber auch große Sympathie für andere und die Bereitschaft, Freunde und Familienmitglieder in der Stunde der Not zu unterstützen.

266 Pluto Konjunktion Mond

Diese Konjunktion vertieft und intensiviert die Emotionen, und Stimmungsschwankungen führen gelegentlich zu einer Explosion und zu dem überwältigenden Verlangen, alles bisher Geleistete zu zerstören und emotionale Beziehungen zu beenden. Das zeugt von einer Gefühlstiefe, die nur wenige nachvollziehen können, aber ein Partner mit einer tieferen Einsicht kann den inneren Aufruhr beilegen.

267 Pluto Trigon Mond

Emotionen sind kontrolliert, und Gefühle werden ehrlich ausgedrückt. Menschen mit diesem Aspekt haben ein beschützendes Wesen und neigen weniger dazu, eifersüchtig oder possessiv zu sein. Ein ausgezeichneter Aspekt für alle geschäftlichen Angelegenheiten, denn ein intuitives Verständnis für die Hochfinanz könnte eine mächtige Position auf dem

Geldmarkt einbringen oder zur Gründung neuer Firmen führen.

268 Pluto Quadrat Mond

Dieser Aspekt zeugt von einer emotionalen Blockade und einer Neigung zu emotionaler Rastlosigkeit und zum Mißtrauen. Alle plötzlichen Veränderungen erzeugen emotionalen Aufruhr, weil sie nicht selbst gewollt sind. Wichtige karmische Lektionen werden mit diesem Aspekt identifiziert, und sie haben alle mit sexuellen Problemen und schwierigen Familienbeziehungen zu tun. Professionelle Beratung kann hilfreich sein.

269 Pluto Konjunktion Merkur

Dieser Aspekt verrät einen durchdringenden und analytischen Geist, der schwierige Probleme mit ausgezeichneter Logik löst. Er weist auch auf Forschertalent in Bereichen wie Okkultismus, Psychologie, Kriminologie und Astrologie hin. Insgesamt zeigt er ein scharfsinniges Individuum, das lieber seine eigenen Antworten finden will, als sich der Meinung anderer anzuschließen. Übersinnliche Fähigkeiten werden ebenfalls mit dieser Konjunktion verbunden.

270 Pluto Trigon Merkur

Nervöse Spannung wird mit diesem Aspekt, der obigem sehr ähnlich ist, leichter losgelassen. Die mit Pluto assoziierten übersinnlichen Fähigkeiten können mit diesem Aspekt jahrelang schlafend bleiben. Insgesamt zeugt er von einem konstruktiven Umgang mit persönlichem Einfluß.

271 Pluto Quadrat Merkur

Dieser Aspekt zeigt eine Unfähigkeit, Dinge im rechten Licht zu sehen, was dazu führen kann, daß Versprechen gemacht werden, die nur schwer zu halten sind. Kommunikation kann allgemein ein Problem sein, und professionelle Beratung ist empfehlenswert.

272 Pluto Konjunktion Venus

Es gibt die Tendenz, sich plötzlich und leidenschaftlich zu verlieben, aber es können heimliche Affären bleiben. Diese Konjunktion erfordert positive oder konstruktive Aspekte, wenn finanzielle Angelegenheiten erfolgreich sein sollen und sexuelle Unterdrückung nicht zum ernsten Problem werden soll.

273 Pluto Trigon Venus

Genußsucht ist ebenso wahrscheinlich wie Maßlosigkeit, die zu Gesundheits- oder Gewichtsproblemen führt. Die finanziellen Fähigkeiten sind betont, wenn es zusätzlich positive Aspekte mit Jupiter oder Saturn gibt.

274 Pluto Quadrat Venus

Psychische Hemmungen, die den starken sexuellen Trieb beschränken, können sich als lustvolle Phantasien manifestieren. Finanzielle Probleme sind wahrscheinlich die Folge allzu großer Investitionen oder riskanter Unternehmungen. Mäßigung in allen Dingen ist erforderlich. Schwierige Beziehungen sind oft eine Projektion eines inneren Aufruhrs oder versteckter Leidenschaften.

275 Pluto Konjunktion Mars

Ein jähzorniges und gewalttätiges Temperament läßt sich nur schwer unter Kontrolle bringen. Dafür fließt die Energie, die aus einem enormen physischen Stehvermögen resultiert, in starke Ambitionen, die sehr erfolgreich verwirklicht werden können. Kriminelle Tendenzen können auftreten, wenn beide Planeten schlecht aspektiert sind.

276 Pluto Trigon Mars

Dieser Aspekt zeigt einen leidenschaftlich hart arbeitenden Menschen, der seine emotionale und physische Energie positiv kontrolliert und einsetzt. Die Fähigkeit, trotz aller Anfeindungen und Rückschläge immer wieder neu anzufangen, ist ebenso betont wie Selbstvertrauen und Selbständigkeit.

277 Pluto Quadrat Mars

Dieser Aspekt zeigt, daß Zielbewußtsein zum Zwang werden kann und daß Erfolge auf Kosten anderer erreicht werden, also ohne Rücksicht auf Verluste oder die Gefühle anderer. Das kann zu Problemen am Arbeitsplatz und zu Hause führen, weil viel Aggression und Intoleranz vorhanden ist. Achte auf positive Aspekte mit Mars, Merkur und Jupiter, aber auch mit Pluto und Jupiter und Saturn.

278 Pluto Konjunktion Jupiter

Diese Konjunktion zeigt eine beträchtliche Fähigkeit, mit der Vergangenheit zu brechen und durch Transformation gewisser Persönlichkeitsanteile eine andere Identität anzunehmen. Starke Führungsqualitäten sind ebenso angezeigt wie die Fähigkeit, sich mit ernsten Themen auseinanderzusetzen.

279 Pluto Trigon Jupiter

Dieser Aspekt ähnelt dem obigen, aber mit zusätzlichen intellektuellen Fähigkeiten. Ziele sind besser organisiert, und es besteht ein Interesse daran, anderen zu helfen, und zwar nicht aus selbstsüchtigen Motiven oder um Macht über sie auszuüben.

280 Pluto Quadrat Jupiter

Dieser Aspekt zeigt einen gewissen Fanatismus und den Wunsch, andere auszubeuten. Dabei können religiöse Konflikte im Zentrum stehen, aber auch materielle Interessen. Psychologisch gesehen entsteht ein solches Verhalten aufgrund persönlicher Unzulänglichkeit. Wenn Pluto in der Nähe der Sonnenwenden steht oder positiv mit Sonne oder Mond aspektiert ist, bezeichnet dieser Aspekt Transformationsprozesse, die alle persönlichen Unzulänglichkeiten oder Begrenzungen überwindet.

281 Pluto Konjunktion Saturn

Dieser Aspekt kann tiefgreifende, zwanghafte Probleme verursachen, und eine konstruktive Annäherung an Ziele ist nur mit sorgfältiger Planung und viel Geduld möglich. Es ist ein Generationeneinfluß, was bedeutet, daß Menschen mit diesem Aspekt viel äußerem Druck ausgesetzt sind, der ihr individuelles Wachstum und ihre Freiheit einschränkt.

282 Pluto Trigon Saturn

Ähnlich dem obigen Aspekt, aber mit der Fähigkeit, die gegensätzlichen Planeteneinflüsse auf einen gemeinsamen Nenner zu bringen. Persönliche Begrenzungen oder Enttäuschungen sind daher leichter zu überwinden.

283 Pluto Quadrat Saturn

Das ist identisch mit der Konjunktion (281), aber negative Züge können gravierend werden oder außer Kontrolle geraten, wenn es Konjunktionen mit Sonne und Mond gibt. Achte auf die stärkenden oder schwächenden Einflüsse dieser Planeten, um diese starke Beziehung zu verstehen.

284 Pluto Konjunktion Uranus

Das ist eine außerordentlich dynamische Konjunktion mit erstaunlichem Potential. Kinder mit diesem Aspekt brauchen eine sorgfältige Erziehung, da dieser Generationseinfluß revolutionäre Ideen ermuntert. Als Erwachsene können sie eine neue, menschlichere Gesellschaft schaffen, sind aber ebenso in der Lage, die Grundlage dieser Zivilisation zu zerstören. Diese Konjunktion trat zum letzten Mal zwischen 1963 und 1969 auf.

285 Pluto Trigon Uranus

Dieser Aspekt zeugt von der Fähigkeit, Energie auf dynamische und eindrucksvolle Weise zu lenken. Es ist ein sehr energiegeladener Einfluß in jedem Horoskop. Er betont unkonventionelles Verhalten und Ideale und bringt enorme Einsichten in die Mysterien des Lebens.

286 Pluto Quadrat Uranus

Mit diesem Aspekt kann sich plötzlich ein Temperament auf dem Siedepunkt bemerkbar machen, das auf unterdrückte innere Spannung zurückzuführen ist und nicht nur die eigenen Interessen verletzt, sondern auch anderen Schmerz zufügt. Positive Aspekte zu jedem der beiden Planeten können diese Energie in hochkreative Tätigkeiten lenken.

287 Pluto Konjunktion Neptun

Wenn Neptun einen Aspekt mit einem anderen Planten bildet, werden dessen Charakteristika feiner und milder, aber auch die Stärken lösen sich auf. Durch diese Konjunktion können tiefverwurzelte Hemmungen aufgelöst werden. Andere Aspekte mit beiden Planeten werden mehr enthüllen.

288 Pluto Trigon Neptun

Wie oben, aber beide Planeten sind in größerer Harmonie, und die übersinnliche Bewußtheit ist darauf gerichtet, andere und sich selbst zu heilen.

289 Pluto Quadrat Neptun

Dieser Aspekt zeugt von einer negativen Verstrickung in Hellseherei und übersinnliche Aktivitäten, die auf Einflüsse zurückzuführen ist, die den freien Fluß der spirituellen Bewußtheit hemmen. Das kann auf die starken religiösen Überzeugungen der Eltern zurückgehen, die mehr auf Aberglauben und Angst gegründet waren als auf Mitgefühl und Liebe. Menschen mit diesem Aspekt sollten oben genannte Versuchungen meiden und sich darauf konzentrieren, ihre innere Stärke für positives inneres Wachstum einzusetzen.

Literatur

Quellen

Evans Wentz, W.Y.: *The Fairy Tale in Celtic Countries*, Bucks, England: Colin Smythe Ltd, 1981

Foulkes, I.: *Iola Manuscripts*. Published for Welsh M.S.S. Society, 1848

Frazer, J.G.: *Der goldene Zweig. Das Geheimnis von Glauben und Sitten der Völker*, Reinbek: Rowohlt TB, 1989

Geoffrey of Monmouth: *The History of the Kings of Britain*, London: Penguin, 1988

Graves, Robert: *The White Goddess*, London: Faber & Faber, 1971

Jones, Gwyn & Thomas Jones: *The Mabinogion*, London: Dent, 1978

Kendrick, T.D.: *The Druids*, London: Methuen & Co. Ltd, 1928

Mclean, Adam: *The Four Fire Festivals*, Edinburgh: Megalith Research, 1979

Morien, Om Morgan: *The Royal Winged Son of Stonehenge and Avebury*, London: Whittaker & Co., 1900

Nichols, Ross: *Das magische Wissen der Druiden. Tradition und Geschichte der keltischen Geheimlehren*, München: Heyne, 1998

O'Kelly, Michael J.: *Newgrange Archaeology. Art and Legend*, London: Thames & Hudson, 1982

Parry, J.H.: *The Cambrian Plutarch*, London: W. Simpkin & R. Marshall, 1834

Rees, Alwyn and Bramley Rees: *Celtic Hertitage*, London: Thames & Hudson, 1989

Rolleston, T.W.: *Myths and Legends of the Celtic Race*, London: Harrap, 1917

Spence, Lewis: *The Mysteries of Britain*, London: Rider & Co, 1931

Weiterführende Literatur

Bailey, Alice: *Eine Abhandlung über die Sieben Strahlen*. Band 3: *Esoterische Astrologie*, New York: Lucis Trust, 1988 (3. Aufl.)

Broadhurst, Paul: *Tintagel and the Arthurian Myths*, Cornwall, England: Pendragon Press, 1992

Cumont, Franz: *Astrology and Religion among the Greeks and Romans*, New York, NY: Dover, 1960

Heath, Robin: *Sun, Moon and Stonehenge*, Cardigan, Wales: Bluestone Press, 1998

Jung, C.G.: *Archetypen*, München: dtv, 1990

Paterson, Helena: *Entdecken Sie Ihr Keltisches Mondzeichen*, Freiburg: Bauer, 1999

Paterson, Helena: *Keltische Astrologie*, Güllesheim: Silberschnur, 1998

Paterson, Helena: *Celtic Mandalas*, London: Blandford, 1994

Rudhvar, Dane: *The Lunation Cycle*, Boulder, CA/London: Shambhala, 1971

Vogh, James: *Arachne Rising*, London: Granada, 1977

Volguine, Alexandre: *Lunar Astrology*, New York, NY: Asi, 1974

Danksagung

Wie jeder Autor weiß, ist eine Menge an Teamarbeit erforderlich,
um aus einem Manuskript ein Buch zu machen.
Dieses Set ist viel mehr als ein Buch und war in ganz besonderem Maße
vom innovativen Geschick anderer Menschen abhängig.
Besonderer Dank gebührt der Künstlerin Danuta Mayer für ihre bezaubernden Illustrationen.
Elaine Partington als Art Director
und Brazzle als Project Designer
haben dem Set sein ansprechendes Äußeres gegeben.

Tessa Monina hat den Text mit großem redaktionellem Geschick auf den Punkt gebracht.
Vielen Dank, Tessa, für deine professionelle und freundliche Hilfe.
Ian Jackson, ich kann nur noch einmal betonen,
daß deine Hilfe und Ermutigung es mir ermöglicht haben,
das Buch rechtzeitig fertigzubekommen.

Helena Paterson

Das keltische Mondrad

Buch eins

So berechnen Sie Ihr Mondhoroskop

AURUM

Zum Gedenken an meinen Vater,
einen Mann der Meere,
dessen Arbeitsleben sich nach den Gezeiten richtete
und nach der Position der Gestirne.

Die englische Originalausgabe erschien 1999 unter dem Titel „The Celtic Moon Sign Kit“
bei Connections Book Publishing Ltd., London,
adaptiert aus „The Handbook of Celtic Astrology“ von Helena Paterson (© 1994),
erschienen bei Llewellyn Publications, St. Paul, MN, USA.

Ins Deutsche übersetzt von Ingrid O. Fischer.

Die Deutsche Bibliothek – CIP-Einheitsaufnahme

Paterson, Helena
Das keltische Mondrad : (alles, was Sie brauchen,
um Ihr keltisches Mondhoroskop zu erstellen) / Helena Paterson.
(Ins Dt. übers. von Ingrid O. Fischer). – Braunschweig : Aurum
Einheitssacht.: The Celtic Moon sign kit <dt.>
ISBN 3-591-08447-6

1999
ISBN 3-591-08447-6

Printed in China

Inhalt

Einleitung

Der alte keltische Ritualkalender und der Tierkreis der dreizehn Mondmonate wurde mit dreizehn heiligen Bäumen assoziiert, und diese dreizehn Baumzeichen bilden die Grundlage für das astrologische System, das in diesem Buch verwendet wird. Jeder Baum hat seine eigene Nymphe beziehungsweise seinen Baumgeist, der nach der druidischen Überlieferung von den ersten Sonnenstrahlen, die die Erde erreichten, erschaffen wurde – lange bevor es Menschenwesen gab. Diese Baumgeister stehen für das spirituelle Wesen des Menschen, jenen Teil der menschlichen Psyche, der in der Astrologie der Sonnenzeichen kaum angesprochen wird.

Nach dem allgemeinen Verständnis symbolisiert der Mond das Unbewußte und damit eine Dimension von uns, die in den westlichen astrologischen Systemen gern übersehen wird, weil sie den „irrationalen" Einflüssen des Mondes nur flüchtige Aufmerksamkeit schenken. Die lunare Dimension des keltischen Tierkreises beschäftigt sich unter anderem mit den Resteinflüssen vergangener Leben (die den Glauben der Druiden an Reinkarnation reflektieren) und berührt jene Themen, die uns zum Großteil nicht bewußt sind, die jedoch in dem, was wir unser Schattenselbst nennen, weiterleben. Obwohl wir uns hier hauptsächlich für diese unbewußte Dimension interessieren, wird in der keltischen Astrologie (und in diesem Buch) beides behandelt: die Sonne und der Mond, der bewußte und der unbewußte Geist. Es handelt sich also um ein wahrhaft umfassendes und entsprechend genaues System. Warum ist die keltische Astrologie dann nicht mehr verwendet worden?

Ein kurzer Blick in die Geschichte

Als die Römer das europäische Festland und einen großen Teil Britanniens eroberten, zerstörten sie in dem Bemühen, ihr autoritäres Regime und ihre eigene Kultur zu etablieren, viele druidische Lehrzentren. Als Teil dieses Vorgangs importierten sie ihren eigenen Tierkreis, der wiederum eine Adaption des griechischen war. Auf diese Weise wurde der griechisch-römische Tierkreis zur Grundlage der Astrologie in ganz Europa. Der keltische Glaube jedoch lebte tief in der Seele des Volkes weiter – oder in dem, was Jung das „kollektive Unbewußte" nannte. Nachdem dieser Glaube jahrhundertelang mündlich weitergegeben worden war, wurde er schließlich von keltisch-christlichen Mönchen aufgezeichnet, die mit Fug und Recht als die Druiden und Barden der späteren Zeit bezeichnet werden können. Hinweise auf die druidische Kosmologie und die damit verbundene Philosophie finden sich in zahlreichen keltischen Mythen und Gedichten, von denen einige im Literaturverzeichnis aufgeführt werden (Buch zwei, Seite 175).

Verborgene Weisheit

Der unbewußte oder abstrakte Geist „denkt" in der Sprache der mythologischen Symbole, weshalb die Mythologie durchaus als Vorläuferin der modernen Psychologie angesehen werden kann. In nahezu allen alten Mythen wurden Mond und Sonne als Urgottheiten erkannt, deren Beziehung zueinander Rückschlüsse auf die menschliche Psyche zuläßt. Eine Mondfinsternis zum Beispiel wird zur Zeit des Vollmondes sichtbar, wenn der Schatten der Erde langsam über die Mondoberfläche kriecht, und den Mondmysterien der Druiden zufolge birgt die dunkle Seite des Mondes eine Quelle verborgener Weisheit. In der Tat ist diese „verborgene Weisheit" der Schlüssel zu künftigem Wachstum.

Die Abfolge von Tag und Nacht oder Licht und Dunkelheit hatte für die Kelten eine tiefe Bedeutung. Sie symbolisierte die zentrale Dualität von Leben und Tod. Daher stellt ihr Mondkalender das wechselnde Licht am Himmel sowie den spiraligen Weg der Sonne dar, die sich im Einklang mit den zyklischen Phasen des Mondes bewegt. Eine spirituelle Verbindung kann am ehesten zum Glauben der Brahmanen hergestellt werden, der Quelle der vedischen Astrologie, die als „Jyotish" bekannt ist, „die Wissenschaft des Lichts".

Über dieses Set

Dieses Set aus zwei Büchern und einer Scheibe ermöglicht das Erstellen eines detaillierten Horoskops, und zwar ohne daß Sie sich mit komplizierten astrologischen Berechnungen herumschlagen müssen. Sie brauchen noch nicht einmal über astrologisches Grundwissen zu verfügen. Die lunare Dimension dieses Systems bietet Ihnen Einsichten in die Gesamtheit Ihrer Psyche und macht eine sehr viel genauere und faszinierendere Charakteranalyse möglich als die gängige Astrologie.

Das Set besteht aus diesem Buch mit den Jahrestabellen, denen Sie die Planetenpositionen für jeden Tag von 1920 bis 2019 entnehmen können, einem „Mondrad", einem weiteren Buch mit ausführlichen Horoskopinterpretationen, einem Notizblock zum Festhalten der Daten und einem Bleistift. Sie haben also alles, was Sie brauchen. Blättern Sie jetzt einfach um und fangen Sie an.

So berechnen Sie Ihr Mondhoroskop

Arbeiten Sie die Anleitung für das folgende Beispielhoroskop Schritt für Schritt durch. Dabei werden Sie erstens merken, wie einfach das geht, und zweitens werden Sie das System der keltischen Astrologie auf diese Weise besser verstehen.

1 Das Beispielhoroskop, das wir erstellen werden, ist mein eigenes. Ich bin am 31. Mai 1945 geboren. Schlagen Sie zunächst Seite 9 auf, wo Sie die Zeiträume der dreizehn Baumzeichen und ihrer Planetenherrscher finden. Sie werden sehen, daß ich im Zeichen des Weißdorns geboren bin, dessen Mondsymbol der silberne Kelch und dessen Planetenherrscher Vulcanus ist. Halten Sie diese Fakten auf dem Notizblock fest. (Achtung: Die Mondstellung können Sie erst notieren, nachdem Sie den zweiten Schritt gemacht haben.)

Dies sind die persönlichen Daten von:

Name *Helena Paterson*

Geburtsdatum *31 Mai 1945*

Baumzeichen *Weißdorn*

Mondsymbol *Silberkelch*

Mondstellung *Wassermann*

Planetenherrscher *Vulcanus*

Schlagen Sie nun die Tabelle für das Jahr 1945 auf. (Diese Tabelle wird auch auf Seite 12 als Beispiel gezeigt.) In der horizontalen Spalte befinden sich die Monate des Jahres. Fahren Sie in der Spalte „Mai" mit dem Finger nach unten, bis Sie beim 31. angekommen sind. Dort stehen zehn Zahlen in zwei Reihen untereinander. Schreiben Sie diese Zahlen genau so unter die auf dem Notizblatt aufgedruckten Planetensymbole, wie es unten dargestellt ist.

Zahlen aus den Jahrestabellen

S	Mn	Mer	Ven	Mars
7	*31*	*6*	*3*	*3*
Ju	Sat	Ur	Nep	Pl
17	*10*	*8*	*19*	*13*

2 Werfen Sie jetzt einen Blick auf das „Mondrad". Sie sehen, daß es in sechsunddreißig nummerierte Abschnitte unterteilt ist. Sie korrespondieren mit den Zahlen, die Sie gerade auf Ihren Notizzettel geschrieben haben. Beginnen Sie mit der Zahl 7 (unter „S" für Sonne) und schreiben Sie „S" in den 7. Abschnitt der Scheibe. Dann schreiben Sie „Mn" (für Mond) in den 31. Abschnitt. Sie sehen jetzt, daß mein Mond im Wassermann steht. Notieren Sie sich das ebenfalls und vervollständigen Sie damit die Informationen, die Sie brauchen, um das Basiskapitel in Buch

zwei zu finden, die Grundlage für die Deutung meines Mondhoroskops. Dieses Basiskapitel ist auch das Verbindungsglied zwischen dem solaren und dem lunaren Tierkreis. Markieren Sie dann alle Planetenpositionen auf der Scheibe (siehe Abbildung auf Seite 9). Die Horoskopscheibe ist jetzt bereit.

3 Die Zahlen für das Basiskapitel können Sie der Tabelle auf Seite 10 entnehmen. Außerdem sind sie auch in Buch zwei unter den Baumzeichen aufgeführt. Suchen Sie „Weißdorn" in der linken Spalte der Tabelle (Sonnenposition) und fahren Sie die Spalte entlang, bis Sie unter „Wassermann" (Mondstellung) angekommen sind. Die Zahl des in diesem Fall gesuchten Kapitels ist 71. Sie finden es in Buch zwei auf Seite 70. Das Basiskapitel beginnt mit den keltischen Mythen, die mit dem Zeichen Weißdorn assoziiert werden. Dann folgt ein Abschnitt über das Wesen dieses Zeichens, der ein wichtiges und bisher „fehlendes" Glied in der Kette der Charakteranalyse liefert. Diese Information wird dann durch Informationen zur Stellung des Mondes erweitert (Mond im Wassermann), um dem Horoskop mehr Tiefe zu geben und Bezug auf das Schattenselbst zu nehmen, eine Dimension, die Einsichten in vergangene Leben und in noch nicht erschlossene Möglichkeiten eröffnet (unter der Überschrift „Schlummerndes Potential").

4 Wenn Sie sich jetzt der Tabelle der Konjunktionen und Aspekte auf Seite 11 zuwenden, sehen Sie, daß Sonne, Mond und acht Planeten dort in verschiedenen Kombinationen auftauchen. Jeder Konjunktion ist eine Zahl zugeordnet, die in Buch zwei im Zusammenhang mit einem erläuternden Kapitel auftaucht. In unserem Beispielshoroskop bilden Venus und Mars eine Konjunktion. Das heißt, sie befinden sich im gleichen Abschnitt. Der Tabelle der Konjunktionen und Aspekte können Sie die Zahl für diese Konjunktion entnehmen: 212. Notieren Sie sich diese Zahl auf Ihrem Notizblatt unter Konjunktionen.

Anmerkung: Wenn Sie andere Horoskope erstellen, werden Sie möglicherweise feststellen, daß sich mehr als zwei Planeten im selben Abschnitt befinden. Wenn zum Beispiel Merkur, Venus und Mars im selben Abschnitt stehen, notieren Sie alle drei Kombinationen (Mer/Ven, Mer/Mars, Ven/Mars) und lesen Sie alle zutreffenden Interpretationen in Buch zwei.

5 Halten Sie das „Mondrad" beziehungsweise die Horoskopscheibe nun mit der rechten Hand fest und drehen Sie den inneren Kreis mit dem Daumen nach links. Sie sehen, daß auf dem inneren Kreis vier Dreiecke und drei Quadrate abgebildet sind. Die Dreiecke beziehen sich auf Trigone und Sextile oder positive Planeteneinflüsse. Die Quadrate beziehen

sich auf Quadrate und Oppositionen, die, obwohl sie als negative Planeteneinflüsse gesehen werden, wichtige Lektionen oder Aufgaben im Leben eines Menschen widerspiegeln. Richten Sie den Pfeil zunächst auf den Mond (in unserem Beispielhoroskop liegt der Mond in Abschnitt 31) und stellen Sie fest, wohin sich die Dreiecke und Quadrate bewegt haben. In unserem Beispielhoroskop zeigt ein Dreieck zur Sonne (Abschnitt 7) und ein weiteres zum Neptun (Abschnitt 19), während ein Quadrat in Richtung Pluto weist (Abschnitt 13). Schauen Sie dann wieder in der Tabelle mit den Konjunktionen und Aspekten (Seite 11) nach, um die relevanten Zahlen zu ermitteln. Die Zahlen 258, 170 und 268 sind für unser Beispiel maßgebend.

Richten Sie den Pfeil dann der Reihe nach auf jeden Planeten und schreiben Sie, wie unten gezeigt, sämtliche Aspektzahlen auf Ihr Notizblatt. Diese Zahlen weisen jeweils auf das entsprechende Kapitel in Buch zwei hin.

Basiskapitel *71*

Konjunktionen *212*

Aspekte *258, 170, 268, 189, 264, 246, 253, 288*

6 Nehmen Sie jetzt Buch zwei mit den Horoskopdeutungen zur Hand. Lesen Sie zunächst das Basiskapitel und dann alle Kapitel zu den Konjunktionen und Aspekten. Auf diese Weise erhalten Sie eine äußerst genaue Charakteranalyse, die Ihnen außerdem Einsichten in Ihr Schattenselbst gewährt und potentielle kreative Muster ebenso deutlich macht wie sie Einzelheiten aus vergangenen Leben beleuchtet, die vielleicht immer noch einen Resteinfluß auf Sie ausüben. In der keltischen Astrologie werden diese Informationen hauptsächlich mit der Anordnung der Planeten im Tierkreis im Verhältnis zu den Sonnwenden, den Tag- und Nachtgleichen und den vier keltischen Feuerfesten Brigantia, Beltane, Lammas und Samhain in Verbindung gebracht (siehe Abbildung der Horoskopscheibe auf Seite 9).

Astrologische Symbole

Diese astrologischen Symbole oder Glyphen können die abgekürzten Planetenbezeichnungen ersetzen. Sie nehmen weniger Platz ein und werden von professionellen Astrologen verwendet. Die Symbole für die Planetenaspekte sind ebenfalls abgebildet.

☉	☽	☿	♀	♂
Sonne	Mond	Merkur	Venus	Mars
♃	♄	♅	♆	♇
Jupiter	Saturn	Uranus	Neptun	Pluto
☌	□	△		
Konjunktion	Quadrat	Trigon		

Das „Mondrad“ mit dem Horoskop von Helena Paterson

Den Jahrestabellen können wir entnehmen, daß sowohl Venus als auch Mars im Abschnitt 3 stehen und sich daher in Konjunktion befinden.

Die innere Scheibe kann gedreht werden, so daß der Pfeil der Reihe nach auf jeden Planeten zeigt. Wenn der Pfeil auf die Sonne, den Mond oder einen Planeten zeigt und ein Dreieck oder Quadrat sich gegenüber einem anderen Planten befindet, wird damit ein Aspekt angezeigt.

Helenas Geburtstag ist der 31. Mai. Daher ist ihr keltisches Baumzeichen Weißdorn, ihr Mondsymbol der Silberkelch und ihr Planetenherrscher Vulcanus.

Der Pfeil zeigt auf den Mond; die Mondaspekte sind daher: Mond Trigon Sonne, Mond Quadrat Pluto und Mond Trigon Neptun. Der Tabelle der Konjunktionen und Aspekte können wir entnehmen, daß diese Aspekte in den Kapiteln 258, 268 und 170 interpretiert werden.

Die keltischen Baumzeichen

Geburtsdatum	**Baumzeichen**	**Mondsymbol**	**Planetenherrscher**
24. Dezember bis 20. Januar	Birke	Weißer Hirsch	Sonne
21. Januar bis 17. Februar	Eberesche	Grüner Drache	Uranus
18. Februar bis 17. März	Esche	Seepferd	Neptun
18. März bis 14. April	Erle	Habicht	Mars
15. April bis 12. Mai	Weide	Seeschlange	Mond
13. Mai bis 9. Juni	Weißdorn	Silberkelch	Vulcanus
10. Juni bis 7. Juli	Eiche	Weiße Stute	Jupiter
8. Juli bis 4. August	Stechpalme	Einhorn	Erde
5. August bis 1. September	Haselstrauch	Lachs	Merkur
2. September bis 29. September	Wein	Weißer Schwan	Venus
30. September bis 27. Oktober	Efeu	Schmetterling	Persephone
28. Oktober bis 24. November	Schilf	Weißer Hund	Pluto
25. November bis 23. Dezember	Holunder	Schwarzes Pferd	Saturn

Tabelle zum Ermitteln der Basiskapitel

Suchen Sie Ihr Baumzeichen in der linken Spalte und fahren Sie dann in der Spalte nach rechts bis unter Ihre Mondstellung.

Anmerkung: Abhängig von der Tageszeit, zu der Sie geboren wurden, kann sich die genaue Stellung des Mondes ändern. Wenn Sie zum Beispiel am frühen Morgen geboren wurden und das Basiskapitel nicht zu Ihnen zu passen scheint, sollten Sie auch das vorhergehende Kapitel lesen. Wenn Sie spät am Abend geboren wurden, können Sie auch das folgende Kapitel lesen.

Sonnen- stellung / Mondstellung	Widder	Stier	Zwilling	Krebs	Löwe	Jungfrau	Waage	Skorpion	Schütze	Steinbock	Wassermann	Fische
Birke	1	2	3	4	5	6	7	8	9	10	11	12
Eberesche	13	14	15	16	17	18	19	20	21	22	23	24
Esche	25	26	27	28	29	30	31	32	33	34	35	36
Erle	37	38	39	40	41	42	43	44	45	46	47	48
Weide	49	50	51	52	53	54	55	56	57	58	59	60
Weißdorn	61	62	63	64	65	66	67	68	69	70	71	72
Eiche	73	74	75	76	77	78	79	80	81	82	83	84
Stechpalme	85	86	87	88	89	90	91	92	93	94	95	96
Haselstrauch	97	98	99	100	101	102	103	104	105	106	107	108
Wein	109	110	111	112	113	114	115	116	117	118	119	120
Efeu	121	122	123	124	125	126	127	128	129	130	131	132
Schilf	133	134	135	136	137	138	139	140	141	142	143	144
Holunder	145	146	147	148	149	150	151	152	153	154	155	156

Tabelle zum Ermitteln der Konjunktionen und Aspekte

Anhand dieser Tabelle können Sie herausfinden, in welchen Kapiteln Ihre Konjunktionen und Aspekte interpretiert werden.

MOND

Konjunktionen

S 257	Jup 160
Mer 157	Sat 161
Ven 158	Ur 162
Mar 159	Nep 163
	Pl 266

MOND △

S 258	Jup 167
Mer 164	Sat 168
Ven 165	Ur 169
Mar 166	Nep 170
	Pl 267

MOND □

S 259	Jup 174
Mer 171	Sat 175
Ven 172	Ur 176
Mar 173	Nep 177
	Pl 268

SONNE

Konjunktionen

Mer 178	Sat 182
Ven 179	Ur 183
Mar 180	Nep 184
Jup 181	Pl 263

SONNE △

Mer —	Ven 260
Mar 185	Sat 187
Jup 186	Ur 188
Nep 189	Pl 264

SONNE □

Mer —	Jup 191
Ven —	Sat 192
Mar 190	Ur 193
Nep 194	Pl 265

MERKUR

Konjunktionen

Ven 195	Sat 198
Mar 196	Ur 199
Jup 197	Nep 200
	Pl 269

MERKUR △

Ven 201	Sat 204
Mar 202	Ur 205
Jup 203	Nep 206
	Pl 270

MERKUR □

Ven —	Sat 209
Mar 207	Ur 210
Jup 208	Nep 211
	Pl 271

VENUS

Konjunktionen

Mar 212	Ur 215
Jup 213	Nep 216
Sat 214	Pl 272

VENUS △

Mar 217	Ur 220
Jup 218	Nep 221
Sat 219	Pl 273

VENUS □

Mar 222	Ur 225
Jup 223	Nep 226
Sat 224	Pl 274

MARS

Konjunktionen

Jup 227	Ur 229
Sat 228	Nep 230
	Pl 275

MARS △

Jup 231	Ur 233
Sat 232	Nep 234
	Pl 276

MARS □

Jup 235	Ur 237
Sat 236	Nep 238
	Pl 277

JUPITER

Konjunktionen

Sat 239	Ur 240
Nep 241	Pl 278

JUPITER △

Sat 242	Ur 243
Nep 244	Pl 279

JUPITER □

Sat 245	Ur 246
Nep 247	Pl 280

SATURN

Konjunktionen

Ur 248	Nep 249
	Pl 281

SATURN △

Ur 250	Nep 251
	Pl 282

SATURN □

Ur 252	Nep 253
	Pl 283

URANUS

Konjunktionen

Nep 254	Pl 284

URANUS △

Nep 255	Pl 285

URANUS □

Nep 256	Pl 286

NEPTUN

Konjunktionen

	Pl 287

NEPTUN △

	Pl 288

NEPTUN □

	Pl 289

Jahrestabellen

Den Tabellen auf den folgenden Seiten können Sie sämtliche Planetenstellungen von 1920 bis 2019 entnehmen. Die Tabelle für 1945 steht hier beispielhaft für das Horoskop von Helena Paterson, das auf den Seiten 6 bis 9 beschrieben wird.

Beispieltabelle für 1945

	JAN	FEB	MÄR	APR	MAI	JUNI	JULI	AUG	SEPT	OKT
1	29 14 27 33 27 18 10 7 19 13	32 19 30 36 30 18 10 7 19 13	35 20 35 3 32 18 10 7 19 13	2 24 3 4 34 18 10 7 19 13	5 27 2 2 36 17 10 8 19 13	8 32 6 3 3 17 10 8 19 13	10 36 12 6 5 18 11 8 19 13	13 6 16 9 7 18 11 8 19 13	16 11 15 13 9 19 12 8 19 14	19 14 19 1 19 12 8 1
2	29 16 27 33 27 18 10 7 19 13	32 20 30 1 30 18 10 7 19 13	35 21 35 3 32 18 10 7 19 13	2 25 3 4 34 18 10 8 19 13	5 29 2 2 36 17 10 8 19 13	8 34 6 3 3 17 11 8 19 13	11 2 12 6 5 18 11 8 19 13	13 7 16 9 7 18 11 8 19 13	16 12 15 13 9 19 12 8 19 14	19 16 19 1 19 12 8 1
3	29 17 27 33 27 18 10 7 19 13	32 21 30 1 30 18 10 7 19 13	35 22 35 3 32 18 10 7 19 13	2 26 3 4 34 17 10 8 19 13	5 30 2 2 1 17 10 8 19 13	8 35 6 3 3 17 11 8 19 13	11 3 12 6 5 18 11 8 19 13	14 8 16 9 7 18 11 8 19 13	17 13 15 13 9 19 12 8 19 14	19 17 19 1 19 12 8 19
4	29 18 27 33 27 18 10 7 19 13	32 22 30 1 30 18 10 7 19 13	35 23 35 3 32 18 10 7 19 13	2 28 3 4 34 17 10 8 19 13	5 31 2 2 1 17 10 8 19 13	8 1 7 3 3 17 11 8 19 13	11 4 13 6 5 18 11 8 19 13	14 10 16 10 7 18 11 8 19 13	17 15 15 13 9 19 12 8 19 14	20 18 20 17 19 12 8 19
5	29 19 27 33 28 18 10 7 19 13	32 24 31 36 30 18 10 7 19 13	35 24 35 3 32 18 10 7 19 13	2 29 3 4 34 17 10 8 19 13	5 33 2 2 1 17 10 8 19 13	8 2 7 4 3 17 11 8 19 13	11 6 13 6 5 18 11 8 19 13	14 11 16 10 7 18 11 8 19 13	17 16 15 13 9 19 12 8 19 14	20 19 20 17 19 12 8 19
6	29 20 27 34 28 18 10 7 19 13	32 25 31 36 30 18 10 7 19 13	35 26 36 3 32 18 10 7 19 13	2 30 3 4 34 17 10 8 19 13	5 34 3 2 1 17 10 8 19 13	8 3 7 4 3 17 11 8 19 13	11 7 13 6 5 18 11 8 19 13	14 12 16 10 7 18 11 8 19 13	17 17 15 13 9 19 12 8 19 14	20 20 20 1 19 12 8
7	29 22 27 34 28 18 10 7 19 13	32 26 31 36 30 18 10 7 19 13	35 27 36 3 32 18 10 7 19 13	2 32 3 4 35 17 10 8 19 13	5 36 3 2 1 17 10 8 19 13	8 5 7 4 3 17 11 8 19 13	11 9 13 7 5 18 11 8 19 13	14 14 16 10 8 18 11 8 19 14	17 18 15 13 9 19 12 8 19 14	20 22 20 1 19 12 8 1
8	29 23 27 34 28 18 10 7 19 13	32 27 31 36 30 18 10 7 19 13	35 28 36 3 32 18 10 7 19 13	2 33 3 3 35 17 10 8 19 13	5 1 3 2 1 17 10 8 19 13	8 6 7 4 3 17 11 8 19 13	11 10 13 7 5 18 11 8 19 13	14 15 16 10 8 18 11 8 19 14	17 20 15 14 10 19 12 8 19 14	20 23 20 1 19 12 8 19
9	29 24 27 34 28 18 10 7 19 13	33 29 31 36 30 18 10 7 19 13	35 29 36 3 32 18 10 7 19 13	2 35 3 3 35 17 10 8 19 13	5 2 3 2 1 17 10 8 19 13	8 8 8 4 3 17 11 8 19 13	11 11 13 7 6 18 11 8 19 13	14 16 16 10 8 18 11 8 19 14	17 21 15 14 10 19 12 8 19 14	20 24 21 17 19 12 8 19
10	29 25 27 34 28 18 10 7 19 13	33 30 31 36 30 18 10 7 19 13	35 31 36 3 32 18 10 7 19 13	3 36 3 3 35 17 10 8 19 13	5 4 3 2 1 17 10 8 19 13	8 9 8 4 3 17 11 8 19 13	11 13 14 7 6 18 11 8 19 13	14 17 16 10 8 18 11 8 19 14	17 22 16 14 10 19 12 8 19 14	20 25 21 19 12 8
11	30 27 27 34 28 18 10 7 19 13	33 31 31 36 30 18 10 7 19 13	36 32 1 4 32 18 10 7 19 13	3 2 3 3 35 17 10 8 19 13	6 6 3 2 1 17 10 8 19 13	9 11 8 4 3 17 11 8 19 13	11 14 14 7 6 18 11 8 19 13	14 19 16 10 8 18 11 8 19 14	17 23 16 14 10 19 12 8 19 14	20 26 21 20 12 8 1
12	30 28 27 34 28 18 10 7 19 13	33 33 32 36 30 18 10 7 19 13	36 34 1 4 33 18 10 7 19 13	3 3 3 3 35 17 10 8 19 13	6 7 3 2 1 17 10 8 19 13	9 12 8 4 4 17 11 8 19 13	11 15 14 7 6 18 11 8 19 13	14 20 16 10 8 18 11 8 19 14	17 24 16 14 10 19 12 8 19 14	20 28 21 18 20 12 8 19
13	30 29 27 34 28 18 10 7 19 13	33 34 32 2 30 18 10 7 19 13	36 35 1 4 33 18 10 7 19 13	3 5 3 3 35 17 10 8 19 13	6 8 3 2 1 17 10 8 19 13	9 13 8 4 4 17 11 8 19 13	12 17 14 7 6 18 11 8 19 13	15 21 16 11 8 18 11 8 19 14	18 25 16 14 10 19 12 8 19 14	20 29 21 18 1 20 12 8 19 1
14	30 31 28 34 28 18 10 7 19 13	33 36 32 2 31 18 10 7 19 13	36 1 1 4 33 18 10 7 19 13	3 6 3 3 35 17 10 8 19 13	6 10 3 2 1 17 10 8 19 13	9 15 9 4 4 17 11 8 19 13	12 18 14 7 6 18 11 8 19 13	15 22 16 11 8 18 11 8 19 14	18 27 16 14 10 19 12 8 19 14	21 30 21 18 20 12 8 1
15	30 32 28 35 28 18 10 7 19 13	33 1 32 2 31 18 10 7 19 13	36 2 1 4 33 18 10 7 19 13	3 8 3 3 35 17 10 8 19 13	6 11 3 2 1 17 10 8 19 13	9 16 9 4 4 17 11 8 19 13	12 19 14 7 6 18 11 8 19 13	15 23 16 11 8 18 11 8 19 14	18 28 16 14 10 19 12 8 19 14	21 31 22 20 12 8
16	30 34 28 35 28 18 10 7 19 13	33 3 32 2 31 18 10 7 19 13	36 4 1 4 33 18 10 7 19 13	3 9 3 3 35 17 10 8 19 13	6 13 3 2 2 17 10 8 19 13	9 17 9 4 4 17 11 8 19 13	12 20 14 7 6 18 11 8 19 13	15 25 16 11 8 18 11 8 19 14	18 29 17 15 10 19 12 8 19 14	21 32 22 18 20 12 8 1
17	30 35 28 35 28 18 10 7 19 13	33 4 32 2 31 18 10 7 19 13	36 5 2 4 33 18 10 7 19 13	3 10 3 3 35 17 10 8 19 13	6 14 4 2 2 17 10 8 19 13	9 18 9 5 4 17 11 8 19 13	12 21 15 8 6 18 11 8 19 13	15 26 15 11 8 18 11 8 19 14	18 31 17 15 10 19 12 8 19 14	21 34 22 18 20 12 8 19
18	30 36 28 35 28 18 10 7 19 13	33 6 33 2 31 18 10 7 19 13	36 7 2 4 33 18 10 7 19 13	3 12 2 3 35 17 10 8 19 13	6 15 4 2 2 17 10 8 19 13	9 19 10 5 4 17 11 8 19 13	12 23 15 8 6 18 11 8 19 13	15 27 15 11 8 18 11 8 19 14	18 32 17 15 10 19 12 8 19 14	21 36 22 1 20 12 8 1
19	30 2 28 35 28 18 10 7 19 13	34 7 33 2 31 18 10 7 19 13	36 8 2 4 33 18 10 7 19 13	3 13 2 3 35 17 10 8 19 13	6 16 4 3 2 17 10 8 19 13	9 21 10 5 4 17 11 8 19 13	12 24 15 8 6 18 11 8 19 13	15 28 15 11 8 18 11 8 19 14	18 33 17 15 10 19 12 8 19 14	21 1 22 1 20 12 8 19
20	31 3 28 35 29 18 10 7 19 13	34 8 33 2 31 18 10 7 19 13	36 9 2 4 33 18 10 7 19 13	4 14 2 3 36 17 10 8 19 13	6 17 4 3 2 17 10 8 19 13	9 22 10 5 4 17 11 8 19 13	12 25 15 8 6 18 11 8 19 13	15 30 15 11 8 18 11 8 19 14	18 35 17 15 10 19 12 8 19 14	21 3 22 1 20 12 8 1
21	31 5 28 35 29 18 10 7 19 13	34 10 33 2 31 18 10 7 19 13	1 11 2 4 33 18 10 7 19 13	4 15 2 3 36 17 10 8 19 13	7 19 4 3 2 17 10 8 19 13	9 23 10 5 4 17 11 8 19 13	12 26 15 8 6 18 11 8 19 13	15 31 15 11 8 18 12 8 19 14	18 36 17 15 10 19 12 8 19 14	21 4 23 19 20 12 8 19
22	31 6 29 35 29 18 10 7 19 13	34 11 33 2 31 18 10 7 19 13	1 12 2 4 33 18 10 7 19 13	4 17 2 3 36 17 10 8 19 13	7 20 4 3 2 17 10 8 19 13	10 24 10 5 4 17 11 8 19 13	12 28 15 8 6 18 11 8 19 13	15 32 15 12 8 18 12 8 19 14	18 2 18 15 10 19 12 8 19 14	21 6 23 1 20 12 8 19
23	31 8 29 35 29 18 10 7 19 13	34 12 34 2 31 18 10 7 19 13	1 13 3 4 33 18 10 7 19 13	4 18 2 3 36 17 10 8 19 13	7 21 4 3 2 17 10 8 19 13	10 26 11 5 4 17 11 8 19 13	13 29 15 8 7 18 11 8 19 13	15 34 15 12 9 18 12 8 19 14	19 3 18 15 10 19 12 8 19 14	21 7 23 1 20 12 8
24	31 9 29 36 29 18 10 7 19 13	34 14 34 3 31 18 10 7 19 13	1 14 3 4 33 18 10 7 19 13	4 19 2 3 36 17 10 8 19 13	7 22 5 3 2 17 10 8 19 13	10 27 11 5 4 17 11 8 19 13	13 30 15 8 7 18 11 8 19 13	16 35 15 12 9 18 12 8 19 14	19 5 18 15 10 19 12 8 19 14	22 9 23 20 12 8 1
25	31 10 29 36 29 18 10 7 19 13	34 15 34 3 31 18 10 7 19 13	1 16 3 4 34 18 10 7 19 13	4 20 2 2 36 17 10 8 19 13	7 23 5 3 2 17 10 8 19 13	10 28 11 5 5 18 11 8 19 13	13 32 15 8 7 18 11 8 19 13	16 1 15 12 9 19 12 8 19 14	19 6 18 16 11 19 12 8 19 14	22 10 23 19 20 12 8 19
26	31 11 29 36 29 18 10 7 19 13	34 16 34 3 31 18 10 7 19 13	1 17 3 4 34 18 10 7 19 13	4 21 2 2 36 17 10 8 19 13	7 25 5 3 2 17 10 8 19 13	10 29 11 5 5 18 11 8 19 13	13 33 15 9 7 18 11 8 19 13	16 2 15 12 9 19 12 8 19 14	19 8 18 16 11 19 12 8 19 14	22 11 23 1 20 12 8 1
27	31 13 29 36 29 18 10 7 19 13	34 17 34 3 32 18 10 7 19 13	1 18 3 4 34 18 10 7 19 13	4 23 2 2 36 17 10 8 19 13	7 26 5 3 2 17 10 8 19 13	10 31 11 5 5 18 11 8 19 13	13 34 16 9 7 18 11 8 19 13	16 4 15 12 9 19 12 8 19 14	19 9 19 16 11 19 12 8 19 14	22 13 23 2 20 12 8 1
28	31 14 29 36 29 18 10 7 19 13	34 18 34 3 32 18 10 7 19 13	1 19 3 4 34 18 10 7 19 13	4 24 2 2 36 17 10 8 19 13	7 27 5 3 2 17 10 8 19 13	10 32 12 5 5 18 11 8 19 13	13 36 16 9 7 18 11 8 19 13	16 5 15 12 9 19 12 8 19 14	19 10 19 16 11 19 12 8 19 14	22 14 24 20 12 8 1
29	31 15 29 36 29 18 10 7 19 13		1 20 3 4 34 18 10 7 19 13	4 25 2 2 36 17 10 8 19 13	7 28 5 3 3 17 10 8 19 13	10 33 12 6 5 18 11 8 19 13	13 1 16 9 7 18 11 8 19 13	16 7 15 12 9 19 12 8 19 14	19 12 19 16 11 19 12 8 19 14	22 15 24 20 20 12 8 19
30	32 16 30 36 29 18 10 7 19 13		1 22 3 4 34 18 10 7 19 13	4 26 2 2 36 17 10 8 19 13	[illegible] 3 17 10 8 [illegible] 13	10 35 12 6 5 18 11 8 19 13	13 3 16 9 7 18 11 8 19 13	16 8 15 13 9 19 12 8 19 14	19 13 19 16 11 19 12 8 19 14	22 16 24 20 20 12 8 1
31	32 18 30 36 29 18 10 7 19 13		2 23 3 4 34 18 10 7 19 13		7 31 6 3 3 17 10 8 19 13		13 4 16 9 7 18 11 8 19 13	16 9 15 13 9 19 12 8 19 14		22 18 24 2 20 12 8 19

1920

	JAN	FEB	MÄR	APR	MAI	JUNI
1	28 4 26 24 20 14 17 33 14 10	32 9 31 28 22 14 17 34 14 10	35 11 36 31 22 13 16 34 13 10	2 17 36 35 22 13 16 34 13 10	5 20 2 3 21 13 16 34 13 10	8 25 8 7 21 14 16 34 13 10
2	29 5 27 24 20 14 17 33 14 10	32 10 31 28 22 14 17 34 14 10	35 13 36 31 22 13 16 34 13 10	2 18 36 35 22 13 16 34 13 10	5 21 2 3 21 13 16 34 13 10	8 26 8 7 21 14 16 34 13 10
3	29 7 27 24 20 14 17 33 14 10	32 12 32 28 22 14 17 34 14 10	35 14 1 32 22 13 16 34 13 10	2 19 36 35 22 13 16 34 13 10	5 23 2 3 21 13 16 34 13 10	8 27 9 7 21 14 16 34 13 10
4	29 8 27 24 20 14 17 33 14 10	32 13 32 28 22 14 17 34 14 10	35 16 1 32 22 13 16 34 13 10	2 21 36 36 22 13 16 34 13 10	5 24 3 3 21 13 16 34 13 10	8 28 9 7 21 14 16 34 13 10
5	29 10 27 25 20 14 17 33 14 10	32 15 32 28 22 14 17 34 14 10	35 17 1 32 22 13 16 34 13 10	2 22 36 36 22 13 16 34 13 10	5 25 3 3 21 13 16 34 13 10	8 29 9 7 21 14 16 34 13 10
6	29 11 27 25 20 14 17 33 14 10	32 16 32 28 22 14 16 34 14 10	35 18 1 32 22 13 16 34 13 10	2 23 36 36 22 13 16 34 13 10	5 26 3 3 21 13 16 34 13 10	8 31 9 7 21 14 16 34 13 10
7	29 13 27 25 20 14 17 33 14 10	32 18 32 29 22 14 16 34 13 10	35 20 1 32 22 13 16 34 13 10	2 24 36 36 22 13 16 34 13 10	5 27 3 4 21 13 16 34 13 10	8 32 9 7 21 14 16 34 13 10
8	29 14 27 25 20 14 17 33 14 10	32 19 32 29 22 14 16 34 13 10	35 21 1 32 22 13 16 34 13 10	2 25 36 36 22 13 16 34 13 10	5 29 3 4 21 13 16 34 13 10	8 33 10 7 21 14 16 34 13 10
9	29 15 28 25 21 14 17 33 14 10	32 20 33 29 22 14 16 34 13 10	35 22 1 32 22 13 16 34 13 10	2 27 36 36 22 13 16 34 13 10	5 30 4 4 21 13 16 34 13 10	8 34 10 8 21 14 16 34 13 10
10	29 17 28 25 21 14 17 33 14 10	32 21 33 29 22 14 16 34 13 10	35 23 1 32 22 13 16 34 13 10	2 28 36 36 22 13 16 34 13 10	5 31 4 4 21 14 16 34 13 10	8 36 10 8 21 14 16 34 13 10
11	29 18 28 25 21 14 17 33 14 10	33 23 33 29 22 14 16 34 13 10	36 25 1 33 22 13 16 34 13 10	3 29 36 36 22 13 16 34 13 10	5 32 4 4 21 14 16 34 13 10	8 1 10 8 21 14 16 34 13 10
12	30 19 28 25 21 14 17 33 14 10	33 24 33 29 22 14 16 34 13 10	36 26 1 33 22 13 16 34 13 10	3 30 36 36 22 13 16 34 13 10	6 33 4 4 21 14 16 34 13 10	9 2 10 8 21 14 16 34 13 10
13	30 21 28 26 21 14 17 33 14 10	33 25 33 29 22 14 16 34 13 10	36 27 1 33 22 13 16 34 13 10	3 31 36 1 22 13 16 34 13 10	6 35 4 4 21 14 16 34 13 10	9 4 11 8 21 14 16 34 13 10
14	30 22 28 26 21 14 17 33 14 10	33 26 34 29 22 14 16 34 13 10	36 28 1 33 22 13 16 34 13 10	3 33 36 1 22 13 16 34 13 10	6 36 4 4 21 14 16 34 13 10	9 5 11 8 21 14 16 34 13 10
15	30 23 29 26 21 14 17 33 14 10	33 27 34 30 22 14 16 34 13 10	36 29 1 33 22 13 16 34 13 10	3 34 36 1 22 13 16 34 13 10	6 1 5 5 21 14 16 34 13 10	9 7 11 8 21 14 16 34 13 10
16	30 24 29 26 21 14 17 33 14 10	33 29 34 30 22 14 16 34 13 10	36 31 1 33 22 13 16 34 13 10	3 35 36 1 22 13 16 34 13 10	6 3 5 5 21 14 16 34 13 10	9 8 11 8 21 14 16 34 13 10
17	30 25 29 26 21 14 17 33 14 10	33 30 34 30 22 14 16 34 13 10	36 32 1 33 22 13 16 34 13 10	3 1 36 1 22 13 16 34 13 10	6 4 5 5 21 14 16 34 13 10	9 10 11 9 21 14 16 34 13 10
18	30 27 29 26 21 14 17 33 14 10	33 31 34 30 22 14 16 34 13 10	36 33 1 33 22 13 16 34 13 10	3 2 1 1 22 13 16 34 13 10	6 6 5 5 21 14 16 34 13 10	9 11 11 9 21 14 16 34 13 10
19	30 28 29 26 21 14 17 33 14 10	33 32 34 30 22 14 16 34 13 10	36 34 1 34 22 13 16 34 13 10	3 3 1 1 22 13 16 34 13 10	6 7 5 5 21 14 16 34 13 10	9 13 12 9 21 14 16 34 13 10
20	30 29 29 26 21 14 17 33 14 10	34 34 35 30 22 14 16 34 13 10	36 36 36 34 22 13 16 34 13 10	3 5 1 1 22 13 16 34 13 10	6 9 6 5 21 14 16 34 13 10	9 14 12 9 21 14 16 34 13 10
21	30 30 29 26 21 14 17 33 14 10	34 35 35 30 22 14 16 34 13 10	1 1 36 34 22 13 16 34 13 10	4 6 1 2 22 13 16 34 13 10	6 10 6 5 21 14 16 34 13 10	9 16 12 9 21 14 16 34 13 10
22	31 31 30 27 21 14 17 33 14 10	34 36 35 30 22 14 16 34 13 10	1 3 36 34 22 13 16 34 13 10	4 8 1 2 22 13 16 34 13 10	7 12 6 5 21 14 16 34 13 10	10 17 12 9 21 14 16 34 13 10
23	31 33 30 27 21 14 17 34 14 10	34 2 35 30 22 14 16 34 13 10	1 4 36 34 22 13 16 34 13 10	4 9 1 2 22 13 16 34 13 10	7 13 6 6 21 14 16 34 13 10	10 18 12 9 21 14 16 34 13 10
24	31 34 30 27 21 14 17 34 14 10	34 3 35 31 22 14 16 34 13 10	1 5 36 34 22 13 16 34 13 10	4 11 1 2 21 13 16 34 13 10	7 15 6 6 21 14 16 34 13 10	10 20 12 9 21 14 16 34 13 10
25	31 35 30 27 21 14 17 34 14 10	34 4 36 31 22 14 16 34 13 10	1 7 36 34 22 13 16 34 13 10	4 12 1 2 21 13 16 34 13 10	7 16 7 6 21 14 16 34 13 10	10 21 12 10 21 14 16 34 13 10
26	31 1 30 27 21 14 17 34 14 10	34 6 36 31 22 14 16 34 13 10	1 8 36 34 22 13 16 34 13 10	4 14 1 2 21 13 16 34 13 10	7 17 7 6 21 14 16 34 13 10	10 22 12 10 21 14 16 34 13 10
27	31 2 30 27 21 14 17 34 14 10	34 7 36 31 22 14 16 34 13 10	1 10 36 35 22 13 16 34 13 10	4 15 2 2 21 13 16 34 13 10	7 19 7 6 21 14 16 34 13 10	10 23 13 10 21 14 16 34 13 10
28	31 3 31 27 21 14 17 34 14 10	34 9 36 31 22 14 16 34 13 10	1 11 36 35 22 13 16 34 13 10	4 16 2 2 21 13 16 34 13 10	7 20 7 6 21 14 16 34 13 10	10 24 13 10 21 14 16 34 13 10
29	31 5 31 27 21 14 17 34 14 10	34 10 36 31 22 13 16 34 13 10	1 13 36 35 22 13 16 34 13 10	4 18 2 3 21 13 16 34 13 10	7 21 8 6 21 14 16 34 13 10	10 26 13 10 21 14 16 34 13 10
30	31 6 31 28 21 14 17 34 14 10		1 14 36 35 22 13 16 34 13 10	4 19 2 3 21 13 16 34 13 10	7 22 8 6 21 14 16 34 13 10	10 27 13 10 21 14 16 34 14 10
31	31 8 31 28 21 14 17 34 14 10		1 15 36 35 22 13 16 34 13 10		7 24 8 6 21 14 16 34 13 10	

	JULI	AUG	SEPT	OKT	NOV	DEZ
1	10 28 13 10 21 14 16 34 14 10	13 33 13 14 22 15 17 34 14 10	16 1 16 18 24 16 17 34 14 10	19 5 21 22 26 16 17 34 14 10	22 10 25 25 28 17 18 34 14 10	25 14 23 29 31 17 18 34 14 10
2	10 29 13 10 21 14 16 34 14 10	13 34 13 14 23 15 17 34 14 10	16 3 16 18 24 16 17 34 14 10	19 6 21 22 26 16 17 34 14 10	22 12 25 26 29 17 18 34 14 10	25 16 23 29 31 17 18 34 14 10
3	11 30 13 11 21 14 16 34 14 10	14 35 12 14 23 15 17 34 14 10	17 4 16 18 24 16 17 34 14 10	19 8 21 22 26 16 17 34 14 10	23 13 25 26 29 17 18 34 14 10	26 17 24 29 31 17 18 34 14 10
4	11 32 13 11 21 14 16 34 14 10	14 36 12 14 23 15 17 34 14 10	17 5 16 18 24 16 17 34 14 10	20 9 21 22 26 16 17 34 14 10	23 15 25 26 29 17 18 34 14 10	26 18 24 29 31 17 18 34 14 10
5	11 33 13 11 21 14 16 34 14 10	14 2 12 15 23 15 17 34 14 10	17 7 16 18 25 16 17 34 14 10	20 11 21 22 27 16 17 34 14 10	23 16 25 26 29 17 18 34 14 10	26 20 24 30 31 17 18 34 14 10
6	11 34 13 11 21 14 16 34 14 10	14 3 12 15 23 15 17 34 14 10	17 8 17 19 25 16 17 34 14 10	20 12 22 22 27 16 17 34 14 10	23 17 25 26 29 17 18 34 14 10	26 21 24 30 31 17 18 34 14 10
7	11 35 13 11 21 14 16 34 14 10	14 4 12 15 23 15 17 34 14 10	17 9 17 19 25 16 17 34 14 10	20 13 22 22 27 16 17 34 14 10	23 19 25 26 29 17 18 34 14 10	26 22 24 30 31 17 18 34 14 10
8	11 1 13 11 21 14 16 34 14 10	14 6 12 15 23 15 17 34 14 10	17 11 17 19 25 16 17 34 14 10	20 15 22 23 27 16 17 34 14 10	23 20 25 26 29 17 18 34 14 10	26 23 24 30 31 17 18 34 14 10
9	11 2 13 11 21 14 16 34 14 10	14 7 12 15 23 15 17 34 14 10	17 12 17 19 25 16 17 34 14 10	20 16 22 23 27 16 17 34 14 10	23 21 25 26 29 17 18 34 14 10	26 25 24 30 31 17 18 34 14 10
10	11 3 13 11 21 14 16 34 14 10	14 8 12 15 23 15 17 34 14 10	17 14 17 19 25 16 17 34 14 10	20 18 22 23 27 16 17 34 14 10	23 22 25 27 29 17 18 34 14 10	26 26 24 30 31 17 18 34 14 10
11	11 5 14 12 22 14 16 34 14 10	14 10 13 15 23 15 17 34 14 10	17 15 17 19 25 16 17 34 14 10	20 19 22 23 27 16 17 34 14 10	23 24 24 27 29 17 18 34 14 10	26 27 24 30 32 17 18 34 14 10
12	11 6 14 12 22 15 16 34 14 10	14 11 13 15 23 15 17 34 14 10	17 17 18 19 25 16 17 34 14 10	20 20 22 23 27 16 17 34 14 10	23 25 24 27 29 17 18 34 14 10	26 28 25 30 32 17 18 34 14 10
13	12 7 14 12 22 15 16 34 14 10	14 13 13 16 23 15 17 34 14 10	17 18 18 19 25 16 17 34 14 10	20 22 23 23 27 16 17 34 14 10	24 26 24 27 29 17 18 34 14 10	27 29 25 31 32 17 18 34 14 10
14	12 9 14 12 22 15 16 34 14 10	15 14 13 16 23 15 17 34 14 10	18 19 18 20 25 16 17 34 14 10	21 23 23 23 27 16 17 34 14 10	24 27 24 27 29 17 18 34 14 10	27 31 25 31 32 17 18 34 14 10
15	12 11 14 12 22 15 16 34 14 10	15 16 13 16 23 15 17 34 14 10	18 21 18 20 25 16 17 34 14 10	21 24 23 23 27 17 17 34 14 10	24 29 24 27 30 17 18 34 14 10	27 32 25 31 32 17 18 34 14 10
16	12 12 14 12 22 15 16 34 14 10	15 17 13 16 23 15 17 34 14 10	18 22 18 20 25 16 17 34 14 10	21 25 23 23 27 17 17 34 14 10	24 30 24 27 30 17 18 34 14 10	27 33 25 31 32 17 18 34 14 10
17	12 14 13 12 22 15 16 34 14 10	15 19 13 16 23 15 17 34 14 10	18 23 19 20 25 16 17 34 14 10	21 27 23 24 27 17 17 34 14 10	24 31 24 27 30 17 18 34 14 10	27 34 25 31 32 17 18 34 14 10
18	12 15 13 12 22 15 16 34 14 10	15 20 13 16 23 15 17 34 14 10	18 25 19 20 25 16 17 34 14 10	21 28 23 24 27 17 17 34 14 10	24 32 24 28 30 17 18 34 14 10	27 35 25 31 32 17 18 34 14 10
19	12 16 13 13 22 15 16 34 14 10	15 21 13 16 23 15 17 34 14 10	18 26 19 20 25 16 17 34 14 10	21 29 23 24 28 17 17 34 14 10	24 33 24 28 30 17 18 34 14 10	27 1 26 31 32 17 18 34 14 10
20	12 18 13 13 22 15 16 34 14 10	15 23 13 16 24 15 17 34 14 10	18 27 19 20 25 16 17 34 14 10	21 30 23 24 28 17 18 34 14 10	24 35 23 28 30 17 18 34 14 10	27 2 26 31 32 17 18 34 14 10
21	12 19 13 13 22 15 16 34 14 10	15 24 14 17 24 15 17 34 14 10	18 28 19 20 26 16 17 34 14 10	21 31 24 24 28 17 18 34 14 10	24 36 23 28 30 17 18 34 14 10	27 3 26 32 32 17 18 34 14 10
22	12 20 13 13 22 15 16 34 14 10	15 25 14 17 24 15 17 34 14 10	18 29 19 21 26 16 17 34 14 10	21 33 24 24 28 17 18 34 14 10	24 1 23 28 30 17 18 34 14 10	27 5 26 32 32 17 18 34 14 10
23	12 22 13 13 22 15 16 34 14 10	15 26 14 17 24 15 17 34 14 10	18 31 20 21 26 16 17 34 14 10	21 34 24 24 28 17 18 34 14 10	25 2 23 28 30 17 18 34 14 10	28 6 26 32 32 17 18 34 14 10
24	13 23 13 13 22 15 16 34 14 10	16 27 14 17 24 15 17 34 14 10	19 32 20 21 26 16 17 34 14 10	22 35 24 24 28 17 18 34 14 10	25 4 23 28 30 17 18 34 14 10	28 8 26 32 33 17 18 34 14 10
25	13 24 13 13 22 15 16 34 14 10	16 29 14 17 24 15 17 34 14 10	19 33 20 21 26 16 17 34 14 10	22 36 24 25 28 17 18 34 14 10	25 5 23 28 30 17 18 34 14 10	28 9 27 32 33 17 18 34 14 10
26	13 25 13 13 22 15 16 34 14 10	16 30 14 17 24 15 17 34 14 10	19 34 20 21 26 16 17 34 14 10	22 2 24 25 28 17 18 34 14 10	25 7 23 29 30 17 18 34 14 10	28 11 27 32 33 17 18 34 14 10
27	13 26 13 14 22 15 16 34 14 10	16 31 15 17 24 15 17 34 14 10	19 36 20 21 26 16 17 34 14 10	22 3 24 25 28 17 18 34 14 10	25 8 23 29 30 17 18 34 14 10	28 12 27 32 33 17 18 34 14 10
28	13 28 13 14 22 15 16 34 14 10	16 32 15 17 24 16 17 34 14 10	19 1 20 21 26 16 17 34 14 10	22 4 24 25 28 17 18 34 14 10	25 10 23 29 31 17 18 34 14 10	28 14 27 32 33 17 18 34 14 10
29	13 29 13 14 22 15 17 34 14 10	16 33 15 18 24 16 17 34 14 10	19 2 21 21 26 16 17 34 14 10	22 6 24 25 28 17 18 34 14 10	25 11 23 29 31 17 18 34 14 10	28 15 27 32 33 17 18 34 14 10
30	13 30 13 14 22 15 17 34 14 10	16 35 15 18 24 16 17 34 14 10	19 4 21 22 26 16 17 34 14 10	22 7 24 25 28 17 18 34 14 10	25 13 23 29 31 17 18 34 14 10	28 17 27 33 33 17 18 34 14 10
31	13 31 13 14 22 15 17 34 14 10	16 36 15 18 24 16 17 34 14 10		22 9 25 25 28 17 18 34 14 10		28 18 27 33 33 17 18 34 14 10

1921

	JAN	FEB	MÄR	APR	MAI	JUNI	JULI	AUG	SEPT	OKT	NOV	DEZ
1	29 20 28 33 33 17 17 34 14 10	32 25 33 35 35 17 17 34 14 10	35 25 35 3 2 17 17 34 14 10	2 30 36 3 4 16 18 34 13 10	5 33 4 3 6 16 18 34 13 10	8 1 10 3 8 17 17 35 14 10	10 5 11 6 11 17 17 35 14 10	13 10 11 8 11 17 17 34 14 10	16 16 18 13 14 18 18 34 14 10	19 19 22 16 16 19 19 34 14 11	22 25 22 19 18 19 19 34 13 10	25 28 24 24 20 20 19 35 14 10
2	29 21 28 33 33 17 17 34 14 10	32 26 33 35 35 17 17 34 14 10	35 26 35 3 2 17 17 34 14 10	2 31 36 4 4 16 18 34 13 10	5 34 4 3 6 16 18 34 13 10	8 3 10 4 8 17 17 35 14 10	11 6 11 6 11 17 17 35 14 10	13 11 11 8 11 17 17 34 14 10	16 18 18 13 14 18 18 34 14 10	19 21 22 16 16 19 19 34 14 11	22 25 22 19 18 19 19 34 13 10	25 29 24 24 20 20 19 35 14 10
3	29 22 28 33 33 17 17 34 14 10	32 26 34 1 35 17 17 34 14 10	35 28 34 3 2 17 17 34 14 10	2 31 36 4 4 16 18 34 13 10	5 36 4 3 5 16 18 34 13 10	8 4 10 4 8 17 17 35 14 10	11 8 11 6 11 17 17 35 14 10	14 13 11 8 13 17 17 34 14 10	17 19 18 13 14 18 18 34 14 10	19 22 22 16 16 19 19 34 14 11	23 27 22 20 18 19 19 34 13 10	26 30 24 24 20 20 19 35 14 10
4	29 23 28 34 34 17 17 34 14 10	32 28 34 1 35 17 17 34 14 10	35 29 34 3 2 17 17 34 14 10	2 34 36 4 4 16 18 34 13 10	5 1 4 3 5 16 18 34 13 10	8 5 10 4 8 17 17 35 14 10	11 9 11 6 11 17 17 35 14 10	14 14 11 8 13 17 17 34 14 10	17 20 18 13 14 18 18 34 14 10	20 23 22 16 16 19 19 34 14 11	23 28 22 20 18 19 19 34 13 10	26 31 24 24 20 20 19 35 14 10
5	29 25 28 34 34 17 17 34 14 10	32 29 34 1 35 17 17 34 14 10	35 30 34 3 2 17 17 34 14 10	2 36 36 4 4 16 18 34 13 10	5 2 4 3 5 16 18 34 13 10	8 7 11 5 8 17 17 35 14 10	11 11 11 6 11 17 17 35 14 10	14 16 11 8 13 17 17 34 14 10	17 21 18 14 14 18 18 34 14 10	20 25 22 16 16 19 19 34 14 11	23 30 23 20 18 19 19 34 13 10	26 34 24 24 20 20 19 35 14 10
6	29 26 28 34 34 17 17 34 14 10	32 31 34 2 35 17 17 34 14 10	35 32 34 3 2 17 17 34 14 10	2 36 36 4 4 16 18 34 13 10	5 3 4 3 7 16 18 34 13 10	8 8 11 5 8 17 17 35 14 10	11 12 11 6 11 17 17 35 14 10	14 17 11 10 13 17 17 34 14 10	17 22 18 14 14 18 18 34 14 10	20 26 22 16 16 19 19 34 14 11	23 31 23 20 18 19 19 34 13 10	26 34 24 24 20 20 19 35 14 10
7	29 26 28 34 34 17 17 34 14 10	32 32 34 2 35 17 17 34 14 10	35 33 34 4 2 17 17 34 14 10	2 1 36 4 4 16 18 34 13 10	5 4 4 3 7 16 18 34 13 10	8 10 11 5 8 17 17 35 14 10	11 14 11 6 11 17 17 35 14 10	14 19 11 10 13 17 17 34 14 10	17 24 18 14 14 18 18 34 14 10	20 28 22 16 16 19 19 34 14 11	23 32 23 21 19 19 19 34 13 10	26 35 24 24 20 20 19 35 14 10
8	29 28 29 34 34 17 17 34 14 10	32 33 34 2 35 17 17 34 14 10	35 34 34 4 2 17 17 34 14 10	2 3 36 4 4 16 18 34 13 10	5 6 6 3 7 16 18 34 13 10	8 12 10 4 9 16 18 34 13 10	11 15 11 7 11 17 17 34 14 10	14 20 13 10 13 17 17 34 14 10	17 25 18 14 14 18 18 34 14 10	20 29 22 16 16 19 19 34 14 11	23 33 22 21 19 19 19 35 14 10	26 36 25 25 20 20 19 35 14 10
9	29 29 29 34 34 17 17 34 14 10	33 34 34 2 35 17 17 34 14 10	35 35 34 4 2 17 17 34 14 10	2 4 36 4 4 16 18 34 13 10	5 7 6 3 7 16 18 34 13 10	8 13 10 4 9 16 18 34 13 10	11 17 11 7 11 17 17 34 14 10	14 22 13 10 13 17 17 34 14 10	17 27 19 14 14 18 18 34 14 10	20 30 22 16 16 19 19 34 14 11	23 34 22 21 19 19 19 34 14 10	26 1 25 25 20 20 19 34 14 10
10	29 31 29 34 34 17 17 34 14 10	33 35 34 2 35 17 17 34 14 10	35 35 34 4 2 17 17 34 14 10	3 5 36 5 5 17 17 35 14 10	5 9 6 3 7 16 18 34 13 10	8 15 10 4 9 16 18 34 13 10	11 18 11 7 11 17 17 34 14 10	14 23 14 10 14 17 17 34 14 10	17 28 19 14 15 18 18 34 14 10	20 31 22 16 16 19 19 34 14 11	23 36 22 21 19 19 19 34 14 10	26 2 25 25 20 20 19 34 14 10
11	30 32 29 34 34 17 17 34 14 10	33 1 34 2 35 17 17 34 14 10	36 2 34 4 2 17 17 34 14 10	3 7 36 5 5 17 17 35 14 10	6 10 6 3 7 16 18 34 13 10	8 16 10 4 9 16 18 34 13 10	11 20 11 7 11 17 17 34 13 10	14 24 14 10 14 17 17 34 14 10	17 29 19 14 15 18 18 34 14 10	20 32 22 16 16 19 19 34 14 11	23 1 22 21 19 19 19 34 14 10	26 4 25 25 20 20 19 34 14 10
12	30 33 29 34 34 17 17 34 14 10	33 2 34 2 35 17 17 34 14 10	36 3 34 4 2 17 17 34 14 10	3 8 36 5 5 17 17 35 14 10	6 12 6 3 7 16 18 34 13 10	9 18 10 4 9 16 18 34 13 10	11 21 11 7 11 17 17 34 13 10	14 25 14 10 14 17 17 34 14 10	17 30 19 14 15 18 18 34 14 10	20 33 22 16 16 19 19 34 14 11	23 2 22 21 19 19 19 34 14 10	26 5 26 26 20 20 19 34 14 10
13	30 34 29 34 34 17 17 34 14 10	33 3 34 2 1 17 17 34 14 10	36 4 34 4 3 16 18 34 13 10	3 9 36 5 5 17 17 35 14 10	6 13 6 3 7 16 18 34 13 10	9 19 10 4 9 16 18 34 13 10	12 22 11 7 11 17 17 34 13 10	15 26 14 10 14 17 17 34 14 10	18 32 20 14 15 18 18 34 14 10	20 34 22 16 16 19 19 34 14 11	24 3 22 21 19 19 19 34 14 10	27 7 26 26 20 20 19 34 14 10
14	30 35 29 34 34 17 17 34 14 10	33 5 34 2 1 17 17 34 14 10	36 6 34 4 3 16 18 34 13 10	3 11 2 5 5 17 17 35 14 10	6 15 6 3 7 16 18 34 13 10	9 19 10 4 9 16 18 34 13 10	12 23 11 7 11 17 17 34 13 10	15 28 14 10 14 17 17 34 14 10	18 33 20 14 15 18 18 34 14 10	21 34 22 16 16 19 19 34 14 11	24 4 22 22 19 19 19 34 14 10	27 8 26 26 20 20 19 34 14 10
15	30 1 29 34 34 17 17 34 14 10	33 5 35 2 1 17 17 34 14 10	36 7 34 4 3 16 18 34 13 10	3 12 2 5 5 17 17 35 14 10	6 16 7 3 7 16 18 34 13 10	9 21 10 4 9 16 18 34 13 10	12 25 11 7 11 17 17 34 13 10	15 29 14 10 14 17 17 34 14 10	18 34 20 14 15 18 18 34 14 10	21 1 23 17 17 19 19 34 14 11	24 6 22 22 19 19 19 34 14 10	27 10 26 26 20 20 19 34 14 10
16	30 2 29 34 34 17 17 34 14 10	33 7 35 2 2 17 17 34 14 10	36 9 34 4 3 16 18 34 13 10	3 14 2 5 5 17 17 35 14 10	6 18 7 3 7 16 18 34 13 10	9 22 10 4 9 16 18 34 13 10	12 26 11 7 11 17 17 34 13 10	15 31 14 11 14 17 17 34 14 10	18 35 20 14 15 18 18 34 14 10	21 2 23 17 17 19 19 34 14 11	24 7 22 22 19 19 19 34 14 10	27 11 26 26 20 20 19 34 14 10
17	30 4 29 34 34 17 17 34 14 10	33 8 35 2 2 17 17 34 14 10	36 10 34 4 3 16 18 34 13 10	3 15 2 5 5 17 17 35 14 10	6 19 7 3 7 16 18 34 13 10	9 24 10 4 9 16 18 34 13 10	12 26 11 7 11 17 17 34 13 10	15 32 14 11 14 17 17 34 14 10	18 36 20 14 15 18 18 34 14 10	21 4 23 17 17 19 19 34 14 11	24 9 22 22 19 19 19 34 13 10	27 12 26 26 20 20 19 34 14 10
18	30 5 29 35 35 17 17 34 14 10	33 10 35 2 2 17 17 34 14 10	36 12 34 4 3 16 18 34 13 10	3 17 2 5 5 17 17 35 14 10	6 20 7 3 7 16 18 34 13 10	9 25 10 4 9 16 18 34 13 10	12 28 11 7 11 17 17 34 13 10	15 33 14 11 14 17 17 34 14 10	18 1 20 14 15 18 18 34 14 10	21 5 23 17 17 19 19 34 14 11	24 10 22 22 19 19 19 34 13 10	27 14 26 26 20 20 19 34 14 10
19	30 5 31 35 35 17 17 34 14 10	34 11 35 2 2 17 17 34 14 10	36 13 34 4 3 16 18 34 13 10	3 17 2 5 5 17 17 35 14 10	6 22 8 3 8 17 17 35 14 10	9 27 10 4 9 16 18 34 13 10	12 29 11 8 11 17 17 35 14 10	15 34 14 11 14 17 17 34 14 10	18 3 20 14 15 18 18 34 14 10	21 6 23 17 17 19 19 34 14 11	24 12 22 22 19 19 19 34 13 10	27 15 26 26 20 20 19 34 14 10
20	30 8 31 35 35 17 17 34 14 10	34 14 35 2 2 17 17 34 14 10	36 14 34 4 3 16 18 34 13 10	3 19 2 5 5 17 17 35 14 10	6 23 8 3 8 17 17 35 14 10	9 28 10 4 8 16 18 34 13 10	12 31 11 8 11 17 17 35 14 10	15 35 14 11 14 17 17 34 14 10	18 4 20 14 16 18 18 34 14 10	21 7 23 17 17 19 19 34 14 11	24 13 22 22 19 19 19 34 13 10	27 16 27 27 21 20 19 34 14 10
21	31 8 32 35 35 17 17 34 14 10	34 15 35 2 2 17 17 34 14 10	1 15 34 4 3 16 18 34 13 10	4 20 1 4 6 16 18 34 13 10	6 24 8 3 8 17 17 35 14 10	9 29 10 4 8 16 18 34 13 10	12 32 11 8 11 17 17 35 14 10	15 1 15 11 14 17 17 34 14 10	18 6 21 15 16 18 18 34 14 10	21 9 23 19 17 19 19 34 14 11	24 13 22 22 19 19 19 34 13 10	27 18 27 27 21 20 19 34 14 10
22	31 11 32 35 35 17 17 34 14 10	34 16 35 2 2 17 17 34 14 10	1 16 34 4 3 16 18 34 13 10	4 22 1 4 6 16 18 34 13 10	7 26 8 3 8 17 17 35 14 10	10 30 12 6 10 16 18 34 13 10	12 33 11 8 11 17 17 35 14 10	15 2 15 11 14 17 17 34 14 10	18 7 21 15 16 18 18 34 14 11	21 10 23 19 17 19 19 34 14 11	24 16 22 22 19 19 19 34 13 10	28 19 28 28 22 20 19 34 14 10
23	31 11 32 35 35 17 17 34 14 10	34 17 35 2 2 17 17 34 14 10	1 18 34 4 3 16 18 34 13 10	4 24 1 4 6 16 18 34 13 10	7 26 8 3 8 17 17 35 14 10	10 31 12 6 10 16 18 34 13 10	13 35 11 8 11 17 17 35 14 10	15 3 15 11 14 17 17 34 14 10	18 8 22 16 16 18 18 34 14 11	21 12 23 19 17 19 19 34 14 11	25 17 22 22 19 19 19 34 13 10	28 20 28 28 20 20 19 34 14 10
24	31 14 32 35 35 17 17 34 14 10	34 19 35 3 2 17 17 34 14 10	1 19 34 4 3 16 18 34 13 10	4 25 1 4 6 16 18 34 13 10	7 28 8 3 8 17 17 35 14 10	10 33 12 6 10 16 18 34 13 10	13 35 11 8 11 17 17 35 14 10	16 4 16 11 14 17 17 34 14 10	19 9 22 16 16 19 19 34 14 11	22 13 23 19 18 19 19 34 13 11	25 18 22 22 19 19 19 34 13 10	28 22 28 28 21 20 19 34 14 10
25	31 15 32 35 35 17 17 34 14 10	34 20 35 3 2 17 17 34 14 10	1 21 34 4 4 16 18 34 13 10	4 26 1 3 6 16 18 34 13 10	7 29 8 3 8 17 17 35 14 10	10 34 12 6 10 16 18 34 13 10	13 1 11 8 11 17 17 34 14 10	16 5 16 11 14 17 17 34 14 10	19 10 22 16 16 19 19 34 14 11	22 14 22 19 18 19 19 34 13 11	25 19 22 22 19 19 19 34 13 10	28 24 28 28 22 20 19 34 14 10
26	31 17 32 35 35 17 17 34 14 10	34 22 35 3 2 17 17 34 14 10	1 22 34 4 4 16 18 34 13 10	4 27 3 3 6 16 18 34 13 10	7 30 8 3 8 17 17 35 14 10	10 34 12 6 10 16 18 34 13 10	13 2 11 8 11 17 17 34 14 10	16 7 16 11 14 17 17 34 14 10	19 12 22 16 16 19 19 34 14 11	22 16 22 19 18 19 19 34 13 11	25 21 22 22 19 19 19 34 13 10	28 25 28 28 22 20 19 34 14 10
27	31 17 32 35 35 17 17 34 14 10	34 23 35 3 2 17 17 34 14 10	1 24 34 4 4 16 18 34 13 10	4 28 3 3 6 16 18 34 13 10	7 32 8 3 8 17 17 35 14 10	10 36 12 6 10 16 18 34 13 10	13 3 11 8 11 17 17 34 14 10	16 8 16 11 14 17 17 34 14 10	19 13 22 16 16 19 19 34 14 11	22 18 22 19 18 19 19 34 13 11	25 22 22 22 19 19 19 34 13 10	28 26 28 28 22 20 19 34 14 10
28	31 19 32 35 35 17 17 34 14 10	34 24 35 3 2 17 17 34 14 10	1 25 34 4 4 16 18 34 13 10	4 30 3 3 6 16 18 34 13 10	7 33 8 3 8 17 17 35 14 10	10 1 12 6 10 16 18 34 13 10	13 4 11 8 11 17 17 34 14 10	16 10 16 11 14 17 17 34 14 10	19 15 22 16 16 19 19 34 14 11	22 19 22 19 18 19 19 34 13 11	25 24 22 22 19 19 19 34 13 10	28 27 28 27 22 20 19 34 14 10
29	31 20 32 35 35 17 17 34 14 10		1 27 34 4 4 16 18 34 13 10	4 31 3 3 6 16 18 34 13 10	7 35 9 3 8 17 17 35 14 10	10 2 12 6 10 16 18 34 13 10	13 5 11 8 11 17 17 34 14 10	16 11 16 11 14 17 17 34 14 10	19 16 22 16 16 19 19 34 14 11	22 20 22 19 18 19 19 34 13 10	25 25 22 22 19 19 19 34 13 10	28 28 28 27 22 20 19 34 14 10
30	32 22 32 35 35 17 17 34 14 10		1 28 34 4 4 16 18 34 13 10	4 31 3 3 6 16 18 34 13 10	7 35 9 3 8 17 17 35 14 10	10 4 12 6 10 16 18 34 13 10	13 7 11 8 11 17 17 34 14 10	16 13 16 11 14 17 17 34 14 10	19 18 22 16 16 19 18 34 14 11	22 22 22 19 18 19 19 34 13 10	25 26 22 22 19 19 19 34 13 10	28 30 28 28 22 20 19 34 14 10
31	32 23 32 35 35 17 17 34 14 10		2 28 34 4 4 16 18 34 13 10		7 36 10 3 8 17 37 35 14 10		13 8 11 8 11 17 17 34 14 10	16 14 16 11 14 17 17 34 14 10		22 23 22 19 18 19 19 34 13 10		28 31 28 28 22 20 19 34 14 10

1922

	JAN	FEB	MÄR	APR	MAI	JUNI	JULI	AUG	SEPT	OKT	NOV	DEZ
1	29 32 28 28 22 20 19 34 14 10	32 1 34 32 23 20 19 34 14 10	35 1 32 34 25 20 19 34 14 10	1 6 34 2 26 20 19 35 14 10	5 10 5 7 27 19 19 35 14 10	8 14 10 10 26 19 19 35 14 10	10 19 9 14 26 20 19 35 14 10	13 24 13 17 26 20 19 35 14 11	16 29 19 20 26 20 19 35 14 11	19 33 21 24 28 21 19 34 13 11	22 1 20 25 31 22 20 34 14 11	25 4 25 24 33 22 20 34 14 11
2	29 33 28 28 22 20 19 34 14 10	32 2 34 32 23 20 19 34 14 10	35 2 32 34 25 20 19 34 14 10	2 8 34 2 26 20 19 35 14 10	5 11 5 7 27 19 19 35 14 10	8 17 10 10 26 19 19 35 14 10	10 20 9 14 26 20 19 35 14 10	13 26 13 17 26 20 19 35 14 11	16 30 19 20 26 20 19 35 14 11	19 34 21 24 28 21 19 34 13 11	22 2 20 25 31 22 20 34 14 11	25 5 25 24 33 22 20 34 14 11
3	29 34 28 28 22 20 19 34 14 10	32 2 34 32 23 20 19 34 14 10	35 4 32 34 25 20 19 34 14 10	2 8 34 2 26 20 19 35 14 10	5 13 5 7 27 19 19 35 14 10	8 18 10 11 26 19 19 35 14 10	11 22 9 14 26 20 19 35 14 10	14 27 13 18 26 20 19 35 14 11	17 32 19 20 26 20 19 35 14 11	19 34 21 24 28 21 19 34 13 11	23 3 20 25 31 22 20 34 14 11	26 7 25 24 33 22 20 34 14 11
4	29 36 28 28 22 20 19 34 14 10	32 4 34 32 23 20 19 34 14 10	35 5 32 34 25 20 19 34 14 10	2 10 34 2 26 20 19 35 14 10	5 14 6 7 27 19 19 35 14 10	8 19 10 11 26 19 19 35 14 10	11 23 9 14 26 20 19 35 14 10	14 28 14 18 26 20 19 35 14 11	17 33 19 20 26 20 19 35 14 11	20 36 21 24 28 21 19 34 13 11	23 5 20 25 31 22 20 34 14 11	26 8 25 24 33 22 20 34 14 11
5	29 1 28 28 22 20 19 34 14 10	32 5 34 32 23 20 19 34 14 10	35 7 32 34 25 20 19 34 14 10	2 11 35 2 26 20 19 35 14 10	5 15 6 8 27 19 19 35 14 10	8 20 10 11 26 19 19 35 14 10	11 25 9 14 26 20 19 35 14 10	14 29 14 18 26 20 19 35 14 11	17 35 19 20 26 20 19 35 14 11	20 1 21 24 28 21 19 34 13 11	23 5 20 25 31 22 20 34 14 11	26 9 25 24 33 22 20 34 14 11
6	29 2 29 28 22 20 19 34 14 10	32 7 34 32 23 20 19 34 14 10	35 9 32 34 25 20 19 34 14 10	2 13 36 3 26 20 19 35 14 10	5 17 6 8 27 19 19 35 14 10	8 23 10 11 26 19 19 35 14 10	11 26 9 14 26 20 19 35 14 10	14 31 14 18 26 20 19 35 14 11	17 35 19 20 26 20 19 35 14 11	20 2 21 24 28 21 19 34 13 11	23 7 22 25 31 22 20 34 14 11	26 11 25 24 33 22 20 34 14 11
7	29 3 29 28 22 20 19 34 14 10	32 8 34 32 23 20 19 34 14 10	35 9 32 34 25 20 19 34 14 10	2 14 1 4 26 20 19 35 14 10	5 18 7 8 27 19 19 35 14 10	8 23 10 11 26 19 19 35 14 10	11 26 9 14 26 20 19 35 14 10	14 32 14 18 26 20 19 35 14 11	17 35 19 21 26 20 19 35 14 11	20 4 21 24 28 21 19 34 13 11	23 8 22 25 31 22 20 34 14 11	26 11 25 24 33 22 20 34 14 11
8	29 4 29 28 22 20 19 34 14 10	32 10 34 32 23 20 19 34 14 10	35 10 32 36 25 20 19 34 14 10	2 17 1 4 26 20 19 35 14 10	5 19 7 8 27 19 19 35 14 10	8 25 10 11 26 19 19 35 14 10	11 27 9 14 26 20 19 35 14 10	14 33 14 18 26 20 19 35 14 11	17 1 19 22 26 20 19 35 14 11	20 5 21 24 28 21 19 34 13 11	23 9 22 25 31 22 20 34 14 11	26 13 26 24 33 22 20 34 14 11
9	29 6 30 28 22 20 19 34 14 10	32 11 32 32 23 20 19 34 14 10	35 11 32 36 25 20 19 34 14 10	2 17 1 4 26 20 19 35 14 10	5 21 7 8 27 19 19 35 14 10	8 26 10 11 26 19 19 35 14 10	11 28 9 14 26 20 19 35 14 10	14 35 14 18 26 20 19 35 14 11	17 2 19 22 26 20 19 35 14 11	20 6 21 24 28 21 19 34 13 11	23 11 22 25 31 22 20 34 14 11	26 14 26 24 33 22 20 34 14 11
10	29 7 30 28 22 20 19 34 14 10	33 13 32 32 23 20 19 34 14 10	35 13 32 36 25 20 19 34 14 10	2 19 1 4 26 20 19 35 14 10	5 23 7 8 27 19 19 35 14 10	8 28 10 11 26 19 19 35 14 10	11 29 9 15 26 20 19 35 14 10	14 35 14 19 26 20 19 35 14 11	17 4 19 23 26 20 19 35 14 11	20 7 21 24 28 21 19 34 13 11	23 12 22 25 31 22 20 34 14 11	26 16 26 24 33 22 20 34 14 11
11	30 9 30 28 22 20 19 34 14 10	33 14 32 32 23 20 19 34 14 10	36 14 32 36 26 20 19 34 14 10	2 20 1 4 26 20 19 35 14 10	5 24 7 8 27 19 19 35 14 10	8 28 8 11 26 19 19 35 14 10	11 31 9 15 26 20 19 35 14 10	14 1 14 19 26 20 19 35 14 11	17 5 19 23 26 20 19 35 14 11	20 9 21 25 28 21 19 34 13 11	23 13 22 25 31 22 20 34 14 11	26 17 26 24 33 22 20 34 14 11
12	30 10 31 28 22 20 19 34 14 10	33 16 32 32 23 20 19 34 14 10	36 16 32 36 26 20 19 34 14 10	2 22 1 4 26 20 19 35 14 10	5 26 7 8 27 19 19 35 14 10	9 30 8 11 26 19 19 35 14 10	11 32 9 15 26 20 19 35 14 10	14 2 14 19 26 20 19 35 14 11	17 6 19 23 26 20 19 35 14 11	20 10 21 25 28 21 19 34 13 11	23 14 22 25 31 22 20 34 14 11	26 19 26 24 34 22 20 34 14 11
13	30 12 31 28 22 20 19 34 14 10	33 17 32 32 23 20 19 34 14 10	36 18 32 1 26 20 19 34 14 10	3 23 2 4 27 20 19 35 14 10	6 27 8 8 27 19 19 35 14 10	9 31 8 11 26 19 19 35 14 10	12 33 9 15 26 20 19 35 14 10	14 3 14 19 26 20 19 35 14 11	17 8 19 23 28 20 19 35 14 11	20 10 21 25 28 21 19 34 13 11	24 16 22 25 31 22 20 34 14 11	27 20 26 24 34 22 20 34 14 11
14	30 13 31 29 22 20 19 34 14 10	33 19 32 32 23 20 19 34 14 10	36 19 33 1 26 20 19 34 14 10	3 25 2 4 27 20 19 35 14 10	6 28 8 8 27 19 19 35 14 10	9 32 8 12 26 19 19 35 14 10	12 35 9 15 26 20 19 35 14 10	15 4 14 19 26 20 19 35 14 11	17 9 20 23 28 20 19 35 14 11	20 12 21 25 28 21 19 34 13 11	24 17 22 25 31 22 20 34 14 11	27 22 26 24 34 22 20 34 14 11
15	30 15 31 29 22 20 19 34 14 10	33 20 32 32 23 20 19 34 14 10	36 20 33 1 26 20 19 34 14 10	3 26 2 4 27 20 19 35 14 10	6 30 8 9 27 19 19 35 14 10	9 34 8 12 26 19 19 35 14 10	12 36 10 16 26 20 19 35 14 10	15 5 16 19 26 20 19 35 14 11	18 10 20 23 28 20 19 35 14 11	21 14 21 25 30 21 19 34 13 11	24 19 22 25 31 22 20 34 14 11	27 23 26 24 34 22 20 34 14 11
16	30 16 31 30 22 20 19 34 14 10	33 22 32 33 23 20 19 34 14 10	36 22 33 1 26 20 19 34 14 10	3 27 2 4 27 20 19 35 14 10	6 32 8 9 27 19 19 35 14 10	9 35 8 12 26 19 19 35 14 10	12 1 10 16 26 20 19 35 14 10	15 7 16 19 26 20 19 35 14 11	18 11 20 23 28 20 19 35 14 11	21 15 21 25 30 21 19 34 13 11	24 20 22 25 31 22 20 34 14 11	27 24 26 24 34 22 20 34 14 11
17	30 18 31 30 22 20 19 34 14 10	33 23 32 34 23 20 19 34 14 10	36 23 33 1 26 20 19 34 14 10	3 28 2 4 27 20 19 35 14 10	6 32 8 9 27 19 19 35 14 10	9 36 8 12 26 19 19 35 14 10	12 2 10 16 26 20 19 35 14 10	15 8 16 19 26 20 19 35 14 11	18 13 20 23 28 20 19 35 14 11	21 16 21 25 30 21 19 34 13 11	24 22 22 25 31 22 20 34 14 11	27 25 28 24 34 22 20 34 14 11
18	30 19 32 30 23 20 19 34 14 10	33 24 32 34 25 20 19 34 14 10	36 25 34 1 26 20 19 34 14 10	3 29 3 4 27 20 19 35 14 10	6 33 8 9 27 19 19 35 14 10	9 1 8 12 26 19 19 35 14 10	12 3 10 16 26 20 19 35 14 10	15 9 17 19 26 20 19 35 14 11	18 14 20 23 28 20 19 35 14 11	21 18 20 25 30 21 19 34 13 11	24 23 22 25 31 22 20 34 14 11	27 27 28 24 34 22 20 34 14 11
19	30 20 32 30 23 20 19 34 14 10	34 25 32 34 25 20 19 34 14 10	36 26 34 1 26 20 19 34 14 10	3 31 3 4 27 20 19 35 14 10	6 35 9 9 27 19 19 35 14 10	9 2 8 12 26 19 19 35 14 10	12 5 10 17 26 20 19 35 14 11	15 10 17 19 26 20 19 35 14 11	18 16 20 23 28 20 19 35 14 11	21 19 20 25 30 21 19 34 13 11	24 25 22 25 31 22 20 34 14 11	27 29 28 24 34 22 20 34 14 11
20	30 22 32 30 23 20 19 34 14 10	34 25 32 34 25 20 19 34 14 10	36 28 34 1 26 20 19 34 14 10	3 32 3 4 27 20 19 35 14 10	6 35 9 9 27 19 19 35 14 10	9 4 8 13 26 19 19 35 14 10	12 8 10 17 26 20 19 35 14 11	15 12 17 19 26 20 19 35 14 11	18 17 20 23 28 20 19 35 14 11	21 21 20 25 30 21 19 34 13 11	24 26 22 25 31 22 20 34 14 11	27 29 28 24 34 22 20 34 14 11
21	31 23 32 31 23 20 19 34 14 10	34 26 32 34 25 20 19 34 14 10	1 29 34 1 26 20 19 34 14 10	4 33 3 4 27 20 19 35 14 10	6 1 9 9 27 19 19 35 14 10	9 5 8 13 26 19 19 35 14 10	12 8 11 17 26 20 19 35 14 11	15 14 17 19 26 20 19 35 14 11	18 19 20 23 28 20 19 35 14 11	21 22 20 25 30 21 19 34 13 11	24 28 23 25 32 22 20 34 14 11	27 31 28 24 34 22 20 34 14 11
22	31 25 32 31 23 20 19 34 14 10	34 28 32 34 25 20 19 34 14 10	1 30 34 1 26 20 19 34 14 10	4 35 3 4 27 20 19 35 14 10	7 1 9 9 27 19 19 35 14 10	10 6 8 13 26 19 19 35 14 10	12 10 11 17 26 20 19 35 14 11	15 15 17 19 26 20 19 35 14 11	18 20 20 23 28 20 19 35 14 11	21 24 20 25 30 21 19 34 13 11	24 29 23 25 32 22 20 34 14 11	27 32 28 24 34 22 20 34 14 11
23	31 26 32 31 23 20 19 34 14 10	34 29 32 34 25 20 19 34 14 10	1 32 34 1 26 20 19 34 14 10	4 36 3 5 27 20 19 35 14 10	7 3 9 9 27 19 19 35 14 10	10 8 8 13 26 19 19 35 14 10	12 11 11 17 26 20 19 35 14 11	15 17 17 20 26 20 19 35 14 11	18 22 20 23 28 20 19 35 14 11	21 25 20 25 30 21 19 34 13 11	25 30 23 25 32 22 20 34 14 11	28 34 29 24 34 22 20 34 14 11
24	31 27 32 31 23 20 19 34 14 10	34 31 32 34 25 20 19 34 14 10	1 32 34 1 26 20 19 34 14 10	4 1 4 5 27 20 19 35 14 10	7 5 9 9 27 19 19 35 14 10	10 8 8 13 26 19 19 35 14 10	13 13 11 17 26 20 19 35 14 11	16 18 17 20 26 20 19 35 14 11	19 23 20 23 28 20 19 35 14 11	22 27 20 25 31 22 19 34 13 11	25 32 23 25 32 22 20 34 14 11	28 35 29 24 34 22 20 34 14 11
25	31 28 32 31 23 20 19 34 14 10	34 32 32 34 25 20 19 34 14 10	1 34 34 2 26 20 19 34 14 10	4 2 5 5 27 20 19 35 14 10	7 6 9 9 27 19 19 35 14 10	10 10 8 13 26 19 19 35 13 10	13 14 11 17 26 20 19 35 14 11	16 19 17 20 26 20 19 35 14 11	19 25 20 23 28 20 19 35 14 11	22 28 20 25 31 22 19 34 13 11	25 33 23 25 32 22 20 34 14 11	28 36 29 24 34 22 20 34 14 11
26	31 29 32 31 23 20 19 34 14 10	34 33 32 34 25 20 19 34 14 10	1 34 34 2 26 20 19 34 14 10	4 3 5 5 27 20 19 35 14 10	7 7 9 10 27 19 19 34 14 10	10 12 8 13 26 19 19 35 13 10	13 16 11 17 26 20 19 35 14 11	16 20 17 20 26 20 19 35 14 11	19 26 20 23 28 20 19 35 14 11	22 30 20 25 31 22 19 34 13 11	25 34 23 25 32 22 20 34 14 11	28 1 29 24 34 22 20 34 14 11
27	31 31 32 31 23 20 19 34 14 10	34 34 32 34 25 20 19 34 14 10	1 36 34 2 26 20 19 34 14 10	4 5 5 5 27 20 19 35 14 10	7 7 9 10 27 19 19 34 14 10	10 13 8 13 26 19 19 35 13 10	13 17 11 17 26 20 19 35 14 11	16 23 17 20 26 20 19 35 14 11	19 27 20 24 28 20 19 35 14 11	22 31 20 25 31 22 19 34 13 11	25 35 23 25 32 22 20 34 14 11	28 2 29 24 34 22 20 34 14 11
28	31 32 32 31 23 20 19 34 14 10	34 36 32 34 25 20 19 34 14 10	1 1 34 2 26 20 19 34 14 10	4 6 5 5 27 20 19 35 14 10	7 10 9 10 27 19 19 34 14 10	10 14 8 13 26 19 19 35 13 10	13 19 12 17 26 20 19 35 14 11	16 24 18 20 27 20 19 35 14 11	19 28 20 24 28 20 19 35 14 11	22 32 20 25 31 22 19 34 13 11	25 36 25 25 32 22 20 34 14 11	28 4 29 24 34 22 20 34 14 11
29	31 33 32 31 23 20 19 34 14 10		1 2 34 2 26 20 19 34 14 10	4 8 5 5 27 20 19 35 14 10	7 10 9 10 27 19 19 34 14 10	10 16 8 13 26 19 19 35 13 10	13 20 12 17 26 20 19 35 14 11	16 25 18 20 27 20 19 35 14 11	19 29 20 24 28 20 19 35 14 11	22 33 20 25 31 22 19 34 13 11	25 2 25 24 32 22 20 34 14 11	28 5 29 24 34 22 20 34 14 11
30	31 34 32 31 23 20 19 34 14 10		1 4 34 2 26 20 19 34 14 10	4 9 5 5 27 20 19 35 14 10	7 12 9 10 27 19 19 34 14 10	10 17 8 13 26 19 19 35 13 10	13 20 12 17 26 20 19 35 14 11	16 26 18 20 27 20 19 35 14 11	19 30 20 24 28 20 19 35 14 11	22 34 20 25 31 22 19 34 13 11	25 3 25 24 32 22 20 34 14 11	28 6 29 24 34 22 20 34 14 11
31	32 35 33 31 23 20 19 34 14 10		1 5 34 2 26 20 19 34 14 10		7 14 9 10 27 19 19 34 14 10		13 23 12 17 26 20 19 35 14 11	16 28 18 20 27 20 19 35 14 11		22 36 20 25 31 22 19 34 13 11		28 7 29 24 34 22 20 34 14 11

1923

	JAN	FEB	MÄR	APR	MAI	JUNI	JULI	AUG	SEPT	OKT	NOV	DEZ
1	29 8 30 24 34 23 20 34 14 11	32 14 31 26 2 23 20 34 14 10	35 14 32 30 3 23 20 35 14 10	2 20 1 34 5 23 20 35 14 10	5 23 7 2 8 23 20 35 14 10	8 29 7 5 10 22 20 35 14 10	11 32 8 8 11 22 20 35 14 11	13 1 14 12 14 23 20 35 14 11	16 5 19 16 16 23 20 35 14 11	19 8 19 20 17 23 20 35 14 11	22 13 21 24 19 24 21 35 15 11	25 16 26 27 21 25 21 35 15 11
2	29 10 30 25 34 23 20 34 14 11	32 15 31 26 2 23 20 34 14 10	35 16 32 30 3 23 20 35 14 10	2 21 1 34 5 23 20 35 14 10	5 26 7 2 8 23 20 35 14 10	8 30 7 5 10 22 20 35 14 10	11 33 8 8 11 22 20 35 14 11	13 2 14 12 14 23 20 35 14 11	16 6 19 16 16 23 20 35 14 11	19 10 19 20 17 23 20 35 14 11	22 14 21 24 19 24 21 35 15 11	26 17 26 27 21 25 21 35 15 11
3	29 11 30 25 34 23 20 34 14 11	32 16 31 26 2 23 20 34 14 10	35 17 32 30 3 23 20 35 14 10	2 23 1 34 5 23 20 35 14 10	5 26 7 2 8 23 20 35 14 10	8 32 7 5 10 22 20 35 14 11	11 35 8 8 11 22 20 35 14 11	14 3 14 12 14 23 20 35 14 11	16 8 19 17 16 23 20 35 14 11	19 11 19 20 17 23 20 35 14 11	23 16 21 24 19 24 21 35 15 11	26 18 26 27 21 25 21 35 15 11
4	29 13 30 25 34 23 20 34 14 11	32 17 31 26 2 23 20 34 14 10	35 19 32 31 4 23 20 35 14 10	2 24 2 34 5 23 20 35 14 10	5 28 7 2 8 23 20 35 14 10	8 32 7 5 10 22 20 35 14 11	11 36 8 8 11 22 20 35 14 11	14 5 14 13 14 23 20 35 14 11	17 9 19 17 16 23 20 35 14 11	19 11 19 20 17 23 20 35 14 11	23 17 21 24 19 24 21 35 15 11	26 21 26 27 21 25 21 35 15 11
5	29 14 31 25 34 23 20 34 14 11	32 19 31 26 2 23 20 34 14 10	35 20 32 31 4 23 20 35 14 10	2 26 2 34 5 23 20 35 14 10	5 29 7 2 8 23 20 35 14 10	8 34 7 5 10 22 20 35 14 11	11 1 8 8 12 22 20 35 14 11	14 5 15 13 14 23 20 35 14 11	17 10 19 17 16 23 20 35 14 11	20 13 18 20 17 23 20 35 14 11	23 18 22 24 19 24 21 35 15 11	26 21 28 27 21 25 21 35 15 11
6	29 15 31 25 34 23 20 34 14 11	32 20 31 26 2 23 20 34 14 10	35 22 32 31 4 23 20 35 14 10	2 27 2 35 5 23 20 35 14 10	5 31 7 2 8 23 20 35 14 10	8 35 7 5 11 22 20 35 14 11	11 2 8 8 12 22 20 35 14 11	14 7 15 13 14 23 20 35 14 11	17 11 20 17 16 23 20 35 14 11	20 14 18 20 17 23 20 35 14 11	23 19 22 24 19 24 21 35 15 11	26 24 27 27 21 25 21 35 15 11
7	29 16 31 25 34 23 20 34 14 11	32 22 29 28 2 23 20 34 14 10	35 23 32 31 4 23 20 35 14 10	2 28 2 35 5 23 20 35 14 10	5 32 7 2 8 23 20 35 14 10	8 36 7 5 11 22 20 35 14 11	11 4 9 9 12 22 20 35 14 11	14 8 15 13 14 23 20 35 14 11	17 13 20 17 16 23 20 35 14 11	20 16 18 20 17 23 20 35 14 11	23 21 22 24 19 24 21 35 15 11	26 25 27 27 21 25 21 35 15 11
8	29 17 31 25 34 23 20 34 14 11	32 23 29 28 2 23 20 34 14 10	35 25 32 31 4 23 20 35 14 10	2 29 5 35 5 23 20 35 14 10	5 33 8 2 8 23 20 35 14 10	8 2 7 5 11 22 20 35 14 11	11 5 9 9 12 22 20 35 14 11	14 9 16 14 14 23 20 35 14 11	17 14 20 17 16 23 20 35 14 11	20 17 18 20 17 23 20 35 14 11	23 23 22 25 19 24 21 35 15 11	26 26 27 27 21 25 21 35 15 11
9	29 20 32 25 34 23 20 34 14 10	32 25 29 28 2 23 20 34 14 10	35 26 32 31 4 23 20 35 14 10	2 31 5 35 5 23 20 35 14 10	5 34 8 2 8 23 20 35 14 10	8 3 7 5 11 22 20 35 14 11	11 6 10 10 12 22 20 35 14 11	14 11 16 14 14 23 20 35 14 11	17 15 20 17 16 23 20 35 14 11	20 19 18 20 17 23 20 35 14 11	23 24 22 25 19 24 21 35 15 11	26 28 27 27 21 25 21 35 15 11
10	29 20 32 25 34 23 20 34 14 10	33 26 29 28 2 23 20 34 14 10	35 28 34 31 4 23 20 35 14 10	2 32 5 35 5 23 20 35 14 10	5 35 8 2 8 23 20 35 14 10	8 4 7 5 11 22 20 35 14 11	11 7 10 10 12 22 20 35 14 11	14 12 16 14 14 23 20 35 14 11	17 17 20 17 17 23 20 35 14 11	20 20 18 20 18 23 20 35 14 11	23 26 22 25 19 24 21 35 15 11	26 30 28 28 21 25 21 35 15 11
11	30 23 32 25 35 23 20 34 14 10	33 28 29 28 2 23 20 34 14 10	35 29 34 31 4 23 20 35 14 10	2 33 5 35 6 23 20 35 14 10	5 1 8 2 8 23 20 35 14 10	8 5 7 5 11 22 20 35 14 11	11 8 10 10 12 22 20 35 14 11	14 13 17 14 14 23 20 35 14 11	17 18 20 17 17 23 20 35 14 11	20 22 18 20 18 23 20 35 14 11	23 27 24 26 19 24 21 35 15 11	26 31 28 28 22 25 21 35 15 11
12	30 24 32 25 35 23 20 34 14 10	33 29 29 28 2 23 20 34 14 10	35 30 34 31 4 23 20 35 14 10	2 35 5 35 6 23 20 35 14 10	5 2 8 2 8 23 20 35 14 10	9 6 7 5 11 22 20 35 14 11	11 10 11 11 12 22 20 35 14 11	14 14 17 14 14 23 20 35 14 11	17 20 20 17 17 23 20 35 14 11	20 23 19 20 18 23 20 35 14 11	23 29 24 26 21 24 21 35 15 11	26 33 28 28 22 25 21 35 15 11
13	30 25 32 25 35 23 20 34 14 10	33 30 29 28 2 23 20 34 14 10	35 31 34 31 4 23 20 35 14 10	2 35 5 35 6 23 20 35 14 10	5 3 8 2 8 23 20 35 14 10	9 7 7 7 11 22 20 35 14 11	11 11 11 11 12 22 20 35 14 11	14 16 17 14 14 23 20 35 14 11	17 21 20 17 17 23 20 35 14 11	20 25 19 20 18 23 20 35 14 11	24 30 24 26 21 24 21 35 15 11	27 34 29 28 22 25 21 35 15 11
14	30 26 32 25 35 23 20 34 14 10	33 31 31 28 2 23 20 34 14 10	35 32 34 31 4 23 20 35 14 10	2 1 5 35 6 23 20 35 14 10	6 4 8 2 8 23 20 35 14 10	9 8 7 7 11 22 20 35 14 11	11 12 11 11 12 22 20 35 14 11	15 17 17 14 14 23 20 35 14 11	17 23 20 17 17 23 20 35 14 11	20 26 19 20 18 23 20 35 14 11	24 32 24 26 21 24 21 35 15 11	27 35 29 28 22 25 21 35 15 11
15	30 28 32 25 35 23 20 34 14 10	33 32 31 28 2 23 20 34 14 10	35 34 34 32 5 23 20 35 14 10	2 2 4 35 6 23 20 35 14 10	6 5 9 2 8 23 20 35 14 10	9 11 7 7 11 22 20 35 14 11	11 14 11 11 12 22 20 35 14 11	15 19 17 14 14 23 20 35 14 11	17 24 20 17 17 23 20 35 14 11	21 28 21 22 18 24 21 35 15 11	24 33 24 26 21 24 21 35 15 11	27 36 29 28 22 25 21 35 15 11
16	30 29 32 25 35 23 20 34 14 10	33 34 31 29 2 23 20 34 14 10	35 35 35 32 5 23 20 35 14 10	2 3 4 35 7 23 20 35 14 10	6 7 8 2 8 23 20 35 14 10	9 11 7 7 11 22 20 35 14 11	11 15 11 11 12 22 20 35 14 11	15 20 17 14 14 23 20 35 14 11	17 26 20 17 17 23 20 35 14 11	21 30 21 22 18 24 21 35 15 11	24 34 24 26 21 24 21 35 15 11	27 1 29 28 22 25 21 35 15 11
17	30 31 32 25 35 23 20 34 14 10	33 35 31 29 2 23 20 34 14 10	36 36 35 32 5 23 20 35 14 10	2 5 4 36 7 23 20 35 14 10	6 8 8 3 8 23 20 35 14 10	9 13 8 8 11 22 20 35 14 11	11 16 11 11 12 22 20 35 14 11	15 22 17 14 14 23 20 35 14 11	17 27 20 18 17 23 20 35 14 11	21 31 21 22 18 24 21 35 15 11	24 35 24 26 21 24 21 35 15 11	27 3 29 28 22 25 21 35 15 11
18	30 32 32 25 35 23 20 34 14 10	33 36 31 29 2 23 20 34 14 10	36 1 35 32 5 23 20 34 14 10	3 5 4 35 7 23 20 35 14 10	6 8 8 3 8 23 20 35 14 10	9 14 8 8 11 22 20 35 14 11	12 17 11 11 12 22 20 35 14 11	15 23 17 14 14 23 20 35 14 11	17 28 20 18 17 23 20 35 14 11	21 32 21 22 19 24 21 35 15 11	24 1 24 26 21 24 21 35 15 11	27 4 29 29 22 25 21 35 15 11
19	30 33 32 25 35 23 20 34 14 10	33 2 31 29 2 23 20 34 14 10	36 2 35 32 5 23 20 35 14 10	3 7 4 35 7 23 20 35 14 10	6 10 8 3 8 23 20 35 14 10	9 15 8 8 11 22 20 35 14 11	12 19 11 11 12 22 20 35 14 11	15 24 17 14 14 23 20 35 14 11	18 29 20 18 17 23 20 35 14 11	21 33 21 22 19 24 21 35 15 11	24 3 24 26 21 24 21 35 15 11	27 5 29 29 22 25 21 35 15 11
20	30 34 32 25 35 23 20 34 14 10	34 2 31 29 2 23 20 34 14 10	36 4 35 32 5 23 20 35 14 10	3 8 4 35 7 23 20 35 14 10	6 11 8 3 8 23 20 35 14 10	9 17 8 8 11 22 20 35 14 11	12 19 11 11 12 22 20 35 14 11	15 26 17 14 14 23 20 35 14 11	18 31 20 18 17 23 20 35 14 11	21 34 21 22 19 24 21 35 15 11	24 3 24 26 21 24 21 35 15 11	27 6 31 31 22 25 22 35 15 11
21	31 35 32 25 1 23 20 34 14 10	34 4 31 29 2 23 20 34 14 10	36 5 35 32 5 23 20 35 14 10	4 9 4 35 7 23 20 35 14 10	6 13 8 3 8 23 20 35 14 10	9 18 8 8 11 22 20 35 14 11	12 22 11 11 12 22 20 35 14 11	15 27 17 14 14 23 20 35 14 11	18 32 20 18 17 23 20 35 14 11	21 35 21 22 19 24 21 35 15 11	24 4 24 26 21 24 21 35 15 11	27 8 31 31 22 25 22 35 15 11
22	31 1 32 25 1 23 20 34 14 10	34 5 31 29 2 23 20 34 14 10	1 6 35 32 5 23 20 35 14 10	4 11 4 35 7 23 20 35 14 10	7 14 7 4 8 23 20 35 14 10	10 19 8 8 11 22 20 35 14 11	12 23 11 11 12 22 20 35 14 11	15 29 17 14 14 23 20 35 14 11	18 34 20 18 17 23 20 35 14 11	21 1 21 22 19 24 21 35 15 11	24 5 24 26 21 24 21 35 15 11	27 9 31 31 22 25 22 35 15 11
23	31 2 32 25 1 23 20 34 14 10	34 6 32 29 2 23 20 34 14 10	1 7 35 32 5 23 20 35 14 10	4 12 4 36 7 23 20 35 14 10	7 16 7 4 8 23 20 35 14 10	10 20 8 8 11 22 20 35 14 11	12 25 11 11 12 22 20 35 14 11	15 29 17 14 14 23 20 35 14 11	18 35 20 18 17 23 20 35 14 11	21 3 21 22 19 24 21 35 15 11	25 7 24 26 21 25 21 35 15 11	28 10 31 31 22 25 22 35 15 11
24	31 3 32 25 1 23 20 34 14 10	34 7 32 29 2 23 20 34 14 10	1 6 35 32 5 23 20 35 14 10	4 13 4 36 7 23 20 35 14 10	7 17 7 4 8 23 20 35 14 10	10 22 8 8 11 22 20 35 14 11	13 26 13 11 13 22 20 35 14 11	16 31 17 14 14 23 20 35 14 11	19 36 19 19 17 23 20 35 14 11	22 3 21 22 19 24 21 35 15 11	25 8 26 26 21 25 21 35 15 11	28 11 31 31 22 25 22 35 15 11
25	31 4 32 25 1 23 20 34 14 10	34 8 32 29 2 23 20 34 14 10	1 10 35 32 5 23 20 35 14 10	4 14 4 36 7 23 20 35 14 10	7 18 7 4 9 23 20 35 14 10	10 23 8 8 11 22 20 35 14 11	13 28 13 11 13 22 20 35 14 11	16 32 18 14 14 23 20 35 14 11	19 1 19 19 17 23 20 35 14 11	22 4 21 22 19 24 21 35 15 11	25 9 26 26 21 25 21 35 15 11	28 12 31 31 22 25 22 35 15 11
26	31 5 32 25 1 23 20 34 14 10	34 10 32 29 2 23 20 34 14 10	1 11 35 32 5 23 20 35 14 10	4 16 4 36 7 23 20 35 14 10	7 20 7 4 9 23 20 35 14 10	10 25 8 8 11 22 20 35 14 11	13 29 13 11 13 22 20 35 14 11	16 34 18 14 14 23 20 35 14 11	19 2 19 19 17 23 20 35 14 11	22 6 21 24 19 24 21 35 15 11	25 10 26 27 21 25 21 35 15 11	28 14 31 31 22 25 22 35 15 11
27	31 7 32 26 1 23 20 34 14 10	34 11 32 29 2 23 20 34 14 10	1 12 35 32 5 23 20 35 14 10	4 17 4 1 8 23 20 35 14 10	7 21 7 4 9 23 20 35 14 10	10 26 8 8 11 22 20 35 14 11	13 31 13 11 13 22 20 35 14 11	16 35 18 14 16 23 20 35 14 11	19 4 19 19 17 23 20 35 14 11	22 7 21 24 19 24 21 35 15 11	25 12 26 27 21 25 21 35 15 11	28 15 31 31 22 25 22 35 15 11
28	31 8 31 26 1 23 20 34 14 10	34 13 32 29 2 23 20 34 14 10	1 14 35 32 5 23 20 35 14 10	4 19 6 1 8 23 20 35 14 10	7 23 7 5 9 23 20 35 14 10	10 28 8 8 11 22 20 35 14 11	13 31 13 11 13 22 20 35 14 11	16 36 19 16 16 23 20 35 14 11	19 5 19 19 17 23 20 35 14 11	22 8 21 24 19 24 21 35 15 11	25 13 26 27 21 25 21 35 15 11	28 16 31 31 22 25 22 35 15 11
29	31 9 31 26 1 23 20 34 14 10		2 15 35 32 5 23 20 35 14 10	4 20 6 1 8 23 20 35 14 10	7 24 7 5 9 23 20 35 14 10	10 29 8 8 11 22 20 35 14 11	13 33 13 11 13 22 20 35 14 11	16 2 19 16 16 23 20 35 14 11	19 6 19 19 17 23 20 35 14 11	22 9 21 24 19 24 21 35 15 11	25 14 26 27 21 25 21 35 15 11	28 17 31 31 22 25 22 35 15 11
30	31 11 31 26 1 23 20 34 14 10		2 17 35 33 5 23 20 35 14 10	4 22 6 1 8 23 20 35 14 10	7 26 7 5 9 23 20 35 14 10	10 31 8 8 11 22 20 35 14 11	13 34 13 12 13 22 20 35 14 11	16 2 19 16 16 23 20 35 14 11	19 7 19 19 17 23 20 35 14 11	22 10 21 24 19 24 21 35 15 11	25 15 26 27 21 25 21 35 15 11	28 19 31 31 22 25 22 35 15 11
31	31 12 31 26 1 23 20 34 14 10		2 18 1 33 5 23 20 35 14 10		7 27 7 5 9 23 20 35 14 10		13 35 14 12 13 22 20 35 14 11	16 3 19 16 16 23 20 35 14 11		22 12 21 24 19 24 21 35 15 11		28 20 31 31 22 25 22 35 15 11

1924

	JAN	FEB	MÄR	APR	MAI	JUNI	JULI	AUG	SEPT	OKT	NOV	DEZ
1	29 22 30 31 23 25 22 35 14 11	32 25 29 35 26 26 22 35 14 11	35 29 32 2 26 26 22 35 14 11	2 35 4 5 29 26 22 35 14 11	5 2 5 8 31 26 22 35 14 11	8 6 6 12 33 26 21 35 15 11	10 10 10 10 34 26 21 35 14 11	13 15 16 10 34 26 21 36 15 11	16 19 17 12 33 26 21 35 14 11	19 23 17 15 33 26 22 35 15 11	22 28 22 17 34 27 22 35 15 11	26 33 27 22 35 27 22 35 15 11
2	29 23 30 31 23 25 22 35 14 11	32 28 29 35 26 26 22 35 14 11	35 31 32 2 26 26 22 35 14 11	2 35 4 5 29 26 22 35 14 11	5 3 5 8 31 26 22 35 14 11	8 7 6 12 33 26 21 35 15 11	11 12 10 10 34 26 21 35 14 11	13 16 16 10 34 26 21 36 15 11	16 24 17 12 33 26 21 35 14 11	19 24 17 15 33 26 22 35 15 11	22 30 23 17 34 27 22 35 15 11	26 34 27 22 35 27 22 35 15 11
3	29 25 30 31 23 25 22 35 14 11	32 29 29 35 26 26 22 35 14 11	35 32 32 2 26 26 22 35 14 11	2 1 4 5 29 26 22 35 14 11	5 4 5 8 31 26 22 35 14 11	8 8 6 12 33 26 21 35 15 11	11 12 10 10 34 26 21 35 14 11	14 18 16 10 34 26 21 36 15 11	17 22 17 12 33 26 21 35 14 11	19 26 17 15 33 26 22 35 15 11	23 31 23 19 34 27 22 35 15 11	26 35 28 22 35 27 22 35 15 11
4	29 26 30 31 23 25 22 35 14 11	32 31 29 35 26 26 22 35 14 11	35 34 34 4 28 26 22 35 14 11	2 2 4 5 29 26 22 35 14 11	5 5 5 8 31 26 22 35 14 11	8 10 6 12 33 26 21 35 15 11	11 14 10 10 34 26 21 35 14 11	14 18 16 10 34 26 21 36 15 11	17 23 17 12 33 26 21 35 14 11	20 27 17 15 33 26 22 35 15 11	23 33 23 19 34 27 22 35 15 11	26 36 28 22 35 27 22 35 15 11
5	29 28 30 31 23 25 22 35 14 11	32 32 29 35 26 26 22 35 14 11	35 35 34 4 28 26 22 35 14 11	2 3 4 7 29 26 22 35 14 11	5 7 5 8 31 26 22 35 14 11	8 12 6 12 33 26 21 35 15 11	11 15 10 10 34 26 21 35 14 11	14 19 16 10 34 26 21 36 15 11	17 25 17 12 33 26 21 35 14 11	20 29 17 15 33 26 22 35 15 11	23 34 23 19 34 27 22 35 15 11	26 1 28 22 35 27 22 35 15 11
6	29 29 30 31 23 25 22 35 14 11	32 35 29 35 26 26 22 35 14 11	35 36 34 4 28 26 22 35 14 11	2 5 4 7 29 26 22 35 14 11	5 8 5 10 31 26 22 35 14 11	8 12 6 12 33 26 21 35 15 11	11 16 10 10 34 26 21 35 14 11	14 21 16 10 34 26 21 36 15 11	17 26 17 12 33 26 21 35 14 11	20 30 17 15 33 26 22 35 15 11	23 35 24 19 34 27 22 35 15 11	26 3 28 22 35 27 22 35 15 11
7	29 31 30 31 23 25 22 35 14 11	32 35 29 35 26 26 22 35 14 11	35 1 34 4 28 26 22 35 14 11	2 5 4 7 29 26 22 35 14 11	5 9 5 10 31 26 22 35 14 11	8 15 6 12 33 26 21 35 15 11	11 17 12 10 34 26 21 35 14 11	14 22 16 10 34 26 21 36 15 11	17 28 17 12 33 26 21 35 14 11	20 31 19 15 33 26 22 35 15 11	23 36 24 19 34 27 22 35 15 11	26 4 28 22 35 27 22 35 15 11
8	29 32 30 32 23 25 22 35 14 11	32 1 29 35 26 26 22 35 14 11	35 2 34 4 28 26 22 35 14 11	2 7 4 7 30 26 21 35 14 11	5 10 5 10 32 26 21 35 14 11	8 15 6 12 33 26 21 35 15 11	11 19 12 10 34 26 21 35 14 11	14 24 16 10 34 26 21 36 15 11	17 29 17 12 33 26 21 35 14 11	20 33 19 16 33 26 22 35 15 11	23 2 24 19 34 27 22 35 15 11	26 6 28 22 35 27 22 35 15 11
9	29 33 30 32 23 25 22 35 14 11	32 2 29 35 26 26 22 35 14 11	35 4 34 4 28 26 22 35 14 11	2 8 4 7 30 26 21 35 14 11	5 12 5 10 32 26 21 35 14 11	8 16 6 12 33 26 21 35 15 11	11 21 12 10 34 26 21 35 14 11	14 26 18 10 34 26 21 36 15 11	17 30 17 13 33 26 21 35 14 11	20 34 19 16 33 26 22 35 15 11	23 3 24 19 34 27 22 35 15 11	26 6 28 22 35 27 22 35 15 11
10	29 34 30 32 23 25 22 35 14 11	33 3 30 36 26 26 22 35 14 11	35 5 35 4 28 26 22 35 14 11	2 9 4 7 30 26 21 35 14 11	5 13 5 10 32 26 21 35 14 11	8 17 6 12 33 26 21 35 15 11	11 21 12 10 34 26 21 35 14 11	14 27 18 10 34 26 21 36 15 11	17 32 17 13 33 26 21 35 14 11	20 35 19 16 33 26 22 35 15 11	23 4 24 19 34 27 22 35 15 11	26 7 28 22 35 27 22 35 15 11
11	30 35 30 32 23 25 22 34 14 11	33 4 30 36 26 26 22 35 14 11	36 6 35 4 28 26 22 35 14 11	3 10 5 7 30 26 21 35 14 11	6 14 5 10 32 26 21 35 14 11	9 19 6 12 33 26 21 35 15 11	11 22 12 10 34 26 21 35 14 11	14 28 18 10 34 26 21 36 15 11	17 33 17 13 33 26 21 35 14 11	20 1 19 16 33 26 22 35 15 11	23 6 24 19 34 27 22 35 15 11	27 8 29 23 36 27 23 36 15 11
12	30 1 29 33 23 25 22 34 14 11	33 5 31 1 26 26 22 35 14 11	36 7 35 4 28 26 22 35 14 11	3 12 5 7 30 26 21 35 14 11	6 15 5 10 32 26 21 35 14 11	9 21 6 12 33 26 21 35 15 11	11 23 12 10 34 26 21 35 14 11	14 30 18 10 34 26 21 36 15 11	17 34 17 13 33 26 21 35 14 11	20 2 19 16 33 26 22 35 15 11	24 7 25 19 35 27 22 35 15 11	27 10 29 23 36 27 23 36 15 11
13	30 2 29 33 23 25 22 34 14 11	33 7 31 1 26 26 22 35 14 11	36 8 35 4 28 26 22 35 14 11	3 13 5 7 30 26 21 35 14 11	6 16 5 10 32 26 21 35 14 11	9 22 7 12 33 26 21 35 15 11	12 25 12 10 34 26 21 35 14 11	15 31 18 10 34 26 21 36 15 11	18 35 17 13 33 26 21 35 14 11	20 3 20 16 33 26 22 35 15 11	24 8 25 21 35 27 22 35 15 11	27 11 29 23 36 27 23 36 15 11
14	30 4 29 33 23 25 22 34 14 11	33 8 31 1 26 26 22 35 14 11	36 10 35 4 28 26 22 35 14 11	3 14 5 7 30 26 21 35 14 11	6 17 5 10 32 26 21 35 14 11	9 24 7 12 33 26 21 35 15 11	12 26 13 10 34 26 21 35 14 11	15 33 18 10 33 26 21 36 15 11	18 1 17 13 33 26 22 35 15 11	21 4 20 16 33 26 22 35 15 11	24 9 25 21 35 27 22 35 15 11	27 12 29 24 36 27 23 36 15 11
15	30 5 29 33 23 25 22 34 14 11	33 9 31 1 26 26 22 35 14 11	36 11 35 4 28 26 22 35 14 11	3 16 5 8 30 26 21 35 14 11	6 19 5 10 32 26 21 35 14 11	9 25 7 12 33 26 21 35 15 11	12 28 13 10 34 26 21 25 14 11	15 34 18 10 33 26 21 36 15 11	18 3 17 13 33 26 22 35 15 11	21 6 21 16 33 26 22 35 15 11	24 10 25 21 35 27 22 35 15 11	27 14 29 24 36 27 23 36 15 11
16	30 5 29 33 23 25 22 34 14 11	33 10 31 1 26 26 22 35 14 11	36 12 35 4 28 26 22 35 14 11	3 17 5 8 30 26 21 35 14 11	6 21 5 10 32 26 21 35 14 11	9 26 7 12 33 26 21 35 15 11	12 30 13 10 34 26 21 35 14 11	15 36 18 10 33 26 21 36 15 11	18 4 17 13 33 26 22 35 15 11	21 7 21 17 33 26 22 35 15 11	24 11 25 21 35 27 22 35 15 11	27 15 29 24 36 27 23 36 15 11
17	30 7 29 34 25 25 21 35 14 11	33 12 31 1 26 26 22 35 14 11	36 14 35 4 28 26 22 35 14 11	3 18 5 8 30 26 21 35 14 11	6 22 5 10 32 26 21 35 14 11	9 28 7 12 33 26 21 35 15 11	12 31 13 10 34 26 21 35 14 11	15 1 18 10 33 26 21 36 15 11	18 5 17 13 33 26 22 35 15 11	21 8 21 17 33 26 22 35 15 11	24 13 25 21 35 27 22 35 15 11	27 16 29 24 36 27 23 36 15 11
18	30 8 29 34 25 25 21 35 14 11	33 13 31 1 26 26 22 35 14 11	36 14 35 5 29 26 22 35 14 11	3 20 5 8 30 26 21 35 14 11	6 23 5 10 32 26 21 35 14 11	9 29 7 12 33 26 21 35 15 11	12 33 14 10 34 26 21 35 14 11	15 2 18 10 33 26 21 36 15 11	18 6 17 13 33 26 22 35 15 11	21 10 21 17 33 26 22 35 15 11	24 14 26 21 35 27 22 35 15 11	27 17 29 24 36 27 23 36 15 11
19	30 9 29 34 25 25 21 35 14 11	33 14 31 1 26 26 22 35 14 11	36 16 35 5 29 26 22 35 14 11	3 21 5 8 30 26 21 35 14 11	6 25 5 10 32 26 21 35 14 11	9 31 7 11 33 26 21 35 14 11	12 34 14 10 34 26 21 35 14 11	15 3 18 12 33 26 21 36 15 11	18 7 17 13 33 26 22 35 15 11	21 11 21 17 33 26 22 35 15 11	24 15 26 21 35 27 22 35 15 11	27 18 29 24 36 27 23 36 15 11
20	30 11 29 34 25 25 21 35 14 11	34 15 31 1 26 26 22 35 14 11	36 17 35 5 29 26 22 35 14 11	4 23 5 8 31 26 22 35 14 11	6 26 5 10 32 23 21 35 14 11	9 32 7 11 33 26 21 35 14 11	12 35 14 10 34 26 21 35 14 11	15 4 18 12 33 26 21 36 15 11	18 8 17 13 33 26 22 35 15 11	21 12 21 17 33 26 22 35 15 11	24 16 26 21 35 27 22 35 15 11	27 20 29 24 36 27 23 36 15 11
21	31 12 29 35 26 25 22 35 14 11	34 17 32 2 26 26 22 35 14 11	1 19 35 5 28 26 22 35 14 11	4 24 5 8 31 26 22 35 14 11	7 28 5 10 32 26 21 35 14 11	9 33 8 11 33 26 21 35 14 11	12 1 14 10 34 26 21 35 14 11	15 6 18 12 33 26 21 36 15 11	18 10 17 14 33 26 22 35 15 11	21 13 21 17 33 26 22 35 15 11	24 17 26 21 35 27 22 35 15 11	28 21 29 24 1 28 23 36 15 11
22	31 13 29 35 26 26 22 35 14 11	34 17 32 2 26 26 22 35 14 11	1 20 2 5 29 26 22 35 14 11	4 26 5 8 31 26 22 35 14 11	7 30 5 10 32 26 21 35 14 11	10 35 8 11 33 26 21 35 14 11	13 3 14 10 34 26 21 35 14 11	15 7 18 12 33 26 21 36 15 11	18 11 17 14 33 26 22 35 15 11	21 15 21 17 34 26 22 35 15 11	24 19 26 21 35 27 22 35 15 11	28 23 29 25 36 28 23 36 15 11
23	31 14 29 35 26 26 22 35 14 11	34 19 32 2 26 26 22 35 14 11	1 22 2 5 29 26 22 35 14 11	4 27 5 8 31 26 22 35 14 11	7 31 5 11 32 26 21 35 14 11	10 35 8 11 32 26 21 35 14 11	13 3 14 10 34 26 21 35 14 11	16 8 18 12 34 26 21 36 15 11	19 12 17 14 33 26 22 35 15 11	21 16 21 17 34 26 22 35 15 11	25 21 26 21 35 27 22 35 15 11	28 24 29 25 36 28 23 36 15 11
24	31 16 29 35 26 26 22 35 14 11	34 20 32 2 26 26 22 35 14 11	1 23 2 5 29 26 22 35 14 11	4 29 5 8 31 26 22 35 14 11	7 32 5 11 32 26 21 35 14 11	10 1 8 11 33 26 21 35 14 11	13 5 14 10 34 26 21 35 14 11	16 9 18 12 34 26 21 36 15 11	19 13 17 14 33 26 22 35 15 11	22 17 21 17 34 26 22 35 15 11	25 22 26 21 35 27 22 35 15 11	28 26 29 25 36 28 23 36 15 11
25	31 17 29 35 26 26 22 35 14 11	34 22 32 2 26 26 22 35 14 11	1 25 2 5 29 26 22 35 14 11	4 31 5 8 31 26 22 35 14 11	7 34 5 11 32 26 20 35 14 11	10 3 8 11 33 26 21 35 14 11	13 6 14 10 34 26 21 35 14 11	16 10 18 12 34 26 21 36 15 11	19 14 17 15 33 26 22 35 15 11	22 18 22 17 34 26 22 35 15 11	25 24 27 21 35 27 22 35 15 11	28 27 29 25 36 28 23 36 15 11
26	31 19 29 35 26 26 22 35 14 11	34 23 32 2 26 26 22 35 14 11	1 26 2 5 29 26 22 35 14 11	4 32 5 8 31 26 22 35 14 11	7 35 5 11 32 26 20 35 14 11	10 4 8 11 33 26 21 35 14 11	13 7 14 10 34 26 21 35 14 11	16 12 18 12 34 26 21 36 15 11	19 16 17 15 33 26 22 35 15 11	22 19 22 17 34 26 22 35 15 11	25 25 27 21 35 27 22 35 15 11	28 28 29 25 36 28 23 36 15 11
27	31 20 29 35 26 26 22 35 14 11	34 25 32 2 26 26 22 35 14 11	1 28 2 5 29 26 22 35 14 11	4 33 5 8 31 26 22 35 14 11	7 36 5 11 32 26 20 35 14 11	10 5 8 11 33 26 21 35 14 11	13 8 14 10 34 26 21 35 14 11	16 13 18 12 34 26 21 36 15 11	19 17 17 15 33 26 22 35 15 11	22 21 22 17 34 26 22 35 15 11	25 26 27 22 35 27 22 35 15 11	28 30 29 25 36 28 23 36 15 11
28	31 21 29 35 26 26 22 35 14 11	34 26 32 2 26 26 22 35 14 11	1 29 2 5 29 26 22 35 14 11	4 34 5 8 31 26 22 35 14 11	7 1 5 11 32 26 20 35 14 11	10 6 8 11 33 26 21 35 14 11	13 9 14 10 34 26 21 35 14 11	16 14 18 12 34 26 21 36 15 11	19 19 17 15 33 26 22 35 15 11	22 22 22 17 34 26 22 35 15 11	25 28 27 22 35 27 22 35 15 11	28 32 29 25 36 29 23 36 15 11
29	31 23 29 35 26 26 22 35 14 11	34 28 32 2 26 26 22 35 14 11	1 31 2 5 29 26 22 35 14 11	4 35 5 8 31 26 22 35 14 11	7 2 5 11 32 26 20 35 14 11	10 7 8 11 33 26 21 35 14 11	13 10 14 10 34 26 21 35 14 11	16 15 18 12 34 26 21 36 15 11	19 20 17 15 33 26 22 35 15 11	22 23 22 17 34 26 22 35 15 11	25 29 27 22 35 27 22 35 15 11	28 33 29 25 36 28 23 36 15 11
30	31 24 29 35 26 26 22 35 14 11		1 32 2 5 29 26 22 35 14 11	4 1 5 8 31 26 22 35 14 11	7 4 5 11 32 26 20 35 14 11	10 8 10 11 33 26 21 35 14 11	13 12 14 10 34 26 21 35 14 11	16 16 18 12 34 26 21 36 15 11	19 22 17 15 33 26 22 35 15 11	22 25 22 17 34 26 22 35 15 11	25 31 27 22 35 27 22 35 15 11	28 34 28 26 36 28 23 36 15 11
31	31 25 29 35 26 26 22 35 14 11		2 33 2 5 29 26 22 35 14 11		8 5 5 11 32 26 20 35 14 11		13 14 16 10 34 26 21 35 14 11	16 18 18 12 33 26 21 36 15 11		22 26 22 17 34 26 22 35 15 11		28 35 28 26 36 28 23 36 15 11

1925

	JAN	FEB	MÄR	APR	MAI	JUNI
1	29 1 27 27 1 28 22 35 15 11	32 6 29 29 3 28 23 35 15 11	35 7 34 32 5 29 23 35 14 11	2 11 3 2 8 29 23 35 15 11	5 13 3 4 9 30 22 36 15 11	8 19 6 9 12 30 22 36 15 11
2	29 3 27 27 1 28 22 35 15 11	32 7 29 29 3 28 23 35 15 11	35 8 34 32 5 29 23 35 14 11	2 12 4 2 8 29 23 36 15 11	5 15 3 4 9 30 22 36 15 11	8 20 6 9 12 30 22 36 15 11
3	29 4 27 27 1 28 22 35 15 11	32 8 29 29 3 28 23 35 15 11	35 9 34 32 5 29 23 35 14 11	2 14 4 2 8 29 23 36 15 11	5 16 3 4 9 30 22 36 15 11	8 21 6 9 12 30 22 36 15 11
4	29 4 27 27 1 28 22 35 15 11	32 9 29 29 3 29 23 35 15 11	35 10 35 34 5 29 23 35 14 11	2 15 4 2 8 29 23 36 15 11	5 18 3 4 9 30 22 36 15 11	8 22 6 9 12 30 22 36 15 11
5	29 6 27 27 1 28 22 35 15 11	32 10 29 29 4 28 23 35 15 11	35 11 35 34 5 29 23 35 14 11	2 16 4 2 8 29 23 36 15 11	5 19 3 4 9 30 22 36 15 11	8 24 6 9 12 30 22 36 15 11
6	29 7 27 27 1 28 23 35 15 11	32 11 29 29 4 28 23 35 15 11	35 12 35 34 5 29 23 35 14 11	2 17 4 2 8 29 23 36 15 11	5 21 3 4 9 30 22 36 15 11	8 25 6 9 12 30 22 36 15 11
7	29 8 27 27 1 28 23 35 15 11	32 13 31 31 4 28 23 35 15 11	35 15 35 34 5 29 23 35 14 11	2 18 4 2 8 29 23 36 15 11	5 22 3 4 9 30 22 36 15 11	8 27 7 9 12 30 22 36 15 11
8	29 10 27 27 1 28 23 35 15 11	32 14 31 31 4 28 23 35 15 11	35 15 35 34 5 29 23 35 14 11	2 19 4 2 8 29 23 36 15 11	5 24 3 4 9 30 22 36 15 11	8 28 7 9 12 30 22 36 15 11
9	29 11 27 27 1 28 23 35 15 11	33 15 31 31 4 28 23 35 15 11	35 16 35 34 5 29 23 35 14 11	2 21 4 2 8 29 23 36 15 11	5 25 3 4 9 30 22 36 15 11	8 30 7 9 12 30 22 36 15 11
10	29 12 27 27 1 28 23 35 15 11	33 16 31 31 4 28 23 35 15 11	35 17 35 34 5 29 23 35 14 11	3 23 4 2 8 29 23 36 15 11	5 27 4 6 10 30 22 36 15 11	8 31 7 10 12 30 22 36 15 11
11	30 13 27 27 1 28 23 35 15 11	33 17 31 31 4 28 23 35 15 11	36 19 35 34 5 29 23 35 14 11	3 24 4 2 8 29 23 36 15 11	6 28 4 6 10 30 22 36 15 11	9 33 7 10 12 30 22 36 15 11
12	30 15 27 27 1 28 23 35 15 11	33 19 31 31 4 28 23 35 15 11	36 20 35 34 5 29 23 35 14 11	3 25 4 2 8 29 23 36 15 11	6 30 4 6 10 30 22 36 15 11	9 34 7 10 12 30 22 36 15 11
13	30 16 27 27 1 28 23 35 15 11	33 21 32 32 5 28 23 35 15 11	36 21 35 34 15 29 23 35 14 11	3 27 4 2 8 29 23 36 15 11	6 31 4 6 10 30 22 36 15 11	9 36 7 10 12 30 22 36 15 11
14	30 17 28 28 3 28 23 35 15 11	33 22 32 32 5 28 23 35 15 11	36 23 1 35 6 29 23 35 15 11	3 28 4 2 8 29 23 36 15 11	6 32 4 6 10 30 22 36 15 11	9 1 7 10 12 30 22 36 15 11
15	30 18 28 28 3 28 23 35 15 11	33 23 32 32 5 28 23 35 15 11	36 24 1 35 6 29 23 35 15 11	3 30 3 3 9 30 23 36 15 11	6 33 4 6 10 30 22 36 15 11	9 3 9 10 12 30 22 36 15 11
16	30 19 28 28 3 28 23 35 15 11	33 24 32 32 5 28 23 35 15 11	36 25 1 35 6 29 23 35 15 11	3 31 3 3 9 30 23 36 15 11	6 34 4 6 10 30 22 36 15 11	9 4 9 10 12 30 22 36 15 11
17	30 21 28 28 3 28 23 35 15 11	33 26 32 32 5 28 23 35 14 11	36 26 1 35 6 29 23 35 15 11	3 33 3 3 9 30 23 36 15 11	6 36 4 6 10 30 22 36 15 11	9 4 9 10 12 30 22 36 15 11
18	30 23 28 28 3 28 23 35 15 11	33 27 32 32 5 28 23 35 14 11	36 28 1 35 6 29 23 35 15 11	3 34 3 3 9 30 23 36 15 11	6 1 4 6 10 30 22 36 15 11	9 6 9 10 12 30 22 36 15 11
19	30 23 28 28 3 28 23 35 15 11	34 28 32 32 5 28 23 35 14 11	36 29 3 35 6 29 23 35 15 11	3 35 2 3 9 30 23 36 15 11	6 3 4 6 10 30 22 36 15 11	9 7 9 10 12 30 22 36 15 11
20	30 25 28 28 3 28 23 35 15 11	34 30 32 32 5 28 23 35 14 11	36 30 3 35 6 29 23 35 15 11	3 36 2 3 9 30 23 36 15 11	6 4 4 6 10 30 22 36 15 11	9 9 9 10 12 30 22 36 15 11
21	31 26 28 28 3 28 23 35 15 11	34 32 32 32 5 28 23 35 14 11	1 31 3 1 6 29 23 35 15 11	4 2 2 4 9 30 23 36 15 11	6 6 4 6 10 30 22 36 15 11	9 10 10 10 12 30 22 36 15 11
22	31 28 28 28 3 28 23 35 15 11	34 32 32 32 5 28 23 35 14 11	1 33 3 1 6 29 23 35 15 11	4 3 2 4 9 30 23 36 15 11	7 7 4 7 10 30 22 36 15 11	10 11 10 10 12 30 22 36 15 11
23	31 29 28 29 3 28 23 35 15 11	34 35 32 32 5 28 23 35 14 11	1 34 3 1 6 29 23 35 15 11	4 5 2 5 9 30 23 36 15 11	7 8 4 7 10 30 22 36 15 11	10 12 10 10 12 30 22 36 15 11
24	31 32 28 28 3 28 23 35 15 11	34 35 32 32 5 28 23 35 14 11	1 35 3 1 7 29 23 35 15 11	4 6 2 5 9 30 23 36 15 11	7 9 4 7 10 30 22 36 15 11	10 13 10 12 12 30 22 36 15 11
25	31 32 28 28 3 28 23 35 15 11	34 1 32 32 5 28 23 35 14 11	1 1 3 1 7 29 23 35 15 11	4 7 2 5 9 30 23 36 15 11	7 10 4 7 10 30 22 36 15 11	10 15 10 12 12 30 22 36 15 11
26	31 34 28 28 3 28 23 35 15 11	34 2 34 32 5 28 23 35 14 11	1 3 3 1 7 29 23 35 15 11	4 9 2 5 9 30 23 36 15 11	7 12 4 7 10 30 22 36 15 11	10 16 12 12 13 30 22 36 15 11
27	31 35 28 28 3 28 23 35 15 11	34 4 34 32 5 28 23 35 14 11	1 4 3 1 7 29 23 35 15 11	4 9 2 5 9 30 23 36 15 11	7 13 4 7 10 30 22 36 15 11	10 17 12 12 13 30 22 36 15 11
28	31 1 28 28 3 28 23 35 15 11	34 5 34 32 5 28 23 35 14 11	1 5 3 1 7 29 23 35 15 11	4 10 2 5 9 30 23 36 15 11	7 14 4 7 10 30 22 36 15 11	10 18 12 12 13 30 22 36 15 11
29	31 2 28 28 3 28 23 35 15 11		1 7 3 1 7 29 23 35 15 11	4 12 2 5 9 30 23 36 15 11	7 15 4 7 10 30 22 36 15 11	10 19 12 12 13 30 22 36 15 11
30	32 3 29 29 3 28 23 35 15 11		1 8 3 1 7 29 23 35 15 11	4 13 2 5 9 30 23 36 15 11	7 16 4 7 10 30 22 36 15 11	10 21 12 12 13 30 22 36 15 11
31	32 5 29 29 3 28 23 35 15 11		1 10 3 1 7 29 23 35 15 11		7 18 6 7 10 30 22 36 15 11	

	JULI	AUG	SEPT	OKT	NOV	DEZ
1	10 22 12 13 13 30 22 36 15 11	13 27 16 16 15 29 22 36 15 11	16 33 15 19 16 28 22 36 15 11	19 1 19 23 19 29 23 36 15 11	22 6 24 27 20 29 23 36 15 11	24 9 27 30 24 30 24 36 15 11
2	11 24 12 13 13 30 22 36 15 11	13 29 16 16 15 29 22 36 15 11	16 34 15 19 16 28 22 36 15 11	19 2 19 23 19 29 23 36 15 11	22 7 24 27 20 29 23 36 15 11	24 10 27 30 24 30 24 36 15 11
3	11 25 12 13 13 30 22 36 15 11	14 30 16 16 15 29 22 36 15 11	17 36 15 19 16 28 22 36 15 11	19 3 19 23 19 29 23 36 15 11	23 9 24 27 20 29 23 36 15 11	26 12 27 30 24 30 24 36 15 11
4	11 27 13 13 13 30 22 36 15 11	14 32 16 16 15 29 22 36 15 11	17 1 15 19 16 28 22 36 15 11	19 5 19 23 19 29 23 36 15 11	23 9 24 27 20 29 23 36 15 11	26 13 27 30 24 30 24 36 15 11
5	11 28 13 13 13 30 22 36 15 11	14 33 16 17 15 29 22 36 15 11	17 3 15 19 16 28 22 36 15 11	20 6 20 23 20 29 23 36 15 11	23 10 24 27 20 29 23 36 15 11	26 15 27 30 24 30 24 36 15 11
6	11 30 13 13 13 30 22 36 15 11	14 35 16 17 15 29 22 36 15 11	17 4 15 19 16 28 22 36 15 11	20 7 20 24 20 29 23 36 15 11	23 12 24 27 20 29 23 36 15 11	26 15 27 31 24 30 24 36 15 11
7	11 31 13 13 13 30 22 36 15 11	14 36 16 17 15 29 22 36 15 11	17 6 15 19 16 28 22 36 15 11	20 9 20 24 20 29 23 36 15 11	23 13 25 28 30 29 23 36 15 11	26 16 27 31 24 30 24 36 15 11
8	11 33 13 13 13 30 22 36 15 11	14 1 16 17 15 29 22 36 15 11	17 7 15 19 16 28 22 36 15 11	20 10 20 24 20 29 23 36 15 11	23 14 25 28 30 29 23 36 15 11	26 18 27 31 24 30 24 36 15 11
9	11 34 13 13 13 30 22 36 15 11	14 3 16 17 15 29 22 36 15 11	17 8 15 21 16 28 22 36 15 11	20 11 20 24 20 29 23 36 15 11	23 15 25 28 30 29 23 36 15 11	26 19 27 31 24 30 24 36 15 11
10	11 36 13 13 13 30 22 36 15 11	14 4 16 18 15 29 22 36 15 11	17 9 15 21 16 28 22 36 15 11	20 12 20 24 20 29 23 36 15 11	23 16 25 28 30 29 23 36 15 11	26 21 27 31 24 30 24 36 15 11
11	11 1 13 13 13 30 22 36 15 11	14 6 16 18 15 29 22 36 15 11	17 10 16 21 18 28 22 36 15 11	20 14 20 24 20 29 23 36 15 11	23 18 25 28 21 29 23 36 15 11	26 21 27 31 24 30 24 36 15 11
12	11 2 13 13 13 30 22 36 15 11	14 7 16 18 15 29 22 36 15 11	17 11 16 21 18 28 22 36 15 11	20 15 20 26 20 29 23 36 15 11	23 19 25 28 21 29 23 36 15 11	26 22 27 31 24 30 24 36 15 11
13	12 3 13 13 13 30 22 36 15 11	15 8 16 18 16 28 22 36 15 11	18 13 16 21 18 28 22 36 15 11	20 16 21 26 20 29 23 36 15 11	23 20 25 28 21 29 23 36 15 11	27 24 27 31 24 30 24 36 15 11
14	12 4 13 13 13 30 22 36 15 11	15 9 16 18 16 28 22 36 15 11	18 13 16 21 18 28 22 36 15 11	20 17 21 26 20 29 23 36 15 11	23 22 27 28 22 29 23 36 15 11	27 25 27 31 24 30 24 36 15 11
15	12 6 13 13 13 30 22 36 15 11	15 10 16 18 16 28 22 36 15 11	18 15 16 21 18 28 22 36 15 11	21 18 21 26 20 29 23 36 15 11	23 23 27 28 22 29 23 36 15 11	27 27 27 31 24 30 24 36 15 11
16	12 7 15 15 13 30 22 36 15 11	15 12 16 18 16 28 22 36 15 11	18 16 16 22 18 28 22 36 15 11	21 20 21 26 20 29 23 36 15 11	23 24 27 29 22 29 23 36 15 11	27 28 27 31 24 30 24 36 15 11
17	12 9 15 15 13 30 22 36 15 11	15 13 16 18 16 28 22 36 15 11	18 18 16 22 18 28 22 36 15 11	21 21 22 26 20 29 23 36 15 11	23 27 27 29 22 29 23 36 15 11	27 30 27 31 24 30 24 36 15 11
18	12 10 15 15 13 30 22 36 15 11	15 14 16 18 16 28 22 36 15 11	18 19 16 22 18 28 22 36 15 11	21 22 22 26 20 29 23 36 15 11	23 27 27 29 22 29 23 36 15 11	27 31 27 31 24 30 24 36 15 11
19	12 11 15 15 13 30 22 36 15 11	15 15 16 18 16 28 22 36 15 11	18 20 16 22 18 28 22 36 15 11	21 23 22 26 20 29 23 36 15 11	23 29 27 29 22 29 23 36 15 11	27 33 27 33 24 30 24 36 15 11
20	12 12 15 15 13 30 22 36 15 11	15 16 16 18 16 28 22 36 15 11	18 21 16 22 18 28 22 36 15 11	21 25 23 26 20 29 23 36 15 11	23 29 27 29 22 29 23 36 15 11	27 34 27 33 24 30 24 36 15 11
21	12 13 15 15 13 30 22 36 15 11	15 18 16 18 16 28 22 36 15 11	18 22 18 22 18 28 22 36 15 11	21 27 23 26 20 29 23 36 15 11	23 31 27 29 22 29 23 36 15 11	27 36 27 33 24 30 24 36 15 11
22	12 15 15 15 15 30 22 36 15 11	15 19 16 19 16 28 22 36 15 11	18 24 18 22 18 28 22 36 15 11	21 28 23 26 20 29 23 36 15 11	23 32 27 29 22 29 23 36 15 11	28 1 27 33 24 30 24 36 15 11
23	13 16 15 15 15 30 22 36 15 11	15 20 16 19 16 28 22 36 15 11	18 25 18 22 18 28 22 36 15 11	21 29 23 26 20 29 23 36 15 11	25 34 27 29 22 29 23 36 15 11	28 2 27 33 24 30 24 36 15 11
24	13 17 15 15 15 30 22 36 15 11	16 21 16 19 16 28 22 36 15 11	19 27 18 22 18 28 22 36 15 11	22 30 23 26 20 29 23 36 15 11	25 36 27 29 22 29 23 36 15 11	28 3 27 33 24 30 24 36 15 11
25	13 18 15 15 15 30 22 36 15 11	16 22 16 19 16 28 22 36 15 11	19 28 18 22 18 28 22 36 15 11	22 32 23 26 20 29 23 36 15 11	25 1 27 29 22 29 23 36 15 11	28 4 27 33 24 30 24 36 15 11
26	13 19 16 15 15 30 22 36 15 11	16 24 16 19 16 28 22 36 15 11	19 28 18 22 18 28 22 36 15 11	22 33 24 27 20 29 23 36 15 11	25 3 27 29 22 29 23 36 15 11	28 5 27 33 24 30 24 36 15 11
27	13 21 16 16 15 30 22 36 15 11	16 25 15 19 16 28 22 36 15 11	19 31 18 22 18 28 22 36 15 11	22 34 24 27 20 29 23 36 15 11	25 4 27 29 22 29 23 36 15 11	28 7 27 33 24 30 24 36 15 11
28	13 22 16 16 15 30 22 36 15 11	16 27 15 19 16 28 22 36 15 11	19 33 18 22 18 28 22 36 15 11	22 36 24 27 20 29 23 36 15 11	25 5 27 29 22 29 23 36 15 11	28 9 27 33 25 30 24 36 15 11
29	13 24 16 16 15 30 22 36 15 11	16 28 15 19 16 28 22 36 15 11	19 34 19 22 19 28 22 36 15 11	22 1 24 27 20 29 23 36 15 11	25 6 27 29 23 29 23 36 15 11	28 10 27 33 25 30 24 36 15 11
30	13 24 16 16 15 30 22 36 15 11	16 30 15 19 16 28 22 36 15 11	19 35 19 22 19 28 22 36 15 11	22 2 24 27 20 29 23 36 15 11	25 7 27 29 23 29 23 36 15 11	28 11 27 33 25 30 24 36 15 11
31	13 25 16 16 15 30 22 36 15 11	16 31 15 19 16 28 22 36 15 11		22 4 24 27 20 29 23 36 15 11		28 12 27 33 25 30 24 36 15 11

1926

	JAN	FEB	MÄR	APR	MAI	JUNI	JULI	AUG	SEPT	OKT	NOV	DEZ
1	29 13 27 33 25 30 24 36 15 11	32 18 31 33 27 31 24 36 15 11	35 19 36 31 29 31 24 36 15 11	2 24 1 33 31 33 24 36 15 11	5 27 3 36 33 33 24 36 15 11	8 33 8 3 36 33 24 36 15 11	10 36 13 7 1 33 23 36 14 11	13 6 15 12 4 33 24 36 15 11	16 10 15 15 6 33 24 36 15 11	19 13 21 18 6 33 24 36 15 11	22 18 25 22 4 32 24 36 15 11	25 21 25 25 4 33 25 36 15 11
2	29 15 27 33 25 30 24 36 15 11	32 19 31 33 27 31 24 36 15 11	35 19 36 31 29 31 24 36 15 11	2 25 1 34 31 33 24 36 15 11	5 28 3 36 33 33 24 36 15 11	8 34 8 3 36 33 24 36 15 11	10 1 13 7 1 33 23 36 14 11	13 7 15 12 4 33 24 36 15 11	16 12 15 15 6 33 24 36 15 11	19 15 21 19 6 33 24 36 15 11	22 19 25 22 4 32 24 36 15 11	25 22 25 25 4 33 25 36 15 11
3	29 16 27 33 25 30 24 36 15 11	32 20 31 33 27 31 24 36 15 11	35 21 36 31 29 31 24 36 15 11	2 26 1 34 31 33 24 36 15 11	5 30 3 36 33 33 24 36 15 11	8 35 8 4 36 33 24 36 15 11	11 3 14 8 2 33 23 36 14 11	14 8 14 12 4 33 23 36 14 11	17 13 15 15 6 33 24 36 15 11	20 16 21 18 6 33 24 36 15 11	23 20 25 22 4 32 24 36 15 11	26 24 25 25 4 33 25 36 15 11
4	29 17 27 33 25 30 24 36 15 11	32 21 31 33 27 31 24 36 15 11	35 22 36 31 29 31 24 36 15 11	2 27 1 34 31 33 24 36 15 11	5 31 3 36 34 33 24 36 15 11	8 36 8 4 36 33 24 36 15 11	11 5 14 8 2 33 23 36 14 11	14 9 14 12 4 33 23 36 14 11	17 15 15 15 6 33 24 36 15 11	20 17 21 18 6 33 24 36 15 11	23 21 25 22 4 32 24 36 15 11	26 25 25 26 4 33 25 36 15 11
5	29 18 27 33 25 30 24 36 15 11	32 23 31 33 27 31 24 36 15 11	35 24 36 31 29 31 24 36 15 11	2 29 1 34 31 33 24 36 15 11	5 33 3 36 34 33 24 36 15 11	8 2 8 4 36 33 24 36 15 11	11 5 14 8 2 33 23 36 14 11	14 10 14 12 4 33 23 36 14 11	17 15 15 15 6 33 24 36 15 11	20 18 21 18 6 33 24 36 15 11	23 23 25 22 4 32 24 36 15 11	26 27 25 26 4 33 25 36 15 11
6	29 19 27 33 25 31 24 36 15 11	32 24 31 33 27 31 24 36 15 11	35 25 1 31 30 31 24 36 15 11	2 30 1 34 31 33 24 36 15 11	5 34 3 36 34 33 24 36 15 11	8 3 8 4 36 33 24 36 15 11	11 6 14 8 2 33 23 36 14 11	14 12 14 12 4 33 23 36 14 11	17 16 16 15 6 33 24 36 15 11	20 19 21 19 6 33 24 36 15 11	23 24 25 22 4 32 24 36 15 11	26 28 25 26 4 33 25 36 15 11
7	29 21 27 33 25 31 24 36 15 11	32 25 31 33 27 31 24 36 15 11	35 27 1 31 30 31 24 36 15 11	2 31 1 34 31 33 24 36 15 11	5 36 3 1 34 33 24 36 15 11	8 4 8 4 36 33 24 36 15 11	11 7 14 8 2 33 23 36 14 11	14 13 14 12 4 33 23 36 14 11	17 18 16 15 6 33 24 36 15 11	20 21 21 19 6 33 24 36 15 11	23 25 25 22 4 32 24 36 15 11	26 29 25 26 4 33 25 36 15 11
8	29 22 27 33 25 31 24 36 15 11	32 27 31 33 27 31 24 36 15 11	35 28 1 31 30 31 24 36 15 11	2 33 1 34 31 33 24 36 15 11	5 1 3 1 34 33 24 36 15 11	8 6 9 3 36 33 24 36 15 11	11 9 14 8 2 33 23 36 14 11	14 14 14 12 4 33 24 36 15 11	17 18 16 15 6 33 24 36 15 11	20 22 21 19 6 33 24 36 15 11	23 27 25 22 4 32 24 36 15 11	26 30 25 26 4 33 25 36 15 11
9	29 24 27 33 25 31 24 36 15 11	32 28 31 33 28 31 24 36 15 11	35 29 1 31 30 31 24 36 15 11	2 34 1 34 31 33 24 36 15 11	5 3 3 1 34 33 24 36 15 11	8 7 9 3 36 33 24 36 15 11	11 11 14 8 2 33 23 36 14 11	14 15 13 12 4 33 24 36 15 11	17 20 16 15 6 33 24 36 15 11	20 24 21 19 6 33 24 36 15 11	23 28 25 22 4 32 24 36 15 11	26 32 25 27 4 33 25 36 15 11
10	29 25 27 33 25 31 24 36 15 11	33 30 31 33 28 31 24 36 15 11	35 30 1 31 30 31 24 36 15 11	2 36 1 34 31 33 24 36 15 11	5 4 3 1 34 33 24 36 15 11	8 9 9 3 36 33 24 36 15 11	11 12 14 8 2 33 23 36 14 11	14 16 13 12 4 33 24 36 15 11	17 21 16 15 6 33 24 36 15 11	20 24 22 19 6 33 24 36 15 11	23 30 26 22 4 32 24 36 15 11	26 33 25 27 4 33 25 36 15 11
11	30 25 28 33 25 31 24 36 15 11	33 31 33 31 28 31 24 36 15 11	36 31 1 31 30 31 24 36 15 11	3 1 1 33 33 33 24 36 15 11	5 6 3 1 34 33 24 36 15 11	9 10 9 3 36 33 24 36 15 11	11 13 14 8 2 33 23 36 14 11	14 18 13 12 4 33 24 36 15 11	17 22 16 15 6 33 24 36 15 11	20 25 22 19 6 33 24 36 15 11	23 31 26 22 4 32 24 36 15 11	26 35 25 27 4 33 25 36 15 11
12	30 27 28 33 25 31 24 36 15 11	33 33 33 31 28 31 24 36 15 11	36 33 1 31 30 31 24 36 15 11	3 3 1 33 33 33 24 36 15 11	6 6 3 1 34 33 24 36 15 11	9 11 10 6 36 33 24 36 15 11	11 14 14 8 2 33 23 36 14 11	14 19 13 12 4 33 24 36 15 11	17 24 17 16 6 33 24 36 15 11	20 27 22 19 6 33 24 36 15 11	23 32 26 24 4 32 24 36 15 11	26 36 25 27 4 33 25 36 15 11
13	30 28 28 33 25 31 24 36 15 11	33 34 33 31 28 31 24 36 15 11	36 36 1 31 30 31 24 36 15 11	3 4 1 33 33 33 24 36 15 11	6 8 4 1 34 33 24 36 15 11	9 12 10 6 36 33 24 36 15 11	12 16 15 9 3 33 24 36 15 11	14 20 13 12 4 33 24 36 15 11	17 25 17 16 6 33 24 36 15 11	21 28 22 21 6 33 24 36 15 11	24 33 26 24 4 32 24 36 15 11	27 1 25 27 4 33 25 36 15 11
14	30 30 28 33 25 31 24 36 15 11	33 36 33 31 28 31 24 36 15 11	36 1 1 31 30 31 24 36 15 11	3 6 1 33 33 33 24 36 15 11	6 9 4 1 34 33 24 36 15 11	9 13 10 6 36 33 24 36 15 11	12 17 15 9 3 33 24 36 15 11	15 21 13 12 4 33 24 36 15 11	18 26 17 16 6 33 24 36 15 11	21 30 22 21 6 33 24 36 15 11	24 34 26 24 4 32 24 36 15 11	27 3 25 27 4 33 25 36 15 11
15	30 32 28 33 25 31 24 36 15 11	33 1 33 31 28 31 24 36 15 11	36 2 1 31 30 31 24 36 15 11	3 7 1 33 33 33 24 36 15 11	6 10 4 1 34 33 24 36 15 11	9 13 10 6 36 33 24 36 15 11	12 18 15 9 3 33 24 36 15 11	15 22 13 12 4 33 24 36 15 11	18 27 18 16 6 33 24 36 15 11	21 31 24 21 6 33 24 36 15 11	24 36 26 24 4 32 24 36 15 11	27 4 25 27 4 33 25 36 15 11
16	30 33 28 33 27 31 24 36 15 11	33 3 33 31 28 31 24 36 15 11	36 3 1 31 30 31 24 36 15 11	3 9 1 33 33 33 24 36 15 11	6 12 4 1 34 33 24 36 15 11	9 16 10 6 36 33 24 36 15 11	12 19 15 9 3 33 24 36 15 11	15 24 13 12 4 33 24 36 15 11	18 28 18 16 6 33 24 36 15 11	21 33 24 21 6 33 24 36 15 11	24 2 26 24 4 32 24 36 15 11	27 6 25 27 4 33 25 36 15 11
17	30 36 28 33 27 31 24 36 15 11	33 4 33 31 28 31 24 36 15 11	36 5 1 31 30 31 24 36 15 11	3 10 1 33 33 33 24 36 15 11	6 13 4 1 34 33 24 36 15 11	9 17 10 6 36 33 24 36 15 11	12 21 15 9 3 33 24 36 15 11	15 25 13 12 4 33 24 36 15 11	18 30 18 16 6 33 24 36 15 11	21 34 24 21 6 33 24 36 15 11	24 3 26 24 4 32 24 36 15 11	27 7 25 28 4 33 25 36 15 11
18	30 36 28 33 27 31 24 36 15 11	33 6 34 31 28 31 24 36 15 11	36 6 3 33 30 33 24 36 15 11	3 11 1 33 33 33 24 36 15 11	6 14 4 1 34 33 24 36 15 11	9 18 12 6 36 33 24 36 15 11	12 22 15 9 3 33 24 36 15 11	15 27 13 13 4 33 24 36 15 11	18 31 18 16 6 33 24 36 15 11	21 36 24 21 6 33 24 36 15 11	24 4 26 24 4 32 24 36 15 11	27 9 25 28 4 33 25 36 15 11
19	30 3 28 33 27 31 24 36 15 11	34 6 34 31 28 31 24 36 15 11	36 8 3 33 30 33 24 36 15 11	3 12 1 33 33 33 24 36 15 11	6 15 4 1 34 33 24 36 15 11	9 19 12 6 36 33 24 36 15 11	12 24 15 9 3 33 24 36 15 11	15 28 13 13 4 33 24 36 15 11	18 33 18 16 6 33 24 36 15 11	21 1 24 21 6 33 24 36 15 11	24 6 26 24 4 32 24 36 15 11	27 10 25 28 4 33 25 36 15 11
20	30 3 28 33 27 31 24 36 15 11	34 7 34 31 28 31 24 36 15 11	36 9 3 33 30 33 24 36 15 11	3 13 1 33 33 33 24 36 15 11	6 16 4 1 34 33 24 36 15 11	9 21 12 6 36 33 24 36 15 11	12 24 15 9 3 33 24 36 15 11	15 29 13 13 4 33 24 36 15 11	18 34 18 16 6 33 24 36 15 11	21 3 24 21 6 33 24 36 15 11	24 7 25 24 4 32 24 36 15 11	27 11 25 28 4 33 25 36 15 11
21	31 4 28 33 27 31 24 36 15 11	34 9 34 31 28 31 24 36 15 11	1 10 1 33 31 33 24 36 15 11	4 15 1 33 33 33 24 36 15 11	6 18 6 1 34 33 24 36 15 11	9 22 12 6 36 33 24 36 15 11	12 25 15 9 3 33 24 36 15 11	15 31 13 13 4 33 24 36 15 11	18 36 18 16 6 33 24 36 15 11	21 4 24 21 6 33 24 36 15 11	24 9 25 24 4 32 24 36 15 11	27 12 25 28 4 33 25 36 15 11
22	31 6 30 33 27 31 24 36 15 11	34 10 34 31 28 31 24 36 15 11	1 11 1 33 31 33 24 36 15 11	4 16 1 36 33 33 24 36 15 11	7 19 6 3 36 33 24 36 15 11	10 24 12 6 1 33 24 36 15 11	12 27 15 9 3 33 24 36 15 11	15 33 13 13 4 33 24 36 15 11	18 1 19 17 6 33 24 36 15 11	21 6 24 21 6 33 24 36 15 11	24 10 25 24 4 32 24 36 15 11	27 13 25 28 4 33 25 36 15 11
23	31 7 30 33 27 31 24 36 15 11	34 12 34 31 28 31 24 36 15 11	1 12 1 33 31 33 24 36 15 11	4 17 1 36 33 33 24 36 15 11	7 20 6 3 36 33 24 36 15 11	10 25 12 6 1 33 24 36 15 11	13 28 15 10 4 33 24 36 15 11	16 34 14 14 5 33 23 36 15 11	18 3 19 17 6 33 24 36 15 11	21 7 24 21 6 33 24 36 15 11	25 12 25 25 4 32 25 36 15 11	27 15 25 28 4 33 25 36 15 11
24	31 9 30 33 27 31 24 36 15 11	34 13 34 31 28 31 24 36 15 11	1 14 1 33 31 33 24 36 15 11	4 18 1 36 33 33 24 36 15 11	7 21 6 3 36 33 24 36 15 11	10 26 12 6 1 33 24 36 15 11	13 30 15 10 4 33 24 36 15 11	16 36 14 14 5 33 23 36 15 11	19 4 19 17 6 33 24 36 15 11	22 8 24 21 6 33 24 36 15 11	25 13 25 25 4 32 25 36 15 11	28 16 26 28 4 33 25 36 15 11
25	31 9 30 33 27 31 24 36 15 11	34 14 34 31 28 31 24 36 15 11	1 15 1 33 31 33 24 36 15 11	4 19 1 36 33 33 24 36 15 11	7 22 6 3 36 33 24 36 15 11	10 27 12 6 1 33 24 36 15 11	13 31 15 10 4 33 24 36 15 11	16 1 14 14 5 33 23 36 15 11	19 6 19 17 6 33 24 36 15 11	22 9 24 21 6 33 24 36 15 11	25 14 25 25 4 32 25 36 15 11	28 17 26 28 4 33 25 36 15 11
26	31 10 30 33 27 31 24 36 15 11	34 15 36 31 28 31 24 36 15 11	1 16 1 33 31 33 24 36 15 11	4 21 1 36 33 33 24 36 15 11	7 24 6 3 36 33 24 36 15 11	10 29 12 6 1 33 24 36 15 11	13 33 15 10 4 33 24 36 15 11	16 3 14 14 5 33 23 36 15 11	19 7 19 18 6 33 24 36 15 11	22 11 24 21 6 33 24 36 15 11	25 15 25 25 4 32 25 36 15 11	28 18 26 28 4 33 25 36 15 11
27	31 12 30 33 27 31 24 36 15 11	34 16 36 31 28 31 24 36 15 11	1 17 1 33 31 33 24 36 15 11	4 22 1 36 33 33 24 36 15 11	7 25 6 3 36 33 24 36 15 11	10 30 12 6 1 33 24 36 15 11	13 34 15 10 4 33 24 36 15 11	16 4 14 14 5 33 23 36 15 11	19 9 19 18 6 33 24 36 15 11	22 12 24 21 6 33 24 36 15 11	25 16 25 25 4 32 25 36 15 11	28 19 27 28 4 33 25 36 15 11
28	31 13 30 33 27 31 24 36 15 11	34 18 36 31 28 31 24 36 15 11	1 18 1 33 31 33 24 36 15 11	4 24 1 36 33 33 24 36 15 11	7 27 6 3 36 33 24 36 15 11	10 31 12 6 1 33 24 36 15 11	13 36 15 10 4 33 24 36 15 11	16 6 15 15 6 33 24 36 15 11	19 10 19 18 6 33 24 36 15 11	22 13 24 21 4 33 24 36 15 11	25 18 25 25 4 32 25 36 15 11	28 21 27 28 4 33 25 36 15 11
29	31 14 30 33 27 31 24 36 15 11		1 19 1 33 31 33 24 36 15 11	4 24 1 36 33 33 24 36 15 11	7 28 6 3 36 33 24 36 15 11	10 33 13 7 36 33 24 36 15 11	13 1 15 10 4 33 24 36 15 11	16 6 15 15 6 33 24 36 15 11	19 11 19 18 6 33 24 36 15 11	22 15 24 21 4 33 24 36 15 11	25 19 25 25 4 32 25 36 15 11	28 22 27 28 4 33 25 36 15 11
30	31 15 30 33 27 31 24 36 15 11		1 21 1 33 31 33 24 36 15 11	4 25 1 36 33 33 24 36 15 11	7 30 7 1 34 33 24 36 15 11	10 34 13 7 36 33 24 36 15 11	13 3 15 10 4 33 24 36 15 11	16 7 15 15 6 33 24 36 15 11	19 12 21 18 6 33 24 36 15 11	22 16 24 22 4 33 24 36 15 11	25 20 25 25 4 32 25 36 15 11	28 23 27 28 4 33 25 36 15 11
31	32 16 30 33 27 31 24 36 15 11		1 22 1 33 31 33 24 36 15 11		7 31 7 1 34 33 24 36 15 11		13 4 15 10 4 33 24 36 15 11	16 9 15 15 6 33 24 36 15 11		22 17 25 22 4 33 24 36 15 11		28 24 27 28 4 33 25 36 15 11

1927

	JAN	FEB	MÄR	APR	MAI	JUNI	JULI	AUG	SEPT	OKT	NOV	DEZ
1	29 25 27 30 5 33 25 36 15 11	32 31 33 33 6 34 25 36 15 11	34 31 36 1 7 34 25 36 15 11	2 1 36 6 9 36 25 36 15 11	5 4 3 9 10 36 25 1 15 11	7 10 10 13 13 1 25 1 15 11	10 15 13 15 15 1 25 1 15 11	13 18 12 18 16 1 25 1 15 11	16 22 16 18 18 36 25 36 15 11	19 25 21 16 20 36 25 36 15 11	22 30 24 18 22 36 25 36 15 11	25 34 24 21 24 36 26 36 15 11
2	29 27 27 30 5 33 25 36 15 11	32 33 33 34 6 34 25 36 15 11	35 33 36 1 7 34 25 36 15 11	2 3 36 6 9 36 25 36 15 11	5 6 3 9 10 36 25 1 15 11	8 11 10 13 13 1 25 1 15 11	10 15 13 15 15 1 25 1 15 11	13 19 12 18 16 1 25 1 15 11	16 24 16 18 18 36 25 36 15 11	19 27 21 16 20 36 25 36 15 11	22 31 24 18 22 36 25 36 15 11	25 35 24 21 24 36 26 36 15 11
3	29 28 27 30 5 33 25 36 15 11	32 34 33 34 6 34 25 36 15 11	35 34 36 1 7 34 25 36 15 11	2 4 36 6 9 36 25 36 15 11	5 7 3 9 10 36 25 1 15 11	8 12 10 13 13 1 25 1 15 11	11 16 13 15 15 1 25 1 15 11	14 20 12 18 16 1 25 1 15 11	16 25 16 18 18 36 25 36 15 11	19 28 22 16 20 36 25 36 15 11	23 33 24 18 22 36 25 36 15 11	26 36 24 21 24 36 26 36 15 11
4	29 30 28 30 5 33 25 36 15 11	32 36 33 34 6 34 25 36 15 11	35 36 36 1 7 34 25 36 15 11	2 6 36 6 9 36 25 36 15 11	5 9 3 9 10 36 25 1 15 11	8 14 10 13 13 1 25 1 15 11	11 17 13 15 15 1 25 1 15 11	14 21 12 18 16 1 25 1 15 11	17 26 18 18 18 36 24 36 15 11	20 29 22 16 20 36 25 36 15 11	23 34 24 18 22 36 25 36 15 11	26 2 24 21 24 36 26 36 15 11
5	29 32 28 30 5 33 25 36 15 11	32 1 33 34 6 34 25 36 15 11	35 1 36 1 7 34 25 36 15 11	2 7 36 6 9 36 25 36 15 11	5 10 3 9 10 36 25 1 15 11	8 15 10 13 13 1 25 1 15 11	11 18 13 16 15 1 25 1 15 11	14 22 12 18 16 1 25 1 15 11	17 27 18 18 18 36 24 36 15 11	20 30 22 16 20 36 25 36 15 11	23 36 24 18 22 36 25 36 15 11	26 3 24 21 24 36 26 36 15 11
6	29 33 28 30 5 33 25 36 15 11	32 2 33 34 6 34 25 36 15 11	35 3 36 1 7 34 25 36 15 11	2 8 36 6 9 36 25 36 15 11	5 12 4 9 10 36 25 1 15 11	8 16 10 13 13 1 25 1 15 11	11 19 13 16 15 1 25 1 15 11	14 24 12 18 16 1 25 1 15 11	17 28 18 18 18 36 24 36 15 11	20 32 22 16 20 36 25 36 15 11	23 1 24 18 22 36 25 36 15 11	26 4 24 21 24 36 26 36 15 11
7	29 34 28 30 5 33 25 36 15 11	32 3 33 34 6 34 25 36 15 11	35 4 36 1 7 34 25 36 15 11	2 9 36 6 9 36 25 36 15 11	5 13 4 9 12 36 25 1 15 11	8 17 10 13 13 1 25 1 15 11	11 21 13 16 15 1 25 1 15 11	14 25 12 18 16 1 25 1 15 11	17 30 18 17 18 36 24 36 15 11	20 33 22 16 20 36 25 36 15 11	23 3 24 18 22 36 25 36 15 11	26 6 24 21 24 36 26 36 15 11
8	29 36 28 30 5 33 25 36 15 11	32 5 33 34 6 34 25 36 15 11	35 6 36 1 7 34 25 36 15 11	2 11 36 6 9 36 25 36 15 11	5 14 4 9 12 36 25 1 15 11	8 19 10 13 13 1 25 1 15 11	11 22 13 16 15 1 25 1 15 11	14 26 12 18 16 1 25 1 15 11	17 31 18 17 18 36 24 36 15 11	20 34 22 16 20 36 25 36 15 11	23 4 24 18 22 36 25 36 15 11	26 8 24 21 25 36 26 36 15 11
9	29 1 28 31 4 33 25 36 15 11	32 6 33 34 6 34 25 36 15 11	35 7 36 1 7 34 25 36 15 11	2 12 36 6 9 36 25 36 15 11	5 15 4 9 12 36 25 1 15 11	8 20 10 13 13 1 25 1 15 11	11 23 13 16 15 1 25 1 15 11	14 27 12 18 16 1 25 1 15 11	17 33 18 17 18 36 24 36 15 11	20 36 22 16 20 36 25 36 15 11	23 6 24 18 24 36 25 36 15 11	26 9 25 22 25 36 26 36 15 11
10	29 3 28 31 4 33 25 36 15 11	33 7 34 34 6 34 25 36 15 11	35 9 36 1 7 34 25 36 15 11	2 13 36 6 9 36 25 36 15 11	5 16 4 10 12 36 25 1 15 11	8 21 10 13 13 1 25 1 15 11	11 24 13 16 15 1 25 1 15 11	14 28 12 18 16 1 25 1 15 11	17 34 18 17 18 36 24 36 15 11	20 2 22 16 20 36 25 36 15 11	23 7 24 18 24 36 25 36 15 11	26 11 25 22 25 36 26 36 15 11
11	30 4 28 31 4 33 25 36 15 11	33 9 34 34 6 34 25 36 15 11	35 10 36 1 7 34 25 36 15 11	3 15 36 6 9 36 25 36 15 11	5 18 4 10 12 36 25 1 15 11	8 22 10 13 13 1 25 1 15 11	11 25 13 16 15 1 25 1 15 11	14 30 13 18 17 1 25 1 15 11	17 36 18 17 18 36 24 36 15 11	20 3 22 16 20 36 25 36 15 11	23 9 24 18 24 36 25 36 15 11	26 12 26 22 26 36 26 36 15 11
12	30 4 28 31 4 33 25 36 15 11	33 10 34 34 6 34 25 36 15 11	36 11 36 2 7 34 25 36 15 11	3 16 36 6 9 36 25 36 15 11	6 19 4 10 12 36 25 1 15 11	9 24 11 13 13 1 25 1 15 11	11 27 13 16 15 1 25 1 15 11	14 31 13 18 17 1 25 1 15 11	17 1 18 17 18 36 24 36 15 11	20 4 22 16 21 36 25 36 15 11	23 10 24 18 24 36 25 36 15 11	26 13 26 22 26 36 26 36 15 11
13	30 7 28 31 4 33 25 36 15 11	33 12 34 34 6 34 25 36 15 11	36 12 36 2 7 34 25 36 15 11	3 18 36 6 9 36 25 36 15 11	6 20 4 10 12 36 25 1 15 11	9 25 11 13 13 1 25 1 15 11	12 28 13 16 15 1 25 1 15 11	14 33 13 18 17 1 25 1 15 11	17 3 18 17 18 36 24 36 15 11	20 6 22 16 21 36 25 36 15 11	24 12 24 19 24 36 25 36 15 11	26 15 26 22 26 36 26 36 15 11
14	30 8 28 31 4 33 25 36 15 11	33 13 34 35 6 34 25 36 15 11	35 13 36 2 7 34 25 36 15 11	3 18 36 6 9 36 25 36 15 11	6 21 6 10 12 36 25 1 15 11	9 26 11 13 13 1 25 1 15 11	12 30 13 16 15 1 25 1 15 11	15 34 13 18 17 1 25 1 15 11	18 4 18 17 18 36 24 36 15 11	21 7 22 16 21 36 25 36 15 11	24 13 24 19 24 36 25 36 15 11	27 17 26 22 26 36 26 36 15 11
15	30 9 28 31 4 33 25 36 15 11	33 14 34 35 6 34 25 36 15 11	36 15 36 2 7 34 25 36 15 11	3 19 36 6 9 36 25 36 15 11	6 22 6 10 12 36 25 1 15 11	9 27 11 13 13 1 25 1 15 11	12 31 13 16 15 1 25 1 15 11	15 36 13 18 17 1 25 1 15 11	18 6 18 17 18 36 24 36 15 11	21 9 22 16 21 36 25 36 15 11	24 15 24 19 24 36 25 36 15 11	27 18 26 22 26 36 26 36 15 11
16	30 10 29 31 4 33 25 36 15 11	33 15 34 35 6 34 25 36 15 11	36 16 36 2 7 34 25 36 15 11	3 21 36 6 9 36 25 36 15 11	6 24 6 10 12 36 25 1 15 11	9 28 11 13 13 1 25 1 15 11	12 33 13 16 15 1 25 1 15 11	15 1 13 18 17 1 25 1 15 11	18 7 18 17 18 36 24 36 15 11	21 10 22 16 21 36 25 36 15 11	24 15 24 19 24 36 25 36 15 11	27 18 26 22 26 36 26 36 15 11
17	30 12 29 31 4 33 25 36 15 11	33 16 34 36 6 34 25 36 15 11	36 17 36 2 7 34 25 36 15 11	3 22 1 7 10 36 25 1 15 11	6 25 6 10 12 36 25 1 15 11	9 30 11 13 13 1 25 1 15 11	12 34 13 16 15 1 25 1 15 11	15 3 13 18 17 1 24 1 15 11	18 8 18 17 18 36 24 36 15 11	21 12 22 16 21 36 25 36 15 11	24 16 24 19 24 36 25 36 15 11	27 20 26 22 26 36 26 36 15 11
18	30 13 29 31 4 34 25 36 15 11	33 18 34 36 6 34 25 36 15 11	36 18 36 2 7 34 25 36 15 11	3 23 1 7 10 36 25 1 15 11	6 26 6 10 12 36 25 1 15 11	9 31 12 13 13 1 25 1 15 11	12 35 13 16 15 1 25 1 15 11	15 4 13 18 17 1 24 1 15 11	18 9 18 17 18 36 24 36 15 11	21 13 22 16 21 36 25 36 15 11	24 18 24 19 24 36 25 36 15 11	27 21 26 22 26 36 26 36 15 11
19	30 13 29 31 4 34 25 36 15 11	33 19 34 36 6 34 25 36 15 11	36 19 36 2 7 34 25 36 15 11	3 24 1 7 10 36 25 1 15 11	6 27 6 10 12 36 25 1 15 11	9 33 12 13 13 1 25 1 15 11	12 36 13 16 15 1 25 1 15 11	15 6 13 18 17 1 24 1 15 11	18 11 18 17 18 36 24 36 15 11	21 15 24 18 21 36 25 36 15 11	24 19 24 19 24 36 25 36 15 11	27 22 26 22 26 36 26 36 15 11
20	31 15 29 31 4 34 25 36 15 11	34 20 36 36 7 34 25 36 15 11	36 21 36 2 7 34 25 36 15 11	3 25 1 7 10 36 25 1 15 11	6 30 6 10 12 36 25 1 15 11	9 34 12 13 13 1 25 1 15 11	12 2 13 17 15 1 25 1 15 11	15 7 14 18 18 1 24 1 15 11	18 12 18 16 18 36 25 36 15 11	21 16 24 18 21 36 25 36 15 11	24 20 24 19 24 36 25 36 15 11	27 23 26 22 26 36 26 36 15 11
21	31 16 29 33 6 34 25 36 15 11	34 21 36 36 7 34 25 36 15 11	36 22 36 2 7 34 25 36 15 11	4 27 1 7 10 36 25 1 15 11	6 30 6 10 12 36 25 1 15 11	9 36 13 13 13 1 25 1 15 11	12 3 13 17 15 1 25 1 15 11	15 9 14 18 18 1 24 1 15 11	18 13 18 16 18 36 25 36 15 11	21 18 24 18 22 36 25 36 15 11	24 21 24 19 24 36 25 36 15 11	27 24 26 22 26 36 26 36 15 11
22	31 18 29 33 6 34 25 36 15 11	34 22 36 36 7 34 25 36 15 11	1 23 34 1 7 34 25 36 15 11	4 28 1 7 10 36 25 1 15 11	7 31 7 12 12 36 25 1 15 11	10 1 13 13 13 1 25 1 15 11	12 5 13 17 15 1 25 1 15 11	15 10 15 18 18 1 24 1 15 11	18 15 18 16 18 36 25 36 15 11	21 18 24 18 22 36 25 36 15 11	24 22 24 19 24 36 25 36 15 11	27 26 26 22 26 36 26 36 15 11
23	31 19 31 33 6 34 25 36 15 11	34 24 36 36 7 34 25 36 15 11	1 24 34 4 7 34 25 36 15 11	4 29 1 7 10 36 25 1 15 11	7 33 7 12 12 36 25 1 15 11	10 2 13 13 13 1 25 1 15 11	12 6 13 17 15 1 25 1 15 11	15 11 15 18 18 1 24 1 15 11	19 16 19 16 19 1 25 1 15 11	21 19 24 18 22 36 25 36 15 11	25 24 24 19 24 36 25 36 15 11	28 27 26 22 26 36 26 36 15 11
24	31 20 31 33 6 34 25 36 15 11	34 25 36 36 7 34 25 36 15 11	1 25 34 4 7 34 25 36 15 11	4 30 1 7 10 36 25 1 15 11	7 34 7 12 12 36 25 1 15 11	10 4 13 13 13 1 25 1 15 11	13 7 13 17 15 1 25 1 15 11	16 13 15 18 18 1 25 1 15 11	19 17 21 16 19 1 25 1 15 11	22 20 24 18 22 36 25 36 15 11	25 25 24 19 24 36 25 36 15 11	28 28 27 22 26 36 26 36 15 11
25	31 21 31 33 6 34 25 36 15 11	34 26 36 36 7 34 25 36 15 11	1 27 35 4 8 35 25 36 15 11	4 32 1 7 10 36 25 1 15 11	7 36 7 12 12 36 25 1 15 11	10 4 13 15 15 1 25 1 15 11	13 9 12 17 16 1 25 1 15 11	16 14 15 18 18 1 25 1 15 11	19 18 21 16 19 1 25 1 15 11	22 22 24 18 22 36 25 36 15 11	25 26 24 19 24 36 25 36 15 11	29 30 27 22 26 36 26 36 15 11
26	31 24 31 33 6 34 25 36 15 11	34 27 36 36 7 34 25 36 15 11	1 28 35 4 8 35 25 36 15 11	4 35 1 7 10 36 25 1 15 11	7 1 7 12 12 36 25 1 15 11	10 6 13 15 15 1 25 1 15 11	13 10 12 17 16 1 25 1 15 11	16 15 15 18 18 1 25 1 15 11	19 19 21 16 19 1 25 1 15 11	22 23 24 18 22 36 25 36 15 11	25 27 24 19 24 36 25 36 15 11	29 31 27 22 26 36 26 36 15 11
27	31 24 31 33 6 34 25 36 15 11	34 28 36 1 8 34 25 36 15 11	1 30 35 4 8 35 25 36 15 11	4 34 1 7 10 36 25 1 15 11	7 2 7 12 12 36 25 1 15 11	10 7 13 15 15 1 25 1 15 11	13 12 12 17 16 1 25 1 15 11	16 16 15 18 18 1 25 1 15 11	19 21 21 16 19 1 25 1 15 11	22 24 24 18 22 36 25 36 15 11	25 28 24 19 24 36 25 36 15 11	28 32 27 22 26 36 26 36 15 11
28	31 25 31 33 6 34 25 36 15 11	34 30 36 1 7 34 25 36 15 11	1 31 35 4 8 35 25 36 15 11	4 34 3 7 10 36 25 1 15 11	7 4 9 12 12 36 25 1 15 11	10 9 13 15 15 1 25 1 15 11	13 13 12 17 16 1 25 1 15 11	16 18 15 18 18 1 25 1 15 11	19 22 21 16 19 1 25 1 15 11	22 25 24 18 22 36 25 36 15 11	25 30 24 19 24 36 25 36 15 11	28 33 27 22 26 36 26 36 15 11
29	31 27 31 33 6 34 25 36 15 11		1 33 35 5 8 35 25 36 15 11	4 1 3 7 10 36 25 1 15 11	7 6 9 12 12 36 25 1 15 11	10 10 13 15 15 1 25 1 15 11	13 14 12 17 16 1 25 1 15 11	16 19 16 18 18 1 25 1 15 11	19 23 21 16 19 1 25 1 15 11	22 27 24 18 22 36 25 36 15 11	25 31 24 21 24 36 25 36 15 11	28 35 27 22 26 36 26 36 15 11
30	31 28 31 33 6 34 25 36 15 11		1 34 35 5 8 35 25 36 15 11	4 3 3 9 10 36 25 1 15 11	7 7 9 12 12 36 25 1 15 11	10 12 13 15 15 1 25 1 15 11	13 15 12 17 16 1 25 1 15 11	16 20 16 18 18 1 25 1 15 11	19 24 21 16 19 1 25 1 15 11	22 29 24 18 22 36 25 36 15 11	25 33 24 21 24 36 25 36 15 11	28 36 27 22 26 36 26 36 15 11
31	32 29 33 33 6 34 25 36 15 11		1 36 35 5 8 35 25 36 15 11		7 8 9 12 12 36 25 1 15 11		13 16 12 17 16 1 25 1 15 11	16 21 16 18 18 1 25 1 15 11		22 29 24 18 22 36 25 36 15 11		28 2 27 22 26 36 26 36 15 11

1928

	JAN	FEB	MÄR	APR	MAI	JUNI	JULI	AUG	SEPT	OKT	NOV	DEZ
1	28 3 28 24 26 36 26 36 15 11	32 8 33 28 28 1 26 1 15 11	35 11 33 31 31 1 26 1 15 11	2 16 35 35 33 1 26 2 15 11	5 19 4 3 36 3 27 1 15 11	8 24 11 8 2 3 26 2 15 11	10 26 10 10 4 4 26 1 15 11	13 31 12 15 6 4 26 1 15 11	16 36 18 18 8 5 26 1 15 11	19 4 22 22 10 4 26 1 16 11	22 10 21 26 10 4 26 1 16 11	26 13 25 29 10 4 26 1 16 11
2	29 4 29 24 26 36 26 36 15 11	32 10 33 28 28 1 26 1 15 11	35 12 33 31 31 1 26 1 15 11	2 17 35 35 33 1 26 2 15 11	5 20 5 3 36 3 27 1 15 11	8 25 11 8 2 3 26 2 15 11	11 28 10 10 4 4 26 1 15 11	13 33 12 15 6 4 26 1 15 11	16 1 18 18 8 5 26 1 15 11	19 6 22 22 10 4 26 1 16 11	22 11 22 26 10 4 26 1 16 11	26 14 25 29 10 4 26 1 16 11
3	29 6 29 24 26 36 26 36 15 11	32 11 33 28 28 1 26 1 15 11	35 13 33 31 31 1 26 1 15 11	2 18 35 35 33 1 26 2 15 11	5 21 5 3 36 3 27 1 15 11	8 26 11 8 2 3 26 2 15 11	11 29 10 10 4 4 26 1 15 11	14 34 12 15 6 4 26 1 15 11	17 3 18 18 8 5 26 1 15 11	20 8 22 22 10 4 26 1 16 11	23 12 22 26 10 4 26 1 16 11	26 16 25 29 10 4 26 1 16 11
4	29 8 29 25 26 36 26 36 15 11	32 12 33 28 28 1 26 1 15 11	35 15 33 31 31 1 26 1 15 11	2 19 35 35 33 1 26 2 15 11	5 23 5 3 36 3 27 1 15 11	8 27 11 8 2 4 26 2 15 11	11 31 10 10 4 4 26 1 15 11	14 36 13 15 6 4 26 1 15 11	17 5 18 18 8 5 26 1 15 11	20 8 22 22 10 4 26 1 16 11	23 14 22 26 10 4 26 1 16 11	26 17 25 30 10 4 26 1 16 11
5	29 9 29 25 26 36 26 36 15 11	32 14 33 29 29 1 26 1 15 11	35 16 33 32 31 1 26 1 15 11	2 20 35 35 33 1 26 2 15 11	5 24 5 3 36 3 27 1 15 11	8 28 10 8 2 4 26 1 15 11	11 31 10 10 4 4 26 1 15 11	14 1 13 15 6 4 26 1 15 11	17 6 19 19 8 5 26 1 15 11	20 10 22 22 10 4 26 1 16 11	23 15 22 26 10 4 26 1 16 11	26 19 25 30 10 4 26 1 16 11
6	29 10 29 26 27 36 26 36 15 11	32 15 33 29 29 1 26 1 15 11	35 17 33 32 31 1 26 1 15 11	2 22 35 35 33 1 26 2 15 11	5 25 6 4 36 3 27 1 15 11	8 30 10 8 2 4 26 1 15 11	11 33 10 10 4 4 26 1 15 11	14 2 13 15 6 4 26 1 15 11	17 8 19 19 8 5 26 1 15 11	20 11 22 22 10 4 26 1 16 11	23 16 22 26 10 4 26 1 16 11	26 20 25 30 10 4 26 1 16 11
7	29 12 29 26 27 36 26 36 15 11	32 17 34 28 28 1 26 1 15 11	35 18 33 32 31 1 26 1 15 11	2 23 35 35 33 1 26 2 15 11	5 27 6 4 36 3 27 1 15 11	8 31 10 8 2 4 26 1 15 11	11 35 10 10 4 4 26 1 15 11	14 3 13 15 6 4 26 1 15 11	17 8 19 19 8 5 26 1 15 11	20 13 22 22 10 4 26 1 16 11	23 17 22 26 10 4 26 1 16 11	26 21 25 30 10 4 26 1 16 11
8	29 13 29 26 27 36 26 36 15 11	32 18 34 28 28 1 26 1 15 11	35 20 33 32 31 1 26 1 15 11	2 24 35 35 33 1 26 2 15 11	5 27 6 4 36 3 27 1 15 11	8 32 10 8 2 4 26 1 15 11	11 36 10 10 4 4 26 1 15 11	14 4 13 15 6 4 26 1 15 11	17 10 19 19 8 5 26 1 15 11	20 14 22 22 10 4 26 1 16 11	23 19 22 26 10 4 26 1 16 11	26 22 25 31 10 4 26 1 16 11
9	29 14 29 26 27 36 26 36 15 11	33 19 34 28 28 1 26 1 15 11	35 21 33 33 31 1 26 1 15 11	2 25 35 35 33 1 26 2 15 11	5 29 6 4 36 3 27 1 15 11	8 33 10 8 2 4 26 1 15 11	11 1 10 10 4 4 26 1 15 11	14 6 13 16 7 4 26 1 15 11	17 12 19 19 8 5 26 1 15 11	20 15 22 22 10 4 26 1 16 11	23 20 22 26 10 4 26 1 16 11	26 24 26 31 10 4 26 1 16 11
10	30 16 30 26 27 36 26 36 15 11	33 20 35 28 28 1 26 1 15 11	35 22 33 33 31 1 26 1 15 11	3 26 35 35 33 1 26 2 15 11	5 30 7 4 36 3 27 1 15 11	8 36 10 8 2 4 26 1 15 11	11 2 10 11 4 4 26 1 15 11	14 8 13 16 7 4 26 1 15 11	17 13 19 19 8 5 26 1 15 11	20 17 22 22 10 4 26 1 16 11	23 21 22 26 10 4 26 1 16 11	26 25 26 31 10 4 26 1 16 11
11	30 17 30 26 27 36 26 36 15 11	33 21 35 28 28 1 26 1 15 11	36 23 33 33 31 1 26 1 15 11	3 28 1 1 33 1 26 2 15 11	6 31 7 4 36 3 27 1 15 11	9 36 10 8 2 4 26 1 15 11	11 4 10 11 4 4 26 1 15 11	14 9 13 16 7 4 26 1 15 11	17 15 19 19 8 5 26 1 15 11	20 18 22 22 10 4 26 1 16 11	23 22 22 26 10 4 26 1 16 11	26 26 26 31 10 4 26 1 16 11
12	30 18 30 26 27 36 26 36 15 11	33 22 35 28 28 1 26 1 15 11	36 24 33 33 31 1 26 1 15 11	3 29 1 1 33 1 26 2 15 11	6 33 7 4 36 3 27 1 15 11	9 1 10 8 2 4 26 1 15 11	11 6 10 11 4 4 26 1 15 11	14 11 13 16 7 4 26 1 15 11	17 16 19 19 8 5 26 1 15 11	20 19 22 22 10 4 26 1 16 11	23 24 22 26 10 4 26 1 16 11	27 27 27 31 9 4 27 1 16 11
13	30 19 30 26 27 36 26 36 15 11	33 24 35 28 28 1 26 1 15 11	36 26 33 33 31 1 26 1 15 11	3 30 1 1 33 1 26 2 15 11	6 34 7 4 36 3 27 1 15 11	9 3 10 8 2 4 26 1 15 11	12 7 10 11 4 4 26 1 15 11	14 12 13 16 7 4 26 1 15 11	18 17 19 19 8 5 26 1 15 11	20 20 22 22 10 4 26 1 16 11	24 25 22 26 10 4 26 1 16 11	27 28 27 31 9 4 27 1 16 11
14	30 21 30 26 27 36 26 36 15 11	33 25 35 28 28 1 26 1 15 11	36 26 33 33 31 1 26 1 15 11	3 31 1 1 34 1 26 2 15 11	6 35 7 4 36 3 27 1 15 11	9 4 10 8 2 4 26 1 15 11	12 8 10 11 4 4 26 1 15 11	15 13 13 17 8 4 26 1 15 11	18 17 19 19 8 5 26 1 15 11	21 22 22 22 10 4 26 1 16 11	24 26 22 26 10 4 26 1 16 11	27 29 27 31 9 4 27 1 16 11
15	30 22 30 26 27 36 26 36 15 11	33 26 35 30 30 1 26 1 15 11	36 28 33 33 31 1 26 1 15 11	3 32 1 1 34 1 26 2 15 11	6 36 7 4 34 3 27 1 15 11	9 6 10 8 2 4 26 1 15 11	12 10 10 11 4 4 26 1 15 11	15 15 15 17 8 4 26 1 15 11	18 19 19 19 8 5 26 1 15 11	21 23 22 23 10 4 26 1 16 11	24 27 22 26 10 4 26 1 16 11	27 31 27 31 9 4 27 1 16 11
16	30 23 30 26 27 36 26 36 15 11	33 27 35 30 30 1 26 1 15 11	36 29 33 33 31 1 26 1 15 11	3 34 1 1 34 1 26 2 15 11	6 1 9 4 36 3 27 1 15 11	9 8 10 8 2 4 26 1 15 11	12 11 10 12 4 4 26 1 15 11	15 17 15 17 8 4 26 1 15 11	18 21 19 19 8 5 26 1 15 11	21 24 22 23 10 4 26 1 16 11	24 28 22 26 10 4 26 1 16 11	27 32 27 31 9 4 27 1 16 11
17	30 24 31 26 27 36 26 36 15 11	33 28 35 30 30 1 26 1 15 11	36 31 33 33 31 1 26 1 15 11	3 35 1 1 34 1 26 2 15 11	6 3 9 4 1 3 27 1 15 11	9 8 10 8 2 4 26 1 15 11	12 12 10 12 4 4 26 1 15 11	15 18 15 17 8 4 26 1 15 11	18 22 20 20 8 4 26 1 15 11	21 26 22 23 10 4 26 1 16 11	24 30 22 28 10 4 26 1 16 11	27 33 27 31 9 4 27 1 16 11
18	30 26 31 26 27 36 26 36 15 11	33 30 35 30 30 1 26 1 15 11	36 32 33 33 31 1 26 1 15 11	3 1 1 1 34 1 26 2 15 11	6 5 9 4 1 3 27 1 15 11	9 10 10 8 3 4 26 1 15 11	12 14 10 12 4 4 26 1 15 11	15 19 15 17 8 4 26 1 15 11	18 23 20 20 8 4 26 1 15 11	21 26 22 23 10 4 26 1 16 11	24 31 22 28 10 4 26 1 16 11	27 34 27 31 9 4 27 1 16 11
19	30 27 31 26 27 36 26 36 15 11	33 31 35 31 31 1 26 1 15 11	36 33 33 33 32 1 26 2 15 11	3 2 1 1 35 1 26 2 15 11	6 6 9 4 1 3 27 1 15 11	9 12 10 9 3 4 26 1 15 11	12 15 10 12 4 4 26 1 15 11	15 20 15 17 8 4 26 1 15 11	18 24 20 20 9 4 26 1 15 11	21 28 22 23 10 4 26 1 16 11	24 32 22 28 10 4 26 1 16 11	27 36 27 31 9 4 27 1 16 11
20	30 28 32 26 27 36 26 36 15 11	34 33 34 31 31 1 26 1 15 11	36 35 33 33 32 1 26 2 15 11	4 4 2 2 35 1 26 2 15 11	6 9 9 6 1 3 27 1 15 11	9 13 10 9 3 4 26 1 15 11	12 17 10 12 6 4 26 1 15 11	15 21 17 17 8 4 26 1 15 11	18 26 20 20 9 4 26 1 16 11	21 29 22 23 10 4 26 1 16 11	24 33 23 28 10 4 26 1 16 11	27 1 27 32 9 4 27 1 16 11
21	31 29 32 26 28 1 26 1 15 11	34 34 34 31 31 1 26 1 15 11	1 36 34 34 32 1 26 2 15 11	4 6 2 2 35 1 26 2 15 11	7 9 9 6 1 3 27 1 15 11	9 15 10 9 3 4 26 1 15 11	12 18 10 12 6 4 26 1 15 11	15 22 17 17 8 4 26 1 15 11	18 27 20 20 9 4 26 1 16 11	21 30 22 23 10 4 26 1 16 11	24 35 23 28 10 4 26 1 16 11	27 3 27 32 9 4 27 1 16 11
22	31 30 32 26 28 1 26 1 15 11	34 35 34 31 31 1 26 1 15 11	1 2 34 34 32 1 26 2 15 11	4 7 2 2 35 1 26 2 15 11	7 11 9 6 1 3 27 1 15 11	10 16 10 10 4 4 26 1 15 11	12 19 10 12 6 4 26 1 15 11	15 24 17 17 8 4 26 1 15 11	18 28 21 21 9 4 26 1 16 11	21 31 22 23 10 4 26 1 16 11	24 35 23 28 10 4 26 1 16 11	28 4 28 32 9 4 27 1 16 11
23	31 32 32 26 28 1 26 1 15 11	34 1 34 31 31 1 26 1 15 11	1 3 34 34 32 1 26 2 15 11	4 8 2 2 35 1 26 2 15 11	7 12 9 6 1 3 27 1 15 11	10 17 10 10 4 4 26 1 15 11	13 21 10 13 6 4 26 1 15 11	16 25 17 17 8 5 26 1 15 11	19 29 22 22 10 4 26 1 16 11	21 32 22 23 10 4 26 1 16 11	25 1 23 28 10 4 26 1 16 11	28 5 28 32 9 4 27 1 16 11
24	31 33 32 26 29 1 26 1 15 11	34 2 34 31 31 1 26 1 15 11	1 5 34 34 33 1 26 2 15 11	4 10 2 2 35 1 26 2 15 11	7 13 9 6 1 3 27 1 15 11	10 18 10 10 4 4 26 1 15 11	13 22 10 13 6 4 26 1 15 11	16 26 17 17 8 5 26 1 15 11	19 30 22 22 10 4 26 1 16 11	22 33 22 25 10 4 26 1 16 11	25 3 23 28 10 4 26 1 16 11	28 7 28 32 9 4 27 1 16 11
25	31 35 32 26 28 1 26 1 15 11	34 4 34 31 31 1 26 1 15 11	1 6 34 34 33 1 26 2 15 11	4 12 2 2 35 1 26 2 15 11	7 15 9 6 1 3 27 1 15 11	10 20 10 10 4 4 26 1 15 11	13 23 10 13 6 4 26 1 15 11	16 27 17 17 8 5 26 1 15 11	19 31 22 22 10 4 26 1 16 11	22 34 21 25 10 4 26 1 16 11	25 4 23 28 10 4 26 1 16 11	28 9 28 32 9 4 27 1 16 11
26	31 36 32 27 28 1 26 1 15 11	34 6 33 31 31 1 26 1 15 11	1 7 35 35 32 1 26 2 15 11	4 13 2 2 35 1 26 2 15 11	7 16 9 6 2 3 26 2 15 11	10 21 10 10 4 4 26 1 15 11	13 24 10 13 6 4 26 1 15 11	16 28 17 17 8 5 26 1 15 11	19 33 22 22 10 4 26 1 16 11	22 1 21 25 10 4 26 1 16 11	25 6 23 28 10 4 26 1 16 11	28 10 28 32 9 4 27 1 16 11
27	31 1 32 27 28 1 26 1 15 11	34 7 33 31 31 1 26 1 15 11	1 8 35 35 32 1 26 2 15 11	4 14 4 2 35 1 26 2 15 11	7 18 9 6 2 3 26 2 15 11	10 22 10 10 4 4 26 1 15 11	13 26 10 13 6 4 26 1 15 11	16 30 17 17 8 5 26 1 15 11	19 34 22 22 10 4 26 1 16 11	22 2 21 25 10 4 26 1 16 11	25 7 23 28 10 4 26 1 16 11	28 12 28 32 9 4 27 1 16 11
28	31 3 33 27 28 1 26 1 15 11	34 8 33 31 31 1 26 1 15 11	1 10 35 35 32 1 26 2 15 11	4 15 4 2 35 1 26 2 15 11	7 19 9 6 2 3 26 2 15 11	10 23 10 10 4 4 26 1 15 11	13 27 10 13 6 4 26 1 15 11	16 31 17 17 8 5 26 1 15 11	19 36 22 22 10 4 26 1 16 11	22 4 21 25 10 4 26 1 16 11	25 8 24 29 10 4 26 1 16 11	28 13 29 33 9 4 27 1 16 11
29	31 4 33 28 28 1 26 1 15 11	34 9 33 31 31 1 26 1 15 11	1 11 35 35 32 1 26 2 15 11	4 16 4 2 35 1 26 2 15 11	7 20 11 6 2 3 26 2 15 11	10 24 10 10 4 4 26 1 15 11	13 28 10 13 6 4 26 1 15 11	16 32 17 17 8 5 26 1 15 11	19 1 22 22 10 4 26 1 16 11	22 5 21 26 10 4 26 1 16 11	25 9 24 29 10 4 26 1 16 11	28 14 29 33 9 4 27 1 16 11
30	31 6 33 28 28 1 26 1 15 11		1 13 35 35 32 1 26 2 15 11	4 17 4 2 35 1 26 2 15 11	7 21 11 8 2 3 26 2 15 11	10 26 10 10 4 4 26 1 15 11	13 29 10 13 6 4 26 1 15 11	16 33 17 17 8 5 26 1 15 11	19 3 22 22 10 4 26 1 16 11	22 6 21 26 10 4 26 1 16 11	25 12 24 29 10 4 26 1 16 11	28 16 29 33 9 4 27 1 16 11
31	31 7 33 28 28 1 26 1 15 11		1 14 35 35 32 1 26 2 15 11		7 22 11 8 2 3 26 2 15 11		13 30 12 13 6 4 26 1 15 11	16 35 17 17 8 5 26 1 15 11		22 8 21 26 10 4 26 1 16 11		28 17 29 33 9 4 27 1 16 11

1929

	JAN	FEB	MÄR	APR	MAI	JUNI	JULI	AUG	SEPT	OKT	NOV	DEZ
1	28 18 28 33 9 4 27 1 16 11	32 23 33 36 9 4 27 1 16 11	35 24 32 3 9 4 27 1 16 11	2 28 36 4 10 4 28 1 15 11	5 31 6 3 11 6 27 1 15 11	8 36 9 3 14 6 27 2 15 11	10 3 9 6 15 7 27 1 15 11	13 9 14 9 18 8 27 2 16 11	16 14 20 14 20 8 27 2 16 11	19 18 21 16 21 8 27 1 16 11	22 22 21 19 23 8 27 1 16 11	25 26 26 24 26 8 28 1 16 11
2	29 19 29 33 9 4 27 1 16 11	32 24 33 36 9 4 27 1 16 11	35 25 32 3 9 4 27 1 16 11	2 29 36 4 10 4 28 1 15 11	5 32 6 3 11 6 27 1 15 11	8 2 9 3 14 6 27 2 15 11	11 4 9 6 15 7 27 1 15 11	13 10 14 9 18 8 27 2 16 11	16 15 20 14 20 8 27 2 16 11	19 19 21 16 21 8 27 1 16 11	22 23 21 19 23 8 27 1 16 11	25 27 26 24 26 8 28 1 16 11
3	29 21 29 33 9 4 27 1 16 11	32 25 33 36 9 4 27 1 16 11	35 26 32 3 9 4 27 1 16 11	2 30 36 4 10 4 28 1 15 11	5 33 6 3 11 6 27 1 15 11	8 3 9 4 14 6 27 2 15 11	11 6 9 6 15 7 27 1 15 11	14 11 14 9 18 8 27 2 16 11	16 16 20 14 20 8 27 2 16 11	19 21 21 16 21 8 27 1 16 11	23 25 21 19 23 8 27 1 16 11	26 28 26 24 26 8 28 1 16 11
4	29 22 29 33 9 4 27 1 16 11	32 27 33 1 9 4 27 1 16 11	35 27 32 3 9 4 27 1 16 11	2 31 1 4 10 4 28 1 15 11	5 35 7 3 11 6 27 1 15 11	8 4 9 4 14 6 27 2 15 11	11 7 9 6 15 7 27 1 15 11	14 13 14 9 18 8 27 2 16 11	17 18 20 14 20 8 27 2 16 11	20 22 21 16 21 8 27 1 16 11	23 26 21 21 23 8 27 1 16 11	26 30 26 24 26 8 28 1 16 11
5	29 23 30 33 9 4 27 1 16 11	32 27 33 1 9 4 27 1 16 11	35 28 33 3 9 4 27 1 16 11	2 33 1 4 10 4 28 1 15 11	5 36 7 3 11 6 27 1 15 11	8 6 9 4 14 6 27 2 15 11	11 9 9 6 15 7 27 1 15 11	14 15 14 10 18 8 27 2 16 11	17 20 20 14 20 8 27 2 16 11	20 23 21 17 21 8 27 1 16 11	23 27 21 21 23 8 27 1 16 11	26 31 26 24 26 8 28 1 16 11
6	29 24 30 34 9 4 27 1 16 11	32 28 33 1 9 4 27 1 16 11	35 30 33 3 9 4 27 1 16 11	2 34 1 4 10 4 28 1 15 11	5 1 7 3 11 6 27 1 15 11	8 7 9 4 14 6 27 2 15 11	11 10 9 6 15 7 27 1 15 11	14 16 14 10 18 8 27 2 16 11	17 21 20 14 20 8 27 2 16 11	20 24 19 17 22 8 27 1 16 11	23 28 22 21 23 8 27 1 16 11	26 32 26 24 26 8 28 1 16 11
7	29 25 30 34 9 4 27 1 16 11	32 30 33 1 9 4 27 1 16 11	35 31 33 3 9 4 27 1 16 11	2 36 1 4 10 4 28 1 15 11	5 3 7 3 11 6 27 1 15 11	8 9 9 4 14 6 27 2 15 11	11 12 9 6 15 7 27 1 15 11	14 18 14 10 18 8 27 2 16 11	17 22 20 14 20 8 27 2 16 11	20 26 19 17 22 8 27 1 16 11	23 29 22 21 23 8 27 1 16 11	26 33 27 25 27 7 28 1 16 11
8	29 27 31 34 9 4 27 1 16 11	32 31 33 1 9 4 27 1 16 11	35 32 33 4 9 4 27 1 16 11	2 1 1 4 10 4 28 1 15 11	5 4 7 3 11 6 27 1 15 11	8 10 9 4 14 6 27 2 15 11	11 13 9 7 16 7 27 1 15 11	14 19 14 11 18 8 27 2 16 11	17 24 20 14 20 8 27 2 16 11	20 27 19 17 22 8 27 1 16 11	23 31 22 21 23 8 27 1 16 11	26 35 27 25 27 7 28 1 16 11
9	29 28 31 34 9 4 27 1 16 11	33 33 33 1 9 4 27 1 16 11	35 33 33 4 9 4 27 1 16 11	2 2 1 4 10 5 28 1 15 11	5 5 7 3 11 6 27 1 15 11	8 12 9 4 14 6 27 2 15 11	11 15 9 7 16 7 27 1 15 11	14 20 14 11 18 8 27 2 16 11	17 25 20 14 20 8 27 2 16 11	20 28 19 18 22 8 27 1 16 11	23 32 22 21 23 8 27 1 16 11	26 36 27 25 27 7 28 1 16 11
10	29 29 31 34 9 4 27 1 16 11	33 34 33 1 9 4 27 1 16 11	35 34 33 4 9 4 27 1 16 11	3 4 1 4 10 5 27 1 15 11	5 7 7 3 11 6 27 1 15 11	8 13 8 4 14 6 27 2 15 11	11 16 9 7 16 7 27 1 15 11	14 21 14 11 18 8 27 2 16 11	17 26 20 14 20 8 27 2 16 11	20 29 19 18 22 8 27 1 16 11	23 32 22 21 23 8 27 1 16 11	26 1 27 25 27 7 28 1 16 11
11	30 30 31 34 9 4 27 1 16 11	33 36 33 1 9 4 27 1 16 11	36 36 33 4 9 4 27 1 16 11	3 5 1 4 10 5 27 1 15 11	6 9 7 3 11 6 27 1 15 11	9 15 8 4 15 6 27 2 15 11	11 18 10 7 16 7 27 1 15 11	14 22 14 11 18 8 27 2 16 11	17 27 20 14 20 8 27 2 16 11	20 30 19 18 22 8 27 1 16 11	23 34 22 21 23 8 27 1 16 11	26 3 27 25 27 7 28 1 16 11
12	30 31 31 34 9 4 27 1 16 11	33 36 33 1 9 4 27 1 16 11	36 1 33 4 9 4 27 1 16 11	3 6 1 4 10 5 27 1 15 11	6 10 7 3 11 6 27 1 15 11	9 16 8 4 15 7 27 2 15 11	11 19 10 7 16 7 27 1 15 11	14 24 16 11 18 8 27 2 16 11	17 28 20 14 20 8 27 2 16 11	20 31 19 18 22 8 27 1 16 11	23 36 23 22 23 8 27 1 16 11	26 3 27 25 27 7 28 1 16 11
13	30 33 31 34 9 4 27 1 16 11	33 1 31 1 9 4 27 1 16 11	36 3 33 4 9 4 27 1 16 11	3 7 3 4 10 5 27 1 15 11	6 12 7 3 12 6 27 1 15 11	9 17 8 4 15 7 27 2 15 11	11 21 10 7 16 7 27 1 15 11	14 25 16 11 18 8 27 2 16 11	18 30 20 14 20 8 27 2 16 11	21 33 19 18 22 8 27 1 16 11	24 1 23 22 24 8 27 1 16 11	27 5 27 25 27 7 28 1 16 11
14	30 34 32 35 9 4 27 1 16 11	33 3 31 1 9 4 27 1 16 11	36 4 33 4 9 4 27 1 16 11	3 9 3 3 10 5 27 1 15 11	6 13 7 3 12 6 27 1 15 11	9 18 8 4 15 7 27 2 15 11	12 22 10 7 16 7 27 1 15 11	15 27 16 11 18 8 27 2 16 11	18 31 21 15 21 8 27 2 16 11	21 34 19 18 22 8 27 1 16 11	24 2 23 22 24 8 27 1 16 11	27 7 28 25 27 7 28 1 16 11
15	30 36 32 35 9 4 27 1 16 11	33 4 31 1 9 4 27 1 16 11	36 6 33 4 9 4 27 1 16 11	3 10 3 3 10 5 27 1 15 11	6 15 7 3 13 6 27 1 15 11	9 20 8 4 15 7 27 2 15 11	12 23 10 7 16 7 27 1 15 11	15 27 16 11 18 8 27 2 16 11	18 32 21 15 21 8 27 2 16 11	21 35 19 18 22 8 27 1 16 11	24 4 23 22 24 8 27 1 16 11	27 8 28 25 27 7 28 1 16 11
16	30 1 32 35 9 4 27 1 16 11	33 6 31 1 9 4 27 1 16 11	36 7 34 4 9 4 27 1 16 11	3 12 3 3 10 5 27 1 15 11	6 16 7 3 13 6 27 1 15 11	9 21 8 4 15 7 27 2 15 11	12 24 10 7 16 7 27 1 15 11	15 29 16 11 18 8 27 2 16 11	18 33 21 15 21 8 27 2 16 11	21 36 19 18 22 8 27 1 16 11	24 5 23 22 24 8 27 1 16 11	27 9 27 25 27 7 27 1 16 11
17	30 2 33 36 9 4 27 1 16 11	33 7 31 1 9 4 27 1 16 11	36 8 34 4 9 4 27 1 16 11	3 13 3 3 10 5 27 1 15 11	6 17 7 3 13 6 27 1 15 11	9 22 8 5 15 7 27 2 15 11	12 25 10 7 16 7 27 1 15 11	15 30 17 11 18 8 27 2 15 11	18 34 21 15 21 8 27 2 16 11	21 1 19 18 22 8 27 1 16 11	24 7 23 22 24 8 27 1 16 11	27 10 27 25 27 7 27 1 16 11
18	30 3 33 36 9 4 27 1 16 11	33 9 31 3 9 4 27 1 16 11	36 9 34 4 9 4 27 1 16 11	3 15 3 3 10 5 27 1 15 11	6 18 7 3 13 6 27 1 15 11	9 24 8 5 15 7 27 2 15 11	12 27 10 7 16 7 27 1 15 11	15 31 17 11 18 8 27 2 15 11	18 36 21 15 21 8 27 2 16 11	21 3 19 18 22 8 27 1 16 11	24 8 24 22 23 8 27 1 16 11	27 12 27 25 27 7 27 1 16 11
19	30 6 33 36 9 4 27 1 15 11	34 10 31 3 9 4 27 1 16 11	36 10 34 4 9 4 27 1 16 11	3 16 3 3 10 5 27 1 15 11	6 21 7 3 13 6 27 1 15 11	9 24 8 6 15 7 27 2 15 11	12 28 10 7 16 7 27 1 15 11	15 32 17 11 18 8 27 2 15 11	18 2 21 15 21 8 27 2 16 11	21 4 19 19 22 8 27 1 16 11	24 10 24 22 23 8 27 1 16 11	27 13 27 27 27 7 27 1 16 11
20	31 6 33 36 9 4 27 1 15 11	34 12 31 3 9 4 27 1 16 11	36 12 34 4 9 4 27 1 16 11	4 18 4 4 11 5 27 1 15 11	6 21 9 3 13 6 27 1 15 11	9 26 8 6 15 7 27 2 15 11	12 29 10 7 16 7 27 1 15 11	15 33 18 11 18 8 27 2 15 11	18 3 21 15 21 8 27 2 16 11	21 6 19 19 22 8 27 1 16 11	24 12 24 22 23 8 27 1 16 11	27 15 27 27 27 7 27 1 16 11
21	31 7 33 36 9 4 27 1 15 11	34 13 31 3 9 4 27 1 16 11	1 13 34 4 10 4 28 1 15 11	4 19 4 4 11 5 27 1 15 11	6 22 9 3 13 6 27 1 15 11	9 27 8 6 15 7 27 2 15 11	12 30 10 7 16 7 27 1 15 11	15 35 18 11 18 8 27 2 15 11	18 4 21 15 21 8 27 2 16 11	21 8 19 19 22 8 27 1 16 11	24 13 24 22 23 8 27 1 16 11	27 16 27 27 27 7 27 1 16 11
22	31 9 33 36 9 4 27 1 15 11	34 15 31 3 9 4 27 1 16 11	1 15 34 4 10 4 28 1 15 11	4 20 4 4 11 5 27 1 15 11	7 24 9 3 13 6 27 1 15 11	10 28 8 6 15 7 27 2 15 11	12 31 10 7 16 7 27 1 15 11	15 36 18 11 19 8 27 2 15 11	18 5 21 15 21 8 27 2 16 11	21 9 19 19 22 8 27 1 16 11	24 14 24 22 23 8 27 1 16 11	28 18 27 28 28 7 28 1 16 11
23	31 10 33 36 9 4 27 1 15 11	34 16 31 3 9 4 27 1 16 11	1 16 34 4 10 4 28 1 15 11	4 21 4 4 11 5 27 1 15 11	7 25 9 3 13 6 27 1 15 11	10 29 8 6 15 7 27 2 15 11	13 33 12 9 16 7 27 1 15 11	15 2 18 12 20 8 27 2 16 11	18 6 21 15 21 8 27 2 16 11	21 10 19 19 22 8 27 1 16 11	25 15 25 22 25 8 27 1 16 11	28 19 27 28 28 7 28 1 16 11
24	31 12 33 36 9 4 27 1 15 11	34 18 31 3 9 4 27 1 16 11	1 18 34 4 10 4 28 1 15 11	4 23 4 4 11 5 27 1 15 11	7 26 9 3 13 6 27 1 15 11	10 30 8 6 15 7 27 2 15 11	13 34 12 9 16 7 27 1 16 11	16 3 18 12 20 8 27 2 16 11	19 8 21 15 21 8 27 1 16 11	22 12 19 19 22 8 27 1 16 11	25 17 25 23 25 8 27 1 16 11	28 21 29 28 28 7 28 1 16 11
25	31 13 33 36 9 4 27 1 15 11	34 18 31 3 9 4 27 1 16 11	1 19 34 4 10 4 28 1 15 11	4 24 4 4 11 5 27 1 15 11	7 27 9 3 13 6 27 1 15 11	10 32 8 6 15 7 27 2 15 11	13 35 12 9 16 7 27 1 16 11	16 4 18 12 20 8 27 2 16 11	19 9 21 15 21 8 27 1 16 11	22 13 19 19 23 8 27 1 16 11	25 18 25 23 25 8 27 1 16 11	28 22 29 28 28 7 28 1 16 11
26	31 15 33 36 9 4 27 1 15 11	34 19 31 3 9 4 27 1 16 11	1 21 34 4 10 4 28 1 15 11	4 25 4 4 11 5 27 1 15 11	7 28 9 3 13 6 27 1 15 11	10 33 8 6 15 7 27 2 15 11	13 36 12 9 16 7 27 1 16 11	16 5 18 12 20 8 27 2 16 11	19 10 21 16 21 8 27 1 16 11	22 15 19 19 23 8 27 1 16 11	25 19 25 23 25 8 27 1 16 11	28 23 29 28 28 7 28 1 16 11
27	31 16 33 36 9 4 27 1 15 11	34 21 31 3 9 4 27 1 16 11	1 22 35 4 10 4 28 1 15 11	4 26 4 4 11 5 27 1 15 11	7 30 9 3 13 6 27 1 15 11	10 34 8 6 15 7 27 2 15 11	13 1 12 9 16 7 27 1 16 11	16 7 18 12 20 8 27 2 16 11	19 12 21 16 21 8 27 1 16 11	22 16 19 19 23 8 27 1 16 11	25 21 25 23 25 8 27 1 16 11	28 24 29 28 28 7 28 1 16 11
28	31 18 33 36 9 4 27 1 15 11	34 22 31 3 9 4 27 1 16 11	1 23 35 4 10 4 28 1 15 11	4 27 4 4 11 5 27 1 15 11	7 31 9 3 13 6 27 1 15 11	10 36 8 6 15 7 27 2 15 11	13 3 13 9 16 7 27 1 16 11	16 8 18 12 20 8 27 2 16 11	19 13 21 16 21 8 27 1 16 11	22 18 19 19 23 8 27 1 16 11	25 22 25 23 25 8 27 1 16 11	28 25 29 28 28 7 28 1 16 11
29	31 19 33 36 9 4 27 1 15 11		1 24 35 4 10 4 28 1 15 11	4 28 4 4 11 5 27 1 15 11	7 32 9 3 13 6 27 1 15 11	10 1 8 6 15 7 27 2 15 11	13 4 13 9 18 7 27 1 16 11	16 9 18 12 20 8 27 2 16 11	19 15 21 16 21 8 27 1 16 11	22 19 21 19 23 8 27 1 16 11	25 23 25 23 25 8 27 1 16 11	28 26 29 28 28 7 28 1 16 11
30	32 21 33 36 9 4 27 1 15 11		1 25 35 4 10 4 28 1 15 11	4 29 4 4 11 5 27 1 15 11	7 33 9 3 13 6 27 1 15 11	10 2 8 6 15 7 27 2 15 11	13 6 13 9 18 7 27 1 16 11	16 11 19 12 20 8 27 2 16 11	19 16 21 16 21 8 27 1 16 11	22 20 21 19 23 8 27 1 16 11	25 25 25 23 25 8 27 1 16 11	28 28 29 28 28 7 28 1 16 11
31	32 22 33 36 9 4 27 1 15 11		2 27 35 4 10 4 28 1 15 11		7 34 9 3 13 6 27 1 15 11		13 7 13 9 18 7 27 1 16 11	16 12 19 12 20 8 27 2 16 11		22 21 21 19 23 8 27 1 16 11		28 29 29 28 28 7 28 1 16 11

1930

	JAN	FEB	MÄR	APR	MAI	JUNI	JULI	AUG	SEPT	OKT	NOV	DEZ
1	29 30 30 28 28 7 28 1 16 11	32 35 30 31 30 7 28 1 16 11	35 36 32 34 32 7 28 1 16 11	2 5 2 3 35 8 29 2 16 11	5 8 7 7 1 8 28 1 16 11	8 13 6 10 3 9 28 1 16 11	10 18 9 15 6 10 28 1 16 11	13 22 15 17 8 10 28 2 16 11	16 27 19 21 10 11 28 2 16 12	19 30 18 23 11 11 28 1 16 12	22 35 22 25 13 12 28 1 16 12	25 2 26 23 14 11 29 2 16 12
2	29 31 31 28 28 7 28 1 16 11	32 36 30 31 30 7 28 1 16 11	35 1 32 34 32 7 28 1 16 11	2 6 2 3 35 8 29 2 16 11	5 9 7 7 1 8 28 1 16 11	8 15 6 10 3 9 28 1 16 11	10 19 9 15 6 10 28 1 16 11	13 23 16 17 8 10 28 2 16 11	16 28 19 21 10 11 28 2 16 12	19 31 18 23 11 11 28 1 16 12	22 36 22 25 13 12 28 1 16 12	25 3 26 23 14 11 29 2 16 12
3	29 33 31 28 28 7 28 1 16 11	32 1 30 31 30 7 28 1 16 11	35 2 32 35 32 7 28 1 16 11	2 8 2 3 35 8 29 2 16 11	5 10 7 7 1 8 28 1 16 11	8 16 6 10 4 9 28 1 16 11	11 20 10 15 6 10 28 1 16 11	14 25 16 17 8 10 28 2 16 11	17 29 19 21 10 11 28 2 16 12	19 33 18 23 11 11 28 1 16 12	23 1 22 25 13 12 28 1 16 12	26 5 26 23 14 11 29 2 16 12
4	29 34 31 28 28 7 28 1 16 11	32 3 30 31 30 7 28 1 16 11	35 3 32 35 32 7 28 1 16 11	2 8 2 4 35 8 29 2 16 11	5 12 7 7 1 8 23 1 16 11	8 18 6 10 4 9 28 1 16 11	11 21 10 15 6 10 28 1 16 11	14 26 16 17 8 10 28 2 16 11	17 31 19 21 10 11 28 2 16 12	20 34 18 23 11 11 28 1 16 12	23 3 22 25 13 12 28 1 16 12	26 5 26 23 14 11 29 2 16 12
5	29 35 31 28 28 7 28 1 16 11	32 4 30 31 30 7 28 1 16 11	35 4 32 35 32 7 28 1 16 11	2 11 2 4 35 8 29 2 16 11	5 13 7 7 1 8 28 1 16 11	8 19 6 10 4 9 28 1 16 11	11 23 10 15 6 10 28 1 16 11	14 27 16 17 8 10 28 2 16 11	17 32 19 21 10 11 28 2 16 12	20 35 18 23 11 11 28 1 16 12	23 4 22 25 13 12 28 1 16 12	26 7 27 23 14 11 29 2 16 12
6	29 36 31 28 28 7 28 1 16 11	32 5 30 32 30 7 28 1 16 11	35 5 33 36 33 7 28 1 16 11	2 11 3 4 35 8 29 2 16 11	5 15 7 8 1 8 28 1 16 11	8 21 6 10 4 9 28 1 16 11	11 24 11 15 6 10 28 2 16 11	14 28 16 18 8 10 28 2 16 11	17 33 19 21 10 11 28 2 16 12	20 36 18 23 11 11 28 1 16 12	23 5 22 25 13 12 28 1 16 12	26 8 27 23 14 11 29 2 16 12
7	29 1 31 28 28 7 28 1 16 11	32 6 30 32 31 7 28 1 16 11	35 7 33 36 33 7 28 1 16 11	2 13 3 4 35 8 29 2 16 11	5 16 7 8 1 8 28 1 16 11	8 22 7 10 4 9 28 1 16 11	11 25 11 15 6 10 28 2 16 11	14 29 16 18 8 10 28 2 16 11	17 34 19 22 10 11 28 2 16 12	20 1 18 23 11 11 28 1 16 12	23 6 22 25 13 12 28 1 16 12	26 11 28 23 14 11 29 2 16 12
8	29 3 31 28 28 7 28 1 16 11	32 7 30 32 31 7 28 1 16 11	35 9 33 36 33 7 28 1 16 11	2 14 3 4 35 8 29 2 16 11	5 18 7 8 1 8 28 1 16 11	8 23 7 10 4 9 28 1 16 11	11 27 11 16 7 10 28 2 16 11	14 31 16 18 8 10 28 2 16 11	17 35 19 22 10 11 28 2 16 12	20 2 18 23 11 11 28 1 16 12	23 7 22 25 13 12 28 1 16 12	26 11 28 23 14 11 29 2 16 12
9	29 4 31 28 28 7 28 1 16 11	33 8 30 32 31 7 28 1 16 11	35 10 33 36 33 7 28 1 16 11	2 16 3 4 35 8 29 2 16 11	5 20 7 8 2 8 29 2 16 11	8 24 7 10 4 9 28 1 16 11	11 28 11 16 7 10 28 2 16 11	14 32 16 19 8 10 28 2 16 11	17 1 19 22 10 11 28 2 16 12	20 4 18 23 11 12 28 2 16 12	23 9 22 25 13 12 28 1 16 12	26 13 28 23 14 11 29 2 16 12
10	29 6 31 28 28 7 28 1 16 11	33 10 30 32 31 7 28 1 16 11	35 12 34 36 33 7 28 1 16 11	2 17 5 5 35 8 29 2 16 11	5 21 7 8 2 8 29 2 16 11	8 25 7 10 4 9 28 1 16 11	11 29 11 16 7 10 28 2 16 11	14 33 16 19 8 10 28 2 16 11	17 2 19 22 10 11 28 2 16 12	20 6 18 23 12 12 28 3 16 12	23 10 22 25 13 12 28 1 16 12	26 14 28 23 14 11 29 2 16 12
11	30 7 31 28 28 7 28 1 16 11	33 12 30 32 31 7 28 1 16 11	36 13 34 36 33 7 28 1 16 11	2 18 5 5 35 8 29 2 16 11	5 22 7 8 2 8 29 2 16 11	8 27 7 12 4 9 28 1 16 11	11 30 11 16 7 10 28 2 16 11	14 35 16 19 8 10 28 2 16 11	17 3 19 22 10 11 28 2 16 12	20 7 19 25 12 12 28 3 16 12	23 12 22 25 13 12 28 1 16 12	26 16 28 23 14 11 29 2 16 12
12	30 8 31 28 28 7 28 1 16 11	33 13 30 32 31 7 28 1 16 11	36 15 34 36 33 7 28 1 16 11	3 20 5 5 35 8 29 2 16 11	6 23 7 8 2 8 29 2 16 11	9 28 7 12 4 9 28 1 16 11	11 31 11 16 7 10 28 2 16 11	14 36 16 19 8 10 28 2 16 11	17 4 19 22 10 11 28 2 16 12	20 8 19 25 12 12 28 3 16 12	23 13 23 25 13 12 28 1 16 12	26 17 28 23 14 11 29 2 16 12
13	30 10 31 28 28 7 28 1 16 11	33 14 30 32 31 7 28 1 16 11	36 16 34 1 33 7 28 1 16 11	3 21 5 5 35 8 29 2 16 11	6 25 7 8 2 8 29 2 16 11	9 29 7 12 4 9 28 1 16 11	12 33 11 15 6 10 28 2 16 11	14 1 16 19 8 10 28 2 16 11	17 5 19 22 10 11 28 2 16 12	20 9 19 25 12 12 28 3 16 12	24 15 23 25 13 12 28 1 16 12	27 19 28 23 14 11 29 2 16 12
14	30 12 31 28 28 7 28 1 16 11	33 16 30 32 31 7 28 1 16 11	36 18 34 1 33 7 28 1 16 11	3 22 5 5 35 8 29 2 16 11	6 26 7 8 2 8 29 2 16 11	9 30 7 12 4 9 28 1 16 11	12 34 11 16 7 10 28 2 16 11	15 2 17 19 8 10 28 2 16 12	17 7 19 23 11 11 28 2 16 12	21 12 19 25 12 12 28 3 16 12	24 16 23 25 13 12 28 1 16 12	27 20 28 23 14 11 29 2 16 12
15	30 13 31 28 28 7 28 1 16 11	33 18 30 32 31 7 28 1 16 11	36 19 34 1 33 7 28 1 16 11	3 23 5 5 35 8 29 2 16 11	6 27 7 8 2 8 29 2 16 11	9 31 7 12 4 9 28 1 16 11	12 35 11 16 7 10 28 2 16 11	15 3 18 20 9 11 29 2 16 12	18 8 19 23 11 11 28 2 16 12	21 12 19 25 12 12 28 3 16 12	24 18 24 25 13 12 28 1 16 12	27 21 28 23 14 11 29 2 16 12
16	30 15 31 28 28 7 28 1 16 11	33 19 31 32 31 7 28 1 16 11	36 21 34 1 33 7 28 1 16 11	3 25 5 5 35 8 29 2 16 11	6 29 7 8 2 8 29 2 16 11	9 33 7 12 4 9 28 1 16 11	12 36 11 16 7 10 28 2 16 11	15 5 18 20 9 11 29 2 16 12	18 10 19 23 11 11 28 2 16 12	21 13 19 25 12 12 28 2 16 12	24 19 24 25 13 12 28 1 16 12	27 23 28 23 14 11 29 2 16 12
17	30 16 31 28 28 7 28 1 16 11	33 20 31 32 31 7 28 1 16 11	36 22 34 1 34 7 28 1 16 11	3 26 5 5 35 8 29 2 16 11	6 30 6 8 2 8 29 2 16 11	9 34 7 12 4 9 28 1 16 11	12 1 12 16 7 10 28 1 16 11	15 6 18 20 9 11 29 2 16 12	18 11 19 23 11 11 28 2 16 12	21 15 19 25 12 12 28 2 16 12	24 21 25 25 13 12 28 1 16 12	27 24 28 23 14 11 29 2 16 12
18	30 18 31 28 28 7 28 1 16 11	33 22 31 32 31 7 28 1 16 11	36 23 34 1 34 7 28 1 16 11	3 28 5 5 35 8 29 2 16 11	6 31 6 8 2 8 29 2 16 11	9 36 7 12 4 9 28 1 16 11	12 3 12 16 7 10 28 2 16 11	15 8 18 20 9 11 29 2 16 12	18 12 19 23 11 11 28 2 16 12	21 16 19 25 12 12 28 2 16 12	24 22 25 25 13 12 28 1 16 12	27 25 28 23 14 11 29 2 16 12
19	30 19 31 29 29 7 28 1 16 11	34 24 31 34 31 7 28 1 16 11	36 24 34 1 34 7 28 1 16 11	3 29 5 5 36 8 29 2 16 11	6 32 6 8 2 8 29 2 16 11	9 1 7 13 4 9 28 1 16 11	12 4 13 16 7 10 28 2 16 11	15 9 18 20 9 11 29 2 16 12	18 14 18 23 11 11 28 2 16 12	21 18 19 25 12 12 28 2 16 12	24 23 25 25 13 12 28 1 16 12	27 26 28 23 14 11 29 2 16 12
20	30 20 31 29 29 7 28 1 16 11	34 25 31 34 31 7 28 1 16 11	36 25 34 1 34 7 28 1 16 11	3 30 5 5 36 8 29 2 16 11	6 33 6 8 2 8 29 2 16 11	9 2 7 13 4 9 28 1 16 11	12 5 13 16 7 10 28 2 16 11	15 10 18 20 9 11 29 2 16 12	18 15 18 23 11 11 28 2 16 12	21 19 19 25 12 12 28 2 16 12	24 24 25 25 13 12 28 1 16 12	27 28 28 23 14 11 29 2 16 12
21	31 21 31 31 29 7 28 1 16 11	34 26 31 34 31 7 28 1 16 11	1 27 34 1 34 7 28 1 16 11	4 31 5 5 36 8 29 1 16 11	6 34 6 8 2 8 29 2 16 11	9 3 7 13 4 9 28 1 16 11	12 6 13 16 7 9 28 1 16 11	15 11 18 20 9 11 29 2 16 12	18 17 18 23 11 11 28 2 16 12	21 20 21 25 12 12 28 2 16 12	24 25 25 25 13 12 28 1 16 12	27 29 28 23 14 11 29 2 16 12
22	31 23 31 31 29 7 28 1 16 11	34 27 31 34 31 7 28 1 16 11	1 28 36 1 34 7 28 1 16 11	4 32 5 5 36 8 29 2 16 11	7 35 6 8 2 8 28 2 16 11	10 4 7 13 4 9 28 1 16 11	12 7 14 16 7 10 28 2 16 11	15 13 18 20 9 11 29 2 16 12	18 19 18 23 11 11 28 2 16 12	21 22 21 25 12 12 28 2 16 12	24 27 25 24 13 12 28 1 16 12	27 30 28 23 14 11 29 2 16 12
23	31 24 31 31 29 7 28 1 16 11	34 28 31 34 31 7 28 1 16 11	1 29 36 1 34 7 28 1 16 11	4 34 6 6 36 8 29 2 16 11	7 1 6 8 2 8 28 2 16 11	10 5 7 13 4 9 28 1 16 11	12 9 14 16 7 10 28 2 16 11	15 15 18 20 9 11 29 2 16 12	18 20 18 23 11 11 28 2 16 12	21 23 21 25 12 12 28 2 16 12	25 28 25 24 13 12 28 1 16 12	28 33 28 23 14 11 29 2 16 12
24	31 25 31 31 29 7 28 1 16 11	34 30 31 34 31 7 28 1 16 11	1 30 36 1 34 7 28 1 16 11	4 35 6 6 36 8 29 2 16 11	7 2 6 8 2 8 28 2 16 11	10 7 7 13 4 9 28 1 16 11	13 10 14 17 8 10 28 1 16 11	16 16 18 20 9 11 29 2 16 12	19 21 18 23 11 11 28 2 16 12	22 25 21 25 13 12 28 2 16 12	25 30 25 24 13 12 28 1 16 12	28 33 28 23 14 11 29 2 16 12
25	31 26 30 31 29 7 28 1 16 11	34 31 31 34 31 7 28 1 16 11	1 31 36 1 34 7 28 1 16 11	4 36 6 6 36 8 29 2 16 11	7 3 6 10 2 8 28 1 16 11	10 9 7 13 4 9 28 1 16 11	13 12 14 17 8 10 28 2 16 11	16 18 18 20 9 11 29 2 16 12	19 23 18 23 11 11 28 2 16 12	22 26 21 25 13 12 28 2 16 12	25 31 25 24 13 12 28 1 16 12	28 34 28 23 14 11 29 2 16 12
26	31 28 30 31 30 7 28 1 16 11	34 31 31 34 31 7 28 1 16 11	1 33 36 1 34 7 28 1 16 11	4 1 6 6 1 8 28 1 16 11	7 5 6 10 3 9 28 1 16 11	10 10 7 13 4 9 28 1 16 11	13 14 14 17 8 10 28 2 16 11	16 19 18 20 9 11 28 2 16 12	19 24 18 23 11 11 28 2 16 12	22 28 21 25 13 12 28 2 16 12	25 32 25 24 13 12 28 1 16 12	28 35 30 23 14 11 29 2 16 12
27	31 29 30 31 30 7 28 1 16 11	34 33 31 34 31 7 28 1 16 11	1 35 2 2 35 8 29 2 16 11	4 2 6 6 1 8 28 1 16 11	7 6 6 10 3 9 28 1 16 11	10 11 7 13 4 10 28 1 16 11	13 15 14 17 8 10 28 2 16 11	16 20 19 20 10 11 28 2 16 12	19 26 18 23 11 11 28 2 16 12	22 29 21 25 13 12 28 2 16 12	25 33 25 24 13 12 28 1 16 12	28 36 30 23 14 11 29 2 16 12
28	31 30 30 31 30 7 28 1 16 11	34 34 31 34 31 7 28 1 16 11	1 36 2 2 35 8 29 2 16 11	4 4 6 6 1 8 29 2 16 11	7 7 6 10 3 9 28 1 16 11	10 13 7 14 5 10 28 1 16 11	13 17 14 17 8 10 28 2 16 11	16 22 19 20 10 11 28 2 16 12	19 27 18 23 11 11 28 2 16 12	22 30 21 25 13 12 28 2 16 12	25 34 25 24 13 12 28 1 16 12	28 2 30 24 14 11 29 2 16 12
29	31 31 30 31 30 7 28 1 16 11		1 1 2 2 35 8 29 2 16 11	4 6 6 6 1 8 29 2 16 11	7 9 6 10 3 9 28 1 16 11	10 14 7 14 5 10 28 1 16 11	13 18 14 17 8 10 28 2 16 11	16 24 19 20 10 11 28 2 16 12	19 28 18 23 11 11 28 2 16 12	22 31 21 25 13 12 28 2 16 12	25 36 25 24 13 12 28 1 16 12	28 3 30 24 14 11 29 2 16 12
30	31 32 30 31 30 7 28 1 16 11		1 2 2 3 35 8 29 2 16 11	4 7 6 6 1 8 29 2 16 11	7 10 6 10 3 9 28 1 16 11	10 16 7 14 5 10 28 1 16 11	13 19 14 17 8 10 28 1 16 11	16 25 19 20 10 11 28 2 16 12	19 29 18 23 11 11 28 2 16 12	22 32 22 25 13 12 28 2 16 12	25 1 25 24 13 12 28 1 16 12	28 4 30 24 14 11 29 2 16 12
31	32 34 30 31 30 7 28 1 16 11		2 3 2 3 35 8 29 2 16 11		7 12 6 10 3 9 28 1 16 11		13 21 14 17 8 10 28 1 16 11	16 26 19 20 10 11 28 2 16 12		22 34 22 25 13 12 28 2 16 12		28 5 30 24 14 11 29 2 16 12

1931

	JAN	FEB	MÄR	APR	MAI	JUNI	JULI	AUG	SEPT	OKT	NOV	DEZ
1	29 7 29 24 14 11 29 2 16 11	32 12 29 27 13 11 29 2 16 11	34 12 33 30 12 11 30 3 16 11	2 19 2 34 13 11 29 2 16 11	5 22 4 1 14 11 29 2 16 11	8 27 5 5 15 12 30 3 16 11	10 30 12 9 18 12 30 3 16 12	13 35 16 12 19 13 29 2 16 12	16 3 17 16 20 14 29 2 16 12	19 6 17 20 23 14 29 2 16 12	22 11 23 23 25 14 29 2 16 12	25 14 26 26 26 14 29 2 16 12
2	29 8 29 24 14 11 29 2 16 11	32 13 29 27 13 11 29 2 16 11	35 14 33 30 12 11 30 3 16 11	2 19 2 34 13 11 29 2 16 11	5 23 4 2 14 11 29 2 16 11	8 28 5 5 15 12 30 3 16 11	10 32 12 9 18 12 30 3 16 12	13 36 16 13 19 13 29 2 16 12	16 5 17 16 20 14 29 2 16 12	19 8 17 20 23 14 29 2 16 12	22 12 23 23 25 14 29 2 16 12	25 16 28 28 26 14 29 2 16 12
3	29 9 29 24 14 11 29 2 16 11	32 14 29 27 13 11 29 2 16 11	35 15 34 30 12 11 30 3 16 11	2 20 2 34 13 11 29 2 16 11	5 24 4 2 14 11 29 2 16 11	8 30 5 5 15 12 30 3 16 11	11 33 12 9 18 12 30 3 16 12	14 1 16 13 19 13 29 2 16 12	17 6 17 17 20 14 29 2 16 12	19 9 18 20 23 14 29 2 16 12	23 14 23 23 25 14 29 2 16 12	26 17 28 28 26 14 29 2 16 12
4	29 11 29 25 14 11 29 2 16 11	32 16 29 28 13 11 29 2 16 11	35 17 34 30 12 11 30 3 16 11	2 22 4 34 13 11 29 2 16 11	5 26 4 2 14 11 29 2 16 11	8 31 5 5 15 12 30 3 16 11	11 34 12 9 18 12 30 3 16 12	14 2 16 13 19 13 29 2 16 12	17 7 17 17 20 14 29 2 16 12	20 10 18 20 23 14 29 2 16 12	23 15 23 23 25 14 29 2 16 12	26 19 28 28 26 14 29 2 16 12
5	29 12 29 25 14 11 29 2 16 11	32 17 29 28 13 11 29 2 16 11	35 18 34 30 12 11 30 3 16 11	2 24 4 34 13 11 29 2 16 11	5 27 4 2 14 11 29 2 16 11	8 32 5 5 15 12 30 3 16 11	11 36 12 9 18 12 30 3 16 12	14 3 16 13 19 13 29 2 16 12	17 8 17 17 20 14 29 2 16 12	20 11 19 20 23 14 29 2 16 12	23 16 23 23 25 14 29 2 16 12	26 20 28 28 26 14 29 2 16 12
6	29 14 29 25 14 11 29 2 16 11	32 19 29 28 13 11 29 2 16 11	35 21 34 31 12 11 30 3 16 11	2 25 4 34 13 11 29 2 16 11	5 28 4 2 14 11 29 2 16 11	8 33 6 6 15 12 30 3 16 11	11 36 12 9 18 12 30 3 16 12	14 5 16 13 19 13 29 2 16 12	17 9 17 17 20 14 29 2 16 12	20 13 19 20 23 14 29 2 16 12	23 18 23 23 25 14 29 2 16 12	26 22 28 28 26 14 29 2 16 12
7	29 15 29 25 14 11 29 2 16 11	32 20 29 29 13 11 29 2 16 11	35 21 34 31 12 11 30 3 16 11	2 26 4 34 13 11 29 2 16 11	5 29 4 2 14 11 29 2 16 11	8 34 7 7 16 12 30 3 16 11	11 2 12 9 18 12 30 3 16 12	14 6 16 13 19 13 29 2 16 12	17 11 17 17 20 14 29 2 16 12	20 14 19 20 23 14 29 2 16 12	23 19 24 26 26 14 29 2 17 12	26 23 28 28 26 14 29 2 16 12
8	29 17 29 25 14 11 29 2 16 11	32 22 31 28 13 11 29 2 16 11	35 23 34 31 12 11 30 3 16 11	2 28 4 34 13 11 29 2 16 11	5 31 4 2 14 11 29 2 16 11	8 36 7 7 16 12 30 3 16 11	11 3 12 10 18 12 30 3 16 12	14 7 16 13 19 13 29 2 16 12	17 12 17 17 20 14 29 2 16 12	20 16 19 20 23 14 29 2 16 12	23 20 24 26 26 14 29 2 17 12	26 25 28 28 26 14 29 2 16 12
9	29 18 29 25 14 11 29 2 16 11	32 23 31 28 13 11 29 2 16 11	35 24 36 31 12 11 30 3 16 11	2 29 5 35 13 11 29 2 16 11	5 32 4 2 14 11 29 2 16 11	8 1 7 7 16 12 30 3 16 11	11 4 12 10 18 12 30 3 16 12	14 8 16 13 19 13 29 2 16 12	17 14 16 17 20 14 29 2 16 12	20 17 20 20 23 14 29 2 16 12	23 22 24 26 26 14 29 2 17 12	26 26 28 28 26 14 29 2 16 12
10	29 20 29 25 14 11 29 2 16 11	32 25 31 28 13 11 29 2 16 11	35 25 36 33 12 11 30 3 16 11	2 30 5 35 13 11 29 2 16 11	5 34 4 2 14 11 29 2 16 11	8 2 7 7 16 12 30 3 16 11	11 5 12 10 18 12 30 3 16 12	14 10 16 13 19 13 29 2 16 12	17 15 16 17 20 14 29 2 16 12	20 19 20 20 23 14 29 2 16 12	23 24 24 26 26 14 29 2 17 12	26 28 28 29 28 14 29 2 16 12
11	30 21 29 25 14 11 29 2 16 11	33 26 31 28 13 11 29 2 16 11	35 27 36 33 12 11 30 3 16 11	3 31 5 35 13 11 29 2 16 11	5 35 4 2 14 11 29 2 16 11	8 3 7 7 16 12 30 3 16 11	11 6 13 10 18 12 30 3 16 12	14 12 17 13 19 13 29 2 16 12	17 16 16 17 20 14 29 2 16 12	20 20 20 20 23 14 29 2 16 12	23 26 25 26 26 14 29 2 17 12	26 29 28 29 28 14 29 2 16 12
12	30 23 29 26 14 11 29 2 16 11	33 27 31 28 13 11 29 2 16 11	36 28 36 33 12 11 30 3 16 11	3 33 5 35 13 11 29 2 16 11	6 36 4 2 14 11 29 2 16 11	9 5 7 7 16 12 30 3 16 11	11 8 13 10 18 12 30 3 16 12	14 13 17 13 19 13 29 2 16 12	17 18 16 17 20 14 29 2 16 12	20 22 20 20 23 14 29 2 16 12	23 27 25 26 26 14 29 2 17 12	26 30 28 29 28 14 29 2 16 12
13	30 24 29 26 14 11 29 2 16 11	33 29 31 28 13 11 29 2 16 11	36 30 36 33 12 11 30 3 16 11	3 34 5 35 13 11 29 2 16 11	6 1 4 2 14 11 29 2 16 11	9 6 7 7 16 12 30 3 16 11	12 9 13 10 18 12 30 3 16 12	14 14 17 13 19 13 29 2 16 12	17 19 16 17 20 14 29 2 16 12	20 23 20 20 23 14 29 2 16 12	24 28 25 26 26 14 29 2 17 12	27 32 28 29 28 14 29 2 16 12
14	30 25 29 26 14 11 29 2 16 11	33 30 31 28 13 11 29 2 16 11	36 31 36 33 12 11 30 3 16 11	3 35 5 35 13 11 29 2 16 11	6 2 4 2 14 11 29 2 16 11	9 7 7 7 16 12 30 3 16 11	12 10 13 10 18 12 30 3 16 12	15 15 17 13 19 13 29 2 16 12	18 20 16 17 20 14 29 2 16 12	21 25 20 20 23 14 29 2 16 12	24 29 25 26 26 14 29 2 17 12	27 33 28 29 28 14 29 2 16 12
15	30 27 29 26 14 11 29 2 16 11	33 31 31 29 13 11 29 2 16 11	36 32 36 33 12 11 30 3 16 11	3 36 5 35 13 11 29 2 16 11	6 3 4 2 14 11 29 2 16 11	9 8 7 7 16 12 30 3 16 11	12 12 13 10 18 12 30 3 16 12	15 17 17 13 19 13 29 2 16 12	18 22 16 17 22 14 29 2 16 12	21 26 20 22 23 14 29 2 16 12	24 31 26 26 26 14 29 2 17 12	27 34 28 29 28 14 29 2 16 12
16	30 28 29 26 14 11 29 2 16 11	33 32 31 29 12 11 29 2 16 11	36 33 36 33 12 11 30 3 16 11	3 2 5 36 13 11 30 2 16 11	6 5 4 2 14 11 29 2 16 11	9 9 7 7 16 12 30 3 16 11	12 13 13 10 18 12 30 3 16 12	15 18 17 13 19 13 29 2 16 12	18 24 16 17 22 14 29 2 16 12	21 27 20 22 23 14 29 2 16 12	24 32 26 26 26 14 29 2 17 12	27 35 28 29 28 14 29 2 16 12
17	30 29 29 26 14 11 29 2 16 11	33 33 31 29 12 11 29 2 16 11	36 34 36 33 12 11 30 3 16 11	3 3 5 36 13 11 30 2 16 11	6 6 4 2 14 11 29 2 16 11	9 11 7 7 16 12 30 3 16 11	12 15 14 11 17 11 29 2 16 12	15 20 17 14 20 13 29 2 16 12	18 25 16 17 22 14 29 2 16 12	21 29 20 22 23 14 29 2 16 12	24 33 26 26 26 14 29 2 17 12	27 1 28 29 28 14 29 2 16 12
18	30 30 29 26 14 11 29 2 16 11	33 34 32 29 12 11 29 2 16 11	36 35 36 33 12 11 30 3 16 11	3 4 5 36 13 11 30 2 16 11	6 7 4 2 14 11 29 2 16 11	9 12 7 7 16 12 30 3 16 11	12 16 14 11 17 11 29 2 16 12	15 21 17 14 20 13 29 2 16 12	18 26 16 18 22 14 29 2 16 12	21 30 20 22 23 14 29 2 16 12	24 35 26 26 26 14 29 2 17 12	27 2 28 29 28 14 29 2 16 12
19	30 32 29 26 14 11 29 2 16 11	34 36 32 29 12 11 29 2 16 11	36 1 1 33 12 11 30 3 16 11	3 5 5 36 13 11 30 2 16 11	6 8 4 2 14 11 29 2 16 11	9 14 7 7 16 12 30 3 16 11	12 17 14 11 17 11 29 2 16 12	15 23 17 14 20 13 29 2 16 12	18 28 16 18 22 14 29 2 16 12	21 32 20 22 23 14 29 2 16 12	24 36 26 26 26 14 29 2 17 12	27 3 28 29 28 14 29 2 16 12
20	30 33 29 26 14 11 29 2 16 11	34 1 32 29 12 11 29 2 16 11	36 2 1 33 12 11 30 3 16 11	3 6 5 36 13 11 30 2 16 11	6 10 4 2 14 11 29 2 16 11	9 15 9 7 16 12 30 3 16 11	12 19 14 11 17 11 29 2 16 12	15 24 17 14 20 13 29 2 16 12	18 29 16 18 22 14 29 2 16 12	21 33 20 22 23 14 29 2 16 12	24 1 26 26 26 14 29 2 17 12	27 4 28 29 28 14 29 2 16 12
21	31 34 29 26 13 11 29 2 16 11	34 2 32 29 12 11 29 2 16 11	36 3 1 33 12 11 30 3 16 11	4 8 5 36 13 11 29 2 16 11	6 11 4 4 14 11 29 2 16 11	9 17 9 7 16 12 30 3 16 11	12 20 14 11 17 11 29 2 16 12	15 26 17 14 20 13 29 2 16 12	18 30 16 18 22 14 29 2 16 12	21 34 21 22 23 14 29 2 16 12	24 2 26 26 26 14 29 2 17 12	27 5 26 29 29 14 29 2 16 12
22	31 35 29 26 13 11 29 2 16 11	34 3 32 29 12 11 29 2 16 11	1 4 3 33 12 11 30 3 16 11	4 9 5 36 13 11 29 2 16 11	6 13 4 4 14 11 29 2 16 11	10 18 9 7 16 12 30 3 16 11	12 22 14 11 17 11 29 2 16 12	15 27 17 14 20 13 29 2 16 12	18 32 16 18 22 14 29 2 16 12	22 35 21 22 23 14 29 2 16 12	24 3 26 26 26 14 29 2 17 12	27 7 26 29 29 14 29 2 16 12
23	31 36 29 26 13 11 29 2 16 11	34 5 32 29 12 11 29 2 16 11	1 6 3 33 12 11 30 3 16 11	4 11 5 36 14 11 29 2 16 11	7 14 4 4 15 11 29 2 16 11	10 20 9 7 16 12 30 3 16 11	12 23 14 11 17 11 29 2 16 12	15 28 17 14 20 13 29 2 16 12	18 33 16 18 22 14 29 2 16 12	22 36 22 22 23 14 29 2 16 12	25 5 26 26 26 14 29 2 16 12	28 8 26 29 29 14 29 2 16 12
24	31 2 29 26 13 11 29 2 16 11	34 6 32 29 12 11 29 2 16 11	1 7 3 33 12 11 30 3 16 11	4 12 5 36 14 11 29 2 16 11	7 15 4 4 15 11 29 2 16 11	10 21 9 7 16 12 30 3 16 11	13 24 14 11 17 13 29 2 16 12	16 29 17 14 20 13 29 2 16 12	19 34 16 19 22 14 29 2 16 12	22 1 22 23 23 14 29 2 16 12	25 6 26 26 26 14 29 2 16 12	28 9 26 29 29 14 29 2 16 12
25	31 3 29 26 13 11 29 2 16 11	34 7 32 30 12 11 30 3 16 11	1 8 3 33 12 11 30 3 16 11	4 14 5 36 14 11 29 2 16 11	7 17 4 4 15 11 29 2 16 11	10 22 9 7 16 12 30 3 16 11	13 25 14 11 17 13 29 2 16 12	16 31 17 14 20 13 29 2 16 12	19 35 16 19 22 14 29 2 16 12	22 2 22 23 23 14 29 2 16 12	25 7 26 26 26 14 29 2 16 12	28 10 26 31 29 14 29 2 16 12
26	31 4 29 26 13 11 29 2 16 11	34 8 32 30 12 11 30 3 16 11	1 9 3 33 12 11 30 3 16 11	4 15 5 36 14 11 29 2 16 11	7 18 4 4 15 11 29 2 16 11	10 24 10 7 16 12 30 3 16 11	13 26 14 11 17 13 29 2 16 12	16 32 17 14 20 13 29 2 16 12	19 1 17 19 22 14 29 2 16 12	22 4 22 23 23 14 29 2 16 12	25 8 26 26 26 14 29 2 16 12	28 11 26 31 29 14 29 2 16 12
27	31 5 29 26 13 11 29 2 16 11	34 10 33 30 12 11 30 3 16 11	1 10 2 33 12 11 30 2 16 11	4 16 5 1 14 11 29 2 16 11	7 19 4 4 15 11 29 2 16 11	10 25 10 7 16 12 30 3 16 12	13 29 14 11 17 13 29 2 16 12	16 33 17 16 20 13 29 2 16 12	19 2 17 20 22 14 29 2 16 12	22 5 22 23 23 14 29 2 16 12	25 9 26 26 26 14 29 2 16 12	28 13 26 31 29 14 29 2 16 12
28	31 6 29 26 13 11 29 2 16 11	34 12 33 30 12 11 30 3 16 11	1 12 2 33 12 11 30 2 16 11	4 17 5 1 14 11 29 2 16 11	7 20 4 4 15 11 29 2 16 11	10 26 10 7 16 12 30 3 16 12	13 30 14 11 17 13 29 2 16 12	16 34 17 16 20 13 29 2 16 12	19 3 17 20 22 14 29 2 16 12	22 6 22 23 23 14 29 2 16 12	25 11 26 26 26 14 29 2 16 12	28 14 26 31 29 14 29 2 16 12
29	31 8 29 26 13 11 29 2 16 11		1 13 2 33 12 11 30 2 16 11	4 19 5 1 14 11 29 2 16 11	7 22 4 4 15 11 29 2 16 11	10 28 10 7 16 12 30 3 16 12	13 31 16 11 17 13 29 2 16 12	16 36 17 16 20 13 29 2 16 12	19 4 17 20 22 14 29 2 16 12	22 7 22 23 23 14 29 2 16 12	25 12 26 26 26 14 29 2 16 12	28 16 26 31 29 14 29 2 16 12
30	31 9 29 27 14 11 29 2 16 11		1 15 2 33 12 11 30 2 16 11	4 21 5 1 14 11 29 2 16 11	7 24 5 5 15 11 29 2 16 11	10 30 10 7 16 12 30 3 16 12	13 32 16 11 18 13 29 2 16 12	16 1 17 16 20 13 29 2 16 12	19 5 17 20 22 14 29 2 16 12	22 8 22 23 23 14 29 2 16 12	25 13 26 26 26 14 29 2 16 12	28 17 26 31 29 14 29 2 16 12
31	32 10 29 27 14 11 29 2 16 11		1 16 2 33 12 11 30 2 16 11		7 25 5 5 15 11 29 2 16 11		13 33 16 11 18 13 29 2 16 12	16 2 17 16 20 13 29 2 16 12		22 10 22 23 23 14 29 2 16 12		28 19 26 31 29 14 29 2 16 12

1932

	JAN	FEB	MÄR	APR	MAI	JUNI	JULI	AUG	SEPT	OKT	NOV	DEZ
1	28 21 27 31 30 15 30 3 16 12	32 25 30 34 32 14 30 2 16 12	35 28 34 2 34 14 30 2 16 12	2 32 2 6 36 14 31 2 16 11	5 36 2 8 2 14 31 2 16 12	8 4 6 12 6 15 31 3 16 12	10 7 12 10 7 15 31 3 16 12	13 12 16 9 9 15 31 3 16 12	16 18 15 12 12 16 30 3 16 12	19 21 19 15 13 16 30 3 16 12	22 27 24 18 15 17 30 3 17 12	25 30 7 22 16 17 30 3 16 12
2	29 21 27 31 30 15 30 3 16 12	32 27 30 34 32 14 30 2 16 12	35 29 35 2 34 14 30 2 16 12	2 34 2 6 36 14 31 2 16 11	5 1 2 8 2 14 31 2 16 12	8 6 6 12 6 15 31 3 16 12	11 9 12 10 7 15 31 3 16 12	13 13 16 9 9 15 31 3 16 12	16 19 15 12 12 16 30 3 16 12	19 22 19 15 13 16 30 3 16 12	22 28 24 18 15 17 30 3 17 12	26 33 27 22 16 17 31 3 16 12
3	29 23 27 31 30 15 30 3 16 12	32 28 30 36 32 14 30 2 16 12	35 30 35 2 34 14 30 2 16 12	2 35 2 6 36 14 31 2 16 11	5 2 2 8 2 14 31 2 16 12	8 7 7 12 6 15 31 3 16 12	11 10 13 10 7 15 31 3 16 12	14 15 16 9 9 15 30 3 16 12	17 20 15 12 12 16 30 3 16 12	20 24 19 15 13 16 30 3 16 12	23 29 25 19 15 17 30 3 17 12	26 33 27 22 16 17 31 3 16 12
4	29 24 27 31 30 15 30 3 16 12	32 30 30 36 32 14 30 2 16 12	35 32 35 2 34 14 30 2 16 12	2 36 2 6 36 14 31 2 16 11	5 4 2 8 2 14 31 2 16 12	8 8 7 12 6 15 31 3 16 12	11 11 13 10 7 15 31 3 16 12	14 16 16 9 9 15 30 3 16 12	17 21 15 12 12 16 30 3 16 12	20 25 19 15 13 16 30 3 16 12	23 30 25 19 15 17 30 3 17 12	26 34 27 22 16 17 31 3 16 12
5	29 26 27 32 30 15 30 3 16 12	32 31 30 36 32 14 30 2 16 12	35 33 35 2 34 14 30 2 16 12	2 2 2 7 1 14 31 2 16 11	5 5 2 8 2 14 31 2 16 12	8 9 7 12 6 15 31 3 16 12	11 13 13 10 7 15 31 3 16 12	14 18 16 10 10 15 30 3 16 12	17 23 15 12 12 16 30 3 16 12	20 27 19 15 13 16 30 3 16 12	23 32 25 19 15 17 30 3 17 12	26 36 27 23 16 17 31 3 16 12
6	29 27 27 32 30 15 30 3 16 12	32 32 31 36 32 14 30 2 16 12	35 34 35 2 34 14 30 2 16 12	2 2 2 7 1 14 31 2 16 11	5 6 2 8 2 14 31 2 16 12	8 12 7 12 6 15 31 3 16 12	11 14 13 10 7 15 31 3 16 12	14 19 16 10 10 15 30 3 16 12	17 24 15 12 12 16 30 3 16 12	20 28 19 15 13 16 30 3 16 12	23 33 25 19 15 17 30 3 17 12	26 1 27 23 16 17 31 3 16 12
7	29 28 27 32 30 15 30 3 16 12	32 33 31 36 32 14 30 2 16 12	35 35 36 3 34 14 30 2 16 12	2 4 2 7 1 14 31 2 16 11	5 7 2 8 2 14 31 2 16 12	8 12 7 12 6 15 31 3 16 12	11 15 13 10 7 15 31 3 16 12	14 21 16 10 10 15 30 3 16 12	17 25 15 12 12 16 30 3 16 12	20 30 20 16 13 16 30 2 16 12	23 35 25 19 15 17 30 3 17 12	26 2 25 23 16 17 31 3 16 12
8	29 30 27 32 30 15 30 3 16 12	32 34 31 36 32 14 30 2 16 12	35 1 36 3 34 14 30 2 16 12	2 5 2 7 1 14 31 2 16 11	5 8 2 8 2 14 31 2 16 12	8 13 7 12 6 15 31 3 16 12	11 16 13 10 7 15 31 3 16 12	14 22 16 10 10 15 30 3 16 12	17 27 15 12 12 16 30 3 16 12	20 31 20 16 13 16 30 2 16 12	23 36 25 19 15 17 30 3 17 12	26 3 25 23 16 17 31 3 16 12
9	29 31 27 32 30 15 30 3 16 12	32 36 31 36 32 14 30 2 16 12	35 2 36 3 34 14 30 2 16 12	2 6 2 7 1 14 31 2 16 11	5 10 2 8 2 14 31 2 16 12	8 15 7 12 6 15 31 3 16 12	11 18 13 10 7 15 31 3 16 12	14 24 16 10 10 15 30 3 16 12	17 28 16 13 12 16 30 3 16 12	20 32 20 16 13 16 30 2 16 12	23 1 25 19 15 17 30 3 17 12	26 4 25 23 16 17 31 3 16 12
10	29 33 27 32 30 15 30 3 16 12	33 1 31 36 32 14 30 2 16 12	35 3 1 4 34 14 31 2 16 12	3 7 2 7 1 14 31 2 16 11	5 11 2 8 2 14 31 2 16 12	8 16 7 12 6 15 31 3 16 12	11 19 13 10 7 15 31 3 16 12	14 25 16 10 10 15 30 3 16 12	17 30 16 13 12 16 30 3 16 12	20 34 20 16 13 16 30 2 16 12	23 2 25 19 15 17 30 3 17 12	26 6 25 23 16 17 31 3 16 12
11	30 34 27 32 30 15 30 3 16 12	33 2 32 36 32 14 30 2 16 12	36 4 1 4 34 14 31 2 16 12	3 8 2 7 1 14 31 2 16 11	6 12 2 8 2 14 31 2 6 12	9 17 9 12 6 15 31 3 16 12	11 21 13 10 8 15 31 3 17 12	14 26 16 10 10 15 30 3 16 12	17 31 16 13 12 16 30 3 16 12	20 35 20 16 13 16 30 2 16 12	23 3 25 19 15 17 30 3 17 12	27 7 25 23 16 17 31 3 16 12
12	30 35 27 32 30 14 30 2 16 12	33 3 32 36 32 14 30 2 16 12	36 5 1 4 34 14 31 2 16 12	3 10 2 7 1 14 31 2 16 11	6 13 2 8 2 14 31 2 16 12	9 18 9 12 6 15 31 3 16 12	11 22 15 10 7 15 31 3 17 12	14 27 15 10 10 16 30 3 16 12	18 33 16 13 12 16 30 3 16 12	20 36 20 16 13 16 30 3 16 12	23 5 27 21 15 17 31 3 17 12	27 8 25 23 16 17 31 3 16 12
13	30 36 27 32 30 14 30 2 16 12	33 5 32 1 32 14 30 2 16 12	36 7 1 4 34 14 31 2 16 12	3 11 2 7 1 14 31 2 16 11	6 15 2 10 4 14 31 2 16 12	9 20 9 10 6 15 31 3 16 12	12 24 15 10 9 15 31 3 16 12	15 29 15 10 10 16 30 3 16 12	18 34 16 13 12 16 30 3 16 12	21 2 22 16 14 16 30 3 16 12	24 6 27 21 15 17 31 3 17 12	27 9 25 24 16 17 31 3 16 12
14	30 2 28 32 30 14 30 2 16 12	33 6 32 1 32 14 30 2 16 12	36 8 1 4 34 14 31 2 16 12	3 12 2 7 1 14 31 2 16 11	6 16 2 10 4 14 31 2 16 12	9 21 9 10 6 15 31 3 16 12	12 25 15 9 9 15 31 3 16 12	15 30 15 10 10 16 30 3 16 12	18 35 16 13 12 16 30 3 16 12	21 3 23 17 15 17 30 3 17 12	24 7 27 21 16 17 31 3 16 12	27 11 25 24 16 17 31 3 16 12
15	30 3 28 32 30 14 30 2 16 12	33 7 32 1 32 14 30 2 16 12	36 9 2 4 34 14 31 2 16 12	3 13 2 8 2 14 31 2 16 11	6 17 2 10 4 14 31 2 16 12	9 22 9 10 6 15 31 3 16 12	12 27 15 9 9 15 31 3 16 12	15 31 15 10 10 16 30 3 16 12	18 36 16 13 12 16 30 3 16 12	21 4 23 17 15 17 30 3 17 12	24 8 27 21 16 17 31 3 16 12	27 12 26 24 17 17 31 3 17 12
16	30 4 28 32 30 14 30 2 16 12	33 8 32 1 32 14 30 2 16 12	36 10 2 4 34 14 31 2 16 12	3 15 2 8 2 14 31 2 16 11	6 19 4 10 4 14 31 2 16 12	9 24 9 10 6 15 31 3 16 12	12 28 15 9 9 15 31 3 16 12	15 33 15 10 10 16 30 3 16 12	18 2 16 13 12 16 30 3 16 12	21 5 23 17 15 17 30 3 17 12	24 9 27 21 16 17 31 3 16 12	27 13 26 24 17 17 31 3 17 12
17	30 5 28 32 30 14 30 2 16 12	33 9 32 1 32 14 30 2 16 12	36 11 2 4 35 14 31 2 16 12	3 16 2 8 2 14 31 2 16 12	6 20 4 10 4 14 31 2 16 12	9 26 10 10 6 15 31 3 16 12	12 29 15 9 9 15 30 3 16 12	15 34 15 10 10 16 30 3 16 12	18 3 16 13 12 16 30 3 16 12	21 6 23 17 15 17 30 3 17 12	24 11 27 21 16 17 31 3 16 12	27 14 26 24 17 17 31 3 17 12
18	30 6 28 32 30 14 30 2 16 12	33 11 32 1 32 14 30 2 16 12	36 13 2 4 35 14 31 2 16 12	3 18 2 8 2 14 31 2 16 12	6 22 4 10 4 14 31 2 16 12	9 27 10 10 6 15 31 3 16 12	12 30 15 9 9 15 30 3 16 12	15 36 15 10 10 16 30 3 16 12	18 4 16 13 12 16 30 3 16 12	21 8 23 17 15 17 30 3 17 12	24 12 27 21 16 17 31 3 16 12	27 15 26 24 17 17 31 3 17 12
19	30 8 28 32 30 14 30 2 16 12	33 12 32 2 32 14 30 2 16 12	36 14 2 4 35 14 31 2 16 11	3 19 2 8 2 14 31 2 16 12	6 24 4 10 4 14 31 2 16 12	9 29 10 10 6 15 31 3 16 12	12 32 15 9 9 15 30 3 16 12	15 1 15 10 10 16 30 3 16 12	18 5 16 14 12 16 30 3 16 12	21 9 23 17 15 17 30 3 17 12	24 13 27 21 16 17 31 3 16 12	27 17 26 24 17 17 31 3 17 12
20	30 9 28 34 30 14 30 2 16 12	34 14 34 2 34 14 30 2 16 12	36 16 2 5 35 14 31 2 16 11	3 20 2 8 2 14 31 2 16 12	6 25 4 10 4 14 31 2 16 12	9 30 10 10 6 15 31 3 16 12	12 33 15 9 9 15 30 3 16 12	15 2 15 10 10 16 30 3 16 12	18 6 16 14 13 16 30 3 16 12	21 10 23 17 15 17 30 3 17 12	24 15 27 21 16 17 30 3 16 12	27 18 26 25 17 17 31 3 17 12
21	31 10 28 34 31 14 31 2 16 12	34 15 34 2 34 14 30 2 16 12	1 17 2 5 35 14 31 2 16 11	4 22 2 8 2 14 31 2 16 12	7 26 4 10 4 14 31 2 16 12	9 31 10 10 6 15 31 3 16 12	12 35 15 9 9 15 30 3 16 12	15 3 15 10 10 16 30 3 16 12	18 7 18 14 13 16 30 3 16 12	21 11 23 17 15 17 30 3 17 12	24 16 27 21 16 17 30 3 16 12	27 19 26 25 17 17 31 3 17 12
22	31 11 28 34 31 14 31 2 16 12	34 16 34 2 34 14 30 2 16 12	1 19 2 5 35 14 31 2 16 11	4 23 2 8 2 14 31 2 16 12	7 28 4 10 4 14 31 2 16 12	10 33 10 10 6 15 31 3 16 12	12 36 15 9 9 15 30 3 16 12	15 4 15 10 10 16 30 3 16 12	18 9 18 15 13 16 30 3 16 12	21 12 23 17 15 17 30 3 17 12	24 17 27 21 16 17 30 3 16 12	28 21 26 25 17 17 31 3 17 12
23	31 13 28 34 31 14 31 2 16 12	34 18 34 2 34 14 30 2 16 12	1 20 2 5 35 14 31 2 16 11	4 26 2 8 2 14 31 2 16 12	7 29 4 10 4 14 31 2 16 12	10 34 10 10 7 15 31 3 16 12	13 2 15 9 9 15 30 3 16 12	16 6 15 10 10 16 30 3 16 12	19 10 18 15 13 16 30 3 16 12	21 14 23 17 15 17 30 3 16 12	25 18 27 21 16 17 30 3 16 12	28 22 26 25 17 17 31 3 17 12
24	31 14 28 34 31 14 31 2 16 12	34 19 34 2 34 14 30 2 16 12	1 22 2 5 35 14 31 2 16 11	4 27 2 8 2 14 31 2 16 12	7 31 4 10 4 14 31 2 16 12	10 35 10 10 7 15 31 3 16 12	13 3 15 9 9 15 30 3 16 12	16 7 15 10 10 16 30 3 16 12	19 12 18 15 13 16 30 3 16 12	22 15 23 17 15 17 30 3 16 12	25 20 27 21 16 17 30 3 16 12	28 23 26 26 17 17 31 3 17 12
25	31 15 28 34 31 14 31 2 16 12	34 21 34 2 34 14 30 2 16 12	1 23 2 5 35 14 31 2 16 11	4 28 2 8 2 14 31 2 16 12	7 32 4 10 4 14 31 2 16 12	10 36 10 10 7 15 31 3 16 12	13 4 15 9 9 15 30 3 16 12	16 8 15 12 12 16 30 3 16 12	19 13 18 15 13 16 30 3 16 12	22 16 23 17 15 17 30 3 16 12	25 21 27 21 16 17 30 3 16 12	28 25 26 26 17 17 31 3 17 12
26	31 16 28 34 31 14 30 2 16 12	34 22 34 2 34 14 30 2 16 12	1 25 2 5 35 14 31 2 16 11	4 29 2 8 2 14 31 2 16 12	7 33 4 10 4 14 31 2 16 12	10 2 10 10 7 15 31 3 16 12	13 5 15 9 9 15 30 3 16 12	16 9 15 12 12 16 30 3 16 12	19 14 19 15 13 16 30 3 16 12	22 17 23 17 15 17 30 3 16 12	25 22 27 22 16 17 31 3 16 12	28 27 26 26 17 17 31 3 17 12
27	31 18 28 34 31 14 30 2 16 12	34 23 34 2 34 14 30 2 16 12	1 26 2 5 35 14 31 2 16 11	4 31 2 8 2 14 31 2 16 12	7 34 4 10 4 14 31 2 16 12	10 3 12 10 7 15 31 3 16 12	13 6 15 9 9 15 30 3 16 12	16 11 15 12 12 16 30 3 16 12	19 15 19 15 13 16 30 3 16 12	22 19 23 17 15 17 30 3 16 12	25 24 27 22 16 17 31 3 16 12	28 28 26 26 17 17 31 3 17 12
28	31 20 30 34 31 14 30 2 16 12	34 25 34 2 34 14 30 2 16 12	1 27 2 5 35 14 31 2 16 11	4 32 2 8 2 14 31 2 16 12	7 36 4 10 4 14 31 2 16 12	10 4 12 10 7 15 31 3 16 12	13 8 16 9 9 15 30 3 16 12	16 12 15 12 12 16 30 3 16 12	19 16 19 15 13 16 30 3 16 12	22 21 23 17 15 17 30 3 16 12	25 26 27 22 16 17 31 3 16 12	28 30 26 26 17 17 31 3 17 12
29	31 21 30 34 32 14 30 2 16 12	34 26 34 2 34 14 30 2 16 12	1 29 2 6 36 14 31 2 16 11	4 34 2 8 2 14 31 2 16 12	7 1 5 10 4 14 31 2 16 12	10 5 12 10 7 15 31 3 16 12	13 9 16 9 9 15 30 3 16 12	16 13 15 12 12 16 30 3 16 12	19 18 19 15 13 16 30 3 16 12	22 22 23 27 15 17 30 3 16 12	25 27 27 22 16 17 31 3 16 12	28 31 26 26 17 17 31 3 17 12
30	31 23 30 34 32 14 30 2 16 12		2 30 2 6 36 14 31 2 16 11	4 35 2 8 2 14 31 2 16 12	7 2 5 10 4 14 31 2 16 12	10 6 12 10 7 15 31 3 16 12	13 10 16 9 9 15 30 3 16 12	16 14 15 12 12 16 30 3 16 12	19 19 19 15 13 16 30 3 16 12	22 23 23 18 15 17 30 3 16 12	25 29 27 22 16 17 31 3 16 12	28 33 26 26 17 17 31 3 17 12
31	32 34 30 34 32 14 30 2 16 12		2 31 2 6 36 14 31 2 16 11		7 3 5 10 4 14 31 2 16 12		13 11 16 9 9 15 30 3 16 12	16 16 15 12 12 16 30 3 16 12		22 25 23 18 15 17 30 3 16 12		28 34 26 26 17 17 31 3 17 12

1933

	JAN	FEB	MÄR	APR	MAI	JUNI	JULI	AUG	SEPT	OKT	NOV	DEZ
1	29 35 26 26 17 17 31 2 17 12	32 4 31 30 18 18 31 2 16 12	35 4 36 33 16 16 31 2 16 12	2 9 36 2 16 17 32 2 16 12	5 12 3 5 16 16 32 3 16 12	8 16 9 9 16 16 31 3 16 12	10 20 14 12 18 16 32 3 16 12	13 25 14 16 20 18 32 3 16 12	16 31 15 20 22 18 31 3 16 12	19 34 21 24 24 19 31 3 16 12	22 3 26 27 27 20 32 3 17 12	25 7 23 30 29 20 32 3 17 12
2	29 36 26 26 17 17 31 2 17 12	32 5 31 30 18 18 31 2 16 12	35 5 36 33 16 16 31 2 16 12	2 10 36 2 16 17 32 2 16 12	5 14 3 5 16 16 32 3 16 12	8 18 9 9 16 16 31 3 16 12	11 22 14 12 18 16 32 3 16 12	13 27 14 16 20 18 32 3 16 12	16 32 16 20 22 18 31 3 16 12	19 35 21 24 24 19 31 3 16 12	22 5 26 27 27 20 32 3 17 12	25 8 23 30 29 20 32 3 17 12
3	29 2 26 26 17 17 31 2 17 12	32 6 31 30 18 18 31 2 16 12	35 7 36 33 16 16 31 2 16 12	2 11 36 2 16 17 32 2 16 12	5 14 3 5 16 16 32 3 16 12	8 19 9 9 16 16 31 3 16 12	11 22 14 13 18 16 32 3 16 12	14 28 14 16 20 18 32 3 16 12	17 34 16 20 22 18 31 3 16 12	19 1 21 24 24 19 31 3 16 12	23 6 26 27 27 20 32 3 17 12	26 9 23 30 29 20 32 3 17 12
4	29 2 26 26 17 17 31 2 17 12	32 7 31 30 18 18 31 2 16 12	35 8 1 34 16 16 31 2 16 12	2 12 36 2 16 17 32 2 16 12	5 16 3 5 16 16 32 3 16 12	8 21 9 9 16 16 31 3 16 12	11 25 14 13 18 16 32 3 16 12	14 30 13 16 20 18 32 3 16 12	17 35 16 20 22 18 31 3 16 12	20 3 21 24 24 19 31 3 16 12	23 8 26 27 27 20 32 3 17 12	26 11 23 30 29 20 32 3 17 12
5	29 4 26 26 17 17 31 2 17 12	32 9 31 30 18 18 31 2 16 12	35 9 1 34 16 16 31 2 16 12	2 14 36 2 16 17 32 2 16 12	5 17 3 5 16 16 32 3 16 12	8 22 9 9 16 16 31 3 16 12	11 26 14 13 18 17 32 3 16 12	14 32 13 16 20 18 32 3 16 12	17 36 15 21 22 18 31 3 16 12	20 4 21 24 24 19 31 3 16 12	23 9 26 27 27 20 32 3 17 12	26 12 24 30 29 20 32 3 17 12
6	29 5 26 26 17 17 31 2 17 12	32 10 31 30 18 18 31 2 16 12	35 10 1 34 16 16 31 2 16 12	2 15 36 2 16 17 32 2 16 12	5 18 3 5 16 16 32 3 16 12	8 24 9 9 16 16 31 3 16 12	11 28 14 13 19 17 32 3 16 12	14 33 13 16 20 18 32 3 16 12	17 1 15 21 22 18 31 3 16 12	20 5 22 24 24 19 31 3 16 12	23 10 26 27 27 20 32 3 17 12	26 13 24 30 29 20 32 3 17 12
7	29 6 26 26 17 17 31 2 17 12	32 11 31 31 18 18 31 2 16 12	35 12 1 34 16 16 31 2 16 12	2 16 36 2 16 17 32 2 16 12	5 20 3 5 16 16 32 3 16 12	8 25 9 9 16 16 31 3 16 12	11 29 14 13 19 17 32 3 16 12	14 34 13 16 20 18 32 3 16 12	17 3 15 21 22 18 31 3 16 12	20 6 22 24 24 19 31 3 16 12	23 11 26 28 27 20 32 3 17 12	26 14 24 30 29 20 32 3 17 12
8	29 8 26 26 17 17 31 2 17 12	32 12 32 31 18 18 31 2 16 12	35 13 1 34 16 16 31 2 16 12	2 18 36 2 16 17 32 2 16 12	5 21 3 5 16 16 32 3 16 12	8 27 9 9 16 16 31 3 16 12	11 30 14 14 18 17 32 3 16 12	14 36 13 16 21 18 32 3 16 12	17 5 15 21 22 18 31 3 16 12	20 7 22 24 24 19 31 3 16 12	23 12 26 28 27 20 32 3 17 12	26 15 24 32 30 20 32 3 17 12
9	29 9 28 26 17 17 31 2 17 12	33 13 32 31 18 18 31 2 16 12	35 14 1 34 16 16 31 2 16 12	2 19 36 2 16 17 32 2 16 12	5 23 3 5 16 16 32 3 16 12	8 28 10 10 16 16 31 3 16 12	11 32 14 14 18 17 32 3 16 12	14 1 13 16 21 18 32 3 16 12	17 6 15 21 22 18 31 3 16 12	20 9 22 25 25 19 31 3 16 12	23 14 26 28 27 20 32 3 17 12	26 17 24 32 30 20 32 3 17 12
10	29 10 28 26 17 17 31 2 17 12	33 14 32 31 18 18 31 2 16 12	35 15 1 34 16 17 31 2 16 12	3 20 36 2 16 17 32 2 16 12	5 24 3 5 16 16 32 3 16 12	8 30 10 10 16 16 31 3 16 12	11 33 14 14 18 17 32 3 16 12	14 2 14 17 21 17 32 3 17 12	17 7 15 21 23 19 32 3 16 12	20 10 22 25 25 19 31 3 16 12	23 15 26 29 27 20 32 3 17 12	26 18 24 32 30 20 32 3 17 12
11	30 11 28 26 17 17 31 2 17 12	33 16 32 31 18 18 31 2 16 12	36 16 1 34 16 17 31 2 16 12	3 22 36 2 16 17 32 2 16 12	6 25 4 5 16 16 32 3 16 12	9 31 10 10 17 16 32 3 17 12	11 34 14 14 18 17 32 3 16 12	14 3 14 17 21 17 32 3 17 12	17 8 15 21 23 19 32 3 16 12	20 11 22 25 25 19 31 3 16 12	23 16 26 29 27 20 32 3 17 12	26 19 24 32 30 20 32 3 17 12
12	30 12 28 26 17 17 31 2 17 12	33 18 32 31 18 18 31 2 16 12	36 18 1 34 16 17 31 2 16 12	3 23 36 2 16 17 32 2 16 12	6 27 4 5 16 16 32 3 16 12	9 32 10 10 17 16 32 3 17 12	11 36 14 14 18 17 32 3 16 12	14 5 14 17 21 17 32 3 17 12	17 9 15 21 23 19 32 3 16 12	20 12 22 25 25 19 31 3 16 12	23 17 26 29 27 20 32 3 17 12	27 20 25 32 30 20 32 3 17 12
13	30 13 28 26 17 17 31 2 17 12	33 19 32 31 18 18 31 2 16 12	36 19 1 34 16 17 31 2 16 12	3 25 36 2 16 17 32 2 16 12	6 28 4 5 16 16 32 3 16 12	9 34 10 10 17 16 32 3 17 12	12 2 14 14 18 18 32 3 16 12	14 6 14 17 21 17 32 3 17 12	17 11 18 21 23 19 32 3 16 12	20 13 22 25 25 19 31 3 16 12	24 18 26 29 27 20 32 3 17 12	27 22 25 32 30 20 32 3 17 12
14	30 15 28 28 17 17 31 2 17 12	33 20 34 31 18 18 31 2 16 12	36 21 1 34 16 17 31 2 16 12	3 26 36 2 16 17 32 2 16 12	6 30 4 5 16 16 32 3 16 12	9 35 10 10 17 16 32 3 17 12	12 3 14 14 18 18 32 3 16 12	15 7 14 18 21 18 32 3 16 12	18 12 18 21 23 19 32 3 16 12	20 15 22 25 25 19 31 3 16 12	24 20 25 29 27 20 32 3 17 12	27 23 25 32 30 20 32 3 17 12
15	30 17 28 28 17 17 31 2 17 12	33 21 34 31 18 18 31 2 16 12	36 22 1 34 16 17 31 2 16 12	3 28 36 3 16 17 32 3 16 12	6 32 5 7 16 16 32 3 16 12	9 1 10 10 17 16 32 3 17 12	12 4 14 14 18 18 32 3 16 12	15 9 14 18 21 18 32 3 16 12	18 13 18 21 23 19 32 3 16 12	21 16 22 25 25 19 31 3 16 12	24 21 25 29 27 20 32 3 17 12	27 24 26 32 30 20 32 3 17 12
16	30 18 28 28 18 18 31 2 16 12	33 23 34 31 18 18 31 2 16 12	36 24 1 35 16 17 31 2 16 12	3 30 36 3 16 17 32 3 16 12	6 33 5 7 16 16 32 3 17 12	9 2 10 10 17 16 32 3 17 12	12 5 14 14 20 18 32 3 16 12	15 9 14 18 21 18 32 3 16 12	18 14 18 21 23 19 32 3 16 12	21 18 22 25 25 19 31 3 16 12	24 23 24 29 27 20 32 3 17 12	27 26 26 32 30 20 32 3 17 12
17	30 19 28 28 18 18 31 2 16 12	33 24 34 31 18 18 31 2 16 12	36 25 1 35 16 17 31 2 16 12	3 31 1 3 16 17 32 3 16 12	6 34 5 7 16 16 32 3 16 12	9 3 10 10 17 16 32 3 17 12	12 6 14 14 20 18 32 3 16 12	15 11 14 18 21 18 32 3 16 12	18 15 18 21 23 19 32 3 16 12	21 19 22 25 25 19 31 3 16 12	24 24 24 29 27 20 32 3 17 12	27 27 26 32 30 20 32 3 17 12
18	30 21 28 28 18 18 31 2 16 12	33 27 36 31 18 18 31 2 16 12	36 26 1 35 16 17 31 2 16 12	3 32 1 3 16 17 32 3 16 12	6 36 5 7 16 16 32 3 16 12	9 4 10 10 17 16 32 3 17 12	12 7 14 14 20 18 32 3 16 12	15 12 14 18 21 18 32 3 16 12	18 16 18 21 23 19 32 3 16 12	21 20 22 25 25 19 31 3 16 12	24 25 24 29 27 20 32 3 17 12	27 30 26 32 30 20 32 3 17 12
19	30 22 28 28 18 18 31 2 16 12	34 27 26 31 18 18 31 2 16 12	36 28 1 35 16 17 31 2 16 12	3 33 1 3 16 17 32 3 16 12	6 1 5 7 16 16 32 3 16 12	9 5 12 12 18 16 32 3 18 12	12 9 14 14 20 18 32 3 16 12	15 14 14 18 21 18 32 3 16 12	18 18 19 22 23 19 31 3 16 12	21 21 22 25 25 19 31 3 16 12	24 27 24 29 27 20 32 3 17 12	27 31 26 32 30 20 32 3 17 12
20	31 23 28 28 18 18 31 2 16 12	34 29 36 31 18 18 31 2 16 12	36 29 1 35 16 17 31 2 16 12	4 34 1 4 16 17 32 3 16 12	6 2 5 7 16 16 32 3 16 12	9 7 12 12 18 16 32 3 18 12	12 10 14 14 20 18 32 3 16 12	15 15 14 18 21 18 32 3 16 12	18 19 19 22 21 19 31 3 16 12	21 22 22 25 25 19 31 3 16 12	24 28 24 29 27 20 32 3 17 12	27 32 26 32 30 20 32 3 17 12
21	31 24 30 28 18 18 31 2 16 12	34 30 36 31 18 18 31 2 16 12	1 32 1 35 16 17 32 2 16 12	4 36 1 4 16 17 32 3 16 12	6 3 5 7 16 16 32 3 16 12	9 9 12 12 18 16 32 3 18 12	12 11 14 14 20 18 32 3 16 12	15 16 14 18 21 18 32 3 16 12	18 21 19 22 23 19 31 3 16 12	21 24 24 25 25 19 31 3 16 12	24 30 24 30 28 20 32 3 17 12	27 33 26 32 30 20 32 3 17 12
22	31 27 30 28 18 18 31 2 16 12	34 31 36 31 18 18 31 2 16 12	1 33 1 35 16 17 32 2 16 12	4 1 1 4 16 17 32 3 16 12	7 5 5 7 16 16 32 3 16 12	10 9 12 12 18 16 32 3 18 12	12 12 14 14 20 18 32 3 16 12	15 17 14 19 21 18 32 3 16 12	18 22 19 22 23 19 31 3 16 12	21 25 24 25 25 19 31 3 16 12	24 32 24 30 28 20 32 3 17 12	28 35 26 32 30 20 32 3 17 12
23	31 27 30 28 18 18 31 2 16 12	34 33 36 31 18 18 31 2 16 12	1 34 1 35 16 17 32 2 16 12	4 2 1 4 16 17 32 3 16 12	7 5 5 7 16 16 32 3 16 12	10 10 12 12 18 16 32 3 18 12	13 14 14 15 20 18 32 3 16 12	15 18 14 19 21 18 32 3 16 12	19 24 19 22 23 19 31 3 16 12	21 27 24 25 25 19 31 3 16 12	25 33 23 30 29 20 32 3 17 12	28 36 26 32 30 20 32 3 17 12
24	31 28 30 28 18 18 31 2 16 12	34 34 34 33 16 16 31 2 16 12	1 35 1 35 16 17 32 2 16 12	4 4 2 4 16 17 32 3 16 12	7 7 6 7 16 16 32 3 16 12	10 12 12 12 18 16 32 3 18 12	13 15 14 15 20 18 32 3 16 12	16 20 14 20 21 18 32 3 16 12	19 25 19 22 23 19 31 3 16 12	22 28 24 25 25 19 31 3 16 12	25 34 23 30 29 20 32 3 17 12	28 2 26 32 30 20 32 3 17 12
25	31 30 30 30 18 18 31 2 18 12	34 34 34 33 16 16 31 2 16 12	1 36 36 36 16 17 32 2 16 12	4 5 2 4 16 17 32 3 16 12	7 8 7 7 16 16 32 3 16 12	10 13 12 12 18 16 32 3 18 12	13 16 14 15 20 18 32 3 16 12	16 21 14 20 21 18 32 3 16 12	19 26 19 22 23 19 31 3 16 12	22 30 24 25 25 19 31 3 16 12	25 35 23 30 29 20 32 3 17 12	28 3 26 32 30 20 32 3 17 12
26	31 31 30 30 18 18 31 2 18 12	34 1 34 33 16 16 31 2 16 12	1 1 36 36 16 17 31 2 16 12	4 6 2 4 16 17 32 3 16 12	7 9 7 7 16 16 32 3 16 12	10 14 12 12 18 16 32 3 18 12	13 17 14 15 20 18 32 3 16 12	16 22 15 20 21 18 32 3 16 12	19 27 19 22 24 19 31 3 16 12	22 31 24 25 25 19 31 3 16 12	25 36 23 30 29 20 32 3 17 12	28 4 26 32 30 20 32 3 17 12
27	31 33 31 30 18 18 31 2 18 12	34 2 35 33 16 16 31 2 16 12	1 2 36 36 16 17 31 2 16 12	4 7 2 5 16 17 32 3 16 12	7 11 7 7 16 16 32 3 16 12	10 15 13 12 18 16 32 3 18 12	13 18 14 16 20 18 32 3 16 12	16 24 15 20 21 18 32 3 16 12	19 29 19 22 24 19 31 3 16 12	22 33 24 25 25 19 31 3 16 12	25 2 23 30 29 20 32 3 17 12	28 5 26 32 30 20 32 3 17 12
28	31 34 31 30 18 18 31 2 18 12	34 3 35 33 16 16 31 2 16 12	1 4 36 1 16 17 31 2 16 12	4 8 2 5 16 17 32 3 16 12	7 12 7 7 16 16 32 3 16 12	10 17 13 12 18 16 32 3 18 12	13 20 14 16 20 18 32 3 16 12	16 25 15 20 21 18 32 3 16 12	19 30 19 22 24 19 31 3 16 12	22 34 24 25 25 19 31 3 16 12	25 3 23 30 29 20 32 3 17 12	28 6 26 32 30 20 32 3 17 12
29	31 36 31 30 18 18 31 2 18 12		1 5 36 1 16 17 31 2 16 12	4 10 2 5 16 17 32 3 16 12	7 13 7 7 16 16 31 3 16 12	10 18 13 12 18 16 32 3 18 12	13 21 14 16 20 18 32 3 16 12	16 27 15 20 21 18 32 3 16 12	19 31 19 22 24 19 31 3 16 12	22 36 24 25 25 19 31 3 16 12	25 5 23 30 29 20 32 3 17 12	28 8 26 32 30 20 32 3 17 12
30	32 1 31 30 18 18 31 2 18 12		1 7 36 1 16 17 31 2 16 12	4 11 2 5 16 17 32 3 16 12	7 13 7 7 16 16 31 3 16 12	10 19 13 12 18 16 32 3 18 12	13 23 14 16 20 18 32 3 16 12	16 28 15 20 21 18 32 3 16 12	19 33 20 22 24 19 31 3 16 12	22 1 25 27 27 19 31 3 16 12	25 6 23 30 29 20 32 3 17 12	28 9 26 32 30 20 32 3 17 12
31	32 2 31 30 18 18 31 2 18 12		2 8 36 1 16 17 31 2 16 12		7 15 7 7 16 16 31 3 16 12		13 24 14 16 20 18 32 3 16 12	16 30 15 20 21 18 32 3 16 12		22 2 25 27 27 19 31 3 16 12		28 10 26 32 30 20 32 3 17 12

1934

	JAN	FEB	MÄR	APR	MAI	JUNI	JULI	AUG	SEPT	OKT	NOV	DEZ
1	29 12 27 32 31 21 32 3 17 12	32 16 33 33 33 21 33 3 17 12	35 17 35 32 35 21 33 3 17 12	2 21 35 33 3 21 33 3 17 12	5 26 3 36 4 20 33 3 16 12	8 30 9 3 6 20 33 3 16 12	10 35 12 8 8 20 33 3 17 12	13 3 11 11 11 20 33 4 17 12	16 8 17 15 13 21 33 4 17 12	19 12 22 18 15 21 33 3 17 12	22 16 24 22 17 22 33 3 17 12	25 19 24 26 18 23 34 3 17 12
2	29 13 28 32 31 21 32 3 17 12	32 17 33 33 33 21 33 3 17 12	35 18 35 32 35 21 33 3 17 12	2 23 35 33 3 21 33 3 17 12	5 27 3 36 4 20 33 3 16 12	8 32 10 3 6 20 33 3 16 12	10 36 12 8 9 20 33 3 17 12	13 5 11 11 11 20 33 4 17 12	16 9 17 15 13 21 33 4 17 12	19 13 22 18 15 21 33 3 17 12	22 17 22 22 17 22 33 3 17 12	25 20 24 26 18 23 34 3 17 12
3	29 14 28 32 31 21 32 3 17 12	32 18 33 33 33 21 33 3 17 12	35 19 35 32 35 21 33 3 17 12	2 24 35 33 3 21 33 3 17 12	5 28 4 36 4 20 33 3 16 12	8 33 10 3 7 20 33 3 16 12	11 1 12 8 9 20 33 3 17 12	14 6 11 11 11 20 33 4 17 12	17 11 17 15 13 21 33 4 17 12	19 14 22 18 15 21 33 3 17 12	23 18 22 22 17 22 33 3 17 12	26 21 24 26 18 23 34 3 17 12
4	29 15 29 32 32 21 32 3 17 12	32 20 33 33 34 21 33 3 17 12	35 21 35 32 35 21 33 3 17 12	2 26 35 33 3 21 33 3 17 12	5 30 4 36 4 20 33 3 16 12	8 35 10 3 7 20 33 3 16 12	11 3 12 8 9 20 33 3 17 12	14 8 11 11 11 20 33 4 17 12	17 12 17 15 13 21 33 4 17 12	20 15 22 18 15 21 33 3 17 12	23 19 22 22 17 22 33 3 17 12	26 22 24 26 18 23 34 3 17 12
5	29 17 29 32 32 21 32 3 17 12	32 21 33 33 34 21 33 3 17 12	35 22 35 32 35 21 33 3 17 12	2 27 35 33 3 21 33 3 17 12	5 31 4 36 4 20 33 3 16 12	8 36 10 3 7 20 33 3 16 12	11 4 12 8 9 20 33 3 17 12	14 9 11 11 11 20 33 4 17 12	17 13 17 15 13 21 33 4 17 12	20 16 22 19 15 21 33 3 17 12	23 21 22 22 17 22 33 3 17 12	26 24 24 26 18 23 34 3 17 12
6	29 18 29 32 32 21 32 3 17 12	32 22 33 33 34 21 33 3 17 12	35 24 35 32 36 21 33 3 17 12	2 29 35 34 3 21 33 3 17 12	5 33 4 36 4 20 33 3 16 12	8 2 10 3 7 20 33 3 16 12	11 5 12 8 9 20 33 3 17 12	14 10 11 11 11 20 33 4 17 12	17 14 17 15 13 21 33 4 17 12	20 17 22 19 15 21 33 3 17 12	23 22 22 22 17 22 33 3 17 12	26 25 25 26 18 23 34 3 17 12
7	29 19 29 32 32 21 32 3 17 12	32 24 35 33 35 21 33 3 17 12	35 25 35 32 36 21 33 3 17 12	2 30 35 34 3 21 33 3 17 12	5 34 4 36 4 20 33 3 16 12	8 3 10 3 7 20 33 3 16 12	11 6 12 8 9 20 33 3 17 12	14 11 11 11 11 20 33 4 17 12	17 15 18 15 13 21 33 4 17 12	20 19 22 19 15 21 33 3 17 12	23 24 22 22 17 22 33 3 17 12	26 27 25 26 18 23 34 3 17 12
8	29 20 29 32 32 21 32 3 17 12	32 25 35 33 35 21 33 3 17 12	35 26 35 32 36 21 33 3 17 12	2 31 36 34 3 21 33 3 16 12	5 35 4 36 4 20 33 3 16 12	8 4 10 3 7 20 33 3 16 12	11 8 11 8 9 20 33 3 17 12	14 12 12 11 11 20 33 4 17 12	17 17 18 15 13 21 33 4 17 12	20 20 22 19 15 21 33 3 17 12	23 25 22 24 17 22 33 3 17 12	26 29 25 26 18 23 34 3 17 12
9	29 21 29 32 32 21 32 3 17 12	33 27 35 33 35 21 33 3 17 12	35 27 35 32 36 21 33 3 17 12	2 33 36 34 3 21 33 3 16 12	5 36 4 36 4 20 33 3 16 12	8 6 10 3 7 20 33 3 16 12	11 9 11 8 9 20 33 3 17 12	14 13 12 11 11 20 33 4 17 12	17 18 18 15 13 21 33 4 17 12	20 21 22 19 15 21 33 3 17 12	23 26 22 24 17 22 33 3 17 12	26 30 25 26 18 23 34 3 17 12
10	29 23 29 32 32 21 32 3 17 12	33 28 35 33 35 21 33 3 17 12	35 29 35 32 36 21 33 3 17 12	2 34 36 34 3 21 33 3 16 12	5 2 6 36 6 20 33 3 16 12	8 7 10 3 7 20 33 3 16 12	11 10 11 8 9 20 33 3 17 12	14 15 13 11 11 20 33 4 17 12	17 19 18 15 13 21 33 4 17 12	20 23 22 19 15 21 33 3 17 12	23 27 22 24 17 22 33 3 17 12	26 33 25 26 18 23 34 3 17 12
11	30 24 30 32 32 21 32 3 17 12	33 30 35 33 35 21 33 3 17 12	35 30 35 32 36 21 33 3 17 12	3 35 36 34 3 21 33 3 16 12	6 3 6 36 6 20 33 3 16 12	8 8 10 3 7 20 33 3 16 12	11 11 11 8 9 20 33 3 17 12	14 16 13 12 12 21 33 4 16 12	17 21 19 16 13 21 33 4 17 12	20 24 22 20 15 21 33 3 17 12	23 29 22 24 17 22 33 3 17 12	26 33 26 27 18 23 34 3 17 12
12	30 26 30 32 32 21 32 3 17 12	33 31 35 33 35 21 33 3 17 12	36 32 35 32 36 21 33 3 17 12	3 1 36 34 3 21 33 3 16 12	6 5 6 36 6 20 33 3 16 12	9 9 10 4 7 20 33 3 16 12	11 12 11 8 9 20 33 3 17 12	14 17 13 12 12 21 33 4 16 12	17 22 19 16 13 21 33 4 17 12	20 25 24 20 15 21 33 3 17 12	23 30 22 24 17 22 33 3 17 12	26 35 26 27 18 23 34 3 17 12
13	30 27 30 32 32 21 32 3 17 12	33 33 35 33 35 21 33 3 17 12	36 33 35 32 36 21 33 3 17 12	3 3 36 34 3 21 33 3 16 12	6 6 6 36 6 20 33 3 16 12	9 11 10 4 7 20 33 3 16 12	12 14 11 8 9 20 33 3 17 12	15 18 13 12 12 21 33 4 16 12	18 23 19 16 13 21 33 4 17 12	20 27 24 20 15 21 33 3 17 12	24 32 22 24 17 22 33 3 17 12	27 36 26 27 18 23 34 3 17 12
14	30 29 30 32 32 21 32 3 17 12	33 34 35 33 35 21 33 3 17 12	36 35 35 33 36 21 33 3 17 12	3 4 36 34 3 21 33 3 16 12	6 7 6 36 6 20 33 3 16 12	9 12 10 4 7 20 33 3 16 12	12 15 11 8 9 20 33 3 17 12	15 19 13 12 12 21 33 4 16 12	18 24 19 16 13 21 33 4 17 12	21 28 24 20 15 21 33 3 17 12	24 33 22 24 17 22 33 3 17 12	27 1 26 27 18 23 34 3 17 12
15	30 30 30 33 33 21 33 3 17 12	33 35 35 33 35 21 33 3 17 12	36 36 35 33 36 21 33 3 17 12	3 5 1 34 3 21 33 3 16 12	6 8 6 36 6 20 33 3 16 12	9 13 10 4 7 20 33 3 16 12	12 16 11 8 9 20 33 3 17 12	15 20 13 12 12 21 33 4 16 12	18 26 19 17 13 21 33 4 17 12	21 29 24 21 15 21 33 3 17 12	24 35 22 24 17 21 33 3 17 12	27 3 26 27 18 23 34 3 17 12
16	30 33 30 33 33 21 33 3 17 12	33 1 35 32 35 21 33 3 17 12	36 2 35 33 36 21 33 3 17 12	3 6 1 34 3 21 33 3 16 12	6 9 6 36 6 20 33 3 16 12	9 14 10 4 7 20 33 3 16 12	12 17 11 9 10 20 33 3 16 12	15 22 14 12 12 21 33 4 16 12	18 27 20 17 13 21 33 4 17 12	21 30 24 21 15 21 33 3 17 12	24 36 22 24 17 22 33 3 17 12	27 4 26 28 19 23 34 3 17 12
17	30 33 30 33 33 21 33 3 17 12	33 2 36 32 35 21 33 3 17 12	36 3 35 33 36 21 33 3 17 12	3 8 1 34 3 21 33 3 16 12	6 11 7 36 6 20 33 3 16 12	9 15 11 4 7 20 33 3 16 12	12 18 11 9 10 20 33 3 16 12	15 23 14 12 12 21 33 4 16 12	18 28 20 17 13 21 33 4 17 12	21 33 24 21 15 21 33 3 17 12	24 2 22 24 17 22 33 3 17 12	27 5 26 28 19 23 34 3 17 12
18	30 35 30 33 33 21 33 3 17 12	33 3 35 32 35 21 33 3 17 12	36 5 35 33 36 21 33 3 17 12	3 9 1 34 3 21 33 3 16 12	6 12 7 36 6 20 33 3 16 12	9 16 11 4 7 20 33 3 16 12	12 20 11 9 10 20 33 3 16 12	15 24 15 13 12 21 33 4 16 12	18 30 20 17 13 21 33 4 17 12	21 33 24 21 15 21 33 3 17 12	24 3 22 24 17 22 33 3 17 12	27 6 26 28 19 23 34 3 17 12
19	30 36 30 33 33 21 33 3 17 12	34 5 35 32 35 21 33 3 17 12	36 6 35 33 36 21 33 3 17 12	3 10 1 34 3 21 33 3 16 12	6 13 7 36 3 20 33 3 16 12	9 18 12 6 7 20 33 3 16 12	12 21 11 9 10 20 33 3 16 12	15 26 15 13 12 21 33 4 16 12	18 31 20 17 13 21 33 4 17 12	21 35 24 21 16 21 33 3 17 12	24 4 22 24 17 22 33 3 17 12	27 8 26 28 19 23 34 3 17 12
20	30 2 30 33 33 21 33 3 17 12	34 6 35 32 35 21 33 3 17 12	36 7 35 33 36 21 33 3 17 12	3 11 1 34 3 21 33 3 16 12	6 14 7 36 6 20 33 3 16 12	9 19 12 6 7 20 33 3 16 12	12 22 11 9 10 20 33 3 16 12	15 27 15 13 12 21 33 4 16 12	18 33 20 17 13 21 33 4 17 12	21 36 24 21 16 21 33 3 17 12	24 6 22 24 17 22 33 3 17 12	27 9 26 28 19 23 34 3 17 12
21	31 3 31 33 33 21 33 3 17 12	34 7 35 32 35 21 33 3 17 12	1 8 35 33 1 21 33 3 17 12	4 12 2 34 4 20 33 3 16 12	6 15 7 36 6 20 33 3 16 12	9 20 12 6 7 20 33 3 16 12	12 24 11 9 10 20 33 3 16 12	15 29 15 13 12 21 33 4 16 12	18 35 21 17 15 21 33 4 17 12	21 2 24 21 16 21 33 3 17 12	24 7 22 24 17 22 33 3 17 12	27 10 26 28 19 23 34 3 17 12
22	31 4 31 33 33 21 33 3 17 12	34 8 35 32 35 21 33 3 17 12	1 9 35 33 1 21 33 3 17 12	4 14 2 34 4 20 33 3 16 12	7 16 7 36 6 20 33 3 16 12	9 21 12 6 7 20 33 3 16 12	12 25 11 9 10 20 33 3 16 12	15 30 15 13 12 21 33 4 16 12	18 36 21 17 15 21 33 4 17 12	21 3 24 21 17 22 33 4 17 12	24 8 24 24 17 22 33 3 17 12	27 12 26 28 19 23 34 3 17 12
23	31 6 31 33 33 21 33 3 17 12	34 9 35 32 35 21 33 3 17 12	1 10 35 33 1 21 33 3 17 12	4 15 2 34 4 20 33 3 16 12	7 18 7 36 6 20 33 3 16 12	10 23 12 6 7 20 33 3 16 12	12 27 11 9 10 20 33 3 16 12	15 31 15 13 12 21 33 4 16 12	18 1 21 17 15 21 33 4 17 12	21 4 24 21 17 22 33 4 17 12	25 9 24 25 17 22 33 3 17 12	28 13 27 28 19 23 34 3 17 12
24	31 6 31 33 33 21 33 3 17 12	34 11 35 32 35 21 33 3 17 12	1 12 35 33 1 21 33 3 17 12	4 16 2 34 4 20 33 3 16 12	7 20 7 36 6 20 33 3 16 12	10 24 12 6 7 20 33 3 16 12	13 28 11 10 10 20 33 4 16 12	16 33 16 13 13 21 33 4 16 12	19 3 21 17 15 21 33 4 17 12	22 6 24 21 17 22 33 4 17 12	25 11 24 25 17 22 33 3 17 12	28 14 27 28 19 23 34 3 17 12
25	31 8 31 33 33 21 33 3 17 12	34 12 35 32 35 21 33 3 17 12	1 13 35 33 1 21 33 3 17 12	4 17 2 34 4 20 33 3 16 12	7 21 7 36 6 20 33 3 16 12	10 25 12 6 7 20 33 3 16 12	13 29 11 10 10 20 33 4 16 12	16 35 16 13 13 21 33 4 16 12	19 4 21 17 15 21 33 4 17 12	22 7 24 21 17 22 33 4 17 12	25 12 24 25 17 22 33 3 17 12	28 15 27 28 19 23 34 3 17 12
26	31 9 31 33 33 21 33 3 17 12	34 13 35 32 35 21 33 3 17 12	1 15 35 33 1 21 33 3 17 12	4 18 2 36 4 20 33 3 16 12	7 22 7 2 6 20 33 3 16 12	10 27 12 6 7 20 33 3 16 12	13 31 11 10 10 20 33 4 16 12	16 36 16 13 13 21 33 4 16 12	19 6 21 17 15 21 33 4 17 12	22 9 24 21 17 22 33 4 17 12	25 13 24 25 17 22 33 3 17 12	28 16 27 28 19 23 34 3 17 12
27	31 10 31 33 33 21 33 3 17 12	34 14 35 32 35 21 33 3 17 12	1 15 35 33 1 21 33 3 17 12	4 20 3 36 4 20 33 3 16 12	7 23 9 2 6 20 33 3 16 12	10 29 12 6 7 20 33 3 16 12	13 33 11 10 10 20 33 3 16 12	16 2 16 14 11 20 33 4 16 12	19 7 21 17 15 21 33 4 17 12	22 10 24 21 17 22 33 4 17 12	25 14 24 25 17 22 33 3 17 12	28 17 27 28 19 23 34 3 17 12
28	31 11 31 33 33 21 33 3 17 12	34 15 35 32 35 21 33 3 17 12	1 17 35 33 1 21 33 3 17 12	4 21 3 36 4 20 33 3 16 12	7 25 9 2 6 20 33 3 16 12	10 30 12 6 7 20 33 3 16 12	13 34 11 10 10 20 33 4 16 12	16 3 16 14 11 20 33 4 16 12	19 8 21 17 15 21 33 4 17 12	22 11 24 21 17 22 33 4 17 12	25 15 24 26 17 22 33 3 17 12	28 19 28 28 19 23 34 3 17 12
29	31 12 33 33 33 21 33 3 17 12		1 18 35 33 1 21 33 3 17 12	4 22 3 36 4 20 33 3 16 12	7 26 9 2 6 20 33 3 16 12	10 32 12 6 7 20 33 3 16 12	13 35 11 10 10 20 33 4 16 12	16 4 16 14 11 20 33 3 16 12	19 9 21 17 15 21 33 4 17 12	22 12 24 21 17 22 33 4 17 12	25 17 24 26 17 22 33 3 17 12	28 19 28 28 19 23 34 3 17 12
30	31 15 33 33 33 21 33 3 17 12		1 19 35 33 1 21 33 3 17 12	4 24 3 36 4 20 33 3 16 12	7 28 9 2 6 20 33 3 16 12	10 33 12 6 9 20 33 3 16 12	13 1 11 10 10 20 33 4 16 12	16 5 16 15 11 20 33 4 16 12	19 11 22 18 15 21 33 4 17 12	22 14 24 22 17 22 33 4 17 12	25 18 24 26 17 22 33 3 17 12	28 21 28 28 19 23 34 3 17 12
31	32 15 33 33 33 21 33 3 17 12		1 20 35 33 1 21 33 3 17 12		7 29 9 2 6 20 33 3 16 12		13 2 11 10 10 20 33 4 16 12	16 7 16 15 11 20 33 4 16 12		22 15 24 22 17 22 33 4 17 12		28 22 28 28 19 23 34 3 17 12

1935

	JAN	FEB	MÄR	APR	MAI	JUNI	JULI	AUG	SEPT	OKT	NOV	DEZ
1	29 24 29 30 20 23 33 3 17 12	32 29 33 33 21 23 33 3 17 12	34 30 33 1 21 24 34 3 17 12	2 34 36 6 20 24 34 4 16 12	5 3 5 7 19 23 34 4 16 12	8 8 10 12 19 23 35 4 17 12	10 11 9 15 20 23 35 4 17 12	13 16 13 17 22 23 35 4 17 12	16 20 18 17 23 23 34 4 17 12	19 24 22 16 25 24 34 4 17 12	22 28 21 17 28 24 34 4 17 12	25 32 25 21 30 25 34 4 17 12
2	29 25 29 30 20 23 33 3 17 12	32 30 33 34 21 23 33 3 17 12	34 31 33 1 21 24 34 3 17 12	2 36 36 6 20 24 34 4 16 12	5 4 5 7 19 23 34 4 16 12	8 9 10 12 19 23 35 4 17 12	10 13 9 15 20 23 35 4 17 12	13 17 13 17 22 23 35 4 17 12	16 21 18 17 23 23 34 4 17 12	19 25 22 16 25 24 34 4 17 12	22 29 21 17 28 24 34 4 17 12	25 33 25 21 30 25 34 4 17 12
3	29 27 29 30 20 23 33 3 17 12	32 32 33 34 21 23 33 3 17 12	35 33 33 1 21 24 34 3 17 12	2 2 36 6 20 24 34 4 16 12	5 5 5 7 19 23 34 4 16 12	8 10 10 12 19 23 35 4 17 12	11 14 9 15 20 23 35 4 17 12	14 18 13 17 22 23 34 4 17 12	17 22 19 17 23 23 34 4 17 12	19 26 22 16 25 24 34 4 17 12	23 31 21 17 28 24 34 4 17 12	26 34 25 21 30 25 34 4 17 12
4	29 29 29 30 20 23 33 3 17 12	32 33 33 34 21 23 33 3 17 12	35 34 33 1 21 24 34 3 17 12	2 3 36 6 20 24 34 4 16 12	5 7 5 7 19 23 34 4 16 12	8 11 10 12 19 23 35 4 17 12	11 15 9 15 20 23 35 4 17 12	14 19 13 17 22 23 34 4 17 12	17 23 19 17 23 23 34 4 17 12	20 27 22 16 25 24 34 4 17 12	23 33 21 17 28 24 34 4 17 12	26 36 25 21 30 25 34 4 17 12
5	29 30 29 30 20 23 33 3 17 12	32 35 33 34 21 23 33 3 17 12	35 36 33 1 21 24 34 3 17 12	2 4 36 6 20 24 34 4 16 12	5 9 5 9 19 23 34 4 16 12	8 13 10 12 19 23 35 4 17 12	11 17 9 15 20 23 35 4 17 12	14 20 13 17 22 23 34 4 17 12	17 25 19 17 23 23 34 4 17 12	20 28 22 16 25 24 34 4 17 12	23 34 21 18 29 24 34 4 17 12	26 2 25 21 30 25 34 4 17 12
6	29 31 30 30 20 23 33 3 17 12	32 36 33 35 21 23 33 3 17 12	35 1 33 1 21 24 34 3 17 12	2 6 36 6 20 24 34 4 16 12	5 10 5 9 19 23 34 4 16 12	8 14 10 12 19 23 35 4 17 12	11 17 9 15 20 23 35 4 17 12	14 22 13 17 22 23 34 4 17 12	17 26 19 17 23 23 34 4 17 12	20 30 22 16 25 24 34 4 17 12	23 36 21 18 29 24 34 4 17 12	26 3 25 21 30 25 34 4 17 12
7	29 33 30 30 20 23 33 3 17 12	32 2 33 35 21 23 33 3 17 12	35 3 33 1 21 24 34 3 17 12	2 7 36 6 20 24 34 4 16 12	5 11 5 9 19 23 34 4 16 12	8 15 10 13 19 23 35 4 17 12	11 18 9 15 20 23 35 4 17 12	14 23 13 17 22 24 35 4 17 12	17 28 19 17 23 23 34 4 17 12	20 31 22 16 25 24 34 4 17 12	23 1 21 18 29 24 34 4 17 12	26 4 25 22 31 25 34 4 17 12
8	29 34 30 30 21 23 33 3 17 12	32 3 33 35 21 23 33 3 17 12	35 4 33 1 21 24 34 3 17 12	2 9 36 6 20 24 34 4 16 12	5 12 5 9 19 23 34 4 16 12	8 17 10 13 19 23 35 4 17 12	11 19 9 16 20 23 35 4 17 12	14 24 13 17 22 24 35 4 17 12	17 29 19 16 23 23 34 4 17 12	20 33 22 16 26 24 34 4 17 12	23 2 22 18 29 24 34 4 17 12	26 6 26 22 31 25 34 4 17 12
9	29 35 30 31 21 23 33 3 17 12	32 5 33 35 21 23 33 3 17 12	35 6 33 1 21 24 34 3 17 12	2 10 1 6 20 24 34 4 16 12	5 13 7 9 19 23 34 4 16 12	9 18 10 13 19 23 35 4 17 12	11 20 9 17 20 23 35 4 17 12	14 25 13 17 22 24 35 4 17 12	17 30 19 16 23 23 34 4 17 12	20 34 22 16 26 24 34 4 17 12	23 4 22 18 29 24 34 4 17 12	26 7 26 22 31 25 34 4 17 12
10	29 1 30 31 21 23 33 3 17 12	33 6 33 35 21 24 33 3 17 12	35 7 33 1 21 24 34 3 17 12	2 11 1 6 20 24 34 4 16 12	5 15 7 9 19 23 34 4 16 12	8 19 10 13 19 23 35 4 17 12	11 22 9 17 20 23 35 4 17 12	14 26 14 17 22 24 35 4 17 12	17 31 19 16 23 23 34 4 17 12	20 36 22 16 26 24 34 4 17 12	23 5 22 18 29 24 34 4 17 12	26 9 26 22 31 25 34 4 17 12
11	30 2 30 31 21 23 33 3 17 12	33 8 33 35 21 24 33 3 17 12	35 8 33 3 21 24 34 3 17 12	3 13 1 6 20 24 34 4 16 12	5 16 7 9 19 23 34 4 16 12	8 20 10 13 19 23 35 4 17 12	11 23 9 17 20 23 35 4 17 12	14 28 14 17 22 24 35 4 17 12	17 32 19 16 23 23 34 4 17 12	20 1 22 16 26 24 34 4 17 12	23 6 22 18 29 24 34 4 17 12	26 10 26 22 31 25 34 4 17 12
12	30 3 30 31 21 23 33 3 17 12	33 9 33 35 21 24 33 3 17 12	35 9 33 3 21 24 34 3 17 12	3 14 2 6 20 24 34 4 16 12	6 17 7 10 19 23 34 4 16 12	9 21 10 13 19 23 35 4 17 12	11 26 9 17 20 23 35 4 17 12	14 30 14 17 22 24 35 4 17 12	17 34 19 16 23 23 34 4 17 12	20 3 22 16 26 24 34 4 17 12	23 7 22 20 29 24 34 4 17 12	26 12 26 22 31 25 34 4 17 12
13	30 5 31 31 21 23 33 3 17 12	33 10 33 35 21 24 33 3 17 12	36 11 33 3 21 24 34 3 17 12	3 15 2 6 20 24 34 4 16 12	6 18 7 10 19 23 34 4 16 12	9 22 10 14 20 23 35 4 17 12	12 26 9 17 20 23 35 4 17 12	14 31 14 17 22 24 35 4 17 12	17 36 20 16 23 23 34 4 17 12	20 4 22 16 26 24 34 4 17 12	24 9 22 20 29 24 34 4 17 12	27 13 26 22 31 25 34 4 17 12
14	30 6 31 31 21 23 33 3 17 12	33 11 33 35 21 24 33 3 17 12	36 12 33 3 21 24 34 3 17 12	3 16 2 6 20 24 34 3 16 12	6 19 7 10 19 23 34 4 16 12	9 23 10 14 20 23 35 4 17 12	12 27 10 17 20 23 35 4 17 12	15 32 14 17 22 24 35 4 17 12	18 2 20 16 23 23 34 4 17 12	21 6 22 16 26 24 34 4 17 12	24 11 22 20 29 24 34 4 17 12	27 14 26 22 31 25 34 4 17 12
15	30 8 31 31 21 23 33 3 17 12	33 12 33 35 21 24 33 3 17 12	36 13 33 3 21 24 34 3 17 12	3 17 2 6 20 24 34 3 16 12	6 20 7 10 19 23 34 4 16 12	9 26 10 14 20 23 35 4 17 12	12 29 11 17 20 23 35 4 17 12	15 34 15 17 22 24 35 4 17 12	18 3 20 16 23 23 34 4 17 12	21 7 22 16 26 24 34 4 17 12	24 12 22 20 29 24 34 4 17 12	27 15 26 22 31 25 34 4 17 12
16	30 9 31 31 21 23 33 3 17 12	33 13 33 35 21 24 33 3 17 12	36 15 33 3 21 24 34 3 17 12	3 18 2 7 20 24 34 3 16 12	6 22 7 10 19 23 34 4 16 12	9 26 10 14 20 23 35 4 17 12	12 30 11 17 20 23 35 4 17 12	15 35 15 17 22 24 35 4 17 12	18 4 20 16 25 23 34 4 17 12	21 8 20 16 26 24 34 4 17 12	24 13 22 20 29 24 34 4 17 12	27 16 27 22 31 25 34 4 17 12
17	30 10 32 32 21 23 33 3 17 12	33 14 33 35 21 24 33 3 17 12	36 15 33 3 21 24 34 3 17 12	3 20 2 7 20 24 34 3 16 12	6 23 7 10 19 23 34 4 16 12	9 28 10 14 20 23 35 4 17 12	12 31 11 17 21 23 35 4 17 12	15 1 16 17 22 24 35 4 17 12	18 6 20 16 25 23 34 4 17 12	21 10 20 16 26 24 34 4 17 12	24 14 22 20 29 24 34 4 17 12	27 18 27 22 31 25 34 4 17 12
18	30 11 32 32 21 23 33 3 17 12	33 15 33 35 21 24 33 3 17 12	36 17 33 3 21 24 34 3 17 12	3 21 2 7 20 24 34 3 16 12	6 24 7 10 19 23 34 4 16 12	9 29 10 14 20 23 35 4 17 12	12 33 11 17 21 23 35 4 17 12	15 2 16 17 22 24 35 4 17 12	18 7 20 16 25 23 34 4 17 12	21 11 20 16 26 24 34 4 17 12	24 16 22 20 29 24 34 4 17 12	27 19 28 22 31 25 34 4 17 12
19	30 12 32 32 21 23 33 3 17 12	33 17 33 35 21 24 33 3 17 12	36 18 34 3 21 24 34 3 17 12	3 22 2 7 20 24 34 3 16 12	6 25 7 10 19 23 34 4 16 12	9 31 10 14 20 23 35 4 17 12	12 35 11 17 21 23 35 4 17 12	15 4 16 17 22 24 35 4 17 12	18 9 20 16 25 23 34 4 17 12	21 12 20 17 26 24 34 4 17 12	24 17 23 20 29 24 34 4 17 12	27 20 28 22 31 25 34 4 17 12
20	30 14 32 32 21 23 33 3 17 12	34 18 33 35 21 24 34 3 17 12	36 19 34 3 21 24 34 3 17 12	3 24 2 7 20 24 34 3 16 12	6 27 7 10 19 23 34 4 16 12	9 32 9 14 20 23 35 4 17 12	12 36 11 17 21 23 35 4 17 12	15 5 16 17 22 24 35 4 17 12	18 10 20 16 25 23 34 4 17 12	21 13 20 17 26 24 34 4 17 12	24 18 23 20 29 24 34 4 17 12	27 21 28 22 31 25 34 4 17 12
21	31 15 32 32 21 23 33 3 17 12	34 19 33 36 21 24 34 3 17 12	36 21 34 3 21 24 34 3 17 12	4 25 3 7 20 24 34 4 16 12	6 28 7 10 19 23 34 4 16 12	9 33 9 14 20 23 35 4 17 12	12 2 11 17 21 23 35 4 17 12	15 7 16 17 22 24 35 4 17 12	18 11 21 16 25 23 34 4 17 12	21 15 20 17 26 24 34 4 17 12	24 20 23 20 29 24 34 4 17 12	27 23 28 23 32 25 34 4 17 12
22	31 16 32 32 21 23 33 3 17 12	34 21 33 36 21 24 34 3 17 12	1 21 34 3 21 24 34 3 17 12	4 26 3 7 20 24 34 4 16 12	7 30 9 10 19 23 34 4 16 12	10 35 9 14 20 23 35 4 17 12	12 3 11 17 21 23 35 4 17 12	15 8 16 17 22 24 35 4 17 12	18 31 21 16 25 23 34 4 17 12	21 16 21 17 27 24 34 4 17 12	24 20 23 20 29 24 34 4 17 12	27 24 28 23 32 25 34 4 17 12
23	31 17 32 32 21 23 33 3 17 12	34 21 33 36 21 24 34 3 17 12	1 23 34 3 21 24 34 3 17 12	4 27 3 7 20 24 34 4 16 12	7 31 9 10 19 23 34 4 16 12	10 36 9 14 20 23 35 4 17 12	12 4 11 17 21 23 35 4 17 12	15 9 16 17 22 24 35 4 17 12	18 14 21 16 25 23 34 4 17 12	21 17 21 17 27 24 34 4 17 12	25 22 23 20 29 25 34 4 17 12	28 25 28 23 32 25 34 4 17 12
24	31 18 33 33 21 23 33 3 17 12	34 23 33 36 21 24 34 3 17 12	1 24 34 4 21 24 34 4 16 12	4 29 4 7 19 24 34 4 16 12	7 32 9 10 19 23 34 4 16 12	10 2 9 14 20 23 35 4 17 12	13 5 11 17 22 23 35 4 17 12	16 11 16 17 23 23 34 4 17 12	19 15 21 16 25 23 34 4 17 12	21 18 21 17 27 24 34 4 17 12	25 23 23 20 29 25 34 4 17 12	28 26 28 23 32 25 34 4 17 12
25	31 20 33 33 21 23 33 3 17 12	34 24 33 36 21 24 34 3 17 12	1 25 34 4 21 24 34 4 16 12	4 30 4 7 19 24 34 4 16 12	7 34 9 10 19 23 34 4 16 12	10 3 9 14 20 23 35 4 17 12	13 7 11 17 22 23 35 4 17 12	16 12 16 17 23 23 34 4 17 12	19 16 21 16 25 23 34 4 17 12	22 20 20 17 28 24 34 4 17 12	25 24 23 20 29 25 34 4 17 12	28 27 28 23 32 25 34 4 17 12
26	31 21 33 33 21 23 33 3 17 12	34 25 33 1 21 24 34 3 17 12	1 27 34 4 21 24 34 4 16 12	4 31 4 7 19 24 34 4 16 12	7 36 9 12 19 23 34 4 16 12	10 4 9 14 20 23 35 4 17 12	13 8 11 17 22 23 35 4 17 12	16 13 17 17 23 23 34 4 17 12	19 17 21 16 25 23 34 4 17 12	22 21 20 17 28 24 34 4 17 12	25 25 23 20 29 25 34 4 17 12	28 28 28 23 32 25 34 4 17 12
27	31 22 33 33 21 23 33 3 17 12	34 27 33 1 21 24 34 3 17 12	1 28 34 4 21 24 34 4 16 12	4 33 4 7 19 24 34 4 16 12	7 1 9 12 19 23 34 4 16 12	10 5 9 14 20 23 35 4 17 12	13 10 11 17 22 23 35 4 17 12	16 14 17 17 23 23 34 4 17 12	19 19 21 16 25 23 34 4 17 12	22 22 20 17 28 24 34 4 17 12	25 26 23 20 29 25 34 4 17 12	28 29 28 23 32 25 34 4 17 12
28	31 23 33 33 21 23 33 3 17 12	34 29 33 1 21 24 34 3 17 12	1 29 34 4 21 24 34 4 16 12	4 34 4 7 19 24 34 4 16 12	7 2 9 12 19 23 34 4 16 12	10 3 9 14 20 23 35 4 17 12	13 11 12 17 22 23 35 4 17 12	16 15 17 17 23 23 34 4 17 12	19 20 22 16 25 23 34 4 17 12	22 23 20 17 28 24 34 4 17 12	25 28 23 20 29 25 34 4 17 12	28 31 29 23 32 25 34 4 17 12
29	31 24 33 33 21 23 33 3 17 12		1 30 34 4 21 24 34 4 16 12	4 36 4 7 19 24 34 4 16 12	7 4 9 12 19 23 34 4 16 12	10 9 9 14 20 23 35 4 17 12	13 12 12 17 22 23 35 4 17 12	16 16 17 17 23 23 34 4 17 12	19 21 22 16 25 23 34 4 17 12	22 24 20 17 28 24 34 4 17 12	25 29 23 20 29 25 34 4 17 12	28 32 29 23 32 25 34 4 17 12
30	31 26 33 33 21 23 33 3 17 12		1 31 34 4 21 24 34 4 16 12	4 1 4 7 19 24 34 4 16 12	7 5 10 12 19 23 34 4 16 12	10 10 9 14 20 23 35 4 17 12	13 13 12 17 22 23 35 4 17 12	16 17 17 17 23 23 34 4 17 12	19 22 22 16 25 23 34 4 17 12	22 25 20 17 28 24 34 4 17 12	25 31 25 20 29 25 34 4 17 12	28 34 29 23 32 25 34 4 17 12
31	31 27 33 33 21 23 33 3 17 12		1 33 34 4 21 24 34 4 16 12		7 6 10 12 19 23 34 4 16 12		13 14 12 17 22 23 35 4 17 12	16 19 17 17 23 23 34 4 17 12		22 27 20 27 28 24 34 4 17 12		28 35 29 23 32 25 34 4 17 12

1936

	JAN	FEB	MÄR	APR	MAI	JUNI
1	29 36 30 24 33 26 35 4 17 12	32 7 31 28 35 26 35 4 17 12	35 9 32 32 1 27 35 4 17 12	2 14 1 35 4 27 35 4 17 12	5 17 7 3 6 27 35 4 17 12	8 22 7 7 8 27 36 4 17 12
2	29 2 30 24 33 26 35 4 17 12	32 8 31 28 25 26 35 4 17 12	35 10 32 32 1 27 35 4 17 12	2 15 1 35 4 27 35 4 17 12	5 18 7 3 6 27 35 4 17 12	8 23 7 7 8 27 36 4 17 12
3	29 3 30 25 33 26 35 4 17 12	32 10 31 28 35 26 35 4 17 12	35 12 32 32 1 27 35 4 17 12	2 16 1 36 4 27 35 4 17 12	5 20 7 3 6 27 35 4 17 12	8 24 7 7 8 27 36 4 17 12
4	29 4 30 25 33 26 35 4 17 12	32 11 31 28 35 26 35 4 17 12	35 13 32 32 1 27 35 4 17 12	2 17 1 36 4 27 35 4 17 12	5 21 7 3 6 27 35 4 17 12	8 25 7 7 8 27 36 4 17 12
5	29 6 30 25 33 26 35 4 17 12	32 12 31 29 35 26 35 4 17 12	35 14 32 32 1 27 35 4 17 12	2 19 2 36 4 27 35 4 17 12	5 22 7 4 6 27 35 4 17 12	8 26 7 7 8 27 36 4 17 12
6	29 7 31 25 33 26 35 4 17 12	32 13 31 29 35 26 35 4 17 12	35 15 33 32 2 27 35 4 17 12	2 20 2 36 4 27 35 4 17 12	5 23 7 4 6 27 35 4 17 12	8 28 7 7 8 27 36 4 17 12
7	29 9 31 25 33 26 35 4 17 12	32 15 31 29 35 26 35 4 17 12	35 17 33 32 2 27 35 4 17 12	2 21 2 36 4 27 35 4 17 12	5 24 7 4 6 27 35 4 17 12	8 29 7 8 8 27 36 4 17 12
8	29 10 31 25 33 26 35 4 17 12	32 16 31 29 35 26 35 4 17 12	35 18 33 32 2 27 35 4 17 12	2 22 2 36 4 27 35 4 17 12	5 25 7 4 6 27 35 4 17 12	8 30 7 8 8 26 36 4 17 12
9	29 11 31 25 33 26 35 4 17 12	32 17 31 29 36 26 35 4 17 12	35 19 33 33 2 27 35 4 17 12	2 23 2 36 4 27 35 4 17 12	5 27 7 4 6 27 35 4 17 12	8 32 7 8 8 26 36 4 17 12
10	29 12 31 25 33 26 35 4 17 12	33 19 31 29 36 26 35 4 17 12	35 20 33 33 2 27 35 4 17 12	3 25 3 36 4 27 35 4 17 12	5 28 8 4 6 27 35 4 17 12	8 33 7 8 8 26 36 4 17 12
11	30 14 31 26 33 26 35 4 17 12	33 20 31 29 36 26 35 4 17 12	36 21 33 33 2 27 35 4 17 12	3 26 3 1 4 27 35 4 17 12	6 29 8 4 6 27 35 4 17 12	9 34 7 8 9 26 36 4 17 12
12	30 16 31 26 33 26 35 4 17 12	33 21 31 29 36 26 35 4 17 12	36 23 33 33 2 27 35 4 17 12	3 27 3 1 4 27 35 4 17 12	6 31 8 4 6 27 35 4 17 12	9 36 7 8 9 26 36 4 17 12
13	30 17 32 26 33 26 35 4 17 12	33 22 31 29 36 26 35 4 17 12	36 24 34 33 2 27 35 4 17 12	3 28 3 1 4 27 35 4 17 12	6 32 7 5 7 27 35 4 17 12	9 1 7 8 9 26 36 4 17 12
14	30 19 32 26 34 26 35 4 17 12	33 23 31 30 36 26 35 4 17 12	36 25 34 33 2 27 35 4 17 12	3 30 3 1 4 27 35 4 17 12	6 33 7 5 7 27 35 4 17 12	9 3 7 8 9 26 36 4 17 12
15	30 20 32 26 34 26 35 4 17 12	33 24 31 30 36 26 35 4 17 12	36 26 34 33 2 27 35 4 17 12	3 31 4 1 5 27 35 4 17 12	6 35 7 5 7 27 35 4 17 12	9 4 7 9 9 26 36 4 17 12
16	30 21 32 26 34 26 35 4 17 12	33 25 31 30 36 27 35 4 17 12	36 27 34 33 2 27 35 4 17 12	3 32 4 1 5 27 35 4 17 12	6 36 7 5 7 27 35 4 17 12	9 6 7 9 9 26 36 4 17 12
17	30 22 32 26 34 26 35 4 17 12	33 27 31 30 36 27 35 4 17 12	36 29 34 34 2 27 35 4 17 12	3 34 4 1 5 27 35 4 17 12	6 2 7 5 7 27 35 4 17 12	9 7 7 9 9 26 36 4 17 12
18	30 23 32 26 34 26 35 4 17 12	33 28 31 30 36 27 35 4 17 12	36 30 34 34 2 27 35 4 17 12	3 35 4 1 5 27 35 4 17 12	6 3 7 5 7 27 35 4 17 12	9 8 7 9 9 26 36 4 17 12
19	30 25 32 26 34 26 35 4 17 12	33 29 31 30 36 27 35 4 17 12	36 31 35 34 3 27 35 4 17 12	3 1 5 2 5 27 35 4 17 12	6 5 7 5 7 27 35 4 17 12	9 10 7 9 9 26 36 4 17 12
20	30 26 32 27 34 26 35 4 17 12	34 31 31 30 36 27 35 4 17 12	36 32 35 34 3 27 35 4 17 12	4 2 5 2 5 27 35 4 17 12	6 6 7 5 7 27 36 4 17 12	9 11 7 9 9 26 36 4 17 12
21	31 27 32 27 34 26 35 4 17 12	34 32 31 30 1 27 35 4 17 12	1 34 35 34 3 27 35 4 17 12	4 4 5 2 5 27 35 4 17 12	7 8 7 6 7 27 36 4 17 12	9 12 7 9 9 26 36 4 17 12
22	31 28 32 27 34 26 35 4 17 12	34 34 31 30 1 27 35 4 17 12	1 36 35 34 3 27 35 4 17 12	4 5 5 2 5 27 35 4 17 12	7 9 7 6 7 27 36 4 17 12	10 14 7 9 9 26 36 4 17 12
23	31 29 32 27 34 26 35 4 17 12	34 35 31 31 1 27 35 4 17 12	1 2 35 34 3 27 35 4 17 12	4 7 5 2 5 27 35 4 17 12	7 10 7 6 7 27 36 4 17 12	10 15 8 10 9 26 36 4 17 12
24	31 31 32 27 34 26 35 4 17 12	34 1 31 31 1 27 35 4 17 12	1 3 35 34 3 27 35 4 17 12	4 8 5 2 5 27 35 4 17 12	7 12 7 6 7 27 36 4 17 12	10 16 8 10 9 26 36 4 17 12
25	31 33 32 27 34 26 35 4 17 12	34 2 31 31 1 27 35 4 17 12	1 5 36 35 3 27 35 4 17 12	4 10 6 2 5 27 35 4 17 12	7 13 7 6 7 27 36 4 17 12	10 17 8 10 10 26 36 4 17 12
26	31 34 32 27 34 26 35 4 17 12	34 4 32 31 1 27 35 4 17 12	1 6 36 35 3 27 35 4 17 12	4 11 6 2 5 27 35 4 17 12	7 14 7 6 7 27 36 4 17 12	10 19 8 10 10 26 36 4 17 12
27	31 36 32 27 35 26 35 4 17 12	34 5 32 31 1 27 35 4 17 12	1 7 36 35 3 27 35 4 17 12	4 12 6 3 5 27 35 4 17 12	7 16 7 6 8 27 36 4 17 12	10 20 8 10 10 26 36 4 17 12
28	31 1 32 28 35 26 35 4 17 12	34 7 32 31 1 27 35 4 17 12	1 9 36 35 3 27 35 4 17 12	4 13 6 3 5 27 35 4 17 12	7 17 7 6 8 27 36 4 17 12	10 21 8 10 10 26 36 4 17 12
29	31 3 32 28 35 26 35 4 17 12	34 8 32 31 1 27 35 4 17 12	1 10 36 35 3 27 35 4 17 12	4 15 6 3 6 27 35 4 17 12	7 18 7 6 8 27 36 4 17 12	10 22 8 10 10 26 36 4 17 12
30	31 4 32 28 35 26 35 4 17 12		1 11 36 35 3 27 35 4 17 12	5 16 6 3 6 27 35 4 17 12	7 19 7 7 8 27 36 4 17 12	10 23 8 10 10 26 36 4 17 12
31	32 6 32 28 35 26 35 4 17 12		2 13 1 35 3 27 35 4 17 12		7 20 7 7 8 27 36 4 17 12	

	JULI	AUG	SEPT	OKT	NOV	DEZ
1	10 25 8 11 10 26 36 4 17 12	13 30 14 14 12 26 35 4 17 12	16 35 19 18 14 26 35 4 17 12	19 3 19 22 16 26 35 4 17 12	22 8 21 26 18 27 35 4 17 12	25 12 26 29 20 27 35 4 17 12
2	11 26 9 11 10 26 36 4 17 12	14 31 15 14 12 26 35 4 17 12	16 36 19 18 14 26 35 4 17 12	19 4 19 22 16 26 35 4 17 12	23 9 22 26 18 27 35 4 17 12	26 13 26 29 20 28 35 4 17 12
3	11 27 9 11 10 26 36 4 17 12	14 32 15 15 12 26 35 4 17 12	17 2 19 18 14 26 35 4 17 12	20 6 19 22 16 26 35 4 17 12	23 11 22 26 18 27 35 4 17 12	26 14 26 30 20 28 35 4 17 12
4	11 28 9 11 10 26 36 4 17 12	14 34 15 15 12 26 35 4 17 12	17 3 19 19 14 26 35 4 17 12	20 7 19 22 16 26 35 4 17 12	23 12 22 26 18 27 35 4 17 12	26 15 27 30 20 28 35 4 17 12
5	11 30 9 11 10 26 36 4 17 12	14 35 15 15 12 26 35 4 17 12	17 5 19 19 14 26 35 4 17 12	20 8 19 22 16 26 35 4 17 12	23 13 22 26 18 27 35 4 17 12	26 17 27 30 20 28 35 4 17 12
6	11 31 9 11 10 26 36 4 17 12	14 1 15 15 12 26 35 4 17 12	17 6 20 19 14 26 35 4 17 12	20 10 19 23 16 26 35 4 17 12	23 15 22 26 18 27 35 4 17 12	26 18 27 30 20 28 35 4 17 12
7	11 33 10 11 10 26 36 4 17 12	14 2 16 15 12 26 35 4 17 12	17 7 20 19 14 26 35 4 17 12	20 11 19 23 16 26 35 4 17 12	23 16 22 26 18 27 35 4 17 12	26 19 27 30 20 28 35 4 17 12
8	11 34 10 11 10 26 36 4 17 12	14 4 16 15 12 26 35 4 17 12	17 9 20 19 14 26 35 4 17 12	20 12 19 23 16 26 35 4 17 12	23 17 23 27 18 27 35 4 17 12	26 20 27 30 20 28 35 4 17 12
9	11 35 10 12 10 26 36 4 17 12	14 5 16 15 12 26 35 4 17 12	17 10 20 19 14 26 35 4 17 12	20 14 19 23 16 26 35 4 17 12	23 18 23 27 18 27 35 4 17 12	26 22 27 30 20 28 35 4 17 12
10	11 1 10 12 11 26 36 4 17 12	14 6 16 15 13 26 35 4 17 12	17 11 20 19 15 26 35 4 17 12	20 15 19 23 16 26 35 4 17 12	23 19 23 27 18 27 35 4 17 12	26 23 28 31 20 28 35 4 17 12
11	11 2 10 12 11 26 36 4 17 12	14 8 16 16 13 26 35 4 17 12	17 13 20 19 15 26 35 4 17 12	20 16 19 23 16 26 35 4 17 12	23 21 23 27 18 27 35 4 17 12	26 24 28 31 20 28 35 4 17 12
12	12 4 10 12 11 26 36 4 17 12	14 9 16 16 13 26 35 4 17 12	17 14 20 20 15 26 35 4 17 12	20 17 19 23 17 27 35 4 17 12	24 22 23 27 18 27 35 4 17 12	27 25 28 31 20 28 35 4 17 12
13	12 5 10 12 11 26 36 4 17 12	15 10 17 16 13 26 35 4 17 12	18 15 20 20 15 26 35 4 17 12	21 18 19 23 17 27 35 4 17 12	24 23 23 27 18 27 35 4 17 12	27 26 28 31 20 28 35 4 17 12
14	12 7 11 12 11 26 36 4 17 12	15 12 17 16 13 26 35 4 17 12	18 16 20 20 15 26 35 4 17 12	21 20 19 23 17 27 35 4 17 12	24 24 24 27 19 27 35 4 17 12	27 28 28 31 20 28 35 4 17 12
15	12 8 11 12 11 26 36 4 17 12	15 13 17 16 13 26 35 4 17 12	18 18 20 20 15 26 35 4 17 12	21 21 19 24 17 27 35 4 17 12	24 25 24 27 19 27 35 4 17 12	27 29 28 31 20 28 35 4 17 12
16	12 9 11 12 11 26 36 4 17 12	15 14 17 16 13 26 35 4 17 12	18 19 20 20 15 26 35 4 17 12	21 22 19 23 17 27 35 4 17 12	24 27 24 28 19 27 35 4 17 12	27 30 29 31 20 28 35 4 17 12
17	12 11 11 13 11 26 36 4 17 12	15 16 17 16 13 26 35 4 17 12	18 20 20 20 15 26 35 4 17 12	21 23 19 23 17 27 35 4 17 12	24 28 24 28 19 27 35 4 17 12	27 31 29 31 20 28 35 4 17 12
18	12 12 11 13 11 26 36 4 17 12	15 17 17 16 13 26 35 4 17 12	18 21 20 20 15 26 35 4 17 12	21 25 19 23 17 27 35 4 17 12	24 29 24 28 19 27 35 4 17 12	27 33 29 31 21 28 35 4 17 12
19	12 13 12 13 11 26 36 4 17 12	15 18 17 17 13 26 35 4 17 12	18 22 20 20 15 26 35 4 17 12	21 26 19 23 17 27 35 4 17 12	24 30 24 28 19 27 35 4 17 12	27 34 29 31 21 28 35 4 17 12
20	12 15 12 13 11 26 36 4 17 12	15 19 18 17 13 26 35 4 17 12	18 24 20 21 15 26 35 4 17 12	21 27 20 24 17 27 35 4 17 12	24 32 24 28 19 27 35 4 17 12	27 35 29 31 21 28 35 4 17 12
21	12 16 12 13 11 26 36 4 17 12	15 20 18 17 13 26 35 4 17 12	18 25 20 21 15 26 35 4 17 12	21 28 20 24 17 27 35 4 17 12	24 33 24 28 19 27 35 4 17 12	27 1 29 31 21 28 35 4 17 12
22	12 17 12 13 11 26 36 4 17 12	15 22 18 17 13 26 35 4 17 12	18 26 20 21 15 26 35 4 17 12	21 29 20 24 17 27 35 4 17 12	25 34 25 28 19 27 35 4 17 12	28 2 29 32 21 28 35 4 17 12
23	13 18 13 13 11 26 36 4 17 12	16 23 18 17 13 26 35 4 17 12	19 27 20 21 15 26 35 4 17 12	22 31 20 25 17 27 35 4 17 12	25 36 25 28 19 27 35 4 17 12	28 4 30 31 21 28 35 4 17 12
24	13 20 13 13 11 26 36 4 17 12	16 24 18 17 13 26 35 4 17 12	19 29 20 21 15 26 35 4 17 12	22 32 20 25 17 27 35 4 17 12	25 1 25 28 19 27 35 4 17 12	28 5 30 31 21 28 35 4 17 12
25	13 21 13 13 11 26 36 4 17 12	16 25 18 17 14 26 35 4 17 12	19 30 20 21 15 26 35 4 17 12	22 33 20 25 17 27 35 4 17 12	25 3 25 29 19 27 35 4 17 12	28 7 30 31 21 28 35 4 17 12
26	13 22 13 14 12 26 36 4 17 12	16 26 18 17 14 26 35 4 17 12	19 31 20 21 15 26 35 4 17 12	22 35 20 25 17 27 35 4 17 12	25 4 25 29 19 27 35 4 17 12	28 8 30 31 21 28 35 4 17 12
27	13 23 13 14 12 26 36 4 17 12	16 28 19 18 14 26 35 4 17 12	19 33 20 21 16 26 35 4 17 12	22 36 21 25 17 27 35 4 17 12	25 6 26 29 19 27 35 4 17 12	28 9 30 31 21 28 35 4 17 12
28	13 24 14 14 12 26 36 4 17 12	16 29 19 18 14 26 35 4 17 12	19 34 19 22 16 26 35 4 17 12	22 2 21 25 17 27 35 4 17 12	25 7 26 29 19 27 35 4 17 12	28 11 30 31 21 28 35 4 17 12
29	13 26 14 14 12 26 36 4 17 12	16 30 19 18 14 26 35 4 17 12	19 35 19 22 16 26 35 4 17 12	22 3 21 25 18 27 35 4 17 12	25 9 26 29 19 27 35 4 17 12	28 12 30 33 21 28 35 4 17 12
30	13 27 14 14 12 26 36 4 17 12	16 32 19 18 14 26 35 4 17 12	19 1 19 22 16 26 35 4 17 12	22 5 21 25 18 27 35 4 17 12	25 10 26 29 19 27 35 4 17 12	28 13 30 33 21 28 35 4 17 12
31	13 28 14 14 12 26 36 4 17 12	16 33 19 18 14 26 35 4 17 12		22 6 21 26 18 27 35 4 17 12		28 15 30 33 21 28 35 4 17 12

1937

	JAN	FEB	MÄR	APR	MAI	JUNI	JULI	AUG	SEPT	OKT	NOV	DEZ
1	29 16 31 33 21 28 35 4 17 12	32 21 29 36 23 29 36 4 17 12	35 22 33 3 24 29 36 4 17 12	2 26 2 4 25 30 36 4 17 12	4 29 6 3 25 30 1 4 17 12	8 34 5 3 24 30 1 5 17 12	10 2 10 6 23 30 1 5 17 12	13 7 16 9 24 30 1 5 17 12	16 12 18 13 26 29 1 5 17 12	19 16 18 16 28 29 1 5 17 12	22 21 23 20 30 30 36 5 18 13	25 24 27 24 32 30 36 5 18 12
2	29 18 31 33 22 28 35 4 17 12	32 22 29 1 23 29 36 4 17 12	35 23 33 3 24 29 36 4 17 12	2 27 3 4 25 30 36 4 17 12	5 30 6 3 25 30 1 4 17 12	8 35 5 3 24 30 1 5 17 12	11 3 10 6 23 30 1 5 17 12	13 8 16 9 24 30 1 5 17 12	16 14 18 13 26 29 1 5 17 12	19 17 18 16 28 29 1 5 17 12	22 22 23 20 30 30 36 5 18 13	25 25 27 24 32 30 36 5 18 12
3	29 19 31 33 22 28 35 4 17 12	32 23 29 1 23 29-36 4 17 12	35 24 33 3 24 29 36 4 17 12	2 28 3 4 25 30 36 4 17 12	5 32 6 3 25 30 1 4 17 12	8 1 5 3 24 30 1 5 17 12	11 4 10 6 23 30 1 5 17 12	13 10 16 9 24 30 1 5 17 12	17 15 18 13 26 29 1 5 17 12	19 19 18 17 28 29 1 5 17 12	23 23 23 20 30 30 36 5 18 13	26 26 27 24 32 30 36 5 18 12
4	29 20 31 33 22 28 35 4 17 12	32 24 29 1 23 29 36 4 17 12	35 25 33 3 24 30 36 4 17 12	2 29 3 4 25 30 36 4 17 12	5 33 6 2 25 30 1 4 17 12	8 2 5 3 24 30 1 5 17 12	11 6 10 6 23 30 1 5 17 12	14 11 16 9 24 29 1 5 17 12	17 16 18 13 26 29 1 5 17 12	19 20 18 17 28 29 1 5 17 12	23 24 23 20 30 30 36 5 18 13	26 28 28 24 32 30 36 5 18 12
5	29 21 31 33 22 28 35 4 17 12	32 25 30 1 23 29 36 4 17 12	35 26 33 3 24 30 36 4 17 12	2 31 3 4 25 30 36 4 17 12	5 34 6 2 25 30 1 4 17 12	8 4 6 4 24 30 1 5 17 12	11 7 11 6 23 30 1 5 17 12	14 13 16 10 24 29 1 5 17 12	17 18 18 13 26 29 1 5 17 12	20 21 18 17 28 29 1 5 17 12	23 25 23 21 30 30 36 5 18 13	26 29 28 24 32 30 36 5 18 12
6	29 22 31 34 22 28 35 4 17 12	32 27 30 1 23 29 36 4 17 12	35 27 34 3 24 30 36 4 17 12	2 32 3 4 25 30 36 4 17 12	5 36 6 2 25 30 1 4 17 12	8 5 6 4 24 30 1 5 17 12	11 9 11 6 24 30 1 5 17 12	14 14 16 10 24 29 1 5 17 12	17 19 18 13 26 29 1 5 17 12	20 22 18 17 28 29 1 5 17 12	23 27 23 21 30 30 36 5 18 13	26 30 28 24 32 30 36 5 18 12
7	29 23 31 34 22 28 35 4 17 12	32 28 30 1 23 29 36 4 17 12	35 28 34 3 24 30 36 4 17 12	2 33 4 4 25 30 36 4 17 12	5 1 6 2 25 30 1 4 17 12	8 7 6 4 24 30 1 5 17 12	11 10 11 6 24 30 1 5 17 12	14 16 16 10 24 29 1 5 17 12	17 20 18 13 26 29 1 5 17 12	20 23 18 17 28 29 1 5 17 12	23 28 24 21 30 30 36 5 18 13	26 31 28 25 32 30 36 5 18 12
8	29 25 31 34 22 28 35 4 17 12	32 29 30 1 23 29 36 4 17 12	35 30 34 3 24 30 36 4 17 12	2 35 4 4 25 30 36 4 17 12	5 3 6 2 25 30 1 5 17 12	8 8 6 4 24 30 1 5 17 12	11 12 11 7 24 30 1 5 17 12	14 17 17 10 24 29 1 5 17 12	17 21 18 14 26 29 1 5 17 12	20 25 19 17 28 29 1 5 17 13	23 29 24 21 30 30 36 5 18 13	26 32 28 25 33 30 36 5 18 12
9	29 26 30 34 22 28 35 4 17 12	33 31 30 1 23 29 36 4 17 12	35 31 34 3 24 30 36 4 17 12	2 36 4 4 25 30 36 4 17 12	5 4 6 2 25 30 1 5 17 12	8 10 6 4 24 30 1 5 17 12	11 13 11 7 24 30 1 5 17 12	14 18 17 10 25 29 1 5 17 12	17 23 18 14 26 29 1 5 17 12	20 26 19 17 28 29 1 5 17 13	23 30 24 21 30 30 36 5 18 13	26 34 28 25 33 30 36 5 18 12
10	29 27 30 34 22 28 35 4 17 12	33 32 30 1 23 29 36 4 17 12	35 33 34 4 24 30 36 4 17 12	3 2 4 4 25 30 36 4 17 12	5 5 6 2 25 30 1 5 17 12	8 11 6 4 24 30 1 5 17 12	11 15 12 7 24 30 1 5 17 12	14 19 17 10 25 29 1 5 17 12	17 24 18 14 26 29 1 5 17 12	20 27 19 17 28 29 1 5 17 13	23 31 24 21 30 30 36 5 18 13	26 35 28 25 33 30 36 5 18 12
11	29 28 30 34 22 28 35 4 17 12	33 33 30 1 23 29 36 4 17 12	36 34 34 4 24 30 36 4 17 12	3 3 4 4 25 30 36 4 17 12	6 7 5 2 25 30 1 5 17 12	9 12 6 4 24 30 1 5 17 12	11 16 12 7 24 30 1 5 17 12	14 21 17 10 25 29 1 5 17 12	17 25 18 14 26 29 1 5 17 12	20 28 19 18 28 29 1 5 17 13	23 33 24 21 30 30 36 5 18 13	26 36 28 25 33 30 36 5 18 12
12	30 30 30 34 22 28 35 4 17 12	33 34 30 2 23 29 36 4 17 12	36 35 35 4 24 30 36 4 17 12	3 5 5 4 25 30 36 4 17 12	6 9 5 2 25 30 1 5 17 12	9 14 6 4 24 30 1 5 17 12	11 17 12 7 24 30 1 5 17 12	14 22 17 10 25 29 1 5 17 12	17 26 18 14 26 29 1 5 17 12	20 29 19 18 28 29 1 5 17 13	23 34 24 21 31 30 36 5 18 13	27 2 29 25 33 30 36 5 18 12
13	30 31 30 34 22 28 35 4 17 12	33 36 30 2 23 29 36 4 17 12	36 1 35 4 25 30 36 4 17 12	3 6 5 4 25 30 36 4 17 12	6 10 5 2 25 30 1 5 17 12	9 15 6 4 24 30 1 5 17 12	12 19 12 7 24 30 1 5 17 12	15 23 17 10 25 29 1 5 17 12	18 27 18 14 26 29 1 5 17 12	20 31 19 18 28 29 1 5 17 13	24 35 24 22 31 30 36 5 18 13	27 3 29 25 33 30 36 5 18 12
14	30 32 30 34 22 28 35 4 17 12	33 1 31 2 23 29 36 4 17 12	36 2 35 4 25 30 36 4 17 12	3 8 5 4 25 30 36 4 17 12	6 12 5 2 25 30 1 5 17 12	9 17 7 4 24 30 1 5 17 12	12 20 12 7 24 30 1 5 17 12	15 24 17 11 25 29 1 5 17 12	18 29 18 14 26 29 1 5 17 12	21 32 20 18 28 29 1 5 17 13	24 1 25 22 31 30 36 5 18 13	27 4 29 25 33 30 36 5 18 12
15	30 34 30 35 22 29 35 4 17 12	33 3 31 2 24 29 36 4 17 12	36 4 35 4 25 30 36 4 17 12	3 9 5 3 25 30 36 4 17 12	6 13 5 3 24 30 1 5 17 12	9 18 7 4 24 30 1 5 17 12	12 21 13 7 24 30 1 5 17 12	15 25 18 11 25 29 1 5 17 12	18 30 17 14 27 29 1 5 17 12	21 33 20 18 29 29 1 5 17 13	24 2 25 22 31 30 36 5 18 13	27 6 29 26 33 30 36 5 18 12
16	30 35 30 35 22 29 35 4 17 12	33 4 31 2 24 29 36 4 17 12	36 5 35 4 25 30 36 4 17 12	3 11 5 3 25 30 36 4 17 12	6 14 5 3 24 30 1 5 17 12	9 19 7 4 24 30 1 5 17 12	12 22 13 7 24 30 1 5 17 12	15 27 18 11 25 29 1 5 17 12	18 31 17 14 27 29 1 5 17 12	21 35 20 18 29 29 1 5 17 13	24 4 25 22 31 30 36 5 18 13	27 7 29 26 33 30 36 5 18 12
17	30 36 29 35 22 29 35 4 17 12	33 6 31 2 24 29 36 4 17 12	36 7 35 4 25 30 36 4 17 12	3 12 5 3 25 30 36 4 17 12	6 16 5 3 24 30 1 5 17 12	9 20 7 5 24 30 1 5 17 12	12 23 13 8 24 30 1 5 17 12	15 28 18 11 25 29 1 5 17 12	18 32 17 15 27 29 1 5 17 12	21 36 20 18 29 29 1 5 17 13	24 5 25 22 31 30 36 5 18 13	27 9 29 26 33 30 36 5 18 12
18	30 2 29 35 22 29 35 4 17 12	33 7 31 2 24 29 36 4 17 12	36 8 36 4 25 30 36 4 17 12	3 13 5 3 25 30 36 4 17 12	6 17 5 3 24 30 1 5 17 12	9 21 7 5 24 30 1 5 17 12	12 25 13 8 24 30 1 5 17 12	15 29 18 11 25 29 1 5 17 12	18 34 17 15 27 29 1 5 17 12	21 1 20 18 29 29 36 5 18 13	24 7 25 22 31 30 36 5 18 13	27 10 29 26 33 30 36 5 18 12
19	30 3 29 35 22 29 35 4 17 12	34 8 31 2 24 29 36 4 17 12	36 10 36 4 25 30 36 4 17 12	3 15 5 3 25 30 36 4 17 12	6 18 5 3 24 30 1 5 17 12	9 23 7 5 23 30 1 5 17 12	12 26 13 8 24 30 1 5 17 12	15 30 18 11 25 29 1 5 17 12	18 35 17 15 27 29 1 5 17 12	21 3 20 19 29 29 36 5 18 13	24 8 25 22 31 30 36 5 18 13	27 12 29 26 33 30 36 5 18 12
20	30 4 29 35 22 29 35 4 17 12	34 10 31 2 24 29 36 4 17 12	36 11 36 4 25 30 36 4 17 12	3 16 5 3 25 30 36 4 17 12	6 19 5 3 24 30 1 5 17 12	9 24 8 5 23 30 1 5 17 12	12 27 14 8 24 30 1 5 17 12	15 32 18 11 25 29 1 5 17 12	18 1 17 15 27 29 1 5 17 12	21 4 21 19 29 29 36 5 18 13	24 10 26 22 31 30 36 5 18 13	27 13 29 26 33 31 36 5 18 12
21	31 6 29 35 22 29 35 4 17 12	34 11 32 2 24 29 36 4 17 12	1 12 36 4 25 30 36 4 17 12	4 17 6 3 25 30 36 4 17 12	6 21 5 3 24 30 1 5 17 12	9 25 8 5 23 30 1 5 17 12	12 28 14 8 24 30 1 5 17 12	15 33 18 11 25 29 1 5 17 12	18 2 17 15 27 29 1 5 17 12	21 6 21 19 29 29 36 5 18 13	24 11 26 23 31 30 36 5 18 13	27 15 29 26 34 31 36 5 18 12
22	31 7 29 35 22 29 35 4 17 12	34 13 32 2 24 29 36 4 17 12	1 14 36 4 25 30 36 4 17 12	4 18 6 3 25 30 36 4 17 12	7 22 5 3 24 30 1 5 17 12	10 26 8 5 23 30 1 5 17 12	12 29 14 8 24 30 1 5 17 12	15 34 18 12 25 29 1 5 17 12	18 3 17 15 27 29 1 5 17 12	21 7 21 19 29 29 36 5 18 13	24 13 26 23 31 30 36 5 18 13	28 16 29 27 34 31 36 5 18 12
23	31 9 29 35 22 29 35 4 17 12	34 14 32 2 24 29 36 4 17 12	1 15 36 4 25 30 36 4 17 12	4 19 6 3 25 30 36 4 17 12	7 23 5 3 24 30 1 5 17 12	10 27 8 5 23 30 1 5 17 12	13 31 14 8 24 30 1 5 17 12	15 36 18 12 25 29 1 5 17 12	19 5 17 15 27 29 1 5 17 12	21 9 21 19 29 29 36 5 18 13	25 14 26 23 31 30 36 5 18 13	28 18 29 27 34 31 36 4 18 12
24	31 10 29 36 22 29 35 4 17 12	34 15 32 3 24 29 36 4 17 12	1 16 1 4 25 30 36 4 17 12	4 21 6 3 25 30 36 4 17 12	7 24 5 3 24 30 1 5 17 12	10 29 8 5 23 30 1 5 17 12	13 32 14 8 24 30 1 5 17 12	16 1 18 12 25 29 1 5 17 12	19 6 17 15 27 29 1 5 17 12	22 10 21 19 29 30 36 5 18 13	25 15 26 23 31 30 36 5 18 13	28 19 29 27 34 31 36 4 18 12
25	31 12 29 36 23 29 35 4 17 12	34 16 32 3 24 29 36 4 17 12	1 17 1 4 25 30 36 4 17 12	4 22 6 3 25 30 36 4 17 12	7 25 5 3 24 30 1 5 17 12	10 30 8 5 23 30 1 5 17 12	13 33 15 8 24 30 1 5 17 12	16 2 18 12 25 29 1 5 17 12	19 8 17 16 27 29 1 5 17 12	22 12 21 19 29 30 36 5 18 13	25 17 26 23 31 30 36 5 18 12	28 20 29 27 34 31 36 4 18 12
26	31 13 29 36 23 29 35 4 17 12	34 18 32 3 24 29 36 4 17 12	1 19 1 4 25 30 36 4 17 12	4 23 6 3 25 30 1 4 17 12	7 26 5 3 24 30 1 5 17 12	10 31 9 5 23 30 1 5 17 12	13 35 15 8 24 30 1 5 17 12	16 4 18 12 25 29 1 5 17 12	19 9 17 16 27 29 1 5 17 12	22 13 22 19 29 30 36 5 18 13	25 18 26 23 32 30 36 5 18 12	28 21 29 27 34 31 36 4 18 12
27	31 14 29 36 23 29 35 4 17 12	34 19 32 3 24 29 36 4 17 12	1 20 1 4 25 30 36 4 17 12	4 24 6 3 25 30 1 4 17 12	7 28 5 3 24 30 1 5 17 12	10 32 9 5 23 30 1 5 17 12	13 36 15 9 24 30 1 5 17 12	16 5 18 12 25 29 1 5 17 12	19 11 17 16 27 29 1 5 17 12	22 14 22 19 29 30 36 5 18 13	25 19 27 23 32 30 36 5 18 12	28 23 29 27 34 31 36 4 18 12
28	31 16 29 36 23 29 35 4 17 12	34 20 33 3 24 29 36 4 17 12	1 21 2 4 25 30 36 4 17 12	4 25 6 3 25 30 1 4 17 12	7 29 5 3 24 30 1 5 17 12	10 34 9 6 23 30 1 5 17 12	13 1 15 9 24 30 1 5 17 12	16 7 18 12 25 29 1 5 17 12	19 12 17 16 27 29 1 5 17 12	22 16 22 20 29 30 36 5 18 13	25 20 27 23 32 30 36 5 18 12	28 24 28 27 34 31 36 4 18 12
29	31 17 29 36 23 29 35 4 17 12		1 22 2 4 25 30 36 4 17 12	4 27 6 3 25 30 1 4 17 12	7 30 5 3 24 30 1 5 17 12	10 35 9 6 23 30 1 5 17 12	13 3 15 9 24 30 1 5 17 12	16 8 18 12 26 29 1 5 17 12	19 13 17 16 27 29 1 5 17 12	22 17 22 20 30 30 36 5 18 13	25 21 27 24 32 30 36 5 18 12	28 25 28 27 34 31 36 4 18 12
30	31 18 29 36 23 29 35 4 17 12		1 23 2 4 25 30 36 4 17 12	4 28 6 3 25 30 1 4 17 12	7 31 5 3 24 30 1 5 17 12	10 36 9 6 23 30 1 5 17 12	13 4 15 9 24 30 1 5 17 12	16 9 18 12 26 29 1 5 17 12	19 14 17 16 28 29 1 5 17 12	22 18 22 20 30 30 36 5 18 13	25 23 27 24 32 30 36 5 18 12	28 26 28 28 34 31 36 4 18 12
31	32 18 29 36 23 29 36 4 17 12		2 25 2 4 25 30 36 4 17 12		7 33 5 3 24 30 1 5 17 12		13 6 15 9 24 30 1 5 17 12	16 11 18 13 26 29 1 5 17 12		22 19 22 20 30 30 36 5 18 13		28 27 28 28 34 31 36 4 18 12

1938

	JAN	FEB	MÄR	APR	MAI	JUNI	JULI	AUG	SEPT	OKT	NOV	DEZ
1	29 28 28 28 34 31 36 4 18 12	32 33 30 32 1 32 1 4 18 12	35 34 34 35 3 32 1 5 18 12	2 3 4 3 5 33 1 5 17 12	5 7 3 7 7 33 2 5 17 12	8 12 5 10 9 34 2 5 17 12	10 16 11 14 11 34 2 5 17 12	13 21 16 18 13 33 2 5 17 12	16 25 16 21 15 33 2 5 18 13	19 29 19 24 17 33 2 5 18 13	22 33 24 25 19 33 2 5 18 13	25 36 27 24 21 33 2 5 18 13
2	29 30 28 28 34 31 36 4 18 12	32 34 30 32 1 32 1 4 18 12	35 35 34 35 3 32 1 5 18 12	2 4 4 3 5 33 1 5 17 12	5 8 3 7 7 33 2 5 17 12	8 13 6 11 9 34 2 5 17 12	10 17 12 14 11 34 2 5 17 12	13 22 16 18 13 33 2 5 17 12	16 27 16 21 15 33 2 5 18 13	19 30 19 24 17 33 2 5 18 13	22 34 24 25 19 33 2 5 18 13	25 1 27 24 21 33 2 5 18 13
3	29 31 28 28 34 31 36 4 18 12	32 36 30 32 1 32 1 4 18 12	35 1 34 35 3 32 1 5 17 12	2 6 4 3 5 33 1 5 17 12	5 10 3 7 7 33 2 5 17 12	8 15 6 11 9 34 2 5 17 12	11 19 12 14 11 34 2 5 17 12	14 23 16 18 13 33 2 5 17 13	17 28 15 21 15 33 2 5 18 13	19 31 19 24 17 33 2 5 18 13	23 35 24 25 19 33 2 5 18 13	26 3 27 24 21 33 2 5 18 13
4	29 32 28 28 35 31 36 4 18 12	32 1 30 32 1 32 1 4 18 12	35 2 34 36 3 32 1 5 17 12	2 7 4 3 5 33 1 5 17 12	5 11 3 7 7 33 2 5 17 12	8 16 6 11 9 34 2 5 17 12	11 20 12 14 11 34 2 5 17 12	14 25 16 18 13 33 2 5 17 12	17 29 15 21 15 33 2 5 18 13	20 32 19 24 17 33 2 5 18 13	23 1 24 25 19 33 2 5 18 13	26 4 27 24 21 33 2 5 18 13
5	29 33 28 28 35 31 36 4 18 12	32 2 30 32 1 32 1 4 18 12	35 3 35 36 3 32 1 5 17 12	2 9 4 4 5 33 1 5 17 12	5 12 3 7 7 33 2 5 17 12	8 18 6 11 9 34 2 5 17 12	11 21 12 14 11 34 2 5 17 12	14 26 16 18 13 33 2 5 17 13	17 30 15 21 15 33 2 5 18 13	20 33 19 24 17 33 2 5 18 13	23 2 24 25 19 33 2 5 18 13	26 6 27 24 21 33 2 5 18 13
6	29 35 28 28 35 31 36 4 18 12	32 4 30 32 1 32 1 4 18 12	35 5 35 36 3 32 1 5 17 12	2 10 4 4 5 33 1 5 17 12	5 14 3 7 7 33 2 5 17 12	8 19 6 11 9 34 2 5 17 12	11 22 12 15 11 34 2 5 17 12	14 27 16 18 13 33 2 5 17 13	17 31 15 21 15 33 2 5 18 13	20 35 20 24 17 33 2 5 18 13	23 3 24 25 19 33 2 5 18 13	26 7 27 23 21 33 2 5 18 13
7	29 36 27 29 35 31 36 4 18 12	32 5 30 32 1 32 1 4 18 12	35 6 35 36 3 32 1 5 17 12	2 11 4 4 5 33 1 5 17 12	5 15 3 7 7 33 2 5 17 12	8 20 6 11 10 34 2 5 17 12	11 24 13 15 12 34 2 5 17 12	14 28 17 18 14 33 2 5 17 13	17 33 15 22 15 33 2 5 18 13	20 36 20 24 17 33 2 5 18 13	23 5 25 25 19 33 2 5 18 13	26 9 27 23 21 33 2 5 18 13
8	29 1 27 29 35 31 36 4 18 12	32 6 31 33 1 32 1 4 18 12	35 7 35 36 3 32 1 5 17 12	2 13 4 4 5 33 1 5 17 12	5 17 3 8 8 33 2 5 17 12	8 21 7 11 10 34 2 5 17 12	11 25 13 15 12 34 2 5 17 12	14 29 17 18 14 33 2 5 17 13	17 34 15 22 16 33 2 5 18 13	20 1 20 24 17 33 2 5 18 13	23 6 25 25 19 33 2 5 18 13	26 10 27 23 21 33 2 5 18 13
9	29 3 27 29 35 31 36 4 18 12	33 8 31 33 1 32 1 4 18 12	35 9 35 36 3 32 1 5 17 12	2 14 4 4 6 33 1 5 17 12	5 18 3 8 8 33 2 5 17 12	8 23 7 11 10 34 2 5 17 12	11 26 13 15 12 34 2 5 17 12	14 30 17 18 14 33 2 5 17 13	17 35 15 22 16 33 2 5 18 13	20 3 20 24 18 33 2 5 18 13	23 8 25 25 19 33 2 5 18 13	26 12 27 23 21 33 2 5 18 13
10	29 4 27 29 35 31 36 4 18 12	33 9 31 33 1 32 1 4 18 12	35 10 36 36 3 32 1 5 17 12	2 16 4 4 6 33 1 5 17 12	5 19 3 8 8 33 2 5 17 12	8 24 7 12 10 34 2 5 17 12	11 27 13 15 12 34 2 5 17 12	14 32 17 19 14 33 2 5 17 13	17 36 16 22 16 33 2 5 18 13	20 4 20 24 18 33 2 5 18 13	23 9 25 25 20 33 2 5 18 13	26 13 27 23 21 33 2 5 18 13
11	30 5 27 29 35 31 36 4 18 12	33 11 31 33 1 32 1 5 18 12	36 12 36 36 3 32 1 5 17 12	3 17 4 4 6 33 1 5 17 12	6 20 3 8 8 33 2 5 17 12	9 25 7 12 10 34 2 5 17 12	11 28 13 15 12 34 2 5 17 12	14 33 17 19 14 33 2 5 17 13	17 2 16 22 16 33 2 5 18 13	20 5 20 24 18 33 2 5 18 13	23 11 25 25 20 33 2 5 18 13	26 14 27 23 21 33 2 5 18 13
12	30 7 27 29 35 31 36 4 18 12	33 12 31 33 1 32 1 5 18 12	36 13 36 1 4 32 1 5 17 12	3 18 4 4 6 33 1 5 17 12	6 22 3 8 8 33 2 5 17 12	9 26 7 12 10 34 2 5 17 12	11 30 13 15 12 34 2 5 17 12	14 34 17 19 14 33 2 5 17 13	17 3 16 22 16 33 2 5 18 13	20 7 21 24 18 33 2 5 18 13	23 12 25 25 20 33 2 5 18 13	26 16 27 23 22 33 2 5 18 13
13	30 8 28 29 35 31 36 4 18 12	33 14 31 33 2 32 1 5 18 12	36 14 36 1 4 32 1 5 17 12	3 20 4 5 6 33 1 5 17 12	6 23 3 8 8 33 2 5 17 12	9 27 8 12 10 34 2 5 17 12	12 31 14 15 12 34 2 5 17 12	15 35 17 19 14 33 2 5 17 13	18 4 16 22 16 33 2 5 18 13	20 8 21 24 18 33 2 5 18 13	24 13 25 25 20 33 2 5 18 13	27 17 27 23 22 33 2 5 18 13
14	30 10 28 29 35 31 1 4 18 12	33 15 31 33 2 32 1 5 18 12	36 16 36 1 4 32 1 5 17 12	3 21 4 5 6 33 1 5 17 12	6 24 3 8 8 34 2 5 17 12	9 29 8 12 10 34 2 5 17 12	12 32 14 16 12 34 2 5 17 12	15 1 17 19 14 33 2 5 17 13	18 6 16 22 16 33 2 5 18 13	21 9 21 25 18 33 2 5 18 13	24 15 26 25 20 33 2 5 18 13	27 19 27 23 22 33 2 5 18 13
15	30 11 28 30 35 31 1 4 18 12	33 16 32 33 2 32 1 5 18 12	36 17 1 1 4 32 1 5 17 12	3 22 4 5 6 33 2 5 17 12	6 25 3 8 8 34 2 5 17 12	9 30 8 12 10 34 2 5 17 12	12 33 14 16 12 34 2 5 17 12	15 2 17 19 14 33 2 5 17 13	18 7 16 22 16 33 2 5 18 13	21 11 21 25 18 33 2 5 18 13	24 16 26 24 20 33 2 5 18 13	27 20 26 24 22 33 2 5 18 13
16	30 13 28 30 35 31 1 4 18 12	33 18 32 34 2 32 1 5 18 12	36 19 1 1 4 32 1 5 17 12	3 23 4 5 6 33 2 5 17 12	6 27 3 9 8 34 2 5 17 12	9 31 8 12 10 34 2 5 17 12	12 34 14 16 12 34 2 5 17 12	15 3 17 19 14 33 2 5 17 13	18 8 16 22 16 33 2 5 18 13	21 12 21 25 18 33 2 5 18 13	24 18 26 24 20 33 2 5 18 13	27 21 26 24 22 33 2 5 18 13
17	30 14 28 30 36 31 1 4 18 12	33 19 32 34 2 32 1 5 18 12	36 20 1 1 4 33 1 5 17 12	3 25 4 5 6 33 2 5 17 12	6 28 4 9 8 34 2 5 17 12	9 32 8 12 10 34 2 5 17 12	12 36 14 16 12 34 2 5 17 12	15 5 17 19 14 33 2 5 17 13	18 10 16 23 16 33 2 5 18 13	21 14 21 25 18 33 2 5 18 13	24 19 26 24 20 33 2 5 18 13	27 23 26 24 22 33 2 5 18 13
18	30 16 28 30 36 31 1 4 18 12	33 21 32 34 2 32 1 5 18 12	36 21 1 1 4 33 1 5 17 12	3 26 4 5 6 33 2 5 17 12	6 29 4 9 8 34 2 5 17 12	9 33 9 12 10 34 2 5 17 12	12 1 14 16 12 34 2 5 17 12	15 6 17 19 14 33 2 5 17 13	18 11 16 23 16 33 2 5 18 13	21 15 22 25 18 33 2 5 18 13	24 20 26 24 20 33 2 5 18 13	27 24 26 24 22 33 2 5 18 13
19	30 17 28 30 36 31 1 4 18 12	34 22 32 34 2 32 1 5 18 12	36 23 1 1 4 33 1 5 17 12	3 27 4 5 6 33 2 5 17 12	6 30 4 9 8 34 2 5 17 12	9 35 9 13 10 34 2 5 17 12	12 2 15 16 12 34 2 5 17 12	15 7 17 20 14 33 2 5 17 13	18 13 17 23 16 33 2 5 18 13	21 16 22 25 18 33 2 5 18 13	24 22 26 24 20 33 2 5 18 13	27 25 26 24 22 33 2 5 18 13
20	30 18 28 30 36 31 1 4 18 12	34 23 32 34 2 32 1 5 18 12	36 24 2 2 4 33 1 5 17 12	3 28 4 5 6 33 2 5 17 12	6 31 4 9 8 34 2 5 17 12	9 36 9 13 10 34 2 5 17 12	12 4 15 16 12 34 2 5 17 12	15 9 17 20 14 33 2 5 17 13	18 14 17 23 16 33 2 5 18 13	21 18 22 25 18 33 2 5 18 13	24 23 26 24 20 33 2 5 18 13	27 26 26 24 22 33 2 5 18 13
21	31 20 28 30 36 31 1 4 18 12	34 24 33 34 2 32 1 5 18 12	1 25 2 2 4 33 1 5 17 12	4 29 4 5 6 33 2 5 17 12	6 33 4 9 8 34 2 5 17 12	9 1 9 13 10 34 2 5 17 12	12 5 15 16 12 34 2 5 17 12	15 10 16 20 14 33 2 5 18 13	18 16 17 23 16 33 2 5 18 13	21 19 22 25 18 33 2 5 18 13	24 24 27 24 20 33 2 5 18 13	27 27 26 24 22 33 2 5 18 13
22	31 21 28 30 36 31 1 4 18 12	34 25 33 34 2 32 1 5 18 12	1 26 2 2 4 33 1 5 17 12	4 31 4 6 6 33 2 5 17 12	7 34 4 9 8 34 2 5 17 12	10 3 10 13 11 34 2 5 17 12	12 6 15 16 12 34 2 5 17 12	15 12 16 20 14 33 2 5 18 13	18 17 17 23 16 33 2 5 18 13	21 20 22 25 18 33 2 5 18 13	24 25 27 24 20 33 2 5 18 13	28 29 26 24 22 33 2 5 18 13
23	31 22 28 31 36 31 1 4 18 12	34 27 33 34 2 32 1 5 18 12	1 27 2 2 4 33 1 5 17 12	4 32 3 6 6 33 2 5 17 12	7 35 4 9 9 34 2 5 17 12	10 4 10 13 11 34 2 5 17 12	13 8 15 17 13 34 2 5 17 12	15 13 16 20 15 33 2 5 18 13	18 18 17 23 16 33 2 5 18 13	21 22 22 25 18 33 2 5 18 13	25 27 27 24 20 33 2 5 18 13	28 30 26 24 22 33 2 5 18 13
24	31 23 29 31 36 31 1 4 18 12	34 28 33 35 2 32 1 5 18 12	1 29 2 2 4 33 1 5 17 12	4 33 3 6 6 33 2 5 17 12	7 36 4 9 9 34 2 5 17 12	10 5 10 13 11 34 2 5 17 12	13 9 15 17 13 34 2 5 17 12	16 15 16 20 15 33 2 5 18 13	19 20 17 23 17 33 2 5 18 13	22 23 22 25 18 33 2 5 18 13	25 28 27 24 20 33 2 5 18 13	28 31 26 24 22 33 2 5 18 13
25	31 25 29 31 36 31 1 4 18 12	34 29 33 35 2 32 1 5 18 12	1 30 3 2 4 33 1 5 17 12	4 34 3 6 6 33 2 5 17 12	7 2 4 10 9 34 2 5 17 12	10 7 10 13 11 34 2 5 17 12	13 11 15 17 13 34 2 5 17 12	16 16 16 20 15 33 2 5 18 13	19 21 18 23 17 33 2 5 18 13	22 25 23 25 19 33 2 5 18 13	25 29 27 24 20 33 2 5 18 13	28 32 26 24 22 33 2 5 18 13
26	31 26 29 31 36 31 1 4 18 12	34 30 33 35 3 32 1 5 18 12	1 31 3 2 5 33 1 5 17 12	4 36 3 6 6 33 2 5 17 12	7 3 5 10 9 34 2 5 17 12	10 8 10 13 11 34 2 5 17 12	13 12 15 17 13 34 2 5 17 12	16 18 16 20 15 33 2 5 18 13	19 22 18 23 17 33 2 5 18 13	22 26 23 25 19 33 2 5 18 13	25 30 27 24 21 33 2 5 18 13	28 33 26 24 22 33 2 5 18 13
27	31 27 29 31 36 31 1 4 18 12	34 31 34 35 3 32 1 5 18 12	1 32 3 2 5 33 1 5 17 12	4 1 3 6 7 33 2 5 17 12	7 5 5 10 9 34 2 5 17 12	10 10 11 14 11 34 2 5 17 12	13 14 16 17 13 34 2 5 17 12	16 19 16 20 15 33 2 5 18 13	19 24 18 23 17 33 2 5 18 13	22 27 23 25 19 33 2 5 18 13	25 31 27 24 21 33 2 5 18 13	28 35 26 24 22 33 2 5 18 13
28	31 28 29 31 36 31 1 4 18 12	34 33 34 35 3 32 1 5 18 12	1 33 3 3 5 33 1 5 17 12	4 2 3 6 7 33 2 5 17 12	7 6 5 10 9 34 2 5 17 12	10 11 11 14 11 34 2 5 17 12	13 15 16 17 13 34 2 5 17 12	16 20 16 21 15 33 2 5 18 13	19 25 18 23 17 33 2 5 18 13	22 28 23 25 19 33 2 5 18 13	25 33 27 24 21 33 2 5 18 13	28 36 26 24 23 33 2 5 18 13
29	31 29 29 31 36 31 1 4 18 12		1 35 3 3 5 33 1 5 17 12	4 4 3 6 7 33 2 5 17 12	7 7 5 10 9 34 2 5 17 12	10 13 11 14 11 34 2 5 17 12	13 17 16 17 13 34 2 5 17 12	16 22 16 21 15 33 2 5 18 13	19 26 18 24 17 33 2 5 18 13	22 29 23 25 19 33 2 5 18 13	25 34 27 24 21 33 2 5 18 13	28 1 26 24 23 33 2 5 18 13
30	32 31 29 31 1 31 1 4 18 12		1 36 3 3 5 33 1 5 17 12	4 5 3 7 7 33 2 5 17 12	7 9 5 10 9 34 2 5 17 12	10 14 11 14 11 34 2 5 17 12	13 18 16 17 13 33 2 5 17 12	16 23 16 21 15 33 2 5 18 13	19 27 18 24 17 33 2 5 18 13	22 31 23 25 19 33 2 5 18 13	25 35 27 24 21 33 2 5 18 13	28 2 26 24 23 34 2 5 18 13
31	32 32 29 32 36 31 1 4 18 12		2 2 3 3 5 33 1 5 17 12		7 10 5 10 9 34 2 5 17 12		13 20 16 17 13 33 2 5 17 12	16 24 16 21 15 33 2 5 18 13		22 32 24 25 19 33 2 5 18 13		28 4 26 24 23 34 2 5 18 13

1939

	JAN	FEB	MÄR	APR	MAI	JUNI	JULI	AUG	SEPT	OKT	NOV	DEZ
1	29 5 26 24 23 34 2 5 18 13	32 10 31 27 25 34 2 5 18 13	35 11 35 30 26 35 2 5 18 12	2 16 2 34 28 36 2 5 18 12	5 20 2 1 30 36 3 5 18 12	8 25 7 5 31 1 3 5 18 12	10 28 13 9 31 1 3 6 18 13	13 33 15 12 30 1 4 6 18 13	16 1 15 16 30 1 4 6 18 13	19 5 20 20 31 1 3 6 18 13	22 10 25 24 32 36 3 6 18 13	25 14 25 28 34 36 3 5 18 13
2	29 6 26 24 23 34 2 5 18 13	32 12 31 27 25 34 2 5 18 13	35 12 36 30 26 35 2 5 18 12	2 18 2 34 28 36 2 5 18 12	5 22 2 1 30 36 3 5 18 12	8 26 7 5 31 1 3 5 18 12	10 30 13 9 31 1 3 6 18 13	13 34 15 13 30 1 4 6 18 13	16 3 15 16 30 1 4 6 18 13	19 6 20 20 31 1 3 6 18 13	22 11 25 24 32 36 3 6 18 13	25 15 25 28 34 36 3 5 18 13
3	29 8 26 24 23 34 2 5 18 13	32 13 31 27 25 34 2 5 18 13	35 14 36 30 26 35 2 5 18 12	2 19 2 34 28 36 2 5 18 12	5 23 2 1 30 36 3 5 18 12	8 28 7 5 31 1 3 5 18 12	11 31 13 9 31 1 3 6 18 13	14 35 15 13 30 1 4 6 18 13	16 4 15 16 30 1 4 6 18 13	19 7 20 20 31 1 3 6 18 13	23 13 25 24 33 36 3 6 18 13	26 16 24 28 34 36 3 5 18 13
4	29 9 27 24 23 34 2 5 18 13	32 15 31 27 25 34 2 5 18 13	35 15 36 30 26 35 2 5 18 12	2 21 2 34 28 36 3 5 18 12	5 24 2 2 30 36 3 5 18 12	8 29 7 5 31 1 3 5 18 12	11 32 13 9 31 1 3 6 18 13	14 1 15 13 30 1 4 6 18 13	17 5 15 17 30 1 4 6 18 13	20 9 20 20 31 1 3 6 18 13	23 14 25 24 33 36 3 6 18 13	26 18 24 28 34 36 3 5 18 13
5	29 11 26 25 23 34 2 5 18 13	32 16 31 27 25 34 2 5 18 13	35 17 36 31 26 35 2 5 18 12	2 22 2 34 28 36 3 5 18 12	5 26 2 2 30 36 3 5 18 12	8 30 8 5 31 1 3 5 18 12	11 33 13 9 31 1 3 6 18 13	14 2 15 13 30 1 4 6 18 13	17 6 15 17 30 1 4 6 18 13	20 10 21 20 31 1 3 6 18 13	23 15 25 24 33 36 3 6 18 13	26 19 24 28 35 36 3 5 18 13
6	29 12 26 25 23 34 2 5 18 13	32 18 32 28 25 34 2 5 18 13	35 18 36 31 26 35 2 5 18 12	2 23 2 34 28 36 3 5 18 12	5 27 2 2 30 36 3 5 18 12	8 31 8 6 31 1 3 5 18 12	11 34 13 9 31 1 4 5 18 13	14 3 15 13 30 1 4 6 18 13	17 8 15 17 30 1 4 6 18 13	20 11 21 21 31 1 3 6 18 13	23 17 25 24 33 36 3 6 18 13	26 21 24 28 35 36 3 5 18 13
7	29 14 26 25 23 34 2 5 18 13	32 19 32 28 25 34 2 5 18 12	35 20 1 31 27 35 2 5 18 12	2 25 1 34 28 36 3 5 18 12	5 28 3 2 30 36 3 5 18 12	8 32 8 6 31 1 3 5 18 12	11 36 14 9 31 1 4 5 18 13	14 4 14 13 30 1 4 6 18 13	17 9 16 17 30 1 4 6 18 13	20 13 21 21 31 1 3 6 18 13	23 18 25 25 33 36 3 6 18 13	26 22 24 28 35 36 3 5 18 13
8	29 15 26 25 23 34 2 5 18 13	32 21 32 28 25 34 2 5 18 12	35 21 1 31 27 35 2 5 18 12	2 26 1 34 28 36 3 5 18 12	5 29 3 2 30 36 3 5 18 12	8 34 8 6 31 1 3 5 18 12	11 1 14 9 31 1 4 5 18 13	14 5 14 13 30 1 4 6 18 13	17 10 16 17 30 1 4 6 18 13	20 14 21 21 31 1 3 6 18 13	23 20 25 25 33 36 3 6 18 13	26 23 24 28 35 36 3 5 18 13
9	29 17 26 25 23 34 2 5 18 13	33 22 32 28 25 34 2 5 18 12	35 23 1 31 27 35 2 5 18 12	2 27 1 35 29 36 3 5 18 12	5 30 3 2 30 36 3 5 18 12	8 35 9 6 31 1 3 5 18 12	11 2 14 10 31 1 4 5 18 13	14 7 14 13 30 1 4 6 18 13	17 12 16 17 30 1 4 6 18 13	20 16 21 21 31 1 3 6 18 13	23 21 25 25 33 36 3 6 18 13	26 25 24 29 35 36 3 5 18 13
10	29 18 26 25 23 34 2 5 18 13	33 23 32 28 25 34 2 5 18 12	35 24 1 31 27 35 2 5 18 12	2 28 1 35 29 36 3 5 18 12	5 32 3 2 30 36 3 5 18 12	8 36 9 6 31 1 3 5 18 12	11 3 14 10 31 1 4 5 18 13	14 8 14 14 30 1 4 6 18 13	17 13 16 17 30 1 4 6 18 13	20 17 21 21 31 1 3 6 18 13	23 23 25 25 33 36 3 6 18 13	26 26 24 29 35 36 3 5 18 13
11	30 20 26 25 23 34 2 5 18 13	33 24 32 28 25 34 2 5 18 12	36 25 1 31 27 35 2 5 18 12	3 30 1 35 29 36 3 5 18 12	6 33 3 2 30 1 3 5 18 12	8 1 9 6 31 1 3 5 18 12	11 5 14 10 31 1 4 5 18 12	14 10 14 14 30 1 4 6 18 13	17 15 16 17 30 1 4 6 18 13	20 19 22 21 31 1 3 6 18 13	23 24 26 25 33 36 3 6 18 13	26 27 24 29 35 36 3 5 18 13
12	30 21 28 25 23 34 2 5 18 13	33 26 32 28 25 34 2 5 18 12	36 26 1 31 27 35 2 5 18 12	3 31 1 35 29 36 3 5 18 12	6 34 3 3 30 1 3 5 18 12	9 3 9 6 31 1 3 5 18 12	11 6 14 10 31 1 4 5 18 13	14 11 14 14 30 1 4 6 18 13	17 16 17 18 30 1 4 6 18 13	20 20 22 21 31 1 3 6 18 13	23 25 26 25 33 36 3 5 18 13	26 28 24 29 35 36 3 5 18 13
13	30 22 28 25 24 34 2 5 18 13	33 27 32 28 25 35 2 5 18 12	36 28 1 31 27 35 2 5 18 12	3 32 1 35 29 36 3 5 18 12	6 35 3 3 30 1 3 5 18 12	9 4 9 6 31 1 3 5 18 12	12 7 14 10 31 1 4 5 18 13	14 13 14 14 30 1 4 6 18 13	17 18 17 18 30 1 4 6 18 13	20 21 22 21 31 1 3 6 18 13	24 27 26 25 33 36 3 5 18 13	27 30 24 29 35 36 3 5 18 13
14	30 23 28 25 24 34 2 5 18 13	33 28 33 28 25 35 2 5 18 12	36 29 2 32 27 35 2 5 18 12	3 33 1 35 29 36 3 5 18 12	6 36 4 3 30 1 3 5 18 12	9 5 10 7 31 1 3 5 18 13	12 9 14 10 31 1 4 5 18 13	15 14 14 14 30 1 4 6 18 13	18 19 17 18 30 1 4 6 18 13	21 22 22 22 31 1 3 6 18 13	24 28 26 25 33 36 3 5 18 13	27 31 25 29 35 36 3 5 18 13
15	30 25 28 25 24 34 2 5 18 13	33 29 33 29 26 35 2 5 18 12	36 30 2 32 27 35 2 5 18 12	3 34 1 35 29 36 3 5 18 12	6 2 4 3 30 1 3 5 18 12	9 7 10 7 31 1 3 5 18 13	12 10 14 10 31 1 4 5 18 13	15 16 14 14 30 1 4 6 18 13	18 21 17 18 30 1 4 6 18 13	21 24 22 22 31 1 3 6 18 13	24 29 26 26 33 36 3 5 18 13	27 32 25 29 35 36 3 5 18 13
16	30 26 28 25 24 34 2 5 18 13	33 30 33 29 26 35 2 5 18 12	36 31 2 32 27 35 2 5 18 12	3 36 1 35 29 36 3 5 18 12	6 3 4 3 30 1 3 5 18 12	9 8 10 7 31 1 3 5 18 13	12 12 14 10 31 1 4 5 18 13	15 17 14 14 30 1 4 6 18 13	18 22 17 18 30 1 4 6 18 13	21 25 22 22 32 1 3 6 18 13	24 30 26 26 33 36 3 5 18 13	27 34 25 29 35 36 3 5 18 13
17	30 27 28 26 24 34 2 5 18 13	33 32 33 29 26 35 2 5 18 12	36 32 2 32 27 35 2 5 18 12	3 1 1 36 29 36 3 5 18 12	6 4 4 3 30 1 3 5 18 12	9 9 10 7 31 1 3 5 18 13	12 13 15 11 31 1 4 5 18 13	15 19 14 14 30 1 4 6 18 13	18 23 17 18 30 1 4 6 18 13	21 26 22 22 32 1 3 6 18 13	24 32 26 26 33 36 3 5 18 13	27 35 25 30 35 36 3 5 18 13
18	30 28 28 26 24 34 2 5 18 13	33 33 33 29 26 35 2 5 18 12	36 34 2 32 27 35 2 5 18 12	3 2 1 36 29 36 3 5 18 12	6 6 4 3 30 1 3 5 18 12	9 11 10 7 31 1 3 5 18 13	12 15 15 11 31 1 4 5 18 13	15 20 14 14 30 1 4 6 18 13	18 25 18 18 30 1 4 6 18 13	21 28 23 22 32 1 3 6 18 13	24 33 26 26 33 36 3 5 18 13	27 36 25 30 35 36 3 5 18 13
19	30 29 29 26 24 34 2 5 18 13	34 34 34 29 26 35 2 5 18 12	36 35 2 32 27 35 2 5 18 12	3 3 1 36 29 36 3 5 18 12	6 7 4 3 30 1 3 5 18 12	9 12 11 7 31 1 3 6 18 13	12 16 15 11 31 1 4 5 18 13	15 22 14 15 30 1 4 6 18 13	18 26 18 18 30 1 4 6 18 13	21 29 23 22 32 1 3 6 18 13	24 34 26 26 34 36 3 5 18 13	27 1 25 30 35 36 3 5 18 13
20	30 31 29 26 24 34 2 5 18 13	34 35 34 29 26 35 2 5 18 12	36 36 2 32 27 35 2 5 18 12	3 5 1 36 29 36 3 5 18 12	6 8 5 4 30 1 3 5 18 12	9 14 11 7 31 1 3 6 18 13	12 18 15 11 31 1 4 5 18 13	15 23 14 15 30 1 4 6 18 13	18 28 18 19 30 1 4 6 18 13	21 31 23 22 32 1 3 6 18 13	24 35 26 26 34 36 3 5 18 13	27 2 25 30 35 1 3 5 18 13
21	31 32 29 26 24 34 2 5 18 13	34 36 34 29 26 35 2 5 18 12	1 1 2 32 28 35 2 5 18 12	4 6 1 36 29 36 3 5 18 12	6 10 5 4 30 1 3 5 18 12	9 15 11 7 31 1 3 6 18 13	12 19 15 11 31 1 4 5 18 13	15 24 14 15 30 1 4 6 18 13	18 29 18 19 30 1 4 6 18 13	21 32 23 22 32 1 3 6 18 13	24 36 26 26 34 36 3 5 18 13	27 4 25 30 35 1 3 5 18 13
22	31 33 29 26 24 34 2 5 18 13	34 2 34 29 26 35 2 5 18 12	1 3 2 32 28 35 2 5 18 12	4 7 1 36 29 36 3 5 18 12	7 11 5 4 30 1 3 5 18 12	10 17 11 8 31 1 3 6 18 13	12 21 15 11 30 1 4 5 18 13	15 25 14 15 30 1 4 6 18 13	18 30 18 19 30 1 3 5 18 13	21 33 23 23 32 1 3 6 18 13	24 2 26 26 34 36 3 5 18 13	27 5 25 30 35 1 3 5 18 13
23	31 34 29 26 24 34 2 5 18 13	34 3 34 29 26 35 2 5 18 12	1 4 2 33 28 35 2 5 18 12	4 9 1 36 29 36 3 5 18 12	7 13 5 4 30 1 3 5 18 12	10 18 11 8 31 1 3 6 18 13	12 22 15 11 30 1 4 5 18 13	15 27 14 15 30 1 4 6 18 13	18 31 19 19 30 1 3 5 18 13	21 34 23 23 32 1 3 6 18 13	25 3 26 27 34 36 3 5 18 13	28 6 26 30 36 1 3 5 18 13
24	31 35 29 26 24 34 2 5 18 13	34 4 35 29 26 35 2 5 18 12	1 5 2 33 28 35 2 5 18 12	4 10 1 36 29 36 3 5 18 12	7 14 5 4 30 1 3 5 18 12	10 19 12 8 31 1 3 6 18 13	13 23 15 11 30 1 4 5 18 13	16 28 14 15 30 1 4 6 18 13	19 32 19 19 31 1 3 5 18 13	22 36 23 23 32 1 3 6 18 13	25 4 25 27 34 36 3 5 18 13	28 8 26 30 36 1 3 5 18 13
25	31 1 29 26 24 34 2 5 18 13	34 5 35 30 26 35 2 5 18 12	1 6 2 33 28 35 2 5 18 12	4 12 1 1 29 36 3 5 18 12	7 16 5 4 31 1 3 5 18 12	10 21 12 8 31 1 3 6 18 13	13 24 15 12 30 1 4 5 18 13	16 29 14 15 30 1 4 6 18 13	19 34 19 19 31 1 3 5 18 13	22 1 24 23 32 1 3 6 18 13	25 5 25 27 34 36 3 5 18 13	28 9 26 31 36 1 3 5 18 13
26	31 2 30 26 24 34 2 5 18 13	34 7 35 30 26 35 2 5 18 12	1 8 2 33 28 35 2 5 18 12	4 13 1 1 29 36 3 5 18 12	7 17 6 4 31 1 3 5 18 12	10 22 12 8 31 1 3 6 18 13	13 26 15 12 30 1 4 5 18 13	16 30 14 15 30 1 4 6 18 13	19 35 19 19 31 1 3 5 18 13	21 2 24 23 32 1 3 6 18 13	25 7 25 27 34 36 3 5 18 13	28 10 26 31 36 1 3 5 18 13
27	31 3 30 27 24 34 2 5 18 13	34 8 35 30 26 35 2 5 18 12	1 9 2 33 28 36 2 5 18 12	4 14 2 1 29 36 3 5 18 12	7 18 6 4 31 1 3 5 18 12	10 23 12 8 31 1 3 6 18 13	13 27 15 12 30 1 4 5 18 13	16 31 14 16 30 1 4 6 18 13	19 36 19 19 31 1 3 5 18 13	21 3 24 23 32 1 3 6 18 13	25 8 25 27 34 36 3 5 18 13	28 12 26 31 36 1 3 5 18 13
28	31 4 30 27 24 34 2 5 18 13	34 10 35 30 26 35 2 5 18 12	1 10 2 33 28 36 2 5 18 12	4 16 2 1 29 36 3 5 18 12	7 20 6 4 31 1 3 5 18 12	10 25 12 8 31 1 3 6 18 13	13 28 15 12 30 1 4 5 18 13	16 33 14 16 30 1 4 6 18 13	19 1 19 20 31 1 3 5 18 13	21 5 24 23 32 1 3 6 18 13	25 9 25 27 34 36 3 5 18 13	28 13 26 31 36 1 3 5 18 13
29	31 6 30 27 25 34 2 5 18 13		1 12 2 33 28 36 2 5 18 12	4 17 2 1 30 36 3 5 18 12	7 21 6 5 31 1 3 5 18 12	10 26 12 8 31 1 3 6 18 13	13 29 15 12 30 1 4 5 18 13	16 34 14 16 30 1 4 6 18 13	19 2 20 20 31 1 3 5 18 13	21 6 24 23 32 1 3 6 18 13	25 11 25 27 34 36 3 5 18 13	28 15 26 31 36 1 3 5 18 13
30	31 7 30 27 25 34 2 5 18 13		1 13 2 33 28 36 2 5 18 12	4 19 2 1 30 36 3 5 18 12	7 22 6 5 31 1 3 5 18 12	10 27 13 8 31 1 3 6 18 13	13 31 15 12 30 1 4 5 18 13	16 35 14 16 30 1 4 6 18 13	19 4 20 20 31 1 3 5 18 13	21 7 24 24 32 36 3 6 18 13	25 12 25 27 34 36 3 5 18 13	28 16 27 31 36 1 3 5 18 13
31	32 9 30 27 25 34 2 5 18 13		2 15 2 34 28 36 2 5 18 12		7 24 7 5 31 1 3 5 18 12		13 32 15 12 30 1 4 5 18 13	16 36 14 16 30 1 4 6 18 13		21 8 24 24 32 36 3 6 18 13		28 18 27 31 36 1 3 5 18 13

1940

	JAN	FEB	MÄR	APR	MAI	JUNI	JULI	AUG	SEPT	OKT	NOV	DEZ
1	29 19 27 31 36 1 3 5 18 13	32 24 32 35 2 1 3 5 18 13	35 26 36 3 4 2 3 5 18 13	2 31 35 6 6 2 4 5 18 13	5 34 3 9 8 3 4 6 18 13	8 3 9 11 10 4 4 6 18 13	10 6 13 10 12 4 5 6 18 13	13 11 12 10 14 5 5 6 18 13	16 16 16 12 16 5 5 6 18 13	19 21 21 15 18 5 5 6 18 13	22 25 24 18 20 5 5 6 18 13	25 29 23 22 22 4 4 6 18 13
2	29 20 27 32 36 1 3 5 18 13	32 25 32 35 3 1 3 5 18 13	35 28 36 3 4 2 3 5 18 13	2 32 35 6 7 2 4 5 18 13	5 35 3 9 9 3 4 6 18 13	8 4 9 11 11 4 4 6 18 13	11 7 13 10 12 4 5 6 18 13	14 12 12 10 14 5 5 6 18 13	16 17 16 12 16 5 5 6 18 13	19 22 21 15 18 5 5 6 18 13	23 26 24 19 20 5 5 6 18 13	26 30 24 22 22 4 4 6 18 13
3	29 22 27 32 36 1 3 5 18 13	32 27 32 35 3 1 3 5 18 13	35 29 36 3 5 2 3 5 18 13	2 33 35 6 7 2 4 5 18 13	5 1 3 9 9 3 4 6 18 13	8 5 9 11 11 4 4 6 18 13	11 9 13 10 13 4 5 6 18 13	14 14 12 10 14 5 5 6 18 13	17 19 16 12 16 5 5 6 18 13	20 23 22 15 18 5 5 6 18 13	23 28 24 19 20 5 5 6 18 13	26 31 24 22 22 4 4 6 18 13
4	29 23 27 32 1 1 3 5 18 13	32 28 32 36 3 1 3 5 18 13	35 30 36 3 5 2 3 5 18 13	2 35 35 6 7 2 4 5 18 13	5 2 3 9 9 3 4 6 18 13	8 6 9 11 11 4 4 6 18 13	11 10 13 10 13 4 5 6 18 13	14 15 12 10 15 5 5 6 18 13	17 20 17 12 17 5 5 6 18 13	20 24 22 15 18 5 5 6 18 13	23 29 24 19 20 5 5 6 18 13	26 33 24 22 22 4 4 6 18 13
5	29 24 27 32 1 1 3 5 18 13	32 29 32 36 3 1 3 5 18 13	35 31 1 3 5 2 3 5 18 13	2 36 35 7 7 3 4 5 18 13	5 3 3 9 9 3 4 6 18 13	8 8 10 11 11 4 4 6 18 13	11 11 13 10 13 5 5 6 18 13	14 16 12 10 15 5 5 6 18 13	17 22 17 12 17 5 5 6 18 13	20 26 22 15 18 5 5 6 18 13	23 31 24 19 21 5 5 6 18 13	26 34 24 23 22 4 4 6 18 13
6	29 26 28 32 1 1 3 5 18 13	32 30 33 36 3 1 3 5 18 13	35 33 1 3 5 2 3 5 18 13	2 1 35 7 7 3 4 5 18 13	5 4 3 9 9 3 4 6 18 13	8 9 10 11 11 4 4 6 18 13	11 13 13 9 13 5 5 6 18 13	14 18 12 10 15 5 5 6 18 13	17 23 17 12 17 5 5 6 18 13	20 27 22 15 19 5 5 6 18 13	23 32 24 19 21 5 5 6 18 13	26 35 24 23 23 4 4 6 18 13
7	29 27 28 32 1 1 3 5 18 13	32 32 33 36 3 1 3 5 18 13	35 34 1 3 5 2 3 5 18 13	2 2 36 7 7 3 4 6 18 13	5 5 4 10 9 3 4 6 18 13	8 10 10 11 11 4 4 6 18 13	11 14 13 9 13 5 5 6 18 13	14 19 12 10 15 5 5 6 18 13	17 25 17 12 17 5 5 6 18 13	20 28 22 16 19 5 5 6 18 13	23 33 24 19 21 5 5 6 18 13	26 36 24 23 23 4 4 6 18 13
8	29 28 28 32 1 1 3 5 18 13	32 33 33 36 3 1 3 5 18 13	35 35 36 4 5 2 3 5 18 13	2 3 36 7 7 3 4 6 18 13	5 7 4 10 9 3 4 6 18 13	8 12 10 11 11 4 4 6 18 13	11 16 13 9 13 5 5 6 18 13	14 21 12 10 15 5 5 6 18 13	17 26 17 12 17 5 5 6 18 13	20 30 22 16 19 5 5 6 18 13	23 34 24 19 21 4 5 6 18 13	26 1 24 23 23 4 4 6 18 13
9	29 30 28 32 1 1 3 5 18 13	32 34 33 36 3 1 3 5 18 13	35 36 36 4 5 2 3 5 18 13	2 5 36 7 7 3 4 6 18 13	5 8 4 10 9 3 4 6 18 13	8 13 10 11 11 4 4 6 18 13	11 17 13 9 13 5 5 6 18 13	14 22 12 10 15 5 5 6 18 13	17 27 18 13 17 5 5 6 18 13	20 31 22 16 19 5 5 6 18 13	23 35 24 19 21 4 5 6 18 13	26 3 25 23 23 4 4 6 18 13
10	29 31 28 33 1 1 3 5 18 13	33 35 33 36 3 1 3 5 18 13	35 1 36 4 5 2 3 5 18 13	3 6 36 7 7 3 4 6 18 13	5 9 4 10 9 3 4 6 18 13	8 15 11 11 11 4 5 6 18 13	11 18 13 9 13 5 5 6 18 13	14 24 12 10 15 5 5 6 18 13	17 29 18 13 17 5 5 6 18 13	20 32 22 16 19 5 5 6 18 13	23 1 24 20 21 4 5 6 18 13	26 4 25 23 23 4 4 6 18 13
11	30 32 28 33 1 1 3 5 18 13	33 36 34 36 3 1 3 5 18 13	36 2 36 4 5 2 3 5 18 13	3 7 36 7 7 3 4 6 18 13	6 11 4 10 9 3 4 6 18 13	9 16 11 11 11 4 5 6 18 13	11 20 13 9 13 5 5 6 18 13	14 25 12 10 15 5 5 6 18 13	17 30 18 13 17 5 5 6 18 13	20 33 23 16 19 5 5 6 18 13	23 2 23 20 21 4 5 6 18 13	26 5 25 23 23 4 4 6 18 13
12	30 33 28 33 1 1 3 5 18 13	33 2 34 1 3 1 3 5 18 13	36 4 36 4 5 2 3 5 18 13	3 8 36 7 7 3 4 6 18 13	6 12 5 10 9 3 4 6 18 13	9 17 11 11 11 4 5 6 18 13	11 21 13 9 13 5 5 6 18 13	14 26 13 10 15 5 5 6 18 13	17 31 18 13 17 5 5 6 18 13	20 35 23 16 19 5 5 6 18 13	24 3 23 20 21 4 5 6 18 13	27 6 25 23 23 4 4 6 18 13
13	30 34 29 33 1 1 3 5 18 13	33 3 34 1 3 1 3 5 18 13	36 5 36 4 5 2 3 5 18 13	3 10 36 7 7 3 4 6 18 13	6 13 5 10 9 3 4 6 18 13	9 19 11 11 11 4 5 6 18 13	12 23 13 9 13 5 5 6 18 13	15 28 13 10 15 5 5 6 18 13	18 32 18 13 17 5 5 6 18 13	20 36 23 16 19 5 5 6 18 13	24 4 23 20 21 4 5 6 18 13	27 7 25 24 23 4 4 6 18 13
14	30 36 29 33 1 1 3 5 18 13	33 4 34 1 3 1 3 5 18 13	36 6 36 4 5 2 3 5 18 13	3 11 36 8 7 3 4 6 18 13	6 15 5 10 9 3 4 6 18 13	9 20 11 11 11 4 5 6 18 13	12 24 13 9 13 5 5 6 18 13	15 29 13 10 15 5 5 6 18 13	18 34 19 13 17 5 5 6 18 13	21 1 23 16 19 5 5 6 18 13	24 5 23 20 21 4 5 6 18 13	27 9 25 24 23 4 4 6 18 13
15	30 1 29 33 1 1 3 5 18 13	33 5 34 1 3 1 3 5 18 13	36 7 36 4 5 2 3 5 18 13	3 12 36 8 7 3 4 6 18 13	6 16 5 10 9 3 4 6 18 13	9 22 11 11 11 4 5 6 18 13	12 25 13 9 13 5 5 6 18 13	15 30 13 10 15 5 5 6 18 13	18 35 19 13 17 5 5 6 18 13	21 2 23 16 19 5 5 6 18 13	24 7 23 20 21 4 5 6 18 13	27 10 25 24 23 4 4 6 18 13
16	30 2 29 33 1 1 3 5 18 13	33 6 34 1 3 1 3 5 18 13	36 9 36 4 5 2 3 5 18 13	3 14 36 8 7 3 4 6 18 13	6 18 5 10 9 4 4 6 18 13	9 23 11 11 11 4 5 6 18 13	12 27 13 9 13 5 5 6 18 13	15 32 13 10 15 5 5 6 18 13	18 36 19 13 17 5 5 6 18 13	21 3 23 17 19 5 5 6 18 13	24 8 23 20 21 4 5 6 18 13	27 11 26 24 23 4 4 6 18 13
17	30 3 29 33 1 1 3 5 18 13	33 8 35 1 4 1 3 5 18 13	36 10 36 5 5 2 3 5 18 13	3 15 1 8 8 3 4 6 18 13	6 19 6 10 9 4 4 6 18 13	9 24 11 11 11 4 5 6 18 13	12 28 13 9 13 5 5 6 18 13	15 33 13 11 15 5 5 6 18 13	18 1 19 13 17 5 5 6 18 13	21 4 23 17 19 5 5 6 18 13	24 9 23 20 21 4 5 6 18 13	27 13 26 24 23 4 4 6 18 13
18	30 4 29 34 1 1 3 5 18 13	33 9 35 1 4 1 3 5 18 13	36 11 36 5 6 2 3 5 18 13	3 17 1 8 8 3 4 6 18 13	6 21 6 10 10 4 4 6 18 13	9 26 12 10 12 4 5 6 18 13	12 29 13 9 13 5 5 6 18 13	15 34 13 11 15 5 5 6 18 13	18 2 19 14 17 5 5 6 18 13	21 6 23 17 19 5 5 6 18 13	24 10 23 21 21 4 5 6 18 13	27 14 26 24 23 4 4 6 18 13
19	30 6 30 34 2 1 3 5 18 13	33 10 35 1 4 1 3 5 18 13	36 13 36 5 6 2 3 5 18 13	3 18 1 8 8 3 4 6 18 13	6 22 6 10 10 4 4 6 18 13	9 27 12 10 12 4 5 6 18 13	12 31 13 9 14 5 5 6 18 13	15 35 14 11 15 5 5 6 18 13	18 4 19 14 17 5 5 6 18 13	21 7 24 17 19 5 5 6 18 13	24 12 23 21 21 4 5 6 18 13	27 15 26 24 23 4 4 6 18 13
20	30 7 30 34 2 1 3 5 18 13	34 12 35 2 4 1 3 5 18 13	36 14 35 5 6 2 4 5 18 13	4 20 1 8 8 3 4 6 18 13	6 24 6 10 10 4 4 6 18 13	9 28 12 10 12 4 5 6 18 13	12 32 13 9 14 5 5 6 18 13	15 36 14 11 16 5 5 6 18 13	18 5 20 14 18 5 5 6 18 13	21 8 24 17 19 5 5 6 18 13	24 13 23 21 21 4 4 6 18 13	27 17 26 24 23 4 4 6 18 13
21	31 8 30 34 2 1 3 5 18 13	34 13 35 2 4 2 3 5 18 13	1 16 35 5 6 2 4 5 18 13	4 21 1 8 8 3 4 6 18 13	7 25 7 10 10 4 4 6 18 13	9 30 12 10 12 4 5 6 18 13	12 33 12 9 14 5 5 6 18 13	15 2 14 11 16 5 5 6 18 13	18 6 20 14 18 5 5 6 18 13	21 9 24 17 20 5 5 6 18 13	24 14 23 21 22 4 4 6 18 13	27 18 26 25 24 4 4 6 18 13
22	31 10 30 34 2 1 3 5 18 13	34 15 35 2 4 2 3 5 18 13	1 17 35 5 6 2 4 5 18 13	4 23 1 8 8 3 4 6 18 13	7 26 7 10 10 4 4 6 18 13	10 31 12 10 12 4 5 6 18 13	12 34 12 9 14 5 5 6 18 13	15 3 14 11 16 5 5 6 18 13	18 7 20 14 18 5 5 6 18 13	21 11 24 17 20 5 5 6 18 13	25 16 23 21 22 4 4 6 18 13	28 19 26 25 24 4 4 6 18 13
23	31 11 30 34 2 1 3 5 18 13	34 16 36 2 4 2 3 5 18 13	1 19 35 5 6 2 4 5 18 13	4 24 1 8 8 3 4 6 18 13	7 28 7 11 10 4 4 6 18 13	10 32 12 10 12 4 5 6 18 13	13 36 12 9 14 5 5 6 18 13	16 4 14 11 16 5 5 6 18 13	19 8 20 14 18 5 5 6 18 13	22 12 24 17 20 5 5 6 18 13	25 17 23 21 22 4 4 6 18 13	28 21 27 25 24 4 4 6 18 13
24	31 13 30 34 2 1 3 5 18 13	34 18 36 2 4 2 3 5 18 13	1 20 35 5 6 2 4 5 18 13	4 25 1 8 8 3 4 6 18 13	7 29 7 11 10 4 4 6 18 13	10 34 12 10 12 4 5 6 18 13	13 1 12 9 14 5 5 6 18 13	16 5 14 11 16 5 5 6 18 13	19 10 20 14 18 5 5 6 18 13	22 13 24 18 20 5 5 6 18 13	25 18 23 21 22 4 4 6 18 13	28 22 27 25 24 4 4 6 18 13
25	31 14 31 34 2 1 3 5 18 13	34 19 36 2 4 2 3 5 18 13	1 22 35 5 6 2 4 5 18 13	4 27 2 9 8 3 4 6 18 13	7 30 7 11 10 4 4 6 18 13	10 35 12 10 12 4 5 6 18 13	13 2 12 9 14 5 5 6 18 13	16 6 15 11 16 5 5 6 18 13	19 11 20 14 18 5 5 6 18 13	22 15 24 18 20 5 5 6 18 13	25 20 23 21 22 4 4 6 18 13	28 24 27 25 24 4 4 6 18 13
26	31 16 31 34 2 1 3 5 18 13	34 21 36 2 4 2 3 5 18 13	1 23 35 6 6 2 4 5 18 13	4 28 2 9 8 3 4 6 18 13	7 31 8 11 10 4 4 6 18 13	10 36 12 10 12 4 5 6 18 13	13 3 12 9 14 5 5 6 18 13	16 8 15 11 16 5 5 6 18 13	19 12 20 14 18 5 5 6 18 13	22 16 24 18 20 5 5 6 18 13	25 21 23 21 22 4 4 6 18 13	28 25 27 25 24 4 4 6 18 13
27	31 17 31 35 2 1 3 5 18 13	34 22 36 2 4 2 3 5 18 13	1 25 35 6 6 2 4 5 18 13	4 29 2 9 8 3 4 6 18 13	7 33 8 11 10 4 4 6 18 13	10 1 13 10 12 4 5 6 18 13	13 4 12 9 14 5 5 6 18 13	16 9 15 11 16 5 5 6 18 13	19 14 21 14 18 5 5 6 18 13	22 18 24 18 20 5 5 6 18 13	25 23 23 22 22 4 4 6 18 13	28 27 27 25 24 4 4 6 18 13
28	31 19 31 35 2 1 3 5 18 13	34 24 36 3 4 2 3 5 18 13	1 26 35 6 6 2 4 5 18 13	4 31 2 9 8 3 4 6 18 13	7 34 8 11 10 4 4 6 18 13	10 2 13 10 12 4 5 6 18 13	13 5 12 9 14 5 5 6 18 13	16 10 15 11 16 5 5 6 18 13	19 15 21 15 18 5 5 6 18 13	22 19 24 18 20 5 5 6 18 13	25 24 23 22 22 4 4 6 18 13	28 28 27 25 24 4 4 6 18 13
29	31 20 31 35 2 1 3 5 18 13	34 25 36 3 4 2 3 5 18 13	1 27 35 6 6 2 4 5 18 13	4 32 2 9 8 3 4 6 18 13	7 35 8 11 10 4 4 6 18 13	10 3 13 10 12 4 5 6 18 13	13 7 12 9 14 5 5 6 18 13	16 12 16 12 16 5 5 6 18 13	19 17 21 15 18 5 5 6 18 13	22 21 24 18 20 5 5 6 18 13	25 26 23 22 22 4 4 6 18 13	28 29 28 26 24 4 4 6 18 13
30	31 21 31 35 2 1 3 5 18 13		1 29 35 6 6 2 4 5 18 13	4 33 2 9 8 3 4 6 18 13	7 36 8 11 10 4 4 6 18 13	10 5 13 10 12 4 5 6 18 13	13 8 12 9 14 5 5 6 18 13	16 13 16 12 16 5 5 6 18 13	19 18 21 15 18 5 5 6 18 13	22 22 24 18 20 5 5 6 18 13	25 27 23 22 22 4 4 6 18 13	28 31 28 26 24 4 4 6 18 13
31	32 23 32 35 2 1 3 5 18 13		2 30 35 6 6 2 4 5 18 13		7 1 9 11 10 4 4 6 18 13		13 9 12 9 14 5 5 6 18 13	16 14 16 12 16 5 5 6 18 13		22 24 24 18 20 5 5 6 18 13		28 32 28 26 24 4 4 6 18 13

1941

	JAN	FEB	MÄR	APR	MAI	JUNI	JULI	AUG	SEPT	OKT	NOV	DEZ
1	29 33 28 26 24 4 4 6 18 13	32 2 33 30 26 4 4 6 18 13	35 3 34 33 28 5 5 6 18 13	2 7 35 1 30 5 5 6 28 13	5 10 4 5 33 6 5 6 18 13	8 15 10 9 35 7 6 6 18 13	10 19 11 12 36 7 6 6 18 13	13 24 12 16 2 8 6 6 18 13	16 30 18 20 3 8 6 7 18 13	19 33 22 23 2 9 6 7 18 13	22 2 21 27 2 9 6 6 18 13	25 5 24 30 2 8 6 6 18 13
2	29 35 28 26 24 4 4 6 18 13	32 3 33 30 26 4 4 6 18 13	35 4 34 33 28 5 5 6 18 13	2 8 35 1 31 5 5 6 18 13	5 12 4 5 33 6 5 6 18 13	8 17 10 9 35 7 6 6 18 13	11 20 10 12 1 7 6 6 18 13	13 26 12 16 2 8 6 6 18 13	16 31 18 20 3 8 6 7 18 13	19 34 22 24 2 9 6 7 18 13	22 3 21 27 2 9 6 6 18 13	25 6 24 30 2 8 6 6 18 13
3	29 36 28 26 24 4 4 6 18 13	32 4 34 30 27 4 4 6 18 13	35 5 34 34 28 5 5 6 18 13	2 9 35 1 31 5 5 6 18 13	5 13 4 5 33 6 5 6 18 13	8 18 10 9 35 7 6 6 18 13	11 22 10 13 1 7 6 6 18 13	14 27 12 16 2 8 6 6 18 13	17 32 18 20 3 8 6 7 18 13	19 36 22 24 2 9 6 7 18 13	23 4 21 27 2 9 6 6 18 13	26 7 25 30 2 8 6 6 18 13
4	29 1 28 26 24 4 4 6 18 13	32 5 34 30 27 4 4 6 18 13	35 6 34 34 29 5 5 6 18 13	2 11 35 2 31 5 5 6 18 13	5 14 5 5 33 6 5 6 18 13	8 19 10 9 35 7 6 6 18 13	11 23 10 13 1 7 6 6 18 13	14 29 12 17 2 8 6 6 18 13	17 34 18 20 3 8 6 7 18 13	20 1 22 23 2 9 6 7 18 13	22 5 21 27 2 9 6 6 18 13	26 9 25 30 2 8 6 6 18 13
5	29 2 29 26 24 4 4 6 18 13	32 7 34 30 27 4 4 6 18 13	35 7 34 34 29 5 5 6 18 13	2 12 36 2 31 5 5 6 18 13	5 16 5 5 33 6 5 6 18 13	8 21 10 9 35 7 6 6 18 13	11 25 10 13 1 7 6 6 18 13	14 30 12 17 2 8 6 6 18 13	17 35 18 20 3 8 6 7 18 13	20 2 22 23 2 9 6 7 18 13	22 7 21 27 2 9 6 6 18 13	26 10 25 30 2 8 6 6 18 13
6	29 3 29 27 25 4 4 6 18 13	32 8 34 30 27 4 4 6 18 13	35 9 34 34 29 5 5 6 18 13	2 13 36 2 31 5 5 6 18 13	5 17 5 6 33 6 5 6 18 13	8 22 10 9 35 7 6 6 18 13	11 26 10 13 1 7 6 6 18 13	14 31 13 17 2 8 6 6 18 13	17 36 18 20 3 8 6 7 18 13	20 3 22 23 2 9 6 7 18 13	22 8 21 28 2 9 6 6 18 13	26 11 25 31 2 8 6 6 18 13
7	29 5 29 27 25 4 4 6 18 13	32 9 34 31 27 4 4 6 18 13	35 10 33 34 29 5 5 6 18 13	2 15 36 2 31 5 5 6 18 13	5 18 5 6 33 6 5 6 18 13	8 24 10 9 35 7 6 6 18 13	11 28 10 13 1 7 6 6 18 13	14 33 13 17 2 8 6 6 18 13	17 1 19 21 3 8 6 7 18 13	20 5 22 23 2 9 6 7 18 13	22 9 21 28 2 9 6 6 18 13	26 12 25 31 2 8 6 6 18 13
8	29 6 29 27 25 4 4 6 18 13	32 10 34 31 27 4 4 6 18 13	35 11 33 34 29 5 5 6 18 13	2 16 36 2 31 5 5 6 18 13	5 20 6 6 33 6 5 6 18 13	8 25 11 10 35 7 6 6 18 13	11 29 10 13 1 7 6 6 18 13	14 34 13 17 2 8 6 7 18 13	17 3 19 21 3 8 6 7 18 13	20 6 22 23 2 9 6 7 18 13	22 10 21 28 2 9 6 6 18 13	26 14 25 31 2 8 6 6 18 13
9	29 7 29 27 25 4 4 6 18 13	33 12 34 31 27 4 4 6 18 13	35 12 33 34 29 5 5 6 18 13	2 18 36 2 31 5 5 6 18 13	5 21 6 6 33 6 5 6 18 13	8 27 11 10 35 7 6 6 18 13	11 30 10 13 1 7 6 6 18 13	14 35 13 17 2 8 6 7 18 13	17 4 19 21 3 8 6 7 18 13	20 7 23 24 2 9 6 7 18 13	22 11 21 28 2 8 6 6 18 13	26 15 26 31 2 8 6 6 18 13
10	29 8 29 27 25 4 4 6 18 13	33 13 34 31 27 4 4 6 18 13	35 14 33 34 29 5 5 6 18 13	3 19 36 2 31 5 5 6 18 13	5 23 6 6 33 6 5 6 18 13	8 28 11 10 35 7 6 6 18 13	11 32 10 13 1 8 6 6 18 13	14 36 13 7 2 8 6 7 18 13	17 5 19 21 3 9 6 7 18 13	20 8 23 24 2 9 6 7 18 13	22 13 21 28 2 8 6 6 18 13	26 16 26 31 2 8 6 6 18 13
11	30 10 30 27 25 4 4 6 18 13	33 14 35 31 27 4 4 6 18 13	36 15 33 35 29 5 5 6 18 13	3 21 36 2 31 5 5 6 18 13	6 24 6 6 33 6 5 6 18 13	9 30 11 10 35 7 6 6 18 13	11 33 10 14 1 8 6 6 18 13	14 2 14 17 2 8 6 7 18 13	17 6 19 21 3 9 6 7 18 13	20 9 23 25 2 9 6 7 18 13	22 14 21 28 2 8 6 6 18 13	26 17 26 31 2 8 6 6 18 13
12	30 11 30 27 25 4 4 6 18 13	33 16 35 31 27 4 4 6 18 13	36 17 33 35 29 5 5 6 18 13	3 22 1 3 31 5 5 6 18 13	6 26 6 6 33 6 5 6 18 13	9 31 11 10 35 7 6 6 18 13	11 34 10 14 1 8 6 6 18 13	14 3 14 17 2 8 6 7 18 13	17 7 19 21 3 9 6 7 18 13	20 11 23 25 2 9 6 7 18 13	22 15 22 28 2 8 6 6 18 13	27 19 26 31 2 8 6 6 18 13
13	30 12 30 28 25 4 4 6 18 13	33 17 35 31 27 4 4 6 18 13	36 18 33 35 29 5 5 6 18 13	3 24 1 3 31 6 5 6 18 13	6 27 7 6 33 6 5 6 18 13	9 32 11 10 35 7 6 6 18 13	12 36 10 14 1 8 6 6 18 13	15 4 14 18 2 8 6 7 18 13	18 8 20 21 3 9 6 7 18 13	20 12 23 25 2 9 6 7 18 13	24 17 22 28 2 8 6 6 18 13	27 20 26 31 2 8 6 6 18 13
14	30 14 30 28 25 4 4 6 18 13	33 19 35 31 27 4 4 6 18 13	36 20 33 35 29 5 5 6 18 13	3 25 1 3 31 6 5 6 18 13	6 29 7 6 33 6 5 6 18 13	9 34 11 10 35 7 6 6 18 13	12 1 10 14 1 8 6 6 18 13	15 5 14 18 2 8 6 7 18 13	18 10 20 21 3 9 6 7 18 13	21 13 23 25 2 9 6 7 18 13	24 18 22 28 2 8 6 6 18 13	27 22 26 31 2 8 6 6 18 13
15	30 15 30 28 25 4 4 6 18 13	33 20 35 31 27 4 4 6 18 13	36 21 33 35 29 5 5 6 18 13	3 27 1 3 31 6 5 6 18 13	6 30 7 7 33 6 5 6 18 13	9 35 11 10 35 7 6 6 18 13	12 2 10 14 1 8 6 6 18 13	15 6 14 18 2 8 6 7 18 13	18 11 20 22 3 9 6 7 18 13	21 14 23 25 2 9 6 7 18 13	24 19 22 28 2 8 6 6 18 13	27 23 26 31 2 8 6 6 18 13
16	30 16 30 28 25 4 4 6 18 13	33 22 35 32 27 4 4 6 18 13	36 23 33 35 29 5 5 6 18 13	3 28 1 3 31 6 5 6 18 13	6 32 7 7 34 6 5 6 18 13	9 36 11 11 36 7 6 6 18 13	12 3 10 14 1 8 6 6 18 13	15 8 15 18 3 8 6 7 18 13	18 12 20 22 3 9 6 7 18 13	21 16 23 25 2 9 6 7 18 13	24 21 22 29 2 8 6 6 18 13	27 25 27 31 2 8 6 6 18 13
17	30 18 31 28 25 4 4 6 18 13	33 23 35 32 27 4 4 6 18 13	36 24 34 35 29 5 5 6 18 13	3 29 1 3 32 6 5 6 18 13	6 33 7 7 34 6 5 6 18 13	9 1 11 11 36 7 6 6 18 13	12 5 10 14 1 8 6 6 18 13	15 9 15 18 3 8 6 7 18 13	18 14 20 22 3 9 6 7 18 13	21 17 23 25 2 9 6 7 18 13	24 22 22 29 2 8 6 6 18 13	27 26 27 31 2 8 6 6 18 13
18	30 19 31 28 25 4 4 6 18 13	33 25 35 32 28 4 4 6 18 13	36 26 34 35 29 5 5 6 18 13	3 31 2 3 32 6 5 6 18 13	6 34 8 7 34 6 5 6 18 13	9 3 11 11 36 7 6 6 18 13	12 6 10 14 1 8 6 6 18 13	15 10 15 18 3 8 6 7 18 13	18 15 20 22 3 9 6 7 18 13	21 19 23 25 2 9 6 7 18 13	24 24 22 29 2 8 6 6 18 13	27 28 27 32 2 8 6 6 18 13
19	30 21 31 28 25 4 4 6 18 13	34 26 35 32 28 4 4 6 18 13	36 27 34 36 30 5 5 6 18 13	3 32 2 3 32 6 5 6 18 13	6 35 8 7 34 6 5 6 18 13	9 4 11 11 36 7 6 6 18 13	12 7 10 15 1 8 6 6 18 13	15 11 15 18 3 8 6 7 18 13	18 16 20 22 3 9 6 7 18 13	21 20 23 26 2 9 6 7 18 13	24 25 22 29 2 8 6 6 18 13	27 29 27 32 2 8 6 6 18 13
20	31 22 31 28 26 4 4 6 18 13	34 27 35 32 28 4 4 6 18 13	36 28 34 36 30 5 5 6 18 13	3 33 2 4 32 6 5 6 18 13	6 36 8 7 34 6 5 6 18 13	9 5 11 11 36 7 6 6 18 13	12 8 10 15 1 8 6 6 18 13	15 13 15 18 3 8 6 7 18 13	18 18 21 22 3 9 6 7 18 13	21 21 23 26 2 9 6 7 18 13	24 27 23 29 2 8 6 6 18 13	27 31 27 32 2 8 6 6 18 13
21	31 23 31 28 26 4 4 6 18 13	34 29 35 32 28 5 4 6 18 13	1 30 34 36 30 5 5 6 18 13	4 34 2 4 32 6 5 6 18 13	7 2 8 7 34 6 5 6 18 13	9 6 11 11 36 7 6 6 18 13	12 9 10 15 2 8 6 6 18 13	15 14 16 19 3 8 6 7 18 13	18 19 21 22 3 9 6 7 18 13	21 23 22 26 2 9 6 7 18 13	24 28 23 29 2 8 6 6 18 13	27 32 27 32 3 8 6 6 18 13
22	31 25 31 29 26 4 4 6 18 13	34 30 35 32 28 5 4 6 18 13	1 31 34 36 30 5 5 6 18 13	4 36 2 4 32 6 5 6 18 13	7 3 8 7 34 6 5 6 18 13	10 7 11 11 36 7 6 6 18 13	12 11 10 15 2 8 6 6 18 13	15 15 16 19 3 8 6 7 18 13	18 21 21 22 3 9 6 7 18 13	21 25 22 26 2 9 6 7 18 13	24 30 23 29 2 8 6 6 18 13	28 33 28 32 3 8 6 6 18 13
23	31 26 32 29 26 4 4 6 18 13	34 31 35 33 28 5 4 6 18 13	1 32 34 36 30 5 5 6 18 13	4 1 2 4 32 6 5 6 18 13	7 4 9 8 34 6 5 6 18 13	10 8 11 11 36 7 6 6 18 13	13 12 11 15 2 8 6 6 18 13	15 17 16 19 3 8 6 7 18 13	19 22 21 22 3 9 6 7 18 13	21 26 22 26 2 9 6 7 18 13	25 31 23 29 2 8 6 6 18 13	28 35 28 32 3 8 6 6 18 13
24	31 28 32 29 26 4 4 6 18 13	34 33 34 33 28 5 4 6 18 13	1 33 34 36 30 5 5 6 18 13	4 2 3 4 32 6 5 6 18 13	7 5 9 8 34 6 6 6 18 13	10 10 11 12 36 7 6 6 18 13	13 13 11 15 2 8 6 6 18 13	16 18 16 19 3 8 6 7 18 13	19 24 21 23 3 9 6 7 18 13	22 27 22 26 2 9 6 7 18 13	25 33 23 29 2 8 6 6 18 13	28 36 28 32 3 8 6 6 18 13
25	31 29 32 29 26 4 4 6 18 13	34 34 34 33 28 5 4 6 18 13	1 35 34 36 30 5 5 6 18 13	4 3 3 4 32 6 5 6 18 13	7 6 9 8 34 6 6 6 18 13	10 11 11 12 36 7 6 6 18 13	13 15 11 15 2 8 6 6 18 13	16 20 16 19 3 8 6 7 18 13	19 25 21 23 3 9 6 7 18 13	22 29 22 26 2 9 6 7 18 13	25 34 23 30 2 8 6 6 18 13	28 1 28 32 3 8 6 6 18 13
26	31 30 32 29 26 4 4 6 18 13	34 35 34 33 28 5 4 6 18 13	1 36 34 36 30 5 5 6 18 13	4 4 3 4 32 6 5 6 18 13	7 8 9 8 34 7 6 6 18 13	10 12 11 12 36 7 6 6 18 13	13 16 11 15 2 8 6 6 18 13	16 21 17 19 3 8 6 7 18 13	19 26 21 23 3 9 6 7 18 13	22 30 22 26 2 9 6 7 18 13	25 35 24 30 2 8 6 6 18 13	28 2 28 32 3 8 6 6 18 13
27	31 32 32 29 26 4 4 6 18 13	34 36 34 33 28 5 5 6 18 13	1 1 34 1 30 5 5 6 18 13	4 5 3 4 32 6 5 6 18 13	7 9 9 8 34 7 6 6 18 13	10 14 11 12 36 7 6 6 18 13	13 17 11 16 2 8 6 6 18 13	16 23 17 19 3 8 6 7 18 13	19 28 21 23 3 9 6 7 18 13	22 32 22 26 2 9 6 7 18 13	25 36 24 30 2 8 6 6 18 13	28 4 28 32 3 8 6 6 18 13
28	31 33 33 29 26 4 4 6 18 13	34 1 34 33 28 5 5 6 18 13	1 2 34 1 30 5 5 6 18 13	4 7 3 5 32 6 5 6 18 13	7 10 9 8 34 7 6 6 18 13	10 15 11 12 36 7 6 6 18 13	13 19 11 16 2 8 6 6 18 13	16 24 17 19 3 8 6 7 18 13	19 29 22 23 3 9 6 7 18 13	22 33 22 27 2 9 6 7 18 13	25 2 24 30 2 8 6 6 18 13	28 5 29 32 3 8 6 6 18 13
29	31 34 33 29 26 4 4 6 18 13		1 3 35 1 30 5 5 6 18 13	4 8 4 5 32 6 5 6 18 13	7 11 9 8 34 7 6 6 18 13	10 16 11 12 36 7 6 6 18 13	13 20 11 16 2 8 6 6 18 13	16 25 17 20 3 8 6 7 18 13	19 31 22 23 3 9 6 7 18 13	22 34 22 27 2 9 6 7 18 13	25 3 24 30 2 8 6 6 18 13	28 6 29 32 3 8 6 6 18 13
30	32 35 33 30 26 4 4 6 18 13		1 5 35 1 30 5 5 6 18 13	4 9 4 5 32 6 5 6 18 13	7 13 10 8 34 7 6 6 18 13	10 18 11 12 36 7 6 6 18 13	13 21 11 16 2 8 6 6 18 13	16 27 17 20 3 8 6 7 18 13	19 32 22 23 2 9 6 7 18 13	22 35 21 27 2 9 6 7 18 13	25 4 24 30 2 8 6 6 18 13	28 7 29 32 3 8 6 6 18 13
31	32 1 33 30 26 4 4 6 18 13		2 6 35 1 30 5 5 6 18 13		7 14 10 9 35 7 6 6 18 13		13 23 12 16 2 8 6 6 18 13	16 28 17 20 3 8 6 7 18 13		22 1 21 27 2 9 6 7 18 13		28 8 29 32 3 8 6 6 18 13

1942

	JAN	FEB	MÄR	APR	MAI	JUNI	JULI	AUG	SEPT	OKT	NOV	DEZ
1	29 10 29 32 3 8 6 6 18 13	32 14 33 32 5 8 6 6 18 13	35 15 32 31 6 8 6 6 18 13	2 20 36 33 8 8 6 6 18 13	5 24 6 36 10 9 6 6 18 13	8 29 9 3 12 9 7 7 18 13	10 33 8 7 14 10 7 7 18 13	13 2 13 11 16 11 7 7 18 13	16 6 19 14 17 11 8 7 18 13	19 9 21 18 19 12 8 7 18 13	22 14 21 22 21 12 8 7 19 13	25 18 25 26 24 12 8 7 19 13
2	29 11 29 32 3 8 6 6 18 13	32 15 33 32 5 8 6 6 18 13	35 16 32 31 6 8 6 6 18 13	2 22 36 33 8 8 6 6 18 13	5 25 6 36 10 9 6 6 18 13	8 31 9 4 12 9 7 7 18 13	10 34 8 7 14 10 7 7 18 13	13 3 13 11 16 11 7 7 18 13	16 8 19 14 18 11 8 7 18 13	19 10 21 18 19 12 8 7 18 13	22 15 21 22 22 12 8 7 19 13	25 19 26 26 24 12 8 7 19 13
3	29 12 30 32 3 8 6 6 18 13	32 17 33 32 5 8 6 6 18 13	35 18 32 31 6 8 6 6 18 13	2 23 36 33 8 8 6 6 18 13	5 27 6 36 10 9 6 6 18 13	8 32 9 4 12 9 7 7 18 13	11 36 8 7 14 10 7 7 18 13	14 4 14 11 16 11 7 7 18 13	16 9 19 15 18 11 8 7 18 13	19 11 21 18 20 12 8 7 19 13	23 16 21 22 22 12 8 7 19 13	26 20 26 26 24 12 8 7 19 13
4	29 13 30 32 3 8 6 6 18 13	32 18 33 32 5 8 6 6 18 13	35 19 32 31 6 8 6 6 18 13	2 24 36 33 8 8 6 6 18 13	5 28 6 36 10 9 6 6 18 13	8 33 9 4 12 9 7 7 18 13	11 1 9 7 14 10 7 7 18 13	14 6 14 11 16 11 8 7 18 13	17 10 19 15 18 11 8 7 18 13	20 12 21 18 20 12 8 7 19 13	23 18 21 22 22 12 8 7 19 13	25 21 26 26 24 12 8 7 19 13
5	29 15 30 33 3 8 6 6 18 13	32 19 33 32 5 8 6 6 18 13	35 21 32 31 6 8 6 6 18 13	2 26 1 33 8 8 6 6 18 13	5 30 7 36 10 9 6 6 18 13	8 35 9 4 12 9 7 7 18 13	11 2 9 7 14 10 7 7 18 13	14 7 14 11 16 11 8 7 18 13	17 11 19 15 18 11 8 7 18 13	20 13 21 19 20 12 8 7 19 13	23 19 21 22 22 12 8 7 19 13	25 23 26 26 24 12 8 7 19 13
6	29 16 30 33 3 8 6 6 18 13	32 21 33 32 5 8 6 6 18 13	35 22 32 31 6 8 6 6 18 13	2 27 1 34 8 8 6 6 18 13	5 31 7 1 10 9 6 6 18 13	8 36 9 4 12 9 7 7 18 13	11 3 9 8 14 10 7 7 18 13	14 8 14 11 16 11 8 7 18 13	17 12 19 15 18 11 8 7 18 13	20 14 21 19 20 12 8 7 19 13	23 20 21 23 22 12 8 7 19 13	25 24 26 26 24 12 8 7 19 13
7	29 17 30 33 3 8 6 6 18 13	32 22 33 32 5 8 6 6 18 13	35 23 32 31 7 8 6 6 18 13	2 29 1 34 8 8 6 6 18 13	5 32 7 1 10 9 6 6 18 13	8 1 9 4 12 9 7 7 18 13	11 5 9 8 14 10 7 7 18 13	14 9 14 11 16 11 8 7 18 13	17 14 19 15 18 11 8 7 18 13	20 16 21 19 20 12 8 7 19 13	23 22 22 23 22 12 8 7 19 13	25 26 26 26 24 12 8 7 19 13
8	29 18 30 33 3 8 6 6 18 13	32 24 33 31 5 8 6 6 18 13	35 25 32 31 7 8 6 6 18 13	2 30 1 34 8 8 6 6 18 13	5 34 7 1 10 9 6 6 18 13	8 3 9 4 12 9 7 7 18 13	11 6 9 8 14 10 7 7 18 13	14 10 15 11 16 11 8 7 18 13	17 15 20 15 18 11 8 7 18 13	20 17 20 19 20 12 8 7 19 13	23 23 22 23 22 12 8 7 19 13	25 27 27 27 24 12 8 7 19 13
9	29 20 30 33 3 8 6 6 18 13	33 25 33 31 5 8 6 6 18 13	35 26 33 31 7 8 6 6 18 13	2 31 1 34 8 8 6 6 18 13	5 35 7 1 10 9 6 6 18 13	8 4 9 4 12 9 7 7 18 13	11 7 9 8 14 10 7 7 18 13	14 11 15 12 16 11 8 7 18 13	17 16 20 15 18 11 8 7 18 13	20 18 20 19 20 12 8 7 19 13	23 25 22 23 22 12 8 7 19 13	25 29 27 27 24 12 8 7 19 13
10	29 21 31 33 3 8 6 6 18 13	33 27 32 31 5 8 6 6 18 13	35 28 33 31 7 8 6 6 18 13	2 33 1 34 9 8 6 6 18 13	5 36 7 1 10 9 7 6 18 13	8 5 9 4 12 10 7 7 18 13	11 8 9 8 14 10 7 7 18 13	14 13 15 12 16 11 8 7 18 13	17 17 20 16 18 11 8 7 18 13	20 20 20 19 20 12 8 7 19 13	23 26 22 23 22 12 8 7 19 13	25 30 27 27 24 12 8 7 19 13
11	30 23 31 33 3 8 6 6 18 13	33 28 32 31 5 8 6 6 18 13	36 29 33 32 7 8 6 6 18 13	3 34 2 34 9 8 6 6 18 13	6 2 8 1 10 9 7 6 18 13	8 6 9 5 12 10 7 7 18 13	11 9 9 8 14 10 7 7 18 13	14 14 15 12 16 11 8 7 18 13	17 19 20 16 18 11 8 7 18 13	20 21 20 19 20 12 8 7 19 13	23 28 22 23 22 12 8 7 19 13	25 32 27 27 24 12 8 7 19 13
12	30 24 31 33 4 8 6 6 18 13	33 29 32 31 5 8 6 6 18 13	36 30 33 32 7 8 6 6 18 13	3 35 2 34 9 8 6 6 18 13	6 3 8 1 11 9 7 6 18 13	9 7 9 5 12 10 7 7 18 13	11 11 9 8 14 10 7 7 18 13	14 15 15 12 16 11 8 7 18 13	17 20 20 16 18 11 8 7 18 13	20 22 20 19 20 12 8 7 19 13	23 29 22 23 22 12 8 7 19 13	25 33 27 27 24 12 8 7 19 13
13	30 26 31 33 4 8 6 6 18 13	33 31 32 31 5 8 6 6 18 13	36 32 33 32 7 8 6 6 18 13	3 1 2 34 9 8 6 6 18 13	6 4 8 1 11 9 7 6 18 13	9 9 8 5 12 10 7 7 18 13	12 12 10 8 14 10 7 7 18 13	15 16 16 12 16 11 8 7 18 13	18 21 20 16 18 11 8 7 18 13	20 24 20 20 20 12 8 7 19 13	24 31 23 23 22 12 8 7 19 13	27 34 27 27 24 12 8 7 19 13
14	30 27 31 33 4 8 6 6 18 13	33 32 32 31 5 8 6 6 18 13	36 33 33 32 7 8 6 6 18 13	3 2 2 34 9 8 6 6 18 13	6 5 8 1 11 9 7 6 18 13	9 10 8 5 12 10 7 7 18 13	12 13 10 8 14 10 7 7 18 13	15 18 16 12 16 11 8 7 18 13	18 22 20 16 18 12 8 7 18 13	20 25 20 20 20 12 8 7 19 13	24 32 23 24 22 12 8 7 19 13	27 36 27 27 24 12 8 7 19 13
15	30 28 31 33 4 8 6 6 18 13	33 34 32 31 5 8 6 6 18 13	36 34 33 32 7 8 6 6 18 13	3 3 2 34 9 8 6 6 18 13	6 6 8 2 11 9 7 7 18 13	9 11 8 5 13 10 7 7 18 13	12 14 10 9 14 10 7 7 18 13	15 19 16 12 16 11 8 7 18 13	18 24 20 16 18 12 8 7 18 13	21 27 20 20 20 12 8 7 19 13	24 33 23 24 22 12 8 7 19 13	27 1 28 27 24 12 8 7 19 13
16	30 30 32 33 4 8 6 6 18 13	33 35 32 31 5 8 6 6 18 13	36 36 33 32 7 8 6 6 18 13	3 4 3 34 9 8 6 6 18 13	6 8 8 2 11 9 7 7 18 13	9 12 8 5 13 10 7 7 18 13	12 16 10 9 15 10 7 7 18 13	15 20 16 12 16 11 8 7 18 13	18 26 20 16 18 12 8 7 18 13	21 28 20 20 20 12 8 7 19 13	24 35 23 24 22 12 8 7 19 13	27 2 28 28 25 12 8 7 19 13
17	30 31 32 33 4 8 6 6 18 13	33 36 32 31 5 8 6 6 18 13	36 1 34 32 7 8 6 6 18 13	3 6 3 35 9 8 6 6 18 13	6 9 8 2 11 9 7 7 18 13	9 13 8 5 13 10 7 7 18 13	12 17 10 9 15 10 7 7 18 13	15 22 16 13 17 11 8 7 18 13	18 27 21 16 19 12 8 7 18 13	21 29 20 20 20 12 8 7 19 13	24 36 23 24 23 12 8 7 19 13	27 4 28 28 25 12 8 7 19 13
18	30 33 32 33 4 8 6 6 18 13	33 2 32 31 6 8 6 6 18 13	36 2 34 32 7 8 6 6 18 13	3 7 3 35 9 8 6 6 18 13	6 10 8 2 11 9 7 7 18 13	9 15 8 5 13 10 7 7 18 13	12 18 10 9 15 10 7 7 18 13	15 23 16 13 17 11 8 7 18 13	18 28 21 16 19 12 8 7 18 13	20 31 20 20 21 12 8 7 19 13	24 1 23 24 23 12 8 7 19 13	27 5 28 28 25 12 8 7 19 13
19	30 34 32 33 4 8 6 6 18 13	34 3 32 31 6 8 6 6 18 13	36 4 34 32 7 8 6 6 18 13	3 8 3 35 9 8 6 6 18 13	6 11 8 2 11 9 7 7 18 13	9 15 8 6 13 10 7 7 18 13	12 19 11 9 15 10 7 7 18 13	15 25 17 13 17 11 8 7 18 13	18 30 21 17 19 12 8 7 18 13	21 32 20 20 21 12 8 7 19 13	24 3 24 24 23 12 8 7 19 13	27 6 28 28 25 12 8 7 19 13
20	30 35 32 32 4 8 6 6 18 13	34 4 32 31 6 8 6 6 18 13	36 5 34 32 7 8 6 6 18 13	3 9 4 35 9 8 6 6 18 13	6 12 9 2 11 9 7 7 18 13	9 17 8 6 13 10 7 7 18 13	12 21 11 9 15 10 7 7 18 13	15 26 17 13 17 11 8 7 18 13	18 31 21 17 19 12 8 7 18 13	21 34 20 20 21 12 8 7 19 13	24 4 24 24 23 12 8 7 19 13	27 7 28 28 25 12 7 7 18 13
21	31 1 32 32 4 8 6 6 18 13	34 5 32 31 6 8 6 6 18 13	1 6 34 32 7 8 6 6 18 13	4 10 4 35 9 8 6 6 18 13	6 14 9 2 11 9 7 7 18 13	9 18 8 6 13 10 7 7 18 13	12 22 11 9 15 10 7 7 18 13	15 27 17 13 17 11 8 7 18 13	18 33 21 17 19 12 8 7 18 13	21 35 20 21 21 12 8 7 19 13	24 5 24 24 23 12 8 7 19 13	27 8 29 27 25 12 7 7 18 13
22	31 2 32 32 4 8 6 6 18 13	34 6 32 31 6 8 6 6 18 13	1 7 34 32 7 8 6 6 18 13	4 12 4 35 9 8 6 6 18 13	7 15 9 2 11 9 7 7 18 13	10 20 8 6 13 10 7 7 18 13	12 23 11 9 15 10 7 7 18 13	15 29 17 13 17 11 8 7 18 13	18 34 21 17 19 12 8 7 18 13	21 36 20 21 21 12 8 7 19 13	24 6 24 25 23 12 8 7 19 13	28 10 29 27 25 12 7 7 18 13
23	31 3 33 32 4 8 6 6 18 13	34 8 32 31 6 8 6 6 18 13	1 8 34 32 7 8 6 6 18 13	4 13 4 35 9 8 6 6 18 13	7 16 9 2 11 9 7 7 18 13	10 21 8 6 13 10 7 7 18 13	12 25 11 10 15 10 7 7 18 13	15 30 17 13 17 11 8 7 18 13	18 35 21 17 19 12 8 7 18 13	21 2 20 21 21 12 8 7 19 13	25 8 24 25 23 12 8 7 19 13	28 11 29 29 25 12 7 7 18 13
24	31 4 33 32 4 8 6 6 18 13	34 9 32 31 6 8 6 6 18 13	1 10 35 32 8 8 6 6 18 13	4 14 4 35 9 9 6 6 18 13	7 17 9 3 11 9 7 7 18 13	10 22 8 6 13 10 7 7 18 13	13 26 12 10 15 10 7 7 18 13	15 32 17 13 17 11 8 7 18 13	19 1 21 17 19 12 8 7 18 13	22 3 20 21 21 12 8 7 19 13	25 9 24 25 23 12 8 7 19 13	28 12 29 29 25 12 7 7 18 13
25	31 6 33 32 4 8 6 6 18 13	34 10 32 31 6 8 6 6 18 13	1 11 35 32 8 8 6 6 18 13	4 35 5 35 9 9 6 6 18 13	7 19 9 3 11 9 7 7 18 13	10 24 8 6 13 10 7 7 18 13	13 28 12 10 15 11 7 7 18 13	16 33 18 14 17 11 8 7 18 13	19 2 21 17 19 12 8 7 18 13	22 4 20 21 21 12 8 7 19 13	25 10 24 25 23 12 8 7 19 13	28 13 29 29 25 12 7 7 18 13
26	31 7 33 32 4 8 6 6 18 13	34 11 32 31 6 8 6 6 18 13	1 12 35 33 8 8 6 6 18 13	4 17 5 35 9 9 6 6 18 13	7 20 9 3 11 9 7 7 18 13	10 26 8 6 13 10 7 7 18 13	13 29 12 10 15 11 7 7 18 13	16 35 18 14 17 11 8 7 18 13	19 3 21 17 19 12 8 7 18 13	22 6 20 21 21 12 8 7 19 13	25 11 25 25 23 12 8 7 19 13	28 14 29 29 25 12 7 7 18 13
27	31 8 33 32 4 8 6 6 18 13	34 12 32 31 6 8 6 6 18 13	1 13 35 33 8 8 6 6 18 13	4 18 5 36 10 9 6 6 18 13	7 22 9 3 11 9 7 7 18 13	10 27 8 6 13 10 7 7 18 13	13 31 12 10 15 11 7 7 18 13	16 36 18 14 17 11 8 7 18 13	19 5 21 18 19 12 8 7 18 13	22 7 20 21 21 12 8 7 19 13	25 12 25 25 23 12 8 7 19 13	28 16 29 29 25 12 7 7 18 13
28	31 9 33 32 4 8 6 6 18 13	34 14 32 31 6 8 6 6 18 13	1 15 35 33 8 8 6 6 18 13	4 19 5 36 10 9 6 6 18 13	7 23 9 3 11 9 7 7 18 13	10 29 8 7 13 10 7 7 18 13	13 32 12 10 15 11 7 7 18 13	16 1 18 14 17 11 8 7 18 13	19 6 21 18 19 12 8 7 18 13	22 9 20 21 21 12 8 7 19 13	25 14 25 25 23 12 8 7 19 13	28 17 30 29 25 12 7 7 18 13
29	31 10 33 32 4 8 6 6 18 13		1 16 35 33 8 8 6 6 18 13	4 21 5 36 10 9 6 6 18 13	7 25 9 3 12 9 7 7 18 13	10 30 8 7 13 10 7 7 18 13	13 34 13 10 15 11 7 7 18 13	16 3 18 14 17 11 8 7 18 13	19 7 21 18 19 12 8 7 18 13	22 10 20 22 21 12 8 7 19 13	25 15 25 25 23 12 8 7 19 13	28 18 30 29 25 12 7 7 18 13
30	31 12 33 32 4 8 6 6 18 13		1 17 36 33 8 8 6 6 18 13	4 22 6 36 10 9 6 6 18 13	7 26 9 3 12 9 7 7 18 13	10 32 8 7 14 10 7 7 18 13	13 35 13 10 15 11 7 7 18 13	16 4 18 14 17 11 8 7 18 13	19 8 21 18 19 12 8 7 18 13	22 12 20 22 21 12 8 7 19 13	25 16 25 26 23 12 8 7 19 13	28 19 30 29 26 12 7 7 18 13
31	31 13 33 32 5 8 6 6 18 13		2 19 36 33 8 8 6 6 18 13		7 28 9 3 12 9 7 7 18 13		13 1 13 10 15 11 7 7 18 13	16 5 19 14 17 11 8 7 18 13		22 13 21 22 21 12 8 7 19 13		28 21 30 30 26 12 7 7 18 13

1943

	JAN	FEB	MÄR	APR	MAI	JUNI	JULI	AUG	SEPT	OKT	NOV	DEZ
1	29 22 30 30 26 12 7 7 19 13	32 27 30 34 28 11 7 7 19 13	35 28 32 1 30 11 7 7 19 13	2 32 1 5 32 11 7 7 19 13	5 1 6 8 34 11 8 7 18 13	8 6 6 12 1 12 8 7 18 13	10 10 9 15 3 13 8 7 18 13	13 14 15 17 5 13 9 7 18 13	16 18 19 17 7 14 9 7 19 13	19 22 18 16 8 14 9 7 19 13	22 27 22 18 9 15 9 7 19 13	25 31 27 21 8 15 9 7 19 13
2	29 33 30 30 26 12 7 7 19 13	32 29 30 34 28 11 7 7 19 13	35 30 32 1 30 11 7 7 19 13	2 33 2 5 32 11 7 7 19 13	5 3 7 8 35 11 8 7 18 13	8 7 6 12 1 12 8 7 18 13	10 11 9 15 3 13 8 7 18 13	13 15 15 17 5 13 9 7 19 13	16 20 19 17 7 14 9 7 19 13	19 23 18 16 8 14 9 7 19 13	22 28 22 18 9 15 9 7 19 13	25 32 27 21 8 15 9 7 19 13
3	29 25 31 30 26 12 7 7 19 13	32 30 30 34 28 11 7 7 19 13	35 31 32 1 30 11 7 7 19 13	2 34 2 5 32 11 7 7 19 13	5 4 7 9 35 11 8 7 18 13	8 9 6 12 1 12 8 7 18 13	11 12 9 15 3 13 8 7 19 13	14 16 15 17 5 13 9 7 19 13	17 21 19 17 7 14 9 7 19 13	19 25 18 16 8 14 9 7 19 13	23 30 22 18 9 15 9 7 19 13	26 34 27 21 8 15 9 7 19 13
4	29 26 31 20 26 12 7 7 19 13	32 32 30 34 28 11 7 7 19 13	35 33 33 1 30 11 7 7 19 13	2 2 2 5 33 11 7 7 19 13	5 5 7 9 35 11 8 7 18 13	8 10 6 12 1 12 8 7 18 13	11 13 9 15 3 13 8 7 18 13	14 18 15 17 5 13 9 7 19 13	17 22 19 17 7 14 9 7 19 13	20 26 18 16 8 15 9 7 19 13	23 31 22 18 9 15 9 7 19 13	26 35 27 21 8 15 9 7 19 13
5	29 28 31 30 26 12 7 7 19 13	32 33 30 34 28 11 7 7 19 13	35 34 33 1 30 11 7 7 19 13	2 3 2 5 33 11 7 7 19 13	5 7 7 9 35 11 8 7 18 13	8 11 6 12 1 12 8 7 18 13	11 14 9 15 3 13 8 7 18 13	14 19 16 17 5 13 9 7 19 13	17 24 19 17 7 14 9 7 19 13	20 27 18 16 8 15 9 7 19 13	23 33 22 18 9 15 9 7 19 13	26 36 27 21 8 15 9 7 19 13
6	29 29 31 30 26 12 7 7 19 13	32 35 30 34 28 11 7 7 19 13	35 36 33 2 30 11 7 7 19 13	2 4 2 5 33 11 7 7 19 13	5 8 7 9 35 11 8 7 18 13	8 12 6 12 1 12 8 7 18 13	11 15 10 15 3 13 8 7 18 13	14 20 16 17 5 13 9 7 19 13	17 25 19 17 7 14 9 7 19 13	20 29 18 16 8 15 9 7 19 13	23 34 23 18 9 15 9 7 19 13	26 2 27 21 8 15 9 7 19 13
7	29 31 31 30 26 12 7 7 19 13	32 36 30 34 28 11 7 7 19 13	35 1 33 2 30 11 7 7 19 13	2 6 3 6 33 11 7 7 19 13	5 9 7 9 35 11 8 7 18 13	8 13 6 12 1 12 8 7 18 13	11 17 10 15 3 13 8 7 18 13	14 21 16 17 6 13 9 7 19 13	17 26 19 17 7 14 9 7 19 13	20 30 18 16 8 15 9 7 19 13	23 35 23 18 9 15 9 7 19 13	26 4 28 21 8 15 9 7 19 13
8	29 32 31 31 26 12 7 7 19 13	32 2 30 34 28 11 7 7 19 13	35 2 33 2 30 11 7 7 19 13	2 7 3 6 33 11 7 7 19 13	5 10 7 9 35 11 8 7 18 13	8 15 6 13 1 12 8 7 18 13	11 18 10 16 4 13 8 7 18 13	14 23 16 17 6 13 9 7 19 13	17 28 19 17 7 14 9 7 19 13	20 32 18 16 8 15 9 7 19 13	23 1 23 18 9 15 9 7 19 13	26 5 28 22 8 15 9 7 19 13
9	29 34 31 31 26 12 7 7 19 13	32 3 30 35 28 11 7 7 19 13	35 4 33 2 31 11 7 7 19 13	2 8 3 6 33 11 7 7 19 13	5 11 7 9 35 12 8 7 18 13	8 16 6 13 1 12 8 7 18 13	11 19 10 16 4 13 9 7 18 13	14 24 16 17 6 13 9 7 19 13	17 29 19 17 7 14 9 7 19 13	20 33 18 16 8 15 9 7 19 13	23 2 23 18 9 15 9 7 19 13	26 6 28 22 8 15 9 7 19 13
10	29 35 31 31 26 12 7 7 19 13	33 4 30 35 29 11 7 7 19 13	35 5 33 2 31 11 7 7 19 13	2 9 3 6 33 11 7 7 19 13	5 13 7 9 35 12 8 7 18 13	8 17 6 13 2 12 8 7 18 13	11 20 10 16 4 13 9 7 18 13	14 25 16 17 6 13 9 7 19 13	17 31 19 16 7 14 9 7 19 13	20 34 18 16 9 15 9 7 19 13	23 4 23 19 9 15 9 7 19 13	26 7 28 22 8 15 9 7 19 13
11	30 1 31 31 26 12 7 7 19 13	33 5 30 35 29 11 7 7 19 13	36 6 34 2 31 11 7 7 19 13	3 11 3 6 33 11 7 7 19 13	5 14 7 10 35 12 8 7 18 13	8 18 6 13 2 12 8 7 18 13	11 22 11 16 4 13 9 7 18 13	14 27 17 18 6 13 9 7 19 13	17 32 19 16 7 14 9 7 19 13	20 36 18 16 9 15 9 7 19 13	23 5 23 19 9 15 9 7 19 13	26 8 28 22 8 15 9 7 19 13
12	30 2 31 31 26 12 7 7 19 13	33 7 30 35 29 11 7 7 19 13	36 7 34 2 31 11 7 7 19 13	3 12 4 6 33 11 7 7 19 13	6 15 7 10 35 12 8 7 18 13	9 19 6 13 2 12 8 7 18 13	11 23 11 16 4 13 9 7 18 13	14 28 17 18 6 13 9 7 19 13	17 34 19 16 8 14 9 7 19 13	20 1 19 16 9 15 9 7 19 13	23 6 24 19 9 15 9 7 19 13	26 10 28 22 8 15 9 7 19 13
13	30 3 32 31 27 11 7 7 19 13	33 8 30 35 29 11 7 7 19 13	36 9 34 2 31 11 7 7 19 13	3 13 4 6 33 11 7 7 19 13	6 16 7 10 35 12 8 7 18 13	9 21 6 13 2 12 8 7 18 13	12 24 11 16 4 13 9 7 18 13	14 30 17 18 6 13 9 7 19 13	17 35 19 16 8 14 9 7 19 13	20 3 19 16 9 15 9 7 19 13	24 8 24 19 9 15 9 7 19 13	27 11 28 22 7 15 9 7 19 13
14	30 5 32 31 27 11 7 7 19 13	33 9 30 35 29 11 7 7 19 13	36 10 34 3 31 11 7 7 19 13	3 14 4 6 33 11 7 7 19 13	6 17 7 10 36 12 8 7 18 13	9 22 7 13 2 12 8 7 18 13	12 26 11 16 4 13 9 7 19 13	15 31 17 18 6 13 9 7 19 13	18 36 19 16 8 14 9 7 19 13	21 4 19 16 8 15 9 7 19 13	24 9 24 19 9 15 9 7 19 13	27 12 28 22 7 15 9 7 19 13
15	30 6 32 31 27 11 7 7 19 13	33 10 30 35 29 11 7 7 19 13	36 11 34 3 31 11 7 7 19 13	3 15 4 6 33 11 7 7 19 13	6 19 7 10 36 12 8 7 18 13	9 24 7 13 2 12 8 7 18 13	12 27 11 16 4 13 9 7 18 13	15 33 17 18 6 13 9 7 19 13	18 2 19 16 8 14 9 7 19 13	21 6 19 16 9 15 9 7 19 13	24 10 24 19 8 15 9 7 19 13	27 13 29 22 7 15 9 7 19 13
16	30 7 32 32 27 11 7 7 19 13	33 11 31 35 29 11 7 7 19 13	36 12 34 3 31 11 7 7 19 13	3 17 4 7 33 11 7 7 19 13	6 20 7 10 36 12 8 7 18 13	9 25 7 13 2 12 8 7 18 13	12 29 11 16 4 13 9 7 18 13	15 34 17 18 6 14 9 7 19 13	18 3 19 16 8 14 9 7 19 13	21 7 19 17 9 15 9 7 19 13	24 11 24 19 8 15 9 7 19 13	27 15 29 22 7 15 9 7 19 13
17	30 8 32 32 27 11 7 7 19 13	33 13 31 36 29 11 7 7 19 13	36 13 35 3 31 11 7 7 19 13	3 18 5 7 33 11 7 7 19 13	6 21 7 10 36 12 8 7 18 13	9 26 7 14 2 12 8 7 18 13	12 30 12 16 4 13 9 7 18 13	15 36 17 18 6 14 9 7 19 13	18 5 19 16 8 14 9 7 19 13	21 8 19 17 9 15 9 7 19 13	24 13 24 19 9 15 9 7 19 13	27 16 29 23 7 15 9 7 19 13
18	30 9 31 32 27 11 7 7 19 13	33 14 31 36 29 11 7 7 19 13	36 15 35 3 31 11 7 7 19 13	3 19 5 7 34 11 7 7 18 13	6 23 7 10 36 12 8 7 18 13	9 28 7 14 2 12 8 7 18 13	12 32 12 16 4 13 9 7 18 13	15 1 17 18 6 14 9 7 19 13	18 6 19 18 6 14 9 7 19 13	21 9 19 17 9 15 9 7 19 13	24 14 25 19 8 15 9 7 19 13	27 17 29 23 7 15 9 7 19 13
19	30 11 31 32 27 11 7 7 19 13	33 15 31 36 29 11 7 7 19 13	36 16 35 3 31 11 7 7 19 13	3 21 5 7 34 11 7 7 18 13	6 24 7 10 36 12 8 7 18 13	9 29 7 14 2 12 8 7 18 13	12 33 12 16 4 13 9 7 18 13	15 3 18 18 6 14 9 7 19 13	18 7 19 16 8 14 9 7 19 13	21 11 20 17 9 15 9 7 19 13	24 15 25 19 8 15 9 7 19 13	27 18 29 23 7 15 9 7 19 13
20	30 12 31 32 27 11 7 7 19 13	34 16 31 36 29 11 7 7 19 13	36 17 35 3 31 11 7 7 19 13	3 22 5 7 34 11 8 7 18 13	6 26 7 11 36 12 8 7 18 13	9 31 7 14 2 12 8 7 18 13	12 35 13 16 4 13 9 7 18 13	15 4 18 18 6 14 9 7 19 13	18 9 19 16 8 14 9 7 19 13	21 12 20 17 9 15 9 7 19 13	24 16 25 20 8 15 9 7 19 13	27 19 29 23 7 15 9 7 19 13
21	31 13 31 32 27 11 7 7 19 13	34 17 31 36 29 11 7 7 19 13	1 18 35 3 31 11 7 7 19 13	4 23 5 7 34 11 8 7 18 13	6 27 7 11 36 12 8 7 18 13	9 32 7 14 2 12 8 7 18 13	12 36 13 17 4 13 9 7 18 13	15 5 18 17 6 14 9 7 19 13	18 10 19 16 8 14 9 7 19 13	21 13 20 17 9 15 9 7 19 13	24 17 25 20 8 15 9 7 19 13	27 21 29 23 7 15 9 7 19 13
22	31 14 31 32 27 11 7 7 19 13	34 19 31 36 29 11 7 7 19 13	1 20 35 4 32 11 7 7 19 13	4 25 5 7 34 11 8 7 18 13	7 29 7 11 36 12 8 7 18 13	10 34 7 14 2 12 8 7 18 13	12 2 13 17 4 13 9 7 18 13	15 6 18 17 6 14 9 7 19 13	18 11 19 16 8 14 9 7 19 13	21 14 20 17 9 15 9 7 19 13	24 19 25 20 8 15 9 7 19 13	27 22 29 23 7 15 9 7 19 13
23	31 15 31 32 27 11 7 7 19 13	34 20 31 36 30 11 7 7 19 13	1 21 36 4 32 11 7 7 19 13	4 26 6 7 34 11 8 7 18 13	7 30 7 11 36 12 8 7 18 13	10 35 7 14 2 12 8 7 18 13	12 3 13 17 5 13 9 7 18 13	15 8 18 17 6 14 9 7 19 13	18 12 19 16 8 14 9 7 19 13	21 15 20 17 9 15 9 7 19 13	25 20 25 20 8 15 9 7 19 13	28 23 30 23 7 15 9 7 19 13
24	31 17 31 33 27 11 7 7 19 13	34 21 31 36 30 11 7 7 19 13	1 22 36 4 32 11 7 7 19 13	4 28 6 8 34 11 8 7 18 13	7 31 7 11 36 12 8 7 18 13	10 1 8 14 3 12 8 7 18 13	13 4 13 17 5 13 9 7 18 13	16 9 18 7 7 14 9 7 19 13	19 13 19 16 8 14 9 7 19 13	22 17 20 17 9 15 9 7 19 13	25 21 25 20 8 15 9 7 19 13	28 25 30 23 7 15 9 7 19 13
25	31 18 31 33 27 11 7 7 19 13	34 23 32 36 30 11 7 7 19 13	1 24 36 4 32 11 7 7 19 13	4 29 6 8 34 11 8 7 18 13	7 33 7 11 36 12 8 7 18 13	10 2 8 14 3 12 8 7 18 13	13 6 14 17 5 13 9 7 18 13	16 10 18 17 7 14 9 7 19 13	19 15 18 16 8 14 9 7 19 13	22 18 21 17 9 15 9 7 19 13	25 22 26 20 8 15 9 7 19 13	28 26 30 23 7 15 9 7 19 13
26	31 19 31 33 27 11 7 7 19 13	34 24 32 1 30 11 7 7 19 13	1 25 36 4 32 11 7 7 19 13	4 30 6 8 34 11 8 7 18 13	7 34 6 11 36 12 8 7 18 13	10 3 8 14 3 12 8 7 18 13	13 7 14 17 5 13 9 7 18 13	16 11 18 17 7 14 9 7 19 13	19 16 18 16 8 14 9 7 19 13	22 19 21 17 9 15 9 7 19 13	25 24 26 20 8 15 9 7 19 13	28 27 30 24 7 15 9 7 19 13
27	31 20 31 33 27 11 7 7 19 13	34 25 32 1 30 11 7 7 19 13	1 26 36 4 32 11 7 7 19 13	4 32 6 8 34 11 8 7 18 13	7 36 6 11 36 12 8 7 18 13	10 5 8 15 3 12 8 7 18 13	13 8 14 17 5 13 9 7 18 13	16 13 19 17 6 14 9 7 19 13	19 17 18 16 8 14 9 7 19 13	22 20 21 17 9 15 9 7 19 13	25 25 26 20 8 15 9 7 19 13	28 29 30 24 7 15 9 7 19 13
28	31 22 30 33 28 11 7 7 19 13	34 27 32 1 30 11 7 7 19 13	1 28 1 4 32 11 7 7 19 13	4 33 6 8 34 11 8 7 18 13	7 1 6 11 1 12 8 7 18 13	10 6 8 15 3 12 8 7 18 13	13 9 14 17 5 13 9 7 18 13	16 14 19 17 5 14 9 7 19 13	19 18 18 16 8 14 9 7 19 13	22 22 21 17 9 15 9 7 19 13	25 27 26 20 8 15 9 7 19 13	28 30 30 24 7 15 9 7 19 13
29	31 23 30 33 28 11 7 7 19 13		1 29 1 4 32 11 7 7 19 13	4 35 6 8 34 11 8 7 18 13	7 2 6 12 36 12 8 7 18 13	10 7 8 15 3 12 8 7 18 13	13 10 14 17 5 13 9 7 18 13	16 15 19 17 6 14 9 7 19 13	19 19 18 16 8 14 9 7 19 13	22 23 21 17 9 15 9 7 19 13	25 28 26 21 8 15 9 7 19 13	28 32 30 24 7 15 9 7 19 13
30	31 24 30 33 28 11 7 7 19 13		1 30 1 5 32 11 7 7 19 13	4 36 6 8 34 11 8 7 18 13	7 4 6 12 36 12 8 7 18 13	10 8 8 15 3 12 8 7 18 13	13 12 14 17 5 13 9 7 18 13	16 16 19 17 6 14 9 7 19 13	19 21 18 16 8 14 9 7 19 13	22 24 21 18 9 15 9 7 19 13	25 29 26 21 8 15 9 7 19 13	28 33 30 24 7 15 9 7 19 13
31	32 26 30 33 28 11 7 7 19 13		1 31 1 5 32 11 7 7 19 13		7 5 6 12 36 12 8 7 18 13		13 13 15 17 5 13 9 7 18 13	16 17 19 17 6 14 9 7 19 13		22 26 22 17 9 15 9 7 19 13		28 35 30 24 7 15 9 7 19 13

1944

	JAN	FEB	MÄR	APR	MAI	JUNI	JULI	AUG	SEPT	OKT	NOV	DEZ
1	29 36 30 24 7 15 9 7 19 13	32 5 29 28 7 15 9 7 19 13	35 6 33 32 8 14 8 7 19 13	2 12 3 35 10 14 9 7 19 13	5 15 5 3 11 14 9 7 19 13	8 20 5 7 13 15 9 7 19 13	10 23 11 11 15 15 10 8 19 13	13 28 16 14 17 16 10 8 19 13	16 33 17 18 19 16 10 8 19 13	19 1 18 22 21 17 11 8 19 13	22 6 23 26 23 18 11 8 19 14	25 10 27 29 25 18 10 8 19 14
2	29 2 30 24 7 15 9 7 19 13	32 7 29 28 7 15 8 7 19 13	35 8 33 32 8 14 8 7 19 13	2 13 3 35 10 14 9 7 19 13	5 16 5 3 11 14 9 7 19 13	8 21 5 7 13 15 9 7 19 13	11 24 11 11 15 15 10 8 19 13	14 30 16 15 17 16 10 8 19 13	16 34 17 18 19 16 10 8 19 13	19 2 18 22 21 17 11 8 19 13	22 8 23 26 23 18 11 8 19 14	26 11 28 29 25 18 10 8 19 14
3	29 3 30 25 7 15 9 7 19 13	32 8 29 28 7 15 8 7 19 13	35 10 34 32 8 14 8 7 19 13	2 14 4 36 10 14 9 7 19 13	5 18 5 3 11 14 9 7 19 13	8 22 5 7 13 15 9 7 19 13	11 26 11 11 15 15 10 8 19 13	14 31 16 15 17 16 10 8 19 13	17 36 17 18 19 16 10 8 19 13	20 4 18 22 21 17 11 8 19 13	23 9 23 26 23 18 11 8 19 14	26 12 28 30 25 18 10 8 19 14
4	29 4 30 25 7 15 9 7 19 13	32 9 29 28 7 15 8 7 19 13	35 11 34 32 8 14 8 7 19 13	2 16 4 36 10 14 9 7 19 13	5 19 5 3 11 14 9 7 19 13	8 23 6 7 13 15 9 7 19 13	11 27 11 11 15 15 10 8 19 13	14 32 16 15 17 16 10 8 19 13	17 1 17 19 19 16 10 8 19 13	20 5 18 22 21 17 11 8 19 13	23 10 24 26 23 18 11 8 19 14	26 14 28 30 25 18 10 8 19 14
5	29 6 30 25 7 15 9 7 19 13	32 10 30 29 7 15 8 7 19 13	35 12 34 32 8 14 8 7 19 13	2 17 4 36 10 14 9 7 19 13	5 20 5 4 12 14 9 7 19 13	8 25 6 7 13 15 9 7 19 13	11 28 11 11 15 15 10 8 19 13	14 34 16 15 17 16 10 8 19 13	17 3 17 19 19 16 10 8 19 13	20 7 19 22 21 17 11 8 19 13	23 12 24 26 23 18 11 8 19 14	26 15 28 30 25 18 10 8 19 14
6	29 7 29 25 7 15 9 7 19 13	32 11 30 29 7 15 8 7 19 13	35 14 34 32 8 14 8 7 19 13	2 18 4 36 10 14 9 7 19 13	5 21 4 4 12 14 9 7 19 13	8 26 6 8 13 15 9 7 19 13	11 30 12 11 15 15 10 8 19 13	14 35 17 15 17 16 10 8 19 13	17 4 17 19 19 16 10 8 19 13	20 8 19 23 21 17 11 8 19 13	23 13 24 26 23 18 11 8 19 14	26 16 28 30 25 18 10 8 19 14
7	29 8 29 25 7 15 9 7 19 13	32 13 30 29 7 15 8 7 19 13	35 15 34 32 9 14 8 7 19 13	2 19 4 36 10 14 9 7 19 13	5 23 4 4 12 14 9 7 19 13	8 27 6 8 13 15 9 7 19 13	11 31 12 11 15 15 10 8 19 13	14 1 17 15 17 16 10 8 19 13	17 6 17 19 19 16 10 8 19 13	20 9 19 23 21 17 11 8 19 14	23 14 24 26 23 18 11 8 19 14	26 17 28 30 25 18 10 8 19 14
8	29 9 29 25 7 15 9 7 19 13	32 14 30 29 7 15 8 7 19 13	35 16 34 32 9 14 8 7 19 13	2 20 4 36 10 14 9 7 19 13	5 24 4 4 12 14 9 7 19 13	8 29 6 8 13 15 9 7 19 13	11 33 12 11 15 15 10 8 19 13	14 2 17 15 17 16 10 8 19 13	17 7 17 19 19 16 10 8 19 13	20 11 19 23 21 17 11 8 19 14	23 15 24 27 23 18 11 8 19 14	26 18 28 30 25 18 10 8 19 14
9	29 11 29 25 7 15 9 7 19 13	32 15 30 29 7 15 8 7 19 13	35 17 35 33 9 14 8 7 19 13	2 22 4 36 10 14 9 7 19 13	5 25 4 4 12 14 9 7 19 13	8 30 6 8 14 15 9 7 19 13	11 34 12 12 15 15 10 8 19 13	14 3 17 15 17 16 10 8 19 13	17 9 17 19 19 16 10 8 19 13	20 12 19 23 21 17 11 8 19 14	23 16 24 27 23 18 11 8 19 14	26 20 28 30 25 18 10 8 19 14
10	29 12 29 25 7 15 9 7 19 13	33 16 30 29 8 15 8 7 19 13	35 18 35 33 9 14 9 7 19 13	3 23 4 1 10 14 9 7 19 13	5 26 4 4 12 14 9 7 19 13	8 32 6 8 14 15 9 7 19 13	11 36 12 12 15 15 10 8 19 13	14 5 17 15 17 16 10 8 19 13	17 10 17 19 19 16 10 8 19 13	20 13 19 23 21 17 11 8 19 14	23 18 25 27 23 18 11 8 19 14	26 21 28 30 26 18 10 8 19 14
11	30 13 29 26 7 15 9 7 19 13	33 17 30 29 8 15 8 7 19 13	36 20 35 33 9 14 9 7 19 13	3 24 5 1 10 14 9 7 19 13	6 28 4 4 12 14 9 7 19 13	9 33 7 8 14 15 9 7 19 13	11 1 13 12 15 15 10 8 19 13	14 6 17 16 17 16 10 8 19 13	17 11 17 19 19 16 10 8 19 13	20 14 20 23 21 17 11 8 19 14	23 19 25 27 23 18 11 8 19 14	26 22 28 31 26 18 10 8 19 14
12	30 14 29 26 7 15 9 7 19 13	33 19 30 29 8 15 8 7 19 13	36 21 35 33 9 14 9 7 19 13	3 25 5 1 10 14 9 7 19 13	6 29 4 4 12 14 9 7 19 13	9 35 7 8 14 15 9 7 19 13	11 2 13 12 16 15 10 8 19 13	14 8 17 16 17 16 10 8 19 13	17 12 16 20 19 17 10 8 19 13	20 16 20 23 21 17 11 8 19 14	24 20 25 27 24 18 11 8 19 14	27 23 28 31 26 18 10 8 19 14
13	30 15 29 26 7 15 9 7 19 13	33 20 31 30 8 15 8 7 19 13	36 22 35 33 9 14 9 7 19 13	3 27 5 1 10 14 9 7 19 13	6 31 4 5 12 14 9 7 19 13	9 36 7 8 14 15 9 7 19 13	12 4 13 12 16 15 10 8 19 13	15 9 17 16 18 16 10 8 19 13	18 13 16 20 20 17 10 8 19 13	21 17 20 23 22 17 11 8 19 14	24 21 25 27 24 18 11 8 19 14	27 24 28 31 26 18 10 8 19 14
14	30 17 29 26 7 15 9 7 19 13	33 21 31 30 8 15 8 7 19 13	36 23 36 33 9 14 9 7 19 13	3 28 5 1 10 14 9 7 19 13	6 32 4 5 12 14 9 7 19 13	9 1 7 8 14 15 9 7 19 13	12 5 13 12 16 15 10 8 19 13	15 10 17 16 18 16 10 8 19 13	18 15 16 20 20 17 10 8 19 13	21 18 20 23 22 17 11 8 19 14	24 22 25 27 24 18 11 8 19 14	27 26 28 31 26 18 10 8 19 14
15	30 18 29 26 7 15 9 7 19 13	33 22 31 30 8 15 8 7 19 13	36 24 36 33 9 14 9 7 19 13	3 30 5 1 10 14 9 7 19 13	6 33 4 5 12 14 9 7 19 13	9 3 7 9 14 15 9 7 19 13	12 7 13 12 16 15 10 8 19 13	15 11 17 16 18 16 10 8 19 13	18 16 16 20 20 17 10 8 19 13	21 19 20 24 22 17 11 8 19 14	24 24 25 27 24 18 11 8 19 14	27 27 28 31 26 18 10 8 19 14
16	30 19 28 25 7 15 9 7 19 13	33 24 31 30 8 15 8 7 19 13	36 26 36 33 9 14 9 7 19 13	3 31 5 1 10 14 9 7 19 13	6 35 4 5 12 14 9 7 19 13	9 4 7 9 14 15 9 7 19 13	12 8 14 12 16 15 10 8 19 13	15 13 17 16 18 16 10 8 19 13	18 17 16 20 20 17 10 8 19 13	21 20 21 24 22 17 11 8 19 14	24 25 25 28 24 18 11 8 19 14	27 28 28 31 26 18 10 8 19 13
17	30 20 28 25 7 15 9 7 19 13	33 25 31 30 8 15 8 7 19 13	36 27 36 34 9 14 9 7 19 13	3 32 5 1 11 14 9 7 19 13	6 36 4 5 12 14 9 7 19 13	9 6 7 9 14 15 9 7 19 13	12 9 14 13 16 15 10 8 19 13	15 14 18 16 18 16 10 8 19 13	18 18 16 20 20 17 10 8 19 13	21 22 21 24 22 17 11 8 19 14	24 26 26 28 24 18 11 8 19 14	27 30 28 31 26 18 10 8 19 13
18	30 21 28 25 7 15 9 7 19 13	33 26 31 30 8 15 8 7 19 13	36 29 36 34 9 14 9 7 19 13	3 34 5 1 11 14 9 7 19 13	6 2 4 5 12 14 9 7 19 13	9 7 8 9 14 15 9 8 19 13	12 10 14 13 16 15 10 8 19 13	15 15 18 16 18 16 10 8 19 13	18 19 16 20 20 17 10 8 19 13	21 23 21 24 22 17 11 8 19 14	24 27 26 28 24 18 11 8 19 14	27 31 28 31 26 18 10 8 19 13
19	30 23 28 25 7 15 9 7 19 13	33 28 31 30 8 15 8 7 19 13	36 30 1 34 9 14 9 7 19 13	3 35 5 2 11 14 9 7 19 13	6 3 4 5 12 14 9 7 19 13	9 8 8 9 14 15 9 8 19 13	12 12 14 13 16 15 10 8 19 13	15 16 18 17 18 16 10 8 19 13	18 21 16 20 20 17 10 8 19 13	21 24 21 24 22 17 11 8 19 14	24 29 26 28 24 18 11 8 19 14	27 33 28 31 26 18 10 8 19 13
20	30 24 28 27 7 15 9 7 19 13	34 29 32 30 8 15 8 7 19 13	36 31 1 34 9 14 9 7 19 13	4 1 5 2 11 14 9 7 19 13	6 5 4 5 12 14 9 7 19 13	9 9 8 9 14 15 10 8 19 13	12 13 14 13 16 15 10 8 19 13	15 17 18 17 18 16 10 8 19 13	18 22 16 21 20 17 10 8 19 13	21 25 21 24 22 17 11 8 19 14	24 30 26 28 24 18 11 8 19 14	27 34 28 32 26 18 10 8 19 13
21	31 25 28 27 7 15 9 7 19 13	34 30 32 30 8 15 8 7 19 13	1 33 1 34 9 14 9 7 19 13	4 2 5 2 11 14 9 7 19 13	7 6 4 6 12 14 9 7 19 13	9 11 8 9 14 15 10 8 19 13	12 14 14 13 16 15 10 8 19 13	15 19 18 17 18 16 10 8 19 13	18 23 16 21 20 17 10 8 19 13	21 26 21 24 22 17 11 8 19 14	24 31 26 28 24 18 11 8 19 14	27 35 28 32 26 18 10 8 19 13
22	31 27 28 27 7 15 9 7 19 13	34 32 32 31 8 15 8 7 19 13	1 34 1 34 9 14 9 7 19 13	4 4 5 2 11 14 9 7 19 13	7 7 4 6 12 14 9 7 19 13	10 12 9 9 14 15 10 8 19 13	12 15 15 13 16 15 10 8 19 13	15 20 18 17 18 16 10 8 19 13	18 24 17 21 20 17 10 8 19 13	21 28 22 24 22 17 11 8 19 14	25 33 26 28 24 18 10 8 19 14	28 1 28 32 26 18 10 8 19 13
23	31 28 28 27 7 15 9 7 19 13	34 34 32 31 8 15 8 7 19 13	1 36 1 34 9 14 9 7 19 13	4 5 5 2 11 14 9 7 19 13	7 9 4 6 13 14 9 7 19 13	10 13 9 10 14 15 10 8 19 13	13 16 15 13 16 15 10 8 19 13	16 21 18 17 18 16 10 8 19 13	19 25 17 21 20 17 10 8 19 13	21 29 22 25 22 17 11 8 19 14	25 34 26 28 24 18 10 8 19 14	28 2 28 32 27 18 10 8 19 13
24	31 30 28 27 7 15 9 7 19 13	34 35 32 31 8 15 8 7 19 13	1 1 2 34 9 14 9 7 19 13	4 6 5 2 11 14 9 7 19 13	7 10 4 6 13 14 9 7 19 13	10 14 9 10 14 15 10 8 19 13	13 18 15 13 16 15 10 8 19 13	16 22 18 17 18 16 10 8 19 13	19 27 17 21 20 17 10 8 19 13	22 30 22 25 22 17 11 8 19 14	25 36 27 28 24 18 10 8 19 14	28 4 27 32 27 18 10 8 19 13
25	31 31 29 27 7 15 9 7 19 13	34 1 32 31 8 15 8 7 19 13	1 3 2 35 9 14 9 7 19 13	4 8 5 2 11 14 9 7 19 13	7 11 5 6 13 14 9 7 19 13	10 16 9 10 14 15 10 8 19 13	13 19 15 14 16 15 10 8 19 13	16 23 18 17 18 16 10 8 19 13	19 28 17 21 20 17 11 8 19 13	22 32 22 25 22 17 11 8 19 14	25 1 27 29 24 18 10 8 19 14	28 5 27 32 27 18 10 8 19 13
26	31 33 29 27 7 15 9 7 19 13	34 2 33 31 8 15 8 7 19 13	1 4 2 35 9 14 9 7 19 13	4 9 5 2 11 14 9 7 19 13	7 12 5 6 13 14 9 7 19 13	10 17 9 10 15 15 10 8 19 13	13 20 15 14 16 16 10 8 19 13	16 25 18 17 18 16 10 8 19 13	19 29 17 21 20 17 11 8 19 13	22 33 22 25 22 17 11 8 19 14	25 3 27 29 25 18 10 8 19 14	28 6 27 32 27 18 10 8 19 13
27	31 34 29 27 7 15 9 7 19 13	34 3 33 31 8 15 8 7 19 13	1 6 2 35 9 14 9 7 19 13	4 10 5 3 11 14 9 7 19 13	7 14 5 6 13 14 9 7 19 13	10 18 10 9 14 15 10 8 19 13	13 21 15 14 16 16 10 8 19 13	16 25 18 18 18 16 10 8 19 13	19 31 17 21 20 17 11 8 19 13	22 35 22 25 22 17 11 8 19 14	25 4 27 29 25 18 10 8 19 14	28 8 27 32 27 18 10 8 19 13
28	31 36 29 28 7 15 9 7 19 13	34 5 33 31 8 14 8 7 19 13	1 7 2 35 10 14 9 7 19 13	4 12 5 3 11 14 9 7 19 13	7 15 5 6 13 15 9 7 19 13	10 19 10 9 14 15 10 8 19 13	13 22 15 14 17 16 10 8 19 13	16 27 18 18 18 16 10 8 19 13	19 32 17 22 20 17 11 8 19 13	22 36 22 25 22 17 11 8 19 14	25 5 27 29 25 18 10 8 19 14	28 9 27 33 27 18 10 8 19 13
29	31 1 29 28 7 15 9 7 19 13	34 6 33 31 8 14 8 7 19 13	1 8 3 35 10 14 9 7 19 13	4 13 5 3 11 14 9 7 19 13	7 16 5 7 13 15 9 7 19 13	10 20 10 9 14 15 10 8 19 13	13 24 16 14 17 16 10 8 19 13	16 29 18 18 19 16 10 8 19 13	19 34 18 22 21 17 11 8 19 13	22 2 23 25 23 17 11 8 19 14	25 7 27 29 25 18 10 8 19 14	28 10 27 33 27 18 10 8 19 13
30	31 3 29 28 7 15 9 7 19 13		1 10 3 35 10 14 9 7 19 13	4 14 5 3 11 14 9 7 19 13	7 17 5 7 13 15 9 7 19 13	10 22 10 9 14 15 10 8 19 13	13 25 16 14 17 16 10 8 19 13	16 30 18 18 19 16 10 8 19 13	19 35 18 22 21 17 11 8 19 13	22 3 23 25 23 18 11 8 19 14	25 8 27 29 25 18 10 8 19 14	28 12 27 33 27 18 10 8 19 13
31	32 4 29 28 7 15 9 7 19 13		2 11 3 35 10 14 9 7 19 13		7 18 5 7 13 15 9 7 19 13		13 26 16 14 17 16 10 8 19 13	16 31 17 18 19 16 10 8 19 13		22 5 23 26 23 18 11 8 19 14		28 13 27 33 27 18 10 7 19 13

1945

	JAN	FEB	MÄR	APR	MAI	JUNI	JULI	AUG	SEPT	OKT	NOV	DEZ
1	29 14 27 33 27 18 10 7 19 13	32 19 30 36 30 18 10 7 19 13	35 20 35 3 32 18 10 7 19 13	2 24 3 4 34 18 10 7 19 13	5 27 2 2 36 17 10 8 19 13	8 32 6 3 3 17 10 8 19 13	10 36 12 6 5 18 11 8 19 13	13 6 16 9 7 18 11 8 19 13	16 11 15 13 9 19 12 8 19 14	19 14 19 16 11 19 12 8 19 14	22 19 24 20 12 20 12 8 19 14	25 22 27 24 13 21 12 8 19 14
2	29 16 27 33 27 18 10 7 19 13	32 20 30 1 30 18 10 7 19 13	35 21 35 3 32 18 10 7 19 13	2 25 3 4 34 18 10 8 19 13	5 29 2 2 36 17 10 8 19 13	8 34 6 3 3 17 11 8 19 13	11 2 12 6 5 18 11 8 19 13	13 7 16 9 7 18 11 8 19 13	16 12 15 13 9 19 12 8 19 14	19 16 19 16 11 19 12 8 19 14	22 20 24 20 12 20 12 8 19 14	25 23 27 24 13 21 12 8 19 14
3	29 17 27 33 27 18 10 7 19 13	32 21 30 1 30 18 10 7 19 13	35 22 35 3 32 18 10 7 19 13	2 26 3 4 34 17 10 8 19 13	5 30 2 2 1 17 10 8 19 13	8 35 6 3 3 17 11 8 19 13	11 3 12 6 5 18 11 8 19 13	14 8 16 9 7 18 11 8 19 13	17 13 15 13 9 19 12 8 19 14	19 17 19 17 11 19 12 8 19 14	23 21 24 20 12 20 12 8 19 14	26 25 26 24 13 21 12 8 19 14
4	29 18 27 33 27 18 10 7 19 13	32 22 30 1 30 18 10 7 19 13	35 23 35 3 32 18 10 7 19 13	2 28 3 4 34 17 10 8 19 13	5 31 2 2 1 17 10 8 19 13	8 1 7 3 3 17 11 8 19 13	11 4 13 6 5 18 11 8 19 13	14 10 16 10 7 18 11 8 19 13	17 15 15 13 9 19 12 8 19 14	20 18 20 17 11 19 12 8 19 14	23 22 25 21 12 20 12 8 19 14	26 26 26 24 13 21 12 8 19 14
5	29 19 27 33 28 18 10 7 19 13	32 24 31 36 30 18 10 7 19 13	35 24 35 3 32 18 10 7 19 13	2 29 3 4 34 17 10 8 19 13	5 33 2 2 1 17 10 8 19 13	8 2 7 4 3 17 11 8 19 13	11 6 13 6 5 18 11 8 19 13	14 11 16 10 7 18 11 8 19 13	17 16 15 13 9 19 12 8 19 14	20 19 20 17 11 19 12 8 19 14	23 24 25 21 12 20 12 8 19 14	26 27 26 24 13 21 12 8 19 14
6	29 20 27 34 28 18 10 7 19 13	32 25 31 36 30 18 10 7 19 13	35 26 36 3 32 18 10 7 19 13	2 30 3 4 34 17 10 8 19 13	5 34 3 2 1 17 10 8 19 13	8 3 7 4 3 17 11 8 19 13	11 7 13 6 5 18 11 8 19 13	14 12 16 10 7 18 11 8 19 13	17 17 15 13 9 19 12 8 19 14	20 20 20 17 11 19 12 8 19 14	23 25 25 21 12 20 12 8 19 14	26 28 26 25 13 21 12 8 19 14
7	29 22 27 34 28 18 10 7 19 13	32 26 31 36 30 18 10 7 19 13	35 27 36 3 32 18 10 7 19 13	2 32 3 4 35 17 10 8 19 13	5 36 3 2 1 17 10 8 19 13	8 5 7 4 3 17 11 8 19 13	11 9 13 7 5 18 11 8 19 13	14 14 16 10 8 18 11 8 19 14	17 18 15 13 9 19 12 8 19 14	20 22 20 17 11 19 12 8 19 14	23 26 25 21 12 20 12 8 19 14	26 29 26 25 13 21 12 8 19 14
8	29 23 27 34 28 18 10 7 19 13	32 27 31 36 30 18 10 7 19 13	35 28 36 3 32 18 10 7 19 13	2 33 3 3 35 17 10 8 19 13	5 1 3 2 1 17 10 8 19 13	8 6 7 4 3 17 11 8 19 13	11 10 13 7 5 18 11 8 19 13	14 15 16 10 8 18 11 8 19 14	17 20 15 14 10 19 12 8 19 14	20 23 20 17 11 19 12 8 19 14	23 27 25 21 12 20 12 8 19 14	26 31 26 25 13 21 12 8 19 14
9	29 24 27 34 28 18 10 7 19 13	33 29 31 36 30 18 10 7 19 13	35 29 36 3 32 18 10 7 19 13	2 35 3 3 35 17 10 8 19 13	5 2 3 2 1 17 10 8 19 13	8 8 8 4 3 17 11 8 19 13	11 11 13 7 6 18 11 8 19 13	14 16 16 10 8 18 11 8 19 14	17 21 15 14 10 19 12 8 19 14	20 24 21 17 11 19 12 8 19 14	23 28 25 21 12 20 12 8 19 14	26 32 26 25 13 21 12 8 19 14
10	29 25 27 34 28 18 10 7 19 13	33 30 31 36 30 18 10 7 19 13	35 31 36 3 32 18 10 7 19 13	3 36 3 3 35 17 10 8 19 13	5 4 3 2 1 17 10 8 19 13	8 9 8 4 3 17 11 8 19 13	11 13 14 7 6 18 11 8 19 13	14 17 16 10 8 18 11 8 19 14	17 22 16 14 10 19 12 8 19 14	20 25 21 17 11 19 12 8 19 14	23 30 25 21 12 20 12 8 19 14	26 33 26 25 13 21 12 8 19 14
11	30 27 27 34 28 18 10 7 19 13	33 31 31 36 30 18 10 7 19 13	36 32 1 4 32 18 10 7 19 13	3 2 3 3 35 17 10 8 19 13	6 6 3 2 1 17 10 8 19 13	9 11 8 4 3 17 11 8 19 13	11 14 14 7 6 18 11 8 19 13	14 19 16 10 8 18 11 8 19 14	17 23 16 14 10 19 12 8 19 14	20 26 21 18 11 20 12 8 19 14	23 31 26 21 12 20 12 8 19 14	26 35 25 25 13 21 12 8 19 14
12	30 28 27 34 28 18 10 7 19 13	33 33 32 36 30 18 10 7 19 13	36 34 1 4 33 18 10 7 19 13	3 3 3 3 35 17 10 8 19 13	6 7 3 2 1 17 10 8 19 13	9 12 8 4 4 17 11 8 19 13	11 15 14 7 6 18 11 8 19 13	14 20 16 10 8 18 11 8 19 14	17 24 16 14 10 19 12 8 19 14	20 28 21 18 11 20 12 8 19 14	23 32 26 22 13 20 12 8 19 14	27 36 25 25 13 21 12 8 19 14
13	30 29 27 34 28 18 10 7 19 13	33 34 32 2 30 18 10 7 19 13	36 35 1 4 33 18 10 7 19 13	3 5 3 3 35 17 10 8 19 13	6 8 3 2 1 17 10 8 19 13	9 13 8 4 4 17 11 8 19 13	12 17 14 7 6 18 11 8 19 13	15 21 16 11 8 18 11 8 19 14	18 25 16 14 10 19 12 8 19 14	20 29 21 18 11 20 12 8 19 14	24 34 26 22 13 20 12 8 19 14	27 1 25 25 13 21 12 8 19 14
14	30 31 28 34 28 18 10 7 19 13	33 36 32 2 31 18 10 7 19 13	36 1 1 4 33 18 10 7 19 13	3 6 3 3 35 17 10 8 19 13	6 10 3 2 1 17 10 8 19 13	9 15 9 4 4 17 11 8 19 13	12 18 14 7 6 18 11 8 19 13	15 22 16 11 8 18 11 8 19 14	18 27 16 14 10 19 12 8 19 14	21 30 21 18 11 20 12 8 19 14	24 35 26 22 13 20 12 8 19 14	27 3 25 26 13 21 12 8 19 14
15	30 32 28 35 28 18 10 7 19 13	33 1 32 2 31 18 10 7 19 13	36 2 1 4 33 18 10 7 19 13	3 8 3 3 35 17 10 8 19 13	6 11 3 2 1 17 10 8 19 13	9 16 9 4 4 17 11 8 19 13	12 19 14 7 6 18 11 8 19 13	15 23 16 11 8 18 11 8 19 14	18 28 16 14 10 19 12 8 19 14	21 31 22 18 11 20 12 8 19 14	24 36 26 22 13 20 12 8 19 14	27 4 25 26 13 21 12 8 19 14
16	30 34 28 35 28 18 10 7 19 13	33 3 32 2 31 18 10 7 19 13	36 4 1 4 33 18 10 7 19 13	3 9 3 3 35 17 10 8 19 13	6 13 3 2 2 17 10 8 19 13	9 17 9 4 4 17 11 8 19 13	12 20 14 7 6 18 11 8 19 13	15 25 16 11 8 18 11 8 19 14	18 29 17 15 10 19 12 8 19 14	21 32 22 18 12 20 12 8 19 14	24 2 26 22 13 20 12 8 19 14	27 6 25 26 13 21 12 8 19 14
17	30 35 28 35 28 18 10 7 19 13	33 4 32 2 31 18 10 7 19 13	36 5 2 4 33 18 10 7 19 13	3 10 3 3 35 17 10 8 19 13	6 14 4 2 2 17 10 8 19 13	9 18 9 5 4 17 11 8 19 13	12 21 15 8 6 18 11 8 19 13	15 26 15 11 8 18 11 8 19 14	18 31 17 15 10 19 12 8 19 14	21 34 22 18 12 20 12 8 19 14	24 3 26 22 13 20 12 8 19 14	27 7 25 26 13 21 12 8 19 14
18	30 36 28 35 28 18 10 7 19 13	33 6 33 2 31 18 10 7 19 13	36 7 2 4 33 18 10 7 19 13	3 12 2 3 35 17 10 8 19 13	6 15 4 2 2 17 10 8 19 13	9 19 10 5 4 17 11 8 19 13	12 23 15 8 6 18 11 8 19 13	15 27 15 11 8 18 11 8 19 14	18 32 17 15 10 19 12 8 19 14	21 36 22 18 12 20 12 8 19 14	24 5 26 22 13 20 12 8 19 14	27 9 25 26 13 21 12 8 19 14
19	30 2 28 35 28 18 10 7 19 13	34 7 33 2 31 18 10 7 19 13	36 8 2 4 33 18 10 7 19 13	3 13 2 3 35 17 10 8 19 13	6 16 4 3 2 17 10 8 19 13	9 21 10 5 4 17 11 8 19 13	12 24 15 8 6 18 11 8 19 13	15 28 15 11 8 18 11 8 19 14	18 33 17 15 10 19 12 8 19 14	21 1 22 19 12 20 12 8 19 14	24 6 26 22 13 20 12 8 19 14	27 10 25 26 13 21 12 8 19 14
20	31 3 28 35 29 18 10 7 19 13	34 8 33 2 31 18 10 7 19 13	36 9 2 4 33 18 10 7 19 13	4 14 2 3 36 17 10 8 19 13	6 17 4 3 2 17 10 8 19 13	9 22 10 5 4 17 11 8 19 13	12 25 15 8 6 18 11 8 19 13	15 30 15 11 8 18 11 8 19 14	18 35 17 15 10 19 12 8 19 14	21 3 22 19 12 20 12 8 19 14	24 8 26 23 13 20 12 8 19 14	27 12 25 26 13 21 12 8 19 14
21	31 5 28 35 29 18 10 7 19 13	34 10 33 2 31 18 10 7 19 13	1 11 2 4 33 18 10 7 19 13	4 15 2 3 36 17 10 8 19 13	7 19 4 3 2 17 10 8 19 13	9 23 10 5 4 17 11 8 19 13	12 26 15 8 6 18 11 8 19 13	15 31 15 11 8 18 12 8 19 14	18 36 17 15 10 19 12 8 19 14	21 4 23 19 12 20 12 8 19 14	24 9 26 23 13 20 12 8 19 14	27 13 25 26 13 21 12 8 19 14
22	31 6 29 35 29 18 10 7 19 13	34 11 33 2 31 18 10 7 19 13	1 12 2 4 33 18 10 7 19 13	4 17 2 3 36 17 10 8 19 13	7 20 4 3 2 17 10 8 19 13	10 24 10 5 4 17 11 8 19 13	12 28 15 8 6 18 11 8 19 13	15 32 15 12 8 18 12 8 19 14	18 2 18 15 10 19 12 8 19 14	21 6 23 19 12 20 12 8 19 14	24 11 27 23 13 20 12 8 19 14	28 14 25 27 13 21 12 8 19 14
23	31 8 29 35 29 18 10 7 19 13	34 12 34 2 31 18 10 7 19 13	1 13 3 4 33 18 10 7 19 13	4 18 2 3 36 17 10 8 19 13	7 21 4 3 2 17 10 8 19 13	10 26 11 5 4 17 11 8 19 13	13 29 15 8 7 18 11 8 19 13	15 34 15 12 9 18 12 8 19 14	19 3 18 15 10 19 12 8 19 14	21 7 23 19 12 20 12 8 19 14	25 12 27 23 13 20 12 8 19 14	28 16 25 27 13 21 12 8 19 14
24	31 9 29 36 29 18 10 7 19 13	34 14 34 3 31 18 10 7 19 13	1 14 3 4 33 18 10 7 19 13	4 19 2 3 36 17 10 8 19 13	7 22 5 3 2 17 10 8 19 13	10 27 11 5 4 17 11 8 19 13	13 30 15 8 7 18 11 8 19 13	16 35 15 12 9 18 12 8 19 14	19 5 18 15 10 19 12 8 19 14	22 9 23 19 12 20 12 8 19 14	25 14 27 23 13 20 12 8 19 14	28 17 26 27 13 21 12 8 19 14
25	31 10 29 36 29 18 10 7 19 13	34 15 34 3 31 18 10 7 19 13	1 16 3 4 34 18 10 7 19 13	4 20 2 2 36 17 10 8 19 13	7 23 5 3 2 17 10 8 19 13	10 28 11 5 5 18 11 8 19 13	13 32 15 8 7 18 11 8 19 13	16 1 15 12 9 19 12 8 19 14	19 6 18 16 11 19 12 8 19 14	22 10 23 19 12 20 12 8 19 14	25 15 27 23 13 20 12 8 19 14	28 18 26 27 13 21 12 8 19 14
26	31 11 29 36 29 18 10 7 19 13	34 16 34 3 31 18 10 7 19 13	1 17 3 4 34 18 10 7 19 13	4 21 2 2 36 17 10 8 19 13	7 25 5 3 2 17 10 8 19 13	10 29 11 5 5 18 11 8 19 13	13 33 15 9 7 18 11 8 19 13	16 2 15 12 9 19 12 8 19 14	19 8 18 16 11 19 12 8 19 14	22 11 23 19 12 20 12 8 19 14	25 16 27 23 13 20 12 8 19 14	28 19 26 27 12 21 12 8 19 14
27	31 13 29 36 29 18 10 7 19 13	34 17 34 3 32 18 10 7 19 13	1 18 3 4 34 18 10 7 19 13	4 23 2 2 36 17 10 8 19 13	7 26 5 3 2 17 10 8 19 13	10 31 11 5 5 18 11 8 19 13	13 34 16 9 7 18 11 8 19 13	16 4 15 12 9 19 12 8 19 14	19 9 19 16 11 19 12 8 19 14	22 13 23 20 12 20 12 8 19 14	25 17 27 23 13 20 12 8 19 14	28 21 26 27 12 21 12 8 19 14
28	31 14 29 36 29 18 10 7 19 13	34 18 34 3 32 18 10 7 19 13	1 19 3 4 34 18 10 7 19 13	4 24 2 2 36 17 10 8 19 13	7 27 5 3 2 17 10 8 19 13	10 32 12 5 5 18 11 8 19 13	13 36 16 9 7 18 11 8 19 13	16 5 15 12 9 19 12 8 19 14	19 10 19 16 11 19 12 8 19 14	22 14 24 20 12 20 12 8 19 14	25 19 27 24 13 20 12 8 19 14	28 22 26 27 12 21 12 8 19 14
29	31 15 29 36 29 18 10 7 19 13		1 20 3 4 34 18 10 7 19 13	4 25 2 2 36 17 10 8 19 13	7 28 5 3 3 17 10 8 19 13	10 33 12 6 5 18 11 8 19 13	13 1 16 9 7 18 11 8 19 13	16 7 15 12 9 19 12 8 19 14	19 12 19 16 11 19 12 8 19 14	22 15 24 20 12 20 12 8 19 14	25 20 27 24 13 20 12 8 19 14	28 23 26 27 12 21 12 8 19 14
30	32 16 30 36 29 18 10 7 19 13		1 22 3 4 34 18 10 7 19 13	4 26 2 2 36 17 10 8 19 13	7 30 6 3 3 17 10 8 19 13	10 35 12 6 5 18 11 8 19 13	13 3 16 9 7 18 11 8 19 13	16 8 15 13 9 19 12 8 19 14	19 13 19 16 11 19 12 8 19 14	22 16 24 20 12 20 12 8 19 14	25 21 27 24 13 21 12 8 19 14	28 24 26 28 12 21 12 8 19 14
31	32 18 30 36 29 18 10 7 19 13		2 23 3 4 34 18 10 7 19 13		7 31 6 3 3 17 10 8 19 13		13 4 16 9 7 18 11 8 19 13	16 9 15 13 9 19 12 8 19 14		22 18 24 20 12 20 12 8 19 14		28 25 26 28 12 21 12 8 19 14

1946

	JAN	FEB	MÄR	APR	MAI	JUNI	JULI	AUG	SEPT	OKT	NOV	DEZ
1	29 27 26 28 12 21 12 8 19 14	32 31 31 32 11 21 11 8 19 14	35 32 36 35 11 21 11 8 19 13	2 1 1 3 12 21 11 8 19 13	5 5 2 7 13 21 11 8 19 13	8 10 8 11 14 20 12 8 19 13	10 14 13 14 16 20 12 8 19 14	13 19 14 18 18 21 12 9 19 14	16 23 15 21 20 21 13 9 19 14	19 26 21 24 22 22 13 9 19 14	22 31 25 25 24 22 13 9 19 14	25 34 24 23 26 23 13 9 20 14
2	29 28 27 28 12 21 12 8 19 14	32 33 31 32 11 21 11 8 19 14	35 33 36 35 11 21 11 8 19 13	2 3 36 3 12 21 11 8 19 13	5 6 2 7 13 21 11 8 19 13	8 12 8 11 15 20 12 8 19 13	10 15 13 14 16 20 12 8 19 14	13 20 14 18 18 21 12 9 19 14	16 25 15 21 20 21 13 9 19 14	19 28 21 24 22 22 13 9 19 14	22 32 25 25 24 22 13 9 19 14	25 36 24 23 26 23 13 9 20 14
3	29 29 27 28 12 21 12 8 19 14	32 34 31 32 11 21 11 8 19 14	35 35 36 35 11 21 11 8 19 13	2 4 36 3 12 21 11 8 19 13	5 8 2 7 13 20 11 8 19 13	8 13 8 11 14 20 12 8 19 13	11 17 13 14 16 20 12 8 19 14	14 21 14 18 18 21 13 9 19 14	17 26 15 21 20 21 13 9 19 14	19 29 21 24 22 22 13 9 19 14	23 33 25 25 24 22 13 9 19 14	26 1 24 23 26 23 13 9 20 14
4	29 30 27 28 12 21 12 8 19 14	32 35 32 32 11 21 11 8 19 14	35 36 1 36 11 21 11 8 19 13	2 6 36 3 12 21 11 8 19 13	5 9 2 7 13 20 11 8 19 13	8 15 8 11 15 20 12 8 19 13	11 18 13 14 16 20 12 8 19 14	14 23 14 18 18 21 13 9 19 14	17 27 16 21 20 21 13 9 19 14	20 30 21 24 22 22 13 9 19 14	23 35 25 25 24 22 13 9 19 14	26 2 24 23 27 23 13 9 20 14
5	29 32 27 28 12 21 12 8 19 14	32 1 32 32 11 21 11 8 19 14	35 2 1 36 11 21 11 8 19 13	2 7 36 4 12 21 11 8 19 13	5 11 3 7 13 20 11 8 19 13	8 16 9 11 14 20 12 8 19 13	11 19 13 15 16 20 12 8 19 14	14 24 14 18 18 21 13 9 19 14	17 28 16 21 20 21 13 9 19 14	20 31 21 24 22 22 13 9 19 14	23 36 25 25 24 22 13 9 19 14	26 4 24 23 27 23 13 9 20 14
6	29 33 27 28 12 21 12 8 19 14	32 2 32 32 11 21 11 8 19 14	35 3 1 36 11 21 11 8 19 13	2 8 36 4 12 21 11 8 19 13	5 12 3 7 13 20 11 8 19 13	8 17 9 11 14 20 12 8 19 13	11 21 13 15 16 20 12 8 19 13	14 25 14 18 18 21 13 9 19 14	17 29 16 21 20 21 13 9 19 14	20 33 31 24 22 22 13 9 19 14	23 1 25 25 24 22 13 9 19 14	26 5 24 23 27 23 13 9 20 14
7	29 34 27 29 12 21 12 8 19 14	32 4 32 32 11 21 11 8 19 14	35 5 1 36 11 21 11 8 19 13	2 10 36 4 12 21 11 8 19 13	5 14 3 7 13 20 11 8 19 13	8 18 9 11 14 20 12 8 19 13	11 22 14 15 16 20 12 8 19 14	14 26 14 18 18 21 13 9 19 14	17 31 16 22 20 21 13 9 19 14	20 34 21 24 22 22 13 9 19 14	23 3 25 25 25 22 13 9 19 14	26 7 24 23 27 23 13 8 20 14
8	29 36 27 29 12 21 12 8 19 14	32 5 32 33 11 21 11 8 19 14	35 6 1 36 11 21 11 8 19 13	2 11 36 4 12 21 11 8 19 13	5 15 3 8 13 20 12 8 19 13	8 20 9 11 14 20 12 8 19 13	11 23 14 15 17 20 12 8 19 14	14 27 14 18 18 21 13 9 19 14	17 32 16 22 20 21 13 9 19 14	20 35 22 24 22 22 13 9 19 14	23 4 25 25 25 22 13 9 19 14	26 8 24 23 27 23 13 8 20 14
9	29 1 27 29 12 21 12 8 19 14	33 6 32 33 11 21 11 8 19 14	35 7 1 36 11 21 11 8 19 13	2 13 36 4 12 21 11 8 19 13	5 16 3 8 13 20 12 8 19 13	8 21 9 11 14 20 12 8 19 13	11 24 14 15 17 20 12 8 19 14	14 28 14 19 18 21 13 9 19 14	17 33 17 22 20 21 13 9 19 14	20 1 22 24 23 22 13 9 19 14	23 6 25 24 25 22 13 9 19 14	26 10 24 23 27 23 13 8 20 14
10	29 2 28 29 12 21 12 8 19 14	33 8 33 33 11 21 11 8 19 14	35 9 1 36 11 21 11 8 19 13	3 14 36 4 12 21 11 8 19 13	5 17 3 8 13 20 12 8 19 13	8 22 10 12 15 20 12 8 19 13	11 25 14 15 17 20 12 8 19 14	14 30 14 19 19 21 13 9 19 14	17 34 17 22 21 21 13 9 19 14	20 2 22 24 23 22 13 9 19 14	23 7 25 24 25 22 13 9 19 14	26 11 24 23 27 23 13 8 20 14
11	30 4 28 29 12 21 12 8 19 14	33 9 33 33 11 21 11 8 19 14	36 10 1 1 11 21 11 8 19 13	3 15 36 4 12 21 11 8 19 13	6 19 4 8 13 20 12 8 19 13	8 23 10 12 15 20 12 8 19 13	11 26 14 15 17 20 12 8 19 14	14 31 14 19 19 21 13 9 19 14	17 36 17 22 21 21 13 9 19 14	20 4 22 24 23 22 13 9 19 14	23 9 25 24 25 23 13 9 19 14	26 13 24 23 27 23 18 8 20 14
12	30 5 28 29 12 21 12 8 19 14	33 11 33 33 11 21 11 8 19 14	36 12 1 1 11 21 11 8 19 13	3 17 36 4 12 21 11 8 19 13	6 20 4 8 13 20 12 8 19 13	9 24 10 12 15 20 12 8 19 14	11 28 14 15 17 20 12 8 19 14	14 32 14 19 19 21 13 9 19 14	17 1 17 22 21 21 13 9 19 14	20 5 22 24 23 22 13 9 19 14	23 10 25 24 25 23 13 9 19 14	26 14 24 23 27 23 13 8 20 14
13	30 7 28 29 12 21 12 8 19 14	33 12 33 33 11 21 11 8 19 14	36 13 1 1 11 21 11 8 19 13	3 18 36 5 12 21 11 8 19 13	6 21 4 8 13 20 12 8 19 13	9 26 10 12 15 20 12 8 19 14	12 29 14 15 17 20 12 8 19 14	15 34 14 19 19 21 13 9 19 14	18 3 17 22 21 21 13 9 19 14	20 6 22 24 23 22 13 9 19 14	24 12 25 24 25 23 13 9 19 14	27 16 25 23 27 23 13 8 20 14
14	30 8 28 29 12 21 12 8 19 14	33 13 33 33 11 21 11 8 19 14	36 14 1 1 11 21 11 8 19 13	3 19 36 5 12 21 11 8 19 13	6 22 4 8 14 20 12 8 19 13	9 27 10 12 15 20 12 8 19 14	12 30 14 16 17 20 12 8 19 14	15 35 14 19 19 21 13 9 19 14	18 4 18 22 21 21 13 9 19 14	21 8 22 24 23 22 13 9 19 14	24 13 25 24 25 23 13 9 19 14	27 17 25 23 27 23 13 8 20 14
15	30 10 28 30 12 21 12 8 19 14	33 15 33 33 11 21 11 8 19 14	36 16 2 1 11 21 11 8 19 13	3 20 36 5 12 21 11 8 19 13	6 24 4 8 14 20 12 8 19 13	9 28 11 12 15 20 12 8 19 14	12 31 14 16 17 20 12 8 19 14	15 36 14 19 19 21 13 9 19 14	18 5 18 22 21 21 13 9 19 14	21 9 23 24 23 22 13 9 19 14	24 15 25 24 25 23 13 9 19 14	27 18 25 23 27 23 13 8 20 14
16	30 11 29 30 12 21 12 8 19 14	33 16 34 34 11 21 11 8 19 14	36 17 2 1 11 21 11 8 19 13	3 21 36 5 12 21 11 8 19 13	6 25 4 9 14 20 12 8 19 13	9 29 11 12 15 20 12 8 19 14	12 33 14 16 17 20 12 8 19 14	15 2 14 19 19 21 13 9 19 14	18 7 18 22 21 21 13 9 19 14	21 11 23 25 23 22 13 9 19 14	24 16 25 24 25 23 13 9 19 14	27 19 25 23 27 23 13 8 20 14
17	30 12 29 30 12 21 12 8 19 14	33 17 34 34 11 21 11 8 19 14	36 18 2 1 11 21 11 8 19 13	3 23 1 5 12 21 11 8 19 13	6 26 5 9 14 20 12 8 19 13	9 30 11 12 15 20 12 8 19 14	12 34 14 16 17 20 12 8 19 14	15 3 14 19 19 21 13 9 19 14	18 8 18 22 21 21 13 9 19 14	21 12 23 25 23 22 13 9 19 14	24 17 25 24 25 23 13 9 19 14	27 21 25 23 28 23 13 8 20 14
18	30 14 29 30 12 21 12 8 19 14	33 19 34 34 11 21 11 8 19 14	36 19 2 1 11 21 11 8 19 13	3 24 1 5 12 21 11 8 19 13	6 27 5 9 14 20 12 8 19 13	9 32 11 13 15 20 12 8 19 14	12 35 14 16 17 20 12 8 19 14	15 4 14 19 19 21 13 9 19 14	18 10 18 23 21 21 13 9 19 14	21 14 23 25 23 22 13 9 19 14	24 19 25 24 25 23 13 9 19 14	27 22 25 23 28 23 13 8 20 14
19	30 15 29 30 12 21 12 8 19 14	34 20 34 34 11 21 11 8 19 14	36 21 1 2 11 21 11 8 19 13	3 25 1 5 12 21 11 8 19 13	6 28 5 9 14 20 12 8 19 13	9 33 11 13 15 20 12 8 19 14	12 1 14 16 17 20 12 8 19 14	15 6 14 20 19 21 13 9 19 14	18 11 18 23 21 21 13 9 19 14	21 15 23 25 23 22 13 9 19 14	24 20 25 24 25 23 13 9 19 14	27 23 25 23 28 23 13 8 20 14
20	30 16 29 30 12 21 12 8 19 14	34 21 34 34 11 21 11 8 19 14	36 22 1 2 11 21 11 8 19 13	3 26 1 5 12 21 11 8 19 13	6 29 5 9 14 20 12 8 19 13	9 34 11 13 16 20 12 8 19 14	12 2 14 16 17 20 12 8 19 14	15 7 14 20 19 21 13 9 19 14	18 12 19 23 21 21 13 9 19 14	21 16 23 25 23 22 13 9 19 14	24 21 25 24 25 23 13 9 20 14	27 24 25 23 28 23 13 8 20 14
21	31 18 29 30 12 21 12 8 19 14	34 22 35 34 11 21 11 8 19 14	1 23 1 2 11 21 11 8 19 13	4 27 1 6 12 21 11 8 19 13	6 31 5 9 14 20 12 8 19 13	9 36 12 13 16 20 12 8 19 14	12 3 14 16 17 20 12 8 19 14	15 9 14 20 19 21 13 9 19 14	18 14 19 23 21 21 13 9 19 14	21 18 23 25 23 22 13 9 19 14	24 22 24 24 26 23 13 9 20 14	27 25 26 24 28 23 13 8 20 14
22	31 19 29 30 11 21 12 8 19 14	34 23 35 34 11 21 11 8 19 14	1 24 1 2 11 21 11 8 19 13	4 28 1 6 12 21 11 8 19 13	7 32 6 9 14 20 12 8 19 13	10 1 12 13 16 20 12 8 19 14	12 5 14 17 17 20 12 8 19 14	15 10 14 20 19 21 13 9 19 14	18 15 19 23 21 21 13 9 19 14	21 19 24 25 23 22 13 9 19 14	24 23 24 24 26 23 13 9 20 14	28 27 26 24 28 23 13 8 20 14
23	31 20 30 31 11 21 12 8 19 14	34 25 35 34 11 21 11 8 19 14	1 25 1 2 11 21 11 8 19 13	4 30 1 6 13 21 11 8 19 13	7 33 6 9 14 20 12 8 19 13	10 2 12 13 16 20 12 8 19 14	12 6 14 17 17 20 12 9 19 14	15 11 14 20 19 21 13 9 19 14	18 17 19 23 21 21 13 9 19 14	21 20 24 25 23 22 13 9 19 14	25 25 24 24 26 23 13 9 20 14	28 28 26 24 28 23 13 8 20 14
24	31 21 30 31 11 21 12 8 19 14	34 26 35 35 11 21 11 8 19 14	1 27 1 2 11 21 11 8 19 13	4 31 1 6 13 21 11 8 19 13	7 35 6 10 14 20 12 8 19 13	10 4 12 13 16 20 12 8 19 14	13 8 14 17 18 20 12 9 19 14	16 13 14 20 19 21 13 9 19 14	19 18 19 23 21 21 13 9 19 14	22 21 24 25 24 22 13 9 19 14	25 26 24 24 26 23 13 9 20 14	28 29 26 24 28 23 13 8 20 14
25	31 23 30 31 11 21 12 8 19 14	34 27 35 35 11 21 11 8 19 14	1 28 1 2 11 21 11 8 19 13	4 32 1 6 13 21 11 8 19 13	7 36 6 10 14 20 12 8 19 13	10 5 12 13 16 20 12 8 19 14	13 9 14 17 18 20 12 9 19 14	16 14 14 20 20 21 13 9 19 14	19 19 20 23 22 22 13 9 19 14	22 23 24 25 24 22 13 9 19 14	25 27 24 24 26 23 13 9 20 14	28 30 26 24 28 23 13 8 20 14
26	31 24 30 31 11 21 12 8 19 14	34 28 36 35 11 21 11 8 19 14	1 29 1 2 11 21 11 8 19 13	4 34 1 6 13 21 11 8 19 13	7 1 6 10 14 20 12 8 19 13	10 7 12 13 16 20 12 8 19 14	13 11 14 17 18 20 12 9 19 14	16 16 14 20 20 21 13 9 19 14	19 21 20 23 22 22 13 9 19 14	22 24 24 25 24 22 13 9 19 14	25 28 24 23 26 23 13 9 20 14	28 21 26 24 28 23 13 8 20 14
27	21 25 30 31 11 21 12 8 19 14	34 29 36 35 11 21 11 8 19 14	1 30 1 2 11 21 11 8 19 13	4 35 1 6 13 21 11 8 19 13	7 3 7 10 14 20 12 8 19 13	10 8 12 14 16 20 12 8 19 14	13 12 14 17 18 21 12 9 19 14	16 17 14 20 20 21 13 9 19 14	19 22 20 23 22 22 13 9 19 14	22 25 24 25 24 22 13 9 19 14	25 29 24 23 26 23 13 9 20 14	28 33 27 24 28 23 13 8 20 14
28	31 26 30 31 11 21 12 8 19 14	34 31 36 35 11 21 11 8 19 13	1 31 1 3 12 21 11 8 19 13	4 36 2 6 13 21 11 8 19 13	7 4 7 10 14 20 12 8 19 13	10 10 13 14 16 20 12 8 19 14	13 13 14 17 18 21 12 9 19 14	16 18 14 21 20 21 13 9 19 14	19 23 20 23 22 22 13 9 19 14	22 26 24 25 24 22 13 9 19 14	25 31 24 23 26 23 13 9 20 14	28 34 27 24 28 23 13 8 20 14
29	31 27 31 31 11 21 12 8 19 14		1 33 1 3 12 21 11 8 19 13	4 2 2 7 13 21 11 8 19 13	7 6 7 10 14 20 12 8 19 13	10 11 13 14 16 20 12 8 19 14	13 15 14 17 18 21 12 9 19 14	15 20 15 21 20 21 13 9 19 14	19 24 20 23 22 22 13 9 19 14	22 27 24 25 24 22 13 9 19 14	25 32 24 23 26 23 13 9 20 14	28 35 27 24 28 23 13 8 20 14
30	32 29 31 31 11 21 12 8 19 14		1 34 1 3 12 21 11 8 19 13	4 3 2 7 13 21 11 8 19 13	7 7 7 10 14 20 12 8 19 13	10 13 13 14 16 20 12 8 19 14	13 16 14 17 18 21 12 9 19 14	16 21 15 21 20 21 13 9 19 14	19 25 20 24 22 22 13 9 19 14	22 28 25 25 24 22 13 9 19 14	25 33 24 23 26 23 13 9 20 14	28 36 27 24 28 24 13 8 20 14
31	32 30 31 32 11 21 11 8 19 14		2 36 1 3 12 21 11 8 19 13		7 9 7 10 14 20 12 8 19 13		13 18 14 18 18 21 12 9 19 14	16 22 15 21 20 21 13 9 19 14		22 30 25 25 24 22 13 9 19 14		28 2 27 24 29 24 13 8 20 14

1947

	JAN	FEB	MÄR	APR	MAI	JUNI	JULI	AUG	SEPT	OKT	NOV	DEZ
1	29 3 27 24 29 24 13 8 20 14	32 8 32 27 31 24 13 8 20 14	35 9 36 30 33 24 13 8 20 14	2 15 35 34 36 24 13 8 19 14	5 18 3 1 2 24 13 8 19 14	8 23 9 5 4 24 13 9 19 14	10 27 12 9 7 23 13 9 19 14	13 31 11 12 9 23 14 9 19 14	16 36 17 16 11 24 14 9 19 14	19 3 22 20 13 24 14 9 20 14	22 8 23 24 14 25 15 9 20 14	25 12 24 28 15 25 15 9 20 14
2	29 5 27 24 29 24 13 8 20 14	32 10 33 27 31 24 13 8 20 14	35 11 36 30 33 24 13 8 20 14	2 16 35 34 36 24 13 8 19 14	5 20 3 1 2 24 13 8 19 14	8 24 10 5 4 24 13 9 19 14	10 28 12 9 7 23 13 9 19 14	13 32 11 13 9 23 14 9 19 14	16 1 17 16 11 24 14 9 19 14	19 4 22 20 13 24 14 9 20 14	22 10 23 24 14 25 15 9 20 14	25 14 24 28 16 25 15 9 20 14
3	29 6 28 24 29 24 13 8 20 14	32 11 33 27 31 24 13 8 20 14	35 12 36 30 33 24 13 8 20 14	2 17 35 34 36 24 13 8 19 14	5 21 3 2 2 24 13 8 19 14	8 26 10 5 4 24 13 9 19 14	11 29 12 9 7 23 13 9 19 14	14 33 12 13 9 23 14 9 19 14	17 2 17 17 11 24 14 9 19 14	19 6 22 20 13 24 14 9 20 14	23 11 23 24 14 25 15 9 20 14	26 15 24 28 16 25 15 9 20 14
4	29 7 28 24 29 24 13 8 20 14	32 13 33 27 31 24 13 8 20 14	35 14 36 30 34 24 13 8 20 14	2 19 35 34 36 24 13 8 19 14	5 22 4 2 2 24 13 8 19 14	8 27 10 5 5 24 13 9 19 14	11 30 12 9 7 23 13 9 19 14	14 35 12 13 9 23 14 9 19 14	17 3 17 17 11 24 14 9 19 14	20 7 22 20 13 24 14 9 20 14	23 12 23 24 14 25 15 9 20 14	26 16 24 28 16 25 15 9 20 14
5	29 9 28 25 29 24 13 8 20 14	32 14 33 27 31 24 13 8 20 14	35 15 35 31 34 24 13 8 20 14	2 20 35 34 36 24 13 8 19 14	5 24 4 2 2 24 13 8 19 14	8 28 10 5 5 24 13 9 19 14	11 31 12 9 7 23 13 9 19 14	14 36 12 13 9 23 14 9 19 14	17 5 17 17 11 24 14 9 19 14	20 9 22 21 13 24 14 9 20 14	23 14 23 24 14 25 15 9 20 14	26 18 24 28 16 25 15 9 20 14
6	29 11 28 25 29 24 13 8 20 14	32 16 33 28 31 24 13 8 20 14	35 17 35 31 34 24 13 8 20 14	2 21 35 34 36 24 13 8 19 14	5 25 4 2 2 24 13 8 19 14	8 29 10 6 5 23 13 9 19 14	11 32 12 9 7 23 13 9 19 14	14 1 12 13 9 23 14 9 19 14	17 6 18 17 11 24 14 9 19 14	20 10 22 21 13 24 14 9 20 14	23 15 23 24 14 25 15 9 20 14	26 19 24 28 16 25 15 9 20 14
7	29 12 28 25 29 24 13 8 20 14	32 17 33 28 32 24 13 8 20 14	35 18 35 31 34 24 13 8 20 14	2 23 35 34 36 24 13 8 19 14	5 26 4 2 2 24 13 8 19 14	8 30 10 6 5 23 13 9 19 14	11 34 12 9 7 23 13 9 19 14	14 2 12 13 9 23 14 9 19 14	17 7 18 17 11 24 14 9 19 14	20 11 22 21 13 24 14 9 20 14	23 17 23 25 14 25 15 9 20 14	26 20 25 28 15 25 15 9 20 14
8	29 14 28 25 29 24 13 8 20 14	32 19 34 28 32 24 13 8 20 14	35 19 35 31 34 24 13 8 20 14	2 24 36 35 36 24 13 8 19 14	5 27 4 2 3 24 13 8 19 14	8 32 10 6 5 23 13 9 19 14	11 35 12 10 7 23 13 9 19 14	14 4 12 13 9 23 14 9 19 14	17 9 18 17 11 24 14 9 19 14	20 13 22 21 13 24 14 9 20 14	23 18 22 25 15 25 15 9 20 14	26 22 25 28 15 25 15 9 20 14
9	29 15 29 25 29 24 13 8 20 14	32 30 34 28 32 24 13 8 20 14	35 21 35 31 34 24 13 8 20 14	2 25 36 35 36 24 13 8 19 14	5 28 5 2 3 24 13 8 19 14	8 33 11 6 5 23 13 9 19 14	11 36 12 10 7 23 13 9 19 14	14 5 12 13 9 23 14 9 19 14	17 10 18 17 11 24 14 9 19 14	20 14 22 21 13 24 14 9 20 14	23 19 22 25 15 25 15 9 20 14	26 23 25 29 16 26 15 9 20 14
10	29 16 29 25 29 24 13 8 20 14	33 21 34 28 32 24 13 8 20 14	35 22 35 31 34 24 13 8 19 14	2 26 36 35 36 24 13 8 19 14	5 30 5 2 3 24 13 9 19 14	8 34 11 6 5 23 13 9 19 14	11 1 12 10 7 23 13 9 19 14	14 6 12 14 9 23 14 9 19 14	17 12 18 17 11 24 14 9 19 14	20 16 23 21 13 24 15 9 20 14	23 21 22 25 15 25 15 9 20 14	26 24 25 29 16 26 15 9 20 14
11	30 18 29 25 29 24 13 8 20 14	33 22 34 28 32 24 13 8 20 14	36 23 35 31 34 24 13 8 19 14	3 28 36 35 36 24 13 8 19 14	5 31 5 2 3 24 13 9 19 14	8 35 11 6 5 23 13 9 19 14	11 3 12 10 7 23 13 9 19 14	14 8 13 14 9 23 14 9 19 14	17 13 18 18 11 24 14 9 19 14	20 17 23 21 13 24 15 9 20 14	23 22 22 25 15 25 15 9 20 14	26 26 25 29 16 26 15 9 20 14
12	30 19 29 25 29 24 13 8 20 14	33 24 34 28 32 24 13 8 20 14	36 24 35 31 34 24 13 8 19 14	3 29 36 35 1 24 13 8 19 14	6 32 5 3 3 24 13 9 19 14	9 1 11 6 5 23 13 9 19 14	11 4 12 10 7 23 13 9 19 14	14 9 13 14 9 23 14 9 19 14	17 15 19 18 11 24 14 9 19 14	20 18 23 21 13 24 15 9 20 14	23 23 22 25 15 25 15 9 20 14	26 27 25 29 16 26 15 9 20 14
13	30 20 29 25 30 24 13 8 20 14	33 25 34 28 32 24 13 8 20 14	36 26 35 31 34 24 13 8 19 14	3 30 36 35 1 24 13 8 19 14	6 33 5 3 3 24 13 9 19 14	9 2 11 6 5 23 13 9 19 14	12 5 12 10 7 23 13 9 19 14	14 11 13 14 9 23 14 9 19 14	17 16 19 18 11 24 14 9 19 14	20 20 23 21 13 24 15 9 20 14	24 25 22 25 15 25 15 9 20 14	27 28 25 29 16 26 15 9 20 14
14	30 22 29 25 30 24 13 8 20 14	33 26 35 28 32 24 13 8 20 14	36 27 35 32 34 24 13 8 19 14	3 31 36 35 1 24 13 8 19 14	6 34 6 3 3 24 13 9 19 14	9 3 11 7 5 23 13 9 19 14	12 7 12 10 7 23 13 9 19 14	15 12 13 14 10 23 14 9 19 14	18 18 19 18 12 24 14 9 19 14	21 21 23 22 13 24 15 9 20 14	24 26 22 25 15 25 15 9 20 14	27 29 26 29 16 26 15 9 20 14
15	30 23 29 25 30 24 13 8 20 14	33 27 35 29 32 24 13 8 20 14	36 28 35 32 34 24 13 8 19 14	3 32 36 35 1 24 13 8 19 14	6 36 6 3 3 24 13 9 19 14	9 5 11 7 5 23 13 9 19 14	12 8 12 10 8 23 13 9 19 14	15 14 13 14 10 23 14 9 19 14	18 19 19 18 12 24 14 9 19 14	21 23 23 22 13 24 15 9 20 14	24 27 22 26 15 25 15 9 20 14	27 30 26 29 16 26 15 9 20 14
16	30 24 30 25 30 24 13 8 20 14	33 28 35 29 32 24 13 8 20 14	36 29 35 32 34 24 13 8 19 14	3 34 1 35 1 24 13 8 19 14	6 1 6 3 3 24 13 9 19 14	9 6 11 7 5 23 13 9 19 14	12 10 12 10 8 23 13 9 19 14	15 15 14 14 10 23 14 9 19 14	18 20 19 18 12 24 14 9 19 14	21 24 23 22 13 24 15 9 20 14	24 28 22 26 15 25 15 9 20 14	27 32 26 29 16 26 15 9 20 14
17	30 25 30 26 30 24 13 8 20 14	33 30 35 29 32 24 13 8 20 14	36 30 35 32 34 24 13 8 19 14	3 35 1 36 1 24 13 8 19 14	6 2 6 3 3 24 13 9 19 14	9 8 12 7 6 23 13 9 19 14	12 11 11 11 8 23 13 9 19 14	15 17 14 14 10 23 14 9 19 14	18 22 19 18 12 24 14 9 19 14	21 25 23 22 13 24 15 9 20 14	24 30 22 26 15 25 15 9 20 14	27 33 26 30 16 26 15 9 20 14
18	30 26 30 26 30 24 13 8 20 14	33 31 35 29 32 24 13 8 20 14	36 32 34 32 35 24 13 8 19 14	3 36 1 36 1 24 13 8 19 14	6 4 7 3 3 24 13 9 19 14	9 9 12 7 6 23 13 9 19 14	12 13 11 11 8 23 14 9 19 14	15 18 14 15 10 23 14 9 19 14	18 23 20 18 12 24 14 9 19 14	21 26 23 22 13 24 15 9 20 14	24 31 22 26 15 25 15 9 20 14	27 34 26 30 16 26 15 9 20 14
19	30 28 30 26 30 24 13 8 20 14	34 32 35 29 32 24 13 8 20 14	36 33 34 32 35 24 13 8 19 14	3 2 1 36 1 24 13 8 19 14	6 5 7 3 3 24 13 9 19 14	9 11 12 7 6 23 13 9 19 14	12 14 11 11 8 23 14 9 19 14	15 20 14 15 10 23 14 9 19 14	18 24 20 19 12 24 14 9 19 14	21 28 23 22 14 24 15 9 20 14	24 32 22 26 15 25 15 9 20 14	27 35 26 30 16 26 15 9 20 14
20	30 29 30 26 30 24 13 8 20 14	34 33 36 29 33 24 13 8 20 14	36 34 34 32 35 24 13 8 19 14	3 3 1 36 1 24 13 8 19 14	6 7 7 4 3 24 13 9 19 14	9 12 12 7 6 23 13 9 19 14	12 16 11 11 8 23 14 9 19 14	15 21 14 15 10 23 14 9 19 14	18 26 20 19 12 24 14 9 20 14	21 29 23 22 14 24 15 9 20 14	24 33 22 26 15 25 15 9 20 14	27 36 27 30 16 26 15 9 20 14
21	31 30 30 26 30 24 13 8 20 14	34 35 36 29 33 24 13 8 20 14	1 35 34 32 35 24 13 8 19 14	4 4 1 36 1 24 13 8 19 14	6 8 7 4 4 24 13 9 19 14	9 14 12 7 6 23 13 9 19 14	12 17 11 11 8 23 14 9 19 14	15 22 15 15 10 23 14 9 19 14	18 27 20 19 12 24 14 9 20 14	21 30 24 22 14 24 15 9 20 14	24 34 22 26 15 25 15 9 20 14	27 2 27 30 16 26 15 9 20 14
22	31 31 31 26 30 24 13 8 20 14	34 36 36 29 33 24 13 8 20 14	1 1 34 33 35 24 13 8 19 14	4 6 1 36 1 24 13 8 19 14	7 10 7 4 4 24 13 9 19 14	10 15 12 8 6 23 13 9 19 14	12 19 11 11 8 23 14 9 19 14	15 24 15 15 10 23 14 9 19 14	18 28 20 19 12 24 14 9 19 14	21 31 24 23 14 24 15 9 20 14	25 36 22 26 15 25 15 9 20 14	27 3 27 30 16 26 15 9 20 14
23	31 32 31 26 30 24 13 8 20 14	34 1 36 29 33 24 13 8 20 14	1 2 34 33 35 24 13 8 19 14	4 7 2 36 1 24 13 8 19 14	7 11 8 4 4 24 13 9 19 14	10 16 12 8 6 23 13 9 19 14	12 20 11 11 8 23 14 9 19 14	15 25 15 15 10 23 14 9 19 14	18 29 20 19 12 24 14 9 20 14	21 32 24 23 14 24 15 9 20 14	25 1 23 27 15 25 15 9 20 14	28 4 27 30 16 26 15 9 20 14
24	31 34 31 26 30 24 13 8 20 14	34 2 36 30 33 24 13 8 20 14	1 3 34 33 35 24 13 8 19 14	4 9 2 36 1 24 13 8 19 14	7 13 8 4 4 24 13 9 19 14	10 18 12 8 6 23 13 9 19 14	13 21 11 11 8 23 14 9 19 14	16 26 15 15 10 23 14 9 19 14	19 30 21 19 12 24 14 9 20 14	22 34 24 23 14 25 15 9 20 14	25 2 23 27 15 25 15 9 20 14	28 6 27 30 16 26 15 9 20 14
25	31 35 31 26 30 24 13 8 20 14	34 4 36 30 33 24 13 8 20 14	1 5 34 33 35 24 13 8 19 14	4 10 2 1 2 24 13 8 19 14	7 14 8 4 4 24 13 9 19 14	10 19 12 8 6 23 13 9 19 14	13 23 11 12 8 23 14 9 19 14	16 27 15 15 10 24 14 9 19 14	19 32 21 19 12 24 14 9 20 14	22 35 24 23 14 25 15 9 20 14	25 3 23 27 15 25 15 9 20 14	28 7 27 31 16 26 15 9 20 14
26	31 36 31 26 31 24 13 8 20 14	34 5 36 30 33 24 13 8 20 14	1 6 35 33 35 24 13 8 19 14	4 12 2 1 2 24 13 8 19 14	7 15 8 4 4 24 13 9 19 14	10 20 12 8 6 23 13 9 19 14	13 24 11 12 8 23 14 9 19 14	16 28 16 16 10 24 14 9 19 14	19 33 21 19 12 24 14 9 20 14	22 36 24 23 14 25 15 9 20 14	25 5 23 27 15 25 15 9 20 14	28 8 27 31 16 26 15 9 20 14
27	31 1 31 26 31 24 13 8 20 14	34 7 36 30 33 24 13 8 20 14	1 8 35 33 35 24 13 8 19 14	4 13 2 1 2 24 13 8 19 14	7 17 8 4 4 24 13 9 19 14	10 22 12 8 6 23 13 9 19 14	13 25 11 12 8 23 14 9 19 14	16 29 16 16 10 24 14 9 19 14	19 34 21 20 12 24 14 9 20 14	22 1 24 23 14 25 15 9 20 14	25 6 23 27 15 25 15 9 20 14	28 10 28 31 16 26 15 9 20 14
28	31 3 32 27 31 24 13 8 20 14	34 8 36 30 33 24 13 8 20 14	1 9 35 33 35 24 13 8 19 14	4 14 2 1 2 24 13 8 19 14	7 18 9 5 4 24 13 9 19 14	10 23 12 8 6 23 13 9 19 14	13 26 11 12 8 23 14 9 19 14	16 31 16 16 10 24 14 9 19 14	19 35 21 20 12 24 14 9 20 14	22 3 24 23 14 25 15 9 20 14	25 8 23 27 15 25 15 9 20 14	28 11 28 31 16 26 15 9 20 14
29	31 4 32 27 31 24 13 8 20 14		1 10 35 33 35 24 13 8 19 14	4 16 3 1 2 24 13 8 19 14	7 19 9 5 4 24 13 9 19 14	10 24 12 8 6 23 13 9 19 14	13 27 11 12 8 23 14 9 19 14	16 32 16 16 11 24 14 9 19 14	19 36 21 20 12 24 14 9 20 14	22 4 24 23 14 25 15 9 20 14	25 9 23 27 15 25 15 9 20 14	25 13 28 31 16 26 15 9 20 14
30	31 6 32 27 31 24 13 8 20 14		1 12 35 33 36 24 13 8 19 14	4 17 3 1 2 24 13 8 19 14	7 21 9 5 4 24 13 9 19 14	10 25 12 9 6 23 13 9 19 14	13 29 11 12 9 23 14 9 19 14	16 33 16 16 11 24 14 9 19 14	19 2 21 20 12 24 14 9 20 14	22 5 23 24 14 25 15 9 20 14	25 11 23 27 15 25 15 9 20 14	28 14 28 31 16 26 15 9 20 14
31	32 7 32 27 31 24 13 8 20 14		1 13 35 34 36 24 13 8 19 14		7 22 9 5 4 24 13 9 19 14		13 20 11 12 9 23 14 9 19 14	16 34 16 16 11 24 14 9 19 14		22 7 23 24 14 25 15 9 20 14		28 16 28 31 16 26 15 9 20 14

1948

	JAN	FEB	MÄR	APR	MAI	JUNI	JULI	AUG	SEPT	OKT	NOV	DEZ
1	28 17 28 31 16 26 15 9 20 14	32 22 33 35 16 27 14 9 20 14	35 25 33 3 15 27 14 9 20 14	2 29 35 6 14 27 14 9 20 14	5 32 5 9 15 27 14 9 20 14	8 1 10 11 16 27 14 9 20 14	10 4 9 9 18 27 15 9 20 14	13 9 12 9 19 27 15 9 20 14	16 14 18 12 21 26 15 10 20 14	19 18 22 15 23 27 16 10 20 14	22 23 21 19 26 27 16 10 20 14	25 27 25 22 28 28 16 9 20 14
2	29 19 29 32 16 26 15 9 20 14	32 24 34 35 16 27 14 9 20 14	35 26 33 3 15 27 14 9 20 14	2 30 35 6 14 27 14 9 20 14	5 33 5 9 15 27 14 9 20 14	8 2 10 11 16 27 14 9 20 14	11 5 9 9 18 27 15 9 20 14	14 10 13 9 19 26 15 9 20 14	16 16 18 12 21 26 15 10 20 14	19 19 22 15 23 27 16 10 20 14	22 25 21 19 26 27 16 10 20 14	26 28 25 22 28 28 16 9 20 14
3	29 20 29 32 16 26 15 9 20 14	32 25 34 36 16 27 14 9 20 14	35 27 33 3 15 27 14 9 20 14	2 31 36 6 14 27 14 9 20 14	5 35 5 9 15 27 14 9 20 14	8 3 10 11 16 27 14 9 20 14	11 7 9 9 18 27 15 9 20 14	14 12 13 10 20 26 15 9 20 14	16 17 18 12 21 26 15 10 20 14	20 21 22 15 24 27 16 10 20 14	23 26 21 19 26 27 16 10 20 14	26 29 25 22 28 28 16 9 20 14
4	29 21 29 32 16 26 15 9 20 14	32 26 34 36 16 27 14 9 20 14	35 28 33 3 15 27 14 9 20 14	2 33 36 6 14 27 14 9 20 14	5 36 6 9 15 27 14 9 20 14	8 4 10 11 16 27 14 9 20 14	11 8 9 9 18 27 15 9 20 14	14 13 13 10 20 26 15 9 20 14	17 19 19 12 22 26 15 10 20 14	20 22 22 15 24 27 16 10 20 14	23 27 21 19 26 27 16 10 20 14	26 31 25 23 28 28 16 9 20 14
5	29 23 29 32 16 26 15 9 20 14	32 27 34 36 16 27 14 9 20 14	35 29 33 3 15 27 14 9 20 14	2 34 36 6 14 27 14 9 20 14	5 1 6 9 15 27 14 9 20 14	8 6 10 11 16 27 14 9 20 14	11 9 9 9 18 27 15 9 20 14	14 15 13 10 20 26 15 9 20 14	17 20 19 12 22 26 15 10 20 14	20 24 22 16 24 27 16 10 20 14	23 29 21 19 26 27 16 10 20 14	26 32 25 23 28 28 16 9 20 14
6	29 24 29 32 16 26 15 9 20 14	32 29 34 36 16 27 14 9 20 14	35 31 33 3 15 27 14 9 20 14	2 35 36 7 14 27 14 9 20 14	5 2 6 9 15 27 14 9 20 14	8 7 10 11 16 27 14 9 20 14	11 11 9 9 18 27 15 9 20 14	14 16 13 10 20 26 15 9 20 14	17 22 19 12 22 26 15 10 20 14	20 25 22 16 24 27 16 10 20 14	23 30 21 19 26 27 16 10 20 14	26 33 26 23 28 28 16 9 20 14
7	29 25 29 32 16 26 15 9 20 14	32 30 34 36 16 27 14 9 20 14	35 32 33 3 15 27 14 9 20 14	2 36 36 7 14 27 14 9 20 14	5 4 6 10 15 27 14 9 20 14	8 9 10 11 16 27 14 9 20 14	11 12 9 9 18 27 15 9 20 14	14 18 15 10 20 26 15 9 20 14	17 23 19 12 22 26 15 10 20 14	20 26 22 16 24 27 16 10 20 14	23 31 21 19 26 27 16 10 20 14	26 34 26 23 28 28 16 9 20 14
8	29 26 30 32 16 26 15 9 20 14	32 31 34 36 16 27 14 9 20 14	35 33 33 4 15 27 14 9 20 14	2 1 36 7 14 27 14 9 20 14	5 5 6 10 15 27 14 9 20 14	8 10 10 11 16 27 14 9 20 14	11 14 9 9 18 27 15 9 20 14	14 19 14 10 20 26 15 9 20 14	17 24 19 12 22 26 15 10 20 14	20 28 22 16 24 27 16 10 20 14	23 32 21 19 26 27 16 10 20 14	26 35 26 23 28 28 16 9 20 14
9	29 28 30 32 16 26 15 9 20 14	32 32 34 36 16 27 14 9 20 14	35 34 33 4 15 27 14 9 20 14	2 3 1 7 14 27 14 9 20 14	5 6 7 10 15 27 14 9 20 14	8 11 10 11 16 27 14 9 20 14	11 15 9 9 18 27 15 9 20 14	14 21 14 10 20 26 15 9 20 14	17 26 19 13 22 26 15 10 20 14	20 29 22 16 24 27 16 10 20 14	23 33 21 19 26 27 16 10 20 14	26 1 26 23 28 28 16 9 20 14
10	29 29 30 33 16 26 15 9 20 14	33 33 34 36 16 27 14 9 20 14	35 35 33 4 15 27 14 9 20 14	3 4 1 7 14 27 14 9 20 14	5 8 7 10 15 27 14 9 20 14	8 13 10 11 17 27 14 9 20 14	11 17 9 9 18 27 15 9 20 14	14 22 14 10 20 26 15 9 20 14	17 27 20 13 22 27 15 10 20 14	20 30 22 16 24 27 16 10 20 14	23 35 22 20 26 27 16 10 20 14	26 2 26 23 29 28 16 9 20 14
11	30 30 30 33 16 26 15 9 20 14	33 34 34 36 16 27 14 9 20 14	36 1 33 4 15 27 14 9 20 14	3 5 1 7 14 27 14 9 20 14	6 9 7 10 15 27 14 9 20 14	9 14 10 10 17 27 14 9 20 14	11 18 9 9 18 27 15 9 20 14	14 23 14 10 20 26 15 9 20 14	17 28 20 13 22 27 15 10 20 14	20 31 22 16 24 27 16 10 20 14	23 36 22 20 26 27 16 10 20 14	26 3 26 23 29 28 16 9 20 14
12	30 31 30 33 16 26 15 9 20 14	33 36 34 1 15 27 14 9 20 14	36 2 33 4 14 27 14 9 20 14	3 7 1 7 14 27 14 9 20 14	6 10 7 10 15 27 14 9 20 14	9 16 10 10 17 27 14 9 20 14	11 20 10 9 18 27 15 9 20 14	14 25 15 10 20 26 15 9 20 14	17 29 20 13 22 27 15 10 20 14	20 33 22 16 24 27 16 10 20 14	24 1 22 20 26 27 16 9 20 14	27 4 27 24 29 28 16 9 20 14
13	30 32 30 33 16 26 15 9 20 14	33 1 34 1 15 27 14 9 20 14	36 3 33 4 14 27 14 9 20 14	3 8 1 7 14 27 14 9 20 14	6 12 7 10 15 27 14 9 20 14	9 17 10 10 17 27 14 9 20 14	12 21 10 9 18 27 15 9 20 14	15 26 15 10 20 26 15 9 20 14	18 31 20 13 22 27 15 10 20 14	20 34 22 16 24 27 16 10 20 14	24 2 22 20 26 27 16 9 20 14	27 5 27 24 29 28 16 9 20 14
14	30 34 31 33 16 26 15 9 20 14	33 2 34 1 15 27 14 9 20 14	36 4 33 4 14 27 14 9 20 14	3 9 1 8 14 27 14 9 20 14	6 13 8 10 15 27 14 9 20 14	9 19 10 10 17 27 14 9 20 14	12 22 10 9 18 27 15 9 20 14	15 27 15 10 20 26 15 9 20 14	18 32 20 13 22 27 15 10 20 14	21 35 22 16 24 27 16 10 20 14	24 3 22 20 27 27 16 9 20 14	27 7 27 24 29 28 16 9 20 14
15	30 35 31 33 16 26 15 9 20 14	33 3 34 1 15 27 14 9 20 14	36 6 33 4 14 27 14 9 20 14	3 11 2 8 14 27 14 9 20 14	6 15 8 10 15 27 14 9 20 14	9 20 10 10 17 27 14 9 20 14	12 24 10 9 18 27 15 9 20 14	15 28 15 10 20 26 15 9 20 14	18 33 20 13 22 27 15 10 20 14	21 36 22 17 24 27 16 10 20 14	24 5 22 20 27 28 16 10 20 14	27 8 27 24 29 28 16 9 20 14
16	30 36 31 33 16 26 15 9 20 14	33 5 34 1 15 27 14 9 20 14	36 7 33 4 14 27 14 9 20 14	3 12 2 8 14 27 14 9 20 14	6 16 8 10 15 27 14 9 20 14	9 21 10 10 17 27 14 9 20 14	12 25 10 9 18 27 15 9 20 14	15 30 15 10 20 26 15 9 20 14	18 34 20 13 22 27 15 10 20 14	21 1 22 17 24 27 16 10 20 14	24 6 22 20 27 28 16 10 20 14	27 9 27 24 29 28 16 9 20 14
17	30 1 31 33 16 26 15 9 20 14	33 6 34 1 15 27 14 9 20 14	36 8 33 5 14 27 14 9 20 14	3 14 2 8 15 27 14 9 20 14	6 17 8 10 15 27 14 9 20 14	9 23 10 10 17 27 14 9 20 14	12 26 10 9 19 27 15 9 20 14	15 31 16 10 20 26 15 9 20 14	18 35 20 13 22 27 15 10 20 14	21 3 22 17 25 27 16 10 20 14	24 7 23 20 27 28 16 10 20 14	27 11 27 24 29 28 16 9 20 14
18	30 2 31 34 16 26 15 9 20 14	33 7 34 1 15 27 14 9 20 14	36 10 34 5 14 27 14 9 20 14	3 15 2 8 15 27 14 9 20 14	6 19 8 10 15 27 14 9 20 14	9 24 10 10 17 27 14 9 20 14	12 27 10 9 19 27 15 9 20 14	15 32 16 11 20 26 15 9 20 14	18 36 21 14 22 27 15 10 20 14	21 4 21 17 25 27 16 10 20 14	24 9 23 21 27 28 16 10 20 14	27 12 27 24 29 28 16 9 20 14
19	30 4 31 34 16 26 15 9 20 14	33 9 34 1 15 27 14 9 20 14	36 11 34 5 14 27 14 9 20 14	3 16 2 8 15 27 14 9 20 14	6 20 8 10 16 27 14 9 20 14	9 25 10 10 17 27 14 9 20 14	12 29 10 9 19 27 15 9 20 14	15 33 16 11 21 26 15 9 20 14	18 2 21 14 23 27 16 10 20 14	21 5 21 17 25 27 16 10 20 14	24 10 23 21 27 28 16 10 20 14	27 14 28 24 29 28 16 9 20 14
20	31 5 32 34 16 26 15 9 20 14	34 10 33 2 15 27 14 9 20 14	36 13 34 5 14 27 14 9 20 14	4 18 3 8 15 27 14 9 20 14	6 22 9 10 16 27 14 9 20 14	9 27 10 10 17 27 14 9 20 14	12 30 10 9 19 27 15 9 20 14	15 34 16 11 21 26 15 9 20 14	18 3 21 14 23 27 16 10 20 14	21 6 21 17 25 27 16 10 20 14	24 11 23 21 27 28 16 10 20 14	27 15 28 25 29 28 16 9 20 14
21	31 6 32 34 16 26 15 9 20 14	34 12 33 2 15 27 14 9 20 14	1 14 34 5 14 27 14 9 20 14	4 19 3 8 15 27 14 9 20 14	7 23 9 10 16 27 14 9 20 14	9 28 10 10 17 27 14 9 20 14	12 31 10 9 19 27 15 9 20 14	15 36 16 11 21 26 15 9 20 14	18 4 21 14 23 27 16 10 20 14	21 8 21 17 25 27 16 10 20 14	24 13 23 21 27 28 16 10 20 14	27 17 28 25 29 28 16 9 20 14
22	31 8 32 34 16 26 15 9 20 14	34 13 33 2 15 27 14 9 20 14	1 15 34 5 14 27 14 9 20 14	4 21 3 8 15 27 14 9 20 14	7 24 9 10 16 27 14 9 20 14	10 29 10 10 17 27 14 9 20 14	12 32 11 9 19 27 15 9 20 14	15 1 16 11 21 26 15 9 20 14	18 5 21 14 23 27 16 10 20 14	21 9 21 17 25 27 16 10 20 14	25 14 23 21 27 28 16 10 20 14	28 18 28 25 29 28 16 9 20 14
23	31 9 32 34 16 26 15 9 20 14	34 15 33 2 15 27 14 9 20 14	1 17 34 5 14 27 14 9 20 14	4 22 3 8 15 27 14 9 20 14	7 26 9 10 16 27 14 9 20 14	10 30 10 10 17 27 14 9 20 14	13 33 11 9 19 26 15 9 20 14	16 2 17 11 21 26 15 9 20 14	19 7 21 14 23 27 16 10 20 14	21 10 21 17 25 27 16 10 20 14	25 16 24 21 27 28 16 10 20 14	28 19 28 25 30 28 16 9 20 14
24	21 11 32 34 16 26 15 9 20 14	34 16 33 2 15 27 14 9 20 14	1 18 34 5 14 27 14 9 20 14	4 24 3 8 15 27 14 9 20 14	7 27 9 10 16 27 14 9 20 14	10 31 10 10 17 27 14 9 20 14	13 35 11 9 19 26 15 9 20 14	16 3 17 11 21 26 15 9 20 14	19 8 21 14 23 27 16 10 20 14	22 12 21 18 25 27 16 10 20 14	25 17 24 21 27 28 16 10 20 14	28 21 28 25 30 28 16 9 20 14
25	31 12 32 34 16 27 15 9 20 14	34 18 33 2 15 27 14 9 20 14	1 20 34 5 14 27 14 9 20 14	4 25 4 9 15 27 14 9 20 14	7 28 9 10 16 27 14 9 20 14	10 33 10 10 17 27 14 9 20 14	13 36 11 9 19 26 15 9 20 14	16 4 17 11 21 26 15 9 20 14	19 9 21 14 23 27 16 10 20 14	22 13 21 18 25 27 16 10 20 14	25 18 24 21 27 28 16 10 20 14	28 22 29 25 30 28 16 9 20 14
26	31 14 33 35 16 27 15 9 20 14	34 19 33 2 15 27 14 9 20 14	1 21 34 6 14 27 14 9 20 14	4 26 4 9 15 27 14 9 20 14	7 29 9 11 16 27 14 9 20 14	10 34 10 10 17 27 14 9 20 14	13 1 11 9 19 26 15 9 20 14	16 6 17 11 21 26 15 9 20 14	19 11 21 14 23 27 16 10 20 14	22 14 21 18 25 27 16 10 20 14	25 20 24 22 27 28 16 10 20 14	28 24 29 25 30 28 16 9 20 14
27	31 15 33 35 16 27 15 9 20 14	34 21 33 2 15 27 14 9 20 14	1 23 35 6 14 27 14 9 20 14	4 27 4 9 15 27 14 9 20 14	7 31 9 11 16 27 14 9 20 14	10 35 10 10 17 27 14 9 20 14	13 2 11 9 19 26 15 9 20 14	16 7 17 11 21 26 15 9 20 14	19 12 22 15 22 27 16 10 20 14	22 16 21 18 25 27 16 10 20 14	25 21 24 22 28 28 16 10 20 14	28 25 29 25 30 28 16 9 20 14
28	31 17 33 35 16 27 15 9 20 14	34 22 33 3 15 27 14 9 20 14	1 24 35 6 14 27 14 9 20 14	4 29 4 9 15 27 14 9 20 14	7 32 10 11 16 27 14 9 20 14	10 36 10 10 17 27 14 9 20 14	13 3 12 9 19 26 15 9 20 14	16 8 17 11 21 26 15 9 20 14	19 13 22 15 22 27 16 10 20 14	22 17 20 18 25 27 16 10 20 14	25 23 24 22 28 28 16 10 20 14	28 26 29 26 30 28 16 9 20 14
29	31 18 33 35 16 27 15 9 20 14	34 24 33 3 15 27 14 9 20 14	1 25 35 6 14 27 14 9 20 14	4 30 4 9 15 27 14 9 20 14	7 33 10 11 16 27 14 9 20 14	10 2 9 9 18 27 15 9 20 14	13 5 12 9 19 26 15 9 20 14	16 10 18 12 21 26 15 9 20 14	19 15 22 15 22 27 16 10 20 14	22 19 20 18 25 27 16 10 20 14	25 24 24 22 28 28 16 10 20 14	28 28 29 26 30 28 16 9 20 14
30	31 20 33 35 16 27 15 9 20 14		1 27 35 6 14 27 14 9 20 14	5 31 5 9 15 27 14 9 20 14	7 34 10 11 16 27 14 9 20 14	10 3 9 9 18 27 15 9 20 14	13 6 12 9 19 26 15 9 20 14	16 11 18 12 21 26 15 9 20 14	19 16 22 15 22 27 16 10 20 14	22 20 20 18 25 27 16 10 20 14	25 25 25 22 28 28 16 10 20 14	28 29 29 26 30 29 16 9 20 14
31	32 21 33 35 16 27 14 9 20 14		2 28 35 6 14 27 14 9 20 14		7 35 10 11 16 27 14 9 20 14		13 7 12 9 19 26 15 9 20 14	16 13 18 12 21 26 15 10 20 14		22 21 20 19 26 27 16 10 20 14		28 30 29 26 30 29 16 9 20 14

1949

	JAN	FEB	MÄR	APR	MAI	JUNI	JULI	AUG	SEPT	OKT	NOV	DEZ
1	29 31 30 26 30 29 16 9 20 14	32 36 32 30 33 29 16 9 20 14	35 1 32 33 35 30 16 9 20 14	2 5 36 1 1 30 16 9 20 14	5 9 6 5 4 31 15 9 20 14	8 13 8 9 6 31 16 9 20 14	10 17 8 12 8 30 16 10 20 14	13 23 14 16 10 30 16 10 20 14	16 28 19 20 12 30 16 10 20 14	19 31 20 24 14 30 17 10 20 14	22 36 21 27 16 30 17 10 20 14	25 3 26 30 17 31 17 10 20 14
2	29 33 30 26 30 29 16 9 20 14	32 1 32 30 33 29 16 9 20 14	35 2 32 34 35 30 16 9 20 14	2 6 1 1 1 30 16 9 20 14	5 10 7 5 4 31 15 9 20 14	8 15 8 9 6 31 16 9 20 14	11 19 8 13 8 30 16 10 20 14	13 24 14 16 10 30 16 10 20 14	16 29 19 20 12 30 16 10 20 14	19 33 20 24 14 30 17 10 20 14	22 1 21 27 16 30 17 10 20 14	25 4 26 30 17 31 17 10 20 14
3	29 34 30 26 30 29 16 9 20 14	32 2 32 30 33 29 16 9 20 14	35 3 32 34 35 30 16 9 20 14	2 8 1 2 1 30 15 9 20 14	5 11 7 5 4 31 15 9 20 14	8 16 8 9 6 31 16 9 20 14	11 20 9 13 8 30 16 10 20 14	13 25 14 16 10 30 16 10 20 14	17 30 19 20 12 30 16 10 20 14	19 34 20 24 14 30 17 10 20 14	23 2 21 27 16 30 17 10 20 14	26 6 26 30 17 31 17 10 20 14
4	29 35 30 26 30 29 16 9 20 14	32 3 32 30 33 29 16 9 20 14	35 4 32 34 35 30 16 9 20 14	2 9 1 2 2 30 15 9 20 14	5 12 7 5 4 31 15 9 20 14	8 18 8 9 6 31 16 9 20 14	11 22 9 13 8 30 16 10 20 14	14 27 15 17 10 30 16 10 20 14	17 32 19 20 12 30 16 10 20 14	20 35 19 24 14 30 17 10 20 14	23 3 22 27 16 30 17 10 20 14	26 7 26 30 18 31 17 10 20 14
5	29 36 30 27 31 29 16 9 20 14	32 5 32 30 33 29 16 9 20 14	35 5 32 34 35 30 16 9 20 14	2 10 1 2 2 30 15 9 20 14	5 14 7 5 4 31 15 9 20 14	8 19 8 9 6 31 16 9 20 14	11 23 9 13 8 30 16 10 20 14	14 28 15 17 10 30 16 10 20 14	17 33 19 20 12 30 16 10 20 14	20 36 19 24 14 30 17 10 20 14	23 5 22 27 16 30 17 10 20 14	26 8 27 30 18 31 17 10 20 14
6	29 1 31 27 31 29 16 9 20 14	32 6 31 31 33 29 16 9 20 14	35 7 32 34 35 30 16 9 20 14	2 11 1 2 2 30 15 9 20 14	5 15 7 6 4 31 15 9 20 14	8 21 8 9 6 31 16 9 20 14	11 24 9 13 8 30 16 10 20 14	14 29 15 17 10 30 16 10 20 14	17 34 20 21 12 30 17 10 20 14	20 1 19 24 14 30 17 10 20 14	23 6 22 28 16 30 17 10 20 14	26 9 27 31 18 31 17 10 20 14
7	29 2 31 27 31 29 16 9 20 14	32 7 31 31 33 29 16 9 20 14	35 8 33 34 35 30 16 9 20 14	2 13 2 2 2 30 15 9 20 14	5 17 7 6 4 31 15 9 20 14	8 22 8 10 6 31 16 9 20 14	11 26 9 13 8 30 16 10 20 14	14 31 15 17 10 30 16 10 20 14	17 35 20 21 13 30 17 10 20 14	20 3 19 24 14 30 17 10 20 14	23 7 22 28 16 30 17 10 20 14	26 11 27 31 18 31 17 10 20 14
8	29 4 31 27 31 29 16 9 20 14	32 8 31 31 33 29 16 9 20 14	35 9 33 34 35 30 16 9 20 14	2 14 2 2 2 30 15 9 20 14	5 18 7 6 4 31 15 9 20 14	8 23 8 10 6 31 16 9 20 14	11 27 9 13 8 30 16 10 20 14	14 32 15 17 10 30 16 10 20 14	17 1 20 21 13 30 17 10 20 14	20 4 19 24 14 30 17 10 20 14	23 8 22 28 16 30 17 10 20 14	26 12 27 31 18 31 17 10 20 14
9	29 5 31 27 31 29 16 9 20 14	33 10 31 31 33 29 16 9 20 14	35 11 33 34 36 30 16 9 20 14	2 16 2 2 2 30 15 9 20 14	5 20 7 6 4 31 15 9 20 14	8 25 8 10 6 31 16 9 20 14	11 29 9 13 9 30 16 10 20 14	14 33 16 17 11 30 16 10 20 14	17 2 20 21 13 30 17 10 20 14	20 5 19 24 14 30 17 10 20 14	23 10 22 28 16 30 17 10 20 14	26 13 27 31 18 31 17 10 20 14
10	29 6 31 27 31 29 16 9 20 14	33 11 31 31 33 29 16 9 20 14	35 12 33 35 36 30 16 9 20 14	3 17 2 2 2 30 15 9 20 14	5 21 8 6 4 31 15 9 20 14	8 26 7 10 7 31 16 10 20 14	11 30 10 14 9 30 16 10 20 14	14 34 16 17 11 30 16 10 20 14	17 3 20 21 13 30 17 10 20 14	20 6 19 25 15 30 17 10 20 14	23 11 23 28 16 30 17 10 20 14	26 14 27 31 18 31 17 10 20 14
11	30 8 31 27 31 29 16 9 20 14	33 13 31 31 33 29 16 9 20 14	36 13 33 35 36 30 16 9 20 14	3 19 2 2 2 30 15 9 20 14	6 23 8 6 4 31 15 9 20 14	9 28 7 10 7 31 16 10 20 14	11 31 10 14 9 30 16 10 20 14	14 36 16 17 11 30 16 10 20 14	17 4 20 21 13 30 17 10 20 14	20 7 19 25 15 30 17 10 20 14	23 12 23 28 16 30 17 10 20 14	26 16 28 31 18 31 17 10 20 14
12	30 9 31 27 31 29 16 9 20 14	33 14 31 31 34 29 16 9 20 14	36 15 33 35 36 30 16 9 20 14	3 20 3 3 2 30 15 9 20 14	6 24 8 6 4 31 15 9 20 14	9 29 7 10 7 31 16 10 20 14	11 32 10 14 9 30 16 10 20 14	14 1 16 18 11 30 16 10 20 14	17 5 20 21 13 30 17 10 20 14	20 9 19 25 15 30 17 10 20 14	23 13 23 28 16 30 17 10 20 14	27 17 28 31 18 31 17 10 20 14
13	30 10 32 28 31 29 16 9 20 14	33 16 31 31 34 30 16 9 20 14	36 16 33 35 36 30 16 9 20 14	3 22 3 3 2 31 15 9 20 14	6 25 8 6 4 31 15 9 20 14	9 30 7 10 7 31 16 10 20 14	12 34 10 14 9 30 16 10 20 14	15 2 16 18 11 30 16 10 20 14	18 6 20 21 13 30 17 10 20 14	20 10 19 25 15 30 17 10 20 14	24 15 23 28 16 30 17 10 20 14	27 19 28 31 18 31 17 10 20 14
14	30 12 32 28 31 29 16 9 20 14	33 17 31 32 34 30 16 9 20 14	36 18 34 35 36 30 16 9 20 14	3 23 3 3 2 31 15 9 20 14	6 27 8 7 5 31 15 9 20 14	9 32 7 10 7 31 16 10 20 14	12 35 10 14 9 30 16 10 20 14	15 3 16 18 11 30 16 10 20 14	18 8 20 21 13 30 17 10 20 14	21 11 19 25 15 30 17 10 20 14	24 16 23 28 17 30 17 10 20 14	27 20 28 31 18 31 17 10 20 14
15	30 13 32 28 31 29 16 9 20 14	33 19 31 32 34 30 16 9 20 14	36 19 34 35 36 30 16 9 20 14	3 25 3 3 2 31 15 9 20 14	6 28 8 7 5 31 15 9 20 14	9 33 7 10 7 31 16 10 20 14	12 36 11 14 9 30 16 10 20 14	15 4 17 18 11 30 16 10 20 14	18 9 20 22 13 30 17 10 20 14	21 12 19 25 15 30 17 10 20 14	24 18 23 28 17 30 17 10 20 14	27 21 28 31 18 31 17 10 20 14
16	30 15 32 28 31 29 16 9 20 14	33 20 31 32 34 30 16 9 20 14	36 21 34 35 36 30 16 9 20 14	3 26 4 3 2 31 15 9 20 14	6 30 8 7 5 31 15 9 20 14	9 34 7 11 7 31 16 10 20 14	12 1 11 14 9 30 16 10 20 14	15 6 17 18 11 30 16 10 20 14	18 10 20 22 13 30 17 10 20 14	21 14 19 25 15 30 17 10 20 14	24 19 24 29 17 30 17 10 20 14	27 23 28 31 18 31 17 10 20 14
17	30 16 32 28 32 29 16 9 20 14	33 22 31 32 34 30 16 9 20 14	36 22 34 35 36 30 16 9 20 14	3 27 4 3 3 31 15 9 20 14	6 31 8 7 5 31 15 9 20 14	9 35 7 11 7 31 16 10 20 14	12 2 11 14 9 30 16 10 20 14	15 7 17 18 11 30 16 10 20 14	18 12 20 22 13 30 17 10 20 14	21 15 19 25 15 30 17 10 20 14	24 20 24 29 17 30 17 10 20 14	27 24 28 31 18 31 17 10 20 14
18	30 18 32 28 32 29 16 9 20 14	33 23 31 32 34 30 16 9 20 14	36 24 34 36 36 30 16 9 20 14	3 29 4 3 3 31 15 9 20 14	6 32 8 7 5 31 15 9 20 14	9 36 7 11 7 31 16 10 20 14	12 4 11 15 9 30 16 10 20 14	15 8 17 18 11 30 16 10 20 14	18 13 20 22 13 30 17 10 20 14	21 17 19 25 15 30 17 10 20 14	24 22 24 29 17 30 17 10 20 14	27 26 29 31 18 31 17 10 20 14
19	30 19 32 28 32 29 16 9 20 14	34 24 31 32 34 30 16 9 20 14	36 25 34 36 36 30 16 9 20 14	3 30 4 3 3 31 15 9 20 14	6 33 8 7 5 31 15 9 20 14	9 2 7 11 7 31 16 10 20 14	12 5 11 15 9 30 16 10 20 14	15 9 17 18 11 30 16 10 20 14	18 14 20 22 13 30 17 10 20 14	21 18 19 26 15 30 17 10 20 14	24 23 24 29 17 30 17 10 20 14	27 27 29 32 18 31 17 10 20 14
20	31 21 32 28 32 29 16 9 20 14	34 26 31 32 34 30 16 9 20 14	36 27 34 36 36 30 16 9 20 14	4 31 4 4 3 31 15 9 20 14	6 34 8 7 5 31 15 9 20 14	9 3 7 11 7 31 16 10 20 14	12 6 12 15 9 30 16 10 20 14	15 11 17 18 11 30 16 10 20 14	18 16 20 22 13 30 17 10 20 14	21 20 20 26 15 30 17 10 20 14	24 25 24 29 17 30 17 10 20 14	27 29 29 32 18 31 17 10 20 14
21	31 22 32 29 32 29 16 9 20 14	34 27 31 32 34 30 16 9 20 14	1 28 35 36 36 30 16 9 20 14	4 32 5 4 3 31 15 9 20 14	7 36 8 7 5 31 15 9 20 14	9 4 7 11 7 31 16 10 20 14	12 7 12 15 9 30 16 10 20 14	15 12 18 19 11 30 16 10 20 14	18 17 20 22 13 30 17 10 20 14	21 21 20 26 15 30 17 10 20 14	24 26 24 29 17 30 17 10 20 14	27 30 29 32 18 31 17 10 20 14
22	31 23 32 29 32 29 16 9 20 14	34 28 31 33 34 30 16 9 20 14	1 29 35 36 1 30 16 9 20 14	4 34 5 4 3 31 15 9 20 14	7 1 8 8 5 31 15 9 20 14	10 5 8 11 7 31 16 10 20 14	12 9 12 15 9 30 16 10 20 14	15 14 18 19 11 30 16 10 20 14	18 19 20 22 13 30 17 10 20 14	21 23 20 26 15 30 17 10 20 14	24 28 25 29 17 30 17 10 20 14	28 31 29 32 18 31 17 10 20 14
23	31 25 33 29 32 29 16 9 20 14	34 29 31 33 34 30 16 9 20 14	1 30 35 36 1 30 16 9 20 14	4 35 5 4 3 31 15 9 20 14	7 2 8 8 5 31 15 9 20 14	10 6 8 11 7 31 16 10 20 14	13 10 12 15 10 30 16 10 20 14	15 15 18 19 12 30 16 10 20 14	19 20 20 23 14 30 17 10 20 14	21 24 20 26 15 30 17 10 20 14	25 30 25 29 17 30 17 10 20 14	28 33 29 32 18 31 17 10 20 14
24	31 26 33 29 32 29 16 9 20 14	34 31 31 33 34 30 16 9 20 14	1 32 35 36 1 30 16 9 20 14	4 36 5 4 3 31 15 9 20 14	7 3 8 8 5 31 15 9 20 14	10 8 8 12 8 31 16 10 20 14	13 11 12 15 10 30 16 10 20 14	16 17 18 19 12 30 16 10 20 14	19 22 20 23 14 30 17 10 20 14	22 26 20 26 15 30 17 10 20 14	25 31 25 29 17 30 17 10 20 14	28 34 29 32 18 31 17 10 20 14
25	31 27 33 29 32 29 16 9 20 14	34 32 31 33 35 30 16 9 20 14	1 33 35 36 1 30 16 9 20 14	4 1 5 4 3 31 15 9 20 14	7 4 8 8 5 31 15 9 20 14	10 9 8 12 8 31 16 10 20 14	13 13 13 15 10 30 16 10 20 14	16 18 18 19 12 30 16 10 20 14	19 23 20 23 14 30 17 10 20 14	22 27 20 26 15 30 17 10 20 14	25 32 25 29 17 30 17 10 20 14	28 35 30 32 18 31 17 10 20 14
26	31 28 32 29 32 29 16 9 20 14	34 33 32 33 35 30 16 9 20 14	1 34 35 1 1 30 16 9 20 14	4 2 6 4 3 31 15 9 20 14	7 6 8 8 5 31 15 9 20 14	10 10 8 12 8 31 16 10 20 14	13 14 13 15 10 30 16 10 20 14	16 19 18 19 12 30 16 10 20 14	19 25 20 23 14 30 17 10 20 14	22 28 20 26 15 30 17 10 20 14	25 33 25 30 17 30 17 10 20 14	25 36 30 32 19 31 17 10 20 14
27	31 30 32 29 32 29 16 9 20 14	34 34 32 33 35 30 16 9 20 14	1 35 36 1 1 30 16 9 20 14	4 4 6 4 3 31 15 9 20 14	7 7 8 8 6 31 15 9 20 14	10 12 8 12 8 31 16 10 20 14	13 16 13 16 10 30 16 10 20 14	16 21 18 19 12 30 16 10 20 14	19 26 20 23 14 30 17 10 20 14	22 30 20 26 16 30 17 10 20 14	25 34 25 30 17 30 17 10 20 14	28 1 30 32 19 31 17 10 20 14
28	31 31 32 29 32 29 16 9 20 14	34 35 32 33 35 30 16 9 20 14	1 36 36 1 1 30 16 9 20 14	4 5 6 5 3 31 15 9 20 14	7 8 8 8 6 31 15 9 20 14	10 13 8 12 8 30 16 10 20 14	13 17 13 16 10 30 16 10 20 14	15 22 19 19 12 30 16 10 20 14	19 28 20 23 14 30 17 10 20 14	22 31 20 27 16 30 17 10 20 14	25 36 25 30 17 30 17 10 20 14	28 3 30 32 19 31 17 10 20 14
29	31 32 32 30 32 29 16 9 20 14		1 1 36 1 1 30 16 9 20 14	4 6 6 5 3 31 15 9 20 14	7 9 8 8 6 31 15 9 20 14	10 15 8 12 8 30 16 10 20 14	13 18 13 16 10 30 16 10 20 14	16 24 19 20 12 30 16 10 20 14	19 29 20 23 14 30 17 10 20 14	22 32 21 27 16 30 17 10 20 14	25 1 26 30 17 30 17 10 20 14	28 4 30 32 19 31 17 10 20 14
30	32 33 32 30 33 29 16 9 20 14		1 3 36 1 1 30 16 9 20 14	4 7 6 5 4 31 15 9 20 14	7 11 8 9 6 31 15 9 20 14	10 16 8 12 8 30 16 10 20 14	13 20 14 16 10 30 16 10 20 14	16 25 19 20 12 30 16 10 20 14	19 30 20 23 14 30 17 10 20 14	22 34 21 27 16 30 17 10 20 14	25 2 26 30 17 30 17 10 20 14	28 5 30 32 19 31 17 10 20 14
31	32 35 32 30 33 29 16 9 20 14		2 4 36 1 1 30 16 9 20 14		7 12 8 9 6 31 16 9 20 14		13 21 14 16 10 30 16 10 20 14	16 27 19 20 12 30 16 10 20 14		22 35 21 27 16 30 17 10 20 14		28 6 30 32 19 31 17 10 20 14

1950

	JAN	FEB	MÄR	APR	MAI	JUNI	JULI	AUG	SEPT	OKT	NOV	DEZ
1	29 8 31 32 19 31 17 10 20 14	32 12 29 31 20 32 17 10 20 14	35 13 33 31 19 33 17 10 20 14	2 18 2 33 18 33 17 10 20 14	5 22 6 36 18 34 17 10 20 14	8 27 5 3 18 34 17 10 20 14	10 31 9 7 19 34 17 10 20 14	13 36 15 11 21 34 18 10 20 14	16 4 19 14 23 34 18 10 20 14	19 8 18 18 25 33 18 10 20 14	22 12 22 22 27 33 18 10 20 14	25 15 27 26 29 33 19 10 20 14
2	29 9 21 32 19 31 17 10 20 14	32 14 29 31 20 32 17 10 20 14	35 14 33 31 20 33 17 10 20 14	2 20 2 33 18 33 17 10 20 14	5 24 6 36 18 34 17 10 20 14	8 29 5 4 18 34 17 10 20 14	11 32 10 7 19 34 17 10 20 14	13 1 16 11 21 34 18 10 20 14	16 5 19 15 23 34 18 10 20 14	19 9 18 18 25 33 18 10 20 14	22 13 23 22 27 33 18 10 20 14	25 17 27 26 30 34 19 10 20 14
3	29 10 31 32 19 31 17 10 20 14	32 15 29 31 20 32 17 10 20 14	35 16 33 31 19 33 17 10 20 14	2 21 2 33 18 33 17 10 20 14	5 25 6 36 18 34 17 10 20 14	8 30 6 4 18 34 17 10 20 14	11 34 10 7 19 34 17 10 20 14	14 2 16 11 21 34 18 10 20 14	17 7 19 15 23 34 18 10 20 14	19 10 18 18 25 33 18 10 20 14	23 14 23 22 27 33 18 10 20 14	26 18 27 26 30 34 19 10 20 14
4	29 11 31 32 19 31 17 10 20 14	32 16 30 31 20 32 17 10 20 14	35 17 33 31 19 33 17 10 20 14	2 23 3 33 18 33 17 10 20 14	5 27 6 36 18 34 17 10 20 14	8 32 6 4 18 34 17 10 20 14	11 35 10 7 19 34 17 10 20 14	14 3 16 11 21 34 18 10 20 14	17 8 19 15 23 34 18 10 20 14	20 11 18 19 25 33 18 10 20 14	23 16 23 22 27 33 18 10 20 14	26 19 27 26 30 34 19 10 20 14
5	29 13 31 31 19 31 17 10 20 14	32 18 30 31 20 32 17 10 20 14	35 19 33 31 19 33 17 10 20 14	2 24 3 33 18 33 17 10 20 14	5 28 6 36 18 34 17 10 20 14	8 33 6 4 18 34 17 10 20 14	11 36 10 7 20 34 17 10 20 14	14 5 16 11 21 34 18 10 20 14	17 9 19 15 23 34 18 10 20 14	20 12 18 19 25 33 18 10 20 14	23 17 23 23 27 33 18 10 20 14	26 21 28 26 30 34 19 10 20 14
6	29 14 31 32 19 31 17 10 20 14	32 19 30 31 20 32 17 10 20 14	35 20 33 31 19 33 17 10 20 14	2 26 3 33 18 33 17 10 20 14	5 29 6 1 18 34 17 10 20 14	8 34 6 4 18 34 17 10 20 14	11 1 10 8 20 34 17 10 20 14	14 6 16 11 21 34 18 10 20 14	17 10 19 15 23 34 18 10 20 14	20 14 18 19 25 33 18 10 20 14	23 18 23 23 28 33 18 10 20 14	26 22 28 26 30 34 19 10 20 14
7	29 15 31 32 19 31 17 10 20 14	32 21 30 31 20 32 17 10 20 14	35 22 33 31 19 33 17 10 20 14	2 27 3 34 18 33 17 10 20 14	5 31 6 1 18 34 17 10 20 14	8 35 6 4 18 34 17 10 20 14	11 3 11 8 20 34 17 10 20 14	14 7 16 11 21 34 18 10 20 14	17 12 19 15 23 34 18 10 20 14	20 15 18 19 25 33 18 10 20 14	23 20 23 23 28 33 18 10 20 14	26 24 28 27 30 34 19 10 20 14
8	29 17 31 32 19 31 17 10 20 14	32 22 30 31 20 32 17 10 20 14	35 23 34 31 19 33 17 10 20 14	2 28 4 34 18 33 17 10 20 14	5 32 6 1 18 34 17 10 20 14	8 1 6 4 18 34 17 10 20 14	11 4 11 8 20 34 17 10 20 14	14 8 16 12 21 34 18 10 20 14	17 13 19 15 23 34 18 10 20 14	20 16 18 19 25 33 18 10 20 14	23 21 23 23 28 33 18 10 20 14	26 25 28 27 30 34 19 10 20 14
9	29 18 31 32 19 31 17 10 20 14	33 24 30 31 20 32 17 10 20 14	35 25 34 31 19 33 17 10 20 14	2 30 4 34 18 33 17 10 20 14	5 33 6 1 18 34 17 10 20 14	8 2 6 4 18 34 17 10 20 14	11 5 11 8 20 34 17 10 20 14	14 9 17 12 21 34 18 10 20 14	17 14 19 15 23 34 18 10 20 14	20 18 18 19 25 33 18 10 20 14	23 23 24 23 28 33 18 10 20 14	26 27 28 27 30 34 19 10 20 14
10	29 20 31 32 19 31 17 10 20 14	33 25 30 31 20 32 17 10 20 14	35 26 34 31 19 33 17 10 20 14	3 31 4 34 18 33 17 10 20 14	5 35 6 1 18 34 17 10 20 14	8 3 6 5 18 34 17 10 20 14	11 6 11 8 20 34 17 10 20 14	14 11 17 12 21 34 18 10 20 14	17 15 19 16 23 34 18 10 20 14	20 19 19 19 26 33 18 10 20 14	23 24 24 23 28 33 18 10 20 14	26 28 28 27 30 34 19 10 20 14
11	30 21 31 32 19 31 17 10 20 14	33 26 30 31 20 32 17 10 20 14	36 27 34 31 19 33 17 10 20 14	3 32 4 34 18 33 17 10 20 14	5 36 6 1 18 34 17 10 20 14	8 4 6 5 18 34 17 10 20 14	11 7 11 8 20 34 17 10 20 14	14 12 17 12 22 34 18 10 20 14	17 17 18 16 24 34 18 10 20 14	20 21 19 19 26 33 18 10 20 14	23 26 24 23 28 33 18 10 20 14	26 30 28 27 30 34 19 10 20 14
12	30 22 31 32 19 31 17 10 20 14	33 28 30 31 20 32 17 10 20 14	36 29 34 31 19 33 17 10 20 14	3 34 4 34 18 33 17 10 20 14	5 1 6 1 18 34 17 10 20 14	9 5 6 5 19 34 17 10 20 14	11 9 12 8 20 34 17 10 20 14	14 13 17 12 22 34 18 10 20 14	17 18 18 16 24 34 18 10 20 14	20 22 19 20 26 33 18 10 20 14	23 27 24 23 28 33 18 10 20 14	26 31 29 27 30 34 19 10 20 14
13	30 24 31 32 19 31 17 10 20 14	33 29 30 31 20 32 17 10 20 14	36 30 34 32 19 33 17 10 20 14	3 35 4 34 18 33 17 10 20 14	5 2 6 1 18 34 17 10 20 14	9 7 6 5 19 34 17 10 20 14	12 10 12 8 20 34 17 10 20 14	15 15 17 12 22 34 18 10 20 14	18 21 18 16 24 34 18 10 20 14	20 24 19 20 26 33 18 10 20 14	24 29 24 24 28 33 18 10 20 14	27 33 29 27 30 34 19 10 20 14
14	30 25 31 32 19 31 17 10 20 14	33 30 30 31 20 32 17 10 20 14	36 31 35 32 19 33 17 10 20 14	3 36 5 34 18 33 17 10 20 14	6 3 6 1 18 34 17 10 20 14	9 8 6 5 19 34 17 10 20 14	12 11 12 9 20 34 17 10 20 14	15 16 17 12 22 34 18 10 20 14	18 22 18 16 24 34 18 10 20 14	21 25 19 20 26 33 18 10 20 14	24 30 24 24 28 33 18 10 20 14	27 34 29 27 30 34 19 10 20 14
15	30 27 30 32 19 31 17 10 20 14	33 32 31 31 20 32 17 10 20 14	36 33 35 32 19 33 17 10 20 14	3 1 5 34 18 34 17 10 20 14	6 5 6 2 18 34 17 10 20 14	9 9 7 5 19 34 17 10 20 14	12 12 12 9 20 34 17 10 20 14	15 17 17 12 22 34 18 10 20 14	18 23 18 16 24 33 17 10 20 14	21 27 19 20 26 33 18 10 20 14	24 32 25 24 28 33 18 10 20 14	27 35 29 28 31 34 19 10 20 14
16	30 28 30 32 19 32 17 10 20 14	33 33 31 31 20 32 17 10 20 14	36 34 35 32 19 33 17 10 20 14	3 2 5 35 18 34 17 10 20 14	6 6 6 2 18 34 17 10 20 14	9 10 7 5 19 34 17 10 20 14	12 14 13 9 20 34 17 10 20 14	15 19 17 12 22 34 18 10 20 14	18 24 18 16 24 33 17 10 20 14	21 28 20 20 26 33 18 10 20 14	24 33 25 24 28 33 18 10 20 14	27 1 29 28 31 34 19 10 20 14
17	30 29 30 32 19 32 17 10 20 14	33 34 31 31 20 32 17 10 20 14	36 35 35 32 19 33 17 10 20 14	3 4 5 35 18 34 17 10 20 14	6 7 6 2 18 34 17 10 20 14	9 11 7 5 19 34 17 10 20 14	12 15 13 9 20 34 17 10 20 14	15 20 18 13 22 34 18 10 20 14	18 26 18 16 24 33 17 10 20 14	21 29 20 20 26 33 18 10 20 14	24 34 25 24 28 33 18 10 20 14	27 2 29 28 31 34 19 10 20 14
18	30 31 30 32 19 32 17 10 20 14	33 36 31 31 20 32 17 10 20 14	36 36 35 32 19 33 17 10 20 14	3 5 5 35 18 34 17 10 20 14	6 8 6 2 18 34 17 10 20 14	9 13 7 5 19 34 17 10 20 14	12 16 13 9 20 34 17 10 20 14	15 22 18 13 22 34 18 10 20 14	18 27 18 17 24 33 17 10 20 14	21 31 20 20 26 33 18 10 20 14	24 36 25 24 28 33 18 10 20 14	27 3 29 28 31 34 19 10 20 14
19	30 32 30 32 19 32 17 10 20 14	34 1 31 31 20 32 17 10 20 14	36 2 36 32 19 33 17 10 20 14	3 6 5 35 18 34 17 10 20 14	6 9 6 2 18 34 17 10 20 14	9 14 7 6 19 34 17 10 20 14	12 18 13 9 20 34 17 10 20 14	15 23 18 13 22 34 18 10 20 14	18 28 18 17 24 33 17 10 20 14	21 32 20 20 26 33 18 10 20 14	24 1 25 24 28 33 18 10 20 14	27 4 29 28 31 34 19 10 20 14
20	30 33 30 32 19 32 17 10 20 14	34 2 31 31 20 32 17 10 20 14	36 3 36 32 19 33 17 10 20 14	3 7 5 35 18 34 17 10 20 14	6 11 6 2 18 34 17 10 20 14	9 15 7 6 19 34 17 10 20 14	12 19 13 9 20 34 17 10 20 14	15 24 18 13 22 34 18 10 20 14	18 30 18 17 24 33 17 10 20 14	21 33 20 21 26 33 18 10 20 14	24 2 25 24 29 33 18 10 20 14	27 5 29 28 31 34 19 10 20 14
21	31 35 30 32 19 32 17 10 20 14	34 3 31 31 20 32 17 10 20 14	1 4 36 32 19 33 17 10 20 14	4 8 6 35 18 34 17 10 20 14	6 12 5 2 18 34 17 10 20 14	9 17 8 6 19 34 17 10 20 14	12 20 13 9 20 34 17 10 20 14	15 26 18 13 22 34 18 10 20 14	18 31 17 17 24 33 17 10 20 14	21 35 21 21 26 33 18 10 20 14	24 3 25 25 29 33 19 10 20 14	27 7 29 28 31 34 19 10 20 14
22	31 36 30 32 19 32 17 10 20 14	34 4 32 31 20 32 17 10 20 14	1 5 36 32 19 33 17 10 20 14	4 10 6 35 18 34 17 10 20 14	7 13 5 2 18 34 17 10 20 14	10 18 8 6 19 34 17 10 20 14	12 22 14 9 20 34 17 10 20 14	15 27 18 13 22 34 18 10 20 14	18 32 17 17 24 33 17 10 20 14	21 36 21 21 26 33 18 10 20 14	24 4 26 25 29 33 19 10 20 14	28 8 29 28 31 34 19 10 20 14
23	31 1 29 32 19 32 17 10 20 14	34 6 32 31 20 32 17 10 20 14	1 6 36 32 19 33 17 10 20 14	4 11 6 35 18 34 17 10 20 14	7 14 5 2 18 34 17 10 20 14	10 19 8 6 19 34 17 10 20 14	13 23 14 10 20 34 17 10 20 14	15 29 18 13 22 34 18 10 20 14	18 34 17 17 24 33 17 10 20 14	21 1 21 21 26 33 18 10 20 14	25 6 26 25 29 33 19 10 20 14	28 9 29 29 31 34 19 10 20 14
24	31 2 29 32 19 32 17 10 20 14	34 7 32 31 20 32 17 10 20 14	1 8 1 32 19 33 17 10 20 14	4 12 6 35 18 34 17 10 20 14	7 16 5 3 18 34 17 10 20 14	10 21 8 6 19 34 17 10 20 14	13 25 14 10 21 34 17 10 20 14	16 30 18 13 22 34 18 10 20 14	19 35 17 17 24 33 17 10 20 14	22 2 21 21 27 33 18 10 20 14	25 7 26 25 29 33 19 10 20 14	28 10 29 29 31 34 19 10 20 14
25	31 4 29 32 19 32 17 10 20 14	34 8 32 31 19 32 17 10 20 14	1 9 1 32 19 33 17 10 20 14	4 13 6 35 18 34 17 10 20 14	7 17 5 3 18 34 17 10 20 14	10 22 8 6 19 34 17 10 20 14	13 26 14 10 21 34 18 10 20 14	16 31 18 14 22 34 18 10 20 14	19 36 17 17 24 33 17 10 20 14	22 4 21 21 27 33 18 10 20 14	25 8 26 25 29 33 19 10 20 14	28 11 29 29 31 34 19 10 20 14
26	31 5 29 32 19 32 17 10 20 14	34 9 32 31 19 32 17 10 20 14	1 10 1 33 19 33 17 10 20 14	4 15 6 36 18 34 17 10 20 14	7 18 5 3 18 34 17 10 20 14	10 24 8 6 19 34 17 10 20 14	13 28 14 10 21 34 18 10 20 14	16 33 18 14 22 34 18 10 20 14	19 1 17 18 25 33 17 10 20 14	22 5 21 21 27 33 18 10 20 14	25 9 26 25 29 33 19 10 20 14	28 13 29 29 31 34 19 10 20 14
27	31 6 29 32 19 32 17 10 20 14	34 10 32 31 19 33 17 10 20 14	1 11 1 33 19 33 17 10 20 14	4 16 6 36 18 34 17 10 20 14	7 20 5 3 18 34 17 10 20 14	10 25 9 7 19 34 17 10 20 14	13 29 15 10 21 34 18 10 20 14	16 34 18 14 23 34 18 10 20 14	19 3 17 18 25 33 17 10 20 14	22 6 22 21 27 33 18 10 20 14	25 10 26 25 29 33 19 10 20 14	28 14 29 29 31 34 19 10 20 14
28	31 7 29 32 19 32 17 10 20 14	34 12 32 31 19 33 17 10 20 14	1 13 1 33 18 33 17 10 20 14	4 18 6 36 18 34 17 10 20 14	7 21 5 3 18 34 17 10 20 14	10 27 9 7 19 34 17 10 20 14	13 30 15 10 21 34 18 10 20 14	16 35 19 14 23 34 18 10 20 14	19 4 17 18 25 33 17 10 20 14	22 7 22 22 27 33 18 10 20 14	25 12 27 25 29 33 19 10 20 14	28 15 29 29 32 34 19 10 20 14
29	31 8 29 32 19 32 17 10 20 14		1 14 2 33 18 33 17 10 20 14	4 19 6 36 18 34 17 10 20 14	7 23 5 3 18 34 17 10 20 14	10 28 9 7 19 34 17 10 20 14	13 32 15 10 21 34 18 10 20 14	16 1 19 14 23 34 18 10 20 14	19 5 17 18 25 33 17 10 20 14	22 8 22 22 27 33 18 10 20 14	25 13 27 26 29 33 19 10 20 14	28 16 29 29 32 34 19 10 20 14
30	32 10 29 32 20 32 17 10 20 14		1 15 2 33 18 33 17 10 20 14	4 20 6 36 18 34 17 10 20 14	7 24 5 3 18 34 17 10 20 14	10 30 9 7 19 34 17 10 20 14	13 33 15 10 21 34 18 10 20 14	16 2 19 14 23 34 18 10 20 14	19 6 17 18 25 33 17 10 20 14	22 9 22 22 27 33 18 10 20 14	25 14 27 26 29 33 19 10 20 14	28 15 29 29 32 34 19 10 20 14
31	32 11 29 32 20 32 17 10 20 14		2 17 2 33 18 33 17 10 20 14		7 26 5 3 18 34 17 10 20 14		13 35 15 11 21 34 18 10 20 14	16 3 19 14 23 34 18 10 20 14		22 11 22 22 27 33 18 10 20 14		28 19 29 30 32 34 19 10 20 14

1951

	JAN	FEB	MÄR	APR	MAI	JUNI	JULI	AUG	SEPT	OKT	NOV	DEZ
1	29 21 29 30 32 34 19 10 20 14	32 26 29 34 34 35 19 10 20 14	35 27 34 1 36 35 19 10 20 14	2 32 3 5 3 36 18 10 20 14	5 36 4 8 5 1 18 10 20 14	8 4 5 12 7 1 18 10 20 14	10 8 11 15 9 2 18 10 20 14	13 12 16 17 11 2 18 11 20 14	16 17 16 17 13 2 19 11 20 15	19 20 18 16 15 1 19 11 20 15	22 25 23 18 17 1 19 11 20 15	25 29 27 21 19 1 20 11 21 15
2	29 22 29 30 32 34 19 10 20 14	32 27 29 34 34 35 19 10 20 14	35 28 34 1 1 35 19 10 20 14	2 33 4 5 3 36 18 10 20 14	5 1 3 9 5 1 18 10 20 14	8 5 5 12 7 1 18 10 20 14	10 9 11 15 9 2 18 10 20 14	13 13 16 17 11 2 18 11 20 14	16 18 16 17 13 2 19 11 20 15	19 22 19 16 15 1 19 11 20 15	22 27 24 18 17 1 19 11 21 15	25 31 28 21 19 1 20 11 21 15
3	29 23 28 30 32 34 19 10 20 14	32 28 30 34 34 35 19 10 20 14	35 29 34 1 1 35 19 10 20 14	2 35 4 5 3 36 18 10 20 14	5 2 3 9 5 1 18 10 20 14	8 7 6 12 7 1 18 10 20 14	11 10 12 15 9 2 18 10 20 14	14 14 16 17 12 2 18 11 20 14	17 19 16 17 14 2 19 11 20 15	19 23 19 16 15 1 19 11 20 15	23 28 24 18 17 1 19 11 21 15	26 32 28 21 19 1 20 11 21 15
4	29 25 28 30 32 34 19 10 20 14	32 30 30 34 35 35 19 10 20 14	35 31 34 1 1 35 19 10 20 14	2 36 4 5 3 36 18 10 20 14	5 3 3 9 5 1 18 10 20 14	8 8 6 12 7 1 18 10 20 14	11 11 12 15 10 2 18 10 20 14	14 16 16 17 12 2 18 11 20 14	17 21 16 16 14 2 19 11 20 15	20 24 19 16 15 1 19 11 20 15	23 30 24 18 17 1 19 11 21 15	26 34 28 21 19 1 20 11 21 15
5	29 26 28 30 32 34 19 10 20 14	32 31 30 34 35 35 19 10 20 14	35 32 34 2 1 35 19 10 20 14	2 1 4 5 3 36 18 10 20 14	5 5 3 9 5 1 18 10 20 14	8 9 6 12 8 1 18 10 20 14	11 12 12 15 10 2 18 10 20 14	14 17 16 17 12 2 18 11 20 14	17 22 16 16 14 2 19 11 20 15	20 25 19 16 16 1 19 11 20 15	23 31 24 18 17 1 19 11 21 15	26 35 28 21 19 1 20 11 21 15
6	29 28 28 30 32 34 19 10 20 14	32 33 30 34 35 35 19 10 20 14	35 34 35 2 1 35 19 10 20 14	2 2 4 5 3 36 18 10 20 14	5 6 3 9 5 1 18 10 20 14	8 10 6 12 8 1 18 10 20 14	11 14 12 15 10 2 18 10 20 14	14 18 17 17 12 2 18 11 20 14	17 23 16 16 14 2 19 11 20 15	20 27 19 16 16 1 19 11 20 15	23 32 24 18 17 1 20 11 21 15	26 36 28 21 19 1 20 11 21 15
7	29 29 28 30 32 34 19 10 20 14	32 34 30 34 35 35 19 10 20 14	35 35 35 2 1 35 19 10 20 14	2 4 4 6 3 36 18 10 20 14	5 7 3 9 5 1 18 10 20 14	8 11 6 13 8 1 18 10 20 14	11 15 12 15 10 2 18 11 20 14	14 20 17 17 12 2 18 11 20 14	17 25 16 16 14 2 19 11 20 15	20 29 19 16 16 1 19 11 20 15	23 34 24 18 18 1 20 11 21 15	26 2 28 21 19 1 20 11 21 15
8	29 31 28 31 32 34 19 10 20 14	32 36 30 34 35 35 19 10 20 14	35 36 35 2 1 35 18 10 20 14	2 5 4 6 3 36 18 10 20 14	5 8 3 9 6 1 18 10 20 14	8 13 6 13 8 1 18 10 20 14	11 16 12 16 10 2 18 11 20 14	14 21 17 17 12 2 18 11 20 14	17 26 16 16 14 2 19 11 20 15	20 30 20 16 16 1 19 11 20 15	23 35 25 18 18 1 20 11 21 15	26 3 28 22 19 1 20 11 21 15
9	29 32 28 31 32 34 19 10 20 14	32 1 30 35 35 35 19 10 20 14	35 2 35 2 1 35 18 10 20 14	2 6 4 6 3 36 18 10 20 14	5 9 3 9 6 1 18 10 20 14	8 14 7 13 8 1 18 10 20 14	11 17 13 16 10 2 18 11 20 14	14 22 17 17 12 2 18 11 20 14	17 27 16 16 14 2 19 11 20 15	20 31 20 16 16 1 19 11 20 15	23 1 25 18 18 1 20 11 21 15	26 4 28 22 19 1 20 11 21 15
10	29 33 28 31 33 34 19 10 20 14	33 2 31 35 35 35 19 10 20 14	35 3 35 2 1 36 18 10 20 14	2 7 4 6 4 36 18 10 20 14	5 11 3 9 6 1 18 10 20 14	8 15 7 13 8 1 18 10 20 14	11 19 13 16 10 2 18 11 20 14	14 24 17 17 12 2 18 11 20 14	17 29 16 16 14 2 19 11 20 15	20 33 20 16 16 1 19 11 20 15	23 2 25 19 18 1 20 11 21 15	26 6 28 22 19 1 20 11 21 15
11	30 34 28 31 33 34 19 10 20 14	33 3 31 35 35 35 19 10 20 14	36 4 36 2 1 36 18 10 20 14	3 9 4 6 4 36 18 10 20 14	5 12 3 10 6 1 18 10 20 14	8 16 7 13 8 1 18 10 20 14	11 20 13 16 10 2 18 11 20 14	14 25 17 17 12 2 18 11 20 14	17 30 16 16 14 2 19 11 20 15	20 34 20 16 16 1 19 11 20 15	23 3 25 19 18 1 20 11 21 15	26 7 28 22 19 1 20 11 21 15
12	30 36 28 31 33 34 19 10 20 14	33 5 31 35 35 35 19 10 20 14	36 5 36 2 1 36 18 10 20 14	3 10 4 6 4 36 18 10 20 14	6 13 3 10 6 1 18 10 20 14	9 18 7 13 8 1 18 10 20 14	11 21 13 16 10 2 18 11 20 14	14 26 17 17 12 2 18 11 20 14	17 32 16 16 14 2 19 11 20 15	20 36 20 16 16 1 19 11 20 15	23 4 25 19 18 1 20 11 21 15	27 8 27 22 20 1 20 11 21 15
13	30 1 28 31 33 34 19 10 20 14	33 6 31 35 35 35 19 10 20 14	36 7 36 3 1 36 18 10 20 14	3 11 4 6 4 36 18 10 20 14	6 14 3 10 6 1 18 10 20 14	9 19 7 13 8 2 18 10 20 14	12 23 13 16 10 2 18 11 20 14	14 28 17 17 12 2 18 11 20 14	17 33 16 16 14 2 19 11 20 15	20 1 20 16 16 1 19 11 20 15	24 6 25 19 18 1 20 11 21 15	27 9 27 22 20 1 20 11 21 15
14	30 3 28 31 33 34 19 10 20 14	33 7 31 35 35 35 19 10 20 14	36 8 36 3 1 36 18 10 20 14	3 12 4 6 4 36 18 10 20 14	6 15 3 10 6 1 18 10 20 14	9 20 7 13 8 2 18 10 20 14	12 24 14 16 10 2 18 11 20 14	15 29 17 17 12 2 19 11 20 14	18 35 16 16 14 2 19 11 20 15	21 2 21 16 16 1 19 11 20 15	24 7 25 19 18 1 20 11 21 15	27 10 27 22 20 1 20 11 21 15
15	30 4 28 31 33 34 19 10 20 14	33 8 31 35 35 35 19 10 20 14	36 9 36 3 2 36 18 10 20 14	3 13 4 7 4 36 18 10 20 14	6 17 4 10 6 1 18 10 20 14	9 21 8 13 8 2 18 10 20 14	12 25 14 16 10 2 18 11 20 14	15 31 17 17 12 2 19 11 20 14	18 36 16 16 14 2 19 11 20 15	21 4 21 16 16 1 19 11 20 15	24 8 26 19 18 1 20 11 21 15	27 11 27 22 20 1 20 11 21 15
16	30 5 28 32 33 34 19 10 20 14	33 9 32 35 35 35 19 10 20 14	36 10 1 3 2 36 18 10 20 14	3 15 4 7 4 36 18 10 20 14	6 18 4 10 6 1 18 10 20 14	9 22 8 13 8 2 18 10 20 14	12 27 14 16 10 2 18 11 20 14	15 32 17 17 12 2 19 11 20 14	18 1 16 16 14 2 19 11 20 15	21 5 21 16 16 1 19 11 20 15	24 9 26 19 18 1 20 11 21 15	27 13 27 22 20 1 20 11 21 15
17	30 6 28 32 33 34 19 10 20 14	33 11 32 36 36 35 19 10 20 14	36 11 1 3 2 36 18 10 20 14	3 16 4 7 4 36 18 10 20 14	6 19 4 10 6 1 18 10 20 14	9 24 8 14 8 2 18 10 20 14	12 29 14 16 10 2 18 11 20 14	15 34 17 17 12 2 19 11 20 14	18 3 16 16 14 2 19 11 20 15	21 6 21 17 16 1 19 11 20 15	24 11 26 19 18 1 20 11 21 15	27 14 27 23 20 1 20 11 21 15
18	30 7 28 32 33 34 19 10 20 14	33 12 32 36 36 35 19 10 20 14	36 13 1 3 2 36 18 10 20 14	3 17 4 7 4 36 18 10 20 14	6 21 4 10 6 1 18 10 20 14	9 25 8 14 8 2 18 10 20 14	12 30 14 16 10 2 18 11 20 14	15 35 17 17 12 2 19 11 20 14	18 4 16 16 14 2 19 11 20 15	21 7 21 17 16 1 19 11 20 15	24 12 26 19 18 1 20 11 21 15	27 15 27 23 20 1 20 11 21 15
19	30 9 28 32 33 34 19 10 20 14	34 13 32 36 36 35 19 10 20 14	36 14 1 3 2 36 18 10 20 14	3 19 4 7 4 36 18 10 20 14	6 22 4 10 6 1 18 10 20 14	9 27 9 14 9 2 18 10 20 14	12 32 14 16 11 2 18 11 20 14	15 1 17 17 13 2 19 11 20 14	18 5 16 16 15 2 19 11 20 15	21 9 21 17 16 1 19 11 20 15	24 13 26 19 18 1 20 11 21 15	27 16 27 23 20 1 20 11 21 15
20	30 10 28 32 33 34 19 10 20 14	34 14 32 36 36 35 19 10 20 14	36 15 1 3 2 36 18 10 20 14	3 20 4 7 4 36 18 10 20 14	6 24 4 11 6 1 18 10 20 14	9 28 9 14 9 2 18 10 20 14	12 33 15 16 11 2 18 11 20 14	15 2 17 17 13 2 19 11 20 14	18 7 16 16 15 2 19 11 20 15	21 10 22 17 16 1 19 11 20 15	24 14 26 20 18 1 20 11 21 15	27 17 26 23 20 1 20 11 21 15
21	31 11 28 32 33 34 19 10 20 14	34 16 32 36 36 35 19 10 20 14	1 16 2 4 2 36 18 10 20 14	4 21 4 7 4 36 18 10 20 14	6 25 4 11 6 1 18 10 20 14	9 31 9 14 9 2 18 10 20 14	12 34 15 16 11 2 18 11 20 14	15 4 17 17 13 2 19 11 20 14	18 8 17 16 15 2 19 11 20 15	21 11 22 17 17 1 19 11 20 15	24 15 26 20 18 1 20 11 21 15	27 19 26 23 20 1 20 11 21 15
22	31 12 28 32 33 34 19 10 20 14	34 17 32 36 36 35 19 10 20 14	1 18 2 4 2 36 18 10 20 14	4 23 4 7 4 1 18 10 20 14	7 27 4 11 7 1 18 10 20 14	10 32 9 14 9 2 18 10 20 14	12 36 15 17 11 2 18 11 20 14	15 5 17 17 13 2 19 11 20 14	18 9 17 16 15 2 19 11 20 15	21 12 22 17 17 1 19 11 20 15	24 17 27 20 18 1 20 11 21 15	27 20 26 23 20 1 20 11 21 15
23	31 13 28 32 34 34 19 10 20 14	34 18 33 36 36 35 19 10 20 14	1 19 2 4 2 36 18 10 20 14	4 24 4 7 4 1 18 10 20 14	7 28 4 11 7 1 18 10 20 14	10 34 9 14 9 2 18 10 20 14	12 1 15 17 11 2 18 11 20 14	15 6 17 17 13 2 19 11 20 14	18 10 17 16 15 2 19 11 20 15	21 13 22 17 17 1 19 11 20 15	25 18 27 20 18 1 20 11 21 15	28 21 26 23 20 1 20 11 21 15
24	31 15 28 33 34 34 19 10 20 14	34 20 33 36 36 35 19 10 20 14	1 21 2 4 2 36 18 10 20 14	4 26 4 8 5 1 18 10 20 14	7 30 4 11 7 1 18 10 20 14	10 35 10 14 9 2 18 10 20 14	13 2 15 17 11 2 18 11 20 14	16 7 17 17 13 2 19 11 20 14	19 11 17 16 15 2 19 11 20 15	22 14 22 17 17 1 19 11 20 15	25 19 27 20 19 1 20 11 21 15	28 23 26 23 20 1 20 11 21 15
25	31 16 29 33 34 34 19 10 20 14	34 21 33 1 36 35 19 10 20 14	1 22 2 4 2 36 18 10 29 14	4 27 4 8 5 1 18 10 20 14	7 31 4 11 7 1 18 10 20 14	10 36 10 14 9 2 18 10 20 14	13 4 15 17 11 2 18 11 20 14	16 8 17 17 13 2 19 11 20 14	19 12 17 16 15 2 19 11 20 15	22 16 22 17 17 1 19 11 20 15	25 20 27 20 19 1 20 11 21 15	28 24 26 24 20 1 20 11 21 15
26	31 17 29 33 34 34 19 10 20 14	34 22 33 1 36 35 19 10 20 14	1 23 2 4 2 36 18 10 20 14	4 29 4 8 5 1 18 10 20 14	7 33 4 11 7 1 18 10 20 14	10 2 10 14 9 2 18 10 20 14	13 5 15 17 11 2 18 11 20 14	16 9 17 17 13 2 19 11 20 14	19 14 17 16 15 2 19 11 20 15	22 17 23 17 17 1 19 11 20 15	25 22 27 20 19 1 20 11 21 15	28 26 26 24 20 1 20 11 21 15
27	31 19 29 33 34 35 19 10 20 14	34 24 33 1 36 35 19 10 20 14	1 25 3 4 2 36 18 10 20 14	4 30 4 8 5 1 18 10 20 14	7 34 5 11 7 1 18 10 20 14	10 3 10 15 9 2 18 10 20 14	13 6 15 17 11 2 18 11 20 14	16 10 17 17 13 2 19 11 20 14	19 15 18 16 15 1 19 11 20 15	22 18 23 17 17 1 19 11 20 15	25 23 27 20 19 1 20 11 21 15	28 27 26 24 20 1 20 11 21 15
28	31 20 29 33 34 35 19 10 20 14	34 25 34 1 36 35 19 10 20 14	1 26 3 4 3 36 18 10 20 14	4 32 4 8 5 1 18 10 20 14	7 35 5 11 7 1 18 10 20 14	10 4 10 15 9 2 18 10 20 14	13 7 16 17 11 2 18 11 20 14	16 12 17 17 13 2 19 11 20 14	19 16 18 16 15 1 19 11 20 15	22 20 23 17 17 1 19 11 20 15	25 25 27 20 19 1 20 11 21 15	28 29 26 24 20 1 20 11 21 15
29	31 21 29 33 34 35 19 10 20 14		1 28 3 4 3 36 18 10 20 14	4 33 4 8 5 1 18 10 20 14	7 1 5 12 7 1 18 10 20 14	10 5 11 15 9 2 18 10 20 14	13 8 16 17 11 2 18 11 20 14	16 13 16 17 13 2 19 11 20 15	19 17 18 16 15 1 19 11 20 15	22 21 23 17 17 1 19 11 20 15	25 26 27 21 19 1 20 11 21 15	28 30 26 24 20 1 20 11 21 15
30	31 23 29 33 34 35 19 10 20 14		1 29 3 5 3 36 18 10 20 14	4 34 4 8 5 1 18 10 20 14	7 2 5 12 7 1 18 10 20 14	10 6 11 15 9 2 18 11 20 14	13 10 16 17 11 2 18 11 20 14	16 14 16 17 13 2 19 11 20 15	19 19 18 16 15 1 19 11 20 15	22 22 23 18 17 1 19 11 20 15	25 28 27 21 19 1 20 11 21 15	28 32 26 24 20 1 20 11 21 15
31	32 24 29 33 34 35 19 10 20 14		1 31 3 5 3 36 18 10 20 14		7 3 5 12 7 1 18 10 20 14		13 11 16 17 11 2 18 11 20 14	16 15 16 17 13 2 19 11 20 15		22 24 23 18 17 1 19 11 20 15		28 33 26 24 21 1 20 11 21 15

1952

	JAN	FEB	MÄR	APR	MAI	JUNI	JULI	AUG	SEPT	OKT	NOV	DEZ
1	29 34 26 24 21 1 20 11 21 15	32 3 30 28 22 2 20 11 21 15	35 6 35 32 23 2 20 11 21 14	2 10 2 35 23 3 20 10 21 14	5 13 2 3 23 4 19 11 20 14	8 18 6 7 22 4 19 11 20 14	10 21 13 11 22 5 19 11 20 14	13 26 15 14 23 5 20 11 20 15	16 31 15 18 25 6 20 11 20 15	19 35 20 22 27 6 20 11 21 15	22 4 25 26 29 5 21 11 21 15	25 8 25 29 31 5 21 11 21 15
2	29 36 26 24 21 1 20 11 21 15	32 5 30 28 22 2 20 11 21 15	35 7 36 32 23 2 20 11 21 14	2 11 2 36 23 3 20 10 21 14	5 14 2 3 23 4 19 11 20 14	8 19 7 7 22 4 19 11 20 14	11 22 13 11 22 5 19 11 20 14	14 27 15 15 23 5 20 11 20 15	16 33 15 18 25 6 20 11 20 15	19 36 20 22 27 6 20 11 20 15	23 6 25 26 29 5 21 11 21 15	26 9 25 30 31 5 21 11 21 15
3	29 1 26 25 21 1 20 11 21 15	32 6 31 28 22 2 20 11 21 15	35 8 36 32 23 2 20 11 21 14	2 12 2 36 23 3 20 10 21 14	5 16 2 3 22 4 19 11 20 14	8 20 7 7 22 4 19 11 20 14	11 24 13 11 22 5 19 11 20 14	14 29 15 15 23 5 20 11 20 15	17 34 15 19 25 6 20 11 20 15	20 2 20 22 27 6 20 11 21 15	23 7 25 26 29 5 21 11 21 15	26 10 25 30 31 5 21 11 21 15
4	29 3 27 25 21 1 20 11 21 15	32 7 31 28 22 2 20 11 21 15	35 9 36 32 23 2 20 10 21 14	2 14 2 36 23 3 20 11 21 14	5 17 2 4 22 4 19 11 20 14	8 21 7 7 22 4 19 11 20 14	11 25 13 11 22 5 19 11 20 15	14 30 15 15 23 5 20 11 20 15	17 36 15 19 25 6 20 11 21 15	20 3 20 22 27 5 20 11 21 15	23 8 25 26 29 5 21 11 21 15	26 12 25 30 31 5 21 11 21 15
5	29 4 27 25 21 1 20 11 21 15	32 8 31 29 22 2 20 11 21 15	35 10 36 32 23 2 20 10 21 14	2 15 2 36 23 3 20 11 21 14	5 18 2 4 22 4 19 11 20 14	8 23 8 7 22 4 19 11 20 14	11 26 13 11 22 5 19 11 20 15	14 32 15 15 23 5 20 11 20 15	17 1 15 19 25 6 20 11 21 15	20 5 21 22 27 5 20 11 21 15	23 10 25 26 29 5 21 11 21 15	26 13 25 30 32 5 21 11 21 15
6	29 5 27 25 21 1 20 11 21 15	32 10 31 29 22 2 20 11 21 15	35 12 36 32 23 2 20 10 21 14	2 16 2 36 23 3 20 11 21 14	5 19 2 4 22 4 19 11 20 14	8 24 8 8 22 4 19 11 20 14	11 28 13 11 22 5 19 11 20 15	14 33 15 15 23 5 20 11 20 15	17 3 15 19 25 6 20 11 21 15	20 6 21 23 27 5 20 11 21 15	23 11 25 26 29 5 21 11 21 15	26 14 25 30 32 5 21 11 21 15
7	29 6 27 25 21 1 20 11 21 15	32 11 31 29 22 2 20 11 21 15	35 13 36 32 23 2 20 10 21 14	2 17 2 36 23 3 20 11 21 14	5 21 3 4 22 4 19 11 20 14	8 26 8 8 22 4 19 11 20 14	11 29 14 11 22 5 19 11 20 15	14 35 15 15 23 5 20 11 20 15	17 4 16 19 25 6 20 11 21 15	20 7 21 23 27 5 20 11 21 15	23 12 25 26 29 5 21 11 21 15	26 15 25 30 32 5 21 11 21 15
8	29 7 27 25 21 1 20 11 21 15	32 12 31 29 22 2 20 11 21 15	35 14 1 33 23 2 20 10 21 14	2 18 2 36 23 3 20 11 21 14	5 22 3 4 22 4 19 11 20 14	8 27 8 8 22 4 19 11 20 14	11 31 14 12 22 5 19 11 20 15	14 36 15 15 23 5 20 11 20 15	17 5 16 19 25 6 20 11 21 15	20 9 21 23 27 5 20 11 21 15	23 13 25 27 29 5 21 11 21 15	26 16 25 30 32 5 21 11 21 15
9	29 9 27 25 21 1 20 11 21 15	32 13 31 29 22 2 20 11 21 15	35 15 1 33 23 2 20 10 21 14	2 20 2 36 23 3 20 11 21 14	5 23 3 4 22 4 19 11 20 14	8 29 8 8 22 4 19 11 20 14	11 32 14 12 22 5 19 11 20 15	14 2 15 15 23 5 20 11 20 15	17 7 16 19 25 6 20 11 21 15	20 10 21 23 27 5 20 11 21 15	23 14 25 27 30 5 21 11 21 15	26 17 25 30 32 5 21 11 21 15
10	29 10 27 25 21 1 20 11 21 15	33 14 32 29 22 2 20 11 21 15	35 16 1 33 23 2 20 10 21 14	3 21 2 1 23 3 20 11 21 14	5 25 3 4 22 4 19 11 20 14	8 30 9 8 22 4 19 11 20 14	11 34 14 12 22 5 19 11 20 15	14 3 15 16 24 5 20 11 20 15	17 8 16 19 25 6 20 11 21 15	20 11 21 23 27 5 20 11 21 15	23 16 26 27 30 5 21 11 21 15	26 19 25 30 32 5 21 11 21 15
11	30 11 27 26 21 1 20 11 21 15	33 16 32 29 22 2 20 11 21 15	36 18 1 33 23 2 20 10 21 14	3 22 2 1 23 3 20 11 21 14	6 26 3 4 22 4 19 11 20 14	9 32 9 8 22 4 19 11 20 14	11 35 14 12 22 5 19 11 20 15	14 4 15 16 24 5 20 11 20 15	17 9 16 20 25 6 20 11 21 15	20 12 22 23 27 5 20 11 21 15	23 17 26 27 30 5 21 11 21 15	26 20 25 31 32 5 21 11 21 15
12	30 12 27 26 21 1 20 11 21 15	33 17 32 29 22 2 20 11 21 15	36 19 1 33 23 3 20 10 21 14	3 24 2 1 23 3 20 11 21 14	6 28 3 4 22 4 19 11 20 14	9 33 9 8 22 5 19 11 20 14	12 1 14 12 22 5 19 11 20 15	14 6 15 16 24 5 20 11 20 15	17 10 16 20 25 6 20 11 21 15	20 14 22 23 28 5 20 11 21 15	24 18 26 27 30 5 21 11 21 15	27 21 25 31 32 5 21 11 21 15
13	30 14 28 26 21 1 20 11 21 15	33 18 32 30 23 2 20 11 21 15	36 20 1 33 23 2 20 10 21 14	3 25 2 1 23 3 20 11 21 14	6 29 3 5 22 4 19 11 20 14	9 34 9 8 22 5 19 11 20 14	12 2 14 12 22 5 19 11 20 15	15 7 14 16 24 5 20 11 20 15	18 12 17 20 26 6 20 11 21 15	21 15 22 23 28 5 20 11 21 15	24 19 26 27 30 5 21 11 21 15	27 22 25 31 32 5 21 11 21 15
14	30 15 28 26 21 1 20 11 21 15	33 19 32 30 23 2 20 11 21 15	36 21 2 33 23 2 20 10 21 14	3 27 1 1 23 3 20 11 21 14	6 30 3 5 22 4 19 11 20 14	9 36 10 9 22 5 19 11 20 14	12 3 14 12 22 5 19 11 20 15	15 8 14 16 24 5 20 11 20 15	18 13 17 20 26 6 20 11 21 15	21 16 22 24 28 5 20 11 21 15	24 20 26 27 30 5 21 11 21 15	27 24 25 31 32 5 21 11 21 15
15	30 16 28 26 21 1 20 11 21 15	33 20 33 30 23 2 20 11 21 15	36 23 2 33 23 2 20 10 21 14	3 28 1 1 23 3 20 11 21 14	6 32 4 5 22 4 19 11 20 14	9 1 10 9 22 5 19 11 20 14	12 5 14 12 22 5 19 11 20 15	15 9 14 16 24 5 20 11 20 15	18 14 17 20 26 6 20 11 21 15	21 17 22 24 28 5 20 11 21 15	24 22 26 27 30 5 21 11 21 15	27 25 25 31 32 5 21 11 21 15
16	30 17 28 26 21 1 20 11 21 15	33 22 33 30 23 2 20 11 21 15	36 24 2 33 23 2 20 10 21 14	3 29 1 1 23 3 20 11 21 14	6 33 4 5 22 4 19 11 20 14	9 2 10 9 22 5 19 11 20 14	12 6 15 12 22 5 19 11 20 15	15 11 14 16 24 6 20 11 20 15	18 15 17 20 26 6 20 11 21 15	21 18 22 24 28 5 20 11 21 15	24 23 26 28 30 5 21 11 21 15	27 27 25 31 32 5 21 11 21 15
17	30 18 28 26 21 1 20 11 21 15	33 23 33 30 23 2 20 11 21 15	36 25 2 34 23 2 20 10 21 14	3 31 1 1 23 3 20 11 21 14	6 35 4 5 22 4 19 11 20 14	9 4 10 9 22 5 19 11 20 14	12 7 15 13 22 5 19 11 20 15	15 12 14 16 24 6 20 11 20 15	18 16 17 20 26 6 20 11 21 15	21 20 22 24 28 5 20 11 21 15	24 24 26 28 30 5 21 11 21 15	27 28 25 31 32 5 21 11 21 15
18	30 19 28 26 21 1 20 11 21 15	33 24 33 30 23 2 20 11 21 15	36 27 2 34 23 3 20 10 21 14	3 32 1 2 23 3 20 11 21 14	6 36 4 5 22 4 19 11 20 14	9 5 10 9 22 5 19 11 20 14	12 9 15 13 22 5 19 11 20 15	15 13 14 17 24 6 20 11 20 15	18 17 18 20 26 6 20 11 21 15	21 21 23 24 28 5 20 11 21 15	24 26 26 28 30 5 21 11 21 15	27 29 25 31 33 5 21 11 21 15
19	30 21 28 27 21 1 20 11 21 15	33 26 33 30 23 2 20 11 21 15	36 28 2 34 23 3 20 10 21 14	3 34 1 2 23 3 20 11 21 14	6 1 4 5 22 4 19 11 20 14	9 6 10 9 22 5 19 11 20 14	12 10 15 13 22 5 19 11 20 15	15 14 14 17 24 6 20 11 20 15	18 19 18 20 26 6 20 11 21 15	21 22 23 24 28 5 20 11 21 15	24 27 26 28 30 5 21 11 21 15	27 31 25 32 33 5 21 11 21 15
20	30 22 28 27 21 1 20 11 21 15	34 27 33 30 23 2 20 11 21 15	36 30 2 34 23 3 20 10 21 14	4 35 1 2 23 3 20 11 21 14	6 3 4 5 22 4 19 11 20 14	9 8 11 9 22 5 19 11 20 14	12 11 15 13 23 5 19 11 20 15	15 15 14 17 24 6 20 11 20 15	18 20 18 21 26 6 20 11 21 15	21 23 23 24 28 5 20 11 21 15	24 29 26 28 30 5 21 11 21 15	27 32 25 32 33 5 21 11 21 15
21	21 23 29 27 21 1 20 11 21 15	34 29 34 31 23 2 20 11 21 15	1 31 2 34 23 3 20 10 21 14	4 36 1 2 23 3 20 11 21 14	7 4 5 6 22 4 19 11 20 14	9 9 11 9 22 5 19 11 20 14	12 12 15 13 23 5 19 11 20 15	15 17 14 17 24 6 20 11 20 15	18 21 18 21 26 6 20 11 21 15	21 25 23 24 28 5 20 11 21 15	24 30 26 28 30 5 21 11 21 15	27 34 25 32 33 5 21 11 21 15
22	31 25 29 27 22 1 20 11 21 15	34 30 34 31 23 2 20 11 21 15	1 33 2 34 23 3 20 10 21 14	4 2 1 2 23 3 20 11 21 14	7 5 5 6 22 4 19 11 20 14	10 10 11 10 22 5 19 11 20 14	12 13 15 13 23 5 19 11 20 15	15 18 14 17 24 6 20 11 20 15	18 22 18 21 26 6 20 11 21 15	21 26 23 25 28 5 20 11 21 15	25 31 26 28 31 5 21 11 21 15	28 35 25 32 33 5 21 11 21 15
23	31 26 29 27 22 1 20 11 21 15	34 32 34 31 23 2 20 11 21 15	1 34 2 34 23 3 20 10 21 14	4 3 1 2 23 3 19 11 20 14	7 7 5 6 22 4 19 11 20 14	10 11 11 10 22 5 19 11 20 14	13 14 15 13 23 5 19 11 20 15	15 19 14 17 24 6 20 11 20 15	19 24 18 21 26 6 20 11 21 15	22 27 23 25 28 5 20 11 21 15	25 33 26 28 31 5 21 11 21 15	28 1 26 32 33 5 21 11 21 15
24	31 28 29 27 22 1 20 11 21 15	34 33 34 31 23 2 20 11 21 14	1 36 2 34 23 3 20 10 21 14	4 5 1 2 23 3 19 11 20 14	7 8 5 6 22 4 19 11 20 14	10 12 12 10 22 5 19 11 20 14	13 16 15 13 23 5 19 11 20 15	16 20 14 17 24 6 20 11 20 15	19 25 19 21 26 6 20 11 21 15	22 29 23 25 28 5 20 11 21 15	25 34 26 29 31 5 21 11 21 15	28 2 26 32 33 5 21 11 21 15
25	31 29 29 27 22 1 20 11 21 15	34 35 34 31 23 2 20 11 21 14	1 1 3 35 23 3 20 10 21 14	4 6 2 2 23 3 19 11 20 14	7 9 5 6 22 4 19 11 20 14	10 14 12 10 22 5 19 11 20 14	13 17 15 14 23 5 19 11 20 15	16 21 14 17 24 6 20 11 20 15	19 28 19 21 26 6 20 11 21 15	22 30 24 25 28 5 20 11 21 15	25 36 26 29 31 5 21 11 21 15	28 3 26 32 33 5 21 11 21 15
26	31 31 29 27 22 1 20 11 21 15	34 36 35 31 23 2 20 11 21 14	1 2 3 35 23 3 20 10 21 14	4 7 2 3 23 3 19 11 20 14	7 10 6 6 22 4 19 11 20 14	10 15 12 10 22 5 19 11 20 14	13 18 15 14 23 5 19 11 20 15	16 23 14 18 24 6 20 11 20 15	19 28 19 21 26 6 20 11 21 15	22 32 24 25 29 5 20 11 21 15	25 1 26 29 31 5 21 11 21 15	28 5 26 32 33 5 21 11 21 15
27	31 32 29 27 22 1 20 11 21 15	34 2 35 31 23 2 20 11 21 14	1 4 3 35 23 3 20 10 21 14	4 8 2 3 23 3 20 11 21 14	7 12 6 6 22 4 19 11 20 14	10 16 12 10 22 5 19 11 20 14	13 19 15 14 23 5 19 11 20 15	16 24 14 18 24 6 20 11 20 15	19 29 19 21 26 6 20 11 21 15	22 33 24 25 29 5 20 11 21 15	25 2 26 29 31 5 21 11 21 15	28 6 26 32 33 5 21 11 21 15
28	31 34 30 28 22 1 20 11 21 15	34 3 35 32 33 2 20 11 21 14	1 5 3 35 23 3 20 10 21 14	4 10 2 3 23 3 19 11 20 14	7 13 6 6 22 4 19 11 20 14	10 17 12 10 22 5 19 11 20 14	13 21 15 14 23 5 20 11 21 15	16 25 14 18 25 6 20 11 20 15	19 31 19 22 27 6 20 11 21 15	22 34 24 25 29 5 21 11 21 15	25 4 26 29 31 5 21 11 21 15	28 7 26 33 33 5 21 11 21 15
29	31 35 30 28 22 1 20 11 21 15	34 4 35 32 23 2 20 11 21 14	1 6 2 35 23 3 20 10 21 14	4 11 2 3 23 4 19 11 21 14	7 14 6 7 22 4 19 11 20 14	10 18 12 10 22 5 19 11 20 14	13 22 15 14 23 5 20 11 21 15	16 27 14 18 25 6 20 11 20 15	19 32 20 22 27 6 20 11 21 15	22 36 24 25 29 5 21 11 21 15	25 5 25 29 31 5 21 11 21 15	28 9 26 33 33 5 21 11 21 15
30	31 1 30 28 22 2 20 11 21 15		1 8 2 35 23 3 20 10 21 14	5 12 2 3 23 4 19 11 21 14	7 15 6 7 22 4 19 11 20 14	10 20 13 11 22 5 19 11 20 14	13 23 15 14 23 5 20 11 21 15	16 28 14 18 25 6 20 11 20 15	19 34 20 22 27 6 20 11 21 15	22 1 24 26 29 5 21 11 21 15	25 6 25 29 31 5 21 11 21 15	28 10 26 33 33 5 21 11 21 15
31	32 2 30 28 22 2 20 11 21 15		2 9 2 35 23 3 20 10 21 14		7 16 6 7 22 4 19 11 20 14		13 24 15 14 23 5 20 11 21 15	15 30 14 18 25 6 20 11 20 15		22 3 24 26 29 5 21 11 21 15		28 11 27 33 34 5 21 11 21 15

1953

	JAN	FEB	MÄR	APR	MAI	JUNI	JULI	AUG	SEPT	OKT	NOV	DEZ
1	29 12 27 33 34 5 21 11 21 15	32 17 32 36 36 5 21 11 21 15	35 18 36 3 2 5 21 11 21 15	2 22 35 3 4 6 21 11 21 15	5 26 2 2 7 6 21 11 21 15	8 31 9 3 9 7 21 11 21 15	10 35 13 6 11 8 21 11 21 15	13 4 12 9 13 8 21 12 21 15	16 9 16 13 15 9 21 12 21 15	19 12 21 16 17 9 21 12 21 15	22 17 25 20 18 9 22 12 21 15	25 20 23 24 20 9 22 12 21 15
2	29 14 27 33 34 5 21 11 21 15	32 18 32 1 36 5 21 11 21 15	35 19 36 3 2 5 21 11 21 15	2 23 35 3 4 6 21 11 21 15	5 27 3 2 7 6 21 11 21 15	8 32 9 3 9 7 21 11 21 15	11 36 13 6 11 8 21 11 21 15	13 5 12 9 13 8 21 12 21 15	16 10 16 13 15 9 21 12 21 15	19 14 21 17 17 9 21 12 21 15	22 18 25 20 19 9 22 12 21 15	26 21 23 24 20 9 22 12 21 15
3	29 15 27 33 34 5 21 11 21 15	32 19 32 1 36 5 21 11 21 15	35 20 1 3 21 5 21 11 21 15	2 25 36 3 5 6 21 11 21 15	5 28 3 2 7 6 21 11 21 15	8 34 9 3 9 7 21 11 21 15	11 1 13 6 11 8 21 11 21 15	14 7 12 9 13 8 21 12 21 15	17 12 16 13 15 9 21 12 21 15	19 15 21 17 17 9 21 12 21 15	23 19 25 20 19 9 22 12 21 15	26 23 24 24 20 9 22 12 21 15
4	29 16 27 33 34 5 21 11 21 15	32 20 32 1 36 5 21 11 21 15	35 21 1 3 21 5 21 11 21 15	2 26 36 3 5 6 21 11 21 15	5 30 3 2 7 6 21 11 21 15	8 35 9 3 9 7 21 11 21 15	11 3 13 6 11 8 21 11 21 15	14 8 12 10 13 8 21 12 21 15	17 13 16 13 15 9 21 12 21 15	20 16 21 17 17 9 21 12 21 15	23 20 25 21 18 9 22 12 21 15	26 24 24 24 21 9 22 12 21 15
5	29 17 27 34 34 5 21 11 21 15	32 22 32 1 36 5 21 11 21 15	35 22 1 3 21 5 21 11 21 15	2 27 36 3 5 6 21 11 21 15	5 31 3 2 7 6 21 11 21 15	8 36 9 3 9 7 21 11 21 15	11 4 13 6 11 8 21 11 21 15	14 9 12 10 13 8 21 12 21 15	17 14 17 13 15 9 21 12 21 15	20 17 22 17 17 9 21 12 21 15	23 22 25 21 18 9 22 12 21 15	26 25 24 24 21 9 22 12 21 15
6	29 18 28 34 34 5 21 11 21 15	32 23 33 1 36 5 21 11 21 15	35 24 1 3 21 5 21 11 21 15	2 29 36 3 5 6 21 11 21 15	5 32 3 2 7 6 21 11 21 15	8 2 10 4 9 7 21 11 21 15	11 6 13 6 11 8 21 11 21 15	14 11 12 10 13 8 21 12 21 15	17 15 17 13 15 9 21 12 21 15	20 18 22 17 17 9 21 12 21 15	23 23 25 21 18 9 22 12 21 15	26 26 24 25 21 9 22 12 21 15
7	29 19 28 34 34 5 21 11 21 15	32 24 33 1 36 5 21 11 21 15	35 25 1 3 3 5 21 11 21 15	2 30 36 3 5 6 21 11 21 15	5 34 3 2 7 6 21 11 21 15	8 3 10 4 9 7 21 11 21 15	11 7 13 7 11 8 21 11 21 15	14 12 12 10 13 8 21 12 21 15	17 16 17 14 15 9 21 12 21 15	20 20 22 17 17 9 21 12 21 15	23 24 24 21 18 9 22 12 21 15	26 28 24 25 21 9 22 12 21 15
8	29 21 28 34 34 5 21 11 21 15	32 25 33 1 1 5 21 11 21 15	35 26 1 3 3 5 21 11 21 15	2 31 36 3 5 6 21 11 21 15	5 35 4 2 7 6 21 11 21 15	8 5 10 4 9 7 21 11 21 15	11 8 13 7 11 8 21 11 21 15	14 13 12 10 13 8 21 12 21 15	17 18 17 14 15 9 21 12 21 15	20 21 22 17 17 9 21 12 21 15	23 25 24 21 18 9 22 12 21 15	26 29 24 25 21 9 22 12 21 15
9	29 22 28 34 34 5 21 11 21 15	33 27 33 1 1 5 21 11 21 15	35 28 1 3 3 5 21 11 21 15	2 33 36 3 5 6 21 11 21 15	5 1 4 2 7 6 21 11 21 15	8 6 10 4 9 7 21 11 21 15	11 10 13 7 11 8 21 11 21 15	14 14 12 10 13 9 21 12 21 15	17 19 17 14 15 9 21 12 21 15	20 22 22 17 17 9 21 12 21 15	23 27 24 21 18 9 22 12 21 15	26 30 24 25 21 9 22 12 21 15
10	29 23 28 34 34 5 21 11 21 15	33 28 33 1 1 5 21 11 21 15	35 29 1 3 3 5 21 11 21 15	3 34 36 3 5 6 21 11 21 15	5 2 4 2 7 7 21 11 21 15	8 7 10 4 9 7 21 11 21 15	11 11 13 7 11 8 21 11 21 15	14 15 12 10 13 9 21 12 21 15	17 20 18 14 15 9 21 12 21 15	20 23 22 18 17 9 21 12 21 15	23 28 24 21 18 9 22 12 21 15	26 32 24 25 21 9 22 12 21 15
11	30 25 28 34 34 5 21 11 21 15	33 30 33 1 1 5 21 11 21 15	36 30 1 3 3 5 21 11 21 15	3 36 36 3 5 6 21 11 21 15	6 4 4 2 7 7 21 11 21 15	9 9 10 4 9 7 21 11 21 15	11 12 13 7 11 8 21 11 21 15	14 17 12 10 13 9 21 12 21 15	17 21 18 14 15 9 21 12 21 15	20 24 22 18 17 9 21 12 21 15	23 29 24 21 13 9 22 12 21 15	26 33 25 25 21 9 22 12 21 15
12	30 26 28 34 34 5 21 11 21 15	33 31 34 1 1 5 21 11 21 15	36 32 1 3 3 5 21 11 21 15	3 1 36 3 5 6 21 11 21 15	6 5 4 2 7 7 21 11 21 15	9 10 11 4 9 7 21 11 21 15	11 13 13 7 11 8 21 11 21 15	14 18 13 10 13 9 21 12 21 15	17 22 18 14 15 9 21 12 21 15	20 26 23 18 17 9 21 12 21 15	23 31 24 22 18 9 22 12 21 15	27 34 25 25 21 9 22 12 21 15
13	30 27 29 34 35 5 21 11 21 15	33 33 34 2 1 5 21 11 21 15	36 33 1 3 3 5 21 11 21 15	3 3 36 3 5 6 21 11 21 15	6 7 5 2 7 7 21 11 21 15	9 11 11 4 9 7 21 11 21 15	12 15 13 7 11 8 21 11 21 15	15 19 13 11 13 9 21 12 21 15	18 23 18 14 15 9 21 12 21 15	20 27 23 18 17 9 21 12 21 15	24 32 24 22 18 9 22 12 21 15	27 36 25 25 21 9 22 12 21 15
14	30 29 29 35 35 5 21 11 21 15	33 34 34 2 1 5 21 11 21 15	36 35 1 3 3 5 21 11 21 15	3 4 36 3 5 6 21 11 24 15	6 8 5 2 7 7 21 11 21 15	9 13 11 4 10 7 21 11 21 15	12 16 13 7 12 8 21 11 21 15	15 20 13 11 14 9 21 12 21 15	18 25 18 14 15 9 21 12 21 15	21 28 23 18 17 9 21 12 21 15	24 33 24 22 18 9 22 12 21 15	27 1 25 26 21 9 22 12 21 15
15	30 30 29 35 35 5 21 11 21 15	33 36 34 2 1 5 21 11 21 15	36 36 1 4 3 5 21 11 21 15	3 6 36 3 5 6 21 11 21 15	6 9 5 2 7 7 21 11 21 15	9 14 11 4 10 7 21 11 21 15	12 17 13 7 12 8 21 11 21 15	15 21 13 11 14 9 21 12 21 15	18 26 18 14 16 9 21 12 21 15	21 30 23 18 17 9 21 12 21 15	24 35 24 22 18 9 22 12 21 15	27 3 25 26 21 9 22 12 21 15
16	30 32 29 35 35 5 21 11 21 15	33 1 34 2 1 5 21 11 21 15	36 2 36 4 3 5 21 11 21 15	3 7 36 3 5 6 21 11 21 15	6 11 5 2 8 7 21 11 21 15	9 15 11 4 10 7 21 11 21 15	12 18 13 7 12 8 21 11 21 15	15 23 13 11 14 9 21 12 21 15	18 27 19 15 16 9 21 12 21 15	21 31 23 18 18 9 21 12 21 15	24 36 23 22 18 9 22 12 21 15	27 4 25 26 21 9 22 12 21 15
17	30 33 29 35 35 5 21 11 21 15	33 3 35 2 1 5 21 11 21 15	36 3 36 4 3 5 21 11 21 15	3 8 36 3 6 6 21 11 21 15	6 12 5 2 8 7 21 11 21 15	9 16 11 5 10 7 21 11 21 15	12 19 13 8 12 8 21 11 21 15	15 24 13 11 14 9 21 12 21 15	18 29 19 15 16 9 21 12 21 15	21 32 23 18 18 9 21 12 21 15	24 2 23 22 18 9 22 12 21 15	27 6 26 26 21 9 22 12 21 15
18	30 35 29 35 35 5 21 11 21 15	33 4 35 2 1 5 21 11 21 15	36 5 36 4 3 5 21 11 21 15	3 10 1 2 6 6 21 11 21 15	6 13 6 2 8 7 21 11 21 15	9 17 12 5 10 7 21 11 21 15	12 21 13 8 12 8 21 11 21 15	15 25 13 11 14 9 21 12 21 15	18 30 19 15 16 9 21 12 21 15	21 34 23 18 18 9 21 12 21 15	24 3 23 22 20 9 22 12 21 15	27 7 26 26 21 9 22 12 21 15
19	30 36 30 35 35 5 21 11 21 15	34 5 35 2 1 5 21 11 21 15	36 6 36 4 3 5 21 11 21 15	3 11 1 2 6 6 21 11 21 15	6 14 6 2 8 7 21 11 21 15	9 19 12 5 10 7 21 11 21 15	12 22 13 8 12 8 21 11 21 15	15 26 13 11 14 9 21 12 21 15	18 31 19 15 16 9 21 12 21 15	21 35 23 19 18 9 21 12 21 15	24 5 23 22 20 9 22 12 21 15	27 8 26 26 21 9 22 12 21 15
20	31 2 30 35 35 5 21 11 21 15	34 7 35 2 1 5 21 11 21 15	36 8 36 4 4 5 21 11 21 15	4 12 1 2 6 6 21 11 21 15	6 15 6 2 8 7 21 11 21 15	9 20 12 5 10 7 21 11 21 15	12 23 13 8 12 8 21 11 21 15	15 28 14 11 14 9 21 12 21 15	18 33 19 15 16 9 21 12 21 15	21 1 24 19 18 9 21 12 21 15	24 6 23 23 20 9 22 12 21 15	27 10 26 27 22 9 22 12 21 15
21	31 3 30 35 35 5 21 11 21 15	34 8 35 2 2 5 21 11 21 15	1 9 36 4 4 5 21 11 21 15	4 13 1 2 6 6 21 11 21 15	7 17 6 2 8 7 21 11 21 15	9 21 12 5 10 7 21 11 21 15	12 24 13 8 12 8 21 11 21 15	15 29 14 12 14 9 21 12 21 15	18 34 19 15 16 9 21 12 21 15	21 2 24 19 18 9 21 12 21 15	24 8 23 23 20 9 22 12 21 15	27 11 26 27 22 9 22 12 21 15
22	31 4 30 35 35 5 21 11 21 15	34 9 35 2 2 5 21 11 21 15	1 10 36 4 4 5 21 11 21 15	4 15 1 2 6 6 21 11 21 15	7 18 6 3 8 7 21 11 21 15	10 22 12 5 10 8 21 11 21 15	12 26 13 8 12 8 21 11 21 15	15 31 14 12 14 9 21 12 21 15	18 36 20 15 16 9 21 12 21 15	21 4 24 19 18 9 21 12 21 15	24 9 23 23 20 9 22 12 21 15	28 12 26 27 22 9 22 12 21 15
23	31 6 30 35 35 5 21 11 21 15	34 10 36 2 2 5 21 11 21 15	1 11 36 4 4 5 21 11 21 15	4 16 1 2 6 6 21 11 21 15	7 19 7 3 8 7 21 11 21 15	10 24 12 5 10 8 21 11 21 15	13 27 13 8 12 8 21 11 21 15	16 32 14 12 14 9 21 12 21 15	19 1 20 15 16 9 21 12 21 15	21 5 24 19 18 9 22 12 21 15	25 10 23 23 20 9 22 12 21 15	28 14 26 27 22 9 22 12 21 15
24	31 7 30 36 35 5 21 11 21 15	34 12 36 2 2 5 21 11 21 15	1 13 36 4 4 5 21 11 21 15	4 17 1 2 6 6 21 11 21 15	7 20 7 3 8 7 21 11 21 15	10 25 12 5 10 8 21 11 21 15	13 28 13 8 12 8 21 11 21 15	15 34 14 12 14 9 21 12 21 15	19 3 20 16 16 9 21 12 21 15	22 7 24 19 18 9 22 12 21 15	25 12 23 23 20 9 22 12 21 15	28 15 27 27 22 8 22 12 21 15
25	31 8 30 36 35 5 21 11 21 15	34 13 36 3 2 5 21 11 21 15	1 14 36 4 4 6 21 11 21 15	4 18 1 2 6 6 21 11 21 15	7 21 7 3 8 7 21 11 21 15	10 26 12 5 10 8 21 11 21 15	13 30 13 8 12 8 21 11 21 15	16 35 14 12 14 9 21 12 21 15	19 4 20 16 16 9 21 12 21 15	22 8 24 19 18 9 22 12 21 15	25 13 23 23 20 9 22 12 21 15	28 16 27 27 22 8 22 12 21 15
26	31 10 31 36 36 5 21 11 21 15	34 14 36 3 2 5 21 11 21 15	1 15 36 4 4 6 21 11 21 15	4 19 2 2 6 6 21 11 21 15	7 23 7 3 8 7 21 11 21 15	10 28 13 5 10 8 21 11 21 15	13 31 13 9 12 8 21 11 21 15	16 1 15 12 14 9 21 12 21 15	19 6 20 16 16 9 21 12 21 15	22 10 24 19 18 9 22 12 21 15	25 14 23 23 20 9 22 12 21 15	28 17 27 27 22 8 22 12 21 15
27	31 11 31 36 36 5 21 11 21 15	34 15 36 3 2 5 21 11 21 15	1 16 36 4 4 6 21 11 21 15	4 21 2 2 6 6 21 11 21 15	7 24 8 3 8 7 21 11 21 15	10 29 13 5 10 8 21 11 21 15	13 33 13 9 12 8 21 11 21 15	16 2 15 12 14 9 21 12 21 15	19 7 20 16 16 9 21 12 21 15	22 11 24 20 18 9 22 12 21 15	25 15 23 23 20 9 22 12 21 15	28 19 27 27 22 8 22 12 21 15
28	31 12 31 36 36 5 21 11 21 15	34 16 36 3 2 5 21 11 21 15	1 17 36 4 4 6 21 11 21 15	4 22 2 2 6 6 21 11 21 15	7 25 8 3 8 7 21 11 21 15	10 30 13 6 10 8 21 11 21 15	13 34 12 9 12 8 21 11 21 15	16 4 15 12 14 9 21 12 21 15	19 9 21 16 16 9 21 12 21 15	22 12 24 20 18 9 22 12 2 15	25 17 23 24 20 9 22 12 21 15	28 20 27 27 22 8 22 12 21 15
29	31 13 31 36 36 5 21 11 21 15		1 19 36 4 4 6 21 11 21 15	4 23 2 2 6 6 21 11 21 15	7 27 8 3 8 7 21 11 21 15	10 32 13 6 11 8 21 11 21 15	13 36 12 9 12 8 21 11 21 15	16 1 15 12 14 9 21 12 21 15	19 10 21 16 16 9 21 12 21 15	22 13 24 20 18 9 22 12 21 15	25 18 23 24 20 9 22 12 21 15	28 21 27 28 22 8 22 12 21 15
30	32 14 31 36 36 5 21 11 21 15		1 20 35 4 4 6 21 11 12 15	4 24 2 2 6 6 21 11 21 15	7 28 8 3 9 7 21 11 21 15	10 33 13 6 11 8 21 11 21 15	13 1 12 9 13 8 21 11 21 15	16 6 15 13 15 9 21 12 21 15	19 11 21 16 16 9 21 12 21 15	22 15 24 20 18 9 22 12 21 15	25 19 23 24 20 9 22 12 21 15	28 22 28 28 22 8 22 12 21 15
31	32 16 31 36 36 5 21 11 21 15		2 22 35 3 4 6 21 11 21 15		7 29 8 3 9 7 21 11 21 15		13 3 12 9 13 8 21 11 21 15	16 8 16 13 15 9 21 12 21 15		22 16 25 20 18 9 22 12 21 15		28 23 28 28 22 8 22 12 21 15

1954

	JAN	FEB	MÄR	APR	MAI	JUNI	JULI	AUG	SEPT	OKT	NOV	DEZ
1	29 25 28 28 22 8 22 12 21 15	32 29 33 32 24 8 22 12 21 15	35 30 34 35 26 8 22 12 21 15	2 35 35 3 27 9 22 11 21 15	5 3 4 7 28 9 22 11 21 15	8 8 10 11 28 10 22 12 21 15	10 12 11 14 28 10 22 12 21 15	13 17 12 18 27 11 22 12 21 15	16 21 17 21 28 12 22 12 21 15	19 24 22 24 29 12 22 12 21 15	22 29 22 24 31 12 23 12 21 15	25 32 24 33 33 12 23 12 21 15
2	29 26 28 28 22 8 22 12 21 15	32 31 33 32 24 8 22 12 21 15	35 31 34 35 26 8 22 11 21 15	2 1 35 3 27 9 22 11 21 15	5 5 4 7 28 9 22 11 21 15	8 10 10 11 28 10 22 12 21 15	11 13 11 14 28 10 22 12 21 15	13 18 12 18 27 11 22 12 21 15	16 23 18 21 28 12 22 12 21 15	19 26 22 24 29 12 22 12 21 15	22 30 22 24 31 12 23 12 21 15	25 34 24 23 33 12 23 12 21 15
3	29 27 28 28 22 8 22 12 21 15	32 32 33 32 24 8 22 12 21 15	35 33 34 36 26 8 22 11 21 15	2 2 35 3 27 9 22 11 21 15	5 6 4 7 28 9 22 11 21 15	8 11 10 11 28 10 22 12 21 15	11 15 11 14 27 10 22 12 21 15	14 19 12 18 27 11 22 12 21 15	16 24 18 27 28 12 22 12 21 15	19 27 22 24 29 12 22 12 21 15	23 31 22 24 31 12 23 12 21 15	26 35 24 23 33 12 23 12 21 15
4	29 28 28 28 22 8 22 12 21 15	32 34 33 32 24 8 22 12 21 15	35 34 34 36 26 8 22 11 21 15	2 4 35 4 27 9 22 11 21 15	5 8 4 7 28 9 22 11 21 15	8 13 10 11 28 10 22 12 21 15	11 16 11 14 27 10 22 12 21 15	14 20 12 18 27 11 22 12 21 15	17 25 18 21 28 12 22 12 21 15	20 28 22 24 29 12 22 12 21 15	23 33 21 24 31 12 23 12 21 15	26 36 25 23 34 12 23 12 21 15
5	29 30 28 28 22 8 22 12 21 15	32 35 33 32 24 8 22 12 21 15	35 36 34 36 36 8 22 11 21 15	2 5 35 4 27 9 22 11 21 15	5 9 5 7 28 9 22 11 21 15	8 14 10 11 28 10 22 12 21 15	11 17 11 15 27 10 22 12 21 15	14 22 12 18 27 11 22 12 21 15	17 26 18 21 28 12 22 12 21 15	20 29 22 24 30 12 22 12 21 15	23 34 21 24 31 12 23 12 21 15	26 2 25 23 34 12 23 12 21 15
6	29 31 29 29 23 8 22 12 21 15	32 36 33 32 24 8 22 11 21 15	35 1 34 36 26 8 22 11 21 15	2 7 36 4 27 9 22 11 21 15	5 10 5 7 28 9 22 11 21 15	8 15 10 11 28 10 22 12 21 15	11 18 11 15 27 10 22 12 21 15	14 23 12 18 27 11 22 12 21 15	17 27 18 21 28 12 22 12 21 15	20 31 22 24 30 12 22 12 21 15	23 36 21 24 32 12 23 12 21 15	26 3 25 23 34 12 23 12 21 15
7	29 33 29 29 23 8 22 12 21 15	32 2 34 33 24 8 22 11 21 15	35 3 34 36 26 8 22 11 21 15	2 8 36 4 27 9 22 11 21 15	5 12 5 8 28 9 22 11 21 15	8 16 11 11 28 10 22 12 21 15	11 20 11 15 27 10 22 12 21 15	14 24 12 18 27 11 22 12 21 15	17 29 18 22 28 12 22 12 21 15	20 32 22 24 30 12 22 12 21 15	23 1 21 24 32 12 23 12 21 15	26 5 25 23 34 12 23 12 21 15
8	29 34 29 29 23 8 22 12 21 15	32 3 34 33 24 8 22 11 21 15	35 4 34 36 26 8 22 11 21 15	2 10 36 4 27 9 22 11 21 15	5 13 5 8 28 9 22 11 21 15	8 17 11 11 28 10 22 12 21 15	11 21 11 15 27 11 22 12 21 15	14 25 13 18 27 11 22 12 21 15	17 30 19 22 28 12 22 12 21 15	20 33 22 24 30 12 22 12 21 15	23 3 21 24 32 12 23 12 21 15	26 6 25 23 34 12 23 12 21 15
9	29 35 29 29 23 8 22 12 21 15	33 4 34 33 24 8 22 11 21 15	35 6 34 36 26 8 22 11 21 15	2 11 36 4 27 9 22 11 21 15	5 14 5 8 28 9 22 11 21 15	8 19 11 12 28 10 22 12 21 15	11 22 11 15 27 11 22 12 21 15	14 26 13 19 27 11 22 12 21 15	17 31 19 22 28 12 22 12 21 15	20 35 23 24 30 12 22 12 21 15	23 4 21 24 32 12 23 12 21 15	26 8 25 23 34 12 23 12 21 15
10	29 1 29 29 23 8 22 12 21 15	33 6 34 33 25 8 22 11 21 15	35 7 34 36 26 8 22 11 21 15	3 12 36 4 27 9 22 11 21 15	5 16 6 8 28 9 22 11 21 15	8 20 11 12 28 10 22 12 21 15	11 23 11 15 27 11 22 12 21 15	14 28 13 19 27 11 22 12 21 15	17 33 19 22 28 12 22 12 21 15	20 36 23 24 30 12 22 12 21 15	23 6 21 24 32 12 23 12 21 15	26 9 25 23 34 12 23 12 21 15
11	30 2 29 29 23 8 22 12 21 15	33 8 35 33 25 8 22 11 21 15	36 9 34 1 26 8 22 11 21 15	3 13 36 4 27 9 22 11 21 15	6 17 6 8 28 9 22 11 21 15	8 21 11 12 28 10 22 12 21 15	11 24 11 15 27 11 22 12 21 15	14 29 13 19 27 11 22 12 21 15	17 34 19 22 28 12 22 12 21 15	20 2 23 24 30 12 22 12 21 15	23 7 22 24 31 12 23 12 21 15	26 11 26 23 34 12 23 12 21 15
12	30 4 30 29 23 8 22 12 21 15	33 9 35 33 25 8 22 11 21 15	36 10 34 1 26 8 22 11 21 15	3 15 36 4 27 9 22 11 21 15	6 18 6 8 28 9 22 11 21 15	9 22 11 12 28 10 22 12 21 15	12 26 11 15 27 11 22 12 21 15	14 30 13 19 27 11 22 12 21 15	17 35 19 22 28 12 22 12 21 15	20 3 23 24 30 12 22 12 21 15	23 9 22 24 31 12 23 12 21 15	26 12 26 23 34 12 23 12 21 15
13	30 5 30 29 23 8 22 12 21 15	33 10 35 33 25 8 22 11 21 15	36 11 34 1 26 8 22 11 21 15	3 16 1 5 28 9 22 11 21 15	6 19 6 8 28 9 22 11 21 15	9 24 11 12 28 10 22 12 21 15	12 27 10 16 27 11 22 12 21 15	15 32 14 19 27 11 22 12 21 15	18 1 19 22 28 12 22 12 21 15	20 5 23 24 30 12 22 12 21 15	24 10 22 24 31 12 23 12 21 15	27 14 26 23 34 12 23 12 21 15
14	30 7 30 30 23 8 22 12 21 15	33 12 35 33 25 8 22 11 21 15	36 13 34 1 26 8 22 11 21 15	3 17 1 5 28 9 22 11 21 15	6 20 7 8 28 9 22 11 21 15	9 25 11 12 28 10 22 12 21 15	12 28 10 16 27 11 22 12 21 15	15 33 14 19 27 11 22 12 21 15	18 2 19 22 28 12 22 12 21 15	21 6 23 24 30 12 22 12 21 15	24 11 22 24 31 12 23 12 21 15	27 15 26 23 34 12 23 12 21 15
15	30 8 30 30 23 8 22 12 21 15	33 13 35 34 25 8 22 11 21 15	36 14 34 1 26 8 22 11 21 15	3 18 1 5 28 9 22 11 21 15	6 22 7 9 28 9 22 12 21 15	9 26 11 12 28 10 22 12 21 15	12 29 10 16 27 11 22 12 21 15	15 34 14 19 27 11 22 12 21 15	18 4 20 22 28 12 22 12 21 15	21 8 23 24 30 12 22 12 21 15	24 13 22 24 31 12 23 12 21 15	27 16 26 23 34 12 23 12 21 15
16	30 9 30 30 23 8 22 12 21 15	33 14 35 34 25 8 22 11 21 15	36 15 34 1 26 8 22 11 21 15	3 19 1 5 28 9 22 11 21 15	6 23 7 9 28 9 22 12 21 15	9 27 11 12 28 10 22 12 21 15	12 31 10 16 27 11 22 12 21 15	15 36 14 19 27 11 22 12 21 15	18 5 20 22 28 12 22 12 21 15	21 9 23 24 30 12 22 12 21 15	24 14 22 24 31 12 23 12 21 15	27 18 26 23 34 12 23 12 21 15
17	30 11 30 30 23 8 22 12 21 15	33 15 35 34 25 8 22 11 21 15	36 16 34 1 26 8 22 11 21 15	3 21 1 5 28 9 22 11 21 15	6 24 7 9 28 9 22 12 21 15	9 29 11 12 28 10 22 12 21 15	12 32 10 16 27 11 22 12 21 15	15 1 14 19 27 11 22 12 21 15	18 7 20 22 29 12 22 12 21 15	21 11 23 24 30 12 22 12 21 15	24 15 22 24 31 12 23 12 21 15	27 19 27 23 34 12 23 12 21 15
18	30 12 31 30 23 8 22 12 21 15	33 17 35 34 25 8 22 11 21 15	36 17 34 1 26 8 22 11 21 15	3 22 1 5 28 9 22 11 21 15	6 25 7 9 28 9 22 12 21 15	9 30 11 13 28 10 22 12 21 15	12 34 10 16 27 11 22 12 21 15	15 3 15 20 27 11 22 12 21 15	18 8 20 23 29 12 22 12 21 15	21 12 23 24 30 12 22 12 21 15	24 17 22 24 31 12 23 12 21 15	27 20 27 23 35 12 23 12 21 15
19	30 13 31 30 23 8 22 12 21 15	34 18 35 34 25 8 22 11 21 15	36 19 34 2 26 8 22 11 21 15	3 23 1 5 28 9 22 11 21 15	6 26 8 9 28 9 22 12 21 15	9 31 11 13 28 10 22 12 21 15	12 35 10 16 27 11 22 12 21 15	15 4 15 20 27 11 22 12 21 15	18 10 20 23 29 12 22 12 21 15	21 13 23 24 30 12 23 12 21 15	24 18 22 23 32 12 23 12 21 15	27 21 27 23 35 12 23 12 21 15
20	30 14 31 30 23 8 22 12 21 15	34 19 35 34 25 8 22 11 21 15	36 20 34 2 27 8 22 11 21 15	3 24 2 5 28 9 22 11 21 15	6 28 8 9 28 9 22 12 21 15	9 32 11 13 28 10 22 12 21 15	12 36 10 16 27 11 22 12 21 15	15 6 15 20 27 11 22 12 21 15	18 11 20 23 29 12 22 12 21 15	21 14 23 24 30 12 23 12 21 15	24 19 22 23 33 12 23 12 21 15	27 22 27 23 35 12 23 12 21 15
21	31 16 31 30 23 8 22 12 21 15	34 20 35 34 25 8 22 11 21 15	1 21 34 2 27 8 22 11 21 15	4 26 2 6 28 9 22 12 21 15	6 29 8 9 28 9 22 12 21 15	9 34 11 13 28 10 22 12 21 15	12 2 11 16 27 11 22 12 21 15	15 7 15 20 27 11 22 12 21 15	18 12 21 23 29 12 22 12 21 15	21 16 23 24 30 12 23 12 21 15	24 20 23 23 33 12 23 12 21 15	27 24 27 23 35 12 23 12 21 15
22	31 17 31 31 23 8 22 12 21 15	34 21 35 34 25 8 22 11 21 15	1 22 34 2 27 8 22 11 21 15	4 27 2 6 28 9 22 11 21 15	7 30 8 9 28 9 22 12 21 15	10 35 11 13 28 10 22 12 21 15	12 3 11 17 27 11 22 12 21 15	15 8 15 20 27 11 22 12 21 15	18 13 21 23 29 12 22 12 21 15	21 17 23 24 31 12 23 12 21 15	24 21 23 23 33 12 23 12 21 15	28 25 27 23 35 12 23 12 21 15
23	31 18 31 31 24 8 22 12 21 15	34 23 35 35 25 8 22 11 21 15	1 23 34 2 27 8 22 11 21 15	4 28 2 6 28 9 22 11 21 15	7 31 8 9 28 9 22 12 21 15	10 1 11 13 28 10 22 12 21 15	13 5 11 17 27 11 22 12 21 15	15 10 16 20 27 12 22 12 21 15	18 15 21 23 29 12 22 12 21 15	21 18 23 25 31 12 23 12 21 15	25 23 23 23 33 12 23 12 21 15	28 26 28 24 35 12 23 12 21 15
24	31 19 32 31 24 8 22 12 21 15	34 24 35 35 25 8 22 11 21 15	1 25 34 2 27 8 22 11 21 15	4 29 2 6 28 9 22 11 21 15	7 33 9 10 28 10 22 12 21 15	10 2 11 13 28 10 22 12 21 15	13 6 11 17 27 11 22 12 21 15	16 11 16 20 28 12 22 12 21 15	19 16 21 23 29 12 22 12 21 15	22 19 23 25 31 12 23 12 21 15	25 24 23 23 33 12 23 12 21 15	28 27 28 24 35 12 23 12 21 15
25	31 21 32 31 24 8 22 12 21 15	34 25 35 35 25 8 22 11 21 15	1 26 34 2 27 8 22 11 21 15	4 30 3 6 28 9 22 11 21 15	7 34 9 10 28 10 22 12 21 15	10 3 11 13 28 10 22 12 21 15	13 7 11 17 27 11 22 12 21 15	16 13 16 20 28 12 22 12 21 15	19 17 21 23 29 12 22 12 21 15	22 21 23 25 31 12 23 12 21 15	25 25 23 23 33 12 23 12 21 15	28 28 28 24 35 12 23 12 21 15
26	31 22 32 31 24 8 22 12 21 15	34 26 35 35 25 8 22 11 21 15	1 27 34 2 27 8 22 11 21 15	4 32 3 6 28 9 22 11 21 15	7 36 9 10 28 10 22 12 21 15	10 5 11 14 28 10 22 12 21 15	13 9 11 17 27 11 22 12 21 15	16 14 16 20 28 12 22 12 21 15	19 18 21 23 29 12 22 12 21 15	22 22 23 25 31 12 23 12 21 15	25 26 23 23 33 12 23 12 21 15	28 30 28 24 35 12 23 12 21 15
27	31 23 32 31 24 8 22 12 21 15	34 27 35 35 25 8 22 11 21 15	1 28 34 3 27 8 22 11 21 15	4 33 3 6 28 9 22 11 21 15	7 1 9 10 28 10 22 12 21 15	10 6 11 14 28 10 22 12 21 15	13 10 11 17 27 11 22 12 21 15	16 15 16 20 28 12 22 12 21 15	19 20 21 23 29 12 22 12 21 15	22 23 22 25 31 12 23 12 21 15	25 27 23 23 33 12 23 12 21 15	28 31 28 24 35 12 23 12 21 15
28	31 24 32 31 34 8 22 12 21 15	34 29 35 35 26 8 22 11 21 15	1 30 34 3 27 8 22 11 21 15	4 35 3 6 28 9 22 11 21 15	7 2 9 10 28 10 22 12 21 15	10 8 11 14 28 10 22 12 21 15	13 12 11 17 27 11 22 12 21 15	16 16 17 21 28 12 22 12 21 15	19 21 21 23 29 12 22 12 21 15	22 24 22 24 31 12 23 12 21 15	25 29 24 23 33 12 23 12 21 15	28 32 28 24 35 12 23 12 21 15
29	31 25 32 31 34 8 22 12 21 15		1 31 35 3 27 8 22 11 21 15	4 36 3 7 28 9 22 11 21 15	7 4 9 10 28 10 22 12 21 15	10 9 11 14 28 10 22 12 21 15	13 13 11 17 27 11 22 12 21 15	16 18 17 21 28 12 22 12 21 15	19 22 22 23 29 12 22 12 21 15	22 25 22 24 31 12 23 12 21 15	25 30 24 23 33 12 23 12 21 15	28 33 28 24 35 12 23 12 21 15
30	32 27 33 32 24 8 22 12 21 15		1 32 35 3 27 8 22 11 21 15	4 2 4 7 28 9 22 11 21 15	7 5 9 10 28 10 22 12 21 15	10 11 11 14 28 10 22 12 21 15	13 14 11 17 27 11 22 12 21 15	16 19 17 21 28 12 22 12 21 15	19 23 22 24 29 12 22 12 21 15	22 27 22 24 31 12 23 12 21 15	25 31 24 23 33 12 23 12 21 15	28 35 29 24 35 12 23 12 21 15
31	32 28 33 32 24 8 22 12 21 15		2 34 35 3 27 9 22 11 21 15		7 7 10 10 28 10 22 12 21 15		13 16 11 18 27 11 22 12 21 15	16 20 17 21 28 12 22 12 21 15		22 28 22 24 31 12 23 12 21 15		28 36 29 24 35 12 23 12 21 15

1955

	JAN	FEB	MÄR	APR	MAI	JUNI	JULI	AUG	SEPT	OKT	NOV	DEZ
1	29 1 29 24 36 12 23 12 21 15	32 7 33 27 2 12 24 12 21 15	35 8 32 30 4 12 24 12 21 15	2 13 36 34 6 12 24 12 21 15	5 17 6 1 8 12 23 12 21 15	8 21 9 5 10 12 23 12 21 15	10 25 9 9 12 13 23 12 21 15	13 29 13 13 14 13 23 12 21 15	16 34 19 16 16 14 23 13 21 15	19 1 21 20 18 15 23 13 21 15	22 6 21 24 20 15 24 13 21 15	25 10 25 28 22 16 24 13 22 15
2	29 3 29 24 36 12 23 12 21 15	32 8 33 27 2 12 24 12 21 15	35 9 32 30 4 12 24 12 21 15	2 14 36 34 6 12 24 12 21 15	5 18 6 1 8 12 23 12 21 15	8 23 9 5 10 12 23 12 21 15	10 26 9 9 12 13 23 12 21 15	13 30 13 13 14 13 23 12 21 15	16 35 19 16 16 14 23 13 21 15	19 3 21 20 18 15 23 13 21 15	22 8 21 24 20 15 24 13 21 15	25 12 25 28 22 16 24 13 22 15
3	29 4 29 24 36 12 23 12 21 15	32 10 33 27 2 12 24 12 21 15	35 11 32 30 4 12 24 12 21 15	2 16 36 34 6 12 24 12 21 15	5 19 6 2 8 12 23 12 21 15	8 24 9 5 10 12 23 12 21 15	11 27 9 9 12 13 23 12 21 15	14 32 13 13 14 13 23 12 21 15	16 36 19 17 16 14 23 13 21 15	19 4 21 20 18 15 23 13 21 15	23 9 21 24 20 15 24 13 21 15	26 13 25 28 22 16 24 13 22 15
4	29 6 29 24 36 12 23 12 21 15	32 11 33 27 2 12 24 12 21 15	35 12 32 30 4 12 24 12 21 15	2 17 36 34 6 12 24 12 21 15	5 20 6 2 8 12 23 12 21 15	8 25 9 5 10 12 23 12 21 15	11 28 9 9 12 13 23 12 21 15	14 33 14 13 14 13 23 12 21 15	17 2 19 17 16 14 23 13 21 15	20 6 21 20 18 15 23 13 21 15	23 11 21 24 20 15 24 13 21 15	26 15 26 28 22 16 24 13 22 15
5	29 7 30 24 36 12 23 12 21 15	32 12 33 27 2 12 24 12 21 15	35 13 32 31 4 12 24 12 21 15	2 18 36 34 6 12 24 12 21 15	5 22 6 2 8 12 23 12 21 15	8 26 9 6 10 12 23 12 21 15	11 29 9 9 12 13 23 12 21 15	14 34 14 13 14 13 23 12 21 15	17 3 19 17 16 14 23 13 21 15	20 7 21 21 18 15 23 13 21 15	23 12 21 24 20 15 24 13 21 15	26 16 26 28 22 16 24 13 22 15
6	29 9 30 25 36 12 23 12 21 15	32 14 33 28 2 12 24 12 21 15	35 15 32 31 4 12 24 12 21 15	2 20 36 34 6 12 24 12 21 15	5 23 7 2 8 12 23 12 21 15	8 27 9 6 10 12 23 12 21 15	11 31 9 9 12 13 23 12 21 15	14 35 14 13 14 13 23 12 21 15	17 5 19 17 16 14 23 13 21 15	20 8 21 21 18 15 23 13 21 15	23 14 21 25 20 15 24 13 21 15	26 17 26 28 22 16 24 13 22 15
7	29 10 30 25 36 12 23 12 21 15	32 15 33 28 2 12 24 12 21 15	35 16 32 31 4 12 24 12 21 15	2 21 1 34 6 12 24 12 21 15	5 24 7 2 8 12 23 12 21 15	8 28 9 6 10 12 23 12 21 15	11 32 9 9 12 13 23 12 21 15	14 1 14 13 14 13 23 12 21 15	17 6 19 17 16 14 23 13 21 15	20 10 21 21 18 15 23 13 21 15	23 15 21 25 20 15 24 13 21 15	26 19 26 28 22 16 24 13 22 15
8	29 12 30 25 36 12 23 12 21 15	32 17 33 28 2 12 24 12 21 15	35 17 32 31 4 11 24 12 21 15	2 22 1 35 6 12 23 12 21 15	5 25 7 2 8 12 23 12 21 15	8 30 9 6 10 12 23 12 21 15	11 33 9 10 12 13 23 12 21 15	14 2 14 13 14 13 23 12 21 15	17 7 19 17 16 14 23 13 21 15	20 11 21 21 18 15 23 13 21 15	23 16 22 25 20 15 24 13 21 15	26 20 26 29 22 16 24 13 22 15
9	29 13 30 25 36 12 23 12 21 15	32 18 33 28 2 12 24 12 21 15	35 19 33 31 4 11 24 12 21 15	2 23 1 35 6 12 23 12 21 15	5 26 7 2 8 12 23 12 21 15	8 31 9 6 10 12 23 12 21 15	11 34 9 10 12 13 23 12 21 15	14 3 15 13 14 13 23 12 21 15	17 9 20 17 16 14 23 13 21 15	20 13 21 21 18 15 23 13 21 15	23 18 22 25 20 15 24 13 21 15	26 21 26 29 22 16 24 13 22 15
10	29 14 30 25 36 12 23 12 21 15	33 19 33 28 2 12 24 12 21 15	35 20 33 31 4 11 24 12 21 15	2 24 1 35 6 12 23 12 21 15	5 28 7 2 8 12 23 12 21 15	8 32 9 6 11 12 23 12 21 15	11 36 9 10 12 13 23 12 21 15	14 5 15 14 14 13 23 12 21 15	17 10 20 17 16 14 23 13 21 15	20 14 21 21 18 15 23 13 21 15	23 19 22 25 20 15 24 13 21 15	26 22 27 29 22 16 24 13 22 15
11	30 16 31 25 36 12 23 12 21 15	33 20 33 28 2 12 24 12 21 15	36 21 33 31 4 11 24 12 21 15	3 26 1 35 7 12 23 12 21 15	6 29 7 3 9 12 23 12 21 15	8 33 9 6 11 12 23 12 21 15	11 1 9 10 13 13 23 12 21 15	14 6 15 14 14 13 23 12 21 15	17 12 20 18 16 14 23 13 21 15	20 15 21 21 18 15 23 13 21 15	23 20 22 25 20 15 24 13 21 15	26 24 27 29 22 16 24 13 22 15
12	30 17 31 25 36 12 23 12 21 15	33 22 33 28 3 12 24 12 21 15	36 22 33 31 4 11 24 12 21 15	3 27 2 35 7 12 23 12 21 15	6 30 8 3 9 12 23 12 21 15	9 35 9 6 11 12 23 12 21 15	11 2 9 10 13 13 23 12 21 15	14 8 15 14 15 13 23 12 21 15	17 13 20 18 17 14 23 13 21 15	20 17 21 21 18 15 23 13 21 15	23 22 22 25 20 15 24 13 21 15	26 25 27 29 22 16 24 13 22 15
13	30 18 31 25 36 12 23 12 21 15	33 23 33 28 3 12 24 12 21 15	36 24 33 32 5 11 24 12 21 15	3 28 2 35 7 12 23 12 21 15	6 31 8 3 9 12 23 12 21 15	9 36 9 7 11 13 23 12 21 15	12 4 9 10 13 13 23 12 21 15	14 9 15 14 15 13 23 12 21 15	17 14 20 18 17 14 23 13 21 15	20 18 21 22 19 15 23 13 21 15	24 23 22 25 20 15 24 13 21 15	27 26 27 29 22 16 24 13 22 15
14	30 20 31 25 36 12 23 12 21 15	33 24 33 28 3 12 24 12 21 15	36 25 33 32 5 11 24 12 21 15	3 29 2 35 7 12 23 12 21 15	6 32 8 3 9 12 23 12 21 15	9 1 9 7 11 13 23 12 21 15	12 5 10 10 13 13 23 12 21 15	15 11 15 14 15 13 23 12 21 15	18 16 20 18 17 14 23 13 21 15	21 19 20 22 19 15 23 13 21 15	24 24 22 26 21 15 24 13 21 15	27 27 27 29 23 16 24 13 22 15
15	30 21 31 25 1 12 23 12 21 15	33 25 32 29 3 12 24 12 21 15	36 26 33 32 5 11 24 12 21 15	3 30 2 35 7 12 23 12 21 15	6 34 8 3 9 12 23 12 21 15	9 3 9 7 11 13 23 12 21 15	12 7 10 10 13 13 23 12 21 15	15 12 16 14 15 13 23 12 21 15	18 17 20 18 17 15 23 13 21 15	21 21 20 22 19 15 24 13 21 15	24 25 23 26 21 15 24 13 21 15	27 28 27 29 23 16 24 13 22 15
16	30 22 31 25 1 12 23 12 21 15	33 26 32 29 3 12 24 12 21 15	36 27 33 32 5 11 24 12 21 15	3 32 2 36 7 12 23 12 21 15	6 35 8 3 9 12 23 12 21 15	9 4 9 7 11 13 23 12 21 15	12 8 10 11 13 13 23 12 21 15	15 13 16 14 15 13 23 12 21 15	18 18 20 18 17 15 23 13 21 15	21 22 20 22 19 15 24 13 21 15	24 26 23 26 21 15 24 13 21 15	27 30 28 30 23 16 24 13 22 15
17	30 23 32 26 1 12 23 12 21 15	33 28 32 29 3 12 24 12 21 15	36 28 33 32 5 11 24 12 21 15	3 33 3 36 7 12 23 12 21 15	6 36 8 3 9 12 23 12 21 15	9 6 9 7 11 13 23 12 21 15	12 10 10 11 13 13 23 12 21 15	15 15 16 14 15 13 23 12 21 15	18 20 21 18 17 15 23 13 21 15	21 23 20 22 19 15 24 13 21 15	24 27 23 26 21 16 24 13 21 15	27 31 28 30 23 16 24 13 22 15
18	30 24 32 26 1 12 23 12 21 15	33 29 32 29 3 12 24 12 21 15	36 30 34 32 5 11 24 12 21 15	3 34 3 36 7 12 23 12 21 15	6 2 8 3 9 12 23 12 21 15	9 7 9 7 11 13 23 12 21 15	12 11 10 11 13 13 23 12 21 15	15 16 16 15 15 13 23 12 21 15	18 21 21 18 17 15 23 13 21 15	21 24 20 22 19 15 24 13 21 15	24 29 23 26 21 16 24 13 21 15	27 32 28 30 23 16 24 13 22 15
19	30 26 32 26 1 12 23 12 21 15	34 30 32 29 3 12 24 12 21 15	36 31 34 32 5 11 24 12 21 15	3 36 3 36 7 12 23 12 21 15	6 3 8 3 9 12 23 12 21 15	9 9 9 7 11 13 23 12 21 15	12 13 10 11 13 13 23 12 21 15	15 18 16 15 15 13 23 12 21 15	18 22 21 19 17 15 23 13 21 15	21 25 20 22 19 15 24 13 21 15	24 30 23 26 21 16 24 13 21 15	27 33 28 30 23 16 24 13 22 15
20	30 27 32 26 1 12 23 12 21 15	34 31 32 29 3 12 24 12 21 15	36 32 34 32 5 11 24 12 21 15	3 1 3 36 7 12 23 12 21 15	6 5 9 4 9 12 23 12 21 15	9 10 9 7 11 13 23 12 21 15	12 14 11 11 13 13 23 12 21 15	15 19 17 15 15 13 23 12 21 15	18 23 21 19 17 15 23 13 21 15	21 27 20 22 19 15 24 13 21 15	24 31 23 26 21 16 24 13 21 15	27 34 28 30 23 16 24 13 22 15
21	31 28 32 26 1 12 23 12 21 15	34 33 32 29 3 12 24 12 21 15	1 33 34 32 5 11 24 12 21 15	4 3 3 36 7 12 23 12 21 15	6 6 9 4 9 12 23 12 21 15	9 12 9 7 11 13 23 12 21 15	12 15 11 11 13 13 23 12 21 15	15 20 17 15 15 13 23 12 21 15	18 25 21 19 17 15 23 13 21 15	21 28 20 23 19 15 24 13 21 15	24 32 24 26 21 16 24 13 21 15	27 36 28 30 23 16 24 13 22 15
22	31 29 32 26 1 12 23 12 21 15	34 34 32 29 3 12 24 12 21 15	1 36 34 33 5 11 24 12 21 15	4 4 4 36 7 12 23 12 21 15	7 8 9 4 9 12 23 12 21 15	10 13 9 8 11 13 23 12 21 15	12 17 11 11 13 13 23 12 21 15	15 21 17 15 15 13 23 12 21 15	18 26 21 19 17 15 23 13 21 15	21 29 20 23 19 15 24 13 21 15	24 34 24 27 21 16 24 13 21 15	27 1 28 30 23 16 24 13 22 15
23	31 30 33 26 1 12 24 12 21 15	34 35 32 29 3 12 24 12 21 15	1 36 34 33 5 11 24 12 21 15	4 6 4 36 7 12 23 12 21 15	7 9 9 4 9 12 23 12 21 15	10 15 9 8 11 13 23 12 21 15	12 18 11 11 13 13 23 12 21 15	15 23 17 15 15 13 23 12 21 15	18 27 21 19 17 15 23 13 21 15	21 30 20 23 19 15 24 13 21 15	25 35 24 27 21 16 24 13 21 15	28 2 29 30 23 16 24 13 22 15
24	31 32 33 26 1 12 24 12 21 15	34 1 32 30 3 12 24 12 21 15	1 2 34 33 5 11 24 12 21 15	4 7 4 36 7 12 23 12 21 15	7 11 9 4 9 12 23 12 21 15	10 16 9 8 11 13 23 12 21 15	13 19 11 12 13 13 23 12 21 15	16 24 17 15 15 13 23 12 21 15	19 28 21 19 17 15 23 13 21 15	22 32 20 23 19 15 24 13 21 15	25 36 24 27 21 16 24 13 22 15	28 4 29 31 23 16 24 13 22 15
25	31 33 33 26 1 12 24 12 21 15	34 2 32 30 3 12 24 12 21 15	1 3 34 33 5 12 24 12 21 15	4 9 4 1 7 12 23 12 21 15	7 12 9 4 9 12 23 12 21 15	10 17 9 8 11 13 23 12 21 15	13 21 11 12 13 13 23 12 21 15	16 25 17 15 15 13 23 13 21 15	19 29 21 19 17 15 23 13 21 15	22 33 20 23 19 15 24 13 21 15	25 1 24 27 21 16 24 13 22 15	28 5 29 31 23 16 24 13 22 15
26	31 34 33 26 1 12 24 12 21 15	34 4 32 30 4 12 24 12 21 15	1 5 35 33 5 12 24 12 21 15	4 10 4 1 8 12 23 12 21 15	7 14 9 4 10 12 23 12 21 15	10 19 9 8 12 13 23 12 21 15	13 22 12 12 13 13 23 12 21 15	16 26 18 16 15 13 23 13 21 15	19 31 21 19 17 15 23 13 21 15	22 34 20 23 19 15 24 13 21 15	25 3 24 27 21 16 24 13 22 15	28 7 29 31 23 16 24 13 22 15
27	31 36 33 26 1 12 24 12 21 15	34 5 32 30 4 12 24 12 21 15	1 6 35 33 6 12 24 12 21 15	4 11 5 1 8 12 23 12 21 15	7 15 9 4 10 12 23 12 21 15	10 20 9 8 12 13 23 12 21 15	13 23 12 12 14 13 23 12 21 15	16 27 18 16 16 13 23 13 21 15	19 32 21 20 17 15 23 13 21 15	22 35 20 23 19 15 24 13 21 15	25 4 25 27 21 16 24 13 22 15	28 8 29 31 23 16 24 13 22 15
28	31 1 33 27 1 12 24 12 21 15	34 6 32 30 4 12 24 12 21 15	1 8 35 33 6 12 24 12 21 15	4 13 5 1 8 12 23 12 21 15	7 16 9 5 10 12 23 12 21 15	10 21 9 8 12 13 23 12 21 15	13 24 12 12 14 13 23 12 21 15	16 29 18 16 16 13 23 13 21 15	19 33 21 20 18 15 23 13 21 15	22 1 20 23 19 15 24 13 21 15	25 6 25 27 21 16 24 13 22 15	28 10 29 31 23 16 24 13 22 15
29	31 3 33 27 2 12 24 12 21 15		1 9 35 33 6 12 24 12 21 15	4 14 5 1 8 12 23 12 21 15	7 18 9 5 10 12 23 12 21 15	10 22 9 8 12 13 23 12 21 15	13 26 12 12 14 13 23 12 21 15	16 30 18 16 16 13 23 13 21 15	19 35 21 20 18 15 23 13 21 15	22 2 20 24 20 15 24 13 21 15	25 7 25 27 22 16 24 13 22 15	28 11 30 31 23 16 24 13 22 15
30	31 4 33 27 2 12 24 12 21 15		1 10 35 34 6 12 24 12 21 15	4 15 5 1 8 12 23 12 21 15	7 19 9 5 10 12 23 12 21 15	10 23 9 9 12 13 23 12 21 15	13 27 12 12 14 13 23 12 21 15	16 31 18 16 16 13 23 13 21 15	19 36 21 20 18 15 23 13 21 15	22 4 20 24 20 15 24 13 21 15	25 9 25 28 22 16 24 13 22 15	28 13 30 31 24 16 24 13 22 15
31	32 5 33 27 2 12 24 12 21 15		1 12 35 34 6 12 24 12 21 15		7 20 9 5 10 12 23 12 21 15		13 28 13 12 14 13 23 12 21 15	16 32 18 16 16 14 23 13 21 15		22 5 20 24 20 15 24 13 21 15		28 14 30 31 24 16 24 13 22 15

1956

	JAN	FEB	MÄR	APR	MAI	JUNI	JULI	AUG	SEPT	OKT	NOV	DEZ
1	29 16 30 32 24 16 24 13 22 15	32 20 31 35 26 15 25 12 22 15	35 23 32 3 28 15 25 12 22 15	2 27 1 6 30 15 25 12 21 15	5 30 7 9 32 15 25 12 21 15	8 35 7 10 33 15 24 12 21 15	10 2 9 9 35 15 24 13 21 15	13 7 15 9 36 16 24 13 21 15	16 12 19 12 36 16 24 13 21 15	19 16 18 15 35 17 24 13 21 15	22 21 22 19 35 17 25 13 22 16	25 25 26 22 36 18 25 13 22 16
2	29 17 30 32 24 16 24 13 22 15	32 22 30 35 26 15 25 12 22 15	35 24 32 3 28 15 25 12 22 15	2 28 1 6 30 15 25 12 21 15	5 31 7 9 32 15 25 12 21 15	8 36 7 10 33 15 24 12 21 15	11 3 9 9 35 15 24 13 21 15	14 8 15 9 36 16 24 13 21 15	16 14 19 12 36 16 24 13 21 15	19 18 18 15 35 17 24 13 21 15	23 22 22 19 35 17 25 13 22 16	26 26 27 22 36 18 25 13 22 16
3	29 18 30 32 24 16 24 13 22 15	32 23 30 36 26 15 25 12 22 15	35 25 32 3 28 15 25 12 22 15	2 29 2 6 30 15 25 12 21 15	5 33 8 9 32 15 25 12 21 15	8 1 7 10 34 15 24 12 21 15	11 5 9 9 35 15 24 13 21 15	14 10 15 9 36 16 24 13 21 15	17 15 19 12 36 16 24 13 21 15	20 19 18 15 35 17 24 13 21 15	23 23 22 19 35 17 25 13 22 16	26 27 27 22 36 18 25 13 22 16
4	29 20 31 32 24 16 24 13 22 15	32 24 30 36 26 15 25 12 22 15	35 26 32 3 28 15 25 12 22 15	2 31 2 7 30 15 25 12 21 15	5 34 7 9 32 15 25 12 21 15	8 2 7 10 34 15 24 12 21 15	11 6 9 9 35 15 24 13 21 15	14 11 15 10 36 16 24 13 21 15	17 17 19 12 35 16 24 13 21 15	20 20 18 15 35 17 24 13 21 15	23 24 22 19 35 17 25 13 22 16	26 29 27 23 36 18 25 13 22 16
5	29 21 31 32 24 16 24 13 22 15	32 25 30 36 26 15 25 12 22 15	35 27 33 3 28 15 25 12 22 15	2 32 2 7 30 15 25 12 21 15	5 35 7 9 32 15 25 12 21 15	8 4 7 10 34 15 24 12 21 15	11 8 9 9 35 15 24 13 21 15	14 13 15 10 36 16 24 13 21 15	17 18 19 12 35 16 24 13 21 15	20 22 18 15 35 17 24 13 21 15	23 26 22 19 35 17 25 13 22 16	26 30 27 23 36 18 25 13 22 16
6	29 22 31 32 24 16 24 13 22 15	32 27 30 36 26 15 25 12 22 15	35 29 33 3 28 15 25 12 22 15	2 33 2 7 30 15 25 12 21 15	5 36 7 9 32 15 25 12 21 15	8 5 7 10 34 15 24 12 21 15	11 9 9 9 35 15 24 13 21 15	14 14 16 10 36 16 24 13 21 15	17 20 19 12 35 16 24 13 21 15	20 23 18 16 35 17 24 13 21 15	23 28 23 19 35 17 25 13 22 16	26 31 27 23 1 18 25 13 22 16
7	29 23 31 32 24 16 24 13 22 15	32 28 30 36 26 15 25 12 22 15	35 30 33 3 28 15 25 12 22 15	2 34 2 7 30 15 25 12 22 15	5 2 7 9 32 15 25 12 21 15	8 7 7 10 34 15 24 12 21 15	11 11 10 9 35 15 24 12 21 15	14 15 16 10 36 16 24 13 21 15	17 21 20 12 35 16 24 13 21 15	20 24 18 16 35 17 24 13 21 15	23 29 23 19 35 17 25 13 22 16	26 32 27 23 1 18 25 13 22 16
8	29 25 31 32 24 16 24 13 22 15	32 29 30 36 26 15 25 12 22 15	35 31 33 4 28 15 25 12 22 15	2 36 3 7 30 15 25 12 21 15	5 3 7 10 32 15 25 12 21 15	8 8 7 10 34 15 24 12 21 15	11 12 10 9 35 16 24 12 21 15	14 17 16 10 36 16 24 13 21 15	17 22 20 13 35 16 24 13 21 15	20 26 18 16 35 17 24 13 21 15	23 30 23 19 35 17 25 13 22 16	26 33 28 23 1 18 25 13 22 16
9	29 26 31 33 24 16 24 13 22 15	32 30 30 36 26 15 25 12 22 15	35 32 33 4 28 15 25 12 22 15	2 1 3 7 30 15 25 12 21 15	5 4 7 10 32 15 25 12 21 15	8 10 7 10 34 15 24 12 21 15	11 13 10 9 35 16 24 13 21 15	14 19 16 10 36 16 24 13 21 15	17 24 20 13 35 16 24 13 21 15	20 27 18 16 35 17 24 13 21 15	23 31 23 20 35 17 25 13 22 16	26 35 28 23 1 18 25 13 22 16
10	29 27 31 33 24 16 24 13 22 15	33 31 30 36 26 15 25 12 22 15	35 33 33 4 28 15 25 12 22 15	3 2 3 7 30 15 25 12 21 15	5 6 7 10 32 15 25 12 21 15	8 11 7 10 34 15 24 13 21 15	11 15 10 9 35 16 24 13 21 15	14 20 16 10 36 16 24 13 21 15	17 25 20 13 35 16 24 13 21 15	20 28 18 16 35 17 24 13 21 15	23 32 23 20 35 17 25 13 22 16	26 36 28 23 1 18 25 13 22 16
11	30 28 31 33 24 16 24 13 22 15	33 33 30 1 26 15 25 12 22 15	36 35 34 4 28 15 25 12 22 15	3 4 3 7 30 15 25 12 21 15	6 7 7 10 32 15 25 12 21 15	9 13 7 10 34 15 24 13 21 15	11 17 10 9 35 16 24 13 21 15	14 22 16 10 36 16 24 13 21 15	17 26 20 13 35 16 24 13 21 15	20 29 19 16 35 17 25 13 21 15	23 34 23 20 35 17 25 13 22 16	26 1 28 23 1 18 25 13 22 16
12	30 29 32 33 24 16 24 13 22 15	33 34 30 1 26 15 25 12 22 15	36 36 34 4 28 15 25 12 21 15	3 5 4 7 30 15 25 12 21 15	6 9 7 10 32 15 25 12 21 15	9 14 7 10 34 15 24 13 21 15	12 18 11 9 35 16 24 13 21 15	14 23 17 10 36 16 24 13 21 15	17 27 20 13 35 16 24 13 21 15	20 30 19 16 35 17 25 13 21 15	24 35 24 20 35 18 25 13 22 16	27 2 28 24 1 18 25 13 22 16
13	30 30 32 33 24 16 25 13 22 15	33 35 30 1 26 15 25 12 22 15	36 1 34 4 28 15 25 12 21 15	3 6 4 7 30 15 25 12 21 15	6 10 7 10 32 15 25 12 21 15	9 16 7 10 34 15 24 13 21 15	12 19 11 9 35 16 24 13 21 15	15 24 17 10 36 16 24 13 21 15	18 29 20 13 35 16 24 13 21 15	21 32 19 16 35 17 25 13 21 15	24 36 24 20 36 18 25 13 22 16	27 3 28 24 1 19 25 13 22 16
14	30 32 32 33 25 16 25 13 22 15	33 36 30 1 27 15 25 12 22 15	36 3 34 4 28 15 25 12 21 15	3 8 4 8 30 15 25 12 21 15	6 12 7 10 32 15 24 12 21 15	9 17 7 10 34 15 24 13 21 15	12 21 11 9 35 16 24 13 21 15	15 25 17 10 36 16 24 13 21 15	18 30 20 13 35 16 24 13 21 15	21 33 19 16 35 17 25 13 21 15	24 1 24 20 36 18 25 13 22 16	27 5 28 24 1 19 25 13 22 16
15	30 33 32 33 25 16 25 13 22 15	33 2 31 1 27 15 25 12 22 15	36 4 34 4 29 15 25 12 21 15	3 9 4 8 31 15 25 12 21 15	6 13 7 10 32 15 24 12 21 15	9 18 7 10 34 15 24 13 21 15	12 22 11 9 35 16 24 13 21 15	15 26 17 10 36 16 24 13 21 15	18 31 20 13 35 16 24 13 21 15	21 34 19 17 35 17 25 13 21 15	34 3 24 20 36 18 25 13 22 16	27 6 29 24 1 19 25 13 22 16
16	30 34 32 33 25 16 25 13 22 15	33 3 31 1 27 15 25 12 22 15	36 5 34 4 29 15 25 12 21 15	3 11 4 8 31 15 25 12 21 15	6 15 7 10 32 15 24 12 21 15	9 20 7 10 34 15 24 13 21 15	12 23 11 9 35 16 24 13 21 15	15 28 17 10 36 16 24 13 21 15	18 32 20 13 35 16 24 13 21 15	21 35 19 17 35 17 25 13 21 15	24 4 24 20 36 18 25 13 22 16	27 8 29 24 1 19 25 13 22 16
17	30 35 32 33 25 16 25 13 22 15	33 4 31 1 27 15 25 12 22 15	36 7 34 5 29 15 25 12 21 15	3 12 4 8 31 15 25 12 21 15	6 16 7 10 33 15 24 12 21 15	9 21 7 10 34 15 24 13 21 15	12 24 12 9 35 16 24 13 21 15	15 29 17 10 36 16 24 13 21 15	18 33 20 13 35 16 24 13 21 15	21 1 19 17 35 17 25 13 21 15	24 5 24 21 36 18 25 13 22 16	27 9 29 24 1 19 25 13 22 16
18	30 1 32 34 25 15 25 13 22 15	33 6 31 1 27 15 25 12 22 15	36 8 35 5 29 15 25 12 21 15	3 13 5 8 31 15 25 12 21 15	6 17 7 10 33 15 24 12 21 15	9 22 7 10 34 15 24 13 21 15	12 26 12 9 36 16 24 13 21 15	15 30 17 11 36 16 24 13 21 15	18 34 20 14 35 16 24 13 21 15	21 2 19 17 35 17 25 13 21 15	24 7 24 21 36 18 25 13 22 16	27 11 29 24 1 19 25 13 22 16
19	30 2 32 34 25 15 25 13 22 15	33 7 31 1 27 15 25 12 22 15	36 10 35 5 29 15 25 12 21 15	3 15 5 8 31 15 25 12 21 15	6 19 7 10 33 15 24 12 21 15	9 23 7 10 34 15 24 13 21 15	12 27 12 9 36 16 24 13 21 15	15 31 18 11 36 16 24 13 21 15	18 36 20 14 35 16 24 13 21 15	21 3 20 17 35 17 25 13 22 15	24 8 25 21 36 18 25 13 22 16	27 12 29 24 1 19 25 13 22 16
20	30 3 32 34 25 15 25 13 22 15	34 8 31 2 27 15 25 12 22 15	36 11 35 5 29 15 25 12 21 15	4 16 5 8 31 15 25 12 21 15	6 20 7 10 33 15 24 12 21 15	9 25 7 10 34 15 24 13 21 15	12 28 12 9 36 16 24 13 21 15	15 32 18 11 36 16 24 13 21 15	18 1 19 14 35 16 24 13 21 15	21 5 20 17 35 17 25 13 22 16	24 10 25 21 36 18 25 13 22 16	27 14 29 25 1 19 25 13 22 16
21	31 5 32 34 25 15 25 13 22 15	34 10 31 2 27 15 25 12 22 15	1 12 35 5 29 15 25 12 21 15	4 18 5 8 31 15 25 12 21 15	7 21 7 10 33 15 24 12 21 15	10 26 7 10 34 15 24 13 21 15	12 29 13 9 36 16 24 13 21 15	15 34 18 11 36 16 24 13 21 15	18 2 19 14 35 16 24 13 21 15	21 6 20 17 35 17 25 13 22 16	24 11 25 21 36 18 25 13 22 16	27 15 29 25 1 19 25 13 22 16
22	31 6 32 34 25 15 25 13 22 15	34 11 31 2 27 15 25 12 22 15	1 14 35 5 29 15 25 12 21 15	4 19 5 8 31 15 25 12 21 15	7 23 7 10 33 15 24 12 21 15	10 27 7 10 34 15 24 13 21 15	12 30 13 9 36 16 24 13 21 15	15 35 18 11 36 16 24 13 21 15	18 4 19 14 35 16 24 13 21 15	21 7 20 17 35 17 25 13 22 16	25 13 25 21 36 18 25 13 22 16	28 16 30 25 1 19 25 13 22 16
23	31 7 32 34 25 15 25 13 22 15	34 13 31 2 27 15 25 12 22 15	1 15 36 5 29 15 25 12 21 15	4 20 6 8 31 15 25 12 21 15	7 24 7 10 33 15 24 12 21 15	10 28 7 9 35 15 24 13 21 15	13 32 13 9 36 16 24 13 21 15	16 36 18 11 36 16 24 13 21 15	19 5 19 14 35 16 24 13 21 15	22 9 20 18 35 17 25 13 22 16	25 14 25 21 36 18 25 13 22 16	28 18 30 25 1 19 25 13 22 16
24	31 9 32 34 25 15 25 13 22 15	34 14 31 2 27 15 25 12 22 15	1 17 36 5 29 15 25 12 21 15	4 22 6 8 31 15 25 12 21 15	7 25 7 10 33 15 24 12 21 15	10 29 8 9 35 15 24 13 21 15	13 33 13 9 36 16 24 13 21 15	16 1 18 11 36 16 24 13 21 15	19 6 19 14 35 16 24 13 21 15	22 10 20 18 35 17 25 13 22 16	25 15 25 21 36 18 25 13 22 16	28 19 30 25 1 19 25 13 22 16
25	31 10 31 34 25 15 25 13 22 15	34 16 31 2 27 15 25 12 22 15	1 18 36 5 29 15 25 12 21 15	4 23 6 9 31 15 25 12 21 15	7 26 7 10 33 15 24 12 21 15	10 31 8 9 35 15 24 13 21 15	13 34 13 9 36 16 24 13 21 15	16 3 18 11 36 16 24 13 21 15	19 8 19 14 35 16 24 13 21 15	22 11 21 18 35 17 25 13 22 16	25 17 26 22 36 18 25 13 22 16	28 21 30 25 2 19 25 13 22 16
26	31 12 31 35 25 15 25 13 22 15	34 17 32 2 27 15 25 12 22 15	1 19 36 6 29 15 25 12 21 15	4 24 6 9 31 15 25 12 21 15	7 27 7 10 33 15 24 12 21 15	10 32 8 9 35 15 24 13 21 15	13 35 14 9 36 16 24 13 21 15	16 4 18 11 36 16 24 13 21 15	19 9 19 14 35 17 24 13 21 15	22 13 21 18 35 17 25 13 22 16	25 18 26 22 36 18 25 13 22 16	28 22 30 25 2 19 25 13 22 16
27	31 13 31 35 25 15 25 13 22 15	34 19 32 2 27 15 25 12 22 15	1 21 36 6 29 15 25 12 21 15	4 25 6 9 31 15 25 12 21 15	7 29 7 10 33 15 24 12 21 15	10 33 8 9 35 15 24 13 21 15	13 36 14 9 36 16 24 13 21 15	16 5 19 11 36 16 24 13 21 15	19 10 19 15 35 17 24 13 21 15	22 14 21 18 35 17 25 13 22 16	25 20 26 22 36 18 25 13 22 16	28 23 30 25 2 19 25 13 22 16
28	31 15 31 35 25 15 25 12 22 15	34 20 32 3 27 15 25 12 22 15	1 22 36 6 29 15 25 12 21 15	4 27 6 9 31 15 25 12 21 15	7 30 7 10 33 15 24 12 21 15	10 34 8 9 35 15 24 13 21 15	13 2 14 9 36 16 24 13 21 15	16 7 19 11 36 16 24 13 21 15	19 12 19 15 35 17 24 13 21 15	22 16 21 18 35 17 25 13 22 16	25 21 26 22 36 18 25 13 22 16	28 24 30 26 2 19 25 13 22 16
29	31 16 31 35 26 15 25 12 22 15	34 21 32 3 28 15 25 12 22 15	1 23 1 6 29 15 25 12 21 15	4 28 6 9 31 15 25 12 21 15	7 31 7 10 33 15 24 12 21 15	10 35 8 9 35 15 24 13 21 15	13 3 14 9 36 16 24 13 21 15	16 8 19 12 36 16 24 13 21 15	19 13 19 15 35 17 24 13 21 15	22 17 21 18 35 17 25 13 22 16	25 22 26 22 36 18 25 13 22 16	28 26 30 26 2 19 25 13 22 16
30	31 18 31 35 26 15 25 12 22 15		1 25 1 6 30 15 25 12 21 15	5 29 7 9 31 15 25 12 21 15	7 32 7 10 33 15 24 12 21 15	10 1 8 9 35 15 24 13 21 15	13 4 14 9 36 16 24 13 21 15	16 9 19 12 36 16 24 13 21 15	19 15 18 15 35 17 24 13 21 15	22 19 21 18 35 17 25 13 22 16	25 24 26 22 36 18 25 13 22 16	28 27 30 26 2 19 25 13 22 16
31	32 19 31 35 26 15 25 12 22 15		2 26 1 6 30 15 25 12 21 15		7 33 7 10 33 15 24 12 21 15		13 6 15 9 36 16 24 13 21 15	16 11 19 12 36 16 24 13 21 15		22 20 22 18 35 17 25 13 22 16		28 28 30 26 2 19 25 13 22 16

1957

	JAN	FEB	MÄR	APR	MAI	JUNI	JULI	AUG	SEPT	OKT	NOV	DEZ
1	29 29 30 26 2 19 25 13 22 16	32 34 29 30 4 19 26 13 22 15	35 35 33 33 5 18 26 13 22 15	2 3 3 1 7 18 26 13 22 15	5 7 5 5 9 18 26 13 22 15	8 12 5 9 11 18 26 13 22 15	10 16 10 13 13 18 25 13 21 15	13 21 16 16 15 18 25 13 21 15	16 26 18 20 17 19 25 13 22 16	19 29 18 24 19 20 25 14 22 16	22 34 23 27 21 20 26 14 22 16	25 1 27 30 23 21 26 14 22 16
2	29 31 30 26 2 19 25 13 22 16	32 35 29 30 4 19 26 13 22 15	35 36 33 34 6 18 26 13 22 15	2 5 3 1 7 18 26 13 22 15	5 8 5 5 9 18 26 13 22 15	8 13 5 9 11 18 26 13 22 15	11 17 10 13 13 18 25 13 21 15	13 23 16 16 15 18 25 13 21 15	16 27 18 20 17 19 25 13 22 16	19 31 18 24 19 20 25 14 22 16	22 35 23 27 21 20 26 14 22 16	26 2 28 30 23 21 26 14 22 16
3	29 32 30 26 2 19 25 13 22 16	32 36 29 30 4 19 26 13 22 15	35 1 33 34 6 18 26 13 22 15	2 6 3 2 8 18 26 13 22 15	5 9 5 5 9 18 26 13 22 15	8 15 5 9 11 18 26 13 22 15	11 19 11 13 13 18 25 13 21 15	14 24 16 17 15 18 25 13 21 15	17 29 18 20 17 19 25 13 22 16	20 32 18 24 19 20 25 14 22 16	23 36 23 27 21 20 26 14 22 16	26 4 28 30 23 21 26 14 22 16
4	29 33 30 26 2 19 25 13 22 16	32 1 30 30 4 19 26 13 22 15	35 2 34 33 5 18 26 13 22 15	2 7 3 2 8 18 26 13 22 15	5 11 5 5 9 18 26 13 22 15	8 16 5 9 11 18 26 13 22 15	11 20 11 13 13 18 25 13 21 15	14 25 16 17 15 18 25 13 21 15	17 30 18 20 17 19 25 13 22 16	20 33 18 24 19 20 25 14 22 16	23 2 23 27 21 20 26 14 22 16	26 5 28 30 23 21 26 14 22 16
5	29 34 30 27 2 19 25 13 22 16	32 3 30 30 4 19 26 13 22 15	35 4 34 33 5 18 26 13 22 15	2 8 4 2 8 18 26 13 22 15	5 12 5 6 10 18 26 13 22 15	8 18 6 9 11 18 26 13 22 15	11 21 11 13 13 18 25 13 21 15	14 26 16 17 15 18 25 13 22 15	17 31 18 20 17 19 25 13 22 16	20 34 18 24 19 20 25 14 22 16	23 3 24 27 21 20 26 14 22 16	26 6 28 30 23 21 26 14 22 16
6	29 35 30 27 2 19 25 13 22 16	32 4 30 31 4 19 26 13 22 15	35 5 34 33 5 18 26 13 22 15	2 10 4 2 8 18 26 13 22 15	5 14 5 6 10 18 26 13 22 15	8 19 6 9 12 18 26 13 22 15	11 22 11 13 13 18 25 13 21 15	14 28 17 17 15 18 25 13 22 15	17 32 18 21 17 19 25 13 22 16	20 35 19 24 19 20 26 14 22 16	23 4 24 28 21 20 26 14 22 16	26 7 28 30 23 21 26 14 22 16
7	29 36 30 27 2 19 26 13 22 16	32 5 30 31 4 19 26 13 22 15	35 6 34 33 5 18 26 13 22 15	2 11 4 2 8 18 26 13 22 15	5 15 5 6 10 18 26 13 22 15	8 20 6 10 12 18 26 13 22 15	11 23 11 13 14 18 25 13 21 15	14 29 17 17 15 19 25 13 22 15	17 33 17 21 17 19 25 13 22 16	20 1 19 24 19 20 26 14 22 16	23 5 24 28 21 20 26 14 22 16	26 9 28 31 23 21 26 14 22 16
8	29 2 30 27 2 19 26 13 22 16	32 6 30 31 4 19 26 13 22 15	35 7 34 33 5 18 26 13 22 15	2 13 4 2 8 18 26 13 22 15	5 17 5 6 10 18 26 13 22 15	8 22 6 10 12 18 26 13 22 15	11 25 12 13 14 18 25 13 21 15	14 30 17 17 16 19 25 13 22 15	17 35 17 21 17 19 25 13 22 16	20 2 19 24 19 20 26 14 22 16	23 6 24 28 21 20 26 14 22 16	26 10 28 31 24 21 26 14 22 16
9	29 3 29 27 2 19 26 13 22 16	33 8 30 31 4 19 26 13 22 15	35 9 34 33 5 18 26 13 22 15	2 14 4 2 8 18 26 13 22 15	5 18 5 6 10 18 26 13 22 15	8 23 6 10 12 18 26 13 22 15	11 27 12 13 14 18 25 13 21 15	14 31 17 17 16 19 25 13 22 15	17 36 17 21 18 19 25 13 22 16	20 3 19 24 19 20 26 14 22 16	23 8 24 28 22 20 26 14 22 16	26 11 28 31 24 21 26 14 22 16
10	30 4 29 27 2 19 26 13 22 16	33 9 30 31 4 19 26 13 22 15	35 10 35 35 6 18 26 13 22 15	3 15 4 2 8 18 26 13 22 15	5 19 5 6 10 18 26 13 22 15	8 24 6 10 12 18 26 13 22 15	11 28 12 14 14 18 25 13 21 15	14 33 17 17 16 19 25 13 22 15	17 1 17 21 18 19 25 13 22 16	20 4 19 25 20 20 26 14 22 16	23 9 24 28 22 20 26 14 22 16	26 13 28 31 24 21 26 14 22 16
11	30 6 29 27 2 19 26 13 22 16	33 11 30 31 4 19 26 13 22 15	36 12 35 35 6 18 26 13 22 15	3 17 5 3 8 18 26 13 22 15	6 21 5 6 10 18 26 13 22 15	9 26 6 10 12 18 26 13 22 15	11 29 12 14 14 18 25 13 21 15	14 34 17 17 16 19 25 13 22 15	17 2 17 21 18 19 25 13 22 16	20 6 19 25 20 20 26 14 22 16	23 10 24 28 22 20 26 14 22 16	26 14 28 31 24 21 26 14 22 16
12	30 7 29 27 3 19 26 13 22 16	33 12 30 31 4 19 26 13 22 15	36 13 35 35 6 18 26 13 22 15	3 18 5 3 8 18 26 13 22 15	6 22 5 6 10 18 26 13 22 15	9 27 7 10 12 18 26 13 22 15	11 30 12 14 14 18 25 13 21 15	14 35 17 18 16 19 25 13 22 15	17 3 17 21 18 19 25 13 22 16	20 7 20 25 20 20 26 14 22 16	23 12 25 28 22 21 26 14 22 16	27 16 29 31 24 21 26 14 22 16
13	30 8 29 28 3 19 26 13 22 16	33 14 31 31 4 19 26 13 22 15	36 15 35 35 6 18 26 13 22 15	3 20 5 3 8 18 26 13 22 15	6 24 5 7 10 18 26 13 22 15	9 28 7 10 12 18 26 13 22 15	12 32 13 14 14 18 25 13 21 15	15 36 17 18 16 19 25 13 22 15	18 5 17 21 18 19 25 13 22 16	20 8 20 25 20 20 26 14 22 16	24 13 25 28 22 21 26 14 22 16	27 17 29 31 24 21 26 14 22 16
14	30 10 29 28 3 19 26 13 22 16	33 15 31 32 5 19 26 13 22 15	36 16 35 35 6 18 26 13 22 15	3 21 5 3 8 18 26 13 22 15	6 25 5 7 10 18 26 13 22 15	9 30 7 10 12 18 26 13 22 15	12 33 13 14 14 18 25 13 21 15	15 1 17 18 16 19 25 13 22 15	18 6 17 22 18 19 25 13 22 16	21 9 20 25 20 20 26 14 22 16	24 15 25 28 22 21 26 14 22 16	27 18 29 31 24 21 26 14 22 16
15	30 11 29 28 3 19 26 13 22 15	33 17 31 32 5 19 26 13 22 15	36 18 35 35 6 18 26 13 22 15	3 23 5 3 8 18 26 13 22 15	6 26 5 7 10 18 26 13 22 15	9 31 7 11 12 18 26 13 22 15	12 34 13 14 14 18 25 13 21 15	15 2 17 18 16 19 25 13 22 15	18 7 17 22 18 19 25 13 22 16	21 11 20 25 20 20 26 14 22 16	24 16 25 29 22 21 26 14 22 16	27 20 29 31 24 21 26 14 22 16
16	30 13 29 28 3 19 26 13 22 15	33 18 31 32 5 19 26 13 22 15	36 19 36 35 6 18 26 13 22 15	3 24 5 3 8 18 26 13 22 15	6 28 5 7 10 18 26 13 22 15	9 32 7 11 12 18 25 13 22 15	12 35 13 14 14 18 25 13 21 15	15 4 18 18 16 19 25 13 22 15	18 8 17 22 18 19 25 13 22 16	21 12 20 25 20 20 26 14 22 16	24 17 25 29 22 21 26 14 22 16	27 21 29 31 24 21 26 14 22 16
17	30 14 29 28 3 19 26 13 22 15	33 20 31 32 5 19 26 13 22 15	36 21 36 35 6 18 26 13 22 15	3 25 5 3 8 18 26 13 22 15	6 29 5 7 10 18 26 13 22 15	9 33 7 11 12 18 25 13 21 15	12 36 13 14 14 18 25 13 21 15	15 5 18 18 16 19 25 13 22 15	18 10 17 22 18 19 25 14 22 16	21 13 20 25 20 20 26 14 22 16	24 19 25 29 22 21 26 14 22 16	27 23 29 31 24 21 26 14 22 16
18	30 16 29 28 3 19 26 13 22 15	33 21 31 32 5 19 26 13 22 15	36 22 36 36 7 18 26 13 22 15	3 27 5 3 8 18 26 13 22 15	6 30 5 7 10 18 26 13 22 15	9 34 7 11 12 18 25 13 21 15	12 2 14 15 14 18 25 13 21 15	15 6 18 18 16 19 25 13 22 15	18 11 17 22 18 19 25 14 22 16	21 15 21 25 20 20 26 14 22 16	24 20 26 29 22 21 26 14 22 16	27 24 29 31 24 21 26 14 22 16
19	30 17 29 28 3 19 26 13 22 15	34 22 31 32 5 18 26 13 22 15	36 23 36 36 7 18 26 13 22 15	3 28 5 4 9 18 26 13 22 15	6 31 5 7 10 18 26 13 22 15	9 36 8 11 12 18 25 13 21 15	12 2 14 15 14 18 25 13 21 15	15 7 18 18 16 19 25 13 22 16	18 13 17 22 18 19 25 14 22 16	21 16 21 26 20 20 26 14 22 16	24 22 26 29 22 21 26 14 22 16	27 25 29 31 24 21 26 14 22 16
20	31 19 29 28 3 19 26 13 22 15	34 24 32 32 5 18 26 13 22 15	36 25 36 36 7 18 26 13 22 15	4 29 5 4 9 18 26 13 22 15	6 32 5 7 10 18 26 13 22 15	9 1 8 11 12 18 25 13 21 15	12 4 14 15 14 18 25 13 21 15	15 9 18 19 16 19 25 13 22 16	18 14 17 22 18 19 25 14 22 16	21 18 21 26 20 20 26 14 22 16	24 23 26 29 22 21 26 14 22 16	27 27 28 32 24 21 26 14 22 16
21	31 20 29 29 3 19 26 13 22 15	34 25 32 32 5 18 26 13 22 15	1 26 1 36 7 18 26 13 22 15	4 30 5 4 9 18 26 13 22 15	7 34 5 7 11 18 26 13 22 15	9 2 8 11 13 18 25 13 21 15	12 5 14 15 14 18 25 13 21 15	15 10 18 19 16 19 25 13 22 16	18 16 17 22 18 19 25 14 22 16	21 19 21 26 20 20 26 14 22 16	24 25 26 29 22 21 26 14 22 16	27 28 28 32 24 21 26 14 22 16
22	31 22 29 29 3 19 26 13 22 15	34 26 32 32 5 18 26 13 22 15	1 27 1 36 7 18 26 13 22 15	4 32 5 4 9 18 26 13 22 15	7 35 5 8 11 18 26 13 22 15	10 3 8 11 13 18 25 13 21 15	12 7 14 15 14 18 25 13 21 15	15 12 18 19 16 19 25 13 22 16	18 17 17 22 18 19 25 14 22 16	21 21 21 26 20 20 26 14 22 16	24 26 26 29 22 21 26 14 22 16	28 29 28 32 24 21 26 14 22 16
23	31 23 29 29 3 19 26 13 22 15	34 28 32 33 5 18 26 13 22 15	1 28 1 36 7 18 26 13 22 15	4 33 5 4 9 18 26 13 22 15	7 36 5 8 11 18 26 13 22 15	10 4 8 12 13 18 25 13 21 15	13 8 14 15 15 18 25 13 21 15	16 13 18 19 16 19 25 13 22 16	19 19 17 23 18 19 25 14 22 16	21 22 21 26 20 20 26 14 22 16	25 27 26 29 22 21 26 14 22 16	28 31 28 32 25 21 26 14 22 16
24	31 24 29 29 3 19 26 13 22 15	34 29 32 33 5 18 26 13 22 15	1 30 1 36 7 18 26 13 22 15	4 34 5 4 9 18 26 13 22 15	7 1 5 8 11 18 26 13 22 15	10 6 9 12 13 18 25 13 21 15	13 9 15 15 15 18 25 13 21 15	16 15 18 19 17 19 25 13 22 16	19 20 17 23 19 19 25 14 22 16	22 24 22 26 20 20 26 14 22 16	25 29 26 29 23 21 26 14 22 16	28 32 28 32 25 21 26 14 22 16
25	31 25 29 29 3 19 26 13 22 15	34 30 32 33 5 18 26 13 22 15	1 31 1 36 7 18 26 13 22 15	4 35 5 4 9 18 26 13 22 15	7 2 5 8 11 18 26 13 22 15	10 7 9 12 13 18 25 13 21 15	13 11 15 15 15 18 25 13 21 15	16 16 18 19 17 19 25 13 22 16	19 22 17 23 19 19 25 14 22 16	22 25 22 26 21 20 26 14 22 16	25 30 27 29 23 21 26 14 22 16	28 33 28 32 25 21 26 14 22 16
26	31 27 29 29 3 19 26 13 22 15	34 31 33 33 5 18 26 13 22 15	1 32 2 1 7 18 26 13 22 15	4 36 5 4 9 18 26 13 22 15	7 4 5 8 11 18 26 13 22 15	10 9 9 12 13 18 25 13 21 15	13 12 15 16 15 18 25 13 21 15	16 18 18 19 17 19 25 13 22 16	19 23 17 23 19 20 25 14 22 16	22 27 22 26 21 20 26 14 22 16	25 31 27 30 23 21 26 14 22 16	28 34 28 32 25 21 26 14 22 16
27	31 28 29 29 3 19 26 13 22 15	34 32 33 33 5 18 26 13 22 15	1 33 2 1 7 18 26 13 22 15	4 2 5 5 9 18 26 13 22 15	7 5 5 8 11 18 26 13 22 15	10 10 9 12 13 18 25 13 21 15	13 14 15 16 15 18 25 13 21 15	16 19 18 19 17 19 25 13 22 16	19 24 17 23 19 20 25 14 22 16	22 28 22 26 21 20 26 14 22 16	25 32 27 30 23 21 26 14 22 16	28 36 28 32 25 21 26 14 22 16
28	31 29 29 29 3 19 26 13 22 15	34 33 33 33 5 18 26 13 22 15	1 34 2 1 7 18 26 13 22 15	4 3 5 5 9 18 26 13 22 15	7 6 5 8 11 18 26 13 22 15	10 11 9 12 13 18 25 13 21 15	13 15 15 16 15 18 25 13 21 15	16 21 18 20 17 19 25 13 22 16	19 26 17 23 19 20 25 14 22 16	22 29 22 27 21 20 26 14 22 16	25 34 27 30 23 21 26 14 22 16	28 1 28 32 25 21 26 14 22 16
29	31 30 29 30 4 19 26 13 22 15		1 36 2 1 7 18 26 13 22 15	4 4 5 5 9 18 26 13 22 15	7 8 5 8 11 18 26 13 22 15	10 13 10 12 13 18 25 13 21 15	13 17 15 16 15 18 25 13 21 15	16 22 18 20 17 19 25 13 22 16	19 27 17 23 19 20 25 14 22 16	22 30 22 27 21 20 26 14 22 16	25 35 27 30 23 21 26 14 22 16	28 2 27 32 25 21 26 14 22 16
30	32 31 29 30 4 19 26 13 22 15		1 1 2 1 7 18 26 13 22 15	4 5 5 5 9 18 26 13 22 15	7 9 5 9 11 18 26 13 22 15	10 14 10 12 13 18 25 13 21 15	13 18 16 16 15 18 25 13 21 15	16 23 18 20 17 19 25 13 22 16	19 28 18 23 19 20 25 14 22 16	22 32 23 27 21 20 26 14 22 16	25 36 27 30 23 21 26 14 22 16	28 3 27 32 25 21 26 14 22 16
31	32 33 29 30 4 19 26 13 22 15		2 2 3 1 7 18 26 13 22 15		7 10 5 9 11 18 26 13 22 15		13 20 16 16 15 18 25 13 21 15	16 25 18 20 17 19 25 13 22 16		22 33 23 27 21 20 26 14 22 16		28 4 27 32 25 21 26 14 22 16

1958

	JAN	FEB	MÄR	APR	MAI	JUNI	JULI	AUG	SEPT	OKT	NOV	DEZ
1	29 6 27 32 25 21 26 14 22 16	32 10 30 31 27 22 27 13 22 16	35 11 34 31 29 22 27 13 22 16	2 16 3 33 32 21 27 13 22 16	5 20 3 36 34 21 27 13 22 15	8 25 6 4 36 21 27 13 22 15	10 29 12 7 2 21 27 13 22 16	13 34 16 11 4 21 26 14 22 16	16 2 15 15 6 21 26 14 22 16	19 5 19 18 7 22 26 14 22 16	22 10 24 22 6 23 27 14 22 16	25 14 27 26 5 23 27 14 22 16
2	29 7 27 32 25 21 26 14 22 16	32 12 30 31 27 22 27 13 22 16	35 13 35 31 29 22 27 13 22 16	2 18 3 33 32 21 27 13 22 16	5 22 3 36 34 21 27 13 22 15	8 27 6 4 36 21 27 13 22 15	11 30 12 7 2 21 27 13 22 16	13 35 16 11 4 21 26 14 22 16	16 3 15 15 6 21 26 14 22 16	19 7 19 18 7 22 26 14 22 16	22 11 24 22 6 23 27 14 22 16	25 15 27 26 5 23 27 14 22 16
3	29 8 27 32 25 21 26 14 22 16	32 13 30 31 27 22 27 13 22 16	35 14 35 31 29 22 27 13 22 16	2 19 4 33 32 21 27 13 22 16	5 23 3 36 34 21 27 13 22 15	8 28 6 4 36 21 27 13 22 15	11 32 12 7 2 21 27 14 22 16	14 36 16 11 4 21 26 14 22 16	17 5 15 15 6 21 26 14 22 16	19 8 19 18 7 22 26 14 22 16	23 13 24 22 6 23 27 14 22 16	26 16 27 26 5 23 27 14 22 16
4	29 10 27 32 25 21 26 14 22 16	32 15 30 31 28 22 27 13 22 16	35 15 35 31 30 22 27 13 22 16	2 21 4 33 32 21 27 13 22 16	5 25 3 36 34 21 27 13 22 15	8 30 6 4 36 21 27 13 22 15	11 33 12 7 2 21 27 14 22 16	14 1 16 11 4 21 26 14 22 16	17 6 15 15 6 21 26 14 22 16	20 9 19 19 7 22 26 14 22 16	23 14 24 22 6 23 27 14 22 16	26 18 27 26 5 23 27 14 22 16
5	29 11 27 32 25 21 26 14 22 16	32 16 30 31 26 22 27 13 22 16	35 17 35 31 30 22 27 13 22 16	2 22 4 33 32 22 27 13 22 16	5 26 3 1 34 21 27 13 22 15	8 31 6 4 36 21 27 13 22 15	11 34 13 8 2 21 27 14 22 16	14 3 16 11 4 21 26 14 22 16	17 7 15 15 6 21 26 14 22 16	20 10 20 19 7 22 26 14 22 16	23 15 25 23 6 23 27 14 22 16	26 19 27 26 5 23 27 14 22 16
6	29 12 27 32 26 21 27 14 22 16	32 18 30 31 28 22 27 13 22 16	35 19 35 31 30 22 27 13 22 16	2 24 4 33 32 21 27 13 22 16	5 27 3 1 34 21 27 13 22 15	8 32 7 4 36 21 27 13 22 15	11 35 13 8 3 21 27 14 22 16	14 4 16 11 4 21 26 14 22 16	17 8 15 15 6 21 26 14 22 16	20 12 20 19 7 22 26 14 22 16	23 17 25 23 6 23 27 14 22 16	26 21 27 27 5 23 27 14 22 16
7	29 14 27 32 26 21 27 14 22 16	32 19 31 31 28 22 27 13 22 16	35 20 25 31 30 22 27 13 22 16	2 25 4 34 32 21 27 13 22 16	5 29 3 1 34 21 27 13 22 15	8 33 7 4 1 21 27 13 22 15	11 1 13 8 3 21 27 14 22 16	14 5 16 11 5 21 26 14 22 16	17 10 15 15 6 22 26 14 22 16	20 13 20 19 7 22 26 14 22 16	23 18 25 23 6 23 27 14 22 16	26 22 27 27 5 23 27 14 22 16
8	29 15 27 32 26 21 27 14 22 16	32 21 31 31 28 22 27 13 22 16	35 22 36 31 30 22 27 13 22 16	2 27 4 34 32 21 27 13 22 16	5 30 3 1 34 21 27 13 22 15	8 35 7 4 1 21 27 13 22 15	11 2 13 8 3 21 27 14 22 16	14 6 16 12 5 21 26 14 22 16	17 11 15 15 6 22 26 14 22 16	20 14 20 19 7 22 26 14 22 16	23 20 25 23 6 23 27 14 22 16	26 23 26 27 5 23 27 14 22 16
9	29 17 27 32 26 21 27 14 22 16	33 22 31 31 28 22 27 13 22 16	35 23 36 31 30 22 27 13 22 16	2 28 4 34 32 21 27 13 22 16	5 31 3 1 34 21 27 13 22 15	8 36 7 4 1 21 27 13 22 15	11 3 13 8 3 21 27 14 22 16	14 7 16 12 5 21 26 14 22 16	17 12 15 15 6 22 26 14 22 16	20 16 20 19 7 22 26 14 22 16	23 21 25 23 6 23 27 14 22 16	26 25 26 27 5 23 27 14 22 16
10	29 18 23 32 26 21 27 14 22 16	33 23 31 31 28 22 27 13 22 16	36 24 36 31 30 22 27 13 22 16	3 29 4 34 32 21 27 13 22 16	5 33 3 1 34 21 27 13 22 15	8 1 7 5 1 21 27 13 22 16	11 4 13 8 3 21 27 14 22 16	14 9 16 12 5 21 26 14 22 16	17 13 15 16 6 22 26 14 22 16	20 17 21 19 7 22 26 14 22 16	23 23 25 23 6 23 27 14 22 16	26 26 26 27 5 23 27 14 22 16
11	30 20 27 32 26 21 27 14 22 16	33 25 31 31 28 22 27 13 22 16	36 26 36 31 30 22 27 13 22 16	3 31 3 34 32 21 27 13 22 15	6 34 3 1 35 21 27 13 22 15	9 2 8 5 1 21 27 13 22 16	11 5 14 8 3 21 27 14 22 16	14 10 16 12 5 21 26 14 22 16	17 15 16 16 6 22 26 14 22 16	20 19 21 19 7 22 26 14 22 16	23 24 25 23 6 23 27 14 22 16	26 28 26 27 5 23 27 14 22 16
12	30 21 27 32 26 21 27 14 22 16	33 26 31 31 28 22 27 13 22 16	36 27 1 31 30 22 27 13 22 16	3 32 3 34 32 21 27 13 22 15	6 35 3 1 35 21 27 13 22 15	9 3 8 5 1 21 27 13 22 16	11 7 14 8 3 21 27 14 22 16	14 11 16 12 5 21 26 14 22 16	17 16 16 16 6 22 26 14 22 16	20 20 21 20 7 22 26 14 22 16	23 26 26 23 6 23 27 14 22 16	26 29 26 27 5 24 27 14 22 16
13	30 22 27 32 26 21 27 14 22 16	33 27 32 31 28 22 27 13 22 16	36 28 1 31 20 22 27 13 22 16	3 33 3 34 32 21 27 13 22 15	6 36 3 1 35 21 27 13 22 15	9 5 8 5 1 21 27 13 22 16	12 8 14 8 3 21 27 14 22 16	15 13 16 12 5 21 26 14 22 16	18 18 16 16 6 22 26 14 22 16	20 22 21 20 7 22 26 14 22 16	24 27 26 24 6 23 27 14 22 16	27 31 26 27 5 24 27 14 22 16
14	30 24 27 32 26 22 27 14 22 16	33 29 32 31 28 22 27 13 22 16	36 30 1 32 30 22 27 13 22 16	3 34 3 34 33 21 27 13 22 15	6 1 3 1 35 21 27 13 22 15	9 6 8 5 1 21 27 13 22 16	12 9 14 9 3 21 27 14 22 16	15 14 16 12 5 21 26 14 22 16	18 19 16 16 6 22 26 14 22 16	21 23 21 20 7 22 26 14 22 16	24 29 26 24 6 23 27 14 22 16	27 32 26 28 5 24 27 14 22 16
15	30 25 28 32 26 22 27 14 22 16	33 30 32 31 28 22 27 13 22 16	36 31 1 32 30 22 27 13 22 16	3 35 3 34 33 21 27 13 22 15	6 3 3 2 35 21 17 13 22 15	9 7 9 5 1 21 27 13 22 16	12 10 14 9 3 21 27 14 22 16	15 16 16 12 5 21 26 14 22 16	18 21 16 16 6 22 26 14 22 16	21 25 21 20 7 22 26 14 22 16	24 30 26 24 6 23 27 14 22 16	27 33 26 28 5 24 27 14 22 16
16	30 26 28 32 26 22 27 14 22 16	33 31 32 31 28 22 27 13 22 16	36 32 1 32 30 22 27 13 22 16	3 1 3 34 33 22 27 13 22 15	6 4 3 2 35 21 27 13 22 15	9 8 9 5 1 21 27 13 22 16	12 12 14 9 3 21 27 14 22 16	15 17 16 13 5 21 26 14 22 16	18 22 16 16 6 22 26 14 22 16	21 26 22 20 7 22 26 14 22 16	24 31 26 24 6 23 27 14 22 16	27 35 26 28 5 24 27 14 22 16
17	30 28 28 32 26 22 27 14 22 16	33 32 32 31 28 22 27 13 22 16	36 33 1 32 31 22 27 13 22 16	3 2 3 35 33 21 27 13 22 15	6 5 4 2 35 21 27 13 22 15	9 10 9 5 1 21 27 13 22 16	12 13 14 9 3 21 27 14 22 16	15 19 16 13 5 21 26 14 22 16	18 24 16 16 6 22 26 14 22 16	21 28 22 20 7 22 26 14 22 16	24 32 26 24 6 23 27 14 22 16	27 36 25 28 5 24 27 14 22 16
18	30 29 28 32 26 22 27 14 22 16	33 34 32 31 29 22 27 13 22 16	36 35 2 32 31 22 27 13 22 16	3 3 3 35 33 21 27 13 22 15	6 6 4 2 35 21 27 13 22 15	9 11 9 6 1 21 27 13 22 16	12 15 15 9 3 21 27 14 22 16	15 20 16 13 5 21 26 14 22 16	18 25 17 17 6 22 26 14 22 16	21 29 22 20 7 22 26 14 22 16	24 34 26 24 6 23 27 14 22 16	27 1 25 28 5 24 27 14 22 16
19	30 30 28 32 26 22 27 14 22 16	34 35 33 31 29 22 27 13 22 16	36 36 2 32 21 22 27 13 22 16	3 4 3 35 33 21 27 13 22 15	6 7 4 2 35 21 27 13 22 15	9 12 9 6 1 21 27 13 22 16	12 16 15 9 3 21 27 14 22 16	15 21 16 13 5 21 26 14 22 16	18 27 17 17 6 22 26 14 22 16	21 30 22 20 7 22 26 14 22 16	24 35 26 24 6 23 27 14 22 16	27 2 25 28 5 24 27 14 22 16
20	30 31 28 32 26 22 27 14 22 16	34 36 33 31 29 22 27 13 22 16	36 1 2 32 31 22 27 13 22 16	3 5 3 35 33 21 27 13 22 15	6 9 4 2 35 21 27 13 22 15	9 14 10 6 1 21 27 13 22 16	12 18 15 9 3 21 27 14 22 16	15 23 16 13 5 21 26 14 22 16	18 28 17 17 6 22 26 14 22 16	21 32 22 21 7 22 26 14 22 16	24 36 27 24 6 23 27 14 22 16	27 3 25 28 5 24 27 14 22 16
21	31 33 28 32 27 22 27 13 22 16	34 1 33 31 29 22 27 13 22 16	1 2 2 32 31 21 27 13 22 16	4 7 3 35 33 21 27 13 22 15	6 10 4 2 35 21 27 13 22 15	10 15 10 6 2 21 27 13 22 16	12 19 15 9 4 21 26 14 22 16	15 24 16 13 5 21 26 14 22 16	18 29 17 17 7 22 26 14 22 16	21 33 22 21 7 22 26 14 22 16	24 1 27 25 6 23 27 14 22 16	27 4 25 28 5 24 27 14 22 16
22	31 34 28 32 27 22 27 13 22 16	34 2 33 31 29 22 27 13 22 16	1 3 2 32 31 21 27 13 22 16	4 8 3 35 33 21 27 13 22 15	7 11 4 2 35 21 27 13 22 15	10 16 10 6 2 21 27 13 22 16	12 20 15 10 4 21 26 14 22 16	15 26 16 13 5 21 26 14 22 16	18 31 17 17 7 22 26 14 22 16	21 34 22 21 7 22 26 14 22 16	24 2 27 25 6 23 27 14 22 16	28 6 25 29 5 24 27 14 22 16
23	31 35 29 32 27 22 27 13 22 16	34 3 33 31 29 22 27 13 22 16	1 4 2 32 31 21 27 13 22 16	4 9 3 35 33 21 27 13 22 15	7 13 4 3 35 21 27 13 22 15	10 18 10 6 2 21 27 13 22 16	13 22 15 10 4 21 26 14 22 16	15 27 15 13 5 21 26 14 22 16	18 32 18 17 7 22 26 14 22 16	21 35 23 21 7 22 26 14 22 16	25 4 27 25 6 23 27 14 22 16	28 7 26 29 5 24 27 14 22 16
24	31 36 29 32 27 22 27 13 22 16	34 5 33 31 29 22 27 13 22 16	1 6 3 32 31 21 27 13 22 16	4 10 3 35 33 21 27 13 22 15	7 14 4 3 36 21 27 13 22 15	10 19 10 6 2 21 27 13 22 16	13 23 15 10 4 21 26 14 22 16	16 28 15 14 5 21 26 14 22 16	19 33 18 17 7 22 26 14 22 16	22 36 23 21 7 22 26 14 22 16	25 5 27 25 6 23 27 14 22 16	28 8 26 29 5 24 27 14 22 16
25	31 2 29 32 27 22 27 13 22 16	34 6 34 31 29 22 27 13 22 16	1 7 3 32 21 21 27 13 22 16	4 12 3 35 33 21 27 13 22 15	7 15 5 3 36 21 27 13 22 15	10 21 11 6 2 21 27 13 22 16	13 25 15 10 4 21 26 14 22 16	16 30 15 14 5 21 26 14 22 16	19 34 18 17 7 22 26 14 22 16	22 2 23 21 7 22 26 14 22 16	25 6 27 25 6 23 27 14 22 16	28 9 26 29 5 24 27 14 22 16
26	31 3 29 32 27 22 27 13 22 16	34 7 34 31 29 22 27 13 22 16	1 8 3 32 31 21 27 13 22 16	4 13 3 36 33 21 27 13 22 15	7 17 5 3 36 21 27 13 22 15	10 22 11 6 2 21 27 13 22 16	13 26 16 10 4 21 26 14 22 16	15 31 15 14 6 21 26 14 22 16	19 36 18 18 7 22 26 14 22 16	22 3 23 21 7 23 26 14 22 16	25 7 27 25 6 23 27 14 22 16	28 11 26 29 5 24 27 14 22 16
27	31 4 29 31 27 22 27 13 22 16	34 8 34 31 29 22 27 13 22 16	1 9 3 33 31 21 27 13 22 16	4 14 3 36 34 21 27 13 22 15	7 18 5 3 36 21 27 13 22 15	10 24 11 7 2 21 27 13 22 16	13 27 16 10 4 21 16 14 22 16	16 32 15 14 6 21 26 14 22 16	19 1 18 18 7 22 27 14 22 16	22 4 23 21 7 23 26 14 22 16	25 8 27 25 6 23 27 14 22 16	28 12 26 29 5 24 27 14 22 16
28	31 5 29 31 27 22 27 13 22 16	34 10 34 31 29 22 27 13 22 16	1 11 3 33 31 21 27 13 22 16	4 16 3 36 34 21 27 13 22 15	7 20 5 3 36 21 27 13 22 15	10 25 11 7 2 21 27 13 22 16	13 29 16 10 4 21 26 14 22 16	16 33 15 14 6 21 26 14 22 16	19 2 18 18 7 22 27 14 22 16	22 5 23 22 7 23 26 14 22 16	25 10 27 26 5 23 27 14 22 16	28 13 26 29 5 24 27 14 22 16
29	31 6 29 31 27 22 27 13 22 16		1 12 3 33 31 21 27 13 22 16	4 17 3 36 34 21 27 13 22 15	7 21 5 3 36 21 27 13 22 15	10 26 11 7 2 21 27 13 22 16	13 30 16 10 4 21 26 14 22 16	16 35 15 14 6 21 26 14 22 16	19 3 19 18 7 22 27 14 22 16	22 6 24 22 6 23 26 14 22 16	25 11 27 26 5 23 27 14 22 16	28 15 26 29 5 24 27 14 22 16
30	32 8 29 31 27 22 27 13 22 16		1 13 3 33 31 21 27 13 22 16	4 19 3 36 34 21 27 13 22 15	7 23 5 3 36 21 27 13 22 15	10 28 12 7 2 21 27 13 22 16	13 31 16 11 4 21 26 14 22 16	16 36 15 14 6 21 26 14 22 16	19 4 19 18 7 22 27 14 22 16	22 8 24 22 6 23 26 14 22 16	25 13 27 26 5 23 27 14 22 16	28 16 26 30 5 24 27 14 22 16
31	32 9 30 31 27 22 27 13 22 16		2 15 3 33 32 21 27 13 22 16		7 24 6 3 36 21 27 13 22 15		13 33 16 11 4 21 26 14 22 16	16 1 15 14 6 21 26 14 22 16		22 9 24 22 6 23 26 14 22 16		28 17 26 30 5 24 27 14 22 16

1959

	JAN	FEB	MÄR	APR	MAI	JUNI	JULI	AUG	SEPT	OKT	NOV	DEZ
1	29 19 26 30 5 24 27 14 22 16	32 24 31 34 6 24 28 14 22 16	35 25 36 1 7 25 28 14 22 16	2 30 1 5 9 25 28 14 22 16	5 34 2 8 11 24 28 14 22 16	8 2 7 12 13 24 28 14 22 16	10 6 13 15 14 24 28 14 22 16	13 10 14 17 16 24 28 14 22 16	16 15 15 16 18 24 28 14 22 16	19 18 20 16 20 24 28 14 22 16	22 24 25 18 22 25 28 15 22 16	25 27 24 21 24 26 28 15 22 16
2	29 20 26 30 5 24 27 14 22 16	32 25 31 34 6 24 28 14 22 16	35 27 36 1 7 25 28 14 22 16	2 32 1 5 9 25 28 14 22 16	5 35 2 9 11 24 28 14 22 16	8 4 8 12 13 24 28 14 22 16	10 7 13 15 14 24 28 14 22 16	13 11 14 17 16 24 28 14 22 16	16 16 15 16 18 24 28 14 22 16	19 20 20 16 20 24 28 14 22 16	22 25 25 18 22 25 28 15 22 16	25 29 24 21 24 26 28 15 22 16
3	29 22 27 30 5 24 27 14 22 16	32 27 31 34 6 24 28 14 22 16	35 28 36 1 7 25 28 14 22 16	2 33 1 5 9 25 28 14 22 16	5 36 2 9 11 24 28 14 22 16	8 5 8 12 13 24 28 14 22 16	10 8 13 15 14 24 28 14 22 16	13 13 14 17 16 24 28 14 22 16	17 17 15 16 18 24 28 14 22 16	19 21 21 16 20 24 28 14 22 16	23 27 25 18 22 25 28 15 22 16	26 30 24 21 24 26 28 15 22 16
4	29 23 27 30 5 24 27 14 22 16	32 28 31 34 6 24 28 14 22 16	35 29 36 1 8 25 28 14 22 16	2 34 1 5 9 25 28 14 22 16	5 2 2 9 11 24 28 14 22 16	8 6 8 12 13 24 28 14 22 16	11 9 13 15 15 24 28 14 22 16	14 14 14 17 16 24 28 14 22 16	17 19 15 16 18 24 28 14 22 16	20 23 21 16 20 24 28 14 22 16	23 28 25 18 22 25 28 15 22 16	26 32 24 21 25 26 28 15 22 16
5	29 25 27 30 5 24 28 14 22 16	32 29 31 34 6 24 28 14 22 16	35 31 1 2 8 25 28 14 22 16	2 35 1 5 9 25 28 14 22 16	5 3 2 9 11 24 28 14 22 16	8 7 8 12 13 24 28 14 22 16	11 10 13 15 15 24 28 14 22 16	14 15 14 17 16 24 28 14 22 16	17 20 16 16 18 24 28 14 22 16	20 24 21 16 20 24 28 14 22 16	23 29 25 18 23 25 28 15 22 16	26 33 24 21 25 26 28 15 22 16
6	29 26 27 30 5 24 28 14 22 16	32 31 32 34 6 24 28 14 22 16	35 32 1 2 8 25 28 14 22 16	2 1 1 6 9 25 28 14 22 16	5 4 3 8 11 24 28 14 22 16	8 8 8 12 13 24 28 14 22 16	11 12 13 15 15 24 28 14 22 16	14 17 14 17 17 24 28 14 22 16	17 22 16 16 19 24 28 14 22 16	20 26 21 16 21 25 28 14 22 16	23 31 25 18 23 25 28 15 22 16	26 34 24 21 25 26 28 15 22 16
7	29 27 27 31 5 24 28 14 22 16	32 32 32 34 6 24 28 14 22 16	35 33 1 2 8 25 28 14 22 16	2 2 1 6 9 25 28 14 22 16	5 5 3 8 11 24 28 14 22 16	8 10 9 13 13 24 28 14 22 16	11 13 14 15 14 24 28 14 22 16	14 18 14 17 17 24 28 14 22 16	17 23 16 16 19 24 28 14 22 16	20 27 21 16 21 25 28 14 22 16	23 32 25 18 23 25 28 15 22 16	26 36 24 21 25 26 28 15 22 16
8	29 29 27 31 5 24 28 14 22 16	32 34 32 35 6 24 28 14 22 16	35 34 1 2 8 25 28 14 22 16	2 3 1 6 9 25 28 14 22 16	5 6 3 8 11 24 28 14 22 16	8 11 9 13 13 24 28 14 22 16	11 14 14 15 14 24 28 14 22 16	14 19 14 17 17 24 28 14 22 16	17 25 16 16 19 24 28 14 22 16	20 28 21 16 21 25 28 14 22 16	23 34 25 18 23 25 28 15 22 16	26 1 24 22 25 26 28 15 22 16
9	29 30 27 31 5 24 28 14 22 16	32 35 32 35 6 24 28 14 22 16	35 36 1 2 8 25 28 14 22 16	2 4 1 6 9 25 28 14 22 16	5 7 3 8 11 24 28 14 22 16	8 12 9 13 13 24 28 14 22 16	11 16 14 16 15 24 28 14 22 16	14 21 13 17 17 24 28 14 22 16	17 26 16 16 19 24 28 14 22 16	20 30 22 16 21 25 28 15 22 16	23 35 25 18 23 25 28 15 22 16	26 2 24 22 25 26 28 15 22 16
10	29 31 27 31 5 24 28 14 22 16	33 36 32 35 6 24 28 14 22 16	35 1 1 2 8 25 28 14 22 16	2 5 1 6 10 25 28 14 22 16	5 9 3 8 11 24 28 14 22 16	8 13 9 13 13 24 28 14 22 16	11 17 14 16 15 24 28 14 22 16	14 22 13 17 17 24 28 14 22 16	17 27 17 16 19 24 28 14 22 16	20 31 22 16 21 25 28 15 22 16	23 36 25 19 23 25 28 15 22 16	26 3 24 22 25 26 28 15 22 16
11	30 33 28 31 5 24 28 14 22 16	33 1 33 35 7 24 28 14 22 16	36 2 1 2 8 25 28 14 22 16	3 7 1 6 10 25 28 14 22 16	6 10 3 8 11 24 28 14 22 16	8 15 9 13 13 24 28 14 22 16	11 18 14 16 15 24 28 14 22 16	14 23 13 17 17 24 28 14 22 16	17 29 17 16 19 24 28 14 22 16	20 33 22 16 21 25 28 15 22 16	23 1 25 19 23 25 28 15 22 16	26 5 24 22 25 26 28 15 22 16
12	30 34 28 31 5 24 28 14 22 16	33 3 33 35 7 25 28 14 22 16	36 3 1 2 8 25 28 14 22 16	3 8 1 6 10 25 28 14 22 16	6 11 3 10 11 24 28 14 22 16	9 16 10 13 13 24 28 14 22 16	11 20 14 16 15 24 28 14 22 16	14 25 13 17 17 24 28 14 22 16	17 30 17 16 19 24 28 14 22 16	20 34 22 16 21 25 28 15 22 16	23 3 25 19 23 25 28 15 22 16	26 6 24 22 25 26 28 15 22 16
13	30 35 28 31 5 24 28 14 22 16	33 4 33 35 7 25 28 14 22 16	36 5 2 3 8 25 28 14 22 16	3 9 1 6 10 25 28 14 22 16	6 12 4 10 11 24 28 14 22 16	9 17 10 13 13 24 28 14 22 16	12 21 14 16 15 24 28 14 22 16	14 26 13 17 17 24 28 14 22 16	17 32 17 16 19 24 28 14 22 16	20 35 22 16 21 25 28 15 22 16	24 4 25 19 23 25 28 15 22 16	27 7 24 22 25 26 28 15 22 16
14	30 1 28 31 6 24 28 14 22 16	33 5 33 35 7 25 28 14 22 16	36 6 2 3 8 25 28 14 22 16	3 10 1 6 10 25 28 14 22 16	6 14 4 10 11 24 28 14 22 16	9 19 10 13 13 24 28 14 22 16	12 22 14 16 15 24 28 14 22 16	15 28 13 17 17 24 28 14 22 16	18 33 17 16 19 24 28 14 22 16	21 36 22 16 21 25 28 15 22 16	24 5 25 19 23 25 28 15 22 16	27 8 25 22 25 26 28 15 22 16
15	30 2 28 32 6 24 28 14 22 16	33 6 33 35 7 25 28 14 22 16	36 7 2 3 8 25 28 14 22 16	3 11 1 7 10 25 28 14 22 16	6 15 4 10 12 24 28 14 22 16	9 20 10 13 13 24 28 14 22 16	12 24 14 16 15 24 28 14 22 16	15 29 13 17 17 24 28 14 22 16	18 34 17 16 19 24 28 14 22 16	21 2 22 16 21 25 28 15 22 16	24 6 25 19 23 25 28 15 22 16	27 9 25 22 25 26 28 15 22 16
16	30 3 28 32 6 24 28 14 22 16	33 7 33 36 7 25 28 14 22 16	36 8 2 3 8 25 28 14 22 16	3 13 1 7 10 25 28 14 22 16	6 16 4 10 12 24 28 14 22 16	9 21 10 13 13 24 28 14 22 16	12 25 14 16 15 24 28 14 22 16	15 31 13 17 17 24 28 14 22 16	18 35 18 16 19 24 28 14 22 16	21 3 23 16 21 25 28 15 22 16	24 7 25 19 23 25 28 15 22 16	27 11 25 23 25 26 28 15 22 16
17	30 4 28 32 6 24 28 14 22 16	33 8 34 36 7 25 28 14 22 16	36 9 2 3 8 25 28 14 22 16	3 14 1 7 10 25 28 14 22 16	6 18 4 10 12 24 28 14 22 16	9 23 11 14 13 24 28 14 22 16	12 27 14 16 15 24 28 14 22 16	15 32 13 17 17 24 28 14 22 16	18 1 18 16 19 24 28 14 22 16	21 4 23 16 21 25 28 15 22 16	24 9 25 19 23 25 28 15 22 16	27 12 25 23 25 26 28 15 22 16
18	30 5 29 32 6 24 28 14 22 16	33 10 34 36 7 25 28 14 22 16	36 11 2 3 8 25 28 14 22 16	3 15 1 7 10 25 28 14 22 16	6 19 4 10 12 24 28 14 22 16	9 24 11 14 14 24 28 14 22 16	12 28 14 16 15 24 28 14 22 16	15 33 13 17 17 24 28 14 22 16	18 2 18 16 19 24 28 14 22 16	21 5 23 17 21 25 28 15 22 16	24 10 25 19 23 25 28 15 22 16	27 13 25 23 26 26 28 15 22 16
19	30 6 29 32 6 24 28 14 22 16	34 11 34 36 7 25 28 14 22 16	36 12 2 3 8 25 28 14 22 16	3 17 1 7 10 25 28 14 22 16	6 20 5 10 13 24 28 14 22 16	9 26 11 14 14 24 28 14 22 16	12 30 14 16 15 24 28 14 22 16	15 35 13 17 17 24 28 14 22 16	18 3 18 16 19 24 28 14 22 16	21 6 23 17 21 25 28 15 22 16	24 11 25 20 23 25 28 15 22 16	27 14 25 23 26 26 28 15 22 16
20	30 8 29 32 6 24 28 14 22 16	34 11 34 36 7 25 28 14 22 16	36 13 2 3 8 25 28 14 22 16	3 18 1 7 10 25 28 14 22 16	6 22 5 11 12 24 28 14 22 16	9 27 11 14 14 24 28 14 22 16	12 31 14 16 16 24 28 14 22 16	15 36 13 17 17 24 28 14 22 16	18 4 18 15 19 24 28 14 22 16	21 8 23 17 21 25 28 15 22 16	24 12 25 20 24 25 28 15 22 16	27 15 25 23 26 26 28 15 22 16
21	31 9 29 32 6 24 28 14 22 16	34 14 34 36 7 25 28 14 22 16	1 14 2 4 8 25 28 14 22 16	4 20 1 7 10 25 28 14 22 16	6 23 5 11 12 24 28 14 22 16	9 29 11 14 14 24 28 14 22 16	12 32 14 16 16 24 28 14 22 16	15 1 13 17 18 24 28 14 22 16	18 6 19 15 20 24 28 14 22 16	21 9 23 17 22 25 28 15 22 16	24 13 25 20 24 25 28 15 22 16	27 17 25 23 26 26 28 15 22 16
22	31 10 29 32 6 24 28 14 22 16	34 15 35 36 7 25 28 14 22 16	1 16 2 4 8 25 28 14 22 16	4 21 1 7 10 25 28 14 22 16	7 25 5 11 12 24 28 14 22 16	10 30 12 14 14 24 28 14 22 16	12 34 14 16 16 24 28 14 22 16	15 2 14 17 18 24 28 14 22 16	18 7 19 15 20 24 28 14 22 16	21 10 23 17 22 25 28 15 22 16	24 15 25 20 24 25 28 15 22 16	27 18 26 23 26 26 28 15 22 16
23	31 12 29 33 6 24 28 14 22 16	34 16 35 36 7 25 28 14 22 16	1 17 2 4 9 25 28 14 22 16	4 23 1 8 10 25 28 14 22 16	7 26 5 11 12 24 28 14 22 16	10 32 12 14 14 24 28 14 22 16	12 35 14 17 16 24 28 14 22 16	15 4 14 17 18 24 28 14 22 16	18 8 19 15 20 24 28 14 22 16	21 11 24 17 22 25 28 15 22 16	25 16 25 20 24 26 28 15 22 16	28 19 26 23 26 26 28 15 22 16
24	31 13 30 33 6 24 28 14 22 16	34 18 35 1 7 25 28 14 22 16	1 19 2 4 9 25 28 14 22 16	4 24 1 8 10 24 28 14 22 16	7 28 6 11 13 24 28 14 22 16	10 33 12 14 14 24 28 14 22 16	13 1 14 17 16 24 28 14 22 16	16 5 14 17 18 24 28 14 22 16	19 9 19 15 20 24 28 14 22 16	22 12 24 17 22 25 28 15 22 16	25 17 25 20 24 26 28 15 22 16	28 21 26 23 26 26 28 15 22 16
25	31 14 30 33 6 24 28 14 22 16	34 19 35 1 7 25 28 14 22 16	1 20 2 4 9 25 28 14 22 16	4 26 1 8 10 24 28 14 22 16	7 29 6 11 12 24 28 14 22 16	10 34 12 14 14 24 28 14 22 16	13 2 14 17 16 24 28 14 22 16	16 6 14 17 18 24 28 14 22 16	19 10 19 16 19 24 28 14 22 16	22 14 24 17 22 25 28 15 22 16	25 19 24 20 24 26 28 15 22 16	28 22 26 24 26 26 28 15 22 16
26	31 16 30 33 6 24 28 14 22 16	34 21 35 1 7 25 28 14 22 16	1 22 2 4 9 25 28 14 22 16	4 27 1 8 10 24 28 14 22 16	7 31 6 11 13 24 28 14 22 16	10 36 12 14 14 24 28 14 22 16	13 3 14 17 16 24 28 14 22 16	16 7 14 17 18 24 28 14 22 16	19 12 19 16 19 24 28 14 22 16	22 15 24 17 22 25 28 15 22 16	25 20 24 20 24 26 28 15 22 16	28 24 26 24 26 26 28 15 22 16
27	31 17 30 33 6 24 28 14 22 16	34 22 35 1 7 25 28 14 22 16	1 23 1 4 9 25 28 14 22 16	4 29 1 8 10 24 28 14 22 16	7 32 6 11 12 24 28 14 22 16	10 1 12 15 14 24 28 14 22 16	13 4 14 17 16 24 28 14 22 16	16 8 14 17 18 24 28 14 22 16	19 13 20 16 19 24 28 14 22 16	22 16 24 17 22 25 28 15 22 16	25 21 24 20 24 26 28 15 22 16	28 25 26 24 26 26 28 15 22 16
28	31 18 30 33 6 24 28 14 22 16	34 24 36 1 7 25 28 14 22 16	1 25 1 4 9 25 28 14 22 16	4 30 2 8 11 24 28 14 22 16	7 33 6 11 12 24 28 14 22 16	10 2 12 15 14 24 28 14 22 16	13 5 14 17 16 24 28 14 22 16	16 10 14 17 18 24 28 14 22 16	19 14 20 16 19 24 28 14 22 16	22 18 24 17 22 25 28 15 22 16	25 23 24 20 24 26 28 15 22 16	28 27 26 24 26 26 28 15 22 16
29	31 20 30 33 6 24 28 14 22 16		1 36 1 5 9 25 28 14 22 16	4 31 2 8 11 24 28 14 22 16	7 35 7 12 12 24 28 14 22 16	10 3 13 15 14 24 28 14 22 16	13 6 14 17 16 24 28 14 22 16	16 11 14 16 18 24 28 14 22 16	19 16 20 16 19 24 28 14 22 16	22 19 24 17 22 25 28 15 22 16	25 24 24 21 24 26 28 15 22 16	28 28 27 24 26 26 28 15 22 16
30	31 21 30 33 6 24 28 14 22 16		1 28 1 5 9 25 28 14 22 16	4 33 2 8 11 24 28 14 22 16	7 36 7 12 12 24 28 14 22 16	10 4 13 15 14 24 28 14 22 16	13 8 14 17 16 24 28 14 22 16	16 12 14 16 18 24 28 14 22 16	19 17 20 16 19 24 28 14 22 16	22 21 24 18 22 25 28 15 22 16	25 26 24 21 24 26 28 15 22 16	28 30 27 24 26 26 28 15 22 16
31	32 23 31 34 6 24 28 14 22 16		2 29 1 5 9 25 28 14 22 16		7 1 7 12 12 24 28 14 22 16		13 9 14 17 16 24 28 14 22 16	16 13 15 16 18 24 28 14 22 16		22 22 25 18 22 25 28 15 22 16		28 31 27 24 26 26 28 15 22 16

1960

	JAN	FEB	MÄR	APR	MAI	JUNI	JULI	AUG	SEPT	OKT	NOV	DEZ
1	29 33 27 24 27 26 28 15 22 16	32 1 32 28 29 27 29 14 22 16	35 3 36 32 31 28 29 14 22 16	2 8 35 36 33 28 29 14 22 16	5 11 3 3 36 28 29 14 22 16	8 16 9 7 2 28 29 14 22 16	10 19 13 11 4 27 29 14 22 16	13 24 12 15 7 27 29 15 22 16	16 29 17 18 8 27 29 15 22 16	19 33 21 22 10 27 29 15 22 16	22 2 24 26 11 28 29 15 22 16	25 6 24 29 11 28 29 15 22 16
2	29 34 27 25 27 26 28 15 22 16	32 3 32 28 29 27 29 14 22 16	35 5 36 32 31 28 29 14 22 16	2 9 35 36 34 28 29 14 22 16	5 12 3 3 36 28 29 14 22 16	8 17 9 7 2 28 29 14 22 16	11 20 13 11 4 27 29 15 22 16	14 26 12 15 7 27 29 15 22 16	16 31 17 18 8 27 29 15 22 16	19 35 22 22 10 27 29 15 22 16	23 4 29 26 11 28 29 15 22 16	26 7 24 30 11 28 29 15 22 16
3	29 35 27 25 27 26 28 15 22 16	32 4 32 28 29 27 29 14 22 16	35 6 36 32 31 28 29 14 22 16	2 10 35 36 34 28 29 14 22 16	5 14 3 3 36 28 29 14 22 16	8 18 10 7 2 28 29 14 22 16	11 22 13 11 4 27 29 14 22 16	14 27 12 15 7 27 29 15 22 16	17 32 17 19 9 27 29 15 22 16	20 36 22 22 10 27 29 15 22 16	23 5 24 26 11 28 29 15 22 16	26 8 24 30 11 28 29 15 23 16
4	29 1 28 25 27 26 28 15 22 16	32 5 33 29 29 27 29 14 22 16	35 7 36 32 31 28 29 14 22 16	2 11 35 36 34 28 29 14 22 16	5 15 3 4 36 28 29 14 22 16	8 19 10 7 2 28 29 14 22 16	11 23 13 11 5 27 29 14 22 16	14 28 12 15 7 27 29 15 22 16	17 34 17 19 9 27 29 15 22 16	20 1 22 22 10 27 29 15 22 16	23 6 23 26 11 28 29 15 22 16	26 10 24 30 11 28 29 15 23 16
5	29 2 28 25 27 26 28 15 22 16	32 6 33 29 29 27 29 14 22 16	35 8 36 32 31 28 29 14 22 16	2 13 35 36 34 28 29 14 22 16	5 16 4 4 36 28 29 14 22 16	8 21 10 8 2 28 29 14 22 16	11 25 12 11 5 27 29 14 22 16	14 30 12 15 7 27 29 15 22 16	17 35 17 19 9 27 29 15 22 16	20 3 22 23 10 27 29 15 22 16	23 7 23 26 11 28 29 15 22 16	26 11 24 30 11 28 29 15 23 16
6	29 3 28 25 27 26 29 15 22 16	32 8 33 29 29 27 29 14 22 16	35 10 36 32 31 28 29 14 22 16	2 14 35 36 34 28 29 14 22 16	5 17 4 4 36 28 29 14 22 16	8 22 10 8 2 28 29 14 22 16	11 26 12 11 5 27 29 14 22 16	14 31 12 15 7 27 29 15 22 16	17 1 18 19 9 27 29 15 22 16	20 4 22 23 10 27 29 15 22 16	23 9 23 26 11 28 29 15 22 16	26 12 24 30 11 28 29 15 23 16
7	29 4 28 25 27 27 29 15 22 16	32 9 33 29 29 27 29 14 22 16	35 11 36 32 32 28 29 14 22 16	2 15 35 36 34 28 29 14 22 16	5 19 4 4 36 28 29 14 22 16	8 24 10 8 3 28 29 14 22 16	11 28 12 11 5 27 29 14 22 16	14 33 12 15 7 27 29 15 22 16	17 2 18 19 9 27 29 15 22 16	20 5 22 23 10 27 29 15 22 16	23 10 23 27 11 28 29 15 22 16	26 13 24 30 11 28 29 15 23 16
8	29 6 28 25 27 27 29 15 22 16	32 10 33 29 29 27 29 14 22 16	35 12 36 33 32 28 29 14 22 16	2 16 36 36 34 28 29 14 22 16	5 20 4 4 36 28 29 14 22 16	8 25 10 8 3 28 29 14 22 16	11 29 12 12 5 27 29 14 22 16	14 34 12 15 7 27 29 15 22 16	17 3 18 19 9 27 29 15 22 16	20 7 22 23 10 27 29 15 22 16	23 11 23 27 11 28 29 15 22 16	26 14 25 30 11 28 29 15 23 16
9	29 7 28 25 27 27 29 15 22 16	32 11 34 29 29 27 29 14 22 16	35 13 36 33 32 28 29 14 22 16	2 18 36 1 34 28 29 14 22 16	5 21 4 4 36 28 29 14 22 16	8 27 11 8 3 28 29 14 22 16	11 31 12 12 5 27 29 14 22 16	14 36 12 16 7 27 29 15 22 16	17 5 18 19 9 27 29 15 22 16	20 8 23 23 10 27 29 15 22 16	23 12 23 27 11 28 29 15 22 16	26 15 25 30 11 28 29 15 23 16
10	29 8 28 25 27 27 29 15 22 16	33 12 34 29 30 27 29 14 22 16	35 14 36 33 32 28 29 14 22 16	3 19 36 1 34 28 29 14 22 16	5 23 5 4 36 28 29 14 22 16	8 28 11 8 3 27 29 14 22 16	11 32 12 12 5 27 29 15 22 16	14 1 12 16 7 27 29 15 22 16	17 6 18 19 9 27 29 15 22 16	20 9 23 23 10 27 29 15 22 16	23 13 23 27 11 28 29 15 22 16	26 17 25 31 11 28 29 15 23 16
11	30 9 29 26 27 27 29 15 22 16	33 14 34 29 30 27 29 14 22 16	36 16 35 33 32 28 29 14 22 16	3 21 36 1 34 28 29 14 22 16	6 24 5 4 36 28 29 14 22 16	9 30 11 8 3 27 29 14 22 16	11 34 12 12 5 27 29 14 22 16	14 3 13 16 7 27 29 15 22 16	17 7 18 20 9 27 29 15 22 16	20 10 23 23 10 27 29 15 22 16	23 15 23 27 11 28 29 15 22 16	26 18 25 31 11 28 29 15 23 16
12	30 10 29 26 27 27 29 15 22 16	33 15 34 30 30 27 29 14 22 16	36 17 35 33 32 28 29 14 22 16	3 22 36 1 34 28 29 14 22 16	6 26 5 5 1 28 29 14 22 16	9 31 11 8 3 27 29 14 22 16	12 35 12 12 5 27 29 14 22 16	14 4 13 16 7 27 29 14 22 16	17 8 19 20 9 27 29 15 22 16	20 11 23 23 10 27 29 15 22 16	24 16 22 27 11 28 29 15 22 16	27 19 25 31 11 28 29 15 23 16
13	30 11 29 26 27 27 29 15 22 16	33 16 34 30 30 27 29 14 22 16	36 18 35 33 32 28 29 14 22 16	3 23 36 1 34 28 29 14 22 16	6 27 5 5 1 28 29 14 22 16	9 33 11 8 3 27 29 14 22 16	12 36 12 12 5 27 29 14 22 16	15 5 13 16 7 27 29 15 22 16	18 9 19 20 9 27 29 15 22 16	21 13 23 23 11 27 29 15 22 16	24 17 22 27 11 28 29 15 22 16	27 20 25 31 11 28 29 15 23 16
14	30 13 29 26 28 27 29 15 22 16	33 17 34 30 30 27 29 14 22 16	36 20 35 33 32 28 29 14 22 16	3 25 36 1 34 28 29 14 22 16	6 29 6 5 1 28 29 14 22 16	9 34 11 9 3 27 29 14 22 16	12 2 12 12 5 27 29 14 22 16	15 6 13 16 7 27 29 15 22 16	18 11 19 20 9 27 29 15 22 16	21 14 23 24 11 27 29 15 22 16	24 18 22 27 11 28 29 15 22 16	27 22 26 31 11 29 29 15 23 16
15	30 14 29 26 28 27 29 15 22 16	33 19 35 30 30 27 29 14 22 16	36 21 35 33 32 28 29 14 22 16	3 26 36 1 35 28 29 14 22 16	6 30 6 5 1 28 29 14 22 16	9 35 11 9 3 27 29 14 22 16	12 3 12 12 5 27 29 14 22 16	15 7 13 16 7 27 29 15 22 16	18 12 19 20 9 27 29 15 22 16	21 15 23 24 11 27 29 15 22 16	24 20 22 28 11 28 29 15 22 16	27 23 26 31 11 29 29 15 23 16
16	30 15 29 26 28 27 29 15 22 16	33 20 35 30 30 27 29 14 22 16	36 23 35 34 32 28 29 14 22 16	3 28 1 1 35 28 29 14 22 16	6 32 6 5 1 28 29 14 22 16	9 1 11 9 3 27 29 14 22 16	12 4 12 13 5 27 29 14 22 16	15 9 13 16 7 27 29 15 22 16	18 13 19 20 9 27 29 15 22 16	21 16 23 24 11 27 29 15 22 16	24 21 22 28 11 28 29 15 22 16	27 25 26 31 11 29 29 15 23 16
17	30 16 30 26 28 27 29 14 22 16	33 21 35 30 30 27 29 14 22 16	36 24 35 34 32 28 29 14 22 16	3 29 1 1 35 28 29 14 22 16	6 33 6 5 1 28 29 14 22 16	9 2 12 9 3 27 29 14 22 16	12 5 12 13 5 27 29 14 22 16	15 10 14 16 7 27 29 15 22 16	18 14 19 20 9 27 29 15 22 16	21 18 23 24 11 27 29 15 22 16	24 22 22 28 11 28 29 15 22 16	27 26 26 31 11 29 29 15 23 16
18	30 18 30 26 28 27 29 14 22 16	33 23 35 30 30 27 29 14 22 16	36 25 35 34 32 28 29 14 22 16	3 31 1 2 35 28 29 14 22 16	6 34 6 5 1 28 29 14 22 16	9 3 12 9 3 27 29 14 22 16	12 7 12 13 6 27 29 14 22 16	15 11 14 17 8 27 29 15 22 16	18 16 20 20 9 27 29 15 22 16	21 19 23 24 11 27 29 15 22 16	24 24 22 28 11 28 29 15 22 16	27 28 26 31 11 29 29 15 23 16
19	30 19 30 27 28 27 29 14 22 16	33 24 35 30 30 27 29 14 22 16	36 27 35 34 32 28 29 14 22 16	3 32 1 2 35 28 29 14 22 16	6 36 7 5 1 28 29 14 22 16	9 5 12 9 3 27 29 14 22 16	12 8 12 13 6 27 29 14 22 16	15 12 14 17 8 27 29 15 22 16	18 17 20 21 9 27 29 15 22 16	21 20 24 24 11 27 29 15 22 16	24 25 22 28 11 28 29 15 22 16	27 29 26 32 11 29 29 15 23 16
20	30 20 30 27 28 27 29 14 22 16	34 26 35 30 30 27 29 14 22 16	36 28 35 34 33 28 29 14 22 16	4 33 1 2 35 28 29 14 22 16	6 1 7 6 1 28 29 14 22 16	9 6 12 9 4 27 29 14 22 16	12 9 12 13 6 27 29 14 22 16	15 13 14 17 8 27 29 15 22 16	18 18 20 21 9 27 29 15 22 16	21 22 24 24 11 27 29 15 22 16	24 27 22 28 11 28 29 15 22 16	27 31 26 32 11 29 29 15 23 16
21	31 22 30 27 28 27 29 14 22 16	34 27 35 31 30 27 29 14 22 16	1 30 35 34 33 28 29 14 22 16	4 35 1 2 35 28 29 14 22 16	7 2 7 6 1 28 29 14 22 16	10 7 12 9 4 27 29 14 22 16	12 10 12 13 6 27 29 14 22 16	15 15 14 17 8 27 29 15 22 16	18 19 20 21 10 27 29 15 22 16	21 23 24 24 11 27 29 15 22 16	24 28 22 28 11 28 29 15 22 16	27 32 27 32 11 29 29 15 23 16
22	31 23 30 27 28 27 29 14 22 16	34 29 36 31 30 27 29 14 22 16	1 31 35 34 33 28 29 14 22 16	4 36 1 2 35 28 29 14 22 16	7 4 7 6 1 28 29 14 22 16	10 8 12 10 4 27 29 14 22 16	12 11 12 13 6 27 29 15 22 16	15 16 15 17 8 27 29 15 22 16	18 21 20 21 10 27 29 15 22 16	21 24 24 25 11 27 29 15 22 16	25 30 23 28 11 28 29 15 22 16	28 34 27 32 11 29 29 15 23 16
23	31 25 31 27 28 27 29 14 22 16	34 30 36 31 31 27 29 14 22 16	1 32 35 34 33 28 29 14 22 16	4 1 2 2 35 28 29 14 22 16	7 5 7 6 1 28 29 14 22 16	10 9 12 10 4 27 29 14 22 16	13 13 12 13 6 27 29 15 22 16	16 17 15 17 8 27 29 15 22 16	19 22 20 21 10 27 29 15 22 16	22 26 24 25 11 27 29 15 22 16	25 31 23 28 11 28 29 15 22 16	28 35 27 32 11 29 29 15 23 16
24	31 26 31 27 28 27 29 14 22 16	34 31 36 31 31 27 29 14 22 16	1 34 35 35 33 28 29 14 22 16	4 3 2 2 35 28 29 14 22 16	7 6 8 6 1 28 29 14 22 16	10 10 12 10 4 27 29 14 22 16	13 14 12 14 6 27 29 15 22 16	16 18 15 17 8 27 29 15 22 16	19 23 20 21 10 27 29 15 22 16	22 27 24 25 11 27 29 15 22 16	25 33 23 29 11 28 29 15 22 16	28 36 27 32 11 29 29 15 23 16
25	31 28 31 27 28 27 29 14 22 16	34 33 36 31 31 27 29 14 22 16	1 35 35 35 33 28 29 14 22 16	4 4 2 2 35 28 29 14 22 16	7 7 8 6 2 28 29 14 22 16	10 12 12 10 4 27 29 14 22 16	13 15 12 14 6 27 29 15 22 16	16 20 15 17 8 27 29 15 22 16	19 25 21 21 10 27 29 15 22 16	22 29 24 25 11 27 29 15 22 16	25 34 23 29 11 28 29 15 22 16	28 2 27 32 11 29 29 15 23 16
26	31 29 31 27 28 27 29 14 22 16	34 34 36 31 31 27 29 14 22 16	1 36 35 35 33 28 29 14 22 16	4 5 2 3 35 28 29 14 22 16	7 8 8 6 2 28 29 14 22 16	10 13 12 10 4 27 29 14 22 16	13 16 12 14 6 27 29 15 22 16	16 21 15 18 8 27 29 15 22 16	19 26 21 21 10 27 29 15 22 16	22 30 24 25 11 28 29 15 22 16	25 35 23 29 11 28 29 15 22 16	28 3 27 32 11 29 29 15 23 16
27	31 31 31 28 28 27 29 14 22 16	34 36 36 31 31 27 29 14 22 16	1 2 35 35 33 28 29 14 22 16	4 6 2 3 35 28 29 14 22 16	7 10 8 6 2 28 29 14 22 16	10 14 12 10 4 27 29 14 22 16	13 17 12 14 6 27 29 15 22 16	16 22 16 18 8 27 29 15 22 16	19 28 21 22 10 27 29 15 22 16	22 32 24 25 11 28 29 15 22 16	25 1 23 29 11 28 29 15 22 16	28 4 28 33 10 29 29 15 23 16
28	31 32 31 28 29 27 29 14 22 16	34 1 36 32 31 27 29 14 22 16	1 3 35 35 33 28 29 14 22 16	4 8 2 3 36 28 29 14 22 16	7 11 8 7 2 28 29 14 22 16	10 15 12 10 4 27 29 14 22 16	13 19 12 14 6 27 29 15 22 16	16 24 16 18 8 27 29 15 22 16	19 29 21 22 10 27 29 15 22 16	22 33 24 25 11 28 29 15 22 16	25 2 23 29 11 28 29 15 22 16	28 6 28 33 10 29 29 15 23 16
29	31 33 32 28 29 27 29 14 22 16	34 2 36 32 31 27 29 14 22 16	1 4 35 35 33 28 29 14 22 16	4 9 3 3 36 28 29 14 22 16	7 12 9 7 2 28 29 14 22 16	10 16 12 10 4 27 29 14 22 16	13 20 12 14 6 27 29 15 22 16	16 25 16 18 8 27 29 15 22 16	19 30 21 22 10 27 29 15 22 16	22 34 24 25 11 28 29 15 22 16	25 3 23 29 11 28 29 15 22 16	28 7 28 33 10 29 29 15 23 16
30	31 35 32 28 29 27 29 14 22 16		1 6 35 35 33 28 29 14 22 16	5 10 3 3 36 28 29 14 22 16	7 13 9 7 2 28 29 14 22 16	10 18 12 11 4 27 29 14 22 16	13 21 12 14 6 27 29 15 22 16	16 27 16 18 8 27 29 15 22 16	19 32 21 22 10 27 29 15 22 16	22 36 24 26 11 28 29 15 22 16	25 5 23 29 11 28 29 15 22 16	28 8 28 33 10 29 29 15 23 16
31	32 36 32 28 29 27 29 14 22 16		2 7 35 35 33 28 29 14 22 16		7 14 9 7 2 28 29 14 22 16		13 23 12 14 6 27 29 15 22 16	16 28 16 18 8 27 29 15 22 16		22 1 24 26 11 28 29 15 22 16		28 9 28 33 10 29 29 15 23 16

1961

	JAN	FEB	MÄR	APR	MAI	JUNI	JULI	AUG	SEPT	OKT	NOV	DEZ
1	29 10 28 33 10 29 29 15 23 16	32 15 33 36 10 30 30 15 23 16	35 15 33 3 10 30 30 15 23 16	2 20 35 3 11 31 30 15 23 16	5 24 5 2 12 31 30 15 22 16	8 29 10 3 14 31 30 15 22 16	10 33 10 6 16 31 30 15 22 16	13 2 12 9 18 31 30 15 22 16	16 7 18 13 19 30 30 15 22 16	19 10 22 16 21 30 30 15 22 16	22 15 21 20 24 30 30 15 23 16	25 18 25 24 26 31 30 16 23 16
2	29 11 28 33 10 29 29 15 23 16	32 16 34 1 10 30 30 15 23 16	35 17 33 3 10 30 30 15 23 16	2 21 35 3 11 31 30 15 23 16	5 25 5 2 12 31 30 15 22 16	8 30 10 3 14 31 30 15 22 16	11 34 10 6 16 31 30 15 22 16	13 3 12 9 18 31 30 15 22 16	16 8 18 13 20 30 30 15 22 16	19 11 22 17 22 30 30 15 22 16	22 16 21 20 24 30 30 16 23 16	26 19 25 24 26 31 30 16 23 16
3	29 12 29 33 10 29 29 15 23 16	32 17 34 1 10 30 30 15 23 16	35 18 33 3 10 30 30 15 23 16	2 23 35 3 11 31 30 15 23 16	5 26 5 2 12 31 30 15 22 16	8 32 10 3 14 31 30 15 22 16	11 35 10 6 16 31 30 15 22 16	14 5 12 9 18 31 30 15 22 16	17 9 18 13 20 30 30 15 22 16	20 13 22 17 22 30 30 15 22 16	23 17 21 21 24 30 30 16 23 16	26 20 25 24 26 31 30 16 23 16
4	29 14 29 33 10 29 30 15 23 16	32 18 34 1 10 30 30 15 23 16	35 19 33 3 10 30 30 15 23 16	2 24 36 3 11 31 30 15 23 16	5 28 5 2 12 31 30 15 22 16	8 33 10 3 14 31 30 15 22 16	11 1 10 6 16 31 30 15 22 16	14 6 13 10 18 31 30 15 22 16	17 11 18 13 20 30 30 15 22 16	20 14 22 17 22 30 30 15 22 16	23 18 21 21 24 30 30 16 23 16	26 21 25 24 26 31 30 16 23 16
5	29 15 29 34 10 29 30 15 23 16	32 19 34 1 10 30 30 15 23 16	35 20 33 3 10 30 30 15 23 16	2 25 36 3 11 31 30 15 23 16	5 29 5 2 12 31 30 15 22 16	8 34 10 3 14 31 30 15 22 16	11 2 10 6 16 31 30 15 22 16	14 7 13 10 18 31 30 15 22 16	17 12 19 13 19 30 30 15 22 16	20 15 22 17 22 30 30 15 23 16	23 19 21 21 24 31 30 16 23 16	26 23 25 25 26 31 30 16 23 16
6	29 16 29 34 10 29 30 15 23 16	32 21 34 1 10 30 30 15 23 16	35 22 33 3 10 30 30 15 23 16	2 27 36 3 11 31 30 15 23 16	5 31 6 2 13 31 30 15 22 16	8 36 10 4 14 31 30 15 22 16	11 4 10 6 16 31 30 15 22 16	14 8 13 10 18 31 30 15 22 16	17 13 19 13 19 30 30 15 22 16	20 16 22 17 22 30 30 15 23 16	23 21 21 21 24 31 30 16 23 16	26 24 25 25 26 31 30 16 23 16
7	29 17 29 34 10 29 30 15 23 16	32 22 34 1 10 30 30 15 23 16	35 23 33 3 10 30 30 15 23 16	2 28 36 3 11 31 30 15 23 16	5 32 6 2 13 31 30 15 22 16	8 1 10 4 14 31 30 15 22 16	11 5 10 7 16 31 30 15 22 16	14 10 13 10 18 31 30 15 22 16	17 14 19 14 20 30 30 15 22 16	20 17 22 17 22 30 30 15 23 16	23 22 21 21 24 31 30 16 23 16	26 25 26 25 26 31 30 16 23 16
8	29 18 29 34 10 29 30 15 23 16	32 23 34 1 10 30 30 15 23 16	35 24 33 3 10 30 30 15 23 16	2 29 36 3 11 31 30 15 23 16	5 33 6 2 13 31 30 15 22 16	8 3 10 4 14 31 30 15 22 16	11 6 10 7 16 31 30 15 22 16	14 11 13 10 18 31 30 15 22 16	17 15 19 14 20 30 30 15 22 16	20 19 22 17 22 30 30 15 23 16	23 23 21 21 24 31 30 16 23 16	26 27 26 25 26 31 30 16 23 16
9	29 20 30 34 10 29 30 15 23 16	33 25 34 1 10 30 30 15 23 16	35 26 33 3 10 30 30 15 23 16	2 31 36 3 11 31 30 15 23 16	5 35 6 2 13 31 30 15 22 16	8 4 10 4 14 31 30 15 22 16	11 7 10 7 16 31 30 15 22 16	14 12 14 10 18 31 30 15 22 16	17 16 19 14 20 30 30 15 22 16	20 20 22 17 22 30 30 15 23 16	23 25 21 21 24 31 30 16 23 16	26 28 26 25 26 31 30 16 23 16
10	30 21 30 34 10 29 30 15 23 16	33 26 34 1 10 30 30 15 23 16	35 27 33 3 10 30 30 15 23 16	3 32 1 3 11 31 30 15 23 16	5 36 6 2 13 31 30 15 22 16	8 5 10 4 14 31 30 15 22 16	11 9 10 7 16 31 30 15 22 16	14 13 14 10 18 31 30 15 22 16	17 18 19 14 20 30 30 15 22 16	20 21 22 18 22 30 30 15 23 16	23 26 21 21 24 31 30 16 23 16	26 30 26 25 26 31 30 16 23 16
11	30 22 30 34 10 29 30 15 23 16	33 27 34 1 10 30 30 15 23 16	36 28 33 3 10 30 30 15 23 16	3 34 1 3 11 31 30 15 23 16	6 2 7 2 13 31 30 15 22 16	9 6 10 4 14 31 30 15 22 16	11 10 10 7 16 31 30 15 22 16	14 14 14 10 18 31 30 15 22 16	17 19 20 14 20 30 30 15 22 16	20 22 22 18 22 30 30 15 23 16	23 27 22 22 24 31 30 16 23 16	26 31 26 25 27 31 30 16 23 16
12	30 24 30 34 10 29 30 15 23 16	33 29 34 1 10 30 30 15 23 16	36 30 33 3 10 30 30 15 23 16	3 35 1 2 11 31 30 15 23 16	6 3 7 2 13 31 30 15 22 16	9 8 10 4 15 31 30 15 22 16	11 11 10 7 16 31 30 15 22 16	14 16 14 11 18 30 30 15 22 16	17 20 20 14 20 30 30 15 22 16	20 24 22 18 22 30 30 15 23 16	23 29 22 22 24 31 30 16 23 16	27 32 26 25 27 31 30 16 23 16
13	30 25 30 34 10 29 30 15 23 16	33 30 34 2 10 30 30 15 23 16	36 31 33 3 10 30 30 15 23 16	3 1 1 2 11 31 30 15 23 16	6 4 7 2 13 31 30 15 22 16	9 9 11 4 15 31 30 15 22 16	12 12 10 7 16 31 30 15 22 16	15 17 14 11 18 30 30 15 22 16	18 21 20 14 20 30 30 15 22 16	20 25 22 18 22 30 30 15 23 16	24 30 22 22 24 31 30 16 23 16	27 34 26 26 27 31 30 16 23 16
14	30 27 30 35 10 29 30 15 23 16	33 32 34 2 10 30 30 15 23 16	36 33 33 3 10 30 30 15 23 16	3 2 1 2 11 31 30 15 23 16	6 6 7 2 13 31 30 15 22 16	9 10 11 4 15 31 30 15 22 16	12 13 10 7 16 31 30 15 22 16	15 18 15 11 18 30 30 15 22 16	18 22 20 14 20 30 30 15 22 16	21 26 22 18 22 30 30 15 23 16	24 31 22 22 25 31 30 16 23 16	27 35 27 26 27 31 30 16 23 16
15	30 28 31 35 10 29 30 15 23 16	33 33 34 2 10 30 30 15 23 16	36 34 33 3 10 30 30 15 23 16	3 3 1 2 11 31 30 15 23 16	6 7 7 2 13 31 30 15 22 16	9 11 11 4 15 31 30 15 22 16	12 15 10 7 16 31 30 15 22 16	15 19 15 11 18 30 30 15 22 16	18 24 20 15 20 30 30 15 22 16	21 28 22 18 22 30 30 15 23 16	24 33 22 22 25 31 30 16 23 16	27 1 27 26 27 31 30 16 23 16
16	30 30 31 35 10 29 30 15 23 16	33 35 34 2 10 30 30 15 23 16	36 36 33 3 10 31 30 15 23 16	3 5 2 2 12 31 30 15 23 16	6 8 8 2 13 31 30 15 22 16	9 13 11 4 15 31 30 15 22 16	12 16 10 8 17 31 30 15 22 16	15 20 15 11 18 30 30 15 22 16	18 25 20 15 20 30 30 15 22 16	21 29 22 18 23 30 30 15 23 16	24 34 22 22 25 31 30 16 23 16	27 2 27 26 27 31 30 16 23 16
17	30 31 31 35 10 29 30 15 23 16	33 36 34 2 10 30 30 15 23 16	36 1 33 3 10 31 30 15 23 16	3 6 2 2 12 31 30 15 23 16	6 9 8 2 13 31 30 15 22 16	9 14 11 5 15 31 30 15 22 16	12 17 10 8 17 31 30 15 22 16	15 22 15 11 19 30 30 15 22 16	18 27 20 15 21 30 30 15 22 16	21 30 22 18 23 30 30 15 23 16	24 36 22 22 25 31 30 16 23 16	27 3 27 26 27 31 30 16 23 16
18	30 33 31 35 10 29 30 15 23 16	33 2 34 2 10 30 30 15 23 16	36 3 34 3 10 31 30 15 23 16	3 7 2 2 12 31 30 15 23 16	6 11 8 2 13 31 30 15 22 16	9 15 11 5 15 31 30 15 22 16	12 18 10 8 17 31 30 15 22 16	15 23 15 11 19 30 30 15 22 16	18 28 20 15 21 30 30 15 22 16	21 32 22 19 23 30 30 15 23 16	24 1 23 22 25 31 30 16 23 16	27 5 27 26 27 31 30 16 23 16
19	30 34 31 35 10 29 30 15 23 16	34 3 34 2 10 30 30 15 23 16	36 4 34 3 10 31 30 15 23 16	3 9 2 2 12 31 30 15 23 16	6 12 8 2 13 31 30 15 22 16	9 16 10 5 15 31 30 15 22 16	12 19 10 8 17 31 30 15 22 16	15 24 16 11 19 30 30 15 22 16	18 29 21 15 21 30 30 15 22 16	21 33 22 19 23 30 30 15 23 16	24 2 23 23 25 31 30 16 23 16	27 6 27 26 27 31 30 16 23 16
20	31 35 31 35 10 29 30 15 23 16	34 4 34 2 10 30 30 15 23 16	36 5 34 3 10 31 30 15 23 16	4 10 2 2 12 31 30 15 23 16	6 13 8 2 13 31 30 15 22 16	9 17 10 5 15 31 30 15 22 16	12 21 10 8 17 31 30 15 22 16	15 26 16 11 19 30 30 15 22 16	18 32 21 15 21 30 30 15 22 16	21 35 22 19 23 30 30 15 23 16	24 4 23 23 25 31 30 16 23 16	27 8 28 26 27 31 30 16 23 16
21	31 1 32 35 10 29 30 15 23 16	34 6 34 2 10 30 30 15 23 16	1 7 34 3 10 31 30 15 23 16	4 11 2 2 12 31 30 15 23 16	7 14 8 2 13 31 30 15 22 16	9 19 10 5 15 31 30 15 22 16	12 22 10 8 17 31 30 15 22 16	15 27 16 12 19 30 30 15 22 16	18 34 21 15 21 30 30 15 22 16	21 36 22 19 23 30 30 15 23 16	24 5 23 23 25 31 30 16 23 16	27 9 28 27 27 31 30 16 23 16
22	31 2 32 35 10 29 30 15 23 16	34 7 34 2 10 30 30 15 23 16	1 8 34 3 10 31 30 15 23 16	4 12 3 2 12 31 30 15 23 16	7 15 9 2 13 31 30 15 22 16	10 20 10 5 15 31 30 15 22 16	12 23 10 8 17 31 30 15 22 16	15 28 16 12 19 30 30 15 22 16	19 35 21 15 21 30 30 15 22 16	21 1 21 19 23 30 30 15 23 16	24 7 23 23 25 31 30 16 23 16	28 10 28 27 27 31 30 16 23 16
23	31 4 32 35 10 29 30 15 23 16	34 8 34 2 10 30 30 15 23 16	1 9 34 3 11 31 30 15 23 16	4 13 3 2 12 31 30 15 23 16	7 17 9 2 13 31 30 15 22 16	10 21 10 5 15 31 30 15 22 16	13 25 11 8 17 31 30 15 22 16	16 30 16 12 19 30 30 15 22 16	19 1 21 16 21 30 30 15 22 16	21 3 21 19 23 30 30 15 23 16	25 8 23 23 25 31 30 16 23 16	28 11 28 27 27 31 30 16 23 16
24	31 5 32 36 10 29 30 15 23 16	34 9 33 2 10 30 30 15 23 16	1 10 34 3 11 31 30 15 23 16	4 15 3 2 12 31 30 15 23 16	7 18 9 2 13 31 30 15 22 16	10 22 10 5 15 31 30 15 22 16	13 26 11 8 17 31 30 15 22 16	16 31 17 12 19 30 30 15 22 16	19 2 21 16 21 30 30 15 22 16	22 4 21 19 23 30 30 15 23 16	25 9 23 23 25 31 30 16 23 16	28 13 28 27 27 31 30 16 23 16
25	31 6 32 36 10 30 30 15 23 16	34 11 33 2 10 30 30 15 23 16	1 11 34 3 11 31 30 15 23 16	4 16 3 2 12 31 30 15 23 16	7 19 9 3 14 31 30 15 22 16	10 24 10 5 15 31 30 15 22 16	13 28 11 8 17 31 30 15 22 16	16 33 17 12 19 30 30 15 22 16	19 4 21 16 21 30 30 15 22 16	22 6 21 19 23 30 30 15 23 16	25 10 24 23 25 31 30 16 23 16	28 14 28 27 28 31 30 16 23 16
26	31 7 32 36 10 29 30 15 23 16	34 12 33 3 10 30 30 15 23 16	1 13 34 3 11 31 30 15 23 16	4 17 3 2 12 31 30 15 23 16	7 20 9 3 14 31 30 15 22 16	10 25 10 5 15 31 30 15 22 16	13 29 11 9 17 31 30 15 22 16	16 34 17 12 19 30 30 15 22 16	19 5 21 16 21 30 30 15 22 16	22 7 21 20 23 30 30 15 23 16	25 12 24 23 25 31 30 16 23 16	28 15 29 27 28 31 30 16 23 16
27	31 9 33 36 10 30 30 15 23 16	34 13 33 3 10 30 30 15 23 16	1 14 34 3 11 31 30 15 23 16	4 18 4 2 12 31 30 15 23 16	7 22 9 3 14 31 30 15 22 16	10 27 10 6 15 31 30 15 22 16	13 30 11 9 17 31 30 15 22 16	16 36 17 12 19 30 30 15 22 16	19 6 22 16 21 30 30 15 22 16	22 8 21 20 23 30 30 15 23 16	25 13 24 24 25 31 30 16 23 16	28 16 29 27 28 31 30 16 23 16
28	31 10 33 36 10 30 30 15 23 16	34 14 33 3 10 30 30 15 23 16	1 15 35 3 11 31 30 15 23 16	4 19 4 2 12 31 30 15 23 16	7 23 9 3 14 31 30 15 22 16	10 28 10 6 15 31 30 15 22 16	13 32 11 9 17 31 30 15 22 16	16 1 17 12 19 30 30 15 22 16	19 8 22 16 21 30 30 15 22 16	22 10 21 20 23 30 30 15 23 16	25 14 24 24 26 31 30 16 23 16	28 17 29 27 28 31 30 16 23 16
29	31 11 33 36 10 30 30 15 23 16		1 16 35 3 11 31 30 15 23 16	4 21 4 2 12 31 30 15 23 16	7 24 10 3 14 31 30 15 22 16	10 30 10 6 16 31 30 15 22 16	13 33 11 9 17 31 30 15 22 16	16 3 17 13 19 30 30 15 22 16	19 9 22 16 21 30 30 15 22 16	22 11 21 20 23 30 30 15 23 16	25 15 24 24 26 31 30 16 23 16	28 19 29 28 28 31 30 16 23 16
30	32 12 33 36 10 30 30 15 23 16		1 17 35 3 11 31 30 15 23 16	4 22 4 2 12 31 30 15 22 16	7 26 10 3 14 31 30 15 22 16	10 31 10 6 16 31 30 15 22 16	13 35 12 9 17 31 30 15 22 16	16 4 18 13 19 30 30 15 22 16	19 9 22 16 21 30 30 15 23 16	22 12 21 20 23 30 30 15 23 16	25 17 24 24 26 31 30 16 23 16	28 20 29 28 28 32 30 16 23 16
31	32 13 33 36 10 30 30 15 23 16		2 19 35 3 11 31 30 15 23 16		7 27 10 3 14 31 30 15 22 16		13 36 12 9 17 31 30 15 22 16	16 6 18 13 19 30 30 15 22 16		22 13 21 20 24 30 30 15 23 16		28 21 29 28 28 32 30 16 23 16

1962

	JAN	FEB	MÄR	APR	MAI	JUNI
1	29 22 30 28 28 32 30 16 23 16	32 27 33 32 30 32 31 15 23 16	35 28 32 35 33 33 31 15 23 16	2 34 36 3 35 34 31 15 23 16	5 2 6 7 1 34 32 15 23 16	8 7 8 11 4 35 32 15 23 16
2	29 23 30 28 28 32 30 16 23 16	32 28 32 32 31 32 31 15 23 16	35 29 32 35 33 33 31 15 23 16	2 35 36 3 35 34 31 15 23 16	5 3 6 7 1 34 32 15 23 16	8 8 8 11 4 35 32 15 23 16
3	29 25 30 28 28 32 30 16 23 16	32 30 32 32 31 32 31 15 23 16	35 31 32 36 33 33 31 15 23 16	2 1 1 3 35 34 31 15 23 16	5 5 7 7 2 34 32 15 23 16	8 10 8 11 4 35 32 15 23 16
4	29 26 30 28 28 32 31 16 23 16	32 31 32 32 31 32 31 15 23 16	35 32 32 36 33 33 31 15 23 16	2 2 1 4 35 34 31 15 23 16	5 6 7 7 2 34 32 15 23 16	8 11 8 11 4 35 32 15 23 16
5	29 28 30 28 28 32 31 16 23 16	32 33 32 32 31 32 31 15 23 16	35 34 32 36 33 33 31 15 23 16	2 4 1 4 35 34 31 15 23 16	5 7 7 7 2 34 32 15 23 16	8 12 8 11 4 35 32 15 23 16
6	29 29 30 29 28 32 31 16 23 16	32 34 32 32 31 32 31 15 23 16	35 35 32 36 33 33 31 15 23 16	2 5 1 4 35 34 31 15 23 16	5 9 7 7 2 34 32 15 23 16	8 13 8 11 4 35 32 15 23 16
7	29 31 31 29 29 32 31 16 23 16	32 36 32 33 31 32 31 15 23 16	35 1 33 36 33 33 31 15 23 16	2 7 1 4 36 34 31 15 23 16	5 10 7 8 2 34 32 15 23 16	8 15 8 11 4 35 32 15 23 16
8	29 32 31 29 29 32 31 16 23 16	32 1 32 33 31 32 31 15 23 16	35 2 33 36 33 33 31 15 23 16	2 8 2 4 36 34 31 15 23 16	5 11 7 8 2 34 32 15 23 16	8 16 8 11 4 35 32 15 23 16
9	29 33 31 29 29 32 31 15 23 16	33 3 32 33 31 32 31 15 23 16	35 4 33 36 33 33 31 15 23 16	2 9 2 4 36 34 31 15 23 16	5 13 7 8 2 34 32 15 23 16	8 17 8 12 4 35 32 15 23 16
10	29 35 31 29 29 32 31 15 23 16	33 4 32 33 31 32 31 15 23 16	35 5 33 36 33 33 31 15 23 16	3 11 2 4 36 34 32 15 23 16	5 14 8 8 2 34 32 15 23 16	8 18 8 12 4 35 32 15 23 16
11	30 36 31 29 29 32 31 15 23 16	33 5 32 33 31 33 31 15 23 16	36 6 33 1 33 33 31 15 23 16	3 12 2 4 36 34 32 15 23 16	6 15 8 8 2 34 32 15 23 16	9 19 8 12 5 35 32 15 23 16
12	30 2 31 29 29 32 31 15 23 16	33 7 31 33 31 33 31 15 23 16	36 8 33 1 34 33 31 15 23 16	3 13 2 5 36 34 32 15 23 16	6 16 8 8 2 34 32 15 23 16	9 21 8 12 5 35 32 15 23 16
13	30 3 31 29 29 32 31 15 23 16	33 8 31 33 31 33 31 15 23 16	36 9 33 1 34 33 31 15 23 16	3 14 3 5 36 34 32 15 23 16	6 17 8 8 2 34 32 15 23 16	9 22 8 12 5 35 32 15 23 16
14	30 4 32 30 29 32 31 15 23 16	33 9 31 33 31 33 31 15 23 16	36 10 33 1 34 33 31 15 23 16	3 15 3 5 36 34 32 15 23 16	6 19 8 8 2 34 32 15 23 16	9 23 8 12 5 35 32 15 23 16
15	30 6 32 30 29 32 31 15 23 16	33 11 31 34 32 33 31 15 23 16	36 12 34 1 34 33 31 15 23 16	3 17 3 5 36 34 32 15 23 16	6 20 8 9 2 34 32 15 23 16	9 24 8 12 5 35 32 15 23 16
16	30 7 32 30 29 32 31 15 23 16	33 12 31 34 32 33 31 15 23 16	36 13 34 1 34 33 31 15 23 16	3 18 3 5 36 34 32 15 23 16	6 21 8 9 3 34 32 15 23 16	9 26 8 12 5 35 32 15 23 16
17	30 8 32 30 29 32 31 15 23 16	33 13 31 34 32 33 31 15 23 16	36 14 34 1 34 33 31 15 23 16	3 19 3 5 36 34 32 15 23 16	6 22 8 9 3 34 32 15 23 16	9 27 8 13 5 35 32 15 23 16
18	30 10 32 30 29 32 31 15 23 16	33 14 31 34 32 33 31 15 23 16	36 15 34 1 34 33 31 15 23 16	3 20 4 5 36 34 32 15 23 16	6 24 8 9 3 34 32 15 23 16	9 28 8 13 5 35 32 15 23 16
19	30 11 32 30 29 32 31 15 23 16	34 15 31 34 32 33 31 15 23 16	36 16 34 2 34 33 31 15 23 16	3 21 4 5 36 34 32 15 23 16	6 25 8 9 3 34 32 15 23 16	9 30 8 13 5 35 32 15 23 16
20	31 12 32 30 30 32 31 15 23 16	34 17 31 34 32 33 31 15 23 16	36 18 34 2 34 33 31 15 23 16	4 23 4 6 1 34 32 15 23 16	6 26 8 9 3 34 32 15 23 16	9 31 8 13 5 35 32 15 23 16
21	31 13 32 30 30 32 31 15 23 16	34 18 31 34 32 33 31 15 23 16	1 19 34 2 34 33 31 15 23 16	4 24 4 6 1 34 32 15 23 16	7 27 8 9 3 35 32 15 23 16	9 33 8 13 5 35 32 15 23 16
22	31 14 32 31 30 32 31 15 23 16	34 19 31 34 32 33 31 15 23 16	1 20 35 2 34 33 31 15 23 16	4 25 4 6 1 34 32 15 23 16	7 29 8 9 3 35 32 15 23 16	10 34 8 13 5 35 32 15 23 16
23	31 16 33 31 30 32 31 15 23 16	34 20 31 34 32 33 31 15 23 16	1 21 35 2 34 33 31 15 23 16	4 26 5 6 1 34 32 15 23 16	7 30 8 10 3 35 32 15 23 16	10 35 8 13 5 35 32 15 23 16
24	31 17 33 31 30 32 31 15 23 16	34 21 31 35 32 33 31 15 23 16	1 22 35 2 34 33 31 15 23 16	4 28 5 6 1 34 32 15 23 16	7 32 8 10 3 35 32 15 23 16	10 1 8 13 5 35 32 15 23 16
25	31 18 33 31 30 32 31 15 23 16	34 23 32 35 32 33 31 15 23 16	1 24 35 2 35 33 31 15 23 16	4 29 5 6 1 34 32 15 23 16	7 33 8 10 3 35 32 15 23 16	10 2 8 13 6 35 32 15 23 16
26	31 19 33 31 30 32 31 15 23 16	34 24 32 35 32 33 31 15 23 16	1 25 35 2 35 34 31 15 23 16	4 30 5 6 1 34 32 15 23 16	7 34 9 10 3 35 32 15 23 16	10 4 8 14 6 35 32 15 23 16
27	31 20 33 31 30 32 31 15 23 16	34 25 32 35 32 33 31 15 23 16	1 26 35 3 35 34 31 15 23 16	4 32 5 6 1 34 32 15 23 16	7 36 9 10 3 35 32 15 23 16	10 5 8 14 6 35 32 15 23 16
28	31 22 33 31 30 32 31 15 23 16	34 26 32 35 33 33 31 15 23 16	1 27 36 3 35 34 31 15 23 16	4 33 6 7 1 34 32 15 23 16	7 1 9 10 3 35 32 15 23 16	10 6 8 14 6 35 32 15 23 16
29	31 23 33 31 30 32 31 15 23 16		1 29 36 3 35 34 31 15 23 16	4 34 6 7 1 34 32 15 23 16	7 3 8 10 4 35 32 15 23 16	10 8 8 14 6 35 32 15 23 16
30	32 24 33 32 30 32 31 15 23 16		1 30 36 3 35 34 31 15 23 16	4 36 6 7 1 34 32 15 23 16	7 4 8 10 4 35 32 15 23 16	10 9 8 14 6 35 32 15 23 16
31	32 26 33 32 30 32 31 15 23 16		2 32 36 3 35 34 31 15 23 16		7 5 8 11 4 35 32 15 23 16	

	JULI	AUG	SEPT	OKT	NOV	DEZ
1	10 10 8 14 6 35 32 15 23 16	13 14 14 18 8 35 31 15 23 16	16 19 19 21 10 34 31 16 23 16	19 22 20 23 12 34 31 16 23 17	22 27 21 24 14 34 31 16 23 17	25 30 26 23 15 34 31 16 23 17
2	11 11 8 14 6 35 32 15 23 16	13 16 14 18 8 35 31 15 23 16	16 20 19 21 10 34 31 16 23 16	19 23 20 24 12 34 31 16 23 17	22 28 21 24 14 34 31 16 23 17	25 32 26 23 15 34 31 16 23 17
3	11 12 8 14 6 35 32 15 23 16	14 17 14 18 8 35 31 15 23 16	17 21 19 21 10 34 31 16 23 16	19 25 20 24 12 34 31 16 23 17	23 29 21 24 14 34 31 16 23 17	26 33 26 23 15 34 31 16 23 17
4	11 14 9 15 6 35 32 15 23 16	14 18 14 18 8 35 31 15 23 16	17 22 19 21 10 34 31 16 23 16	20 26 20 24 12 34 31 16 23 17	23 31 21 24 14 34 31 16 23 17	26 34 26 23 15 34 31 16 23 17
5	11 15 9 15 6 35 31 15 23 16	14 19 14 18 8 35 31 15 23 16	17 24 19 21 10 34 31 16 23 16	20 27 20 24 12 34 31 16 23 17	23 32 22 24 14 34 31 16 23 17	26 36 26 23 15 34 31 16 23 17
6	11 16 9 15 6 35 31 15 23 16	14 20 15 18 8 35 31 15 23 16	17 25 19 21 10 34 31 16 23 16	20 28 20 24 12 34 31 16 23 17	23 33 22 24 14 34 31 16 23 17	26 1 27 23 15 34 31 16 23 17
7	11 17 9 15 6 35 31 15 23 16	14 22 15 18 9 35 31 15 23 16	17 26 20 22 11 34 31 16 23 17	20 30 20 24 12 34 31 16 23 17	23 35 22 24 14 34 31 16 23 17	26 3 27 23 15 34 31 16 23 17
8	11 18 9 15 6 35 31 15 23 16	14 23 15 18 9 35 31 15 23 16	17 28 20 22 11 34 31 16 23 17	20 31 20 24 12 34 31 16 23 17	23 36 22 24 14 34 31 16 23 17	26 4 27 23 15 34 31 16 23 17
9	11 20 9 15 7 35 31 15 23 16	14 24 15 19 9 35 31 15 23 16	17 29 20 22 11 34 31 16 23 17	20 33 20 24 12 34 31 16 23 17	23 2 22 24 14 34 31 16 23 17	26 6 27 23 15 34 31 16 23 17
10	11 21 9 15 7 35 31 15 23 16	14 25 15 19 9 35 31 15 23 16	17 30 20 22 11 34 31 16 23 17	20 34 20 24 12 34 31 16 23 17	23 3 22 24 14 34 31 16 23 17	26 7 27 23 15 34 31 16 23 17
11	11 22 10 15 7 35 31 15 23 16	14 27 16 19 9 35 31 16 23 16	17 32 20 22 11 34 31 16 23 17	20 35 19 24 12 34 31 16 23 17	23 5 23 24 14 34 31 16 23 17	26 8 27 23 15 34 31 16 23 17
12	11 23 10 15 7 35 31 15 23 16	14 28 16 19 9 35 31 16 23 16	17 33 20 22 11 34 31 16 23 17	20 1 19 24 13 34 31 16 23 17	23 6 23 24 14 34 31 16 23 17	27 10 27 23 15 34 31 16 23 17
13	12 25 10 15 7 35 31 15 23 16	15 29 16 19 9 35 31 16 23 16	18 35 20 22 11 34 31 16 23 17	20 2 19 24 13 34 31 16 23 17	24 8 23 23 14 34 31 16 23 17	27 11 28 23 15 34 31 16 23 17
14	12 26 10 16 7 35 31 15 23 16	15 31 16 19 9 34 31 16 23 16	18 36 20 22 11 34 31 16 23 17	21 4 19 24 13 34 31 16 23 17	24 9 23 23 14 34 31 16 23 17	27 13 28 23 15 34 31 16 23 17
15	12 27 10 16 7 35 31 15 23 16	15 32 16 19 9 34 31 16 23 16	18 2 20 22 11 34 31 16 23 17	21 5 19 24 13 34 31 16 23 17	24 11 23 23 14 34 31 16 23 17	27 14 28 23 15 34 31 16 23 17
16	12 29 10 16 7 35 31 15 23 16	15 34 16 19 9 34 31 16 23 16	18 3 20 22 11 34 31 16 23 17	21 7 19 24 13 34 31 16 23 17	24 12 23 23 14 34 31 16 23 17	27 15 28 23 15 34 31 16 23 17
17	12 30 11 16 7 35 31 15 23 16	15 35 17 19 9 34 31 16 23 16	18 5 20 22 11 34 31 16 23 17	21 8 19 24 13 34 31 16 23 17	24 13 24 23 14 34 31 16 23 17	27 16 28 23 15 34 31 16 23 17
18	12 31 11 16 7 35 31 15 23 16	15 1 17 20 9 34 31 16 23 16	18 6 21 23 11 34 31 16 23 17	21 10 19 24 13 34 31 16 23 17	24 14 24 23 14 34 31 16 23 17	27 18 28 23 15 34 31 16 23 17
19	12 33 11 16 7 35 31 15 23 16	15 2 17 20 9 34 31 16 23 16	18 7 21 23 11 34 31 16 23 17	21 11 19 24 13 34 31 16 23 17	24 16 24 23 14 34 31 16 23 17	27 19 29 23 15 34 31 16 23 17
20	12 34 11 16 7 35 31 15 23 16	15 4 17 20 9 34 31 16 23 16	18 9 21 23 11 34 31 16 23 17	21 12 19 24 13 34 31 16 23 17	24 17 24 23 14 34 31 16 23 17	27 20 29 23 15 34 31 16 23 17
21	12 36 11 16 7 35 31 15 23 16	15 5 17 20 9 34 31 16 23 16	18 10 21 23 11 34 31 16 23 17	21 14 19 24 13 34 31 16 23 17	24 18 24 23 14 34 31 16 23 17	27 21 29 23 15 34 31 16 23 17
22	12 1 12 17 7 35 31 15 23 16	15 6 17 20 10 34 31 16 23 16	18 11 21 23 11 34 31 16 23 17	21 15 20 24 13 34 31 16 23 17	24 19 24 23 14 34 31 16 23 17	28 22 29 23 15 34 31 16 23 17
23	13 3 12 17 8 35 31 15 23 16	16 8 18 20 10 34 31 16 23 16	19 13 21 23 11 34 31 16 23 17	21 16 20 24 13 34 31 16 23 17	25 20 24 23 14 34 31 16 23 17	28 24 29 23 15 34 31 16 23 17
24	13 4 12 17 8 35 31 15 23 16	16 9 18 20 10 34 31 16 23 16	19 14 21 23 12 34 31 16 23 17	22 17 20 24 13 34 31 16 23 17	25 22 25 23 14 34 31 16 23 17	28 25 29 23 15 34 31 16 23 17
25	13 5 12 17 8 35 31 15 23 16	16 10 18 20 10 34 31 16 23 16	19 15 21 23 12 34 31 16 23 17	22 18 20 24 13 34 31 16 23 17	25 23 25 23 14 34 31 16 23 17	28 26 29 24 15 34 31 16 23 17
26	13 7 12 17 8 35 31 15 23 16	16 12 18 20 10 34 31 16 23 16	19 16 21 23 12 34 31 16 23 17	22 20 20 24 13 34 31 16 23 17	25 24 25 23 14 34 31 16 23 17	28 27 30 24 15 34 31 16 23 17
27	13 8 13 17 8 35 31 15 23 16	16 13 18 20 10 34 31 16 23 16	19 17 21 23 12 34 31 16 23 17	22 21 20 24 13 34 31 16 23 17	25 25 25 23 15 34 31 16 23 17	28 29 30 24 15 34 31 16 23 17
28	13 9 13 17 8 35 31 15 23 16	16 14 18 21 10 34 31 16 23 16	19 19 21 23 12 34 31 16 23 17	22 22 20 24 13 34 31 16 23 17	25 26 25 23 15 34 31 16 23 17	28 30 30 24 15 34 31 16 23 17
29	13 11 13 17 8 35 31 15 23 16	16 15 18 21 10 34 31 16 23 16	19 20 21 23 12 34 31 16 23 17	22 23 20 24 13 34 31 16 23 17	25 28 25 23 15 34 31 16 23 17	28 31 30 24 15 34 31 16 23 17
30	13 12 13 17 8 35 31 15 23 16	16 17 19 21 10 34 31 16 23 16	19 21 21 23 12 34 31 16 23 17	22 24 21 24 13 34 31 16 23 17	25 29 26 23 14 34 31 16 23 17	28 33 30 24 15 34 31 16 23 17
31	13 13 14 18 8 35 31 15 23 16	16 18 19 21 10 34 31 16 23 16		22 26 21 24 13 34 31 16 23 17		28 34 30 24 15 34 31 16 23 17

1963

	JAN	FEB	MÄR	APR	MAI	JUNI	JULI	AUG	SEPT	OKT	NOV	DEZ
1	29 36 30 24 15 34 32 16 23 17	32 5 30 27 14 35 32 16 23 17	35 6 32 30 13 36 32 16 23 17	2 11 2 34 13 36 33 16 23 17	5 15 6 1 14 36 33 16 23 16	8 19 6 5 15 2 33 16 23 16	10 22 9 9 17 2 33 16 23 16	13 27 15 13 19 2 33 16 23 17	16 31 19 16 21 2 32 16 23 17	19 35 18 20 23 2 32 16 23 17	22 4 22 24 25 2 32 16 23 17	25 8 27 28 27 1 32 16 23 17
2	29 1 31 24 15 34 32 16 23 17	32 6 30 27 14 35 32 16 23 17	35 7 32 30 13 36 32 16 23 17	2 13 2 34 13 36 33 16 23 17	5 16 6 2 14 1 33 16 23 16	8 20 6 5 15 2 33 16 23 16	10 23 9 9 17 2 33 16 23 16	13 28 15 13 19 2 33 16 23 17	16 33 19 17 21 2 32 16 23 17	19 36 18 20 23 2 32 16 23 17	22 6 22 24 25 2 32 16 23 17	25 10 27 28 27 1 32 16 23 17
3	29 2 31 24 15 34 32 16 23 17	32 8 30 27 14 35 32 16 23 17	35 9 33 30 13 36 32 16 23 17	2 14 2 34 13 36 33 16 23 17	5 17 6 2 14 1 33 16 23 16	8 21 6 5 16 2 33 16 23 16	11 25 9 9 17 2 33 16 23 17	14 29 16 13 19 2 33 16 23 17	17 34 19 17 21 2 32 16 23 17	19 2 18 20 23 2 32 16 23 17	23 7 22 24 25 2 32 16 23 17	26 11 27 28 27 1 32 16 23 17
4	29 4 31 24 15 34 32 16 23 17	32 9 30 27 14 35 32 16 23 17	35 10 33 31 13 36 32 16 23 17	2 15 2 34 13 1 33 16 23 17	5 18 7 2 14 1 33 16 23 16	8 23 6 5 16 2 33 16 23 16	11 26 10 9 17 2 33 16 23 17	14 31 16 13 19 2 33 16 23 17	17 36 19 17 21 2 32 16 23 17	20 3 18 21 23 2 32 16 23 17	23 9 23 24 25 2 32 16 23 17	26 12 27 28 27 1 32 16 23 17
5	29 5 31 24 15 34 32 16 23 17	32 10 30 27 14 35 32 16 23 17	35 11 33 31 13 36 32 16 23 17	2 16 3 34 13 1 33 16 23 17	5 19 7 2 14 1 33 16 23 16	8 24 6 6 16 2 33 16 23 16	11 27 10 9 17 2 33 16 23 17	14 32 16 13 19 2 33 16 23 17	17 1 19 17 21 2 32 16 23 17	20 5 18 21 23 2 32 16 23 17	23 10 23 24 25 2 32 16 23 17	26 14 27 28 28 1 32 16 23 17
6	29 7 31 24 15 35 32 16 23 17	32 12 30 28 14 35 32 16 23 17	35 13 33 31 13 36 32 16 23 17	2 17 3 34 13 1 33 16 23 17	5 21 7 2 14 1 33 16 23 16	8 25 6 6 16 2 33 16 23 16	11 28 10 9 17 2 33 16 23 17	14 33 16 13 19 2 33 16 23 17	17 2 19 17 21 2 32 16 23 17	20 6 18 21 23 2 32 16 23 17	23 12 23 25 25 2 32 16 23 17	26 15 28 28 28 1 32 16 23 17
7	29 8 31 25 15 35 32 16 23 17	32 13 30 28 14 35 32 16 23 17	35 14 33 31 13 36 32 16 23 17	2 19 3 35 13 1 33 16 23 16	5 22 7 2 14 1 33 16 23 16	8 26 6 6 16 2 33 16 23 16	11 20 10 10 17 2 33 16 23 17	14 35 16 13 19 2 33 16 23 17	17 4 19 17 21 2 32 16 23 17	20 8 18 21 23 2 32 16 23 17	23 13 23 25 25 2 32 16 23 17	26 16 28 28 28 1 32 16 23 17
8	29 9 31 25 15 35 32 16 23 17	32 14 30 28 14 35 32 16 23 17	35 15 34 31 13 36 32 16 23 17	2 20 3 35 13 1 33 16 23 16	5 23 7 2 14 1 33 16 23 16	8 27 6 6 16 2 33 16 23 16	11 31 10 10 17 2 33 16 23 17	14 36 16 13 19 2 33 16 23 17	17 5 19 17 21 2 32 16 23 17	20 9 18 21 23 2 32 16 23 17	23 14 23 25 26 2 32 16 23 17	26 18 28 29 28 1 32 16 23 17
9	29 11 31 25 15 35 32 16 23 17	33 16 33 28 14 35 32 16 23 17	35 16 34 31 13 36 32 16 23 17	2 21 3 35 13 1 33 16 23 16	5 24 7 2 14 1 33 16 23 16	8 29 6 6 16 2 33 16 23 16	11 32 11 10 17 2 33 16 23 17	14 1 17 14 19 2 33 16 23 17	17 7 19 17 21 2 32 16 23 17	20 11 18 21 23 2 32 16 23 17	23 16 23 25 26 2 32 16 23 17	26 19 28 29 28 1 32 16 23 17
10	29 12 31 25 15 35 32 16 23 17	33 17 33 28 14 35 32 16 23 17	35 18 34 31 13 36 32 16 23 17	3 22 4 35 13 1 33 16 23 16	5 25 6 2 14 1 33 16 23 16	8 30 6 6 16 2 33 16 23 16	11 34 11 10 18 2 33 16 23 17	14 3 17 14 19 2 32 16 23 17	17 8 19 18 21 2 32 16 23 17	20 12 18 21 23 2 32 16 23 17	23 17 24 25 26 2 32 16 23 17	26 20 28 29 28 1 32 16 23 17
11	30 13 31 25 15 35 32 16 23 17	33 18 33 28 14 35 32 16 23 17	36 19 34 31 13 36 32 16 23 17	3 23 4 35 13 1 33 16 23 16	6 27 6 3 14 1 33 16 23 16	8 31 6 6 16 2 33 16 23 16	11 35 11 10 18 2 33 16 23 17	14 4 17 14 19 2 32 16 23 17	17 10 19 18 21 2 32 16 23 17	20 13 19 21 23 2 32 16 23 17	23 18 24 25 26 2 32 16 23 17	26 21 28 29 28 1 32 16 23 17
12	30 15 31 25 15 35 32 16 23 17	33 19 33 28 14 35 32 16 23 17	36 20 34 31 13 36 32 16 23 17	3 24 4 35 13 36 32 16 23 16	6 28 6 3 14 1 33 16 23 16	9 33 6 6 16 2 33 16 23 16	11 36 11 10 18 2 33 16 23 17	14 6 17 14 20 2 32 16 23 17	17 11 19 18 22 2 32 16 23 17	20 15 19 22 24 2 32 16 23 17	23 19 24 25 26 2 32 16 23 17	26 22 28 29 28 1 32 16 23 17
13	30 16 31 25 15 35 32 16 23 17	33 20 33 28 14 35 32 16 23 17	36 21 34 32 13 36 32 16 23 17	3 26 4 35 13 1 33 16 23 16	6 29 6 3 15 1 33 16 23 16	9 34 6 7 16 2 33 16 23 16	12 2 12 10 18 2 33 16 23 17	15 7 17 14 20 2 32 16 23 17	18 12 19 18 22 2 32 16 23 17	20 16 19 22 24 2 32 16 23 17	24 21 24 25 26 2 32 16 23 17	27 24 29 29 28 1 32 16 23 17
14	30 17 31 25 15 35 32 16 23 17	33 22 33 28 14 35 32 16 23 17	36 22 34 32 13 36 32 16 23 17	3 27 4 35 13 1 33 16 23 16	6 30 6 3 15 1 33 16 23 16	9 35 6 7 16 2 33 16 23 16	12 3 12 10 18 2 33 16 23 17	15 8 17 14 20 2 32 16 23 17	18 14 19 18 22 2 32 16 23 17	21 17 19 22 24 2 32 16 23 17	24 22 24 26 26 2 32 16 23 17	27 25 29 29 28 1 32 16 23 17
15	30 18 31 25 15 35 32 16 23 17	33 23 31 29 14 35 32 16 23 17	36 24 35 32 13 36 32 16 23 17	3 28 5 35 14 1 33 16 23 16	6 32 6 3 15 1 33 16 23 16	9 1 7 7 16 2 33 16 23 16	12 5 12 10 18 2 33 16 23 17	15 10 17 14 20 2 32 16 23 17	18 15 19 18 22 2 32 16 23 17	21 18 19 22 24 2 32 16 23 17	24 23 24 26 26 2 32 16 23 17	27 26 29 29 28 1 32 16 23 17
16	30 20 31 25 15 35 32 16 23 17	33 24 31 29 14 35 32 16 23 17	36 25 35 32 13 36 32 16 23 17	3 29 5 36 14 1 33 16 23 16	6 33 6 3 15 1 33 16 23 16	9 2 7 7 16 2 33 16 23 16	12 6 12 11 18 2 33 16 23 17	15 11 17 14 20 2 32 16 23 17	18 16 19 18 22 2 32 16 23 17	21 20 19 22 24 2 32 16 23 17	24 24 25 26 28 2 32 16 23 17	27 27 29 30 28 1 32 16 23 17
17	30 21 31 25 15 35 32 16 23 17	33 25 31 29 14 35 32 16 23 17	36 26 35 22 13 36 32 16 23 17	3 31 5 36 14 1 33 16 23 16	6 34 6 3 15 1 33 16 23 16	9 4 7 7 16 2 33 16 23 16	12 7 12 11 18 2 33 16 23 17	15 13 18 15 20 2 32 16 23 17	18 17 18 18 22 2 32 16 23 17	21 21 20 22 24 2 32 16 23 17	24 25 25 26 26 2 32 16 23 17	27 29 29 30 28 1 32 16 23 17
18	30 22 31 26 15 35 32 16 23 17	33 26 31 29 13 35 32 16 23 17	36 27 35 32 13 36 32 16 23 17	3 32 5 36 14 1 33 16 23 16	6 36 6 3 15 1 33 16 23 16	9 5 7 7 16 2 33 16 23 16	12 9 13 11 18 2 33 16 23 17	15 14 18 15 20 2 32 16 23 17	18 19 18 19 22 2 32 16 23 17	21 22 20 22 24 2 32 16 23 17	24 26 25 26 26 2 32 16 23 17	27 30 29 30 29 1 32 16 23 17
19	30 23 31 26 15 35 32 16 23 17	34 28 31 29 13 35 32 16 23 17	36 28 35 32 13 36 32 16 23 17	3 33 5 36 14 1 33 16 23 16	6 1 6 4 15 2 33 16 23 16	9 6 7 7 16 2 33 16 23 16	12 10 13 11 18 2 33 16 23 17	15 15 18 15 20 2 32 16 23 17	18 20 18 19 22 2 32 16 23 17	21 23 20 22 24 2 32 16 23 17	24 28 25 26 26 2 32 16 23 17	27 31 29 30 29 1 32 16 23 17
20	30 24 30 26 15 35 32 16 23 17	34 29 31 29 13 35 32 16 23 17	36 30 35 32 13 36 32 16 23 17	3 35 5 36 14 1 33 16 23 16	6 3 6 4 15 2 33 16 23 16	9 8 7 7 16 2 33 16 23 16	12 12 13 11 18 2 33 16 23 17	15 17 18 15 20 2 32 16 23 17	18 21 18 19 22 2 32 16 23 17	21 24 20 22 24 2 32 16 23 17	24 29 25 26 26 1 32 16 23 17	27 32 29 30 29 1 32 16 23 17
21	31 26 30 26 15 35 32 16 23 17	34 30 31 29 13 35 32 16 23 17	1 31 36 32 13 36 32 16 23 17	4 36 5 36 14 1 33 16 23 16	6 4 6 4 15 2 33 16 23 16	9 9 7 8 16 2 33 16 23 16	12 13 13 11 18 2 33 16 23 17	15 18 18 15 20 2 32 16 23 17	18 22 18 19 22 2 32 16 23 17	21 26 20 23 24 2 32 16 23 17	24 30 25 26 26 1 32 16 23 17	27 34 29 30 29 2 32 16 23 17
22	31 27 30 26 15 35 32 16 23 17	34 32 31 29 13 36 32 16 23 17	1 33 36 33 13 36 32 16 23 17	4 2 6 36 14 1 33 16 23 16	7 6 6 4 15 2 33 16 23 16	10 11 7 8 17 2 33 16 23 16	12 14 13 11 18 2 33 16 23 17	15 19 18 15 20 2 32 16 23 17	18 24 18 19 22 2 32 16 23 17	21 27 20 23 24 2 32 16 23 17	24 31 26 27 27 1 32 16 23 17	28 35 29 30 29 2 32 16 23 17
23	31 28 30 26 15 35 32 16 23 17	34 33 31 29 13 36 32 16 23 17	1 34 36 33 13 36 32 16 23 17	4 3 6 36 14 1 33 16 23 16	7 7 6 4 15 2 33 16 23 16	10 12 8 8 17 2 33 16 23 16	13 16 14 11 18 2 33 16 23 17	15 20 18 15 20 2 32 16 23 17	18 25 18 19 22 2 32 16 23 17	21 28 21 23 24 2 32 16 23 17	25 33 26 27 27 1 32 16 23 17	28 36 29 30 29 2 32 16 23 17
24	31 30 30 26 14 35 32 16 23 17	34 35 32 30 13 36 32 16 23 17	1 35 36 33 13 36 32 16 23 17	4 5 6 1 14 1 33 16 23 16	7 9 6 4 15 2 33 16 23 16	10 14 8 8 17 2 33 16 23 16	13 17 14 12 18 2 33 16 23 17	16 22 18 15 20 2 32 16 23 17	19 26 18 19 22 2 32 16 23 17	22 29 21 23 24 2 32 16 23 17	25 34 26 27 27 1 32 16 23 17	28 2 30 31 29 2 32 16 23 17
25	31 31 30 26 14 35 32 16 23 17	34 36 32 30 13 36 32 16 23 17	1 1 36 33 13 36 22 16 23 17	4 6 6 1 14 1 33 16 23 16	7 10 6 4 15 2 33 16 23 16	10 15 8 8 17 2 33 16 23 16	13 18 14 12 18 2 33 16 23 17	16 23 18 16 20 2 32 16 23 17	19 27 18 19 22 2 32 16 23 17	22 30 21 23 24 2 32 16 23 17	25 35 26 27 27 1 32 16 23 17	28 3 30 31 29 2 32 16 23 17
26	31 32 30 26 14 35 32 16 23 17	34 2 32 30 13 36 32 16 23 17	1 2 1 33 13 36 32 16 23 17	4 8 6 1 14 1 33 16 23 16	7 11 6 4 15 2 33 16 23 16	10 16 8 8 17 2 33 16 23 16	13 20 14 12 18 2 33 16 23 17	16 24 18 16 20 2 32 16 23 17	19 28 18 20 22 2 32 16 23 17	22 32 21 23 25 2 32 16 23 17	25 1 26 27 27 1 32 16 23 17	28 4 30 31 29 2 32 16 23 17
27	31 34 30 27 14 35 32 16 23 17	34 3 32 30 13 36 32 16 23 17	1 4 1 33 13 36 32 16 23 17	4 9 6 1 14 1 33 16 23 16	7 13 6 5 15 2 33 16 23 16	10 17 8 8 17 2 33 16 23 16	13 21 14 12 19 2 33 16 23 17	16 25 19 16 20 2 32 16 23 17	19 30 18 20 23 2 32 16 23 17	22 33 21 23 25 2 32 16 23 17	25 2 26 27 27 1 32 16 23 17	28 6 30 31 29 2 33 16 23 17
28	31 35 30 27 14 35 32 16 23 17	34 4 32 30 13 36 32 16 23 17	1 5 1 33 13 36 32 16 23 17	4 11 6 1 14 1 33 16 23 16	7 14 6 5 15 2 33 16 23 16	10 19 8 8 17 2 33 16 23 16	13 22 15 12 19 2 33 16 23 17	16 26 19 16 21 2 32 16 23 17	19 31 18 20 23 2 32 16 23 17	22 34 21 23 25 2 32 16 23 17	25 4 26 27 27 1 32 16 23 17	28 7 29 31 29 2 33 16 23 17
29	31 1 30 27 14 35 32 16 23 17		1 7 1 35 13 36 32 16 23 17	4 12 6 1 14 1 33 16 23 16	7 15 6 5 15 2 33 16 23 16	10 20 9 9 17 2 33 16 23 16	13 23 15 12 19 2 33 16 23 17	16 28 19 16 21 2 32 16 23 17	19 32 18 20 23 2 32 16 23 17	22 36 22 24 25 2 32 16 23 17	25 5 27 27 27 1 32 16 23 17	28 9 29 31 29 2 33 16 23 17
30	31 2 30 27 14 35 32 16 23 17		1 8 1 34 13 35 32 16 23 17	4 13 6 1 14 1 33 16 23 16	7 17 6 5 15 2 33 16 23 16	10 21 9 9 17 2 33 16 23 16	13 24 15 12 19 2 33 16 23 17	16 29 19 16 21 2 32 16 23 17	19 34 18 20 23 2 32 16 23 17	22 1 22 24 25 2 32 16 23 17	25 7 27 28 27 1 32 16 23 17	28 10 29 31 29 2 33 16 23 17
31	32 3 30 27 4 35 32 16 23 17		2 10 2 34 13 36 33 16 23 17		7 18 6 5 15 2 33 16 23 16		13 25 15 12 19 2 33 16 23 17	15 30 19 16 21 2 32 16 23 17		22 3 22 24 25 2 32 16 23 17		28 12 29 31 30 2 33 16 23 17

1964

	JAN	FEB	MÄR	APR	MAI	JUNI	JULI	AUG	SEPT	OKT	NOV	DEZ
1	29 13 29 32 30 2 33 16 23 17	32 18 29 35 32 2 33 16 23 17	35 20 34 3 34 3 33 16 23 17	2 25 3 6 1 3 34 16 23 17	5 28 4 9 3 4 34 16 23 17	8 32 5 10 5 5 34 16 23 17	10 36 11 9 7 5 34 16 23 17	13 5 16 9 7 6 34 16 23 17	17 10 17 12 12 6 34 16 23 17	19 14 18 15 13 6 13 17 23 17	22 19 23 19 15 6 33 17 23 17	25 23 28 22 17 5 33 17 23 17
2	29 15 29 32 30 2 33 16 23 17	32 19 29 36 32 2 33 16 23 17	35 21 34 3 34 3 33 16 23 17	2 26 4 6 1 3 34 16 23 17	5 29 4 9 3 4 34 16 23 17	8 34 5 10 5 5 34 16 23 17	11 1 11 9 8 5 34 16 23 17	14 6 16 9 10 6 34 16 23 17	17 12 16 12 12 6 34 17 23 17	19 15 18 15 14 6 33 17 23 17	23 20 24 19 15 6 33 17 23 17	26 24 28 22 17 5 33 17 23 17
3	29 16 29 32 30 2 33 16 23 17	32 21 30 36 32 2 33 16 23 17	35 23 34 3 34 3 33 16 23 17	2 27 4 6 1 3 34 16 23 17	5 30 4 9 3 4 34 16 23 17	8 35 6 10 5 5 34 16 23 17	11 2 11 9 8 5 34 16 23 17	14 8 16 9 10 6 34 16 23 17	17 13 16 12 12 6 34 17 23 17	20 17 19 15 14 6 33 17 23 17	23 22 24 19 15 6 33 17 23 17	26 25 28 23 17 5 33 17 23 17
4	29 17 29 32 30 2 33 16 23 17	32 22 30 36 32 2 33 16 23 17	35 24 34 3 35 3 33 16 23 17	2 28 4 7 1 3 34 16 23 17	5 31 4 9 3 4 34 16 23 17	8 36 6 10 6 5 34 16 23 17	11 4 12 9 8 5 34 16 23 17	14 9 16 9 10 6 34 16 23 17	17 14 16 12 12 6 34 17 23 17	20 18 19 15 14 6 33 17 23 17	23 23 24 19 15 6 33 17 23 17	26 26 28 23 17 5 33 17 23 17
5	29 19 29 32 30 2 33 16 23 17	32 23 30 36 32 2 33 16 23 17	35 25 34 3 35 3 33 16 23 17	2 29 4 7 1 3 34 16 23 17	5 33 4 9 3 4 34 16 23 17	8 2 6 10 6 5 34 16 23 17	11 5 12 9 8 5 34 16 23 17	14 11 17 10 10 6 34 16 23 17	17 16 16 12 12 6 34 17 23 17	20 20 19 15 14 6 33 17 23 17	23 24 24 19 15 6 33 17 23 17	26 27 28 23 17 5 33 17 23 17
6	29 20 29 32 30 2 33 16 23 17	32 24 30 36 32 2 33 16 23 17	35 26 35 3 35 3 33 16 23 17	2 31 4 7 1 3 34 16 23 17	5 34 4 9 3 4 34 16 23 17	8 3 6 10 6 5 34 16 23 17	11 7 12 9 8 5 34 16 23 17	14 12 17 10 10 6 34 16 23 17	17 17 16 12 12 6 34 17 23 17	20 21 19 16 14 6 33 17 23 17	23 25 24 19 16 6 33 17 23 17	26 29 28 23 17 5 33 17 23 17
7	29 21 28 32 30 2 33 16 23 17	32 25 30 36 32 2 33 16 23 17	35 27 35 4 35 3 33 16 23 17	2 32 4 7 1 3 34 16 23 17	5 35 4 9 34 4 34 16 23 17	8 4 6 10 6 5 34 16 23 17	11 8 12 9 8 5 34 16 23 17	14 14 17 10 10 6 34 16 23 17	17 19 16 12 12 6 34 17 23 17	20 22 19 16 14 6 33 17 23 17	23 27 24 19 16 6 33 17 23 17	26 30 28 23 17 5 33 17 23 17
8	29 22 28 32 30 2 33 16 23 17	32 27 30 36 33 2 33 16 23 17	35 29 25 4 35 3 33 16 23 17	2 33 4 7 1 3 34 16 23 17	5 1 4 9 4 4 34 16 23 17	8 6 6 10 6 5 34 16 23 17	11 10 12 9 8 5 34 16 23 17	14 15 17 10 10 6 34 16 23 17	17 20 16 13 12 6 34 17 23 17	20 23 19 16 14 6 33 17 23 17	23 28 25 20 16 6 3 17 23 17	26 31 28 23 17 5 33 17 23 17
9	29 23 28 33 30 2 33 16 23 17	32 28 30 36 33 2 33 16 23 17	35 30 35 4 35 3 33 16 23 17	2 34 4 7 1 3 34 16 23 17	5 2 4 10 4 4 34 16 23 17	8 7 6 10 6 5 34 16 23 17	11 11 13 9 8 5 34 16 23 17	14 16 17 10 10 6 34 16 23 17	17 21 16 13 12 6 34 16 23 17	20 25 20 16 14 6 33 17 23 17	23 29 25 20 16 6 33 17 23 17	26 32 28 23 17 5 33 17 23 17
10	29 25 28 33 30 2 33 16 23 17	33 29 30 36 33 2 33 16 23 17	36 31 35 4 35 3 33 16 23 17	3 36 4 7 1 3 34 16 23 17	6 4 4 10 4 4 34 16 23 17	8 9 7 10 6 5 34 16 23 17	11 13 13 9 8 5 34 16 23 17	14 18 17 10 10 6 34 16 23 17	17 23 16 13 12 6 34 17 23 17	20 26 20 16 14 6 33 17 23 17	23 30 25 20 16 6 33 17 23 17	26 33 28 23 17 5 33 17 23 17
11	30 26 28 33 30 2 33 16 23 17	33 30 31 1 33 2 33 16 23 17	36 32 35 4 35 3 33 16 23 17	3 1 5 7 2 3 34 16 23 17	6 5 4 10 4 4 34 16 23 17	9 10 7 10 6 5 34 16 23 17	11 14 13 9 8 5 34 16 23 17	14 19 17 10 10 6 34 16 23 17	17 24 16 13 12 6 34 17 23 17	20 27 20 16 14 6 33 17 23 17	23 31 25 20 16 6 33 17 23 17	26 35 28 24 17 5 33 17 23 17
12	30 27 28 33 30 2 33 16 23 17	33 32 31 1 33 2 33 16 23 17	36 34 36 4 35 3 33 16 23 17	3 3 5 7 2 4 34 16 23 17	6 7 4 10 4 4 34 16 23 17	9 12 7 10 6 5 34 16 23 17	12 16 13 9 9 6 34 16 23 17	14 20 17 10 10 6 34 16 23 17	17 25 16 13 12 6 34 17 23 17	20 28 20 16 14 6 33 17 23 17	24 32 25 20 16 6 33 17 23 17	27 36 28 24 17 5 33 17 23 17
13	30 28 28 33 31 2 33 16 23 17	33 33 31 1 33 2 33 16 23 17	36 35 36 4 35 3 33 16 23 17	3 4 5 7 2 4 34 16 23 17	6 8 4 10 4 4 34 16 23 17	9 13 7 10 6 5 34 16 23 17	12 17 13 9 8 6 34 16 23 17	15 22 17 10 10 6 34 16 23 17	18 26 16 13 12 6 34 17 23 17	21 29 20 16 14 6 33 17 23 17	24 24 25 20 16 6 33 17 23 17	27 1 28 24 17 5 33 17 23 17
14	30 29 28 33 31 2 33 16 23 17	33 34 31 1 33 2 33 16 23 17	36 36 36 4 35 3 33 16 23 17	3 6 5 8 2 4 34 16 23 17	6 10 4 10 4 4 34 16 23 17	9 15 7 10 6 5 34 16 23 17	12 18 14 9 8 6 34 16 23 17	15 23 17 10 10 6 34 16 23 17	18 27 16 13 12 6 34 17 23 17	21 30 21 17 14 6 33 17 23 17	24 35 25 20 16 6 33 17 23 17	27 3 28 24 17 5 33 17 23 17
15	30 31 28 33 31 2 33 16 23 17	33 36 31 1 33 2 33 16 23 17	36 2 36 4 35 3 33 16 23 17	3 7 5 8 2 4 34 16 23 17	6 11 4 10 4 4 34 16 23 17	9 16 8 10 6 5 34 16 23 17	12 20 14 9 8 6 34 16 23 17	15 24 17 10 11 6 34 16 23 17	18 29 16 13 12 6 34 17 23 17	21 32 21 17 14 6 33 17 23 17	24 36 26 20 16 6 33 17 23 17	27 4 28 24 17 5 33 17 23 17
16	30 32 28 33 31 2 33 16 23 17	33 1 31 1 33 2 33 16 23 17	36 3 36 5 35 3 33 16 23 17	3 9 5 8 2 4 34 16 23 17	6 12 4 10 4 4 34 16 23 17	9 17 8 10 6 5 34 16 23 17	12 21 14 9 9 6 34 16 23 17	15 25 17 10 11 6 34 16 23 17	18 30 16 13 13 6 34 17 23 17	21 33 21 17 14 6 33 17 23 17	24 2 26 20 16 6 33 17 23 17	27 5 28 24 17 5 34 17 23 17
17	30 33 28 34 31 2 33 16 23 17	33 2 31 1 33 2 33 16 23 17	36 5 1 5 36 3 33 16 23 17	3 10 5 8 2 4 34 16 23 17	6 14 4 10 4 4 34 16 23 17	9 19 8 10 7 5 34 16 23 17	12 22 14 9 9 6 34 16 23 17	15 27 17 10 11 6 34 16 23 17	18 31 16 13 13 6 33 17 23 17	21 34 21 17 14 6 33 17 23 17	24 3 20 21 16 6 33 17 23 17	27 7 27 24 17 5 34 17 23 17
18	30 35 28 34 31 2 33 16 23 17	33 4 32 1 33 2 33 16 23 17	36 6 1 5 36 3 33 16 23 17	3 11 5 8 2 4 34 16 23 17	6 15 4 10 4 4 34 16 23 17	9 20 8 9 7 5 34 16 23 17	12 23 14 9 9 6 34 16 23 17	15 28 17 11 11 6 34 16 23 17	18 32 16 14 13 6 33 17 23 17	21 36 21 17 14 6 33 17 23 17	24 5 26 21 16 6 33 17 23 17	27 7 27 24 17 5 34 17 23 17
19	30 36 28 34 31 2 33 16 23 17	33 5 32 2 33 2 33 16 23 17	36 8 1 5 36 3 33 16 23 17	3 13 5 8 2 4 34 16 23 17	6 17 4 10 4 4 34 16 23 17	9 21 8 9 7 5 34 16 23 17	12 25 14 9 9 6 34 16 23 17	15 29 17 11 11 6 34 16 23 17	18 33 16 14 13 6 33 17 23 17	21 1 22 17 15 6 33 17 23 17	24 6 26 21 16 6 33 17 23 17	27 10 27 25 17 5 34 17 23 17
20	30 1 28 34 31 2 33 16 23 17	34 7 32 2 34 2 33 16 23 17	36 9 1 5 36 3 33 16 23 17	4 14 5 8 2 4 34 16 23 17	6 18 4 10 4 4 34 16 23 17	9 22 9 9 7 5 34 16 23 17	12 26 15 9 9 6 34 16 23 17	15 30 17 11 11 6 34 16 23 17	18 35 17 14 13 6 33 17 23 17	21 2 22 17 15 6 33 17 23 17	24 8 26 21 16 6 33 17 23 17	27 11 27 25 18 5 34 17 23 17
21	31 3 28 34 31 2 33 16 23 17	34 8 32 2 34 2 33 16 23 17	1 10 1 5 36 3 33 16 23 17	4 16 5 8 2 4 34 16 23 17	7 19 4 10 5 4 34 16 23 17	10 24 9 9 7 5 34 16 23 17	12 27 15 9 9 6 34 16 23 17	15 31 17 11 11 6 34 16 23 17	18 36 17 14 13 6 33 17 23 17	21 4 22 17 15 6 33 17 23 17	24 9 26 21 16 5 33 17 23 17	27 13 27 25 18 5 34 17 23 17
22	31 4 28 34 31 2 33 16 23 17	34 9 32 2 34 2 33 16 23 17	1 12 2 5 36 3 33 16 23 17	4 17 4 8 2 4 34 16 23 17	7 20 4 10 5 4 34 16 23 17	10 25 9 9 7 5 34 16 23 17	12 28 15 9 9 6 34 16 23 17	15 32 17 11 11 6 34 16 23 17	18 1 17 14 13 6 33 17 23 17	21 5 22 17 15 6 33 17 23 17	25 10 27 21 16 5 33 17 23 17	28 14 27 25 18 5 34 17 23 17
23	31 5 28 34 31 2 33 16 23 17	34 11 32 2 34 2 33 16 23 17	1 13 2 5 36 3 33 16 23 17	4 18 4 8 2 4 34 16 23 17	7 22 4 10 5 4 34 16 23 17	10 26 9 9 7 5 34 16 23 17	13 29 15 9 9 6 34 16 23 17	16 34 17 11 11 6 34 16 23 17	19 3 17 14 13 6 33 17 23 17	22 7 22 18 15 6 33 17 23 17	25 12 27 21 16 5 33 17 23 17	28 16 27 25 18 5 34 17 23 17
24	31 7 28 34 31 2 33 16 23 17	34 12 32 2 34 2 33 16 23 17	1 14 2 5 36 3 34 16 23 17	4 19 4 8 3 4 34 16 23 17	7 23 4 10 5 5 34 16 23 17	10 27 9 9 7 5 34 16 23 17	13 30 15 9 9 6 34 16 23 17	16 35 17 11 11 6 34 16 23 17	19 4 17 14 13 6 33 17 23 17	22 8 22 18 15 6 33 17 23 17	25 13 27 21 16 5 33 17 23 17	28 17 26 25 18 5 34 17 23 17
25	31 8 29 35 31 2 33 16 23 17	34 14 33 2 34 2 33 16 23 17	1 16 2 6 36 3 34 16 23 17	4 21 4 9 3 4 34 16 23 17	7 24 4 10 5 5 34 16 23 17	10 28 10 9 7 5 34 16 23 17	13 32 15 9 9 6 34 16 23 17	16 36 17 11 11 6 34 16 23 17	19 6 17 14 13 6 33 17 23 17	22 10 22 18 15 6 33 17 23 17	25 15 27 22 16 5 33 17 23 17	28 18 26 25 18 5 34 17 23 17
26	31 10 29 35 32 2 33 16 23 17	34 15 33 2 34 2 33 16 23 17	1 17 2 6 36 3 34 16 23 17	4 22 4 9 3 4 34 16 23 17	7 25 5 10 5 5 34 16 23 17	10 30 10 9 7 5 34 16 23 17	13 33 15 9 9 6 34 16 23 17	16 2 17 11 11 6 34 16 23 17	19 7 17 14 13 6 33 17 23 17	22 11 23 18 15 6 33 17 23 17	25 16 27 22 17 5 33 17 23 17	28 20 26 25 18 5 34 17 23 17
27	31 11 29 35 32 2 33 16 23 17	34 16 33 2 34 2 33 16 23 17	1 18 3 6 36 3 34 16 23 17	4 23 4 9 3 4 34 16 23 17	7 26 5 10 5 5 34 16 23 17	10 31 10 9 7 5 34 16 23 17	13 34 16 9 9 6 34 16 23 17	16 3 17 11 11 6 34 16 23 17	19 8 18 15 13 6 33 17 23 17	22 12 23 18 15 6 33 17 23 17	25 17 27 22 17 5 33 17 23 17	28 21 26 26 18 5 34 17 23 17
28	31 13 29 35 32 2 33 16 23 17	34 18 33 2 34 2 33 16 23 17	1 20 3 6 36 3 34 16 23 17	4 24 4 9 3 4 34 16 23 17	7 28 5 10 5 5 34 16 23 17	10 32 10 9 7 5 34 16 23 17	13 35 16 9 9 6 34 16 23 17	16 5 17 11 11 6 34 16 23 17	19 10 18 15 13 6 33 17 23 17	22 14 23 18 15 6 33 17 23 17	25 19 27 22 17 5 33 17 23 17	28 22 26 26 18 5 34 17 23 17
29	31 14 29 35 32 2 33 16 23 17	34 19 33 2 34 3 33 16 23 17	1 21 3 6 1 3 34 16 23 17	4 25 4 9 3 4 34 16 23 17	7 29 5 10 5 5 34 16 23 17	10 33 11 9 7 5 34 16 23 17	13 1 16 9 9 6 34 16 23 17	16 6 17 12 11 6 34 16 23 17	19 11 18 15 13 6 33 17 23 17	22 15 23 18 15 6 33 17 23 17	25 20 27 22 17 6 33 17 23 17	28 24 26 26 18 5 34 17 23 17
30	31 15 29 35 32 2 33 16 23 17		1 22 3 6 1 3 34 16 23 17	5 27 4 9 3 4 34 16 23 17	7 30 5 10 5 5 34 16 23 17	10 34 11 9 7 5 34 16 23 17	13 2 16 9 9 6 34 16 23 17	16 7 17 12 11 6 34 16 23 17	19 13 18 15 13 6 33 17 23 17	22 16 23 18 15 6 33 17 23 17	25 21 27 22 17 6 33 17 23 17	28 25 26 26 18 5 34 17 23 17
31	32 17 29 35 32 2 33 16 23 17		2 23 3 6 1 3 34 16 23 17		8 31 5 10 5 5 34 16 23 17		13 4 16 9 10 6 34 16 23 17	16 9 17 12 11 6 34 16 23 17		22 18 23 19 15 6 33 17 23 17		29 26 26 26 18 5 34 17 23 17

1965

	JAN	FEB	MÄR	APR	MAI	JUNI	JULI	AUG	SEPT	OKT	NOV	DEZ
1	29 26 26 26 18 5 34 17 23 17	32 31 30 30 18 5 34 17 23 17	35 32 35 33 18 6 34 17 23 17	2 36 3 1 17 6 35 17 23 17	5 4 2 5 16 7 35 17 23 17	8 9 6 9 16 7 35 17 23 17	10 13 12 13 19 8 35 17 23 17	13 18 16 16 20 9 35 17 23 17	16 23 15 20 22 9 35 17 23 17	19 27 20 23 24 10 35 17 23 17	22 31 24 27 27 10 35 17 23 17	25 34 26 30 29 9 35 17 24 17
2	29 28 26 26 18 5 34 17 23 17	32 32 30 30 18 5 34 17 23 17	35 33 35 34 18 6 34 17 23 17	2 2 3 1 17 6 35 17 23 17	5 5 2 5 16 7 35 17 23 17	8 11 6 9 16 7 35 17 23 17	10 14 13 13 19 8 35 17 23 17	13 20 16 16 20 9 35 17 23 17	16 24 15 20 22 9 35 17 23 17	19 28 20 23 24 10 35 17 23 17	22 32 24 27 27 10 35 17 23 17	25 35 26 30 29 9 35 17 24 17
3	29 29 26 26 18 5 34 17 23 17	32 33 30 30 18 5 34 17 23 17	35 34 35 34 18 6 34 17 23 17	2 3 3 1 17 6 35 17 23 17	5 7 2 5 16 7 35 17 23 17	8 12 7 9 17 7 35 17 23 17	11 16 13 13 19 8 35 17 23 17	14 21 16 17 20 9 35 17 23 17	17 26 15 20 22 9 35 17 23 17	19 29 20 23 24 10 35 17 23 17	23 33 25 27 27 10 35 17 23 17	26 1 26 30 29 9 35 17 24 17
4	29 30 27 26 18 5 34 17 23 17	32 35 31 30 18 5 34 17 23 17	35 36 36 34 18 6 34 17 23 17	2 4 3 2 17 6 35 17 23 17	5 8 2 5 16 7 35 17 23 17	8 13 7 9 16 7 35 17 23 17	11 17 13 13 19 8 35 17 23 17	14 22 15 17 20 9 35 17 23 17	17 27 15 20 22 9 35 17 23 17	20 30 20 23 24 10 35 17 23 17	23 35 25 27 27 10 35 17 23 17	26 2 25 30 29 9 35 17 24 17
5	29 31 27 26 18 5 34 17 23 17	32 36 31 30 18 5 34 17 23 17	35 1 36 34 18 6 34 17 23 17	2 6 3 2 17 6 35 17 23 17	5 10 2 6 17 7 35 17 23 17	8 15 7 9 17 7 35 17 23 17	11 19 13 13 19 8 35 17 23 17	14 24 15 17 21 9 35 17 23 17	17 28 15 20 23 9 35 17 23 17	20 31 20 23 25 10 35 17 23 17	23 36 25 27 27 10 35 17 23 17	26 3 25 30 29 9 35 17 24 17
6	29 32 27 27 18 5 34 17 23 17	29 1 31 31 18 5 34 17 23 17	35 2 36 34 18 6 34 17 23 17	2 7 3 2 16 6 35 17 23 17	5 11 2 6 17 7 35 17 23 17	8 16 7 9 17 8 35 17 23 17	11 20 13 13 19 8 35 17 23 17	14 25 15 17 21 9 35 17 23 17	17 29 15 21 23 9 35 17 23 17	20 33 20 23 25 10 35 17 23 17	23 1 25 28 27 10 35 17 23 17	26 4 25 30 29 9 35 17 24 17
7	29 34 27 27 18 5 34 17 23 17	32 3 31 31 18 5 34 17 23 17	35 2 36 34 17 6 34 17 23 17	2 9 2 2 16 6 35 17 23 17	5 12 2 6 17 7 35 17 23 17	8 18 8 10 17 8 35 17 23 17	11 21 13 13 19 8 35 17 23 17	14 26 15 17 21 9 35 17 23 17	17 31 15 21 23 9 35 17 23 17	20 34 21 23 25 10 35 17 23 17	23 2 25 28 27 10 35 17 23 17	26 6 25 30 29 9 35 17 24 17
8	29 35 27 27 18 5 34 17 23 17	32 4 31 31 18 5 34 17 23 17	35 5 36 34 17 6 34 17 23 17	2 10 2 2 16 6 35 17 23 17	5 14 3 6 17 7 35 17 23 17	8 19 8 9 18 8 35 17 23 17	11 23 13 13 19 8 35 17 23 17	14 27 15 17 21 9 35 17 23 17	17 32 15 21 23 9 35 17 23 17	20 35 21 23 25 10 35 17 23 17	23 4 25 28 27 10 35 17 23 17	26 7 25 31 29 9 35 17 24 17
9	29 36 27 27 18 5 34 17 23 17	33 5 31 31 18 5 34 17 23 17	35 6 36 34 17 6 34 17 23 17	2 11 2 2 16 6 35 17 23 17	5 15 3 6 17 7 35 17 23 17	8 20 8 9 18 8 35 17 23 17	11 24 14 13 19 8 35 17 23 17	14 28 15 17 21 9 35 17 23 17	17 33 16 21 23 9 35 17 23 17	20 36 21 23 25 10 35 17 23 17	23 5 25 28 27 10 35 17 23 17	26 9 25 31 29 9 35 17 24 17
10	29 1 27 27 18 5 34 17 23 17	33 6 32 31 18 5 34 17 23 17	35 7 1 35 17 6 34 17 23 17	2 13 2 2 16 6 35 17 23 17	5 17 3 6 17 7 35 17 23 17	8 22 8 9 18 8 35 17 23 17	11 25 14 14 19 8 35 17 23 17	14 30 15 17 21 9 35 17 23 17	17 34 16 21 23 9 35 17 23 17	20 1 21 25 25 10 35 17 23 17	23 6 25 28 27 10 35 17 23 17	26 10 25 31 29 9 35 17 24 17
11	30 3 27 27 18 5 34 17 23 17	33 8 32 31 18 5 34 17 23 17	36 9 1 35 17 6 34 17 23 17	3 14 2 3 16 6 35 17 23 17	6 18 3 6 17 7 35 17 23 17	8 23 8 9 18 8 35 17 23 17	11 26 14 14 19 8 35 17 23 17	14 31 15 17 21 9 35 17 23 17	17 35 16 21 23 9 35 17 23 17	20 3 21 25 25 10 35 17 23 17	23 8 26 28 27 10 35 17 23 17	26 11 25 31 30 9 35 17 24 17
12	30 4 27 27 18 5 34 17 23 17	33 9 32 31 18 5 34 17 23 17	36 10 1 35 17 6 34 17 23 17	3 16 2 3 16 6 35 17 23 17	6 19 3 6 17 7 35 17 23 17	9 24 9 10 18 8 35 17 23 17	11 28 14 14 19 8 35 17 23 17	14 32 15 18 21 9 35 17 23 17	17 1 16 21 23 9 35 17 23 17	20 4 21 25 25 10 35 17 23 17	23 9 26 28 27 10 35 17 23 17	26 13 25 31 30 9 35 17 24 17
13	30 5 27 28 18 5 34 17 23 17	33 11 32 31 18 5 34 17 23 17	36 12 1 35 17 6 34 17 23 17	3 17 2 3 16 6 35 17 23 17	6 21 3 7 17 7 35 17 23 17	9 25 9 10 18 8 35 17 23 17	12 29 14 14 19 8 35 17 23 17	15 33 15 18 21 9 35 17 23 17	17 2 16 21 23 9 35 17 23 17	20 5 22 25 25 10 35 17 23 17	24 10 26 28 27 10 35 17 23 17	27 14 25 31 30 9 35 17 24 17
14	30 7 28 28 18 5 34 17 23 17	33 12 32 32 18 5 34 17 23 17	36 13 1 35 17 6 34 17 23 17	3 18 2 3 16 6 35 17 23 17	6 22 3 7 17 7 35 17 23 17	9 27 9 10 18 8 35 17 23 17	12 30 14 14 19 8 35 17 23 17	15 34 15 18 21 9 35 17 23 17	18 3 16 22 23 9 35 17 23 17	21 7 22 25 25 10 35 17 23 17	24 12 26 28 28 10 35 17 23 17	27 16 25 31 30 9 35 17 24 17
15	30 8 28 28 18 5 34 17 23 17	33 14 32 32 18 5 34 17 23 17	36 15 2 35 17 6 34 17 23 17	3 20 2 3 16 6 35 17 23 17	6 23 3 7 17 7 35 17 23 17	9 28 9 11 18 8 35 17 23 17	12 31 14 14 19 8 35 17 23 17	15 36 15 18 21 9 35 17 23 17	18 4 17 22 23 9 35 17 23 17	21 8 22 25 25 10 35 17 23 17	24 13 26 28 28 10 35 17 23 17	27 17 25 31 30 9 35 17 24 17
16	30 10 28 28 18 5 34 17 23 17	33 15 33 32 18 5 34 17 23 17	36 16 2 35 17 6 34 17 23 17	3 21 2 3 16 6 35 17 23 17	6 25 4 7 17 7 35 17 23 17	9 29 9 11 18 8 35 17 23 17	12 32 14 14 19 8 35 17 23 17	15 1 15 18 21 9 35 17 23 17	18 6 17 22 23 9 35 17 23 17	21 9 22 25 25 10 35 17 23 17	24 15 26 29 28 10 35 17 23 17	27 19 25 31 30 9 35 17 24 17
17	30 11 28 28 18 5 34 17 23 17	33 17 33 32 18 5 34 17 23 17	36 17 2 35 17 6 34 17 23 17	3 22 2 3 16 6 35 17 23 17	6 26 4 7 17 7 35 17 23 17	9 30 10 11 18 8 35 17 23 17	12 34 15 14 19 8 35 17 23 17	15 2 15 18 21 9 35 17 23 17	18 7 17 22 23 9 35 17 23 17	21 11 22 25 25 10 35 17 23 17	24 16 26 29 28 10 35 17 23 17	27 20 25 31 30 9 35 17 24 17
18	30 13 28 28 18 5 34 17 23 17	33 18 33 32 18 5 34 17 23 17	36 19 2 36 17 6 34 17 23 17	3 24 2 3 16 6 35 17 23 17	6 27 4 7 17 7 35 17 23 17	9 31 10 11 18 8 35 17 23 17	12 35 15 15 20 8 35 17 23 17	15 3 15 18 21 9 35 17 23 17	18 8 17 22 23 9 35 17 23 17	21 12 22 25 25 10 35 17 23 17	24 18 26 29 28 10 35 17 23 17	27 21 25 31 30 9 35 17 24 17
19	30 14 28 28 18 5 34 17 23 17	34 20 33 32 18 5 34 17 23 17	36 20 2 36 17 6 35 17 23 17	3 25 2 4 16 6 35 17 23 17	6 28 4 7 17 7 35 17 23 17	9 33 10 11 18 8 35 17 23 17	12 36 15 15 20 8 35 17 23 17	15 5 15 18 21 9 35 17 23 17	18 10 17 22 23 9 35 17 23 17	21 14 22 26 26 10 35 17 23 17	24 19 26 29 28 9 35 17 23 17	27 23 25 31 30 9 35 17 24 17
20	30 16 28 28 18 5 34 17 23 17	34 21 33 32 18 5 34 17 23 17	36 22 2 36 17 6 35 17 23 17	3 26 2 4 16 6 35 17 23 17	6 29 4 7 17 7 35 17 23 17	9 34 10 11 18 8 35 17 23 17	12 1 15 15 20 9 35 17 23 17	15 6 14 19 21 9 35 17 23 17	18 11 18 22 24 9 35 17 23 17	21 16 23 26 26 10 35 17 23 17	24 20 26 29 28 9 35 17 23 17	27 24 25 31 30 9 35 17 24 17
21	31 17 29 29 18 5 34 17 23 17	34 22 33 32 18 5 34 17 23 17	1 23 2 36 17 6 35 17 23 17	4 27 2 4 16 6 35 17 23 17	6 31 4 7 17 7 35 17 23 17	9 35 11 11 18 8 35 17 23 17	12 2 15 15 20 9 35 17 23 17	15 7 14 19 21 9 35 17 23 17	18 13 18 22 24 9 35 17 23 17	21 17 23 26 26 10 35 17 23 17	24 22 26 29 28 9 35 17 23 17	27 25 25 31 30 9 35 17 24 17
22	31 19 29 29 18 5 34 17 23 17	34 23 34 33 18 5 34 17 23 17	1 24 2 36 17 6 35 17 23 17	4 29 2 4 16 6 35 17 23 17	7 32 4 8 17 7 35 17 23 17	10 36 11 11 18 8 35 17 23 17	13 4 15 15 20 9 35 17 23 17	15 9 14 19 21 9 35 17 23 17	18 14 18 22 24 10 35 17 23 17	21 18 23 26 26 10 35 17 23 17	24 23 26 29 28 9 35 17 23 17	27 26 25 31 30 9 35 17 24 17
23	31 20 29 29 18 5 34 17 23 17	34 25 34 33 18 5 34 17 23 17	1 25 3 36 17 6 35 17 23 17	4 30 2 4 16 7 35 17 23 17	7 33 5 8 17 7 35 17 23 17	10 2 11 12 18 8 35 17 23 17	12 5 15 15 20 9 35 17 23 17	15 10 14 19 21 9 35 17 23 17	18 16 18 23 24 10 35 17 23 17	21 19 23 26 26 10 35 17 23 17	25 24 26 29 28 9 35 17 23 17	28 28 25 32 30 9 35 17 24 17
24	31 21 29 29 18 5 34 17 23 17	34 26 34 33 18 5 34 17 23 17	1 27 3 36 17 6 35 17 23 17	4 31 2 4 16 7 35 17 23 17	7 34 5 8 17 7 35 17 23 17	10 3 11 12 18 8 35 17 23 17	13 6 15 15 20 9 35 17 23 17	16 12 14 19 21 9 35 17 23 17	19 17 18 23 24 10 35 17 23 17	22 21 23 26 26 10 35 17 23 17	25 26 26 29 28 9 35 17 23 17	28 29 26 32 31 9 35 17 24 17
25	31 23 29 29 18 5 34 17 23 17	34 27 34 33 18 5 34 17 23 17	1 28 3 36 17 6 35 17 23 17	4 32 2 4 16 7 35 17 23 17	7 35 5 8 17 7 35 17 23 17	10 4 11 12 18 8 35 17 23 17	13 8 15 15 20 9 35 17 23 17	16 13 14 19 21 9 35 17 23 17	19 18 18 23 24 10 35 17 23 17	22 22 23 26 26 10 35 17 23 17	25 27 26 29 28 9 35 17 23 17	28 30 26 32 31 9 35 17 24 17
26	31 24 29 29 18 5 34 17 23 17	34 28 34 33 18 5 34 17 23 17	1 29 3 1 17 6 35 17 23 17	4 33 2 4 16 7 35 17 23 17	7 1 5 8 17 7 35 17 23 17	10 6 12 12 18 8 35 17 23 17	13 9 15 16 20 9 35 17 23 17	16 15 14 19 21 9 35 17 23 17	19 20 19 23 24 10 35 17 23 17	22 24 23 26 26 10 35 17 23 17	25 28 26 30 28 9 35 17 23 17	28 31 26 32 31 9 35 17 24 17
27	31 25 29 29 18 5 34 17 23 17	34 29 35 33 18 5 34 17 23 17	1 30 3 1 17 6 35 17 23 17	4 35 2 5 16 7 35 17 23 17	7 2 5 8 17 7 35 17 23 17	10 7 12 12 18 8 35 17 23 17	13 11 15 16 20 9 35 17 23 17	16 16 14 19 21 9 35 17 23 17	19 21 19 23 24 10 35 17 23 17	22 25 24 26 26 10 35 17 23 17	25 29 26 30 28 9 35 17 23 17	28 33 26 32 31 9 35 17 24 17
28	31 26 30 29 18 5 34 17 23 17	34 31 35 33 18 5 34 17 23 17	1 31 3 1 17 6 35 17 23 17	4 36 2 5 16 7 35 17 23 17	7 3 6 8 17 7 35 17 23 17	10 8 12 12 18 8 35 17 23 17	13 12 15 16 20 9 35 17 23 17	16 18 14 20 22 9 35 17 23 17	19 23 19 23 24 10 35 17 23 17	22 26 24 27 26 10 35 17 23 17	25 31 26 30 29 9 35 17 23 17	28 34 26 32 31 9 35 17 24 17
29	31 27 30 30 18 5 34 17 23 17		1 33 3 1 17 6 35 17 23 17	4 1 2 5 16 7 35 17 23 17	7 5 6 8 17 7 35 17 23 17	10 10 12 12 18 8 35 17 23 17	13 14 15 16 20 9 35 17 23 17	16 19 14 19 21 9 35 17 23 17	19 24 19 23 24 10 35 17 23 17	22 27 24 27 26 10 35 17 23 17	25 32 26 30 29 9 35 17 23 17	28 35 26 32 31 9 35 17 24 17
30	31 29 30 30 18 5 34 17 23 17		1 34 3 1 11 6 35 17 23 17	4 3 2 5 16 7 35 17 23 17	7 6 6 9 17 7 35 17 23 17	10 11 12 12 19 8 35 17 23 17	13 15 15 16 20 9 35 17 23 17	16 21 14 20 22 9 35 17 23 17	19 25 19 23 24 10 35 17 23 17	22 29 24 27 26 10 35 17 23 17	25 33 26 30 29 9 35 17 23 17	28 36 26 32 31 9 35 17 24 17
31	32 30 30 30 18 5 34 17 23 17		2 35 3 1 17 6 35 17 23 17		7 8 6 9 17 7 35 17 23 17		13 17 15 16 20 9 35 17 23 17	16 22 14 20 22 9 35 17 23 17		22 30 24 27 26 10 35 17 23 17		28 1 26 32 31 9 35 17 24 17

1966

	JAN	FEB	MÄR	APR	MAI	JUNI	JULI	AUG	SEPT	OKT	NOV	DEZ
1	28 3 27 32 31 9 35 17 24 17	32 7 31 31 34 9 35 17 24 17	34 8 36 31 36 9 35 17 24 17	2 13 36 33 2 9 36 17 24 17	5 17 2 36 4 9 36 17 24 17	8 23 8 4 7 10 36 17 24 17	10 26 13 7 9 11 36 17 23 17	13 31 13 11 11 11 36 17 23 17	16 35 15 15 13 12 36 17 23 17	19 3 21 18 15 13 36 18 24 17	22 7 25 22 17 13 36 18 24 17	25 11 23 26 18 13 36 18 24 18
2	29 4 27 32 31 9 35 17 24 17	32 9 31 31 34 9 35 17 24 17	35 10 36 31 36 9 35 17 24 17	2 15 36 33 2 9 36 17 24 17	5 19 2 36 5 9 36 17 24 17	8 24 8 4 7 10 36 17 24 17	10 28 13 7 9 11 36 17 23 17	13 32 13 11 11 11 36 17 23 17	16 1 16 15 13 12 36 17 23 17	19 4 21 18 15 13 36 18 24 17	22 9 25 22 17 13 36 18 24 17	25 12 23 26 18 13 36 18 24 18
3	29 5 27 32 31 9 35 17 24 17	32 10 32 31 34 9 35 17 24 17	35 11 36 31 36 9 35 17 24 17	2 16 36 33 2 9 36 17 24 17	5 20 2 36 5 9 36 17 24 17	8 25 9 4 7 10 36 17 24 17	11 29 13 7 9 11 36 17 23 17	14 13 13 11 11 11 36 17 23 17	17 2 16 15 13 12 36 17 23 17	19 5 21 18 15 13 36 18 24 17	23 10 25 23 17 13 36 18 24 17	26 14 24 26 18 13 36 18 24 18
4	29 6 27 32 31 9 35 17 24 17	32 12 32 31 34 9 35 17 24 17	35 12 1 31 36 9 35 17 24 17	2 18 36 33 2 9 36 17 24 17	5 22 3 36 5 9 36 17 24 17	8 27 9 4 7 10 36 17 24 17	11 30 13 7 9 11 36 17 23 17	14 34 13 11 11 11 36 17 23 17	17 3 16 15 13 12 36 17 23 17	20 6 21 19 15 13 36 18 24 17	23 11 25 23 17 13 36 18 24 18	26 15 24 26 18 13 36 18 24 18
5	29 8 27 32 32 9 35 17 24 17	32 13 32 31 34 9 35 17 24 17	35 14 1 31 36 9 35 17 24 17	2 19 36 33 3 9 36 17 24 17	5 23 3 36 5 9 36 17 24 17	8 28 9 4 7 10 36 17 24 17	11 31 13 8 9 11 36 17 23 17	14 35 13 11 11 11 36 17 23 17	17 4 16 15 13 12 36 17 23 17	20 8 21 19 15 13 36 18 24 17	23 13 25 23 17 13 36 128 24 18	26 16 24 26 19 13 36 18 24 18
6	29 9 27 32 32 9 35 17 24 17	32 15 32 31 34 9 35 17 24 17	35 15 1 31 36 9 35 17 24 17	2 21 36 33 3 9 36 17 24 17	5 24 3 1 5 10 36 17 24 17	8 29 9 4 7 10 36 17 24 17	11 32 13 6 9 11 36 17 23 17	14 1 13 11 11 12 36 17 23 17	17 5 16 15 13 12 36 17 23 17	20 9 22 19 15 13 36 18 24 17	23 14 25 23 17 13 36 18 24 18	26 18 24 27 19 13 36 18 24 18
7	29 11 27 32 32 9 35 17 24 17	32 16 32 30 34 9 35 17 24 17	35 17 1 31 36 9 35 17 24 17	2 22 36 34 3 9 36 17 24 17	5 26 3 1 5 10 36 17 24 17	8 30 9 4 7 10 36 17 24 17	11 34 13 8 9 11 36 17 23 17	14 2 13 11 11 12 36 17 23 17	17 7 17 15 13 12 36 17 23 17	20 10 22 19 15 13 36 18 24 17	23 15 25 23 17 13 36 18 24 18	26 19 24 27 19 13 36 18 24 18
8	29 12 28 32 32 9 35 17 24 17	32 18 33 30 34 9 35 17 24 17	35 19 1 31 36 9 35 17 24 17	2 24 36 34 3 9 36 17 24 17	5 27 3 1 5 10 36 17 24 17	8 32 10 4 7 10 36 17 24 17	11 35 13 8 9 11 36 17 23 17	14 3 13 12 11 12 36 17 23 17	17 8 17 15 13 12 36 18 24 17	20 11 22 19 15 13 36 18 24 17	23 17 25 23 17 13 36 18 24 18	26 21 24 27 19 13 36 18 24 18
9	29 14 28 32 32 9 35 17 24 17	32 19 33 30 34 9 35 17 24 17	35 20 1 31 36 9 35 17 24 17	2 25 36 34 3 9 36 17 24 17	5 28 3 1 5 10 36 17 24 17	8 33 10 4 7 10 36 17 24 17	11 36 14 8 9 11 36 17 23 17	14 4 13 12 11 12 36 17 23 17	17 9 17 16 13 12 36 17 23 17	20 13 22 19 15 13 36 18 24 17	23 18 25 23 17 13 36 18 24 18	26 22 24 27 19 13 36 18 24 18
10	29 15 28 32 32 9 35 17 24 17	33 21 33 30 34 9 35 17 24 17	35 21 1 31 1 9 35 17 24 17	2 26 36 34 3 9 36 17 23 17	5 30 4 1 5 10 36 17 234 17	8 34 10 5 7 10 36 17 24 17	11 1 14 8 9 11 36 17 23 17	14 6 13 12 11 12 36 17 23 17	17 11 17 16 13 12 36 17 23 17	20 14 22 19 15 13 36 18 24 17	23 20 25 23 17 13 36 18 24 18	26 23 24 27 19 13 36 18 24 18
11	30 17 28 32 32 9 35 17 24 17	33 22 33 30 34 9 35 17 24 17	35 23 1 31 1 9 35 17 24 17	3 28 36 34 3 9 36 17 24 17	5 31 4 1 5 10 36 17 24 17	8 35 10 5 7 10 36 17 24 17	11 2 14 8 9 11 36 17 23 17	14 7 13 12 12 12 36 17 23 17	17 12 17 16 14 12 36 17 23 17	20 16 22 19 15 13 36 18 24 17	23 21 25 23 17 13 36 18 24 18	26 25 24 27 19 13 36 18 24 18
12	30 18 28 32 32 9 35 17 24	33 23 33 30 35 9 35 17 24 17	36 24 1 31 1 9 36 17 24 17	3 29 36 34 3 9 36 17 24 17	6 32 4 1 5 10 36 17 24 17	9 36 10 5 7 10 36 17 24 17	11 4 14 8 10 11 36 17 23 17	14 8 13 12 12 12 36 17 23 17	17 13 18 16 14 12 36 17 23 17	20 17 22 20 15 13 36 18 24 17	23 23 25 23 17 13 36 18 24 18	26 26 25 27 19 13 36 18 24 18
13	30 20 26 32 32 9 35 17 24 17	33 25 33 30 35 9 35 17 24 17	36 26 1 31 1 9 36 17 34 17	3 30 36 34 3 9 36 17 24 17	6 33 4 1 5 10 36 17 24 17	9 2 10 5 8 10 36 17 24 17	12 5 14 8 10 11 36 17 23 17	14 10 13 12 12 12 36 17 23 17	17 15 18 16 14 12 36 18 23 17	20 19 23 20 16 13 36 18 24 17	24 24 25 24 17 13 36 18 24 18	27 28 25 27 19 13 36 18 24 18
14	30 21 28 32 32 9 35 17 24 17	33 26 34 30 35 9 35 17 24 17	36 27 1 31 1 9 36 17 24 17	3 31 36 34 3 9 36 17 24 17	6 34 4 1 5 10 36 17 24 17	9 3 11 5 8 10 36 17 23 17	12 6 14 9 10 11 36 17 23 17	15 11 13 12 13 12 36 17 23 17	18 16 18 16 14 12 36 18 23 17	21 20 23 20 16 13 36 18 24 17	24 25 24 24 17 13 36 18 24 18	27 28 25 27 19 13 36 18 24 18
15	30 22 29 32 32 9 35 17 24 17	33 27 34 30 35 9 35 17 24 17	36 28 1 32 1 9 36 17 24 17	3 32 36 34 3 9 36 17 24 17	6 36 4 2 6 10 36 17 24 17	9 4 11 5 8 10 36 17 23 17	12 8 14 9 10 11 36 17 23 17	15 13 13 12 13 12 36 17 23 17	18 18 18 16 14 12 36 18 23 17	21 22 23 20 16 13 36 18 24 17	24 27 24 24 17 13 36 18 24 18	27 30 25 28 19 13 36 18 24 18
16	30 24 29 32 32 9 35 17 24 17	33 28 34 30 35 9 35 17 24 17	36 29 1 32 1 9 36 17 24 17	3 34 36 34 3 9 36 17 24 17	6 1 5 2 6 10 36 17 24 17	9 5 11 5 8 10 36 17 23 17	12 9 14 9 10 11 36 17 23 17	15 14 13 13 13 12 36 17 23 17	18 19 18 16 14 12 36 18 23 17	21 23 23 20 16 13 36 18 24 17	24 28 24 24 18 13 36 18 24 18	27 32 25 28 19 13 36 18 24 18
17	30 25 29 32 32 9 35 17 24 17	33 30 34 30 35 9 35 17 24 17	36 30 1 32 1 9 36 17 24 17	3 35 36 35 3 9 36 17 24 17	6 2 5 2 6 10 36 17 24 17	9 7 11 5 8 10 36 17 23 17	12 10 14 9 10 11 36 17 23 17	15 16 13 13 13 12 36 17 23 17	18 21 18 16 14 12 38 18 23 17	21 25 23 20 16 13 36 18 24 17	24 29 24 24 18 13 36 18 24 18	27 33 25 28 19 13 36 18 24 18
18	30 26 29 32 33 9 35 17 24 17	33 31 34 30 35 9 35 17 24 17	36 32 1 32 1 9 36 17 24 17	3 36 1 35 4 9 36 17 24 17	6 3 5 2 6 10 36 17 24 17	9 8 11 6 8 10 36 17 23 17	12 12 14 9 10 11 36 17 23 17	15 17 13 13 13 12 36 17 23 17	18 22 19 17 14 12 36 18 24 17	21 26 23 20 16 13 36 18 24 17	24 31 24 24 18 13 36 18 24 18	27 34 25 28 19 13 36 18 24 18
19	30 27 29 32 33 9 35 17 24 17	33 32 35 30 35 9 35 17 24 17	36 33 1 32 1 9 36 17 24 17	3 1 1 35 4 9 36 17 24 17	6 5 5 6 10 36 17 24 17	9 9 11 6 8 10 36 17 23 17	12 13 14 9 10 11 36 17 23 17	15 19 13 13 13 12 36 7 23 17	18 24 19 17 14 12 36 18 24 17	21 27 23 20 16 13 36 18 24 17	24 32 24 24 18 13 36 18 24 18	27 35 26 28 19 13 36 18 24 18
20	30 29 29 31 33 9 35 17 24 17	34 33 35 30 35 9 35 17 24 17	36 34 1 32 1 9 36 17 24 17	3 2 1 35 4 9 36 17 24 17	6 6 5 2 6 10 36 17 24 17	9 11 12 6 6 10 36 17 23 17	12 15 14 9 10 11 36 17 23 17	15 20 13 13 13 12 36 17 23 17	18 25 19 17 14 12 36 18 24 17	21 29 23 21 16 13 36 18 24 17	24 33 24 24 18 13 36 18 24 18	27 36 26 28 19 13 36 16 24 18
21	31 30 30 31 33 9 35 17 24 17	34 34 35 30 35 9 35 17 24 17	36 35 1 32 1 9 36 17 24 17	4 4 1 35 4 9 36 17 24 17	6 7 6 2 6 10 36 17 24 17	9 12 12 6 8 10 36 17 23 17	12 16 23 9 10 11 36 17 23 17	15 22 13 13 13 12 36 17 23 17	18 27 19 17 14 12 36 18 24 17	21 30 24 21 16 13 36 18 24 17	24 34 23 25 18 13 36 18 24 18	27 2 26 28 19 13 36 18 24 18
22	31 31 30 31 33 9 35 17 24 17	34 35 35 30 35 9 35 17 24 17	1 36 1 32 1 9 36 17 24 17	4 5 1 35 4 9 36 17 24 17	7 9 6 2 6 10 36 17 24 17	10 14 12 6 8 11 36 17 23 17	12 18 13 10 10 11 36 17 23 17	15 23 14 13 13 12 36 17 23 17	18 28 19 17 14 12 36 18 24 17	21 31 24 21 16 13 36 18 24 17	24 36 23 25 18 13 36 18 24 18	27 3 26 29 19 13 36 18 24 18
23	31 32 30 31 33 9 35 17 24 17	34 1 35 30 35 9 35 17 24 17	1 2 36 32 2 9 36 17 24 17	4 6 1 35 4 9 36 17 24 17	7 10 6 2 6 10 36 17 24 17	10 15 12 6 8 11 36 17 23 17	12 19 13 10 10 11 36 17 23 17	15 24 14 13 13 12 36 17 23 17	18 29 19 17 14 12 36 18 24 17	21 32 24 21 16 13 36 18 24 17	25 1 23 25 18 13 36 18 24 18	28 4 26 29 19 13 36 18 24 18
24	31 33 30 31 33 9 36 17 24 17	34 2 35 30 35 9 35 17 24 17	1 3 36 32 2 9 35 17 24 17	4 8 1 35 4 9 36 17 24 17	7 11 6 3 6 10 36 17 24 17	10 17 12 6 8 11 36 17 23 17	13 21 13 10 10 11 36 17 23 17	16 26 14 14 13 12 36 17 23 17	19 30 20 17 14 12 36 18 24 17	22 34 24 21 16 13 36 18 24 17	25 2 23 25 18 13 36 8 24 18	28 5 26 29 20 13 36 18 24 18
25	31 35 30 31 33 9 35 17 24 17	34 3 36 30 36 9 35 17 24 17	1 4 36 32 2 9 36 17 24 17	4 9 1 35 4 9 36 17 24 17	7 13 7 3 6 10 36 17 24 17	10 18 12 6 8 11 36 17 23 17	13 22 13 10 10 11 36 17 23 17	16 27 14 14 13 12 36 17 23 17	19 32 20 17 14 12 36 18 24 17	22 35 24 21 16 13 35 18 24 17	25 3 23 25 18 13 36 18 24 18	28 6 26 29 20 13 36 18 24 18
26	31 36 30 31 33 9 35 17 24 17	34 4 36 31 36 9 35 17 24 17	1 5 36 32 2 9 36 17 24 17	4 10 1 36 4 9 36 17 24 17	7 14 7 3 6 10 36 17 24 17	10 19 12 6 8 11 36 17 23 17	13 23 13 10 10 11 36 17 23 17	16 28 14 14 13 12 36 17 23 17	19 33 20 18 14 12 36 18 24 17	22 36 24 21 16 13 36 18 24 17	25 4 23 25 18 13 36 18 24 18	28 8 27 29 20 13 36 18 24 18
27	31 1 30 31 33 9 35 17 24 17	34 6 36 31 36 9 35 17 24 17	1 7 36 32 2 9 36 17 24 17	4 12 2 36 4 9 36 17 24 17	7 16 7 3 6 10 36 17 24 17	10 21 13 7 9 11 36 17 23 17	13 25 13 10 11 11 36 17 23 17	16 29 14 14 13 12 36 17 23 17	19 34 20 18 15 12 36 18 24 17	22 1 24 21 16 13 36 18 24 17	25 6 23 25 18 13 36 18 24 18	28 9 27 29 20 13 36 18 24 18
28	31 2 31 31 33 9 35 17 24 17	34 7 36 31 36 9 35 17 24 17	1 8 36 33 2 9 35 17 24 17	4 13 2 36 4 9 35 17 24 17	7 17 7 3 6 10 36 17 24 17	10 22 13 7 9 11 36 17 23 17	13 26 13 10 11 11 36 17 23 17	16 31 15 14 13 12 36 17 23 17	19 35 20 18 15 13 36 18 24 17	22 2 24 22 16 13 36 18 24 17	25 7 23 25 18 13 36 18 24 18	28 10 27 29 20 13 36 18 24 18
29	31 3 31 31 33 9 35 17 24 17		1 9 36 33 2 9 35 17 24 17	4 14 2 36 4 9 35 17 24 17	7 18 7 3 7 10 36 17 24 17	10 24 13 7 9 11 36 17 23 17	13 27 13 10 11 11 36 17 23 17	16 32 15 14 13 12 36 17 23 17	19 36 20 18 15 13 36 18 24 17	22 4 24 22 16 13 36 18 24 17	25 8 23 26 18 13 36 18 24 18	28 12 27 29 20 13 36 18 24 18
30	31 5 31 31 33 9 35 17 24 17		1 11 36 33 2 9 35 17 24 17	4 16 2 36 4 9 36 17 24 17	7 230 8 3 7 10 36 17 24 17	10 25 13 7 9 10 36 17 23 17	13 28 13 10 11 11 36 17 23 17	16 33 15 14 13 12 36 17 23 17	19 1 21 18 15 13 36 18 24 17	22 5 24 22 17 13 36 18 24 17	25 10 23 26 18 13 36 18 24 18	28 13 27 30 20 13 36 18 24 18
31	32 6 31 31 34 9 35 17 24 17		1 12 36 33 2 9 36 17 24 17		7 21 8 3 7 10 36 17 24 17		13 30 13 11 11 11 36 17 23 17	16 34 15 14 13 12 36 17 23 17		22 6 25 22 17 13 36 18 24 17		28 15 27 30 20 13 36 18 24 18

1967

	JAN	FEB	MÄR	APR	MAI	JUNI	JULI	AUG	SEPT	OKT	NOV	DEZ
1	28 16 27 30 20 13 36 18 24 18	32 21 33 34 21 12 36 18 24 18	34 22 35 1 22 12 36 18 24 17	2 27 35 5 21 12 1 18 24 17	4 31 3 8 20 12 1 18 24 17	7 36 10 12 20 13 2 18 24 17	10 3 12 15 21 13 2 18 24 17	13 7 11 17 22 14 2 18 24 17	16 12 17 16 24 15 2 18 24 18	19 15 22 15 26 15 1 18 24 18	22 21 22 18 28 16 1 18 24 18	25 24 24 21 30 16 1 18 24 18
2	29 17 28 30 20 13 36 18 24 18	32 23 33 34 21 12 36 18 24 18	35 24 35 1 22 12 36 18 24 17	2 29 35 5 21 12 1 18 24 17	5 32 4 9 20 12 1 18 24 17	8 1 10 12 20 13 2 18 24 17	10 4 12 15 21 13 2 18 24 17	13 8 11 17 22 14 2 18 24 17	16 13 17 16 24 15 2 18 24 18	19 17 22 16 26 15 1 18 24 18	22 22 22 18 28 16 1 18 24 18	25 26 24 21 31 16 1 18 24 18
3	29 19 28 30 20 13 36 18 24 18	32 24 33 34 21 12 36 18 24 18	35 25 35 1 22 12 36 18 24 17	2 30 35 5 21 12 1 18 24 17	5 33 4 9 20 12 1 18 24 17	8 2 10 12 20 13 2 18 24 17	11 5 12 15 21 13 2 18 24 17	13 10 12 17 22 14 2 18 24 17	16 14 17 16 24 15 2 18 24 18	19 18 22 16 26 15 1 18 24 18	22 24 22 18 28 16 1 18 24 18	26 27 24 21 31 16 1 18 24 18
4	29 20 28 30 20 13 36 18 24 18	32 26 33 34 21 12 36 18 24 18	35 27 35 1 22 12 1 18 24 17	2 31 35 5 21 12 1 18 24 17	5 35 4 9 20 12 1 18 24 17	8 3 10 12 20 13 2 18 24 17	11 6 11 15 21 13 2 18 24 17	14 11 12 17 22 14 2 18 24 17	17 16 18 16 24 15 2 18 24 18	20 20 22 16 26 15 1 18 24 18	23 25 22 18 28 16 1 18 24 18	26 29 24 21 31 16 1 18 24 18
5	29 22 28 30 20 13 36 18 24 18	32 27 33 34 21 12 36 18 24 18	35 28 35 2 22 12 1 18 24 17	2 33 35 5 21 12 1 18 24 17	5 36 4 9 20 12 1 18 24 17	8 4 10 12 20 13 2 18 24 17	11 7 11 15 21 13 2 18 24 17	14 12 12 17 22 14 2 18 24 17	17 17 18 16 24 15 2 18 24 18	20 21 22 16 26 15 1 18 24 18	23 27 22 18 28 16 1 18 24 18	26 30 24 21 31 16 1 18 24 18
6	29 23 28 30 20 13 36 18 24 18	32 28 33 34 21 12 36 18 24 18	35 29 35 2 22 12 1 18 24 17	2 34 35 5 21 12 1 18 24 17	5 1 4 9 20 12 1 18 24 17	8 5 10 12 20 13 2 18 24 17	11 9 11 15 21 13 2 18 24 17	14 14 12 17 22 14 2 18 24 17	17 19 18 16 24 15 2 18 24 18	20 23 22 16 26 15 1 18 24 18	23 28 22 18 29 16 1 18 24 18	26 32 25 21 31 16 1 18 24 18
7	29 24 28 31 20 13 36 18 24 18	32 29 34 34 21 12 36 18 24 18	35 30 34 2 22 12 1 18 24 17	2 35 35 6 21 12 1 18 24 17	5 2 5 9 20 12 1 18 24 17	8 7 10 13 20 13 2 18 24 17	11 10 11 15 21 13 2 18 24 17	14 15 12 17 22 14 2 18 24 17	17 20 18 16 24 15 2 18 24 18	20 24 22 16 26 15 1 18 24 18	23 29 22 18 29 16 1 18 24 18	26 33 25 21 31 16 1 18 24 18
8	29 26 29 31 20 13 36 18 24 18	32 31 34 34 21 12 36 18 24 18	35 32 34 2 22 12 1 18 24 17	2 36 36 6 21 12 1 18 24 17	5 3 5 9 20 12 1 18 24 17	8 8 11 13 20 13 2 18 24 17	11 11 11 15 21 13 2 18 24 17	14 16 12 17 22 14 2 18 24 17	17 22 18 16 24 15 2 18 24 18	20 26 22 16 26 15 1 18 24 18	23 31 22 18 29 16 1 18 24 18	26 34 25 22 31 16 1 18 24 18
9	29 27 29 31 20 13 36 18 24 18	32 32 34 34 21 12 36 18 24 18	35 33 34 2 22 12 1 18 24 17	2 1 36 6 21 12 1 18 24 17	5 5 5 9 20 12 1 18 24 17	8 9 11 13 20 13 2 18 24 17	11 13 11 16 21 13 2 18 24 17	14 18 13 17 23 14 2 18 24 17	17 23 18 16 24 15 2 18 24 18	20 27 23 16 26 15 1 18 24 18	23 32 22 18 29 16 1 18 24 18	26 35 25 22 31 16 1 18 24 18
10	29 28 29 31 20 13 36 18 24 18	33 33 34 34 21 12 36 18 24 18	35 34 34 2 22 12 1 18 24 17	2 3 36 6 21 12 1 18 24 17	5 6 5 9 20 12 1 18 24 17	8 10 11 13 20 13 2 18 24 17	11 14 11 16 21 13 2 18 24 17	14 19 13 17 23 14 2 18 24 17	17 25 19 15 24 15 2 18 24 18	20 28 23 16 27 15 1 18 24 18	23 33 22 19 29 16 1 18 24 18	26 1 25 22 31 16 1 18 24 18
11	30 30 29 31 20 13 36 18 24 18	33 34 34 34 21 12 36 18 24 18	35 35 34 2 22 12 36 18 24 17	3 4 36 6 21 12 1 18 24 17	5 7 5 10 20 12 1 18 24 17	8 11 11 13 20 13 2 18 24 17	11 15 1 16 21 13 2 18 24 17	14 21 13 17 23 14 2 18 24 17	17 26 19 15 25 15 2 18 24 18	20 30 23 16 27 15 1 18 24 18	23 35 22 19 29 16 1 18 24 18	26 2 25 22 31 16 1 18 24 18
12	30 31 29 31 20 13 36 18 24 18	33 36 34 34 21 12 36 18 24 17	36 36 34 2 22 12 1 18 24 17	3 5 36 6 21 12 1 18 24 17	6 8 6 10 20 12 1 18 24 17	9 13 11 13 20 13 2 18 24 17	11 17 11 16 21 13 2 18 24 17	14 22 13 17 23 14 2 18 24 17	17 27 19 15 25 15 2 18 24 18	20 31 23 16 27 15 1 18 24 18	23 36 22 19 29 16 1 18 24 18	26 3 25 22 31 16 1 18 24 18
13	30 32 29 31 20 13 36 18 24 18	33 1 35 34 22 12 36 18 24 17	36 1 34 3 22 12 1 18 24 17	3 6 36 6 21 12 1 18 24 17	6 9 6 10 20 12 1 18 24 17	9 14 11 13 20 13 2 18 24 17	11 18 11 16 21 13 2 18 24 17	14 24 13 17 23 14 2 18 24 17	17 29 19 15 25 15 2 18 24 18	20 32 23 16 27 15 1 18 24 18	23 1 22 19 29 16 1 18 24 18	27 4 26 22 31 16 1 18 24 18
14	30 34 30 31 20 13 36 18 24 18	33 2 35 34 22 12 36 18 24 17	36 3 34 3 22 12 1 18 24 17	3 7 36 6 21 12 1 18 24 17	6 11 6 10 20 12 1 18 24 17	9 16 11 13 20 13 2 18 24 17	12 20 11 16 21 13 2 18 24 17	15 25 13 17 23 14 2 18 24 17	18 30 19 15 25 15 2 18 24 18	20 34 23 16 27 15 1 18 24 18	24 2 22 19 29 16 1 18 24 18	27 5 26 22 31 16 1 18 24 18
15	30 35 30 32 21 13 36 18 24 18	33 3 35 34 22 12 36 18 24 17	36 4 34 3 22 12 1 18 24 17	3 9 1 7 21 12 1 18 24 17	6 12 6 10 20 12 1 18 24 17	9 17 11 13 20 13 2 18 24 17	12 21 11 16 21 14 2 18 24 17	15 26 14 17 23 14 2 18 24 17	18 31 19 15 25 15 2 18 24 18	21 35 23 16 27 15 1 18 24 18	24 3 22 19 29 16 1 18 24 18	27 7 26 22 32 16 1 18 24 18
16	30 36 30 32 21 13 36 18 24 18	33 4 35 36 22 12 36 18 24 17	36 5 34 3 22 12 1 18 24 17	3 10 1 7 21 12 1 18 24 17	6 13 6 10 20 12 1 18 24 17	9 19 11 13 20 13 2 18 24 17	12 23 11 16 21 14 2 18 24 17	15 28 14 17 23 14 2 18 24 17	18 33 20 15 25 15 2 18 24 18	21 36 23 16 27 15 1 18 24 18	24 4 22 19 29 16 1 18 24 18	27 8 26 22 32 16 1 18 24 18
17	30 1 30 32 21 12 36 18 24 18	33 6 35 36 22 12 36 18 24 17	36 6 34 3 22 12 36 18 24 17	3 11 1 7 21 12 1 18 24 17	6 15 7 10 20 12 1 18 24 17	9 20 11 14 20 13 2 18 24 17	12 24 11 16 21 14 2 18 24 17	15 29 14 17 23 14 2 18 24 17	18 34 20 15 25 15 2 18 24 18	21 1 23 16 27 15 1 18 24 18	24 6 22 19 29 16 1 18 24 18	27 9 26 22 32 16 1 18 24 18
18	30 2 30 32 21 12 36 18 24 18	33 7 35 36 22 12 36 18 24 17	36 8 34 3 22 12 1 18 24 17	3 12 1 7 21 12 1 18 24 17	6 16 7 10 20 12 1 18 24 17	9 21 11 14 20 13 2 18 24 17	12 25 11 16 21 14 2 18 24 17	15 30 14 17 23 14 2 18 24 17	18 35 20 15 25 15 2 18 24 18	21 2 23 16 27 15 1 18 24 18	24 7 22 19 29 16 1 18 24 18	27 10 26 22 32 16 1 18 24 18
19	30 4 30 32 21 12 36 18 24 18	33 8 35 36 22 12 36 18 24 17	36 9 34 3 22 12 1 18 24 17	3 14 1 7 21 12 1 18 24 17	6 18 7 10 20 12 1 18 24 17	9 23 11 14 20 13 2 18 24 17	12 27 11 16 21 14 2 18 24 17	15 32 14 17 23 14 2 18 24 17	18 36 20 15 25 15 2 18 24 18	21 4 23 17 27 15 1 18 24 18	24 8 22 19 30 16 1 18 24 18	27 11 27 23 32 16 1 18 24 18
20	30 5 31 32 21 12 36 18 24 18	34 9 35 36 22 12 36 18 24 17	36 10 34 3 22 12 1 18 24 17	3 15 1 7 21 12 1 18 24 17	6 19 7 11 20 12 1 18 24 17	9 24 12 14 20 13 2 18 24 17	12 28 11 16 22 14 2 18 24 17	15 33 15 17 23 14 2 18 24 17	18 2 20 15 25 15 2 18 24 18	21 5 23 17 27 15 1 18 24 18	24 9 22 20 30 16 1 18 24 18	27 13 27 23 32 16 1 18 24 18
21	31 6 31 32 21 12 36 18 24 18	34 11 35 36 22 12 36 18 24 17	36 11 34 4 22 12 1 18 24 17	4 17 2 7 21 12 1 18 24 17	6 20 8 11 20 12 1 18 24 17	9 26 12 14 20 13 2 18 24 17	12 29 11 16 22 14 2 18 24 17	15 34 15 17 23 14 2 18 24 17	18 3 20 15 25 15 1 18 24 18	21 6 23 17 27 16 1 18 24 18	24 11 22 20 30 16 1 18 24 18	27 14 27 23 32 16 1 18 24 18
22	31 7 31 32 21 12 36 18 24 18	34 12 35 36 22 12 36 18 24 17	1 13 34 4 22 12 1 18 24 17	4 18 2 7 21 12 1 18 24 17	7 22 8 11 20 13 2 18 24 17	9 27 12 14 20 14 2 18 24 17	12 31 11 16 22 14 2 18 24 17	15 35 15 16 23 14 2 18 24 17	18 4 20 15 25 15 1 18 24 18	21 7 23 17 27 16 1 18 24 18	24 12 23 20 30 16 1 18 24 18	27 15 27 23 32 16 1 18 24 18
23	31 9 31 33 21 12 36 18 24 18	34 13 35 36 22 12 36 18 24 17	1 14 34 4 22 12 1 18 24 17	4 20 2 8 21 12 1 18 24 17	7 22 8 11 20 12 1 18 24 17	10 29 12 14 20 13 2 18 24 17	12 32 11 16 22 14 2 18 24 17	15 1 15 16 23 14 2 18 24 17	18 5 21 15 25 15 1 18 24 18	21 8 23 17 27 16 1 18 24 18	24 13 23 20 30 16 1 18 24 18	28 17 27 23 32 16 1 18 24 18
24	31 10 31 33 21 12 36 18 24 18	34 15 35 1 22 12 36 18 24 17	1 16 34 4 22 12 1 18 24 17	4 21 2 8 21 12 1 18 24 17	7 25 8 11 20 13 1 18 24 17	10 30 12 14 20 13 2 18 24 17	13 33 11 16 22 14 2 18 24 17	16 2 15 16 23 14 2 18 24 17	19 6 21 15 25 15 1 18 24 18	21 10 23 17 28 16 1 18 24 18	25 14 23 20 30 16 1 18 24 18	28 18 27 23 32 16 1 18 24 18
25	31 11 31 33 21 12 36 18 24 18	34 16 35 1 22 12 36 18 24 17	1 17 34 4 22 12 1 18 24 17	4 23 2 8 21 12 1 18 24 17	7 26 8 11 20 13 1 18 24 17	10 31 12 14 21 13 2 18 24 17	13 34 11 17 22 14 2 18 24 17	16 3 16 16 23 14 2 18 24 17	19 7 21 15 26 15 1 18 24 18	22 11 23 17 28 16 1 18 24 18	25 16 23 20 30 16 1 18 24 18	28 19 28 24 32 16 1 18 24 18
26	31 13 32 33 21 12 36 18 24 18	34 18 35 1 22 12 36 18 24 17	1 19 34 4 22 12 1 18 24 17	4 24 2 8 21 12 1 18 24 17	7 28 9 11 20 13 1 18 24 17	10 33 12 14 21 13 2 18 24 17	13 35 11 17 22 14 2 18 24 17	16 4 16 16 24 14 2 18 24 17	19 9 21 15 26 15 1 18 24 18	22 12 23 17 28 16 1 18 24 18	25 17 23 20 30 16 1 18 24 18	28 21 28 24 32 16 1 18 24 18
27	31 14 32 33 21 12 36 18 24 18	34 19 35 1 22 12 36 18 24 17	1 20 34 4 22 12 1 18 24 17	4 26 3 8 21 12 1 18 24 17	7 29 9 11 20 13 1 18 24 17	10 34 12 14 21 13 2 18 24 17	13 1 11 17 22 14 2 18 24 17	16 5 16 16 24 14 2 18 24 17	19 10 21 15 26 15 1 18 24 18	22 13 23 17 28 16 1 18 24 18	25 18 23 20 30 16 1 18 24 18	28 22 28 24 32 16 1 18 24 18
28	31 16 32 33 21 12 36 18 24 18	34 21 35 1 22 12 36 18 24 17	1 22 34 4 22 12 1 18 24 17	4 27 3 8 21 12 1 18 24 17	7 31 9 11 20 13 1 18 24 17	10 35 12 15 21 13 2 18 24 17	13 2 11 17 22 14 2 18 24 17	16 7 16 16 24 14 2 18 24 17	19 11 21 15 26 15 1 18 24 18	22 15 23 17 28 16 1 18 24 18	25 20 23 20 30 16 1 18 24 18	28 24 24 24 33 16 1 18 24 18
29	31 17 32 33 21 12 36 18 24 18		1 23 34 5 22 12 1 18 24 17	4 28 3 8 21 12 1 18 24 17	7 32 9 12 20 13 1 18 24 17	10 36 12 15 21 13 2 18 24 17	13 3 11 17 22 14 2 18 24 17	16 8 16 16 24 14 2 18 24 17	19 13 21 15 26 15 1 18 24 18	22 16 23 17 28 16 1 18 24 18	25 21 24 21 30 16 1 18 24 18	28 25 28 24 33 16 1 18 24 18
30	31 19 32 33 21 12 36 18 24 18		1 25 35 5 22 12 1 18 24 17	4 30 3 8 21 12 1 18 24 17	7 33 9 12 20 13 1 18 24 17	10 1 12 15 21 13 2 18 24 17	13 5 11 17 22 14 2 18 24 17	16 9 17 16 24 14 2 18 24 17	19 14 21 15 26 15 1 18 24 18	22 18 23 17 28 16 1 18 24 18	25 23 24 21 30 16 1 18 24 18	28 27 28 24 33 16 1 18 24 18
31	32 20 32 34 21 12 36 18 24 18		1 26 35 5 22 12 1 18 24 17		7 34 9 12 20 13 2 18 24 17		13 6 11 17 22 14 2 18 24 17	16 10 17 16 24 15 2 18 24 17		22 19 23 18 28 16 1 18 24 18		28 28 28 24 33 16 1 18 24 18

1968

	JAN	FEB	MÄR	APR	MAI	JUNI	JULI	AUG	SEPT	OKT	NOV	DEZ
1	28 30 29 24 33 16 1 18 24 18	32 34 33 28 35 16 1 18 24 18	35 1 32 32 1 15 2 18 24 18	2 5 36 36 4 15 2 18 24 18	5 8 5 3 6 15 2 18 24 18	8 13 10 7 8 15 3 18 24 18	10 16 9 11 10 16 3 18 24 18	13 21 13 15 12 16 3 18 24 18	16 27 18 18 14 17 3 18 24 18	19 31 22 22 16 18 3 19 24 18	22 36 21 26 18 18 3 19 24 18	25 3 25 29 20 18 2 19 24 18
2	29 31 29 25 33 16 1 18 24 18	32 36 34 28 35 16 1 18 24 18	35 2 32 32 2 15 2 18 24 18	2 6 36 36 4 15 2 18 24 18	5 9 5 3 6 15 2 18 24 18	8 14 10 7 8 15 3 18 24 18	11 18 9 11 10 16 3 18 24 18	13 23 13 15 12 16 3 18 24 18	16 28 19 18 14 17 3 18 24 18	19 32 22 22 16 18 3 19 24 18	22 1 21 26 18 18 3 19 24 18	25 4 25 30 20 18 2 19 24 18
3	29 32 29 25 33 16 1 18 24 18	32 1 34 28 35 16 1 18 24 18	35 3 32 32 2 15 2 18 24 18	2 7 36 36 4 15 2 18 24 18	5 11 6 3 6 15 2 18 24 18	8 15 10 7 8 15 3 18 24 18	11 19 9 11 10 16 3 18 24 18	14 24 13 15 12 16 3 18 24 18	17 30 19 19 14 17 3 18 24 18	19 33 22 22 16 18 3 19 24 18	23 2 21 26 18 18 3 19 24 18	26 5 25 30 20 18 2 19 24 18
4	29 34 29 25 33 16 1 18 24 18	32 2 34 29 35 16 1 18 24 18	35 4 32 32 2 15 2 18 24 18	2 9 36 36 4 15 2 18 24 18	5 12 6 4 6 15 2 18 24 18	8 17 10 7 8 15 3 18 24 18	11 20 9 11 10 16 3 18 24 18	14 26 13 15 12 16 3 18 24 18	17 31 19 19 14 17 3 18 24 18	20 35 22 22 16 18 3 19 24 18	23 3 21 26 18 18 3 19 24 18	26 7 26 30 20 18 2 19 24 18
5	29 35 29 25 33 16 1 18 24 18	32 3 34 29 36 16 1 18 24 18	35 5 32 32 2 15 2 18 24 18	2 10 36 36 4 15 2 18 24 18	5 13 6 4 6 15 2 18 24 18	8 18 10 8 8 15 3 18 24 18	11 22 9 11 10 16 3 18 24 18	14 27 13 15 12 16 3 18 24 18	17 32 19 19 14 17 3 18 24 18	20 36 22 23 16 18 3 19 24 18	23 5 21 26 18 18 3 19 24 18	26 8 26 30 20 18 2 19 24 18
6	29 36 29 25 33 16 1 18 24 18	32 5 34 29 36 16 1 18 24 18	35 7 32 32 2 15 2 18 24 18	2 11 36 36 4 15 2 18 24 18	5 14 6 4 6 15 2 18 24 18	8 19 10 8 8 15 3 18 24 18	11 23 9 11 10 16 3 18 24 18	14 29 14 15 13 16 3 18 24 18	17 34 19 19 15 17 3 18 24 18	20 1 22 23 16 18 3 19 24 18	23 6 21 26 18 18 3 19 24 18	26 9 26 30 20 18 2 19 24 18
7	29 1 30 25 33 16 1 18 24 18	32 6 34 29 36 16 1 18 24 18	35 8 32 32 2 15 2 18 24 18	2 12 36 36 4 15 2 18 24 18	5 16 7 4 6 15 2 18 24 18	8 21 10 8 9 15 3 18 24 18	11 25 9 11 11 16 3 18 24 18	14 30 14 15 13 16 3 18 24 18	17 35 19 19 15 17 3 18 24 18	20 2 22 23 16 18 3 19 24 18	23 7 21 27 18 18 3 19 24 18	26 10 26 30 20 18 2 19 24 18
8	29 3 30 25 33 16 1 18 24 18	32 7 34 29 36 16 1 18 24 18	35 9 33 33 2 15 2 18 24 18	2 13 1 36 4 15 2 18 24 18	5 17 7 4 6 15 2 18 24 18	8 22 10 8 9 15 3 18 24 18	11 26 9 12 11 16 3 18 24 18	14 31 14 15 13 16 3 18 24 18	17 36 19 19 15 17 3 18 24 18	20 4 21 23 17 18 3 19 24 18	23 8 21 27 18 18 3 19 24 18	26 11 26 30 20 18 2 19 24 18
9	29 4 30 25 33 16 1 18 24 18	32 8 34 29 36 16 1 18 24 18	35 10 33 33 2 15 2 18 24 18	2 15 1 1 4 15 2 18 24 18	5 18 7 4 7 15 2 18 24 18	8 24 10 8 9 15 3 18 24 18	11 28 9 12 11 16 3 18 24 18	14 33 14 16 13 16 3 18 24 18	17 2 20 19 15 17 3 18 24 18	20 5 21 23 17 18 3 19 24 18	23 9 22 27 18 18 3 19 24 18	26 13 26 30 20 18 2 19 24 18
10	29 5 30 25 34 16 1 18 24 18	33 9 34 29 36 16 1 18 24 18	35 11 33 33 2 15 2 18 24 18	3 16 1 1 4 15 2 18 24 18	5 20 7 4 7 15 2 18 24 18	8 25 10 8 9 15 3 18 24 18	11 29 9 12 11 16 3 18 24 18	14 34 15 16 13 16 3 18 24 18	17 3 20 19 15 17 3 18 24 18	20 6 21 23 17 18 3 19 24 18	23 11 22 27 19 18 3 19 24 18	26 14 26 31 20 18 2 19 24 18
11	29 6 30 26 34 16 1 18 24 18	33 11 34 29 36 16 1 18 24 18	36 13 33 33 2 15 2 18 24 18	3 18 1 1 5 15 2 18 24 18	6 21 7 4 7 15 2 18 24 18	9 27 10 8 9 15 3 18 24 18	11 31 9 12 11 16 3 18 24 18	14 36 15 16 13 17 3 18 24 18	17 4 20 20 15 17 3 18 24 18	20 7 21 23 17 18 3 19 24 18	23 12 22 27 19 18 3 19 24 18	26 15 27 31 20 18 2 19 24 18
12	30 7 30 26 34 16 1 18 24 18	33 12 33 29 36 16 1 18 24 18	36 14 33 33 2 15 2 18 24 18	3 19 1 1 5 15 2 18 24 18	6 23 7 5 7 15 2 18 24 18	9 28 10 8 9 15 3 18 24 18	11 32 9 12 11 16 3 18 24 18	14 1 15 16 13 17 3 18 24 18	17 5 20 20 15 17 3 18 24 18	20 8 21 23 17 18 3 19 24 18	23 13 22 27 19 18 3 19 24 18	27 16 27 31 20 18 2 19 24 18
13	30 9 31 26 34 16 1 18 24 18	33 13 33 30 36 16 1 18 24 18	36 15 33 33 2 15 2 18 24 18	3 21 2 1 5 15 2 18 24 18	6 24 8 5 7 15 2 18 24 18	9 30 10 9 9 15 3 18 24 18	12 33 9 12 11 16 3 18 24 18	15 2 15 16 13 17 3 18 24 18	18 7 20 20 15 17 3 18 24 18	20 10 21 23 17 18 3 19 24 18	24 14 22 27 19 18 2 19 24 18	27 18 27 31 21 18 2 19 24 18
14	30 10 31 26 34 16 1 18 24 18	33 15 33 30 36 16 1 18 24 18	36 17 33 33 2 15 2 18 24 18	3 22 2 1 5 15 2 18 24 18	6 26 8 5 7 15 3 18 24 18	9 31 9 9 9 15 3 18 24 18	12 35 10 12 11 16 3 18 24 18	15 3 15 16 13 17 3 18 24 18	18 8 20 20 15 17 3 18 24 18	21 11 19 24 17 18 3 19 24 18	24 15 22 27 19 18 2 19 24 18	27 19 27 31 21 18 2 19 24 18
15	30 11 31 26 34 16 1 18 24 18	33 16 33 30 36 16 1 18 24 18	36 18 33 33 3 15 2 18 24 18	3 24 2 1 5 15 2 18 24 18	6 27 8 5 7 15 3 18 24 18	9 33 9 9 9 15 3 18 24 18	12 36 10 12 11 16 3 18 24 18	15 5 15 16 13 17 3 18 24 18	18 9 20 20 15 17 3 18 24 18	21 12 19 24 17 18 3 19 24 18	24 17 23 28 19 18 2 19 24 18	27 20 27 31 21 18 2 19 24 18
16	30 12 31 26 34 16 1 18 24 18	33 17 33 20 26 16 1 18 24 18	36 20 33 34 3 15 2 18 24 18	3 25 2 1 5 15 2 18 24 18	6 29 8 5 7 15 3 18 24 18	9 34 9 9 9 16 3 18 24 18	12 1 10 13 11 16 3 18 24 18	15 6 16 16 13 17 3 18 24 18	18 10 20 20 15 17 3 18 24 18	21 13 19 24 17 18 3 19 24 18	24 18 23 28 19 18 2 19 24 18	27 22 27 31 21 18 2 19 24 18
17	30 14 31 26 34 16 1 18 24 18	33 19 33 20 26 16 1 18 24 18	36 21 33 34 3 15 2 18 24 18	3 27 2 1 5 15 2 18 24 18	6 30 8 5 7 15 3 18 24 18	9 35 9 9 9 16 3 18 24 18	12 3 10 13 11 16 3 18 24 18	15 7 16 16 13 17 3 18 24 18	18 11 21 20 15 17 3 18 24 18	21 15 19 24 17 18 3 19 24 18	24 19 23 28 19 18 2 19 24 18	27 23 28 31 21 18 2 19 24 18
18	30 15 31 26 34 16 1 18 24 18	33 20 33 30 1 16 1 18 24 18	36 23 34 34 3 15 2 18 24 18	3 28 3 2 5 15 2 18 24 18	6 32 8 5 7 15 3 18 24 18	9 36 9 9 9 16 3 18 24 18	12 4 10 13 11 16 3 18 24 18	15 8 16 17 13 17 3 18 24 18	18 13 21 20 15 17 3 18 24 18	21 16 20 24 17 18 3 19 24 18	24 21 23 28 19 18 2 19 24 18	27 25 28 31 21 18 2 19 24 18
19	30 16 32 27 34 16 1 18 24 18	33 22 33 30 1 16 1 18 24 18	36 24 34 34 3 15 2 18 24 18	3 29 3 2 5 15 2 18 24 18	6 33 8 5 7 15 3 18 24 18	9 2 9 9 9 16 3 18 24 18	12 5 10 13 11 16 3 18 24 18	15 9 16 17 13 17 3 18 24 18	18 14 21 21 15 17 3 18 24 18	21 17 20 24 17 18 3 19 24 18	24 22 23 28 19 18 2 19 24 18	27 26 28 32 21 18 2 19 24 18
20	30 18 32 27 34 16 1 18 24 18	34 23 33 30 1 16 1 18 24 18	36 26 34 34 3 15 2 18 24 18	3 31 3 2 5 15 2 18 24 18	6 34 9 6 7 15 3 18 24 18	9 3 9 9 9 16 3 18 24 18	12 6 10 13 11 16 3 18 24 18	15 10 16 17 13 17 3 18 24 18	18 15 21 21 15 17 3 18 24 18	21 19 20 24 17 18 3 19 24 18	24 24 23 28 19 18 2 19 24 18	27 28 28 32 21 18 2 19 24 18
21	31 19 32 27 34 16 1 18 24 18	34 24 33 31 1 16 2 18 24 18	1 27 34 34 3 15 2 18 24 18	4 32 3 2 5 15 2 18 24 18	6 36 9 6 7 15 3 18 24 18	9 4 9 9 9 16 3 18 24 18	12 7 11 13 11 16 3 18 24 18	15 12 17 17 13 17 3 18 24 18	18 16 21 21 15 17 3 18 24 18	21 20 20 24 17 18 3 19 24 18	24 25 23 28 19 18 2 19 24 18	27 29 28 32 21 18 2 19 24 18
22	31 21 32 27 34 16 1 18 24 18	34 26 32 31 1 16 2 18 24 18	1 28 34 34 3 15 2 18 24 18	4 33 3 2 5 15 2 18 24 18	7 1 9 6 7 15 3 18 24 18	10 5 9 10 10 16 3 18 24 18	12 8 11 13 12 16 3 18 24 18	15 13 17 17 14 17 3 18 24 18	18 18 21 21 16 17 3 18 24 18	21 21 20 25 17 18 3 19 24 18	24 27 24 28 19 18 2 19 24 18	28 31 28 32 21 18 2 19 24 18
23	31 22 32 27 35 16 1 18 24 18	34 27 32 31 1 16 2 18 24 18	1 30 34 34 3 15 2 18 24 18	4 35 4 2 5 15 2 18 24 18	7 2 9 6 8 15 3 18 24 18	10 6 9 10 10 16 3 18 24 18	13 10 11 13 12 16 3 18 24 18	15 14 17 17 14 17 3 18 24 18	19 19 21 21 16 17 3 18 24 18	21 23 20 25 17 18 3 19 24 18	25 28 24 28 19 18 2 19 24 18	28 32 29 32 21 18 2 19 24 18
24	31 23 32 27 35 16 1 18 24 18	34 28 32 31 1 16 2 18 24 18	1 31 34 35 3 15 2 18 24 18	4 36 4 2 5 15 2 18 24 18	7 3 9 6 8 15 3 18 24 18	10 8 9 10 10 16 3 18 24 18	13 11 11 14 12 16 3 18 24 18	16 16 17 17 14 17 3 18 24 18	19 21 21 21 16 17 3 18 24 18	22 24 20 25 18 18 3 19 24 18	25 30 24 29 19 18 2 19 24 18	28 34 29 32 21 18 2 19 24 18
25	31 25 33 27 35 16 1 18 24 18	34 30 32 31 1 16 2 18 24 18	1 32 34 35 3 15 2 18 24 18	4 1 4 2 6 15 2 18 24 18	7 4 9 6 8 15 3 18 24 18	10 9 9 10 10 16 3 18 24 18	13 12 11 14 12 16 3 18 24 18	16 17 17 17 14 17 3 18 24 18	19 22 21 21 16 17 3 18 24 18	22 26 20 25 18 18 3 19 24 18	25 31 24 29 19 18 2 19 24 18	28 35 29 32 21 18 2 19 24 18
26	31 26 33 27 35 16 1 18 24 18	34 31 32 31 1 16 2 18 24 18	1 34 35 35 3 15 2 18 24 18	4 2 4 3 6 15 2 18 24 18	7 6 9 6 8 15 3 18 24 18	10 10 9 10 10 16 3 18 24 18	13 13 11 14 12 16 3 18 24 18	16 18 17 18 14 17 3 18 24 18	19 24 21 21 16 18 3 18 24 18	22 27 20 25 18 18 3 19 24 18	25 33 24 29 20 18 2 19 24 18	28 36 29 32 21 18 2 19 24 18
27	31 28 33 28 35 16 1 18 24 18	34 33 32 31 1 16 2 18 24 18	1 35 35 35 3 15 2 18 24 18	4 3 4 3 6 15 2 18 24 18	7 7 9 6 8 15 3 18 24 18	10 11 9 10 10 16 3 18 24 18	13 15 12 14 12 16 3 18 24 18	16 20 18 18 14 17 3 18 24 18	19 25 21 22 16 18 3 18 24 18	22 29 20 25 18 18 3 19 24 18	25 34 24 29 20 18 2 19 24 18	28 2 29 32 21 18 2 19 24 18
28	31 29 33 28 35 16 1 18 24 18	34 34 32 31 1 16 2 18 24 18	1 36 35 35 4 15 2 18 24 18	4 5 5 3 6 15 2 18 24 18	7 8 9 7 8 15 3 18 24 18	10 12 9 10 10 16 3 18 24 18	13 16 12 14 12 16 3 18 24 18	16 21 18 18 14 17 3 18 24 18	19 26 21 22 16 18 3 18 24 18	22 30 20 25 18 18 3 19 24 18	25 35 24 29 20 18 2 19 24 18	28 3 29 33 21 18 2 19 24 18
29	31 30 33 28 35 16 1 18 24 18	34 35 32 31 1 16 2 18 24 18	1 1 35 35 4 15 2 18 24 18	4 6 5 3 6 15 2 18 24 18	7 9 9 7 8 15 3 18 24 18	10 14 9 10 10 16 3 18 24 18	13 17 12 14 12 16 3 18 24 18	16 22 18 18 14 17 3 18 24 18	19 28 22 22 16 18 3 19 24 18	22 32 20 25 18 18 3 19 24 18	25 1 25 29 20 18 2 19 24 18	28 4 29 33 21 18 2 19 24 18
30	31 32 33 28 35 16 1 18 24 18		1 3 35 35 4 15 2 18 24 18	4 7 5 3 6 15 2 18 24 18	7 10 10 7 8 15 3 18 24 18	10 15 9 11 10 16 3 18 24 18	13 19 12 14 12 16 3 18 24 18	16 24 18 18 14 17 3 18 24 18	19 29 22 22 16 18 3 19 24 18	22 33 20 26 18 18 3 19 24 18	25 2 25 29 20 18 2 19 24 18	28 5 30 33 22 18 2 19 24 18
31	32 33 33 28 35 16 1 18 24 18		2 4 35 35 4 15 2 18 24 18		7 12 10 7 8 15 3 18 24 18		13 20 12 14 12 16 3 18 24 18	16 25 18 18 14 17 3 18 24 18		22 34 20 26 18 18 3 19 24 18		28 6 30 33 22 18 2 19 24 18

1969

	JAN	FEB	MÄR	APR	MAI	JUNI	JULI	AUG	SEPT	OKT	NOV	DEZ
1	29 8 30 33 22 19 2 19 24 18	32 12 31 36 23 19 3 19 24 18	35 13 32 3 25 19 3 19 24 18	2 17 1 3 26 18 3 19 24 18	5 21 7 2 26 18 4 19 24 18	8 26 7 3 25 18 4 18 24 18	10 30 8 6 25 18 4 19 24 18	13 35 14 9 25 19 4 19 24 18	16 4 19 13 26 19 4 19 24 18	19 8 19 16 28 20 4 19 24 18	22 12 21 20 30 21 4 19 24 18	25 15 26 24 32 21 4 19 24 18
2	29 9 30 33 22 19 2 19 24 18	32 13 31 36 23 19 3 19 24 18	35 14 32 3 25 19 3 19 24 18	2 19 1 3 26 18 3 19 24 18	5 22 7 2 26 18 4 19 24 18	8 28 7 3 25 18 4 18 24 18	10 32 8 6 25 18 4 19 24 18	13 1 15 9 25 19 4 19 24 18	16 5 19 13 26 19 4 19 24 18	19 9 19 17 28 20 4 19 24 18	22 13 22 20 30 21 4 19 24 18	25 16 26 24 32 21 4 19 24 18
3	29 10 30 33 22 19 2 19 24 18	32 14 31 1 23 19 3 19 24 18	35 15 32 3 25 19 3 19 24 18	2 20 1 3 26 18 4 19 24 18	5 24 7 2 26 18 4 19 24 18	8 29 7 3 25 18 4 18 24 18	11 33 9 6 25 18 4 19 24 18	14 2 15 9 25 19 4 19 24 18	17 7 19 13 26 19 4 19 24 18	19 10 19 17 28 20 4 19 24 18	23 14 22 21 30 21 4 19 24 18	26 18 26 24 33 21 4 19 24 18
4	29 11 30 33 22 19 2 19 24 18	32 16 31 1 23 19 3 19 24 18	35 17 32 3 25 19 3 19 24 18	2 21 1 3 26 18 3 19 24 18	5 25 7 2 26 18 4 19 24 18	8 31 7 3 35 18 4 18 24 18	11 34 9 6 25 18 4 19 24 18	14 3 15 10 25 19 4 19 24 18	17 8 19 13 26 19 4 19 24 18	20 11 19 17 28 20 4 19 24 18	23 15 22 21 30 21 4 19 24 18	26 19 27 24 33 21 4 19 21 18
5	29 12 31 34 22 19 2 19 24 18	32 17 31 1 24 19 3 19 24 18	35 18 32 3 25 19 3 19 24 18	2 23 2 3 26 18 3 19 24 18	5 27 7 2 26 18 4 19 24 18	8 32 7 3 25 18 4 18 24 18	11 36 9 6 25 18 4 19 24 18	14 5 15 10 25 19 4 19 24 18	17 9 19 13 27 19 4 19 24 18	20 12 19 17 28 20 4 19 24 18	23 17 22 21 31 21 4 19 24 18	26 20 27 25 33 21 4 19 24 18
6	29 14 31 34 22 19 2 19 24 18	32 18 31 1 24 19 3 19 24 18	35 19 31 3 25 19 3 19 24 18	2 14 2 3 26 18 3 19 24 18	5 28 7 2 26 18 4 19 24 18	8 34 7 3 25 18 4 18 24 18	11 1 9 6 25 18 4 19 24 18	14 6 15 10 25 19 4 19 24 18	17 10 20 13 27 19 4 19 24 18	20 14 19 17 28 20 4 19 24 18	23 18 22 21 31 21 4 19 24 18	26 21 27 25 33 21 4 19 24 18
7	29 15 31 34 22 19 2 19 24 18	32 30 31 1 24 19 3 19 24 18	35 21 33 3 25 19 3 19 24 18	2 26 2 2 26 18 3 19 24 18	5 30 7 2 26 18 4 18 24 18	8 35 7 4 25 18 4 18 24 18	11 3 9 7 25 18 4 19 24 18	14 7 15 10 25 19 4 19 24 18	17 12 20 14 27 19 4 18 24 18	20 15 19 17 29 20 4 19 24 18	23 19 22 21 31 21 4 19 24 18	26 23 27 25 33 21 4 19 24 18
8	29 16 31 34 22 19 2 19 24 18	32 21 31 1 24 19 3 19 24 18	35 22 33 3 25 19 3 19 24 18	2 27 2 2 26 18 3 19 24 18	5 31 7 2 26 18 4 19 24 18	8 36 7 4 25 18 4 18 24 18	11 4 9 7 25 18 4 19 24 18	14 8 16 10 25 19 4 19 24 18	17 13 20 14 27 19 4 19 24 18	20 16 18 17 29 20 4 19 24 18	23 21 23 21 31 21 4 19 24 18	26 24 27 25 33 21 4 19 24 18
9	29 17 31 34 22 19 2 19 24 18	33 22 31 1 24 19 3 19 24 18	35 23 33 3 25 19 3 19 24 18	2 29 2 2 26 18 3 19 24 18	5 33 7 2 26 18 4 19 24 18	8 2 7 4 25 18 4 18 24 18	11 5 10 7 25 18 4 19 24 18	14 10 16 10 25 19 4 19 24 18	17 14 20 14 27 19 4 19 24 18	20 17 18 17 29 20 4 19 24 18	23 22 23 21 31 21 4 19 24 18	26 26 28 25 33 21 4 19 24 18
10	29 19 31 34 22 19 2 19 24 18	33 24 31 1 24 19 3 19 24 18	35 25 33 3 25 19 3 19 24 18	2 30 3 2 26 18 3 19 24 18	5 34 7 2 26 18 4 19 24 18	8 3 7 4 25 18 4 19 24 18	11 6 10 7 5 18 4 19 24 18	14 11 16 10 25 19 4 19 24 18	17 15 20 14 27 20 4 19 24 18	20 18 19 18 29 20 4 19 24 18	23 23 23 21 31 21 4 19 24 18	26 27 28 25 33 21 4 19 24 18
11	30 20 31 34 22 19 2 19 24 18	33 25 31 1 24 19 3 19 24 18	36 26 33 3 25 19 3 19 24 18	3 31 3 2 26 18 3 19 24 18	6 35 8 2 26 18 4 19 24 18	8 4 7 4 25 18 4 18 24 18	11 7 10 7 25 18 4 19 24 18	14 12 16 10 25 19 4 19 24 18	17 16 20 14 27 20 4 19 24 18	20 20 19 18 29 20 4 19 24 18	23 25 23 22 31 21 4 19 24 18	26 29 28 25 33 21 4 19 24 18
12	30 21 32 34 22 19 2 19 24 18	33 26 31 1 24 19 3 19 24 18	36 28 33 3 25 19 3 19 24 18	3 33 3 2 26 18 3 19 24 18	6 1 8 2 26 18 4 18 24 18	9 5 7 4 25 18 4 18 24 18	11 9 10 7 25 18 4 19 24 18	14 13 16 11 25 19 4 19 24 18	17 18 29 14 27 20 4 19 24 18	20 21 19 18 29 20 4 19 24 18	23 26 23 22 31 21 4 19 24 18	26 30 28 25 33 21 4 19 24 18
13	30 23 32 34 22 19 2 19 24 18	33 28 31 1 24 19 3 19 24 18	36 29 34 3 25 19 3 19 24 18	3 34 3 2 26 18 3 18 24 18	6 2 8 2 26 18 4 19 24 18	9 7 7 4 25 18 4 18 24 18	12 10 10 7 25 18 4 19 24 18	15 14 16 11 25 19 4 19 24 18	18 19 20 14 27 20 4 19 24 18	20 22 19 18 29 20 4 19 24 18	24 28 23 22 31 21 4 19 24 18	27 32 28 26 33 21 4 19 24 18
14	30 24 32 35 22 19 2 19 24 18	33 29 31 2 34 19 3 19 24 18	36 30 34 3 25 19 3 19 24 18	3 36 3 2 26 18 3 19 24 18	6 3 8 2 26 18 4 19 24 18	9 8 7 4 25 18 4 18 24 18	12 11 11 7 25 18 4 19 24 18	15 15 17 11 25 19 4 19 24 18	18 20 20 14 27 20 4 19 24 18	21 24 19 18 29 20 4 19 24 18	24 29 24 22 31 21 4 19 24 18	27 33 28 26 33 21 4 19 24 18
15	30 25 32 35 22 19 2 19 24 18	33 31 31 2 24 19 3 19 24 18	36 32 34 3 25 19 3 19 24 18	3 1 4 2 26 18 3 19 24 18	6 4 8 2 26 18 4 19 24 18	9 9 7 4 25 18 4 19 24 18	12 12 11 7 25 18 4 19 24 18	15 17 17 11 26 19 4 19 24 18	18 21 20 15 27 20 4 19 24 18	21 25 19 18 29 20 4 19 24 18	24 31 24 22 31 21 4 19 24 18	27 34 28 26 33 21 4 19 24 18
16	30 27 32 35 22 19 2 19 24 18	33 32 31 2 24 19 3 19 24 18	36 33 34 3 25 19 3 19 24 18	3 2 4 2 26 18 3 19 24 18	6 6 8 2 26 18 4 19 24 18	9 10 7 4 25 18 4 18 24 18	12 13 11 7 25 19 4 19 24 18	15 18 17 11 26 19 4 19 24 18	18 23 20 15 27 20 4 19 24 18	21 27 19 18 29 20 4 19 24 18	24 32 24 22 31 21 4 19 24 18	27 36 28 26 34 21 4 19 24 18
17	30 28 32 35 23 19 2 19 24 18	33 34 31 2 24 19 3 19 24 18	36 35 34 3 25 19 3 19 24 18	3 3 4 2 26 18 3 19 24 18	6 7 8 2 26 18 4 19 24 18	9 11 7 4 25 18 4 18 24 18	12 15 11 8 25 19 4 19 24 18	15 19 17 11 26 19 4 19 24 18	18 24 20 15 27 20 4 19 24 18	21 28 19 18 29 20 4 19 24 18	24 33 24 22 31 21 4 19 24 18	27 1 29 26 34 22 4 19 24 18
18	30 30 32 35 23 19 2 19 24 18	33 35 31 2 24 19 3 19 24 18	36 36 34 3 25 19 3 19 24 18	3 5 4 2 26 18 3 19 24 18	6 8 8 2 26 18 4 19 24 18	9 12 7 5 25 18 4 18 24 18	12 16 11 8 25 19 4 18 24 18	15 20 17 11 26 19 4 19 24 18	18 26 20 15 27 20 4 19 24 18	21 29 19 18 29 20 4 19 24 18	24 35 24 22 31 21 4 19 24 18	27 2 29 26 34 22 4 19 24 18
19	30 31 32 35 23 19 2 19 24 18	34 1 31 2 24 19 3 19 24 18	36 1 34 3 25 19 3 19 24 18	3 6 4 2 26 18 3 19 24 18	6 9 8 2 26 18 4 19 24 18	9 14 7 5 25 18 4 18 24 18	12 17 12 8 25 19 4 19 24 18	15 22 17 11 26 19 4 19 24 18	18 27 20 15 27 20 4 19 24 18	21 31 19 19 29 20 4 19 24 18	24 36 24 23 32 21 4 19 24 18	27 4 29 26 34 22 4 19 24 18
20	30 33 32 35 23 19 2 19 24 18	34 2 31 2 24 19 3 19 24 18	36 3 35 3 25 19 3 19 24 18	3 7 5 2 26 18 3 19 24 18	6 10 8 2 26 18 4 19 24 18	9 15 7 5 25 18 4 18 24 18	12 18 12 8 25 19 4 19 24 18	15 23 18 11 26 19 4 19 24 18	18 30 20 15 27 20 4 19 24 18	21 32 19 19 29 20 4 19 24 18	24 1 24 23 32 21 4 19 24 18	27 5 29 26 34 22 4 19 24 18
21	31 34 32 35 23 19 2 19 24 18	34 3 31 2 24 19 3 19 24 18	1 4 35 3 25 19 3 19 24 18	4 8 5 2 26 18 3 19 24 18	6 12 8 2 26 18 4 18 24 18	9 16 7 5 25 18 4 18 24 18	12 19 12 8 25 19 4 19 24 18	15 24 18 12 26 19 4 18 24 18	18 30 20 15 27 20 4 19 24 18	21 34 20 19 29 20 4 19 24 18	24 3 25 23 32 21 4 19 24 18	27 6 29 27 34 22 4 19 24 18
22	31 36 32 35 23 19 2 19 24 18	34 4 31 2 24 19 3 19 24 18	1 5 35 3 25 19 3 19 24 18	4 10 5 2 26 19 3 19 24 18	7 13 8 2 26 18 4 18 24 18	10 17 7 5 25 18 4 18 24 18	12 21 12 8 25 19 4 19 24 18	15 26 18 12 26 19 4 19 24 18	18 31 20 15 28 20 4 19 24 18	21 35 20 19 30 20 4 19 24 18	24 4 25 23 32 21 4 19 24 18	27 8 29 27 34 22 4 19 24 18
23	31 1 32 35 23 19 2 19 24 18	34 6 31 2 24 19 3 19 24 18	1 6 35 3 26 19 3 19 24 18	4 11 5 2 26 18 3 19 24 18	7 14 8 2 26 18 4 18 24 18	10 19 7 5 25 18 4 18 24 18	12 22 13 8 25 19 4 19 24 18	15 27 18 12 26 19 4 19 24 18	18 33 20 15 28 20 4 19 23 18	21 36 20 19 30 20 4 19 24 18	25 5 25 23 32 21 4 19 24 18	28 9 29 27 34 22 4 19 24 18
24	31 2 32 36 23 19 2 19 24 18	34 7 31 2 24 19 3 19 24 18	1 8 35 3 26 19 3 19 24 18	4 12 5 2 26 18 3 19 24 18	7 15 8 2 26 18 4 18 24 18	10 20 8 5 25 18 4 18 24 18	13 23 13 8 25 19 4 19 24 18	16 29 18 12 26 19 4 19 24 18	19 34 20 16 28 20 4 19 24 18	22 2 20 19 30 20 4 19 24 18	25 7 25 23 32 21 4 19 24 18	28 10 30 27 34 22 4 19 24 18
25	31 4 32 36 23 19 2 19 24 18	34 8 31 2 24 19 3 19 24 18	1 9 36 3 26 19 3 19 24 18	4 13 6 2 26 18 3 19 24 18	7 16 8 3 26 18 4 18 24 18	10 21 8 5 25 18 4 19 24 18	13 25 13 8 25 19 4 19 24 18	16 30 18 12 26 19 4 19 24 18	19 36 20 16 28 20 4 19 24 18	22 3 20 19 30 20 4 20 24 18	25 8 25 23 32 21 4 19 24 18	28 11 30 27 34 22 4 19 24 18
26	31 5 32 36 23 19 2 19 24 18	34 9 32 2 25 19 3 19 24 18	1 10 36 3 26 19 3 19 24 18	4 14 6 2 26 18 3 19 24 18	7 18 7 3 26 18 4 18 24 18	10 23 8 5 25 18 4 19 24 18	13 26 13 9 25 19 4 19 24 18	16 32 18 12 26 19 4 19 24 18	19 1 19 16 28 20 4 19 24 18	22 5 20 20 30 20 4 19 24 18	25 9 25 23 32 21 4 19 24 18	28 12 20 27 34 22 4 19 24 18
27	31 6 32 36 23 19 2 19 24 18	34 10 32 3 25 19 3 19 24 18	1 11 36 3 26 19 3 19 24 18	4 16 6 2 26 18 3 19 24 18	7 19 7 3 26 18 3 19 24 18	10 24 8 5 25 18 4 19 24 18	13 28 13 9 25 19 4 19 24 18	16 33 18 12 26 19 4 19 24 18	19 2 19 16 28 20 4 19 24 18	22 6 21 20 30 21 4 19 24 18	25 10 26 24 32 21 4 19 24 18	28 14 30 27 34 22 4 19 24 18
28	31 7 32 36 23 19 2 19 24 18	34 12 32 3 25 19 3 19 24 18	1 12 36 3 26 19 3 19 24 18	4 16 6 2 26 18 3 19 24 18	7 20 7 3 26 18 4 18 24 18	10 25 8 6 25 18 4 18 24 18	13 29 14 9 25 19 4 19 24 18	16 35 19 12 26 19 4 19 24 18	19 4 19 16 28 20 4 19 24 18	22 7 21 20 30 21 4 19 24 18	25 12 26 24 32 21 4 19 24 18	28 15 30 27 34 22 4 19 24 18
29	31 8 31 36 23 19 3 19 24 18		1 14 36 3 26 19 3 19 24 18	4 17 6 2 26 18 3 19 24 18	7 22 7 3 26 18 4 18 24 18	10 27 8 6 25 18 4 19 24 18	13 31 14 9 25 19 4 19 24 18	16 36 19 16 26 19 4 19 24 18	19 5 19 16 28 20 4 19 24 18	22 8 21 20 30 21 4 19 24 18	25 13 26 24 32 21 4 19 24 18	28 16 30 28 34 22 4 19 24 18
30	31 10 31 36 23 19 3 19 24 18		1 15 36 3 26 19 3 19 24 18	4 18 6 2 26 18 3 19 24 18	7 23 7 3 26 18 4 18 24 18	10 29 8 6 25 18 4 19 24 18	13 32 14 9 25 19 4 19 24 18	16 2 19 13 26 20 4 19 24 18	19 6 19 16 28 20 4 19 24 18	22 10 21 20 30 21 4 19 24 18	25 14 26 24 32 21 4 19 24 18	28 17 30 28 35 22 4 19 24 18
31	32 11 31 36 23 19 3 19 24 18		2 16 1 3 26 19 3 19 24 18		7 25 7 3 26 18 4 18 24 18		13 34 14 9 25 19 4 19 24 18	16 3 19 13 26 19 4 19 24 18		22 11 21 20 30 21 4 19 24 18		28 18 30 28 35 22 4 19 24 18

1970

	JAN	FEB	MÄR	APR	MAI	JUNI	JULI	AUG	SEPT	OKT	NOV	DEZ
1	29 20 30 28 35 22 4 19 24 18	32 24 29 32 1 22 4 19 25 18	34 25 33 35 3 22 4 19 25 18	2 31 2 3 5 22 4 19 25 18	5 35 6 7 7 21 5 19 25 18	8 4 5 11 9 21 5 19 24 18	10 7 10 14 11 21 5 19 24 18	13 12 16 18 13 21 6 19 24 18	16 16 18 21 17 22 6 19 24 18	19 20 17 23 17 22 6 19 24 18	22 24 23 24 19 23 6 20 24 18	25 28 27 22 21 24 5 20 25 18
2	29 21 30 28 35 22 4 19 24 18	32 26 29 32 1 22 4 19 25 18	35 27 33 35 3 22 4 19 25 18	2 32 3 3 5 22 4 19 25 18	5 36 6 7 7 21 5 19 25 18	8 5 5 11 9 21 5 19 24 18	10 9 10 14 11 21 5 19 24 18	13 13 16 18 13 21 6 19 24 18	16 18 18 21 15 22 6 19 24 18	19 21 18 23 17 22 6 19 24 18	22 26 23 24 19 23 5 20 24 18	25 29 27 22 21 24 5 20 25 18
3	29 22 30 28 35 22 4 19 24 18	32 27 29 32 1 22 4 19 24 18	35 28 33 35 3 22 4 19 25 18	2 34 3 3 5 22 4 19 25 18	5 1 6 7 7 21 5 19 25 18	8 6 5 11 10 21 5 19 24 18	11 10 10 14 12 21 5 19 24 18	14 14 16 18 14 21 6 19 24 18	17 19 18 21 15 22 6 19 24 18	19 22 18 23 17 22 6 19 24 18	23 27 23 24 19 23 5 20 24 18	26 31 27 22 21 24 5 20 25 18
4	29 24 30 28 35 22 4 19 24 18	32 29 29 32 1 22 4 19 24 18	35 30 33 36 3 22 4 19 25 18	2 35 3 4 5 22 4 19 25 18	5 3 6 7 8 21 5 19 24 18	8 8 5 11 10 21 5 19 24 18	11 11 10 15 12 21 5 19 24 18	14 16 16 18 14 21 6 19 24 18	17 20 18 21 16 22 6 19 24 18	20 23 18 24 17 22 6 19 24 18	23 28 23 24 19 23 5 20 24 18	26 32 28 22 21 24 5 20 25 18
5	29 25 30 28 35 22 4 19 24 18	32 30 30 32 1 22 4 19 25 18	35 31 33 36 3 22 4 19 25 18	2 36 3 4 5 22 4 19 25 18	5 4 6 7 8 21 5 19 24 18	8 9 5 11 10 21 5 19 24 18	11 12 11 15 12 21 5 19 24 18	14 17 16 18 14 21 6 19 24 18	17 21 18 24 16 22 6 19 24 18	20 25 18 24 18 22 6 19 24 18	23 30 23 24 19 23 5 20 24 18	26 34 28 23 21 24 5 20 25 18
6	29 26 30 29 35 22 4 19 24 18	32 32 30 32 1 22 4 19 25 18	35 33 34 36 3 22 4 19 25 18	2 2 3 4 6 22 4 19 25 18	5 5 6 7 8 21 5 19 24 18	8 10 6 11 10 21 5 19 24 18	11 13 11 15 12 21 5 19 24 18	14 18 16 18 14 21 6 19 24 18	17 22 18 21 16 22 6 19 24 18	20 26 18 24 18 22 6 19 24 18	23 31 23 24 20 23 5 20 24 18	26 35 28 23 21 24 5 20 25 18
7	29 28 30 29 35 22 4 19 25 18	32 33 30 33 1 22 4 19 25 18	35 34 34 36 3 22 4 19 25 18	2 3 4 4 6 22 4 19 25 18	5 7 5 8 8 21 5 19 24 18	8 11 6 11 10 21 5 19 24 18	11 15 11 15 12 21 5 19 24 18	14 19 16 18 14 21 6 19 24 18	17 24 18 21 16 22 6 19 24 18	20 27 18 24 18 22 6 19 24 18	23 33 24 23 20 23 5 20 25 18	26 36 28 23 22 24 5 20 25 18
8	29 29 30 29 35 22 4 19 25 18	32 35 30 33 2 22 4 19 25 18	35 36 34 36 4 22 4 19 25 18	2 5 4 4 6 22 4 19 25 18	5 8 5 8 8 21 5 19 24 18	8 13 6 11 10 21 5 19 24 18	11 16 11 15 12 21 5 19 24 18	14 20 17 18 14 21 6 19 24 18	17 25 18 22 16 22 6 19 24 18	20 29 19 24 18 22 6 19 24 18	23 34 24 23 20 23 5 20 25 18	26 2 28 23 22 24 5 20 25 18
9	29 31 30 29 35 22 4 19 25 18	32 36 30 33 2 22 4 19 25 18	35 1 34 36 4 22 4 19 25 18	2 6 4 4 6 22 4 19 25 18	5 9 5 8 8 21 5 19 24 18	8 14 6 12 10 21 5 19 24 18	11 17 11 15 12 21 5 19 24 18	14 22 17 19 14 21 6 19 24 18	17 26 18 22 16 22 6 19 24 18	20 30 19 24 18 22 6 19 24 18	23 35 24 23 20 23 5 20 25 18	26 3 28 23 22 24 5 20 25 18
10	29 32 30 29 35 22 4 19 25 18	33 2 30 33 2 22 4 19 25 18	35 2 34 36 4 22 4 19 25 18	2 7 4 4 6 22 4 19 25 18	5 11 5 8 8 21 5 19 24 18	8 15 6 12 10 21 5 19 24 18	11 18 12 15 12 21 5 19 24 18	15 23 17 19 14 21 6 19 24 18	17 28 18 22 16 22 6 19 24 18	20 31 19 24 18 22 6 19 24 18	23 1 24 23 20 23 5 20 25 18	26 5 28 23 22 24 5 20 25 18
11	30 34 30 29 35 22 4 19 25 18	33 3 30 33 2 22 4 19 25 18	36 4 34 1 4 22 4 19 25 18	3 9 4 4 6 22 4 19 25 18	5 12 5 8 8 21 5 19 24 18	8 16 6 12 10 21 5 19 24 18	11 19 12 15 12 21 6 19 24 18	15 24 17 19 14 21 6 19 24 18	17 29 18 22 16 22 6 19 24 18	20 33 19 24 18 23 6 19 24 18	23 2 24 23 20 23 5 20 25 18	26 6 28 23 22 24 5 20 25 18
12	30 35 30 29 36 22 4 19 25 18	33 4 30 33 2 22 4 19 25 18	36 5 34 1 4 22 4 19 25 18	3 10 4 4 6 22 4 19 25 18	6 13 5 8 8 21 5 19 24 18	9 17 6 12 10 21 5 19 24 18	11 21 12 15 12 21 6 19 24 18	15 25 17 19 14 21 6 19 24 18	17 31 18 22 16 22 6 19 24 18	20 34 19 24 18 23 6 19 24 18	23 4 24 23 20 23 5 20 25 18	26 7 28 23 22 24 5 20 25 18
13	30 1 30 29 36 22 4 19 25 18	33 6 30 33 2 22 4 19 25 18	36 7 34 1 4 22 4 19 25 18	3 11 5 4 6 22 4 19 25 18	6 14 5 8 8 21 5 19 24 18	9 19 6 12 10 21 5 19 24 18	12 22 12 16 12 21 6 19 24 18	15 27 17 19 14 21 6 19 24 18	17 32 17 22 16 22 6 19 24 18	20 36 19 24 18 23 6 19 24 18	24 5 24 23 20 23 5 20 25 18	27 9 28 23 22 24 5 20 25 18
14	30 2 30 30 36 22 4 19 25 18	33 7 31 33 2 22 4 19 25 18	36 9 35 1 4 22 4 19 25 18	3 12 5 5 6 22 4 19 25 18	6 15 5 8 8 21 5 19 24 18	9 20 7 12 10 21 5 19 24 18	12 23 12 16 12 21 6 19 24 18	15 28 17 19 14 21 6 19 24 18	18 34 17 22 16 22 6 19 24 18	21 1 20 24 18 23 6 20 24 18	24 7 25 23 20 23 5 20 25 18	27 10 28 23 22 24 5 20 25 18
15	30 3 30 30 36 22 4 19 25 18	33 8 31 34 2 22 4 19 25 18	36 10 35 1 4 22 4 19 25 18	3 13 5 5 6 22 4 19 25 18	6 17 5 8 8 21 5 19 24 18	9 21 7 12 10 21 5 19 24 18	12 25 13 16 12 21 6 19 24 18	15 30 17 19 14 21 6 19 24 18	18 35 17 22 16 22 6 19 24 18	21 3 20 24 18 23 6 20 24 18	24 7 25 23 20 23 5 20 25 18	27 11 28 23 22 24 5 20 25 18
16	30 5 29 30 36 22 4 19 25 18	33 9 31 34 2 22 4 19 25 18	36 11 35 1 4 22 4 19 25 18	3 15 5 5 6 22 4 19 25 18	6 18 5 8 8 21 5 19 24 18	9 22 7 12 10 21 5 19 24 18	12 26 12 16 12 21 6 19 24 18	15 31 18 19 14 22 6 19 24 18	18 1 17 22 16 22 6 19 24 18	21 4 20 24 18 23 6 20 24 18	24 9 25 23 20 23 5 20 25 18	27 13 28 23 22 24 5 20 25 18
17	30 6 29 30 36 22 4 19 25 18	33 11 31 34 2 22 4 19 25 18	36 12 35 1 4 22 4 19 25 18	3 16 5 5 6 22 5 19 25 18	6 19 5 8 8 21 5 19 24 18	9 24 7 13 10 21 5 19 24 18	12 27 13 16 12 21 6 19 24 18	15 33 18 19 14 22 6 19 24 18	18 2 17 22 16 22 6 19 24 18	21 6 20 24 18 23 6 20 24 18	24 10 25 23 20 23 5 20 25 18	27 14 28 23 22 24 5 20 25 18
18	30 7 29 30 36 22 4 19 25 18	33 12 31 34 2 22 4 19 25 18	36 14 36 1 4 22 4 19 25 18	3 17 5 9 8 22 5 19 25 18	6 20 5 9 8 21 5 19 24 18	9 25 7 13 11 21 5 19 24 18	12 29 13 16 12 21 6 19 24 18	15 34 18 19 14 22 6 19 24 18	18 3 17 22 16 22 6 19 24 18	21 7 20 24 18 23 6 20 24 18	24 12 25 23 20 23 5 20 25 18	27 15 28 23 22 24 5 20 25 18
19	30 8 29 30 36 22 4 19 25 18	33 13 31 34 2 22 4 19 25 18	36 15 36 1 4 22 4 19 25 18	3 18 5 5 7 22 5 19 25 18	6 22 5 9 9 21 5 19 24 18	9 27 7 13 11 21 5 19 24 18	12 30 13 16 13 21 6 19 24 18	15 36 18 19 15 22 6 19 24 18	18 5 17 23 17 22 6 19 24 18	21 8 20 24 18 23 6 20 24 18	24 13 25 23 20 23 5 20 25 18	27 16 28 23 22 24 5 20 25 18
20	30 10 29 30 36 22 4 19 25 18	34 14 31 34 2 22 4 19 25 18	36 16 36 1 4 22 4 19 25 18	3 19 5 6 7 22 5 19 25 18	6 23 5 9 9 21 5 19 24 18	9 28 8 13 11 21 5 19 24 18	12 32 14 16 13 21 6 19 24 18	15 1 18 19 15 22 6 19 24 18	18 6 17 23 17 22 6 19 24 18	21 10 21 24 18 23 6 20 24 18	24 14 26 23 20 23 5 20 25 18	27 17 28 23 22 24 5 20 25 18
21	31 11 29 30 36 22 4 19 25 18	34 15 32 34 2 22 4 19 25 18	36 17 36 1 4 22 4 19 25 18	4 21 5 6 7 22 5 19 25 18	6 24 5 9 9 21 5 19 24 18	9 29 8 13 11 21 5 19 24 18	12 33 14 16 13 21 6 19 24 18	15 3 18 19 15 22 6 19 24 18	18 8 17 23 17 22 6 19 24 18	21 11 21 24 19 23 6 20 24 18	24 15 26 23 21 23 5 20 25 18	27 18 28 23 22 24 5 20 25 18
22	31 12 29 31 36 22 4 19 25 18	34 17 32 34 3 22 4 19 25 18	1 18 36 1 4 22 4 19 25 18	4 22 6 6 7 22 5 19 25 18	7 26 5 9 9 21 5 19 24 18	10 31 8 13 11 21 5 19 24 18	12 35 14 17 13 21 6 19 24 18	15 4 18 20 15 22 6 19 24 18	18 9 17 23 17 22 6 19 24 18	21 12 21 24 19 23 6 20 24 18	24 17 26 23 21 23 5 20 25 18	27 20 28 23 22 24 5 20 25 18
23	31 13 29 31 36 22 4 19 25 18	34 18 32 35 3 22 4 19 25 18	1 20 36 1 4 22 4 19 25 18	4 23 6 6 7 22 5 19 25 18	7 27 5 10 9 21 5 19 24 18	10 32 8 13 11 21 5 19 24 18	12 36 14 17 13 21 6 19 24 18	15 5 18 20 15 22 6 19 24 18	18 10 17 23 17 22 6 19 24 18	21 13 21 24 19 23 6 20 24 18	25 18 26 23 21 23 5 20 25 18	28 21 28 23 23 24 5 20 25 18
24	31 14 29 31 36 22 4 19 25 18	34 19 32 35 3 22 4 19 25 18	1 21 1 2 5 22 4 19 25 18	4 25 6 6 7 22 5 19 25 18	7 29 5 10 9 21 5 19 24 18	10 34 8 13 11 21 5 19 24 18	13 2 14 17 13 21 6 19 24 18	16 7 18 20 15 22 6 19 24 18	19 11 17 23 17 22 6 19 24 18	22 15 21 24 19 23 6 20 24 18	25 19 26 23 21 23 5 20 25 18	28 22 28 23 23 24 5 20 25 18
25	31 16 29 31 1 22 4 19 25 18	34 20 32 35 3 22 4 19 25 18	1 22 1 2 5 22 4 19 25 18	4 26 6 6 7 22 5 19 25 18	7 30 5 10 9 21 5 19 24 18	10 35 8 13 11 21 5 19 24 18	13 3 14 17 13 21 6 19 24 18	16 8 18 20 15 22 6 19 24 18	19 13 17 23 17 22 6 19 24 18	22 16 21 24 19 23 6 20 24 18	25 20 26 23 21 23 5 20 25 18	28 23 28 23 23 24 5 20 25 18
26	31 17 29 31 1 22 4 19 25 18	34 21 32 35 3 22 4 19 25 18	1 23 1 2 5 22 4 19 25 18	4 27 6 6 7 22 5 19 25 18	7 31 5 10 9 21 5 19 24 18	10 1 9 14 11 21 5 19 24 18	13 4 15 17 13 21 6 19 24 18	16 9 18 20 15 22 6 19 24 18	19 14 17 23 17 22 6 19 24 18	22 17 22 24 19 23 6 20 24 18	25 21 26 23 21 24 5 20 25 18	28 25 27 24 23 24 5 20 25 18
27	31 18 29 31 1 22 4 19 25 18	34 23 32 35 3 22 4 19 25 18	1 25 1 3 5 22 4 19 25 18	4 29 6 6 7 22 5 19 25 18	7 33 5 10 9 21 5 19 24 18	10 2 9 14 11 21 5 19 24 18	13 6 15 17 13 21 6 19 24 18	16 10 18 20 15 22 6 19 24 18	19 15 17 23 17 22 6 19 24 18	22 18 22 24 19 23 6 20 24 18	25 23 26 23 21 24 5 20 25 18	28 26 27 24 23 24 5 20 25 18
28	31 19 29 31 1 22 4 19 25 18	34 24 33 35 3 22 4 19 25 18	1 26 2 3 5 22 4 19 25 18	4 30 6 7 7 22 5 19 25 18	7 34 5 10 9 21 5 19 24 18	10 3 9 14 11 21 5 19 24 18	13 7 15 17 13 21 6 19 24 18	16 12 18 21 15 22 6 19 24 18	19 16 17 23 17 22 6 19 24 18	22 19 22 24 19 23 6 20 24 18	25 24 27 22 21 24 5 20 25 18	28 27 27 24 23 24 5 20 25 18
29	31 20 29 31 1 22 4 19 25 18		1 27 2 3 5 22 4 19 25 18	4 32 6 7 7 22 5 19 25 18	7 36 5 10 9 21 5 19 24 18	10 5 9 14 11 21 5 19 24 18	13 8 15 17 13 21 6 19 24 18	16 13 18 21 15 22 6 19 24 18	19 17 17 23 17 22 6 19 24 18	22 21 22 24 19 23 6 20 24 18	25 25 27 22 21 24 5 20 25 18	28 29 27 24 23 24 5 20 25 18
30	31 22 29 32 1 22 4 19 25 18		1 28 2 3 5 22 4 19 25 18	4 33 6 7 7 22 5 19 25 18	7 1 5 10 9 21 5 19 24 18	10 6 9 14 11 21 5 19 24 18	13 10 15 17 13 21 6 19 24 18	16 14 18 21 15 22 6 19 24 18	19 18 17 23 17 22 6 19 24 18	22 22 22 24 19 23 6 20 24 18	25 26 27 22 21 24 5 20 25 18	28 30 27 24 23 24 5 20 25 18
31	32 23 29 32 1 22 4 19 25 18		1 29 2 3 5 22 4 19 25 18		7 2 5 10 9 21 5 19 24 18		13 11 15 18 13 21 6 19 24 18	16 15 18 21 15 22 6 19 24 18		22 23 22 24 19 23 6 20 24 18		28 32 27 24 23 24 5 20 25 18

1971

	JAN	FEB	MÄR	APR	MAI	JUNI	JULI	AUG	SEPT	OKT	NOV	DEZ
1	28 33 28 24 23 24 5 20 25 18	32 2 29 27 25 25 5 20 25 18	34 3 34 30 27 25 5 20 25 18	1 8 3 34 29 25 5 20 25 18	4 12 3 1 30 25 6 19 25 18	7 16 5 5 32 24 6 19 25 18	10 20 11 9 33 24 7 19 24 18	13 24 16 12 32 24 7 19 24 18	16 29 15 16 32 24 7 20 24 18	19 32 19 20 32 25 7 20 24 18	22 2 24 24 33 25 7 20 25 19	25 5 27 28 35 26 7 20 25 19
2	28 35 27 24 23 24 5 20 25 18	32 4 30 27 25 25 5 20 25 18	34 5 34 30 27 25 5 20 25 18	2 10 3 34 29 25 5 20 25 18	4 13 3 1 30 25 6 19 25 18	7 18 5 5 32 24 6 19 25 18	10 21 12 9 33 24 7 19 24 18	13 25 16 13 32 24 7 19 24 18	16 30 15 16 32 24 7 20 24 18	19 34 19 20 32 25 7 20 24 18	22 3 24 24 33 25 7 20 25 19	25 7 27 28 35 26 7 20 25 19
3	29 36 27 24 23 24 5 20 25 18	32 5 30 27 25 25 5 20 25 18	35 6 34 30 27 25 5 20 25 18	2 11 4 34 29 25 5 20 25 18	5 14 3 2 30 25 6 19 25 18	8 19 6 5 32 24 6 19 25 18	10 22 12 9 33 24 7 19 24 18	13 26 16 13 32 24 7 19 24 18	16 31 15 17 32 24 7 20 24 18	19 35 19 20 32 25 7 20 25 18	22 5 24 24 33 25 7 20 25 19	25 8 27 28 35 26 7 20 25 19
4	29 1 27 24 23 24 5 20 25 18	32 7 30 27 25 25 5 20 25 18	35 8 34 30 27 25 5 20 25 18	2 12 4 34 29 25 5 20 25 18	5 16 3 2 30 25 6 19 25 18	8 20 6 5 32 24 6 19 25 18	11 23 12 9 33 24 7 19 24 18	13 28 16 13 32 24 7 19 24 18	16 32 15 17 32 24 7 20 24 18	19 1 19 20 32 25 7 20 25 18	22 6 24 24 33 25 7 20 25 19	26 10 27 28 35 26 7 20 25 19
5	29 3 27 24 23 24 5 20 25 18	32 8 30 27 25 25 5 20 25 18	35 9 35 31 27 25 5 20 25 18	2 14 4 34 29 25 5 20 25 18	5 17 3 2 30 25 6 19 25 18	8 21 6 6 32 24 6 19 25 18	11 24 12 9 33 24 7 19 24 18	14 29 16 13 32 24 7 19 24 18	17 34 15 17 32 24 7 20 24 18	20 2 19 21 32 25 7 20 25 19	23 8 24 24 33 25 7 20 25 19	26 11 27 28 35 26 7 20 25 19
6	29 4 27 24 23 24 5 20 25 18	32 9 30 27 25 25 5 20 25 18	35 10 35 31 27 25 5 20 25 18	2 15 4 34 29 25 5 20 25 18	5 18 3 2 31 25 6 19 25 18	8 22 6 6 32 24 6 19 25 18	11 26 12 9 33 24 7 19 24 18	14 31 16 13 32 24 7 19 24 18	17 36 15 17 32 24 7 20 24 18	20 4 19 21 32 25 7 20 25 19	23 9 24 25 33 25 7 20 25 19	26 12 27 28 35 26 7 20 25 19
7	29 6 27 24 23 24 5 20 25 18	32 10 30 28 25 25 5 20 25 18	35 11 35 31 27 25 5 20 25 18	2 16 4 34 29 25 5 20 25 18	5 19 3 2 31 25 6 19 25 18	8 24 6 6 32 24 6 19 25 18	11 27 13 9 33 24 7 19 24 18	14 32 16 13 32 24 7 19 24 18	17 1 15 17 32 24 7 20 24 18	20 5 20 21 32 25 7 20 25 19	23 10 25 25 33 25 7 20 25 19	26 14 27 28 35 26 7 20 25 19
8	29 7 27 24 23 24 5 20 25 18	32 12 30 28 25 25 5 20 25 18	35 13 35 31 27 25 5 20 25 18	2 17 4 35 29 25 6 20 25 18	5 20 3 2 31 25 6 19 25 18	8 25 7 6 32 24 6 19 25 18	11 28 13 10 33 24 7 19 24 18	14 33 16 13 32 24 7 19 24 18	17 2 15 17 32 24 7 20 24 18	20 7 20 21 32 25 7 20 25 19	23 11 25 25 33 25 7 20 25 19	26 15 27 29 35 26 7 20 25 19
9	29 8 27 25 24 24 5 20 25 18	32 13 31 28 25 25 5 20 25 18	35 14 35 31 27 25 5 20 25 18	2 18 4 35 29 25 6 20 25 18	5 21 3 2 31 25 6 19 25 18	8 26 7 6 32 24 6 19 25 18	11 30 13 10 33 24 7 19 24 18	14 35 16 13 32 24 7 19 24 18	17 4 15 17 32 24 7 20 24 18	20 8 20 21 32 25 7 20 25 19	23 13 25 25 34 25 7 20 25 19	26 16 27 29 35 26 7 20 25 19
10	29 9 27 25 24 24 5 20 25 18	32 14 31 28 26 25 5 20 25 18	35 15 36 31 27 25 5 20 25 18	2 19 4 35 29 25 6 20 25 18	5 23 3 2 31 25 6 19 25 18	8 27 7 6 32 24 6 19 25 18	11 31 13 10 33 24 7 19 24 18	14 36 16 14 32 24 7 19 24 18	17 6 15 17 32 24 7 20 24 18	20 10 20 21 32 25 7 20 25 19	23 14 25 25 34 25 7 20 25 19	26 17 27 29 35 26 7 20 25 19
11	29 11 27 25 24 24 5 20 25 18	33 15 31 28 26 25 5 20 25 18	35 16 36 31 27 25 5 20 25 18	2 21 4 35 29 25 6 20 25 18	5 24 3 2 31 25 6 19 25 18	8 29 7 6 32 24 6 19 25 18	11 33 13 10 33 24 7 19 24 18	14 2 16 14 32 24 7 19 24 18	17 7 15 18 32 24 7 20 24 18	20 11 20 21 32 25 7 20 25 19	23 15 25 25 34 25 7 20 25 19	26 19 27 29 35 26 7 20 25 19
12	30 12 27 25 24 24 5 20 25 18	33 16 31 28 26 25 5 20 25 18	35 17 36 31 27 25 5 20 25 18	3 22 4 35 29 25 6 20 25 18	5 25 3 3 31 25 6 19 25 18	8 30 7 6 32 24 6 19 25 18	11 34 13 10 33 24 7 19 24 18	14 3 16 14 32 24 7 19 24 18	17 9 15 18 32 24 7 20 24 18	20 12 20 21 32 25 7 20 25 19	23 17 25 25 34 26 7 20 25 19	26 20 27 29 35 26 7 20 25 19
13	30 13 27 25 24 24 5 20 25 18	33 18 31 28 26 25 5 20 25 18	36 19 36 31 27 25 5 20 25 18	3 23 4 35 29 25 6 20 25 18	6 27 3 3 31 25 6 19 25 18	9 32 8 6 32 24 6 19 25 18	11 35 14 10 33 24 7 19 24 18	14 5 16 14 32 24 7 19 24 18	17 10 16 18 32 24 7 20 24 18	20 13 21 22 32 25 7 20 25 19	23 18 25 25 34 26 7 20 25 19	26 21 26 29 36 26 7 20 25 19
14	30 14 27 25 24 24 5 20 25 18	33 19 31 28 26 25 5 20 25 18	36 20 36 31 27 25 5 20 25 18	3 24 4 35 29 25 6 20 25 18	6 28 3 3 31 25 6 19 25 18	9 33 8 7 32 24 6 19 25 18	11 1 14 10 33 24 7 19 24 18	14 6 16 14 32 24 7 19 24 18	17 11 16 18 32 24 7 20 24 18	20 15 21 22 32 25 7 20 25 19	23 19 25 26 34 26 7 20 25 19	27 22 26 29 36 26 7 20 25 19
15	30 16 27 25 24 24 5 20 25 18	33 20 31 28 26 25 5 20 25 18	36 21 1 32 28 25 5 20 25 18	3 26 4 35 29 25 6 19 25 18	6 29 3 3 31 25 6 19 25 18	9 34 8 7 32 24 6 19 25 18	12 2 14 10 33 24 7 19 24 18	15 8 16 14 32 24 7 19 24 18	18 12 16 18 32 24 7 20 24 18	20 16 21 22 32 25 7 20 25 19	24 20 26 26 34 26 7 20 25 19	27 23 26 29 36 26 7 20 25 19
16	30 17 28 25 24 24 5 20 25 18	33 21 32 29 26 25 5 20 25 18	36 22 1 32 28 25 5 20 25 18	3 27 4 35 29 25 6 19 25 18	6 30 3 3 31 25 6 19 25 18	9 36 8 7 32 24 6 19 25 18	12 4 14 11 33 24 7 19 24 18	15 9 16 14 32 24 7 19 24 18	18 14 16 18 32 24 7 20 24 18	21 17 21 22 32 25 7 20 25 19	24 21 26 26 34 26 7 20 25 19	27 25 26 29 36 26 7 20 25 19
17	30 18 28 25 24 24 5 20 25 18	33 22 32 29 26 25 5 20 25 18	36 23 1 32 28 25 5 20 25 18	3 28 4 36 29 25 6 19 25 18	6 32 3 3 31 25 6 19 25 18	9 1 8 7 32 24 6 19 25 18	12 5 14 11 33 24 7 19 24 18	15 10 16 14 32 24 7 19 24 18	18 15 16 18 32 24 7 20 24 18	21 18 21 22 32 25 7 20 25 19	24 23 26 26 34 26 7 20 25 19	27 26 26 30 36 26 7 20 25 19
18	30 19 28 25 24 24 5 20 25 18	33 24 32 29 26 25 5 20 25 18	36 25 1 32 28 25 5 20 25 18	3 29 3 36 30 25 6 19 25 18	6 33 3 3 31 25 6 19 25 18	9 3 9 7 32 24 6 19 25 18	12 6 14 11 33 24 7 19 24 18	15 11 16 15 32 24 7 20 24 18	18 16 16 18 32 24 7 20 24 18	21 19 21 22 32 25 7 20 25 19	24 24 26 26 34 26 7 20 25 19	27 27 26 30 36 26 7 20 25 19
19	30 20 28 26 24 24 5 20 25 18	33 25 32 29 26 25 5 20 25 18	36 26 1 32 28 25 5 20 25 18	3 31 3 36 30 25 6 19 25 18	6 35 4 3 31 25 6 19 25 18	9 4 9 7 32 24 6 19 25 18	12 8 14 11 33 24 7 19 24 18	15 13 16 15 32 24 7 20 24 18	18 17 16 19 32 25 7 20 24 18	21 21 22 22 33 25 7 20 25 19	24 25 26 26 34 26 7 20 25 19	27 28 26 30 36 26 7 20 25 19
20	30 22 28 26 24 24 5 20 25 18	33 26 32 29 26 25 5 20 25 18	36 27 2 32 28 25 5 20 25 18	3 32 3 36 30 25 6 19 25 18	6 36 4 4 31 25 6 19 25 18	9 5 9 7 32 24 6 19 25 18	12 9 15 11 33 24 7 19 24 18	15 14 16 15 32 24 7 20 24 18	18 18 17 19 32 25 7 20 24 18	21 22 22 22 33 25 7 20 25 19	24 26 26 26 34 26 7 20 25 19	27 29 26 30 36 26 7 20 25 19
21	30 23 28 26 24 25 5 20 25 18	34 28 32 29 26 25 5 20 25 18	36 28 2 32 28 25 5 20 25 18	3 34 3 36 30 25 6 19 25 18	6 2 4 4 31 25 6 19 25 18	9 7 9 7 32 24 6 19 24 18	12 11 15 11 33 24 7 19 24 18	15 15 16 15 32 24 7 20 24 18	18 20 17 19 32 25 7 20 24 18	21 23 22 23 33 25 7 20 25 19	24 28 26 26 34 26 7 20 25 19	27 31 26 30 36 26 7 20 25 19
22	31 24 28 26 24 25 5 20 25 18	34 29 33 29 26 25 5 20 25 18	36 30 2 33 28 25 5 20 25 18	4 35 3 36 30 25 6 19 25 18	6 3 4 4 31 25 6 19 25 18	9 8 9 8 32 24 6 19 24 18	12 12 15 11 33 24 7 19 24 18	15 16 16 15 32 24 7 20 24 18	18 21 17 19 32 25 7 20 24 18	21 24 22 23 33 25 7 20 25 19	24 29 26 27 34 26 7 20 25 19	27 32 26 30 36 26 7 20 25 19
23	31 25 28 26 24 25 5 20 25 18	34 30 33 29 26 25 5 20 25 18	1 31 2 33 28 25 5 20 25 18	4 1 3 36 30 25 6 19 25 18	7 4 4 4 31 25 6 19 25 18	9 10 10 8 32 24 6 19 24 18	12 13 15 11 33 24 7 19 24 18	15 18 16 15 32 24 7 20 24 18	18 22 17 19 32 25 7 20 24 18	21 25 22 23 33 25 7 20 25 19	24 30 27 27 34 26 7 20 25 19	27 34 26 30 36 26 6 20 25 19
24	31 27 28 26 24 25 5 20 25 18	34 32 33 29 26 25 5 20 25 18	1 33 2 33 28 25 5 20 25 18	4 2 3 36 30 25 6 19 25 18	7 6 4 4 31 25 6 19 25 18	10 11 10 8 32 24 6 19 24 18	12 14 15 11 32 24 7 19 24 18	15 19 16 15 32 24 7 20 24 18	18 23 17 19 32 25 7 20 24 18	21 27 22 23 33 25 7 20 25 19	25 31 27 27 34 26 7 20 25 19	28 35 26 30 36 26 6 20 25 19
25	31 28 28 26 25 25 5 20 25 18	34 33 33 30 26 25 5 20 25 18	1 34 2 33 28 25 5 20 25 18	4 4 3 1 30 25 6 19 25 18	7 7 4 4 31 25 6 19 25 18	10 12 10 8 32 24 6 19 24 18	13 16 15 12 32 24 7 19 24 18	16 20 16 15 32 24 7 20 24 18	19 24 17 19 32 25 7 20 24 18	21 28 23 23 33 25 7 20 25 19	25 33 27 27 34 26 7 20 25 19	28 1 26 31 36 26 6 20 25 19
26	31 30 29 26 25 25 5 20 25 18	34 35 33 30 27 25 5 20 25 18	1 36 3 33 28 25 5 20 25 18	4 5 3 1 30 25 6 19 25 18	7 9 4 4 31 25 6 19 25 18	10 13 10 8 32 24 6 19 24 18	13 17 15 12 32 24 7 19 24 18	16 21 16 16 32 24 7 20 24 18	19 26 18 19 32 25 7 20 24 18	22 29 23 23 33 25 7 20 25 19	25 34 27 27 34 26 7 20 25 19	28 2 26 31 36 27 6 20 25 19
27	31 31 29 26 25 25 5 20 25 18	34 36 34 30 27 25 5 20 25 18	1 1 3 33 28 25 5 20 25 18	4 7 3 1 30 25 6 19 25 18	7 10 5 4 32 25 6 19 25 18	10 15 11 8 32 24 6 19 24 18	13 18 15 12 32 24 7 19 24 18	16 22 16 16 32 24 7 20 24 18	19 27 18 20 32 25 7 20 24 18	22 30 23 23 33 25 7 20 25 19	25 36 27 27 35 26 7 20 25 19	28 3 26 31 36 27 6 20 25 19
28	31 33 29 26 25 25 5 20 25 18	34 2 34 30 27 25 5 20 25 18	1 3 3 33 28 25 5 20 25 18	4 8 3 1 30 25 6 19 25 18	7 11 5 5 32 25 6 19 25 18	10 16 11 8 32 24 7 19 24 18	13 19 16 12 32 24 7 19 24 18	16 24 16 16 32 24 7 20 24 18	19 28 18 20 32 25 7 20 24 18	22 32 23 23 33 25 7 20 25 19	25 1 27 27 35 26 7 20 25 19	28 5 26 31 36 27 6 20 25 19
29	31 34 29 27 25 25 5 20 25 18		1 4 3 33 28 25 5 20 25 18	4 9 3 1 30 24 6 19 25 18	7 13 5 5 32 24 6 19 25 18	10 17 11 8 33 24 7 19 24 18	13 20 16 12 32 24 7 19 24 18	16 25 15 16 32 24 7 20 24 18	19 29 18 20 32 25 7 20 24 18	22 33 23 24 33 25 7 20 25 19	25 2 27 27 35 26 7 20 25 19	28 6 26 31 36 27 6 20 25 19
30	31 36 29 27 25 25 5 20 25 18		1 6 3 33 28 25 5 20 25 18	4 11 3 1 30 25 6 19 25 18	7 14 5 5 32 24 6 19 25 18	10 18 11 9 33 24 7 19 24 18	13 22 16 12 32 24 7 19 24 18	16 26 15 16 32 24 7 20 24 18	19 30 18 20 32 25 7 20 24 18	22 35 23 24 33 25 7 20 25 19	25 4 27 28 35 26 7 20 25 19	28 8 26 31 36 27 6 20 25 19
31	31 1 29 27 25 25 5 20 25 18		1 7 3 34 29 25 5 20 25 18		7 15 5 5 32 24 6 19 25 18		13 23 16 12 32 24 7 19 24 18	16 27 15 16 32 24 7 20 24 18		22 36 23 24 33 25 7 20 25 19		28 9 26 31 36 27 6 20 25 19

1972

	JAN	FEB	MÄR	APR	MAI	JUNI	JULI	AUG	SEPT	OKT	NOV	DEZ
1	28 11 26 31 1 27 6 20 25 19	32 15 30 35 3 27 6 20 25 19	34 17 36 3 5 28 6 20 25 19	2 22 1 6 7 28 7 20 25 19	4 25 2 9 9 28 7 20 25 18	7 30 7 10 11 28 7 20 25 18	10 33 13 8 13 28 8 20 25 18	13 3 14 9 15 27 8 20 25 19	16 8 15 12 16 27 8 20 25 19	19 12 20 15 18 27 8 20 25 19	22 17 25 19 20 28 8 20 25 19	25 20 24 22 22 28 8 21 25 19
2	28 12 26 32 1 27 6 20 25 19	32 17 31 35 3 27 6 20 25 19	35 19 36 3 5 28 6 20 25 19	2 23 1 6 7 28 7 20 25 19	5 26 2 9 9 28 7 20 25 18	8 31 7 10 11 28 7 20 25 18	10 35 13 8 13 28 8 20 25 18	13 4 14 9 15 27 8 20 25 19	16 9 15 12 17 27 8 20 25 19	19 13 20 15 19 27 8 20 25 19	22 18 25 19 20 28 8 20 25 19	25 21 24 22 22 29 8 21 25 19
3	29 13 26 32 1 27 6 20 25 19	32 18 31 36 3 27 6 20 25 19	35 20 36 3 5 28 6 20 25	2 24 1 6 7 28 7 20 25 19	5 28 2 9 9 28 7 20 25 18	8 32 7 10 11 28 7 20 25 18	11 36 13 8 13 28 8 20 25 18	13 5 14 9 15 27 8 20 25 19	16 11 15 12 17 27 8 20 25 19	19 14 20 15 19 27 8 20 25 19	22 19 25 19 21 28 8 20 25 19	25 22 24 22 23 29 8 21 25 19
4	29 15 27 32 1 27 6 20 25 19	32 19 31 36 3 27 6 20 25 19	35 21 36 3 5 28 6 20 25 19	2 25 1 6 7 28 7 20 25 19	5 29 2 9 9 28 7 20 25 18	8 34 8 10 11 28 7 20 25 18	11 1 13 8 13 28 8 20 25 18	14 7 14 9 15 27 8 20 25 19	17 12 15 12 17 27 8 20 25 19	19 16 21 15 19 27 8 20 25 19	23 20 25 19 21 28 8 20 25 19	26 24 24 23 23 29 8 21 25 19
5	29 16 27 32 1 27 6 20 25 19	32 20 31 36 3 27 6 20 25 19	35 22 36 3 5 28 6 20 25 19	2 27 1 7 7 28 7 20 25 19	5 30 2 9 9 28 7 20 25 18	8 35 8 10 11 28 7 20 25 18	11 3 13 8 13 28 8 20 25 18	14 8 14 9 15 27 8 20 25 19	17 13 15 12 17 27 8 20 25 19	20 17 21 15 19 27 8 20 25 19	23 22 25 19 21 28 8 20 25 9	26 25 24 23 23 29 8 21 25 19
6	29 17 27 32 1 27 6 20 25 19	32 21 31 36 3 27 6 20 25 19	35 23 36 3 5 28 6 20 25 19	2 28 1 7 7 28 7 20 25 19	5 31 2 9 9 28 7 20 25 18	8 36 8 10 11 28 7 20 25 18	11 4 13 8 13 28 8 20 25 18	14 10 14 9 15 27 8 20 25 19	17 15 15 12 17 27 8 20 25 19	20 18 21 15 19 28 8 20 25 19	23 23 25 19 21 28 8 20 25 19	26 26 24 23 23 29 8 21 25 19
7	29 18 27 32 1 27 6 20 25 19	32 23 31 36 3 27 6 20 25 19	35 25 1 3 5 28 6 20 25 19	2 29 1 7 7 28 7 20 25 19	5 33 3 9 9 28 7 20 25 18	8 2 8 10 11 28 7 20 25 18	11 5 13 8 13 28 8 20 25 18	14 11 14 9 15 27 8 20 25 19	17 16 16 12 17 27 8 20 25 19	20 19 21 16 19 28 8 20 25 19	23 24 25 19 21 28 8 20 25 19	26 27 24 23 23 29 8 21 25 19
8	29 19 27 32 1 27 6 20 25 19	32 24 32 36 3 27 6 20 25 19	35 26 1 3 5 28 6 20 25 19	2 30 1 7 7 28 7 20 25 19	5 34 3 9 9 28 7 20 25 18	8 3 9 10 11 28 7 20 25 18	11 7 14 8 13 28 8 20 25 18	14 12 14 10 15 27 8 20 25 19	17 17 16 12 17 27 8 20 25 19	20 21 21 16 19 28 8 20 25 19	23 25 25 19 21 28 8 20 25 19	26 28 24 23 23 29 8 21 25 19
9	29 20 27 32 1 27 6 20 25 19	32 25 32 36 3 27 6 20 25 19	35 27 1 4 5 28 6 20 25 19	2 32 1 7 7 28 7 20 25 19	5 35 3 9 9 28 7 20 25 18	8 5 9 10 11 28 8 20 25 18	11 8 14 8 13 28 8 20 25 18	14 14 14 10 15 27 8 20 25 19	17 19 16 13 17 27 8 20 25 19	20 22 21 16 19 28 8 20 25 19	23 26 25 19 21 28 8 20 25 19	26 30 24 23 23 29 8 21 25 19
10	29 22 27 33 1 27 6 20 25 19	32 36 32 36 3 27 6 20 25 19	35 28 1 4 5 28 6 20 25 19	2 33 1 7 7 28 7 20 25 19	5 1 3 9 9 28 7 20 25 18	8 6 9 9 11 28 8 20 25 18	11 10 14 8 13 28 8 20 25 18	14 15 14 10 15 27 8 20 25 19	17 20 16 13 17 27 8 20 25 19	20 23 21 16 19 28 8 20 25 19	23 27 25 20 21 28 8 20 25 19	26 31 24 23 23 29 8 21 25 19
11	29 23 27 33 1 27 6 20 25 19	33 28 32 36 3 27 6 20 25 19	35 30 1 4 5 28 7 20 25 19	3 35 1 7 7 28 7 20 25 19	5 2 3 9 9 28 7 20 25 18	8 8 9 9 11 28 8 20 25 18	11 12 14 8 13 28 8 20 25 18	14 16 14 10 15 27 8 20 25 19	17 21 16 13 17 27 8 20 25 19	20 24 22 16 19 28 8 20 25 19	23 29 25 20 21 28 8 20 25 19	26 32 24 23 23 29 8 21 25 19
12	29 24 27 33 1 27 6 20 25 19	33 29 32 1 3 27 6 20 25 19	36 31 1 4 5 28 7 20 25 19	3 36 1 7 7 28 7 20 25 19	6 4 3 9 9 28 7 20 25 18	9 9 9 9 11 28 8 20 25 18	11 13 14 8 13 28 8 20 25 18	14 18 14 10 15 27 8 20 25 19	17 22 17 13 17 27 8 20 25 19	20 25 22 16 19 28 8 20 25 19	23 30 26 20 21 28 8 20 25 19	26 33 24 24 23 29 8 21 25 19
13	30 25 28 33 2 27 6 20 25 19	33 30 32 1 4 28 6 20 25 19	36 32 1 4 5 28 7 20 25 19	3 1 1 7 7 28 7 20 25 19	6 5 3 10 9 28 7 20 25 18	9 11 10 9 11 28 8 20 25 18	11 14 14 8 13 28 8 20 25 18	14 19 14 10 15 27 8 20 25 19	17 23 17 13 17 27 8 20 25 19	20 27 22 16 19 28 8 20 25 19	23 31 26 20 21 28 8 20 25 19	27 35 24 24 23 29 8 21 25 19
14	30 26 28 33 2 27 6 20 25 19	33 32 32 1 4 28 6 20 25 19	36 34 2 4 6 28 7 20 25 19	3 3 1 7 8 28 7 20 25 19	6 7 4 10 9 28 7 20 25 18	9 12 10 9 11 28 8 20 25 18	12 16 14 8 13 28 8 20 25 18	15 20 14 10 15 27 8 20 25 19	18 25 17 13 17 27 8 20 25 19	20 28 22 16 19 28 8 20 25 19	24 33 26 20 21 28 8 20 25 19	27 36 24 24 23 29 8 21 25 19
15	30 28 28 33 2 27 6 20 25 19	33 33 33 1 4 28 6 20 25 19	36 35 2 4 6 28 7 20 25 19	3 5 1 7 8 28 7 20 25 19	6 8 4 10 10 28 7 20 25 18	9 13 10 9 12 28 8 20 25 18	12 17 14 8 13 27 8 20 25 18	15 21 13 10 15 27 8 20 25 19	18 26 17 13 17 27 8 20 25 19	21 29 22 17 19 28 8 20 25 19	24 34 26 20 21 28 8 20 25 19	27 1 25 24 24 29 8 21 25 19
16	30 29 28 33 2 27 6 20 25 19	33 34 33 1 4 28 6 20 25 19	36 1 2 4 6 28 7 20 25 19	3 6 1 8 8 28 7 20 25 19	6 10 4 10 10 28 7 20 25 18	9 15 10 9 12 28 8 20 25 18	12 18 14 8 13 28 8 20 25 18	15 23 13 10 15 27 8 20 25 19	18 27 17 13 17 27 8 20 25 19	21 30 22 17 19 28 8 20 25 19	24 35 26 20 21 28 8 20 25 19	27 3 25 24 24 29 8 21 25 19
17	30 31 28 33 2 27 6 20 25 19	33 36 33 1 4 28 6 20 25 19	36 2 2 5 6 28 7 20 25 19	3 8 1 8 8 28 7 20 25 18	6 11 4 10 10 28 7 20 25 18	9 16 11 9 12 28 8 20 25 18	12 19 14 8 14 27 8 20 25 18	15 24 13 10 16 27 8 20 25 19	18 28 18 13 18 27 8 20 25 19	21 31 23 17 19 28 8 20 25 19	24 36 26 20 21 28 8 20 25 19	27 4 25 24 24 29 8 21 25 19
18	30 32 28 34 2 27 6 20 25 19	33 1 33 1 4 28 6 20 25 19	36 4 2 5 6 28 7 20 25 19	3 9 1 8 8 28 7 20 25 18	6 13 4 10 10 28 7 20 25 18	9 17 11 9 12 28 8 20 25 18	12 21 14 8 14 27 8 20 25 18	15 25 13 10 16 27 8 20 25 19	18 29 18 13 18 27 8 20 25 19	21 33 23 17 20 28 8 20 25 19	24 2 26 21 22 28 8 20 25 19	27 6 25 24 24 29 8 21 25 19
19	30 33 28 34 2 27 6 20 25 19	33 3 33 1 4 28 6 20 25 19	36 5 2 5 6 28 7 20 25 19	3 10 1 8 8 28 7 20 25 18	6 14 4 10 10 28 7 20 25 18	9 19 11 9 12 28 8 20 25 18	12 22 14 8 14 27 8 20 25 18	15 26 13 10 16 27 8 20 25 19	18 31 18 13 18 27 8 20 25 19	21 34 23 17 20 28 8 20 25 19	24 3 26 21 22 28 8 21 25 19	27 7 25 24 24 29 8 21 25 19
20	30 35 29 34 2 27 6 20 25 19	33 4 34 2 4 28 6 20 25 19	36 7 2 5 6 28 7 20 25 19	3 11 1 8 8 28 7 20 25 18	6 15 5 10 10 28 7 20 25 18	9 20 11 9 12 28 8 20 25 18	12 23 15 8 14 28 8 20 25 18	15 27 13 11 16 27 8 20 25 19	18 32 18 14 18 27 8 20 25 19	21 36 23 17 20 28 8 20 25 19	24 5 26 21 22 28 8 21 25 19	27 9 25 25 24 29 8 21 25 19
21	30 36 29 34 2 27 6 20 25 19	34 6 34 2 4 28 6 20 25 19	36 8 2 5 6 28 7 20 25 19	3 13 1 8 8 28 7 20 25 18	6 16 5 10 10 28 7 20 25 18	9 21 11 9 12 28 8 20 25 18	12 24 15 8 14 27 8 20 25 18	15 29 14 11 16 27 8 20 25 19	18 33 18 14 18 27 8 20 25 19	21 1 23 17 20 28 8 20 25 19	24 6 25 21 22 28 8 21 25 19	27 10 25 25 24 29 8 21 25 19
22	31 2 29 34 2 27 6 20 25 19	34 7 34 2 4 28 6 20 25 19	1 9 2 5 6 28 7 20 25 19	4 14 1 8 8 28 7 20 25 18	7 18 5 10 10 28 7 20 25 18	9 22 11 9 12 28 8 20 25 18	12 25 15 9 14 27 8 20 25 18	15 30 14 11 16 27 8 20 25 19	18 35 18 14 18 27 8 20 25 19	21 2 23 17 20 28 8 20 25 19	24 8 25 21 22 28 8 21 25 19	27 12 25 25 24 29 8 21 25 19
23	31 3 29 34 2 27 6 20 25 19	34 8 34 2 4 28 6 20 25 19	1 11 2 5 6 28 7 20 25 19	4 16 1 8 8 28 7 20 25 18	7 19 5 10 10 28 7 20 25 18	10 23 11 9 12 28 8 20 25 18	12 27 15 9 14 27 8 20 25 18	15 31 14 11 16 27 8 20 25 19	18 36 19 14 18 27 8 20 25 19	21 4 23 17 20 28 8 20 25 19	24 9 25 21 22 28 8 21 25 19	28 13 26 25 24 29 8 21 25 19
24	31 5 29 34 2 27 6 20 25 19	34 10 34 2 4 28 6 20 25 19	1 12 2 5 6 28 7 20 25 19	4 17 1 8 8 28 7 20 25 18	7 20 5 10 10 28 7 20 25 18	10 25 12 9 12 28 8 20 25 18	13 28 15 9 14 27 8 20 25 18	15 33 14 11 16 27 8 20 25 19	19 2 19 14 18 27 8 20 25 19	21 6 24 18 20 28 8 20 25 19	25 11 25 21 22 28 8 21 25 19	28 14 26 25 24 29 8 21 25 19
25	31 6 29 34 2 27 6 20 25 19	34 11 35 2 4 28 6 20 25 19	1 13 2 5 6 28 7 20 25 19	4 18 1 8 8 28 7 20 25 18	7 21 6 10 10 28 7 20 25 18	10 26 12 9 12 28 8 20 25 18	13 29 15 9 14 27 8 20 25 18	16 34 14 11 16 27 8 20 25 19	19 3 19 14 18 27 8 20 25 19	22 7 24 18 20 28 8 20 25 19	25 12 25 21 22 28 8 21 25 19	28 16 26 25 24 29 8 21 25 19
26	31 7 29 35 2 27 6 20 25 19	34 12 35 2 4 28 6 20 25 19	1 15 2 5 6 28 7 20 25 19	4 19 1 8 8 28 7 20 25 18	7 22 6 10 10 28 7 20 25 18	10 27 12 8 12 28 8 20 25 18	13 30 15 9 14 27 8 20 25 18	16 35 14 11 16 27 8 20 25 19	19 5 19 14 18 27 8 20 25 19	22 9 24 18 20 28 8 20 25 19	25 14 25 22 22 28 8 21 25 19	28 17 26 25 24 29 8 21 25 19
27	31 9 30 35 2 27 6 20 25 19	34 14 35 2 4 28 6 20 25 19	1 16 2 6 6 28 7 20 25 19	4 20 1 8 8 28 7 20 25 18	7 24 6 10 10 28 7 20 25 18	10 28 12 8 12 28 8 20 25 18	13 32 15 9 14 27 8 20 25 18	16 1 14 11 16 27 8 20 25 19	19 6 19 14 18 27 8 20 25 19	22 10 24 18 20 28 8 20 25 19	25 15 25 22 22 28 8 21 25 19	28 18 26 25 24 29 8 21 25 19
28	31 10 30 35 3 27 6 20 25 19	34 15 35 2 5 28 6 20 25 19	1 17 2 6 6 28 7 20 25 19	4 22 1 9 8 28 7 20 25 18	7 25 6 10 10 28 7 20 25 18	10 29 12 8 12 28 8 20 25 18	13 33 15 9 14 27 8 20 25 18	16 2 14 11 16 27 8 20 25 19	19 8 19 15 18 27 8 20 25 19	22 11 24 18 20 28 8 20 25 19	25 16 25 22 22 28 8 21 25 19	28 20 26 26 24 29 8 21 25 19
29	31 11 30 35 3 27 6 20 25 19	34 16 35 3 5 28 6 20 25 19	1 18 2 6 7 28 7 20 25 19	4 23 2 9 9 28 7 20 25 18	7 26 6 10 10 28 7 20 25 18	10 31 12 8 12 28 8 20 25 18	13 34 15 9 14 27 8 20 25 18	16 4 14 11 16 27 8 20 25 19	19 9 20 15 18 27 8 20 25 19	22 13 24 18 20 28 8 20 25 19	25 18 25 22 22 28 8 21 25 19	28 21 26 26 24 29 8 21 25 19
30	31 13 30 35 3 27 6 20 25 19		1 20 2 6 7 28 7 20 25 19	4 24 2 9 9 28 7 20 25 18	7 27 7 10 11 28 7 20 25 18	10 32 13 8 12 28 8 20 25 18	13 36 15 9 14 27 8 20 25 18	16 5 14 11 16 27 8 20 25 19	19 10 20 15 18 27 8 20 25 19	22 14 24 18 20 28 8 20 25 19	25 19 24 22 22 28 8 21 25 19	28 22 27 26 24 29 8 21 25 19
31	31 14 30 35 3 27 6 20 25 19		1 21 2 6 7 28 7 20 25 19		7 29 7 10 11 28 7 20 25 18		13 1 14 9 14 27 8 20 25 19	16 6 14 12 16 27 8 20 25 19		22 15 24 18 20 28 8 20 25 19		28 23 27 26 24 29 8 21 25 19

1973

	JAN	FEB	MÄR	APR	MAI	JUNI	JULI	AUG	SEPT	OKT	NOV	DEZ
1	28 24 27 26 24 29 8 21 25 19	32 29 32 30 27 30 8 21 25 19	34 30 36 33 29 31 8 21 25 19	2 34 35 1 31 31 8 21 25 19	5 2 2 5 33 31 8 20 25 19	7 7 9 9 35 32 9 20 25 19	10 11 13 12 1 31 9 20 25 19	13 16 12 16 3 31 9 20 25 19	16 21 16 20 4 31 10 20 25 19	19 24 21 23 4 31 10 21 25 19	22 29 24 27 3 31 10 21 25 19	25 32 23 30 3 31 10 21 25 19
2	29 26 27 26 25 29 8 21 25 19	32 30 32 30 27 30 8 21 25 19	35 31 36 34 29 31 8 21 25 19	2 36 35 1 31 31 8 21 25 19	5 3 3 5 33 31 8 20 25 19	8 9 9 9 35 32 9 20 25 19	10 13 13 13 1 31 9 20 25 19	13 17 12 16 3 31 9 20 25 19	16 22 16 20 4 31 10 20 25 19	19 25 21 24 4 31 10 21 25 19	22 30 24 27 3 31 10 21 25 19	25 33 23 30 3 31 10 21 25 19
3	29 27 27 26 25 29 8 21 25 19	32 31 32 30 27 30 8 21 25 19	35 32 36 34 29 31 8 21 25 19	2 1 35 2 31 31 8 21 25 19	5 5 3 5 33 31 8 20 25 19	8 10 9 9 35 32 9 20 25 19	10 14 13 13 1 31 9 20 25 19	13 19 12 16 3 31 9 20 25 19	16 24 17 20 4 31 10 20 25 19	19 26 21 24 4 31 10 21 25 19	22 31 24 27 3 31 10 21 25 19	25 34 24 30 3 31 10 21 25 19
4	29 28 27 26 25 29 8 21 25 19	32 33 32 30 27 30 8 21 25 19	35 33 36 34 29 31 8 21 25 19	2 2 35 2 31 31 8 21 25 19	5 6 3 5 33 32 8 20 25 19	8 12 9 9 35 32 9 20 25 19	11 15 13 13 1 31 9 20 25 19	14 20 12 17 3 31 9 20 25 19	17 25 17 20 4 31 10 20 25 19	19 28 22 24 4 31 10 21 25 19	23 32 24 27 3 31 10 21 25 19	26 36 24 30 3 31 10 21 25 19
5	29 29 27 27 25 29 8 21 25 19	32 34 33 30 27 30 8 21 25 19	35 35 36 34 29 31 8 21 25 19	2 4 35 2 31 31 8 21 25 19	5 8 3 5 33 32 8 20 25 19	8 13 10 9 35 32 9 20 25 19	11 17 13 13 1 31 9 20 25 19	14 22 12 17 3 31 9 20 25 19	17 26 17 20 4 31 10 20 25 19	20 29 22 24 4 31 10 21 25 19	23 34 24 27 3 31 10 21 25 19	26 1 24 30 3 31 10 21 25 19
6	29 30 28 27 25 29 8 21 25 19	32 35 33 31 27 30 8 21 25 19	35 36 36 34 29 31 8 21 25 19	2 5 35 2 31 31 8 21 25 19	5 9 3 6 33 32 8 20 25 19	8 14 10 9 35 32 9 20 25 19	11 18 13 13 1 31 9 20 25 19	14 23 12 17 3 31 9 20 25 19	17 27 17 21 4 31 10 20 25 19	20 30 22 24 4 31 10 21 25 19	23 35 24 27 3 31 10 21 25 19	26 2 24 30 3 31 10 21 25 19
7	29 32 28 27 25 29 8 21 25 19	32 1 33 31 27 30 8 21 25 19	35 2 36 34 29 31 8 21 25 19	2 7 35 2 31 31 8 21 25 19	5 11 4 6 33 32 8 20 25 19	8 16 10 10 35 32 9 20 25 19	11 19 13 13 1 31 9 20 25 19	14 24 12 17 3 31 9 20 25 19	17 28 17 21 4 31 10 21 25 19	20 32 22 24 4 31 10 21 25 19	23 36 24 28 3 31 10 21 25 19	26 4 24 30 3 31 10 21 25 19
8	29 33 28 27 25 29 8 21 25 19	32 2 33 31 27 30 8 21 25 19	35 3 36 34 29 31 8 21 25 19	2 8 35 2 31 31 8 21 25 19	5 12 4 6 33 32 8 20 25 19	8 17 10 10 36 32 9 20 25 19	11 21 13 13 1 31 9 20 25 19	14 25 12 17 3 31 9 20 25 19	17 30 17 21 4 31 10 21 25 19	20 33 22 24 4 31 10 21 25 19	23 2 23 28 3 31 10 21 25 19	26 5 24 30 3 31 10 21 25 19
9	29 34 28 27 25 29 8 21 25 19	32 3 33 31 27 30 8 21 25 19	35 4 36 34 29 31 8 21 25 19	2 10 36 2 31 31 8 21 25 19	5 14 4 6 33 32 8 20 25 19	8 19 10 10 36 32 9 20 25 19	11 22 13 13 2 31 9 20 25 19	14 26 12 17 3 31 9 20 25 19	17 31 18 21 4 31 10 21 25 19	20 34 22 24 4 31 10 21 25 19	23 3 23 28 3 31 10 21 25 19	26 7 24 30 3 31 10 21 25 19
10	29 36 28 27 25 29 8 21 25 19	33 5 33 31 27 30 8 21 25 19	35 6 36 35 29 31 8 21 25 19	2 11 36 2 31 31 8 21 25 19	5 15 4 6 34 32 8 20 25 19	8 20 10 10 36 32 9 20 25 19	11 23 13 14 2 31 9 20 25 19	14 28 12 17 3 31 9 20 25 19	17 32 18 21 4 31 10 21 25 19	20 35 22 24 4 31 10 21 25 19	23 4 23 28 3 31 10 21 25 19	26 8 26 31 3 31 10 21 25 19
11	29 1 28 27 25 29 8 21 25 19	33 6 34 31 27 30 8 21 25 19	35 7 36 35 29 31 8 21 25 19	2 13 36 3 31 31 8 21 25 19	5 16 4 6 34 32 8 20 25 19	8 21 11 10 36 32 9 20 25 19	11 24 13 14 2 31 9 20 25 19	14 29 12 17 3 31 9 20 25 19	17 33 18 21 4 31 10 21 25 19	20 1 22 25 4 31 10 21 25 19	23 6 23 28 3 31 10 21 25 19	26 10 25 31 3 31 10 21 25 19
12	30 2 29 27 25 29 8 21 25 19	33 8 34 31 27 30 8 21 25 19	36 9 36 35 29 31 8 21 25 19	3 14 36 3 32 31 8 21 25 19	6 18 5 6 34 32 8 20 25 19	8 22 11 10 36 32 9 20 25 19	11 26 13 14 2 31 9 20 25 19	14 30 12 18 3 31 10 20 25 19	17 35 18 21 4 31 10 21 25 19	20 2 23 25 4 31 10 21 25 19	23 7 23 28 3 31 10 21 25 19	26 11 25 31 3 31 10 21 25 19
13	30 4 29 28 25 29 8 21 25 19	33 9 34 31 27 30 8 21 25 19	36 10 36 35 29 31 8 21 25 19	3 15 36 3 32 31 8 21 25 19	6 19 5 6 34 32 8 20 25 19	9 23 11 10 36 32 9 20 25 19	11 27 13 14 2 31 9 20 25 19	14 31 13 18 3 31 10 20 25 19	17 36 18 21 4 31 10 21 25 19	20 3 23 25 4 31 10 21 25 19	23 9 23 28 3 31 10 21 25 19	26 13 25 31 3 31 10 21 25 19
14	30 5 29 28 25 29 8 21 25 19	33 10 34 32 28 30 8 21 25 19	36 11 36 35 29 31 8 21 25 19	3 17 36 3 32 31 8 21 25 19	6 20 5 7 34 32 8 20 25 19	9 25 11 10 36 32 9 20 25 19	12 28 13 14 2 31 9 20 25 19	15 32 13 18 3 31 10 20 25 19	18 1 18 21 4 31 10 21 25 19	20 5 23 25 4 31 10 21 25 19	24 10 23 28 3 31 10 21 25 19	27 14 25 31 3 31 10 21 25 19
15	30 7 29 28 25 30 8 21 25 19	33 11 34 32 28 30 8 21 25 19	36 13 36 35 30 31 8 21 25 19	3 18 36 3 32 31 8 20 25 19	6 21 5 7 34 32 8 20 25 19	9 26 11 11 36 32 9 20 25 19	12 29 12 14 2 31 9 20 25 19	15 34 13 18 4 31 10 20 25 19	18 3 19 22 4 31 10 21 25 19	21 6 23 25 4 31 10 21 25 19	24 12 23 28 3 31 10 21 25 19	27 15 25 31 3 31 10 21 25 19
16	30 8 29 28 26 30 8 21 25 19	33 13 35 32 28 30 8 21 25 19	36 14 35 35 30 31 8 21 25 19	3 19 36 3 32 31 8 20 25 19	6 23 5 7 34 32 8 20 25 19	9 27 11 11 36 32 9 20 25 19	12 30 12 14 2 31 9 20 25 19	15 35 13 18 4 31 10 20 25 19	18 4 19 22 4 31 10 21 25 19	21 8 23 25 4 31 10 21 25 19	24 13 23 28 3 31 10 21 25 19	27 17 25 31 3 32 10 21 25 19
17	30 9 29 28 26 30 8 21 25 19	33 14 35 32 28 30 8 21 25 19	36 16 35 35 30 31 8 21 25 19	3 20 36 3 32 31 8 20 25 19	6 24 6 7 34 32 8 20 25 19	9 28 11 11 36 32 9 20 25 19	12 31 12 14 2 31 9 20 25 19	15 36 13 18 4 31 10 20 25 19	18 5 19 22 4 31 10 21 25 19	21 9 23 25 4 31 10 21 25 19	24 14 23 29 3 31 10 21 25 19	27 18 26 31 3 32 10 21 25 19
18	30 11 29 28 26 30 8 21 25 19	33 16 35 32 28 30 8 21 25 19	36 17 35 36 30 31 8 21 25 19	3 22 1 3 32 31 8 20 25 19	6 25 6 7 34 32 8 20 25 19	9 29 12 11 36 32 9 20 25 19	12 33 12 15 2 31 9 20 25 19	15 2 13 18 4 31 10 20 25 19	18 7 19 22 4 31 10 21 25 19	21 11 23 25 4 31 10 21 25 19	24 16 23 29 3 31 10 21 25 19	27 20 26 31 3 32 10 21 25 19
19	30 12 30 28 26 30 8 21 25 19	33 17 35 32 28 30 8 21 25 19	36 18 35 36 30 31 8 21 25 19	3 23 1 4 32 31 8 20 25 19	6 26 6 7 34 32 8 20 25 19	9 31 12 11 36 32 9 20 25 19	12 34 12 15 2 31 9 20 25 19	15 3 14 19 4 31 10 20 25 19	18 8 19 22 4 31 10 21 25 19	21 12 23 25 4 31 10 21 25 19	24 17 23 29 3 31 10 21 25 19	27 21 26 31 3 32 10 21 25 19
20	30 14 30 28 26 30 8 21 25 19	34 19 35 32 28 30 8 21 25 19	36 20 35 36 30 31 8 21 25 19	3 24 1 4 32 31 8 20 25 19	6 27 6 7 34 32 8 20 25 19	9 32 12 11 36 32 9 20 25 19	12 35 12 15 2 31 9 20 25 19	15 4 14 19 4 31 10 20 25 19	18 10 20 22 4 31 10 21 25 19	21 13 23 26 4 31 10 21 25 19	24 19 23 29 3 31 10 21 25 19	27 22 26 31 3 32 10 21 25 19
21	30 15 30 29 26 30 8 21 25 19	34 20 35 32 28 30 8 21 25 19	36 21 35 36 30 31 8 21 25 19	3 25 1 4 32 31 8 20 25 19	6 29 6 7 34 32 8 20 25 19	9 33 12 11 36 32 9 20 25 19	12 1 12 15 2 31 9 20 25 19	15 6 14 19 4 31 10 20 25 19	18 11 20 22 4 31 10 21 25 19	21 15 24 26 4 31 10 21 25 19	24 20 23 29 3 31 10 21 25 19	27 23 26 31 3 32 10 21 25 19
22	31 17 30 29 26 30 8 21 25 19	34 21 35 32 28 30 8 21 25 19	1 22 35 36 30 31 8 21 25 19	4 26 1 4 32 31 8 20 25 19	6 30 7 8 34 32 8 20 25 19	9 34 12 11 36 32 9 20 25 19	12 2 12 15 2 31 9 20 25 19	15 7 14 19 4 31 10 20 25 19	18 12 20 22 4 31 10 21 25 19	21 16 24 26 4 31 10 21 25 19	24 21 23 29 3 31 10 21 25 19	27 25 26 31 3 32 10 21 25 19
23	31 18 30 29 26 30 8 21 25 19	34 22 36 33 28 30 8 21 25 19	1 23 35 36 30 31 8 21 25 19	4 28 1 4 32 31 8 20 25 19	7 31 7 8 34 32 8 20 25 19	10 35 12 12 1 32 9 20 25 19	12 3 12 15 2 31 9 20 25 19	15 8 14 19 4 31 10 20 25 19	18 14 20 23 4 31 10 21 25 19	21 18 24 26 4 31 10 21 25 19	24 22 23 29 3 31 10 21 25 19	28 26 27 31 3 32 10 21 25 19
24	31 19 30 29 26 30 8 21 25 19	34 24 36 33 28 30 8 21 25 19	1 24 35 36 30 31 8 21 25 19	4 29 1 4 32 31 8 20 25 19	7 32 7 8 35 32 9 20 25 19	10 1 12 12 1 32 9 20 25 19	12 5 12 15 2 31 9 20 25 19	15 10 14 19 4 31 10 20 25 19	18 15 20 23 4 31 10 21 25 19	21 19 24 26 4 31 10 21 25 19	25 24 23 29 3 31 10 21 25 19	28 27 27 31 3 32 10 21 25 19
25	31 20 31 29 26 30 8 21 25 19	34 25 36 33 28 30 8 21 25 19	1 26 35 36 30 31 8 21 25 19	4 30 2 4 32 31 8 20 25 19	7 33 7 8 35 32 9 20 25 19	10 2 12 12 1 32 9 20 25 19	13 6 12 15 2 31 9 20 25 19	16 11 15 19 4 31 10 20 25 19	19 17 20 23 4 31 10 21 25 19	22 20 24 26 4 31 10 21 25 19	25 25 23 29 3 31 10 21 25 19	28 28 27 31 3 32 10 21 25 19
26	31 22 31 29 26 30 8 21 25 19	34 26 36 33 28 30 8 21 25 19	1 27 35 1 30 31 8 21 25 19	4 31 2 4 33 31 8 20 25 19	7 35 8 8 35 32 9 20 25 19	10 4 12 12 1 32 9 20 25 19	13 7 12 16 3 31 9 20 25 19	16 13 15 19 4 31 10 20 25 19	19 18 20 23 4 31 10 21 25 19	22 21 24 26 4 31 10 21 25 19	25 26 23 29 3 31 10 21 25 19	28 29 27 31 3 32 10 21 25 19
27	31 23 31 29 26 30 8 21 25 19	34 27 36 33 28 30 8 21 25 19	1 28 35 1 30 31 8 21 25 19	4 32 2 5 33 31 8 20 25 19	7 36 8 8 35 32 9 20 25 19	10 5 12 12 1 32 9 20 25 19	13 9 12 16 3 31 9 20 25 19	16 14 15 19 4 31 10 20 25 19	19 19 21 23 4 31 10 21 25 19	22 23 24 26 3 31 10 21 25 19	25 27 23 29 3 31 10 21 25 19	28 30 27 31 3 32 9 21 25 19
28	31 24 31 29 26 30 8 21 25 19	34 28 36 33 29 30 8 21 25 19	1 29 35 1 30 31 8 21 25 19	4 34 2 5 33 31 8 20 25 19	7 1 8 8 35 32 9 20 25 19	10 7 12 12 1 32 9 20 25 19	13 10 12 16 3 31 9 20 25 19	16 16 15 19 4 31 10 20 25 19	19 21 21 23 4 31 10 21 25 19	22 24 24 26 3 31 10 21 25 19	25 28 23 30 3 31 10 21 25 19	28 32 27 31 4 32 9 21 25 19
29	31 25 31 30 26 30 8 21 25 19		1 30 35 1 31 31 8 21 25 19	4 35 2 5 33 31 8 20 25 19	7 3 8 8 35 32 9 20 25 19	10 8 13 12 1 32 9 20 25 19	13 12 12 16 3 31 9 20 25 19	16 17 15 20 4 31 10 20 25 19	19 22 21 23 4 31 10 21 25 19	22 25 24 27 3 31 10 21 25 19	25 30 23 30 3 31 10 21 25 19	28 33 27 31 4 32 9 21 25 19
30	31 26 32 30 26 30 8 21 25 19		1 32 35 1 31 31 8 21 25 19	4 36 2 5 33 31 8 20 25 19	7 4 8 9 35 32 9 20 25 19	10 10 13 12 1 32 9 20 25 19	13 13 12 16 3 31 9 20 25 19	16 18 16 20 4 31 10 20 25 19	19 23 21 23 4 31 10 21 25 19	22 26 24 27 3 31 10 21 25 19	25 31 23 30 3 31 10 21 25 19	28 34 28 32 4 32 9 21 25 19
31	31 28 32 30 27 30 8 21 25 19		1 33 35 1 31 31 8 21 25 19		7 6 9 9 35 32 9 20 25 19		13 14 12 16 3 31 9 20 25 19	16 20 16 20 4 31 10 20 25 19		22 28 24 27 3 31 10 21 25 19		28 35 28 32 4 32 9 21 25 19

1974

	JAN	FEB	MÄR	APR	MAI	JUNI	JULI	AUG	SEPT	OKT	NOV	DEZ
1	28 1 28 32 4 32 9 21 25 19	32 5 33 30 5 33 9 21 25 19	34 6 34 30 6 33 9 21 25 19	1 12 35 33 8 34 9 21 25 19	4 16 4 36 10 35 10 21 25 19	7 21 10 3 12 35 10 21 25 19	10 24 10 7 14 35 10 21 25 19	13 29 12 11 16 35 11 21 25 19	16 33 18 14 18 35 11 21 25 19	19 1 22 18 20 34 11 21 25 19	22 5 21 22 22 34 11 21 25 19	25 9 24 26 24 34 11 21 15 19
2	29 2 28 32 4 32 9 21 25 19	32 7 33 30 5 33 9 21 25 19	35 8 33 30 7 33 9 21 25 19	2 13 35 33 8 34 9 21 25 19	5 17 4 36 10 35 10 21 25 19	8 22 10 4 12 35 10 21 25 19	10 26 10 7 14 35 10 21 25 19	13 30 12 11 16 35 11 21 25 19	16 35 18 15 18 35 11 21 25 19	19 2 22 18 20 34 11 21 25 19	22 7 21 22 22 34 11 21 25 19	25 10 24 26 24 34 11 21 25 19
3	29 3 28 32 4 32 9 21 25 19	32 8 33 30 5 33 9 21 25 19	35 9 33 31 7 33 9 21 25 19	2 15 35 33 8 34 9 21 25 19	5 18 4 36 10 35 10 21 25 19	8 23 10 4 12 35 10 21 25 19	10 27 10 7 14 35 10 21 25 19	13 31 12 11 16 35 11 21 25 19	16 36 18 15 18 35 11 21 25 19	19 3 22 18 20 34 11 21 25 19	22 8 21 22 22 34 11 21 25 19	25 12 25 26 24 34 11 21 25 19
4	29 5 28 32 4 32 9 21 25 19	32 10 34 30 5 33 9 21 25 19	35 11 33 31 7 33 9 21 25 19	2 16 35 33 8 34 9 21 25 19	5 20 5 36 10 35 10 21 25 19	8 25 10 4 12 35 10 21 25 19	11 28 10 7 14 35 10 21 25 19	14 32 12 11 16 35 11 21 25 19	17 1 18 15 18 35 11 21 25 19	20 4 22 19 20 34 11 21 25 19	23 9 21 22 22 34 11 21 25 19	26 13 25 26 24 34 11 21 25 19
5	29 6 29 32 4 32 9 21 25 19	32 11 34 30 5 33 9 21 25 19	35 12 33 31 7 33 9 21 25 19	2 17 35 33 8 34 9 21 25 19	5 21 5 36 10 35 10 21 25 19	8 26 10 4 12 35 10 21 25 19	11 29 10 7 14 35 10 21 25 19	14 34 12 11 16 35 11 21 25 19	17 2 18 15 18 35 11 21 25 19	20 6 22 19 20 34 11 21 25 19	23 11 21 23 22 34 11 21 25 19	26 15 25 26 24 34 11 21 25 19
6	29 7 29 32 4 32 9 21 25 19	32 13 34 30 5 33 9 21 25 19	35 14 33 31 7 33 9 21 25 19	2 19 36 33 9 34 9 21 25 19	5 22 5 1 10 35 10 21 25 19	8 27 10 4 12 35 10 21 25 19	11 30 10 7 14 35 10 21 25 19	14 35 12 11 16 35 11 21 25 19	17 3 18 15 18 35 11 21 25 19	20 7 22 19 20 34 11 21 25 19	23 12 21 23 22 34 11 21 25 19	26 16 25 26 24 34 11 21 25 19
7	29 9 29 32 4 32 9 21 25 19	32 14 34 30 5 33 9 21 25 19	35 15 33 31 7 33 9 21 25 19	2 20 36 33 9 34 9 21 25 19	5 24 5 1 10 35 10 21 25 19	8 28 10 4 12 35 10 21 25 19	11 32 10 7 14 35 10 21 25 19	14 36 13 11 16 35 11 21 25 19	17 5 19 15 18 35 11 21 25 19	20 8 22 19 20 34 11 21 25 19	23 14 21 23 22 34 11 21 25 19	26 18 25 27 24 34 11 21 25 19
8	29 10 29 31 4 32 9 21 25 19	32 16 34 30 5 33 9 21 25 19	35 17 33 31 7 33 9 21 25 19	2 22 36 34 9 34 9 21 25 19	5 25 5 1 10 35 10 21 25 19	8 30 10 4 12 35 10 21 25 19	11 33 10 8 14 35 10 21 25 19	14 1 13 12 16 35 11 21 25 19	17 6 19 15 18 35 11 21 25 19	20 10 22 19 20 34 11 21 25 19	23 15 21 23 22 34 11 21 25 19	26 19 25 27 24 34 11 21 25 19
9	29 12 29 31 4 32 9 21 25 19	32 17 34 30 5 33 9 21 25 19	35 18 33 31 7 33 9 21 25 19	2 23 36 34 9 34 9 21 25 19	5 27 6 1 11 35 10 21 25 19	8 31 10 4 12 35 10 21 25 19	11 34 10 8 14 35 10 21 25 19	14 2 13 12 16 35 11 21 25 19	17 7 19 15 18 35 11 21 25 19	20 11 22 19 20 34 11 21 25 19	23 17 21 23 22 34 11 21 25 19	26 20 25 27 24 34 11 21 25 19
10	29 13 29 31 4 32 9 21 25 19	32 19 34 30 5 33 9 21 25 19	35 19 34 30 5 33 9 21 25 19	2 24 36 34 9 34 9 21 25 19	5 28 6 1 11 35 10 21 25 19	8 32 10 5 12 35 10 21 25 19	11 35 10 8 14 35 10 21 25 19	14 4 13 12 16 35 11 21 25 19	17 9 19 16 18 35 11 21 25 19	20 13 22 19 20 34 11 21 25 19	23 18 21 23 22 34 11 21 25 19	26 22 26 27 24 34 11 21 25 19
11	29 15 30 31 4 32 9 21 25 19	33 20 34 30 6 33 9 21 25 19	35 21 33 31 7 33 9 21 25 19	2 25 36 34 9 34 9 21 25 19	5 29 6 1 11 35 10 21 25 19	8 33 11 5 13 35 10 21 25 19	11 36 10 8 14 35 10 21 25 19	14 5 14 12 16 35 11 21 25 19	17 10 19 16 18 35 11 21 25 19	20 14 22 19 20 34 11 21 25 19	23 19 21 23 22 34 11 21 25 19	26 23 26 27 24 34 11 22 25 19
12	30 16 30 31 4 32 9 21 25 19	33 21 34 30 6 33 9 21 25 19	36 22 33 31 7 33 9 21 25 19	3 27 36 34 9 34 9 21 25 19	5 30 6 1 11 35 10 21 25 19	8 34 11 5 13 35 10 21 25 19	11 2 19 8 14 35 10 21 25 19	14 6 14 12 16 35 11 21 25 19	17 12 19 16 18 35 11 21 25 19	20 15 22 20 20 34 11 21 25 19	23 21 21 23 22 34 11 21 25 19	26 24 26 27 24 34 11 22 25 19
13	30 18 30 31 4 32 9 21 25 19	33 23 35 30 6 33 9 21 25 19	36 23 33 31 7 34 9 21 25 19	3 28 1 34 9 34 9 21 25 19	6 31 7 1 11 35 10 21 25 19	9 35 11 5 13 35 10 21 25 19	11 3 10 8 14 35 10 21 35 19	14 8 14 12 16 35 11 21 25 19	17 13 19 16 18 35 11 21 25 19	20 17 22 20 20 34 11 21 25 19	23 22 22 24 22 34 11 21 25 19	26 26 26 27 25 34 11 22 25 19
14	30 19 30 31 4 32 9 21 25 19	33 24 35 30 6 33 9 21 25 19	36 25 33 31 7 34 9 21 25 19	3 29 1 34 9 34 9 21 25 19	6 32 7 1 11 35 10 21 25 19	9 1 11 5 13 35 10 21 25 19	12 4 10 9 15 35 10 21 25 19	14 9 14 12 16 35 11 21 25 19	17 15 20 16 18 35 11 21 25 19	20 18 22 20 20 34 11 21 25 19	24 23 22 24 23 34 11 21 25 19	27 27 26 27 25 34 11 22 25 19
15	30 20 30 31 4 32 9 21 25 19	33 25 35 30 6 33 9 21 25 19	36 26 33 31 7 34 9 21 25 19	3 30 1 34 9 34 9 21 25 19	6 33 7 2 11 35 10 21 25 19	9 2 11 5 13 35 10 21 25 19	12 5 10 9 15 35 10 21 25 19	15 11 14 12 17 35 11 21 25 19	18 16 20 16 19 35 11 21 25 19	21 20 22 20 21 34 11 21 25 19	24 25 22 24 23 34 11 21 25 19	27 28 26 28 25 34 11 22 25 19
16	30 22 30 31 4 32 9 21 25 19	33 26 35 30 6 33 9 21 25 19	36 27 33 31 7 34 9 21 25 19	3 31 1 34 9 34 9 21 25 19	6 35 7 2 11 35 10 21 25 19	9 3 11 5 13 35 10 21 25 19	12 7 10 9 15 35 10 21 25 19	15 12 15 13 17 35 11 21 25 19	18 18 20 16 19 35 11 21 25 19	21 21 22 20 21 34 11 21 25 19	24 26 22 24 23 34 11 21 25 19	27 29 27 28 25 34 11 22 25 19
17	30 23 31 31 4 32 9 21 25 19	33 27 35 30 6 33 9 21 25 19	36 28 33 32 7 34 9 21 25 19	3 33 1 34 9 34 9 21 25 19	6 36 7 2 11 35 10 21 25 19	9 5 11 5 13 35 10 21 25 19	12 8 10 9 15 35 10 21 25 19	15 14 15 13 17 35 11 21 25 19	18 19 20 16 19 35 11 21 25 19	21 23 22 20 21 34 11 21 25 19	24 27 22 24 23 34 11 21 25 19	27 31 27 28 25 35 11 22 25 19
18	30 24 31 31 4 32 9 21 25 19	33 29 35 30 6 33 9 21 25 19	36 29 33 32 7 34 9 21 25 19	3 34 1 35 9 34 9 21 25 19	6 1 8 2 11 35 10 21 25 19	9 6 11 5 13 35 10 21 25 19	12 10 10 9 15 35 10 21 25 19	15 15 15 13 17 35 11 21 25 19	18 20 20 17 19 35 11 21 25 19	21 24 22 20 21 34 11 21 25 19	24 29 22 24 23 34 11 21 25 19	27 32 27 28 25 35 11 22 25 19
19	30 25 31 31 4 32 9 21 25 19	33 30 34 30 6 33 9 21 25 19	36 31 33 32 8 34 9 21 25 19	3 35 2 35 9 34 9 21 25 19	6 2 8 2 11 35 10 21 25 19	9 7 11 6 13 35 10 21 25 19	12 11 10 9 15 35 10 21 25 19	15 17 15 13 17 35 11 21 25 19	18 22 20 17 19 35 11 21 25 19	21 25 22 20 21 34 11 21 25 19	24 30 22 24 23 34 11 21 25 19	27 33 27 28 25 35 11 22 25 19
20	30 27 31 31 4 32 9 21 25 19	33 31 34 30 6 33 9 21 25 19	36 32 34 32 8 34 9 21 25 19	3 36 2 35 9 34 9 21 25 19	6 4 8 2 11 35 10 21 25 19	9 9 11 6 13 35 10 21 25 19	12 13 10 9 15 35 10 21 25 19	15 18 15 13 17 35 11 21 25 19	18 23 20 17 19 35 11 21 25 19	21 27 22 21 21 34 11 21 25 19	24 31 23 24 23 34 11 21 25 19	27 34 27 28 25 35 11 22 25 19
21	30 28 31 31 4 32 9 21 25 19	34 32 34 30 6 33 9 21 25 19	36 33 34 32 8 34 9 21 25 19	3 2 2 35 9 34 9 21 25 19	6 5 8 2 11 35 10 21 25 19	9 10 11 6 13 35 10 21 25 19	12 14 10 9 15 35 10 21 25 19	15 20 16 13 17 35 11 21 35 19	18 25 21 17 19 34 11 21 25 19	21 28 22 21 21 34 11 21 25 19	24 32 23 25 23 34 11 21 25 19	27 35 27 28 25 35 11 22 25 19
22	31 29 31 31 5 32 9 21 25 19	34 33 34 30 6 33 9 21 25 19	36 34 34 32 8 34 9 21 25 19	4 3 2 35 9 34 9 21 25 19	6 7 8 2 11 35 10 21 25 19	9 12 11 6 13 35 10 21 25 19	12 16 10 9 15 35 11 21 25 19	15 21 16 13 17 35 11 21 25 19	18 26 21 17 19 34 11 21 25 19	21 29 22 21 21 34 11 21 25 19	24 33 23 25 23 34 11 21 25 19	27 1 27 28 25 35 11 22 25 19
23	31 30 32 31 5 32 9 21 25 19	34 35 34 30 6 33 9 21 25 19	1 36 34 32 8 34 9 21 25 19	4 4 2 35 10 34 9 21 25 19	7 8 8 2 11 35 10 21 25 19	10 13 11 6 13 35 10 21 25 19	12 17 10 10 15 35 11 21 25 19	15 22 16 13 17 35 11 21 25 19	18 27 21 17 19 34 11 21 25 19	21 30 22 21 21 34 11 21 25 19	24 35 23 25 23 34 11 21 25 19	27 2 28 29 25 35 11 22 25 19
24	31 31 32 31 5 32 9 21 25 19	34 36 34 30 6 33 9 21 25 19	1 1 34 32 8 34 9 21 25 19	4 6 3 35 10 34 9 21 25 19	7 10 9 3 11 35 10 21 25 19	10 15 11 6 13 35 10 21 25 19	12 19 10 10 15 35 11 21 25 19	15 24 16 14 17 35 11 21 25 19	18 28 21 17 19 34 11 21 25 19	21 31 22 21 21 34 11 21 25 19	25 36 23 25 23 34 11 21 25 19	28 3 28 29 25 35 11 22 25 19
25	31 32 32 31 5 32 9 21 25 19	34 1 34 30 6 33 9 21 25 19	1 2 34 32 8 34 9 21 25 19	4 7 3 35 10 34 9 21 25 19	7 11 9 3 11 35 10 21 25 19	10 16 11 6 13 35 10 21 25 19	13 20 11 10 15 35 11 21 25 19	16 25 16 14 17 35 11 21 25 19	19 29 21 17 19 34 11 21 25 19	22 33 22 21 21 34 11 21 15 19	25 1 23 25 23 34 11 21 25 19	28 4 28 29 25 35 11 22 25 19
26	31 34 32 31 5 32 9 21 25 19	34 2 34 30 6 33 9 21 25 19	1 3 34 32 8 34 9 21 25 19	4 9 3 35 10 34 9 21 25 19	7 12 9 3 12 35 10 21 25 19	10 18 11 6 13 35 10 21 25 19	13 21 11 10 15 35 11 21 25 19	16 26 16 14 17 35 11 21 25 19	19 31 21 18 19 34 11 21 25 19	22 34 22 21 21 34 11 21 25 19	25 2 23 25 23 34 11 21 25 19	28 6 28 29 25 35 11 22 25 19
27	31 35 32 31 5 32 9 21 25 19	34 4 34 30 6 33 9 21 25 19	1 5 34 32 8 34 9 21 25 19	4 10 3 36 10 34 10 21 25 19	7 14 9 3 12 35 10 21 25 19	10 19 10 7 14 35 10 21 25 19	13 23 11 10 15 35 11 21 25 19	16 27 17 14 17 35 11 21 25 19	19 32 21 18 19 34 11 21 25 19	22 35 21 21 21 34 11 21 25 19	25 4 24 25 23 34 11 21 25 19	28 7 28 29 26 35 11 22 25 19
28	31 36 32 31 5 32 9 21 25 19	34 5 34 30 6 33 9 21 25 19	1 6 34 32 8 34 9 21 25 19	4 11 3 36 10 34 9 21 25 19	7 15 9 3 12 35 10 21 25 19	10 20 10 7 14 35 10 21 25 19	13 24 11 10 15 35 11 21 25 19	16 29 17 14 17 35 11 21 35 19	19 33 21 18 19 34 11 21 25 19	22 36 21 22 21 34 11 21 25 19	25 5 24 25 23 34 11 21 25 19	28 8 28 29 26 35 11 22 25 19
29	31 1 33 31 5 32 9 21 25 19		1 8 34 33 8 34 9 21 25 19	4 13 4 36 10 34 9 21 25 19	7 17 9 3 12 35 10 21 25 19	10 22 10 7 14 35 10 21 25 19	13 25 11 10 15 35 11 21 25 19	16 30 17 14 17 35 11 21 25 19	19 34 22 18 19 34 11 21 25 19	22 1 21 22 21 34 11 21 25 19	25 6 24 26 24 34 11 21 25 19	28 10 29 29 26 35 11 22 25 19
30	31 3 33 30 5 33 9 21 25 19		1 9 35 33 8 34 9 21 25 19	4 14 4 36 10 35 10 21 25 19	7 18 9 3 12 35 10 21 25 19	10 23 10 7 14 35 10 21 25 19	13 26 11 10 16 35 11 21 25 19	16 31 17 14 18 35 11 21 25 19	19 35 22 18 20 34 11 21 25 19	22 3 21 22 22 34 11 21 25 19	25 8 24 26 24 34 11 21 25 19	28 11 29 29 26 35 11 22 25 19
31	31 4 33 30 5 33 9 21 25 19		1 10 35 33 8 34 9 21 25 19		7 19 10 3 12 35 10 21 15 19		13 28 11 11 16 35 11 21 25 19	16 32 17 14 18 35 11 21 25 19		22 4 21 22 22 34 11 21 25 19		28 13 29 30 26 35 11 22 25 19

1975

	JAN	FEB	MÄR	APR	MAI	JUNI	JULI	AUG	SEPT	OKT	NOV	DEZ
1	28 14 29 30 26 35 11 22 25 19	32 20 33 34 28 35 11 22 26 19	34 21 32 1 30 36 11 22 26 19	1 26 36 5 33 1 11 22 26 19	4 29 6 8 35 1 11 21 26 19	7 33 9 12 1 2 11 21 25 19	10 36 8 15 3 3 11 21 25 19	13 5 13 17 6 3 12 21 25 19	16 10 19 15 7 3 12 21 25 19	19 13 21 15 9 3 13 22 25 19	22 19 21 18 10 2 13 22 25 20	25 23 25 21 9 2 13 22 26 20
2	28 16 29 30 26 35 11 22 25 19	32 21 33 34 28 35 11 22 26 19	34 22 32 1 30 36 11 22 26 19	2 27 36 5 33 1 11 22 26 19	4 30 6 9 35 1 11 21 26 19	7 35 9 12 1 2 11 21 25 19	10 2 8 15 3 3 11 21 25 19	13 6 13 17 6 3 12 21 25 19	16 11 19 15 7 3 12 21 25 19	19 14 21 15 9 3 13 22 25 19	22 20 21 18 10 2 13 22 25 20	25 24 25 21 9 2 13 22 26 20
3	29 17 29 30 26 35 11 22 25 19	32 22 33 34 28 35 11 22 26 19	35 23 32 1 30 36 11 22 26 19	2 28 36 5 33 1 11 22 26 19	5 31 6 9 35 1 11 21 26 19	8 36 9 12 1 2 11 21 25 19	10 3 8 15 3 3 11 21 25 19	13 7 14 17 6 3 12 21 25 19	16 12 19 15 8 3 12 21 25 19	19 16 21 15 9 3 13 22 25 19	22 22 21 18 10 2 13 22 25 20	25 25 25 21 9 2 13 22 26 20
4	29 19 30 30 26 35 11 22 25 19	32 24 33 34 28 35 11 22 26 19	35 25 32 1 30 36 11 22 26 19	2 29 36 5 33 1 11 22 26 19	5 33 6 9 35 1 11 21 26 19	8 1 9 12 1 2 11 21 25 19	11 4 8 15 4 3 12 21 25 19	14 9 14 17 6 3 12 21 25 19	16 14 19 15 8 3 12 21 25 19	19 18 20 15 9 2 13 22 25 19	22 23 21 18 10 2 13 22 25 20	26 27 26 21 9 2 13 22 26 20
5	29 20 30 30 26 35 11 22 25 19	32 25 33 34 28 35 11 22 26 19	35 26 32 2 31 36 11 22 26 19	2 31 36 5 33 1 11 22 26 19	5 34 6 9 35 2 11 21 26 19	8 2 9 12 1 2 11 21 25 19	11 5 9 15 4 3 12 21 25 19	14 10 14 17 6 3 12 21 25 19	17 15 19 15 8 3 12 21 25 19	20 19 20 15 9 2 13 22 25 19	23 25 21 18 10 2 13 22 25 20	26 28 26 21 9 2 13 22 26 20
6	29 21 30 30 26 35 11 22 25 19	32 26 32 34 29 35 11 22 26 19	35 27 32 2 31 36 11 22 26 19	2 32 1 5 33 1 11 22 26 19	5 35 7 9 35 2 11 21 26 19	8 3 9 12 2 2 11 21 25 19	11 7 9 15 4 3 12 21 25 19	14 12 14 17 6 3 12 21 25 19	17 17 19 15 8 3 12 21 25 19	20 21 20 15 9 2 13 22 25 19	23 26 21 18 10 2 13 22 25 20	26 29 26 21 9 2 13 22 26 20
7	29 23 30 30 26 35 11 22 25 19	32 28 32 34 29 35 11 22 26 19	35 28 32 2 31 36 11 22 26 19	2 33 1 6 33 1 11 22 26 19	5 36 7 9 35 2 11 21 26 19	8 5 8 12 2 2 11 21 25 19	11 8 9 15 4 3 12 21 25 19	14 13 14 17 6 3 12 21 25 19	17 18 19 15 8 3 12 21 25 19	20 22 20 16 9 2 13 22 25 19	23 27 22 18 10 2 13 22 25 20	26 31 26 21 9 2 13 22 26 20
8	29 24 30 31 26 35 11 22 25 19	32 29 32 34 29 35 11 22 26 19	35 30 32 2 31 36 11 22 26 19	2 34 1 6 33 1 11 22 26 19	5 1 7 9 35 2 11 21 26 19	8 6 8 12 2 2 11 21 25 19	11 9 9 15 4 3 12 21 25 19	14 14 14 17 6 3 12 21 25 19	17 20 19 15 8 3 12 21 25 19	20 24 20 16 9 2 13 22 25 19	23 29 22 18 10 2 13 22 25 20	26 32 26 22 9 2 13 22 26 20
9	29 25 30 31 26 35 11 22 25 19	32 30 32 35 29 36 11 22 26 19	35 31 32 2 31 36 11 22 26 19	2 35 1 6 33 1 11 21 26 19	5 3 7 9 35 2 11 21 26 19	8 7 8 12 2 2 11 21 25 19	11 11 9 15 4 3 12 21 25 19	14 16 15 17 6 3 12 21 25 19	17 21 20 15 8 3 12 21 25 19	20 25 20 16 9 2 13 22 25 19	23 30 22 18 10 2 13 22 25 20	26 33 27 22 9 2 13 22 26 20
10	29 27 31 31 27 35 11 22 25 19	32 31 32 35 29 36 11 22 26 19	35 32 33 2 31 36 11 22 26 19	2 36 1 6 33 1 11 21 26 19	5 4 7 9 36 2 11 21 26 19	8 9 8 12 2 2 11 21 25 19	11 12 9 15 4 3 12 21 25 19	14 17 15 17 6 3 12 21 25 19	17 23 20 15 8 3 12 21 25 19	20 27 20 16 9 2 13 22 25 19	23 31 22 18 10 2 13 22 25 20	26 34 27 22 9 2 13 22 26 20
11	29 28 31 31 27 35 11 22 25 19	33 32 32 35 29 36 11 22 26 19	35 33 33 2 31 36 11 22 26 19	2 2 2 6 33 1 11 21 26 19	5 5 7 10 36 2 11 21 25 19	8 10 8 13 2 2 11 21 25 19	11 14 9 16 4 3 12 21 25 19	14 19 15 17 6 3 12 21 25 19	17 24 20 15 8 3 12 21 25 19	20 28 20 16 9 2 13 22 25 19	23 32 22 19 10 2 13 22 25 20	26 36 27 22 9 2 13 22 26 20
12	30 29 31 31 27 35 11 22 25 19	33 34 32 35 29 36 11 22 26 19	35 34 33 2 31 36 11 22 26 19	3 3 2 6 33 1 11 21 26 19	5 6 8 10 36 2 11 21 25 19	8 11 8 13 2 2 11 21 25 19	11 15 9 16 4 3 12 21 25 19	14 21 15 17 6 3 12 21 25 19	17 26 20 15 8 3 12 21 25 19	20 29 20 16 9 2 13 22 25 19	23 34 22 19 10 2 13 22 25 20	26 1 27 22 9 2 13 22 26 20
13	30 30 31 31 27 35 11 22 25 19	33 35 32 35 29 36 11 22 26 19	36 36 33 3 31 36 11 22 26 19	3 4 2 6 33 1 11 21 26 19	6 8 8 10 36 2 11 21 25 19	9 13 8 13 2 2 11 21 25 19	11 17 9 16 4 3 12 21 25 19	14 22 16 16 6 3 12 21 25 19	17 27 20 15 8 3 12 21 25 19	20 30 20 16 9 2 13 22 25 19	23 35 22 19 10 2 13 22 25 20	26 2 27 22 9 2 13 22 26 20
14	30 31 31 31 27 35 11 22 25 19	33 36 32 35 29 36 11 22 26 19	36 1 33 3 31 36 11 22 26 19	3 5 2 6 34 1 11 21 26 19	6 9 8 10 36 2 11 21 25 19	9 14 8 13 2 2 11 21 25 19	11 18 10 16 4 3 12 21 25 19	14 23 16 16 6 3 12 21 25 19	17 28 20 15 8 3 12 21 25 19	20 32 19 16 9 2 13 22 25 19	23 36 23 19 10 2 13 22 25 20	27 3 27 22 9 2 13 22 26 20
15	30 33 31 31 27 35 11 22 25 19	33 1 32 35 29 36 11 22 26 19	36 2 33 3 31 36 11 22 26 19	3 7 2 7 34 1 11 21 26 19	6 10 8 10 36 2 11 21 25 19	9 16 8 13 2 2 11 21 25 19	12 20 10 16 4 3 12 21 25 19	15 25 16 16 6 3 12 21 25 19	18 29 20 15 8 3 12 21 25 19	21 33 19 16 9 2 13 22 25 19	24 1 23 19 10 2 13 22 25 20	27 4 28 22 9 2 13 22 26 20
16	30 34 32 32 27 35 11 22 25 19	33 2 31 35 29 36 11 22 26 19	36 3 33 3 31 36 11 22 26 19	3 8 2 7 34 1 11 21 26 19	6 12 8 10 36 2 11 21 25 19	9 17 8 13 2 2 11 21 25 19	12 21 10 16 4 3 12 21 25 19	15 26 16 16 6 3 12 21 25 19	18 31 20 15 8 3 12 21 25 19	21 34 19 16 9 2 13 22 25 19	24 2 23 19 10 2 13 22 25 20	27 6 28 22 9 2 13 22 26 20
17	30 35 32 32 27 35 11 22 25 19	33 3 31 36 29 36 11 22 26 19	36 4 33 3 31 36 11 22 26 19	3 9 3 7 34 1 11 21 26 19	6 13 8 10 36 2 11 21 25 19	9 18 8 13 2 2 11 21 25 19	12 22 10 16 5 3 12 21 25 19	15 27 16 16 7 3 12 21 25 19	18 32 20 15 8 3 12 21 25 19	21 35 19 16 9 2 13 22 25 19	24 4 23 19 10 2 13 22 25 20	27 7 28 22 9 2 13 22 26 20
18	30 36 32 32 27 35 11 22 25 19	33 5 31 36 29 36 11 22 26 19	36 6 34 3 32 36 11 22 26 19	3 11 3 7 34 1 11 21 26 19	6 14 8 10 36 2 11 21 25 19	9 21 8 14 2 2 11 21 25 19	12 23 10 16 5 3 12 21 25 19	15 29 16 16 7 3 12 21 25 19	18 33 20 15 8 3 12 21 25 19	21 36 19 16 9 2 13 22 25 19	24 5 23 19 10 2 13 22 25 20	27 8 28 23 8 2 13 22 26 20
19	30 1 32 32 27 35 11 22 26 19	33 6 31 36 29 36 11 22 26 19	36 7 34 3 32 36 11 22 26 19	3 12 3 7 34 1 11 21 26 19	6 16 8 10 36 2 11 21 25 19	9 22 8 14 3 2 11 21 25 19	12 25 10 16 5 3 12 21 25 19	15 30 17 16 7 3 12 21 25 19	18 34 21 15 8 3 12 21 25 19	21 2 19 16 9 2 13 22 25 19	24 6 23 19 10 2 13 22 25 20	27 10 28 23 8 2 13 22 26 20
20	30 3 32 32 27 35 11 22 26 19	33 7 31 36 30 36 11 22 26 19	36 8 34 3 32 36 11 22 26 19	3 13 3 7 34 1 11 21 26 19	6 17 8 11 36 2 11 21 25 19	9 23 8 14 3 2 11 21 25 19	12 26 10 16 5 3 12 21 25 19	15 31 17 16 7 3 12 21 25 19	18 36 21 15 8 3 12 21 25 19	21 3 19 16 9 2 13 22 25 19	24 7 24 19 10 2 13 22 25 20	27 11 28 23 8 2 13 22 26 20
21	30 4 32 32 27 35 11 22 26 19	34 9 31 36 30 36 11 22 26 19	36 10 34 4 32 36 11 22 26 19	3 15 4 7 34 1 11 21 26 19	6 19 8 11 36 2 11 21 25 19	9 24 8 14 3 2 11 21 25 19	12 28 10 16 5 3 12 21 25 19	15 32 17 16 7 3 12 21 25 19	18 1 21 15 8 3 12 21 25 19	21 4 19 16 9 2 13 22 25 19	24 9 24 20 10 2 13 22 25 20	27 12 28 23 8 2 13 22 26 20
22	31 5 32 32 27 35 11 22 26 19	34 10 31 36 30 36 11 22 26 19	36 11 34 4 32 36 11 22 26 19	4 16 4 7 34 1 11 21 26 19	6 20 8 11 36 2 11 21 25 19	9 25 8 14 3 2 11 21 25 19	12 29 10 16 5 3 12 21 25 19	15 33 17 16 7 3 12 21 25 19	18 2 21 15 9 3 12 21 25 19	21 5 19 16 10 2 13 22 25 19	24 10 24 20 9 2 13 22 25 20	27 14 29 23 8 2 13 22 26 20
23	31 6 32 32 27 35 11 22 26 19	34 11 31 36 30 36 11 22 26 19	1 12 34 4 32 1 11 22 26 19	4 18 4 7 34 1 11 21 26 19	7 22 9 11 1 2 11 21 25 19	9 27 8 14 3 2 11 21 25 19	12 30 11 16 5 3 12 21 25 19	15 35 17 16 7 3 12 21 25 19	18 3 21 15 9 3 12 21 25 19	21 6 19 16 10 2 13 22 25 19	24 11 24 20 9 2 13 22 25 20	27 15 29 23 8 2 13 22 26 20
24	31 8 33 33 28 35 11 22 26 19	34 13 31 36 30 36 11 22 26 19	1 14 34 4 32 1 11 22 26 19	4 19 4 8 34 1 11 21 26 19	7 23 9 11 1 2 11 21 25 19	10 28 8 14 3 2 11 21 25 19	12 31 11 16 5 3 12 21 25 19	15 36 17 16 7 3 12 21 25 19	18 4 21 15 9 3 12 21 25 19	21 8 20 17 10 2 13 22 25 19	25 13 24 20 9 2 13 22 25 20	28 16 29 23 8 2 13 22 26 20
25	31 9 33 33 28 35 11 22 26 19	34 14 31 1 30 36 11 22 26 19	1 15 35 4 32 1 11 22 26 19	4 21 5 8 34 1 11 21 26 19	7 24 9 11 1 2 11 21 25 19	10 29 8 14 3 2 11 21 25 19	13 33 12 16 5 3 12 21 25 19	16 1 18 16 7 3 12 21 25 19	19 5 21 15 9 3 12 21 25 19	21 9 20 17 10 2 13 22 25 20	25 14 24 20 9 2 13 22 25 20	28 18 29 24 8 2 13 22 26 20
26	31 11 33 33 28 35 11 22 26 19	34 16 32 1 30 36 11 22 26 19	1 17 35 4 32 1 11 22 26 19	4 22 5 8 34 1 11 21 26 19	7 26 9 11 1 2 11 21 25 19	10 30 8 14 3 2 11 21 25 19	13 34 12 16 5 3 12 21 25 19	16 2 18 16 7 3 12 21 25 19	19 7 21 15 9 3 12 21 25 19	22 10 20 17 10 2 13 22 25 20	25 15 25 20 9 2 13 22 25 20	28 19 29 24 8 2 13 22 26 20
27	31 12 33 33 28 35 11 22 26 19	34 18 32 1 30 36 11 22 26 19	1 18 35 4 32 1 11 22 26 19	4 24 5 8 35 1 11 21 26 19	7 27 9 11 1 2 11 21 25 19	10 32 8 14 3 3 11 21 25 19	13 35 12 16 5 3 12 21 25 19	16 3 18 16 7 3 12 21 25 19	19 8 21 15 9 3 12 21 25 19	22 12 20 17 10 2 13 22 25 20	25 17 25 20 9 2 13 22 25 20	28 21 29 24 8 2 13 22 26 20
28	31 14 33 33 28 35 11 22 26 19	34 19 32 1 30 36 11 22 26 19	1 19 35 4 32 1 11 22 26 19	4 25 5 8 35 1 11 21 26 19	7 28 9 11 1 2 11 21 25 19	10 33 8 14 3 3 11 21 25 19	13 36 12 16 5 3 12 21 25 19	16 5 18 16 7 3 12 21 25 19	19 9 21 15 9 3 12 21 25 19	22 13 20 17 10 2 13 22 25 20	25 18 25 20 9 2 13 22 25 20	28 22 29 24 8 2 13 22 26 20
29	31 15 33 33 28 35 11 22 26 19		1 21 35 4 32 1 11 22 26 19	4 26 5 8 35 1 11 21 26 19	7 30 9 11 1 2 11 21 25 19	10 34 8 15 3 3 11 21 25 19	13 1 12 16 5 3 12 21 25 19	16 6 18 16 7 3 12 21 25 19	19 11 21 15 9 3 12 21 25 19	22 14 20 17 10 2 13 22 25 20	25 20 25 20 9 2 13 22 25 20	28 23 29 24 8 2 13 22 26 20
30	31 17 33 33 28 35 11 22 26 19		1 23 35 4 32 1 11 22 26 19	4 28 6 8 35 1 11 21 26 19	7 31 9 11 1 2 11 21 25 19	10 35 8 15 3 3 11 21 25 19	13 3 13 16 5 3 12 21 25 19	16 7 18 16 7 3 12 21 25 19	19 12 21 15 9 3 12 21 25 19	22 16 20 17 10 2 13 22 25 20	25 21 25 20 9 2 13 22 25 20	28 25 30 24 8 2 13 22 26 20
31	31 18 33 33 28 35 11 22 26 19		1 24 36 5 33 36 11 22 26 19		7 32 9 12 1 2 11 21 25 19		13 4 13 17 5 3 12 21 25 19	16 8 18 16 7 3 12 21 25 19		22 17 20 17 10 2 13 22 25 20		28 26 30 24 8 2 13 22 26 20

1976

	JAN	FEB	MÄR	APR	MAI	JUNI	JULI	AUG	SEPT	OKT	NOV	DEZ
1	28 28 30 24 8 2 13 22 26 20	32 32 30 28 8 2 12 22 26 20	34 34 32 32 9 3 12 22 26 20	2 3 1 35 10 4 12 22 26 20	4 6 7 3 12 4 12 22 26 19	7 11 6 7 13 5 12 22 26 19	10 14 9 11 15 6 13 22 26 19	13 20 15 14 17 6 13 22 26 19	16 25 19 18 19 6 13 22 26 20	19 29 18 22 21 7 14 22 26 20	22 34 22 26 23 6 14 22 26 20	25 1 27 29 25 6 14 22 26 20
2	28 29 30 24 8 2 12 22 26 20	32 34 30 28 8 2 12 22 26 20	35 36 32 32 9 3 12 22 26 20	2 4 2 36 10 4 12 22 26 20	5 7 7 3 12 4 12 22 26 19	8 12 6 7 13 5 12 22 26 19	10 16 9 11 15 6 13 22 26 19	13 21 15 15 17 6 13 22 26 19	16 26 19 18 19 6 13 22 26 20	19 30 18 22 21 6 14 22 26 20	22 35 22 26 23 6 14 22 26 20	25 2 27 30 25 6 14 22 26 20
3	29 30 30 25 8 2 12 22 26 20	32 35 30 28 8 2 12 22 26 20	35 1 32 32 9 3 12 22 26 20	2 5 2 36 10 4 12 22 26 20	5 9 7 3 12 4 12 22 26 19	8 13 6 7 13 5 12 22 26 19	11 17 9 11 15 6 13 22 26 19	13 23 15 15 17 6 13 22 26 19	16 28 19 19 19 6 13 22 26 20	19 31 18 22 21 6 14 22 26 20	22 36 22 26 23 6 14 22 26 20	25 4 27 30 25 6 14 22 26 20
4	29 32 31 25 8 2 12 22 26 20	32 36 30 28 8 2 12 22 26 20	35 2 33 32 9 3 12 22 26 20	2 7 2 36 10 4 12 22 26 20	5 10 7 4 12 4 12 22 26 19	8 14 6 7 14 5 12 22 26 19	11 19 9 11 15 6 13 22 26 19	14 24 15 15 17 6 13 22 26 19	17 29 19 19 19 6 14 22 26 20	19 33 18 22 21 6 14 22 26 20	23 1 22 26 23 6 14 22 26 20	26 5 27 30 25 6 14 22 26 20
5	29 33 31 25 8 2 12 22 26 20	32 1 30 29 8 2 12 22 26 20	35 3 33 32 9 3 12 22 26 20	2 8 2 36 10 4 12 22 26 20	5 11 7 4 12 4 12 22 26 19	8 16 6 7 14 5 12 22 26 19	11 20 9 11 15 6 13 22 26 19	14 25 16 15 17 6 13 22 26 19	17 31 19 19 19 6 14 22 26 20	20 34 18 22 21 6 14 22 26 20	23 3 23 26 23 6 14 22 26 20	26 6 27 30 25 6 14 22 26 20
6	29 34 31 25 8 2 12 22 26 20	32 2 30 29 8 2 12 22 26 20	35 4 33 32 9 3 12 22 26 20	2 9 2 36 10 4 12 22 26 20	5 13 7 4 12 4 12 22 26 19	8 18 6 8 14 5 12 22 26 19	11 21 10 11 15 6 13 22 26 19	14 27 16 15 17 6 13 22 26 19	17 32 19 19 19 6 14 22 26 20	20 35 18 23 21 6 14 22 26 20	23 4 23 26 23 6 14 22 26 20	26 7 27 30 25 6 14 22 26 20
7	29 35 31 25 8 2 12 22 26 20	32 4 30 29 8 2 12 22 26 20	35 6 33 32 9 3 12 22 26 20	2 10 3 36 10 4 12 22 26 20	5 14 7 4 12 4 12 22 26 19	8 19 6 8 14 5 12 22 26 19	11 23 10 11 15 6 13 22 26 19	14 28 16 15 17 6 13 22 26 19	17 33 19 19 19 6 14 22 26 20	20 1 18 23 21 6 14 22 26 20	23 5 23 27 23 6 14 22 26 20	26 8 27 30 26 6 14 22 26 20
8	29 36 31 25 8 2 12 22 26 20	32 5 30 29 8 2 12 22 26 20	35 7 33 33 9 3 12 22 26 20	2 11 3 36 10 4 12 22 26 20	5 15 7 4 12 4 12 22 26 19	8 20 6 8 14 5 12 22 26 19	11 24 10 12 15 6 13 22 26 19	14 30 16 15 17 6 13 22 26 19	17 34 19 19 19 6 14 22 26 20	20 2 18 23 21 6 14 22 26 20	23 6 23 27 23 6 14 22 26 20	26 9 28 30 26 6 14 22 26 20
9	29 2 31 25 8 2 12 22 26 20	32 6 30 29 8 2 12 22 26 20	35 8 33 33 9 3 12 22 26 20	2 13 3 36 10 4 12 22 26 20	5 17 7 4 12 4 12 22 26 19	8 22 6 8 14 5 12 22 26 19	11 26 10 12 16 6 13 22 26 19	14 31 16 16 17 6 13 22 26 19	17 36 19 19 19 7 14 22 26 20	20 3 18 23 21 6 14 22 26 20	23 7 23 27 24 6 14 22 26 20	26 11 28 30 26 6 14 22 26 20
10	29 3 31 25 8 2 12 22 26 20	32 7 30 29 8 2 12 22 26 20	35 9 33 33 9 3 12 22 26 20	2 14 3 1 10 4 12 22 26 20	5 18 7 4 12 4 12 22 26 19	8 23 6 8 14 5 12 22 26 19	11 27 11 12 16 6 13 22 26 19	14 32 16 16 17 6 13 22 26 19	17 1 19 19 19 7 14 22 26 20	20 4 18 23 21 6 14 22 26 20	23 9 23 27 24 6 14 22 26 20	26 12 28 30 26 6 14 22 26 20
11	29 4 31 26 8 2 12 22 26 20	33 8 30 29 8 2 12 22 26 20	35 11 34 33 9 3 12 22 26 20	3 16 4 1 11 4 12 22 26 20	5 19 7 4 12 4 12 22 26 19	8 25 6 8 14 5 12 22 26 19	11 29 11 12 16 6 13 22 26 19	14 34 17 16 18 6 13 22 26 19	17 2 19 20 20 7 14 22 26 20	20 5 18 23 22 6 14 22 26 20	23 10 24 27 24 6 14 22 26 20	26 13 28 31 26 6 14 22 26 20
12	29 5 31 26 8 2 12 22 26 20	33 10 30 29 8 2 12 22 26 20	36 12 34 33 9 3 12 22 26 20	3 17 4 1 11 4 12 22 26 19	6 20 7 5 12 5 12 22 26 19	9 26 6 8 14 5 12 22 26 19	11 30 11 12 16 6 13 22 26 19	14 35 17 16 18 6 13 22 26 19	17 3 19 20 20 7 14 22 26 20	20 6 19 23 22 6 14 22 26 20	23 11 24 27 24 6 14 22 26 20	26 14 28 31 26 6 14 22 26 20
13	30 6 31 26 8 2 12 22 26 20	33 11 30 30 8 3 12 22 26 20	36 13 34 33 9 3 12 22 26 20	3 19 4 1 11 4 12 22 26 19	6 22 7 5 12 5 12 22 26 19	9 28 6 8 14 5 12 22 26 19	11 31 11 12 16 6 13 22 26 19	14 36 17 16 18 6 13 22 26 19	17 4 19 20 20 7 14 22 26 20	20 8 19 24 22 6 14 22 26 20	23 12 24 27 24 6 14 22 26 20	27 16 28 31 26 6 14 22 26 20
14	30 8 31 26 8 2 12 22 26 20	33 13 30 30 8 3 12 22 26 20	36 15 34 33 9 3 12 22 26 20	3 20 4 1 11 4 12 22 26 19	6 23 7 5 12 5 12 22 26 19	9 29 6 9 14 5 12 22 26 19	12 33 11 12 16 6 13 22 26 19	15 1 17 16 18 6 13 22 26 19	18 6 19 20 20 7 14 22 26 20	20 9 19 24 22 6 14 22 26 20	24 13 24 27 24 6 14 22 26 20	27 17 28 31 26 6 14 22 26 20
15	30 9 31 26 8 2 12 22 26 20	33 14 30 30 8 3 12 22 26 20	36 16 34 33 9 3 12 22 26 20	3 22 4 1 11 4 12 22 26 19	6 25 7 5 12 5 12 22 26 19	9 31 7 9 14 5 13 22 26 19	12 34 12 12 16 6 13 22 26 19	15 2 17 16 18 6 13 22 26 19	18 7 19 20 20 7 14 22 26 20	21 10 19 24 22 6 14 22 26 20	24 15 24 27 24 6 14 22 26 20	27 19 29 31 26 6 14 22 26 20
16	30 10 31 26 8 2 12 22 26 20	33 15 30 30 8 3 12 22 26 20	36 18 34 34 9 3 12 22 26 20	3 23 4 1 11 4 12 22 26 19	6 25 7 5 12 5 12 22 26 19	9 32 7 9 14 5 13 22 26 19	12 35 12 13 16 6 13 22 26 19	15 4 17 16 18 6 13 22 26 19	18 8 19 20 20 7 14 22 26 20	21 11 19 24 22 6 14 22 26 20	24 16 24 28 24 6 14 22 26 20	27 20 29 31 26 6 14 22 26 20
17	30 12 31 26 8 2 12 22 26 20	33 17 31 30 8 3 12 22 26 20	36 19 35 34 9 3 12 22 26 20	3 25 5 1 11 4 12 22 26 19	6 28 7 5 12 5 12 22 26 19	9 33 7 9 14 5 13 22 26 19	12 36 12 13 16 6 13 22 26 19	15 5 17 16 18 6 13 22 26 19	18 9 19 20 20 7 14 22 26 20	21 13 19 24 22 6 14 22 26 20	24 17 24 28 24 6 14 22 26 20	27 21 29 31 26 6 14 22 26 20
18	30 13 31 26 8 2 12 22 26 20	33 19 31 30 8 3 12 22 26 20	36 21 35 34 9 3 12 22 26 20	3 26 5 2 11 4 12 22 26 19	6 30 7 5 12 5 12 22 26 19	9 34 7 9 14 5 13 22 26 19	12 2 12 13 16 6 13 22 26 19	15 6 18 17 18 6 13 22 26 19	18 10 19 20 20 7 14 22 26 20	21 14 20 24 22 6 14 22 26 20	24 19 25 28 24 6 14 22 26 20	27 23 29 31 26 6 14 22 26 20
19	30 15 31 27 8 2 12 22 26 20	33 20 31 30 8 3 12 22 26 20	36 22 35 34 9 3 12 22 26 20	3 28 5 2 11 4 12 22 26 19	6 31 6 5 13 5 12 22 26 19	9 36 7 9 14 5 13 22 26 19	12 3 12 13 16 6 13 22 26 19	15 7 18 17 18 6 13 22 26 19	18 12 19 21 20 7 14 22 26 20	21 15 20 24 22 6 14 22 26 20	24 20 25 28 24 6 14 22 26 20	27 24 29 32 26 6 14 22 26 20
20	30 16 31 27 8 2 12 22 26 20	33 21 31 30 8 3 12 22 26 20	36 23 35 34 9 3 12 22 26 20	3 29 5 2 11 4 12 22 26 19	6 32 6 6 13 5 12 22 26 19	9 1 7 9 14 5 13 22 26 19	12 4 13 13 16 6 13 22 26 19	15 8 18 17 18 6 13 22 26 19	18 13 19 21 20 7 14 22 26 20	21 17 20 24 22 6 14 22 26 20	24 22 25 28 24 6 14 22 26 20	27 26 29 32 27 6 14 22 26 20
21	30 17 31 27 8 2 12 22 26 20	34 23 31 31 8 3 12 22 26 20	36 25 35 34 10 3 12 22 26 20	4 30 5 2 11 4 12 22 26 19	6 34 6 6 13 5 12 22 26 19	9 2 7 9 14 5 13 22 26 19	12 5 13 13 16 6 13 22 26 19	15 10 18 17 18 6 13 22 26 20	18 14 18 21 20 7 14 22 26 20	21 18 20 24 22 6 14 22 26 20	24 23 25 28 24 6 14 22 26 20	27 27 29 32 27 6 14 22 26 20
22	31 19 31 27 8 2 12 22 26 20	34 24 31 31 8 3 12 22 26 20	1 26 36 34 10 3 12 22 26 20	4 31 5 2 11 4 12 22 26 19	7 35 6 6 13 5 12 22 26 19	9 3 7 10 15 5 13 22 26 19	12 6 13 13 16 6 13 22 26 19	15 11 18 17 18 6 13 22 26 20	18 16 18 21 20 7 14 22 26 20	21 20 20 25 22 6 14 22 26 20	24 25 25 28 24 6 14 22 26 20	27 29 29 32 27 6 14 22 26 20
23	31 20 31 27 8 2 12 22 26 20	34 26 31 31 8 3 12 22 26 20	1 28 36 34 10 3 12 22 26 20	4 33 6 2 11 4 12 22 26 19	7 36 6 6 13 5 12 22 26 19	10 4 7 10 15 5 13 22 26 19	12 8 13 13 16 6 13 22 26 19	15 12 18 17 18 6 13 22 26 20	18 17 18 21 20 7 14 22 26 20	21 21 20 25 22 6 14 22 26 20	24 26 25 28 25 6 14 22 26 20	28 30 30 32 27 6 14 22 26 20
24	31 22 31 27 8 2 12 22 26 20	34 27 31 31 8 3 12 22 26 20	1 29 36 35 10 3 12 22 26 20	4 34 6 2 11 4 12 22 26 19	7 1 6 6 13 5 12 22 26 19	10 6 8 10 15 5 13 22 26 19	13 9 13 14 16 6 13 22 26 19	15 14 18 17 18 6 13 22 26 20	19 19 18 21 20 7 14 22 26 20	21 23 21 25 22 6 14 22 26 20	25 28 26 29 25 6 14 22 26 20	28 32 30 32 27 6 14 22 26 20
25	31 23 30 27 8 2 12 22 26 20	34 28 31 31 9 3 12 22 26 20	1 31 36 35 10 3 12 22 26 20	4 35 6 2 11 4 12 22 26 19	7 3 6 6 13 5 12 22 26 19	10 7 8 10 15 5 13 22 26 19	13 10 14 14 17 6 13 22 26 19	16 15 18 17 18 6 13 22 26 20	19 20 18 21 20 7 14 22 26 20	22 24 21 25 23 6 14 22 26 20	25 30 26 29 25 6 14 22 26 20	28 33 30 32 27 6 14 22 26 20
26	31 25 30 27 8 2 12 22 26 20	34 30 32 31 9 3 12 22 26 20	1 32 36 35 10 3 12 22 26 20	4 36 6 3 11 4 12 22 26 19	7 4 6 6 13 5 12 22 26 19	10 8 8 10 15 6 13 22 26 19	13 11 14 14 17 6 13 22 26 19	16 16 18 18 19 6 13 22 26 20	19 22 18 21 21 7 14 22 26 20	22 26 21 25 23 6 14 22 26 20	25 31 26 29 25 6 14 22 26 20	28 34 30 32 27 6 14 22 26 20
27	31 26 30 27 8 2 12 22 26 20	34 31 32 31 9 3 12 22 26 20	1 33 36 35 10 3 12 22 26 20	4 1 6 3 11 4 12 22 26 19	7 5 6 6 13 5 12 22 26 19	10 9 8 10 15 6 13 22 26 19	13 13 14 14 17 6 13 22 26 19	16 18 19 18 19 6 13 22 26 20	19 23 18 22 21 7 14 22 26 20	22 27 21 25 23 6 14 22 26 20	25 32 26 29 25 6 14 22 26 20	28 35 30 32 27 6 14 22 26 20
28	31 27 30 28 8 2 12 22 26 20	34 32 32 31 9 3 12 22 26 20	1 34 1 35 10 3 12 22 26 20	4 3 6 3 11 4 12 22 26 19	7 6 6 7 13 5 12 22 26 19	10 11 8 10 15 6 13 22 26 19	13 14 14 14 17 6 13 22 26 19	16 19 19 18 19 6 13 22 26 20	19 25 18 22 21 7 14 22 26 20	22 28 21 25 23 6 14 22 26 20	25 33 26 29 25 6 14 22 26 20	28 1 30 33 27 6 14 22 26 20
29	31 29 30 28 8 2 12 22 26 20	34 33 32 32 9 3 12 22 26 20	1 35 1 35 10 3 12 22 26 20	4 4 6 3 11 4 12 22 26 19	7 7 6 7 13 5 12 22 26 19	10 12 8 10 15 6 13 22 26 19	13 16 14 14 17 6 13 22 26 19	16 21 19 18 19 6 13 22 26 20	19 26 18 22 21 7 14 22 26 20	22 30 21 25 23 6 14 22 26 20	25 35 26 29 25 6 14 22 26 20	28 2 30 33 27 6 14 22 26 20
30	31 30 30 28 8 2 12 22 26 20		1 36 1 35 10 3 12 22 26 20	4 5 6 3 11 4 12 22 26 19	7 8 6 7 13 5 12 22 26 19	10 13 9 11 15 6 13 22 26 19	13 17 15 14 17 6 13 22 26 19	16 22 19 18 19 6 13 22 26 20	19 28 18 22 21 7 14 22 26 20	22 31 22 26 23 6 14 22 26 20	25 36 26 29 25 6 14 22 26 20	28 3 30 33 27 6 14 22 26 20
31	31 31 30 28 8 2 12 22 26 20		1 1 1 35 10 4 12 22 26 20		7 10 6 7 13 5 12 22 26 19		13 18 15 14 17 6 13 22 26 19	16 24 19 18 19 6 13 22 26 20		22 32 22 26 23 6 14 22 26 20		28 4 30 33 27 6 14 22 26 20

1977

	JAN	FEB	MÄR	APR	MAI	JUNI	JULI	AUG	SEPT	OKT	NOV	DEZ
1	28 5 30 33 27 6 14 22 26 20	32 10 29 36 30 6 14 23 26 20	34 11 33 2 32 6 14 23 26 20	2 15 3 2 34 6 13 22 26 20	4 19 4 1 1 7 13 22 26 20	7 24 5 3 3 8 14 22 26 20	10 28 10 6 5 8 14 22 26 20	13 33 16 9 7 9 14 22 26 20	16 2 17 13 9 10 15 22 26 20	19 5 18 16 11 10 15 22 26 20	22 10 23 20 13 10 15 23 26 20	25 13 27 14 13 10 15 23 26 20
2	29 7 29 33 27 6 14 22 26 20	32 11 29 36 30 6 14 23 26 20	35 12 33 2 32 6 14 23 26 20	2 17 3 2 34 6 13 22 26 20	5 20 4 1 1 7 13 22 26 20	8 26 5 3 3 8 14 22 26 20	10 30 11 6 5 8 14 22 26 20	13 35 16 9 7 9 14 22 26 20	16 3 17 13 9 10 15 22 26 20	19 7 18 17 11 10 15 22 26 20	22 11 23 20 13 10 15 23 26 20	25 14 27 24 13 10 15 23 26 20
3	29 8 29 33 28 6 14 22 26 20	32 12 29 36 30 6 14 23 26 20	35 13 34 3 32 6 14 23 26 20	2 18 3 2 34 6 13 22 26 20	5 22 4 1 1 7 13 22 26 20	8 27 5 3 3 8 14 22 26 20	10 31 11 6 5 8 14 22 26 20	13 36 16 9 8 9 14 22 26 20	16 4 17 13 9 10 15 22 26 20	19 8 18 17 11 10 15 22 26 20	22 12 23 21 13 10 15 23 26 20	25 16 28 24 13 10 15 23 26 20
4	29 9 29 33 28 6 14 23 26 20	32 14 29 1 30 6 14 23 26 20	35 15 34 3 32 6 14 23 26 20	2 20 4 2 35 6 13 22 26 20	5 23 4 1 1 7 13 22 26 20	8 29 5 3 3 8 14 22 26 20	11 33 11 6 5 8 14 22 26 20	14 1 16 10 8 9 14 22 26 20	17 5 17 13 9 10 15 22 26 20	19 9 18 17 11 10 15 22 26 20	23 13 24 21 13 10 15 23 26 20	26 27 28 24 14 10 15 23 26 20
5	29 10 29 33 28 6 14 23 26 20	32 15 30 1 30 6 14 23 26 20	35 16 34 3 32 6 14 23 26 20	2 21 4 2 35 6 13 22 26 20	5 25 4 1 1 7 13 22 26 20	8 30 6 3 3 8 14 22 26 20	11 34 11 6 6 8 14 22 26 20	14 3 16 10 8 9 14 22 26 20	17 7 17 13 9 10 15 22 26 20	20 10 19 17 11 10 15 22 26 20	23 15 24 21 13 10 15 23 26 20	26 18 28 25 14 10 15 23 26 20
6	29 12 29 34 28 6 14 23 26 20	32 16 30 1 30 6 14 23 26 20	35 17 34 3 32 6 14 23 26 20	2 23 4 2 35 7 13 22 26 20	5 26 4 1 1 7 13 22 26 20	8 32 6 3 3 8 14 22 26 20	11 35 11 6 6 8 14 22 26 20	14 4 16 10 8 9 14 22 26 20	17 8 17 13 9 10 15 22 26 20	20 11 19 17 11 10 15 22 26 20	23 16 24 21 13 10 15 23 26 20	26 19 28 25 14 10 15 23 26 20
7	29 13 29 34 28 6 14 23 26 20	32 17 30 1 30 6 14 23 26 20	35 19 34 3 32 6 14 23 26 20	2 24 4 2 35 7 13 22 26 20	5 28 4 1 1 7 13 22 26 20	8 33 6 3 3 8 14 22 26 20	11 1 11 6 6 9 14 22 26 20	14 5 17 10 8 9 14 22 26 20	17 9 16 14 9 10 15 22 26 20	20 13 19 17 11 10 15 22 26 20	23 17 24 21 13 10 15 23 26 20	26 21 28 25 14 10 15 23 26 20
8	29 14 29 34 28 6 14 23 26 20	32 19 30 1 30 6 14 23 26 20	35 20 34 3 32 6 13 23 26 20	2 25 4 2 35 7 13 22 26 20	5 29 4 1 1 7 13 22 26 20	8 34 6 4 4 8 14 22 26 20	11 2 12 7 6 9 14 22 26 20	14 6 17 10 8 9 14 22 26 20	17 11 16 14 9 10 15 22 26 20	20 14 19 17 12 10 15 22 26 20	23 19 24 21 13 10 15 23 26 20	26 22 28 25 14 10 15 23 26 20
9	29 16 29 34 28 6 14 23 26 20	32 21 30 1 30 6 14 23 26 20	35 22 25 3 33 6 13 23 26 20	2 27 4 2 35 7 13 22 26 20	5 31 4 1 1 7 13 22 26 20	8 35 6 4 4 8 14 22 26 20	11 3 12 7 6 9 14 22 26 20	14 7 17 10 8 9 14 22 26 20	17 12 16 14 9 10 15 22 26 20	20 15 19 17 12 10 15 22 26 20	23 20 24 21 13 10 15 23 26 20	26 24 28 25 14 10 15 23 26 20
10	29 17 28 34 28 6 14 23 26 20	33 22 30 1 30 6 14 23 26 20	35 23 35 3 33 6 13 23 26 20	2 28 4 2 35 7 13 22 26 20	5 32 4 2 1 7 13 22 26 20	8 1 6 4 4 8 14 22 26 20	11 4 12 7 6 9 14 22 26 20	14 9 17 10 8 9 14 22 26 20	17 13 16 14 10 10 15 22 26 20	20 16 19 18 12 10 15 22 26 20	23 21 24 21 13 10 15 23 26 20	26 25 28 25 14 10 15 23 26 20
11	29 18 28 34 28 6 14 23 26 20	33 23 30 1 31 6 14 23 26 20	35 25 35 3 33 6 13 23 26 20	2 29 4 2 35 7 13 22 26 20	5 34 4 2 1 7 13 22 26 20	8 2 6 4 4 8 14 22 26 20	11 5 12 7 6 9 14 22 26 20	14 10 17 10 8 9 14 22 26 20	17 14 16 14 10 10 15 22 26 20	20 18 20 18 12 10 15 22 26 20	23 23 25 22 13 10 15 23 26 20	26 27 28 25 14 10 15 23 26 20
12	30 19 28 34 28 6 14 23 26 20	33 25 31 1 31 6 14 23 26 20	36 26 35 3 33 6 13 23 26 20	3 31 5 2 35 7 13 22 26 20	6 35 4 2 2 7 13 22 26 20	8 3 7 4 4 8 14 22 26 20	11 7 13 7 6 9 14 22 26 20	14 11 17 10 8 9 14 22 26 20	17 16 16 14 10 10 15 22 26 20	20 19 20 18 12 10 15 22 26 20	23 24 25 22 13 10 15 23 26 20	26 28 28 25 14 10 15 23 26 20
13	30 21 28 34 28 6 14 23 26 20	33 26 31 1 31 6 14 23 26 20	36 27 35 3 33 6 13 23 26 20	3 32 5 2 35 7 13 22 26 20	6 36 4 2 2 7 13 22 26 20	9 4 7 4 4 8 14 22 26 20	11 8 13 7 6 9 14 22 26 20	14 12 17 11 8 9 14 22 26 20	17 17 16 14 10 10 15 22 26 20	20 21 20 18 12 10 15 22 26 20	23 26 25 22 13 10 15 23 26 20	26 30 28 26 14 10 15 23 26 20
14	30 22 28 34 28 6 14 23 26 20	33 28 31 1 31 6 14 23 26 20	36 29 36 3 33 6 13 23 26 20	3 34 5 2 35 7 13 22 26 20	6 1 4 2 2 7 13 22 26 20	9 6 7 4 4 8 14 22 26 20	12 9 13 7 6 9 14 22 26 20	15 13 17 11 8 9 14 22 26 20	18 18 16 14 10 10 15 22 26 20	20 22 20 18 12 10 15 22 26 20	24 27 25 22 13 10 15 23 26 20	27 31 28 26 14 10 15 23 26 20
15	30 24 28 35 28 6 14 23 26 20	33 29 31 2 31 6 14 23 26 20	36 30 36 3 33 6 13 23 26 20	3 35 5 2 35 7 13 22 26 20	6 2 4 2 2 7 13 22 26 20	9 7 7 4 4 8 14 22 26 20	12 10 13 7 6 9 14 22 26 20	15 15 17 11 8 9 14 22 26 20	18 20 16 14 10 10 15 22 26 20	21 23 20 18 12 10 15 22 26 20	24 29 25 22 13 10 15 23 26 20	27 33 28 26 14 10 15 23 26 20
16	30 25 28 35 29 6 14 23 26 20	33 31 31 2 31 6 14 23 26 20	36 31 36 3 33 6 13 23 26 20	3 36 5 1 35 7 13 22 26 20	6 4 4 2 2 7 14 22 26 20	9 8 7 4 4 8 14 22 26 20	12 11 14 7 6 9 14 22 26 20	15 16 17 11 8 9 14 22 26 20	18 21 16 15 10 10 15 22 26 20	21 25 20 18 12 10 15 22 26 20	24 30 25 22 13 10 15 23 26 20	27 34 28 26 14 10 15 23 26 20
17	30 27 28 35 29 6 14 23 26 20	33 32 31 2 31 6 14 23 26 20	36 33 36 3 33 6 13 23 26 20	3 1 5 1 36 7 13 22 26 20	6 5 4 2 2 7 14 22 26 20	9 9 7 4 4 8 14 22 26 20	12 13 14 8 6 9 14 22 36 20	15 17 17 11 8 9 14 22 26 20	18 22 16 15 10 10 15 22 26 20	21 26 21 18 12 10 15 22 26 20	24 31 25 22 13 10 15 23 26 20	27 35 28 26 14 10 15 23 26 20
18	30 28 28 35 29 6 14 23 26 20	33 33 31 2 31 6 14 23 26 20	36 34 36 3 33 6 13 23 26 20	3 3 5 1 36 7 13 22 26 20	6 6 4 2 2 7 14 22 26 20	9 10 8 4 4 8 14 22 26 20	12 14 14 8 6 9 14 22 26 20	15 19 17 11 9 9 15 22 26 20	18 24 16 15 10 10 15 22 26 20	21 28 21 19 12 10 15 23 26 20	24 33 26 22 13 10 15 23 26 20	27 1 28 26 14 10 15 23 26 20
19	30 29 28 35 29 6 14 23 26 20	33 34 32 2 31 6 14 23 26 20	36 35 1 3 33 6 13 23 26 20	3 4 5 1 36 7 13 22 26 20	6 7 4 2 2 7 14 22 26 20	9 12 8 5 4 8 14 22 26 20	12 15 14 8 6 9 14 22 26 20	15 20 17 11 9 9 15 22 26 20	18 25 16 15 10 10 15 22 26 20	21 29 21 19 12 10 15 23 26 20	24 34 26 23 13 10 15 23 26 20	27 2 28 26 14 10 15 23 26 20
20	30 31 28 35 29 6 14 23 26 20	34 35 32 2 31 6 14 23 26 20	36 1 1 3 33 6 13 23 26 20	3 5 5 1 36 7 13 22 26 20	6 8 4 2 2 7 14 22 26 20	9 13 8 5 4 8 14 22 26 20	12 16 14 8 7 9 14 22 26 20	15 22 17 11 9 9 15 22 26 20	18 27 16 15 11 10 15 22 26 20	21 31 21 19 12 10 15 23 26 20	24 36 26 23 13 10 15 23 26 20	27 3 28 26 14 10 15 23 26 20
21	30 32 28 35 29 6 14 23 26 20	34 1 32 2 31 6 14 23 26 20	36 2 1 3 33 6 13 23 26 20	3 6 5 1 36 7 13 22 26 20	6 10 4 2 2 7 14 22 26 20	9 14 8 5 4 8 14 22 26 20	12 18 14 8 7 9 14 22 26 20	15 23 17 12 9 9 15 22 26 20	18 28 16 15 11 10 15 22 26 20	21 32 21 19 12 10 15 23 26 20	24 1 26 23 13 10 15 23 26 20	27 4 28 27 14 10 15 23 26 20
22	31 34 28 35 29 6 14 23 26 20	34 2 32 2 31 6 14 23 26 20	1 3 1 3 34 6 13 23 26 20	4 7 5 1 36 7 13 22 26 20	6 11 4 2 2 7 14 22 26 20	9 15 8 5 5 8 14 22 26 20	12 19 14 8 7 9 14 22 26 20	15 24 17 12 9 9 15 22 26 20	18 30 17 15 11 10 15 22 26 20	21 33 22 19 12 10 15 23 26 20	24 3 26 23 13 10 15 23 26 20	27 6 27 27 13 10 15 23 26 20
23	31 35 28 35 29 6 14 23 26 20	34 4 32 2 31 6 14 23 26 20	1 4 1 3 34 6 13 23 26 20	4 9 5 1 36 7 13 22 26 20	7 12 4 2 2 8 14 22 26 20	10 17 9 5 5 8 14 22 26 20	12 20 15 8 7 9 14 22 26 20	15 26 17 12 9 9 15 22 26 20	18 31 17 15 11 10 15 22 26 20	21 35 22 19 12 10 15 23 26 20	24 4 26 23 13 10 15 23 26 20	28 7 27 27 13 10 15 23 26 20
24	31 36 28 35 29 6 14 23 26 20	34 5 32 2 32 6 14 23 26 20	1 5 2 3 34 6 13 23 26 20	4 10 5 1 36 7 13 22 26 20	7 13 4 2 2 8 14 22 26 20	10 18 9 5 5 8 14 22 26 20	12 22 15 8 7 9 14 22 26 20	15 27 17 12 9 9 15 22 26 20	18 32 17 16 11 10 15 22 26 20	21 36 22 19 12 10 15 23 26 20	25 5 26 23 13 10 15 23 26 20	28 8 27 27 13 9 15 23 26 20
25	31 1 28 36 29 6 14 23 26 20	34 6 33 2 32 6 14 23 26 20	1 7 2 3 34 6 13 23 26 20	4 11 5 1 36 7 13 22 26 20	7 14 4 2 2 8 14 22 26 20	10 19 9 5 5 8 14 22 26 20	13 23 15 8 7 9 14 22 26 20	16 29 17 12 9 9 15 22 26 20	19 34 17 16 11 10 15 22 26 20	22 1 22 19 12 10 15 23 26 20	25 6 27 23 13 10 15 23 26 20	28 9 27 27 13 9 15 23 26 20
26	31 3 29 36 29 6 14 23 26 20	34 7 33 2 32 6 14 23 26 20	1 8 2 3 34 6 13 23 26 20	4 12 5 1 36 7 13 22 26 20	7 16 4 2 3 8 14 22 26 20	10 21 9 5 5 8 14 22 26 20	13 25 15 9 7 9 14 22 26 20	16 30 17 12 9 9 15 22 26 20	19 35 17 16 11 10 15 22 26 20	22 3 22 20 12 10 15 23 26 20	25 7 27 23 13 10 15 23 26 20	28 10 27 27 13 9 15 23 26 20
27	31 4 29 36 29 6 14 23 26 20	34 8 33 2 32 6 14 23 26 20	1 9 2 3 34 6 13 23 26 20	4 14 5 1 36 7 13 22 26 20	7 17 4 3 3 8 14 22 26 20	10 22 9 5 5 8 14 22 26 20	13 26 15 9 7 9 14 22 26 20	16 31 17 12 9 10 15 22 26 20	19 36 17 16 11 10 15 22 26 20	22 4 22 20 12 10 15 23 26 20	25 8 27 24 13 10 15 23 26 20	28 10 27 27 13 9 15 23 26 20
28	31 5 29 36 29 6 14 23 26 20	34 9 33 2 32 6 14 23 26 20	1 10 2 3 34 6 13 23 26 20	4 15 5 1 36 7 13 22 26 20	7 18 5 3 3 8 14 22 26 20	10 24 10 5 5 8 14 22 26 20	13 28 15 9 7 9 14 22 26 20	16 33 17 12 9 10 15 22 26 20	19 2 17 16 11 10 15 22 26 20	22 5 22 20 12 10 15 23 26 20	25 10 27 24 13 10 15 23 26 20	28 13 27 27 13 9 15 23 26 20
29	31 6 29 36 30 6 14 23 26 20		1 11 3 3 34 6 13 23 26 20	4 16 5 1 36 7 13 22 26 20	7 20 5 3 3 8 14 22 26 20	10 25 10 5 5 8 14 22 26 20	13 29 15 9 7 9 14 22 26 20	16 34 17 12 9 10 15 22 26 20	19 3 18 16 11 10 15 22 26 20	22 6 23 20 12 10 15 23 26 20	25 11 27 24 13 10 15 23 26 20	28 14 27 28 13 9 15 23 26 20
30	31 7 29 36 30 6 14 23 26 20		1 13 3 2 34 6 13 23 26 20	4 18 4 1 1 7 13 22 26 20	7 21 5 3 3 8 14 22 26 20	10 26 10 6 5 8 14 22 26 20	13 31 16 9 7 9 14 22 26 20	16 35 17 13 9 10 15 22 26 20	19 4 18 16 11 10 15 22 26 20	22 7 23 20 12 10 15 23 26 20	25 12 27 24 13 10 15 23 26 20	28 15 27 28 13 9 15 23 26 20
31	32 9 29 36 30 6 14 23 26 20		1 14 3 2 34 6 13 23 26 20		7 23 5 3 3 8 14 22 26 20		13 32 16 9 7 9 14 22 26 20	16 1 17 13 9 10 15 22 26 20		22 9 23 20 12 10 15 23 26 20		28 16 27 28 13 9 15 23 26 20

1978

	JAN	FEB	MÄR	APR	MAI	JUNI	JULI	AUG	SEPT	OKT	NOV	DEZ
1	28 18 27 28 13 9 15 23 26 20	32 23 30 32 12 9 15 23 26 20	34 24 35 35 12 9 15 23 26 20	1 29 3 3 12 9 15 23 26 20	4 33 2 7 13 10 15 23 26 20	7 2 6 11 15 10 15 23 26 20	10 5 12 14 16 11 15 23 26 20	13 10 16 18 18 12 15 23 26 20	16 14 15 21 20 12 16 23 26 20	19 17 19 23 22 13 16 23 26 20	22 22 24 23 24 13 17 23 26 20	25 25 26 22 27 13 17 23 26 20
2	29 19 27 28 13 9 15 23 26 20	32 24 30 32 12 9 15 23 26 20	35 25 35 35 12 9 15 23 26 20	1 30 3 3 12 9 15 23 26 20	5 34 2 7 13 10 15 23 26 20	8 3 6 11 15 10 15 23 26 20	10 7 12 14 16 11 15 23 26 20	13 11 16 18 18 12 15 23 26 20	16 16 15 21 20 12 16 23 26 20	19 19 19 23 22 13 16 23 26 20	22 24 24 23 24 13 17 23 26 20	25 28 26 22 27 13 17 23 26 20
3	29 20 27 28 13 9 15 23 26 20	32 25 30 32 12 9 15 23 26 20	35 26 35 36 12 9 15 23 26 20	2 32 3 3 12 9 15 23 26 20	5 36 2 7 13 10 15 23 26 20	8 4 6 11 15 10 15 23 26 20	10 8 12 14 17 11 15 23 26 20	13 12 16 18 18 12 15 23 26 20	16 17 15 21 20 12 16 23 26 20	19 20 20 23 22 13 16 23 26 20	23 25 24 23 25 13 17 23 26 20	25 29 26 22 27 13 17 23 26 20
4	29 22 27 28 13 9 15 23 26 20	32 27 30 32 12 9 15 23 26 20	35 28 35 36 12 9 15 23 26 20	2 33 3 4 12 9 15 23 26 20	5 1 2 7 13 10 15 23 26 20	8 6 6 11 15 10 15 23 26 20	11 9 13 14 17 11 15 23 26 20	14 13 16 18 18 12 15 23 26 20	17 18 15 21 20 12 16 23 26 20	20 22 20 23 22 13 16 23 26 20	23 27 24 23 25 13 17 23 26 20	26 31 26 22 27 13 17 23 26 20
5	29 23 27 28 13 9 15 23 26 20	32 28 30 32 12 9 15 23 26 20	35 29 35 36 12 9 15 23 26 20	2 35 3 4 12 9 15 23 26 20	5 2 2 7 13 10 15 23 26 20	8 7 7 11 15 10 15 23 26 20	11 10 13 15 17 11 15 23 26 20	14 14 16 18 18 12 15 23 26 20	17 19 15 21 20 12 16 23 26 20	20 23 20 23 22 13 16 23 26 20	23 28 25 23 25 13 17 23 26 20	26 32 26 22 27 13 17 23 26 20
6	29 25 27 29 13 9 15 23 26 20	32 29 31 32 12 9 15 23 26 20	35 31 36 36 12 9 15 23 26 20	2 36 3 4 12 9 15 23 26 20	5 4 2 7 13 10 15 23 26 20	8 8 7 11 15 10 15 23 26 20	11 11 13 15 17 11 15 23 26 20	14 16 16 18 19 12 15 23 26 20	17 21 15 21 20 12 16 23 26 20	20 24 20 23 22 13 16 23 26 20	23 30 25 23 25 13 17 23 26 20	26 34 26 22 27 13 17 23 26 20
7	29 26 27 29 13 9 15 23 26 20	32 31 31 33 12 9 15 23 26 20	35 32 36 36 12 9 15 23 26 20	2 1 3 4 12 9 15 23 26 20	5 5 2 8 13 10 15 23 26 20	8 9 7 11 15 10 15 23 26 20	11 13 13 15 17 11 15 23 26 20	14 17 16 18 19 12 16 23 26 20	17 22 15 21 21 12 16 23 26 20	20 26 20 23 23 13 16 23 26 20	23 31 25 23 25 13 17 23 26 20	26 35 26 22 27 13 17 23 26 20
8	29 28 27 29 13 9 15 23 26 20	32 33 31 33 12 9 15 23 26 20	35 34 36 36 12 9 15 23 26 20	2 3 3 4 12 9 15 23 26 20	5 6 2 8 13 10 15 23 26 20	8 11 7 11 15 10 15 23 26 20	11 14 13 15 17 11 15 23 26 20	14 18 16 18 19 12 16 23 26 20	17 23 15 21 21 12 16 23 26 20	20 27 20 23 23 13 16 23 26 20	23 32 25 23 25 13 17 23 26 20	26 36 25 22 27 13 17 23 26 20
9	29 29 27 29 13 9 15 23 26 20	32 34 31 33 12 9 15 23 26 20	35 35 36 36 12 9 15 23 26 20	2 4 3 4 12 9 15 23 26 20	5 7 3 8 13 10 15 23 26 20	8 12 8 12 15 10 15 23 26 20	11 15 13 15 17 11 15 23 26 20	14 20 16 18 19 12 16 23 26 20	17 25 15 22 21 12 16 23 26 20	20 28 21 24 23 13 16 23 26 20	23 34 25 23 25 13 17 23 26 20	26 2 25 22 27 13 17 23 26 20
10	29 31 27 29 13 9 15 23 26 20	32 36 31 33 12 9 15 23 26 20	35 1 36 36 12 9 15 23 26 20	2 5 3 4 12 9 15 23 26 20	5 8 3 8 13 10 15 23 26 20	8 13 8 12 15 11 15 23 26 20	11 16 14 15 17 11 15 23 26 20	14 21 16 19 19 12 16 23 26 20	17 26 15 22 21 12 16 23 26 20	20 30 21 24 23 13 16 23 26 20	23 35 25 23 25 13 17 23 26 20	26 3 25 22 27 13 17 23 26 20
11	29 32 27 29 13 9 15 23 26 20	33 1 31 33 12 9 15 23 26 20	35 2 36 1 12 9 15 23 26 20	2 7 3 4 12 9 15 23 26 20	5 10 3 8 14 10 15 23 26 20	8 14 8 12 15 11 15 23 26 20	11 17 14 15 17 11 15 23 26 20	14 22 16 19 19 12 16 23 26 20	17 27 16 22 21 13 16 23 26 20	20 31 21 24 23 13 16 23 26 20	23 1 25 23 25 13 17 23 26 20	26 4 25 22 27 13 17 23 26 20
12	30 34 27 29 13 9 15 23 26 20	33 2 32 33 12 9 15 23 26 20	36 3 1 1 12 9 15 23 26 20	3 8 3 5 12 9 15 23 26 20	5 11 3 8 14 10 15 23 26 20	8 15 8 12 15 11 15 23 26 20	11 19 14 15 17 11 15 23 26 20	14 23 15 19 19 12 16 23 26 20	17 29 16 22 21 13 16 23 26 20	20 32 21 24 23 13 16 23 26 20	23 2 26 23 25 13 17 23 26 20	26 5 25 22 27 13 17 23 26 20
13	30 35 27 29 13 9 15 23 26 20	33 4 32 33 12 9 15 23 26 20	36 4 1 1 12 9 15 23 26 20	3 9 2 5 12 9 15 23 26 20	5 12 3 8 14 10 15 23 26 20	9 16 8 12 15 11 15 23 26 20	11 20 14 16 17 11 15 23 26 20	14 25 15 19 19 12 16 23 26 20	17 30 16 22 21 13 16 23 26 20	20 34 21 24 23 13 16 23 26 20	23 3 26 23 25 13 17 23 26 20	26 7 25 23 27 13 17 23 26 20
14	30 36 27 30 13 9 15 23 26 20	33 5 32 33 12 9 15 23 26 20	36 6 1 1 12 9 15 23 26 20	3 10 2 5 13 9 15 23 26 20	6 13 3 8 14 10 15 23 26 20	9 18 9 12 15 11 15 23 26 20	12 21 14 16 17 11 15 23 26 20	14 26 15 19 19 12 16 23 26 20	17 32 16 22 21 13 16 23 26 20	20 35 21 24 23 13 16 23 26 20	24 5 26 23 25 13 17 23 26 20	27 8 25 23 27 13 17 23 26 20
15	30 2 28 30 13 9 15 23 26 20	33 6 32 34 12 9 15 23 26 20	36 7 1 1 12 9 15 23 26 20	3 11 2 5 13 9 15 23 26 20	6 14 3 9 14 10 15 23 26 20	9 19 9 12 15 11 15 23 26 20	12 23 14 16 17 11 15 23 26 20	15 28 15 19 19 12 16 23 26 20	18 33 16 22 21 13 16 23 26 20	21 1 22 24 23 13 16 23 26 20	24 6 26 23 25 13 17 23 26 20	27 9 25 23 28 13 17 23 26 20
16	30 3 28 30 13 9 15 23 26 20	33 7 32 34 12 9 15 23 26 20	36 8 1 1 12 9 15 23 26 20	3 13 2 5 13 9 15 23 26 20	6 16 3 9 14 10 15 23 26 20	9 20 9 12 16 11 15 23 26 20	12 24 14 16 17 11 15 23 26 20	15 29 15 19 19 12 16 23 26 20	18 35 16 22 21 13 16 23 26 20	21 2 22 24 23 13 16 23 26 20	24 7 26 23 25 13 17 23 26 20	27 10 25 23 28 13 17 23 26 20
17	30 4 28 30 13 9 15 23 26 20	33 8 32 34 12 9 15 23 26 20	36 9 2 1 12 9 15 23 26 20	3 14 2 5 13 9 15 23 26 20	6 17 3 9 14 10 15 23 26 20	9 22 9 12 16 11 15 23 26 20	12 25 14 16 17 11 15 23 26 20	15 31 15 19 19 12 16 23 26 20	18 36 16 22 21 13 16 23 26 20	21 4 22 24 23 13 16 23 26 20	24 8 26 22 25 13 17 23 26 20	27 12 25 23 28 13 17 23 26 20
18	30 5 28 30 13 9 15 23 26 20	33 10 33 34 12 9 15 23 26 20	36 10 2 1 12 9 15 23 26 20	3 15 2 5 13 9 15 23 26 20	6 18 4 9 14 10 15 23 26 20	9 23 9 13 16 11 15 23 26 20	12 27 15 16 17 11 15 23 26 20	15 32 15 19 19 12 16 23 26 20	18 1 17 22 21 13 16 23 26 20	21 5 22 24 23 13 16 23 26 20	24 10 26 22 25 13 17 23 26 20	27 13 25 23 28 13 17 23 26 20
19	30 7 28 30 13 9 15 23 26 20	33 11 33 34 12 9 15 23 26 20	36 12 2 2 12 9 15 23 26 20	3 16 2 5 13 9 15 23 26 20	6 19 4 9 14 10 15 23 26 20	9 25 10 13 16 11 15 23 26 20	12 28 15 16 17 11 15 23 26 20	15 34 15 20 19 12 16 23 26 20	18 3 17 22 21 13 16 23 26 20	21 6 22 24 23 13 16 23 26 20	24 11 26 22 26 13 17 23 26 20	27 14 25 23 28 13 17 23 26 20
20	30 8 28 30 13 9 15 23 26 20	33 12 33 34 12 9 15 23 26 20	36 13 2 2 12 9 15 23 26 20	3 17 2 6 13 10 15 23 26 20	6 21 4 9 14 10 15 23 26 20	9 26 10 13 16 11 15 23 26 20	12 30 15 16 17 11 15 23 26 20	15 35 15 20 19 12 16 23 26 20	18 4 17 22 21 13 16 23 26 20	21 8 22 24 23 13 16 23 26 20	24 12 26 22 26 13 17 23 26 20	27 15 25 23 28 13 17 23 26 20
21	30 9 28 30 13 9 15 23 26 20	34 13 33 34 12 9 15 23 26 20	36 14 2 2 12 9 15 23 26 20	3 19 2 6 13 10 15 23 26 20	6 22 4 9 14 10 15 23 26 20	9 28 10 13 16 11 15 23 26 20	12 31 15 16 18 11 15 23 26 20	15 1 15 20 19 12 16 23 26 20	18 5 17 23 21 13 16 23 26 20	21 9 23 24 24 13 16 23 26 20	24 13 26 22 26 13 17 23 26 20	27 16 25 23 28 13 17 23 26 20
22	30 10 28 31 13 9 15 23 26 20	34 14 33 34 12 9 15 23 26 20	1 15 2 2 12 9 15 23 26 20	4 19 2 6 13 10 15 23 26 20	6 23 4 9 14 10 15 23 26 20	9 29 10 13 16 11 15 23 26 20	12 33 15 17 18 11 15 23 26 20	15 2 15 20 20 12 16 23 26 20	18 7 18 23 22 13 16 23 26 20	21 10 23 24 24 13 16 23 26 20	24 14 26 22 26 13 17 23 26 20	27 18 25 23 28 13 17 23 26 20
23	31 11 29 31 13 9 15 23 26 20	34 16 33 35 12 9 15 23 26 20	1 17 2 2 12 9 15 23 26 20	4 22 2 6 13 10 15 23 26 20	7 25 4 10 14 10 15 23 26 20	10 31 11 13 16 11 15 23 26 20	12 34 15 17 18 11 15 23 26 20	15 3 15 20 20 12 16 23 26 20	18 8 18 23 22 13 16 23 26 20	21 11 23 24 24 13 16 23 26 20	24 16 27 22 26 13 17 23 26 20	27 19 25 23 28 13 17 23 26 20
24	31 12 29 31 12 9 15 23 26 20	34 17 34 35 12 9 15 23 26 20	1 18 3 2 12 9 15 23 26 20	4 23 2 6 13 10 15 23 26 20	7 26 4 10 14 10 15 23 26 20	10 32 11 13 16 11 15 23 26 20	12 35 15 17 18 11 15 23 26 20	15 5 15 20 20 12 16 23 26 20	18 9 18 23 22 13 16 23 26 20	21 12 23 24 24 13 16 23 26 20	25 17 27 22 26 13 17 23 26 20	28 20 25 23 28 13 17 23 26 20
25	31 14 29 31 12 9 15 23 26 20	34 18 34 35 12 9 15 23 26 20	1 19 3 2 12 9 15 23 26 20	4 24 2 6 13 10 15 23 26 20	7 28 2 6 14 10 15 23 26 20	10 34 11 13 16 11 15 23 26 20	13 1 15 17 18 12 15 23 26 20	16 6 15 20 20 12 16 23 26 20	19 10 18 23 22 13 16 23 26 20	22 14 23 24 24 13 16 23 26 20	25 18 27 22 26 13 17 23 26 20	28 21 25 23 28 13 17 23 26 20
26	31 15 29 31 12 9 15 23 26 20	34 20 34 35 12 9 15 23 26 20	1 21 3 2 12 9 15 23 26 20	4 26 2 6 13 10 15 23 26 20	7 30 5 10 14 10 15 23 26 20	10 35 11 14 16 11 15 23 26 20	13 3 15 17 18 12 15 23 26 20	16 7 14 20 20 12 16 23 26 20	19 12 18 23 22 13 16 23 26 20	22 15 23 24 24 13 16 23 26 20	25 19 27 22 26 13 17 23 26 20	28 23 26 23 28 13 17 23 26 20
27	31 16 29 31 12 9 15 23 26 20	34 21 34 35 12 9 15 23 26 20	1 22 3 3 12 9 15 23 26 20	4 27 2 6 13 10 15 23 26 20	7 31 5 10 14 10 15 23 26 20	10 36 11 14 16 11 15 23 26 20	13 4 15 17 18 12 15 23 26 20	16 8 14 20 20 12 16 23 26 20	19 13 18 23 22 13 16 23 26 20	22 16 23 24 24 13 16 23 26 20	25 20 27 22 26 13 17 23 26 20	28 24 26 23 28 13 17 23 26 20
28	31 17 29 31 12 9 15 23 26 20	34 22 34 35 12 9 15 23 26 20	1 23 3 3 12 9 15 23 26 20	4 29 2 6 13 9 15 23 26 20	7 33 5 10 14 10 15 23 26 20	10 2 12 14 16 11 15 23 26 20	13 5 15 17 18 12 15 23 26 20	16 10 14 20 20 12 16 23 26 20	19 14 19 23 22 13 16 23 26 20	22 17 24 23 24 13 17 23 26 20	25 22 27 22 26 13 17 23 26 20	28 25 26 24 29 13 17 23 26 20
29	31 19 29 31 12 9 15 23 26 20		1 25 3 3 12 9 15 23 26 20	4 30 2 7 13 9 15 23 26 20	7 34 5 10 15 10 15 23 26 20	10 3 12 14 16 11 15 23 26 20	13 6 16 17 18 12 15 23 26 20	16 11 14 21 20 12 16 23 26 20	19 15 19 23 22 13 16 23 26 20	22 19 24 23 24 13 17 23 26 20	25 23 26 22 26 13 17 23 26 20	28 26 26 24 29 13 17 23 26 20
30	31 20 30 32 12 9 15 23 26 20		1 26 3 3 12 9 15 23 26 20	4 31 2 7 13 10 15 23 26 20	7 35 6 10 15 10 15 23 26 20	10 4 12 14 16 11 15 23 26 20	13 8 16 17 18 12 15 23 26 20	16 12 14 21 20 12 16 23 26 20	19 16 19 23 22 13 16 23 26 20	22 20 24 23 24 13 17 23 26 20	25 24 26 22 26 13 17 23 26 20	28 28 26 24 29 13 17 23 26 20
31	31 21 30 32 12 9 15 23 26 20		1 28 3 3 12 9 15 23 26 20		7 1 6 10 15 10 15 23 26 20		13 9 16 18 18 12 15 23 26 20	16 13 14 21 20 12 16 23 26 20		22 21 24 23 24 13 17 23 26 20		28 29 26 24 29 13 17 23 26 20

1979

	JAN	FEB	MÄR	APR	MAI	JUNI	JULI	AUG	SEPT	OKT	NOV	DEZ
1	28 31 26 24 29 13 17 23 26 20	32 1 31 27 31 13 17 23 26 20	34 2 36 30 33 12 16 23 26 20	1 7 36 34 36 12 16 23 26 20	4 10 2 1 2 12 16 23 26 20	7 14 8 5 5 13 16 23 26 20	10 17 13 9 7 13 16 23 26 20	13 22 13 13 9 14 17 23 26 20	16 27 15 16 11 15 17 23 26 20	19 31 20 20 13 15 17 23 26 20	22 36 25 24 14 16 18 23 26 20	25 4 24 28 16 16 18 24 26 21
2	28 32 26 24 29 13 17 23 26 20	32 2 31 27 31 13 17 23 26 20	34 3 36 30 34 12 16 23 26 20	2 8 36 34 36 12 16 23 26 20	5 11 2 1 2 13 16 23 26 20	7 16 8 5 5 13 16 23 26 20	10 19 13 9 7 13 16 23 26 20	13 23 13 13 9 14 17 23 26 20	16 28 15 17 11 15 17 23 26 20	19 32 21 20 13 15 17 23 26 20	22 1 25 24 15 16 18 23 26 20	25 5 24 28 16 16 18 24 26 21
3	29 34 27 24 29 13 17 23 26 20	32 4 31 27 31 13 17 23 26 20	35 4 36 30 34 12 16 23 26 20	2 9 36 34 36 12 16 23 26 20	5 12 2 2 2 13 16 23 26 20	8 17 8 5 5 13 16 23 26 20	10 20 13 9 7 14 16 23 26 20	13 25 13 13 9 14 17 23 26 20	16 29 15 17 11 15 17 23 26 20	19 33 21 20 13 15 17 23 26 20	22 3 25 24 15 16 18 23 26 20	25 7 24 28 16 16 18 24 26 21
4	29 36 27 24 29 13 17 23 26 20	32 5 31 27 32 13 17 23 26 20	35 6 36 30 34 12 16 23 26 20	2 10 36 34 36 12 16 23 26 20	5 13 2 2 2 13 16 23 26 20	8 18 8 5 5 13 16 23 26 20	11 21 13 9 7 14 16 23 26 20	14 26 13 13 9 14 17 23 26 20	16 31 16 17 11 15 17 23 26 20	19 35 21 21 13 15 17 23 26 20	22 4 25 24 15 16 18 23 26 21	26 8 24 28 16 16 18 24 26 21
5	29 1 27 24 29 13 17 23 26 20	32 6 32 27 32 13 17 23 26 20	35 7 1 31 34 12 16 23 26 20	2 12 36 34 36 12 16 23 26 20	5 15 2 2 3 13 16 23 26 20	8 19 9 6 5 13 16 23 26 20	11 22 13 9 7 14 16 23 26 20	14 27 13 13 9 14 17 23 26 20	17 33 16 17 11 15 17 23 26 20	20 36 21 21 13 16 17 23 26 20	23 5 25 24 15 16 18 23 26 21	26 9 24 28 16 16 18 24 26 21
6	29 3 27 24 29 13 17 23 26 20	32 7 32 27 32 13 17 23 26 20	35 8 1 31 34 12 16 23 26 20	2 13 36 34 36 12 16 23 26 20	5 16 3 2 3 13 16 23 26 20	8 20 9 6 5 13 16 23 26 20	11 24 13 9 7 14 16 23 26 20	14 29 13 13 9 14 17 23 26 20	17 34 16 17 11 15 17 23 26 20	20 2 21 21 13 16 17 23 26 20	23 7 25 25 15 16 18 23 26 21	26 10 24 28 16 16 18 24 26 21
7	29 4 27 24 29 13 17 23 26 20	32 9 32 28 32 13 17 23 26 20	35 10 1 31 34 12 16 23 26 20	2 14 36 34 36 12 16 23 26 20	5 17 3 2 3 13 16 23 26 20	8 22 9 6 5 13 16 23 26 20	11 25 13 9 7 14 16 23 26 20	14 30 13 13 9 14 17 23 26 20	17 36 16 17 11 15 17 23 26 20	20 3 21 21 13 16 17 23 26 20	23 8 25 25 15 16 18 23 26 21	26 12 24 28 16 16 18 24 26 21
8	29 5 27 24 29 13 17 23 26 20	32 10 32 28 32 13 17 23 26 20	35 11 1 31 34 12 16 23 26 20	2 15 36 35 36 12 16 23 26 20	5 18 3 2 3 13 16 23 26 20	8 23 9 6 5 13 16 23 26 20	11 26 13 10 7 14 16 23 26 20	14 32 13 13 9 14 17 23 26 20	17 1 16 17 11 15 17 23 26 20	20 5 22 21 13 16 17 23 26 20	23 10 25 25 15 16 18 23 26 21	26 13 24 29 16 16 18 24 26 21
9	29 7 27 25 29 13 17 23 26 20	32 11 32 28 32 13 17 23 26 20	35 12 1 31 34 12 16 23 26 20	2 16 36 35 1 12 16 23 26 20	5 19 3 2 3 13 16 23 26 20	8 24 9 6 5 13 16 23 26 20	11 28 14 10 7 14 16 23 26 20	14 33 13 14 9 14 17 23 26 20	17 3 17 17 11 15 17 23 26 20	20 6 22 21 13 16 17 23 26 20	23 11 25 25 15 16 18 23 26 21	26 14 24 29 16 16 18 24 26 21
10	29 8 28 25 30 13 17 23 26 20	32 12 33 28 32 13 17 23 26 20	35 13 1 31 34 12 16 23 26 20	2 17 36 35 1 12 16 23 26 20	5 21 3 2 3 13 16 23 26 20	8 26 10 6 5 13 16 23 26 20	11 29 14 10 7 14 16 23 26 20	14 35 13 14 9 14 17 23 26 20	17 4 17 17 11 15 17 23 26 20	20 8 22 21 13 16 17 23 26 20	23 12 25 25 15 16 18 24 26 21	26 16 24 29 16 16 18 24 26 21
11	29 9 28 25 30 13 17 23 26 20	33 13 33 28 32 13 17 23 26 20	35 14 1 31 34 12 16 23 26 20	2 19 36 35 1 12 16 23 26 20	5 22 3 3 3 13 16 23 26 20	8 27 10 6 5 13 16 23 26 20	11 31 14 10 7 14 16 23 26 20	14 36 13 14 10 14 17 23 26 20	17 5 17 18 12 15 17 23 26 20	20 9 22 21 13 16 17 23 26 20	23 13 25 25 15 16 18 24 26 21	26 17 24 29 16 16 18 24 26 21
12	30 10 28 25 30 13 17 23 26 20	33 15 33 28 32 13 17 23 26 20	35 16 1 31 34 12 16 23 26 20	3 20 36 35 1 12 16 23 26 20	5 23 4 3 3 13 16 23 26 20	8 28 10 6 5 13 16 23 26 20	11 32 14 10 8 14 16 23 26 20	14 2 13 14 10 14 17 23 26 20	17 7 17 18 12 15 17 23 26 20	20 10 22 21 13 16 18 23 26 20	23 15 25 25 15 16 18 24 26 21	26 18 24 29 16 16 18 24 26 21
13	30 11 28 25 30 13 17 23 26 20	33 16 33 28 32 13 17 23 26 20	36 17 1 31 34 12 16 23 26 20	3 21 36 35 1 12 16 23 26 20	6 25 4 3 3 13 16 23 26 20	9 30 10 7 5 13 16 23 26 20	11 34 14 10 8 14 16 23 26 20	14 3 13 14 10 14 17 23 26 20	17 8 17 18 12 15 17 23 26 20	20 11 22 22 13 16 18 23 26 20	23 16 25 25 15 16 18 24 26 21	26 19 24 29 16 16 18 24 26 21
14	30 13 28 25 30 13 17 23 26 20	33 17 33 28 32 13 17 23 26 20	36 18 1 32 35 12 16 23 26 20	3 22 36 35 1 12 16 23 26 20	6 26 4 3 3 13 16 23 26 20	9 31 10 7 5 13 16 23 26 20	11 35 14 10 8 14 16 23 26 20	14 4 13 14 10 14 17 23 26 20	17 9 18 18 12 15 17 23 26 20	20 13 22 22 14 16 18 23 26 20	24 17 25 26 15 16 18 24 26 21	27 20 25 29 16 16 18 24 26 21
15	30 14 28 25 30 13 17 23 26 20	33 18 33 28 32 13 17 23 26 20	36 19 1 32 35 12 16 23 26 20	3 24 36 35 1 12 16 23 26 20	6 28 4 3 3 13 16 23 26 20	9 32 11 7 5 13 16 23 26 20	12 1 14 11 8 14 16 23 26 20	15 5 13 14 10 14 17 23 26 20	18 11 18 18 12 15 17 23 26 20	21 14 23 22 14 16 18 23 26 20	24 18 25 26 15 16 18 24 26 21	27 21 25 29 16 16 18 24 26 21
16	30 15 28 25 30 13 17 23 26 20	33 19 34 29 32 13 17 23 26 20	36 20 1 32 35 12 16 23 26 20	3 25 36 36 1 12 16 23 26 20	6 29 4 3 3 13 16 23 26 20	9 34 11 7 6 13 16 23 26 20	12 2 14 11 8 14 16 23 26 20	15 7 13 14 10 14 17 23 26 20	18 12 18 18 12 15 17 23 26 20	21 15 23 22 14 16 18 23 26 20	24 19 25 26 15 16 18 24 26 21	27 23 25 30 16 16 18 24 26 21
17	30 16 29 25 30 13 17 23 26 20	33 21 34 29 33 13 17 23 26 20	36 22 1 32 35 12 16 23 26 20	3 26 36 36 1 12 16 23 26 20	6 30 4 3 3 13 16 23 26 20	9 36 11 7 6 13 16 23 26 20	12 4 14 11 8 14 16 23 26 20	15 8 13 15 10 14 17 23 26 20	18 13 18 18 12 15 17 23 26 20	21 16 23 22 14 16 18 23 26 20	24 21 25 26 15 16 18 24 26 21	27 24 25 30 16 16 18 24 26 21
18	30 17 29 25 30 13 17 23 26 20	33 22 34 29 33 13 17 23 26 20	36 23 1 32 35 12 16 23 26 20	3 28 36 36 1 12 16 23 26 20	6 32 5 3 4 13 16 23 26 20	9 1 11 7 6 13 16 23 26 20	12 5 14 11 8 14 16 23 26 20	15 10 13 15 10 15 17 23 26 20	18 14 18 18 12 15 17 23 26 20	21 17 23 22 14 16 18 23 26 20	24 22 24 26 15 16 18 24 26 21	27 25 25 30 16 16 18 24 26 21
19	30 19 29 26 30 13 17 23 26 20	33 23 34 29 33 12 17 23 26 20	36 24 1 32 35 12 16 23 26 20	3 29 1 36 1 12 16 23 26 20	6 33 5 4 4 13 16 23 26 20	9 2 11 7 6 13 16 23 26 20	12 6 14 11 8 14 16 23 26 20	15 11 13 15 10 15 17 23 26 20	18 15 18 19 12 15 17 23 26 20	21 19 23 22 14 16 18 23 26 20	24 23 24 26 15 16 18 24 26 21	27 27 25 30 16 16 18 24 26 21
20	30 20 29 26 30 13 17 23 26 20	33 25 34 29 33 12 17 23 26 20	36 25 1 32 35 12 16 23 26 20	3 31 1 36 1 12 16 23 26 20	6 35 5 4 4 13 16 23 26 20	9 4 11 7 6 13 16 23 26 20	12 7 14 11 8 14 17 23 26 20	15 12 13 15 10 15 17 23 26 20	18 17 19 19 12 15 17 23 26 20	21 20 23 22 14 16 18 23 26 20	24 25 24 26 15 16 18 24 26 21	27 28 25 30 17 16 18 24 26 21
21	30 21 29 26 30 13 17 23 26 20	34 26 35 29 33 12 17 23 26 20	36 27 1 32 35 12 16 23 26 20	3 32 1 36 1 12 16 23 26 20	6 36 5 4 4 13 16 23 26 20	9 5 11 8 6 13 16 23 26 20	12 9 14 11 8 14 17 23 26 20	15 13 13 15 10 15 17 23 26 20	18 18 19 19 12 15 17 23 26 20	21 21 23 23 14 16 18 23 26 20	24 26 24 26 15 16 18 24 26 21	27 29 26 30 17 16 18 24 26 21
22	31 22 29 26 31 13 17 23 26 20	34 27 35 29 33 12 17 23 26 20	36 28 1 33 35 12 16 23 26 20	4 34 1 36 2 12 16 23 26 20	6 1 5 4 4 13 16 23 26 20	9 7 12 8 6 13 16 23 26 20	12 10 14 11 8 14 17 23 26 20	15 14 13 15 10 15 17 23 26 20	18 19 19 19 12 15 17 23 26 20	21 22 23 23 14 16 18 23 26 20	24 27 24 27 15 16 18 24 26 21	27 31 26 30 17 16 18 24 26 21
23	31 23 30 26 31 13 17 23 26 20	34 29 35 29 33 12 17 23 26 20	1 29 1 33 35 12 16 23 26 20	4 35 1 36 2 12 16 23 26 20	7 3 6 4 4 13 16 23 26 20	9 8 12 8 6 13 16 23 26 20	12 11 14 11 8 14 17 23 26 20	15 16 14 15 10 15 17 23 26 20	18 20 19 19 12 15 17 23 26 20	21 23 24 23 14 16 18 23 26 20	24 28 24 27 16 16 18 24 26 21	27 32 26 30 17 16 18 24 26 21
24	31 25 30 26 31 13 17 23 26 20	34 30 35 30 33 12 17 23 26 20	1 31 1 33 35 12 16 23 26 20	4 36 1 1 2 12 16 23 26 20	7 4 6 4 4 13 16 23 26 20	10 9 12 8 6 13 16 23 26 20	12 12 14 12 8 14 17 23 26 20	15 17 14 15 10 15 17 23 26 20	18 21 19 19 12 15 17 23 26 20	21 25 24 23 14 16 18 23 26 20	25 30 24 27 16 16 18 24 26 21	28 34 26 31 17 16 18 24 26 21
25	31 26 30 26 31 13 17 23 26 20	34 32 35 30 33 12 17 23 26 20	1 32 1 33 35 12 16 23 26 20	4 2 1 1 2 12 16 23 26 20	7 5 6 4 4 13 16 23 26 20	10 10 12 8 6 13 16 23 26 20	13 14 14 12 8 14 17 23 26 20	16 18 14 16 10 15 17 23 26 20	19 23 19 19 12 15 17 23 26 20	21 26 24 23 14 16 18 23 26 20	25 31 24 27 16 16 18 24 26 21	28 35 26 31 17 16 18 24 26 21
26	31 28 30 26 31 13 17 23 26 20	34 33 35 30 33 12 17 23 26 20	1 34 1 33 35 12 16 23 26 20	4 3 1 1 2 12 16 23 26 20	7 7 6 4 4 13 16 23 26 20	10 11 12 8 6 13 16 23 26 20	13 15 14 12 8 14 17 23 26 20	16 19 14 16 11 15 17 23 26 20	19 24 20 19 12 15 17 23 26 20	22 27 24 23 14 16 18 23 26 20	25 33 24 27 16 16 18 24 26 21	28 1 26 31 17 16 18 24 26 21
27	31 29 30 26 31 13 17 23 26 20	34 35 36 30 33 12 17 23 26 20	1 35 1 33 36 12 16 23 26 20	4 5 1 1 2 12 16 23 26 20	7 8 6 4 4 13 16 23 26 20	10 13 12 8 6 13 16 23 26 20	13 16 14 12 8 14 17 23 26 20	16 20 14 16 11 15 17 23 26 20	19 25 20 20 13 15 17 23 26 20	22 29 24 23 14 16 18 23 26 20	25 34 24 27 16 16 18 24 26 21	28 2 26 31 17 16 18 24 26 21
28	31 31 30 26 31 13 17 23 26 20	34 36 36 30 33 12 17 23 26 20	1 1 36 33 36 12 16 23 26 20	4 6 1 1 2 12 16 23 26 20	7 10 7 5 4 13 16 23 26 20	10 14 12 8 7 13 16 23 26 20	13 17 13 12 8 14 17 23 26 20	16 22 14 16 11 15 17 23 26 20	19 26 20 20 13 15 17 23 26 20	22 30 24 23 14 16 18 23 26 20	25 35 24 27 16 16 18 24 26 21	28 3 27 31 17 16 18 24 26 21
29	31 32 30 27 31 13 17 23 26 20		1 2 36 33 36 12 16 23 26 20	4 7 2 1 2 12 16 23 26 20	7 11 7 5 4 13 16 23 26 20	10 15 13 9 7 13 16 23 26 20	13 18 13 12 8 14 17 23 26 20	16 23 14 16 11 15 17 23 26 20	19 28 20 20 13 15 17 23 26 20	22 31 24 24 14 16 18 23 26 20	25 1 24 27 16 16 18 24 26 21	28 5 27 31 17 16 18 24 26 21
30	31 34 31 27 31 13 17 23 26 20		1 4 36 34 36 12 16 23 26 20	4 9 2 1 2 12 16 23 26 20	7 12 7 5 4 13 16 23 26 20	10 16 13 9 7 13 16 23 26 20	13 19 13 12 8 14 17 23 26 20	16 24 15 16 11 15 17 23 26 20	19 29 20 20 13 15 17 23 26 20	22 32 24 24 14 16 18 23 26 20	25 2 24 28 16 16 18 24 26 21	28 6 27 31 17 16 18 24 26 21
31	31 35 31 27 31 13 17 23 26 20		1 5 36 34 36 12 16 23 26 20		7 13 7 5 5 13 16 23 26 20		13 21 13 12 8 14 17 23 26 20	16 25 15 16 11 15 17 23 26 20		22 34 24 24 14 16 18 23 26 20		28 7 27 31 17 16 18 24 26 21

1980

	JAN	FEB	MÄR	APR	MAI	JUNI	JULI	AUG	SEPT	OKT	NOV	DEZ
1	28 9 27 32 17 16 18 24 26 21	32 13 32 35 17 16 18 24 27 21	34 16 35 3 16 16 18 24 27 21	2 20 35 6 15 16 18 24 27 21	4 23 3 9 15 16 18 24 27 20	7 28 9 10 16 16 18 24 27 20	10 32 12 8 18 16 18 24 27 20	13 1 11 9 20 17 18 24 26 20	16 6 17 12 22 17 18 24 26 21	19 10 22 15 24 18 19 24 26 21	22 15 23 19 26 18 19 24 26 21	25 18 24 22 28 19 19 24 27 21
2	28 10 27 32 17 16 18 24 26 21	32 15 32 35 17 16 18 24 27 21	35 17 35 3 16 16 18 24 27 21	2 21 35 6 15 16 18 24 27 21	5 25 3 9 15 16 18 24 27 20	8 29 10 10 16 16 18 24 27 20	10 33 12 8 18 16 18 24 27 20	13 2 11 9 20 17 18 24 26 20	16 8 17 12 22 17 18 24 26 21	19 11 22 15 24 18 19 24 26 21	22 16 23 19 26 19 19 24 26 21	25 19 24 22 28 19 19 24 27 21
3	29 11 28 32 17 16 18 24 27 21	32 16 33 36 17 16 18 24 27 21	35 18 35 3 16 16 18 24 27 21	2 22 35 6 15 16 18 24 27 21	5 26 4 9 15 16 18 24 27 20	8 31 10 9 16 16 18 24 27 20	11 34 12 8 18 16 18 24 27 20	13 4 12 9 20 17 18 24 26 20	16 9 17 12 22 17 18 24 26 21	19 13 22 15 24 18 19 24 26 21	22 17 23 19 26 19 19 24 26 21	25 20 24 23 28 19 19 24 27 21
4	29 13 28 32 17 16 18 24 27 21	32 17 33 36 17 16 18 24 27 21	35 19 35 3 16 16 18 24 27 21	2 24 35 6 15 16 18 24 27 21	5 27 4 9 15 16 18 24 27 20	8 32 10 9 17 16 18 24 27 20	11 36 12 8 18 16 18 24 27 20	14 5 12 9 20 17 18 24 26 20	17 10 17 12 22 17 18 24 26 21	19 14 22 15 24 18 19 24 26 21	23 18 22 19 26 19 19 24 26 21	26 22 24 23 28 19 19 24 27 21
5	29 14 28 32 17 16 18 24 27 21	32 18 33 36 17 16 18 24 27 21	35 20 35 3 16 16 18 24 27 21	2 25 35 7 15 16 18 24 27 21	5 28 4 9 15 16 18 24 27 20	8 33 10 9 17 16 18 24 27 20	11 1 12 8 18 16 18 24 27 20	14 7 12 9 20 17 18 24 26 20	17 12 18 12 22 17 18 24 26 21	20 15 22 15 24 18 19 24 26 21	23 20 22 19 26 19 19 24 27 21	26 23 24 23 28 19 19 24 27 21
6	29 15 28 32 17 16 18 24 27 21	32 19 33 36 17 16 18 24 27 21	35 22 35 3 16 16 18 24 27 21	2 26 35 7 15 16 18 24 27 21	5 30 4 9 15 16 18 24 27 20	8 35 10 9 17 16 18 24 27 20	11 3 12 8 18 16 18 24 27 20	14 8 12 9 20 17 18 24 26 20	17 13 18 12 22 17 18 24 26 21	20 16 22 16 24 18 19 24 26 21	23 21 22 19 26 19 19 24 27 21	26 24 24 23 28 19 19 24 27 21
7	29 16 28 32 17 16 18 24 27 21	32 21 33 36 17 16 18 24 27 21	35 23 35 3 16 16 18 24 27 21	2 27 35 7 15 16 18 24 27 21	5 31 4 9 15 16 18 24 27 20	8 36 10 9 17 16 18 24 27 20	11 4 12 8 18 16 18 24 27 20	14 9 12 9 20 17 18 24 26 20	17 14 18 12 22 17 18 24 26 21	20 17 22 16 24 18 19 24 26 21	23 22 22 19 26 19 19 24 27 21	26 25 25 23 29 19 19 24 27 21
8	29 17 28 32 17 16 18 24 27 21	32 22 34 36 17 16 18 24 27 21	35 24 35 4 16 16 18 24 27 21	2 29 36 7 15 16 18 24 27 21	5 32 5 9 16 16 18 24 27 20	8 2 10 9 17 16 18 24 27 20	11 6 12 8 18 16 18 24 27 20	14 11 12 10 20 17 18 24 26 20	17 15 18 12 22 17 18 24 26 21	20 19 22 16 24 18 19 24 26 21	23 23 22 19 26 19 19 24 27 21	26 26 25 23 29 19 19 24 27 21
9	29 19 28 33 17 16 18 24 27 21	32 23 34 36 17 16 18 24 27 21	35 25 35 4 15 16 18 24 27 21	2 30 36 7 15 16 18 24 27 21	5 34 5 9 16 16 18 24 27 20	8 3 11 9 17 16 18 24 27 20	11 7 12 8 18 16 18 24 27 20	14 12 12 10 20 17 18 24 26 20	17 17 18 12 22 17 18 24 26 21	20 20 22 16 24 18 19 24 26 21	23 24 22 20 26 19 19 24 27 21	26 28 25 23 29 19 19 24 27 21
10	29 20 29 33 17 16 18 24 27 21	32 24 34 36 17 16 18 24 27 21	35 26 35 4 15 16 18 24 27 21	2 31 36 7 15 16 18 24 27 21	5 35 5 9 16 16 18 24 27 20	8 5 11 9 17 16 18 24 27 20	11 8 11 8 18 16 18 24 27 20	14 13 13 10 20 17 18 24 26 20	17 18 18 13 22 17 18 24 26 21	20 21 23 16 24 18 19 24 26 21	23 26 22 20 26 19 19 24 27 21	26 29 25 23 29 19 19 24 27 21
11	29 21 29 33 17 16 18 24 27 21	33 26 34 1 17 16 18 24 27 21	35 28 35 4 15 16 18 24 27 21	3 33 36 7 15 16 18 24 27 21	5 1 5 10 16 16 18 24 27 20	8 6 11 9 17 16 18 24 27 20	11 10 11 8 18 16 18 24 27 20	14 14 13 10 20 17 18 24 26 20	17 19 19 13 22 17 18 24 26 21	20 22 23 16 24 18 19 24 26 21	23 27 22 20 26 19 19 24 27 21	26 30 25 23 29 19 19 24 27 21
12	29 22 29 33 17 16 18 24 27 21	33 27 34 1 17 16 18 24 27 21	36 29 34 4 15 16 18 24 27 21	3 34 36 7 15 16 18 24 27 21	6 2 5 10 16 16 18 24 27 20	9 7 11 9 17 16 18 24 27 20	11 11 11 8 18 16 18 24 27 20	14 16 13 10 20 17 18 24 26 20	17 20 19 13 22 17 18 24 26 21	20 23 23 16 24 18 19 24 26 21	23 28 22 20 27 19 19 24 27 21	26 32 25 24 29 19 19 24 27 21
13	30 23 29 33 17 16 18 24 27 21	33 28 34 1 16 16 18 24 27 21	36 31 34 4 15 16 18 24 27 21	3 36 36 7 15 16 18 24 27 21	6 4 6 10 16 16 18 24 27 20	9 9 11 9 17 16 18 24 27 20	11 12 11 8 19 16 18 24 27 20	14 17 13 10 20 17 18 24 26 20	17 21 19 13 22 17 18 24 26 21	20 25 23 16 24 18 19 24 26 21	23 29 22 20 27 19 19 24 27 21	27 33 26 24 29 19 19 24 27 21
14	30 25 29 33 17 16 18 24 27 21	33 30 35 1 16 16 18 24 27 21	36 32 34 4 15 16 18 24 27 21	3 1 36 7 15 16 18 24 27 21	6 5 6 10 16 16 18 24 27 20	9 10 11 9 17 16 18 24 27 20	12 14 11 8 19 16 18 24 27 20	15 18 13 10 20 17 18 24 26 20	18 23 19 13 22 17 18 24 26 21	20 26 23 16 25 18 19 24 26 21	24 31 22 20 27 19 19 24 27 21	27 34 26 24 29 19 19 24 27 21
15	30 26 29 33 17 16 18 24 27 21	33 31 35 1 16 16 18 24 27 21	36 33 34 4 15 16 18 24 27 21	3 3 36 7 15 16 18 24 27 21	6 7 6 10 16 16 18 24 27 20	9 12 11 9 17 16 18 24 27 20	12 15 11 8 19 16 18 24 27 20	15 19 13 10 20 17 18 24 26 20	18 24 19 13 22 18 18 24 26 21	21 27 23 17 25 18 19 24 26 21	24 32 22 20 27 19 19 24 27 21	27 36 26 24 29 19 19 24 27 21
16	30 28 30 33 17 16 18 24 27 21	33 33 35 1 16 16 18 24 27 21	36 35 34 4 15 16 18 24 27 21	3 4 1 8 15 16 18 24 27 21	6 8 6 10 16 16 18 24 27 20	9 13 11 9 17 16 18 24 27 20	12 16 11 8 19 16 18 24 27 20	15 20 14 10 21 17 18 24 26 20	18 25 19 13 23 18 18 24 26 21	21 28 23 17 25 18 19 24 26 21	24 33 22 20 27 19 19 24 27 21	27 1 26 24 29 19 19 24 27 21
17	30 29 30 34 17 16 18 24 27 21	33 34 35 1 16 16 18 24 27 21	36 36 34 5 15 16 18 24 27 21	3 6 1 8 15 16 18 24 27 21	6 9 6 10 16 16 18 24 27 20	9 14 11 9 17 16 18 24 27 20	12 17 11 8 19 16 18 24 27 20	15 22 14 10 21 17 18 24 26 20	18 26 20 13 23 18 18 24 26 21	21 30 23 17 25 18 19 24 26 21	24 35 22 20 27 19 19 24 27 21	27 2 26 24 29 19 19 24 27 21
18	30 30 30 34 17 16 18 24 27 21	33 35 35 1 16 16 18 24 27 21	36 2 34 5 15 16 18 24 27 21	3 7 1 8 15 16 18 24 27 21	6 11 7 10 16 16 18 24 27 20	9 15 12 9 17 16 18 24 27 20	12 19 11 8 19 16 18 24 27 20	15 23 14 10 21 17 18 24 26 20	18 28 20 13 23 18 18 24 26 21	21 31 23 17 25 18 19 24 26 21	24 36 22 21 27 19 19 24 27 21	27 4 26 24 29 19 19 24 27 21
19	30 32 30 34 17 16 18 24 27 21	33 1 35 1 16 16 18 24 27 21	36 3 34 5 15 16 18 24 27 21	3 9 1 8 15 16 18 24 27 21	6 12 7 10 16 16 18 24 27 20	9 17 12 9 17 16 18 24 27 20	12 20 11 8 19 16 18 24 27 20	15 24 14 10 21 17 18 24 26 20	18 29 20 14 23 18 18 24 26 21	21 32 23 17 25 18 19 24 26 21	24 1 22 21 27 19 19 24 27 21	27 5 26 24 29 19 19 24 27 21
20	30 33 30 34 17 16 18 24 27 21	33 1 35 2 16 16 18 24 27 21	36 5 34 5 15 16 18 24 27 21	3 10 1 8 15 16 18 24 27 21	6 13 7 10 16 16 18 24 27 20	9 18 12 9 17 16 18 24 27 20	12 21 11 8 19 16 18 24 27 20	15 25 14 11 21 17 18 24 26 20	18 30 20 14 23 18 18 24 26 21	21 34 23 17 25 18 19 24 26 21	24 3 22 21 27 19 19 24 27 21	27 7 27 25 30 19 19 24 27 21
21	30 35 30 34 17 16 18 24 27 21	34 4 35 2 16 16 18 24 27 21	36 6 34 5 15 16 18 24 27 21	4 11 1 8 15 16 18 24 27 21	6 15 7 10 16 16 18 24 27 20	9 19 12 8 17 16 18 24 27 20	12 22 11 8 19 16 18 24 27 20	15 27 15 11 21 17 18 24 26 20	18 31 20 14 23 18 18 24 26 21	21 35 23 17 25 18 19 24 26 21	24 4 22 21 27 19 19 24 27 21	27 8 27 25 30 19 19 24 27 21
22	31 36 31 34 17 16 18 24 27 21	34 5 35 2 16 16 18 24 27 21	1 8 34 5 15 16 18 24 27 21	4 13 2 8 15 16 18 24 27 21	7 16 8 10 16 16 18 24 27 20	9 20 12 8 17 16 18 24 27 20	12 23 11 8 19 16 18 24 27 20	15 28 15 11 21 17 18 24 26 20	18 32 20 14 23 18 18 24 26 21	21 1 23 17 25 18 19 24 26 21	24 5 22 21 27 19 19 24 27 21	27 10 27 25 30 19 19 24 27 21
23	31 2 31 34 17 16 18 24 27 21	34 7 35 2 16 16 18 24 27 21	1 9 34 5 15 16 18 24 27 21	4 14 2 8 15 16 18 24 27 21	7 17 8 10 16 16 18 24 27 20	10 21 12 8 17 16 18 24 27 20	12 25 11 8 19 16 18 24 27 20	15 29 15 11 21 17 18 24 26 20	18 34 20 14 23 18 18 24 26 21	21 2 23 18 25 18 19 24 26 21	24 7 23 21 27 19 19 24 27 21	28 11 27 25 30 19 19 24 27 21
24	31 3 31 34 17 16 18 24 27 21	34 8 36 2 16 16 18 24 27 21	1 10 34 5 15 16 18 24 27 21	4 15 2 8 15 16 18 24 27 20	7 18 8 10 16 16 18 24 27 20	10 22 12 8 18 16 18 24 27 20	13 26 11 8 19 16 18 24 27 20	15 31 15 11 21 17 18 24 26 20	19 36 21 14 23 18 18 24 26 21	21 4 23 18 25 18 19 24 26 21	25 8 23 21 28 19 19 24 27 21	28 13 27 25 30 19 19 24 27 21
25	31 4 31 34 17 16 18 24 27 21	34 9 36 2 16 16 18 24 27 21	1 12 34 5 15 16 18 24 27 21	4 16 2 8 15 16 18 24 27 20	7 19 8 10 16 16 18 24 27 20	10 24 12 8 18 16 18 24 27 20	13 27 11 9 19 16 18 24 27 20	16 32 15 11 21 17 18 24 26 20	19 1 21 14 23 18 18 24 26 21	22 5 23 18 25 18 19 24 26 21	25 10 23 22 28 19 19 24 27 21	28 14 27 25 30 19 19 24 27 21
26	31 5 31 35 17 16 18 24 27 21	34 11 36 2 16 16 18 24 27 21	1 13 34 5 15 16 18 24 27 21	4 17 2 8 15 16 18 24 27 20	7 20 8 10 16 16 18 24 27 20	10 25 12 8 18 16 18 24 27 20	13 28 11 9 19 16 18 24 26 20	16 34 16 11 21 17 18 24 26 20	19 2 21 14 23 18 18 24 26 21	22 7 23 18 25 18 19 24 26 21	25 12 23 22 28 19 19 24 27 21	28 15 28 25 30 19 19 24 27 21
27	31 7 31 35 17 16 18 24 27 21	34 12 36 2 16 16 18 24 27 21	1 14 34 6 15 16 18 24 27 21	4 19 2 8 15 16 18 24 27 20	7 22 9 10 16 16 18 24 27 20	10 26 12 8 18 16 18 24 27 20	13 30 11 9 19 16 18 24 26 20	16 35 16 11 21 17 18 24 26 20	19 4 21 14 23 18 18 24 26 21	22 8 23 18 25 18 19 24 26 21	25 13 23 22 28 19 19 24 27 21	28 16 28 25 30 19 19 24 27 21
28	31 8 32 35 17 16 18 24 27 21	34 13 36 3 16 16 18 24 27 21	1 15 34 6 15 16 18 24 27 21	4 20 3 9 15 16 18 24 27 20	7 23 9 10 16 16 18 24 27 20	10 28 12 8 18 16 18 24 27 20	13 31 11 9 19 16 18 24 26 20	16 1 16 11 21 17 18 24 26 20	19 5 21 15 23 18 18 24 26 21	22 10 23 18 26 18 19 24 26 21	25 14 23 22 28 19 19 24 27 21	28 17 28 26 30 19 19 24 27 21
29	31 10 32 35 17 16 18 24 27 21	34 14 35 3 16 16 18 24 27 21	1 16 35 6 15 16 18 24 27 21	4 21 3 9 15 16 18 24 27 20	7 24 9 10 16 16 18 24 27 20	10 29 12 8 18 16 18 24 27 20	13 33 11 9 20 17 18 24 26 20	16 2 16 11 21 17 18 24 26 21	19 7 21 15 23 18 18 24 26 21	22 11 23 18 26 18 19 24 26 21	25 16 23 22 28 19 19 24 27 21	28 19 28 26 30 19 19 24 27 21
30	31 11 32 35 17 16 18 24 27 21		1 18 35 6 15 16 18 24 27 21	4 22 3 9 15 16 18 24 27 20	7 25 9 10 16 16 18 24 27 20	10 30 12 8 18 16 18 24 27 20	13 34 11 9 20 17 18 24 26 20	16 4 17 12 21 17 18 24 26 21	19 8 21 15 24 18 19 24 26 21	22 12 23 18 26 18 19 24 26 21	25 17 24 22 28 19 19 24 27 21	28 20 28 26 30 19 19 24 27 21
31	31 12 32 35 17 16 18 24 27 21		1 19 35 6 15 16 18 24 27 21		7 27 9 10 16 16 18 24 27 20		13 35 11 9 20 17 18 24 26 20	16 5 17 12 22 17 18 24 26 21		22 14 23 18 26 18 19 24 26 21		28 21 28 26 30 19 19 24 27 21

1981

	JAN	FEB	MÄR	APR	MAI	JUNI	JULI	AUG	SEPT	OKT	NOV	DEZ
1	29 23 29 26 31 19 19 24 27 21	32 27 34 30 33 20 19 24 27 21	35 28 32 34 35 19 19 25 27 21	2 32 35 1 2 19 19 24 27 21	5 36 5 5 4 19 19 24 27 21	8 5 10 9 6 19 19 24 27 21	10 9 9 13 8 19 19 24 27 21	13 14 12 16 10 19 19 24 27 21	16 19 18 20 12 20 19 24 27 21	19 22 22 24 14 20 20 24 27 21	22 27 21 27 16 21 20 24 27 21	25 30 25 30 18 22 20 25 27 21
2	29 24 29 26 31 19 19 24 27 21	32 28 34 30 33 20 19 24 27 21	35 29 32 34 35 19 19 25 27 21	2 34 35 2 2 19 19 24 27 21	5 2 5 5 4 19 19 24 27 21	8 7 10 9 6 19 19 24 27 21	11 11 9 13 8 19 19 24 27 21	13 16 13 17 10 19 19 24 27 21	16 20 18 20 12 20 19 24 27 21	19 24 22 24 14 20 20 24 27 21	22 28 21 27 16 21 20 24 27 21	25 31 25 30 18 22 20 25 27 21
3	29 25 29 26 31 19 19 24 27 21	32 30 34 30 33 20 19 24 27 21	35 30 33 34 35 19 19 25 27 21	2 35 36 2 2 19 19 24 27 21	5 3 5 5 4 19 19 24 27 21	8 8 10 9 6 19 19 24 27 21	11 12 9 13 8 19 19 24 27 21	14 17 13 17 11 19 19 24 27 21	17 22 19 20 13 20 19 24 27 21	19 25 22 24 14 20 20 24 27 21	23 29 21 27 16 21 20 24 27 21	26 33 25 30 18 22 20 25 27 21
4	29 26 29 27 31 19 19 24 27 21	32 31 34 30 33 20 19 24 27 21	35 32 33 34 35 19 19 25 27 21	2 1 36 2 2 19 19 24 27 21	5 5 6 6 4 19 19 24 27 21	8 10 10 9 6 19 19 24 27 21	11 14 9 13 9 19 19 24 27 21	14 18 13 17 11 19 19 24 27 21	17 23 19 20 13 20 19 24 27 21	20 26 22 24 14 20 20 24 27 21	23 30 21 27 16 21 20 24 27 21	26 34 25 30 18 22 20 25 27 21
5	29 27 29 27 31 19 19 24 27 21	32 32 34 31 33 20 19 24 27 21	35 33 33 34 36 19 19 25 27 21	2 2 36 2 2 19 19 24 27 21	5 6 6 6 4 19 19 24 27 21	8 11 10 9 6 19 19 24 27 21	11 15 9 13 9 19 19 24 27 21	14 20 13 17 11 19 19 24 27 21	17 24 19 21 13 20 19 24 27 21	20 27 22 24 15 20 20 24 27 21	23 32 21 27 16 21 20 24 27 21	26 35 25 30 18 22 20 25 27 21
6	29 29 29 27 31 19 19 24 27 21	32 34 34 31 33 20 19 24 27 21	35 34 33 34 36 19 19 25 27 21	2 4 36 2 2 19 19 25 27 21	5 8 6 6 4 19 19 24 27 21	8 13 10 10 7 19 19 24 27 21	11 16 9 13 9 19 19 24 27 21	14 21 13 17 11 19 19 24 27 21	17 25 19 21 13 20 19 24 27 21	20 28 22 24 15 20 20 24 27 21	23 33 21 28 16 21 20 24 27 21	26 1 26 30 18 22 20 25 27 21
7	29 30 30 27 31 19 19 24 27 21	32 35 34 31 34 20 19 24 27 21	35 36 33 34 36 19 19 25 27 21	2 5 36 2 2 19 19 24 27 21	5 9 6 6 4 19 19 24 27 21	8 14 10 10 7 19 19 24 27 21	11 18 9 13 9 19 19 24 27 21	14 22 14 17 11 19 19 24 27 21	17 26 19 21 13 20 19 24 27 21	20 30 22 24 15 20 20 24 27 21	23 34 21 28 16 21 20 24 27 21	26 2 26 30 18 22 20 25 27 21
8	29 31 30 27 31 19 19 24 27 21	32 36 34 31 34 20 19 24 27 21	35 1 33 34 36 19 19 25 27 21	2 7 36 2 2 19 19 24 27 21	5 11 6 6 4 19 19 24 27 21	8 15 10 10 7 19 19 24 27 21	11 19 9 13 9 19 19 24 27 21	14 23 14 17 11 19 19 24 27 21	17 28 19 21 13 20 19 24 27 21	20 31 22 24 15 20 20 24 27 21	23 36 21 28 17 21 20 24 27 21	26 3 26 30 18 22 20 25 27 21
9	29 33 30 27 31 19 19 24 27 21	33 2 34 31 34 20 19 24 27 21	35 3 33 35 36 19 19 25 27 21	2 8 1 2 2 19 19 24 27 21	5 12 7 6 5 19 19 24 27 21	8 17 10 10 7 19 19 24 27 21	11 20 9 14 9 19 19 24 27 21	14 24 14 17 11 19 19 24 27 21	17 29 19 21 13 20 19 24 27 21	20 32 22 25 15 20 20 24 27 21	23 1 21 28 17 21 20 24 27 21	26 5 26 31 18 22 20 25 27 21
10	29 34 30 27 31 20 19 24 27 21	33 3 34 31 34 20 19 24 27 21	35 4 33 35 36 19 19 25 27 21	3 10 1 3 2 19 19 24 27 21	5 13 7 6 5 19 19 24 27 21	8 18 10 10 7 19 19 24 27 21	11 21 9 14 9 19 19 24 27 21	14 26 14 17 11 19 19 24 27 21	17 30 20 21 13 20 19 24 27 21	20 33 22 25 15 20 20 24 27 21	23 3 22 28 17 21 20 24 27 21	26 6 26 31 18 22 20 25 27 21
11	30 35 30 27 31 20 19 24 27 21	33 5 34 31 34 19 19 24 27 21	36 6 33 35 36 19 19 25 27 21	3 11 1 3 2 19 19 24 27 21	6 15 7 6 5 19 19 24 27 21	8 19 10 10 7 19 19 24 27 21	11 22 9 14 9 19 19 24 27 21	14 27 14 18 11 19 19 24 27 21	17 31 20 21 13 20 19 24 27 21	20 35 22 25 15 20 20 24 27 21	23 4 22 28 17 21 20 24 27 21	26 8 27 31 18 22 21 25 27 21
12	30 1 30 28 31 20 19 24 27 21	33 6 34 31 34 19 19 24 27 21	36 7 33 35 36 19 19 25 27 21	3 12 1 3 2 19 19 24 27 21	6 16 7 7 5 19 19 24 27 21	9 20 10 10 7 19 19 24 27 21	11 24 9 14 9 19 19 24 27 21	14 28 15 18 11 19 19 24 27 21	17 33 20 21 13 20 19 24 27 21	20 36 22 25 15 20 20 24 27 21	23 6 22 28 17 21 20 24 27 21	26 9 27 31 18 22 21 25 27 21
13	30 2 31 28 32 20 19 24 27 21	33 8 34 32 34 19 19 24 27 21	36 9 33 35 36 19 19 25 27 21	3 14 1 3 3 19 19 24 27 21	6 17 7 7 5 19 19 24 27 21	9 22 10 10 7 19 19 24 27 21	12 25 10 14 9 19 19 24 27 21	15 29 15 18 11 19 19 24 27 21	18 34 20 22 13 20 20 24 27 21	20 2 22 25 15 21 20 24 27 21	24 7 22 28 17 21 20 24 27 21	27 11 27 31 18 22 21 25 27 21
14	30 4 31 28 32 20 19 24 27 21	33 9 34 32 34 19 19 24 27 21	36 10 33 35 36 19 19 25 27 21	3 15 1 3 3 19 19 24 27 21	6 18 8 7 5 19 19 24 27 21	9 23 10 11 7 19 19 24 27 21	12 26 10 14 9 19 19 24 27 21	15 31 15 18 11 19 19 24 27 21	18 35 20 22 13 20 20 24 27 21	21 3 22 25 15 21 20 24 27 21	24 9 22 28 17 21 20 24 27 21	27 12 27 31 18 22 21 25 27 21
15	30 5 31 28 32 20 19 24 27 21	33 10 34 32 34 19 19 24 27 21	36 11 33 35 36 19 19 25 27 21	3 16 2 3 3 19 19 24 27 21	6 20 8 7 5 19 19 24 27 21	9 24 10 11 7 19 19 24 27 21	12 27 10 14 9 19 19 24 27 21	15 32 15 18 11 19 19 24 27 21	18 1 20 22 13 20 20 24 27 21	21 5 21 25 15 21 20 24 27 21	24 10 22 28 17 21 20 24 27 21	27 13 27 31 18 22 21 25 27 21
16	30 6 31 28 32 20 19 24 27 21	33 12 34 32 34 19 19 24 27 21	36 13 33 35 36 19 19 25 27 21	3 17 2 3 3 19 19 24 27 21	6 21 8 7 5 19 19 24 27 21	9 25 10 11 7 19 19 24 27 21	12 28 10 14 9 19 19 24 27 21	15 33 15 18 11 19 19 24 27 21	18 2 20 22 13 20 20 24 27 21	21 6 21 25 15 21 20 24 27 21	24 12 22 29 17 21 20 24 27 21	27 15 27 31 18 22 21 25 27 21
17	30 8 31 28 32 20 19 24 27 21	33 13 33 32 34 19 19 24 27 21	36 14 33 36 36 19 19 25 27 21	3 19 2 3 3 19 19 24 27 21	6 22 8 7 5 19 19 24 27 21	9 26 10 11 7 19 19 24 27 21	12 30 10 15 9 19 19 24 27 21	15 35 16 18 11 19 19 24 27 21	18 4 20 22 13 20 20 24 27 21	21 8 21 25 15 21 20 24 27 21	24 13 23 29 17 21 20 25 27 21	27 17 27 31 19 22 21 25 27 21
18	30 9 31 28 32 20 19 24 27 21	33 14 33 32 34 19 19 25 27 21	36 15 33 36 1 19 19 25 27 21	3 20 2 4 3 19 19 24 27 21	6 23 8 7 5 19 19 24 27 21	9 28 10 11 7 19 19 24 27 21	12 31 10 15 9 19 19 24 27 21	15 36 16 18 12 19 19 24 27 21	18 5 21 22 14 20 20 24 27 21	21 9 21 26 15 21 20 24 27 21	24 14 23 29 17 21 20 25 27 21	27 18 28 31 19 22 21 25 27 21
19	30 11 32 28 32 20 19 24 27 21	34 16 33 32 34 19 19 25 27 21	36 16 34 36 1 19 19 25 27 21	3 21 2 4 3 19 19 24 27 21	6 24 8 7 5 19 19 24 27 21	9 29 10 11 7 19 19 24 27 21	12 32 10 15 10 19 19 24 27 21	15 1 16 19 12 19 19 24 27 21	18 7 21 22 14 20 20 24 27 21	21 10 21 26 15 21 20 24 27 21	24 16 23 29 17 21 20 25 27 21	27 19 28 31 19 22 21 25 27 21
20	30 12 32 29 32 20 19 24 27 21	34 17 33 32 35 19 19 25 27 21	36 18 34 36 1 19 19 25 27 21	3 22 3 4 3 19 19 24 27 21	6 25 9 8 5 19 19 24 27 21	9 30 10 11 8 19 19 24 27 21	12 34 10 15 10 19 19 24 27 21	15 3 16 19 12 19 19 24 27 21	18 8 21 22 14 20 20 24 27 21	21 12 21 26 15 21 20 24 27 21	24 18 23 29 17 21 20 25 27 21	27 20 28 31 19 22 21 25 27 21
21	31 13 32 29 32 20 19 24 27 21	34 18 33 33 35 19 19 25 27 21	1 19 34 36 1 19 19 24 27 21	4 23 3 4 3 19 19 24 27 21	6 27 9 8 5 19 19 24 27 21	9 31 10 11 8 19 19 24 27 21	12 35 10 15 10 19 19 24 27 21	15 4 16 19 12 19 19 24 27 21	18 10 21 22 14 20 20 24 27 21	21 13 21 26 15 21 20 24 27 21	24 18 23 29 17 21 20 25 27 21	27 22 28 31 19 22 21 25 27 21
22	31 15 32 29 32 20 19 24 27 21	34 19 33 33 35 19 19 25 27 21	1 20 34 36 1 19 19 24 27 21	4 25 3 4 3 19 19 24 27 21	7 28 9 8 5 19 19 24 27 21	10 33 10 12 8 19 19 24 27 21	12 36 11 15 10 19 19 24 27 21	15 6 17 19 12 19 19 24 27 21	18 11 21 23 14 20 20 24 27 21	21 15 21 26 16 21 20 24 27 21	24 19 23 29 17 21 20 25 27 21	28 23 28 31 19 22 21 25 27 21
23	31 16 32 29 32 20 19 24 27 21	34 21 33 33 35 19 19 25 27 21	1 21 34 36 1 19 19 24 27 21	4 26 3 4 3 19 19 24 27 21	7 29 9 8 6 19 19 24 27 21	10 34 9 12 8 19 19 24 27 21	13 2 11 15 10 19 19 24 27 21	15 7 17 19 12 19 19 24 27 21	18 12 21 23 14 20 20 24 27 21	21 16 21 26 16 21 20 24 27 21	25 21 24 29 17 21 20 25 27 21	28 24 28 31 19 22 21 25 27 21
24	31 17 32 29 32 20 19 24 27 21	34 22 33 33 35 19 19 25 27 21	1 22 34 36 1 19 19 24 27 21	4 27 3 4 3 19 19 24 27 21	7 30 9 8 6 19 19 24 27 21	10 35 9 12 8 19 19 24 27 21	13 3 11 15 10 19 19 24 27 21	16 8 17 19 12 20 19 24 27 21	19 14 21 23 14 20 20 24 27 21	22 17 20 26 16 21 20 24 27 21	25 22 24 29 17 21 20 25 27 21	28 25 28 31 19 22 21 25 27 21
25	31 19 33 29 32 20 19 24 27 21	34 23 33 33 35 19 19 25 27 21	1 24 34 1 1 19 19 24 27 21	4 28 4 4 3 19 19 24 27 21	7 32 9 8 6 19 19 24 27 21	10 1 9 12 8 19 19 24 27 21	13 4 11 16 10 19 19 24 27 21	16 10 17 19 12 20 19 24 27 21	19 15 21 23 14 20 20 24 27 21	22 18 20 26 16 21 20 24 27 21	25 23 24 29 17 21 20 25 27 21	28 26 29 31 19 22 21 25 27 21
26	31 20 33 29 33 20 19 24 27 21	34 24 32 33 35 19 19 25 27 21	1 25 34 1 1 19 19 24 27 21	4 29 4 5 4 19 19 24 27 21	7 33 9 8 6 19 19 24 27 21	10 2 9 12 8 19 19 24 27 21	13 6 11 16 10 19 19 24 27 21	16 11 17 19 12 20 19 24 27 21	19 16 21 23 14 20 20 24 27 21	22 20 20 26 16 21 20 24 27 21	25 24 24 29 18 21 20 25 27 21	28 27 28 31 19 22 21 25 27 21
27	31 21 33 29 33 20 19 24 27 21	34 25 32 33 35 19 19 25 27 21	1 26 35 1 1 19 19 24 27 21	4 31 4 5 4 19 19 24 27 21	7 34 9 8 6 19 19 24 27 21	10 3 9 12 8 19 19 24 27 21	13 7 11 16 10 19 19 24 27 21	16 13 17 20 12 20 19 24 27 21	19 18 21 23 14 20 20 24 27 21	22 21 20 26 16 21 20 24 27 21	25 25 24 30 18 21 20 25 27 21	28 29 29 31 19 22 21 25 27 21
28	31 22 33 30 33 20 19 24 27 21	34 26 32 33 35 19 19 25 27 21	1 27 35 1 1 19 19 24 27 21	4 32 4 5 4 19 19 24 27 21	7 36 9 8 6 19 19 24 27 21	10 5 9 12 8 19 19 24 27 21	13 9 12 16 10 19 19 24 27 21	16 14 18 20 12 20 19 24 27 21	19 19 22 23 14 20 20 24 27 21	22 22 20 27 16 21 20 24 27 21	25 27 24 30 18 22 20 25 27 21	28 30 29 31 19 22 21 25 27 21
29	31 23 33 30 33 20 19 24 27 21		1 29 35 1 1 19 19 24 27 21	4 33 5 5 4 19 19 24 27 21	7 1 10 9 6 19 19 24 27 21	10 6 9 12 8 19 19 24 27 21	13 10 12 16 10 19 19 24 27 21	16 15 18 20 12 20 19 24 27 21	19 20 22 23 14 20 20 24 27 21	22 23 20 27 16 21 20 24 27 21	25 28 25 30 18 22 20 25 27 21	28 31 29 31 19 22 21 25 27 21
30	32 24 33 30 33 20 19 24 27 21		1 30 35 1 1 19 19 24 27 21	4 35 5 5 4 19 19 24 27 21	7 2 10 9 6 19 19 24 27 21	10 8 9 13 8 19 19 24 27 21	13 12 12 16 10 19 19 24 27 21	16 17 18 20 12 20 19 24 27 21	19 21 22 23 14 20 20 24 27 21	22 25 20 27 16 21 20 24 27 21	25 29 25 30 18 22 20 25 27 21	28 32 29 31 19 22 21 25 27 21
31	32 26 33 30 33 20 19 24 27 21		2 31 35 1 2 19 19 24 27 21		7 4 10 9 6 19 19 24 27 21		13 13 12 16 10 19 19 24 27 21	16 18 18 20 12 20 19 24 27 21		22 26 20 27 16 21 20 24 27 21		28 34 30 31 19 22 21 25 27 21

1982

	JAN	FEB	MÄR	APR	MAI	JUNI	JULI	AUG	SEPT	OKT	NOV	DEZ
1	29 35 30 31 19 22 21 25 27 21	32 4 31 30 20 22 21 25 27 21	35 5 32 30 20 23 21 25 27 21	2 10 1 33 20 22 20 25 27 21	5 14 6 36 19 22 20 25 27 21	8 19 8 4 19 22 20 25 27 21	11 23 8 7 20 22 20 25 27 21	13 27 14 11 21 22 20 25 27 21	16 31 19 15 23 22 20 25 27 21	19 34 19 18 25 23 21 25 27 21	22 4 21 22 28 23 21 25 27 21	25 7 26 26 30 24 22 25 27 21
2	29 36 30 31 19 22 21 25 27 21	32 5 31 30 20 22 21 25 27 21	35 6 32 30 20 23 21 25 27 21	2 12 1 33 19 22 20 25 27 21	5 16 7 36 19 22 20 25 27 21	8 20 8 4 19 22 20 25 27 21	11 24 8 7 20 22 20 25 27 21	13 28 14 11 21 22 20 25 27 21	16 33 19 15 23 22 20 25 27 21	19 35 19 18 25 23 21 25 27 21	22 5 21 22 28 23 21 25 27 21	25 9 26 26 30 24 22 25 27 21
3	29 1 30 31 19 22 21 25 27 21	32 7 31 30 20 22 21 25 27 21	35 8 32 31 20 23 21 25 27 21	2 13 1 33 19 22 20 25 27 21	5 17 7 36 19 22 20 25 27 21	8 22 8 4 19 22 20 25 27 21	11 25 8 7 20 22 20 25 27 21	14 29 14 11 21 22 20 25 27 21	17 34 19 15 23 22 20 25 27 21	19 1 19 19 25 23 21 25 27 21	23 6 21 22 28 23 21 25 27 21	26 10 26 26 30 24 22 25 27 21
4	29 3 30 31 19 22 21 25 27 21	32 8 31 30 20 22 21 25 27 21	35 9 32 31 20 23 21 25 27 21	2 14 1 33 19 22 20 25 27 21	5 18 7 36 19 22 20 25 27 21	8 23 7 4 19 22 20 25 27 21	11 26 9 8 20 22 20 25 27 21	14 31 15 11 22 22 20 25 27 21	17 35 19 15 23 22 20 25 27 21	20 3 19 19 25 23 21 25 27 21	23 8 22 23 28 23 21 25 27 21	26 12 26 26 30 24 22 25 27 21
5	29 4 30 31 19 22 21 25 27 21	32 10 31 30 20 22 21 25 27 21	35 11 32 31 20 23 21 25 27 21	2 16 1 33 19 22 20 25 27 21	5 19 7 1 19 22 20 25 27 21	8 24 7 4 19 22 20 25 27 21	11 27 9 8 20 22 20 25 27 21	14 32 15 11 22 22 20 25 27 21	17 36 20 15 23 22 21 25 27 21	20 4 19 19 26 23 21 25 27 21	23 9 22 23 28 23 21 25 27 21	26 13 27 27 30 24 22 25 27 21
6	29 6 31 31 19 22 21 25 27 21	32 11 31 30 20 22 21 25 27 21	35 12 32 31 20 23 21 25 27 21	2 17 1 33 19 22 20 25 27 21	5 21 7 1 19 22 20 25 27 21	8 25 7 4 19 22 20 25 27 21	11 29 9 8 20 22 20 25 27 21	14 33 15 11 22 22 20 25 27 21	17 2 20 15 24 22 21 25 27 21	20 6 19 19 26 23 21 25 27 21	23 11 22 23 28 23 21 25 27 21	26 15 27 27 30 24 22 25 27 21
7	29 7 31 31 19 22 21 25 27 21	32 13 31 30 20 22 21 25 27 21	35 13 33 31 20 23 21 25 27 21	2 18 2 34 19 22 20 25 27 21	5 22 7 1 19 22 20 25 27 21	8 26 7 4 19 22 20 25 27 21	11 30 9 8 20 22 20 25 27 21	14 34 15 12 22 22 20 25 27 21	17 3 20 15 24 22 21 25 27 21	20 7 19 19 26 23 21 25 27 21	23 12 22 23 28 23 21 25 27 21	26 16 27 27 30 24 22 25 27 21
8	29 9 31 31 19 22 21 25 27 21	32 14 31 30 20 22 21 25 27 21	35 15 33 31 20 23 21 25 27 21	2 20 2 34 19 22 20 25 27 21	5 23 7 1 19 22 20 25 27 21	8 28 7 4 19 22 20 25 27 21	11 31 9 8 20 22 20 25 27 21	14 36 15 12 22 22 20 25 27 21	17 4 20 16 24 22 21 25 27 21	20 8 19 19 26 23 21 25 27 21	23 14 22 23 28 23 21 25 27 21	26 17 27 27 30 24 22 25 27 21
9	29 10 31 31 20 22 21 25 27 21	32 15 31 30 20 22 21 25 27 21	35 16 33 31 20 23 21 25 27 21	2 21 2 34 19 22 20 25 27 21	5 24 7 1 19 22 20 25 27 21	8 29 7 5 19 22 20 25 27 21	11 32 9 8 20 22 20 25 27 21	14 1 16 12 22 22 20 25 27 21	17 6 20 16 24 22 21 25 27 21	20 10 19 19 26 23 21 25 27 21	23 15 22 23 28 23 21 25 27 21	26 19 27 27 30 24 22 25 27 21
10	29 12 31 31 20 22 21 25 27 21	33 17 31 30 20 23 21 25 27 21	35 18 33 31 20 23 21 25 27 21	2 22 2 34 19 22 20 25 27 21	5 26 8 1 19 22 20 25 27 21	8 30 7 5 19 22 20 25 27 21	11 33 10 8 20 22 20 25 27 21	14 2 16 12 22 22 20 25 27 21	17 7 20 16 24 22 21 25 27 21	20 11 19 19 26 23 21 25 27 21	23 16 23 23 29 24 21 25 27 21	26 20 27 27 31 24 22 25 27 21
11	30 13 31 31 20 22 21 25 27 21	33 18 31 30 20 23 21 25 27 21	36 19 33 31 20 22 21 25 27 21	3 24 2 34 19 22 20 25 27 21	5 27 8 1 19 22 20 25 27 21	8 31 7 5 19 22 20 25 27 21	11 35 10 8 20 22 20 25 27 21	14 3 16 12 22 22 20 25 27 21	17 9 20 16 24 22 21 25 27 21	20 13 19 20 26 23 21 25 27 21	23 18 23 24 29 24 21 25 27 21	26 21 28 27 31 24 22 25 27 21
12	30 15 31 31 20 22 21 25 27 21	33 19 31 30 20 23 21 25 27 21	36 20 33 31 20 22 21 25 27 21	3 25 3 34 19 22 20 25 27 21	6 28 8 1 19 22 20 25 27 21	9 32 7 5 19 22 20 25 27 21	11 36 10 8 20 22 20 25 27 21	14 4 16 12 22 22 20 25 27 21	17 10 20 16 24 22 21 25 27 21	20 14 19 20 26 23 21 25 27 21	23 19 23 24 29 24 21 25 27 21	26 23 28 27 31 24 22 25 27 21
13	30 16 32 31 20 22 21 25 27 21	33 21 31 30 20 23 21 25 27 21	36 21 33 31 20 22 21 25 27 21	3 26 3 34 19 22 20 25 27 21	6 29 8 1 19 22 20 25 27 21	9 34 7 5 19 22 20 25 27 21	12 1 10 9 20 22 20 25 27 21	14 6 16 12 22 22 20 25 27 21	17 11 20 16 24 22 21 25 27 21	20 15 19 20 26 23 21 25 27 21	24 20 23 24 29 24 21 25 27 21	27 24 28 28 31 24 22 25 27 21
14	30 17 32 31 20 22 21 25 27 21	33 22 31 30 20 23 21 25 27 21	36 23 34 31 20 22 21 25 27 21	3 27 3 34 19 22 20 25 27 21	6 30 8 2 19 22 20 25 27 21	9 35 7 5 19 22 20 25 27 21	12 2 10 9 20 22 20 25 27 21	15 8 16 12 22 22 20 25 27 21	18 13 20 16 24 22 21 25 27 21	21 17 19 20 26 23 21 25 27 21	24 22 23 24 29 24 21 25 27 21	27 25 28 28 31 24 22 25 27 21
15	30 19 32 31 20 22 21 25 27 21	33 23 31 30 20 23 21 25 27 21	36 24 34 31 20 22 21 25 27 21	3 28 3 34 19 22 20 25 27 21	6 32 8 2 19 22 20 25 27 21	9 36 7 5 19 22 20 25 27 21	12 4 11 9 20 22 20 25 27 21	15 9 17 13 22 22 20 25 27 21	18 14 20 16 24 22 21 25 27 21	21 18 19 20 26 23 21 25 27 21	24 23 23 24 29 24 21 25 27 21	27 26 28 28 31 24 22 25 27 21
16	30 20 32 31 20 22 21 25 27 21	33 24 31 30 20 23 21 25 27 21	36 25 34 31 20 22 21 25 27 21	3 29 4 34 19 22 20 25 27 21	6 33 8 2 19 22 20 25 27 21	9 1 7 5 19 22 20 25 27 21	12 5 11 9 21 22 20 25 27 21	15 10 17 13 22 22 20 25 27 21	18 16 20 17 24 22 21 25 27 21	21 19 19 20 26 23 21 25 27 21	24 24 24 24 29 24 21 25 27 21	27 28 28 28 31 24 22 25 27 21
17	30 21 32 31 20 22 21 25 27 21	33 25 31 30 20 23 21 25 27 21	36 26 34 32 20 22 21 25 27 21	3 31 4 35 19 22 20 25 27 21	6 34 8 2 19 22 20 25 27 21	9 3 7 5 19 22 20 25 27 21	12 7 11 9 21 22 20 25 27 21	15 12 17 13 22 22 20 25 27 21	18 17 20 17 24 22 21 25 27 21	21 21 19 20 26 23 21 25 27 21	24 25 24 24 29 24 21 25 27 21	27 29 28 28 31 24 22 25 27 21
18	30 22 32 31 20 22 21 25 27 21	33 27 31 30 20 23 21 25 27 21	36 28 34 32 20 22 21 25 27 21	3 32 4 35 19 22 20 25 27 21	6 35 8 2 19 22 20 25 27 21	9 4 7 6 19 22 20 25 27 21	12 8 11 9 21 22 20 25 27 21	15 13 17 13 22 22 20 25 27 21	18 19 20 17 24 22 21 25 27 21	21 22 19 20 26 23 21 25 27 21	24 27 24 24 29 24 21 25 27 21	27 30 29 28 31 24 22 25 27 21
19	30 24 32 31 20 22 21 25 27 21	34 28 31 30 20 23 21 25 27 21	36 29 34 32 20 22 21 25 27 21	3 33 4 35 19 22 20 25 27 21	6 1 8 2 19 22 20 25 27 21	9 6 7 6 19 22 20 25 27 21	12 10 11 9 21 22 20 25 27 21	15 15 17 13 22 22 20 25 27 21	18 20 20 17 24 22 21 25 27 21	21 23 19 21 27 23 21 25 27 21	24 28 24 25 29 24 21 25 27 21	27 31 29 28 31 24 22 25 27 21
20	30 25 32 31 20 22 21 25 27 21	34 29 31 30 20 23 21 25 27 21	36 30 34 32 20 22 21 25 27 21	3 34 4 35 19 22 20 25 27 21	6 2 8 2 19 22 20 25 27 21	9 7 7 6 19 22 20 25 27 21	12 11 12 9 21 22 20 25 27 21	15 16 17 13 22 22 20 25 27 21	18 21 20 17 24 22 21 25 27 21	21 25 19 21 27 23 21 25 27 21	24 29 24 25 29 24 21 25 27 21	27 32 29 28 31 24 22 25 27 21
21	31 26 32 31 20 22 21 25 27 21	34 30 31 30 20 23 21 25 27 21	1 31 35 32 20 22 21 25 27 21	4 36 5 35 19 22 20 25 27 21	6 3 8 2 19 22 20 25 27 21	9 9 7 6 19 22 20 25 27 21	12 13 12 10 21 22 20 25 27 21	15 18 18 13 23 22 20 25 27 21	18 23 20 17 25 22 21 25 27 21	21 26 19 21 27 23 21 25 27 21	24 30 24 25 29 24 21 25 27 21	27 33 29 28 31 24 22 25 27 21
22	31 27 32 31 20 22 21 25 27 21	34 31 31 30 20 23 21 25 27 21	1 32 35 32 20 22 21 25 27 21	4 1 5 35 19 22 20 25 27 21	7 5 8 2 19 22 20 25 27 21	10 10 7 6 19 22 20 25 27 21	12 14 12 10 21 22 20 25 27 21	15 19 18 13 23 22 20 25 27 21	18 24 20 17 25 22 21 25 27 21	21 27 20 21 27 23 21 25 27 21	24 31 24 25 29 24 21 25 27 21	27 35 29 29 31 24 22 25 27 21
23	31 28 32 31 20 22 21 25 27 21	34 33 31 30 20 23 21 25 27 21	1 34 35 32 20 22 21 25 27 21	4 3 5 35 19 22 20 25 27 21	7 6 8 3 19 22 20 25 27 21	10 12 7 6 19 22 20 25 27 21	12 16 12 10 21 22 20 25 27 21	15 21 18 14 23 22 20 25 27 21	18 25 20 17 25 23 21 25 27 21	21 28 20 21 27 23 21 25 27 21	25 33 25 25 29 24 21 25 27 21	28 36 29 29 32 24 22 25 27 21
24	31 30 32 30 20 22 21 25 27 21	34 34 31 30 20 23 21 25 27 21	1 35 35 32 20 22 21 25 27 21	4 4 5 35 19 22 20 25 27 21	7 8 8 3 19 22 20 25 27 21	10 13 8 6 20 22 20 25 27 21	13 17 12 10 21 22 20 25 27 21	16 22 18 14 23 22 20 25 27 21	19 26 20 17 25 23 21 25 27 21	22 29 20 21 27 23 21 25 27 21	25 34 25 25 29 24 21 25 27 21	28 1 29 29 32 24 22 25 27 21
25	31 31 32 30 20 22 21 25 27 21	34 35 31 30 20 23 21 25 27 21	1 36 35 32 20 22 21 25 27 21	4 6 5 35 19 22 20 25 27 21	7 9 8 3 19 22 20 25 27 21	10 15 8 6 20 22 20 25 27 21	13 18 13 10 21 22 20 25 27 21	16 23 18 14 23 22 20 25 27 21	19 27 20 18 25 23 21 25 27 21	22 31 20 21 27 23 21 25 27 21	25 35 25 25 29 24 21 25 27 21	28 2 30 29 32 24 22 25 27 21
26	31 32 32 30 20 22 21 25 27 21	34 1 32 30 20 23 21 25 27 21	1 2 35 32 20 22 20 25 27 21	4 7 6 36 19 22 20 25 27 21	7 11 8 3 19 22 20 25 27 21	10 16 8 7 20 22 20 25 27 21	13 20 13 10 21 22 20 25 27 21	16 24 18 14 23 22 20 25 27 21	19 29 20 18 25 23 21 25 27 21	22 32 20 21 27 23 21 25 27 21	25 36 25 25 29 24 21 25 27 21	28 4 30 29 32 24 22 25 27 21
27	31 33 32 30 20 22 21 25 27 21	34 2 32 30 20 23 21 25 27 21	1 3 36 32 20 22 20 25 27 21	4 8 6 36 19 22 20 25 27 21	7 12 8 3 19 22 20 25 27 21	10 17 8 7 20 22 20 25 27 21	13 21 13 10 21 22 20 25 27 21	16 25 18 14 23 22 20 25 27 21	19 30 20 18 25 23 21 25 27 21	22 33 20 22 27 23 21 25 27 21	25 2 25 26 29 24 21 25 27 21	28 5 30 29 32 25 22 25 27 21
28	31 35 32 30 20 22 21 25 27 21	34 4 32 30 20 23 21 25 27 21	1 5 36 33 20 22 20 25 27 21	4 10 6 36 19 22 20 25 27 21	7 13 8 3 19 22 20 25 27 21	10 19 8 7 20 22 20 25 27 21	13 22 13 10 21 22 20 25 27 21	16 27 18 14 23 22 20 25 27 21	19 31 20 18 25 23 21 25 27 21	22 34 21 22 27 23 21 25 27 21	25 3 26 26 30 24 21 25 27 21	28 7 30 29 32 25 22 25 27 21
29	31 36 32 30 20 22 21 25 27 21		1 6 36 33 20 22 20 25 27 21	4 11 6 36 19 22 20 25 27 21	7 15 8 3 19 22 20 25 27 21	10 20 8 7 20 22 20 25 27 21	13 23 13 11 21 22 20 25 27 21	16 28 19 14 23 22 20 25 27 21	19 32 20 18 25 23 21 25 27 21	22 36 21 22 27 23 21 25 27 21	25 4 26 26 30 24 21 25 27 21	28 8 30 30 32 25 22 25 27 21
30	31 1 32 30 20 22 21 25 27 21		1 7 36 33 20 22 20 25 27 21	4 13 6 36 19 22 20 25 27 21	7 16 8 3 19 22 20 25 27 21	10 21 8 7 20 22 20 25 27 21	13 25 14 11 21 22 20 25 27 21	16 29 19 14 23 22 20 25 27 21	19 33 20 18 25 23 21 25 27 21	22 1 21 22 27 23 21 25 27 21	25 6 26 26 30 24 22 25 27 21	28 10 30 30 32 25 22 25 27 21
31	32 3 32 30 20 22 21 25 27 21		1 9 36 33 20 22 20 25 27 21		7 18 8 4 19 22 20 25 27 21		13 26 14 11 21 22 20 25 27 21	16 30 19 15 23 22 20 25 27 21		22 2 21 22 27 23 21 25 27 21		28 11 30 30 32 25 22 25 27 21

1983

	JAN	FEB	MÄR	APR	MAI	JUNI	JULI	AUG	SEPT	OKT	NOV	DEZ
1	29 13 30 30 32 25 22 25 27 21	32 18 29 34 35 25 22 25 27 21	34 19 33 1 1 25 22 25 27 21	2 24 2 5 3 26 22 25 27 21	5 27 6 9 5 25 22 25 27 21	7 32 5 12 8 25 21 25 27 21	10 35 9 15 10 25 21 25 27 21	13 3 15 16 12 25 21 25 27 21	16 8 19 15 14 25 22 25 27 21	19 12 17 15 16 25 22 25 27 21	22 17 22 18 17 26 22 25 27 21	25 21 27 21 19 26 23 25 27 21
2	29 14 31 30 32 25 22 25 27 21	32 19 29 34 35 25 22 25 27 21	35 20 33 1 1 25 22 25 27 21	2 25 2 5 3 26 22 25 27 21	5 28 6 9 5 25 22 25 27 21	8 33 5 12 8 25 21 25 27 21	10 36 10 15 10 25 21 25 27 21	13 4 16 16 12 25 21 25 27 21	16 9 19 15 14 25 22 25 27 21	19 13 18 15 16 25 22 25 27 21	22 19 23 18 18 26 22 25 27 21	25 22 27 21 19 26 23 25 27 21
3	29 16 31 30 32 25 22 25 27 21	32 21 29 34 35 25 22 25 27 21	35 22 33 1 1 25 22 25 27 21	2 26 3 5 3 26 22 25 27 21	5 29 6 9 6 25 22 25 27 21	8 34 5 12 8 25 21 25 27 21	11 1 10 15 10 25 21 25 27 21	14 6 16 16 12 25 21 25 27 21	16 11 19 15 14 25 22 25 27 21	19 15 18 15 16 25 22 25 27 21	22 20 23 18 18 26 22 25 27 21	26 24 27 21 19 26 23 25 27 21
4	29 17 31 30 32 25 22 25 27 21	32 22 29 34 35 25 22 25 27 21	35 23 33 2 1 26 22 25 27 21	2 27 3 5 3 26 22 25 27 21	5 31 6 9 6 25 22 25 27 21	8 35 5 12 8 25 21 25 27 21	11 2 10 15 10 25 21 25 27 21	14 7 16 16 12 25 21 25 27 21	17 12 19 15 14 25 22 25 27 21	20 16 18 15 16 25 22 25 27 21	23 21 23 18 18 26 22 25 27 21	26 25 27 21 19 26 23 25 27 21
5	29 18 31 30 32 25 22 25 27 21	32 23 30 34 35 25 22 25 27 21	35 24 33 2 1 26 22 25 27 21	2 29 3 5 3 26 22 25 27 21	5 32 6 9 6 25 22 25 27 21	8 36 5 12 8 25 21 25 27 21	11 3 10 15 10 25 21 25 27 21	14 8 16 16 12 25 21 25 27 21	17 14 19 15 14 25 22 25 27 21	20 18 18 15 16 25 22 25 27 21	23 22 23 18 18 26 22 25 27 22	26 26 28 21 19 26 23 25 27 22
6	29 20 31 31 33 25 22 25 27 21	32 25 30 34 35 25 22 25 27 21	35 25 33 2 1 26 22 25 27 21	2 30 3 6 4 26 22 25 27 21	5 33 6 9 6 25 22 25 27 21	8 1 6 12 8 25 21 25 27 21	11 5 10 15 10 25 21 25 27 21	14 10 16 16 12 25 21 25 27 21	17 15 19 15 14 25 22 25 27 21	20 19 18 16 16 25 22 25 27 21	23 24 23 18 18 26 22 25 27 22	26 28 28 21 20 27 23 25 27 22
7	29 21 31 31 33 25 22 25 27 21	32 26 30 35 35 25 22 25 27 21	35 27 34 2 1 26 22 25 27 21	2 31 3 6 4 26 22 25 27 21	5 34 6 9 6 25 21 25 27 21	8 3 6 13 8 25 21 25 27 21	11 6 11 15 10 25 21 25 27 21	14 11 16 16 12 25 21 25 27 21	17 17 18 15 14 25 22 25 27 21	20 21 18 16 16 25 22 25 27 21	23 25 23 18 18 26 22 25 27 22	26 29 28 22 20 27 23 25 27 22
8	29 22 31 31 33 25 22 25 27 21	32 27 30 35 35 25 22 25 27 21	35 28 34 2 1 26 22 25 27 21	2 32 4 6 4 26 22 25 27 21	5 35 6 9 6 25 21 25 27 21	8 4 6 13 8 25 21 25 27 21	11 8 11 15 10 25 21 25 27 21	14 13 16 16 12 25 21 25 27 21	17 18 18 15 14 25 22 25 27 21	20 22 18 16 16 25 22 25 27 21	23 27 24 18 18 26 22 25 27 22	26 30 28 22 20 27 23 25 27 22
9	29 24 31 31 33 25 22 25 27 21	32 28 30 35 35 25 22 25 27 21	35 29 34 2 1 26 22 25 27 21	2 33 4 6 4 26 22 25 27 21	5 1 6 9 6 25 21 25 27 21	8 5 6 13 8 25 21 25 27 21	11 9 11 15 10 25 21 25 27 21	14 14 17 16 12 25 21 25 27 21	17 20 18 15 14 25 22 25 27 21	20 23 19 16 16 25 22 25 27 21	23 28 24 18 18 26 22 25 27 22	26 31 28 22 20 27 23 25 27 22
10	29 25 31 31 33 25 22 25 27 21	33 29 30 35 35 25 22 25 27 21	35 30 34 2 1 26 22 25 27 21	2 35 4 6 4 26 22 25 27 21	5 2 6 10 6 25 21 25 27 21	8 7 6 13 8 25 21 25 27 21	11 10 11 15 10 25 21 25 27 21	14 16 17 16 12 25 21 25 27 21	17 21 18 15 14 25 22 25 27 21	20 25 19 16 16 25 22 25 27 21	23 29 24 19 18 26 22 25 27 22	26 32 28 22 20 27 23 25 27 22
11	30 26 31 31 33 25 22 25 27 21	33 30 30 35 35 25 22 25 27 21	35 31 34 2 1 26 22 25 27 21	3 36 4 6 4 26 22 25 27 21	5 3 6 10 6 25 21 25 27 21	8 8 6 13 8 25 21 25 27 21	11 12 11 16 10 25 21 25 27 21	14 17 17 16 12 25 21 25 27 21	17 23 18 15 14 25 22 25 27 21	20 26 19 16 16 25 22 25 27 21	23 30 24 19 18 26 22 25 27 22	26 34 28 22 20 27 23 25 27 22
12	30 27 31 31 33 25 22 25 27 21	33 32 30 35 35 25 22 25 27 21	36 33 34 3 2 26 22 25 27 21	3 1 4 6 4 26 22 25 27 21	6 5 6 10 6 25 21 25 27 21	9 10 6 13 8 25 21 25 27 21	11 14 12 16 10 25 21 25 27 21	14 19 17 16 12 25 21 25 27 21	17 24 18 15 14 25 22 25 27 21	20 27 19 16 16 25 22 25 27 21	23 32 24 19 18 26 22 25 27 22	26 35 28 22 20 27 23 25 27 22
13	30 28 30 31 33 25 22 25 27 21	33 33 30 35 36 25 22 25 27 21	36 34 34 3 2 26 22 25 27 21	3 2 4 6 4 26 22 25 27 21	6 6 6 10 6 25 21 25 27 21	9 11 6 13 8 25 21 25 27 21	12 15 12 16 10 25 21 25 27 21	14 20 17 16 12 25 21 25 27 21	17 25 18 15 14 25 22 25 27 21	20 28 19 16 16 25 22 25 27 21	24 33 24 19 18 26 22 25 27 22	27 36 29 22 20 27 23 25 27 22
14	30 30 30 32 33 25 22 25 27 21	33 34 30 35 36 25 22 25 27 21	36 35 35 3 2 26 22 25 27 21	3 4 5 7 4 26 22 25 27 21	6 7 6 10 6 25 21 25 27 21	9 13 6 13 8 25 21 25 27 21	12 17 12 16 10 25 21 25 27 21	15 22 17 16 13 25 21 25 27 21	18 26 18 15 14 25 22 25 27 21	21 30 19 16 16 25 22 25 27 21	24 34 24 19 18 26 22 25 27 22	27 1 29 22 20 27 23 26 27 22
15	30 31 30 32 33 25 22 25 27 21	33 35 31 36 36 25 22 25 27 21	36 36 35 3 2 26 22 25 27 21	3 5 5 7 4 26 22 25 27 21	6 9 6 10 6 25 21 25 27 21	9 14 7 13 9 25 21 25 27 21	12 18 12 16 11 25 21 25 27 21	15 23 17 16 13 25 21 25 27 21	18 28 18 15 15 25 22 25 27 21	21 31 20 16 16 25 22 25 27 21	24 35 25 19 18 26 22 25 27 22	27 2 29 22 20 27 23 26 27 22
16	30 32 30 32 33 25 22 25 27 21	33 1 31 36 36 25 22 25 27 21	36 1 35 3 2 26 22 25 27 21	3 6 5 7 4 26 22 25 27 21	6 10 5 10 6 25 21 25 27 21	9 16 7 13 9 25 21 25 27 21	12 19 13 16 11 25 21 25 27 21	15 24 17 16 13 25 21 25 27 21	18 29 18 15 15 25 22 25 27 21	21 32 20 16 16 25 22 25 27 21	24 36 25 19 18 26 22 25 27 22	27 4 29 23 20 27 23 26 27 22
17	30 33 30 32 33 25 22 25 27 21	33 2 31 36 36 25 22 25 27 21	36 3 35 3 2 26 22 25 27 21	3 8 5 7 4 26 22 25 27 21	6 12 5 10 7 25 21 25 27 21	9 17 7 14 9 25 21 25 27 21	12 21 13 16 11 25 21 25 27 21	15 26 18 16 13 25 21 25 27 21	18 30 17 15 15 25 22 25 27 21	21 33 20 16 17 25 22 25 27 21	24 2 25 19 18 26 22 25 27 22	27 5 29 23 20 27 23 26 27 22
18	30 34 30 32 34 25 22 25 27 21	33 3 31 36 36 25 22 25 27 21	36 4 35 3 2 26 22 25 27 21	3 9 5 7 4 26 22 25 27 21	6 13 5 10 7 25 21 25 27 21	9 18 7 14 9 25 21 25 27 21	12 22 13 16 11 25 21 25 27 21	15 27 18 16 13 25 21 25 27 21	18 31 17 15 15 25 22 25 27 21	21 34 20 16 17 25 22 25 27 21	24 3 25 19 18 26 22 25 27 22	27 6 29 23 20 27 23 26 27 22
19	30 36 30 32 33 25 22 25 27 21	33 4 31 36 36 25 22 25 27 21	36 5 36 3 2 26 22 25 27 21	3 11 5 7 4 26 22 25 27 21	6 14 5 11 7 25 21 25 27 21	9 20 7 14 9 25 21 25 27 21	12 23 13 16 11 25 21 25 27 21	15 28 18 16 13 25 21 25 27 21	18 32 17 15 15 25 22 25 27 21	21 36 20 16 17 25 22 25 27 21	24 4 25 20 19 26 22 25 27 22	27 8 29 23 20 27 23 26 27 22
20	30 1 30 32 33 25 22 25 27 21	34 6 31 36 36 25 22 25 27 21	36 7 36 4 2 26 22 25 27 21	3 12 5 7 5 26 22 25 27 21	6 16 5 11 7 25 21 25 27 21	9 21 7 14 9 25 21 25 27 21	12 25 13 16 11 25 21 25 27 21	15 29 18 16 13 25 21 25 27 21	18 34 17 15 15 25 22 25 27 21	21 1 20 17 17 25 22 25 27 21	24 6 25 20 19 26 22 25 27 22	27 9 29 23 20 27 23 26 27 22
21	31 2 29 32 34 25 22 25 27 21	34 7 31 36 36 25 22 25 27 21	36 8 36 4 2 26 22 25 27 21	4 13 6 7 5 26 22 25 27 21	6 17 5 11 7 25 21 25 27 21	9 22 7 14 9 25 21 25 27 21	12 26 14 16 11 25 21 25 27 21	15 30 18 16 13 25 21 25 27 21	18 35 17 15 15 25 22 25 27 21	21 2 21 17 17 26 22 25 27 21	24 7 26 20 19 26 22 25 27 22	27 11 29 23 20 27 23 26 27 22
22	31 3 29 33 34 25 22 25 27 21	34 8 31 36 36 25 22 25 27 21	1 9 36 4 2 26 22 25 27 21	4 15 6 7 5 26 22 25 27 21	7 19 5 11 7 25 21 25 27 21	10 24 8 14 9 25 21 25 27 21	12 27 14 16 11 25 21 25 27 21	15 32 18 16 13 25 21 25 27 21	18 36 17 15 15 25 22 25 27 21	21 3 21 17 17 26 22 25 27 21	24 8 26 20 19 26 22 25 27 22	27 12 29 23 20 27 23 26 27 22
23	31 5 29 33 34 25 22 25 27 21	34 10 32 1 36 25 22 25 27 21	1 11 36 4 2 26 22 25 27 21	4 16 6 8 5 25 22 25 27 21	7 20 5 11 7 25 21 25 27 21	10 25 8 14 9 25 21 25 27 21	12 28 14 16 11 25 21 25 27 21	15 33 18 16 13 25 21 25 27 21	18 1 17 15 15 25 22 25 27 21	21 5 21 17 17 26 22 25 27 21	24 10 26 20 19 26 22 25 27 22	28 13 29 23 20 27 23 26 27 22
24	31 6 29 33 34 25 22 25 27 21	34 11 32 1 36 25 22 25 27 21	1 12 1 4 3 26 22 25 27 21	4 18 6 8 5 25 22 25 27 21	7 21 5 11 7 25 21 25 27 21	10 26 8 14 9 25 21 25 27 21	13 29 14 16 11 25 21 25 27 21	16 34 18 16 13 25 21 25 27 21	19 2 17 15 15 25 22 25 27 21	22 6 21 17 17 26 22 25 27 21	24 11 26 20 19 26 23 25 27 22	28 15 29 24 21 27 23 26 27 22
25	31 7 29 33 34 25 22 25 27 21	34 13 32 1 1 25 22 25 27 21	1 14 1 4 3 26 22 25 27 21	4 19 6 8 5 25 22 25 27 21	7 23 5 11 7 25 21 25 27 21	10 27 8 14 9 25 21 25 27 21	13 31 14 16 11 25 21 25 27 21	16 35 18 16 13 25 22 25 27 21	19 4 17 15 15 25 22 25 27 21	22 7 21 17 17 26 22 25 27 21	25 12 26 20 19 26 23 25 27 22	28 16 29 24 21 27 23 26 27 22
26	31 9 29 33 34 25 22 25 27 21	34 14 32 1 1 25 22 25 27 21	1 15 1 4 3 26 22 25 27 21	4 20 6 8 5 25 22 25 27 21	7 24 5 11 7 25 21 25 27 21	10 29 8 14 9 25 21 25 27 21	13 32 14 16 11 25 21 25 27 21	16 36 18 16 13 25 22 25 27 21	19 5 17 15 15 25 22 25 27 21	22 9 21 17 17 26 22 25 27 21	25 14 26 20 19 26 23 25 27 22	28 18 29 24 21 27 23 26 27 22
27	31 10 29 33 34 25 22 25 27 21	34 16 32 1 1 25 22 25 27 21	1 17 1 4 3 26 22 25 27 21	4 22 6 8 5 25 22 25 27 21	7 25 5 11 7 25 21 25 27 21	10 30 9 14 9 25 21 25 27 21	13 33 15 16 11 25 21 25 27 21	16 2 18 16 13 25 22 25 27 21	19 6 17 15 15 25 22 25 27 21	22 10 22 17 17 26 22 25 27 21	25 15 26 20 19 26 23 25 27 22	28 19 29 24 21 27 23 26 27 22
28	31 12 29 33 34 25 22 25 27 21	34 17 32 1 1 25 22 25 27 21	1 18 1 5 3 26 22 25 27 21	4 23 6 8 5 25 22 25 27 21	7 27 5 12 7 25 21 25 27 21	10 31 9 15 9 25 21 25 27 21	13 34 15 16 11 25 21 25 27 21	16 3 18 15 13 25 22 25 27 21	19 8 17 15 15 25 22 25 27 21	22 11 22 17 17 26 22 25 27 21	25 17 27 21 19 26 23 25 27 22	28 21 29 24 21 27 23 26 27 22
29	31 13 29 33 34 25 22 25 27 21		1 20 2 5 3 26 22 25 27 21	4 24 6 8 5 25 22 25 27 21	7 28 5 12 7 25 21 25 27 21	10 32 9 15 9 25 21 25 27 21	13 35 15 16 11 25 21 25 27 21	16 4 18 15 13 25 22 25 27 21	19 9 17 15 15 25 22 25 27 21	22 13 22 17 17 26 22 25 27 21	25 18 27 21 19 26 23 25 27 22	28 22 29 24 21 27 23 26 27 22
30	31 15 29 34 34 25 22 25 27 21		1 21 2 5 3 26 22 25 27 21	4 26 6 8 5 25 22 25 27 21	7 29 5 12 7 25 21 25 27 21	10 33 9 15 10 25 21 25 27 21	13 1 15 16 12 25 21 25 27 21	16 5 19 15 14 25 22 25 27 21	19 10 17 15 16 25 22 25 27 21	22 14 22 17 17 26 22 25 27 21	25 20 27 21 19 26 23 25 27 22	28 23 29 24 21 27 23 26 27 22
31	32 16 29 34 35 25 22 25 27 21		1 22 2 5 3 26 22 25 27 21		7 30 5 12 7 25 21 25 27 21		13 2 15 16 12 25 21 25 27 21	16 7 19 15 14 25 22 25 27 21		22 16 22 18 17 26 22 25 27 21		28 25 28 24 21 27 23 26 27 22

1984

	JAN	FEB	MÄR	APR	MAI	JUNI	JULI	AUG	SEPT	OKT	NOV	DEZ
1	28 26 28 24 21 27 23 26 27 22	32 31 29 28 23 28 23 26 28 22	35 33 34 32 24 28 23 26 28 22	2 1 4 36 24 29 23 26 28 22	5 4 3 3 24 29 23 26 28 22	8 9 5 7 23 29 23 26 28 21	10 13 11 11 23 28 22 26 27 21	13 18 16 15 24 28 22 25 27 21	16 24 16 18 25 28 23 25 27 22	19 27 19 22 27 28 23 26 27 22	22 32 24 26 29 28 23 26 27 22	25 35 27 30 32 29 24 26 28 22
2	29 27 28 25 21 27 23 26 27 22	32 32 30 28 23 28 23 26 28 22	35 34 34 32 24 28 23 26 28 22	2 2 4 36 24 29 23 26 28 22	5 6 3 3 24 29 23 26 28 22	8 11 6 7 23 29 23 26 28 21	11 14 12 11 23 28 22 26 27 21	13 20 16 15 24 28 23 25 27 21	16 25 16 19 25 28 23 25 27 22	19 29 19 22 27 28 23 26 27 22	22 33 24 26 29 28 23 26 27 22	25 36 28 30 32 29 24 26 28 22
3	29 28 28 25 21 27 23 26 27 22	32 33 30 29 23 28 23 26 28 22	35 35 34 32 24 28 23 26 28 22	2 4 4 36 24 29 23 26 28 22	5 7 3 4 24 29 23 26 28 22	8 12 6 7 23 29 23 26 28 21	11 16 12 11 23 28 22 26 27 21	14 21 16 15 24 28 23 25 27 21	17 26 16 19 25 28 23 25 27 22	19 30 19 22 27 28 23 26 27 22	23 34 24 26 30 28 23 26 27 22	26 2 28 30 32 29 24 26 28 22
4	29 30 28 25 21 27 23 26 27 22	32 34 30 29 23 28 23 26 28 22	35 36 34 32 24 28 23 26 28 22	2 5 4 36 24 29 23 26 28 22	5 8 3 4 24 29 23 26 28 22	8 13 6 8 23 29 23 26 28 21	11 17 12 11 23 28 22 26 27 21	14 23 16 15 24 28 23 25 27 21	17 28 16 19 25 28 23 25 27 22	20 31 19 23 27 28 23 26 27 22	23 35 24 26 30 28 23 26 27 22	26 3 28 30 32 29 24 26 28 22
5	29 31 28 25 21 27 23 26 27 22	32 35 30 29 23 28 23 26 28 22	35 1 35 32 24 28 23 26 28 22	2 6 4 36 24 29 23 26 28 22	5 10 3 4 24 29 23 26 28 22	8 15 6 8 23 29 23 26 28 21	11 19 12 11 23 28 22 26 27 21	14 24 16 15 24 28 23 25 27 21	17 29 16 19 25 28 23 25 27 22	20 32 19 23 27 28 23 26 27 22	23 1 24 26 30 28 23 26 27 22	26 4 28 30 32 29 24 26 28 22
6	29 32 28 25 21 27 23 26 27 22	32 36 30 29 23 28 23 26 28 22	35 3 35 32 24 28 23 26 28 22	2 7 4 36 24 29 23 26 28 22	5 11 3 4 24 29 23 26 28 22	8 16 6 8 23 29 23 26 28 21	11 20 12 11 23 28 22 26 27 21	14 25 17 15 24 28 23 25 27 21	17 30 16 19 26 28 23 25 27 22	20 33 19 23 28 28 23 26 27 22	23 2 24 27 30 28 23 26 27 22	26 5 28 30 32 29 24 26 28 22
7	29 33 28 25 21 27 23 26 27 22	32 2 30 29 23 28 23 26 28 22	35 4 35 33 24 28 23 26 28 22	2 9 4 36 24 29 23 26 28 22	5 12 3 4 24 29 23 26 28 22	8 18 6 8 23 29 23 26 28 21	11 21 13 12 23 28 22 26 27 21	14 27 17 15 24 28 23 25 27 21	17 31 16 19 26 28 23 25 27 22	20 35 20 23 28 28 23 26 27 22	23 3 25 27 30 28 23 26 27 22	26 6 28 30 32 29 24 26 28 22
8	29 34 28 25 21 27 23 26 27 22	32 3 30 29 23 28 23 26 28 22	35 5 35 33 24 28 23 26 28 22	2 10 4 1 24 29 23 26 28 22	5 13 3 4 24 29 23 26 28 22	8 19 7 8 23 29 23 26 28 21	11 23 13 12 23 28 22 26 27 21	14 28 17 16 24 28 23 25 27 21	17 33 16 19 26 28 23 25 27 22	20 36 20 23 28 28 23 26 27 22	23 4 25 27 30 29 23 26 27 22	26 8 27 30 32 29 24 26 28 22
9	29 36 28 25 21 27 23 26 27 22	32 4 30 29 23 28 23 26 28 22	35 6 35 33 24 28 23 26 28 22	2 11 4 1 24 29 23 26 28 22	5 15 3 4 24 29 23 26 28 22	8 20 7 8 23 29 23 26 28 21	11 24 13 12 23 28 22 26 27 21	14 29 17 16 24 28 23 25 27 21	17 34 16 19 26 28 23 25 27 22	20 1 20 23 28 28 23 26 27 22	23 5 25 27 30 29 23 26 27 22	26 9 27 30 32 29 24 26 28 22
10	29 1 28 26 21 27 23 26 27 22	33 5 31 29 23 28 23 26 28 22	35 8 36 33 24 28 23 26 28 22	3 13 4 1 24 29 23 26 28 22	5 16 3 4 24 29 23 26 28 22	8 22 7 8 23 29 23 26 28 21	11 26 13 12 23 28 22 26 27 21	14 30 17 16 24 28 23 25 27 21	17 35 16 20 26 28 23 25 27 22	20 2 20 23 28 28 23 26 27 22	23 7 25 27 30 29 23 26 27 22	26 10 27 31 32 29 24 26 28 22
11	29 2 28 26 21 27 23 26 27 22	33 7 31 29 23 28 23 26 28 22	36 9 36 33 24 28 23 26 28 22	3 14 4 1 24 29 23 26 28 22	6 18 3 5 24 29 23 26 28 22	9 23 7 8 23 29 23 26 28 21	11 27 13 12 23 28 22 26 27 21	14 32 17 16 24 28 23 25 27 21	17 36 16 20 26 28 23 25 27 22	20 3 20 23 28 28 23 26 27 22	23 8 25 27 30 29 23 26 27 22	26 11 27 31 32 29 24 26 28 22
12	30 3 28 26 22 27 23 26 27 22	33 8 31 30 23 28 23 26 28 22	36 10 36 33 24 28 23 26 28 22	3 15 4 1 24 29 23 26 28 22	6 19 3 5 24 29 23 26 28 22	9 24 7 9 23 29 23 26 28 21	11 28 13 12 23 28 22 26 27 21	14 33 17 16 24 28 23 25 27 21	17 1 16 20 26 28 23 25 27 22	20 5 20 23 28 28 23 26 27 22	23 9 25 27 30 29 23 26 27 22	27 13 27 31 32 29 24 26 28 22
13	30 5 28 26 22 27 23 26 27 22	33 9 31 30 23 28 23 26 28 22	36 12 36 33 24 28 23 26 28 22	3 17 4 1 24 29 23 26 28 22	6 21 3 5 24 29 23 26 28 22	9 25 8 9 23 29 23 26 28 21	12 29 14 12 23 28 22 26 27 21	15 34 17 16 24 28 23 25 27 21	18 2 16 20 26 28 23 25 27 22	20 6 21 24 28 28 23 26 27 22	24 10 25 27 30 29 23 26 27 22	27 14 27 31 33 29 24 26 28 22
14	30 6 28 26 22 27 23 26 27 22	33 11 31 30 23 28 23 26 28 22	36 13 36 33 24 28 23 26 28 22	3 18 4 1 24 29 23 26 28 22	6 22 3 5 23 29 23 26 28 22	9 26 8 9 23 29 23 26 28 21	12 31 14 12 23 28 22 26 27 21	15 35 17 16 24 28 23 25 27 21	18 4 16 20 26 28 23 25 27 22	21 7 21 24 28 28 23 26 27 22	24 12 26 28 30 29 23 26 27 22	27 16 27 31 33 29 24 26 28 22
15	30 7 28 26 22 27 23 26 27 22	33 12 31 30 23 28 23 26 28 22	36 15 1 34 24 28 23 26 28 22	3 20 4 1 24 29 23 26 28 22	6 24 3 5 23 29 23 26 28 22	9 29 8 9 23 28 23 26 28 21	12 32 14 13 23 28 22 26 27 21	15 36 17 16 24 28 23 25 27 21	18 5 16 20 26 28 23 25 27 22	21 8 21 24 28 28 23 26 27 22	24 13 26 28 30 29 23 26 27 22	27 17 27 31 33 29 24 26 28 22
16	30 9 28 26 22 27 23 26 27 22	33 14 32 30 23 28 23 26 28 22	36 16 1 34 24 28 23 26 28 22	3 21 4 2 24 29 23 26 28 22	6 25 3 5 23 29 23 26 29 22	9 30 8 9 23 28 23 26 28 21	12 33 14 13 23 28 22 25 27 21	15 2 17 17 24 28 23 25 27 21	18 6 16 20 26 28 23 25 27 22	21 9 21 24 28 28 23 26 27 22	24 15 26 28 31 29 23 26 27 22	27 18 27 31 33 29 24 26 28 22
17	30 10 28 26 22 27 23 26 27 22	33 15 32 30 23 28 23 26 28 22	36 18 1 34 24 28 23 26 28 22	3 23 4 2 24 29 23 26 28 22	6 26 4 5 23 29 23 26 28 22	9 31 8 9 23 28 23 26 28 21	12 34 14 13 23 28 22 25 27 21	15 3 17 17 24 28 23 25 27 21	18 7 16 20 26 28 23 25 27 22	21 11 21 24 28 28 23 26 27 22	24 16 26 28 31 29 23 26 27 22	27 20 26 31 33 29 24 26 28 22
18	30 11 28 27 22 27 23 26 27 22	33 17 32 30 23 28 23 26 28 22	36 19 1 34 24 28 23 26 28 22	3 24 4 2 24 29 23 26 28 22	6 28 4 5 23 29 23 26 28 21	9 32 9 9 23 28 23 26 28 21	12 36 14 13 23 28 22 25 27 21	15 4 17 17 25 28 23 25 27 21	18 9 16 21 26 28 23 25 27 22	21 12 21 24 28 28 23 26 27 22	24 17 26 28 31 29 23 26 27 22	27 21 26 32 33 29 24 26 28 22
19	30 13 28 27 22 27 23 26 28 22	33 18 32 30 23 28 23 26 28 22	36 21 1 34 24 28 23 26 28 22	3 26 4 2 24 29 23 26 28 22	6 29 4 6 23 29 23 26 28 21	9 34 9 9 23 28 23 26 28 21	12 1 15 13 23 28 22 25 27 21	15 5 17 17 25 28 23 25 27 21	18 10 16 21 26 28 23 25 27 22	21 13 22 24 28 28 23 26 27 22	24 19 26 28 31 29 23 26 27 22	27 23 26 32 33 29 24 26 28 22
20	30 14 28 27 22 28 23 26 28 22	34 20 32 31 23 28 23 26 28 22	36 22 2 34 24 28 23 26 28 22	4 27 4 2 24 29 23 26 28 22	6 30 4 6 23 29 23 26 28 21	9 35 9 9 23 28 23 26 28 21	12 2 15 13 23 28 22 25 27 21	15 6 17 17 25 28 23 25 27 21	18 11 17 21 26 28 23 25 27 22	21 15 22 24 29 28 23 26 27 22	24 20 26 28 31 29 24 26 27 22	27 24 26 32 33 29 24 26 28 22
21	31 16 28 27 22 28 23 26 28 22	34 21 33 31 23 28 23 26 28 22	1 23 2 34 24 29 23 26 28 22	4 28 4 2 24 29 23 26 28 22	7 32 4 6 23 29 23 26 28 21	10 36 9 10 23 28 23 26 28 21	12 3 15 13 23 28 22 25 27 21	15 8 17 17 25 28 23 25 27 21	18 13 17 21 27 28 23 26 27 22	21 16 22 25 29 28 23 26 27 22	24 22 26 28 31 29 24 26 27 22	27 26 26 32 33 29 24 26 28 22
22	31 17 28 27 22 28 23 26 28 22	34 23 33 31 23 28 23 26 28 22	1 25 2 34 24 29 23 26 28 22	4 30 4 2 24 29 23 26 28 22	7 33 4 6 23 29 23 26 28 21	10 1 9 10 23 28 23 26 28 21	12 4 15 13 23 28 22 25 27 21	15 9 17 17 25 28 23 25 27 21	18 14 17 21 27 28 23 26 27 22	21 18 22 25 29 28 23 26 27 22	24 23 27 28 31 29 24 26 28 22	28 27 26 32 33 29 24 26 28 22
23	31 19 28 27 22 28 23 26 28 22	34 24 33 31 23 28 23 26 28 22	1 26 2 35 24 29 23 26 28 22	4 31 4 2 24 29 23 26 28 22	7 34 4 6 23 29 23 26 28 21	10 2 10 10 23 28 22 26 27 21	13 6 15 14 23 28 22 25 27 21	16 10 17 17 25 28 23 25 27 21	19 15 17 21 27 28 23 26 27 22	21 19 22 25 29 28 23 26 27 22	25 25 27 29 31 29 24 26 28 22	28 28 26 32 33 29 24 26 28 22
24	31 20 28 27 22 28 23 26 28 22	34 25 33 31 23 28 23 26 28 22	1 27 2 35 24 29 23 26 28 22	4 32 4 2 24 29 23 26 28 22	7 35 4 6 23 29 23 26 28 21	10 4 10 10 23 28 22 26 27 21	13 7 15 14 23 28 22 25 27 21	16 12 16 17 25 28 23 25 27 21	19 17 17 21 27 28 23 26 27 22	21 21 22 25 29 28 23 26 27 22	25 26 27 29 31 29 24 26 28 22	28 29 26 32 33 29 24 26 28 22
25	31 22 29 27 22 28 23 26 28 22	34 27 33 31 24 28 23 26 28 22	1 29 2 35 24 29 23 26 28 22	4 33 4 3 24 29 23 26 28 22	7 36 4 6 23 29 23 26 28 21	10 5 10 10 23 28 22 26 27 21	13 8 15 14 23 28 22 25 27 21	16 13 16 18 25 28 23 25 27 21	19 19 17 21 27 28 23 26 27 22	22 22 23 25 29 28 23 26 27 22	25 27 27 29 31 29 24 26 28 22	28 31 26 32 33 29 24 26 28 22
26	31 23 29 28 22 28 23 26 28 22	34 28 33 31 24 28 23 26 28 22	1 30 3 35 24 29 23 26 28 22	4 34 3 3 24 29 23 26 28 22	7 2 5 6 23 29 23 26 28 21	10 6 10 10 23 28 22 26 27 21	13 10 15 14 23 28 22 25 27 21	16 15 16 18 25 28 23 25 27 21	19 20 18 22 27 28 23 26 27 22	22 24 23 25 29 28 23 26 27 22	25 29 27 29 31 29 24 26 28 22	28 32 26 32 34 30 24 26 28 22
27	31 24 29 28 22 28 23 26 28 22	34 29 33 31 24 28 23 26 28 22	1 31 3 35 24 29 23 26 28 22	4 36 3 3 24 29 23 26 28 22	7 3 5 7 23 29 23 26 28 21	10 7 11 10 23 28 22 26 27 21	13 11 16 14 23 28 22 25 27 21	16 16 16 18 25 28 23 25 27 21	19 22 18 22 27 28 23 26 27 22	22 25 23 25 29 28 23 26 27 22	25 30 27 29 31 29 24 26 28 22	28 33 26 33 34 30 24 26 28 22
28	31 26 29 28 22 28 23 26 28 22	34 30 34 32 24 28 23 26 28 22	1 32 3 35 24 29 23 26 28 22	4 1 3 3 24 29 23 26 28 22	7 4 5 7 23 29 23 26 28 21	10 9 11 10 23 28 22 26 27 21	13 12 16 14 24 28 22 25 27 21	16 18 16 18 25 28 23 25 27 22	19 23 18 22 27 28 23 26 27 22	22 27 23 25 29 28 23 26 27 22	25 31 27 29 31 29 24 26 28 22	28 35 26 33 34 30 24 26 28 22
29	31 27 29 28 22 28 23 26 28 22	34 31 34 32 24 28 23 26 28 22	1 34 3 35 24 29 23 26 28 22	4 2 3 3 24 29 23 26 28 22	7 5 5 7 23 29 23 26 28 21	10 10 11 11 23 28 22 26 27 21	13 14 16 14 24 28 22 25 27 21	16 19 16 18 25 28 23 25 27 22	19 24 18 22 27 28 23 26 27 22	22 28 23 26 29 28 23 26 27 22	25 33 27 29 31 29 24 26 28 22	28 36 26 33 34 30 24 26 28 22
30	31 28 29 28 22 28 23 26 28 22		1 35 3 35 24 29 23 26 28 22	4 3 3 3 24 29 23 26 28 22	7 7 5 7 23 29 23 26 28 21	10 11 11 11 23 28 22 26 27 21	13 15 16 14 24 28 22 25 27 21	16 21 16 18 25 28 23 25 27 22	19 26 18 22 27 28 23 26 27 22	22 29 23 26 29 28 23 26 27 22	25 34 27 29 32 29 24 26 28 22	28 1 26 33 34 30 24 26 28 22
31	32 29 29 28 22 28 23 26 28 22		2 36 3 36 24 29 23 26 28 22		7 8 5 7 23 29 23 26 28 21		13 17 16 15 24 28 22 25 27 21	16 22 16 18 25 28 23 25 27 22		22 31 24 26 29 28 23 26 27 22		28 2 26 33 34 30 24 26 28 22

1985

	JAN	FEB	MÄR	APR	MAI	JUNI	JULI	AUG	SEPT	OKT	NOV	DEZ
1	29 3 26 33 34 30 24 26 28 22	32 8 30 36 36 30 24 26 28 22	35 9 35 2 2 31 24 26 28 22	2 13 2 2 5 32 24 26 28 22	5 17 2 1 7 32 24 26 28 22	8 23 7 3 9 32 24 26 28 22	10 26 13 6 11 32 24 26 28 22	13 31 15 9 13 32 24 26 28 22	16 36 15 13 15 31 24 26 28 22	19 3 20 17 17 31 24 26 28 22	22 8 25 21 19 31 24 26 28 22	25 11 25 24 21 32 25 26 28 22
2	29 5 26 33 34 30 24 26 28 22	32 9 31 36 36 30 24 26 28 22	35 10 36 2 3 31 24 26 28 22	2 15 2 2 5 32 24 26 28 22	5 19 2 1 7 32 24 26 28 22	8 24 7 3 9 32 24 26 28 22	11 28 13 6 11 32 24 26 28 22	13 33 15 9 13 32 24 26 28 22	16 1 15 13 15 31 24 26 28 22	19 5 20 17 17 31 24 26 28 22	22 9 25 21 19 31 24 26 28 22	25 12 25 24 21 32 25 26 28 22
3	29 6 26 33 34 30 24 26 28 22	32 10 31 1 1 30 24 26 28 22	35 11 36 3 3 31 24 26 28 22	2 16 2 2 5 32 24 26 28 22	5 20 2 1 7 32 24 26 28 22	8 26 7 3 9 32 24 26 28 22	11 29 13 6 11 32 24 26 28 22	14 34 15 10 13 32 24 26 28 22	17 3 15 13 15 31 24 26 28 22	19 6 20 17 17 31 24 26 28 22	23 10 25 21 19 31 24 26 28 22	26 14 25 24 21 32 25 26 28 22
4	29 7 27 33 34 30 24 26 28 22	32 12 31 1 1 30 24 26 28 22	35 13 36 3 3 31 24 26 28 22	2 18 2 2 5 32 24 26 28 22	5 22 2 1 7 32 24 26 28 22	8 27 7 3 9 32 34 26 28 22	11 31 13 6 11 32 24 26 28 22	14 35 15 10 13 32 24 26 28 22	17 4 15 13 15 31 24 26 28 22	20 7 20 17 17 31 24 26 28 22	23 12 25 21 19 31 24 26 28 22	26 15 25 25 21 32 25 26 28 22
5	29 8 27 34 34 30 24 26 28 22	32 13 31 1 1 30 24 26 28 22	35 14 36 3 3 31 24 26 28 22	2 19 2 2 5 32 24 26 28 22	5 23 2 1 7 32 24 26 28 22	8 28 8 3 9 32 24 26 28 22	11 32 13 6 11 32 24 26 28 22	14 1 15 10 13 32 24 26 28 22	17 5 15 13 15 31 24 26 28 22	20 8 21 17 17 31 24 26 28 22	23 13 25 21 19 31 24 26 28 22	26 16 24 25 21 32 25 26 28 22
6	29 10 27 34 34 30 24 26 28 22	32 15 31 1 1 30 24 26 28 22	35 16 36 3 3 31 24 26 28 22	2 21 2 2 5 32 24 26 28 22	5 25 2 1 7 32 24 26 28 22	8 30 8 3 9 32 24 26 28 22	11 33 13 6 11 32 24 26 28 22	14 2 15 10 13 32 24 26 28 22	17 6 16 14 15 31 24 26 28 22	20 9 21 17 17 31 24 26 28 22	23 14 25 21 19 31 24 26 28 22	26 18 24 25 21 32 25 26 28 22
7	29 11 27 34 34 30 24 26 28 22	32 16 31 1 1 31 24 26 28 22	35 17 1 3 3 31 24 26 26 28	2 22 2 2 5 32 24 26 28 22	5 26 3 1 7 32 24 26 28 22	8 31 8 4 9 32 24 26 28 22	11 35 14 7 11 32 24 26 28 22	14 3 15 10 13 32 24 26 28 22	17 7 16 14 15 31 24 26 28 22	20 11 21 17 17 31 24 26 28 22	23 15 25 21 19 31 24 26 28 22	26 19 24 25 21 32 25 26 28 22
8	29 12 27 34 35 30 24 26 28 22	32 18 32 1 1 31 24 26 28 22	35 19 1 3 3 31 24 26 28 22	2 24 2 2 5 32 24 26 28 22	5 28 3 1 7 32 24 26 28 22	8 32 8 4 9 32 24 26 28 22	11 36 14 7 11 32 24 26 28 22	14 4 14 10 13 32 24 26 28 22	17 9 16 14 15 31 24 26 28 22	20 12 21 17 17 31 24 26 28 22	23 17 25 21 19 31 24 26 28 22	26 20 24 25 21 32 25 26 28 22
9	29 14 27 34 35 30 24 26 28 22	33 19 32 1 1 31 24 26 28 22	35 20 1 3 3 31 24 26 28 22	2 25 1 2 5 32 24 26 28 22	5 29 3 1 7 32 24 26 28 22	8 34 8 4 9 32 24 26 28 22	11 1 14 7 11 32 24 26 28 22	14 5 14 10 13 32 24 26 28 22	17 10 16 14 15 31 24 26 28 22	20 13 21 18 17 31 24 26 28 22	23 18 25 21 19 31 24 26 28 22	26 22 24 25 21 32 25 26 28 22
10	29 15 27 34 35 30 24 26 28 22	33 21 32 1 1 31 24 26 28 22	35 22 1 3 3 31 24 26 28 22	3 27 1 2 5 32 24 26 28 22	5 30 3 1 7 32 24 26 28 22	8 35 9 4 10 32 24 26 28 22	11 2 14 7 12 32 24 26 28 22	14 7 14 10 14 32 24 26 28 22	17 11 16 14 15 31 24 26 28 22	20 15 21 18 17 31 24 26 28 22	23 20 26 22 19 31 24 26 28 22	26 23 24 25 21 32 25 26 28 22
11	30 17 27 34 35 30 24 26 28 22	33 22 32 1 1 31 24 26 28 22	36 23 1 3 3 31 24 26 28 22	3 28 1 1 5 32 24 26 28 22	6 32 3 2 8 32 24 26 28 22	9 36 9 4 10 32 24 26 28 22	11 3 14 7 12 32 24 26 28 22	14 8 14 11 14 32 24 26 28 22	17 12 16 14 16 31 24 26 28 22	20 16 22 18 17 31 24 26 28 22	23 21 26 22 19 31 24 26 28 22	26 25 24 25 21 32 25 26 28 22
12	30 18 28 34 35 30 24 26 28 22	33 23 32 1 1 31 24 26 28 22	36 24 1 3 3 31 24 26 28 22	3 29 1 1 5 32 24 26 28 22	6 33 3 2 8 32 24 26 28 22	9 1 9 4 10 32 24 26 28 22	11 5 14 7 12 32 24 26 28 22	14 9 14 11 14 32 24 26 28 22	17 13 17 14 16 31 24 26 28 22	20 17 22 18 18 31 24 26 28 22	23 23 26 22 19 31 24 26 28 22	26 26 24 26 21 32 25 26 28 22
13	30 19 28 34 35 30 24 26 28 22	33 25 32 1 1 31 24 26 28 22	36 26 1 3 3 31 24 26 28 22	3 31 1 1 6 32 24 26 28 22	6 34 3 2 8 32 24 26 28 22	9 3 9 4 10 32 24 26 28 22	12 6 14 7 12 32 24 26 28 22	15 10 14 11 14 32 24 26 28 22	18 15 17 14 16 31 24 26 28 22	20 19 22 18 18 31 24 26 28 22	24 24 26 22 20 31 24 26 28 22	27 28 25 26 21 32 25 26 28 22
14	30 21 28 35 35 30 24 26 28 22	33 26 33 1 1 31 24 26 28 22	36 27 2 3 3 31 24 26 28 22	3 32 1 1 6 32 24 26 28 22	6 35 3 2 8 32 24 26 28 22	9 4 10 4 10 32 24 26 28 22	12 7 14 7 12 32 24 26 28 22	15 12 14 11 14 32 24 26 28 22	18 16 17 15 16 31 24 26 28 22	21 20 22 18 18 31 24 26 28 22	24 26 26 22 20 31 24 26 28 22	27 29 25 26 21 32 25 26 28 22
15	30 22 28 35 35 30 24 26 28 22	33 27 33 2 1 31 24 26 28 22	36 28 2 3 3 31 24 26 28 22	3 33 1 1 6 32 24 26 28 22	6 1 4 2 8 32 24 26 28 22	9 5 10 4 10 32 24 26 28 22	12 8 14 7 12 32 24 26 28 22	15 13 14 11 14 32 24 26 28 22	18 18 17 15 16 31 24 26 28 22	21 22 22 18 18 31 24 26 28 22	24 27 26 22 20 31 24 26 28 22	27 31 25 26 21 32 25 26 28 22
16	30 24 28 35 35 30 24 26 28 22	33 29 33 2 1 31 24 26 28 22	36 30 2 3 4 31 24 26 28 22	3 34 1 1 6 32 24 26 28 22	6 2 4 2 8 32 24 26 28 22	9 6 10 4 10 32 24 26 28 22	12 9 14 8 12 32 24 26 28 22	15 14 14 11 14 32 24 26 28 22	18 19 17 15 16 31 24 26 28 22	21 23 22 18 18 31 24 26 28 22	24 29 26 22 20 32 24 26 28 22	27 32 25 26 22 32 25 26 28 22
17	30 25 28 35 35 30 24 26 28 22	33 30 33 2 2 31 24 26 28 22	36 31 2 3 4 31 24 26 28 22	3 36 1 1 6 32 24 26 28 22	6 3 4 2 8 32 24 26 28 22	9 7 10 5 10 32 24 26 28 22	12 11 15 8 12 32 24 26 28 22	15 16 14 11 14 32 24 26 28 22	18 21 17 15 16 31 24 26 28 22	21 25 22 19 18 31 24 26 28 22	24 30 26 22 20 32 24 26 28 22	27 34 25 26 22 32 25 26 28 22
18	30 26 28 35 35 30 24 26 28 22	33 31 33 2 2 31 24 26 28 22	36 32 2 3 4 31 24 26 28 22	3 1 1 1 6 32 24 26 28 22	6 4 4 2 8 32 24 26 28 22	9 9 10 5 10 32 24 26 28 22	12 12 15 8 12 32 24 26 28 22	15 17 14 11 14 32 24 26 28 22	18 22 18 15 16 31 24 26 28 22	21 26 23 19 18 31 24 26 28 22	24 31 26 23 20 32 25 26 28 22	27 35 25 26 22 32 25 26 28 22
19	30 28 28 35 35 30 24 26 28 22	34 33 34 2 2 31 24 26 28 22	36 34 2 3 4 31 24 26 28 22	3 2 1 1 6 32 24 26 28 22	6 5 4 2 8 32 24 26 28 22	9 10 11 5 10 32 24 26 28 22	12 13 15 8 12 32 24 26 28 22	15 19 14 11 14 32 24 26 28 22	18 24 18 15 16 31 24 26 28 22	21 28 23 19 18 31 24 26 28 22	24 33 26 23 20 32 25 26 28 22	27 36 25 26 22 32 25 26 28 22
20	30 29 29 35 35 30 24 26 28 22	34 34 34 2 2 31 24 26 28 22	36 35 2 3 4 31 24 26 28 22	3 3 1 1 6 32 24 26 28 22	6 6 4 2 8 32 24 26 28 22	9 11 11 5 10 32 24 26 28 22	12 15 15 8 12 32 24 26 28 22	15 20 14 12 14 32 24 26 28 22	18 25 18 15 16 31 24 26 28 22	21 29 23 19 18 31 24 26 28 22	24 34 26 23 20 32 25 26 28 22	27 1 25 27 22 32 25 26 28 22
21	31 30 29 35 36 30 24 26 28 22	34 35 34 2 2 31 24 26 28 22	1 36 2 3 4 31 24 26 28 22	4 4 1 1 6 32 24 26 28 22	6 8 5 2 8 32 24 26 28 22	9 12 11 5 10 32 24 26 28 22	12 16 15 8 12 32 24 26 28 22	15 21 14 12 14 31 24 26 28 22	18 27 18 15 16 31 24 26 28 22	21 30 23 19 18 31 24 26 28 22	24 35 26 23 20 32 25 26 28 22	27 3 25 27 22 32 25 26 28 22
22	31 32 29 35 36 30 24 26 28 22	34 36 34 2 2 31 24 26 28 22	1 1 2 3 4 31 24 26 28 22	4 6 1 1 6 32 24 26 28 22	7 9 5 2 8 32 24 26 28 22	10 14 11 5 10 32 24 26 28 22	12 17 15 8 12 32 24 26 28 22	15 23 14 12 14 31 24 26 28 22	18 28 18 15 16 31 24 26 28 22	21 32 23 19 18 31 24 26 28 22	24 36 26 23 20 32 25 26 28 22	28 4 25 27 22 32 25 26 28 22
23	31 33 29 35 36 30 24 26 28 22	34 2 34 2 2 31 24 26 28 22	1 2 2 3 4 31 24 26 28 22	4 7 1 1 6 32 24 26 28 22	7 10 5 2 8 32 24 26 28 22	10 15 11 5 10 32 24 26 28 22	13 19 15 8 12 32 24 26 28 22	15 24 14 12 14 31 24 26 28 22	18 29 19 16 16 31 24 26 28 22	21 33 23 19 18 31 24 26 28 22	25 2 26 23 20 32 25 26 28 22	28 5 26 27 22 32 25 26 28 22
24	31 34 29 36 36 30 24 26 28 22	34 3 34 2 2 31 24 26 28 22	1 4 2 3 4 31 24 26 28 22	4 8 1 1 6 32 24 26 28 22	7 11 5 2 8 32 24 26 28 22	10 16 12 5 10 32 24 26 28 22	13 20 15 8 12 32 24 26 28 22	16 26 14 12 14 31 24 26 28 22	19 31 19 16 16 31 24 26 28 22	22 34 23 19 18 31 24 26 28 22	25 3 26 23 20 32 25 26 28 22	28 6 26 27 22 32 25 26 28 22
25	31 35 29 36 36 30 24 26 28 22	34 4 35 2 2 31 24 26 28 22	1 5 2 2 4 31 24 26 28 22	4 9 1 1 6 32 24 26 28 22	7 13 5 2 8 32 24 26 28 22	10 18 12 5 11 32 24 26 28 22	13 22 15 9 12 32 24 26 28 22	16 27 14 12 14 31 24 26 28 22	19 32 19 16 16 31 24 26 28 22	22 36 24 20 18 31 24 26 28 22	25 4 26 23 20 32 25 26 28 22	28 7 26 27 22 32 25 26 28 22
26	31 1 30 36 36 30 24 26 28 22	34 5 35 2 2 31 24 26 28 22	1 6 2 2 4 31 24 26 28 22	4 10 1 1 6 32 24 26 28 22	7 14 6 3 9 32 24 26 28 22	10 19 12 5 11 32 24 26 28 22	13 23 15 9 13 32 24 26 28 22	16 28 14 12 15 31 24 26 28 22	19 33 19 16 17 31 24 26 28 22	22 1 24 20 18 31 24 26 28 22	25 5 26 24 20 32 25 26 28 22	28 8 26 27 22 32 25 26 28 22
27	31 2 30 36 36 30 24 26 28 22	34 6 35 2 2 31 24 26 28 22	1 7 2 2 4 32 24 26 28 22	4 12 2 1 7 32 24 26 28 22	7 15 6 3 9 32 24 26 28 22	10 21 12 6 11 32 24 26 28 22	13 25 15 9 13 32 24 26 28 22	16 30 14 12 15 31 24 26 28 22	19 35 19 16 17 31 24 26 28 22	22 2 24 20 18 31 24 26 28 22	25 6 25 24 20 32 25 26 28 22	28 10 26 27 22 32 25 26 28 22
28	31 3 30 36 36 30 24 26 28 22	34 7 35 2 2 31 24 26 28 22	1 8 2 2 4 32 24 26 28 22	4 13 2 1 7 32 24 26 28 22	7 17 6 3 9 32 24 26 28 22	10 22 12 6 11 32 24 26 28 22	13 26 15 9 13 32 24 26 28 22	16 31 14 12 15 31 24 26 28 22	19 36 19 16 17 31 24 26 28 22	22 3 24 20 19 31 24 26 28 22	25 8 25 24 20 32 25 26 28 22	28 11 26 28 22 32 25 26 28 22
29	31 4 30 36 36 30 24 26 28 22		1 10 2 2 4 32 24 26 28 22	4 14 2 1 7 32 24 26 28 22	7 18 6 3 9 32 24 26 28 22	10 24 12 6 11 32 24 26 28 22	13 27 15 9 13 32 24 26 28 22	16 32 14 13 15 31 24 26 28 22	19 1 20 16 17 31 24 26 28 22	22 4 24 20 19 31 24 26 28 22	25 9 25 24 20 32 25 26 28 22	28 12 26 28 22 32 25 26 28 22
30	32 5 30 36 36 30 24 26 28 22		1 11 2 2 5 32 24 26 28 22	4 16 2 1 7 32 24 26 28 22	7 20 6 3 9 32 24 26 28 22	10 25 13 6 11 32 24 26 28 22	13 29 15 9 13 32 24 26 28 22	16 34 14 13 15 31 24 26 28 22	19 2 20 16 17 31 24 26 28 22	22 6 24 20 19 31 24 26 28 22	25 10 25 24 21 32 25 26 28 22	28 13 27 28 22 32 25 26 28 22
31	32 7 30 36 36 30 24 26 28 22		2 12 2 2 5 32 24 26 28 22		7 21 7 3 9 32 24 26 28 22		13 30 15 9 13 32 24 26 28 22	16 35 14 13 15 31 24 26 28 22		22 7 24 20 19 31 24 26 28 22		28 15 27 28 22 32 25 26 28 22

1986

	JAN	FEB	MÄR	APR	MAI	JUNI	JULI	AUG	SEPT	OKT	NOV	DEZ
1	29 16 27 28 23 32 25 26 28 22	32 21 32 32 24 33 25 27 28 22	35 22 36 35 26 34 25 27 28 22	2 28 35 3 28 34 25 27 28 22	5 31 2 7 29 35 25 27 28 22	8 36 9 11 30 36 25 27 28 22	10 4 13 14 30 36 25 27 28 22	13 8 12 18 29 36 25 27 28 22	16 12 16 21 29 35 25 27 28 22	19 16 21 23 30 25 25 27 28 22	22 21 24 23 32 35 25 27 28 22	25 24 23 22 34 35 26 27 28 22
2	29 17 27 28 23 32 25 26 28 22	32 23 32 32 24 33 25 27 28 22	35 24 36 36 26 34 25 27 28 22	2 29 35 3 28 34 25 27 28 22	5 33 3 7 29 35 25 27 28 22	8 1 9 11 30 36 25 27 28 22	10 5 13 14 29 36 25 27 28 22	13 9 12 18 29 36 25 27 28 22	16 14 16 21 29 35 25 27 28 22	19 17 21 23 30 35 25 27 28 22	22 22 24 23 32 35 25 27 28 22	25 26 23 22 34 35 26 27 28 22
3	29 19 27 28 23 32 25 26 28 22	32 24 32 32 25 33 25 27 28 22	35 25 36 36 26 34 25 27 28 22	2 30 35 4 28 34 25 27 28 22	5 34 3 7 29 35 25 27 28 22	8 3 9 11 30 36 25 27 28 22	11 6 13 15 29 36 25 27 28 22	14 10 12 18 29 36 25 27 28 22	17 15 16 21 29 35 25 27 28 22	19 18 21 23 30 35 25 27 28 22	23 24 24 23 32 35 25 27 28 22	26 27 24 22 34 35 26 27 28 22
4	29 20 27 28 23 32 25 26 28 22	32 25 32 32 25 33 25 27 28 22	35 26 1 36 26 34 25 27 28 22	2 32 35 4 28 34 25 27 28 22	5 35 3 7 29 35 25 27 28 22	8 4 9 11 30 36 25 27 28 22	11 7 13 15 29 36 25 27 28 22	14 12 12 18 29 36 25 27 28 22	17 16 16 21 29 35 25 27 28 22	20 20 21 23 30 35 25 27 28 22	23 25 24 23 32 35 25 27 28 22	26 29 24 22 34 35 26 27 28 22
5	29 21 27 29 23 32 25 26 28 22	32 27 32 32 25 33 25 27 28 22	35 28 1 36 26 34 25 27 28 22	2 33 35 4 28 35 25 27 28 22	5 1 3 7 29 35 25 27 28 22	8 5 9 11 30 36 25 27 28 22	11 8 13 15 29 36 25 27 28 22	14 13 12 18 29 36 25 27 28 22	17 18 17 21 29 35 25 27 28 22	20 21 22 23 30 35 25 27 28 22	23 27 24 23 32 35 25 27 28 22	26 30 24 22 34 35 26 27 28 22
6	29 23 28 29 23 32 25 26 28 22	32 28 33 33 25 33 25 27 28 22	35 29 1 36 26 34 25 27 28 22	2 34 35 4 28 35 25 27 28 22	5 2 3 8 29 35 25 27 28 22	8 6 10 11 30 36 25 27 28 22	11 10 13 15 29 36 25 27 28 22	14 14 12 18 29 36 25 27 28 22	17 19 17 21 29 35 25 27 28 22	20 23 22 23 30 35 25 27 28 22	23 28 24 23 32 35 25 27 28 22	26 32 24 22 34 35 26 27 28 22
7	29 24 28 29 23 32 25 26 28 22	32 30 33 33 25 33 25 27 28 22	35 31 1 36 26 34 25 27 28 22	2 36 36 4 28 35 25 27 28 22	5 3 3 8 29 35 25 27 28 22	8 7 10 11 30 36 25 27 28 22	11 11 13 15 29 36 25 27 28 22	14 15 12 18 29 36 25 27 28 22	17 20 17 21 29 35 25 27 28 22	20 24 22 23 30 35 25 27 28 22	23 29 24 23 32 35 25 27 28 22	26 33 24 22 34 35 26 27 28 22
8	29 26 28 29 23 32 25 26 28 22	32 31 33 33 25 33 25 27 28 22	35 32 1 36 26 34 25 27 28 22	2 1 36 4 28 35 25 27 28 22	5 4 4 8 29 35 25 27 28 22	8 9 10 12 30 36 25 27 28 22	11 12 13 15 29 36 25 27 28 22	14 17 12 19 29 36 25 27 28 22	17 22 17 22 29 35 25 27 28 22	20 26 22 23 30 35 25 27 28 22	23 31 24 23 32 35 25 27 28 22	26 35 24 22 34 35 26 27 28 22
9	29 27 28 29 23 33 25 26 28 22	32 32 33 33 25 33 25 27 28 22	35 33 1 36 26 34 25 27 28 22	2 2 36 4 28 35 25 27 28 22	5 5 4 8 29 35 25 27 28 22	8 10 10 12 30 36 25 27 28 22	11 13 13 15 29 36 25 27 28 22	14 18 12 19 29 36 25 27 28 22	17 23 17 22 29 35 25 27 28 22	20 27 22 23 30 35 25 27 28 22	23 32 24 23 32 35 25 27 28 22	26 36 24 22 34 35 26 27 28 22
10	29 29 28 29 23 33 25 27 28 22	33 34 33 33 25 33 25 27 28 22	35 35 1 1 27 34 25 27 28 22	2 3 36 4 28 35 25 27 28 22	5 7 4 8 29 35 25 27 28 22	8 11 10 12 30 36 25 27 28 22	11 14 13 15 29 36 25 27 28 22	14 19 12 19 29 36 25 27 28 22	17 24 18 22 29 35 25 27 28 22	20 28 22 23 31 35 25 27 28 22	23 34 24 22 32 35 25 27 28 22	26 1 24 22 34 35 26 27 28 22
11	30 30 28 29 23 33 25 27 28 22	33 35 33 33 25 33 25 27 28 22	36 36 1 1 27 34 25 27 28 22	3 5 36 5 28 35 25 27 28 22	6 8 4 8 29 35 25 27 28 22	8 12 10 12 30 36 25 27 28 22	11 16 13 15 29 36 25 27 28 22	14 21 12 19 29 36 25 27 28 22	17 26 18 22 29 35 25 27 28 22	20 30 22 23 31 35 25 27 28 22	23 35 24 22 32 35 25 27 28 22	26 3 25 22 35 35 26 27 28 22
12	30 32 28 29 23 33 25 27 28 22	33 36 34 33 25 33 25 27 28 22	36 1 36 1 27 34 25 27 28 22	3 6 36 5 28 35 25 27 28 22	6 9 4 8 29 35 25 27 28 22	9 13 11 12 30 36 25 27 28 22	12 17 13 16 29 36 25 27 28 22	14 22 13 19 29 36 25 27 28 22	17 27 18 22 29 35 25 27 28 22	20 31 23 24 31 35 25 27 28 22	23 36 24 22 33 35 25 27 28 22	26 4 25 22 35 35 26 27 28 22
13	30 33 29 30 23 33 25 27 28 22	33 2 34 33 25 33 25 27 28 22	36 2 36 1 27 34 25 27 28 22	3 7 36 5 28 35 25 27 28 22	6 10 5 8 29 35 25 27 28 22	9 15 11 12 30 36 25 27 28 22	12 18 13 16 29 36 25 27 28 22	14 23 13 19 29 36 25 27 28 22	17 29 18 22 29 35 25 27 28 22	20 33 23 24 31 35 25 27 28 22	24 2 24 22 33 35 25 27 28 22	27 5 25 22 35 35 26 27 28 22
14	30 34 29 30 23 33 25 27 28 22	33 3 34 34 25 33 25 27 28 22	36 4 36 1 27 34 25 27 28 22	3 8 36 5 28 35 25 27 28 22	6 11 5 9 29 35 25 27 28 22	9 16 11 12 30 36 25 27 28 22	12 20 13 16 29 36 25 27 28 22	14 25 13 19 29 36 25 27 28 22	18 30 18 22 29 35 25 27 28 22	21 34 23 24 31 35 25 27 28 22	24 3 23 22 33 35 25 27 28 22	27 6 25 23 35 35 26 27 28 22
15	30 36 29 30 23 33 25 27 28 22	33 4 34 34 25 33 25 27 28 22	36 5 36 1 27 34 25 27 28 22	3 9 36 5 28 35 25 27 28 22	6 13 5 9 29 35 25 27 28 22	9 17 11 12 30 36 25 27 28 22	12 21 13 16 29 36 25 27 28 22	15 26 13 19 29 36 25 27 28 22	18 32 18 22 29 35 25 27 28 22	21 35 23 24 31 35 25 27 28 22	24 4 23 22 33 35 25 27 28 22	27 7 25 23 35 35 26 27 28 22
16	30 1 29 30 23 33 25 27 28 22	33 5 34 34 25 33 25 27 28 22	36 6 36 1 27 34 25 27 28 22	3 10 36 5 28 35 25 27 28 22	6 14 5 9 29 35 25 27 28 22	9 19 11 13 30 36 25 27 28 22	12 22 13 16 29 36 25 27 28 22	15 28 13 19 29 36 25 27 28 22	18 33 19 22 29 35 25 27 28 22	21 1 23 24 31 35 25 27 28 22	24 5 23 22 33 35 26 27 28 22	27 9 25 23 35 35 26 27 28 22
17	30 2 29 30 24 33 25 27 28 22	33 6 35 34 25 33 25 27 28 22	36 7 36 1 27 34 25 27 28 22	3 12 36 5 28 35 25 27 28 22	6 15 5 9 30 35 25 27 28 22	9 20 12 13 30 36 25 27 28 22	12 24 13 16 29 36 25 27 28 22	15 29 13 19 29 36 25 27 28 22	18 34 19 22 29 35 25 27 28 22	21 2 23 24 31 35 25 27 28 22	24 6 23 22 33 35 26 27 28 22	27 10 26 23 35 35 26 27 28 22
18	30 3 29 30 24 33 25 27 28 22	33 8 35 34 25 33 25 27 28 22	36 8 36 2 27 34 25 27 28 22	3 13 1 5 28 35 25 27 28 22	6 16 6 9 30 35 25 27 28 22	9 21 12 13 30 36 25 27 28 22	12 25 13 16 29 36 25 27 28 22	15 31 13 20 29 36 25 27 28 22	18 36 19 22 29 35 25 27 28 22	21 3 23 24 31 35 25 27 28 22	24 8 23 22 33 35 26 27 28 22	27 11 26 23 35 35 26 27 28 22
19	30 5 30 30 24 33 25 27 28 22	34 9 35 34 25 33 25 27 28 22	36 10 36 2 27 34 25 27 28 22	3 14 1 6 29 35 25 27 28 22	6 18 6 9 30 35 25 27 28 22	9 23 12 13 30 36 25 27 28 22	12 27 13 16 29 36 25 27 28 22	15 32 13 20 29 36 25 27 28 22	18 1 19 22 30 35 25 27 28 22	21 4 23 24 31 35 25 27 28 22	24 9 23 22 33 35 26 27 28 22	27 12 26 23 35 35 26 27 28 22
20	30 6 30 30 24 33 25 27 28 22	34 10 35 34 26 33 25 27 28 22	36 11 36 2 27 34 25 27 28 22	3 15 1 6 29 35 25 27 28 22	6 19 6 9 30 35 25 27 28 22	9 24 12 13 30 36 25 27 28 22	12 28 13 16 29 36 25 27 28 22	15 33 14 20 29 36 25 27 28 22	18 2 19 22 30 35 25 27 28 22	21 6 24 24 31 35 25 27 28 22	24 10 23 22 33 35 26 27 28 22	27 13 26 23 35 35 26 27 28 22
21	31 7 30 31 24 33 25 27 28 22	34 11 35 34 26 34 25 27 28 22	1 12 36 2 27 34 25 27 28 22	4 17 1 6 29 35 25 27 28 22	6 20 6 9 30 35 25 27 28 22	9 26 12 13 30 36 25 26 28 22	12 30 13 17 29 36 25 27 28 22	15 35 14 20 29 36 25 27 28 22	18 4 19 23 30 35 25 27 28 22	21 7 24 23 31 35 25 27 28 22	24 11 23 22 33 35 26 27 28 22	27 15 26 23 35 35 26 27 28 22
22	31 8 30 31 24 33 25 27 28 22	34 13 35 35 26 34 25 27 28 22	1 13 36 2 27 34 25 27 28 22	4 18 1 6 29 35 25 27 28 22	7 22 6 10 30 35 25 27 28 22	10 27 12 13 30 36 25 26 28 22	12 31 13 17 29 36 25 27 28 22	15 36 14 20 29 36 25 27 28 22	18 5 20 23 30 35 25 27 28 22	21 8 24 23 31 35 25 27 28 22	24 12 23 22 33 35 26 27 28 22	27 16 26 23 35 35 26 27 28 22
23	31 9 30 31 24 33 25 27 28 22	34 14 36 35 26 34 25 27 28 22	1 15 36 2 27 34 25 27 28 22	4 20 1 6 29 35 25 27 28 22	7 23 7 10 30 35 25 27 28 22	10 29 12 13 30 36 25 26 28 22	12 33 13 17 29 36 25 27 28 22	15 2 14 20 29 36 25 27 28 22	18 6 20 23 30 35 25 27 28 22	21 9 24 23 31 35 25 27 28 22	25 14 23 22 33 35 26 27 28 22	28 17 26 23 35 35 26 27 28 22
24	31 11 30 31 24 33 25 27 28 22	34 15 36 35 26 34 25 27 28 22	1 16 35 2 27 34 25 27 28 22	4 21 1 6 29 35 25 27 28 22	7 25 7 10 30 35 25 27 28 22	10 30 12 13 30 36 25 26 28 22	13 34 12 17 29 36 25 27 28 22	16 3 14 20 29 36 25 27 28 22	19 7 20 23 30 35 25 27 28 22	22 10 24 23 31 35 25 27 28 22	25 15 23 22 33 35 26 27 28 22	28 18 27 23 35 35 26 27 28 22
25	31 12 30 31 24 33 25 27 28 22	34 17 36 35 26 34 25 27 28 22	1 17 35 2 27 34 25 27 28 22	4 23 1 6 29 35 25 27 28 22	7 26 7 10 30 35 25 27 28 22	10 32 12 14 30 36 25 26 28 22	13 35 12 17 29 36 25 27 28 22	16 4 14 20 29 36 25 27 28 22	19 8 20 23 30 35 25 27 28 22	22 12 24 23 31 35 25 27 28 22	25 16 23 22 33 35 26 27 28 22	28 20 27 23 35 35 26 27 28 22
26	31 13 31 31 24 33 25 27 28 22	34 18 36 35 26 34 25 27 28 22	1 19 35 3 27 34 25 27 28 22	4 24 2 6 29 35 25 27 28 22	7 28 7 10 30 35 25 27 28 22	10 33 12 14 30 36 25 26 28 22	13 1 12 17 29 36 25 27 28 22	16 5 15 20 29 35 25 27 28 22	19 10 20 23 30 35 25 27 28 22	22 13 24 23 31 35 25 27 28 22	25 17 23 22 33 35 26 27 28 22	28 21 27 23 36 35 26 27 28 22
27	31 14 31 31 24 33 25 27 28 22	34 19 36 35 26 34 25 27 28 22	1 20 35 3 27 34 25 27 28 22	4 26 2 7 29 35 25 27 28 22	7 29 8 10 30 35 25 27 28 22	10 35 13 14 30 36 25 26 28 22	13 2 12 17 29 36 25 27 28 22	16 6 15 20 29 35 25 27 28 22	19 11 20 23 30 35 25 27 28 22	22 14 24 23 32 35 25 27 28 22	25 19 23 22 34 35 26 27 28 22	28 22 27 23 36 35 26 27 28 22
28	31 16 31 31 24 33 25 27 28 22	34 21 36 35 26 34 25 27 28 22	1 22 35 3 27 34 25 27 28 22	4 27 2 7 29 35 25 27 28 22	7 31 8 10 30 35 25 27 28 22	10 36 13 14 30 36 26 26 28 22	13 3 12 17 29 36 25 27 28 22	16 8 15 21 29 35 25 27 28 22	19 12 21 23 30 35 25 27 28 22	22 15 24 23 32 35 25 27 28 22	25 20 23 22 34 35 26 27 28 22	28 24 27 24 36 35 26 27 28 22
29	31 17 31 32 24 33 25 27 28 22		1 23 35 3 28 34 25 27 28 22	4 29 2 7 29 35 25 27 28 22	7 32 8 10 30 35 25 27 28 22	10 1 13 14 30 36 25 26 28 22	13 4 12 17 29 36 25 27 28 22	16 9 15 21 29 35 25 27 28 22	19 13 21 23 30 35 25 27 28 22	22 17 24 23 32 35 25 27 28 22	25 21 23 22 34 35 26 27 28 22	28 25 27 24 36 35 26 27 28 22
30	31 18 31 32 24 33 25 27 28 22		1 25 35 3 28 34 25 27 28 22	4 30 2 7 29 35 25 27 28 22	7 34 8 11 30 35 25 27 28 22	10 2 13 14 30 36 25 26 28 22	13 6 12 18 29 36 25 27 28 22	16 10 15 21 29 35 25 27 28 22	19 14 21 23 30 36 25 27 28 22	22 18 24 23 32 35 25 27 28 22	25 23 23 22 34 35 26 27 28 22	28 27 28 24 36 35 26 27 28 22
31	32 20 32 32 24 33 25 27 28 22		1 26 35 3 28 34 25 27 28 22		7 35 8 11 30 36 25 27 28 22		13 7 12 18 29 36 25 27 28 22	16 11 16 21 29 35 25 27 28 22		22 19 24 23 32 35 25 27 28 22		28 28 28 24 36 35 26 27 28 22

1987

	JAN	FEB	MÄR	APR	MAI	JUNI	JULI	AUG	SEPT	OKT	NOV	DEZ
1	29 30 28 24 36 35 26 27 28 22	32 35 33 27 2 36 26 27 28 22	34 36 34 30 4 36 27 27 28 22	2 5 35 34 6 1 27 27 28 22	5 8 4 2 8 2 27 27 28 22	8 12 10 5 10 3 26 27 28 22	10 16 11 9 12 3 26 27 28 22	13 20 12 13 14 3 26 27 28 22	16 25 17 17 16 3 26 27 28 22	19 29 22 20 18 3 26 27 28 22	22 34 22 24 20 3 26 27 28 22	25 2 24 28 22 3 27 27 28 23
2	29 31 28 24 36 35 26 27 28 22	32 36 33 27 2 36 26 27 28 22	35 1 34 30 4 1 27 27 28 22	2 6 35 34 6 1 27 27 28 22	5 9 4 2 8 2 27 27 28 22	8 14 10 5 10 3 26 27 28 22	10 17 11 9 12 3 26 27 28 22	13 21 12 13 14 3 26 27 28 22	16 26 18 17 16 3 26 27 28 22	19 30 22 20 18 3 26 27 28 22	22 36 21 24 20 3 26 27 28 22	25 3 24 28 22 3 27 27 28 23
3	29 33 28 24 36 35 26 27 28 22	32 2 33 27 2 36 26 27 28 22	35 3 34 30 4 1 27 27 28 22	2 7 35 34 6 1 27 27 28 22	5 10 4 2 8 2 27 27 28 22	8 15 10 6 10 3 26 27 28 22	11 18 11 9 12 3 26 27 28 22	14 23 12 13 14 3 26 27 28 22	16 28 18 17 16 3 26 27 28 22	19 32 22 21 18 3 26 27 28 22	23 1 21 24 20 3 26 27 28 22	26 5 24 28 22 3 27 27 28 23
4	29 34 28 24 36 35 26 27 28 22	32 3 33 27 2 36 26 27 28 22	35 4 34 31 4 1 27 27 28 22	2 8 35 34 6 1 27 27 28 22	5 12 4 2 8 2 27 27 28 22	8 16 10 6 10 3 26 27 28 22	11 19 11 9 12 3 26 27 28 22	14 24 12 13 14 3 26 27 28 22	17 29 18 17 16 3 26 27 28 22	20 33 22 21 18 3 26 27 28 22	23 2 21 25 20 3 26 27 28 22	26 6 25 28 22 2 27 27 28 23
5	29 36 28 24 36 35 26 27 28 22	32 4 34 27 2 36 26 27 28 22	35 5 34 31 4 1 27 27 28 22	2 10 35 34 6 1 27 27 28 22	5 13 5 2 8 2 27 27 28 22	8 17 10 6 10 3 26 27 28 22	11 21 11 9 12 3 26 27 28 22	14 26 12 13 14 3 26 27 28 22	17 31 18 17 16 3 26 27 28 22	20 35 22 21 18 3 26 27 28 22	23 4 21 25 20 3 26 27 28 23	26 7 25 28 22 2 27 27 28 23
6	29 1 29 24 36 35 26 27 28 22	32 6 34 28 2 36 26 27 28 22	35 6 34 31 4 1 27 27 28 22	2 11 35 34 7 1 27 27 28 22	5 14 5 2 9 2 27 27 28 22	8 18 10 6 11 3 26 27 28 22	11 22 11 10 12 3 26 27 28 22	14 27 12 13 14 3 26 27 28 22	17 32 18 17 16 3 26 27 28 22	20 36 22 21 18 3 26 27 28 22	23 5 21 25 20 3 26 27 28 23	26 9 25 28 22 2 27 27 28 23
7	29 2 29 24 36 35 26 27 28 22	32 7 34 28 3 36 26 27 28 22	35 8 34 31 4 1 27 27 28 22	2 12 36 35 7 1 27 27 28 22	5 15 5 2 9 2 27 27 28 22	8 20 10 6 11 3 26 27 28 22	11 23 11 10 13 3 26 27 28 22	14 28 13 13 14 3 26 27 28 22	17 34 18 17 16 3 26 27 28 22	20 2 22 21 18 3 26 27 28 22	23 6 21 25 20 3 26 27 28 23	26 10 25 29 22 2 27 27 28 23
8	29 3 29 25 36 35 26 27 28 22	32 8 34 28 3 36 26 27 28 22	35 9 34 31 5 1 27 27 28 22	2 13 36 35 7 1 27 27 28 22	5 16 5 2 9 2 27 27 28 22	8 21 11 6 11 3 26 27 28 22	11 25 10 10 13 3 26 27 28 22	14 30 13 14 15 3 26 27 28 22	17 35 19 17 17 3 26 27 28 22	20 3 22 21 18 3 26 27 28 22	23 8 21 25 20 3 26 27 28 23	26 11 25 29 22 2 27 27 28 23
9	29 5 29 25 1 35 26 27 28 22	32 9 34 28 3 36 26 27 28 22	35 10 34 31 5 1 27 27 28 22	2 14 36 35 7 1 27 27 28 22	5 18 5 2 9 2 26 27 28 22	8 22 11 6 11 3 26 27 28 22	11 26 10 10 13 3 26 27 28 22	14 31 13 14 15 3 26 27 28 22	17 1 19 18 17 3 26 27 28 22	20 4 23 21 19 3 26 27 28 22	23 9 21 25 21 3 26 27 28 23	26 12 26 29 22 2 27 27 28 23
10	29 6 29 25 1 35 26 27 28 22	33 10 34 28 3 36 26 27 28 22	35 11 34 31 5 1 27 27 28 22	2 16 36 35 7 1 27 27 28 22	5 19 6 3 9 2 26 27 28 22	8 24 11 6 11 3 26 27 28 22	11 28 10 10 13 3 26 27 28 22	14 33 13 14 15 3 26 27 28 22	17 2 19 18 17 3 26 27 28 22	20 6 23 21 19 3 26 27 28 22	23 10 21 25 21 3 26 27 28 23	26 13 26 29 23 2 27 27 28 23
11	30 7 29 25 1 35 26 27 28 22	33 11 34 28 3 36 26 27 28 22	35 12 34 31 5 1 27 27 28 22	3 17 36 35 7 1 27 27 28 22	5 20 6 3 9 2 26 27 28 22	8 25 11 6 11 3 26 27 28 22	11 29 10 10 13 3 26 27 28 22	14 34 13 14 15 3 26 27 28 22	17 4 19 18 17 3 26 27 28 22	20 7 23 22 19 3 26 27 28 22	23 11 21 25 21 3 26 27 28 23	26 15 26 29 23 2 27 27 28 23
12	30 8 30 25 1 35 26 27 28 22	33 13 35 28 3 36 26 27 28 22	36 14 33 32 5 1 27 27 28 22	3 18 36 35 7 1 27 27 28 22	6 22 6 3 9 2 26 27 28 22	9 27 11 7 11 3 26 27 28 22	11 31 10 10 13 3 26 27 28 22	14 36 13 14 15 3 26 27 28 22	17 5 19 18 17 3 26 27 28 22	20 8 23 22 19 3 26 27 28 22	23 13 22 26 21 3 26 27 28 23	26 16 26 29 23 2 27 27 28 23
13	30 9 30 25 1 35 26 27 28 22	33 14 35 28 3 36 26 27 28 22	36 15 33 32 5 1 27 27 28 22	3 19 1 35 7 1 27 27 28 22	6 23 6 3 9 2 26 27 28 22	9 28 11 7 11 3 26 27 28 22	12 32 10 10 13 3 26 27 28 22	14 1 14 14 15 3 26 27 28 22	17 6 19 18 17 3 26 27 28 22	20 9 23 22 19 3 26 27 28 22	24 14 22 26 21 3 26 27 28 23	27 17 26 29 23 2 27 27 28 23
14	30 11 30 25 1 35 26 27 28 22	33 15 35 28 3 36 26 27 28 22	36 16 34 32 5 2 27 27 28 22	3 21 1 35 7 2 27 27 28 22	6 24 7 3 9 2 26 27 28 22	9 30 11 7 11 3 26 27 28 22	12 34 10 11 13 3 26 27 28 22	15 3 14 14 15 3 26 27 28 22	18 7 20 18 17 3 26 27 28 22	21 11 23 22 19 3 26 27 28 22	24 15 22 26 21 3 26 27 28 23	27 18 26 29 23 2 27 27 28 23
15	30 12 30 25 1 35 26 27 28 22	33 16 35 29 3 36 26 27 28 22	36 17 34 32 5 1 27 27 28 22	3 22 1 36 7 2 27 27 28 22	6 26 7 3 9 2 26 27 28 22	9 31 11 7 11 3 26 27 28 22	12 35 10 11 13 3 26 27 28 22	15 4 14 14 15 3 26 27 28 22	18 9 20 18 17 3 26 27 28 22	21 12 23 22 19 3 26 27 28 22	24 16 22 26 21 3 27 27 28 23	27 19 26 30 23 2 27 27 28 23
16	30 13 30 25 1 36 26 27 28 22	33 18 35 29 3 36 26 27 28 22	36 19 34 32 5 1 27 27 28 22	3 23 1 36 7 2 27 27 28 22	6 27 7 3 9 2 26 27 28 22	9 33 11 7 11 3 26 27 28 22	12 36 10 11 13 3 26 27 28 22	15 5 14 15 15 3 26 27 28 22	18 10 20 18 17 3 26 27 28 22	21 13 23 22 19 3 26 27 28 22	24 17 22 26 21 3 27 27 28 23	27 21 26 30 23 2 27 27 28 23
17	30 14 30 25 1 36 26 27 28 22	33 19 35 29 3 36 26 27 28 22	36 20 34 32 5 1 27 27 28 22	3 25 1 36 7 2 27 27 28 22	6 29 7 3 9 2 26 27 28 22	9 34 11 7 11 3 26 27 28 22	12 2 10 11 13 3 26 27 28 22	15 7 14 15 15 3 26 27 28 22	18 11 20 19 17 3 26 27 28 22	21 14 23 22 19 3 26 27 28 22	24 19 22 26 21 3 27 27 28 23	27 22 27 30 23 2 27 27 28 23
18	30 15 31 26 1 36 26 27 28 22	33 20 35 29 3 36 26 27 28 22	36 21 34 32 5 1 27 27 28 22	3 26 1 36 7 2 27 27 28 22	6 30 7 4 9 2 26 27 28 22	9 36 11 7 11 3 26 27 28 22	12 3 10 11 13 3 26 27 28 22	15 8 15 15 15 3 26 27 28 22	18 12 20 19 17 3 26 27 28 22	21 15 23 22 19 3 26 27 28 22	24 20 22 26 21 3 27 27 28 23	27 23 27 30 23 2 27 27 28 23
19	30 17 31 26 1 36 26 27 28 22	33 21 35 29 3 36 26 27 28 22	36 23 34 32 5 1 27 27 28 22	3 28 2 36 7 2 27 27 28 22	6 32 8 4 9 2 26 27 28 22	9 1 11 7 11 3 26 27 28 22	12 4 10 11 13 3 26 27 28 22	15 9 15 15 15 3 26 27 28 22	18 13 20 19 17 3 26 27 28 22	21 17 23 23 19 3 26 27 28 22	24 21 22 26 21 3 27 27 28 23	27 25 27 30 23 2 27 27 28 23
20	30 18 31 26 1 36 26 27 28 22	34 23 35 29 3 36 26 27 28 22	36 24 34 32 5 1 27 27 28 22	3 29 2 36 7 2 27 27 28 22	6 33 8 4 9 2 26 27 28 22	9 2 11 8 11 3 26 27 28 22	12 6 10 11 13 3 26 27 28 22	15 10 15 15 15 3 26 27 28 22	18 15 20 19 17 3 26 27 28 22	21 18 23 23 19 3 26 27 28 22	24 23 22 26 21 3 27 27 28 23	27 27 27 30 23 2 27 27 28 23
21	31 19 31 26 1 36 26 27 28 22	34 24 35 29 4 36 26 27 28 22	36 25 34 33 5 1 27 27 28 22	4 31 2 36 8 2 27 27 28 22	6 35 8 4 9 2 26 27 28 22	9 3 11 8 11 3 26 27 28 22	12 7 10 11 13 3 26 27 28 22	15 11 15 15 15 3 26 27 28 22	18 16 21 19 17 3 26 27 28 22	21 19 23 23 19 3 26 27 28 22	24 24 23 27 21 3 27 27 28 23	27 28 27 30 23 2 27 27 28 23
22	31 20 31 26 1 36 26 27 28 22	34 26 35 29 4 36 27 27 28 22	1 27 34 33 6 1 27 27 28 22	4 32 2 36 8 2 27 27 28 22	7 36 8 4 10 2 26 27 28 22	10 5 11 8 12 3 26 27 28 22	12 8 10 11 13 3 26 27 28 22	15 13 16 15 15 3 26 27 28 22	18 17 21 19 17 3 26 27 28 22	21 20 23 23 19 3 26 27 28 22	24 25 23 27 21 3 27 27 28 23	27 29 27 30 23 2 27 27 28 23
23	31 22 31 26 2 36 26 27 28 22	34 27 35 30 4 36 27 27 28 22	1 28 34 33 6 1 27 27 28 22	4 33 2 1 8 2 27 27 28 22	7 1 8 4 10 2 26 27 28 22	10 6 11 8 12 3 26 27 28 22	12 9 11 12 14 3 26 27 28 22	15 14 16 15 16 3 26 27 28 22	18 18 21 19 17 3 26 27 28 22	21 22 23 23 19 3 26 27 28 22	25 27 23 27 21 3 27 27 28 23	28 31 28 31 23 2 27 27 28 23
24	31 23 32 26 2 36 26 27 28 22	34 28 35 30 4 36 27 27 28 22	1 30 34 33 6 1 27 27 28 22	4 35 2 1 8 2 27 27 28 22	7 2 9 4 10 2 26 27 28 22	10 7 11 8 12 3 26 27 28 22	13 11 11 12 14 3 26 27 28 22	16 15 16 16 16 3 26 27 28 22	19 20 21 19 18 3 26 27 28 22	22 23 22 23 19 3 26 27 28 22	25 28 23 27 21 3 27 27 28 23	28 32 28 31 23 2 27 27 28 23
25	31 25 32 26 2 36 26 27 28 22	34 30 35 30 4 36 27 27 28 22	1 31 34 33 6 1 27 27 28 22	4 36 3 1 8 2 27 27 28 22	7 4 9 4 10 2 26 27 28 22	10 8 11 8 12 3 26 27 28 22	13 12 11 12 14 3 26 27 28 22	16 16 16 16 16 3 26 27 28 22	19 21 21 20 18 3 26 27 28 22	22 24 22 23 20 3 26 27 28 22	25 30 23 27 22 3 27 27 28 23	28 34 28 31 24 2 27 27 28 23
26	31 26 32 26 2 36 26 27 28 22	34 31 35 30 4 36 27 27 28 22	1 32 34 33 6 1 27 27 28 22	4 2 3 1 8 2 27 27 28 22	7 5 9 5 10 2 26 27 28 22	10 10 11 8 12 3 26 27 28 22	13 13 11 12 14 3 26 27 28 22	16 17 16 16 16 3 26 27 28 22	19 22 21 20 18 3 26 27 28 22	22 26 22 23 20 3 26 27 28 22	25 31 23 27 22 3 27 27 28 23	28 35 28 31 24 2 27 27 28 23
27	31 28 32 27 2 36 26 27 28 22	34 33 34 30 4 36 27 27 28 22	1 34 34 33 6 1 27 27 28 22	4 3 3 1 8 2 27 27 28 22	7 6 9 5 10 2 26 27 28 22	10 11 11 8 12 3 26 27 28 22	13 14 11 12 14 3 26 27 28 22	16 19 16 16 16 3 26 27 28 22	19 23 21 20 18 3 26 27 28 22	22 27 22 24 20 3 26 27 28 22	25 33 23 27 22 3 27 27 28 23	28 36 28 31 24 2 27 27 28 23
28	31 29 32 27 2 36 26 27 28 22	34 34 34 30 4 36 27 27 28 22	1 35 34 33 6 1 27 27 28 22	4 4 3 1 8 2 27 27 28 22	7 8 9 5 10 3 26 27 28 22	10 12 11 9 12 3 26 27 28 22	13 15 11 12 14 3 26 27 28 22	16 20 17 16 16 3 26 27 28 22	19 25 21 20 18 3 26 27 28 22	22 29 22 24 20 3 26 27 28 22	25 34 24 27 22 3 27 27 28 23	28 2 28 31 24 2 27 27 28 23
29	31 31 32 27 2 36 26 27 28 22		1 1 35 34 6 1 27 27 28 22	4 5 3 1 8 3 27 27 28 22	7 9 9 5 10 3 26 27 28 22	10 13 11 9 12 3 26 27 28 22	13 16 11 12 14 3 26 27 28 22	16 21 17 16 16 3 26 27 28 22	19 26 22 20 18 3 26 27 28 22	22 30 22 24 20 3 26 27 28 22	25 35 24 28 22 3 27 27 28 23	28 3 29 31 24 2 27 27 28 23
30	31 32 33 27 2 36 26 27 28 22		1 2 35 34 6 1 27 27 28 22	4 7 4 1 8 2 27 27 28 22	7 10 9 5 10 3 26 27 28 22	10 14 11 9 12 3 26 27 28 22	13 18 11 12 14 3 26 27 28 22	16 22 17 16 16 3 26 27 28 22	19 28 22 20 18 3 26 27 28 22	22 31 22 24 20 3 26 27 28 22	25 1 24 28 22 3 27 27 28 23	28 4 29 31 24 2 27 27 28 23
31	32 34 33 27 2 36 26 27 28 22		1 3 35 34 6 1 27 27 28 22		7 11 10 5 10 3 26 27 28 22		13 19 11 13 14 3 26 27 28 22	16 24 17 16 16 3 26 27 28 22		22 32 22 24 20 3 26 27 28 22		28 6 29 32 24 2 27 27 28 23

1988

	JAN	FEB	MÄR	APR	MAI	JUNI
1	28 7 29 32 24 3 27 27 28 23	32 12 33 35 26 3 27 27 28 23	35 14 32 3 28 3 28 28 28 23	2 18 36 6 30 4 28 28 29 23	5 22 6 9 32 5 28 28 29 23	8 26 9 9 34 5 28 27 28 23
2	29 8 29 32 24 3 27 27 28 23	32 13 33 36 26 3 27 27 28 23	35 15 32 3 28 3 28 28 28 23	2 19 36 6 30 4 28 28 29 23	5 23 6 9 32 5 28 28 29 23	8 28 9 9 34 5 28 27 28 23
3	29 9 29 32 24 3 27 27 28 23	32 14 33 36 26 3 27 27 28 23	35 16 32 3 28 3 28 28 28 23	2 21 36 6 30 4 28 28 29 23	5 24 6 9 32 5 28 28 29 23	8 29 9 9 34 5 28 27 28 23
4	29 11 29 32 24 3 27 27 28 23	32 15 33 36 26 3 27 27 28 23	35 17 32 3 28 3 28 28 28 23	2 22 36 7 30 4 28 28 29 23	5 25 6 9 32 5 28 28 29 23	8 31 9 9 34 6 28 27 28 23
5	29 12 30 32 24 3 27 27 28 23	32 16 33 36 26 3 27 27 28 23	35 18 32 3 28 3 28 28 28 23	2 23 1 7 30 4 28 28 29 23	5 27 7 9 32 5 28 28 29 23	8 32 9 9 34 6 28 27 28 23
6	29 13 30 32 24 3 27 27 28 23	32 18 33 36 26 3 27 27 28 23	35 20 32 3 28 3 28 28 28 23	2 24 1 7 30 4 28 28 29 23	5 28 7 9 32 5 28 28 29 23	8 33 9 9 34 6 28 27 28 23
7	29 14 30 32 24 3 27 27 28 23	32 19 33 36 26 3 27 27 28 23	35 21 32 4 28 3 28 28 28 23	2 26 1 7 31 4 28 28 29 23	5 29 7 9 33 5 28 28 29 23	8 35 9 9 34 6 28 27 28 23
8	29 15 30 33 24 3 27 27 28 23	32 20 33 36 27 3 27 27 28 23	35 22 33 4 28 3 28 28 28 23	2 27 1 7 31 4 28 28 29 23	5 31 7 9 33 5 28 28 29 23	8 36 9 9 35 6 28 27 28 23
9	29 17 30 33 25 3 27 27 28 23	32 21 33 36 27 3 27 27 28 23	35 23 33 4 29 4 28 28 28 23	2 28 1 7 31 4 28 28 29 23	5 32 7 9 33 5 28 28 28 23	8 2 9 9 35 6 28 27 28 23
10	29 18 30 33 25 3 27 27 28 23	33 22 33 1 27 3 27 27 28 23	35 25 33 4 29 4 28 28 28 23	3 30 1 7 31 4 28 28 29 23	5 34 7 9 33 5 28 28 28 23	8 3 9 9 35 6 28 27 28 23
11	29 19 31 33 25 3 27 27 28 23	33 24 33 1 27 3 27 27 28 23	36 26 33 4 29 4 28 28 28 23	3 31 2 7 31 4 28 28 29 23	6 35 8 9 33 5 28 28 28 23	9 4 9 9 35 6 27 27 28 23
12	30 20 31 33 25 3 27 27 28 23	33 25 33 1 27 3 27 27 28 23	36 27 33 4 29 4 28 28 28 23	3 33 2 7 31 4 28 28 29 23	6 1 8 9 33 5 28 28 28 23	9 6 9 9 35 6 27 27 28 23
13	30 22 31 33 25 3 27 27 28 23	33 26 32 1 27 3 27 27 28 23	36 29 33 4 29 4 28 28 28 23	3 34 2 7 31 4 28 28 29 23	6 2 8 9 33 5 28 28 28 23	9 7 9 9 35 6 27 27 28 23
14	30 23 31 33 25 3 27 27 28 23	33 28 32 1 27 3 28 27 28 23	36 30 33 4 29 4 28 28 28 23	3 36 2 7 31 4 28 28 29 23	6 3 8 9 33 5 28 28 28 23	9 8 9 9 35 6 27 27 28 23
15	30 24 31 33 25 3 27 27 28 23	33 29 32 1 27 3 28 28 28 23	36 32 33 4 29 4 28 28 28 23	3 1 2 8 31 4 28 28 29 23	6 5 8 9 33 5 28 28 28 23	9 10 9 9 35 6 27 27 28 23
16	30 26 31 34 25 3 27 27 28 23	33 31 32 1 27 3 28 28 28 23	36 33 33 5 29 4 28 28 29 23	3 2 3 8 31 4 28 28 29 23	6 6 8 9 33 5 28 28 28 23	9 11 9 9 35 6 27 27 28 23
17	30 27 32 34 25 3 27 27 28 23	33 32 32 1 27 3 28 28 28 23	36 35 34 5 29 4 28 28 29 23	3 4 3 8 31 4 28 28 29 23	6 7 8 9 33 5 28 28 28 23	9 12 9 8 35 6 27 27 28 23
18	30 28 32 34 25 3 27 27 28 23	33 34 32 1 27 3 28 28 28 23	36 36 34 5 29 4 28 28 29 23	3 5 3 8 31 4 28 28 29 23	6 9 8 10 33 5 28 28 28 23	9 13 8 8 35 6 27 27 28 23
19	30 30 32 34 25 3 27 27 28 23	33 35 32 2 27 3 28 28 28 23	36 2 34 5 29 4 28 28 29 23	3 7 3 8 31 4 28 28 29 23	6 10 9 10 33 5 28 28 28 23	9 15 8 8 35 6 27 27 28 23
20	30 32 32 34 25 3 27 27 28 23	34 1 32 2 27 3 28 28 28 23	36 3 34 5 29 4 28 28 29 23	4 8 3 8 31 4 28 28 29 23	6 11 9 10 33 5 28 28 28 23	9 16 8 8 35 6 27 27 28 22
21	31 33 32 34 25 3 27 27 28 23	34 2 32 2 27 3 28 28 28 23	1 4 34 5 29 4 28 28 29 23	4 9 4 8 31 4 28 28 29 23	7 13 9 10 33 5 28 28 28 23	9 17 8 8 35 6 27 27 28 22
22	31 35 32 34 25 3 27 27 28 23	34 4 32 2 27 3 28 28 28 23	1 6 34 5 29 4 28 28 29 23	4 11 4 8 32 5 28 28 29 23	7 14 9 10 33 5 28 28 28 23	10 18 8 8 35 6 27 27 28 22
23	31 36 33 34 25 3 27 27 28 23	34 5 32 2 28 3 28 28 28 23	1 7 34 5 29 4 28 28 29 23	4 12 4 8 32 5 28 28 29 23	7 15 9 10 34 5 28 28 28 23	10 19 8 8 35 6 27 27 28 22
24	31 1 33 35 26 3 27 27 28 23	34 6 32 2 28 3 28 28 28 23	1 8 35 5 30 4 28 28 29 23	4 13 4 8 32 5 28 28 29 23	7 16 9 10 34 5 28 28 28 23	10 21 8 8 35 6 27 27 28 22
25	31 3 33 35 26 3 27 27 28 23	34 8 32 2 28 3 28 28 28 23	1 10 35 6 30 4 28 28 29 23	4 14 5 8 32 5 28 28 29 23	7 17 9 10 34 5 28 28 28 23	10 22 8 8 36 6 27 27 28 22
26	31 4 33 35 26 3 27 27 28 23	34 9 32 2 28 3 28 28 28 23	1 11 35 6 30 4 28 28 29 23	4 15 5 8 32 5 28 28 29 23	7 19 9 10 34 5 28 27 28 23	10 23 8 8 36 6 27 27 28 22
27	31 5 33 35 26 3 27 27 28 23	34 10 32 3 28 3 28 28 28 23	1 12 35 6 30 4 28 28 29 23	4 17 5 9 32 5 28 28 29 23	7 20 9 10 34 5 28 27 28 23	10 24 8 8 36 6 27 27 28 22
28	31 7 33 35 26 3 27 27 28 23	34 11 32 3 28 3 28 28 28 23	1 13 35 6 30 4 28 28 29 23	4 18 5 9 32 5 28 28 29 23	7 21 9 9 34 5 28 27 28 23	10 26 8 8 36 6 27 27 28 22
29	31 8 33 35 26 3 27 27 28 23	34 12 32 3 28 3 28 28 28 23	1 15 35 6 30 4 28 28 29 23	4 19 5 9 32 5 28 28 29 23	7 22 9 9 34 5 28 27 28 23	10 27 8 8 36 6 27 27 28 22
30	31 9 33 35 26 3 27 27 28 23		1 16 35 6 30 4 28 28 29 23	4 20 6 9 32 5 28 28 29 23	7 24 9 9 34 5 28 27 28 23	10 29 8 8 36 6 27 27 28 22
31	32 10 33 35 26 3 27 27 28 23		2 17 35 6 30 4 28 28 29 23		7 25 9 9 34 5 28 27 28 23	

	JULI	AUG	SEPT	OKT	NOV	DEZ
1	10 30 8 8 36 6 27 27 28 22	13 35 13 9 1 7 27 27 28 22	16 5 19 12 2 7 27 27 28 23	19 8 21 15 1 7 27 27 28 23	22 13 21 19 36 7 27 27 28 23	25 16 25 22 1 6 28 27 28 23
2	11 32 9 8 36 6 27 27 28 22	13 1 13 9 1 7 27 27 28 22	16 6 19 12 2 7 27 27 28 23	19 10 21 15 1 7 27 27 28 23	22 14 21 19 1 7 27 27 28 23	26 17 26 23 1 6 28 27 28 23
3	11 33 9 8 36 6 27 27 28 22	14 2 14 9 1 7 27 27 28 22	17 7 19 12 2 7 27 27 28 23	20 11 21 15 1 7 27 27 28 23	23 15 21 19 1 7 27 27 28 23	26 18 26 23 1 6 28 28 28 23
4	11 34 9 8 36 6 27 27 28 22	14 4 14 9 1 7 27 27 28 22	17 9 19 12 2 7 27 27 28 23	20 12 21 15 1 7 27 27 28 23	23 16 21 19 1 7 27 27 28 23	26 20 26 23 1 6 28 28 28 23
5	11 36 9 8 36 6 27 27 28 22	14 5 14 9 1 7 27 27 28 22	17 10 19 12 2 7 27 27 28 23	20 13 21 16 1 7 27 27 28 23	23 18 21 19 1 7 27 27 28 23	26 21 26 23 1 6 28 28 28 23
6	11 1 9 8 36 6 27 27 28 22	14 6 14 9 1 7 27 27 28 22	17 11 19 12 2 7 27 27 28 23	20 14 21 16 1 7 27 27 28 23	23 19 21 19 1 7 27 27 28 23	26 22 26 23 1 6 28 28 28 23
7	11 3 9 8 36 6 27 27 28 22	14 8 14 10 1 7 27 27 28 22	17 12 19 12 2 7 27 27 28 23	20 16 21 16 1 7 27 27 28 23	23 20 22 19 1 7 27 27 28 23	26 23 26 23 1 6 28 28 28 23
8	11 4 9 8 36 6 27 27 28 22	14 9 15 10 1 7 27 27 28 22	17 14 20 13 2 7 27 27 28 23	20 17 21 16 1 7 27 27 28 23	23 21 22 20 1 7 27 27 28 23	26 25 26 23 1 6 28 28 28 23
9	11 5 9 8 36 6 27 27 28 22	14 10 15 10 1 7 27 27 28 22	17 15 20 13 2 7 27 27 28 23	20 18 21 16 1 7 27 27 28 23	23 22 22 20 1 7 27 27 28 23	26 26 27 23 1 6 28 28 28 23
10	11 7 9 8 36 6 27 27 28 22	14 11 15 10 1 7 27 27 28 22	17 16 20 13 2 7 27 27 28 23	20 19 20 16 1 7 27 27 28 23	23 24 22 20 1 7 27 27 28 23	26 27 27 24 1 6 28 28 28 23
11	11 8 9 8 36 6 27 27 28 22	14 13 15 10 1 7 27 27 28 22	17 17 20 13 1 7 27 27 28 23	20 20 20 16 1 7 27 27 28 23	23 25 22 20 1 7 27 27 28 23	26 29 27 24 2 6 28 28 28 23
12	11 9 9 8 36 6 27 27 28 22	14 14 15 10 2 7 27 27 28 22	17 18 20 13 1 7 27 27 28 23	20 22 20 16 1 7 27 27 28 23	23 26 22 20 1 7 27 27 28 23	27 30 27 24 2 6 28 28 28 23
13	12 11 10 8 36 6 27 27 28 22	15 15 16 10 2 7 27 27 28 22	18 19 20 13 1 7 27 27 28 23	20 23 20 16 1 7 27 27 28 23	24 28 23 20 1 7 28 27 28 23	27 31 27 24 2 6 28 28 28 23
14	12 12 10 8 1 6 27 27 28 22	15 16 16 10 2 7 27 27 28 22	18 21 20 13 1 7 27 27 28 23	21 24 20 17 1 7 27 27 28 23	24 29 23 20 1 7 28 27 28 23	27 33 27 24 2 6 28 28 28 23
15	12 13 10 8 1 6 27 27 28 22	15 17 16 10 2 7 27 27 28 22	18 22 20 13 1 7 27 27 28 23	21 25 20 17 1 7 27 27 28 23	24 30 23 20 1 7 28 27 28 23	27 34 28 24 2 6 28 28 28 23
16	12 14 10 8 1 6 27 27 28 22	15 19 16 10 2 7 27 27 28 22	18 23 20 13 1 7 27 27 28 23	21 27 20 17 1 7 27 27 28 23	24 32 23 21 1 7 28 27 28 23	27 36 28 24 2 6 28 28 28 23
17	12 15 10 8 1 6 27 27 28 22	15 20 16 10 2 7 27 27 28 23	18 24 21 14 1 7 27 27 28 23	21 28 20 17 1 7 27 27 28 23	24 33 23 21 1 7 28 27 28 23	27 1 28 24 2 6 28 28 28 23
18	12 17 10 8 1 6 27 27 28 22	15 21 16 10 2 7 27 27 28 23	18 26 21 14 1 7 27 27 28 23	21 29 20 17 1 7 27 27 28 23	24 35 23 21 1 7 28 27 28 23	27 2 28 25 2 6 28 28 28 23
19	12 18 11 8 1 6 27 27 28 22	15 22 17 11 2 7 27 27 28 23	18 27 21 14 1 7 27 27 28 23	21 31 20 17 1 7 27 27 28 23	24 36 23 21 1 7 28 27 28 23	27 4 28 25 2 6 28 28 28 23
20	12 19 11 8 1 6 27 27 28 22	15 23 17 11 2 7 27 27 28 23	18 28 21 14 1 7 27 27 28 23	21 32 20 17 1 7 27 27 28 23	24 1 24 21 1 7 28 27 28 23	27 5 28 25 2 6 28 28 28 23
21	12 20 11 8 1 6 27 27 28 22	15 25 17 11 2 7 27 27 28 23	18 30 21 14 1 7 27 27 28 23	21 34 20 17 1 7 27 27 28 23	24 3 24 21 1 7 28 27 28 23	27 7 29 25 2 6 28 28 28 23
22	12 21 11 8 1 7 27 27 28 22	15 26 17 11 2 7 27 27 28 23	18 31 21 14 1 7 27 27 28 23	21 35 20 18 1 7 27 27 28 23	24 4 24 21 1 7 28 27 28 23	28 8 29 25 2 6 28 28 28 23
23	13 23 11 8 1 7 27 27 28 22	16 27 17 11 2 7 27 27 28 23	19 33 21 14 1 7 27 27 28 23	21 36 20 18 1 7 27 27 28 23	25 6 24 21 1 7 28 27 28 23	28 9 29 25 2 6 28 28 28 23
24	13 24 11 9 1 7 27 27 28 22	16 29 17 11 2 7 27 27 28 23	19 34 21 14 1 7 27 27 28 23	22 2 20 18 36 7 27 27 28 23	25 7 24 22 1 7 28 27 28 23	28 11 29 25 2 6 28 28 28 23
25	13 25 12 9 1 7 27 27 28 22	16 30 18 11 2 7 27 27 28 23	19 36 21 14 1 7 27 27 28 23	22 3 20 18 36 7 27 27 28 23	25 9 24 22 1 7 28 27 28 23	28 12 29 25 2 6 28 28 28 23
26	13 27 12 9 1 7 27 27 28 22	16 32 18 11 2 7 27 27 28 23	19 1 21 14 1 7 27 27 28 23	22 5 20 18 36 7 27 27 28 23	25 10 25 22 1 7 28 27 28 23	28 13 29 26 2 6 28 28 28 23
27	13 28 12 9 1 7 27 27 28 22	16 33 18 11 2 7 27 27 28 23	19 3 21 14 1 7 27 27 28 23	22 6 20 18 36 7 27 27 28 23	25 11 25 22 1 7 28 27 28 23	28 14 29 26 2 6 28 28 28 23
28	13 29 12 9 1 7 27 27 28 22	16 35 18 11 2 7 27 27 28 23	19 4 21 14 1 7 27 27 28 23	22 8 20 18 36 7 27 27 28 23	25 12 25 22 1 7 28 27 28 23	28 16 30 26 2 6 28 28 28 23
29	13 31 13 9 1 7 27 27 28 22	16 36 18 12 2 7 27 27 28 23	19 6 21 14 1 7 27 27 28 23	22 9 20 18 36 7 27 27 28 23	25 14 25 22 1 7 28 27 28 23	28 17 30 26 2 6 28 28 28 23
30	13 32 13 9 1 7 27 27 28 22	16 2 18 12 2 7 27 27 28 23	19 7 21 14 1 7 27 27 28 23	22 10 20 19 36 7 27 27 28 23	25 15 25 22 1 7 28 27 28 23	28 18 30 26 2 6 28 28 28 23
31	13 34 13 9 1 7 27 27 28 22	16 3 19 12 2 7 27 27 28 23		22 12 21 19 36 7 27 27 28 23		28 19 30 26 2 6 28 28 28 23

1989

	JAN	FEB	MÄR	APR	MAI	JUNI	JULI	AUG	SEPT	OKT	NOV	DEZ
1	29 20 30 26 3 6 28 28 28 23	32 25 30 30 4 6 28 28 29 23	35 26 32 34 6 6 29 28 29 23	2 31 1 2 8 7 29 28 29 23	5 34 7 5 10 7 29 28 29 23	8 4 6 9 12 8 29 28 29 23	10 8 9 13 13 9 29 28 29 23	13 13 15 16 15 10 28 28 29 23	16 17 19 20 17 10 28 28 28 23	19 20 18 24 19 10 28 28 28 23	22 25 22 27 21 11 28 28 29 23	25 28 26 30 23 10 29 28 29 23
2	29 22 30 26 3 6 28 28 28 23	32 26 30 30 4 6 28 28 29 23	35 27 32 34 6 6 29 28 29 23	2 32 1 2 8 7 29 28 29 23	5 36 7 5 10 7 29 28 29 23	8 5 6 9 12 8 29 28 29 23	11 9 9 13 13 9 29 28 29 23	13 14 15 17 15 10 28 28 29 23	16 18 19 20 17 10 28 28 28 23	19 22 18 24 19 10 28 28 28 23	22 26 22 27 21 11 28 28 29 23	25 30 27 30 23 10 29 28 29 23
3	29 23 31 27 3 6 28 28 29 23	32 28 30 30 4 6 28 28 29 23	35 28 32 34 6 6 29 28 29 23	2 33 2 2 8 7 29 28 29 23	5 1 7 5 10 7 29 28 29 23	8 7 6 9 12 8 29 28 29 23	11 10 9 13 14 9 29 28 29 23	14 15 15 17 15 10 28 28 29 23	17 20 19 20 17 10 28 28 28 23	19 23 18 24 19 10 28 28 28 23	23 27 22 27 21 11 28 28 29 23	26 31 27 30 23 10 29 28 29 23
4	29 24 31 27 3 6 28 28 29 23	32 29 30 31 4 6 28 28 29 23	35 30 33 34 6 6 29 28 29 23	2 35 2 2 8 7 29 28 29 23	5 3 7 6 10 8 29 28 29 23	8 8 6 9 12 8 29 28 29 23	11 12 9 13 14 9 29 28 29 23	14 16 15 17 16 10 28 28 29 23	17 21 19 21 17 10 28 28 28 23	20 24 18 24 19 10 28 28 28 23	23 29 22 27 21 11 28 28 29 23	26 32 27 30 24 10 29 28 29 23
5	29 25 31 27 3 6 28 28 29 23	32 30 30 31 4 6 28 28 29 23	35 31 33 34 6 6 29 28 29 23	2 36 2 2 8 7 29 28 29 23	5 4 7 6 10 8 29 28 29 23	8 9 6 10 12 8 29 28 29 23	11 13 9 13 14 9 29 28 29 23	14 18 15 17 16 10 28 28 29 23	17 22 19 21 18 10 28 28 28 23	20 25 18 24 20 10 28 28 28 23	23 30 22 27 22 11 28 28 29 23	26 33 27 30 24 10 29 28 29 23
6	29 27 31 27 3 6 28 28 29 23	32 32 30 31 4 6 28 28 29 23	35 33 33 34 6 6 29 28 29 23	2 2 2 2 8 7 29 28 29 23	5 6 7 6 10 8 29 28 29 23	8 11 6 10 12 8 29 28 29 23	11 14 10 13 14 9 29 28 29 23	14 19 16 17 16 10 28 28 29 23	17 23 19 21 18 10 28 28 28 23	20 26 18 24 20 11 28 28 28 23	23 31 23 28 22 11 28 28 29 23	26 35 27 30 24 10 29 28 29 23
7	29 28 31 27 3 6 28 28 29 23	32 33 30 31 5 6 28 28 29 23	35 34 33 34 6 6 29 28 29 23	2 3 2 2 8 7 29 28 29 23	5 7 7 6 10 8 29 28 29 23	8 12 6 10 12 8 29 28 29 23	11 16 10 13 14 9 29 28 29 23	14 20 16 17 16 10 28 28 29 23	17 24 19 21 18 10 28 28 28 23	20 28 18 24 20 11 28 28 28 23	23 32 23 28 22 11 28 28 29 23	26 36 27 30 24 10 29 28 29 23
8	29 30 31 27 3 6 28 28 29 23	32 35 30 31 5 6 28 28 29 23	35 36 33 35 6 6 29 28 29 23	2 5 3 2 8 7 29 28 29 23	5 9 7 6 10 8 29 28 29 23	8 13 6 10 12 8 29 28 29 23	11 17 10 14 14 9 29 28 29 23	14 21 16 17 16 10 28 28 29 23	17 26 19 21 18 10 28 28 28 23	20 29 18 24 20 11 28 28 28 23	23 34 23 28 22 11 28 28 29 23	26 2 28 30 24 10 29 28 29 23
9	29 31 31 27 3 6 28 28 29 23	33 36 30 31 5 6 28 28 29 23	35 1 33 35 6 6 29 28 29 23	2 6 3 3 8 7 29 28 29 23	5 10 7 6 10 8 29 28 29 23	8 15 6 10 12 8 29 28 29 23	11 18 10 14 14 9 29 28 29 23	14 22 16 17 16 10 28 28 29 23	17 27 20 21 18 10 28 28 28 23	20 30 18 25 20 11 28 28 28 23	23 35 23 28 22 11 28 28 29 23	26 3 28 30 24 10 29 28 29 23
10	29 32 31 27 3 6 28 28 29 23	33 2 30 31 5 6 29 28 29 23	35 3 33 35 6 6 29 28 29 23	3 8 3 3 8 7 29 28 29 23	5 11 7 6 10 8 29 28 29 23	8 16 6 10 12 8 29 28 29 23	11 19 10 14 14 9 29 28 29 23	14 24 16 18 16 10 28 28 29 23	17 28 20 21 18 10 28 28 28 23	20 32 18 25 20 11 28 28 28 23	23 1 23 28 22 11 29 28 29 23	26 5 28 30 24 10 29 28 29 23
11	30 34 31 28 3 6 28 28 29 23	33 3 30 31 5 6 29 28 29 23	36 4 34 35 6 6 29 28 29 23	3 9 3 3 8 7 29 28 29 23	6 13 7 6 10 8 29 28 29 23	9 17 6 10 12 8 29 28 29 23	11 20 11 14 14 9 28 28 29 23	14 25 16 18 16 10 28 28 29 23	17 29 20 21 18 10 28 28 28 23	20 33 18 25 20 11 28 28 28 23	23 2 23 28 22 11 29 28 29 23	26 6 28 31 24 10 29 28 29 23
12	30 35 32 28 3 6 28 28 29 23	33 5 30 32 5 6 29 28 29 23	36 6 34 35 7 7 29 28 29 23	3 11 4 3 8 7 29 28 29 23	6 14 7 7 10 8 29 28 29 23	9 18 6 10 12 8 29 28 29 23	11 22 11 14 14 9 28 28 29 23	14 26 17 18 16 10 28 28 29 23	17 31 20 21 18 10 28 28 28 23	20 34 19 25 20 11 28 28 28 23	23 4 24 28 22 11 29 28 29 23	26 8 28 31 24 10 29 28 29 23
13	30 1 32 28 3 6 28 28 29 23	33 6 30 32 5 6 29 28 29 23	36 7 34 35 7 7 29 28 29 23	3 12 4 3 9 7 29 28 29 23	6 15 7 7 10 8 29 28 29 23	9 20 7 11 12 8 29 28 29 23	12 23 11 14 14 9 28 28 29 23	15 27 17 18 16 10 28 28 29 23	18 32 20 22 18 10 28 28 28 23	20 36 19 25 20 11 28 28 28 23	24 5 24 28 22 11 29 28 29 23	27 9 28 31 24 10 29 28 29 23
14	30 2 32 28 3 6 28 28 29 23	33 7 30 32 5 6 29 28 29 23	36 8 34 35 7 7 29 28 29 23	3 13 4 3 9 7 29 28 29 23	6 16 7 7 10 8 29 28 29 23	9 21 7 11 12 8 29 28 29 23	12 24 11 14 14 9 28 28 29 23	15 29 17 18 16 10 28 28 28 23	18 34 20 22 18 10 28 28 28 23	21 1 19 25 20 11 28 28 28 23	24 7 24 28 22 11 29 28 29 23	27 10 28 31 24 10 29 28 29 23
15	30 4 32 28 3 6 28 28 29 23	33 9 31 32 5 6 29 28 29 23	36 10 34 35 7 7 29 28 29 23	3 14 4 3 9 7 29 28 29 23	6 18 7 7 10 8 29 28 29 23	9 22 7 11 12 8 29 28 29 23	12 25 11 14 14 9 28 28 29 23	15 30 17 18 16 10 28 28 28 23	18 35 20 22 18 10 28 28 28 23	21 3 19 25 20 11 28 28 28 23	24 8 24 28 22 11 29 28 29 23	27 12 29 31 24 10 29 28 29 23
16	30 5 32 28 3 6 28 28 29 23	33 10 31 32 5 6 29 28 29 23	36 11 34 36 7 7 29 28 29 23	3 16 4 3 9 7 29 28 29 23	6 19 7 7 11 8 29 28 29 23	9 23 7 11 12 9 29 28 29 23	12 26 12 15 14 9 28 28 29 23	15 31 17 18 16 10 28 28 28 23	18 1 19 22 18 10 28 28 28 23	21 4 19 25 20 11 28 28 28 23	24 10 24 29 22 11 29 28 29 23	27 13 29 31 24 10 29 28 29 23
17	30 6 32 28 3 6 28 28 29 23	33 11 31 32 5 6 29 28 29 23	36 12 35 36 7 7 29 28 29 23	3 17 5 4 9 7 29 28 29 23	6 20 7 7 11 8 29 28 29 23	9 24 7 11 13 9 29 28 29 23	12 28 12 15 14 9 28 28 29 23	15 33 17 18 16 10 28 28 28 23	18 2 19 22 18 10 28 28 28 23	21 6 19 25 20 11 28 28 28 23	24 11 24 29 22 11 29 28 29 23	27 15 29 31 24 10 29 28 29 23
18	30 8 32 28 3 6 28 28 29 23	33 12 31 32 5 6 29 28 29 23	36 13 35 36 7 7 29 28 29 23	3 18 5 4 9 7 29 28 29 23	6 21 7 7 11 8 29 28 29 23	9 26 7 11 13 9 29 28 29 23	12 29 12 15 14 9 28 28 29 23	15 34 17 18 16 10 28 28 28 23	18 4 19 22 18 10 28 28 28 23	21 7 20 26 20 11 28 28 28 23	24 12 24 29 22 11 29 28 29 23	27 16 29 31 24 10 29 28 29 23
19	30 9 32 29 3 6 28 28 29 23	34 14 31 32 5 6 29 28 29 23	36 15 35 36 7 7 29 28 29 23	3 19 5 4 9 7 29 28 29 23	6 22 7 7 11 8 29 28 29 23	9 27 7 11 13 9 29 28 29 23	12 30 12 15 15 9 28 28 29 23	15 36 18 19 16 10 28 28 28 23	18 5 19 22 18 10 28 28 28 23	21 9 20 26 20 11 28 28 28 23	24 13 25 29 22 11 29 28 29 23	27 17 29 31 25 10 29 28 29 23
20	30 10 32 29 4 6 28 28 29 23	34 15 31 33 5 6 29 28 29 23	36 16 35 36 7 7 29 28 29 23	3 20 5 4 9 7 29 28 29 23	6 24 7 8 11 8 29 28 29 23	9 28 7 11 13 9 29 28 29 23	12 32 12 15 15 9 28 28 29 23	15 1 18 19 17 10 28 28 28 23	18 6 19 22 19 10 28 28 28 23	21 10 20 26 20 11 28 28 28 23	24 15 25 29 23 11 29 28 29 23	27 18 29 31 25 10 29 28 29 23
21	31 12 31 29 4 6 28 28 29 23	34 16 31 33 5 6 29 28 29 23	1 17 35 36 7 7 29 28 29 23	4 21 5 4 9 7 29 28 29 23	6 25 7 8 11 8 29 28 29 23	9 30 7 11 13 9 29 28 29 23	12 33 13 15 15 9 28 28 29 23	15 3 18 19 17 10 28 28 28 23	18 8 19 22 19 10 28 28 28 23	21 12 20 26 21 11 28 28 28 23	24 16 25 29 23 11 29 28 29 23	27 20 29 31 25 10 29 28 29 23
22	31 13 31 29 4 6 28 28 29 23	34 17 31 33 5 6 29 28 29 23	1 18 35 36 7 7 29 28 29 23	4 23 5 4 9 7 29 28 29 23	7 26 7 8 11 8 29 28 29 23	10 31 7 12 13 9 29 28 29 23	12 35 13 15 15 9 28 28 29 23	15 4 18 19 17 10 28 28 28 23	18 9 19 23 19 10 28 28 28 23	21 13 20 26 21 11 28 28 28 23	24 17 25 29 23 10 29 28 29 23	28 21 29 31 25 10 29 28 29 23
23	31 14 31 29 4 6 28 28 29 23	34 18 31 33 6 6 29 28 29 23	1 19 36 36 7 7 29 28 29 23	4 24 6 4 9 7 29 28 29 23	7 27 7 8 11 8 29 28 29 23	10 32 7 12 13 9 29 28 29 23	13 36 13 15 15 9 28 28 29 23	15 5 18 19 17 10 28 28 28 23	18 11 19 23 19 10 28 28 28 23	21 14 20 26 21 11 28 28 28 23	25 19 25 29 23 10 29 28 29 23	28 22 30 31 25 10 29 28 29 23
24	31 15 31 29 4 6 28 28 29 23	34 20 31 33 6 6 29 28 29 23	1 21 36 1 7 7 29 28 29 23	4 25 6 4 9 7 29 28 29 23	7 29 7 8 11 8 29 28 29 23	10 34 8 12 13 9 29 28 29 23	13 2 13 15 15 9 28 28 29 23	16 7 18 19 17 10 28 28 28 23	19 12 19 23 19 10 28 28 28 23	22 15 20 26 21 11 28 28 28 23	25 20 25 29 23 10 29 28 29 23	28 23 30 31 25 10 29 28 29 23
25	31 16 31 29 4 6 28 28 29 23	34 21 32 33 6 6 29 28 29 23	1 22 36 1 7 7 29 28 29 23	4 26 6 4 9 7 29 28 29 23	7 30 7 8 11 8 29 28 29 23	10 35 8 12 13 9 29 28 29 23	13 3 13 16 15 9 28 28 29 23	16 8 18 19 17 10 28 28 28 23	19 13 19 23 19 10 28 28 28 23	22 17 21 26 21 11 28 28 28 23	25 21 26 29 23 10 29 28 29 23	28 24 30 31 25 10 29 28 29 23
26	31 18 31 29 4 6 28 28 29 23	34 22 32 33 6 6 29 28 29 23	1 23 36 1 7 7 29 28 29 23	4 28 6 5 9 7 29 28 29 23	7 31 7 8 11 8 29 28 29 23	10 36 8 12 13 9 29 28 29 23	13 4 14 16 15 9 28 28 29 23	16 10 18 19 17 10 28 28 28 23	19 14 19 23 19 10 28 28 28 23	22 18 21 26 21 11 28 28 28 23	25 22 26 29 23 10 29 28 29 23	28 25 30 31 25 10 29 28 29 23
27	31 19 31 30 4 6 28 28 29 23	34 23 32 33 6 6 29 28 29 23	1 24 36 1 7 7 29 28 29 23	4 29 6 5 9 7 29 28 29 23	7 33 7 8 11 8 29 28 29 23	10 2 8 12 13 9 29 28 29 23	13 6 14 16 15 9 28 28 29 23	16 11 19 20 17 10 28 28 28 23	19 16 18 23 19 10 28 28 28 23	22 19 21 27 21 11 28 28 28 23	25 23 26 30 23 10 29 28 29 23	28 27 30 31 25 10 29 28 29 23
28	31 20 31 30 4 6 28 28 29 23	34 24 32 34 6 6 29 28 29 23	1 25 36 1 8 7 29 28 29 23	4 30 6 5 9 7 29 28 29 23	7 34 7 9 11 8 29 28 29 23	10 3 8 12 13 9 29 28 29 23	13 7 14 16 15 9 28 28 29 23	16 12 19 20 17 10 28 28 28 23	19 17 18 23 19 10 28 28 28 23	22 20 21 27 21 11 28 28 28 23	25 25 26 30 23 10 29 28 29 23	28 28 30 31 25 10 29 28 29 23
29	31 21 31 30 4 6 28 28 29 23		1 27 1 1 8 7 29 28 29 23	4 32 6 5 9 7 29 28 29 23	7 35 6 9 11 8 29 28 29 23	10 5 8 12 13 9 29 28 29 23	13 9 14 16 15 9 28 28 29 23	16 13 19 20 17 10 28 28 28 23	19 18 18 23 19 10 28 28 28 23	22 21 21 27 21 11 28 28 29 23	25 26 26 30 23 10 29 28 29 23	28 29 30 31 25 10 29 28 29 23
30	32 22 30 30 4 6 28 28 29 23		1 28 1 1 8 7 29 28 29 23	4 33 7 5 10 7 29 28 29 23	7 1 6 9 11 8 29 28 29 23	10 6 8 13 13 9 29 28 29 23	13 10 14 16 15 9 28 28 29 23	16 15 19 20 17 10 28 28 28 23	19 19 18 24 19 10 28 28 28 23	22 23 21 27 21 11 28 28 29 23	25 27 26 30 23 10 29 28 29 23	28 31 30 31 25 10 29 28 29 23
31	32 24 30 30 4 6 28 28 29 23		2 29 1 1 8 7 29 28 29 23		7 2 6 9 11 8 29 28 29 23		13 11 15 16 15 10 28 28 29 23	16 16 19 20 17 10 28 28 28 23		22 24 22 27 21 11 28 28 29 23		28 32 30 31 25 10 29 28 29 23

1990

	JAN	FEB	MÄR	APR	MAI	JUNI	JULI	AUG	SEPT	OKT	NOV	DEZ
1	29 33 30 31 25 10 29 28 29 23	32 2 29 30 28 10 29 28 29 23	35 3 33 30 30 10 30 28 29 23	2 9 3 33 32 10 30 28 29 23	5 12 5 35 34 10 30 28 29 23	8 17 5 4 1 11 30 28 29 23	10 21 10 7 3 11 30 28 29 23	13 25 16 11 5 12 30 28 29 23	16 29 18 15 10 13 29 28 29 23	19 33 18 18 8 13 29 28 29 23	22 2 23 22 8 14 30 28 29 23	25 5 27 26 7 14 30 28 29 23
2	29 35 30 31 26 10 29 28 29 23	32 4 29 30 28 10 29 28 29 23	35 5 33 30 30 10 30 28 29 23	2 10 3 33 32 10 30 28 29 23	5 14 5 36 34 10 30 28 29 23	8 19 5 4 1 11 30 28 29 23	10 22 10 7 3 11 30 28 29 23	13 26 16 11 5 12 30 28 29 23	16 31 18 15 10 13 29 28 29 23	19 34 18 19 8 13 29 28 29 23	22 3 23 22 8 14 30 28 29 23	25 7 27 26 7 14 30 28 29 23
3	29 36 30 31 26 10 29 28 29 23	32 5 29 30 28 10 29 28 29 23	35 6 33 30 30 10 30 28 29 23	2 12 3 33 32 10 30 28 29 23	5 15 5 36 34 10 30 28 29 23	8 20 5 4 1 11 30 28 29 23	11 23 11 7 3 11 30 28 29 23	14 27 16 11 5 12 30 28 29 23	17 32 18 15 10 13 29 28 29 23	19 35 18 19 8 13 29 28 29 23	23 5 23 23 8 14 30 28 29 23	26 9 28 26 7 14 30 28 29 23
4	29 1 30 31 26 10 29 28 29 23	32 7 29 30 28 10 29 28 29 23	35 8 34 31 30 10 30 28 29 23	2 13 3 33 32 10 30 28 29 23	5 16 5 36 34 10 30 28 29 23	8 21 5 4 1 11 30 28 29 23	11 24 11 8 3 11 30 28 29 23	14 29 16 11 5 12 30 28 29 23	17 33 17 15 10 13 29 28 29 23	20 1 18 19 8 13 29 28 29 23	23 6 23 23 8 14 30 28 29 23	26 10 28 26 7 14 30 28 29 23
5	29 3 30 31 26 10 29 28 29 23	32 8 30 30 28 10 29 28 29 23	35 9 34 31 30 10 30 28 29 23	2 14 4 33 32 10 30 28 29 23	5 18 5 1 35 10 30 28 29 23	8 22 6 4 1 11 30 28 29 23	11 25 11 8 3 12 30 28 29 23	14 30 16 11 5 12 30 28 29 23	17 35 17 15 10 13 29 28 29 23	20 2 18 19 8 13 29 28 29 23	23 8 24 23 8 14 30 28 29 23	26 12 28 27 7 14 30 28 29 23
6	29 4 30 31 26 10 29 28 29 23	32 9 30 30 28 10 29 28 29 23	35 10 34 31 30 10 30 28 29 23	2 15 4 33 32 10 30 28 29 23	5 19 5 1 35 10 30 28 29 23	8 23 6 4 1 11 30 28 29 23	11 27 11 8 3 12 30 28 29 23	14 31 16 12 5 12 30 28 29 23	17 36 17 15 10 13 29 28 29 23	20 4 19 19 8 13 29 28 29 23	23 9 24 23 8 14 30 28 29 23	26 13 28 27 7 14 30 28 29 23
7	29 6 30 31 26 10 29 28 29 23	32 11 30 30 28 10 29 28 29 23	35 12 34 31 30 10 30 28 29 23	2 17 4 34 32 10 30 28 29 23	5 20 5 1 35 10 30 28 29 23	8 24 6 4 1 11 30 28 29 23	11 28 11 8 3 12 30 28 29 23	14 32 17 12 5 12 30 28 29 23	17 1 17 15 10 13 29 28 29 23	20 5 19 19 8 13 29 28 29 23	23 11 24 23 8 14 30 28 29 23	26 14 28 27 7 14 30 28 29 23
8	29 7 29 31 26 10 29 28 29 23	32 12 30 30 28 10 30 28 29 23	35 13 34 31 30 10 30 28 29 23	2 18 4 34 33 10 30 28 29 23	5 21 5 1 35 10 30 28 29 23	8 26 6 4 1 11 30 28 29 23	11 29 12 8 3 12 30 28 29 23	14 34 17 12 5 12 30 28 29 23	17 3 17 16 10 13 29 28 29 23	20 7 19 19 8 13 29 28 29 23	23 12 24 23 8 14 30 28 29 23	26 16 28 27 7 14 30 28 29 23
9	29 8 29 31 26 10 29 28 29 23	32 14 30 30 28 10 30 28 29 23	35 14 34 31 30 10 30 28 29 23	2 19 4 34 33 10 30 28 29 23	5 22 5 1 35 10 30 28 29 23	8 27 6 5 1 11 30 28 29 23	11 30 12 8 3 12 30 28 29 23	14 35 17 12 5 12 30 28 29 23	17 4 17 16 10 13 29 28 29 23	20 8 19 19 8 13 29 28 29 23	23 13 24 23 8 14 30 28 29 23	26 17 28 27 7 14 30 28 29 23
10	29 10 29 31 26 10 29 28 29 23	33 15 30 30 28 10 30 28 29 23	35 16 35 31 30 10 30 28 29 23	2 20 4 34 33 10 30 28 29 23	5 24 4 1 35 10 30 28 29 23	8 28 6 5 1 11 30 28 29 23	11 31 12 8 3 12 30 28 29 23	14 36 17 12 5 12 30 28 29 23	17 6 17 16 10 13 29 28 29 23	20 10 19 20 8 13 29 28 29 23	23 15 24 23 8 14 30 28 29 23	26 18 28 27 7 14 30 28 29 23
11	30 11 29 31 26 10 29 28 29 23	33 16 30 30 28 10 30 28 29 23	36 17 35 31 30 10 30 28 29 23	3 22 4 34 33 10 30 28 29 23	6 25 4 1 35 10 30 28 29 23	8 29 6 5 1 11 30 28 29 23	11 33 12 9 3 12 30 28 29 23	14 2 17 12 5 12 30 28 29 23	17 7 17 16 10 13 29 28 29 23	20 11 19 20 8 13 29 28 29 23	23 16 25 24 8 14 30 28 29 23	26 20 28 27 7 14 30 28 29 23
12	30 13 29 31 26 10 29 28 29 23	33 17 30 30 28 10 30 28 29 23	36 18 35 31 31 10 30 28 29 23	3 23 5 34 33 10 30 28 29 23	6 26 4 1 35 10 30 28 29 23	9 31 6 5 1 11 30 28 29 23	11 34 13 9 3 12 30 28 29 23	14 3 17 12 5 12 30 28 29 23	17 9 17 16 10 13 29 28 29 23	20 12 20 20 8 13 29 28 29 23	23 17 25 24 8 14 30 28 29 23	26 21 28 27 7 14 30 28 29 23
13	30 14 29 31 26 10 29 28 29 23	33 19 31 30 29 10 30 28 29 23	36 19 35 31 31 10 30 28 29 23	3 24 5 34 33 10 30 28 29 23	6 27 4 2 35 10 30 28 29 23	9 32 7 5 1 11 30 28 29 23	12 35 13 9 4 12 30 28 29 23	15 5 17 12 5 12 30 28 29 23	17 10 17 16 10 13 29 28 29 23	20 14 20 20 8 14 29 28 29 23	24 19 25 24 8 14 30 28 29 23	27 22 28 28 7 14 30 28 29 23
14	30 15 29 31 26 10 29 28 29 23	33 20 31 30 29 10 30 28 29 23	36 21 35 31 31 10 30 28 29 23	3 25 5 34 33 10 30 28 29 23	6 28 4 2 35 10 30 28 29 23	9 33 7 5 1 11 30 28 29 23	12 1 13 9 4 12 30 28 29 23	15 6 17 13 6 12 29 28 29 23	18 11 17 16 10 13 29 28 29 23	21 15 20 20 8 14 30 28 29 23	24 20 25 24 8 14 30 28 29 23	27 23 28 28 7 14 30 28 29 23
15	30 17 29 31 26 10 29 28 29 23	33 21 31 30 29 10 30 28 29 23	36 22 36 31 31 10 30 28 29 23	3 26 5 34 33 10 30 28 29 23	6 30 4 2 35 10 30 28 29 23	9 34 7 5 2 11 30 28 29 23	12 2 13 9 4 12 30 28 29 23	15 7 17 13 6 12 29 28 29 23	18 13 17 16 10 13 29 28 29 23	21 16 20 20 8 14 29 28 29 23	24 21 25 24 8 14 30 28 29 23	27 24 29 28 6 14 30 28 29 23
16	30 18 29 31 27 10 29 28 29 23	33 22 31 30 29 10 30 28 29 23	36 23 36 31 31 10 30 28 29 23	3 27 5 35 33 10 30 28 29 23	6 31 4 2 35 10 30 28 29 23	9 36 7 5 2 11 30 28 29 23	12 4 13 9 4 12 30 28 29 23	15 9 17 13 6 12 29 28 29 23	18 14 16 17 10 13 29 28 29 23	21 18 20 20 8 14 29 28 29 23	24 22 25 24 7 14 30 28 29 23	27 26 28 28 6 14 30 28 29 23
17	30 19 29 30 27 10 29 28 29 23	33 23 31 30 29 10 30 28 29 23	36 24 36 32 31 10 30 28 29 23	3 29 5 35 33 10 30 28 29 23	6 32 4 2 35 10 30 28 29 23	9 1 7 6 2 11 30 28 29 23	12 5 13 9 4 12 30 28 29 23	15 10 18 13 6 12 29 28 29 23	18 15 16 17 10 13 29 28 29 23	21 19 20 20 8 14 29 28 29 23	24 24 25 24 7 14 30 28 29 23	27 27 28 28 6 14 30 28 29 23
18	30 20 29 30 27 10 29 28 29 23	33 25 31 30 29 10 30 28 29 23	36 25 36 32 31 10 30 28 29 23	3 30 5 35 33 10 30 28 29 23	6 33 4 2 36 11 30 28 29 23	9 3 8 6 2 11 30 28 29 23	12 6 14 9 4 12 30 28 29 23	15 12 18 13 6 12 29 28 29 23	18 17 16 17 10 13 29 28 29 23	21 20 21 21 8 14 29 28 29 23	24 25 26 24 7 14 30 28 29 23	27 28 28 28 6 14 30 28 29 23
19	30 21 28 30 27 10 29 28 29 23	34 26 31 30 29 10 30 28 29 23	36 27 36 32 31 10 30 28 29 23	3 31 5 35 33 10 30 28 29 23	6 35 4 2 36 11 30 28 29 23	9 4 8 6 2 11 30 28 29 23	12 8 14 9 4 12 30 28 29 23	15 13 18 13 6 13 29 28 29 23	18 18 16 17 10 13 29 28 29 23	21 21 21 21 8 14 29 28 29 23	24 26 26 25 7 14 30 28 29 23	27 29 28 28 6 14 30 28 29 23
20	30 23 28 30 27 10 29 28 29 23	34 27 32 30 29 10 30 28 29 23	36 28 1 32 31 10 30 28 29 23	3 32 5 35 33 10 30 28 29 23	6 36 4 2 36 11 30 28 29 23	9 5 8 6 2 11 30 28 29 23	12 9 14 9 4 12 30 28 29 23	15 15 18 13 6 13 29 28 29 23	18 19 17 17 10 13 29 28 29 23	21 23 21 21 8 14 29 28 29 23	24 27 26 25 7 14 30 28 29 23	27 30 28 28 6 14 30 28 29 23
21	31 24 28 30 27 10 29 28 29 23	34 28 32 30 29 10 30 28 29 23	1 29 1 32 31 10 30 28 29 23	4 34 5 35 34 10 30 28 29 23	6 2 4 2 36 11 30 28 29 23	9 7 8 6 2 11 30 28 29 23	12 11 14 10 4 12 30 28 29 23	15 16 18 13 6 13 29 28 29 23	18 21 17 17 10 13 29 28 29 23	21 24 21 21 8 14 29 28 29 23	24 28 26 25 7 14 30 28 29 23	27 32 28 29 6 14 30 28 29 23
22	31 25 28 30 27 10 29 28 29 23	34 30 32 30 29 10 30 28 29 23	1 30 1 32 31 10 30 28 29 23	4 35 5 35 34 10 30 28 29 23	7 3 4 3 36 11 30 28 29 23	10 8 8 6 2 11 30 28 29 23	12 12 14 10 4 12 30 28 29 23	15 17 18 13 6 13 29 28 29 23	18 22 17 17 10 13 29 28 29 23	21 25 21 21 8 14 29 28 29 23	24 29 26 25 7 14 30 28 29 23	27 33 28 29 6 14 30 28 29 23
23	31 26 29 30 27 10 29 28 29 23	34 31 32 30 29 10 30 28 29 23	1 32 1 32 31 10 30 28 29 23	4 1 5 35 34 10 30 28 29 23	7 5 4 3 36 11 30 28 29 23	10 10 8 6 2 11 30 28 29 23	12 14 14 10 4 12 30 28 29 23	15 18 18 14 6 13 29 28 29 23	18 23 17 17 10 13 29 28 29 23	21 26 21 21 8 14 29 28 29 23	25 31 26 25 7 14 30 28 29 23	28 34 28 29 6 14 30 28 29 23
24	31 28 29 30 27 10 29 28 29 23	34 32 32 30 29 10 30 28 29 23	1 33 1 32 31 10 30 28 29 23	4 2 5 35 34 10 30 28 29 23	7 6 4 3 36 11 30 28 29 23	10 11 9 6 2 11 30 28 29 23	13 15 15 10 4 12 30 28 29 23	16 20 18 14 6 13 29 28 29 23	19 24 17 18 10 13 29 28 29 23	22 27 22 21 8 14 29 28 29 23	25 32 26 25 7 14 30 28 29 23	28 35 28 29 6 14 30 28 29 23
25	31 29 29 30 27 10 29 28 29 23	34 34 32 30 29 10 30 28 29 23	1 34 2 32 31 10 30 28 29 23	4 4 5 35 34 10 30 28 29 23	7 8 5 3 36 11 30 28 29 23	10 13 9 6 2 11 30 28 29 23	13 16 15 10 4 12 30 28 29 23	16 21 18 14 6 13 29 28 29 23	19 25 17 18 11 13 29 28 29 23	22 29 22 22 8 14 29 28 29 23	25 33 27 25 7 14 30 28 29 23	28 1 28 29 6 14 30 28 29 23
26	31 30 29 30 27 10 29 28 29 23	34 35 33 30 29 10 30 28 29 23	1 36 2 32 32 10 30 28 29 23	4 5 5 36 34 10 30 28 29 23	7 9 5 3 36 11 30 28 29 23	10 14 9 7 2 11 30 28 29 23	13 18 15 10 4 12 30 28 29 23	16 22 18 14 6 13 29 28 29 23	19 27 17 18 11 13 29 28 29 23	22 30 22 22 8 14 29 28 29 23	25 34 27 25 7 14 30 28 29 23	28 2 27 29 6 14 30 28 29 23
27	31 31 29 30 27 10 29 28 29 23	34 36 33 30 30 10 30 28 29 23	1 1 2 32 32 10 30 28 29 23	4 7 5 36 34 10 30 28 29 23	7 11 5 3 36 11 30 28 29 23	10 16 9 7 2 11 30 28 29 23	13 19 15 10 4 12 30 28 29 23	16 23 18 14 6 13 29 28 29 23	19 28 17 18 11 13 29 28 29 23	22 31 22 22 8 14 29 28 29 23	25 36 27 26 7 14 30 28 29 23	28 3 27 29 6 14 30 28 29 23
28	31 33 29 30 27 10 29 28 29 23	34 2 33 30 30 10 30 28 29 23	1 3 2 33 32 10 30 28 29 23	4 8 5 36 34 10 30 28 29 23	7 12 5 3 36 11 30 28 29 23	10 17 10 7 2 11 30 28 29 23	13 20 15 10 5 12 30 28 29 23	16 25 18 14 6 13 29 28 29 23	19 29 17 18 11 13 29 28 29 23	22 32 22 22 8 14 29 28 29 23	25 1 27 26 7 14 30 28 29 23	28 5 27 29 6 14 30 28 29 23
29	31 34 29 30 27 10 29 28 29 23		1 4 2 33 32 10 30 28 29 23	4 10 5 36 34 10 30 28 29 23	7 13 5 3 36 11 30 28 29 23	10 18 10 7 3 11 30 28 29 23	13 21 15 11 5 12 30 28 29 23	16 26 18 14 6 13 29 28 29 23	19 30 17 18 11 13 29 28 29 23	22 34 22 22 8 14 29 28 29 23	25 2 27 26 7 14 30 28 29 23	28 6 27 30 6 14 30 28 29 23
30	31 36 29 30 28 10 29 28 29 23		1 6 3 33 32 10 30 28 29 23	4 11 5 36 34 10 30 28 29 23	7 15 5 3 36 11 30 28 29 23	10 19 10 7 3 11 30 28 29 23	13 23 16 11 5 12 30 28 29 23	16 27 18 14 6 13 29 28 29 23	19 31 18 18 11 13 29 28 29 23	22 35 23 23 8 14 29 28 29 23	25 4 27 26 7 14 30 28 29 23	28 8 27 30 6 14 30 28 29 23
31	32 1 29 30 28 10 29 28 29 23		2 7 3 33 32 10 30 28 29 23		7 16 5 4 36 11 30 28 29 23		13 24 16 11 5 12 30 28 29 23	16 28 18 15 6 13 29 28 29 23		22 36 23 23 8 14 29 28 29 23		28 9 27 30 6 14 30 28 29 23

1991

	JAN	FEB	MÄR	APR	MAI	JUNI	JULI	AUG	SEPT	OKT	NOV	DEZ
1	29 11 27 30 6 14 30 28 29 23	32 16 30 34 7 13 30 29 29 24	34 17 34 1 8 13 31 29 29 24	2 22 3 5 9 13 31 29 29 23	5 25 2 9 11 13 31 29 29 23	8 29 6 12 13 13 31 29 29 23	10 33 12 15 15 14 31 29 29 23	13 1 16 16 17 15 31 29 29 23	16 6 15 15 18 15 31 28 29 23	19 10 19 15 20 16 31 28 29 23	22 16 24 18 23 16 31 29 29 23	25 19 27 21 25 17 31 29 29 24
2	29 12 27 30 6 14 30 28 29 23	32 17 30 34 7 13 30 29 29 24	35 18 35 1 8 13 31 29 29 24	2 23 3 5 9 13 31 29 29 23	5 26 2 9 11 13 31 29 29 23	8 31 6 12 13 13 31 29 29 23	10 34 12 15 15 14 31 29 29 23	13 3 16 16 17 15 31 29 29 23	16 8 15 15 19 15 31 28 29 23	19 12 19 15 21 16 31 28 29 23	22 17 24 18 23 16 31 29 29 23	25 21 27 21 25 17 31 29 29 24
3	29 14 27 30 6 14 30 28 29 23	32 19 30 34 7 13 30 29 29 24	35 19 35 2 8 13 31 29 29 24	2 24 3 5 9 13 31 29 29 23	5 27 2 9 11 13 31 29 29 23	8 32 6 12 13 13 31 29 29 23	11 35 12 15 15 14 31 29 29 23	14 4 16 16 17 15 31 29 29 23	17 9 15 15 19 15 31 28 29 23	19 13 19 15 21 16 31 28 29 23	23 18 24 18 23 16 31 29 29 23	26 22 27 21 25 17 31 29 29 24
4	29 15 27 30 6 14 30 28 29 23	32 20 30 34 7 13 30 29 29 24	35 21 35 2 8 13 31 29 29 24	2 25 3 5 10 13 31 29 29 23	5 28 2 9 11 13 31 29 29 23	8 33 6 12 13 13 31 29 29 23	11 36 12 15 15 14 31 29 29 23	14 5 16 16 17 15 31 29 29 23	17 10 15 15 19 15 31 28 29 23	20 14 20 15 21 16 31 28 29 23	23 20 24 18 23 16 31 29 29 23	26 23 27 21 25 17 31 29 29 24
5	29 17 27 30 6 14 30 28 29 23	32 21 30 34 7 13 30 29 29 24	35 22 35 2 8 13 31 29 29 24	2 26 3 6 10 13 31 29 29 23	5 30 2 9 11 13 31 29 29 23	8 34 6 12 13 13 31 29 29 23	11 2 13 15 15 14 31 29 29 23	14 7 16 16 17 15 31 29 29 23	17 12 15 15 19 15 31 28 29 23	20 16 20 15 21 16 31 28 29 23	23 21 25 18 23 17 31 29 29 24	26 24 27 21 25 17 31 29 29 24
6	29 18 27 31 6 14 30 29 29 23	32 23 31 34 7 13 30 29 29 24	35 23 35 2 8 13 31 29 29 24	2 28 3 6 10 13 31 29 29 23	5 31 3 9 11 13 31 29 29 23	8 35 7 12 13 13 31 29 29 23	11 3 13 15 15 14 31 29 29 23	14 8 16 16 17 15 31 29 29 23	17 13 15 15 19 15 31 28 29 23	20 17 20 15 21 16 31 28 29 23	23 22 25 18 23 17 31 29 29 24	26 26 26 21 25 17 31 29 29 24
7	29 19 27 31 6 14 30 29 29 23	32 24 31 35 7 13 31 29 29 24	35 25 36 2 8 13 31 29 29 24	2 29 3 6 10 13 31 29 29 23	5 32 3 9 11 13 31 29 29 23	8 1 7 13 13 13 31 29 29 23	11 4 13 15 15 14 31 29 29 23	14 10 16 16 17 15 31 29 29 23	17 15 15 15 19 15 31 28 29 23	20 19 20 16 21 16 31 28 29 23	23 24 25 18 23 17 31 29 29 24	26 27 26 22 25 17 31 29 29 24
8	29 20 27 31 6 14 30 29 29 23	32 25 31 35 7 13 31 29 29 24	35 26 36 2 8 13 31 29 29 24	2 30 3 6 10 13 31 29 29 23	5 33 3 9 11 13 31 29 29 23	8 2 7 13 13 14 31 29 29 23	11 6 13 15 15 14 31 29 29 23	14 11 16 16 17 15 31 29 29 23	17 16 15 15 19 15 31 28 29 23	20 20 20 16 21 16 31 28 29 23	23 25 25 18 23 17 31 29 29 24	26 28 26 22 25 17 31 29 29 24
9	29 22 27 31 6 14 30 29 29 23	32 26 31 35 7 13 31 29 29 24	35 27 36 2 8 13 31 29 29 24	2 31 3 6 10 13 31 29 29 23	5 35 3 9 11 13 31 29 29 23	8 3 7 13 13 14 31 29 29 23	11 7 13 15 15 14 31 29 29 23	14 13 16 16 17 15 31 29 29 23	17 18 15 15 19 15 31 28 29 23	20 21 20 16 21 16 31 29 29 23	23 26 25 18 23 17 31 29 29 24	26 29 26 22 25 17 31 29 29 24
10	29 23 27 31 6 14 30 29 29 23	33 27 31 35 7 13 31 29 29 24	35 28 36 2 8 13 31 29 29 24	2 32 3 6 10 13 31 29 29 23	5 36 3 10 12 13 31 29 29 23	8 5 7 13 13 14 31 29 29 23	11 9 13 15 15 14 31 29 29 23	14 14 16 16 17 15 31 29 29 23	17 19 15 15 19 15 31 28 29 23	20 23 21 16 21 16 31 29 29 23	23 27 25 19 23 17 31 29 29 24	26 30 26 22 25 17 31 29 29 24
11	30 24 27 31 6 14 30 29 29 23	33 28 31 35 7 13 31 29 29 24	36 29 36 3 8 13 31 29 29 24	3 34 3 6 10 13 31 29 29 23	5 1 3 10 12 13 31 29 29 23	8 6 8 13 13 14 31 29 29 23	11 10 14 15 15 14 31 29 29 23	14 16 16 16 17 15 31 29 29 23	17 21 16 15 19 15 31 28 29 23	20 24 21 16 21 16 31 29 29 23	23 28 25 19 23 17 31 29 29 24	26 32 26 22 25 17 31 29 29 24
12	30 25 27 31 6 14 30 29 29 23	33 30 31 35 7 13 31 29 29 24	36 30 1 3 8 13 31 29 29 24	3 35 3 6 10 13 31 29 29 23	6 3 3 10 12 13 31 29 29 23	9 7 8 13 13 14 31 29 29 23	11 12 14 16 15 14 31 29 29 23	14 17 16 16 17 15 31 29 29 23	17 22 16 15 19 16 31 28 29 23	20 25 21 16 21 16 31 29 29 23	23 30 26 19 23 17 31 29 29 24	26 33 26 22 25 17 31 29 29 24
13	30 26 27 31 6 14 30 29 29 23	33 31 32 35 7 13 31 29 29 24	36 32 1 3 8 13 31 29 29 24	3 36 3 6 10 13 31 29 29 23	6 4 3 10 12 13 31 29 29 23	9 9 8 13 14 14 31 29 29 23	12 13 14 16 15 14 31 29 29 23	14 18 16 16 17 15 31 29 29 23	17 23 16 15 19 16 31 28 29 23	20 26 21 16 21 16 31 29 29 23	24 31 26 19 23 17 31 29 29 24	27 34 26 22 25 17 31 29 29 24
14	30 28 27 32 6 14 30 29 29 23	33 32 32 35 7 13 31 29 29 24	36 33 1 3 8 13 31 29 29 24	3 2 3 7 10 13 31 29 29 23	6 6 3 10 12 13 31 29 29 23	9 11 8 13 14 14 31 29 29 23	12 15 14 16 15 14 31 29 29 23	15 20 16 16 17 15 31 29 29 23	18 24 16 15 19 16 31 28 29 23	21 28 21 16 21 16 31 29 29 23	24 32 26 19 23 17 31 29 29 24	27 35 25 22 26 17 31 29 29 24
15	30 29 28 32 6 14 30 29 29 23	33 33 32 36 7 13 31 29 29 24	36 34 1 3 9 13 31 29 29 24	3 3 3 7 10 13 31 29 29 23	6 7 3 10 12 13 31 29 29 23	9 12 9 13 14 14 31 29 29 23	12 16 14 16 15 14 31 29 29 23	15 21 16 16 17 15 31 29 29 23	18 26 16 15 19 16 31 28 29 23	21 29 21 16 21 16 31 29 29 23	24 33 26 19 24 17 31 29 29 24	27 36 25 23 26 17 31 29 29 24
16	30 30 28 32 6 14 30 29 29 24	33 35 32 36 7 13 31 29 29 24	36 36 1 3 9 13 31 29 29 24	3 5 3 7 10 13 31 29 29 23	6 8 3 10 12 13 31 29 29 23	9 14 9 13 14 14 31 29 29 23	12 18 14 16 16 14 31 29 29 23	15 22 16 16 17 15 31 29 29 23	18 27 16 15 19 16 31 28 29 23	21 30 22 16 21 16 31 29 29 23	24 34 26 19 24 17 31 29 29 24	27 2 25 23 26 17 31 29 29 24
17	30 31 28 32 6 14 30 29 29 24	33 36 32 36 7 13 31 29 29 24	36 1 1 3 9 13 31 29 29 24	3 6 3 7 10 13 31 29 29 23	6 10 4 10 12 13 31 29 29 23	9 15 9 14 14 14 31 29 29 23	12 19 14 16 16 14 31 29 29 23	15 24 16 16 18 15 31 29 29 23	18 28 16 15 20 16 31 28 29 23	21 31 22 16 22 16 31 29 29 23	24 36 26 19 24 17 31 29 29 24	27 3 25 23 26 17 31 29 29 24
18	30 32 28 32 6 14 30 29 29 24	33 1 32 36 7 13 31 29 29 24	36 2 2 3 9 13 31 29 29 24	3 8 3 7 10 13 31 29 29 23	6 11 4 10 12 13 31 29 29 23	9 17 9 14 14 14 31 29 29 23	12 20 15 16 16 14 31 29 29 23	15 25 16 16 18 15 31 29 29 23	18 29 17 15 20 16 31 28 29 23	21 32 22 16 22 16 31 29 29 23	24 1 26 19 24 17 31 29 29 24	27 4 25 23 26 17 31 29 29 24
19	30 34 28 32 6 13 30 29 29 24	33 3 33 36 7 13 31 29 29 24	36 4 2 4 9 13 31 29 29 24	3 9 3 7 10 13 31 29 29 23	6 13 4 11 12 13 31 29 29 23	9 18 9 14 14 14 31 29 29 23	12 22 15 16 16 14 31 29 29 23	15 26 16 16 18 15 31 29 29 23	18 30 17 15 20 16 31 28 29 23	21 34 22 16 22 16 31 29 29 23	24 2 26 20 24 17 31 29 29 24	27 6 25 23 26 17 31 29 29 24
20	30 35 28 32 6 13 30 29 29 24	34 4 33 36 7 13 31 29 29 24	36 5 2 4 9 13 31 29 29 24	3 10 3 7 10 13 31 29 29 23	6 14 4 11 12 13 31 29 29 23	9 19 10 14 14 14 31 29 29 23	12 23 15 16 16 14 31 29 29 23	15 27 15 16 18 15 31 29 29 23	18 32 17 15 20 16 31 28 29 23	21 35 22 17 22 16 31 29 29 23	24 4 26 20 24 17 31 29 29 24	27 7 25 23 26 17 31 29 29 24
21	31 36 28 32 6 13 30 29 29 24	34 5 33 36 8 13 31 29 29 24	36 7 2 4 9 13 31 29 29 24	4 12 3 7 10 13 31 29 29 23	6 16 4 11 12 13 31 29 29 23	9 21 10 14 14 14 31 29 29 23	12 24 15 16 16 14 31 29 29 23	15 28 15 16 18 15 31 29 29 23	18 33 17 15 20 16 31 28 29 23	21 36 22 17 22 16 31 29 29 23	24 5 27 20 24 17 31 29 29 24	27 9 25 23 26 17 31 29 29 24
22	31 2 28 33 7 13 30 29 29 24	34 7 33 36 8 13 31 29 29 24	1 8 2 4 9 13 31 29 29 24	4 13 2 8 11 13 31 29 29 23	7 17 4 11 12 13 31 29 29 23	10 22 10 14 14 14 31 29 29 23	12 25 15 16 16 14 31 29 29 23	15 30 15 15 18 15 31 29 29 23	18 34 17 15 20 16 31 28 29 23	21 1 23 17 22 16 31 29 29 23	24 6 27 20 24 17 31 29 29 24	27 10 25 23 26 17 31 29 29 24
23	31 3 29 33 7 13 30 29 29 24	34 8 33 1 8 13 31 29 29 24	1 9 2 4 9 13 31 29 29 24	4 15 2 8 11 13 31 29 29 23	7 18 4 11 12 13 31 29 29 23	10 23 10 14 14 14 31 29 29 23	12 26 15 16 16 14 31 29 29 23	15 31 15 15 18 15 31 29 29 23	18 35 18 15 20 16 31 28 29 23	21 3 23 17 22 16 31 29 29 23	25 8 27 20 24 17 31 29 29 24	28 12 25 23 26 17 31 29 29 24
24	31 4 29 33 7 13 30 29 29 24	34 10 33 1 8 13 31 29 29 24	1 11 3 4 9 13 31 29 29 24	4 16 2 8 11 13 31 29 29 23	7 20 4 11 12 13 31 29 29 23	10 24 11 14 14 14 31 29 29 23	13 28 15 16 16 14 31 29 29 23	16 32 15 15 18 15 31 29 29 23	19 1 18 15 20 16 31 28 29 23	22 4 23 17 22 16 31 29 29 23	25 9 27 20 24 17 31 29 29 24	28 13 26 24 26 17 31 29 29 24
25	31 6 29 33 7 13 30 29 29 24	34 11 34 1 8 13 31 29 29 24	1 12 3 4 9 13 31 29 29 24	4 17 2 8 11 13 31 29 29 23	7 21 5 11 12 13 31 29 29 23	10 25 11 14 14 14 31 29 29 23	13 29 15 16 16 14 31 29 29 23	16 33 15 15 18 15 31 29 29 23	19 2 18 15 20 16 31 28 29 23	22 6 23 17 22 16 31 29 29 23	25 11 27 20 24 17 31 29 29 24	28 15 26 24 26 17 31 29 29 24
26	31 7 29 33 7 13 30 29 29 24	34 13 34 1 8 13 31 29 29 24	1 14 3 4 9 13 31 29 29 24	4 19 2 8 11 13 31 29 29 23	7 22 5 11 12 13 31 29 29 23	10 27 11 14 14 14 31 29 29 23	13 30 15 16 16 14 31 29 29 23	16 34 15 15 18 15 31 29 29 23	19 3 18 15 20 16 31 28 29 23	22 7 23 17 22 16 31 29 29 23	25 12 27 20 24 17 31 29 29 24	28 16 26 24 26 17 31 29 29 24
27	31 9 29 33 7 13 30 29 29 24	34 14 34 1 8 13 31 29 29 24	1 15 3 4 9 13 31 29 29 24	4 20 2 8 11 13 31 29 29 23	7 23 5 11 13 13 31 29 29 23	10 28 11 14 14 14 31 29 29 23	13 31 16 16 16 14 31 29 29 23	16 36 15 15 18 15 31 29 29 23	19 5 18 15 20 16 31 28 29 23	22 8 23 17 22 16 31 29 29 23	25 14 27 20 24 17 31 29 29 24	28 18 26 24 27 17 31 29 29 24
28	31 10 29 33 7 13 30 29 29 24	34 15 34 1 8 13 31 29 29 24	1 16 3 5 9 13 31 29 29 24	4 21 2 8 11 13 31 29 29 23	7 25 5 12 13 13 31 29 29 23	10 29 11 15 14 14 31 29 29 23	13 32 16 16 16 14 31 29 29 23	16 1 15 15 18 15 31 29 29 23	19 6 18 15 20 16 31 28 29 23	22 10 23 17 22 16 31 29 29 23	25 15 27 21 24 17 31 29 29 24	28 19 26 24 27 17 31 29 29 24
29	31 12 29 33 7 13 30 29 29 24		1 18 3 5 9 13 31 29 29 24	4 22 2 8 11 13 31 29 29 23	7 26 5 12 13 13 31 29 29 23	10 30 12 15 14 14 31 29 29 23	13 34 16 16 16 15 31 29 29 23	16 2 15 15 18 15 31 29 29 23	19 7 19 15 20 16 31 28 29 23	22 11 24 17 22 16 31 29 29 23	25 17 27 21 24 17 31 29 29 24	28 20 26 24 27 17 31 29 29 24
30	31 13 29 34 7 13 30 29 29 24		1 19 3 5 9 13 31 29 29 24	4 24 2 8 11 13 31 29 29 23	7 27 5 12 13 13 31 29 29 23	10 31 12 15 15 15 31 29 29 23	13 35 16 16 16 15 31 29 29 23	16 4 15 15 18 15 31 29 29 23	19 9 19 15 20 16 31 28 29 23	22 13 24 17 22 16 31 29 29 23	25 18 27 21 25 17 31 29 29 24	28 22 26 24 27 17 31 29 29 24
31	32 15 30 34 7 13 30 29 29 24		1 20 3 5 9 13 31 29 29 23		7 28 6 12 13 13 31 29 29 23		13 36 16 16 16 15 31 29 29 23	16 5 15 15 18 15 31 28 29 23		22 14 24 18 22 16 31 29 29 23		28 23 26 24 27 17 31 29 29 24

1992

	JAN	FEB	MÄR	APR	MAI	JUNI	JULI	AUG	SEPT	OKT	NOV	DEZ
1	28 24 26 25 27 17 31 29 29 24	32 29 31 28 29 17 31 29 29 24	35 31 36 32 31 16 32 29 29 24	2 35 1 36 34 16 32 29 29 24	5 2 2 3 36 16 32 29 29 24	8 7 8 7 2 16 32 29 29 24	10 11 13 11 5 16 32 29 29 24	13 17 14 15 7 17 32 29 29 24	16 22 15 19 9 17 32 29 29 24	19 25 20 22 11 18 32 29 29 24	22 30 25 26 12 19 32 29 29 24	25 33 24 30 12 19 32 29 29 24
2	29 25 26 25 27 17 31 29 29 24	32 30 31 28 29 17 31 29 29 24	35 32 36 32 31 16 32 29 29 24	2 36 1 36 34 16 32 29 29 24	5 4 2 4 36 16 32 29 29 24	8 9 8 7 3 16 32 29 29 24	11 13 13 11 5 16 32 29 29 24	13 18 14 15 7 17 32 29 29 24	16 23 15 19 9 17 32 29 29 24	19 27 21 22 11 18 32 29 29 24	22 31 25 26 12 19 32 29 29 24	26 34 24 30 12 19 32 29 29 24
3	29 26 27 25 27 17 31 29 29 24	32 31 31 29 29 17 31 29 29 24	35 33 36 32 32 16 32 29 29 24	2 2 1 36 34 16 32 29 29 24	5 5 2 4 36 16 32 29 29 24	8 10 8 7 3 16 32 29 29 24	11 14 13 11 5 17 32 29 29 24	14 19 14 15 7 17 32 29 29 24	17 24 15 19 9 17 32 29 29 24	20 28 21 22 11 18 32 29 29 24	23 32 25 26 12 19 32 29 29 24	26 35 24 30 12 20 32 29 29 24
4	29 28 27 25 27 17 31 29 29 24	32 32 31 29 29 17 31 29 29 24	35 34 1 32 32 16 32 29 29 24	2 3 36 36 34 16 32 29 29 24	5 6 3 4 36 16 32 29 29 24	8 12 8 8 3 16 32 29 29 24	11 16 13 11 5 17 32 29 29 24	14 21 13 15 7 17 32 29 29 24	17 26 16 19 9 17 32 29 29 24	20 29 21 23 11 18 32 29 29 24	23 33 25 26 12 19 32 29 29 24	26 1 24 30 12 20 32 29 29 24
5	29 29 27 25 27 17 31 29 29 24	32 33 32 29 29 17 31 29 29 24	35 35 1 32 32 16 32 29 29 24	2 4 36 36 34 16 32 29 29 24	5 8 3 4 36 16 32 29 29 24	8 13 8 8 3 16 32 29 29 24	11 17 13 11 5 17 32 29 29 24	14 22 13 15 7 17 32 29 29 24	17 27 16 19 9 17 32 29 29 24	20 30 21 23 11 18 32 29 29 24	23 35 25 26 12 19 32 29 29 24	26 2 24 30 12 20 32 29 29 24
6	29 30 27 25 27 17 31 29 29 24	32 35 32 29 30 17 32 29 29 24	35 1 1 33 32 16 32 29 29 24	2 6 36 36 34 16 32 29 29 24	5 9 3 4 1 16 32 29 29 24	8 15 9 8 3 16 32 29 29 24	11 18 14 12 5 17 32 29 29 24	14 24 13 15 7 17 32 29 29 24	17 28 16 19 9 17 32 29 29 24	20 31 21 23 11 18 32 29 29 24	23 36 25 27 12 19 32 29 29 24	26 3 24 30 12 20 32 29 29 24
7	29 31 27 25 27 17 31 29 29 24	32 36 32 29 30 17 32 29 29 24	35 2 1 33 32 16 32 29 29 24	2 7 36 36 34 16 32 29 29 24	5 11 3 4 1 16 32 29 29 24	8 16 9 8 3 16 32 29 29 24	11 20 14 12 5 17 32 29 29 24	14 25 13 15 7 17 32 29 29 24	17 29 16 19 9 17 32 29 29 24	20 33 21 23 11 18 32 29 29 24	23 1 25 27 12 19 32 29 29 24	26 4 24 30 12 20 32 29 29 24
8	29 32 27 25 27 17 31 29 29 24	32 1 32 29 30 17 32 29 29 24	35 3 1 33 32 16 32 29 29 24	2 8 36 1 34 16 32 29 29 24	5 12 3 4 1 16 32 29 29 24	8 17 9 8 3 16 32 29 29 24	11 21 14 12 5 17 32 29 29 24	14 26 13 16 7 17 32 29 29 24	17 31 16 19 9 17 32 29 29 24	20 34 22 23 11 18 32 29 29 24	23 2 25 27 12 19 32 29 29 24	26 6 24 30 12 20 32 29 29 24
9	29 34 27 26 27 17 31 29 29 24	32 2 32 29 30 17 32 29 29 24	35 5 1 33 32 16 32 29 29 24	2 10 36 1 34 16 32 29 29 24	5 13 3 4 1 16 32 29 29 24	8 19 9 8 3 16 32 29 29 24	11 23 14 12 5 17 32 29 29 24	14 27 13 16 7 17 32 29 29 24	17 32 17 20 9 17 32 29 29 24	20 35 22 23 11 18 32 29 29 24	23 4 25 27 12 19 32 29 29 24	26 7 24 31 12 20 32 29 29 24
10	29 35 27 26 28 17 31 29 29 24	33 4 32 29 30 17 32 29 29 24	35 6 1 33 32 16 32 29 29 24	3 11 36 1 35 16 32 29 29 24	5 15 3 5 1 16 32 29 29 24	8 20 10 8 3 16 32 29 29 24	11 24 14 12 5 17 32 29 29 24	14 29 13 16 7 17 32 29 29 24	17 33 17 20 9 17 32 29 29 24	20 36 22 23 11 18 32 29 29 24	23 5 25 27 12 19 32 29 29 24	26 8 24 31 12 20 32 29 29 24
11	30 36 28 26 28 17 31 29 29 24	33 5 33 30 30 17 32 29 29 24	36 7 1 33 32 16 32 29 29 24	3 12 36 1 35 16 32 29 29 24	6 16 3 5 1 16 32 29 29 24	9 22 10 8 3 16 32 29 29 24	11 25 14 12 5 17 32 29 29 24	14 30 13 16 8 17 32 29 29 24	17 34 17 20 9 17 32 29 29 24	20 1 22 23 11 19 32 29 29 24	23 6 25 27 12 19 32 29 29 24	26 10 24 31 12 20 32 29 29 24
12	30 1 28 26 28 17 31 29 29 24	33 6 33 30 30 17 32 29 29 24	36 9 1 33 32 16 32 29 29 24	3 14 36 1 35 16 32 29 29 24	6 18 4 5 1 16 32 29 29 24	9 23 10 9 3 16 32 29 29 24	11 26 14 12 5 17 32 29 29 24	14 31 13 16 8 17 32 29 29 24	17 35 17 20 9 17 32 29 29 24	20 3 22 24 11 19 32 29 29 24	23 7 25 27 12 19 32 29 29 24	27 11 24 31 12 20 32 29 29 24
13	30 3 28 26 28 17 31 29 29 24	33 8 33 30 30 17 32 29 29 24	36 10 2 33 32 16 32 29 29 24	3 15 36 1 35 16 32 29 29 24	6 19 4 5 1 16 32 29 29 24	9 24 10 9 3 16 32 29 29 24	12 28 14 12 6 17 32 29 29 24	15 32 13 16 8 17 32 29 29 24	18 1 17 20 9 17 32 29 29 24	20 4 22 24 11 19 32 29 29 24	24 9 25 27 12 19 32 29 29 24	27 13 25 31 12 20 32 29 29 24
14	30 4 28 26 28 17 31 29 29 24	33 9 33 30 30 17 32 29 29 24	36 11 2 34 32 16 32 29 29 24	3 17 36 1 35 16 32 29 29 24	6 21 4 5 1 16 32 29 29 24	9 25 10 9 3 16 32 29 29 24	12 29 14 13 6 17 32 29 29 24	15 33 13 16 8 17 32 29 29 24	18 2 18 20 10 17 32 29 29 24	21 5 22 24 11 19 32 29 29 24	24 10 25 28 12 19 32 29 29 24	27 14 25 31 12 20 32 29 29 24
15	30 5 28 26 28 17 31 29 29 24	33 10 33 30 30 17 32 29 29 24	36 13 2 34 32 16 32 29 29 24	3 18 1 1 35 16 32 29 29 24	6 22 4 5 1 16 32 29 29 24	9 27 11 9 4 16 32 29 29 24	12 29 14 13 6 17 32 29 29 24	15 34 13 16 8 17 32 29 29 24	18 3 18 20 10 17 32 29 29 24	21 6 23 24 11 19 32 29 29 24	24 12 25 28 12 19 32 29 29 24	27 15 25 31 12 20 32 29 29 24
16	30 7 28 26 28 17 31 29 29 24	33 12 33 30 30 17 32 29 29 24	36 14 2 34 33 16 32 29 29 24	3 20 1 2 35 16 32 29 29 24	6 23 4 5 1 16 32 29 29 24	9 28 11 9 4 16 32 29 29 24	12 31 14 13 6 17 32 29 29 24	15 36 13 17 8 17 32 29 29 24	18 4 18 20 10 17 32 29 29 24	21 8 23 24 11 19 32 29 29 24	24 13 25 28 12 19 32 29 29 24	27 17 25 31 12 20 32 29 29 24
17	30 8 29 26 28 17 31 29 29 24	33 13 33 30 30 17 32 29 29 24	36 16 2 34 33 16 32 29 29 24	3 21 1 2 35 16 32 29 29 24	6 25 5 5 1 16 32 29 29 24	9 29 11 9 4 16 32 29 29 24	12 32 14 13 6 17 32 29 29 24	15 1 13 17 8 17 32 29 29 24	18 6 18 21 10 17 32 29 29 24	21 9 23 24 11 19 32 29 29 24	24 14 25 28 12 19 32 29 29 24	27 18 25 31 12 20 32 29 29 24
18	30 10 29 27 28 17 31 29 29 24	33 15 33 30 30 17 32 29 29 24	36 17 2 34 33 16 32 29 29 24	3 22 1 2 35 16 32 29 29 24	6 26 5 6 1 16 32 29 29 24	9 30 11 9 4 16 32 29 29 24	12 34 14 13 6 17 32 29 29 24	15 2 13 17 8 17 32 29 29 24	18 7 18 21 10 17 32 29 29 24	21 10 23 24 11 19 32 29 29 24	24 16 25 28 12 19 32 29 29 24	27 20 25 32 12 20 32 29 29 24
19	30 11 29 27 28 17 31 29 29 24	33 16 34 31 31 17 32 29 29 24	36 19 2 34 33 16 32 29 29 24	3 24 1 2 35 16 32 29 29 24	6 27 5 6 2 16 32 29 29 24	9 32 11 9 4 16 32 29 29 24	12 35 14 13 6 17 32 29 29 24	15 3 13 17 8 17 32 29 29 24	18 8 18 21 10 17 32 29 29 24	21 12 23 24 11 19 32 29 29 24	24 17 25 28 12 19 32 29 29 24	27 21 25 32 12 20 32 29 29 24
20	30 13 29 27 28 17 31 29 29 24	34 18 34 31 31 17 32 29 29 24	36 20 2 34 33 16 32 29 29 24	4 25 1 2 35 16 32 29 29 24	6 28 5 6 2 16 32 29 29 24	9 33 11 10 4 16 32 29 29 24	12 36 14 13 6 17 32 29 29 24	15 5 13 17 8 17 32 29 29 24	18 9 19 21 10 17 32 29 29 24	21 13 23 25 11 19 32 29 29 24	24 19 25 28 12 19 32 29 29 24	27 22 25 32 12 20 32 29 29 24
21	31 14 29 27 28 17 31 29 29 24	34 19 34 31 31 17 32 29 29 24	1 22 2 34 33 16 32 29 29 24	4 26 1 2 35 16 32 29 29 24	7 30 5 6 2 16 32 29 29 24	9 34 12 10 4 16 32 29 29 24	12 1 14 13 6 17 32 29 29 24	15 6 13 17 8 17 32 29 29 24	18 11 19 21 10 17 32 29 29 24	21 15 23 25 11 19 32 29 29 24	24 20 25 28 12 19 32 29 29 24	27 24 26 32 12 20 32 29 29 24
22	31 16 29 27 28 17 31 29 29 24	34 21 35 31 31 17 32 29 29 24	1 23 1 34 33 16 32 29 29 24	4 28 1 2 35 16 32 29 29 24	7 31 5 6 2 16 32 29 29 24	10 35 12 10 4 16 32 29 29 24	12 3 14 13 6 17 32 29 29 24	15 7 14 17 8 17 32 29 29 24	18 12 19 21 10 17 32 29 29 24	21 16 24 25 11 19 32 29 29 24	24 21 24 29 12 19 32 29 29 24	28 25 26 32 12 20 32 29 29 24
23	31 17 29 27 29 17 31 29 29 24	34 22 35 31 31 17 32 29 29 24	1 24 1 35 33 16 32 29 29 24	4 29 1 2 36 16 32 29 29 24	7 32 6 6 2 16 32 29 29 24	10 36 12 10 4 16 32 29 29 24	13 4 14 14 6 17 32 29 29 24	16 8 14 17 8 17 32 29 29 24	19 13 19 21 10 17 32 29 29 24	21 18 24 25 11 19 32 29 29 24	25 23 24 29 12 19 32 29 29 24	28 26 26 32 12 20 32 29 29 24
24	31 19 30 27 29 17 31 29 29 24	34 23 35 31 31 17 32 29 29 24	1 25 1 35 33 16 32 29 29 24	4 30 1 3 36 16 32 29 29 24	7 33 6 6 2 16 32 29 29 24	10 2 12 10 4 16 32 29 29 24	13 5 14 14 6 17 32 29 29 24	16 10 14 18 8 17 32 29 29 24	19 15 19 21 10 17 32 29 29 24	22 19 24 25 12 19 32 29 29 24	25 24 24 29 12 19 32 29 29 24	28 28 26 32 12 20 32 29 29 24
25	31 20 30 27 29 17 31 29 29 24	34 25 35 31 31 17 32 29 29 24	1 27 1 35 33 16 32 29 29 24	4 31 1 3 36 16 32 29 29 24	7 34 6 6 2 16 32 29 29 24	10 3 12 10 4 16 32 29 29 24	13 6 14 14 6 17 32 29 29 24	16 12 14 18 8 18 32 29 29 24	19 17 20 21 10 17 32 29 29 24	22 21 24 25 12 19 32 29 29 24	25 26 24 29 12 19 32 29 29 24	28 29 26 32 12 20 32 29 29 24
26	31 21 30 28 29 17 31 29 29 24	34 26 35 31 31 17 32 29 29 24	1 28 1 35 33 16 32 29 29 24	4 32 1 3 36 16 32 29 29 24	7 35 6 6 2 16 32 29 29 24	10 4 12 10 4 16 32 29 29 24	13 8 14 14 6 17 32 29 29 24	16 13 14 18 8 18 32 29 29 24	19 18 20 22 10 17 32 29 29 24	22 22 24 25 12 19 32 29 29 24	25 27 24 29 12 19 32 29 29 24	28 30 26 32 12 20 32 29 29 24
27	31 23 30 28 29 17 31 29 29 24	34 27 35 32 31 16 32 29 29 24	1 29 1 35 33 16 32 29 29 24	4 33 2 3 36 16 32 29 29 24	7 1 7 7 2 16 32 29 29 24	10 5 12 10 4 16 32 29 29 24	13 9 14 14 7 17 32 29 29 24	16 14 14 18 9 18 32 29 29 24	19 20 20 22 10 17 32 29 29 24	22 23 24 25 12 19 32 29 29 24	25 28 24 29 12 19 32 29 29 24	28 31 27 33 12 20 32 29 29 24
28	31 24 30 28 29 16 31 29 29 24	34 28 36 32 31 16 32 29 29 24	1 30 1 35 33 16 32 29 29 24	4 35 2 3 36 16 32 29 29 24	7 2 7 7 2 16 32 29 29 24	10 7 13 11 4 16 32 29 29 24	13 10 14 14 7 17 32 29 29 24	16 16 14 18 9 18 32 29 29 24	19 21 20 22 10 17 32 29 29 24	22 25 24 26 12 19 32 29 29 24	25 29 24 29 12 19 32 29 29 24	28 33 27 33 12 20 32 29 29 24
29	31 25 30 28 29 16 31 29 29 24	34 29 36 32 31 16 32 29 29 24	1 31 1 35 34 16 32 29 29 24	4 36 2 3 36 16 32 29 29 24	7 3 7 7 2 16 32 29 29 24	10 8 13 11 5 16 32 29 29 24	13 12 14 14 7 17 32 29 29 24	16 17 15 18 9 18 32 29 29 24	19 23 20 22 10 17 32 29 29 24	22 26 24 26 12 19 32 29 29 24	25 31 24 29 12 19 32 29 29 24	28 34 27 33 12 20 32 29 29 24
30	31 26 31 28 29 16 31 29 29 24		1 33 1 35 34 16 32 29 29 24	4 1 2 3 36 16 32 29 29 24	7 5 7 7 2 16 32 29 29 24	10 10 13 11 5 16 32 29 29 24	13 13 14 14 7 17 32 29 29 24	16 19 15 18 9 18 32 29 29 24	19 24 20 22 10 17 32 29 29 24	22 27 25 26 12 19 32 29 29 24	25 33 24 29 12 19 32 29 29 24	28 35 27 33 12 20 32 29 29 24
31	32 27 31 28 29 17 31 29 29 24		2 34 1 36 34 16 32 29 29 24		7 6 7 7 2 16 32 29 29 24		13 15 14 15 7 17 32 29 29 24	16 20 15 18 9 18 32 29 29 24		22 29 25 26 12 19 32 29 29 24		28 36 27 33 12 20 32 29 29 24

1993

	JAN	FEB	MÄR	APR	MAI	JUNI	JULI	AUG	SEPT	OKT	NOV	DEZ
1	29 1 27 33 12 19 32 29 29 24	32 6 32 36 11 20 32 29 29 24	35 7 36 2 10 20 33 29 29 24	2 12 35 2 11 19 33 30 30 24	5 15 3 1 13 19 33 30 30 24	8 21 9 3 14 19 34 30 30 24	10 25 12 6 16 19 33 30 30 24	13 30 12 9 18 19 33 29 29 24	16 34 17 13 20 20 33 29 29 24	19 2 21 17 22 21 33 29 29 24	22 6 23 20 24 21 33 29 29 24	25 9 24 24 26 22 33 29 29 24
2	29 3 27 33 12 19 32 29 29 24	32 7 32 36 10 20 33 29 29 24	35 8 36 2 10 20 33 29 29 24	2 13 35 2 11 19 33 30 30 24	5 17 3 1 13 19 33 30 30 24	8 22 9 3 14 19 34 30 30 24	11 26 12 6 16 19 33 30 30 24	13 31 12 10 18 19 33 29 29 24	16 35 17 13 20 20 33 29 29 24	19 3 22 17 22 21 33 29 29 24	22 7 23 21 24 21 33 29 29 24	25 11 24 24 26 22 33 29 29 24
3	29 4 28 33 11 19 32 29 29 24	32 9 33 1 10 20 33 29 29 24	35 9 36 2 11 20 33 29 29 24	2 15 35 2 11 19 33 30 30 24	5 18 3 1 13 19 33 30 30 24	8 24 10 3 14 19 34 30 30 24	11 27 12 6 16 19 33 30 30 24	14 32 12 10 18 20 33 29 29 24	17 1 17 13 20 20 33 29 29 24	19 4 22 17 22 21 33 29 29 24	22 8 23 21 24 21 33 29 29 24	26 12 24 25 26 22 33 30 29 24
4	29 5 28 34 11 19 32 29 29 24	32 10 33 1 10 20 33 29 29 24	35 11 36 2 11 20 33 29 29 24	2 16 35 2 11 19 33 30 30 24	5 20 4 1 13 19 33 30 30 24	8 25 10 3 14 19 34 30 30 24	11 29 12 6 16 19 33 30 29 24	14 33 12 10 18 20 33 29 29 24	17 2 17 13 20 20 33 29 29 24	20 5 22 17 22 21 33 29 29 24	23 10 23 21 24 21 33 29 29 24	26 13 24 25 26 22 33 30 29 24
5	29 6 28 34 11 19 32 29 29 24	32 11 33 1 10 20 33 29 29 24	35 12 36 2 11 20 33 29 29 24	2 17 35 1 11 19 33 30 30 24	5 21 4 1 13 19 33 30 30 24	8 27 10 3 14 19 34 30 30 24	11 30 12 6 16 19 33 30 29 24	14 35 12 10 18 20 33 29 29 24	17 3 17 13 20 20 33 29 29 24	20 6 22 17 22 21 33 29 29 24	23 11 23 21 24 21 33 29 29 24	26 15 24 25 26 22 33 30 29 24
6	29 8 28 34 11 19 32 29 29 24	32 13 33 1 10 20 33 29 29 24	35 14 36 2 11 20 33 29 29 24	2 19 35 1 12 19 33 30 30 24	5 23 4 1 13 19 33 30 30 24	8 28 10 3 15 19 34 30 30 24	11 31 12 6 16 19 33 30 29 24	14 36 12 10 18 20 33 29 29 24	17 4 18 14 20 20 33 29 29 24	20 7 22 17 22 21 33 29 29 24	23 12 23 21 24 21 33 29 29 24	26 16 24 25 26 22 33 30 29 24
7	29 9 28 34 11 19 32 29 29 24	32 14 33 1 10 20 33 29 29 24	35 15 36 2 11 20 33 29 29 24	2 21 35 1 12 19 33 30 30 24	5 24 4 1 13 19 33 30 30 24	8 29 10 4 15 19 34 30 30 24	11 33 12 7 16 19 33 30 29 24	14 1 12 10 18 20 33 29 29 24	17 5 18 14 20 20 33 29 29 24	20 9 22 17 22 21 33 29 29 24	23 14 23 21 24 21 33 29 29 24	26 17 24 25 27 22 33 30 29 24
8	29 11 28 34 11 19 32 29 29 24	32 16 34 1 10 20 33 29 29 24	35 17 35 2 11 20 33 29 29 24	2 22 36 1 12 19 33 30 30 24	5 26 4 1 13 19 33 30 30 24	8 30 10 4 15 19 34 30 30 24	11 34 12 7 16 19 33 30 29 24	14 2 12 10 18 20 33 29 29 24	17 7 18 14 20 20 33 29 29 24	20 10 22 18 22 21 33 29 29 24	23 15 23 21 24 21 33 29 29 24	26 19 25 25 27 22 33 30 29 24
9	29 12 28 34 11 19 32 29 29 24	33 17 34 1 10 20 33 29 29 24	35 18 35 2 11 20 33 29 29 24	2 23 36 1 12 19 33 30 30 24	5 27 5 1 13 19 33 30 30 24	8 32 11 4 15 19 34 30 30 24	11 35 12 7 16 19 33 30 29 24	14 3 12 10 18 20 33 29 29 24	17 8 18 14 20 20 33 29 29 24	20 11 23 18 22 21 33 29 29 24	23 16 23 21 24 21 33 29 29 24	26 20 25 25 27 22 33 30 29 24
10	29 13 29 34 11 19 32 29 29 24	33 19 34 1 10 20 33 29 29 24	35 20 35 2 11 20 33 29 29 24	3 25 36 1 12 19 33 30 30 24	5 28 5 1 13 19 33 30 30 24	8 33 11 4 15 19 34 30 30 24	11 36 12 7 16 19 33 30 29 24	14 5 12 10 18 20 33 29 29 24	17 9 18 14 20 20 33 29 29 24	20 13 23 18 22 21 33 29 29 24	23 18 22 22 25 21 33 29 29 24	26 22 25 25 27 22 33 30 29 24
11	30 15 29 34 11 19 32 29 29 24	33 20 34 1 10 20 33 30 29 24	36 21 35 3 11 20 33 29 29 24	3 26 36 1 12 19 33 30 30 24	6 30 5 1 13 19 33 30 30 24	9 34 11 4 15 19 34 30 30 24	11 1 12 7 17 19 33 30 29 24	14 6 13 11 18 20 33 29 29 24	17 10 18 14 20 20 33 29 29 24	20 14 23 18 22 21 33 29 29 24	23 19 22 22 25 22 33 29 29 24	26 23 25 26 27 22 33 30 29 24
12	30 16 29 34 11 19 32 29 29 24	33 22 34 1 10 20 33 30 29 24	36 23 35 3 11 20 33 29 29 24	3 28 36 1 12 19 33 30 30 24	6 31 5 2 13 19 33 30 30 24	9 35 11 4 15 19 34 30 30 24	11 3 12 7 17 19 33 30 29 24	14 7 13 11 18 20 33 29 29 24	17 12 19 14 20 20 33 29 29 24	20 15 23 18 23 21 33 29 29 24	23 21 22 22 25 22 33 29 29 24	26 25 25 26 27 22 33 30 29 24
13	30 18 29 35 11 19 32 29 29 24	33 23 34 1 10 20 33 30 29 24	36 24 35 2 11 20 33 29 29 24	3 29 36 1 12 19 33 30 30 24	6 32 5 2 13 19 33 30 30 24	9 1 11 4 15 19 34 30 30 24	12 4 12 7 17 19 33 30 29 24	15 8 13 11 19 20 33 29 29 24	18 13 19 14 21 20 33 29 29 24	20 17 23 18 23 21 33 29 29 24	24 22 22 22 25 22 33 29 29 24	27 26 25 26 27 22 33 30 29 24
14	30 19 29 35 11 19 32 29 29 24	33 24 35 1 10 20 33 30 29 24	36 25 35 2 11 20 33 29 29 24	3 30 36 1 12 19 33 30 30 24	6 33 6 2 13 19 33 30 30 24	9 2 11 4 15 19 34 30 30 24	12 5 12 7 17 19 33 30 29 24	15 10 13 11 19 20 33 29 29 24	18 15 19 15 21 20 33 29 29 24	21 18 23 18 23 21 33 29 29 24	24 24 22 22 25 22 33 29 29 24	27 27 26 26 27 22 33 30 29 24
15	30 21 29 35 11 19 32 29 29 24	33 26 35 2 10 20 33 30 29 24	36 27 35 2 11 20 33 29 29 24	3 31 36 1 12 19 33 30 30 24	6 35 6 2 13 19 33 30 30 24	9 3 11 4 15 19 34 30 30 24	12 6 12 7 17 19 33 30 29 24	15 11 13 11 19 20 33 29 29 24	18 16 19 15 21 20 33 29 29 24	21 20 23 18 23 21 33 29 29 24	24 25 22 22 25 22 33 29 29 24	27 29 26 26 27 22 33 30 29 24
16	30 22 30 35 11 19 32 29 29 24	33 27 35 2 10 20 33 30 30 24	36 28 35 2 11 20 33 29 29 24	3 33 1 1 12 19 33 30 30 24	6 36 6 2 13 19 33 30 30 24	9 4 11 4 15 19 34 30 30 24	12 7 12 8 17 19 33 30 29 24	15 12 13 11 19 20 33 29 29 24	18 18 19 15 21 20 33 29 29 24	21 21 23 18 23 21 33 29 29 24	24 27 22 22 25 22 33 29 29 24	27 30 26 26 27 22 33 30 29 24
17	30 24 30 35 11 19 32 29 29 24	33 28 35 2 10 20 33 30 30 24	36 30 35 2 11 20 33 29 29 24	3 34 1 1 12 19 33 30 30 24	6 1 6 2 13 19 33 30 30 24	9 5 12 5 15 19 34 30 30 24	12 9 12 8 17 19 33 29 29 24	15 15 14 11 19 20 33 29 29 24	18 19 19 15 21 20 33 29 29 24	21 23 23 18 23 21 33 29 29 24	24 28 22 22 25 22 33 29 29 24	27 32 26 26 27 22 33 30 29 24
18	30 25 30 35 11 19 32 29 29 24	33 30 35 2 10 20 33 30 30 24	36 31 35 2 11 20 33 29 29 24	3 35 1 1 12 19 33 30 30 24	6 2 6 2 14 19 33 30 30 24	9 7 12 5 15 19 34 30 30 24	12 10 12 8 17 19 33 29 29 24	15 15 14 11 19 20 33 29 29 24	18 21 20 15 21 20 33 29 29 24	21 24 23 19 23 21 33 29 29 24	24 29 22 23 25 22 33 29 29 24	27 33 26 26 27 22 33 30 29 24
19	30 26 30 35 11 19 32 29 29 24	34 31 35 2 10 20 33 30 30 24	36 32 35 2 11 20 33 29 29 24	3 36 1 1 12 19 33 30 30 24	6 3 7 2 14 19 33 30 30 24	9 8 12 5 15 19 34 30 30 24	12 12 12 8 17 19 33 29 29 24	15 17 14 11 19 20 33 29 29 24	18 22 20 15 21 20 33 29 29 24	21 26 23 19 23 21 33 29 29 24	24 31 22 23 25 22 33 29 29 24	27 34 26 27 27 22 33 30 29 24
20	30 27 30 35 11 19 32 29 29 24	34 32 35 2 10 20 33 30 30 24	36 33 35 2 11 20 33 29 29 24	3 1 1 1 12 19 33 30 30 24	6 5 7 2 14 19 33 30 30 24	9 9 12 5 15 19 34 30 30 24	12 13 11 8 17 19 33 29 29 24	15 18 14 12 19 20 33 29 29 24	18 24 20 15 21 20 33 29 29 24	21 27 24 19 23 21 33 29 29 24	24 32 22 23 25 22 33 29 29 24	27 35 26 27 27 22 33 30 30 24
21	31 29 30 35 11 19 32 29 29 24	34 33 36 2 10 20 33 30 30 24	1 34 35 2 11 20 33 29 29 24	4 2 1 1 12 19 33 30 30 24	6 6 7 2 14 19 33 30 30 24	9 11 12 5 15 19 34 30 30 24	12 14 11 8 17 19 33 29 29 24	15 20 14 12 19 20 33 29 29 24	18 25 20 15 21 20 33 29 29 24	21 29 24 19 23 21 33 29 29 24	24 33 22 23 25 22 33 29 29 24	27 36 27 27 28 22 33 30 30 24
22	31 30 31 35 11 19 32 29 29 24	34 34 36 2 10 20 33 30 30 24	1 35 35 2 11 20 33 29 29 24	4 4 1 1 12 19 33 30 30 24	7 7 7 2 14 19 34 30 30 24	10 12 12 5 15 19 34 30 30 24	12 16 11 8 17 19 33 29 29 24	15 21 15 12 19 20 33 29 29 24	18 26 20 16 21 20 33 29 29 24	21 30 24 19 23 21 33 29 29 24	24 34 23 23 25 22 33 29 29 24	28 2 27 27 28 22 33 30 30 24
23	31 31 31 36 11 19 32 29 29 24	34 36 36 2 10 20 33 30 30 24	1 36 35 2 11 20 33 29 29 24	4 5 2 1 12 19 33 30 30 24	7 8 8 2 14 19 34 30 30 24	10 13 12 5 15 19 34 30 30 24	13 17 11 8 17 19 33 29 29 24	15 23 15 12 19 20 33 29 29 24	18 28 20 16 21 20 33 29 29 24	21 31 24 19 23 21 33 29 29 24	25 36 23 23 25 22 33 29 29 24	28 3 27 27 28 22 33 30 30 24
24	31 32 31 36 11 19 32 29 29 24	34 1 36 2 10 20 33 30 30 24	1 2 35 2 11 20 33 29 29 24	4 6 2 1 12 19 33 30 30 24	7 10 8 2 14 19 34 30 30 24	10 15 12 5 16 19 34 30 30 24	13 19 11 8 17 19 33 29 29 24	16 24 15 12 19 20 33 29 29 24	19 29 20 16 21 20 33 29 29 24	22 32 24 19 23 21 33 29 29 24	25 1 23 23 26 22 33 29 29 24	28 4 27 27 28 22 33 30 30 24
25	31 33 31 36 11 19 32 29 29 24	34 2 36 2 10 20 33 30 30 24	1 3 35 2 11 20 33 29 29 24	4 7 2 1 12 19 33 30 30 24	7 11 8 2 14 19 34 30 30 24	10 16 12 5 16 19 34 30 30 24	13 20 11 9 17 19 33 29 29 24	16 25 15 12 19 20 33 29 29 24	19 30 21 16 21 21 33 29 29 24	22 34 24 20 23 21 33 29 29 24	25 2 23 23 26 22 33 29 29 24	28 5 27 27 28 22 33 30 30 24
26	31 35 31 36 11 19 32 29 29 24	34 3 36 2 10 20 33 30 30 24	1 4 35 2 11 20 33 29 29 24	4 9 2 1 12 19 33 30 30 24	7 12 8 3 14 19 34 30 30 24	10 18 12 5 16 19 34 30 30 24	13 22 11 9 17 19 33 29 29 24	16 27 15 12 19 20 33 29 29 24	19 32 21 16 21 21 33 29 29 24	22 35 24 20 23 21 33 29 29 24	25 3 23 24 26 22 33 29 29 24	28 6 27 27 28 22 33 30 30 24
27	31 36 31 36 11 19 32 29 29 24	34 4 36 2 10 20 33 30 30 24	1 5 35 2 11 20 33 29 29 24	4 10 2 1 12 19 33 30 30 24	7 14 8 3 14 19 34 30 30 24	10 19 12 6 16 19 34 30 30 24	13 23 11 9 17 19 33 29 29 24	16 28 16 12 19 20 33 29 29 24	19 33 21 16 21 21 33 29 29 24	22 36 24 20 24 21 33 29 29 24	25 4 23 24 26 22 33 29 29 24	28 8 28 28 28 22 33 30 30 24
28	31 1 32 36 11 19 32 29 29 24	34 6 36 2 10 20 33 30 30 24	1 6 35 2 11 20 33 29 29 24	4 11 2 1 13 19 33 30 30 24	7 15 9 3 14 19 34 30 30 24	10 21 12 6 16 19 34 30 30 24	13 24 11 9 18 19 33 29 29 24	16 29 16 13 20 20 33 29 29 24	19 34 21 16 22 21 33 29 29 24	22 1 24 20 24 21 33 29 29 24	25 6 23 24 26 22 33 29 29 24	28 9 28 28 28 22 33 30 30 24
29	31 2 32 36 11 19 32 29 29 24		1 8 35 2 11 19 33 29 29 24	4 13 3 1 13 19 33 30 30 24	7 17 9 3 14 19 34 30 30 24	10 22 12 6 16 19 34 30 30 24	13 26 11 9 18 19 33 29 29 24	16 31 16 13 20 20 33 29 29 24	19 35 21 16 20 21 33 29 29 24	22 2 24 20 24 21 33 29 29 24	25 7 23 24 26 22 33 29 29 24	28 10 28 28 28 22 33 30 30 24
30	32 3 32 36 11 19 32 29 29 24		1 9 35 2 11 19 33 29 29 24	4 14 3 1 13 19 33 30 30 24	7 18 9 3 14 19 34 30 30 24	10 23 12 6 16 19 34 30 30 24	13 27 11 9 18 19 33 29 29 24	16 32 16 13 20 20 33 29 29 24	19 36 21 17 22 21 33 29 29 24	22 3 24 20 24 21 33 29 29 24	25 8 23 24 26 22 33 29 29 24	28 12 28 28 28 22 33 30 30 24
31	32 5 32 36 11 19 32 29 29 24		2 10 35 2 11 19 33 29 29 24		7 19 9 3 14 19 34 30 30 24		13 28 11 9 18 19 33 29 29 24	16 33 16 13 20 20 33 29 29 24		22 4 24 20 24 21 33 29 29 24		28 13 28 28 28 22 33 30 30 24

1994

	JAN	FEB	MÄR	APR	MAI	JUNI	JULI	AUG	SEPT	OKT	NOV	DEZ
1	29 14 28 28 28 22 33 30 30 24	32 20 33 32 31 23 34 30 30 24	35 21 33 36 33 23 34 30 30 24	2 26 35 3 35 23 34 30 30 24	5 30 5 7 2 22 35 30 30 24	8 34 10 11 4 22 35 30 30 24	10 2 10 14 6 22 35 30 30 24	13 6 12 18 8 22 35 30 30 24	16 10 18 21 10 22 34 30 30 24	19 14 22 23 12 23 34 30 30 24	22 19 21 23 14 24 34 30 30 24	25 23 25 22 15 24 34 30 30 24
2	29 16 29 28 28 22 33 30 30 24	32 21 34 32 31 23 34 30 30 24	35 22 33 36 33 23 34 30 30 24	2 27 35 4 36 23 34 30 30 24	5 31 5 7 2 22 35 30 30 24	8 36 10 11 4 22 35 30 30 24	10 3 10 14 6 22 35 30 30 24	13 7 12 18 9 22 35 30 30 24	16 12 18 21 11 22 34 30 30 24	19 15 22 23 12 23 34 30 30 24	22 20 21 23 14 24 34 30 30 24	25 24 25 22 15 24 34 30 30 24
3	29 17 29 28 29 23 33 30 30 24	32 22 34 32 31 23 34 30 30 24	35 24 33 36 33 23 34 30 30 24	2 29 35 4 36 23 34 30 30 24	5 32 5 7 2 22 35 30 30 24	8 1 10 11 4 22 35 30 30 24	11 4 9 15 6 22 35 30 30 24	14 8 12 18 9 22 35 30 30 24	17 13 18 21 11 23 34 30 30 24	19 17 22 23 12 23 34 30 30 24	23 22 21 23 14 24 34 30 30 24	26 26 25 22 15 24 34 30 30 24
4	29 19 29 29 29 23 33 30 30 24	32 24 34 32 31 23 34 30 30 24	35 25 33 36 33 23 34 30 30 24	2 30 36 4 36 23 34 30 30 24	5 33 5 7 2 22 35 30 30 24	8 2 10 11 4 22 35 30 30 24	11 5 9 15 7 22 35 30 30 24	14 10 13 18 9 22 35 30 30 24	17 14 18 21 11 23 34 30 30 24	20 18 22 23 12 23 34 30 30 24	23 23 21 22 14 24 34 30 30 24	26 27 25 22 15 24 34 30 30 24
5	29 20 29 29 29 23 33 30 30 24	32 25 34 33 31 23 34 30 30 24	35 26 33 36 33 23 34 30 30 24	2 31 36 4 36 23 34 30 30 24	5 35 5 8 2 22 35 30 30 24	8 3 10 11 4 22 35 30 30 24	11 6 9 15 7 22 35 30 30 24	14 11 13 18 9 22 35 30 30 24	17 16 19 21 11 23 34 30 30 24	20 19 22 23 13 23 34 30 30 24	23 25 21 22 14 24 34 30 30 24	26 29 25 22 15 24 34 30 30 24
6	29 21 29 29 29 23 33 30 30 24	32 27 34 33 31 23 34 30 30 24	35 28 33 36 33 23 34 30 30 24	2 33 36 4 36 23 34 30 30 24	5 36 6 8 2 22 35 30 30 24	8 4 10 11 4 22 35 30 30 24	11 7 9 15 7 22 35 30 30 24	14 12 13 18 9 22 35 30 30 24	17 17 19 21 11 23 34 30 30 24	20 21 22 23 13 23 34 30 30 24	23 26 21 22 14 24 34 30 30 24	26 30 25 22 15 24 34 30 30 24
7	29 23 29 29 29 23 33 30 30 24	32 28 34 33 31 23 34 30 30 24	35 29 33 36 33 23 34 30 30 24	2 34 36 4 36 23 34 30 30 24	5 1 6 8 2 22 35 30 30 24	8 6 10 12 4 22 35 30 30 24	11 9 9 15 7 22 35 30 30 24	14 13 13 18 9 22 35 30 30 24	17 19 19 21 11 23 34 30 30 24	20 22 22 23 13 23 34 30 30 24	23 28 21 22 14 24 34 30 30 24	26 31 26 22 15 24 34 30 30 24
8	29 24 30 29 29 23 33 30 30 24	32 29 34 33 31 23 34 30 30 24	35 30 33 36 34 23 34 30 30 24	2 35 36 4 36 23 34 30 30 24	5 2 6 8 2 22 35 30 30 24	8 7 10 12 5 22 35 30 30 24	11 10 9 15 7 22 35 30 30 24	14 15 13 19 9 22 35 30 30 24	17 20 19 22 11 23 34 30 30 24	20 24 22 23 13 23 34 30 30 24	23 29 21 22 14 24 34 30 30 24	26 33 26 22 15 24 34 30 30 24
9	29 26 30 29 29 23 33 30 30 24	33 31 34 33 31 23 34 30 30 24	35 32 33 1 34 23 34 30 30 24	2 36 36 4 36 23 34 30 30 24	5 3 6 8 2 22 35 30 30 24	8 8 10 12 5 22 35 30 30 24	11 11 9 15 7 22 35 30 30 24	14 16 14 19 9 22 35 30 30 24	17 21 19 22 11 23 34 30 30 24	20 25 22 23 13 23 34 30 30 24	23 31 21 22 14 24 34 30 30 24	26 34 26 22 15 24 34 30 30 24
10	29 27 30 29 29 23 33 30 30 24	33 32 34 33 32 23 34 30 30 24	35 33 33 1 34 23 34 30 30 24	2 1 1 5 36 23 34 30 30 24	5 5 7 8 2 22 35 30 30 24	8 9 10 12 5 22 35 30 30 24	11 13 9 15 7 22 35 30 30 24	14 18 14 19 9 22 35 30 30 24	17 23 19 22 11 23 34 30 30 24	20 27 22 23 13 23 34 30 30 24	23 32 21 22 14 24 34 30 30 24	26 35 26 22 15 25 34 30 30 24
11	30 28 30 29 29 23 33 30 30 24	33 33 34 33 32 23 34 30 30 24	36 34 33 1 34 23 34 30 30 24	3 3 1 5 36 23 34 30 30 24	6 6 7 8 3 22 35 30 30 24	8 10 10 12 5 22 35 30 30 24	11 14 10 15 7 22 35 30 30 24	14 19 14 19 9 22 35 30 30 24	17 24 20 22 11 23 34 30 30 24	20 28 22 23 13 23 34 30 30 24	23 33 22 22 14 24 34 30 30 24	26 1 26 22 15 25 34 30 30 24
12	30 30 30 30 29 23 33 30 30 24	33 34 34 33 32 23 34 30 30 24	36 35 33 1 34 23 34 30 30 24	3 4 1 5 36 23 34 30 30 24	6 7 7 8 3 22 35 30 30 24	9 12 10 12 5 22 35 30 30 24	11 15 10 16 7 22 35 30 30 24	14 20 14 19 9 22 35 30 30 24	17 26 20 22 11 23 34 30 30 24	20 30 22 23 13 23 34 30 30 24	23 35 22 22 14 24 34 30 30 24	26 2 26 22 15 25 34 30 30 24
13	30 31 30 30 29 23 33 30 30 24	33 36 34 34 32 23 34 30 30 24	36 1 33 1 34 23 34 30 30 24	3 5 1 5 36 23 34 30 30 24	6 8 7 9 3 22 35 30 30 24	9 13 10 12 5 22 35 30 30 24	12 17 10 16 7 22 35 30 30 24	15 22 15 19 9 22 35 30 30 24	17 27 20 22 11 23 34 30 30 24	20 31 22 23 13 23 34 31 30 24	24 36 22 22 14 24 34 30 30 24	27 3 27 22 16 25 34 30 30 24
14	30 32 30 30 29 23 33 30 30 24	33 1 34 34 32 23 34 30 30 24	36 2 33 1 34 23 34 30 30 24	3 6 1 5 36 23 34 30 30 24	6 9 7 9 3 22 35 30 30 24	9 14 10 12 5 22 35 30 30 24	12 18 10 16 7 22 35 30 30 24	15 23 15 19 9 22 35 30 30 24	18 29 20 22 11 23 34 30 30 24	21 32 22 23 13 23 34 30 30 24	24 1 22 22 15 24 34 30 30 24	27 4 27 22 16 25 34 30 30 24
15	30 34 31 30 29 23 33 30 30 24	33 2 34 34 32 23 34 30 30 24	36 3 33 1 34 23 34 30 30 24	3 7 1 5 1 23 34 30 30 24	6 11 7 9 3 22 35 30 30 24	9 16 10 12 5 22 35 30 30 24	12 19 10 16 7 22 35 30 30 24	15 25 15 19 9 22 35 30 30 24	18 30 20 22 11 23 34 30 30 24	21 34 22 23 13 23 34 30 30 24	24 2 22 22 15 24 34 30 30 24	27 5 27 23 16 25 34 30 30 24
16	30 35 31 30 30 23 33 30 30 24	33 3 34 34 32 23 34 30 30 24	36 4 33 1 34 23 34 30 30 24	3 9 2 5 1 23 34 30 30 24	6 12 8 9 3 22 35 30 30 24	9 17 10 13 5 22 35 30 30 24	12 21 10 16 7 22 35 30 30 24	15 26 15 19 9 22 35 30 30 24	18 31 20 22 11 23 34 30 30 24	21 35 22 23 13 23 34 30 30 24	24 3 22 22 15 24 34 30 30 24	27 7 27 23 16 25 34 30 30 24
17	30 36 31 30 30 23 33 30 30 24	33 4 34 34 32 23 34 30 30 24	36 5 33 2 34 23 34 30 30 24	3 10 2 5 1 23 34 30 30 24	6 13 8 9 3 22 35 30 30 24	9 18 10 13 5 22 35 30 30 24	12 22 10 16 7 22 35 30 30 24	15 27 15 19 10 22 35 30 30 24	18 33 20 22 11 23 34 30 30 24	21 36 22 23 13 23 34 30 30 24	24 5 22 22 15 24 34 30 30 24	27 8 27 23 16 25 34 30 30 24
18	30 1 31 30 30 23 33 30 30 24	33 6 34 34 32 23 34 30 30 24	36 6 33 2 34 23 34 30 30 24	3 11 2 5 1 23 34 30 30 24	6 15 8 9 3 22 35 30 30 24	9 20 10 13 5 22 35 30 30 24	12 24 10 16 7 22 35 30 30 24	15 29 15 20 10 22 35 30 30 24	18 34 20 22 12 23 34 30 30 24	21 1 22 23 13 23 34 30 30 24	24 6 23 22 15 24 34 30 30 24	27 9 27 23 16 25 34 30 30 24
19	30 2 31 30 30 23 33 30 30 24	34 7 34 34 32 23 34 30 30 24	36 8 34 2 34 23 34 30 30 24	3 12 2 6 1 23 34 30 30 24	6 16 8 9 3 22 35 30 30 24	9 21 10 13 5 22 35 30 30 24	12 25 10 16 8 22 35 30 30 24	15 30 16 20 10 22 35 30 30 24	18 35 21 22 12 23 34 30 30 24	21 2 22 23 13 23 34 30 30 24	24 7 23 22 15 24 34 30 30 24	27 10 27 23 16 25 34 30 30 24
20	30 4 32 31 30 23 33 30 30 24	34 8 34 34 32 23 34 30 30 24	36 9 34 2 34 23 34 30 30 24	3 14 2 6 1 23 34 30 30 24	6 17 8 9 3 22 35 30 30 24	9 23 10 13 5 22 35 30 30 24	12 26 10 16 8 22 35 30 30 24	15 32 16 20 10 22 34 30 30 24	18 36 21 22 12 23 34 30 30 24	21 4 21 23 13 23 34 30 30 24	24 8 23 22 15 24 34 30 30 24	27 11 28 23 16 25 34 30 30 24
21	31 5 32 31 30 23 33 30 30 24	34 9 34 35 32 23 34 30 30 24	1 10 34 2 35 23 34 30 30 24	4 15 3 6 1 23 34 30 30 24	6 19 9 9 3 22 35 30 30 24	9 24 10 13 6 22 35 30 30 24	12 28 10 17 8 22 35 30 30 24	15 33 16 20 10 22 34 30 30 24	18 2 21 22 12 23 34 30 30 24	21 5 21 23 13 23 34 30 30 24	24 9 23 22 15 24 34 30 30 24	27 13 28 23 16 25 34 30 30 24
22	31 6 32 31 30 23 33 30 30 24	34 11 33 35 32 23 34 30 30 24	1 11 34 2 35 23 34 30 30 24	4 16 3 6 1 23 34 30 30 24	7 20 9 10 3 22 35 30 30 24	10 26 10 13 6 22 35 30 30 24	12 29 10 17 8 22 35 30 30 24	15 34 16 20 10 22 34 30 30 24	18 3 21 23 12 23 34 30 30 24	21 6 21 23 13 23 34 30 30 24	24 10 23 22 15 24 34 30 30 24	27 14 28 23 16 25 34 30 30 24
23	31 7 32 31 30 23 33 30 30 24	34 12 33 35 33 23 34 30 30 24	1 13 34 2 35 23 34 30 30 24	4 18 3 6 1 23 34 30 30 24	7 22 9 10 3 22 35 30 30 24	10 27 10 13 6 22 35 30 30 24	12 31 11 17 8 22 35 30 30 24	15 36 16 20 10 22 34 30 30 24	18 4 21 23 12 23 34 30 30 24	21 7 21 23 13 23 34 30 30 24	25 12 23 22 15 24 34 30 30 24	28 15 28 23 16 25 34 30 30 24
24	31 8 32 31 30 23 33 30 30 24	34 13 33 35 33 23 34 30 30 24	1 14 34 2 35 23 34 30 30 24	4 19 3 6 1 23 34 30 30 24	7 23 9 10 4 22 35 30 30 24	10 28 10 14 6 22 35 30 30 24	13 32 11 17 8 22 35 30 30 24	16 1 17 20 10 22 34 30 30 24	19 5 21 23 12 23 34 30 30 24	22 8 21 23 13 23 34 30 30 24	25 13 24 22 15 24 34 30 30 24	28 16 28 23 16 25 34 30 30 24
25	31 10 32 31 30 23 33 30 30 24	34 15 33 35 33 23 34 30 30 24	1 15 34 3 35 23 34 30 30 24	4 21 3 6 1 23 34 30 30 24	7 25 9 10 4 22 35 30 30 24	10 30 10 14 6 22 35 30 30 24	13 33 11 17 8 22 35 30 30 24	16 2 17 20 10 22 34 30 30 24	19 6 21 23 12 23 34 30 30 24	22 10 21 23 14 23 34 30 30 24	25 14 24 22 15 24 34 30 30 24	28 18 28 23 16 25 34 30 30 24
26	31 11 33 31 30 23 33 30 30 24	34 16 33 35 33 23 34 30 30 24	1 16 34 3 35 23 34 30 30 24	4 22 4 6 1 23 34 30 30 24	7 26 9 10 4 22 35 30 30 24	10 31 10 14 6 22 35 30 30 24	13 35 11 17 8 22 35 30 30 24	16 3 17 20 10 22 34 30 30 24	19 8 21 23 12 23 34 30 30 24	22 11 21 23 14 23 34 30 30 24	25 15 24 22 15 24 34 30 30 24	28 19 29 23 16 25 34 30 30 24
27	31 12 33 31 30 23 33 30 30 24	34 18 33 35 33 23 34 30 30 24	1 18 34 3 35 23 34 30 30 24	4 24 4 7 1 23 34 30 30 24	7 28 9 10 4 22 35 30 30 24	10 33 10 14 6 22 35 30 30 24	13 36 11 17 8 22 35 30 30 24	16 4 17 20 10 22 34 30 30 24	19 9 21 23 12 23 34 30 30 24	22 12 21 23 14 23 34 30 30 24	25 17 24 22 15 24 34 30 30 24	28 21 29 23 16 25 34 30 30 24
28	31 14 33 32 30 23 33 30 30 24	34 19 33 35 33 23 34 30 30 24	1 20 35 3 35 23 34 30 30 24	4 25 4 7 2 23 34 30 30 24	7 29 9 10 4 22 35 30 30 24	10 34 10 14 6 22 35 30 30 24	13 1 11 17 8 22 35 30 30 24	16 6 17 21 10 22 34 30 30 24	19 10 22 23 12 23 34 30 30 24	22 13 21 23 14 23 34 30 30 24	25 18 24 22 15 24 34 30 30 24	28 22 29 24 16 25 34 30 30 24
29	31 15 33 32 31 23 34 30 30 24		1 21 35 3 35 23 34 30 30 24	4 27 4 7 2 22 35 30 30 24	7 30 10 10 4 22 35 30 30 24	10 35 10 14 6 22 35 30 30 24	13 2 12 17 8 22 35 30 30 24	16 7 17 21 10 22 34 30 30 24	19 11 22 23 12 23 34 30 30 24	22 15 21 23 14 23 34 30 30 24	25 20 24 22 15 24 34 30 30 24	28 23 29 24 16 25 34 30 30 24
30	31 17 33 32 31 23 34 30 30 24		1 23 35 3 35 23 34 30 30 24	4 28 4 7 2 22 35 30 30 24	7 32 10 11 4 22 35 30 30 24	10 36 10 14 6 22 35 30 30 24	13 4 12 18 8 22 35 30 30 24	16 8 18 21 10 22 34 30 30 24	19 12 22 23 12 23 34 30 30 24	22 16 21 23 14 23 34 30 30 24	25 21 24 22 15 24 34 30 30 24	28 25 29 24 16 25 34 30 30 24
31	32 18 33 32 31 23 34 30 30 24		2 24 35 3 35 23 34 30 30 24		7 33 10 11 4 22 35 30 30 24		13 5 12 18 8 22 35 30 30 24	16 9 18 21 10 22 34 30 30 24		22 17 21 23 14 23 34 30 30 24		28 26 29 24 16 25 34 30 30 24

1995

	JAN	FEB	MÄR	APR	MAI	JUNI	JULI	AUG	SEPT	OKT	NOV	DEZ
1	29 28 30 24 16 25 34 30 30 24	32 33 32 27 15 26 35 30 30 25	34 34 32 30 14 26 35 30 30 25	2 3 36 34 14 26 35 30 30 25	5 6 6 2 15 26 36 31 30 24	8 10 8 5 16 26 36 31 30 24	10 14 8 9 17 25 36 30 30 24	13 18 14 13 19 25 36 30 30 24	16 24 19 17 21 25 36 30 30 24	19 27 20 20 23 26 36 30 30 24	22 33 21 24 25 26 35 30 30 24	25 36 26 28 28 27 35 30 30 25
2	29 29 30 24 16 25 34 30 30 24	32 34 32 27 15 26 35 30 30 25	35 35 32 30 14 26 35 30 30 25	2 4 36 34 14 26 35 30 30 25	5 7 6 2 15 26 36 31 30 24	8 12 8 5 16 26 36 31 30 24	10 15 8 9 17 25 36 30 30 24	13 20 14 13 19 25 36 30 30 24	16 25 19 17 21 25 36 30 30 24	19 29 20 20 23 26 36 30 30 24	22 34 21 24 25 26 35 30 30 24	25 2 26 28 28 27 35 30 30 25
3	29 31 30 24 16 25 34 30 30 24	32 36 32 27 15 26 35 30 30 25	35 1 32 31 14 26 35 30 30 25	2 5 1 34 14 26 35 31 30 25	5 8 7 2 15 26 36 31 30 24	8 13 8 6 16 26 36 31 30 24	11 16 8 9 17 25 36 30 30 24	14 21 14 13 19 25 36 30 30 24	17 26 19 17 21 25 36 30 30 24	19 30 20 21 23 26 35 30 30 24	23 35 21 24 25 26 35 30 30 24	26 3 26 28 28 27 35 30 30 25
4	29 32 30 24 16 25 34 30 30 24	32 1 32 27 15 26 35 30 30 25	35 2 32 31 14 26 35 30 30 25	2 6 1 34 14 26 35 31 30 25	5 9 7 2 15 26 36 31 30 24	8 14 8 6 16 26 36 31 30 24	11 17 9 9 18 25 36 30 30 24	14 22 14 13 19 25 36 30 30 24	17 28 19 17 21 25 36 30 30 24	20 32 20 21 23 26 35 30 30 24	23 1 21 25 26 26 35 30 30 24	26 4 26 28 28 27 35 30 30 25
5	29 34 30 24 16 25 34 30 30 24	32 2 32 28 15 26 35 30 30 25	35 3 32 31 14 26 35 30 30 25	2 7 1 35 14 26 35 31 30 25	5 11 7 2 15 26 36 31 30 24	8 15 8 6 16 26 36 31 30 24	11 19 9 9 18 25 36 30 30 24	14 24 15 13 19 25 36 30 30 24	17 29 19 17 21 25 36 30 30 24	20 33 20 21 23 26 35 30 30 24	23 2 22 25 26 26 35 30 30 24	26 5 26 28 28 27 35 30 30 25
6	29 35 30 24 16 25 34 30 30 24	32 3 32 28 15 26 35 30 30 25	35 4 32 31 14 26 35 30 30 25	2 9 1 35 14 26 35 31 30 25	5 12 7 2 15 26 36 31 30 24	8 16 8 6 16 25 36 31 30 24	11 20 9 10 18 25 36 30 30 24	14 25 15 13 19 25 36 30 30 24	17 31 19 17 21 25 36 30 30 24	20 34 20 21 23 26 35 30 30 24	23 3 22 25 26 26 35 30 30 24	26 7 27 29 28 27 35 30 30 25
7	29 36 31 24 16 25 34 30 30 24	32 5 32 28 15 26 35 30 30 25	35 5 32 31 14 26 35 30 30 25	2 10 1 35 14 26 35 31 30 25	5 13 7 2 15 26 36 31 30 24	8 18 8 6 16 25 36 31 30 24	11 21 9 10 18 25 36 30 30 24	14 27 15 14 20 25 36 30 30 24	17 32 20 17 21 25 36 30 30 24	20 36 19 21 24 26 35 30 30 24	23 5 22 25 26 26 35 30 30 24	26 8 27 29 28 27 35 30 30 25
8	29 1 31 25 16 25 34 30 30 24	32 6 31 28 15 26 35 30 30 25	35 7 33 31 14 26 35 30 30 25	2 11 2 35 14 26 35 31 30 25	5 14 7 2 15 26 36 31 30 24	8 19 8 6 16 25 36 31 30 24	11 23 9 10 18 25 36 30 30 24	14 28 15 14 20 25 36 30 30 24	17 33 20 17 22 25 36 30 30 24	20 1 19 21 24 26 35 30 30 24	23 6 22 25 26 26 35 30 30 24	26 9 27 29 28 27 35 30 30 25
9	29 3 31 25 16 25 34 30 30 24	32 7 31 28 15 26 35 30 30 25	35 8 33 31 14 26 35 30 30 25	2 12 2 35 14 26 35 31 30 25	5 16 7 3 15 26 36 31 30 24	8 20 8 6 16 25 36 30 30 24	11 24 9 10 18 25 36 30 30 24	14 30 15 14 20 25 36 30 30 24	17 35 20 18 22 25 36 30 30 24	20 2 19 21 24 26 35 30 30 24	23 7 22 25 26 26 35 30 30 24	26 10 27 29 28 27 35 30 30 25
10	29 4 31 25 16 25 34 30 30 24	33 8 31 28 15 26 35 30 30 25	35 9 33 31 14 26 35 30 30 25	2 13 2 35 14 26 35 31 30 25	5 17 8 3 15 26 36 31 30 24	8 22 8 6 16 25 36 30 30 24	11 26 9 10 18 25 36 30 30 24	14 31 15 14 20 25 36 30 30 24	17 36 20 18 22 25 36 30 30 24	20 4 19 21 24 26 35 30 30 24	23 8 22 25 26 26 35 30 30 25	26 11 27 29 28 27 35 30 30 25
11	30 5 31 25 16 25 34 30 30 24	33 9 31 28 15 26 35 30 30 25	35 10 33 31 14 26 35 30 30 25	3 15 2 35 14 26 35 31 30 25	5 18 8 3 15 26 36 31 30 24	8 23 8 7 16 25 36 30 30 24	11 27 10 10 18 25 36 30 30 24	14 33 16 14 20 25 36 30 30 24	17 2 20 18 22 25 36 30 30 24	20 5 19 22 24 26 35 30 30 24	23 9 23 26 26 26 35 30 30 25	26 13 27 29 28 27 35 30 30 25
12	30 6 31 25 16 25 34 30 30 24	33 11 31 28 15 26 35 30 30 25	36 11 33 32 14 26 35 30 30 25	3 16 2 35 14 26 35 31 30 25	6 20 8 3 15 26 36 31 30 24	9 25 8 7 16 25 36 30 30 24	11 29 10 10 18 25 36 30 30 24	14 34 16 14 20 25 36 30 30 24	17 3 20 18 22 25 36 30 30 24	20 6 19 22 24 26 35 30 30 24	23 11 23 26 26 26 35 30 30 25	26 14 27 29 28 27 35 30 30 25
13	30 7 31 25 16 25 34 30 30 24	33 12 31 28 15 26 35 30 30 25	36 13 33 32 14 26 35 30 30 25	3 17 3 35 14 26 35 31 30 25	6 21 8 3 15 26 36 31 30 24	9 26 8 7 16 25 36 30 30 24	12 30 10 10 18 25 36 30 30 24	14 35 16 14 20 25 36 30 30 24	17 4 20 18 22 25 36 30 30 24	20 7 19 22 24 26 35 30 30 24	24 12 23 26 26 26 35 30 30 25	27 15 28 29 28 27 35 30 30 25
14	30 9 32 25 16 25 34 30 30 24	33 13 31 29 15 26 35 30 30 25	36 14 33 32 14 26 35 30 30 25	3 19 3 36 14 26 35 31 30 25	6 23 8 3 15 26 36 31 30 24	9 28 8 7 16 25 36 30 30 24	12 32 10 11 18 25 36 30 30 24	15 1 16 14 20 25 36 30 30 24	18 5 20 18 22 25 36 30 30 24	21 9 19 22 24 26 35 30 30 24	24 13 23 26 26 26 35 30 30 25	27 16 28 30 29 27 35 30 30 25
15	30 10 32 25 16 25 34 30 30 24	33 14 31 29 15 26 35 30 30 25	36 15 34 32 14 26 35 30 30 25	3 20 3 36 14 26 35 31 30 25	6 24 8 3 15 26 36 31 30 24	9 29 8 7 16 25 36 30 30 24	12 33 10 11 18 25 36 30 30 24	15 2 16 15 20 25 36 30 30 24	18 7 20 18 22 25 36 30 30 24	21 10 19 22 24 26 35 30 30 24	24 14 23 26 26 26 35 30 30 25	27 17 28 30 29 27 35 30 30 25
16	30 11 32 25 16 25 34 30 30 25	33 16 31 29 15 26 35 30 30 25	36 17 34 32 14 26 35 30 30 25	3 22 3 36 14 26 35 31 30 25	6 26 8 3 15 26 36 31 30 24	9 31 7 7 17 25 36 30 30 24	12 35 10 11 18 25 36 30 30 24	15 3 17 15 20 25 36 30 30 24	18 8 20 18 22 25 36 30 30 24	21 11 19 22 24 26 35 30 30 24	24 15 23 26 26 26 35 30 30 25	27 19 28 30 29 27 35 30 30 25
17	30 12 32 25 16 25 34 30 30 25	33 17 31 29 15 26 35 30 30 25	36 18 34 32 14 26 35 31 30 25	3 23 3 36 14 26 35 31 30 25	6 27 8 4 15 26 36 31 30 24	9 32 7 7 17 25 36 30 30 24	12 36 11 11 18 25 36 30 30 24	15 5 17 15 20 25 36 30 30 24	18 9 20 19 22 25 36 30 30 24	21 12 19 22 24 26 35 30 30 24	24 17 24 26 26 26 35 30 30 25	27 20 28 30 29 27 35 30 30 25
18	30 14 32 26 16 25 34 30 30 25	33 18 31 29 15 26 35 30 30 25	36 19 34 32 14 26 35 30 30 25	3 25 4 36 14 26 36 31 30 25	6 29 8 4 15 26 36 31 30 24	9 34 7 7 17 25 36 30 30 24	12 1 11 11 18 25 36 30 30 24	15 6 17 15 20 25 36 30 30 24	18 10 20 19 22 25 36 30 30 24	21 13 19 22 24 26 35 30 30 24	24 18 24 26 27 26 35 30 30 25	27 21 28 30 29 27 35 30 30 25
19	30 15 32 26 16 25 34 30 30 25	33 20 31 29 15 26 35 30 30 25	36 21 34 32 14 26 35 30 30 25	3 26 4 36 14 26 36 31 30 25	6 30 8 4 15 26 36 31 30 24	9 35 7 8 17 25 36 30 30 24	12 3 11 11 18 25 36 30 30 24	15 7 17 15 20 25 36 30 30 24	18 11 20 19 22 25 36 30 30 24	21 15 19 23 24 26 35 30 30 24	24 19 24 26 27 26 35 30 30 25	27 23 29 30 29 27 35 30 30 25
20	30 16 32 26 16 25 34 30 30 25	34 21 31 29 14 26 35 30 30 25	36 22 34 33 14 26 35 30 30 25	3 28 4 36 14 26 36 31 30 25	6 31 8 4 15 26 36 31 30 24	9 36 8 8 17 25 36 30 30 24	12 4 11 11 18 25 36 30 30 24	15 8 17 15 20 25 36 30 30 24	18 13 20 19 22 25 36 30 30 24	21 16 19 23 24 26 35 30 30 24	24 21 24 27 27 27 35 30 30 25	27 24 29 30 29 27 35 30 30 25
21	31 17 32 26 16 25 34 30 30 25	34 23 31 29 14 26 35 30 30 25	36 24 34 33 14 26 35 30 30 25	4 29 4 36 14 26 36 31 30 24	6 33 8 4 15 26 36 31 30 24	9 2 8 8 17 25 36 30 30 24	12 5 11 11 18 25 36 30 30 24	15 9 17 15 20 25 36 30 30 24	18 14 21 19 22 25 36 30 30 24	21 17 19 23 25 26 35 30 30 24	24 22 24 27 27 27 35 30 30 25	27 26 29 30 29 27 35 30 30 25
22	31 19 33 26 16 25 34 30 30 25	34 24 31 29 14 26 35 30 30 25	1 25 35 33 14 26 35 30 30 25	4 30 4 36 14 26 36 31 30 24	7 34 8 4 15 26 36 31 30 24	10 3 8 8 17 25 36 30 30 24	12 6 12 12 19 25 36 30 30 24	15 11 17 15 20 25 36 30 30 24	18 15 21 19 22 25 36 30 30 24	21 18 20 23 25 26 35 30 30 24	24 24 24 27 27 27 35 30 30 25	27 27 29 31 29 27 35 30 30 25
23	31 20 33 26 15 25 35 30 30 25	34 25 31 30 14 26 35 30 30 25	1 27 35 33 14 26 35 30 30 25	4 32 5 1 14 26 36 31 30 24	7 35 8 4 15 26 36 31 30 24	10 4 8 8 17 25 36 30 30 24	12 7 12 12 19 25 36 30 30 24	15 12 18 15 21 25 36 30 30 24	18 16 21 19 23 25 36 30 30 24	21 20 20 23 25 26 35 30 30 24	25 25 25 27 27 27 35 30 30 25	28 29 29 31 29 27 35 30 30 25
24	31 22 33 26 15 25 35 30 30 25	34 27 31 30 14 26 35 30 30 25	1 28 35 33 14 26 35 30 30 25	4 33 5 1 14 26 36 31 30 24	7 1 8 4 15 26 36 31 30 24	10 5 8 8 17 25 36 30 30 24	13 9 12 12 19 25 36 30 30 24	16 13 18 16 21 25 36 30 30 24	19 18 21 19 23 25 36 30 30 24	22 21 20 23 25 26 35 30 30 24	25 27 25 27 27 27 35 30 30 25	28 30 29 31 29 27 35 30 30 25
25	31 23 33 26 15 25 35 30 30 25	34 28 31 30 14 26 35 30 30 25	1 29 35 33 14 26 35 30 30 25	4 34 5 1 14 26 36 31 30 24	7 2 8 4 15 26 36 31 30 24	10 6 8 8 17 25 36 30 30 24	13 10 12 12 19 25 36 30 30 24	16 14 18 16 21 25 36 30 30 24	19 19 20 20 23 25 36 30 30 24	22 23 20 23 25 26 35 30 30 24	25 28 25 27 27 27 35 30 30 25	28 32 29 31 29 27 35 30 30 25
26	31 24 33 26 15 25 35 30 30 25	34 30 32 30 14 26 35 30 30 25	1 31 35 33 14 26 35 30 30 25	4 36 5 1 14 26 36 31 30 24	7 3 8 5 16 26 36 31 30 24	10 8 8 8 17 25 36 30 30 24	13 11 13 12 19 25 36 30 30 24	16 16 18 16 21 25 36 30 30 24	19 20 20 20 23 25 36 30 30 24	22 24 20 23 25 26 35 30 30 24	25 30 25 27 27 27 35 30 30 25	28 33 30 31 29 27 35 30 30 25
27	31 26 33 27 15 25 35 30 30 25	34 31 32 30 14 26 35 30 30 25	1 32 35 33 14 26 35 30 30 25	4 1 5 1 14 26 36 31 30 24	7 4 8 5 16 26 36 31 30 24	10 9 8 8 17 25 36 30 30 24	13 12 13 12 19 25 36 30 30 24	16 17 18 16 21 25 36 30 30 24	19 22 20 20 23 25 36 30 30 24	22 26 20 24 25 26 35 30 30 24	25 31 25 27 27 27 35 30 30 25	28 35 30 31 30 27 35 30 30 25
28	31 27 33 27 15 25 35 30 30 25	34 33 32 30 14 26 35 30 30 25	1 33 36 33 14 26 35 30 30 25	4 2 6 1 14 26 36 31 30 24	7 6 8 5 16 26 36 31 30 24	10 10 8 9 17 25 36 30 30 24	13 13 13 12 19 25 36 30 30 24	16 18 18 16 21 25 36 30 30 24	19 23 20 20 23 26 36 30 30 24	22 27 20 24 25 26 35 30 30 24	25 32 25 28 27 27 35 30 30 25	28 36 30 31 30 27 35 30 30 25
29	31 29 33 27 15 25 35 30 30 25		1 35 36 34 14 26 35 30 30 25	4 4 6 1 14 26 36 31 30 24	7 7 8 5 16 26 36 31 30 24	10 11 8 9 17 25 36 30 30 24	13 15 13 12 19 25 36 30 30 24	16 19 18 16 21 26 36 30 30 24	19 25 20 20 23 26 36 30 30 24	22 29 20 24 25 26 35 30 30 24	25 34 25 28 27 27 35 30 30 25	28 1 30 31 30 27 35 30 30 25
30	31 30 32 27 15 26 35 30 30 25		1 36 36 34 14 26 35 30 30 25	4 5 6 1 14 26 36 31 30 24	7 8 8 5 16 26 36 31 30 24	10 12 8 9 17 25 36 30 30 24	13 16 13 13 19 25 36 30 30 24	16 21 19 16 21 25 36 30 30 24	19 26 20 20 23 26 36 30 30 24	22 30 21 24 25 26 35 30 30 24	25 35 26 28 27 27 35 30 30 25	28 3 30 32 30 27 35 30 30 25
31	32 32 32 27 15 26 35 30 30 25		1 1 36 34 14 26 35 30 30 25		7 9 8 5 16 26 36 31 30 24		13 17 14 13 19 25 36 30 30 24	16 22 19 16 21 25 36 30 30 24		22 31 21 24 25 26 35 30 30 24		28 4 30 32 30 27 35 30 30 25

1996

	JAN	FEB	MÄR	APR	MAI	JUNI	JULI	AUG	SEPT	OKT	NOV	DEZ
1	28 5 30 32 30 27 35 30 30 25	32 10 29 36 32 28 36 31 30 25	35 12 33 3 35 29 36 31 30 25	2 16 3 6 1 29 36 31 30 25	5 19 6 9 3 29 1 31 30 25	8 24 6 9 6 29 1 31 30 25	10 28 9 8 8 29 1 31 30 25	13 34 15 9 10 28 1 31 30 25	16 3 19 12 12 28 1 31 30 25	19 6 18 15 14 28 1 31 30 25	22 11 22 19 16 29 1 31 30 25	25 14 27 22 17 29 1 31 30 25
2	29 6 31 32 30 27 35 30 30 25	32 11 29 36 32 28 36 31 30 25	35 13 33 3 35 29 36 31 30 25	2 17 3 6 1 29 36 31 30 25	5 21 6 9 3 29 1 31 30 25	8 26 6 9 6 29 1 31 30 25	11 30 9 8 8 29 1 31 30 25	13 35 16 9 10 28 1 31 30 25	16 4 19 12 12 28 1 31 30 25	19 8 18 15 14 28 1 31 30 25	22 12 22 19 16 29 1 31 30 25	26 15 27 23 17 29 1 31 30 25
3	29 8 31 32 30 27 35 30 30 25	32 12 29 36 32 28 36 31 30 25	35 14 33 3 35 29 36 31 30 25	2 19 3 6 1 29 36 31 30 25	5 22 6 9 4 29 1 31 30 25	8 27 6 9 6 29 1 31 30 25	11 31 10 8 8 29 1 31 30 25	14 1 16 9 10 28 1 31 30 25	17 5 19 12 12 28 1 31 30 25	20 9 18 15 14 28 1 31 30 25	23 13 23 19 16 29 1 31 30 25	26 16 27 23 17 29 1 31 30 25
4	29 9 31 32 30 28 35 30 30 25	32 13 30 36 33 28 36 31 30 25	35 15 33 3 35 29 36 31 30 25	2 20 3 7 1 29 36 31 30 25	5 24 6 9 4 29 1 31 30 25	8 29 6 9 6 29 1 31 30 25	11 33 10 8 8 29 1 31 30 25	14 2 16 9 10 28 1 31 30 25	17 7 19 12 12 28 1 31 30 25	20 10 18 15 14 28 1 31 30 25	23 14 23 19 16 29 1 31 30 25	26 18 27 23 17 29 1 31 30 25
5	29 10 31 32 30 28 35 30 30 25	32 14 30 36 33 28 36 31 30 25	35 17 33 3 35 29 36 31 30 25	2 21 3 7 1 29 36 31 30 25	5 25 6 9 4 29 1 31 30 25	8 30 6 9 6 29 1 31 30 25	11 34 10 8 8 29 1 31 30 25	14 3 16 9 10 28 1 31 30 25	17 8 19 12 12 28 1 31 30 25	20 11 18 16 14 28 1 31 30 25	23 16 23 19 16 29 1 31 30 25	26 19 28 23 17 29 1 31 30 25
6	29 11 31 32 30 28 35 30 30 25	32 16 30 36 33 28 36 31 30 25	35 18 33 3 35 29 36 31 30 25	2 23 3 7 1 29 36 31 30 25	5 26 6 9 4 29 1 31 30 25	8 32 6 9 6 29 1 31 30 25	11 36 10 8 8 29 1 31 30 25	14 5 16 9 10 28 1 31 30 25	17 9 19 12 12 28 1 31 30 25	20 12 18 16 14 28 1 31 30 25	23 17 23 19 16 29 1 31 30 25	26 20 28 23 17 29 1 31 30 25
7	29 12 31 32 30 28 35 30 30 25	32 17 30 36 33 28 36 31 30 25	35 19 33 4 35 29 36 31 30 25	2 24 3 7 2 29 36 31 30 25	5 28 6 9 4 29 1 31 30 25	8 33 6 9 6 29 1 31 30 25	11 1 10 8 8 29 1 31 30 25	14 6 16 9 10 28 1 31 30 25	17 10 19 12 12 28 1 31 30 25	20 14 18 16 14 28 1 31 30 25	23 18 23 20 16 29 1 31 30 25	26 21 28 23 17 29 1 31 30 25
8	29 14 31 33 30 28 35 30 30 25	32 18 30 36 33 28 36 31 30 25	35 20 34 4 35 29 36 31 30 25	2 25 3 7 2 29 1 31 30 25	5 29 6 9 4 29 1 31 30 25	8 35 6 9 6 29 1 31 30 25	11 2 11 8 8 29 1 31 30 25	14 7 16 10 10 28 1 31 30 25	17 12 19 13 12 28 1 31 30 25	20 15 18 16 14 28 1 31 30 25	23 19 23 20 16 29 1 31 30 25	26 23 28 23 17 29 1 31 30 25
9	29 15 31 33 31 28 35 30 30 25	32 19 30 36 33 28 36 31 30 25	35 22 34 4 35 29 36 31 30 25	2 27 4 7 2 29 1 31 30 25	5 31 6 9 4 29 1 31 30 25	8 36 6 9 6 29 1 31 30 25	11 4 11 8 8 29 1 31 30 25	14 8 17 10 10 28 1 31 30 25	17 13 19 13 12 28 1 31 30 25	20 16 18 16 14 28 1 31 30 25	23 21 24 20 16 29 1 31 30 25	26 24 28 23 18 30 1 31 30 25
10	29 16 31 33 31 28 36 30 30 25	33 21 30 1 33 28 36 31 30 25	35 23 34 4 35 29 36 31 30 25	3 28 4 7 2 29 1 31 30 25	5 32 6 9 4 29 1 31 30 25	8 1 6 9 6 29 1 31 30 25	11 5 11 8 8 29 1 31 30 25	14 10 17 10 11 28 1 31 30 25	17 14 19 13 13 28 1 31 30 25	20 17 19 16 14 28 1 31 30 25	23 22 24 20 16 29 1 31 30 25	26 25 28 24 18 30 1 31 30 25
11	30 17 31 33 31 28 36 30 30 25	33 22 30 1 33 28 36 31 30 25	36 24 34 4 35 29 36 31 30 25	3 30 4 7 2 29 1 31 30 25	6 34 6 9 4 29 1 31 30 25	9 3 6 8 6 29 1 31 30 25	11 6 11 8 8 29 1 31 30 25	14 11 17 10 11 28 1 31 30 25	17 15 19 13 13 28 1 31 30 25	20 18 19 16 14 28 1 31 30 25	23 23 24 20 16 29 1 31 30 25	26 27 28 24 18 30 1 31 30 25
12	30 18 31 33 31 28 36 30 30 25	33 23 30 1 33 28 36 31 30 25	36 26 34 4 36 29 36 31 30 25	3 31 4 7 2 29 1 31 30 25	6 35 6 9 4 29 1 31 30 25	9 4 6 8 7 29 1 31 30 25	11 7 12 8 9 29 1 31 30 25	14 12 17 10 11 28 1 31 30 25	17 16 19 13 13 28 1 31 30 25	20 20 19 16 14 29 1 31 30 25	23 25 24 20 16 29 1 31 30 25	27 28 29 24 18 30 1 31 30 25
13	30 20 31 33 31 28 36 30 30 25	33 25 30 1 33 28 36 31 30 25	36 27 34 4 36 29 36 31 30 25	3 32 4 7 2 29 1 31 30 25	6 36 6 9 4 29 1 31 30 25	9 5 6 8 7 29 1 31 30 25	12 9 12 8 9 29 1 31 30 25	15 13 17 10 11 28 1 31 30 25	18 18 18 13 13 28 1 31 30 25	20 21 19 17 15 29 1 31 30 25	24 26 24 20 16 29 1 31 30 25	27 30 29 24 18 30 1 31 30 25
14	30 21 31 33 31 28 36 31 30 25	33 26 30 1 33 28 36 31 30 25	36 29 34 4 36 29 36 31 30 25	3 34 5 7 2 29 1 31 30 25	6 2 6 9 4 29 1 31 30 25	9 6 7 8 7 29 1 31 30 25	12 10 12 8 9 29 1 31 30 25	15 14 17 10 11 28 1 31 30 25	18 19 18 13 13 28 1 31 30 25	21 22 19 17 15 29 1 31 30 25	24 27 24 20 16 29 1 31 30 25	27 31 29 24 18 30 1 31 30 25
15	30 22 31 33 31 28 36 31 30 25	33 28 30 1 33 28 36 31 30 25	36 30 35 4 36 29 36 31 30 25	3 35 5 8 2 29 1 31 30 25	6 3 6 9 4 29 1 31 30 25	9 8 7 8 7 29 1 31 30 25	12 11 12 8 9 29 1 31 30 25	15 15 17 10 11 28 1 31 30 25	18 20 18 13 13 28 1 31 30 25	21 24 19 17 15 29 1 31 30 25	24 29 25 21 16 29 1 31 30 25	27 33 29 24 18 30 1 31 30 25
16	30 24 31 34 31 28 36 31 30 25	33 29 31 1 34 28 36 31 30 25	36 31 35 5 36 29 36 31 30 25	3 1 5 8 2 29 1 31 30 25	6 4 6 9 4 29 1 31 30 25	9 9 7 8 7 29 1 31 30 25	12 12 12 8 9 29 1 31 30 25	15 17 18 10 11 28 1 31 30 25	18 21 18 13 13 28 1 31 30 25	21 25 20 17 15 29 1 31 30 25	24 30 25 21 16 29 1 31 30 25	27 34 29 24 18 30 1 31 30 25
17	30 25 31 34 31 28 36 31 30 25	33 30 31 1 34 28 36 31 30 25	36 33 35 5 36 29 36 31 30 25	3 2 5 8 2 29 1 31 30 25	6 6 6 9 5 29 1 31 30 25	9 10 7 8 7 29 1 31 30 25	12 13 13 8 9 29 1 31 30 25	15 18 18 10 11 28 1 31 30 25	18 23 18 14 13 28 1 31 30 25	21 26 20 17 15 29 1 31 30 25	24 32 25 21 16 29 1 31 30 25	27 36 29 24 18 30 1 31 30 25
18	30 27 30 34 31 28 36 31 30 25	33 32 31 2 34 28 36 31 30 25	36 34 35 5 36 29 36 31 30 25	3 3 5 8 2 29 1 31 30 25	6 7 6 9 5 29 1 31 30 25	9 11 7 8 7 29 1 31 30 25	12 15 13 8 9 29 1 31 30 25	15 19 18 10 11 28 1 31 30 25	18 24 18 14 13 28 1 31 30 25	21 28 20 17 15 29 1 31 30 25	24 33 25 21 17 29 1 31 30 25	27 1 29 25 18 30 1 31 30 25
19	30 28 30 34 31 28 36 31 30 25	33 33 31 2 34 28 36 31 30 25	36 36 36 5 36 29 36 31 30 25	3 5 5 8 2 29 1 31 30 25	6 8 6 9 5 29 1 31 30 25	9 13 7 8 7 29 1 31 30 25	12 16 13 8 9 29 1 31 30 25	15 20 18 11 11 28 1 31 30 25	18 25 18 14 13 28 1 31 30 25	21 29 20 17 15 29 1 31 30 25	24 34 25 21 17 29 1 31 30 25	27 2 29 25 18 30 1 31 30 25
20	30 30 30 34 31 28 36 31 30 25	34 35 31 2 34 28 36 31 30 25	36 1 36 5 36 29 36 31 30 25	4 6 5 8 3 29 1 31 30 25	6 9 6 9 5 29 1 31 30 25	9 14 7 8 7 29 1 31 30 25	12 17 13 8 9 29 1 31 30 25	15 22 18 11 11 28 1 31 30 25	18 27 18 14 13 28 1 31 30 25	21 31 20 17 15 29 1 31 30 25	24 36 25 21 17 29 1 31 30 25	27 4 29 25 18 30 1 31 30 25
21	31 31 30 34 31 28 36 31 30 25	34 36 31 2 34 28 36 31 30 25	1 3 36 5 36 29 36 31 30 25	4 7 6 8 3 29 1 31 30 25	7 10 6 9 5 29 1 31 30 25	9 15 7 8 7 29 1 31 30 25	12 18 13 8 9 29 1 31 30 25	15 23 18 11 11 28 1 31 30 25	18 28 18 14 13 28 1 31 30 25	21 32 20 17 15 29 1 31 30 25	24 1 25 21 17 29 1 31 30 25	27 5 29 25 18 30 1 31 30 25
22	31 33 30 34 32 28 36 31 30 25	34 2 31 2 34 29 36 31 30 25	1 4 36 5 36 29 36 31 30 25	4 8 6 8 3 29 1 31 30 25	7 12 6 9 5 29 1 31 30 25	10 16 8 8 7 29 1 31 30 25	12 19 14 8 9 29 1 31 30 25	15 24 18 11 11 28 1 31 30 25	18 29 18 14 13 28 1 31 30 25	21 33 21 18 15 29 1 31 30 25	24 3 26 21 17 29 1 31 30 25	28 6 29 25 18 30 1 31 30 25
23	31 34 30 34 32 28 36 31 30 25	34 3 31 2 34 29 36 31 30 25	1 5 36 5 36 29 36 31 30 25	4 10 6 8 3 29 1 31 30 25	7 13 6 9 5 29 1 31 30 25	10 17 8 8 7 29 1 31 30 25	13 21 14 8 9 29 1 31 30 25	16 26 18 11 11 28 1 31 30 25	19 31 18 14 13 28 1 31 30 25	21 35 21 18 15 29 1 31 30 25	25 4 26 21 17 29 1 31 30 25	28 7 29 25 18 30 1 31 30 25
24	31 36 30 35 32 28 36 31 30 25	34 4 32 2 34 29 36 31 30 25	1 6 36 5 36 29 36 31 30 25	4 11 6 8 3 29 1 31 30 25	7 14 6 9 5 29 1 31 30 25	10 19 8 8 7 29 1 31 30 25	13 22 14 8 9 29 1 31 30 25	16 27 18 11 11 28 1 31 30 25	19 32 17 14 13 28 1 31 30 25	22 36 21 18 15 29 1 31 30 25	25 5 26 22 17 29 1 31 30 25	28 9 29 25 18 30 1 31 30 25
25	31 1 30 35 32 28 36 31 30 25	34 6 32 2 34 29 36 31 30 25	1 8 1 6 1 29 36 31 30 25	4 12 6 8 3 29 1 31 30 25	7 15 5 9 5 29 1 31 30 25	10 20 8 8 7 29 1 31 30 25	13 23 14 9 9 29 1 31 30 25	16 28 18 11 11 28 1 31 30 25	19 34 17 14 13 28 1 31 30 25	22 2 21 18 15 29 1 31 30 25	25 7 26 22 17 29 1 31 30 25	28 10 29 25 18 30 1 31 30 25
26	31 2 30 35 32 28 36 31 30 25	34 7 32 2 34 29 36 31 30 25	1 9 1 6 1 29 36 31 30 25	4 13 6 8 3 29 1 31 30 25	7 16 5 9 5 29 1 31 30 25	10 21 8 8 7 29 1 31 30 25	13 25 14 9 10 29 1 31 30 25	16 30 18 11 12 28 1 31 30 25	19 35 17 15 13 28 1 31 30 25	22 3 21 18 15 29 1 31 30 25	25 8 26 22 17 29 1 31 30 25	28 11 29 26 18 30 1 31 30 25
27	31 4 29 35 32 28 36 31 30 25	34 8 32 3 34 29 36 31 30 25	1 10 1 6 1 29 36 31 30 25	4 14 6 8 3 29 1 31 30 25	7 18 5 9 5 29 1 31 30 25	10 22 8 8 8 29 1 31 30 25	13 26 15 9 10 29 1 31 30 25	16 31 19 11 12 28 1 31 30 25	19 1 17 15 14 28 1 31 30 25	22 4 21 18 15 29 1 31 30 25	25 9 26 22 17 29 1 31 30 25	28 12 29 26 18 30 1 31 30 25
28	31 5 29 35 32 28 36 31 30 25	34 9 32 3 34 29 36 31 30 25	1 11 1 6 1 29 36 31 30 25	4 16 6 9 3 29 1 31 30 25	7 19 5 9 5 29 1 31 30 25	10 24 9 8 8 29 1 31 30 25	13 28 15 9 10 28 1 31 30 25	16 33 19 11 12 28 1 31 30 25	19 2 17 15 14 28 1 31 30 25	22 6 22 18 15 29 1 31 30 25	25 10 27 22 17 29 1 31 30 25	28 14 29 26 18 30 1 31 30 25
29	31 6 29 35 32 28 36 31 30 25	34 10 32 3 35 29 36 31 30 25	1 12 1 6 1 29 36 31 30 25	4 17 6 9 3 29 1 31 30 25	7 20 5 9 5 29 1 31 30 25	10 25 9 8 8 29 1 31 30 25	13 29 15 9 10 28 1 31 30 25	16 34 19 12 12 28 1 31 30 25	19 4 17 15 14 28 1 31 30 25	22 7 22 18 15 29 1 31 30 25	25 12 27 22 17 29 1 31 30 25	28 15 29 26 18 30 1 31 30 25
30	31 7 29 35 32 28 36 31 30 25		1 14 2 6 1 29 36 31 30 25	4 18 6 9 3 29 1 31 30 25	7 22 5 9 6 29 1 31 30 25	10 27 9 8 8 29 1 31 30 25	13 31 15 9 10 28 1 31 30 25	16 36 19 12 12 28 1 31 30 25	19 5 17 15 14 28 1 31 30 25	22 8 22 19 15 29 1 31 30 25	25 13 27 22 17 29 1 31 30 25	28 16 29 26 18 30 1 31 30 25
31	32 8 29 35 32 28 36 31 30 25		2 15 2 6 1 29 36 31 30 25		7 23 5 9 6 29 1 31 30 25		13 32 15 9 10 28 1 31 30 25	16 1 19 12 12 28 1 31 30 25		22 10 22 19 16 29 1 31 30 25		28 17 29 26 18 30 1 31 30 25

1997

	JAN	FEB	MÄR	APR	MAI	JUNI	JULI	AUG	SEPT	OKT	NOV	DEZ
1	29 18 29 26 18 30 1 31 30 25	32 23 29 30 19 31 1 31 30 25	35 24 34 34 19 31 1 31 30 25	2 29 3 2 18 32 2 31 30 25	5 33 4 5 17 32 2 31 30 25	8 2 5 9 18 33 2 31 30 25	10 6 11 13 19 33 2 31 30 25	13 11 16 17 21 32 3 31 30 25	16 15 16 20 23 32 2 31 30 25	19 19 18 24 25 32 2 31 30 25	22 23 23 27 27 32 2 31 30 25	25 26 28 30 29 32 2 31 30 25
2	29 20 29 26 18 31 1 31 30 25	32 24 30 30 19 31 1 31 30 25	35 25 34 34 19 31 1 31 30 25	2 30 4 2 18 32 2 31 30 25	5 34 4 5 17 32 2 31 30 25	8 3 5 9 18 33 2 31 30 25	11 7 11 13 19 33 2 31 30 25	13 12 16 17 21 32 3 31 30 25	16 16 16 20 23 32 2 31 30 25	19 20 18 24 25 32 2 31 30 25	22 24 24 27 27 32 2 31 30 25	25 28 28 30 29 32 2 31 30 25
3	29 21 29 27 18 30 1 31 30 25	32 26 30 30 19 31 1 31 30 25	35 26 34 34 19 31 1 31 30 25	2 32 4 2 18 32 2 31 30 25	5 36 4 6 17 32 2 31 30 25	8 5 6 9 18 33 2 31 30 25	11 8 11 13 19 33 2 31 30 25	14 13 16 17 21 32 3 31 30 25	17 18 16 20 23 32 2 31 30 25	19 21 19 24 25 32 2 31 30 25	23 26 24 27 27 32 2 31 30 25	26 29 28 30 29 32 2 31 30 25
4	29 22 28 27 19 30 1 31 30 25	32 27 30 31 19 31 1 31 30 25	35 28 34 34 19 31 1 31 30 25	2 33 4 2 18 32 2 31 30 25	5 1 4 6 17 32 2 31 30 25	8 6 6 9 18 33 2 31 30 25	11 10 12 13 19 33 2 31 30 25	14 14 16 17 21 32 3 31 30 25	17 19 16 21 23 32 2 31 30 25	20 22 19 24 25 32 2 31 30 25	23 27 24 27 27 32 2 31 30 25	26 31 28 30 29 32 2 31 30 25
5	29 23 28 27 19 30 1 31 30 25	32 28 30 31 19 31 1 31 30 25	35 29 34 34 19 31 1 31 30 25	2 35 4 2 18 32 2 31 30 25	5 2 4 6 17 32 2 31 30 25	8 8 6 10 18 33 2 31 30 25	11 11 12 13 19 33 2 31 30 25	14 16 16 17 21 32 3 31 30 25	17 20 16 21 23 32 2 31 30 25	20 23 19 24 25 32 2 31 30 25	23 28 24 27 27 32 2 31 30 25	26 32 28 30 29 32 2 31 30 25
6	29 25 28 27 19 30 1 31 30 25	32 30 30 31 19 31 1 31 30 25	35 31 35 34 19 31 1 31 30 25	2 36 4 2 17 32 2 31 30 25	5 4 3 6 17 33 2 31 30 25	8 9 6 10 18 33 2 31 30 25	11 12 12 13 19 33 2 31 30 25	14 17 17 17 21 32 3 31 30 25	17 21 16 21 23 32 2 31 30 25	20 25 19 24 25 32 2 31 30 25	23 29 24 28 27 32 2 31 30 25	26 33 28 30 30 32 2 31 30 25
7	29 26 28 27 19 30 1 31 30 25	32 31 30 31 19 31 1 31 30 25	35 32 35 34 19 32 1 31 30 25	2 2 4 2 17 32 2 31 30 25	5 5 3 6 17 33 2 31 30 25	8 10 6 10 18 33 2 31 30 25	11 14 12 13 19 33 2 31 30 25	14 18 17 17 21 32 3 31 30 25	17 22 16 21 23 32 2 31 30 25	20 26 19 24 25 32 2 31 30 25	23 31 24 28 27 32 2 31 30 25	26 35 28 30 30 32 2 31 30 25
8	29 28 28 27 19 30 1 31 30 25	32 33 30 31 19 31 1 31 30 25	35 34 35 35 19 32 1 31 30 25	2 3 4 2 17 32 2 31 30 25	5 7 3 6 17 33 2 31 30 25	8 11 6 10 18 33 2 31 30 25	11 15 12 14 19 33 2 31 30 25	14 19 17 17 21 32 3 31 30 25	17 24 16 21 23 32 2 31 30 25	20 27 20 24 25 32 2 31 30 25	23 32 25 28 27 32 2 31 30 25	26 36 28 30 30 32 2 31 30 25
9	29 29 28 27 19 30 1 31 30 25	33 34 30 31 19 31 1 31 30 25	35 35 35 35 18 32 1 31 30 25	2 4 4 3 17 32 2 31 30 25	5 8 3 6 17 33 2 31 30 25	8 13 7 10 18 33 2 31 30 25	11 16 13 14 19 33 2 31 30 25	14 20 17 17 21 32 3 31 30 25	17 25 16 21 23 32 2 31 30 25	20 28 20 25 25 32 2 31 30 25	23 34 25 28 27 32 2 31 30 25	26 1 28 30 30 32 2 31 30 25
10	29 31 28 27 19 30 1 31 30 25	33 36 31 31 19 31 1 31 30 25	35 1 35 35 18 32 1 31 30 25	3 6 4 3 17 32 2 31 30 25	5 9 3 6 17 33 2 31 30 25	8 14 7 10 18 33 2 31 30 25	11 17 13 14 19 33 2 31 30 25	14 22 17 18 21 32 3 31 30 25	17 26 16 21 23 32 2 31 30 25	20 30 20 25 25 32 2 31 30 25	23 35 25 28 28 32 2 31 30 25	26 3 28 30 30 32 2 31 30 25
11	30 32 28 28 19 30 1 31 30 25	33 1 31 31 19 31 1 31 30 25	36 2 35 35 18 32 1 31 30 25	3 7 4 3 17 32 2 31 30 25	6 11 3 7 17 33 2 31 30 25	9 15 7 10 18 33 2 31 30 25	11 18 13 14 20 33 2 31 30 25	14 23 17 18 21 32 3 31 30 25	17 27 16 21 23 32 2 31 30 25	20 31 20 25 25 32 2 31 30 25	23 36 25 28 28 32 2 31 30 25	26 4 28 30 30 32 2 31 30 25
12	30 34 28 28 19 30 1 31 30 25	33 3 31 32 19 31 1 31 30 25	36 4 36 35 18 32 1 31 30 25	3 9 4 3 17 32 2 31 30 25	6 12 3 7 17 33 2 31 30 25	9 16 7 10 18 33 2 31 30 25	11 19 13 14 20 33 2 31 30 25	14 24 17 18 21 32 3 31 30 25	17 29 16 21 23 32 2 31 30 25	20 33 20 25 25 32 2 31 30 25	23 2 25 28 28 32 2 31 30 25	26 6 28 30 30 32 2 31 30 25
13	30 35 28 28 19 30 1 31 30 25	33 4 31 32 19 31 1 31 30 25	36 5 36 35 18 32 1 31 30 25	3 10 4 3 17 32 2 31 30 25	6 13 4 7 17 33 2 31 30 25	9 17 7 11 18 33 2 31 30 25	12 21 13 14 20 33 3 31 30 25	15 25 17 18 21 32 3 31 30 25	18 30 16 22 23 32 2 31 30 25	20 34 20 25 25 32 2 31 30 25	24 3 25 28 28 32 2 31 30 25	27 7 28 31 30 32 2 31 30 25
14	30 1 28 28 19 30 1 31 30 25	33 6 31 32 19 31 1 31 30 25	36 6 36 35 18 32 1 31 30 25	3 11 4 3 17 32 2 31 30 25	6 14 4 7 17 33 2 31 30 25	9 19 7 11 18 33 2 31 30 25	12 22 14 14 20 33 3 31 30 25	15 27 17 18 21 32 3 31 30 25	18 32 16 22 23 32 2 31 30 25	21 36 21 25 26 32 2 31 30 25	24 5 25 28 28 32 2 31 30 25	27 9 27 31 30 32 2 31 30 25
15	30 2 28 28 19 30 1 31 30 25	33 7 31 32 19 31 1 31 30 25	36 8 36 35 18 32 1 31 30 25	3 12 4 3 17 32 2 31 30 25	6 16 4 7 17 33 2 31 30 25	9 20 8 11 18 33 2 31 30 25	12 23 14 14 20 33 3 31 30 25	15 28 17 18 22 32 3 31 30 25	18 33 16 22 24 32 2 31 30 25	21 1 21 25 26 32 2 31 30 25	24 6 26 28 28 32 2 31 30 25	27 10 27 31 30 32 2 31 30 25
16	30 3 28 28 19 30 1 31 30 25	33 8 32 32 19 31 1 31 30 25	36 9 36 36 18 32 1 31 30 25	3 14 4 3 17 32 2 31 30 25	6 17 4 7 17 33 2 31 30 25	9 21 8 11 18 33 2 31 30 25	12 24 14 15 20 32 3 31 30 25	15 29 17 18 22 32 3 31 30 25	18 35 16 22 24 32 2 31 30 25	21 3 21 25 26 32 2 31 30 25	24 8 26 29 28 32 2 31 30 25	27 11 27 31 30 32 2 31 30 25
17	30 5 28 28 19 30 1 31 30 25	33 9 32 32 19 31 1 31 30 25	36 10 1 36 18 32 1 31 30 25	3 15 4 4 17 32 2 31 30 25	6 18 4 7 17 33 2 31 30 25	9 22 8 11 18 33 2 31 30 25	12 26 14 15 20 32 3 31 30 25	15 31 17 18 22 32 3 31 30 25	18 36 16 22 24 32 2 31 30 25	21 4 21 25 26 32 2 31 30 25	24 9 26 29 28 32 2 31 30 25	27 13 27 31 30 32 2 31 30 25
18	30 6 28 28 19 30 1 31 30 25	33 11 32 32 19 31 1 31 30 25	36 11 1 36 18 32 1 31 30 25	3 16 4 4 17 32 2 31 30 25	6 19 4 7 17 33 2 31 30 25	9 24 8 11 18 33 2 31 30 25	12 27 14 15 20 32 3 31 30 25	15 32 17 19 22 32 3 31 30 25	18 2 16 22 24 32 2 31 30 25	21 6 21 26 26 32 2 31 30 25	24 10 26 29 28 32 2 31 30 25	27 14 27 31 30 32 2 31 30 25
19	30 7 28 29 19 30 1 31 30 25	34 12 32 32 19 31 1 31 30 25	36 13 1 36 18 32 1 31 30 25	3 17 4 4 17 32 2 31 30 25	6 20 4 8 17 33 2 31 30 25	9 25 8 11 18 33 2 31 30 25	12 29 14 15 20 32 3 31 30 25	15 34 17 19 22 32 3 31 30 25	18 3 16 22 24 32 2 31 30 25	21 7 21 26 26 32 2 31 30 25	24 12 26 29 28 32 2 31 30 25	27 15 27 31 31 32 2 31 30 25
20	30 8 28 29 19 30 1 31 30 25	34 13 32 33 19 31 1 31 30 25	36 14 1 36 18 32 1 31 30 25	3 18 4 4 17 32 2 31 30 25	6 22 4 8 17 33 2 31 30 25	9 26 9 11 19 33 2 31 30 25	12 30 15 15 20 32 3 31 30 25	15 35 17 19 22 32 3 31 30 25	18 5 16 22 24 32 2 31 30 25	21 8 22 26 26 32 2 31 30 25	24 13 26 29 28 32 2 31 30 25	27 16 27 31 31 32 2 31 30 25
21	31 10 28 29 19 30 1 31 30 25	34 14 32 33 19 31 1 31 30 25	1 15 1 36 18 32 1 31 30 25	4 19 4 4 17 32 2 31 30 25	6 23 4 8 17 33 2 31 30 25	9 28 9 12 19 33 2 31 30 25	12 32 15 15 20 32 3 31 30 25	15 1 17 19 22 32 3 31 30 25	18 6 17 23 24 32 2 31 30 25	21 10 22 26 26 32 2 31 30 25	24 14 26 29 28 32 2 31 30 25	27 17 26 31 31 33 2 31 30 25
22	31 11 28 29 19 31 1 31 30 25	34 15 32 33 19 31 1 31 30 25	1 16 2 36 18 32 1 31 30 25	4 21 4 4 17 32 2 31 30 25	7 24 4 8 18 33 2 31 30 25	10 29 9 12 19 33 2 31 30 25	12 33 15 15 20 32 3 31 30 25	15 2 17 19 22 32 3 31 30 25	18 7 17 23 24 32 2 31 30 25	21 11 22 26 26 32 2 31 30 25	24 15 27 29 28 32 2 31 30 25	28 19 26 31 31 33 2 31 30 25
23	31 12 28 29 19 31 1 31 30 25	34 17 33 33 19 31 1 31 30 25	1 17 2 36 18 32 1 31 30 25	4 22 4 4 17 32 2 31 30 25	7 25 4 8 18 33 2 31 30 25	10 31 9 12 19 33 2 31 30 25	13 34 15 15 20 32 3 31 30 25	15 4 17 19 22 32 2 31 30 25	19 9 17 23 24 32 2 31 30 25	21 12 22 26 26 32 2 31 30 25	25 17 27 29 29 32 2 31 30 25	28 20 26 31 31 33 2 31 30 25
24	31 13 28 29 19 31 1 31 30 25	34 18 33 33 19 31 1 31 30 25	1 19 2 1 18 32 1 31 30 25	4 23 4 4 17 32 2 31 30 25	7 27 4 8 18 33 2 31 30 25	10 32 10 12 19 33 2 31 30 25	13 36 15 16 20 32 3 31 30 25	16 5 17 19 22 32 2 31 30 25	19 10 17 23 24 32 2 31 30 25	22 13 22 26 26 32 2 31 30 25	25 18 27 29 29 32 2 31 30 25	28 21 26 31 31 33 2 31 30 25
25	31 14 29 29 19 31 1 31 30 25	34 19 33 33 19 31 1 31 30 25	1 20 2 1 18 32 1 31 30 25	4 25 4 5 17 32 2 31 30 25	7 28 4 8 18 33 2 31 30 25	10 33 10 12 19 33 2 31 30 25	13 1 15 16 20 32 3 31 30 25	16 7 17 19 22 32 2 31 30 25	19 11 17 23 24 32 2 31 30 25	22 15 22 26 26 32 2 31 30 25	25 19 27 29 29 32 2 31 30 25	28 22 26 31 31 33 2 31 30 25
26	31 16 29 29 19 31 1 31 30 25	34 20 33 33 19 31 1 31 30 25	1 21 2 1 18 32 1 31 30 25	4 26 4 5 17 32 2 31 30 25	7 30 4 8 18 33 2 31 30 25	10 35 10 12 19 33 2 31 30 25	13 3 15 16 20 32 3 31 30 25	16 8 17 19 22 32 2 31 30 25	19 13 17 23 24 32 2 31 30 25	22 16 23 26 26 32 2 31 30 25	25 20 27 29 29 32 2 31 30 25	28 23 26 31 31 33 2 31 30 25
27	31 17 29 30 19 31 1 31 30 25	34 21 33 33 19 31 1 31 30 25	1 22 3 1 18 32 1 31 30 25	4 27 4 5 17 32 2 31 30 25	7 31 5 8 18 33 2 31 30 25	10 36 10 12 19 33 2 31 30 25	13 4 15 16 20 32 3 31 30 25	16 9 17 20 22 32 2 31 30 25	19 14 18 23 24 32 2 31 30 25	22 17 23 27 27 32 2 31 30 25	25 21 27 29 29 32 2 31 30 25	28 25 26 31 31 33 2 31 30 25
28	31 18 29 30 19 31 1 31 30 25	34 23 33 34 19 31 1 31 30 25	1 24 3 1 18 32 1 31 30 25	4 29 4 5 17 32 2 31 30 25	7 32 5 9 18 33 2 31 30 25	10 2 10 12 19 33 2 31 30 25	13 6 16 16 20 32 3 31 30 25	16 10 17 20 22 32 2 31 30 25	19 15 18 23 24 32 2 31 30 25	22 18 23 27 27 32 2 31 30 25	25 23 27 30 29 32 2 31 30 25	28 26 26 31 31 33 2 31 30 25
29	31 19 29 30 19 31 1 31 30 25		1 25 3 1 18 32 2 31 30 25	4 30 4 5 17 32 2 31 30 25	7 34 5 9 18 33 2 31 30 25	10 3 11 13 19 33 2 31 30 25	13 7 16 16 21 32 3 31 30 25	16 12 17 20 22 32 2 31 30 25	19 16 18 23 25 32 2 31 30 25	22 19 23 27 27 32 2 31 30 25	25 24 27 30 29 32 2 31 30 25	28 27 26 31 31 33 2 31 30 25
30	32 20 29 30 19 31 1 31 30 25		1 26 3 1 18 32 2 31 30 25	4 31 4 5 17 32 2 31 30 25	7 35 5 9 18 33 2 31 30 25	10 5 11 13 19 33 2 31 30 25	13 8 16 16 21 32 3 31 30 25	16 13 16 20 22 32 2 31 30 25	19 17 18 24 25 32 2 31 30 25	22 21 23 27 27 32 2 31 30 25	25 25 27 30 29 32 2 31 30 25	28 29 26 31 31 33 2 31 30 25
31	32 22 29 30 19 31 1 31 30 25		2 27 3 1 18 32 2 31 30 25		7 1 5 9 18 33 2 31 30 25		13 9 16 16 21 32 3 31 30 25	16 14 16 20 23 32 2 31 30 25		22 22 23 27 27 32 2 31 30 25		28 30 26 31 31 33 2 31 30 25

1998

	JAN	FEB	MÄR	APR	MAI	JUNI	JULI	AUG	SEPT	OKT	NOV	DEZ
1	29 31 26 31 32 33 2 31 30 25	32 1 30 29 34 33 2 31 31 25	35 2 35 30 36 34 2 32 31 25	2 7 3 33 3 35 3 32 31 25	5 11 2 36 5 35 3 32 31 25	8 15 6 4 7 36 3 32 31 25	10 19 13 7 9 36 4 32 31 25	13 23 15 11 11 36 4 32 31 25	16 27 15 15 13 36 4 31 30 25	19 31 20 19 15 36 4 31 30 25	22 36 24 22 17 35 3 31 30 25	25 4 26 26 19 35 3 31 31 25
2	29 32 26 31 32 33 2 31 30 25	32 2 30 29 34 33 2 31 31 25	35 3 35 30 36 34 2 32 31 25	2 8 2 33 3 35 3 32 31 25	5 12 2 36 5 35 3 32 31 25	8 17 7 4 7 36 3 32 31 25	10 20 13 7 9 36 4 32 31 25	13 24 15 11 11 36 4 32 31 25	16 29 15 15 13 36 4 31 30 25	19 32 20 19 15 36 4 31 30 25	22 1 25 23 17 35 3 31 30 25	25 5 25 26 19 35 3 31 31 25
3	29 34 26 31 32 33 2 31 30 25	32 4 31 29 34 33 2 31 31 25	35 5 35 30 36 34 2 32 31 25	2 10 2 33 3 35 3 32 31 25	5 13 2 36 5 35 3 32 31 25	8 18 7 4 7 36 3 32 31 25	11 21 13 8 9 36 4 32 31 25	14 25 15 11 11 36 4 32 31 25	17 30 15 15 13 36 4 31 30 25	19 34 20 19 15 36 4 31 30 25	23 3 25 23 17 35 3 31 30 25	26 7 25 26 19 35 3 31 31 25
4	29 36 27 31 32 33 2 31 30 25	32 5 31 29 34 33 2 31 31 25	35 6 36 30 36 34 2 32 31 25	2 11 2 33 3 35 3 32 31 25	5 14 2 1 5 36 3 32 31 25	8 19 7 4 7 36 3 32 31 25	11 22 13 8 9 36 4 32 31 25	14 27 15 11 11 36 4 32 31 25	17 31 15 15 13 36 4 31 30 25	20 35 20 19 15 36 4 31 30 25	23 4 25 23 17 35 3 31 30 25	26 8 25 27 19 35 3 31 31 25
5	29 1 27 31 32 33 2 31 30 25	32 6 31 29 34 34 2 31 31 25	35 7 36 31 1 34 2 32 31 25	2 12 2 33 3 35 3 32 31 25	5 16 2 1 5 36 3 32 31 25	8 20 7 4 7 36 3 32 31 25	11 23 13 8 9 36 4 32 31 25	14 28 15 11 11 36 4 32 31 25	17 33 15 15 13 36 4 31 30 25	20 36 20 19 15 36 4 31 30 25	23 6 25 23 17 35 3 31 30 25	26 10 25 27 19 35 3 31 31 25
6	29 3 27 31 32 33 2 31 30 25	32 8 31 29 34 34 2 31 31 25	35 9 36 31 1 34 2 32 31 25	2 14 2 33 3 35 3 32 31 25	5 17 2 1 5 36 3 32 31 25	8 21 7 4 7 36 3 32 31 25	11 25 13 8 9 36 4 32 31 25	14 29 15 12 12 36 4 32 31 25	17 34 15 15 14 36 4 31 30 25	20 2 21 19 15 36 4 31 30 25	23 7 25 23 17 35 3 31 30 25	26 11 25 27 19 35 3 31 31 25
7	29 4 27 31 32 33 2 31 30 25	32 9 31 29 34 34 2 31 31 25	35 10 36 31 1 34 2 32 31 25	2 15 2 34 3 35 3 32 31 25	5 18 2 1 5 36 3 32 31 25	8 22 8 4 7 36 3 32 31 25	11 26 13 8 10 36 4 32 31 25	14 31 15 12 12 36 4 32 31 25	17 36 15 16 14 36 4 31 30 25	20 4 21 19 15 36 4 31 30 25	23 9 25 23 17 35 3 31 30 25	26 13 25 27 19 35 3 31 31 25
8	29 5 27 31 32 33 2 31 30 25	32 10 31 29 35 34 2 31 31 25	35 11 36 31 1 34 2 32 31 25	2 16 2 34 3 35 3 32 31 25	5 19 3 1 5 36 3 32 31 25	8 24 8 5 8 36 3 32 31 25	11 27 14 8 10 36 4 32 31 25	14 32 15 12 12 36 4 32 31 25	17 1 15 16 14 36 4 31 30 25	20 5 21 19 16 36 4 31 30 25	23 10 25 23 17 35 3 31 30 25	26 14 25 27 19 35 3 31 31 25
9	29 7 27 31 32 33 2 31 30 25	33 12 32 29 35 34 2 31 31 25	35 13 1 31 1 34 2 32 31 25	2 17 2 34 3 35 3 32 31 25	5 20 3 1 5 36 3 32 31 25	8 25 8 5 8 36 3 32 31 25	11 28 14 8 10 36 4 32 31 25	14 33 15 12 12 36 4 32 31 25	17 3 16 16 14 36 4 31 30 25	20 7 21 20 16 36 4 31 30 25	23 12 25 23 17 35 3 31 30 25	26 15 25 27 19 35 3 31 31 25
10	29 8 27 30 32 33 2 31 30 25	33 13 32 29 35 34 2 31 31 25	35 14 1 31 1 34 2 32 31 25	2 18 2 34 3 35 3 32 31 25	5 22 3 1 5 36 3 32 31 25	8 26 8 5 8 36 4 32 31 25	11 30 14 8 10 36 4 32 31 25	14 35 15 12 12 36 4 32 31 25	17 4 16 16 14 36 4 31 30 25	20 8 21 20 16 36 4 31 30 25	23 13 26 24 18 35 3 31 30 25	26 16 25 27 19 35 3 31 31 25
11	30 9 27 30 32 33 2 31 30 25	33 14 32 29 35 34 2 31 31 25	36 15 1 31 1 34 2 32 31 25	3 20 2 34 3 35 3 32 31 25	6 23 3 1 6 36 3 32 31 25	8 27 9 5 8 36 4 32 31 25	11 31 14 8 10 36 4 32 31 25	14 36 15 12 12 36 4 32 31 25	17 6 16 16 14 36 4 31 30 25	20 9 21 20 16 35 4 31 30 25	23 14 26 24 18 35 3 31 30 25	26 18 25 27 19 35 3 31 31 25
12	30 11 27 30 32 33 2 31 30 25	33 15 32 29 35 34 2 31 31 25	36 16 1 31 1 34 2 32 31 25	3 21 2 34 3 35 3 32 31 25	6 24 3 1 6 36 3 32 31 25	9 29 9 5 8 36 4 32 31 25	11 32 14 9 10 36 4 32 31 25	14 2 15 12 12 36 4 32 31 25	17 7 16 16 14 36 4 31 30 25	20 11 21 20 16 35 4 31 30 25	23 16 26 24 18 35 3 31 30 25	26 19 25 28 19 35 3 32 31 25
13	30 12 28 30 33 33 2 31 30 25	33 17 32 29 35 34 2 31 31 25	36 18 1 31 1 34 2 32 31 25	3 22 2 34 3 35 3 32 31 25	6 25 3 2 6 36 3 32 31 25	9 30 9 5 8 36 4 32 31 25	12 34 14 9 10 36 4 32 31 25	15 3 15 12 12 36 4 32 31 25	18 8 16 16 14 36 4 31 30 25	20 12 22 20 16 35 4 31 30 25	24 17 26 24 18 35 3 31 30 25	27 20 25 28 19 35 3 32 31 25
14	30 13 28 30 33 33 2 31 30 25	33 18 32 29 35 34 2 31 31 25	36 19 1 31 1 34 2 32 31 25	3 23 2 34 4 35 3 32 31 25	6 27 3 2 6 36 3 32 31 25	9 31 9 5 8 36 4 32 31 25	12 35 14 9 10 36 4 32 31 25	15 5 15 13 12 36 4 32 31 25	18 10 17 16 14 36 4 31 30 25	21 13 22 20 16 35 4 31 30 25	24 18 26 24 18 35 3 31 30 25	27 21 25 28 19 35 3 32 31 25
15	30 15 28 30 33 33 2 31 30 25	33 19 33 30 35 34 2 31 31 25	36 20 2 31 1 34 2 32 31 25	3 24 2 34 4 35 3 32 31 25	6 28 3 2 6 36 3 32 31 25	9 33 9 5 8 36 4 32 31 25	12 1 14 9 10 36 4 32 31 25	15 6 15 13 12 36 4 32 31 25	18 11 17 17 14 36 4 31 30 25	21 15 22 20 16 35 4 31 30 25	24 19 26 24 18 35 3 31 30 25	27 22 25 28 19 35 3 32 31 25
16	30 16 28 30 33 33 2 31 30 25	33 20 33 30 35 34 2 31 31 25	36 21 2 31 1 34 2 32 31 25	3 26 2 35 4 35 3 32 31 25	6 29 4 2 6 36 3 32 31 25	9 34 10 5 8 36 4 32 31 25	12 2 14 9 10 36 4 32 31 25	15 7 14 13 12 36 4 32 31 25	18 12 17 17 14 36 4 31 30 25	21 16 22 20 16 35 4 31 30 25	24 20 26 24 18 35 3 31 30 25	27 24 25 28 20 35 3 32 31 25
17	30 17 28 30 33 33 2 31 30 25	33 21 33 30 35 34 2 31 31 25	36 22 2 32 1 34 2 32 31 25	3 27 2 35 4 35 3 32 31 25	6 30 4 2 6 36 3 32 31 25	9 35 10 6 8 36 4 32 31 25	12 3 15 9 10 36 4 32 31 25	15 9 14 13 12 36 4 32 31 25	18 14 17 17 14 36 4 31 30 25	21 17 22 21 16 35 4 31 30 25	24 22 26 24 18 35 3 31 30 25	27 25 25 28 20 36 3 32 31 25
18	30 18 28 30 33 33 2 31 30 25	33 23 33 30 35 34 2 31 31 25	36 23 2 32 2 34 2 32 31 25	3 28 2 35 4 35 3 32 31 25	6 32 4 2 6 36 3 32 31 25	9 1 10 6 8 36 4 32 31 25	12 5 15 9 10 36 4 32 31 25	15 10 14 13 12 36 4 32 31 25	18 15 17 17 14 36 4 31 30 25	21 18 22 21 16 35 4 31 30 25	24 23 26 25 18 35 3 31 30 25	27 26 25 28 20 36 3 32 31 25
19	30 19 28 30 33 33 2 31 30 25	34 24 33 30 35 34 2 31 31 25	36 25 2 32 2 35 2 32 31 25	3 29 1 35 4 35 3 32 31 25	6 33 4 2 6 36 3 32 31 25	9 2 10 6 8 36 4 32 31 25	12 6 15 9 10 36 4 32 31 25	15 11 14 13 12 36 4 32 31 25	18 16 17 17 14 36 4 31 30 25	21 19 23 21 16 35 4 31 30 25	24 24 26 25 18 35 3 31 30 25	27 27 25 28 20 36 3 32 31 25
20	30 21 28 30 33 33 2 31 30 25	34 25 33 30 36 34 2 31 31 25	36 26 2 32 2 35 2 32 31 25	3 31 1 35 4 35 3 32 31 25	6 34 4 2 6 36 3 32 31 25	9 4 10 6 8 36 4 32 31 25	12 8 15 10 10 36 4 32 31 25	15 13 14 13 12 36 4 32 31 25	18 17 18 17 14 36 4 31 30 25	21 21 23 21 16 35 4 31 30 25	24 25 26 25 18 35 3 31 30 25	27 28 25 29 20 36 3 32 31 25
21	31 22 29 30 33 33 2 31 30 25	34 26 34 30 36 34 2 32 31 25	1 27 2 32 2 35 2 32 31 25	4 32 1 35 4 35 3 32 31 25	6 36 4 2 6 36 3 32 31 25	9 5 11 6 8 36 4 32 31 25	12 9 15 10 10 36 4 32 31 25	15 14 14 13 13 36 4 32 31 25	18 19 18 17 14 36 4 31 30 25	21 22 23 21 16 35 4 31 30 25	24 26 26 25 18 35 3 31 30 25	27 30 25 29 20 36 3 32 31 25
22	31 23 29 30 33 33 2 31 30 25	34 28 34 30 36 34 2 32 31 25	1 28 2 32 2 35 2 32 31 25	4 33 1 35 4 35 3 32 31 25	7 1 5 3 6 36 3 32 31 25	10 7 11 6 9 36 4 32 31 25	12 10 15 10 11 36 4 32 31 25	15 15 14 14 13 36 4 32 31 25	18 20 18 17 15 36 4 31 30 25	21 23 23 21 16 35 4 31 30 25	24 28 26 25 18 35 3 31 30 25	27 31 25 29 20 36 3 32 31 25
23	31 24 29 30 33 33 2 31 30 25	34 29 34 30 36 34 2 32 31 25	1 30 3 32 2 35 2 32 31 25	4 35 2 35 4 35 3 32 31 25	7 3 5 3 6 36 3 32 31 25	10 8 11 6 9 36 4 32 31 25	12 12 15 10 11 36 4 32 31 25	15 17 14 14 13 36 4 31 31 25	18 21 18 18 15 36 4 31 30 25	21 24 23 21 16 35 4 31 30 25	25 29 26 25 18 35 3 31 30 25	28 32 25 29 20 36 3 32 31 25
24	31 25 29 30 33 33 2 31 30 25	34 30 34 30 36 34 2 32 31 25	1 31 3 32 2 35 2 32 31 25	4 36 2 35 4 35 3 32 31 25	7 4 5 3 6 36 3 32 31 25	10 10 11 6 9 36 4 32 31 25	13 13 15 10 11 36 4 32 31 25	16 18 14 14 13 36 4 31 30 25	19 22 18 18 15 36 4 31 30 25	22 25 23 21 16 35 4 31 30 25	25 30 26 25 18 35 3 31 30 25	28 34 26 29 20 36 3 32 31 25
25	31 27 29 30 33 33 2 31 30 25	34 32 34 30 36 34 2 32 31 25	1 33 3 32 2 35 2 32 31 25	4 2 2 36 4 35 3 32 31 25	7 6 5 3 7 36 3 32 31 25	10 11 11 7 9 36 4 32 31 25	13 14 15 10 11 36 4 32 31 25	16 19 14 14 13 36 4 31 30 25	19 23 19 18 15 36 4 31 30 25	22 27 23 22 17 35 4 31 30 25	25 31 26 25 18 35 3 31 30 25	28 35 26 29 20 36 3 32 31 25
26	31 28 29 30 34 33 2 31 30 25	34 33 35 30 36 34 2 32 31 25	1 34 3 32 2 35 2 32 31 25	4 3 2 36 4 35 3 32 31 25	7 7 5 3 7 36 3 32 31 25	10 12 12 7 9 36 4 32 31 25	13 16 15 10 11 36 4 32 31 25	16 20 14 14 13 36 4 31 30 25	19 25 19 18 15 36 4 31 30 25	22 28 24 22 17 35 3 31 30 25	25 33 26 26 18 35 3 31 30 25	28 36 26 29 20 36 3 32 31 25
27	31 30 29 30 34 33 2 31 30 25	34 35 35 30 36 34 2 32 31 25	1 36 3 32 2 35 2 32 31 25	4 5 2 36 5 35 3 32 31 25	7 9 5 3 7 36 3 32 31 25	10 14 12 7 9 36 4 32 31 25	13 17 15 10 11 36 4 32 31 25	16 21 14 14 13 36 4 31 30 25	19 26 19 18 15 36 4 31 30 25	22 29 24 22 17 35 3 31 30 25	25 34 26 26 18 35 3 31 30 25	28 2 26 29 20 36 3 32 31 25
28	31 31 30 30 34 33 2 31 30 25	34 36 35 30 36 34 2 32 31 25	1 1 3 33 2 35 2 32 31 25	4 6 2 36 5 35 3 32 31 25	7 10 6 3 7 36 3 32 31 25	10 15 12 7 9 36 4 32 31 25	13 18 15 11 11 36 4 32 31 25	16 23 14 14 13 36 4 31 30 25	19 27 19 18 15 36 4 31 30 25	22 30 24 22 17 35 3 31 30 25	25 35 26 26 19 35 3 31 31 25	28 3 26 30 20 36 3 32 31 25
29	31 32 30 29 34 33 2 31 30 25		1 3 3 33 2 35 2 32 31 25	4 8 2 36 5 35 3 32 31 25	7 11 6 3 7 36 3 32 31 25	10 16 12 7 9 36 4 32 31 25	13 19 15 11 11 36 4 32 31 25	16 24 14 14 13 36 4 31 30 25	19 28 19 18 15 36 4 31 30 25	22 32 24 22 17 35 3 31 30 25	25 1 26 26 19 35 3 31 31 25	28 5 26 30 20 36 3 32 31 25
30	31 34 30 29 34 33 2 31 30 25		1 4 3 33 2 35 2 32 31 25	4 9 2 36 5 35 3 32 31 25	7 13 6 4 7 36 3 32 31 25	10 17 12 7 9 36 4 32 31 25	13 21 15 11 11 36 4 32 31 25	16 25 14 15 13 36 4 31 30 25	19 29 19 18 15 36 4 31 30 25	22 33 24 22 17 35 3 31 30 25	25 2 26 26 19 35 3 31 31 25	28 6 26 30 20 36 3 32 31 25
31	32 35 30 29 34 33 2 31 30 25		2 6 3 33 3 35 2 32 31 25		7 14 6 4 7 36 3 32 31 25		13 22 15 11 11 36 4 32 31 25	16 26 14 15 13 36 4 31 30 25		22 34 24 22 17 35 3 31 30 25		28 8 26 30 20 36 3 32 31 25

1999

	JAN	FEB	MÄR	APR	MAI	JUNI	JULI	AUG	SEPT	OKT	NOV	DEZ
1	29 9 27 30 20 36 3 32 31 25	32 14 31 34 22 36 3 32 31 26	34 15 36 1 23 1 3 32 31 26	2 20 36 5 23 2 4 32 31 26	5 23 2 9 22 2 4 32 31 26	8 27 9 12 21 3 5 32 31 25	10 31 13 15 21 4 5 32 31 25	13 36 12 16 23 4 5 32 31 25	16 5 16 15 24 4 5 32 31 25	19 9 21 15 26 4 5 32 31 25	22 14 25 18 29 3 5 32 31 25	25 18 23 21 31 3 5 32 31 26
2	29 10 27 30 20 36 3 32 31 25	32 15 32 34 22 36 3 32 31 26	35 16 36 2 23 1 4 32 31 26	2 21 36 5 23 2 4 32 31 26	5 24 2 9 22 2 4 32 31 25	8 29 9 12 21 3 5 32 31 25	10 32 13 15 21 4 5 32 31 25	13 1 12 16 23 4 5 32 31 25	16 6 16 15 24 4 5 32 31 25	19 10 21 15 26 4 5 32 31 25	22 15 25 18 29 3 5 32 31 25	25 19 23 21 31 3 5 32 31 26
3	29 12 27 30 20 36 3 32 31 25	32 17 32 34 22 36 3 32 31 26	35 18 1 2 23 1 4 32 31 26	2 22 36 5 23 2 4 32 31 26	5 25 3 9 22 2 4 32 31 25	8 30 9 12 21 3 5 32 31 25	11 33 13 15 21 4 5 32 31 25	14 2 12 16 23 4 5 32 31 25	17 8 16 15 25 4 5 32 31 25	19 12 21 15 27 4 5 32 31 25	23 17 25 18 29 3 5 32 31 25	26 20 24 21 31 3 5 32 31 26
4	29 13 27 30 20 36 3 32 31 25	32 18 32 34 22 36 3 32 31 26	35 19 1 2 23 1 4 32 31 26	2 23 36 5 23 2 4 32 31 26	5 26 3 9 22 2 4 32 31 25	8 31 9 12 21 3 5 32 31 25	11 35 13 15 21 4 5 32 31 25	14 4 12 16 23 4 5 32 31 25	17 9 16 14 25 4 5 32 31 25	20 13 21 15 27 4 5 32 31 25	23 18 25 18 29 3 5 32 31 25	26 21 24 21 31 3 5 32 31 26
5	29 15 27 31 21 36 3 32 31 25	32 19 32 34 22 36 3 32 31 26	35 20 1 2 23 1 4 32 31 26	2 24 36 6 23 2 4 32 31 26	5 28 3 9 22 2 4 32 31 25	8 32 9 12 21 3 5 32 31 25	11 36 13 15 21 4 5 32 31 25	14 5 12 16 23 4 5 32 31 25	17 10 16 14 25 4 5 32 31 25	20 14 21 15 27 4 5 32 31 25	23 19 25 18 29 3 5 32 31 25	26 23 24 21 31 3 5 32 31 26
6	29 16 27 31 21 36 3 32 31 25	32 20 32 35 22 36 3 32 31 26	35 21 1 2 23 1 4 32 31 26	2 26 36 6 23 2 4 32 31 26	5 29 3 9 21 2 4 32 31 25	8 34 9 13 21 3 5 32 31 25	11 1 13 15 22 4 5 32 31 25	14 7 12 16 23 4 5 32 31 25	17 12 17 14 25 4 5 32 31 25	20 16 22 15 27 4 5 32 31 25	23 20 25 18 29 3 5 32 31 25	26 24 24 22 31 3 5 32 31 26
7	29 17 27 31 21 36 3 32 31 25	32 22 32 35 22 36 3 32 31 26	35 22 1 2 23 1 4 32 31 26	2 27 36 6 22 2 4 32 31 26	5 30 3 9 21 2 4 32 31 25	8 35 9 13 21 3 5 32 31 25	11 3 13 15 22 4 5 32 31 25	14 8 12 16 23 4 5 32 31 25	17 13 17 14 25 4 5 32 31 25	20 17 22 15 27 4 5 32 31 25	23 22 25 18 29 3 5 32 31 25	26 25 24 22 31 3 5 32 31 26
8	29 18 28 31 21 36 3 32 31 25	32 23 33 35 22 36 3 32 31 26	35 24 1 2 23 1 4 32 31 26	2 28 36 6 22 2 4 32 31 26	5 31 3 9 21 2 4 32 31 25	8 36 10 13 21 3 5 32 31 25	11 4 13 15 22 4 5 32 31 25	14 9 12 16 23 4 5 32 31 25	17 15 17 14 25 4 5 32 31 25	20 18 22 16 27 4 5 32 31 25	23 23 25 18 29 3 5 32 31 25	26 26 24 22 31 3 5 32 31 26
9	29 20 28 31 21 36 3 32 31 25	32 24 33 35 22 36 3 32 31 26	35 25 1 2 23 1 4 32 31 26	2 29 36 6 22 2 4 32 31 26	5 33 4 10 21 3 4 32 31 25	8 2 10 13 21 3 5 32 31 25	11 5 13 15 22 4 5 32 31 25	14 11 12 16 23 4 5 32 31 25	17 16 17 14 25 4 5 32 31 25	20 19 22 16 27 4 5 32 31 25	23 24 25 18 29 3 5 32 31 25	26 27 24 22 31 3 5 32 31 26
10	29 21 28 31 21 36 3 32 31 25	33 25 33 35 22 36 3 32 31 26	35 26 1 2 23 1 4 32 31 26	2 30 36 6 22 2 4 32 31 26	5 34 4 10 21 3 4 32 31 25	8 3 10 13 21 3 5 32 31 25	11 7 13 15 22 4 5 32 31 25	14 12 12 16 23 4 5 32 31 25	17 17 17 14 25 4 5 32 31 25	20 21 22 16 27 4 5 32 31 25	23 25 24 19 29 3 5 32 31 25	26 28 24 22 32 3 5 32 31 26
11	30 22 28 31 21 36 3 32 31 25	33 26 33 35 22 36 3 32 31 26	35 27 1 3 23 1 4 32 31 26	3 32 36 6 22 2 4 32 31 26	5 35 4 10 21 3 4 32 31 25	8 5 10 13 21 3 5 32 31 25	11 8 13 15 22 4 5 32 31 25	14 14 12 16 23 4 5 32 31 25	17 19 17 14 25 4 5 32 31 25	20 22 22 16 27 4 5 32 31 25	23 26 24 19 29 3 5 32 31 25	26 30 24 22 32 3 5 32 31 26
12	30 23 28 31 21 36 3 32 31 25	33 28 33 35 22 36 3 32 31 26	36 28 1 3 23 1 4 32 31 26	3 33 36 6 22 2 4 32 31 26	6 1 4 10 21 3 4 32 31 25	9 6 10 13 21 3 5 32 31 25	11 10 13 15 22 4 5 32 31 25	14 15 13 16 23 4 5 32 31 25	17 20 18 14 25 4 5 32 31 25	20 23 22 16 27 4 5 32 31 25	23 28 24 19 29 3 5 32 31 25	26 31 25 22 32 3 5 32 31 26
13	30 24 28 32 21 36 3 32 31 25	33 29 34 35 22 36 3 32 31 26	36 30 1 3 23 1 4 32 31 26	3 34 36 7 22 2 4 32 31 26	6 2 4 10 21 3 4 32 31 25	9 8 11 13 21 3 5 32 31 25	12 11 13 16 22 4 5 32 31 25	14 16 13 16 23 4 5 32 31 25	17 21 18 14 25 4 5 32 31 25	20 24 23 16 27 4 5 32 31 25	24 29 24 19 29 3 5 32 31 25	27 32 25 22 32 3 5 32 31 26
14	30 26 29 32 21 36 3 32 31 25	33 30 34 36 22 1 3 32 31 26	36 31 1 3 23 1 4 32 31 26	3 36 36 7 22 2 4 32 31 26	6 4 4 10 21 3 4 32 31 25	9 9 11 13 21 3 5 32 31 25	12 13 13 16 22 4 5 32 31 25	15 18 13 16 23 4 5 32 31 25	18 22 18 14 25 4 5 32 31 25	21 26 23 16 27 4 5 32 31 25	24 30 24 19 30 3 5 32 31 25	27 33 25 22 32 3 5 32 31 26
15	30 27 29 32 21 36 3 32 31 25	33 31 34 36 22 1 3 32 31 26	36 32 1 3 23 1 4 32 31 26	3 1 36 7 22 2 4 32 31 26	6 5 5 10 21 3 4 32 31 25	9 11 11 13 21 3 5 32 31 25	12 14 13 16 22 4 5 32 31 25	15 19 13 16 23 4 5 32 31 25	18 24 18 14 25 4 5 32 31 25	21 27 23 16 27 4 5 32 31 25	24 31 24 19 30 3 5 32 31 25	27 35 25 23 32 3 5 32 31 26
16	30 28 29 32 21 36 3 32 31 25	33 33 34 36 22 1 3 32 31 26	36 34 1 3 23 1 4 32 31 26	3 3 36 7 22 2 4 32 31 26	6 7 5 10 21 3 4 32 31 25	9 12 11 13 21 3 5 32 31 25	12 16 13 16 22 4 5 32 31 25	15 20 13 15 23 4 5 32 31 25	18 25 18 14 25 4 5 32 31 25	21 28 23 16 27 4 5 32 31 25	24 32 24 19 30 3 5 32 31 25	27 36 25 23 32 3 5 32 31 26
17	30 29 29 32 21 36 3 32 31 25	33 34 34 36 22 1 3 32 31 26	36 35 1 3 23 1 4 32 31 26	3 4 36 7 22 2 4 32 31 26	6 8 5 10 21 3 4 32 31 25	9 13 11 14 21 3 5 32 31 25	12 17 13 16 22 4 5 32 31 25	15 22 13 15 23 4 5 32 31 25	18 26 19 14 25 4 5 32 31 25	21 29 23 16 27 4 5 32 31 25	24 34 24 19 30 3 5 32 31 25	27 1 25 23 32 3 5 32 31 26
18	30 31 29 32 21 36 3 32 31 25	33 36 34 36 22 1 3 32 31 26	36 36 1 3 23 1 4 32 31 26	3 6 1 7 22 2 4 32 31 26	6 10 5 11 21 3 4 32 31 25	9 15 11 14 21 3 5 32 31 25	12 18 13 16 22 4 5 32 31 25	15 23 13 15 24 4 5 32 31 25	18 27 19 14 25 4 5 32 31 25	21 30 23 16 28 4 5 32 31 25	24 35 24 19 30 3 5 32 31 25	27 3 25 23 32 3 5 32 31 26
19	30 32 29 32 21 36 3 32 31 25	33 1 35 36 22 1 3 32 31 26	36 2 36 4 23 1 4 32 31 26	3 7 1 7 22 2 4 32 31 26	6 11 5 11 21 3 4 32 31 25	9 16 12 14 21 3 5 32 31 25	12 20 13 16 22 4 5 32 31 25	15 24 13 15 24 4 5 32 31 25	18 28 19 14 26 4 5 32 31 25	21 32 23 16 28 4 5 32 31 25	24 36 23 20 30 3 5 32 31 25	27 4 26 23 32 3 5 32 31 26
20	30 33 29 32 21 36 3 32 31 25	34 2 35 36 22 1 3 32 31 26	36 3 36 4 23 1 4 32 31 26	3 9 1 7 22 2 4 32 31 26	6 13 6 11 21 3 4 32 31 25	9 17 12 14 21 3 5 32 31 25	12 21 13 16 22 4 5 32 31 25	15 25 13 15 24 4 5 32 31 25	18 30 19 15 26 4 5 32 31 25	21 33 23 17 28 4 5 32 31 25	24 2 23 20 30 3 5 32 31 25	27 5 26 23 32 3 5 32 31 26
21	31 35 30 33 21 36 2 32 31 25	34 4 35 36 22 1 3 32 31 26	36 5 36 4 23 1 4 32 31 26	4 10 1 7 22 2 4 32 31 26	6 14 6 11 21 3 4 32 31 25	9 19 12 14 21 3 5 32 31 25	12 22 13 16 22 4 5 32 31 25	15 26 14 15 24 4 5 32 31 25	18 31 19 15 26 4 5 32 31 25	21 34 24 17 28 4 5 32 31 25	24 3 23 20 30 3 5 32 31 25	27 7 26 23 32 3 5 32 31 26
22	31 36 30 33 21 36 3 32 31 25	34 5 35 1 22 1 3 32 31 26	1 6 36 4 23 1 4 32 31 26	4 12 1 8 22 2 4 32 31 26	7 15 6 11 21 3 4 32 31 25	10 20 12 14 21 3 5 32 31 25	12 23 13 16 22 4 5 32 31 25	15 28 14 15 24 4 5 32 31 25	18 32 19 15 26 4 5 32 31 25	21 35 24 17 28 4 5 32 31 25	24 5 23 20 30 3 5 32 31 25	27 8 26 23 32 3 5 32 31 26
23	31 1 30 33 21 36 3 32 31 25	34 7 35 1 22 1 3 32 31 26	1 8 36 4 23 1 4 32 31 26	4 13 1 8 22 2 4 32 31 26	7 17 6 11 21 3 4 32 31 25	10 21 12 14 21 3 5 32 31 25	12 24 13 16 22 4 5 32 31 25	15 29 14 15 24 4 5 32 31 25	18 33 20 15 26 4 5 32 31 25	21 1 24 17 28 4 5 32 31 25	25 6 23 20 30 3 5 32 31 26	28 10 26 24 33 3 5 32 31 26
24	31 3 30 33 21 36 3 32 31 25	34 8 36 1 22 1 3 32 31 26	1 9 36 4 23 1 4 32 31 26	4 14 1 8 22 2 4 32 31 26	7 18 7 11 21 3 5 32 31 25	10 22 12 14 21 3 5 32 31 25	13 26 13 16 22 4 5 32 31 25	16 30 14 15 24 4 5 32 31 25	19 35 20 15 26 4 5 32 31 25	22 2 24 17 28 3 5 32 31 25	25 8 23 20 30 3 5 32 31 26	28 11 26 24 33 3 5 32 31 26
25	31 4 30 33 21 36 3 32 31 25	34 10 36 1 22 1 3 32 31 26	1 11 36 4 23 1 4 32 31 26	4 16 1 8 22 2 4 32 31 26	7 19 7 11 21 3 5 32 31 25	10 24 12 14 21 3 5 32 31 25	13 27 13 16 22 4 5 32 31 25	16 31 14 15 24 4 5 32 31 25	19 36 20 15 26 4 5 32 31 25	22 4 24 17 28 3 5 32 31 25	25 9 23 20 30 3 5 32 31 26	28 13 27 24 33 3 5 32 31 26
26	31 6 30 33 21 36 3 32 31 25	34 11 36 1 22 1 3 32 31 26	1 12 36 4 23 1 4 32 31 26	4 17 1 8 22 2 4 32 31 26	7 20 7 11 21 3 5 32 31 25	10 25 12 14 21 3 5 32 31 25	13 28 13 16 22 4 5 32 31 25	16 33 14 15 24 4 5 32 31 25	19 1 20 15 26 4 5 32 31 25	22 5 24 17 28 3 5 32 31 25	25 11 23 20 30 3 5 32 31 26	28 14 27 24 33 3 5 32 31 26
27	31 7 31 33 22 36 3 32 31 25	34 12 36 1 23 1 3 32 31 26	1 13 36 5 23 1 4 32 31 26	4 18 2 8 22 2 4 32 31 25	7 21 7 11 21 3 5 32 31 25	10 26 13 14 21 3 5 32 31 25	13 29 13 16 22 4 5 32 31 25	16 34 15 15 24 4 5 32 31 25	19 3 20 15 26 4 5 32 31 25	22 7 24 17 28 3 5 32 31 25	25 12 23 20 31 3 5 32 31 26	28 16 27 24 33 3 5 32 31 26
28	31 8 31 33 22 36 3 32 31 25	34 14 36 1 23 1 3 32 31 26	1 15 36 5 23 2 4 32 31 26	4 19 2 8 22 2 4 32 31 25	7 23 7 12 21 3 5 32 31 25	10 27 13 15 21 3 5 32 31 25	13 30 13 16 22 4 5 32 31 25	16 35 15 15 24 4 5 32 31 25	19 4 20 15 26 4 5 32 31 25	22 8 24 17 28 3 5 32 31 25	25 14 23 21 31 3 5 32 31 26	28 17 27 24 33 3 5 32 31 26
29	31 10 31 34 22 36 3 32 31 25		1 16 36 5 23 2 4 32 31 26	4 21 2 8 22 2 4 32 31 25	7 24 8 12 21 3 5 32 31 25	10 28 13 15 21 4 5 32 31 25	13 32 13 16 22 4 5 32 31 25	16 1 15 15 24 4 5 32 31 25	19 6 21 15 26 4 5 32 31 25	22 10 24 17 28 3 5 32 31 25	25 15 23 21 31 3 5 32 31 26	28 18 27 24 33 3 5 32 31 26
30	31 11 31 34 22 36 3 32 31 26		1 17 36 5 23 2 4 32 31 26	4 22 2 9 22 2 4 32 31 25	7 25 8 12 21 3 5 32 31 25	10 30 13 15 21 4 5 32 31 25	13 33 13 16 23 4 5 32 31 25	16 2 15 15 24 4 5 32 31 25	19 7 21 15 26 4 5 32 31 25	22 11 24 17 28 3 5 32 31 25	25 16 23 21 31 3 5 32 31 26	28 20 27 24 33 3 5 32 31 26
31	31 13 31 34 22 36 3 32 31 26		1 18 36 5 23 2 4 32 31 26		7 26 8 12 21 3 5 32 31 25		13 34 13 16 23 4 5 32 31 25	16 3 15 15 24 4 5 32 31 25		22 13 25 18 29 3 5 32 31 25		28 21 27 24 33 3 5 32 31 26

2000

	JAN	FEB	MÄR	APR	MAI	JUNI	JULI	AUG	SEPT	OKT	NOV	DEZ
1	28 22 28 25 33 3 5 32 31 26	32 27 33 28 36 3 5 32 31 26	35 29 35 32 2 4 5 32 31 26	2 33 35 36 4 4 5 32 31 26	5 36 4 3 6 5 5 33 31 26	8 5 10 7 8 6 6 33 31 26	10 9 11 11 10 7 6 33 31 26	13 15 12 15 12 7 6 32 31 26	16 20 17 19 14 7 7 32 31 26	19 23 22 22 16 8 7 32 31 26	22 28 22 26 18 7 6 32 31 26	25 31 24 30 20 7 6 32 31 26
2	29 23 28 25 33 3 5 32 31 26	32 28 33 29 36 3 5 32 31 26	35 30 35 32 2 4 5 32 31 26	2 34 35 36 4 4 5 32 31 26	5 2 4 4 6 5 5 33 31 26	8 7 10 7 9 6 6 33 31 26	11 11 11 11 11 7 6 33 31 26	14 16 12 15 13 7 6 32 31 26	16 21 17 19 15 8 7 32 31 26	19 25 22 22 16 8 7 32 31 26	22 29 22 26 18 7 6 32 31 26	26 32 24 30 20 7 6 32 31 26
3	29 25 28 25 33 3 5 32 31 26	32 29 33 29 36 3 5 32 31 26	35 31 34 32 2 4 5 32 31 26	2 36 35 36 4 4 5 32 31 26	5 3 4 4 6 5 5 33 31 26	8 8 10 8 9 6 6 33 31 26	11 12 11 11 11 7 6 33 31 26	14 18 12 15 13 7 6 32 31 26	17 22 18 19 15 8 7 32 31 26	20 26 22 23 17 8 7 32 31 26	23 30 22 26 18 7 6 32 31 26	26 33 24 30 20 7 6 32 31 26
4	29 26 28 25 33 3 5 32 31 26	32 30 33 29 36 3 5 32 31 26	35 32 34 32 2 4 5 32 31 26	2 1 35 36 4 4 5 32 31 26	5 5 4 4 7 5 5 33 31 26	8 10 10 8 9 6 6 33 31 26	11 14 11 11 11 7 6 33 31 26	14 19 12 15 13 7 6 32 31 26	17 24 18 19 15 8 7 32 31 26	20 27 22 23 17 8 7 32 31 26	23 31 22 26 18 7 6 32 31 26	26 35 25 30 20 7 6 32 31 26
5	29 27 28 25 34 3 5 32 31 26	32 31 33 29 36 3 5 32 31 26	35 34 34 32 2 4 5 32 31 26	2 2 35 36 4 5 5 32 31 26	5 6 4 4 7 5 5 33 31 26	8 11 10 8 9 6 6 33 31 26	11 15 11 11 11 7 6 33 31 26	14 20 12 15 13 7 6 32 31 26	17 25 18 19 15 8 7 32 31 26	20 28 22 23 17 8 7 32 31 26	23 33 22 27 19 7 6 32 31 26	26 36 25 30 20 7 6 32 31 26
6	29 28 28 25 34 3 5 32 31 26	32 33 34 29 36 3 5 32 31 26	35 35 34 33 2 4 5 32 31 26	2 4 36 36 5 5 5 32 31 26	5 8 5 4 7 5 5 33 31 26	8 13 10 8 9 6 6 33 31 26	11 17 11 12 11 7 6 33 31 26	14 22 12 15 13 7 6 32 31 26	17 26 18 19 15 8 7 32 31 26	20 29 22 23 17 8 7 32 31 26	23 34 22 27 19 7 6 32 31 26	26 1 25 30 20 7 6 32 31 26
7	29 29 29 25 34 3 5 32 31 26	32 34 34 29 36 3 5 32 31 26	35 36 34 33 2 4 5 32 31 26	2 5 36 1 5 5 5 32 31 26	5 9 5 4 7 5 5 33 31 26	8 14 11 8 9 6 6 33 31 26	11 18 11 12 11 7 6 33 31 26	14 23 12 16 13 7 6 32 31 26	17 27 18 19 15 8 7 32 31 26	20 31 22 23 17 8 7 32 31 26	23 35 22 27 19 7 6 32 31 26	26 2 25 30 21 7 6 32 31 26
8	29 31 29 25 34 3 5 32 31 26	32 35 34 29 36 3 5 32 31 26	35 1 34 33 2 4 5 32 31 26	2 7 36 1 5 5 5 32 31 26	5 11 5 4 7 5 6 33 31 26	8 16 11 8 9 6 6 33 31 26	11 19 11 12 11 7 6 33 31 26	14 24 13 16 13 7 6 32 31 26	17 29 19 19 15 8 7 32 31 26	20 32 23 23 17 8 7 32 31 26	23 36 21 27 19 7 6 32 31 26	26 4 25 30 21 7 6 32 31 26
9	29 32 29 26 34 3 5 32 31 26	32 36 34 29 36 3 5 32 31 26	35 3 34 33 2 4 5 32 31 26	2 8 36 1 5 5 5 32 31 26	5 12 5 4 7 5 6 33 31 26	8 17 11 8 9 6 6 33 31 26	11 21 11 12 11 7 6 33 31 26	14 25 13 16 13 7 6 32 31 26	17 30 19 20 15 8 7 32 31 26	20 33 23 23 17 8 7 32 31 26	23 2 22 27 19 7 6 32 31 26	26 5 25 31 21 7 6 32 31 26
10	29 33 29 26 34 3 5 32 31 26	33 2 34 29 36 3 5 32 31 26	35 4 34 33 3 4 5 32 31 26	3 9 36 1 5 5 5 33 31 26	5 13 6 5 7 5 6 33 31 26	8 19 11 8 9 6 6 33 31 26	11 22 11 12 11 7 6 33 31 26	14 27 13 16 13 7 6 32 31 26	17 31 19 20 15 8 7 32 31 26	20 34 23 23 17 8 7 32 31 26	23 3 22 27 19 7 6 32 31 26	26 6 25 31 21 7 6 32 31 26
11	30 34 29 26 34 3 5 32 31 26	33 3 34 30 36 3 5 32 31 26	36 6 34 33 3 4 5 32 31 26	3 11 36 1 5 5 5 33 31 26	6 15 6 5 7 5 6 33 31 26	9 20 11 9 9 6 6 33 31 26	11 23 11 12 11 7 6 33 31 26	14 28 13 16 13 7 7 32 31 26	17 32 19 20 15 8 7 32 31 26	20 35 23 23 17 8 7 32 31 26	23 4 22 27 19 7 6 32 31 26	26 8 26 31 21 7 6 32 31 26
12	30 35 29 26 34 3 5 32 31 26	33 5 35 30 36 3 5 32 31 26	36 7 34 33 3 4 5 32 31 26	3 12 36 1 5 5 5 33 31 26	6 16 6 5 7 5 6 33 31 26	9 21 11 9 9 6 6 33 31 26	11 24 11 12 11 7 6 32 31 26	14 29 13 16 13 7 7 32 31 26	17 33 19 20 15 8 7 32 31 26	20 1 23 24 17 8 7 32 31 26	23 6 22 27 19 7 6 32 31 26	27 9 26 31 21 7 6 32 31 26
13	30 1 30 26 34 3 5 32 31 26	33 6 35 30 1 3 5 32 31 26	36 8 34 33 3 4 5 32 31 26	3 14 36 1 5 5 5 33 31 26	6 17 6 5 7 5 6 33 31 26	9 22 11 9 9 6 6 33 31 26	12 26 11 12 11 7 6 32 31 26	15 30 14 16 13 7 7 32 31 26	18 35 19 20 15 8 7 32 31 26	20 2 23 24 17 8 7 32 31 26	24 7 22 27 19 7 6 32 31 26	27 11 26 31 21 7 6 32 31 26
14	30 2 30 26 34 3 5 32 31 26	33 7 35 30 1 3 5 32 31 26	36 10 34 34 3 4 5 32 31 26	3 15 1 1 5 5 5 33 31 26	6 19 6 5 7 5 6 33 31 26	9 24 11 9 9 6 6 33 31 26	12 27 11 13 11 7 6 32 31 26	15 31 14 16 13 7 7 32 31 26	18 36 19 20 15 8 7 32 31 26	21 3 23 24 17 8 7 32 31 26	24 9 22 28 19 7 6 32 31 26	27 12 26 31 21 7 6 32 31 26
15	30 3 30 26 34 3 5 32 31 26	33 9 35 30 1 4 5 32 31 26	36 11 34 34 3 4 5 32 31 26	3 16 1 2 5 5 5 33 31 26	6 20 7 5 7 5 6 33 31 26	9 25 11 9 9 6 6 33 31 26	12 28 11 13 11 7 6 32 31 26	15 33 14 17 13 7 7 32 31 26	18 1 20 20 15 8 7 32 31 26	21 5 23 24 17 8 7 32 31 26	24 10 22 28 19 7 6 32 31 26	27 14 26 31 21 7 6 32 31 26
16	30 5 30 26 34 3 5 32 31 26	33 10 35 30 1 4 5 32 31 26	36 13 34 34 3 4 5 32 31 26	3 18 1 2 5 5 5 33 31 26	6 21 7 5 7 5 6 33 31 26	9 26 11 9 9 6 6 33 31 26	12 29 11 13 11 7 6 32 31 26	15 34 14 17 13 7 7 32 31 26	18 2 20 20 15 8 7 32 31 26	21 6 23 24 17 8 7 32 31 26	24 11 22 28 19 7 6 32 31 26	27 15 26 31 21 7 6 32 31 26
17	30 6 30 27 34 3 5 32 31 26	33 12 35 30 1 4 5 32 31 26	36 14 34 34 3 4 5 32 31 26	3 19 1 2 5 5 5 33 31 26	6 23 7 5 7 5 6 33 31 26	9 27 11 9 10 6 6 33 31 26	12 30 11 13 12 7 6 32 31 26	15 35 14 17 14 7 7 32 31 26	18 4 20 21 15 8 7 32 31 26	21 8 23 24 17 8 6 32 31 26	24 13 22 28 19 7 6 32 31 26	27 17 27 32 21 7 6 32 31 26
18	30 8 30 27 35 3 5 32 31 26	33 13 35 30 1 4 5 32 31 26	36 15 34 34 3 4 5 32 31 26	3 20 1 2 5 5 5 33 31 26	6 24 7 6 7 6 6 33 31 26	9 28 11 9 10 6 6 33 31 26	12 32 11 13 12 7 6 32 31 26	15 36 15 17 14 7 7 32 31 26	18 5 20 21 16 8 7 32 31 26	21 9 23 24 17 8 6 32 31 26	24 14 22 28 19 7 6 32 31 26	27 18 27 32 21 7 6 32 31 26
19	30 9 31 27 35 3 5 32 31 26	33 15 35 31 1 4 5 32 31 26	36 17 34 34 3 4 5 32 31 26	3 22 1 2 5 5 5 33 31 26	6 25 7 6 8 6 6 33 31 26	9 30 11 10 10 6 6 33 31 26	12 33 11 13 12 7 6 32 31 26	15 1 15 17 14 7 7 32 31 26	18 6 20 21 16 8 7 32 31 26	21 10 23 24 18 8 6 32 31 26	24 16 22 28 19 7 6 32 31 26	27 19 27 32 21 7 6 32 31 26
20	30 11 31 27 35 3 5 32 31 26	34 16 35 31 1 4 5 32 31 26	36 18 34 34 3 4 5 32 31 26	4 23 2 2 6 5 5 33 31 26	6 26 8 6 8 6 6 33 31 26	9 31 11 10 10 6 6 33 31 26	12 34 11 13 12 7 6 32 31 26	15 3 15 17 14 7 7 32 31 26	18 8 20 21 16 8 7 32 31 26	21 12 23 25 18 8 6 32 31 26	24 17 22 28 19 7 6 32 31 26	27 21 27 32 21 7 6 32 31 26
21	31 12 31 27 35 3 5 32 31 26	34 17 35 31 1 4 5 32 31 26	1 20 34 34 3 4 5 32 31 26	4 24 2 2 6 5 5 33 31 26	7 27 8 6 8 6 6 33 31 26	9 32 11 10 10 6 6 33 31 26	12 35 11 13 12 7 6 32 31 26	15 4 15 17 14 7 7 32 31 26	18 9 20 21 16 8 7 32 31 26	21 13 23 25 18 8 6 32 31 26	24 18 23 28 20 7 6 32 31 26	27 22 27 32 21 7 6 32 31 26
22	31 14 31 27 35 3 5 32 31 26	34 19 35 31 1 4 5 32 31 26	1 21 34 35 3 4 5 32 31 26	4 25 2 2 6 5 5 33 31 26	7 29 8 6 8 6 6 33 31 26	10 33 11 10 10 6 6 33 31 26	12 36 11 14 12 7 6 32 31 26	15 5 15 17 14 7 7 32 31 26	18 11 21 21 16 8 7 32 31 26	21 15 23 25 18 8 6 32 31 26	24 20 23 29 20 7 6 32 31 26	28 23 27 32 21 7 6 32 31 26
23	31 15 31 27 35 3 5 32 31 26	34 20 35 31 1 4 5 32 31 26	1 22 34 35 3 4 5 32 31 26	4 27 2 3 6 5 5 33 31 26	7 30 8 6 8 6 6 33 31 26	10 34 11 10 10 6 6 33 31 26	13 2 11 14 12 7 6 32 31 26	16 7 16 17 14 7 7 32 31 26	19 12 21 21 16 8 7 32 31 26	21 16 23 25 18 8 6 32 31 26	25 21 23 29 20 7 6 32 31 26	28 25 27 32 21 7 6 32 31 26
24	31 17 31 27 35 3 5 32 31 26	34 21 35 31 1 4 5 32 31 26	1 23 34 35 4 4 5 32 31 26	4 28 2 3 6 5 5 33 31 26	7 31 8 6 8 6 6 33 31 26	10 36 11 10 10 6 6 33 31 26	13 3 11 14 12 7 6 32 31 26	16 8 16 18 14 7 7 32 31 26	19 14 21 21 16 8 7 32 31 26	22 17 23 25 18 8 6 32 31 26	25 22 23 29 20 7 6 32 31 26	28 26 28 32 22 7 6 32 31 26
25	31 18 32 28 35 3 5 32 31 26	34 23 35 31 1 4 5 32 31 26	1 25 34 35 4 4 5 32 31 26	4 29 3 3 6 5 5 33 31 26	7 32 9 6 8 6 6 33 31 26	10 1 11 10 10 6 6 33 31 26	13 4 11 14 12 7 6 32 31 26	16 10 16 18 14 7 7 32 31 26	19 15 21 22 16 8 7 32 31 26	22 19 23 25 18 8 6 32 31 26	25 24 23 29 20 7 6 32 31 26	28 27 28 32 22 7 6 32 31 26
26	31 19 32 28 35 3 5 32 31 26	34 24 35 31 2 4 5 32 31 26	1 26 34 35 4 4 5 32 31 26	4 30 3 3 6 5 5 33 31 26	7 33 9 7 8 6 6 33 31 26	10 2 11 10 10 6 6 33 31 26	13 6 11 14 12 7 6 32 31 26	16 11 16 18 14 7 7 32 31 26	19 16 21 22 16 8 7 32 31 26	22 20 23 25 18 8 6 32 31 26	25 25 23 29 20 7 6 32 31 26	28 28 28 33 22 7 6 32 31 26
27	31 21 32 28 35 3 5 32 31 26	34 25 35 32 2 4 5 32 31 26	1 27 34 35 4 4 5 32 31 26	4 31 3 3 6 5 5 33 31 26	7 35 9 7 8 6 6 33 31 26	10 3 11 10 10 6 6 33 31 26	13 7 11 14 12 7 6 32 31 26	16 13 16 18 14 7 7 32 31 26	19 18 21 22 16 8 7 32 31 26	22 21 23 25 18 7 6 32 31 26	25 26 23 29 20 7 6 32 31 26	28 29 28 33 22 7 6 32 31 26
28	31 22 32 28 35 3 5 32 31 26	34 26 35 32 2 4 5 32 31 26	1 28 34 35 4 4 5 32 31 26	4 33 3 3 6 5 5 33 31 26	7 36 9 7 8 6 6 33 31 26	10 5 11 11 10 6 6 33 31 26	13 9 11 14 12 7 6 32 31 26	16 14 17 18 14 7 7 32 31 26	19 19 21 22 16 8 7 32 31 26	22 23 22 26 18 7 6 32 31 26	25 27 24 29 20 7 6 32 31 26	28 31 28 33 22 7 6 32 31 26
29	31 23 32 28 35 3 5 32 31 26	34 27 35 32 2 4 5 32 31 26	1 29 35 35 4 4 5 32 31 26	4 34 3 3 6 5 5 33 31 26	7 1 9 7 8 6 6 33 31 26	10 6 11 11 10 6 6 33 31 26	13 10 11 14 12 7 6 32 31 26	16 16 17 18 14 7 7 32 31 26	19 21 22 22 16 8 7 32 31 26	22 24 22 26 18 7 6 32 31 26	25 29 24 29 20 7 6 32 31 26	28 32 28 33 22 7 6 32 31 26
30	31 24 32 28 36 3 5 32 31 26		1 31 35 36 4 4 5 32 31 26	4 35 3 3 6 5 5 33 31 26	7 3 9 7 8 6 6 33 31 26	10 8 11 11 10 6 6 33 31 26	13 12 11 15 12 7 6 32 31 26	16 17 17 18 14 7 7 32 31 26	19 22 22 22 16 8 7 32 31 26	22 25 22 26 18 7 6 32 31 26	25 30 24 30 20 7 6 32 31 26	28 33 29 33 22 7 6 32 31 26
31	32 25 33 28 36 3 5 32 31 26		2 32 35 36 4 4 5 32 31 26		7 4 10 7 8 6 6 33 31 26		13 13 11 15 12 7 6 32 31 26	16 18 17 18 14 7 7 32 31 26		22 27 22 26 18 7 6 32 31 26		28 34 29 33 22 7 6 32 31 26

2001

	JAN	FEB	MÄR	APR	MAI	JUNI	JULI	AUG	SEPT	OKT	NOV	DEZ
1	29 35 29 33 22 7 6 32 31 26	32 4 33 36 24 7 6 33 31 26	35 5 32 2 25 7 6 33 31 26	2 10 36 1 27 7 6 33 31 26	5 14 5 1 27 8 7 33 31 26	8 19 9 3 27 9 7 33 31 26	10 23 9 6 26 9 7 33 31 26	13 28 13 9 26 10 8 33 31 26	16 32 18 13 27 10 8 33 31 26	19 36 21 17 29 11 8 33 31 26	22 4 21 21 31 11 8 33 31 26	25 8 25 24 33 11 8 33 31 26
2	29 1 29 33 22 7 6 32 31 26	32 5 34 36 24 7 6 33 31 26	35 6 32 2 25 7 6 33 31 26	2 11 36 1 27 7 6 33 31 26	5 15 6 1 27 8 7 33 31 26	8 21 9 3 27 9 7 33 31 26	11 24 9 6 26 9 7 33 31 26	13 29 13 10 26 10 8 33 31 26	16 33 19 13 27 11 8 33 31 26	19 1 21 17 29 11 8 33 31 26	22 5 21 21 31 11 8 33 31 26	25 9 25 24 33 11 8 33 31 26
3	29 2 29 33 22 7 6 32 31 26	32 7 34 1 24 7 6 33 31 26	35 8 32 2 25 7 6 33 31 26	2 13 36 1 27 7 6 33 31 26	5 17 6 1 27 8 7 33 31 26	8 22 9 3 27 9 7 33 31 26	11 26 9 6 26 9 7 33 31 26	14 30 13 10 26 10 8 33 31 26	17 35 19 13 27 11 8 33 31 26	19 2 21 17 29 11 8 33 31 26	23 7 21 21 31 11 8 33 31 26	26 10 25 25 33 11 8 33 31 26
4	29 3 29 34 22 7 6 32 31 26	32 8 34 1 24 7 6 33 31 26	35 9 32 2 25 7 6 33 31 26	2 14 36 1 27 7 6 33 31 26	5 18 6 1 27 8 7 33 31 26	8 23 9 3 27 9 7 33 31 26	11 27 9 6 26 9 7 33 31 26	14 31 13 10 26 10 8 33 31 26	17 36 19 13 27 11 8 33 31 26	20 3 21 17 29 11 8 33 31 26	23 8 21 21 31 11 8 33 31 26	26 12 26 25 33 11 8 33 31 26
5	29 4 30 34 22 7 6 32 31 26	32 9 34 1 24 7 6 33 31 26	35 10 32 2 25 7 6 33 31 26	2 16 36 1 27 7 6 33 31 26	5 20 6 1 27 8 7 33 31 26	8 25 9 3 27 9 7 33 31 26	11 28 9 6 26 9 7 33 31 26	14 33 14 10 26 10 8 33 31 26	17 1 19 14 27 11 8 33 31 26	20 4 21 17 29 11 8 33 31 26	23 9 21 21 31 11 8 33 31 26	26 13 26 25 33 11 8 33 31 26
6	29 6 30 34 22 7 6 32 31 26	32 11 34 1 24 7 6 33 31 26	35 12 32 2 25 7 6 33 31 26	2 17 36 1 27 7 6 33 31 26	5 21 6 1 27 8 7 33 31 26	8 26 9 3 27 9 7 33 31 26	11 29 9 7 26 9 7 33 31 26	14 34 14 10 26 10 8 33 31 26	17 2 19 14 27 11 8 33 31 26	20 6 21 17 29 11 8 33 31 26	23 11 21 21 31 11 8 33 31 26	26 14 26 25 33 11 8 33 31 26
7	29 7 30 34 22 7 6 32 31 26	32 12 33 1 24 7 6 33 31 26	35 13 32 2 26 7 6 33 31 26	2 19 1 1 27 7 6 33 31 26	5 22 7 1 27 8 7 33 31 26	8 27 9 4 27 9 7 33 31 26	11 31 9 7 26 9 7 33 31 26	14 35 14 10 26 10 8 33 31 26	17 3 19 14 27 11 8 33 31 26	20 7 21 17 29 11 8 33 31 26	23 12 21 21 31 11 8 33 31 26	26 16 26 25 33 11 8 33 31 26
8	29 9 30 34 22 7 6 32 31 26	32 14 33 1 24 7 6 33 31 26	35 15 33 2 26 7 6 33 31 26	2 20 1 1 27 7 6 33 31 26	5 24 7 1 27 8 7 33 31 26	8 28 9 4 27 9 7 33 31 26	11 32 9 7 26 9 7 33 31 26	14 36 14 10 26 10 8 33 31 26	17 5 19 14 27 11 8 33 31 26	20 8 21 18 29 11 8 33 31 26	23 13 22 21 31 11 8 33 31 26	26 17 26 25 33 11 8 33 31 26
9	29 10 30 34 22 7 6 32 31 26	33 16 33 1 24 7 6 33 31 26	35 16 33 2 26 7 6 33 31 26	2 22 1 1 27 7 6 33 31 26	5 25 7 1 27 8 7 33 31 26	8 30 9 4 27 9 7 33 31 26	11 33 9 7 26 9 7 33 31 26	14 1 14 10 26 10 8 33 31 26	17 6 20 14 28 11 8 33 31 26	20 10 21 18 29 11 8 33 31 26	23 15 22 22 31 11 8 33 31 26	26 19 26 25 34 11 8 33 31 26
10	29 12 30 34 23 7 6 32 31 26	33 17 33 1 24 7 6 33 31 26	35 18 33 2 26 7 6 33 31 26	3 23 1 1 27 7 6 33 31 26	5 26 7 1 27 8 7 33 31 26	8 31 9 4 27 9 7 33 31 26	11 34 9 7 26 9 7 33 31 26	14 3 15 10 26 10 8 33 31 26	17 7 20 14 28 11 8 33 31 26	20 11 21 18 29 11 8 33 31 26	23 16 22 22 31 11 8 33 31 26	26 20 27 25 34 11 8 33 31 26
11	30 13 31 34 23 7 6 32 31 26	33 19 33 1 24 7 6 33 31 26	36 19 33 2 26 7 6 33 31 26	3 24 1 1 27 7 6 33 31 26	6 28 7 1 27 8 7 33 31 26	9 32 9 4 27 9 7 33 31 26	11 35 9 7 26 9 8 33 31 26	14 4 15 11 26 10 8 33 31 26	17 9 20 14 28 11 8 33 31 26	20 12 21 18 29 11 8 33 31 26	23 18 22 22 31 11 8 33 31 26	26 22 27 26 34 11 8 33 31 26
12	30 15 31 34 23 7 6 32 31 26	33 20 33 1 24 7 6 33 31 26	36 21 33 2 26 7 6 33 31 26	3 26 2 1 27 7 6 33 31 26	6 29 8 1 27 8 7 33 31 26	9 33 9 4 27 9 7 33 31 26	11 36 9 7 26 9 8 33 31 26	14 5 15 11 26 10 8 33 31 26	17 10 20 14 28 11 8 33 31 26	20 14 21 18 29 11 8 33 31 26	23 19 22 22 32 11 8 33 31 26	27 23 27 26 34 11 8 33 31 26
13	30 16 31 34 23 7 6 32 31 26	33 21 33 1 24 7 6 33 31 26	36 22 33 2 26 7 6 33 31 26	3 27 2 1 27 7 6 33 31 26	6 30 8 1 27 8 7 33 31 26	9 34 9 4 27 9 7 33 31 26	12 2 10 7 26 9 8 33 31 26	15 6 15 11 26 10 8 33 31 26	18 11 20 15 28 11 8 33 31 26	20 15 21 18 30 11 8 33 31 26	24 21 22 22 32 11 8 33 31 26	27 24 27 26 34 11 8 33 31 26
14	30 18 31 35 23 7 6 32 31 26	33 23 33 1 24 7 6 33 31 26	36 24 33 2 26 7 6 33 31 26	3 28 2 1 27 8 6 33 31 26	6 31 8 2 27 8 7 33 31 26	9 36 9 4 27 9 7 33 31 26	12 3 10 7 26 10 8 33 31 26	15 8 15 11 26 10 8 33 31 26	18 13 20 15 28 11 8 33 31 26	21 17 21 18 30 11 8 33 31 26	24 22 22 22 32 11 8 33 31 26	27 26 27 26 34 11 8 33 31 26
15	30 19 31 35 23 7 6 32 31 26	33 24 33 1 25 7 6 33 31 26	36 25 33 2 26 7 6 33 31 26	3 29 2 1 27 8 6 33 31 26	6 32 8 2 27 8 7 33 31 26	9 1 9 4 27 9 7 33 31 26	12 4 10 8 26 10 8 33 31 26	15 9 16 11 26 10 8 33 31 26	18 14 20 15 28 11 8 33 31 26	21 18 20 18 30 11 8 33 31 26	24 23 23 22 32 11 8 33 31 26	27 27 27 26 34 11 8 33 31 26
16	30 20 31 35 23 7 6 32 31 26	33 25 33 2 25 7 6 33 31 26	36 26 33 2 26 7 6 33 31 26	3 30 2 1 27 8 6 33 31 26	6 34 8 2 27 8 7 33 31 26	9 2 9 4 27 9 7 33 31 26	12 5 10 8 26 10 8 33 31 26	15 10 16 11 26 10 8 33 31 26	18 16 20 15 28 11 8 33 31 26	21 20 20 19 30 11 8 33 31 26	24 25 23 22 32 11 8 33 31 26	27 28 28 26 34 11 8 33 31 26
17	30 22 32 35 23 7 6 32 31 26	33 26 32 2 25 7 6 33 31 26	36 27 33 2 26 7 6 33 31 26	3 32 3 1 27 8 6 33 31 26	6 35 8 2 27 8 7 33 31 26	9 3 9 5 27 9 7 33 31 26	12 7 10 8 26 10 8 33 31 26	15 12 16 11 27 10 8 33 31 26	18 17 21 15 28 11 8 33 31 26	21 21 20 19 30 11 8 33 31 26	24 26 23 23 32 11 8 33 31 26	27 30 28 26 34 11 8 33 31 26
18	30 23 32 35 23 7 6 32 31 26	33 28 32 2 25 7 6 33 31 26	36 28 34 2 26 7 6 33 31 26	3 33 3 1 27 8 6 33 31 26	6 36 8 2 27 8 7 33 31 26	9 5 9 5 27 9 7 33 31 26	12 8 10 8 26 10 8 33 31 26	15 13 16 11 27 10 8 33 31 26	18 19 21 15 28 11 8 33 31 26	21 23 20 19 30 11 8 33 31 26	24 27 23 23 32 11 8 33 31 26	27 31 28 26 34 11 8 33 31 26
19	30 24 32 35 23 7 6 32 31 26	34 29 32 2 25 7 6 33 31 26	36 30 34 2 26 7 6 33 31 26	3 34 3 1 27 8 6 33 31 26	6 1 9 2 27 8 7 33 31 26	9 6 9 5 27 9 7 33 31 26	12 10 10 8 26 10 8 33 31 26	15 15 16 12 27 10 8 33 31 26	18 20 21 15 28 11 8 33 31 26	21 24 20 19 30 11 8 33 31 26	24 29 23 23 32 11 8 33 31 26	27 32 28 27 34 11 8 33 31 26
20	30 26 32 35 23 7 6 32 31 26	34 30 32 2 25 7 6 33 31 26	36 31 34 2 26 7 6 33 31 26	3 35 3 1 27 8 6 33 31 26	6 3 9 2 27 8 7 33 31 26	9 7 9 5 27 9 7 33 31 26	12 11 11 8 26 10 8 33 31 26	15 16 17 12 27 10 8 33 31 26	18 22 21 15 28 11 8 33 31 26	21 25 20 19 30 11 8 33 31 26	24 30 23 23 32 11 8 33 31 26	27 33 28 27 34 11 8 33 31 26
21	31 27 32 35 23 7 6 32 31 26	34 31 32 2 25 7 6 33 31 26	1 32 34 2 26 7 6 33 31 26	4 36 3 1 27 8 7 33 31 26	7 4 9 2 27 8 7 33 31 26	9 9 9 5 27 9 7 33 31 26	12 13 11 8 26 10 8 33 31 26	15 18 17 12 27 10 8 33 31 26	18 23 21 15 28 11 8 33 31 26	21 27 20 19 30 11 8 33 31 26	24 31 24 23 32 11 8 33 31 26	27 34 28 27 34 11 8 33 31 26
22	31 28 32 35 23 7 6 32 31 26	34 32 32 2 25 7 6 33 31 26	1 33 34 2 26 7 6 33 31 26	4 2 4 1 27 8 7 33 31 26	7 5 9 2 27 8 7 33 31 26	10 10 9 5 27 9 7 33 31 26	12 14 11 8 26 10 8 33 31 26	15 19 17 12 27 10 8 33 31 26	18 25 21 16 28 11 8 33 31 26	21 28 20 19 30 11 8 33 31 26	24 32 24 23 32 11 8 33 31 26	28 36 28 27 34 11 8 33 31 26
23	31 29 33 36 23 7 6 32 31 26	34 34 32 2 25 7 6 33 31 26	1 34 34 2 26 7 6 33 31 26	4 3 4 1 27 8 7 33 31 26	7 7 9 2 27 8 7 33 31 26	10 12 9 5 26 9 7 3 31 26	13 16 11 8 26 10 8 33 31 26	15 21 17 12 27 10 8 33 31 26	19 26 21 16 28 11 8 33 31 26	21 29 20 19 30 11 8 33 31 26	25 34 24 23 32 11 8 33 31 26	28 1 29 27 35 11 7 33 31 26
24	31 30 33 36 23 7 6 32 31 26	34 35 32 2 25 7 6 33 31 26	1 36 34 2 26 7 6 33 31 26	4 4 4 1 27 8 7 33 31 26	7 8 9 2 27 8 7 33 31 26	10 13 9 5 26 9 7 33 31 26	13 17 11 9 26 10 8 33 31 26	16 22 17 12 27 10 8 33 31 26	19 27 21 16 28 11 8 33 31 26	22 30 20 20 30 11 8 33 31 26	25 35 24 23 32 11 8 33 31 26	28 2 29 27 35 11 7 33 31 26
25	31 31 33 36 23 7 6 32 31 26	34 36 32 2 25 7 6 33 31 26	1 1 35 2 26 7 6 33 31 26	4 6 4 1 27 8 7 33 31 26	7 9 9 2 27 8 7 33 31 26	10 15 9 5 26 9 7 33 31 26	13 19 11 9 26 10 8 33 31 26	16 24 17 12 27 10 8 33 31 26	19 28 21 16 28 11 8 33 31 26	22 32 20 20 30 11 8 33 31 26	25 36 24 24 32 11 8 33 31 26	28 3 29 27 35 11 7 33 31 26
26	31 33 33 36 23 7 6 32 31 26	34 1 32 2 25 7 6 33 31 26	1 2 35 2 26 7 6 33 31 26	4 7 4 1 27 8 7 33 31 26	7 11 9 2 27 8 7 33 31 26	10 16 9 5 26 9 7 33 31 26	13 20 12 9 26 10 8 33 31 26	16 25 18 12 27 10 8 33 31 26	19 30 21 16 28 11 8 33 31 26	22 33 20 20 30 11 8 33 31 26	25 1 24 24 33 11 8 33 31 26	28 4 29 27 35 11 7 33 31 26
27	31 34 33 36 23 7 6 33 31 26	34 2 32 2 25 7 6 33 31 26	1 3 35 2 26 7 6 33 31 26	4 8 5 1 27 8 7 33 31 26	7 12 9 3 27 8 7 33 31 26	10 18 9 6 26 9 7 33 31 26	13 21 12 9 26 10 8 33 31 26	16 26 18 12 27 10 8 33 31 26	19 31 21 16 29 11 8 33 31 26	22 34 20 20 30 11 8 33 31 26	25 2 25 24 33 11 8 33 31 26	28 6 29 28 35 11 7 33 31 26
28	31 35 33 36 24 7 6 33 31 26	34 4 32 2 25 7 6 33 31 26	1 5 35 2 26 7 6 33 31 26	4 10 5 1 27 8 7 33 31 26	7 14 9 3 27 8 7 33 31 26	10 19 9 6 26 9 7 33 31 26	13 23 12 9 26 10 8 33 31 26	16 27 18 13 27 10 8 33 31 26	19 32 21 16 29 11 8 33 31 26	22 35 20 20 31 11 8 33 31 26	25 4 25 24 33 11 8 33 31 26	28 7 29 28 35 11 7 33 31 26
29	31 36 33 36 24 7 6 33 31 26		1 6 35 2 26 7 6 33 31 26	4 11 5 1 27 8 7 33 31 26	7 15 9 3 27 8 7 33 31 26	10 20 9 6 26 9 7 33 31 26	13 24 12 9 26 10 8 33 31 26	16 29 18 13 27 10 8 33 31 26	19 33 21 16 29 11 8 33 31 26	22 36 20 20 31 11 8 33 31 26	25 5 25 24 33 11 8 33 31 26	28 8 30 28 35 11 7 33 31 26
30	32 1 33 36 24 7 6 33 31 26		1 7 35 1 26 7 6 33 31 26	4 13 5 1 27 8 7 33 31 26	7 16 9 3 27 8 7 33 31 26	10 22 9 6 26 9 7 33 31 26	13 25 12 9 26 10 8 33 31 26	16 30 18 13 27 10 8 33 31 26	19 34 21 17 29 11 8 33 31 26	22 2 20 20 31 11 8 33 31 26	25 6 25 24 33 11 8 33 31 26	28 10 30 28 35 11 7 33 31 26
31	32 3 33 36 24 7 6 33 31 26		2 9 35 1 27 7 6 33 31 26		7 18 9 3 27 9 7 33 31 26		13 27 13 9 26 10 8 33 31 26	16 31 18 13 27 10 8 33 31 26		22 3 20 20 31 11 8 33 31 26		28 11 30 28 35 11 7 33 31 26

2002

	JAN	FEB	MÄR	APR	MAI	JUNI	JULI	AUG	SEPT	OKT	NOV	DEZ
1	29 13 30 28 35 11 7 33 31 26	32 18 31 32 1 10 7 33 31 26	35 19 32 36 3 10 7 33 31 26	2 24 1 3 6 10 8 33 32 26	5 28 7 7 8 11 8 33 32 26	8 32 7 11 10 11 8 33 32 26	10 36 8 14 12 12 9 33 32 26	13 4 15 18 14 12 9 33 31 26	16 8 19 21 16 13 9 33 31 26	19 12 19 23 18 14 9 33 31 26	22 17 22 22 20 14 9 33 31 26	25 21 26 22 21 14 9 33 31 26
2	29 14 30 28 35 11 7 33 31 26	32 19 31 32 2 10 7 33 31 26	35 20 32 36 4 10 7 33 31 26	2 25 1 4 6 10 8 33 32 26	5 29 7 7 8 11 8 33 32 26	8 34 7 11 10 11 8 33 32 26	10 1 9 14 12 12 9 33 32 26	13 5 15 18 14 13 9 33 31 26	16 10 19 21 16 13 9 33 31 26	19 13 19 23 18 14 9 33 31 26	22 18 22 22 20 14 9 33 31 26	25 22 26 22 22 14 9 33 31 26
3	29 16 30 28 35 11 7 33 31 26	32 21 31 32 2 10 7 33 31 26	35 22 32 36 4 10 7 33 31 26	2 27 1 4 6 10 8 33 32 26	5 30 7 7 8 11 8 33 32 26	8 35 7 11 10 11 8 33 32 26	11 2 9 15 12 12 9 33 32 26	14 6 15 18 14 13 9 33 31 26	17 11 19 21 16 13 9 33 31 26	19 15 18 23 18 14 9 33 31 26	23 20 22 22 20 14 9 33 31 26	26 24 27 22 22 14 9 33 31 26
4	29 17 31 29 35 11 7 33 31 26	32 22 31 32 2 10 7 33 31 26	35 23 32 36 4 10 7 33 31 26	2 28 2 4 6 10 8 33 32 26	5 31 7 8 8 11 8 33 32 26	8 36 7 11 10 11 8 33 32 26	11 3 9 15 12 12 9 33 32 26	14 8 15 18 14 13 9 33 31 26	17 12 19 21 16 13 9 33 31 26	20 16 18 23 18 14 9 33 31 26	23 21 22 22 20 14 9 33 31 26	26 25 27 22 22 14 9 33 31 26
5	29 18 31 29 35 11 7 33 31 26	32 24 30 33 2 10 7 33 31 26	35 25 32 36 4 10 7 33 31 26	2 29 2 4 6 10 8 33 32 26	5 33 7 8 8 11 8 33 32 26	8 1 7 11 10 11 8 33 32 26	11 4 9 15 12 12 9 33 32 26	14 9 15 18 14 13 9 33 31 26	17 14 19 21 16 13 9 33 31 26	20 18 18 23 18 14 9 33 31 26	23 23 22 22 20 14 9 33 31 26	26 27 27 22 22 14 9 33 31 26
6	29 20 31 29 36 10 7 33 31 26	32 25 30 33 2 10 7 33 31 26	35 26 33 36 4 10 7 33 31 26	2 31 2 4 6 10 8 33 32 26	5 34 7 8 8 11 8 33 32 26	8 2 7 11 10 11 8 33 32 26	11 6 9 15 12 12 9 33 32 26	14 10 15 18 14 13 9 33 31 26	17 15 19 21 16 13 9 33 31 26	20 19 18 23 18 14 9 33 31 26	23 24 22 22 20 14 9 33 31 26	26 28 27 22 22 14 9 33 31 26
7	29 21 31 29 36 10 7 33 31 26	32 26 30 33 2 10 7 33 31 26	35 27 33 36 4 10 7 33 31 26	2 32 2 4 6 10 8 33 32 26	5 35 7 8 8 11 8 33 32 26	8 3 7 12 10 11 8 33 32 26	11 7 9 15 12 12 9 33 32 26	14 12 16 18 14 13 9 33 31 26	17 17 20 21 16 13 9 33 31 26	20 21 18 23 18 14 9 33 31 26	23 26 23 22 20 14 9 33 31 26	26 29 27 22 22 14 9 33 31 26
8	29 23 31 29 36 10 7 33 31 26	32 28 30 33 2 10 7 33 31 26	35 29 33 36 4 10 7 33 31 26	2 33 2 4 6 10 8 33 32 26	5 36 7 8 8 11 8 33 32 26	8 5 7 12 10 11 8 33 32 26	11 8 10 15 12 12 9 33 32 26	14 13 16 19 14 13 9 33 31 26	17 18 20 21 16 13 9 33 31 26	20 22 18 23 18 14 9 33 31 26	23 27 23 22 20 14 9 33 31 26	26 31 27 22 22 14 9 33 31 26
9	29 24 31 29 36 10 7 33 31 26	33 29 30 33 2 10 7 33 31 26	35 30 33 1 4 10 7 33 31 26	2 34 3 4 6 10 8 33 32 26	5 1 7 8 8 11 8 33 32 26	8 6 7 12 10 11 8 33 32 26	11 9 10 15 12 12 9 33 32 26	14 14 16 19 14 13 9 33 31 26	17 20 20 22 16 13 9 33 31 26	20 24 18 23 18 14 9 33 31 26	23 29 23 22 20 14 9 33 31 26	26 32 28 22 22 14 9 33 31 26
10	29 25 31 29 36 10 7 33 31 26	33 30 30 33 2 10 7 33 31 26	35 31 33 1 4 10 7 33 31 26	2 35 3 5 6 10 8 33 32 26	5 3 7 8 8 11 8 33 32 26	8 7 7 12 10 11 8 33 32 26	11 11 10 15 12 12 9 33 32 26	14 16 16 19 14 13 9 33 31 26	17 21 20 22 16 13 9 33 31 26	20 25 18 23 18 14 9 33 31 26	23 30 23 22 20 14 9 33 31 26	26 33 28 22 22 14 9 33 31 26
11	30 27 31 29 36 10 7 33 31 26	33 31 30 33 2 10 7 33 31 26	36 32 33 1 4 10 7 33 31 26	3 1 3 5 6 10 8 33 32 26	5 4 7 8 8 11 8 33 32 26	8 9 7 12 10 11 8 33 32 26	11 12 10 16 12 12 9 33 32 26	14 17 16 19 14 13 9 33 31 26	17 23 20 22 16 13 9 33 31 26	20 26 18 23 18 14 9 33 31 26	23 31 23 22 20 14 9 33 31 26	26 35 28 22 22 14 9 33 31 26
12	30 28 32 30 36 10 7 33 31 26	33 32 30 33 2 10 7 33 31 26	36 33 34 1 4 10 7 33 31 26	3 2 3 5 6 10 8 33 32 26	5 5 7 8 8 11 8 33 32 26	9 10 7 12 10 11 8 33 32 26	11 13 10 16 12 12 9 33 32 26	14 19 16 19 14 13 9 33 31 26	17 24 20 22 16 13 9 33 31 26	20 28 19 23 18 14 9 33 31 26	23 33 23 22 20 14 9 33 31 26	26 36 28 22 22 14 9 33 31 26
13	30 29 32 30 36 10 7 33 31 26	33 34 30 34 2 10 7 33 31 26	36 35 34 1 4 10 7 33 31 26	3 3 3 5 6 10 8 33 32 26	6 6 7 9 8 11 8 33 32 26	9 11 7 12 11 11 8 33 32 26	12 15 11 16 12 12 9 33 32 26	15 20 17 19 14 13 9 33 31 26	18 26 20 22 16 13 9 33 31 26	20 29 19 23 18 14 9 33 31 26	24 34 23 22 20 14 9 33 31 26	27 1 28 22 22 14 9 33 31 26
14	30 30 32 30 36 10 7 33 31 26	33 35 31 34 2 10 7 33 31 26	36 36 34 1 4 10 7 33 32 26	3 4 4 5 7 10 8 33 32 26	6 8 7 9 9 11 8 33 32 26	9 13 7 12 11 11 8 33 32 26	12 16 11 16 13 12 9 33 32 26	15 22 17 19 15 13 9 33 31 26	18 27 20 22 16 13 9 33 31 26	21 30 19 23 18 14 9 33 31 26	24 35 24 22 20 14 9 33 31 26	27 2 28 22 22 14 9 33 31 26
15	30 32 32 30 36 10 7 33 31 26	33 36 31 34 2 10 7 33 31 26	36 1 34 1 4 10 7 33 32 26	3 5 4 5 7 10 8 33 32 26	6 9 7 9 9 11 8 33 32 26	9 14 7 13 11 11 8 33 32 26	12 18 11 16 13 12 9 33 32 26	15 23 17 19 15 13 9 33 31 26	18 28 20 22 17 13 9 33 31 26	21 32 19 23 18 14 9 33 31 26	24 36 24 22 20 14 9 33 31 26	27 3 28 22 22 14 9 33 31 26
16	30 33 32 30 36 10 7 33 31 26	33 1 31 34 3 10 7 33 31 26	36 2 34 1 5 10 7 33 32 26	3 7 4 5 7 10 8 33 32 26	6 10 7 9 9 11 8 33 32 26	9 15 7 13 11 11 8 33 32 26	12 19 11 16 13 12 9 33 32 26	15 25 17 19 15 13 9 33 31 26	18 30 20 22 17 13 9 33 31 26	21 33 19 23 19 14 9 33 31 26	24 1 24 22 20 14 9 33 31 26	27 5 29 23 22 14 9 33 31 26
17	30 34 32 30 36 10 7 33 31 26	33 2 31 34 3 10 7 33 31 26	36 3 34 2 5 10 7 33 32 26	3 8 4 5 7 10 8 33 32 26	6 11 7 9 9 11 8 33 32 26	9 17 7 13 11 11 8 33 32 26	12 21 11 16 13 12 9 33 32 26	15 26 17 19 15 13 9 33 31 26	18 31 20 22 17 13 9 33 31 26	21 34 19 23 19 14 9 33 31 26	24 3 24 22 21 14 9 33 31 26	27 6 29 23 22 14 9 33 31 26
18	30 35 32 30 36 10 7 33 31 26	33 4 31 34 3 10 7 33 31 26	36 5 34 2 5 10 7 33 32 26	3 9 4 6 7 10 8 33 32 26	6 13 7 9 9 11 8 33 32 26	9 18 7 13 11 12 8 33 32 26	12 22 12 16 13 12 9 33 31 26	15 27 17 20 15 13 9 33 31 26	18 32 20 22 17 13 9 33 31 26	21 35 19 23 19 14 9 33 31 26	24 4 24 22 21 14 9 33 31 26	27 7 29 23 23 14 9 33 31 26
19	30 36 32 30 1 10 7 33 31 26	34 5 31 34 3 10 7 33 31 26	36 6 35 2 5 10 7 33 32 26	3 10 5 6 7 10 8 33 32 26	6 14 7 9 9 11 8 33 32 26	9 20 7 13 11 12 8 33 32 26	12 23 12 16 13 12 9 33 31 26	15 29 17 20 15 13 9 33 31 26	18 33 20 22 17 14 9 33 31 26	21 1 19 23 19 14 9 33 31 26	24 5 24 22 21 14 9 33 31 26	27 8 29 23 23 14 9 33 31 26
20	30 2 32 31 1 10 7 33 31 26	34 6 31 34 3 10 7 33 31 26	36 7 35 2 5 10 7 33 32 26	3 12 5 6 7 10 8 33 32 26	6 16 7 9 9 11 8 33 32 26	9 21 7 13 11 12 8 33 32 26	12 25 12 17 13 12 9 33 31 26	15 30 18 20 15 13 9 33 31 26	18 34 20 22 17 14 9 33 31 26	21 2 20 23 19 14 9 33 31 26	24 6 25 22 21 14 9 33 31 26	27 10 29 23 23 14 9 33 31 26
21	31 3 32 31 1 10 7 33 31 26	34 7 31 35 3 10 7 33 31 26	1 8 35 2 5 10 7 33 32 26	4 13 5 6 7 10 8 33 32 26	6 17 7 10 9 11 8 33 32 26	9 22 7 13 11 12 8 33 32 26	12 26 12 17 13 12 9 33 31 26	15 31 18 20 15 13 9 33 31 26	18 36 20 22 17 14 9 33 31 26	21 3 20 23 19 14 9 33 31 26	24 7 25 22 21 14 9 33 31 26	27 11 29 23 23 14 9 33 31 26
22	31 4 32 31 1 10 7 33 31 26	34 9 31 35 3 10 7 33 31 26	1 9 35 2 5 10 7 33 32 26	4 15 5 6 7 10 8 33 32 26	7 18 7 10 9 11 8 33 32 26	10 24 7 13 11 12 9 33 32 26	12 28 13 17 13 12 9 33 31 26	15 32 18 20 15 13 9 33 31 26	18 1 20 22 17 14 9 33 31 26	21 4 20 23 19 14 9 33 31 26	24 9 25 22 21 14 9 33 31 26	27 12 29 23 23 14 9 33 31 26
23	31 5 32 31 1 10 7 33 31 26	34 10 31 35 3 10 7 33 31 26	1 11 35 2 5 10 7 33 32 26	4 16 5 6 7 10 8 33 32 26	7 20 7 10 9 11 8 33 32 26	10 25 7 13 11 12 9 33 32 26	12 29 13 17 13 12 9 33 31 26	15 34 18 20 15 13 9 33 31 26	18 2 19 23 17 14 9 33 31 26	21 5 20 23 19 14 9 33 31 26	25 10 25 22 21 14 9 33 31 26	28 13 30 23 23 14 9 33 31 26
24	31 6 32 31 1 10 7 33 31 26	34 11 31 35 3 10 7 33 31 26	1 12 35 2 5 10 7 33 32 26	4 17 6 6 7 10 8 33 32 26	7 21 7 10 9 11 8 33 32 26	10 27 7 14 11 12 9 33 32 26	13 30 13 17 13 12 9 33 31 26	16 35 18 20 15 13 9 33 31 26	19 3 19 23 17 14 9 33 31 26	22 6 20 23 19 14 9 33 31 26	25 11 25 22 21 14 9 33 31 26	28 15 30 23 23 14 9 33 31 26
25	31 8 32 31 1 10 7 33 31 26	34 13 31 35 3 10 7 33 31 26	1 14 36 3 5 10 7 33 32 26	4 19 6 6 7 11 8 33 32 26	7 23 7 10 9 11 8 33 32 26	10 28 8 14 11 12 9 33 32 26	13 31 13 17 13 12 9 33 31 26	16 36 18 20 15 13 9 33 31 26	19 4 19 23 17 14 9 33 31 26	22 8 20 23 19 14 9 33 31 26	25 12 25 22 21 14 9 33 31 26	28 16 30 23 23 14 9 33 31 26
26	31 9 31 31 1 10 7 33 31 26	34 14 32 35 3 10 7 33 31 26	1 15 36 3 5 10 7 33 32 26	4 20 6 7 7 11 8 33 32 26	7 24 7 10 9 11 8 33 32 26	10 29 8 14 11 12 9 33 32 26	13 33 13 17 13 12 9 33 31 26	16 1 18 20 15 13 9 33 31 26	19 6 19 23 17 14 9 33 31 26	22 9 21 23 19 14 9 33 31 26	25 14 26 22 21 14 9 33 31 26	28 18 30 23 23 14 9 33 31 26
27	31 11 31 31 1 10 7 33 31 26	34 16 32 35 3 10 7 33 31 26	1 17 36 3 5 10 8 33 32 26	4 22 6 7 7 11 8 33 32 26	7 26 7 10 9 11 8 33 32 26	10 31 8 14 11 12 9 33 32 26	13 34 14 17 13 12 9 33 31 26	16 2 19 20 15 13 9 33 31 26	19 7 19 23 17 14 9 33 31 26	22 10 21 23 19 14 9 33 31 26	25 15 26 22 21 14 9 33 31 26	28 19 30 23 23 14 9 33 31 26
28	31 12 31 32 1 10 7 33 31 26	34 17 32 35 3 10 7 33 31 26	1 18 36 3 5 10 8 33 32 26	4 23 6 7 7 11 8 33 32 26	7 27 7 10 9 11 8 33 32 26	10 32 8 14 11 12 9 33 32 26	13 35 14 17 13 12 9 33 31 26	16 4 19 21 15 13 9 33 31 26	19 8 19 23 17 14 9 33 31 26	22 11 21 22 19 14 9 33 31 26	25 16 26 22 21 14 9 33 31 26	28 20 30 23 23 14 9 33 31 26
29	31 13 31 32 1 10 7 33 31 26		1 20 36 3 5 10 8 33 32 26	4 25 6 7 8 11 8 33 32 26	7 28 7 11 10 11 8 33 32 26	10 33 8 14 12 12 9 33 32 26	13 36 14 18 13 12 9 33 31 26	16 5 19 21 15 13 9 33 31 26	19 9 19 23 17 14 9 33 31 26	22 13 21 22 19 14 9 33 31 26	25 18 26 22 21 14 9 33 31 26	28 22 30 24 23 14 9 33 31 26
30	31 15 31 32 1 10 7 33 31 26		1 21 1 3 5 10 8 33 32 26	4 26 6 7 8 11 8 33 32 26	7 30 7 11 10 11 8 33 32 26	10 34 8 14 12 12 9 33 32 26	13 2 14 18 14 12 9 33 31 26	16 6 19 21 16 13 9 33 31 26	19 11 19 23 17 14 9 33 31 26	22 14 21 22 19 14 9 33 31 26	25 19 26 22 21 14 9 33 31 26	28 23 30 24 23 14 9 33 31 26
31	32 16 31 32 1 10 7 33 31 26		2 23 1 3 6 10 8 33 32 26		7 31 7 11 10 11 8 33 32 26		13 3 14 18 14 12 9 33 31 26	16 7 19 21 16 13 9 33 31 26		22 16 21 22 19 14 9 33 31 26		28 25 30 24 23 14 9 33 31 26

2003

	JAN	FEB	MÄR	APR	MAI	JUNI	JULI	AUG	SEPT	OKT	NOV	DEZ
1	29 26 30 24 23 14 9 33 31 26	32 31 29 27 25 14 9 33 32 26	34 32 33 30 27 13 9 33 32 26	2 1 3 34 29 13 9 34 32 26	5 4 5 2 31 13 9 34 32 26	8 8 5 5 33 14 9 34 32 26	10 12 10 9 34 14 10 34 32 26	13 17 16 13 35 15 10 34 32 26	16 22 18 17 34 16 11 34 32 26	19 26 18 20 34 16 11 33 32 26	22 31 23 24 34 17 11 33 32 26	25 35 27 28 36 17 11 33 32 26
2	29 28 30 24 24 14 9 33 31 26	32 32 29 27 26 14 9 33 32 26	35 33 33 30 27 13 9 33 32 26	2 2 3 34 29 13 9 34 32 26	5 5 5 2 31 13 9 34 32 26	8 10 5 6 33 14 9 34 32 26	10 13 10 9 34 14 10 34 32 26	13 18 16 13 35 15 10 34 32 26	16 23 18 17 34 16 11 34 32 26	19 27 18 21 34 16 11 33 32 26	22 32 23 24 34 17 11 33 32 26	25 36 27 28 36 17 11 33 32 26
3	29 29 30 24 24 14 9 33 31 26	32 34 29 27 26 14 9 33 32 26	35 35 33 31 27 13 9 33 32 26	2 3 3 34 29 13 9 34 32 26	5 6 5 2 31 13 9 34 32 26	8 11 5 6 33 14 9 34 32 26	11 14 10 9 34 14 10 34 32 26	14 19 16 13 34 15 10 34 32 26	17 25 18 17 34 16 11 34 32 26	19 29 18 21 34 16 11 33 32 26	23 34 23 25 34 17 11 33 32 26	26 1 28 28 36 17 11 33 32 26
4	29 30 30 24 24 14 9 33 31 26	32 35 29 27 26 14 9 33 32 26	35 36 33 31 27 13 9 33 32 26	2 4 3 34 29 13 9 34 32 26	5 8 5 2 31 13 9 34 32 26	8 12 5 6 33 14 9 34 32 26	11 16 10 9 34 14 10 34 32 26	14 21 16 13 34 15 10 34 32 26	17 26 18 17 34 16 11 34 32 26	20 30 18 21 34 16 11 33 32 26	23 35 23 25 34 17 11 33 32 26	26 2 28 28 36 17 11 33 32 26
5	29 32 30 24 24 14 9 33 31 26	32 36 30 28 26 14 9 33 32 26	35 1 33 31 28 13 9 33 32 26	2 5 3 34 29 13 9 34 32 26	5 9 5 2 31 13 9 34 32 26	8 13 5 6 33 14 10 34 32 26	11 17 11 10 34 14 10 34 32 26	14 22 16 13 34 15 10 34 32 26	17 28 18 17 34 16 11 34 32 26	20 31 18 21 34 16 11 33 32 26	23 36 23 25 34 17 11 33 32 26	26 4 28 28 36 17 11 33 32 26
6	29 33 30 24 24 14 9 33 31 26	32 1 30 28 26 14 9 33 32 26	35 2 34 31 28 13 9 33 32 26	2 7 4 35 30 13 9 34 32 26	5 10 5 2 31 13 9 34 32 26	8 15 6 6 33 14 10 34 32 26	11 18 11 10 34 14 10 34 32 26	14 24 16 13 34 15 10 34 32 26	17 29 18 17 34 16 11 34 32 26	20 33 18 21 34 16 11 33 32 26	23 1 24 25 34 17 11 33 32 26	26 5 28 29 36 17 11 33 32 26
7	29 34 30 24 24 14 9 33 31 26	32 3 30 28 26 14 9 33 32 26	35 3 34 31 28 13 9 33 32 26	2 8 4 35 30 13 9 34 32 26	5 11 5 2 31 13 9 34 32 26	8 16 6 6 33 14 10 34 32 26	11 20 11 10 34 14 10 34 32 26	14 25 17 14 34 15 10 34 32 26	17 30 18 17 34 16 11 34 32 26	20 34 18 21 34 16 11 33 32 26	23 3 24 25 34 17 11 33 32 26	26 6 28 29 36 17 11 33 32 26
8	29 35 30 25 24 14 9 33 31 26	32 4 30 28 26 14 9 33 32 26	35 5 34 31 28 13 9 33 32 26	2 9 4 35 30 13 9 34 32 26	5 12 5 2 31 13 9 34 32 26	8 17 6 6 33 14 10 34 32 26	11 21 11 10 34 14 10 34 32 26	14 27 17 14 34 15 10 34 32 26	17 32 18 18 34 16 11 34 32 26	20 35 19 21 34 16 11 33 32 26	23 4 24 25 35 17 11 33 32 26	26 7 28 29 36 17 11 33 32 26
9	29 1 30 25 24 14 9 33 31 26	32 5 30 28 26 14 9 33 32 26	35 6 34 31 28 13 9 33 32 26	2 10 4 35 30 13 9 34 32 26	5 14 5 3 32 13 9 34 32 26	8 19 6 6 33 14 10 34 32 26	11 23 12 10 34 14 10 34 32 26	14 28 17 14 34 15 10 34 32 26	17 33 18 18 34 16 11 34 32 26	20 1 19 21 34 16 11 33 32 26	23 5 24 25 35 17 11 33 32 26	26 8 28 29 36 17 11 33 32 26
10	29 2 30 25 24 14 9 33 31 26	33 6 30 28 26 14 9 33 32 26	35 7 34 31 28 13 9 33 32 26	2 11 4 35 30 13 9 34 32 26	5 15 5 3 32 13 9 34 32 26	8 20 6 6 33 14 10 34 32 26	11 24 12 10 34 14 10 34 32 26	14 29 17 14 34 15 10 34 32 26	17 34 17 18 34 16 11 34 32 26	20 2 19 22 34 16 11 33 32 26	23 6 24 25 35 17 11 33 32 26	26 9 28 29 36 17 11 33 32 26
11	30 3 30 25 24 14 9 33 31 26	33 7 30 28 26 14 9 33 32 26	35 8 35 32 28 13 9 34 32 26	3 13 4 35 30 13 9 34 32 26	5 16 5 3 32 14 9 34 32 26	8 22 6 7 33 14 10 34 32 26	11 26 12 10 34 14 10 34 32 26	14 31 17 14 34 15 10 34 32 26	17 36 17 18 34 16 11 34 32 26	20 3 19 22 34 16 11 33 32 26	23 7 24 26 35 17 11 33 32 26	26 11 28 29 36 17 11 33 32 26
12	30 4 30 25 24 14 9 33 31 26	33 9 30 28 26 14 9 33 32 26	36 9 35 32 28 13 9 34 32 26	3 14 5 35 30 13 9 34 32 26	6 18 5 3 32 14 9 34 32 26	9 23 6 7 33 14 10 34 32 26	11 27 12 10 34 15 10 34 32 26	14 32 17 14 34 15 10 34 32 26	17 1 17 18 34 16 11 34 32 26	20 4 19 22 34 16 11 33 32 26	23 9 24 26 35 17 11 33 32 26	26 12 29 29 36 17 11 33 32 26
13	30 5 29 25 24 14 9 33 31 26	33 10 30 28 26 14 9 33 32 26	36 11 35 32 28 13 9 34 32 26	3 15 5 35 30 13 9 34 32 26	6 19 5 3 32 14 9 34 32 26	9 25 6 7 33 14 10 34 32 26	12 28 12 11 34 15 10 34 32 26	14 33 17 14 34 15 10 34 32 26	17 2 17 18 34 16 11 34 32 26	20 5 20 22 34 16 11 33 32 26	24 10 25 26 35 17 11 33 32 26	27 13 29 29 36 17 11 33 32 26
14	30 7 29 25 24 14 9 33 32 26	33 11 31 29 26 14 9 33 32 26	36 12 35 32 28 13 9 34 32 26	3 17 5 36 30 13 9 34 32 26	6 21 5 3 32 14 9 34 32 26	9 26 7 7 33 14 10 34 32 26	12 30 13 11 34 15 10 34 32 26	15 35 17 14 34 15 10 34 32 26	18 3 17 18 34 16 11 34 32 26	21 7 20 22 34 16 11 33 32 26	24 11 25 26 35 17 11 33 32 26	27 14 29 30 36 17 11 33 32 26
15	30 8 29 25 24 14 9 33 32 26	33 12 31 29 26 14 9 33 32 26	36 13 35 32 28 13 9 34 32 26	3 18 5 36 30 13 9 34 32 26	6 22 5 3 32 14 9 34 32 26	9 28 7 7 33 14 10 34 32 26	12 31 13 11 34 15 10 34 32 26	15 36 17 15 34 15 10 34 32 26	18 5 17 18 34 16 11 34 32 26	21 8 20 22 34 17 11 33 32 26	24 12 25 26 35 17 11 33 32 26	27 16 29 30 36 17 11 33 32 26
16	30 9 29 25 24 14 9 33 32 26	33 14 31 29 26 14 9 33 32 26	36 15 35 32 28 13 9 34 32 26	3 20 5 36 30 13 9 34 32 26	6 24 5 3 32 14 9 34 32 26	9 29 7 7 33 14 10 34 32 26	12 33 13 11 34 15 10 34 32 26	15 1 18 15 34 15 10 34 32 26	18 6 17 19 34 16 11 33 32 26	21 9 20 22 34 17 11 33 32 26	24 13 25 26 35 17 11 33 32 26	27 17 29 30 36 17 11 33 32 26
17	30 10 29 25 24 14 9 33 32 26	33 15 31 29 26 14 9 33 32 26	36 16 36 32 28 13 9 34 32 26	3 21 5 36 30 13 9 34 32 26	6 25 5 4 32 14 9 34 32 26	9 30 7 7 33 14 10 34 32 26	12 34 13 11 34 15 10 34 32 26	15 3 18 15 34 15 10 34 32 26	18 7 17 19 34 16 11 33 32 26	21 10 20 22 34 17 11 33 32 26	24 15 25 26 35 17 11 33 32 26	27 18 29 30 1 17 11 33 32 26
18	30 12 29 26 25 14 9 33 32 26	33 17 31 29 27 14 9 33 32 26	36 18 36 32 28 13 9 34 32 26	3 23 5 36 30 13 9 34 32 26	6 27 5 4 32 14 9 34 32 26	9 32 7 7 34 14 10 34 32 26	12 35 13 11 34 15 10 34 32 26	15 4 18 15 34 15 10 34 32 26	18 8 17 19 34 16 11 33 32 26	21 11 20 23 34 17 11 33 32 26	24 16 25 26 35 17 11 33 32 26	27 20 29 30 1 17 11 33 32 26
19	30 13 29 26 25 14 9 33 32 26	33 18 31 29 27 14 9 33 32 26	36 19 36 32 28 13 9 34 32 26	3 24 5 36 30 13 9 34 32 26	6 28 5 4 32 14 9 34 32 26	9 33 7 8 34 14 10 34 32 26	12 1 14 11 34 15 10 34 32 26	15 5 18 15 34 15 10 34 32 26	18 9 17 19 34 16 11 33 32 26	21 13 21 23 34 17 11 33 32 26	24 17 26 27 35 17 11 33 32 26	27 21 29 30 1 17 11 33 32 27
20	30 14 29 26 25 14 9 33 32 26	34 20 31 29 27 14 9 33 32 26	36 21 36 33 28 13 9 34 32 26	3 26 5 36 30 13 9 34 32 26	6 30 5 4 32 14 9 34 32 26	9 34 8 8 34 14 10 34 32 26	12 2 14 11 34 15 10 34 32 26	15 6 18 15 34 15 10 34 32 26	18 11 17 19 34 16 11 33 32 26	21 14 21 23 34 17 11 33 32 26	24 19 26 27 35 17 11 33 32 26	27 23 29 30 1 17 11 33 32 27
21	31 16 29 26 25 14 9 33 32 26	34 21 32 29 27 14 9 33 32 26	36 22 36 33 29 13 9 34 32 26	4 27 5 36 30 13 9 34 32 26	6 31 5 4 32 14 9 34 32 26	9 36 8 8 34 14 10 34 32 26	12 3 14 11 34 15 10 34 32 26	15 7 18 15 34 15 10 34 32 26	18 12 17 19 34 16 11 33 32 26	21 15 21 23 34 17 11 33 32 26	24 20 26 27 35 17 11 33 32 26	27 24 29 30 1 17 11 33 32 27
22	31 17 29 26 25 14 9 33 32 26	34 23 32 30 27 14 9 33 32 26	1 24 1 33 29 13 9 34 32 26	4 29 5 1 31 13 9 34 32 26	7 32 5 4 32 14 9 34 32 26	10 1 8 8 34 14 10 34 32 26	12 4 14 12 34 15 10 34 32 26	15 9 18 15 34 15 10 34 32 26	18 13 17 19 34 16 11 33 32 26	21 17 21 23 34 17 11 33 32 26	24 22 26 27 35 17 11 33 32 26	27 25 29 31 1 17 11 33 32 27
23	31 19 29 26 25 14 9 33 32 26	34 24 32 30 27 14 9 33 32 26	1 25 1 33 29 13 9 34 32 26	4 30 5 1 31 13 9 34 32 26	7 34 5 4 32 14 9 34 32 26	10 2 8 8 34 14 10 34 32 26	12 5 14 12 34 15 10 34 32 26	15 10 18 16 34 15 10 34 32 26	18 14 17 19 34 16 11 33 32 26	21 18 21 23 34 17 11 33 32 26	25 23 26 27 35 17 11 33 32 26	28 27 28 31 1 17 11 33 32 27
24	31 20 29 26 25 14 9 33 32 26	34 25 32 30 27 14 9 33 32 26	1 26 1 33 29 13 9 34 32 26	4 31 6 1 31 13 9 34 32 26	7 35 5 4 32 14 9 34 32 26	10 3 8 8 34 14 10 34 32 26	13 7 14 12 34 15 10 34 32 26	16 11 18 16 34 15 10 34 32 26	19 16 17 20 34 16 11 33 32 26	22 19 21 23 34 17 11 33 32 26	25 25 26 27 35 17 11 33 32 26	28 29 28 31 1 17 11 33 32 27
25	31 21 29 26 25 14 9 33 32 26	34 27 32 30 27 14 9 33 32 26	1 28 1 33 29 13 9 34 32 26	4 33 6 1 31 13 9 34 32 26	7 36 5 5 32 14 9 34 32 26	10 5 9 8 34 14 10 34 32 26	13 8 15 12 35 15 10 34 32 26	16 12 18 16 34 15 10 34 32 26	19 17 17 20 34 16 11 33 32 26	22 21 22 23 34 17 11 33 32 26	25 26 26 27 35 17 11 33 32 26	28 30 28 31 1 17 11 33 32 27
26	31 23 29 26 25 14 9 33 32 26	34 28 32 30 27 14 9 33 32 26	1 29 1 33 29 13 9 34 32 26	4 34 6 1 31 13 9 34 32 26	7 1 5 5 32 14 9 34 32 26	10 6 9 8 34 14 10 34 32 26	13 9 15 12 35 15 10 34 32 26	16 14 18 16 34 15 11 34 32 26	19 19 17 20 34 16 11 33 32 26	22 22 22 24 34 17 11 33 32 26	25 28 27 27 35 17 11 33 32 26	28 31 28 31 1 17 11 33 32 27
27	31 24 29 27 25 14 9 33 32 26	34 29 33 30 27 14 9 33 32 26	1 30 2 33 29 13 9 34 32 26	4 35 6 1 31 13 9 34 32 26	7 2 5 5 32 14 9 34 32 26	10 7 9 9 34 14 10 34 32 26	13 10 15 12 35 15 10 34 32 26	16 15 18 16 34 15 11 34 32 26	19 20 17 20 34 16 11 33 32 26	22 24 22 24 34 17 11 33 32 26	25 29 27 27 35 17 11 33 32 26	28 33 28 31 1 17 11 33 32 27
28	31 26 29 27 25 14 9 33 32 26	34 31 33 30 27 13 9 33 32 26	1 32 2 34 29 13 9 34 32 26	4 36 6 1 31 13 9 34 32 26	7 4 5 5 33 14 9 34 32 26	10 8 9 9 34 14 10 34 32 26	13 11 15 12 35 15 10 34 32 26	16 16 18 16 34 16 11 34 32 26	19 22 17 20 34 16 11 33 32 26	22 25 22 24 34 17 11 33 32 26	25 31 27 28 35 17 11 33 32 26	28 34 28 31 1 17 11 33 32 27
29	31 27 29 27 25 14 9 33 32 26		1 33 2 34 29 13 9 34 32 26	4 2 6 1 31 13 9 34 32 26	7 5 5 5 33 14 9 34 32 26	10 9 9 9 34 14 10 34 32 26	13 13 15 12 35 15 10 34 32 26	16 18 18 16 34 16 11 34 32 26	19 23 17 20 34 16 11 33 32 26	22 27 22 24 34 17 11 33 32 26	25 32 27 28 36 17 11 33 32 26	28 36 28 31 1 17 10 33 32 27
30	31 28 29 27 25 14 9 33 32 26		1 34 2 34 29 13 9 34 32 26	4 3 6 2 31 13 9 34 32 26	7 6 5 5 33 14 9 34 32 26	10 11 10 9 34 14 10 34 32 26	13 14 15 13 35 15 10 34 32 26	16 19 18 16 34 16 11 34 32 26	19 24 17 20 34 16 11 33 32 26	22 28 22 24 34 17 11 33 32 26	25 33 27 28 36 17 11 33 32 26	28 1 28 32 1 17 10 33 32 27
31	32 30 29 27 25 14 9 33 32 26		1 35 2 34 29 13 9 34 32 26		7 7 5 5 33 14 9 34 32 26		13 15 16 13 35 15 10 34 32 26	16 21 18 17 34 16 11 34 32 26		22 30 23 24 34 17 11 33 32 26		28 2 27 32 1 17 10 34 32 27

2004

	JAN	FEB	MÄR	APR	MAI	JUNI	JULI	AUG	SEPT	OKT	NOV	DEZ
1	28 3 27 32 1 17 10 34 32 27	32 8 30 36 3 17 10 34 32 27	35 10 34 3 5 17 10 34 32 27	2 14 3 6 7 17 10 34 32 27	5 17 3 9 9 16 10 34 32 27	8 23 6 9 11 16 11 34 32 27	10 26 12 7 13 17 11 34 32 27	13 32 16 9 15 17 11 34 32 26	16 1 15 12 17 18 12 34 32 26	19 4 19 15 19 19 12 34 32 26	22 9 24 19 21 19 12 34 32 27	25 12 27 23 23 20 12 34 32 27
2	29 4 27 32 1 17 10 34 32 27	32 9 30 36 3 17 10 34 32 27	35 11 34 3 5 17 10 34 32 27	2 15 4 6 7 17 10 34 32 27	5 19 3 9 9 16 10 34 32 27	8 24 6 9 11 17 11 34 32 27	11 28 12 7 13 17 11 34 32 27	14 33 16 9 15 17 11 34 32 26	16 2 15 12 17 18 12 34 32 26	19 6 19 15 19 19 12 34 32 26	22 10 24 19 21 19 12 34 32 27	26 13 27 23 23 20 12 34 32 27
3	29 6 27 32 2 17 10 34 32 27	32 10 30 36 3 17 10 34 32 27	35 12 35 3 5 17 10 34 32 27	2 17 4 6 7 17 10 34 32 27	5 20 3 9 9 16 10 34 32 27	8 26 6 9 11 17 11 34 32 27	11 29 12 7 13 17 11 34 32 27	14 35 16 9 15 17 12 34 32 26	17 3 15 12 17 18 12 34 32 26	20 7 19 15 19 19 12 34 32 26	23 11 24 19 21 19 12 34 32 27	26 14 27 23 23 20 12 34 32 27
4	29 7 27 32 2 17 10 34 32 27	32 11 30 36 4 17 10 34 32 27	35 13 35 3 5 17 10 34 32 27	2 18 4 7 7 17 10 34 32 27	5 22 3 9 9 16 10 34 32 27	8 27 6 9 11 17 11 34 32 27	11 31 12 7 13 17 11 34 32 27	14 36 16 9 15 17 12 34 32 26	17 5 15 12 17 18 12 34 32 26	20 8 19 16 19 19 12 34 32 26	23 12 24 19 21 19 12 34 32 27	26 16 27 23 23 20 12 34 32 27
5	29 8 27 32 2 17 10 34 32 27	32 12 30 36 4 17 10 34 32 27	35 15 35 3 5 17 10 34 32 27	2 19 4 7 7 17 10 34 32 27	5 23 3 9 9 16 10 34 32 27	8 29 6 8 11 17 11 34 32 27	11 32 13 8 13 17 11 34 32 27	14 1 16 9 15 17 12 34 32 26	17 6 15 12 17 18 12 34 32 26	20 9 20 16 19 19 12 34 32 26	23 14 25 19 21 19 12 34 32 27	26 17 27 23 23 20 12 34 32 27
6	29 9 27 32 2 17 10 34 32 27	32 14 30 36 4 17 10 34 32 27	35 16 35 4 6 17 10 34 32 27	2 21 4 7 8 17 10 34 32 27	5 25 3 9 9 16 10 34 32 27	8 30 7 8 11 17 11 34 32 27	11 34 13 8 13 17 11 34 32 27	14 3 16 9 15 17 12 34 32 26	17 7 15 12 17 18 12 34 32 26	20 10 20 16 19 19 12 34 32 26	23 15 25 19 21 19 12 34 32 27	26 18 27 23 23 20 12 34 32 27
7	29 10 27 33 2 17 10 34 32 27	32 15 30 36 4 17 10 34 32 27	35 17 35 4 6 17 10 34 32 27	2 22 4 7 8 17 10 34 32 27	5 26 3 9 9 16 10 34 32 27	8 32 7 8 11 17 11 34 32 27	11 35 13 8 13 17 11 34 32 27	14 4 16 9 15 17 12 34 32 26	17 8 15 13 17 18 12 34 32 26	20 12 20 16 19 19 12 34 32 26	23 16 25 20 21 19 12 34 32 27	26 19 27 23 23 20 12 34 32 27
8	29 12 27 33 2 17 10 34 32 27	32 16 31 36 4 17 10 34 32 27	35 19 36 4 6 17 10 34 32 27	2 24 4 7 8 17 10 34 32 27	5 28 3 9 10 16 10 34 32 27	8 33 7 8 11 17 11 34 32 27	11 1 13 8 13 17 11 34 32 27	14 5 16 10 15 17 12 34 32 26	17 10 15 13 17 18 12 34 32 26	20 13 20 16 19 19 12 34 32 26	23 17 25 20 21 19 12 34 32 27	26 21 27 23 23 20 12 34 32 27
9	29 13 27 33 2 17 10 34 32 27	32 18 31 1 4 17 10 34 32 27	35 20 36 4 6 17 10 34 32 27	2 25 4 7 8 16 10 34 32 27	5 29 3 9 10 16 10 34 32 27	8 34 7 8 12 17 11 34 32 27	11 2 13 8 13 17 11 34 32 27	14 6 16 10 15 18 12 34 32 26	17 11 15 13 17 18 12 34 32 26	20 14 20 16 19 19 12 34 32 26	23 19 25 20 21 19 12 34 32 27	26 22 27 24 23 20 12 34 32 27
10	29 14 27 33 2 17 10 34 32 27	33 19 31 1 4 17 10 34 32 27	35 21 36 4 6 17 10 34 32 27	3 27 4 7 8 16 10 34 32 27	5 31 3 9 10 16 10 34 32 27	8 36 7 8 12 17 11 34 32 27	11 3 13 8 14 17 11 34 32 27	14 8 16 10 15 18 12 34 32 26	17 12 15 13 17 18 12 34 32 26	20 15 21 16 19 19 12 34 32 26	23 20 25 20 21 19 12 34 32 27	26 23 26 24 23 20 12 34 32 27
11	30 15 27 33 2 17 10 34 32 27	33 20 31 1 4 17 10 34 32 27	36 23 36 4 6 17 10 34 32 27	3 28 4 7 8 16 10 34 32 27	6 32 3 9 10 16 10 34 32 27	9 1 8 8 12 17 11 34 32 27	11 4 14 8 14 17 11 34 32 27	14 9 16 10 16 18 12 34 32 26	17 13 16 13 18 18 12 34 32 26	20 16 21 16 19 19 12 34 32 26	23 21 25 20 21 19 12 34 32 27	26 25 26 24 23 20 12 34 32 27
12	30 17 27 33 2 17 10 34 32 27	33 22 31 1 4 17 10 34 32 27	36 24 36 4 6 17 10 34 32 27	3 30 4 7 8 16 10 34 32 27	6 33 3 9 10 16 10 34 32 27	9 2 8 8 12 17 11 34 32 27	11 6 14 8 14 17 11 34 32 27	14 10 16 10 16 18 12 34 32 26	17 14 16 13 18 18 12 34 32 26	20 18 21 16 20 19 12 34 32 27	23 23 26 20 22 19 12 34 32 27	27 26 26 24 24 20 12 34 32 27
13	30 18 27 33 2 17 10 34 32 27	33 23 31 1 4 17 10 34 32 27	36 26 1 4 6 17 10 34 32 27	3 31 4 7 8 16 10 34 32 27	6 35 3 9 10 16 10 34 32 27	9 3 8 8 12 17 11 34 32 27	12 7 14 8 14 17 11 34 32 27	15 11 16 10 16 18 12 34 32 26	18 16 16 13 18 18 12 34 32 26	20 19 21 17 20 19 12 34 32 27	24 24 26 20 22 20 12 34 32 27	27 28 26 24 24 20 12 34 32 27
14	30 19 27 33 2 17 10 34 32 27	33 25 32 1 4 17 10 34 32 27	36 27 1 4 6 17 10 34 32 27	3 32 3 7 8 16 10 34 32 27	6 36 3 9 10 16 11 34 32 27	9 5 8 8 12 17 11 34 32 27	12 8 14 8 14 17 11 34 32 27	15 12 16 10 16 18 12 34 32 26	18 17 16 13 18 18 12 34 32 26	21 20 21 17 20 19 12 34 32 27	24 26 26 20 22 20 12 34 32 27	27 29 26 24 24 20 12 34 32 27
15	30 21 28 34 2 17 10 34 32 27	33 26 32 1 4 17 10 34 32 27	36 28 1 5 6 17 10 34 32 27	3 34 3 8 8 16 10 34 32 27	6 1 3 9 10 16 11 34 32 27	9 6 8 8 12 17 11 34 32 27	12 9 14 8 14 17 11 34 32 27	15 14 16 10 16 18 12 34 32 26	18 18 16 13 18 18 12 34 32 26	21 22 21 17 20 19 12 34 32 27	24 27 26 21 22 20 12 34 32 27	27 31 26 24 24 20 12 34 32 27
16	30 22 28 34 2 17 10 34 32 27	33 27 32 1 4 17 10 34 32 27	36 30 1 5 6 17 10 34 32 27	3 35 3 8 8 16 10 34 32 27	6 2 3 9 10 16 11 34 32 27	9 7 9 8 12 17 11 34 32 27	12 10 14 8 14 17 11 34 32 27	15 15 16 10 16 18 12 34 32 26	18 20 16 13 18 18 12 34 32 26	21 23 22 17 20 19 12 34 32 27	24 29 26 21 22 20 12 34 32 27	27 32 26 24 24 20 12 34 32 27
17	30 23 28 34 2 17 10 34 32 27	33 29 32 1 4 17 10 34 32 27	36 31 1 5 6 17 10 34 32 27	3 36 3 8 8 16 10 34 32 27	6 4 4 9 10 16 11 34 32 27	9 8 9 8 12 17 11 34 32 27	12 11 14 8 14 17 11 34 32 27	15 16 16 10 16 18 12 34 32 26	18 21 16 14 18 18 12 34 32 26	21 25 22 17 20 19 12 34 32 27	24 30 26 21 22 20 12 34 32 27	27 34 26 25 24 20 12 34 32 27
18	30 25 28 34 2 17 10 34 32 27	33 30 32 2 4 17 10 34 32 27	36 33 2 5 6 17 10 34 32 27	3 2 3 8 8 16 10 34 32 27	6 5 4 9 10 16 11 34 32 27	9 9 9 8 12 17 11 34 32 27	12 13 15 8 14 17 11 34 32 27	15 17 16 10 16 18 12 34 32 26	18 22 17 14 18 18 12 34 32 26	21 26 22 17 20 19 12 34 32 27	24 31 26 21 22 20 12 34 32 27	27 35 26 25 24 20 12 34 32 27
19	30 26 28 34 3 17 10 34 32 27	33 32 32 2 4 17 10 34 32 27	36 34 2 5 6 17 10 34 32 27	3 3 3 8 8 16 10 34 32 27	6 6 4 9 10 16 11 34 32 27	9 11 9 8 12 17 11 34 32 27	12 14 15 8 14 17 11 34 32 26	15 19 16 11 16 18 12 34 32 26	18 24 17 14 18 18 12 34 32 26	21 28 22 17 20 19 12 34 32 27	24 33 26 21 22 20 12 34 32 27	27 1 26 25 24 20 12 34 32 27
20	30 28 28 34 3 17 10 34 32 27	34 33 33 2 5 17 10 34 32 27	36 35 2 5 6 17 10 34 32 27	4 4 3 8 8 16 10 34 32 27	6 7 4 9 10 16 11 34 32 27	9 12 10 8 12 17 11 34 32 27	12 15 15 8 14 17 11 34 32 26	15 20 16 11 16 18 12 34 32 26	18 25 17 14 18 18 12 34 32 26	21 29 22 17 20 19 12 34 32 27	24 34 27 21 22 20 12 34 32 27	27 2 26 25 24 20 12 34 32 27
21	31 29 28 34 3 17 10 34 32 27	34 34 33 2 5 17 10 34 32 27	1 1 2 5 6 17 10 34 32 27	4 5 3 8 8 16 10 34 32 27	7 8 4 9 10 16 11 34 32 27	9 13 10 8 12 17 11 34 32 27	12 16 15 8 14 17 11 34 32 26	15 21 16 11 16 18 12 34 32 26	18 26 17 14 18 18 12 34 32 26	21 30 22 18 20 19 12 34 32 27	24 36 27 21 22 20 12 34 32 27	27 3 26 25 24 20 12 34 32 27
22	31 31 28 34 3 17 10 34 32 27	34 36 33 2 5 17 10 34 32 27	1 2 2 5 7 17 10 34 32 27	4 6 3 8 9 16 10 34 32 27	7 10 4 9 10 16 11 34 32 27	10 14 10 8 12 17 11 34 32 27	12 18 15 8 14 17 11 34 32 26	15 23 16 11 16 18 12 34 32 26	18 28 17 14 18 18 12 34 32 26	21 32 22 18 20 19 12 34 32 27	25 1 27 21 22 20 12 34 32 27	28 4 26 25 24 20 12 34 32 27
23	31 32 28 35 3 17 10 34 32 27	34 1 33 2 5 17 10 34 32 27	1 3 2 5 7 17 10 34 32 27	4 8 3 8 9 16 10 34 32 27	7 11 4 9 10 16 11 34 32 27	10 15 10 8 12 17 11 34 32 27	13 19 15 8 14 17 11 34 32 26	16 24 16 11 16 18 12 34 32 26	19 29 17 14 18 18 12 34 32 26	21 33 23 18 20 19 12 34 32 27	25 2 27 22 22 20 12 34 32 27	28 6 26 25 24 20 12 34 32 27
24	31 34 29 35 3 17 10 34 32 27	34 2 33 2 5 17 10 34 32 27	1 4 3 5 7 17 10 34 32 27	4 9 3 8 9 16 10 34 32 27	7 12 4 9 11 16 11 34 32 27	10 17 10 8 13 17 11 34 32 27	13 20 15 8 14 17 11 34 32 26	16 25 16 11 16 18 12 34 32 26	19 31 18 14 18 18 12 34 32 26	22 35 23 18 20 19 12 34 32 27	25 3 27 22 22 20 12 34 32 27	28 7 26 25 24 20 12 34 32 27
25	31 35 29 35 3 17 10 34 32 27	34 4 33 2 5 17 10 34 32 27	1 6 3 6 7 17 10 34 32 27	4 10 3 8 9 16 10 34 32 27	7 13 5 9 11 16 11 34 32 27	10 18 11 8 13 17 11 34 32 27	13 22 15 8 14 17 11 34 32 26	16 27 16 11 16 18 12 34 32 26	19 32 18 14 18 18 12 34 32 26	22 36 23 18 20 19 12 34 32 27	25 5 27 22 22 20 12 34 32 27	28 8 26 26 24 20 12 34 32 27
26	31 36 29 35 3 17 10 34 32 27	34 5 34 3 5 17 10 34 32 27	1 7 3 6 7 17 10 34 32 27	4 11 3 8 9 16 10 34 32 27	7 14 5 9 11 16 11 34 32 27	10 19 11 7 13 17 11 34 32 27	13 23 16 9 15 17 11 34 32 26	16 28 15 11 16 18 12 34 32 26	19 34 18 15 18 19 12 34 32 26	22 1 23 18 20 19 12 34 32 27	25 6 27 22 22 20 12 34 32 27	28 9 26 26 25 20 12 34 32 27
27	31 2 29 35 3 17 10 34 32 27	34 6 34 3 5 17 10 34 32 27	1 8 3 6 7 17 10 34 32 27	4 12 3 8 9 16 10 34 32 27	7 16 5 9 11 16 11 34 32 27	10 21 11 7 13 17 11 34 32 27	13 24 16 9 15 17 11 34 32 26	16 30 15 11 17 18 12 34 32 26	19 35 18 15 19 19 12 34 32 26	22 3 23 18 20 19 12 34 32 27	25 7 27 22 23 20 12 34 32 27	28 10 26 26 25 20 12 34 32 27
28	31 3 29 35 3 17 10 34 32 27	34 7 34 3 5 17 10 34 32 27	1 9 3 6 7 17 10 34 32 27	4 14 3 8 9 16 10 34 32 27	7 17 5 9 11 16 11 34 32 27	10 22 11 7 13 17 11 34 32 27	13 26 16 9 15 17 11 34 32 26	16 31 15 11 17 18 12 34 32 26	19 36 18 15 19 19 12 34 32 26	22 4 23 18 21 19 12 34 32 27	25 8 27 22 23 20 12 34 32 27	28 12 26 26 25 20 12 34 32 27
29	31 4 29 35 3 17 10 34 32 27	34 8 34 3 5 17 10 34 32 27	1 10 3 6 7 17 10 34 32 27	4 15 3 9 9 16 10 34 32 27	7 18 5 9 11 16 11 34 32 27	10 23 11 7 13 17 11 34 32 27	13 27 16 9 15 17 11 34 32 26	16 33 15 12 17 18 12 34 32 26	19 2 19 15 19 19 12 34 32 26	22 5 24 18 21 19 12 34 32 27	25 10 27 22 23 20 12 34 32 27	28 13 26 26 25 20 12 34 32 27
30	31 5 29 35 3 17 10 34 32 27		1 12 3 6 7 17 10 34 32 27	4 16 3 9 9 16 10 34 32 27	7 20 5 9 11 16 11 34 32 27	10 25 12 7 13 17 11 34 32 27	13 29 16 9 15 17 11 34 32 26	16 34 15 12 17 18 12 34 32 26	19 3 19 15 19 19 12 34 32 26	22 6 24 19 21 19 12 34 32 27	25 11 27 22 23 20 12 34 32 27	28 14 26 26 25 20 12 34 32 27
31	32 6 29 35 3 17 10 34 32 27		2 13 3 6 7 17 10 34 32 27		7 21 6 9 11 16 11 34 32 27		13 30 16 9 15 17 11 34 32 26	16 35 15 12 17 18 12 34 32 26		22 8 24 19 21 19 12 34 32 27		28 15 26 26 25 20 12 34 32 27

2005

	JAN	FEB	MÄR	APR	MAI	JUNI	JULI	AUG	SEPT	OKT	NOV	DEZ
1	29 16 26 26 25 20 12 34 32 27	32 21 31 30 27 20 12 34 32 27	35 22 36 34 29 20 12 34 32 27	2 27 1 2 31 20 12 34 32 27	5 31 2 5 33 20 12 34 32 27	8 36 7 9 36 19 12 35 32 27	10 4 13 13 2 19 12 35 32 27	13 9 14 17 4 20 13 34 32 27	16 13 15 20 5 20 13 34 32 27	19 17 20 24 6 21 13 34 32 27	22 21 25 27 5 22 14 34 32 27	25 25 24 30 4 22 14 34 32 27
2	29 18 26 27 25 20 12 34 32 27	32 22 31 30 27 20 12 34 32 27	35 23 36 34 29 20 12 34 32 27	2 29 1 2 31 20 12 34 32 27	5 33 2 5 34 20 12 34 32 27	8 2 7 9 36 19 12 35 32 27	11 5 13 13 2 19 12 35 32 27	13 10 14 17 4 20 13 34 32 27	16 15 15 20 5 20 13 34 32 27	19 18 20 24 6 21 13 34 32 27	22 22 25 27 5 22 14 34 32 27	25 26 24 30 4 22 14 34 32 27
3	29 19 27 27 25 20 12 34 32 27	32 24 31 31 27 20 12 34 32 27	35 25 36 34 29 20 12 34 32 27	2 30 1 2 31 20 12 34 32 27	5 34 2 6 34 20 12 35 32 27	8 3 8 9 36 19 12 35 32 27	11 7 13 13 2 19 12 35 32 27	14 11 14 17 4 20 13 34 32 27	17 16 15 20 5 20 13 34 32 27	19 19 21 24 6 21 13 34 32 27	23 24 25 27 5 22 14 34 32 27	26 27 24 30 4 22 14 34 32 27
4	29 20 27 27 25 20 12 34 32 27	32 25 31 31 27 20 12 34 32 27	35 26 36 34 29 20 12 34 32 27	2 32 1 2 32 20 12 34 32 27	5 35 2 6 34 20 12 35 32 27	8 4 8 10 36 19 12 35 32 27	11 8 13 13 2 20 12 35 32 27	14 12 14 17 4 20 13 34 32 27	17 17 15 21 5 20 13 34 32 27	20 20 21 24 6 21 13 34 32 27	23 25 25 27 5 22 14 34 32 27	26 29 24 30 4 22 14 34 32 27
5	29 21 27 27 25 20 12 34 32 27	32 27 31 31 27 20 12 34 32 27	35 28 36 34 29 20 12 34 32 27	2 33 1 2 32 20 12 34 32 27	5 1 2 6 34 20 12 35 32 27	8 6 8 10 36 19 12 35 32 27	11 9 13 13 2 20 12 35 32 27	14 14 14 17 4 20 13 34 32 27	17 18 16 21 5 20 13 34 32 27	20 21 21 24 6 21 13 34 32 27	23 26 25 27 5 22 14 34 32 27	26 30 24 30 4 22 14 34 32 27
6	29 23 27 27 25 20 12 34 32 27	32 28 32 31 27 20 12 34 32 27	35 29 1 34 29 20 12 34 32 27	2 34 1 2 32 20 12 34 32 27	5 2 3 6 34 20 12 35 32 27	8 7 8 10 36 19 12 35 32 27	11 10 14 13 2 20 12 35 32 27	14 15 14 17 4 20 13 34 32 27	17 19 16 21 5 20 13 34 32 27	20 23 21 24 6 21 13 34 32 27	23 28 25 28 5 22 14 34 32 27	26 32 24 30 4 22 14 34 32 27
7	29 24 27 27 25 20 12 34 32 27	32 30 32 31 28 20 12 34 32 27	35 31 1 35 30 20 12 34 32 27	2 36 1 2 32 20 12 34 32 27	5 3 3 6 34 20 12 35 32 27	8 8 9 10 36 19 12 35 32 27	11 12 14 14 2 20 12 35 32 27	14 16 14 17 4 20 13 34 32 27	17 21 16 21 5 20 13 34 32 27	20 24 21 24 6 21 13 34 32 27	23 29 25 28 5 22 14 34 32 27	26 33 24 30 4 22 14 34 32 27
8	29 26 27 27 25 20 12 34 32 27	32 31 32 31 28 20 12 34 32 27	35 32 1 35 30 20 12 34 32 27	2 1 1 3 32 20 12 34 32 27	5 5 3 6 34 20 12 35 32 27	8 9 9 10 36 19 12 35 32 27	11 13 14 14 2 20 12 35 32 27	14 17 14 17 4 20 13 34 32 27	17 22 16 21 5 20 13 34 32 27	20 25 21 24 6 21 13 34 32 27	23 31 25 28 5 22 14 34 32 27	26 35 24 30 4 22 14 34 32 27
9	29 27 27 27 25 20 12 34 32 27	33 33 32 31 28 20 12 34 32 27	35 33 1 35 30 20 12 34 32 27	2 3 1 3 32 20 12 34 32 27	5 6 3 6 34 20 12 35 32 27	8 11 9 10 36 19 12 35 32 27	11 14 14 14 2 20 12 35 32 27	14 18 14 18 4 20 13 34 32 27	17 23 16 21 5 21 13 34 32 27	20 27 22 25 6 21 13 34 32 27	23 32 25 28 5 22 14 34 32 27	26 36 24 30 4 22 14 34 32 27
10	29 29 27 28 26 20 12 34 32 27	33 34 32 31 28 20 12 34 32 27	35 35 1 35 30 20 12 34 32 27	3 4 1 3 32 20 12 34 32 27	5 7 3 6 34 19 12 35 32 27	8 12 9 10 36 19 12 35 32 27	11 15 14 14 2 20 12 35 32 27	14 20 14 18 4 20 13 34 32 27	17 24 16 21 6 21 13 34 32 27	20 28 22 25 6 21 13 34 32 27	23 33 25 28 5 22 14 34 32 27	26 1 24 30 4 22 14 34 32 27
11	30 30 28 28 26 20 12 34 32 27	33 36 32 32 28 20 12 34 32 27	36 36 1 35 30 20 12 34 32 27	3 5 1 3 32 20 12 34 32 27	6 9 3 7 34 19 12 35 32 27	9 13 9 10 36 19 12 35 32 27	11 16 14 14 2 20 12 35 32 27	14 21 14 18 4 20 13 34 32 27	17 26 17 21 6 21 13 34 32 27	20 30 22 25 6 21 13 34 32 27	23 35 26 28 5 22 14 34 32 27	26 3 24 30 4 22 14 34 32 27
12	30 32 28 28 26 20 12 34 32 27	33 1 33 32 28 20 12 34 32 27	36 2 1 35 30 20 12 34 32 27	3 7 1 3 32 20 12 34 32 27	6 10 3 7 34 19 12 35 32 27	9 14 10 11 36 19 12 35 32 27	11 17 14 14 3 20 12 35 32 27	14 22 13 18 4 20 13 34 32 27	17 27 17 22 6 21 13 34 32 27	20 31 22 25 6 21 13 34 32 27	23 36 26 28 5 22 14 34 32 27	27 4 24 30 4 22 14 34 32 27
13	30 33 28 28 26 20 12 34 32 27	33 2 33 32 28 20 12 34 32 27	36 3 2 35 30 20 12 34 32 27	3 8 1 3 32 20 12 34 32 27	6 11 4 7 34 19 12 35 32 27	9 15 10 11 1 19 12 35 32 27	12 19 14 14 3 20 12 35 32 27	15 23 13 18 4 20 13 34 32 27	18 29 17 22 6 21 13 34 32 27	20 32 22 25 6 21 13 34 32 27	24 2 26 28 5 22 14 34 32 27	27 5 25 30 4 22 14 34 32 27
14	30 35 28 28 26 20 12 34 32 27	33 4 33 32 28 20 12 34 32 27	36 4 2 35 30 20 12 34 32 27	3 9 1 3 32 20 12 34 32 27	6 12 4 7 34 19 12 35 32 27	9 17 10 11 1 19 12 35 32 27	12 20 14 14 3 20 12 35 32 27	15 25 13 18 4 20 13 34 32 27	18 30 17 22 6 21 13 34 32 27	21 34 22 25 6 21 13 34 32 27	24 3 26 28 5 22 14 34 32 27	27 7 25 30 4 23 14 34 32 27
15	30 36 28 28 26 20 12 34 32 27	33 5 33 32 28 20 12 34 32 27	36 6 2 36 30 20 12 34 32 27	3 10 1 3 32 20 12 34 32 27	6 13 4 7 35 19 12 35 32 27	9 18 10 11 1 19 12 35 32 27	12 21 14 15 3 20 12 35 32 27	15 26 13 18 4 20 13 34 32 27	18 31 17 22 6 21 13 34 32 27	21 35 22 25 6 21 13 34 32 27	24 4 26 28 5 22 14 34 32 27	27 8 25 30 4 23 14 34 32 27
16	30 2 28 28 26 20 12 34 32 27	33 6 33 32 28 20 12 34 32 27	36 7 2 36 30 20 12 34 32 27	3 11 1 4 32 20 12 34 32 27	6 15 4 7 35 19 12 35 32 27	9 19 10 11 1 19 12 35 32 27	12 22 14 15 3 20 12 35 32 27	15 28 13 18 5 20 13 34 32 27	18 33 18 22 6 21 13 34 32 27	21 1 23 25 6 21 14 34 32 27	24 6 26 29 5 22 14 34 32 27	27 9 25 31 4 23 14 34 32 27
17	30 3 28 28 26 20 12 34 32 27	33 7 34 32 28 20 12 34 32 27	36 8 2 36 30 20 12 34 32 27	3 13 1 4 32 20 12 34 32 27	6 16 4 7 35 19 12 35 32 27	9 20 11 11 1 19 12 35 32 27	12 24 14 15 3 20 13 35 32 27	15 29 13 18 5 20 13 34 32 27	18 34 18 22 6 21 13 34 32 27	21 2 23 25 6 21 14 34 32 27	24 7 26 29 5 22 14 34 32 27	27 11 25 31 4 23 14 34 32 27
18	30 4 29 29 26 20 12 34 32 27	33 9 34 32 28 20 12 34 32 27	36 9 2 36 30 20 12 34 32 27	3 14 1 4 33 20 12 34 32 27	6 17 4 7 35 19 12 35 32 27	9 22 11 11 1 19 12 35 32 27	12 25 14 15 3 20 13 35 32 27	15 31 13 19 5 20 13 34 32 27	18 36 18 22 6 21 13 34 32 27	21 4 23 26 6 21 14 34 32 27	24 8 25 29 5 22 14 34 32 27	27 12 25 31 4 23 14 34 32 27
19	30 5 29 29 26 20 12 34 32 27	34 10 34 33 28 20 12 34 32 27	36 11 2 36 30 20 12 34 32 27	3 15 1 4 33 20 12 34 32 27	6 18 5 8 35 19 12 35 32 27	9 23 11 11 1 19 12 35 32 27	12 27 14 15 3 20 13 35 32 27	15 32 13 19 5 20 13 34 32 27	18 1 18 22 6 21 13 34 32 27	21 5 23 26 6 21 14 34 32 27	24 10 25 29 5 22 14 34 32 27	27 13 25 31 4 23 14 34 32 27
20	31 7 29 29 26 20 12 34 32 27	34 11 34 33 28 20 12 34 32 27	36 12 2 36 30 20 12 34 32 27	4 16 1 4 33 20 12 34 32 27	6 20 5 8 35 19 12 35 32 27	9 24 11 11 1 19 12 35 32 27	12 28 15 15 3 20 13 35 32 27	15 34 13 19 5 20 13 34 32 27	18 3 18 22 6 21 13 34 32 27	21 6 23 26 6 21 14 34 32 27	24 11 25 29 5 22 14 34 32 27	27 14 25 31 4 23 14 34 32 27
21	31 8 29 29 26 20 12 34 32 27	34 12 34 33 29 20 12 34 32 27	1 13 2 36 31 20 12 34 32 27	4 17 1 4 33 20 12 34 32 27	7 21 5 8 35 19 12 35 32 27	9 26 11 12 1 19 12 35 32 27	12 30 15 15 3 20 13 35 32 27	15 35 14 19 5 20 13 34 32 27	18 4 19 23 6 21 13 34 32 27	21 8 23 26 6 21 14 34 32 27	24 12 25 29 5 22 14 34 32 27	27 15 25 31 4 23 14 34 32 27
22	31 9 29 29 26 20 12 34 32 27	34 13 34 33 29 20 12 34 32 27	1 14 2 36 31 20 12 34 32 27	4 19 1 4 33 20 12 34 32 27	7 22 5 8 35 19 12 35 32 27	10 27 12 12 1 19 12 35 32 27	12 31 15 15 3 20 13 35 32 27	15 1 14 19 5 20 13 34 32 27	18 6 19 23 6 21 13 34 32 27	21 9 23 26 6 21 14 34 32 27	24 13 25 29 5 22 14 34 32 27	28 17 26 31 4 23 14 34 32 27
23	31 10 29 29 26 20 12 34 32 27	34 15,35 33 29 20 12 34 32 27	1 15 2 1 31 20 12 34 32 27	4 20 1 4 33 20 12 34 32 27	7 24 5 8 35 19 12 35 32 27	10 29 12 12 1 19 12 35 32 27	13 33 15 15 3 20 13 35 32 27	15 2 14 19 5 20 13 34 32 27	19 7 19 23 6 21 13 34 32 27	21 10 24 26 6 21 14 34 32 27	25 15 25 29 5 22 14 34 32 27	28 18 26 31 4 23 14 34 32 27
24	31 11 30 29 27 20 12 34 32 27	34 16 35 33 29 20 12 34 32 27	1 17 2 1 31 20 12 34 32 27	4 21 1 5 33 20 12 34 32 27	7 25 6 8 35 19 12 35 32 27	10 30 12 12 1 19 12 35 32 27	13 34 15 16 3 20 13 35 32 27	16 3 14 19 5 20 13 34 32 27	19 8 19 23 6 21 13 34 32 27	22 11 24 26 5 21 14 34 32 27	25 16 25 29 5 22 14 34 32 27	28 19 26 31 4 23 14 34 32 27
25	31 13 30 29 27 20 12 34 32 27	34 17 35 33 29 20 12 34 32 27	1 18 2 1 31 20 12 34 32 27	4 23 1 5 33 20 12 34 32 27	7 26 6 8 35 19 12 35 32 27	10 32 12 12 1 19 12 35 32 27	13 36 15 16 3 20 13 35 32 27	16 5 14 19 5 20 13 34 32 27	19 9 19 23 6 21 13 34 32 27	22 13 24 26 5 21 14 34 32 27	25 17 25 29 4 22 14 34 32 27	28 20 26 31 4 23 14 34 32 27
26	31 14 30 30 27 20 12 34 32 27	34 18 35 33 29 20 12 34 32 27	1 19 2 1 31 20 12 34 32 27	4 24 1 5 33 20 12 34 32 27	7 28 6 8 35 19 12 35 32 27	10 33 12 12 1 19 12 35 32 27	13 1 15 16 3 20 13 35 32 27	16 6 14 20 5 20 13 34 32 27	19 11 19 23 6 21 13 34 32 27	22 14 24 26 5 21 14 34 32 27	25 18 25 29 4 22 14 34 32 27	28 21 26 31 4 23 14 34 32 27
27	31 15 30 30 27 20 12 34 32 27	34 20 35 34 29 20 12 34 32 27	1 20 2 1 31 20 12 34 32 27	4 26 1 5 33 20 12 34 32 27	7 29 6 9 35 19 12 35 32 27	10 35 12 12 2 19 12 35 32 27	13 3 14 16 3 20 13 35 32 27	16 7 14 20 5 20 13 34 32 27	19 12 20 23 6 21 13 34 32 27	22 15 24 27 5 22 14 34 32 27	25 19 24 29 4 22 14 34 32 27	28 23 26 31 4 23 14 34 32 27
28	31 16 30 30 27 20 12 34 32 27	34 21 36 34 29 20 12 34 32 27	1 22 2 1 31 20 12 34 32 27	4 27 2 5 33 20 12 34 32 27	7 31 6 9 35 19 12 35 32 27	10 36 12 12 2 19 12 35 32 27	13 4 14 16 3 20 13 35 32 27	16 9 14 20 5 20 13 34 32 27	19 13 20 23 6 21 13 34 32 27	22 16 24 27 5 22 14 34 32 27	25 21 24 30 4 22 14 34 32 27	28 24 26 31 5 23 14 34 32 27
29	31 17 30 30 27 20 12 34 32 27		1 23 1 1 31 20 12 34 32 27	4 28 2 5 33 20 12 34 32 27	7 32 7 9 36 19 12 35 32 27	10 2 13 13 2 19 12 35 32 27	13 5 14 16 4 20 13 35 32 27	16 10 14 20 5 20 13 34 32 27	19 14 20 23 6 21 13 34 32 27	22 17 24 27 5 22 14 34 32 27	25 22 24 30 4 22 14 34 32 27	28 25 27 31 5 23 14 34 32 27
30	32 19 30 30 27 20 12 34 32 27		1 25 1 1 31 20 12 34 32 27	4 30 2 5 33 20 12 34 32 27	7 34 7 9 36 19 12 35 32 27	10 3 13 13 2 19 12 35 32 27	13 6 14 16 4 20 13 35 32 27	16 11 15 20 5 20 13 34 32 27	19 15 20 24 6 21 13 34 32 27	22 19 24 27 5 22 14 34 32 27	25 23 24 30 4 22 14 34 32 27	28 27 27 31 5 23 14 34 32 27
31	32 20 31 30 27 20 12 34 32 27		2 26 1 2 31 20 12 34 32 27		7 35 7 9 36 19 12 35 32 27		13 8 14 16 4 20 13 34 32 27	16 12 15 20 5 20 13 34 32 27		22 20 25 27 5 22 14 34 32 27		28 28 27 31 5 23 13 34 32 27

2006

	JAN	FEB	MÄR	APR	MAI	JUNI	JULI	AUG	SEPT	OKT	NOV	DEZ
1	29 30 27 31 5 23 13 34 32 27	32 35 32 29 6 23 13 34 32 27	35 36 36 30 7 23 13 35 32 27	2 5 35 33 9 23 13 35 32 27	5 9 3 36 10 23 13 35 32 27	8 13 9 4 12 23 13 35 32 27	10 16 13 7 14 22 14 35 32 27	13 21 12 11 16 22 14 35 32 27	16 25 16 15 18 23 14 35 32 27	19 29 21 19 20 23 15 35 32 27	22 34 24 22 22 24 15 35 32 27	25 2 23 26 24 25 15 35 32 27
2	29 31 27 30 5 23 13 34 32 27	32 1 32 29 6 23 13 34 32 27	35 1 36 30 7 23 13 35 32 27	2 7 35 33 9 23 13 35 32 27	5 10 3 36 11 23 13 35 32 27	8 14 9 4 12 23 13 35 32 27	11 18 13 7 14 22 14 35 32 27	13 22 12 11 16 23 14 35 32 27	16 27 17 15 18 23 14 35 32 27	19 30 21 19 20 23 15 35 32 27	22 36 24 23 22 24 15 35 32 27	25 3 24 26 24 25 15 35 32 27
3	29 33 27 30 5 23 13 34 32 27	32 2 32 29 6 23 13 34 32 27	35 3 36 30 7 23 13 35 32 27	2 8 35 33 9 23 13 35 32 27	5 11 3 36 11 23 13 35 32 27	8 16 9 4 12 23 13 35 32 27	11 19 13 8 14 22 14 35 32 27	14 23 12 11 16 23 14 35 32 27	17 28 17 15 18 23 14 35 32 27	19 32 22 19 20 23 15 35 32 27	23 1 24 23 22 24 15 35 32 27	26 5 24 26 24 25 15 35 32 27
4	29 34 28 30 5 23 13 34 32 27	32 3 33 29 6 23 13 34 32 27	35 4 36 30 7 23 13 35 32 27	2 9 35 33 9 23 13 35 32 27	5 12 3 1 11 23 13 35 32 27	8 17 10 4 13 23 13 35 32 27	11 20 13 8 14 22 14 35 32 27	14 25 12 11 16 23 14 35 32 27	17 29 17 15 18 23 14 35 32 27	20 33 22 19 20 23 15 35 32 27	23 2 24 23 22 24 15 35 32 27	26 6 24 27 24 25 15 35 32 27
5	29 36 28 30 5 23 13 34 32 27	32 5 33 29 6 23 13 34 32 27	35 6 36 30 7 23 13 35 32 27	2 10 35 33 9 23 13 35 32 27	5 14 3 1 11 23 13 35 32 27	8 18 10 4 13 23 13 35 32 27	11 21 13 8 14 22 14 35 32 27	14 26 12 12 16 23 14 35 32 27	17 31 17 15 18 23 14 35 32 27	20 35 22 19 20 23 15 35 32 27	23 4 24 23 22 24 15 35 32 27	26 8 24 27 24 25 15 35 32 27
6	29 1 28 30 5 23 13 34 32 27	32 6 33 29 6 23 13 34 32 27	35 7 36 31 7 23 13 35 32 27	2 12 35 33 9 23 13 35 32 27	5 15 4 1 11 23 13 35 32 27	8 19 10 4 13 23 13 35 32 27	11 22 13 8 14 22 14 35 32 27	14 27 12 12 16 23 14 35 32 27	17 32 17 15 18 23 14 35 32 27	20 36 22 19 20 23 15 35 32 27	23 5 24 23 22 24 15 35 32 27	26 9 24 27 24 25 15 35 32 27
7	29 2 28 30 5 23 13 34 32 27	32 7 33 29 6 23 13 34 32 27	35 8 36 31 7 23 13 35 32 27	2 13 35 34 9 23 13 35 32 27	5 16 4 1 11 23 13 35 32 27	8 20 10 4 13 23 13 35 32 27	11 24 13 8 15 22 14 35 32 27	14 29 12 12 16 23 14 35 32 27	17 34 17 16 18 23 14 35 32 27	20 2 22 19 20 23 15 35 32 27	23 7 23 23 22 24 15 35 32 27	26 11 24 27 25 25 15 35 32 27
8	29 4 28 30 5 23 13 34 32 27	32 9 33 29 6 23 13 34 32 27	35 10 36 31 7 23 13 35 32 27	2 14 36 34 9 23 13 35 32 27	5 17 4 1 11 23 13 35 32 27	8 22 10 5 13 23 13 35 32 27	11 25 13 8 15 22 14 35 32 27	14 30 12 12 17 23 14 35 32 27	17 35 18 16 18 23 14 35 32 27	20 3 22 19 20 23 15 35 32 27	23 8 23 23 23 24 15 35 32 27	26 12 24 27 25 25 15 35 32 27
9	29 5 28 30 5 23 13 34 32 27	33 10 33 29 6 23 13 34 32 27	35 11 36 31 7 23 13 35 32 27	2 15 36 34 9 23 13 35 32 27	5 18 4 1 11 23 13 35 32 27	8 23 10 5 13 23 13 35 32 27	11 26 13 8 15 22 14 35 32 27	14 31 12 12 17 23 14 35 32 27	17 1 18 16 19 23 14 35 32 27	20 5 22 20 21 24 15 35 32 27	23 10 23 23 23 24 15 35 32 27	26 13 25 27 25 25 15 35 32 27
10	29 6 28 30 5 23 13 34 32 27	33 11 34 29 6 23 13 34 32 27	35 12 36 31 8 23 13 35 32 27	2 16 36 34 9 23 13 35 32 27	5 20 4 1 11 23 13 35 32 27	8 24 11 5 13 23 13 35 32 27	11 28 13 8 15 22 14 35 32 27	14 33 12 12 17 23 14 35 32 27	17 2 18 16 19 23 14 35 32 27	20 6 23 20 21 24 15 35 32 27	23 11 23 24 23 24 15 35 32 27	26 14 25 27 25 25 15 35 32 27
11	30 8 29 30 5 23 13 34 32 27	33 12 34 29 6 23 13 34 32 27	36 13 36 31 8 23 13 35 32 27	3 18 36 34 9 23 13 35 32 27	6 21 5 1 11 23 13 35 32 27	8 26 11 5 13 22 13 35 32 27	11 29 12 9 15 22 14 35 32 27	14 34 12 12 17 23 14 35 32 27	17 4 18 16 19 23 14 35 32 27	20 8 23 20 21 24 15 35 32 27	23 12 23 24 23 24 15 35 32 27	26 16 25 27 25 25 15 35 32 27
12	30 9 29 30 5 23 13 34 32 27	33 14 34 29 6 23 13 34 32 27	36 14 36 31 8 23 13 35 32 27	3 19 36 34 9 23 13 35 32 27	6 22 5 1 11 23 13 35 32 27	9 27 11 5 13 22 13 35 32 27	11 31 12 9 15 22 14 35 32 27	14 36 13 12 17 23 14 35 32 27	17 5 18 16 19 23 14 35 32 27	20 9 23 20 21 24 15 35 32 27	23 14 23 24 23 24 15 35 32 27	26 17 25 28 25 25 15 35 32 27
13	30 10 29 30 5 23 13 34 32 27	33 15 34 29 6 23 13 34 32 27	36 16 36 31 8 23 13 35 32 27	3 20 36 34 9 23 13 35 32 27	6 23 5 2 11 23 13 35 32 27	9 28 11 5 13 22 13 35 32 27	12 32 12 9 15 22 14 35 32 27	15 1 13 13 17 23 14 35 32 27	18 7 19 16 19 23 14 35 32 27	20 10 23 20 21 24 15 35 32 27	24 15 23 24 23 24 15 35 32 27	27 18 25 28 25 25 15 35 32 27
14	30 11 29 30 5 23 13 34 32 27	33 16 34 29 6 23 13 34 32 27	36 17 35 31 8 23 13 35 32 27	3 21 36 34 9 23 13 35 32 27	6 25 5 2 11 23 13 35 32 27	9 30 11 5 13 22 13 35 32 27	12 34 12 9 15 22 14 35 32 27	15 3 13 13 17 23 14 35 32 27	18 8 19 16 19 23 14 35 32 27	21 12 23 20 21 24 15 35 32 27	24 16 23 24 23 24 15 35 32 27	27 19 25 28 25 25 15 35 32 27
15	30 13 29 30 5 23 13 34 32 27	33 17 35 29 6 23 13 34 32 27	36 18 35 31 8 23 13 35 32 27	3 22 36 34 10 23 13 35 32 27	6 26 5 2 11 23 13 35 32 27	9 31 11 5 13 22 13 35 32 27	12 35 12 9 15 22 14 35 32 27	15 4 13 13 17 23 14 35 32 27	18 9 19 17 19 23 14 35 32 27	21 13 23 20 21 24 15 35 32 27	24 17 22 24 23 24 15 35 32 27	27 20 26 28 25 25 15 35 32 27
16	30 14 29 30 5 23 13 34 32 27	33 18 35 29 6 23 13 34 32 27	36 19 35 31 8 23 13 35 32 27	3 24 36 35 10 23 13 35 32 27	6 27 6 2 11 23 13 35 32 27	9 33 11 6 13 22 13 35 32 27	12 36 12 9 15 22 14 35 32 27	15 6 13 13 17 23 14 35 32 27	18 11 19 17 19 23 14 35 32 27	21 14 23 20 21 24 15 35 32 27	24 18 22 24 23 24 15 35 32 27	27 22 26 28 25 25 15 35 32 27
17	30 15 30 30 5 23 13 34 32 27	33 19 35 29 6 23 13 35 32 27	36 20 35 32 8 23 13 35 32 27	3 25 1 35 10 23 13 35 32 27	6 29 6 2 11 23 13 35 32 27	9 34 12 6 13 22 13 35 32 27	12 2 12 9 15 22 14 35 32 27	15 7 13 13 17 23 14 35 32 27	18 12 19 17 19 23 14 35 32 27	21 15 23 21 21 24 15 35 32 27	24 20 22 24 23 24 15 35 32 27	27 23 26 28 25 25 15 35 32 27
18	30 16 30 30 5 23 13 34 32 27	33 21 35 29 7 23 13 35 32 27	36 22 35 32 8 23 13 35 32 27	3 26 1 35 10 23 13 35 32 27	6 30 6 2 11 23 13 35 32 27	9 35 12 6 13 22 13 35 32 27	12 3 12 9 15 22 14 35 32 27	15 8 14 13 17 23 14 35 32 27	18 13 19 17 19 23 14 35 32 27	21 16 23 21 21 24 15 35 32 27	24 21 22 25 23 24 15 35 32 27	27 24 26 28 25 25 15 35 32 27
19	30 17 30 30 5 23 13 34 32 27	34 22 35 30 7 23 13 35 32 27	36 23 35 32 8 23 13 35 32 27	3 28 1 35 10 23 13 35 32 27	6 31 6 2 12 23 13 35 32 27	9 1 12 6 13 22 13 35 32 27	12 5 12 9 15 22 14 35 32 27	15 10 14 13 17 23 14 35 32 27	18 14 20 17 19 23 15 35 32 27	21 18 24 21 21 24 15 35 32 27	24 22 22 25 23 24 15 35 32 27	27 25 26 28 25 25 15 35 32 27
20	30 19 30 30 5 23 13 34 32 27	34 23 35 30 7 23 13 35 32 27	36 24 35 32 8 23 13 35 32 27	3 29 1 35 10 23 13 35 32 27	6 33 7 2 12 23 13 35 32 27	9 2 12 6 13 22 13 35 32 27	12 6 12 10 15 22 14 35 32 27	15 11 14 13 17 23 14 35 32 27	18 15 20 17 19 23 15 35 32 27	21 19 24 21 21 24 15 35 32 27	24 23 22 25 23 24 15 35 32 27	27 27 26 29 25 25 15 35 32 27
21	31 20 30 29 5 23 13 34 32 27	34 24 35 30 7 23 13 35 32 27	1 25 35 32 8 23 13 35 32 27	4 30 1 35 10 23 13 35 32 27	6 34 7 3 12 23 13 35 32 27	9 4 12 6 14 22 13 35 32 27	12 7 12 10 15 22 14 35 32 27	15 12 14 13 17 23 14 35 32 27	18 17 20 17 19 23 15 35 32 27	21 20 24 21 21 24 15 35 32 27	24 24 22 25 23 24 15 35 32 27	27 28 26 29 26 25 15 35 32 27
22	31 21 30 29 5 23 13 34 32 27	34 26 36 30 7 23 13 35 32 27	1 27 35 32 8 23 13 35 32 27	4 32 1 35 10 23 13 35 32 27	7 36 7 3 12 23 13 35 32 27	10 5 12 6 14 22 13 35 32 27	12 9 12 10 15 22 14 35 32 27	15 13 14 14 17 23 14 35 32 27	18 18 20 17 19 23 15 35 32 27	21 21 24 21 21 24 15 35 32 27	24 26 23 25 24 24 15 35 32 27	27 29 27 29 26 25 15 35 32 27
23	31 22 31 29 5 23 13 34 32 27	34 27 36 30 7 23 13 35 32 27	1 28 35 32 8 23 13 35 32 27	4 33 1 35 10 23 13 35 32 27	7 1 7 3 12 23 13 35 32 27	10 6 12 6 14 22 13 35 32 27	13 10 12 10 16 22 14 35 32 27	15 15 15 14 17 23 14 35 32 27	18 19 20 18 19 23 15 35 32 27	21 22 24 21 21 24 15 35 32 27	25 27 23 25 24 24 15 35 32 27	28 31 27 29 26 25 15 35 32 27
24	31 23 31 29 5 23 13 34 32 27	34 28 36 30 7 23 13 35 32 27	1 29 35 32 8 23 13 35 32 27	4 35 2 35 10 23 13 35 32 27	7 3 7 3 12 23 13 35 32 27	10 8 12 6 14 22 13 35 32 27	13 11 12 10 16 22 14 35 32 27	16 16 15 14 18 23 14 35 32 27	19 20 20 18 20 23 15 35 32 27	22 24 24 21 22 24 15 35 32 27	25 28 23 25 24 24 15 35 32 27	28 32 27 29 26 25 15 35 32 27
25	31 25 31 29 5 23 13 34 32 27	34 30 36 30 7 23 13 35 32 27	1 31 35 32 8 23 13 35 32 27	4 36 2 36 10 23 13 35 32 27	7 4 8 3 12 23 13 35 32 27	10 9 12 7 14 22 13 35 32 27	13 12 12 10 16 22 14 35 32 27	16 17 15 14 18 23 14 35 32 27	19 21 20 18 20 23 15 35 32 27	22 25 24 22 22 24 15 35 32 27	25 30 23 25 24 25 15 35 32 27	28 33 27 29 26 25 15 35 32 27
26	31 26 31 29 5 23 13 34 32 27	34 31 36 30 7 23 13 35 32 27	1 32 35 32 8 23 13 35 32 27	4 2 2 36 10 23 13 35 32 27	7 5 8 3 12 23 13 35 32 27	10 10 12 7 14 22 13 35 32 27	13 14 12 10 16 22 14 35 32 27	16 18 15 14 18 23 14 35 32 27	19 23 21 18 20 23 15 35 32 27	22 26 24 22 22 24 15 35 32 27	25 31 23 26 24 25 15 35 32 27	28 35 27 29 26 25 15 35 32 27
27	31 28 31 29 5 23 13 34 32 27	34 33 36 30 7 23 13 35 32 27	1 34 35 32 8 23 13 35 32 27	4 3 2 36 10 23 13 35 32 27	7 7 8 3 12 23 13 35 32 27	10 12 12 7 14 22 13 35 32 27	13 15 12 10 16 22 14 35 32 27	16 19 15 14 18 23 14 35 32 27	19 24 21 18 20 23 15 35 32 27	22 27 24 22 22 24 15 35 32 27	25 32 23 26 24 25 15 35 32 27	28 36 27 29 26 25 15 35 32 27
28	31 29 31 29 6 23 13 34 32 27	34 34 36 30 7 23 13 35 32 27	1 35 35 33 9 23 13 35 32 27	4 4 2 36 10 23 13 35 32 27	7 8 8 3 12 23 13 35 32 27	10 13 12 7 14 22 13 35 32 27	13 16 12 11 16 22 14 35 32 27	16 21 16 14 18 23 14 35 32 27	19 25 21 18 20 23 15 35 32 27	22 29 24 22 22 24 15 35 32 27	25 34 23 26 24 25 15 35 32 27	28 2 28 30 26 25 15 35 32 27
29	31 31 32 29 6 23 13 34 32 27		1 1 35 33 9 23 13 35 32 27	4 6 2 36 10 23 13 35 32 27	7 9 8 3 12 23 13 35 32 27	10 14 13 7 14 22 13 35 32 27	13 17 12 11 16 22 14 35 32 27	16 22 16 14 18 23 14 35 32 27	19 26 21 18 20 23 15 35 32 27	22 30 24 22 22 24 15 35 32 27	25 35 23 26 24 25 15 35 32 27	28 3 28 30 26 25 15 35 32 27
30	31 32 32 29 6 23 13 34 32 27		1 2 35 33 9 23 13 35 32 27	4 7 3 36 10 23 13 35 32 27	7 11 9 4 12 23 13 35 32 27	10 15 13 7 14 22 14 35 32 27	13 18 12 11 16 22 14 35 32 27	16 23 16 15 18 23 14 35 32 27	19 28 21 18 20 23 15 35 32 27	22 31 24 22 22 24 15 35 32 27	25 1 23 26 24 25 15 35 32 27	28 4 28 30 26 25 15 35 32 27
31	32 34 32 29 6 23 13 34 32 27		2 4 35 33 9 23 13 35 32 27		7 12 9 4 12 23 13 35 32 27		13 20 12 11 16 22 14 35 32 27	16 24 16 15 18 23 14 35 32 27		22 33 24 22 22 24 15 35 32 27		28 6 28 30 26 25 15 35 32 27

2007

	JAN	FEB	MÄR	APR	MAI	JUNI	JULI	AUG	SEPT	OKT	NOV	DEZ
1	29 7 28 30 26 25 15 35 32 27	32 12 33 34 29 26 15 35 32 27	35 13 33 1 31 26 15 35 33 27	2 18 35 5 33 26 14 35 33 27	5 21 4 9 35 26 14 35 33 27	8 25 10 12 2 26 14 35 33 27	10 29 10 15 4 26 15 35 33 27	13 34 12 16 6 25 15 35 33 27	16 3 18 14 8 26 15 35 33 27	19 7 22 15 10 26 16 35 32 27	22 12 21 18 11 26 16 35 32 27	25 16 24 21 11 27 16 35 32 27
2	29 9 28 30 26 25 15 35 32 27	32 13 33 34 29 26 15 35 32 27	35 14 33 2 31 26 15 35 33 27	2 19 35 5 33 26 14 35 33 27	5 22 4 9 35 26 14 35 33 27	8 27 10 12 2 26 14 35 33 27	10 30 10 15 4 26 15 35 33 27	13 35 12 16 6 25 15 35 33 27	16 5 18 14 8 26 15 35 33 27	19 9 22 15 10 26 16 35 32 27	22 14 21 18 11 26 16 35 32 27	25 17 25 21 11 27 16 35 32 27
3	29 10 28 30 26 25 15 35 32 27	32 15 34 34 29 26 15 35 32 27	35 16 33 2 31 26 15 35 33 27	2 20 35 5 33 26 14 35 33 27	5 23 5 9 36 26 14 35 33 27	8 28 10 12 2 26 14 35 33 27	11 32 10 15 4 26 15 35 33 27	14 1 12 16 6 25 15 35 33 27	17 6 18 14 8 26 16 35 33 27	19 10 22 15 10 26 16 35 32 27	23 15 21 18 11 27 16 35 32 27	26 18 25 21 11 27 16 35 32 27
4	29 11 29 30 27 25 15 35 32 27	32 16 34 34 29 26 15 35 32 27	35 17 33 2 31 26 14 35 33 27	2 21 35 6 33 26 14 35 33 27	5 25 5 9 36 26 14 35 33 27	8 29 10 12 2 26 14 35 33 27	11 33 10 15 4 26 15 35 33 27	14 2 12 16 6 25 15 35 33 27	17 7 18 14 8 26 16 35 33 27	20 11 22 15 10 26 16 35 32 27	23 16 21 18 11 27 16 35 32 27	26 19 25 21 10 27 16 35 32 27
5	29 13 29 31 27 25 15 35 32 27	32 17 34 34 29 26 15 35 32 27	35 18 33 2 31 26 14 35 33 27	2 22 36 6 33 26 14 35 33 27	5 26 5 9 36 26 14 35 33 27	8 31 10 12 2 26 14 35 33 27	11 34 10 15 4 26 15 35 33 27	14 4 13 16 6 25 15 35 33 27	17 9 18 14 8 26 16 35 33 27	20 13 22 15 10 26 16 35 32 27	23 17 21 18 11 27 16 35 32 27	26 21 25 21 10 27 16 35 32 27
6	29 14 29 31 27 25 15 35 32 27	32 18 34 35 29 26 15 35 32 27	35 19 33 2 31 26 14 35 33 27	2 24 36 6 33 26 14 35 33 27	5 27 5 9 36 26 14 35 33 27	8 32 10 13 2 26 15 35 33 27	11 36 10 15 4 26 15 35 33 27	14 5 13 16 6 25 15 35 33 27	17 10 19 14 8 26 16 35 33 27	20 14 22 15 10 26 16 35 32 27	23 19 21 18 11 27 16 35 32 27	26 22 25 22 10 27 16 35 32 27
7	29 15 29 31 27 25 15 35 32 27	32 20 34 35 29 26 15 35 32 27	35 20 33 2 31 26 14 35 33 27	2 25 36 6 34 26 14 35 33 27	5 28 6 9 36 26 14 35 33 27	8 33 10 13 2 26 15 35 33 27	11 1 10 15 4 26 15 35 33 27	14 6 13 16 6 25 15 35 33 27	17 12 19 14 8 26 16 35 33 27	20 15 22 15 10 26 16 35 32 27	23 20 21 18 11 27 16 35 32 27	26 23 25 22 10 27 16 35 32 27
8	29 16 29 31 27 25 15 35 32 27	32 21 34 35 29 26 15 35 32 27	35 22 33 2 31 26 14 35 33 27	2 26 36 6 34 26 14 35 33 27	5 30 6 9 36 26 14 35 33 27	8 35 10 13 2 26 15 35 33 27	11 2 10 15 4 26 15 35 33 27	14 8 13 16 7 25 15 35 33 27	17 13 19 14 8 26 16 35 32 27	20 16 22 15 10 26 16 35 32 27	23 21 21 18 11 27 16 35 32 27	26 24 26 22 10 27 16 35 32 27
9	29 18 29 31 27 25 15 35 32 27	32 22 34 35 29 26 15 35 32 27	35 23 33 2 31 26 14 35 33 27	2 27 36 6 34 26 14 35 33 27	5 31 6 10 36 26 14 35 33 27	8 36 10 13 2 26 15 35 33 27	11 4 10 15 5 26 15 35 33 27	14 9 13 16 7 25 15 35 33 27	17 14 19 14 8 26 16 35 32 27	20 18 22 16 10 26 16 35 32 27	23 22 21 19 11 27 16 35 32 27	26 25 26 22 10 27 16 35 32 27
10	29 19 30 31 27 26 15 35 32 27	33 23 34 35 29 26 15 35 32 27	35 24 33 3 31 26 14 35 33 27	2 29 36 6 34 26 14 35 33 27	5 32 6 10 36 26 14 35 33 27	8 1 11 13 2 26 15 35 33 27	11 5 10 15 5 26 15 35 33 27	14 11 14 15 7 25 15 35 33 27	17 15 19 14 9 26 16 35 32 27	20 19 22 16 10 26 16 35 32 27	23 23 21 19 11 27 16 35 32 27	26 27 26 22 10 27 16 35 32 27
11	30 20 30 31 27 26 15 35 32 27	33 24 34 35 29 26 15 35 32 27	36 25 33 3 31 26 14 35 33 27	3 30 1 6 34 26 14 35 33 27	5 34 6 10 36 26 14 35 33 27	8 3 11 13 2 26 15 35 33 27	11 7 10 15 5 26 15 35 33 27	14 12 14 15 7 25 15 35 33 27	17 17 19 14 9 26 16 35 32 27	20 20 22 16 10 26 16 35 32 27	23 24 21 19 11 27 16 35 32 27	26 28 26 22 10 27 16 35 32 27
12	30 21 30 31 27 26 15 35 32 27	33 26 34 35 29 26 15 35 32 27	36 26 33 3 32 26 14 35 33 27	3 31 1 6 34 26 14 35 33 27	6 35 7 10 36 26 14 35 33 27	9 4 11 13 3 26 15 35 33 27	11 8 10 15 5 26 15 35 33 27	14 13 14 15 7 25 15 35 33 27	17 18 19 14 9 26 16 35 32 27	20 21 22 16 10 26 16 35 32 27	23 26 22 19 11 27 16 35 32 27	26 29 26 22 10 27 16 35 32 27
13	30 22 30 32 27 26 15 35 32 27	33 27 35 35 30 26 15 35 32 27	36 28 33 3 32 26 14 35 33 27	3 33 1 7 34 26 14 35 33 27	6 36 7 10 36 26 14 35 33 27	9 6 11 13 3 26 15 35 33 27	12 10 10 15 5 26 15 35 33 27	14 15 14 15 7 25 15 35 33 27	17 19 20 14 9 26 16 35 32 27	20 22 22 16 10 26 16 35 32 27	24 27 22 19 11 27 16 35 32 27	27 30 26 22 10 27 16 35 32 27
14	30 24 30 32 27 26 15 35 32 27	33 28 35 36 30 26 15 35 32 27	36 29 33 3 32 26 14 35 33 27	3 34 1 7 34 26 14 35 33 27	6 2 7 10 36 26 14 35 33 27	9 7 11 13 3 26 15 35 33 27	12 11 10 15 5 26 15 35 33 27	15 16 14 15 7 26 15 35 33 27	18 20 20 14 9 26 16 35 32 27	21 24 22 16 10 26 16 35 32 27	24 28 22 19 11 27 16 35 32 27	27 31 26 22 10 27 16 35 32 27
15	30 25 30 32 27 26 15 35 32 27	33 30 35 36 30 26 15 35 32 27	36 30 33 3 32 26 14 35 33 27	3 35 1 7 34 26 14 35 33 27	6 3 7 10 36 26 14 35 33 27	9 9 11 13 3 26 15 35 33 27	12 12 10 16 5 26 15 35 33 27	15 17 15 15 7 26 15 35 33 27	18 22 20 14 9 26 16 35 32 27	21 25 22 16 10 26 16 35 32 27	24 29 22 19 11 27 16 35 32 27	27 33 27 23 10 27 16 35 32 27
16	30 26 31 32 27 26 15 35 32 27	33 31 34 36 30 26 15 35 32 27	36 32 33 3 32 26 14 35 33 27	3 1 1 7 34 26 14 35 33 27	6 5 7 10 1 26 14 35 33 27	9 10 11 13 3 26 15 35 33 27	12 14 10 16 5 26 15 35 33 27	15 18 15 15 7 26 15 35 33 27	18 23 20 14 9 26 16 35 32 27	21 26 22 16 10 26 16 35 32 27	24 31 22 19 11 27 16 35 32 27	27 34 27 23 10 27 16 35 32 27
17	30 27 31 32 28 26 15 35 32 27	33 32 34 36 30 26 15 35 32 27	36 33 33 3 32 26 14 35 33 27	3 2 2 7 34 26 14 35 33 27	6 6 8 10 1 26 14 35 33 27	9 12 11 14 3 26 15 35 33 27	12 15 10 16 5 26 15 35 33 27	15 20 15 15 7 26 15 35 33 27	18 24 20 14 9 26 16 35 32 27	21 27 22 16 10 26 16 35 32 27	24 32 22 19 11 27 16 35 32 27	27 35 27 23 10 27 16 35 32 27
18	30 29 31 32 28 26 15 35 32 27	33 34 34 36 30 26 15 35 32 27	36 35 33 4 32 26 14 35 33 27	3 4 2 7 34 26 14 35 33 27	6 8 8 11 1 26 14 35 33 27	9 13 11 14 3 26 15 35 33 27	12 16 10 16 5 26 15 35 33 27	15 21 15 15 7 26 15 35 33 27	18 25 20 14 9 26 16 35 32 27	21 28 22 16 10 26 16 35 32 27	24 33 22 19 11 27 16 35 32 27	27 1 27 23 10 27 16 35 32 27
19	30 30 31 32 28 26 15 35 32 27	33 35 34 36 30 26 15 35 32 27	36 36 34 4 32 26 14 35 33 27	3 6 2 7 34 26 14 35 33 27	6 9 8 11 1 26 14 35 33 27	9 14 11 14 3 26 15 35 33 27	12 17 10 16 5 26 15 35 33 27	15 22 15 15 7 26 15 35 33 27	18 26 20 14 9 26 16 35 32 27	21 30 22 16 10 26 16 35 32 27	24 34 23 20 11 27 16 35 32 27	27 2 27 23 10 28 16 35 32 27
20	30 32 31 32 28 26 15 35 32 27	34 1 34 36 30 26 15 35 32 27	36 2 34 4 32 26 14 35 33 27	3 7 2 7 35 26 14 35 33 27	6 11 8 11 1 26 14 35 33 27	9 15 11 14 3 26 15 35 33 27	12 19 10 16 5 26 15 35 33 27	15 23 16 15 7 26 15 35 33 27	18 28 21 14 9 26 16 35 32 27	21 31 22 17 10 26 16 35 32 27	24 36 23 20 11 27 16 35 32 27	27 4 27 23 10 28 16 35 32 27
21	31 33 31 33 28 26 15 35 32 27	34 2 34 36 30 26 15 35 32 27	36 3 34 4 32 26 14 35 33 27	4 8 2 8 35 26 14 35 33 27	6 12 8 11 1 26 14 35 33 27	9 17 11 14 3 26 15 35 33 27	12 20 10 16 5 26 15 35 33 27	15 24 16 15 7 26 15 35 33 27	18 29 21 14 9 26 16 35 32 27	21 32 22 17 10 26 16 35 32 27	24 1 23 20 11 27 16 35 32 27	27 5 28 23 10 28 16 35 32 27
22	31 34 32 33 28 26 15 35 32 27	34 4 34 1 30 26 15 35 33 27	1 5 34 4 32 26 14 35 33 27	4 10 2 8 35 26 14 35 33 27	7 13 8 11 1 26 14 35 33 27	10 18 11 14 3 26 15 35 33 27	12 21 10 16 5 26 15 35 33 27	15 25 16 15 7 26 15 35 33 27	18 30 21 14 9 26 16 35 32 27	21 34 22 17 10 26 16 35 32 27	24 3 23 20 11 27 16 35 32 27	27 7 28 23 10 28 16 35 32 27
23	31 36 32 33 28 26 15 35 32 27	34 5 34 1 30 26 15 35 33 27	1 6 34 4 32 26 14 35 33 27	4 11 3 8 35 26 14 35 33 27	7 15 9 11 1 26 14 35 33 27	10 19 10 14 3 26 15 35 33 27	12 22 10 16 5 26 15 35 33 27	15 27 16 15 7 26 15 35 33 27	18 31 21 15 9 26 16 35 32 27	21 35 22 17 10 26 16 35 32 27	25 4 23 20 11 27 16 35 32 27	28 8 28 24 10 28 16 35 32 27
24	31 1 32 33 28 26 15 35 32 27	34 7 34 1 30 26 15 35 33 27	1 8 34 4 32 26 14 35 33 27	4 13 3 8 35 26 14 35 33 27	7 16 9 11 1 26 14 35 33 27	10 20 10 14 3 26 15 35 33 27	13 23 11 16 6 26 15 35 33 27	16 28 16 15 8 26 15 35 33 27	19 33 21 15 9 26 16 35 32 27	22 36 22 17 10 26 16 35 32 27	25 6 23 20 11 27 16 35 32 27	28 10 28 24 10 28 16 35 33 27
25	31 3 32 33 28 26 15 35 32 27	34 8 34 1 30 26 15 35 33 27	1 9 34 4 33 26 14 35 33 27	4 14 3 8 35 26 14 35 33 27	7 17 9 11 1 26 14 35 33 27	10 21 10 14 4 26 15 35 33 27	13 25 11 16 6 26 15 35 33 27	16 29 17 15 8 26 15 35 33 27	19 34 21 15 9 26 16 35 32 27	22 2 21 17 10 26 16 35 32 27	25 7 23 20 11 27 16 35 32 27	28 11 28 24 10 28 16 35 33 27
26	31 4 32 33 28 26 15 35 32 27	34 9 34 1 30 26 15 35 33 27	1 10 34 4 33 26 14 35 33 27	4 15 3 8 35 26 14 35 33 27	7 18 9 11 1 26 14 35 33 27	10 23 10 14 4 26 15 35 33 27	13 26 11 16 6 26 15 35 33 27	16 31 17 15 8 26 15 35 33 27	19 36 21 15 9 26 16 35 32 27	22 3 21 17 10 26 16 35 32 27	25 9 24 20 11 27 16 35 32 27	28 13 28 24 10 28 16 35 33 27
27	31 6 32 33 28 26 15 35 32 27	34 11 34 1 31 26 15 35 33 27	1 12 34 5 33 26 14 35 33 27	4 16 3 8 35 26 14 35 33 27	7 19 9 12 1 26 14 35 33 27	10 24 10 14 4 26 15 35 33 27	13 27 11 16 6 26 15 35 33 27	16 32 17 14 8 26 15 35 33 27	19 1 21 15 9 26 16 35 32 27	22 5 21 17 11 26 16 35 32 27	25 10 24 21 11 27 16 35 32 27	28 14 29 24 10 28 16 35 33 27
28	31 7 33 33 28 26 15 35 32 27	34 12 33 1 31 26 15 35 33 27	1 13 34 5 33 26 14 35 33 27	4 17 4 8 35 26 14 35 33 27	7 21 9 12 1 26 14 35 33 27	10 25 10 14 4 26 15 35 33 27	13 28 11 16 6 26 15 35 33 27	16 33 17 14 8 26 15 35 33 27	19 3 22 15 9 26 16 35 32 27	22 6 21 17 11 26 16 35 32 27	25 12 24 21 11 27 16 35 32 27	28 15 29 24 10 28 16 35 33 27
29	31 8 33 34 28 26 15 35 32 27		1 14 35 5 33 26 14 35 33 27	4 19 4 8 35 26 14 35 33 27	7 22 9 12 2 26 14 35 33 27	10 26 10 15 4 26 15 35 33 27	13 30 11 16 6 26 15 35 33 27	16 35 17 14 8 26 15 35 33 27	19 4 22 15 10 26 16 35 32 27	22 8 21 17 11 26 16 35 32 27	25 13 24 21 11 27 16 35 32 27	28 17 29 24 10 28 16 35 33 27
30	31 10 33 34 28 26 15 35 32 27		1 15 35 5 33 26 14 35 33 27	4 20 4 9 35 26 14 35 33 27	7 23 10 12 2 26 14 35 33 27	10 28 10 15 4 26 15 35 33 27	13 31 11 16 6 26 15 35 33 27	16 36 17 14 8 26 15 35 33 27	19 6 22 15 10 26 16 35 32 27	22 9 21 17 11 26 16 35 32 27	25 14 24 21 11 27 16 35 32 27	28 18 29 24 10 28 16 35 33 27
31	32 11 33 34 29 26 15 35 32 27		1 17 35 5 33 26 14 35 33 27		7 24 10 12 2 26 14 35 33 27		13 32 12 16 6 26 15 35 33 27	16 2 18 14 8 26 15 35 33 27		22 11 21 18 11 26 16 35 32 27		28 19 29 25 10 28 16 35 33 27

2008

	JAN	FEB	MÄR	APR	MAI	JUNI	JULI	AUG	SEPT	OKT	NOV	DEZ
1	28 20 29 25 9 28 16 35 33 27	32 25 33 28 9 28 16 35 33 28	35 27 32 32 9 29 16 35 33 28	2 31 36 36 11 30 16 35 33 28	5 34 6 4 12 30 16 36 33 28	8 4 9 7 14 30 16 36 33 28	10 7 8 11 15 29 16 36 33 27	13 13 14 15 17 29 16 36 33 27	16 18 19 19 19 29 17 36 33 27	19 21 21 22 21 29 17 35 33 27	22 26 21 26 23 29 17 35 33 27	25 29 26 30 26 30 18 35 33 28
2	29 21 29 25 9 28 16 35 33 27	32 26 33 29 9 29 16 35 33 28	35 28 32 32 9 29 16 35 33 28	2 32 36 36 11 30 16 35 33 28	5 36 6 4 12 30 16 36 33 28	8 5 9 7 14 30 16 36 33 28	11 9 8 11 16 29 16 36 33 27	14 14 14 15 17 29 16 36 33 27	16 19 19 19 19 29 17 36 33 27	19 23 20 22 21 29 17 35 33 27	22 27 21 26 23 29 17 35 33 27	26 30 26 30 26 30 18 35 33 28
3	29 23 30 25 9 28 16 35 33 27	32 27 33 29 9 29 16 35 33 28	35 29 32 32 9 29 16 35 33 28	2 34 1 36 11 30 16 36 33 28	5 1 7 4 12 30 16 36 33 28	8 7 8 8 14 30 16 36 33 28	11 11 8 11 16 29 16 36 33 27	14 16 14 15 17 29 16 36 33 27	17 20 19 19 19 29 17 36 33 27	20 24 20 23 21 29 17 35 33 27	23 28 21 26 24 29 17 35 33 27	26 31 26 30 26 30 18 35 33 28
4	29 24 30 25 9 28 16 35 33 27	32 28 33 29 9 29 16 35 33 28	35 30 32 32 9 29 16 35 33 28	2 35 1 36 11 30 16 36 33 28	5 3 7 4 12 30 16 36 33 28	8 8 8 8 14 30 16 36 33 28	11 12 9 11 16 29 16 36 33 27	14 17 14 15 18 29 16 36 33 27	17 22 19 19 20 29 17 36 33 27	20 25 20 23 21 29 17 35 33 27	23 29 21 26 24 29 17 35 33 27	26 33 26 30 26 30 18 35 33 28
5	29 25 30 25 9 28 16 35 33 27	32 29 32 29 9 29 16 35 33 28	35 32 32 33 10 29 16 35 33 28	2 36 1 36 11 30 16 36 33 28	5 4 7 4 12 30 16 36 33 28	8 10 8 8 14 30 16 36 33 28	11 13 9 12 16 29 16 36 33 27	14 18 14 15 18 29 16 36 33 27	17 23 19 19 20 29 17 36 33 27	20 26 20 23 22 29 17 35 33 27	23 30 22 27 24 29 17 35 33 27	26 34 26 30 26 30 18 35 33 28
6	29 26 30 25 9 28 16 35 33 27	32 31 32 29 9 29 16 35 33 28	35 33 32 33 10 29 16 35 33 28	2 2 1 36 11 30 16 36 33 28	5 6 7 4 12 30 16 36 33 28	8 11 8 8 14 30 16 36 33 28	11 15 9 12 16 29 16 36 33 27	14 20 15 15 18 29 16 36 33 27	17 24 20 19 20 29 17 36 33 27	20 27 20 23 22 29 17 35 33 27	23 32 22 27 24 29 17 35 33 27	26 35 26 30 26 30 18 35 33 28
7	29 27 30 25 9 28 16 35 33 27	32 32 32 29 9 29 16 35 33 28	35 34 32 33 10 29 16 35 33 28	2 3 1 1 11 30 16 36 33 28	5 7 7 4 12 30 16 36 33 28	8 13 8 8 14 30 16 36 33 28	11 16 9 12 16 29 16 36 33 27	14 21 15 16 18 29 16 36 33 27	17 25 20 19 20 29 17 36 33 27	20 28 20 23 22 29 17 35 33 27	23 33 22 27 24 29 17 35 33 27	26 36 27 30 26 30 18 35 33 28
8	29 29 30 26 9 28 16 35 33 27	32 33 32 29 9 29 16 35 33 28	35 36 33 33 10 29 16 35 33 28	2 5 1 1 11 30 16 36 33 28	5 9 7 4 12 30 16 36 33 28	8 14 8 8 14 30 16 36 33 28	11 18 9 12 16 29 16 36 33 27	14 22 15 16 18 29 16 36 33 27	17 27 20 20 20 29 17 36 33 27	20 30 20 23 22 29 17 35 33 27	23 34 22 27 24 29 17 35 33 27	26 2 27 31 26 30 18 35 33 28
9	29 30 31 26 9 28 16 35 33 27	32 35 32 29 9 29 16 35 33 28	35 1 33 33 10 29 16 35 33 28	2 6 2 1 11 30 16 36 33 28	5 10 7 5 12 30 16 36 33 28	8 15 8 8 14 30 16 36 33 28	11 19 9 12 16 29 16 36 33 27	14 23 15 16 18 29 16 36 33 27	17 28 20 20 20 29 17 36 33 27	20 31 20 23 22 29 17 35 33 27	23 36 22 27 24 29 17 35 33 27	26 3 27 31 26 30 18 35 33 28
10	29 31 31 26 9 28 16 35 33 27	33 36 32 30 9 29 16 35 33 28	35 3 33 33 10 29 16 35 33 28	3 8 2 1 11 30 16 36 33 28	5 12 8 5 13 30 16 36 33 28	8 17 8 8 14 30 16 36 33 28	11 20 9 12 16 29 16 36 33 27	14 25 15 16 18 29 16 36 33 27	17 29 20 20 20 29 17 36 33 27	20 32 20 23 22 29 17 35 33 27	23 1 22 27 24 29 17 35 33 27	26 5 27 31 26 30 18 35 33 28
11	30 32 31 26 9 28 16 35 33 27	33 2 32 30 9 29 16 35 33 28	36 4 33 33 10 29 16 35 33 28	3 9 2 1 11 30 16 36 33 28	5 13 8 5 13 30 16 36 33 28	9 18 8 9 14 30 16 36 33 28	11 21 10 12 16 29 16 36 33 27	14 26 16 16 18 29 16 36 33 27	17 30 20 20 20 29 17 36 33 27	20 33 19 24 22 29 17 35 33 27	23 2 23 27 24 29 17 35 33 27	26 6 27 31 26 30 18 35 33 28
12	30 34 31 26 9 28 16 35 33 27	33 3 32 30 9 29 16 35 33 28	36 5 33 33 10 29 16 35 33 28	3 11 2 1 11 30 16 36 33 28	5 14 8 5 13 30 16 36 33 28	9 19 8 9 14 30 16 36 33 28	12 23 10 12 16 29 16 36 33 27	14 27 16 16 18 29 16 36 33 27	17 31 20 20 20 29 17 36 33 27	20 35 19 24 22 29 17 35 33 27	23 4 23 27 24 29 17 35 33 27	27 8 27 31 26 30 18 35 33 28
13	30 35 31 26 9 28 16 35 33 27	33 4 32 30 9 29 16 35 33 28	36 7 33 34 10 29 16 35 33 28	3 12 2 1 11 30 16 36 33 28	6 16 8 5 13 30 16 36 33 28	9 20 8 9 14 30 16 36 33 28	12 24 10 13 16 29 16 36 33 27	15 28 16 16 18 29 16 36 33 27	18 33 20 20 20 29 17 36 33 27	21 36 19 24 22 29 17 35 33 27	24 5 23 28 24 29 17 35 33 27	27 9 28 31 26 30 18 35 33 28
14	30 36 31 26 9 28 16 35 33 27	33 6 31 30 9 29 16 35 33 28	36 8 33 34 10 29 16 35 33 28	3 13 3 1 11 30 16 36 33 28	6 17 8 5 13 30 16 36 33 28	9 22 8 9 14 30 16 36 33 28	12 25 10 13 16 29 16 36 33 27	15 29 16 16 18 29 16 36 33 27	18 34 20 20 20 29 17 36 33 27	21 1 19 24 22 29 17 35 33 27	24 7 23 28 24 29 17 35 33 27	27 11 28 31 27 30 18 35 33 28
15	30 2 32 26 9 28 16 35 33 27	33 7 31 30 9 29 16 35 33 28	36 10 34 34 10 29 16 35 33 28	3 15 3 2 11 30 16 36 33 28	6 18 8 5 13 30 16 36 33 28	9 23 8 9 15 30 16 36 33 27	12 26 10 13 16 29 16 36 33 27	15 31 16 17 18 29 16 36 33 27	18 35 20 20 20 29 17 36 33 27	21 3 19 24 22 29 17 35 33 27	24 8 23 28 24 29 17 35 33 27	27 12 28 31 27 30 18 35 33 28
16	30 3 32 26 9 28 16 35 33 27	33 9 31 30 9 29 16 35 33 28	36 11 34 34 10 29 16 35 33 28	3 16 3 2 11 30 16 36 33 28	6 20 8 5 13 30 16 36 33 28	9 24 8 9 15 30 16 36 33 27	12 27 10 13 16 29 16 36 33 27	15 32 16 17 18 29 16 36 33 27	18 1 20 21 20 29 17 36 33 27	21 4 19 24 22 29 17 35 33 27	24 10 23 28 24 29 17 35 33 27	27 14 28 31 27 30 18 35 33 28
17	30 5 32 27 9 28 16 35 33 27	33 10 31 30 9 29 16 35 33 28	36 12 34 34 10 29 16 35 33 28	3 17 3 2 11 30 16 36 33 28	6 21 8 6 13 30 16 36 33 28	9 25 8 9 15 30 16 36 33 27	12 28 11 13 16 29 16 36 33 27	15 33 17 17 18 29 16 36 33 27	18 2 21 21 20 29 17 36 33 27	21 6 19 24 22 29 17 35 33 27	24 11 23 28 25 29 17 35 33 27	27 15 28 32 27 30 18 35 33 28
18	30 6 32 27 9 28 16 35 33 27	33 11 31 31 9 29 16 35 33 28	36 14 34 34 10 29 16 35 33 28	3 19 4 2 11 30 16 36 33 28	6 22 8 6 13 30 16 36 33 28	9 26 8 9 15 30 16 36 33 27	12 30 11 13 16 29 16 36 33 27	15 34 17 17 18 29 16 36 33 27	18 3 21 21 20 29 17 36 33 27	21 7 19 24 22 29 17 35 33 27	24 13 24 28 25 29 18 35 33 27	27 16 28 32 27 30 18 35 33 28
19	30 8 32 27 9 28 16 35 33 27	33 13 31 31 9 29 16 35 33 28	36 15 34 34 10 29 16 35 33 28	3 20 4 2 11 30 16 36 33 28	6 23 8 6 13 30 16 36 33 28	9 28 8 10 15 29 16 36 33 27	12 31 11 13 17 29 16 36 33 27	15 36 17 17 18 29 16 36 33 27	18 5 21 21 20 29 17 36 33 27	21 9 19 25 23 29 17 35 33 27	24 14 24 28 25 29 18 35 33 27	27 18 29 32 27 30 18 35 33 28
20	30 9 32 27 9 28 16 35 33 27	34 14 31 31 9 29 16 35 33 28	36 16 34 34 10 29 16 35 33 28	4 21 4 2 11 30 16 36 33 28	6 24 8 6 13 30 16 36 33 28	9 29 8 10 15 29 16 36 33 27	12 32 11 13 17 29 16 36 33 27	15 1 17 17 19 29 17 36 33 27	18 6 21 21 21 29 17 36 33 27	21 10 19 25 23 29 17 35 33 27	24 15 24 28 25 30 18 35 33 27	27 19 29 32 27 30 18 35 33 28
21	31 10 32 27 9 28 16 35 33 27	34 15 31 31 9 29 16 35 33 28	1 18 34 34 10 29 16 35 33 28	4 22 4 2 12 30 16 36 33 28	7 26 9 6 13 30 16 36 33 28	10 30 8 10 15 29 16 36 33 27	12 33 11 14 17 29 16 36 33 27	15 2 17 17 19 29 17 36 33 27	18 8 21 21 21 29 17 36 33 27	21 12 19 25 23 29 17 35 33 27	24 17 24 28 25 30 18 35 33 27	27 20 29 32 27 30 18 35 33 28
22	31 12 32 27 9 28 16 35 33 27	34 17 31 31 9 29 16 35 33 28	1 19 35 35 10 29 16 35 33 28	4 23 4 2 12 30 16 36 33 28	7 27 9 6 13 30 16 36 33 28	10 31 8 10 15 29 16 36 33 27	12 35 12 14 17 29 16 36 33 27	15 4 17 17 19 29 17 36 33 27	18 9 21 21 21 29 17 36 33 27	21 13 20 25 23 29 17 35 33 27	25 18 24 29 25 30 18 35 33 27	28 22 29 32 27 30 18 35 33 28
23	31 13 33 27 9 28 16 35 33 27	34 18 31 31 9 29 16 35 33 28	1 20 35 35 10 29 16 35 33 28	4 25 5 3 12 30 16 36 33 28	7 28 9 6 13 30 16 36 33 28	10 32 8 10 15 29 16 36 33 27	13 36 12 14 17 29 16 36 33 27	16 5 18 18 19 29 17 36 33 27	19 11 21 21 21 29 17 36 33 27	21 14 20 25 23 29 17 35 33 27	25 19 24 29 25 30 18 35 33 27	28 23 29 32 27 30 18 35 33 28
24	31 15 33 27 9 28 16 35 33 27	34 19 31 31 9 29 16 35 33 28	1 21 35 35 10 29 16 35 33 28	4 26 5 3 12 30 16 36 33 28	7 29 9 6 13 30 16 36 33 28	10 34 8 10 15 29 16 36 33 27	13 1 12 14 17 29 16 36 33 27	16 7 18 18 19 29 17 36 33 27	19 12 21 21 21 29 17 36 33 27	22 16 20 25 23 29 17 35 33 27	25 21 25 29 25 30 18 35 33 27	28 24 29 32 27 30 18 35 33 28
25	31 16 33 28 9 28 16 35 33 27	34 21 32 31 9 29 16 35 33 28	1 23 35 35 10 29 16 35 33 28	4 27 5 3 12 30 16 36 33 28	7 30 9 7 13 30 16 36 33 28	10 35 8 10 15 29 16 36 33 27	13 3 12 14 17 29 16 36 33 27	16 8 18 18 19 29 17 36 33 27	19 13 21 22 21 29 17 36 33 27	22 17 20 25 23 29 17 35 33 27	25 22 25 29 25 30 18 35 33 27	28 25 29 32 27 30 18 35 33 28
26	31 17 33 28 9 28 16 35 33 27	34 22 32 32 9 29 16 35 33 28	1 24 35 35 10 29 16 35 33 28	4 28 5 3 12 30 16 36 33 28	7 32 9 7 13 30 16 36 33 28	10 36 8 10 15 29 16 36 33 27	13 4 12 14 17 29 16 36 33 27	16 9 18 18 19 29 17 36 33 27	19 15 21 22 21 29 17 36 33 27	22 18 20 25 23 29 17 35 33 27	25 23 25 29 25 30 18 35 33 27	28 26 30 33 27 30 18 35 33 28
27	31 19 33 28 9 28 16 35 33 28	34 23 32 32 9 29 16 35 33 28	1 25 35 35 10 29 16 35 33 28	4 29 5 3 12 30 16 36 33 28	7 33 9 7 13 30 16 36 33 28	10 2 8 11 15 29 16 36 33 27	13 6 13 14 17 29 16 36 33 27	16 11 18 18 19 29 17 36 33 27	19 16 21 22 21 29 17 36 33 27	22 20 20 25 23 29 17 35 33 27	25 24 25 29 25 30 18 35 33 27	28 28 30 33 27 30 18 35 33 28
28	31 20 33 28 9 28 16 35 33 28	34 24 32 32 9 29 16 35 33 28	1 26 35 35 10 29 16 35 33 28	4 31 6 3 12 30 16 36 33 28	7 34 9 7 13 30 16 36 33 28	10 3 8 11 15 29 16 36 33 27	13 7 13 14 17 29 16 36 33 27	16 12 18 18 19 29 17 36 33 27	19 17 21 22 21 29 17 36 33 27	22 21 20 26 23 29 17 35 33 27	25 25 25 29 25 30 18 35 33 28	28 29 30 33 28 30 18 35 33 28
29	31 21 33 28 9 28 16 35 33 28	34 25 32 32 9 29 16 35 33 28	1 27 36 35 10 29 16 35 33 28	4 32 6 3 12 30 16 36 33 28	7 35 9 7 14 30 16 36 33 28	10 5 8 11 15 29 16 36 33 27	13 8 13 14 17 29 16 36 33 27	16 14 18 18 19 29 17 36 33 27	19 19 21 22 21 29 17 36 33 27	22 22 20 26 23 29 17 35 33 27	25 27 25 29 25 30 18 35 33 28	28 30 30 33 28 30 18 35 33 28
30	31 22 33 28 9 28 16 35 33 28		1 29 36 36 10 29 16 35 33 28	5 33 6 3 12 30 16 36 33 28	7 1 9 7 14 30 16 36 33 28	10 6 8 11 15 29 16 36 33 27	13 10 13 15 17 29 16 36 33 27	16 15 19 18 19 29 17 36 33 27	19 20 21 22 21 29 17 36 33 27	22 23 21 26 23 29 17 35 33 27	25 28 26 30 25 30 18 35 33 28	28 31 30 33 28 30 18 35 33 28
31	32 23 33 28 9 28 16 35 33 28		2 30 36 36 11 30 16 35 33 28		7 2 9 7 14 30 16 36 33 28		13 11 13 15 17 29 16 36 33 27	16 17 19 19 19 29 17 36 33 27		22 25 21 26 23 29 17 35 33 27		28 32 30 33 28 30 18 35 33 28

2009

	JAN	FEB	MÄR	APR	MAI	JUNI	JULI	AUG	SEPT	OKT	NOV	DEZ
1	29 33 30 33 28 30 18 35 33 28	32 2 30 36 30 31 18 36 33 28	35 3 32 2 32 32 17 36 33 28	2 9 2 1 35 32 17 36 33 28	5 12 7 1 1 33 17 36 33 28	8 18 6 3 4 33 17 36 33 28	10 21 9 6 6 33 17 36 33 28	13 26 15 9 8 33 17 36 33 28	16 30 19 13 10 32 18 36 33 28	19 34 18 17 12 32 18 36 33 28	22 2 22 21 13 32 19 36 33 28	25 6 27 24 14 33 19 36 33 28
2	29 35 31 33 28 30 18 35 33 28	32 4 30 36 30 31 18 36 33 28	35 5 32 2 32 32 17 36 33 28	2 10 2 1 35 32 17 36 33 28	5 14 7 1 1 33 17 36 33 28	8 19 6 3 4 33 17 36 33 28	11 23 9 6 6 33 17 36 33 28	13 27 15 10 8 33 17 36 33 28	16 32 19 13 10 32 18 36 33 28	19 35 18 17 12 32 18 36 33 28	22 3 22 21 13 32 19 36 33 28	25 7 27 25 14 33 19 36 33 28
3	29 36 31 33 28 30 18 35 33 28	32 5 30 36 30 31 18 36 33 28	35 6 33 2 33 32 17 36 33 28	2 11 2 1 35 32 17 36 33 28	5 15 7 1 1 33 17 36 33 28	8 20 6 3 4 33 17 36 33 28	11 24 9 6 6 33 17 36 33 28	14 28 16 10 8 33 17 36 33 28	17 33 19 13 10 32 18 36 33 28	19 36 18 17 12 32 18 36 33 28	23 5 22 21 13 32 19 36 33 28	26 9 27 25 14 33 19 36 33 28
4	29 1 31 34 28 30 18 35 33 28	32 6 30 1 30 31 18 36 33 28	35 7 33 2 33 32 17 36 33 28	2 13 2 1 35 32 17 36 33 28	5 17 7 1 1 33 17 36 33 28	8 22 6 3 4 33 17 36 33 28	11 25 10 6 6 33 17 36 33 28	14 29 16 10 8 33 17 36 33 28	17 34 19 13 10 32 18 36 33 28	20 1 18 17 12 32 18 36 33 28	23 6 23 21 13 32 19 36 33 28	26 10 27 25 14 33 19 36 33 28
5	29 3 31 34 28 30 18 35 33 28	32 8 30 1 31 31 18 36 33 28	35 9 33 2 33 32 17 36 33 28	2 14 3 1 35 32 17 36 33 28	5 18 7 1 1 33 17 36 33 28	8 23 6 3 4 33 17 36 33 28	11 26 10 6 6 33 17 36 33 28	14 31 16 10 8 33 17 36 33 28	17 35 19 14 10 32 18 36 33 28	20 3 18 17 12 32 18 36 33 28	23 8 23 21 13 32 19 36 33 28	26 11 27 25 14 33 19 36 33 28
6	29 4 31 34 28 31 18 35 33 28	32 9 30 1 31 31 18 36 33 28	35 10 33 2 33 32 17 36 33 28	2 16 3 1 35 33 17 36 33 28	5 19 7 1 2 33 17 36 33 28	8 24 6 3 4 33 17 36 33 28	11 27 10 7 6 33 17 36 33 28	14 32 16 10 8 33 17 36 33 28	17 36 19 14 10 32 18 36 33 28	20 4 18 17 12 32 18 36 33 28	23 9 23 21 13 32 19 36 33 28	26 13 28 25 14 33 19 36 33 28
7	29 5 31 34 28 31 18 35 33 28	32 11 30 1 31 31 18 36 33 28	35 12 33 2 33 32 17 36 33 28	2 17 3 1 35 33 17 36 33 28	5 21 7 1 2 33 17 36 33 28	8 25 6 4 4 33 17 36 33 28	11 29 10 7 6 33 17 36 33 28	14 33 16 10 8 33 17 36 33 28	17 2 19 14 10 32 18 36 33 28	20 5 18 18 12 32 18 36 33 28	23 10 23 21 13 32 19 36 33 28	26 14 28 25 14 33 19 36 33 28
8	29 7 31 34 28 31 18 35 33 28	32 12 30 1 31 31 18 36 33 28	35 13 33 2 33 32 17 36 33 28	2 18 3 1 35 33 17 36 33 28	5 22 7 1 2 33 17 36 33 28	8 27 6 4 4 33 17 36 33 28	11 30 10 7 6 33 17 36 33 28	14 34 16 10 8 33 18 36 33 28	17 3 19 14 10 32 18 36 33 28	20 7 18 18 12 32 18 36 33 28	23 12 23 21 14 32 19 36 33 28	26 16 28 25 14 33 19 36 33 28
9	29 8 31 34 28 31 18 35 33 28	33 14 30 1 31 31 18 36 33 28	35 15 34 2 33 32 17 36 33 28	2 20 3 1 35 33 17 36 33 28	5 23 7 1 2 33 17 36 33 28	8 28 6 4 4 33 17 36 33 28	11 31 11 7 6 33 17 36 33 28	14 35 16 10 8 33 18 36 33 28	17 4 19 14 10 32 18 36 33 28	20 8 18 18 12 32 18 36 33 28	23 13 23 22 14 32 19 36 33 28	26 17 28 25 14 33 19 36 33 28
10	29 10 31 34 29 31 18 35 33 28	33 15 30 1 31 31 18 36 33 28	35 16 34 2 33 32 17 36 33 28	3 21 4 1 36 33 17 36 33 28	5 24 7 1 2 33 17 36 33 28	8 29 6 4 4 33 17 36 33 28	11 32 11 7 6 33 17 36 33 28	14 1 17 11 8 33 18 36 33 28	17 6 19 14 10 32 18 36 33 28	20 9 18 18 12 32 18 36 33 28	23 15 24 22 14 32 19 36 33 28	26 19 28 26 14 33 19 36 33 28
11	30 11 31 34 29 31 18 35 33 28	33 17 30 1 31 31 18 36 33 28	36 17 34 2 33 32 17 36 33 28	3 22 4 1 36 33 17 36 33 28	6 26 7 1 2 33 17 36 33 28	9 30 6 4 4 33 17 36 33 28	11 33 11 7 6 33 17 36 33 28	14 2 17 11 9 33 18 36 33 28	17 7 19 14 11 32 18 36 33 28	20 11 19 18 12 32 18 36 33 28	23 16 24 22 14 32 19 36 33 28	26 20 28 26 14 33 19 36 33 28
12	30 13 31 34 29 31 18 35 33 28	33 18 30 1 31 31 18 36 33 28	36 19 34 2 33 32 17 36 33 28	3 24 4 36 36 33 17 36 33 28	6 27 7 1 2 33 17 36 33 28	9 31 6 4 4 33 17 36 33 28	11 35 11 7 6 33 17 36 33 28	14 3 17 11 9 33 18 36 33 28	17 8 19 14 11 32 18 36 33 28	20 12 19 18 12 32 18 36 33 28	23 18 24 22 14 32 19 36 33 28	27 21 28 26 14 33 19 36 33 28
13	30 14 31 35 29 31 18 35 33 28	33 19 30 1 31 31 18 36 33 28	36 20 34 2 33 32 17 36 33 28	3 25 4 36 36 33 17 36 33 28	6 28 7 1 2 33 17 36 33 28	9 32 6 4 4 33 17 36 33 28	12 36 11 7 7 33 17 36 33 28	15 5 17 11 9 33 18 36 33 28	18 10 19 15 11 32 18 36 33 28	20 14 19 18 12 32 18 36 33 28	24 19 24 22 14 32 19 36 33 28	27 23 29 26 14 33 19 36 33 28
14	30 16 31 35 29 31 18 35 33 28	33 21 30 1 31 31 18 36 33 28	36 21 34 2 33 32 17 36 33 28	3 26 4 36 36 33 17 36 33 28	6 29 6 1 2 33 17 36 33 28	9 34 6 4 4 33 17 36 33 28	12 1 12 7 7 33 17 36 33 28	15 6 17 11 9 33 18 36 33 28	18 11 19 15 11 32 18 36 33 28	21 15 19 18 12 32 18 36 33 28	24 20 24 22 14 32 19 36 33 28	27 24 29 26 14 33 19 36 33 28
15	30 17 31 35 29 31 18 35 33 28	33 22 31 1 31 31 18 36 33 28	36 23 35 2 33 32 17 36 33 28	3 27 5 36 36 33 17 36 33 28	6 30 6 2 2 33 17 36 33 28	9 35 7 4 5 33 17 36 33 28	12 2 12 8 7 33 17 36 33 28	15 7 17 11 9 33 18 36 33 28	18 13 19 15 11 32 18 36 33 28	21 16 19 19 12 32 18 36 33 28	24 22 24 22 14 32 19 36 33 28	27 25 29 26 14 33 19 36 33 28
16	30 19 31 35 29 31 18 35 33 28	33 23 31 1 31 31 17 36 33 28	36 24 35 2 34 32 17 36 33 28	3 28 5 36 36 33 17 36 33 28	6 32 6 2 2 33 17 36 33 28	9 36 7 4 5 33 17 36 33 28	12 4 12 8 7 33 17 36 33 28	15 9 17 11 9 33 18 36 33 28	18 14 19 15 11 32 18 36 33 28	21 18 19 19 12 32 18 36 33 28	24 23 24 23 14 32 19 36 33 28	27 26 29 26 14 33 19 36 33 28
17	30 20 31 35 29 31 18 35 33 28	33 24 31 1 31 31 17 36 33 28	36 25 35 2 34 32 17 36 33 28	3 30 5 36 36 33 17 36 33 28	6 33 6 2 2 33 17 36 33 28	9 1 7 5 5 33 17 36 33 28	12 5 12 8 7 33 17 36 33 28	15 10 18 11 9 33 18 36 33 28	18 16 19 15 11 32 18 36 33 28	21 19 20 19 13 32 18 36 33 28	24 24 25 23 14 32 19 36 33 28	27 28 29 26 14 33 19 36 33 28
18	30 21 31 35 29 31 18 35 33 28	33 26 31 2 32 32 17 36 33 28	36 26 35 2 34 32 17 36 33 28	3 31 5 36 36 33 17 36 33 28	6 34 6 2 2 33 17 36 33 28	9 3 7 5 5 33 17 36 33 28	12 6 13 8 7 33 17 36 33 28	15 12 18 11 9 33 18 36 33 28	18 17 19 15 11 32 18 36 33 28	21 21 20 19 13 32 18 36 33 28	24 25 25 23 14 32 19 36 33 28	27 29 29 27 14 33 19 36 33 28
19	30 22 31 35 29 31 18 35 33 28	34 27 31 2 32 32 17 36 33 28	36 28 35 2 34 32 17 36 33 28	3 32 5 36 36 33 17 36 33 28	6 35 6 2 3 33 17 36 33 28	9 4 7 5 5 33 17 36 33 28	12 8 13 8 7 33 17 36 33 28	15 13 18 12 9 33 18 36 33 28	18 18 18 15 11 32 18 36 33 28	21 22 20 19 13 32 18 36 33 28	24 27 25 23 14 32 19 36 33 28	27 30 29 27 14 33 19 36 33 28
20	31 24 31 35 29 31 18 35 33 28	34 28 31 2 32 32 17 36 33 28	36 29 35 2 34 32 17 36 33 28	4 33 5 36 36 33 17 36 33 28	6 1 6 2 3 33 17 36 33 28	9 5 7 5 5 33 17 36 33 28	12 9 13 8 7 33 17 36 33 28	15 15 18 12 9 33 18 36 33 28	18 20 18 15 11 32 18 36 33 28	21 23 20 19 13 32 18 36 33 28	24 28 25 23 14 32 19 36 33 28	27 31 29 27 14 33 19 36 33 28
21	31 25 31 35 29 31 18 35 33 28	34 29 31 2 32 32 17 36 33 28	1 30 36 2 34 32 17 36 33 28	4 34 6 36 36 33 17 36 33 28	7 2 6 2 3 33 17 36 33 28	9 7 7 5 5 33 17 36 33 28	12 11 13 8 7 33 17 36 33 28	15 16 18 12 9 33 18 36 33 28	18 21 18 16 11 32 18 36 33 28	21 25 20 19 13 32 18 36 33 28	24 29 25 23 14 32 19 36 33 28	27 32 29 27 14 33 19 36 33 28
22	31 26 30 35 29 31 18 35 33 28	34 30 31 2 32 32 17 36 33 28	1 31 36 2 34 32 17 36 33 28	4 36 6 36 36 33 17 36 33 28	7 3 6 2 3 33 17 36 33 28	10 8 7 5 5 33 17 36 33 28	12 12 13 8 7 33 17 36 33 28	15 18 18 12 9 33 18 36 33 28	18 23 18 16 11 32 18 36 33 28	21 26 20 19 13 32 18 36 33 28	24 30 25 23 14 32 19 36 33 28	28 34 30 27 14 33 19 36 33 28
23	31 27 30 35 30 31 18 36 33 28	34 32 31 2 32 32 17 36 33 28	1 32 36 2 34 32 17 36 33 28	4 1 6 36 1 33 17 36 33 28	7 5 6 2 3 33 17 36 33 28	10 10 8 5 5 33 17 36 33 28	13 14 14 8 7 33 17 36 33 28	16 19 18 12 9 33 18 36 33 28	19 24 18 16 11 32 18 36 33 28	21 27 21 20 13 32 18 36 33 28	25 32 26 23 14 32 19 36 33 28	28 35 30 27 14 33 19 36 33 28
24	31 28 30 36 30 31 18 36 33 28	34 33 32 2 32 32 17 36 33 28	1 34 36 1 34 32 17 36 33 28	4 2 6 36 1 33 17 36 33 28	7 6 6 2 3 33 17 36 33 28	10 11 8 5 5 33 17 36 33 28	13 15 14 9 7 33 17 36 33 28	16 20 18 12 9 33 18 36 33 28	19 25 18 16 11 32 18 36 33 28	22 28 21 20 13 32 18 36 33 28	25 33 26 24 14 32 19 36 33 28	28 36 30 27 14 33 19 36 33 28
25	31 30 30 36 30 31 18 36 33 28	34 34 32 2 32 32 17 36 33 28	1 35 36 1 34 32 17 36 33 28	4 4 6 1 1 33 17 36 33 28	7 8 6 2 3 33 17 36 33 28	10 13 8 5 5 33 17 36 33 28	13 17 14 9 7 33 17 36 33 28	16 22 18 12 9 33 18 36 33 28	19 26 18 16 11 32 18 36 33 28	22 30 21 20 13 32 18 36 33 28	25 34 26 24 14 33 19 36 33 28	28 1 30 27 14 33 19 36 33 28
26	31 31 30 36 30 31 18 36 33 28	34 35 32 2 32 32 17 36 33 28	1 36 1 1 34 32 17 36 33 28	4 5 6 1 1 33 17 36 33 28	7 9 6 2 3 33 17 36 33 28	10 14 8 5 5 33 17 36 33 28	13 18 14 9 7 33 17 36 33 28	16 23 19 12 10 33 18 36 33 28	19 28 18 16 11 32 18 36 33 28	22 31 21 20 13 32 18 36 33 28	25 35 26 24 14 33 19 36 33 28	28 2 30 28 14 33 19 36 33 28
27	31 32 30 36 30 31 18 36 33 28	34 1 32 2 32 32 17 36 33 28	1 2 1 1 34 32 17 36 33 28	4 7 6 1 1 33 17 36 33 28	7 11 6 3 3 33 17 36 33 28	10 16 8 6 5 33 17 36 33 28	13 20 14 9 8 33 17 36 33 28	16 24 19 13 10 33 18 36 33 28	19 29 18 16 11 32 18 36 33 28	22 32 21 20 13 32 18 36 33 28	25 36 26 24 14 33 19 36 33 28	28 4 30 28 14 33 19 36 33 28
28	31 33 30 36 30 31 18 36 33 28	34 2 32 2 32 32 17 36 33 28	1 3 1 1 35 32 17 36 33 28	4 8 6 1 1 33 17 36 33 28	7 12 6 3 3 33 17 36 33 28	10 17 8 6 5 33 17 36 33 28	13 21 14 9 8 33 17 36 33 28	16 26 19 13 10 33 18 36 33 28	19 30 18 16 12 32 18 36 33 28	22 33 21 20 13 32 18 36 33 28	25 2 26 24 14 33 19 36 33 28	28 5 30 28 14 33 19 36 33 28
29	31 34 30 36 30 31 18 36 33 28		1 4 1 1 35 32 17 36 33 28	4 10 6 1 1 33 17 36 33 28	7 13 6 3 3 33 17 36 33 28	10 19 9 6 6 33 17 36 33 28	13 22 15 9 8 33 17 36 33 28	16 27 19 13 10 33 18 36 33 28	19 31 18 17 12 32 18 36 33 28	22 34 22 20 13 32 18 36 33 28	25 3 26 24 14 33 19 36 33 28	28 6 30 28 14 33 19 36 33 28
30	32 36 30 36 30 31 18 36 33 28		1 6 1 1 35 32 17 36 33 28	4 11 6 1 1 33 17 36 33 28	7 15 6 3 3 33 17 36 33 28	10 20 9 6 6 33 17 36 33 28	13 23 15 9 8 33 17 36 33 28	16 28 19 13 10 33 18 36 33 28	19 32 18 17 12 32 18 36 33 28	22 36 22 20 13 32 19 36 33 28	25 4 27 24 14 33 19 36 33 28	28 8 30 28 14 33 19 36 33 28
31	32 1 30 36 30 31 18 36 33 28		2 7 2 1 35 32 17 36 33 28		7 16 6 3 3 33 17 36 33 28		13 25 15 9 8 33 17 36 33 28	16 29 19 13 10 33 18 36 33 28		22 1 22 20 13 32 19 36 33 28		28 9 29 28 14 33 19 36 33 28

2010

	JAN	FEB	MÄR	APR	MAI	JUNI	JULI	AUG	SEPT	OKT	NOV	DEZ
1	29 11 29 28 14 33 19 36 33 28	32 16 29 32 13 34 19 36 33 28	35 17 33 36 13 34 19 36 33 28	2 22 3 4 13 35 19 36 33 28	5 26 4 7 14 36 18 36 33 28	8 30 5 11 15 36 18 1 33 28	10 33 11 14 17 1 18 1 33 28	13 2 16 18 19 1 19 1 33 28	16 6 17 21 21 1 19 36 33 28	19 10 18 23 23 36 19 36 33 28	22 15 23 22 25 36 20 36 33 28	25 19 27 22 27 36 20 36 33 28
2	29 12 29 28 14 33 19 36 33 28	32 18 29 32 13 34 19 36 33 28	35 18 34 36 13 35 19 36 33 28	2 24 3 4 13 35 19 36 33 28	5 27 4 7 14 36 18 36 33 28	8 31 5 11 15 36 18 1 33 28	11 35 11 15 17 1 18 1 33 28	13 3 16 18 19 1 19 1 33 28	16 8 17 21 21 1 19 36 33 28	19 11 18 23 23 36 19 36 33 28	22 17 23 22 25 36 20 36 33 28	25 21 28 22 27 36 20 36 33 28
3	29 14 29 29 14 33 19 36 33 28	32 19 30 32 13 34 19 36 33 28	35 20 34 36 13 35 19 36 33 28	2 25 4 4 13 35 19 36 33 28	5 28 4 7 14 36 18 36 33 28	8 33 5 11 15 36 18 1 33 28	11 36 11 15 17 1 18 1 33 28	14 4 16 18 19 1 19 1 33 28	17 9 17 21 21 1 19 36 33 28	19 13 18 23 23 36 19 36 33 28	23 18 24 22 25 36 20 36 33 28	26 22 28 22 27 36 20 36 33 28
4	29 15 29 29 14 33 19 36 33 28	32 21 30 33 13 34 19 36 33 28	35 21 34 36 13 35 19 36 33 28	2 26 4 4 13 35 19 36 33 28	5 29 4 8 14 36 18 36 33 28	8 34 6 11 15 36 18 1 33 28	11 1 11 15 17 1 18 1 33 28	14 6 16 18 19 1 19 1 33 28	17 10 17 21 21 1 19 36 33 28	20 14 19 23 23 36 19 36 33 28	23 20 24 22 25 36 20 36 33 28	26 23 28 22 27 36 20 36 33 28
5	29 17 29 29 14 33 19 36 33 28	32 22 30 33 13 34 19 36 33 28	35 23 34 36 13 35 19 36 33 28	2 27 4 4 13 35 19 36 33 28	5 31 4 8 14 36 18 36 33 28	8 35 6 11 15 36 18 1 33 28	11 2 12 15 17 1 18 1 33 28	14 7 16 18 19 1 19 1 33 28	17 12 16 21 21 1 19 36 33 28	20 16 19 23 23 36 19 36 33 28	23 21 24 22 25 36 20 36 33 28	26 25 28 22 27 36 20 36 33 28
6	29 18 29 29 14 33 19 36 33 28	32 23 30 33 13 34 19 36 33 28	35 24 34 36 13 35 19 36 33 28	2 29 4 4 13 35 19 36 33 28	5 32 4 8 14 36 18 36 33 28	8 36 6 12 15 36 18 1 33 28	11 3 12 15 17 1 18 1 33 28	14 8 17 18 19 1 19 1 33 28	17 13 16 21 21 1 19 36 33 28	20 17 19 23 23 36 19 36 33 28	23 23 24 22 25 36 20 36 33 28	26 26 28 22 27 36 20 36 33 28
7	29 20 29 29 14 33 19 36 33 28	32 24 30 33 13 34 19 36 33 28	35 25 34 36 13 35 19 36 33 28	2 30 4 4 13 35 19 36 33 28	5 33 4 8 14 36 18 36 33 28	8 1 6 12 15 1 18 1 33 28	11 5 12 15 17 1 18 1 33 28	14 10 17 18 19 1 19 1 33 28	17 15 16 21 21 1 19 36 33 28	20 19 19 23 23 36 19 36 33 28	23 24 24 22 25 36 20 36 33 28	26 28 28 22 27 36 20 36 33 28
8	29 21 29 29 14 33 19 36 33 28	32 26 30 33 13 34 19 36 33 28	35 27 35 1 13 35 19 36 33 28	2 31 4 4 13 35 18 36 33 28	5 34 4 8 14 33 18 36 33 28	8 3 6 12 16 1 18 1 33 28	11 6 12 15 17 1 18 1 33 28	14 11 17 19 19 1 19 1 33 28	17 16 16 21 21 1 19 36 33 28	20 20 19 23 23 36 19 36 33 28	23 25 24 22 25 36 20 36 33 28	26 29 28 22 28 36 20 36 33 28
9	29 22 28 29 14 33 19 36 33 28	33 27 30 33 13 34 19 36 33 28	35 28 35 1 13 35 19 36 33 28	2 32 4 5 13 35 18 36 33 28	5 35 4 8 14 36 18 36 33 28	8 4 6 12 16 1 18 1 33 28	11 7 12 15 17 1 18 1 33 28	14 13 17 19 19 1 19 1 33 28	17 18 16 22 21 1 19 36 33 28	20 22 19 23 23 36 19 36 33 28	23 27 25 21 25 36 20 36 33 28	26 30 28 22 28 36 20 36 33 28
10	29 24 28 29 14 33 19 36 33 28	33 28 30 33 13 34 19 36 33 28	35 29 35 1 13 35 19 36 33 28	3 33 4 5 13 35 18 36 33 28	5 1 4 8 14 36 18 36 33 28	8 5 6 12 16 1 18 1 33 28	11 9 13 15 17 1 18 1 33 28	14 14 17 19 19 1 19 1 33 28	17 19 16 22 21 36 19 36 33 28	20 23 20 23 23 36 19 36 33 28	23 28 25 21 25 36 20 36 33 28	26 31 28 22 28 36 20 36 33 28
11	30 25 28 30 14 33 19 36 33 28	33 29 31 33 13 34 19 36 33 28	36 30 35 1 13 35 19 36 33 28	3 35 4 5 13 35 18 36 33 28	6 2 4 8 14 36 18 36 33 28	8 7 7 12 16 1 18 1 33 28	11 10 13 16 17 1 18 1 33 28	14 16 17 19 19 1 19 1 33 28	17 21 16 22 21 36 19 36 33 28	20 25 20 23 23 36 19 36 33 28	23 29 25 21 25 36 20 36 33 28	26 33 28 22 28 36 20 36 33 28
12	30 26 28 30 14 33 19 36 33 28	33 31 31 34 13 34 19 36 33 28	36 31 35 1 13 35 19 36 33 28	3 36 5 5 13 35 18 36 33 28	6 3 4 9 14 36 18 36 33 28	9 8 7 12 16 1 18 1 33 28	11 12 13 16 17 1 18 1 33 28	14 17 17 19 19 1 19 1 33 28	17 22 16 22 21 36 19 36 33 28	20 26 20 23 23 36 19 36 33 28	23 31 25 21 26 36 20 36 33 28	26 34 28 22 28 36 20 36 33 28
13	30 27 28 30 14 33 19 36 33 28	33 32 31 34 13 34 19 36 33 28	36 33 36 1 13 35 19 36 33 28	3 1 5 5 13 35 18 36 33 28	6 4 4 9 14 36 18 36 33 28	9 9 7 12 16 1 18 1 33 28	12 13 13 16 17 1 18 1 33 28	15 19 17 19 19 1 19 1 33 28	18 24 16 22 21 36 19 36 33 28	20 27 20 23 23 36 19 36 33 28	24 32 25 21 26 36 20 36 33 28	27 35 28 22 28 36 20 36 33 28
14	30 28 28 30 14 33 19 36 33 28	33 33 31 34 13 34 19 36 33 28	36 34 36 1 13 35 19 36 33 28	3 2 5 5 13 36 18 36 33 28	6 6 4 9 14 36 18 36 33 28	9 11 7 12 16 1 18 1 33 28	12 15 13 16 18 1 18 1 33 28	15 20 17 19 19 1 19 37 33 28	18 25 16 22 21 36 19 36 33 28	21 29 20 23 23 36 19 36 33 28	24 33 25 21 26 36 20 36 33 28	27 36 28 22 28 36 20 36 33 28
15	30 30 28 30 14 33 19 36 33 28	33 34 31 34 13 34 19 36 33 28	36 35 36 1 13 35 19 36 33 28	3 4 5 5 13 36 18 36 33 28	6 7 4 9 14 36 18 36 33 28	9 12 7 13 16 1 18 1 33 28	12 16 13 16 18 1 18 1 33 28	15 21 17 19 19 1 19 36 33 28	18 26 16 22 22 36 19 36 33 28	21 30 21 23 24 36 19 36 33 28	24 34 25 21 26 36 20 36 33 28	27 1 28 22 28 36 20 36 33 28
16	30 31 28 30 14 33 19 36 33 28	33 35 31 34 13 34 19 36 33 28	36 36 36 2 13 35 19 36 33 28	3 5 5 5 13 36 18 36 33 28	6 8 4 9 14 36 18 36 33 28	9 14 8 13 16 1 18 1 33 28	12 18 14 16 18 1 18 1 33 28	15 23 17 19 20 1 19 36 33 28	18 28 16 22 22 36 19 36 33 28	21 31 21 23 24 36 19 36 33 28	24 35 26 21 26 36 20 36 33 28	27 3 28 22 28 36 20 36 33 28
17	30 32 28 30 14 33 19 36 33 28	33 36 31 34 13 34 19 36 33 28	36 1 36 2 13 35 19 36 33 28	3 6 5 5 13 36 18 36 33 28	6 10 4 9 14 36 18 36 33 28	9 15 8 13 16 1 18 1 33 28	12 19 14 16 18 1 18 1 33 28	15 24 17 19 20 1 19 36 33 28	18 29 16 22 22 36 19 36 33 28	21 32 21 23 24 36 19 36 33 28	24 1 26 21 26 36 20 36 33 28	27 4 28 23 28 36 20 36 33 28
18	30 33 28 30 14 33 19 36 33 28	33 2 32 34 13 34 19 36 33 28	36 3 1 2 13 35 19 36 33 28	3 7 5 6 13 36 18 36 33 28	6 11 4 9 14 36 18 36 33 28	9 17 8 13 16 1 18 1 33 28	12 20 14 16 18 1 18 1 33 28	15 25 17 20 20 1 19 36 33 28	18 30 16 22 22 36 19 36 33 28	21 33 21 23 24 36 19 36 33 28	24 2 26 21 26 36 20 36 33 28	27 5 28 23 28 36 20 36 33 28
19	30 34 28 31 14 34 19 36 33 28	34 3 32 34 13 34 19 36 33 28	36 4 1 2 13 35 19 36 33 28	3 9 5 6 13 36 18 36 33 28	6 13 4 9 15 36 18 36 33 28	9 18 8 13 16 1 18 1 33 28	12 22 14 16 18 1 18 1 33 28	15 27 17 20 20 1 19 36 33 28	18 31 16 22 22 36 19 36 33 28	21 35 21 23 24 36 19 36 33 28	24 3 26 21 26 36 20 36 33 28	27 6 27 23 28 36 20 36 33 28
20	30 36 28 31 14 34 19 36 33 28	34 4 32 35 13 34 19 36 33 28	36 5 1 2 13 35 19 36 33 28	3 10 5 6 13 36 18 36 33 28	6 14 4 9 15 36 18 36 33 28	9 19 8 13 16 1 18 1 33 28	12 23 14 17 18 1 18 1 33 28	15 28 17 20 20 1 19 36 33 28	18 33 16 22 22 36 19 36 33 28	21 36 21 23 24 36 20 36 33 28	24 4 26 21 26 36 20 36 33 28	27 8 27 23 28 36 20 36 33 28
21	31 1 28 31 14 34 19 36 33 28	34 5 32 35 13 34 19 36 33 28	1 6 1 2 13 35 19 36 33 28	4 12 5 6 13 36 18 36 33 28	6 16 4 10 15 36 18 36 33 28	9 21 9 13 16 1 18 1 33 28	12 25 14 17 18 1 18 1 33 28	15 29 17 20 20 1 19 36 33 28	18 34 17 22 22 36 19 36 33 28	21 1 22 23 24 36 20 36 33 28	24 5 26 21 26 36 20 36 33 28	27 9 27 23 28 36 20 36 33 28
22	31 2 28 31 14 34 19 36 33 28	34 7 32 35 13 34 19 36 33 28	1 8 1 2 13 35 19 36 33 28	4 13 5 6 13 36 18 36 33 28	7 17 4 10 15 36 18 36 33 28	10 22 9 13 16 1 18 1 33 28	12 26 15 17 18 1 19 1 33 28	15 30 17 20 20 1 19 36 33 28	18 35 17 22 22 36 19 36 33 28	21 2 22 22 24 36 20 36 33 28	24 7 26 21 26 36 20 36 33 28	28 10 27 23 29 36 20 36 33 28
23	31 3 28 31 14 34 19 36 33 28	34 8 32 35 13 34 19 36 33 28	1 9 2 2 13 35 19 36 33 28	4 14 5 6 13 36 18 36 33 28	7 18 4 10 15 36 18 36 33 28	10 24 9 14 16 1 18 1 33 28	13 27 15 17 18 1 19 1 33 28	15 32 17 20 20 1 19 36 33 28	18 36 17 22 22 36 19 36 33 28	21 3 22 22 24 36 20 36 33 28	25 8 27 21 26 36 20 36 33 28	28 12 27 23 29 36 20 36 33 28
24	31 5 28 31 14 34 19 36 33 28	34 10 33 35 13 34 19 36 33 28	1 11 2 3 13 35 19 36 33 28	4 16 5 6 13 36 18 36 33 28	7 20 4 10 15 36 18 36 33 28	10 25 9 14 16 1 18 1 33 28	13 28 15 17 18 1 19 1 33 28	16 33 17 20 20 1 19 36 33 28	19 1 17 22 22 36 19 36 33 28	22 5 22 22 24 36 20 36 33 28	25 9 27 21 26 36 20 36 33 28	28 13 27 23 29 36 20 36 33 28
25	31 6 29 31 14 34 19 36 33 28	34 11 33 35 13 34 19 36 33 28	1 12 2 3 13 35 19 36 33 28	4 17 5 6 14 36 18 36 33 28	7 21 4 10 15 36 18 36 33 28	10 26 9 14 16 1 18 1 33 28	13 30 15 17 18 1 19 1 33 28	16 34 17 20 20 1 19 36 33 28	19 2 17 23 22 36 19 36 33 28	22 6 22 22 24 36 20 36 33 28	25 11 27 21 27 36 20 36 33 28	28 15 27 23 29 36 20 36 33 28
26	31 7 29 31 14 34 19 36 33 28	34 12 33 35 13 34 19 36 33 28	1 13 2 3 13 35 19 36 33 28	4 19 4 7 14 36 18 36 33 28	7 23 4 10 15 36 18 36 33 28	10 27 10 14 17 1 18 1 33 28	13 31 15 17 18 1 19 1 33 28	16 35 17 20 20 1 19 36 33 28	19 4 17 23 22 36 19 36 33 28	22 7 22 22 24 36 20 36 33 28	25 12 27 21 27 36 20 36 33 28	28 16 27 23 29 36 20 36 33 28
27	31 9 29 32 14 34 19 36 33 28	34 14 33 35 13 34 19 36 33 28	1 15 2 3 13 35 19 36 33 28	4 20 4 7 14 36 18 36 33 28	7 24 5 10 15 36 18 36 33 28	10 29 10 14 17 1 18 1 33 28	13 32 15 17 18 1 19 1 33 28	16 36 17 20 20 1 19 36 33 28	19 5 17 23 22 36 19 36 33 28	22 8 22 22 24 36 20 36 33 28	25 14 27 21 27 36 20 36 33 28	28 17 27 23 29 36 20 36 33 28
28	31 10 29 32 14 34 19 36 33 28	34 15 33 36 13 34 19 36 33 28	1 16 3 3 13 35 19 36 33 28	4 22 4 7 14 36 18 36 33 28	7 25 5 10 15 36 18 36 33 28	10 30 10 14 17 1 18 1 33 28	13 33 16 17 18 1 19 1 33 28	16 2 17 21 20 1 19 36 33 28	19 6 18 23 22 36 19 36 33 28	22 10 23 22 24 36 20 36 33 28	25 15 27 21 27 36 20 36 33 28	28 19 27 23 29 36 20 36 33 28
29	31 12 29 32 14 34 19 36 33 28		1 18 3 3 13 35 19 36 33 28	4 23 4 7 14 36 18 36 33 28	7 27 5 11 15 36 18 1 33 28	10 31 10 14 17 1 18 1 33 28	13 34 16 18 18 1 19 1 33 28	16 3 17 21 20 1 19 36 33 28	19 7 18 23 22 36 19 36 33 28	22 11 23 22 25 36 20 36 33 28	25 16 27 21 27 36 20 36 33 28	28 20 26 24 29 36 20 36 33 28
30	31 13 29 32 13 34 19 36 33 28		1 19 3 3 13 35 19 36 33 28	4 24 4 7 14 36 18 36 33 28	7 28 5 11 15 36 18 1 33 28	10 32 10 14 17 1 18 1 33 28	13 35 16 18 19 1 19 1 33 28	16 4 17 21 20 1 19 36 33 28	19 9 18 23 23 36 19 36 33 28	22 12 23 22 25 36 20 36 33 28	25 18 27 21 27 36 20 36 33 28	28 22 26 24 29 36 20 36 33 28
31	32 15 29 32 13 34 19 36 33 28		2 21 3 3 13 35 19 36 33 28		7 29 5 11 15 36 18 1 33 28		13 1 16 18 19 1 19 1 33 28	16 5 17 21 21 1 19 36 33 28		22 14 23 22 25 36 20 36 33 28		28 23 26 24 29 36 20 36 33 28

2011

	JAN	FEB	MÄR	APR	MAI	JUNI	JULI	AUG	SEPT	OKT	NOV	DEZ
1	29 24 26 24 29 36 20 36 33 28	32 29 30 27 32 1 20 36 33 28	35 30 35 30 34 1 20 36 33 28	2 35 3 34 36 2 20 1 33 28	5 2 2 2 3 3 20 1 34 28	8 7 6 5 5 3 20 1 34 28	10 10 12 9 7 4 20 1 34 28	13 15 16 13 9 4 20 1 34 28	16 20 15 17 11 5 20 1 33 28	19 24 19 20 13 4 20 1 33 28	22 29 24 24 15 4 21 1 33 28	25 33 26 28 16 4 21 1 33 28
2	29 26 27 24 29 36 20 36 33 28	32 31 30 27 32 1 20 36 33 28	35 31 35 30 34 1 20 36 33 28	2 36 3 34 36 2 20 1 33 28	5 3 2 2 3 3 20 1 34 28	8 8 6 6 5 3 20 1 34 28	10 11 12 9 7 4 20 1 34 28	13 16 16 13 9 4 20 1 34 28	16 22 15 17 11 5 20 1 33 28	19 26 20 21 13 4 20 1 33 28	22 31 24 24 15 4 21 1 33 28	25 34 26 28 16 4 21 1 33 28
3	29 27 27 24 29 36 20 36 33 28	32 32 30 27 32 1 20 36 33 28	35 33 35 31 34 1 20 36 33 28	2 1 3 34 1 2 20 1 33 28	5 4 2 2 3 3 20 1 34 28	8 9 7 6 5 3 20 1 34 28	11 13 13 9 7 4 20 1 34 28	14 18 16 13 9 4 20 1 34 28	17 23 15 17 11 5 20 1 33 28	19 27 20 21 13 4 20 1 33 28	23 32 25 25 15 4 21 1 33 28	26 35 26 28 17 4 21 1 33 28
4	29 28 27 24 30 36 20 36 33 28	32 33 31 27 32 1 20 36 33 28	35 34 35 31 34 1 20 36 33 28	2 2 3 34 1 2 20 1 33 28	5 6 2 2 3 3 20 1 34 28	8 10 7 6 5 3 20 1 34 28	11 14 13 9 7 4 20 1 34 28	14 19 16 13 10 4 20 1 34 28	17 25 15 17 12 5 20 1 33 28	20 28 20 21 13 4 20 1 33 28	23 33 25 25 15 4 21 1 33 28	26 36 26 28 17 4 21 1 33 28
5	29 30 27 24 30 36 20 36 33 28	32 34 31 28 32 1 20 36 33 28	35 35 36 31 34 1 20 36 33 28	2 4 3 35 1 2 20 1 34 28	5 7 2 2 3 3 20 1 34 28	8 12 7 6 5 4 20 1 34 28	11 15 13 10 7 4 20 1 34 28	14 21 16 13 10 4 20 1 34 28	17 26 15 17 12 5 20 1 33 28	20 30 20 21 13 4 20 1 33 28	23 34 25 25 15 4 21 1 33 28	26 2 26 29 17 4 21 1 33 28
6	29 31 27 24 30 36 20 36 33 28	32 35 31 28 32 1 20 36 33 28	35 36 36 31 34 1 20 36 33 28	2 5 3 35 1 2 20 1 34 28	5 8 2 2 3 3 20 1 34 28	8 13 7 6 5 4 20 1 34 28	11 17 13 10 8 4 20 1 34 28	14 22 16 14 10 4 20 1 33 28	17 27 15 17 12 5 20 1 33 28	20 31 20 21 14 4 20 1 33 28	23 36 25 25 15 4 21 1 33 28	26 3 25 29 17 4 21 1 33 28
7	29 32 27 24 30 36 20 36 33 28	32 1 31 28 32 1 20 36 33 28	35 1 36 31 34 1 20 36 33 28	2 6 3 35 1 2 20 1 34 28	5 9 2 2 3 3 20 1 34 28	8 14 7 6 5 4 20 1 34 28	11 18 13 10 8 4 20 1 34 28	14 24 16 14 10 4 20 1 33 28	17 29 15 17 12 5 20 1 33 28	20 32 20 21 14 4 20 1 33 28	23 1 25 25 15 4 21 1 33 28	26 4 25 29 17 4 21 1 33 28
8	29 33 27 25 30 36 20 36 33 28	32 2 31 28 32 1 20 36 33 28	35 3 36 31 35 1 20 36 33 28	2 7 3 35 1 2 20 1 34 28	5 11 3 3 3 3 20 1 34 28	8 16 8 6 6 4 20 1 34 28	11 20 13 10 8 4 20 1 34 28	14 25 16 14 10 4 20 1 33 28	17 30 15 18 12 5 20 1 33 28	20 33 21 21 14 4 20 1 33 28	23 2 25 25 15 4 21 1 33 28	26 5 25 29 17 4 21 1 33 28
9	29 35 27 25 30 36 20 36 33 28	32 3 31 28 32 1 20 36 33 28	35 4 36 31 35 1 20 36 33 28	2 8 3 35 1 2 20 1 34 28	5 12 3 3 3 3 20 1 34 28	8 17 8 6 6 4 20 1 34 28	11 21 14 10 8 4 20 1 34 28	14 26 15 14 10 4 20 1 33 28	17 31 15 18 12 5 20 1 33 28	20 35 21 21 14 4 20 1 33 28	23 3 25 25 15 4 21 1 33 28	26 6 25 29 17 4 21 1 33 28
10	29 36 27 25 30 36 20 36 33 28	33 4 31 28 32 1 20 36 33 28	35 5 1 31 35 1 20 36 33 28	2 10 2 35 1 2 20 1 34 28	5 13 3 3 3 3 20 1 34 28	8 19 8 7 6 4 20 1 34 28	11 23 14 10 8 4 20 1 34 28	14 28 15 14 10 4 20 1 33 28	17 32 16 18 12 5 20 1 33 28	20 36 21 22 14 4 20 1 33 28	23 4 25 25 15 4 21 1 33 28	26 8 25 29 17 4 21 1 33 28
11	30 1 27 25 30 36 20 36 33 28	33 5 32 28 33 1 20 36 33 28	36 6 1 32 35 2 20 36 33 28	3 11 2 35 1 2 20 1 34 28	5 15 3 3 3 3 20 1 34 28	8 20 8 7 6 4 20 1 34 28	11 24 14 10 8 4 20 1 34 28	14 29 15 14 10 4 20 1 33 28	17 34 16 18 12 5 20 1 33 28	20 1 21 22 14 4 20 1 33 28	23 5 26 26 15 4 21 1 33 28	26 9 25 29 17 4 21 1 33 28
12	30 2 27 25 30 36 20 36 33 28	33 7 32 28 33 1 20 36 33 28	36 7 1 32 35 2 20 36 33 28	3 12 2 35 1 2 20 1 34 28	6 16 3 3 4 3 20 1 34 28	9 21 8 7 6 4 20 1 34 28	11 25 14 10 8 4 20 1 34 28	14 30 15 14 10 4 20 1 33 28	17 35 16 18 12 5 20 1 33 28	20 2 21 22 14 4 20 1 33 28	23 7 26 26 16 4 21 1 33 28	26 10 25 29 17 4 21 1 33 28
13	30 3 27 25 30 36 20 36 33 28	33 8 32 29 33 1 20 36 33 28	36 9 1 32 35 2 20 1 33 28	3 14 2 36 1 2 20 1 34 28	6 18 3 3 4 3 20 1 34 28	9 23 9 7 6 4 20 1 34 28	12 27 14 11 8 4 20 1 34 28	14 32 15 14 10 4 20 1 33 28	17 36 16 18 12 5 20 1 33 28	20 3 21 22 14 4 21 1 33 28	24 8 26 26 16 4 21 1 33 28	27 11 25 30 17 4 21 1 33 28
14	30 5 28 25 30 36 20 36 33 28	33 9 32 29 33 1 20 36 33 28	36 10 1 32 35 2 20 1 33 28	3 15 2 36 1 2 20 1 34 28	6 19 3 3 4 3 20 1 34 28	9 24 9 7 6 4 20 1 34 28	12 28 14 11 8 4 20 1 34 28	15 33 15 15 10 4 20 1 33 28	18 1 16 18 12 5 20 1 33 28	21 5 22 22 14 4 21 1 33 28	24 9 26 26 16 4 21 1 33 28	27 13 25 30 17 4 21 1 33 28
15	30 6 28 25 30 36 20 36 33 28	33 11 32 29 33 1 20 36 33 28	36 11 1 32 35 2 20 1 33 28	3 17 2 36 1 2 20 1 34 28	6 20 3 3 4 3 20 1 34 28	9 26 9 7 6 4 20 1 34 28	12 29 14 11 8 4 20 1 34 28	15 34 15 15 10 4 20 1 33 28	18 3 16 18 12 4 20 1 33 28	21 6 22 22 14 4 21 1 33 28	24 10 26 26 16 4 21 1 33 28	27 14 25 30 17 4 21 1 33 28
16	30 7 28 25 31 36 20 36 33 28	33 12 32 29 33 1 20 36 33 28	36 13 2 32 35 2 20 1 33 28	3 18 2 36 2 2 20 1 34 28	6 22 4 4 4 3 20 1 34 28	9 27 9 7 6 4 20 1 34 28	12 31 14 11 8 4 20 1 34 28	15 35 15 15 10 5 20 1 33 28	18 4 17 19 12 4 20 1 33 28	21 7 22 22 14 4 21 1 33 28	24 12 26 26 16 4 21 1 33 28	27 15 25 30 17 4 21 1 33 28
17	30 8 28 25 31 36 20 36 33 28	33 13 33 29 33 1 20 36 33 28	36 14 2 32 35 2 20 1 33 28	3 20 2 36 2 2 20 1 34 28	6 23 4 4 4 3 20 1 34 28	9 29 10 7 6 4 20 1 34 28	12 32 15 11 8 4 20 1 34 28	15 36 15 15 10 5 20 1 33 28	18 5 17 19 12 4 20 1 33 28	21 8 22 22 14 4 21 1 33 28	24 13 26 26 16 4 21 1 33 28	27 17 25 30 17 4 21 1 33 28
18	30 10 28 26 31 36 20 36 33 28	33 15 33 29 33 1 20 36 33 28	36 16 2 32 35 2 20 1 33 28	3 21 2 36 2 2 20 1 34 28	6 25 4 4 4 3 20 1 34 28	9 30 10 8 6 4 20 1 34 28	12 33 15 11 8 4 20 1 34 28	15 2 15 15 10 5 20 1 33 28	18 6 17 19 12 4 20 1 33 28	21 9 22 23 14 4 21 1 33 28	24 14 26 26 16 4 21 1 33 28	27 18 25 30 17 4 21 1 33 28
19	30 11 28 26 31 36 20 36 33 28	33 16 33 29 33 1 20 36 33 28	36 17 2 33 35 2 20 1 33 28	3 23 2 36 2 2 20 1 34 28	6 26 4 4 4 3 20 1 34 28	9 31 10 8 6 4 20 1 34 28	12 34 15 11 8 4 20 1 34 28	15 3 15 15 11 5 20 1 33 28	18 7 17 19 12 4 20 1 33 28	21 11 22 23 14 4 21 1 33 28	24 16 26 27 16 4 21 1 33 28	27 19 25 30 17 4 21 1 33 28
20	30 13 28 26 31 36 20 36 33 28	34 18 33 29 33 1 20 36 33 28	36 19 2 33 35 2 20 1 33 28	3 24 2 36 2 2 20 1 34 28	6 28 4 4 4 3 20 1 34 28	9 32 10 8 6 4 20 1 34 28	12 36 15 11 9 4 20 1 34 28	15 4 15 15 11 5 20 1 33 28	18 9 17 19 13 4 20 1 33 28	21 12 23 23 14 4 21 1 33 28	24 17 26 27 16 4 21 1 33 28	27 21 25 30 17 4 21 1 33 28
21	31 14 28 26 31 36 20 36 33 28	34 19 33 29 33 1 20 36 33 28	1 20 2 33 36 2 20 1 33 28	4 26 2 36 2 2 20 1 34 28	6 29 4 4 4 3 20 1 34 28	9 34 10 8 6 4 20 1 34 28	12 1 15 12 9 4 20 1 34 28	15 5 15 15 11 5 20 1 33 28	18 10 18 19 13 4 20 1 33 28	21 13 23 23 14 4 21 1 33 28	24 18 26 27 16 4 21 1 33 28	27 22 25 31 17 4 21 1 33 28
22	31 16 29 26 31 36 20 36 33 28	34 21 34 30 33 1 20 36 33 28	1 22 2 33 36 2 20 1 33 28	4 27 2 1 2 3 20 1 34 28	7 30 4 4 4 3 20 1 34 28	10 35 11 8 7 4 20 1 34 28	12 2 15 12 9 4 20 1 34 28	15 6 15 16 11 5 20 1 33 28	18 11 18 19 13 4 20 1 33 28	21 15 23 23 14 4 21 1 33 28	24 20 26 27 16 4 21 1 33 28	27 24 25 31 17 4 21 1 33 28
23	31 17 29 26 31 1 20 36 33 28	34 22 34 30 33 1 20 36 33 28	1 23 3 33 36 2 20 1 33 28	4 28 2 1 2 3 20 1 34 28	7 32 5 4 4 3 20 1 34 28	10 36 11 8 7 4 20 1 34 28	12 3 15 12 9 4 20 1 34 28	15 8 14 16 11 5 20 1 33 28	18 12 18 19 13 4 20 1 33 28	21 16 23 23 14 4 21 1 33 28	25 21 26 27 16 4 21 1 33 28	28 25 25 31 17 4 21 1 33 28
24	31 18 29 26 31 1 20 36 33 28	34 24 34 30 34 1 20 36 33 28	1 25 3 33 36 2 20 1 33 28	4 30 2 1 2 3 20 1 34 28	7 33 5 4 4 3 20 1 34 28	10 1 11 8 7 4 20 1 34 28	13 4 15 12 9 4 20 1 34 28	16 9 14 16 11 5 20 1 33 28	19 14 18 20 13 4 20 1 33 28	22 18 23 23 15 4 21 1 33 28	25 23 27 27 16 4 21 1 33 28	28 27 26 31 17 4 21 1 33 28
25	31 20 29 26 31 1 20 36 33 28	34 25 34 30 34 1 20 36 33 28	1 26 3 33 36 2 20 1 33 28	4 31 2 1 2 3 20 1 34 28	7 34 5 5 5 3 20 1 34 28	10 2 11 8 7 4 20 1 34 28	13 6 15 12 9 4 20 1 34 28	16 10 14 16 11 5 20 1 33 28	19 15 18 20 13 4 20 1 33 28	22 19 23 23 15 4 21 1 33 28	25 24 27 27 16 4 21 1 33 28	28 28 26 31 17 4 21 1 33 28
26	31 21 29 26 31 1 20 36 33 28	34 26 34 30 34 1 20 36 33 28	1 27 3 33 36 2 20 1 33 28	4 32 2 1 2 3 20 1 34 28	7 35 5 5 5 3 20 1 34 28	10 4 11 8 7 4 20 1 34 28	13 7 15 12 9 4 20 1 34 28	16 12 14 16 11 5 20 1 33 28	19 17 19 20 13 4 20 1 33 28	22 21 23 24 15 4 21 1 33 28	25 26 26 27 16 4 21 1 33 28	28 30 26 31 17 4 21 1 33 28
27	31 23 29 27 31 1 20 36 33 28	34 28 34 30 34 1 20 36 33 28	1 29 3 33 36 2 20 1 33 28	4 33 2 1 2 3 20 1 34 28	7 36 5 5 5 3 20 1 34 28	10 5 12 9 7 4 20 1 34 28	13 8 15 12 9 4 20 1 34 28	16 13 14 16 11 5 20 1 33 28	19 18 19 20 13 4 20 1 33 28	22 22 24 24 15 4 21 1 33 28	25 27 26 28 16 4 21 1 33 28	28 31 26 31 17 4 21 1 33 28
28	31 24 29 27 31 1 20 36 33 28	34 29 35 30 34 1 20 36 33 28	1 30 3 34 36 2 20 1 33 28	4 34 2 1 2 3 20 1 34 28	7 2 5 5 5 3 20 1 34 28	10 6 12 9 7 4 20 1 34 28	13 9 15 12 9 4 20 1 34 28	16 14 14 16 11 5 20 1 33 28	19 20 19 20 13 4 20 1 33 28	22 24 24 24 15 4 21 1 33 28	25 29 26 28 16 4 21 1 33 28	28 32 26 31 17 4 21 1 33 28
29	31 25 30 27 32 1 20 36 33 28		1 31 3 34 36 2 20 1 33 28	4 36 2 1 3 3 20 1 34 28	7 3 6 5 5 3 20 1 34 28	10 7 12 9 7 4 20 1 34 28	13 11 16 13 9 4 20 1 34 28	16 16 14 16 11 5 20 1 33 28	19 21 19 20 13 4 20 1 33 28	22 25 24 24 15 4 21 1 33 28	25 30 26 28 16 4 21 1 33 28	28 34 26 32 17 4 21 1 33 28
30	31 27 30 27 32 1 20 36 33 28		1 32 3 34 36 2 20 1 33 28	4 1 2 2 3 3 20 1 34 28	7 4 6 5 5 3 20 1 34 28	10 9 12 9 7 4 20 1 34 28	13 12 16 13 9 4 20 1 34 28	16 17 14 17 11 5 20 1 33 28	19 23 19 20 13 4 20 1 33 28	22 27 24 24 15 4 21 1 33 28	25 31 26 28 16 4 21 1 33 28	28 35 26 32 17 4 21 1 33 28
31	32 28 30 27 32 1 20 36 33 28		1 34 3 34 36 2 20 1 33 28		7 5 6 5 5 3 20 1 34 28		13 14 16 13 9 4 20 1 34 28	16 19 14 17 11 5 20 1 33 28		22 28 24 24 15 4 21 1 33 28		28 36 26 32 17 4 21 1 33 28

2012

	JAN	FEB	MÄR	APR	MAI	JUNI	JULI	AUG	SEPT	OKT	NOV	DEZ
1	28 1 26 32 18 4 21 1 33 28	32 6 31 36 18 4 21 1 33 28	35 8 36 3 17 4 21 1 34 28	2 12 36 6 16 5 21 1 34 28	5 16 2 9 16 6 21 1 34 28	8 21 8 8 17 6 21 1 34 28	10 25 13 7 18 7 21 1 34 28	13 30 13 9 20 8 21 1 34 28	16 35 15 12 22 8 22 1 34 28	19 2 21 15 24 8 22 1 34 28	22 7 25 19 26 8 22 1 34 28	25 10 23 23 29 8 22 1 34 28
2	29 2 27 32 18 4 21 1 33 28	32 7 31 36 18 4 21 1 33 28	35 9 36 3 17 4 21 1 34 28	2 13 36 6 16 5 21 1 34 28	5 17 2 9 16 6 21 1 34 28	8 22 8 8 17 6 21 1 34 28	11 26 13 7 18 7 21 1 34 28	14 31 13 9 20 8 21 1 34 28	16 36 16 12 22 8 22 1 34 28	19 4 21 15 24 8 22 1 34 28	22 8 25 19 26 8 22 1 34 28	26 11 24 23 29 8 22 1 34 28
3	29 4 27 32 18 4 21 1 33 28	32 8 32 36 18 4 21 1 33 28	35 10 1 3 17 4 21 1 34 28	2 15 36 6 16 5 21 1 34 28	5 18 2 9 16 6 21 1 34 28	8 24 9 8 17 6 21 1 34 28	11 28 13 7 18 7 21 1 34 28	14 33 13 9 20 8 21 1 34 28	17 1 16 12 22 8 22 1 34 28	20 5 21 15 24 8 22 1 34 28	23 9 25 19 26 8 22 1 34 28	26 12 24 23 29 8 22 1 34 28
4	29 5 27 32 18 4 21 1 33 28	32 9 32 36 18 4 21 1 34 28	35 11 1 3 17 4 21 1 34 28	2 16 36 7 16 5 21 1 34 28	5 20 3 9 16 6 21 1 34 28	8 25 9 8 17 6 21 1 34 28	11 29 13 7 19 7 21 1 34 28	14 34 13 9 20 8 21 1 34 28	17 3 16 12 22 8 22 1 34 28	20 6 21 16 24 8 22 1 34 28	23 10 25 19 27 8 22 1 34 28	26 14 24 23 29 8 22 1 34 28
5	29 6 27 32 18 4 21 1 33 28	32 10 32 36 18 4 21 1 34 28	35 13 1 3 17 4 21 1 34 28	2 18 36 7 16 5 21 1 34 28	5 21 3 9 16 6 21 1 34 28	8 27 9 8 17 6 21 1 34 28	11 30 13 7 19 7 21 1 34 28	14 35 13 9 20 8 21 1 34 28	17 4 16 12 22 8 22 1 34 28	20 7 21 16 24 8 22 1 34 28	23 12 25 19 27 8 22 1 34 28	26 15 24 23 29 8 22 1 34 28
6	29 7 27 32 18 4 21 1 33 28	32 12 32 36 18 4 21 1 34 28	35 14 1 4 17 4 21 1 34 28	2 19 36 7 16 5 21 1 34 28	5 23 3 9 16 6 21 1 34 28	8 28 9 8 17 6 21 1 34 28	11 32 13 7 19 7 21 1 34 28	14 1 13 9 20 8 21 1 34 28	17 5 16 12 22 8 22 1 34 28	20 8 22 16 24 8 22 1 34 28	23 13 25 20 27 8 22 1 34 28	26 16 24 23 29 8 22 1 34 28
7	29 8 27 33 18 4 21 1 33 28	32 13 32 36 18 4 21 1 34 28	35 15 1 4 17 4 21 1 34 28	2 21 36 7 16 5 21 1 34 28	5 24 3 9 16 6 21 1 34 28	8 30 9 8 17 6 21 1 34 28	11 33 14 7 19 7 21 1 34 28	14 2 13 9 20 8 21 1 34 28	17 6 17 13 22 8 22 1 34 28	20 9 22 16 24 8 22 1 34 28	23 14 25 20 27 8 22 1 34 28	26 17 24 23 29 8 22 1 34 28
8	29 10 27 33 18 4 21 1 33 28	32 14 32 36 18 4 21 1 34 28	35 17 1 4 17 4 21 1 34 28	2 22 36 7 16 5 21 1 34 28	5 26 3 9 16 6 21 1 34 28	8 31 10 8 17 6 21 1 34 28	11 35 14 7 19 7 21 1 34 28	14 3 13 10 21 8 21 1 34 28	17 7 17 13 23 8 22 1 34 28	20 11 22 16 25 8 22 1 34 28	23 15 25 20 27 8 22 1 34 28	26 19 24 23 29 8 22 1 34 28
9	29 11 28 33 18 4 21 1 33 28	32 16 33 1 18 4 21 1 34 28	35 18 1 4 17 4 21 1 34 28	2 24 36 7 16 5 21 1 34 28	5 27 3 9 16 6 21 1 34 28	8 32 10 8 17 6 21 1 34 28	11 36 14 7 19 7 21 1 34 28	14 4 13 10 21 8 21 1 34 28	17 9 17 13 23 8 22 1 34 28	20 12 22 16 25 8 22 1 34 28	23 17 25 20 27 8 22 1 34 28	26 20 24 24 29 8 22 1 34 28
10	29 12 28 33 18 4 21 1 33 28	33 17 33 1 18 4 21 1 34 28	35 20 1 4 17 4 21 1 34 28	3 25 36 7 16 5 21 1 34 28	5 29 4 9 16 6 21 1 34 28	8 34 10 8 17 6 21 1 34 28	11 1 14 8 19 7 21 1 34 28	14 6 13 10 21 8 21 1 34 28	17 10 17 13 23 8 22 1 34 28	20 13 22 16 25 8 22 1 34 28	23 18 25 20 27 8 22 1 34 28	26 22 24 24 29 8 22 1 34 28
11	30 14 28 33 18 4 21 1 33 28	33 19 33 1 18 4 21 1 34 28	36 21 1 4 17 4 21 1 34 28	3 26 36 7 16 5 21 1 34 28	6 30 4 9 16 6 21 1 34 28	9 35 10 8 17 6 21 1 34 28	11 2 14 8 19 7 21 1 34 28	14 7 13 10 21 8 21 1 34 28	17 11 17 13 23 8 22 1 34 28	20 14 22 16 25 8 22 1 34 28	23 19 25 20 27 8 22 1 34 28	26 23 24 24 29 8 22 1 34 28
12	30 15 28 33 18 4 21 1 33 28	33 20 33 1 18 4 21 1 34 28	36 23 1 4 17 4 21 1 34 28	3 28 36 7 16 5 21 1 34 28	6 32 4 9 16 6 21 1 34 28	9 36 10 8 17 7 21 1 34 28	12 4 14 8 19 7 21 1 34 28	14 8 13 10 21 8 21 1 34 28	17 12 18 13 23 8 22 1 34 28	20 16 22 17 25 8 22 1 34 28	24 21 25 20 27 8 22 1 34 28	27 25 25 24 29 8 22 1 34 28
13	30 16 28 33 18 4 21 1 33 28	33 22 33 1 18 4 21 1 34 28	36 24 1 4 17 4 21 1 34 28	3 29 36 7 16 5 21 1 34 28	6 33 4 9 16 6 21 1 34 28	9 1 11 8 17 7 21 1 34 28	12 5 14 8 19 7 21 1 34 28	15 9 13 10 21 8 21 1 34 28	18 14 18 13 23 8 22 1 34 28	21 17 23 17 25 8 22 1 34 28	24 22 25 20 27 8 22 1 34 28	27 26 25 24 29 7 22 1 34 28
14	30 18 28 33 18 4 21 1 33 28	33 23 33 1 18 4 21 1 34 28	36 26 1 4 16 4 21 1 34 28	3 31 36 7 16 5 21 1 34 28	6 34 4 9 16 6 21 1 34 28	9 3 11 8 18 7 21 1 34 28	12 6 14 8 19 7 21 1 34 28	15 10 13 10 21 8 21 1 34 28	18 15 18 13 23 8 22 1 34 28	21 19 23 17 25 8 22 1 34 28	24 24 25 21 27 8 22 1 34 28	27 28 25 24 30 7 22 1 34 28
15	30 19 28 34 18 4 21 1 33 28	33 24 34 1 17 4 21 1 34 28	36 27 1 5 16 4 21 1 34 28	3 32 36 7 16 5 21 1 34 28	6 35 5 9 16 6 21 1 34 28	9 4 11 8 18 7 21 1 34 28	12 7 14 8 19 7 21 1 34 28	15 12 13 10 21 8 21 1 34 28	18 16 18 13 23 8 22 1 34 28	21 20 23 17 25 8 22 1 34 28	24 25 24 21 27 8 22 1 34 28	27 29 25 24 30 7 22 1 34 28
16	30 21 29 34 18 4 21 1 33 28	33 26 34 1 17 4 21 1 34 28	36 28 1 5 16 4 21 1 34 28	3 33 36 8 16 5 21 1 34 28	6 1 5 9 16 6 21 1 34 28	9 5 11 8 18 7 21 1 34 28	12 8 14 8 19 7 21 1 34 28	15 13 13 10 21 8 21 1 34 28	18 18 18 14 23 8 22 1 34 28	21 21 23 17 25 8 22 1 34 28	24 27 24 21 27 8 22 1 34 28	27 31 25 24 30 7 22 1 34 28
17	30 22 29 34 18 4 21 1 33 28	33 27 34 2 17 4 21 1 34 28	36 30 1 5 16 4 21 1 34 28	3 34 1 8 16 5 21 1 34 28	6 2 5 9 16 6 21 1 34 28	9 6 11 7 18 7 21 1 34 28	12 9 14 8 19 7 21 1 34 28	15 14 13 10 21 8 21 1 34 28	18 19 19 14 23 8 22 1 34 28	21 23 23 17 25 8 22 1 34 28	24 28 24 21 27 8 22 1 34 28	27 32 25 25 30 7 22 1 34 28
18	30 23 29 34 18 4 21 1 33 28	33 29 34 2 17 4 21 1 34 28	36 31 1 5 16 4 21 1 34 28	3 36 1 8 16 5 21 1 34 28	6 3 5 9 16 6 21 1 34 28	9 7 11 7 18 7 21 1 34 28	12 11 14 8 19 7 21 1 34 28	15 15 13 10 21 8 21 1 34 28	18 21 19 14 23 8 22 1 34 28	21 24 23 17 25 8 22 1 34 28	24 30 24 21 28 8 22 1 34 28	27 33 25 25 30 7 22 1 34 28
19	30 25 29 34 18 4 21 1 33 28	33 30 34 2 17 4 21 1 34 28	36 32 1 5 16 5 21 1 34 28	3 1 1 8 16 5 21 1 34 28	6 4 5 9 16 6 21 1 34 28	9 9 12 7 18 7 21 1 34 28	12 12 14 8 19 7 21 1 34 28	15 17 13 11 21 8 21 1 34 28	18 22 19 14 23 8 21 1 34 28	21 26 23 17 25 8 22 1 34 28	24 31 24 21 28 8 22 1 34 28	27 35 26 25 30 7 22 1 34 28
20	30 26 29 34 18 4 21 1 33 28	34 31 35 2 17 4 21 1 34 28	36 33 1 5 16 5 21 1 34 28	4 2 1 8 16 5 21 1 34 28	6 5 6 9 17 6 21 1 34 28	9 10 12 7 18 7 21 1 34 28	12 13 14 8 19 7 21 1 34 28	15 18 13 11 21 8 21 1 34 28	18 24 19 14 23 8 21 1 34 28	21 27 24 17 25 8 22 1 34 28	24 33 24 21 28 8 22 1 34 28	27 36 26 25 30 7 22 1 34 28
21	31 28 29 34 18 4 21 1 33 28	34 33 35 2 17 4 21 1 34 28	1 35 1 5 16 5 21 1 34 28	4 3 1 8 16 5 21 1 34 28	7 7 6 9 17 6 21 1 34 28	10 11 12 7 18 7 21 1 34 28	12 15 14 8 19 7 21 1 34 28	15 20 14 11 21 8 21 1 34 28	18 25 19 14 23 8 21 1 34 28	21 29 24 18 25 8 22 1 34 28	24 34 24 21 28 8 22 1 34 28	27 1 26 25 30 7 22 1 34 28
22	31 29 30 34 18 4 21 1 33 28	34 34 35 2 17 4 21 1 34 28	1 36 1 5 16 5 21 1 34 28	4 4 1 8 16 5 21 1 34 28	7 8 6 9 17 6 21 1 34 28	10 12 12 7 18 7 21 1 34 28	12 16 14 8 20 7 21 1 34 28	15 21 14 11 21 8 21 1 34 28	18 26 19 14 23 8 21 1 34 28	21 30 24 18 26 8 22 1 34 28	25 35 24 21 28 8 22 1 34 28	28 3 26 25 30 7 22 1 34 28
23	31 30 30 35 18 4 21 1 33 28	34 35 35 2 17 4 21 1 34 28	1 1 1 5 16 5 21 1 34 28	4 6 1 8 16 5 21 1 34 28	7 9 6 9 17 6 21 1 34 28	10 14 12 7 18 7 21 1 34 28	13 17 14 8 20 7 21 1 34 28	16 22 14 11 21 8 21 1 34 28	19 28 20 14 24 8 21 1 34 28	21 32 24 18 26 8 22 1 34 28	25 36 23 22 28 8 22 1 34 28	28 4 26 25 30 7 22 1 34 28
24	31 32 30 35 18 4 21 1 33 28	34 36 35 2 17 4 21 1 34 28	1 2 36 5 16 5 21 1 34 28	4 7 1 8 16 5 21 1 34 28	7 10 6 9 17 6 21 1 34 28	10 15 12 7 18 7 21 1 34 28	13 19 13 8 20 7 21 1 34 28	16 24 14 11 22 8 21 1 34 28	19 29 20 14 24 8 21 1 34 28	22 33 24 18 26 8 22 1 34 28	25 2 23 22 28 8 22 1 34 28	28 5 26 25 30 7 22 1 34 28
25	31 33 30 35 18 4 21 1 33 28	34 2 35 2 17 4 21 1 34 28	1 4 36 6 16 5 21 1 34 28	4 8 1 8 16 5 21 1 34 28	7 11 7 9 17 6 21 1 34 28	10 16 12 7 18 7 21 1 34 28	13 20 13 8 20 7 21 1 34 28	16 25 14 11 22 8 21 1 34 28	19 31 20 15 24 8 21 1 34 28	22 34 24 18 26 8 22 1 34 28	25 3 23 22 28 8 22 1 34 28	28 6 26 26 30 7 22 1 34 28
26	31 34 30 35 18 4 21 1 33 28	34 3 36 3 17 4 21 1 34 28	1 5 36 6 16 5 21 1 34 28	4 9 1 8 16 5 21 1 34 28	7 13 7 9 17 6 21 1 34 28	10 18 12 7 18 7 21 1 34 28	13 21 13 8 20 7 21 1 34 28	16 27 14 11 22 8 21 1 34 28	19 32 20 15 24 8 21 1 34 28	22 35 24 18 26 8 22 1 34 28	25 4 23 22 28 8 22 1 34 28	28 7 27 26 30 7 22 1 34 28
27	31 36 30 35 18 4 21 1 33 28	34 4 36 3 17 4 21 1 34 28	1 6 36 6 16 5 21 1 34 28	4 10 2 8 16 5 21 1 34 28	7 14 7 9 17 6 21 1 34 28	10 19 13 7 18 7 21 1 34 28	13 23 13 9 20 7 21 1 34 28	16 28 15 11 22 8 21 1 34 28	19 33 20 15 24 8 21 1 34 28	22 1 24 18 26 8 22 1 34 28	25 5 23 22 28 8 22 1 34 28	28 9 27 26 31 7 22 1 34 28
28	31 1 31 35 18 4 21 1 33 28	34 5 36 3 17 4 21 1 34 28	1 7 36 6 16 5 21 1 34 28	4 12 2 8 16 5 21 1 34 28	7 15 7 9 17 6 21 1 34 28	10 20 13 7 18 7 21 1 34 28	13 24 13 9 20 7 21 1 34 28	16 29 15 11 22 8 21 1 34 28	19 35 20 15 24 8 21 1 34 28	22 2 24 18 26 8 22 1 34 28	25 6 23 22 28 8 22 1 34 28	28 10 27 26 31 7 22 1 34 28
29	31 2 31 35 18 4 21 1 33 28	34 6 36 3 17 4 21 1 34 28	1 8 36 6 16 5 21 1 34 28	4 13 2 8 16 5 21 1 34 28	7 16 7 9 17 6 21 1 34 28	10 22 13 7 18 7 21 1 34 28	13 26 13 9 20 7 21 1 34 28	16 31 15 12 22 8 21 1 34 28	19 36 21 15 24 8 21 1 34 28	22 3 24 19 26 8 22 1 34 28	25 8 23 22 28 8 22 1 34 28	28 11 27 26 31 7 22 1 34 28
30	31 3 31 35 18 4 21 1 33 28		1 10 36 6 16 5 21 1 34 28	5 14 2 8 16 5 21 1 34 28	7 18 8 8 17 6 21 1 34 28	10 23 13 7 18 7 21 1 34 28	13 27 13 9 20 7 21 1 34 28	16 32 15 12 22 8 21 1 34 28	19 1 21 15 24 8 21 1 34 28	22 4 25 19 26 8 22 1 34 28	25 9 23 22 28 8 22 1 34 28	28 12 27 26 31 7 22 1 34 28
31	32 4 31 36 18 4 21 1 33 28		2 11 36 6 16 5 21 1 34 28		7 19 8 8 17 6 21 1 34 28		13 28 13 9 20 8 21 1 34 28	16 34 15 12 22 8 21 1 34 28		22 6 25 19 26 8 22 1 34 28		28 13 27 26 31 7 22 1 34 28

2013

	JAN	FEB	MÄR	APR	MAI	JUNI	JULI	AUG	SEPT	OKT	NOV	DEZ
1	29 15 28 26 31 7 22 1 34 28	32 19 33 30 33 7 23 1 34 29	35 20 35 34 36 7 23 1 34 29	2 26 35 2 2 8 23 1 34 29	5 30 3 5 4 8 22 2 34 29	8 35 10 9 7 9 22 2 34 29	10 2 12 13 9 10 22 2 34 29	13 7 11 17 11 10 22 2 34 28	16 11 17 20 13 11 22 2 34 28	19 15 22 24 15 11 23 2 34 28	22 19 23 27 16 12 23 1 34 28	25 23 24 30 18 11 23 1 34 29
2	29 16 28 27 31 7 22 1 34 28	32 21 33 30 33 7 23 1 34 29	35 22 35 34 36 7 23 1 34 29	2 27 35 2 2 8 23 1 34 29	5 31 4 6 4 8 22 2 34 29	8 36 10 9 7 9 22 2 34 29	11 4 12 13 9 10 22 2 34 29	13 8 12 17 11 10 22 2 34 28	16 12 17 20 13 11 22 2 34 28	19 16 22 24 15 11 23 2 34 28	22 20 22 27 17 12 23 1 34 28	25 24 24 30 18 11 23 1 34 29
3	29 17 28 27 31 7 22 1 34 28	32 22 33 31 34 7 23 1 34 29	35 23 35 34 36 7 23 1 34 29	2 29 35 2 2 8 23 1 34 29	5 32 4 6 4 8 22 2 34 29	8 1 10 9 7 9 22 2 34 29	11 5 12 13 9 10 22 2 34 29	14 9 12 17 11 10 22 2 34 28	17 14 17 21 13 11 22 2 34 28	19 17 22 24 15 11 23 2 34 28	23 22 22 27 17 12 23 1 34 28	26 26 24 30 18 11 23 1 34 29
4	29 18 28 27 31 7 22 1 34 28	32 24 33 31 34 7 23 1 34 29	35 25 35 34 36 7 23 1 34 29	2 30 35 2 2 8 22 1 34 29	5 34 4 6 5 8 22 2 34 29	8 3 10 10 7 9 22 2 34 29	11 6 12 13 9 10 22 2 34 29	14 10 12 17 11 10 22 2 34 28	17 15 18 21 13 11 22 2 34 28	20 18 22 24 15 11 23 2 34 28	23 23 22 27 17 12 23 1 34 28	26 27 24 30 18 11 23 1 34 29
5	29 20 28 27 31 7 22 1 34 28	32 25 33 31 34 7 23 1 34 29	35 26 35 34 36 7 23 1 34 29	2 31 35 2 2 8 22 1 34 29	5 35 4 6 5 8 22 2 34 29	8 4 10 10 7 9 22 2 34 29	11 7 12 13 9 10 22 2 34 29	14 12 12 17 11 10 22 2 34 28	17 16 18 21 13 11 22 2 34 28	20 20 22 24 15 11 23 2 34 28	23 25 22 27 17 12 23 1 34 28	26 29 24 30 18 11 23 1 34 29
6	29 21 28 27 31 7 22 1 34 28	32 26 34 31 34 7 23 1 34 29	35 27 35 34 36 7 23 1 34 29	2 33 35 2 2 8 22 1 34 29	5 36 4 6 5 8 22 2 34 29	8 5 10 10 7 9 22 2 34 29	11 8 12 14 9 10 22 2 34 29	14 13 12 17 11 10 22 2 34 28	17 17 18 21 13 11 22 2 34 28	20 21 22 24 15 11 23 2 34 28	23 26 22 28 17 12 23 1 34 28	26 30 25 30 18 11 23 1 34 29
7	29 23 29 27 31 7 22 1 34 28	32 28 34 31 34 7 23 1 34 29	35 29 35 35 36 7 23 1 34 29	2 34 36 2 2 8 22 1 34 29	5 2 5 6 5 8 22 2 34 29	8 6 10 10 7 9 22 2 34 29	11 10 11 14 9 10 22 2 34 29	14 14 12 17 11 10 22 2 34 28	17 19 18 21 13 11 22 2 34 28	20 22 22 24 15 11 23 2 34 28	23 28 22 28 17 12 23 1 34 28	26 32 25 30 18 11 23 1 34 29
8	29 24 29 27 32 7 23 1 34 28	32 29 34 31 34 7 23 1 34 29	35 30 35 35 36 7 23 1 34 29	2 35 36 3 3 8 22 1 34 29	5 3 5 6 5 8 22 2 34 29	8 8 11 10 7 9 22 2 34 29	11 11 11 14 9 10 22 2 34 29	14 15 12 17 11 10 22 2 34 28	17 20 18 21 13 11 22 2 34 28	20 24 23 25 15 11 23 2 34 28	23 29 22 28 17 12 23 1 34 28	26 33 25 30 19 11 23 1 34 29
9	29 25 29 27 32 7 23 1 34 28	33 31 34 31 34 7 23 1 34 29	35 32 34 35 36 7 23 1 34 29	2 1 36 3 3 8 22 1 34 29	5 4 5 6 5 8 22 2 34 29	8 9 11 10 7 9 22 2 34 29	11 12 11 14 9 10 22 2 34 29	14 17 13 18 11 10 22 2 34 28	17 21 18 21 13 11 22 2 34 28	20 25 23 25 15 11 23 2 34 28	23 31 22 28 17 12 23 1 34 28	26 34 25 30 19 11 23 1 34 29
10	29 27 29 28 32 7 23 1 34 28	33 32 34 31 34 7 23 1 34 29	35 33 34 35 36 7 23 1 34 29	3 2 36 3 3 8 22 1 34 29	5 5 5 7 5 8 22 2 34 29	8 10 11 10 7 9 22 2 34 29	11 13 11 14 9 10 22 2 34 29	14 18 13 18 11 10 22 2 34 28	17 23 19 21 13 11 22 2 34 28	20 27 23 25 15 11 23 2 34 28	23 32 22 28 17 12 23 1 34 28	26 36 25 30 19 11 23 1 34 29
11	30 28 29 28 32 7 23 1 34 28	33 34 34 32 34 7 23 1 34 29	36 35 34 35 36 7 23 1 34 29	3 3 36 3 3 8 22 1 34 29	6 7 5 7 5 8 22 2 34 29	9 11 11 10 7 9 22 2 34 29	11 14 11 14 9 10 22 2 34 29	14 19 13 18 11 11 22 2 34 28	17 24 19 21 13 11 22 2 34 28	20 28 23 25 15 11 23 2 34 28	23 33 22 28 17 12 23 1 34 28	26 1 25 30 19 11 23 1 34 29
12	30 30 29 28 32 7 23 1 34 28	33 35 35 32 34 7 23 1 34 29	36 36 34 35 36 7 23 1 34 29	3 5 36 3 3 8 22 1 34 29	6 8 6 7 5 8 22 2 34 29	9 12 11 11 7 9 22 2 34 29	11 16 11 14 9 10 22 2 34 29	14 20 13 18 11 11 22 2 34 28	17 26 19 22 13 11 22 2 34 28	20 29 23 25 15 11 23 2 34 28	23 35 22 28 17 12 23 1 34 28	27 2 26 30 19 11 23 1 34 29
13	30 31 29 28 32 7 23 1 34 28	33 36 35 32 34 7 23 1 34 29	36 1 34 35 1 7 23 1 34 29	3 6 36 3 3 8 22 1 34 29	6 9 6 7 5 9 22 2 34 29	9 13 11 11 7 9 22 2 34 29	12 17 11 14 9 10 22 2 34 29	15 22 13 18 12 11 22 2 34 28	18 27 19 22 14 11 22 2 34 28	20 31 23 25 15 11 23 2 34 28	24 36 22 28 17 12 23 1 34 28	27 4 26 30 19 11 23 1 34 29
14	30 33 30 28 32 7 23 1 34 28	33 2 35 32 34 7 23 1 34 29	36 2 34 35 1 7 23 1 34 29	3 7 36 3 3 8 22 1 34 29	6 10 6 7 5 9 22 2 34 29	9 15 11 11 7 9 22 2 34 29	12 18 11 14 10 10 22 2 34 28	15 23 14 18 12 11 22 2 34 28	18 28 19 22 14 11 22 2 34 28	21 32 23 25 15 11 23 2 34 28	24 1 22 28 17 12 23 1 34 28	27 5 26 30 19 11 23 1 34 29
15	30 34 30 28 32 7 23 1 34 28	33 3 35 32 35 7 23 1 34 29	36 4 34 36 1 7 23 1 34 29	3 8 1 3 3 8 22 1 34 29	6 11 6 7 5 9 22 2 34 29	9 16 11 11 8 9 22 2 34 29	12 19 11 15 10 10 22 2 34 28	15 24 14 18 12 11 22 2 34 28	18 30 19 22 14 11 22 2 34 28	21 34 23 25 15 11 23 2 34 28	24 3 22 28 17 12 23 1 34 28	27 6 26 30 19 11 23 1 34 29
16	30 36 30 28 32 7 23 1 34 28	33 4 35 32 35 7 23 1 34 29	36 5 34 36 1 7 23 1 34 29	3 9 1 4 3 8 22 1 34 29	6 13 7 7 5 9 22 2 34 29	9 17 11 11 8 9 22 2 34 29	12 21 11 15 10 10 22 2 34 28	15 26 14 18 12 11 22 2 34 28	18 31 20 22 14 11 22 2 34 28	21 35 23 25 16 11 23 2 34 28	24 4 22 28 17 12 23 1 34 28	27 7 26 30 19 11 23 1 34 29
17	30 1 30 28 32 7 23 1 34 28	33 5 35 32 35 7 23 1 34 29	36 6 34 36 1 7 23 1 34 29	3 11 1 4 3 8 22 1 34 29	6 14 7 7 5 9 22 2 34 29	9 18 11 11 8 9 22 2 34 29	12 22 11 15 10 10 22 2 34 28	15 27 14 19 12 11 22 2 34 28	18 33 20 22 14 11 22 2 34 28	21 36 23 26 16 11 23 1 34 28	24 5 22 29 17 12 23 1 34 28	27 9 26 30 19 11 23 1 34 29
18	30 2 30 29 32 7 23 1 34 28	33 7 35 32 35 7 23 1 34 29	36 7 34 36 1 7 23 1 34 29	3 12 1 4 3 8 22 1 34 29	6 15 7 8 6 9 22 2 34 29	9 20 12 11 8 9 22 2 34 29	12 23 11 15 10 10 22 2 34 28	15 29 14 19 12 11 22 2 34 28	18 34 20 22 14 11 22 2 34 28	21 2 23 26 16 11 23 1 34 28	24 6 22 29 17 12 23 1 34 28	27 10 26 30 19 11 23 1 34 29
19	30 3 30 29 32 7 23 1 34 28	34 8 35 33 35 7 23 1 34 29	36 9 34 36 1 7 23 1 34 29	3 13 1 4 3 8 22 1 34 29	6 16 7 8 6 9 22 2 34 29	9 21 12 11 8 9 22 2 34 29	12 25 11 15 10 10 22 2 34 28	15 30 15 19 12 11 22 2 34 28	18 36 20 22 14 11 22 2 34 28	21 3 23 26 16 11 23 1 34 28	24 8 22 29 17 12 23 1 34 28	27 11 27 30 19 11 23 1 34 29
20	31 5 31 29 32 7 23 1 34 28	34 9 35 33 35 7 23 1 34 29	36 10 34 36 1 7 23 1 34 29	4 14 1 4 3 8 22 1 34 29	6 18 7 8 6 9 22 2 34 29	9 23 12 12 8 9 22 2 34 29	12 26 11 15 10 10 22 2 34 28	15 32 15 19 12 11 22 2 34 28	18 1 20 23 14 11 22 2 34 28	21 4 23 26 16 11 23 1 34 28	24 9 22 29 18 12 23 1 34 28	27 12 27 30 19 11 23 1 34 29
21	31 6 31 29 33 7 23 1 34 29	34 10 35 33 35 7 23 1 34 29	1 11 34 36 1 7 23 1 34 29	4 15 2 4 4 8 22 1 34 29	7 19 8 8 6 9 22 2 34 29	9 24 12 12 8 9 22 2 34 29	12 28 11 15 10 10 22 2 34 28	15 33 15 19 12 11 22 2 34 28	18 2 20 23 14 11 22 2 34 28	21 6 23 26 16 12 23 1 34 28	24 10 22 29 18 12 23 1 34 28	27 13 27 30 19 11 23 1 34 29
22	31 7 31 29 33 7 23 1 34 29	34 11 35 33 35 7 23 1 34 29	1 12 34 36 1 7 23 1 34 29	4 17 2 4 4 8 22 1 34 29	7 20 8 8 6 9 22 2 34 29	10 25 12 12 8 9 22 2 34 29	12 29 11 15 10 10 22 2 34 28	15 35 15 19 12 11 22 2 34 28	18 4 20 23 14 11 22 2 34 28	21 7 23 26 16 12 23 1 34 28	24 11 23 29 18 12 23 1 34 28	28 15 27 30 19 11 23 1 34 29
23	31 8 31 29 33 7 23 1 34 29	34 13 35 33 35 7 23 1 34 29	1 13 34 1 1 8 23 1 34 29	4 18 2 4 4 8 22 1 34 29	7 22 8 8 6 9 22 2 34 29	10 27 12 12 8 9 22 2 34 29	13 31 11 16 10 10 22 2 34 28	16 36 15 19 12 11 22 2 34 28	19 5 21 23 14 11 22 2 34 28	21 8 23 26 16 12 23 1 34 28	25 13 23 29 18 12 23 1 34 28	28 16 27 30 19 11 23 1 34 29
24	31 9 31 29 33 7 23 1 34 29	34 14 35 33 35 7 23 1 34 29	1 15 34 1 1 8 23 1 34 29	4 19 2 5 4 8 22 1 34 29	7 23 8 8 6 9 22 2 34 29	10 29 12 12 8 9 22 2 34 29	13 32 11 16 10 10 22 2 34 28	16 1 16 19 12 11 22 2 34 28	19 6 21 23 14 11 22 2 34 28	22 9 23 26 16 12 23 1 34 28	25 14 23 29 18 12 23 1 34 28	28 17 27 30 19 11 23 1 34 29
25	31 11 31 29 33 7 23 1 34 29	34 15 35 33 35 7 23 1 34 29	1 16 34 1 1 8 23 1 34 29	4 21 2 5 4 8 22 1 34 29	7 25 8 8 6 9 22 2 34 29	10 30 12 12 8 9 22 2 34 29	13 34 11 16 10 10 22 2 34 28	16 3 16 19 12 11 22 2 34 28	19 7 21 23 14 11 22 2 34 28	22 11 23 26 16 12 23 1 34 28	25 15 23 29 18 11 23 1 34 29	28 18 28 30 19 11 23 1 34 29
26	31 12 32 30 33 7 23 1 34 29	34 16 35 33 35 7 23 1 34 29	1 17 34 1 2 8 23 1 34 29	4 22 2 5 4 8 22 1 34 29	7 26 9 9 6 9 22 2 34 29	10 32 12 12 8 9 22 2 34 29	13 35 11 16 10 10 22 2 34 28	16 4 16 20 12 11 22 2 34 28	19 9 21 23 14 11 22 2 34 28	22 12 23 26 16 12 23 1 34 28	25 16 23 29 18 11 23 1 34 29	28 19 28 30 19 11 23 1 34 29
27	31 13 32 30 33 7 23 1 34 29	34 18 35 34 35 7 23 1 34 29	1 19 34 1 2 8 23 1 34 29	4 24 3 5 4 8 22 2 34 29	7 28 9 9 6 9 22 2 34 29	10 33 12 12 8 10 22 2 34 29	13 1 11 16 10 10 22 2 34 28	16 5 16 20 12 11 22 2 34 28	19 10 21 23 14 11 22 2 34 28	22 13 23 27 16 12 23 1 34 28	25 17 23 29 18 11 23 1 34 29	28 21 28 30 19 11 23 1 34 29
28	31 14 32 30 33 7 23 1 34 29	34 19 35 34 36 7 23 1 34 29	1 20 35 1 2 8 23 1 34 29	4 25 3 5 4 8 22 2 34 29	7 29 9 9 6 9 22 2 34 29	10 34 12 13 8 10 22 2 34 29	13 2 11 16 10 10 22 2 34 28	16 7 16 20 12 11 22 2 34 28	19 11 21 23 14 11 22 2 34 28	22 14 23 27 16 12 23 1 34 28	25 19 23 29 18 11 23 1 34 29	28 22 28 30 19 11 23 1 34 29
29	31 16 32 30 33 7 23 1 34 29		1 21 35 1 2 8 23 1 34 29	4 27 3 5 4 8 22 2 34 29	7 31 9 9 6 9 22 2 34 29	10 36 12 13 9 10 22 2 34 29	13 3 11 16 11 10 22 2 34 28	16 8 16 20 13 11 22 2 34 28	19 12 21 24 15 11 22 2 34 28	22 15 23 27 16 12 23 1 34 28	25 20 24 30 18 11 23 1 34 29	28 23 28 30 20 11 24 1 34 29
30	32 17 32 30 33 7 23 1 34 29		1 23 35 1 2 8 23 1 34 29	4 28 3 5 4 8 22 2 34 29	7 32 9 9 6 9 22 2 34 29	10 1 12 13 9 10 22 2 34 29	13 4 11 16 11 10 22 2 34 28	16 9 17 20 13 11 22 2 34 28	19 13 22 24 15 11 22 2 34 28	22 17 23 27 16 12 23 1 34 28	25 21 24 30 18 11 23 1 34 29	28 25 28 30 20 11 24 1 34 29
31	32 18 33 30 33 7 23 1 34 29		2 24 35 2 2 8 23 1 34 29		7 33 9 9 6 9 22 2 34 29		13 6 11 17 11 10 22 2 34 28	16 10 17 20 13 11 22 2 34 28		22 18 23 27 16 12 23 1 34 28		28 26 29 30 20 11 24 1 34 29

2014

	JAN	FEB	MÄR	APR	MAI	JUNI	JULI	AUG	SEPT	OKT	NOV	DEZ
1	29 28 29 30 20 11 24 1 34 29	32 33 34 29 21 11 24 1 34 29	35 34 32 30 21 11 24 2 34 29	2 3 35 33 21 11 24 2 34 29	5 7 5 36 20 11 24 2 34 29	8 11 10 4 19 12 23 2 34 29	10 14 9 7 20 12 23 2 34 29	13 19 13 11 22 13 23 2 34 29	16 24 18 15 24 14 23 2 34 29	19 27 22 19 26 14 24 2 34 29	22 33 20 23 28 15 24 2 34 29	25 36 25 26 30 15 24 2 34 29
2	29 29 29 30 20 11 24 1 34 29	32 35 34 29 21 11 24 1 34 29	35 36 32 30 21 11 24 2 34 29	2 5 36 33 21 11 24 2 34 29	5 8 5 36 20 11 24 2 34 29	8 12 10 4 20 12 23 2 34 29	11 16 9 8 20 12 23 2 34 29	13 20 13 11 22 13 23 2 34 29	16 25 18 15 24 14 23 2 34 29	19 29 22 19 26 14 24 2 34 29	22 34 21 23 28 15 24 2 34 29	25 2 25 26 30 15 24 2 34 29
3	29 31 29 30 20 11 24 1 34 29	32 36 34 29 21 11 24 1 34 29	35 1 32 30 21 11 24 2 34 29	2 6 36 33 21 11 24 2 34 29	5 9 6 36 20 11 24 2 34 29	8 14 10 4 20 12 23 2 34 29	11 17 9 8 20 12 23 2 34 29	14 21 13 11 22 13 23 2 34 29	17 26 19 15 24 14 23 2 34 29	19 30 22 19 26 14 24 2 34 29	23 35 21 23 28 15 24 2 34 29	26 3 25 27 30 15 24 2 34 29
4	29 32 29 30 20 11 24 1 34 29	32 2 34 29 21 11 24 1 34 29	35 2 32 30 21 11 24 2 34 29	2 7 36 33 21 11 24 2 34 29	5 10 6 1 20 11 24 2 34 29	8 15 10 4 20 12 23 2 34 29	11 18 9 8 20 12 23 2 34 29	14 23 13 11 22 13 23 2 34 29	17 28 19 15 24 14 23 2 34 29	20 31 22 19 26 14 24 2 34 29	23 1 21 23 28 15 24 2 34 29	26 5 25 27 30 15 24 2 34 29
5	29 34 29 30 20 11 24 1 34 29	32 3 34 29 21 11 24 1 34 29	35 4 32 30 21 11 24 2 34 29	2 8 36 33 21 11 24 2 34 29	5 12 6 1 20 11 24 2 34 29	8 16 10 4 20 12 23 2 34 29	11 19 9 8 20 12 23 2 34 29	14 24 13 12 22 13 23 2 34 29	17 29 19 15 24 14 23 2 34 29	20 33 22 19 26 14 24 2 34 29	23 2 21 23 28 15 24 2 34 29	26 6 26 27 31 15 24 2 34 29
6	29 35 30 30 20 11 24 1 34 29	32 4 34 29 21 11 24 1 34 29	35 5 32 31 21 11 24 2 34 29	2 10 36 34 21 11 24 2 34 29	5 13 6 1 20 11 24 2 34 29	8 17 10 4 20 12 23 2 34 29	11 20 9 8 21 12 23 2 34 29	14 25 14 12 22 13 23 2 34 29	17 31 19 16 24 14 23 2 34 29	20 34 22 19 26 14 24 2 34 29	23 4 21 23 28 15 24 2 34 29	26 7 26 27 31 15 24 2 34 29
7	29 1 30 30 20 11 24 1 34 29	32 6 34 29 21 11 24 1 34 29	35 6 33 31 21 11 24 2 34 29	2 11 36 34 20 11 24 2 34 29	5 14 6 1 20 11 24 2 34 29	8 18 10 5 20 12 23 2 34 29	11 22 9 8 21 12 23 2 34 29	14 27 14 12 22 13 23 2 34 29	17 32 19 16 24 14 23 2 34 29	20 36 22 19 26 14 24 2 34 29	23 5 21 23 28 15 24 2 34 29	26 9 26 27 31 15 24 2 34 29
8	29 2 30 30 20 11 24 1 34 29	32 7 34 29 21 11 24 1 34 29	35 8 33 31 21 11 24 2 34 29	2 12 1 34 20 11 24 2 34 29	5 15 7 1 19 11 24 2 34 29	8 20 10 5 20 12 23 2 34 29	11 23 9 8 21 12 23 2 34 29	14 28 14 12 22 13 23 2 34 29	17 34 19 16 24 14 23 2 34 29	20 1 22 20 26 14 24 2 34 29	23 6 21 23 28 15 24 2 34 29	26 10 26 27 31 15 24 2 34 29
9	29 3 30 30 20 11 24 1 34 29	33 8 34 29 21 11 24 1 34 29	35 9 33 31 21 11 24 2 34 29	2 13 1 34 20 11 24 2 34 29	5 16 7 1 19 11 24 2 34 29	8 21 10 5 20 12 23 2 34 29	11 24 9 8 21 12 23 2 34 29	14 30 14 12 22 13 23 2 34 29	17 35 19 16 24 14 23 2 34 29	20 3 22 20 26 14 24 2 34 29	23 8 22 24 29 15 24 2 34 29	26 11 26 27 31 15 24 2 34 29
10	29 5 30 30 20 11 24 1 34 29	33 9 34 29 21 11 24 1 34 29	35 10 33 31 21 11 24 2 34 29	3 14 1 34 20 11 24 2 34 29	5 18 7 1 19 11 24 2 34 29	8 22 10 5 20 12 23 2 34 29	11 26 9 8 21 12 23 2 34 29	14 31 14 12 22 13 23 2 34 29	17 1 20 16 24 14 23 2 34 29	20 4 22 20 26 14 24 2 34 29	23 9 22 24 29 15 24 2 34 29	26 12 26 27 31 15 24 2 34 29
11	30 6 30 30 20 11 24 1 34 29	33 10 34 29 21 11 24 1 34 29	36 11 33 31 21 11 24 2 34 29	3 16 1 34 20 11 24 2 34 29	6 19 7 1 19 11 24 2 34 29	9 24 10 5 20 12 23 2 34 29	11 27 9 9 21 12 23 2 34 29	14 33 15 12 22 13 23 2 34 29	17 2 20 16 24 14 23 2 34 29	20 6 21 20 26 14 24 2 34 29	23 10 22 24 29 15 24 2 34 29	26 14 27 28 31 15 24 2 34 29
12	30 7 31 30 20 11 24 1 34 29	33 12 34 29 21 11 24 1 34 29	36 12 33 31 21 11 24 2 34 29	3 17 1 34 20 11 24 2 34 29	6 20 7 2 19 11 23 2 34 29	9 25 10 5 20 12 23 2 34 29	11 29 9 9 21 12 23 2 34 29	14 34 15 12 22 13 23 2 34 29	17 3 20 16 24 14 23 2 34 29	20 7 21 20 26 14 24 2 34 29	23 12 22 24 29 15 24 2 34 29	26 15 27 28 31 15 24 2 34 29
13	30 8 31 30 20 11 24 1 34 29	33 13 34 29 21 11 24 1 34 29	36 14 33 31 21 11 24 2 34 29	3 18 1 34 20 11 24 2 34 29	6 21 7 2 19 11 23 2 34 29	9 26 10 5 20 12 23 2 34 29	12 30 9 9 21 12 23 2 34 29	15 36 15 13 22 13 23 2 34 29	18 5 20 16 24 14 23 2 34 29	20 8 21 20 27 14 24 2 34 29	24 13 22 24 29 15 24 2 34 29	27 16 27 28 31 15 24 2 34 29
14	30 9 31 29 20 11 24 1 34 29	33 14 33 29 21 11 24 1 34 29	36 15 33 31 21 11 24 2 34 29	3 19 2 34 20 11 24 2 34 29	6 23 8 2 19 11 23 2 34 29	9 28 10 5 20 12 23 2 34 29	12 32 10 9 21 12 23 2 34 29	15 1 15 13 23 13 23 2 34 29	18 6 20 17 25 14 23 2 34 29	21 10 21 20 27 14 24 2 34 29	24 14 22 24 29 15 24 2 34 29	27 17 27 28 31 15 24 2 34 29
15	30 11 31 29 20 11 24 1 34 29	33 15 33 29 21 11 24 2 34 29	36 16 33 31 21 11 24 2 34 29	3 21 2 34 20 11 24 2 34 29	6 24 8 2 19 11 23 2 34 29	9 29 10 5 20 12 23 2 34 29	12 33 10 9 21 12 23 2 34 29	15 3 15 13 23 13 23 2 34 29	18 7 20 17 25 14 23 2 34 29	21 11 21 20 27 14 24 2 34 29	24 15 22 24 29 15 24 2 34 29	27 18 27 28 31 15 24 2 34 29
16	30 12 31 29 20 11 24 1 34 29	33 16 33 29 21 11 24 2 34 29	36 17 33 31 21 11 24 2 34 29	3 22 2 35 20 11 24 2 34 29	6 26 8 2 19 11 23 2 34 29	9 31 10 6 20 12 23 2 34 29	12 35 10 9 21 12 23 2 34 29	15 4 16 13 23 13 23 2 34 29	18 9 20 17 25 14 23 2 34 29	21 12 21 21 27 14 24 2 34 29	24 16 23 24 29 15 24 2 34 29	27 19 27 28 31 15 24 2 34 29
17	30 13 31 29 20 11 24 1 34 29	33 18 33 29 21 11 24 2 34 29	36 18 33 31 21 11 24 2 34 29	3 23 2 35 20 11 24 2 34 29	6 27 8 2 19 11 23 2 34 29	9 32 10 6 20 12 23 2 34 29	12 36 10 9 21 13 23 2 34 29	15 5 16 13 23 13 23 2 34 29	18 10 20 17 25 14 23 2 34 29	21 13 21 21 27 14 24 2 34 29	24 18 23 25 29 15 24 2 34 29	27 21 27 28 31 15 24 2 34 29
18	30 14 32 29 20 11 24 1 34 29	33 19 33 29 21 11 24 2 34 29	36 20 34 32 21 11 24 2 34 29	3 25 2 35 20 11 24 2 34 29	6 28 8 2 19 11 23 2 34 29	9 34 9 6 20 12 23 2 34 29	12 2 10 9 21 13 23 2 34 29	15 7 16 13 23 13 23 2 34 29	18 11 21 17 25 14 23 2 34 29	21 14 21 21 27 14 24 2 34 29	24 19 23 25 29 15 24 2 34 29	27 22 28 28 32 15 24 2 34 29
19	30 15 32 29 20 11 24 1 34 29	34 20 33 29 21 11 24 2 34 29	36 21 34 32 21 11 24 2 34 29	3 26 3 35 20 11 24 2 34 29	6 30 8 2 19 11 23 2 34 29	9 35 9 6 20 12 23 2 34 29	12 3 10 10 21 13 23 2 34 29	15 8 16 13 23 13 23 2 34 29	18 12 21 17 25 14 23 2 34 29	21 16 21 21 27 14 24 2 34 29	24 20 23 25 29 15 24 2 34 29	27 23 28 29 32 15 24 2 34 29
20	30 17 32 29 20 11 24 1 34 29	34 21 33 29 21 11 24 2 34 29	36 22 34 32 21 11 24 2 34 29	3 27 3 35 20 11 24 2 34 29	6 31 9 2 19 11 23 2 34 29	9 1 9 6 20 12 23 2 34 29	12 4 10 10 21 13 23 2 34 29	15 9 16 13 23 13 23 2 34 29	18 14 21 17 25 14 23 2 34 29	21 17 20 21 27 14 24 2 34 29	24 21 23 25 29 15 24 2 34 29	27 25 28 29 32 15 24 2 34 29
21	31 18 32 29 20 11 24 1 34 29	34 23 33 30 21 11 24 2 34 29	1 24 34 32 21 11 24 2 34 29	4 29 3 35 20 11 24 2 34 29	6 33 9 3 19 11 23 2 34 29	9 2 9 6 20 12 23 2 34 29	12 6 10 10 21 13 23 2 34 29	15 10 16 14 23 13 23 2 34 29	18 15 21 17 25 14 23 2 34 29	21 18 20 21 27 14 24 2 34 29	24 22 23 25 29 15 24 2 34 29	27 26 28 29 32 15 24 2 34 29
22	31 19 32 29 21 11 24 1 34 29	34 24 33 30 21 11 24 2 34 29	1 25 34 32 21 11 24 2 34 29	4 30 3 35 20 11 24 2 34 29	7 34 9 3 19 11 23 2 34 29	10 3 9 6 20 12 23 2 34 29	12 7 11 10 21 13 23 2 34 29	15 11 17 14 23 13 23 2 34 29	18 16 21 18 25 14 23 2 34 29	21 19 20 21 27 14 24 2 34 29	24 24 24 25 29 15 24 2 34 29	28 27 28 29 32 15 24 2 34 29
23	31 20 32 29 21 11 24 1 34 29	34 25 32 30 21 11 24 2 34 29	1 26 34 32 21 11 24 2 34 29	4 32 3 35 20 11 24 2 34 29	7 36 9 3 19 11 23 2 34 29	10 5 9 6 20 12 23 2 34 29	13 8 11 10 21 13 23 2 34 29	15 13 17 14 23 13 23 2 34 29	18 17 21 18 25 14 23 2 34 29	21 20 20 21 27 14 24 2 34 29	25 25 24 25 30 15 24 2 34 29	28 29 28 29 32 15 24 2 34 29
24	31 22 32 29 21 11 24 1 34 29	34 27 32 30 21 11 24 2 34 29	1 28 34 32 21 11 24 2 34 29	4 33 4 35 20 11 24 2 34 29	7 1 9 3 19 11 23 2 34 29	10 6 9 7 20 12 23 2 34 29	13 9 11 10 21 13 23 2 34 29	16 14 17 14 23 13 23 2 34 29	19 18 21 18 25 14 23 2 34 29	22 22 20 22 27 14 24 2 34 29	25 27 24 25 30 15 24 2 34 29	28 30 29 29 32 15 25 2 34 29
25	31 23 33 29 21 11 24 1 34 29	34 28 32 30 21 11 24 2 34 29	1 29 34 32 21 11 24 2 34 29	4 35 4 36 20 11 24 2 34 29	7 2 9 3 19 11 23 2 34 29	10 7 9 7 20 12 23 2 34 29	13 11 11 10 21 13 23 2 34 29	16 15 17 14 23 13 23 2 34 29	19 20 21 18 25 14 23 2 34 29	22 23 20 22 27 14 24 2 34 29	25 28 24 26 30 15 24 2 34 29	28 32 29 29 32 15 25 2 34 29
26	31 24 33 29 21 11 24 1 34 29	34 30 32 30 21 11 24 2 34 29	1 31 35 32 21 11 24 2 34 29	4 36 4 36 20 11 24 2 34 29	7 4 9 3 19 11 23 2 34 29	10 8 9 7 20 12 23 2 34 29	13 12 11 10 21 13 23 2 34 29	16 16 17 14 23 13 23 2 34 29	19 21 21 18 25 14 24 2 34 29	22 24 20 22 27 14 24 2 34 29	25 29 24 26 30 15 24 2 34 29	28 33 29 29 32 15 25 2 34 29
27	31 26 33 29 21 11 24 1 34 29	34 31 32 30 21 11 24 2 34 29	1 32 35 32 21 11 24 2 34 29	4 1 4 36 20 11 24 2 34 29	7 5 9 3 19 11 23 2 34 29	10 10 9 7 20 12 23 2 34 29	13 13 12 11 22 13 23 2 34 29	16 17 18 14 23 13 23 2 34 29	19 22 21 18 25 14 24 2 34 29	22 26 20 22 28 14 24 2 34 29	25 31 24 26 30 15 24 2 34 29	28 35 29 30 32 15 25 2 34 29
28	31 27 33 29 21 11 24 1 34 29	34 33 32 30 21 11 24 2 34 29	1 33 35 33 21 11 24 2 34 29	4 3 4 36 20 11 24 2 34 29	7 6 9 3 19 11 23 2 34 29	10 11 9 7 20 12 23 2 34 29	13 14 12 11 22 13 23 2 34 29	16 19 18 14 23 13 23 2 34 29	19 23 22 18 25 14 24 2 34 29	22 27 20 22 28 14 24 2 34 29	25 32 24 26 30 15 24 2 34 29	28 36 29 30 32 15 25 2 34 29
29	31 29 33 29 21 11 24 1 34 29		1 35 35 33 21 11 24 2 34 29	4 4 5 36 20 11 24 2 34 29	7 8 9 3 19 11 23 2 34 29	10 12 9 7 20 12 23 2 34 29	13 15 12 11 22 13 23 2 34 29	16 20 18 15 23 13 23 2 34 29	19 25 22 18 26 14 24 2 34 29	22 28 20 22 28 15 24 2 34 29	25 34 25 26 30 15 24 2 34 29	28 2 29 30 32 15 25 2 34 29
30	32 30 33 29 21 11 24 1 34 29		1 36 35 33 21 11 24 2 34 29	4 5 5 36 20 11 24 2 34 29	7 9 10 4 19 11 23 2 34 29	10 13 9 7 20 12 23 2 34 29	13 17 12 11 22 13 23 2 34 29	16 21 18 15 24 13 23 2 34 29	19 26 22 19 26 14 24 2 34 29	22 30 20 22 28 15 24 2 34 29	25 35 25 26 30 15 24 2 34 29	28 3 30 30 32 15 25 2 34 29
31	32 32 33 29 21 11 24 1 34 29		2 2 35 33 21 11 24 2 34 29		7 10 10 4 19 12 23 2 34 29		13 18 12 11 22 13 23 2 34 29	16 22 18 15 24 13 23 2 34 29		22 31 20 22 28 15 24 2 34 29		28 4 30 30 33 15 25 2 34 29

2015

	JAN	FEB	MÄR	APR	MAI	JUNI	JULI	AUG	SEPT	OKT	NOV	DEZ
1	29 6 30 30 33 15 25 2 34 29	32 10 31 34 35 14 25 2 34 29	35 11 32 2 1 14 25 2 34 29	2 16 1 5 4 14 25 2 34 29	5 19 6 9 6 14 25 2 34 29	8 24 7 12 8 14 25 2 34 29	10 27 8 15 10 15 24 3 34 29	13 32 14 15 12 15 24 3 34 29	16 1 19 14 14 16 24 2 34 29	19 5 19 15 16 17 25 2 34 29	22 10 21 18 18 17 25 2 34 29	25 14 26 21 20 18 25 2 34 29
2	29 7 30 30 33 15 25 2 34 29	32 12 31 34 35 14 25 2 34 29	35 13 32 2 1 14 25 2 34 29	2 17 1 5 4 14 25 2 34 29	5 20 7 9 6 14 25 2 34 29	8 25 7 12 8 14 25 2 34 29	10 28 8 15 10 15 24 3 34 29	13 34 14 15 12 15 24 3 34 29	16 3 19 14 14 16 24 2 34 29	19 7 19 15 16 17 25 2 34 29	22 12 21 18 18 17 25 2 34 29	25 15 26 21 20 18 25 2 34 29
3	29 8 30 30 33 15 25 2 34 29	32 13 31 34 35 14 25 2 34 29	35 14 32 2 1 14 25 2 34 29	2 18 1 5 4 14 25 2 34 29	5 21 7 9 6 14 25 2 34 29	8 26 7 12 8 14 25 2 34 29	11 30 9 15 10 15 24 3 34 29	14 35 15 15 12 15 24 3 34 29	17 4 19 14 14 16 24 2 34 29	19 8 19 15 16 17 25 2 34 29	23 13 22 18 18 17 25 2 34 29	26 16 26 21 20 18 25 2 34 29
4	29 9 30 31 33 15 25 2 34 29	32 14 31 34 35 14 25 2 34 29	35 15 32 2 1 14 25 2 34 29	2 19 1 6 4 14 25 2 34 29	5 23 7 9 6 14 25 2 34 29	8 27 7 12 8 14 25 2 34 29	11 31 9 15 10 15 24 3 34 29	14 1 15 15 12 15 24 3 34 29	17 6 19 14 14 16 24 2 34 29	20 9 19 15 16 17 25 2 34 29	23 14 22 18 18 17 25 2 34 29	26 17 27 21 20 18 25 2 34 29
5	29 11 30 31 33 15 25 2 34 29	32 15 31 35 35 14 25 2 34 29	35 16 32 2 1 14 25 2 34 29	2 21 1 6 4 14 25 2 34 29	5 24 7 9 6 14 25 2 34 29	8 29 7 12 8 14 25 2 34 29	11 33 9 15 10 15 24 3 34 29	14 2 15 15 12 15 24 3 34 29	17 7 19 14 14 16 24 2 34 29	20 11 19 15 16 17 25 2 34 29	23 15 22 18 18 17 25 2 34 29	26 19 27 21 20 18 25 2 34 29
6	29 12 31 31 33 15 25 2 34 29	32 16 31 35 35 14 25 2 34 29	35 17 32 2 2 14 25 2 34 29	2 22 2 6 4 14 25 2 34 29	5 25 7 9 6 14 25 2 34 29	8 30 7 13 8 14 25 2 34 29	11 34 9 15 10 15 24 3 34 29	14 3 15 15 12 15 24 3 34 29	17 9 20 14 14 16 24 2 34 29	20 12 19 15 16 17 25 2 34 29	23 17 22 18 18 17 25 2 34 29	26 20 27 22 20 18 25 2 34 29
7	29 13 31 31 33 15 25 2 34 29	32 18 31 35 35 14 25 2 34 29	35 18 33 2 2 14 25 2 34 29	2 23 2 6 4 14 25 2 34 29	5 26 7 9 6 14 25 2 34 29	8 32 7 13 8 14 25 2 34 29	11 36 9 15 10 15 24 3 34 29	14 5 15 15 12 15 24 3 34 29	17 10 20 14 14 16 24 2 34 29	20 13 19 15 16 17 25 2 34 29	23 18 22 18 18 17 25 2 34 29	26 21 27 22 20 18 25 2 34 29
8	29 14 31 31 33 15 25 2 34 29	32 19 31 35 36 14 25 2 34 29	35 20 33 2 2 14 25 2 34 29	2 24 2 6 4 14 25 2 34 29	5 28 7 10 6 14 25 2 34 29	8 33 7 13 8 14 25 2 34 29	11 1 9 15 10 15 24 3 34 29	14 6 16 15 12 15 24 3 34 29	17 11 20 14 14 16 24 2 34 29	20 15 19 15 16 17 25 2 34 29	23 19 22 18 18 17 25 2 34 29	26 22 27 22 20 18 25 2 34 29
9	29 16 31 31 33 15 25 2 34 29	32 20 31 35 36 14 25 2 34 29	35 21 33 2 2 14 25 2 34 29	2 26 2 6 4 14 25 2 34 29	5 29 7 10 6 14 25 2 34 29	8 34 7 13 8 14 25 2 34 29	11 2 10 15 10 15 24 3 34 29	14 8 16 15 13 15 24 3 34 29	17 12 20 14 14 16 24 2 34 29	20 16 19 16 16 17 25 2 34 29	23 20 23 19 18 17 25 2 34 29	26 23 27 22 20 18 25 2 34 29
10	29 17 31 31 33 15 25 2 34 29	33 21 31 35 36 14 25 2 34 29	35 22 33 3 2 14 25 2 34 29	2 27 2 6 4 14 25 2 34 29	5 31 7 10 6 14 25 2 34 29	8 36 7 13 9 14 25 2 34 29	11 4 10 15 11 15 24 3 34 29	14 9 16 15 13 15 24 3 34 29	17 14 20 14 15 16 24 2 34 29	20 17 19 16 16 17 25 2 34 29	23 21 23 19 18 17 25 2 34 29	26 25 27 22 20 18 25 2 34 29
11	30 18 31 31 33 15 25 2 34 29	33 22 31 35 36 14 25 2 34 29	36 23 33 3 2 14 25 2 34 29	3 28 3 6 4 14 25 2 34 29	6 32 8 10 6 14 25 2 34 29	8 1 7 13 9 14 25 2 34 29	11 5 10 15 11 15 24 3 34 29	14 10 16 15 13 15 24 3 34 29	17 15 20 14 15 16 24 2 34 29	20 18 19 16 16 17 25 2 34 29	23 22 23 19 18 17 25 2 34 29	26 26 28 22 20 18 25 2 34 29
12	30 19 31 32 33 15 25 2 34 29	33 24 31 35 36 14 25 2 34 29	36 25 33 3 2 14 25 2 34 29	3 29 3 7 4 14 25 2 34 29	6 33 8 10 6 14 25 2 34 29	9 3 7 13 9 14 25 2 34 29	11 6 10 15 11 15 24 3 34 29	14 11 16 15 13 16 24 3 34 29	17 16 20 14 15 16 24 2 34 29	20 19 19 16 17 17 25 2 34 29	23 24 23 19 18 17 25 2 34 29	26 27 28 22 20 18 25 2 34 29
13	30 20 32 32 34 15 25 2 34 29	33 25 31 36 36 14 25 2 34 29	36 26 33 3 2 14 25 2 34 29	3 31 3 7 4 14 25 2 34 29	6 35 8 10 7 14 25 2 34 29	9 4 7 13 9 14 25 2 34 29	12 8 10 15 11 15 24 3 34 29	14 13 16 15 13 16 24 3 34 29	17 17 20 14 15 16 24 2 34 29	20 20 19 16 17 17 25 2 34 29	24 25 23 19 19 17 25 2 34 29	27 28 28 22 20 18 25 2 34 29
14	30 22 32 32 34 15 25 2 34 29	33 26 31 36 36 14 25 2 34 29	36 27 34 3 2 14 25 2 34 29	3 32 3 7 4 14 25 2 34 29	6 36 8 10 7 14 25 2 34 29	9 5 7 13 9 14 25 2 34 29	12 9 10 15 11 15 24 3 34 29	15 14 17 15 13 16 24 3 34 29	18 18 20 14 15 16 24 2 34 29	21 22 19 16 17 17 25 2 34 29	24 26 23 19 19 17 25 2 34 29	27 30 28 23 20 18 25 2 34 29
15	30 23 32 32 34 15 25 2 34 29	33 28 31 36 36 14 25 2 34 29	36 28 34 3 2 14 25 2 34 29	3 34 4 7 5 14 25 2 34 29	6 2 8 10 7 14 25 2 34 29	9 7 7 13 9 14 25 2 34 29	12 10 11 15 11 15 24 3 34 29	15 15 17 15 13 16 24 3 34 29	18 20 20 14 15 16 24 2 34 29	21 23 19 16 17 17 25 2 34 29	24 27 24 19 19 17 25 2 34 29	27 31 28 23 20 18 25 2 34 29
16	30 24 32 32 34 15 25 2 34 29	33 29 31 36 36 14 25 2 34 29	36 30 34 3 2 14 25 2 34 29	3 35 4 7 5 14 25 2 34 29	6 3 8 10 7 14 25 2 34 29	9 8 7 13 9 14 24 2 34 29	12 12 11 15 11 15 24 3 34 29	15 16 17 15 13 16 24 3 34 29	18 21 20 14 15 16 24 2 34 29	21 24 19 16 17 17 25 2 34 29	24 29 24 19 19 17 25 2 34 29	27 32 28 23 20 18 25 2 34 29
17	30 25 32 32 34 15 25 2 34 29	33 30 31 36 36 14 25 2 34 29	36 31 34 3 2 14 25 2 34 29	3 1 4 7 5 14 25 2 34 29	6 5 8 10 7 14 25 2 34 29	9 10 7 14 9 14 24 2 34 29	12 13 11 15 11 15 24 3 34 29	15 17 17 15 13 16 24 3 34 29	18 22 20 14 15 16 24 2 34 29	21 25 19 16 17 17 25 2 34 29	24 30 24 19 19 17 25 2 34 29	27 34 29 23 21 18 25 2 34 29
18	30 27 32 32 34 15 25 2 34 29	33 32 31 36 36 14 25 2 34 29	36 33 34 4 2 14 25 2 34 29	3 2 4 7 5 14 25 2 34 29	6 6 8 11 7 14 25 2 34 29	9 11 7 14 9 14 24 2 34 29	12 14 11 15 11 15 24 3 34 29	15 19 17 15 13 16 24 3 34 29	18 23 20 14 15 16 24 2 34 29	21 27 19 16 17 17 25 2 34 29	24 31 24 20 19 17 25 2 34 29	27 35 29 23 21 18 25 2 34 29
19	30 28 32 32 34 15 25 2 34 29	34 34 31 36 36 14 25 2 34 29	36 34 34 4 3 14 25 2 34 29	3 4 4 7 5 14 25 2 34 29	6 7 8 11 7 14 25 2 34 29	9 12 7 14 9 14 24 2 34 29	12 15 12 16 11 15 24 3 34 29	15 20 17 15 13 16 24 3 34 29	18 24 20 14 15 16 25 2 34 29	21 28 19 16 17 17 25 2 34 29	24 33 24 20 19 17 25 2 34 29	27 1 29 23 21 18 25 2 34 29
20	30 30 32 33 34 14 25 2 34 29	34 35 31 36 1 14 25 2 34 29	36 36 35 4 3 14 25 2 34 29	3 5 5 7 5 14 25 2 34 29	6 9 8 11 7 14 25 2 34 29	9 13 7 14 9 14 24 2 34 29	12 17 12 16 11 15 24 3 34 29	15 21 17 15 13 16 24 3 34 29	18 26 20 14 15 16 25 2 34 29	21 29 19 16 17 17 25 2 34 29	24 34 24 20 19 17 25 2 34 29	27 2 29 23 21 18 25 2 34 29
21	31 31 32 33 34 14 25 2 34 29	34 1 31 1 1 14 25 2 34 29	1 1 35 4 3 14 25 2 34 29	4 7 5 8 5 14 25 2 34 29	6 10 8 11 7 14 25 2 34 29	9 15 7 14 9 14 24 2 34 29	12 18 12 16 11 15 24 3 34 29	15 22 18 14 13 16 24 3 34 29	18 27 20 14 15 16 25 2 34 29	21 30 20 17 17 17 25 2 34 29	24 36 25 20 19 17 25 2 34 29	27 3 29 23 21 18 25 2 34 29
22	31 33 32 33 34 14 25 2 34 29	34 2 31 1 1 14 25 2 34 29	1 3 35 4 3 14 25 2 34 29	4 8 5 8 5 14 25 2 34 29	7 11 8 11 7 14 25 2 34 29	10 16 7 14 9 14 24 3 34 29	12 19 12 16 11 15 24 3 34 29	15 23 18 14 13 16 24 3 34 29	18 28 20 14 15 16 25 2 34 29	21 32 20 17 17 17 25 2 34 29	24 1 25 20 19 17 25 2 34 29	27 5 29 23 21 18 26 2 34 29
23	31 34 32 33 34 14 25 2 34 29	34 3 31 1 1 14 25 2 34 29	1 4 35 4 3 14 25 2 34 29	4 9 5 8 5 14 25 2 34 29	7 13 8 11 7 14 25 2 34 29	10 17 7 14 9 15 24 3 34 29	12 20 12 16 11 15 24 3 34 29	15 25 18 14 13 16 24 3 34 29	18 29 20 14 15 16 25 2 34 29	21 33 20 17 17 17 25 2 34 29	25 2 25 20 19 18 25 2 34 29	28 6 29 24 21 18 26 2 34 29
24	31 36 32 33 34 14 25 2 34 29	34 5 31 1 1 14 25 2 34 29	1 6 35 4 3 14 25 2 34 29	4 11 5 8 5 14 25 2 34 29	7 14 8 11 7 14 25 2 34 29	10 18 7 14 9 15 24 3 34 29	13 21 13 16 11 15 24 3 34 29	16 26 18 14 13 16 24 3 34 29	19 31 20 14 15 16 25 2 34 29	22 35 20 17 17 17 25 2 34 29	25 4 25 20 19 18 25 2 34 29	28 8 30 24 21 18 26 2 34 29
25	31 1 32 33 34 14 25 2 34 29	34 6 31 1 1 14 25 2 34 29	1 7 35 4 3 14 25 2 34 29	4 12 6 8 5 14 25 2 34 29	7 15 8 11 7 14 25 2 34 29	10 19 8 14 10 15 24 3 34 29	13 23 13 16 12 15 24 3 34 29	16 27 18 14 14 16 24 3 34 29	19 32 20 15 15 16 25 2 34 29	22 36 20 17 17 17 25 2 34 29	25 5 25 20 19 18 25 2 34 29	28 9 30 24 21 18 26 2 34 29
26	31 3 32 33 35 14 25 2 34 29	34 8 32 1 1 14 25 2 34 29	1 8 36 5 3 14 25 2 34 29	4 13 6 8 5 14 25 2 34 29	7 16 8 11 7 14 25 2 34 29	10 21 8 14 10 15 24 3 34 29	13 24 13 16 12 15 24 3 34 29	16 29 18 14 14 16 24 3 34 29	19 34 20 15 16 16 25 2 34 29	22 2 20 17 17 17 25 2 34 29	25 7 25 20 19 18 25 2 34 29	28 11 30 24 21 18 26 2 34 29
27	31 4 32 33 35 14 25 2 34 29	34 9 32 1 1 14 25 2 34 29	1 10 36 5 3 14 25 2 34 29	4 14 6 8 5 14 25 2 34 29	7 17 8 12 8 14 25 2 34 29	10 22 8 14 10 15 24 3 34 29	13 25 13 16 12 15 24 3 34 29	16 30 18 14 14 16 24 3 34 29	19 35 20 15 16 17 25 2 34 29	22 3 20 17 17 17 25 2 34 29	25 8 25 21 19 18 25 2 34 29	28 12 30 24 21 18 26 2 34 29
28	31 5 32 34 35 14 25 2 34 29	34 10 32 1 1 14 25 2 34 29	1 11 36 5 3 14 25 2 34 29	4 15 6 8 5 14 25 2 34 29	7 19 8 12 8 14 25 2 34 29	10 23 8 14 10 15 24 3 34 29	13 26 13 16 12 15 24 3 34 29	16 31 19 14 14 16 24 3 34 29	19 1 20 15 16 17 25 2 34 29	22 5 21 17 18 17 25 2 34 29	25 10 26 21 19 18 25 2 34 29	28 13 30 24 21 18 26 2 34 29
29	31 7 32 34 35 14 25 2 34 29		1 12 36 5 3 14 25 2 34 29	4 17 6 8 6 14 25 2 34 29	7 20 7 12 8 14 25 2 34 29	10 24 8 15 10 15 24 3 34 29	13 28 14 16 12 15 24 3 34 29	16 33 19 14 14 16 24 3 34 29	19 2 19 15 16 17 25 2 34 29	22 6 21 17 18 17 25 2 34 29	25 11 26 21 19 18 25 2 34 29	28 15 30 24 21 18 26 2 34 29
30	31 8 32 34 35 14 25 2 34 29		1 13 36 5 3 14 25 2 34 29	4 18 6 9 6 14 25 2 34 29	7 21 7 12 8 14 25 2 34 29	10 26 8 15 10 15 24 3 34 29	13 29 14 16 12 15 24 3 34 29	16 34 19 14 14 16 24 3 34 29	19 4 19 15 16 17 25 2 34 29	22 8 21 17 18 17 25 2 34 29	25 12 26 21 20 18 25 2 34 29	28 16 30 24 21 18 26 2 34 29
31	32 9 31 34 35 14 25 2 34 29		1 15 36 5 3 14 25 2 34 29		7 22 7 12 8 14 25 2 34 29		13 31 14 16 12 15 24 3 34 29	16 36 19 14 14 16 24 3 34 29		22 9 21 18 18 17 25 2 34 29		28 17 30 25 21 18 26 2 34 29

2016

	JAN	FEB	MÄR	APR	MAI	JUNI	JULI	AUG	SEPT	OKT	NOV	DEZ
1	28 18 30 25 21 18 26 2 34 29	32 22 29 29 23 18 26 2 34 29	35 25 33 32 24 17 26 2 34 29	2 29 3 36 25 17 26 2 35 29	5 33 6 4 25 17 26 3 35 29	8 2 5 7 24 17 26 3 35 29	10 6 10 11 24 17 26 3 35 29	13 11 16 15 24 18 25 3 35 29	16 16 18 19 26 18 26 3 35 29	19 19 18 22 28 19 26 3 34 29	22 24 23 26 30 20 26 3 34 29	25 27 27 30 32 20 26 3 34 29
2	29 19 30 25 21 18 26 2 34 29	32 24 29 29 23 18 26 2 34 29	35 26 33 32 24 17 26 2 34 29	2 30 3 36 25 17 26 2 35 29	5 34 6 4 25 17 26 3 35 29	8 3 5 8 24 17 26 3 35 29	11 7 10 11 24 17 26 3 35 29	14 12 16 15 24 18 25 3 35 29	16 17 18 19 26 18 26 3 35 29	19 21 18 23 28 19 26 3 34 29	22 25 23 26 30 20 26 3 34 29	26 28 27 30 32 20 26 3 34 29
3	29 21 31 25 21 18 26 2 34 29	32 25 29 29 23 18 26 2 34 29	35 27 33 32 24 17 26 2 34 29	2 32 3 36 25 17 26 3 35 29	5 35 6 4 25 17 26 3 35 29	8 5 5 8 24 17 26 3 35 29	11 9 10 11 24 17 26 3 35 29	14 14 16 15 25 18 25 3 35 29	17 18 18 19 26 18 26 3 35 29	20 22 18 23 28 19 26 3 34 29	23 26 23 26 30 20 26 3 34 29	26 29 28 30 32 20 26 3 34 29
4	29 22 31 25 22 18 26 2 34 29	32 26 29 29 23 18 26 2 34 29	35 28 33 32 24 17 26 2 34 29	2 33 3 36 25 17 26 3 35 29	5 1 6 4 25 17 26 3 35 29	8 6 5 8 24 17 26 3 35 29	11 10 10 11 24 17 26 3 35 29	14 15 16 15 25 18 25 3 35 29	17 20 18 19 26 18 26 3 35 29	20 23 18 23 28 19 26 3 34 29	23 27 23 27 30 20 26 3 34 29	26 31 28 30 32 20 26 3 34 29
5	29 23 31 25 22 18 26 2 34 29	32 27 30 29 23 18 26 2 34 29	35 30 33 33 24 17 26 2 34 29	2 35 3 36 25 17 26 3 35 29	5 2 6 4 25 17 26 3 35 29	8 8 6 8 24 17 26 3 35 29	11 12 11 12 24 17 26 3 35 29	14 16 16 15 25 18 25 3 35 29	17 21 18 19 26 18 26 3 35 29	20 24 18 23 28 19 26 3 34 29	23 29 23 27 30 20 26 3 34 29	26 32 28 30 32 20 26 3 34 29
6	29 24 31 25 22 18 26 2 34 29	32 29 30 29 23 18 26 2 34 29	35 31 34 33 24 17 26 2 34 29	2 36 4 1 25 17 26 3 35 29	5 4 6 4 25 17 26 3 35 29	8 9 6 8 24 17 26 3 35 29	11 13 11 12 24 17 26 3 35 29	14 18 16 16 25 18 25 3 35 29	17 22 18 19 26 18 26 3 35 29	20 25 18 23 28 19 26 3 34 29	23 30 23 27 30 20 26 3 34 29	26 33 28 30 32 20 26 3 34 29
7	29 25 31 25 22 18 26 2 34 29	32 30 30 29 23 18 26 2 34 29	35 32 34 33 25 17 26 2 34 29	2 2 4 1 25 17 26 3 35 29	5 5 6 4 25 17 26 3 35 29	8 11 6 8 24 17 26 3 35 29	11 14 11 12 24 17 26 3 35 29	14 19 17 16 25 18 25 3 35 29	17 23 18 19 26 18 26 3 35 29	20 26 18 23 28 19 26 3 34 29	23 31 24 27 30 20 26 3 34 29	26 35 28 30 33 20 26 3 34 29
8	29 27 31 26 22 18 26 2 34 29	32 32 30 29 23 18 26 2 34 29	35 34 34 33 25 17 26 2 34 29	2 3 4 1 25 17 26 3 35 29	5 7 6 4 25 17 26 3 35 29	8 12 6 8 24 17 26 3 35 29	11 16 11 12 24 17 26 3 35 29	14 20 17 16 25 18 25 3 35 29	17 24 18 20 26 18 26 3 35 29	20 28 19 23 28 19 26 3 34 29	23 32 24 27 30 20 26 3 34 29	26 36 28 31 33 20 26 3 34 29
9	29 28 30 26 22 18 26 2 34 29	32 33 30 29 23 18 26 2 34 29	35 35 34 33 25 17 26 2 34 29	2 5 4 1 25 17 26 3 35 29	5 8 5 5 25 17 26 3 35 29	8 13 6 8 24 17 26 3 35 29	11 17 11 12 24 17 26 3 35 29	14 21 17 16 25 18 25 3 35 29	17 26 18 20 26 18 26 3 35 29	20 29 19 23 28 19 26 3 34 29	23 34 24 27 30 20 26 3 34 29	26 1 28 31 33 20 26 3 34 29
10	29 29 30 26 22 18 26 2 34 29	33 34 30 30 23 18 26 2 34 29	35 1 34 33 25 17 26 2 34 29	3 6 4 1 25 17 26 3 35 29	5 10 5 5 25 17 26 3 35 29	8 15 6 9 24 17 26 3 35 29	11 18 12 12 24 17 26 3 35 29	14 22 17 16 25 18 25 3 35 29	17 27 18 20 26 19 26 3 35 29	20 30 19 23 28 19 26 3 34 29	23 35 24 27 31 20 26 3 34 29	26 3 28 31 33 20 26 3 34 29
11	30 31 30 26 22 18 26 2 34 29	33 36 30 30 23 18 26 2 34 29	36 2 34 33 25 17 26 2 34 29	3 8 4 1 25 17 26 3 35 29	6 11 5 5 25 17 26 3 35 29	9 16 6 9 24 17 26 3 35 29	11 19 12 12 24 17 26 3 35 29	14 24 17 16 25 18 25 3 35 29	17 28 18 20 26 19 26 3 35 29	20 31 19 24 28 19 26 3 34 29	23 36 24 27 31 20 26 3 34 29	26 4 29 31 33 20 26 3 34 29
12	30 32 30 26 22 18 26 2 34 29	33 1 30 30 24 18 26 2 34 29	36 4 35 33 25 17 26 2 34 29	3 9 5 1 25 17 26 3 35 29	6 13 5 5 25 17 26 3 35 29	9 17 6 9 24 17 26 3 35 29	12 20 12 12 24 17 26 3 35 29	14 25 17 16 25 18 25 3 35 29	17 29 18 20 27 19 26 3 35 29	20 33 19 24 28 19 26 3 34 29	24 2 24 27 31 20 26 3 34 29	27 6 29 31 33 20 26 3 34 29
13	30 34 30 26 22 18 26 2 34 29	33 3 30 30 24 18 26 2 34 29	36 5 35 34 25 17 26 2 34 29	3 10 5 1 25 17 26 3 35 29	6 14 5 5 25 17 26 3 35 29	9 18 7 9 24 17 26 3 35 29	12 22 12 13 24 17 26 3 35 29	15 26 17 16 25 18 25 3 35 29	18 31 18 20 27 19 26 3 35 29	21 34 19 24 29 19 26 3 34 29	24 3 25 28 31 20 26 3 34 29	27 7 29 31 33 20 26 3 34 29
14	30 35 30 26 22 18 26 2 34 29	33 4 31 30 24 18 26 2 34 29	36 7 35 34 25 17 26 2 35 29	3 12 5 2 25 17 26 3 35 29	6 15 5 5 25 17 26 3 35 29	9 20 7 9 24 17 26 3 35 29	12 23 12 13 24 17 26 3 35 29	15 27 17 17 25 18 25 3 35 29	18 32 17 20 27 19 26 3 35 29	21 36 20 24 29 19 26 3 34 29	24 5 25 28 31 20 26 3 34 29	27 9 29 31 33 20 26 3 34 29
15	30 36 30 26 22 18 26 2 34 29	33 6 31 30 24 18 26 2 34 29	36 8 35 34 25 17 26 2 35 29	3 13 5 2 25 17 26 3 35 29	6 16 5 5 25 17 26 3 35 29	9 21 7 9 24 17 26 3 35 29	12 24 13 13 24 17 26 3 35 29	15 29 17 17 25 18 25 3 35 29	18 33 17 20 27 19 26 3 35 29	21 1 20 24 29 19 26 3 34 29	24 6 25 28 31 20 26 3 34 29	27 10 29 31 33 20 26 3 34 29
16	30 2 30 27 22 18 26 2 34 29	33 7 31 30 24 18 26 2 34 29	36 9 35 34 25 17 26 2 35 29	3 14 5 2 25 17 26 3 35 29	6 18 5 5 25 17 26 3 35 29	9 22 7 9 24 17 26 3 35 29	12 25 13 13 24 17 26 3 35 29	15 30 18 17 25 18 25 3 35 29	18 35 17 21 27 19 26 3 35 29	21 3 20 24 29 19 26 3 34 29	24 8 25 28 31 20 26 3 34 29	27 12 29 31 33 20 26 3 34 29
17	30 3 30 27 22 18 26 2 34 29	33 8 31 30 24 18 26 2 34 29	36 11 36 34 25 17 26 2 35 29	3 16 5 2 25 17 26 3 35 29	6 19 5 6 25 17 26 3 35 29	9 23 7 9 24 17 26 3 35 29	12 26 13 13 24 17 26 3 35 29	15 31 18 17 25 18 25 3 35 29	18 36 17 21 27 19 26 3 35 29	21 4 20 24 29 19 26 3 34 29	24 9 25 28 31 20 26 3 34 29	27 13 29 32 33 20 26 3 34 29
18	30 5 29 27 22 18 26 2 34 29	33 10 31 31 24 18 26 2 34 29	36 12 36 34 25 17 26 2 35 29	3 17 5 2 25 17 26 3 35 29	6 20 5 6 25 17 26 3 35 29	9 24 7 10 24 17 26 3 35 29	12 28 13 13 24 17 26 3 35 29	15 33 18 17 25 18 25 3 35 29	18 2 17 21 27 19 26 3 35 29	21 6 20 24 29 19 26 3 34 29	24 11 25 28 31 20 26 3 34 29	27 15 29 32 33 20 26 3 34 29
19	30 6 29 27 22 18 26 2 34 29	33 11 31 31 24 18 26 2 34 29	36 13 36 34 25 17 26 2 35 29	3 18 5 2 25 17 26 3 35 29	6 21 5 6 25 17 26 3 35 29	9 26 7 10 24 17 26 3 35 29	12 29 13 13 24 17 26 3 35 29	15 34 18 17 25 18 25 3 35 29	18 3 17 21 27 19 26 3 35 29	21 7 21 25 29 19 26 3 34 29	24 12 25 28 31 20 26 3 34 29	27 16 29 32 33 20 26 3 34 29
20	30 7 29 27 22 18 26 2 34 29	34 12 31 31 24 18 26 2 34 29	36 15 36 34 25 17 26 2 35 29	4 19 5 2 25 17 26 3 35 29	6 22 5 6 25 17 26 3 35 29	9 27 8 10 24 17 26 3 35 29	12 30 14 13 24 17 26 3 35 29	15 35 18 17 25 18 25 3 35 29	18 5 17 21 27 19 26 3 35 29	21 9 21 25 29 19 26 3 34 29	24 14 26 28 31 20 26 3 34 29	27 17 29 32 34 20 26 3 34 29
21	31 9 29 27 22 18 26 2 34 29	34 14 31 31 24 18 26 2 34 29	1 16 36 35 25 17 26 2 35 29	4 20 6 2 25 17 26 3 35 29	7 24 5 6 25 17 26 3 35 29	10 28 8 10 24 17 26 3 35 29	12 32 14 14 24 18 26 3 35 29	15 1 18 17 25 18 25 3 35 29	18 6 17 21 27 19 26 3 35 29	21 10 21 25 29 19 26 3 34 29	24 15 26 29 31 20 26 3 34 29	27 18 29 32 34 20 27 3 34 29
22	31 10 29 27 22 18 26 2 34 29	34 15 32 31 24 18 26 2 34 29	1 17 36 35 25 17 26 2 35 29	4 21 6 3 25 17 26 3 35 29	7 25 5 6 25 17 26 3 35 29	10 29 8 10 24 17 26 3 35 29	12 33 14 14 24 18 26 3 35 29	15 2 18 18 25 18 25 3 35 29	18 8 17 21 27 19 26 3 35 29	21 11 21 25 29 19 26 3 34 29	25 16 26 29 31 20 26 3 34 29	28 20 29 32 34 20 27 3 34 29
23	31 11 29 27 23 18 26 2 34 29	34 16 32 31 24 18 26 2 34 29	1 18 1 35 25 17 26 2 35 29	4 23 6 3 25 17 26 3 35 29	7 26 5 6 25 17 26 3 35 29	10 31 8 10 24 17 26 3 35 29	13 34 14 14 24 18 26 3 35 29	16 4 18 18 25 18 25 3 35 29	19 9 17 21 27 19 26 3 35 29	22 13 21 25 29 19 26 3 34 29	25 18 26 29 32 20 26 3 34 29	28 21 29 32 34 21 27 3 34 29
24	31 13 29 28 23 18 26 2 34 29	34 17 32 31 24 18 26 2 34 29	1 19 1 35 25 17 26 2 35 29	4 24 6 3 25 17 26 3 35 29	7 27 5 6 25 17 26 3 35 29	10 32 8 10 24 17 26 3 35 29	13 36 14 14 24 18 26 3 35 29	16 5 18 18 25 18 25 3 35 29	19 10 17 22 27 19 26 3 35 29	22 14 21 25 29 19 26 3 34 29	25 19 26 29 32 20 26 3 34 29	28 22 29 32 34 21 27 3 34 29
25	31 14 29 28 23 18 26 2 34 29	34 19 32 31 24 17 26 2 34 29	1 21 1 35 25 17 26 2 35 29	4 25 6 3 25 17 26 3 35 29	7 28 5 7 25 17 26 3 35 29	10 33 8 10 24 17 26 3 35 29	13 1 15 14 24 18 26 3 35 29	16 7 18 18 26 18 25 3 35 29	19 12 17 22 27 19 26 3 35 29	22 15 22 25 29 19 26 3 34 29	25 20 26 29 32 20 26 3 34 29	28 23 29 32 34 21 27 3 34 29
26	31 15 29 28 23 18 26 2 34 29	34 20 32 32 24 17 26 2 34 29	1 22 1 35 25 17 26 2 35 29	4 26 6 3 25 17 26 3 35 29	7 30 5 7 25 17 26 3 35 29	10 35 9 11 24 17 26 3 35 29	13 3 15 14 24 18 26 3 35 29	16 8 18 18 26 18 25 3 35 29	19 13 17 22 27 19 26 3 35 29	22 17 22 25 29 19 26 3 34 29	25 21 27 29 32 20 26 3 34 29	28 24 29 33 34 21 27 3 34 29
27	31 17 29 28 23 18 26 2 34 29	34 21 32 32 24 17 26 2 34 29	1 23 1 35 25 17 26 2 35 29	4 28 6 3 25 17 26 3 35 29	7 31 5 7 25 17 26 3 35 29	10 36 9 11 24 17 26 3 35 29	13 4 15 14 24 18 26 3 35 29	16 9 18 18 26 18 25 3 35 29	19 14 17 22 27 19 26 3 34 29	22 18 22 26 30 20 26 3 34 29	25 22 27 29 32 20 26 3 34 29	28 26 28 33 34 21 27 3 34 29
28	31 18 29 28 23 18 26 2 34 29	34 22 32 32 24 17 26 2 34 29	1 24 2 35 25 17 26 2 35 29	4 29 6 3 25 17 26 3 35 29	7 32 5 7 24 17 26 3 35 29	10 1 9 11 24 17 26 3 35 29	13 5 15 14 24 18 25 3 35 29	16 11 18 18 26 18 25 3 35 29	19 16 17 22 28 19 26 3 34 29	22 19 22 26 30 20 26 3 34 29	25 23 27 29 32 20 26 3 34 29	28 27 28 33 34 21 27 3 34 29
29	31 19 29 28 23 18 26 2 34 29	34 23 33 32 24 17 26 2 34 29	1 25 2 36 25 17 26 2 35 29	4 30 6 3 25 17 26 3 35 29	7 34 5 7 24 17 26 3 35 29	10 3 9 11 24 17 26 3 35 29	13 7 15 15 24 18 25 3 35 29	16 12 18 18 26 18 26 3 35 29	19 17 17 22 28 19 26 3 34 29	22 20 22 26 30 20 26 3 34 29	25 25 27 29 32 20 26 3 34 29	28 28 28 33 34 21 27 3 34 29
30	31 20 29 28 23 18 26 2 34 29		1 27 2 36 25 17 26 2 35 29	5 31 6 3 25 17 26 3 35 29	7 35 5 7 24 17 26 3 35 29	10 4 10 11 24 17 26 3 35 29	13 8 15 15 24 18 25 3 35 29	16 13 18 18 26 18 26 3 35 29	19 18 17 22 28 19 26 3 34 29	22 21 22 26 30 20 26 3 34 29	25 26 27 30 32 20 26 3 34 29	28 29 28 33 34 21 27 3 34 29
31	32 21 29 28 23 18 26 2 34 29		2 28 2 36 25 17 26 2 35 29		7 36 5 7 24 17 26 3 35 29		13 10 16 15 24 18 25 3 35 29	16 15 18 19 26 18 26 3 35 29		22 23 23 26 30 20 26 3 34 29		28 30 28 33 34 21 27 3 34 29

2017

	JAN	FEB	MÄR	APR	MAI	JUNI	JULI	AUG	SEPT	OKT	NOV	DEZ
1	29 32 28 33 34 21 27 3 34 29	32 1 30 36 1 21 27 3 35 29	35 2 34 2 3 21 27 3 35 29	2 7 4 1 5 20 27 3 35 29	5 11 3 1 7 20 27 3 35 29	8 16 5 3 9 20 27 3 35 29	10 19 12 6 11 20 27 3 35 29	13 24 16 10 13 20 27 3 35 29	16 28 15 13 15 21 27 3 35 29	19 31 19 17 17 21 27 3 35 29	22 36 24 21 19 22 27 3 35 29	25 4 27 24 21 23 27 3 35 29
2	29 33 28 33 35 21 27 3 34 29	32 2 30 36 1 21 27 3 35 29	35 3 34 2 3 21 27 3 35 29	2 8 4 1 5 20 27 3 35 29	5 12 3 1 7 20 27 3 35 29	8 17 6 3 9 20 27 3 35 29	11 21 12 6 11 20 27 3 35 29	13 25 16 10 13 20 27 3 35 29	16 29 15 13 15 21 27 3 35 29	19 33 19 17 17 21 27 3 35 29	22 1 24 21 19 22 27 3 35 29	25 5 27 25 21 23 27 3 35 29
3	29 34 28 33 35 21 27 3 34 29	32 3 30 36 1 21 27 3 35 29	35 4 34 2 3 21 27 3 35 29	2 10 4 1 5 20 27 3 35 29	5 14 3 1 7 20 27 3 35 29	8 18 6 3 9 20 27 3 35 29	11 22 12 6 11 20 27 3 35 29	14 26 16 10 13 20 27 3 35 29	17 31 15 13 15 21 27 3 35 29	19 34 19 17 17 21 27 3 35 29	23 3 24 21 19 22 27 3 35 29	26 7 27 25 21 23 27 3 35 29
4	29 36 28 34 35 21 27 3 34 29	32 5 30 1 1 21 27 3 35 29	35 6 35 2 3 21 27 3 35 29	2 11 4 36 5 20 27 3 35 29	5 15 3 1 7 20 27 3 35 29	8 20 6 3 9 20 27 3 35 29	11 23 12 6 11 20 27 3 35 29	14 27 16 10 13 20 27 3 35 29	17 32 15 14 15 21 27 3 35 29	20 35 19 17 17 21 27 3 35 29	23 4 24 21 19 22 27 3 35 29	26 8 27 25 21 23 27 3 35 29
5	29 1 27 34 35 21 27 3 34 29	32 6 30 1 1 21 27 3 35 29	35 7 35 2 3 21 27 3 35 29	2 13 4 36 5 20 27 3 35 29	5 16 3 1 7 20 27 3 35 29	8 21 6 3 10 20 27 3 35 29	11 24 12 6 11 20 27 3 35 29	14 29 16 10 13 20 27 3 35 29	17 33 15 14 15 21 27 3 35 29	20 1 19 17 17 21 27 3 35 29	23 6 24 21 19 22 27 3 35 29	26 10 27 25 21 23 27 3 35 29
6	29 2 27 34 35 21 27 3 34 29	32 8 30 1 1 21 27 3 35 29	35 9 35 2 3 21 27 3 35 29	2 14 4 36 5 20 27 3 35 29	5 18 3 1 8 20 27 3 35 29	8 22 6 3 10 20 27 3 35 29	11 25 12 7 12 20 27 3 35 29	14 30 16 10 14 20 27 3 35 29	17 35 15 14 16 21 27 3 35 29	20 2 20 17 17 21 27 3 35 29	23 7 25 21 19 22 27 3 35 29	26 11 27 25 21 23 27 3 35 29
7	29 4 27 34 35 21 27 3 34 29	32 9 30 1 1 21 27 3 35 29	35 10 35 2 3 21 27 3 35 29	2 15 4 36 5 20 27 3 35 29	5 19 3 1 8 20 27 3 35 29	8 23 7 4 10 20 27 3 35 29	11 27 13 7 12 20 27 3 35 29	14 31 17 10 14 20 27 3 35 29	17 36 15 14 16 21 27 3 35 29	20 4 20 18 18 21 27 3 35 29	23 9 25 21 19 22 27 3 35 29	26 13 27 25 21 23 27 3 35 29
8	29 5 27 34 35 21 27 3 34 29	32 11 31 1 1 21 27 3 35 29	35 12 35 2 3 21 27 3 35 29	2 17 4 36 6 20 27 3 35 29	5 20 3 1 8 20 27 3 35 29	8 25 7 4 10 20 27 3 35 29	11 28 13 7 12 20 27 3 35 29	14 32 17 10 14 20 27 3 35 29	17 1 15 14 16 21 27 3 35 29	20 5 20 18 18 21 27 3 35 29	23 10 25 22 20 22 27 3 35 29	26 14 27 25 21 23 27 3 35 29
9	29 7 27 34 35 21 27 3 34 29	33 12 31 1 1 21 27 3 35 29	35 13 36 2 3 21 27 3 35 29	2 18 4 36 6 20 27 3 35 29	5 21 3 1 8 20 27 3 35 29	8 26 7 4 10 20 27 3 35 29	11 29 13 7 12 20 27 3 35 29	14 34 17 10 14 20 27 3 35 29	17 3 15 14 16 21 27 3 35 29	20 6 20 18 18 21 27 3 35 29	23 12 25 22 20 22 27 3 35 29	26 16 27 25 21 23 27 3 35 29
10	29 8 27 34 35 21 27 3 34 29	33 13 31 1 1 21 27 3 35 29	35 14 36 2 3 21 27 3 35 29	3 19 4 36 6 20 27 3 35 29	5 22 3 1 8 20 27 3 35 29	8 27 7 4 10 20 27 3 35 29	11 30 13 7 12 20 27 3 35 29	14 35 17 11 14 20 27 3 35 29	17 4 15 14 16 21 27 3 35 29	20 8 20 18 18 21 27 3 35 29	23 13 25 22 20 22 27 3 35 29	26 17 27 26 22 23 27 3 35 29
11	30 10 27 34 35 21 27 3 34 29	33 15 31 1 2 21 27 3 35 29	36 16 36 2 4 21 27 3 35 29	3 20 4 36 6 20 27 3 35 29	6 24 3 1 8 20 27 3 35 29	9 28 7 4 10 20 27 3 35 29	11 31 13 7 12 20 27 3 35 29	14 36 17 11 14 20 27 3 35 29	17 5 16 14 16 21 27 3 35 29	20 9 20 18 18 22 27 3 35 29	23 15 25 22 20 22 27 3 35 29	26 18 27 26 22 23 27 3 35 29
12	30 11 27 34 35 21 27 3 35 29	33 16 31 1 2 21 27 3 35 29	36 17 36 2 4 21 27 3 35 29	3 22 4 36 6 20 27 3 35 29	6 25 3 1 8 20 27 3 35 29	9 29 7 4 10 20 27 3 35 29	11 33 14 7 12 20 27 3 35 29	14 2 17 11 14 20 27 3 35 29	17 7 16 15 16 21 27 3 35 29	20 11 21 18 18 22 27 3 35 29	23 16 25 22 20 22 27 3 35 29	27 20 27 26 22 23 27 3 35 29
13	30 12 28 35 35 21 27 3 35 29	33 17 31 1 2 21 27 3 35 29	36 18 36 2 4 21 27 3 35 29	3 23 4 36 6 20 27 3 35 29	6 26 3 1 8 20 27 3 35 29	9 31 8 4 10 20 27 3 35 29	12 34 14 7 12 20 27 3 35 29	15 3 17 11 14 20 27 3 35 29	18 8 16 15 16 21 27 3 35 29	20 12 21 18 18 22 27 3 35 29	24 17 26 22 20 22 27 3 35 29	27 21 27 26 22 23 27 3 35 29
14	30 14 28 35 35 21 27 3 35 29	33 19 32 1 2 21 27 3 35 29	36 19 1 2 4 21 27 3 35 29	3 24 4 36 6 20 27 3 35 29	6 27 3 1 8 20 27 3 35 29	9 32 8 4 10 20 27 3 35 29	12 35 14 7 12 20 27 3 35 29	15 4 17 11 14 20 27 3 35 29	18 10 16 15 16 21 27 3 35 29	21 13 21 18 18 22 27 3 35 29	24 19 26 22 20 22 27 3 35 29	27 22 26 26 22 23 27 3 35 29
15	30 15 28 35 36 21 27 3 35 29	33 20 32 1 2 21 27 3 35 29	36 21 1 2 4 21 27 3 35 29	3 25 4 36 6 20 27 3 35 29	6 28 3 2 8 20 27 3 35 29	9 33 8 4 10 20 27 3 35 29	12 1 14 8 12 20 27 3 35 29	15 6 17 11 14 20 27 3 35 29	18 11 16 15 16 21 27 3 35 29	21 15 21 19 18 22 27 3 35 29	24 20 26 22 20 22 27 3 35 29	27 23 26 26 22 23 27 3 35 29
16	30 17 28 35 36 21 27 3 35 29	33 21 32 1 2 21 27 3 35 29	36 22 1 2 4 21 27 3 35 29	3 26 4 36 6 20 27 3 35 29	6 30 3 2 8 20 27 3 35 29	9 34 8 4 10 20 27 3 35 29	12 2 14 8 12 20 27 3 35 29	15 7 17 11 14 20 27 3 35 29	18 12 16 15 16 21 27 3 35 29	21 16 21 19 18 22 27 3 35 29	24 21 26 23 20 22 27 3 35 29	27 24 26 26 22 23 27 3 35 29
17	30 18 28 35 36 21 27 3 35 29	33 22 32 1 2 21 27 3 35 29	36 23 1 1 4 21 27 3 35 29	3 28 4 36 6 20 27 3 35 29	6 31 4 2 8 20 27 3 35 29	9 36 9 5 10 20 27 3 35 29	12 3 14 8 12 20 27 3 35 29	15 9 17 11 14 20 27 3 35 29	18 14 16 15 16 21 27 3 35 29	21 18 21 19 18 22 27 3 35 29	24 22 26 23 20 22 27 3 35 29	27 26 26 26 22 23 27 3 35 29
18	30 19 28 35 36 21 27 3 35 29	33 24 32 1 2 21 27 3 35 29	36 24 1 1 4 21 27 3 35 29	3 29 4 36 6 20 27 3 35 29	6 32 4 2 8 20 27 3 35 29	9 1 9 5 10 20 27 3 35 29	12 5 14 8 12 20 27 3 35 29	15 10 17 12 14 20 27 3 35 29	18 15 16 15 16 21 27 3 35 29	21 19 22 19 18 22 27 3 35 29	24 24 26 23 20 22 27 3 35 29	27 27 26 27 22 23 27 3 35 29
19	30 20 28 35 36 21 27 3 35 29	34 25 32 1 2 21 27 3 35 29	36 26 2 1 4 21 27 3 35 29	3 30 4 36 6 20 27 3 35 29	6 33 4 2 8 20 27 3 35 29	9 2 9 5 10 20 27 3 35 29	12 6 15 8 12 20 27 3 35 29	15 11 17 12 14 20 27 3 35 29	18 17 17 15 16 21 27 3 35 29	21 20 22 19 18 22 27 3 35 29	24 25 26 23 20 22 27 3 35 29	27 28 26 27 22 23 27 3 35 29
20	31 22 28 35 36 21 27 3 35 29	34 26 32 2 2 21 27 3 35 29	36 27 2 1 4 21 27 3 35 29	4 31 4 36 6 20 27 3 35 29	6 35 4 2 8 20 27 3 35 29	9 4 9 5 11 20 27 3 35 29	12 8 15 8 12 20 27 3 35 29	15 13 16 12 14 20 27 3 35 29	18 18 17 15 16 21 27 3 35 29	21 21 22 19 18 22 27 3 35 29	24 26 26 23 20 22 27 3 35 29	27 29 26 27 22 23 27 3 35 29
21	31 23 28 35 36 21 27 3 35 29	34 27 33 2 2 21 27 3 35 29	1 28 2 1 4 21 27 3 35 29	4 32 3 36 6 20 27 3 35 29	7 36 4 2 9 20 27 3 35 29	9 5 9 5 11 20 27 3 35 29	12 9 15 8 13 20 27 3 35 29	15 14 16 12 15 21 27 3 35 29	18 19 17 16 16 21 27 3 35 29	21 23 22 19 18 22 27 3 35 29	24 27 27 23 20 22 27 3 35 29	27 30 26 27 22 23 28 3 35 29
22	31 24 28 35 36 21 27 3 35 29	34 28 33 2 2 21 27 3 35 29	1 29 2 1 4 21 27 3 35 29	4 34 3 36 7 20 27 3 35 29	7 1 4 2 9 20 27 3 35 29	10 7 10 5 11 20 27 3 35 29	12 10 15 8 13 20 27 3 35 29	15 16 16 12 15 21 27 3 35 29	18 21 17 16 17 21 27 3 35 29	21 24 22 19 18 22 27 3 35 29	24 28 27 23 20 22 27 3 35 29	28 32 26 27 22 23 28 3 35 29
23	31 25 28 35 36 21 27 3 35 29	34 30 33 2 2 21 27 3 35 29	1 30 2 1 4 21 27 3 35 29	4 35 3 36 7 20 27 3 35 29	7 3 4 2 9 20 27 3 35 29	10 8 10 5 11 20 27 3 35 29	13 12 15 9 13 20 27 3 35 29	16 17 16 12 15 21 27 3 35 29	19 22 17 16 17 21 27 3 35 29	21 25 22 20 19 22 27 3 35 29	25 30 27 23 20 22 27 3 35 29	28 33 26 27 22 23 28 3 35 29
24	31 26 29 36 36 21 27 3 35 29	34 31 33 2 2 21 27 3 35 29	1 32 2 1 5 21 27 3 35 29	4 36 3 36 7 20 27 3 35 29	7 4 4 2 9 20 27 3 35 29	10 10 10 5 11 20 27 3 35 29	13 13 15 9 13 20 27 3 35 29	16 18 16 12 15 21 27 3 35 29	19 23 17 16 17 21 27 3 35 29	22 26 23 20 19 22 27 3 35 29	25 31 27 24 21 22 27 3 35 29	28 34 26 27 22 23 28 3 35 29
25	31 28 29 36 36 21 27 3 35 29	34 32 33 2 3 21 27 3 35 29	1 33 3 1 5 20 27 3 35 29	4 2 3 36 7 20 27 3 35 29	7 6 4 2 9 20 27 3 35 29	10 11 10 5 11 20 27 3 35 29	13 15 15 9 13 20 27 3 35 29	16 20 16 12 15 21 27 3 35 29	19 24 18 16 17 21 27 3 35 29	22 27 23 20 19 22 27 3 35 29	25 32 27 24 21 22 27 3 35 29	28 35 26 27 22 23 28 3 35 29
26	31 29 29 36 36 21 27 3 35 29	34 33 34 2 3 21 27 3 35 29	1 34 3 1 5 20 27 3 35 29	4 3 3 36 7 20 27 3 35 29	7 7 5 2 9 20 27 3 35 29	10 13 10 6 11 20 27 3 35 29	13 16 16 9 13 20 27 3 35 29	16 21 16 12 15 21 27 3 35 29	19 25 18 16 17 21 27 3 35 29	22 29 23 20 19 22 27 3 35 29	25 33 27 24 21 23 27 3 35 29	28 36 26 28 23 23 28 3 35 29
27	31 30 29 36 36 21 27 3 35 29	34 35 34 2 3 21 27 3 35 29	1 36 3 1 5 20 27 3 35 29	4 5 3 36 7 20 27 3 35 29	7 9 5 3 9 20 27 3 35 29	10 14 11 6 11 20 27 3 35 29	13 18 16 9 13 20 27 3 35 29	16 22 16 13 15 21 27 3 35 29	19 27 18 16 17 21 27 3 35 29	22 30 23 20 19 22 27 3 35 29	25 34 27 24 21 23 27 3 35 29	28 2 26 28 23 23 28 3 35 29
28	31 31 29 36 36 21 27 3 35 29	34 36 34 2 3 21 27 3 35 29	1 1 3 1 5 20 27 3 35 29	4 6 3 36 7 20 27 3 35 29	7 10 5 3 9 20 27 3 35 29	10 15 11 6 11 20 27 3 35 29	13 19 16 9 13 20 27 3 35 29	16 24 16 13 15 21 27 3 35 29	19 28 18 16 17 21 27 3 35 29	22 31 23 20 19 22 27 3 35 29	25 36 27 24 21 23 27 3 35 29	28 3 26 28 23 23 28 3 35 29
29	31 33 29 36 1 21 27 3 35 29		1 3 3 1 5 20 27 3 35 29	4 8 3 1 7 20 27 3 35 29	7 12 5 3 9 20 27 3 35 29	10 17 11 6 11 20 27 3 35 29	13 20 16 9 13 20 27 3 35 29	16 25 16 13 15 21 27 3 35 29	19 29 18 17 17 21 27 3 35 29	22 32 23 20 19 22 27 3 35 29	25 1 27 24 21 23 27 3 35 29	28 5 26 28 23 23 28 3 35 29
30	32 34 29 36 1 21 27 3 35 29		1 4 3 1 5 20 27 3 35 29	4 9 3 1 7 20 27 3 35 29	7 13 5 3 9 20 27 3 35 29	10 18 11 6 11 20 27 3 35 29	13 21 16 9 13 20 27 3 35 29	16 26 16 13 15 21 27 3 35 29	19 30 18 17 17 21 27 3 35 29	22 34 23 20 19 22 27 3 35 29	25 2 27 24 21 23 27 3 35 29	28 6 26 28 23 23 28 3 35 29
31	32 35 29 36 1 21 27 3 35 29		2 5 3 1 5 20 27 3 35 29		7 15 5 3 9 20 27 3 35 29		13 23 16 9 13 20 27 3 35 29	16 27 16 13 15 21 27 3 35 29		22 35 24 21 19 22 27 3 35 29		28 7 26 28 23 23 28 3 35 29

2018

	JAN	FEB	MÄR	APR	MAI	JUNI	JULI	AUG	SEPT	OKT	NOV	DEZ
1	29 9 26 28 23 23 28 3 35 29	32 14 31 32 25 24 28 3 35 29	35 15 36 36 27 24 28 3 35 30	2 20 2 4 28 24 28 3 35 30	5 24 2 7 30 23 28 3 35 30	8 28 7 11 31 23 28 4 35 30	10 31 13 14 31 23 28 4 35 30	13 36 15 18 31 23 28 4 35 29	16 5 15 21 30 23 28 4 35 29	19 8 20 23 31 24 28 4 35 29	22 14 25 21 33 24 28 4 35 29	25 18 25 21 34 25 28 3 35 29
2	29 11 26 28 23 23 28 3 35 29	32 16 31 32 25 24 28 3 35 29	35 17 36 36 27 24 28 3 35 30	2 22 2 4 28 24 28 3 35 30	5 25 2 7 30 23 28 3 35 30	8 29 7 11 31 23 28 4 35 30	11 33 13 15 31 23 28 4 35 30	13 1 15 18 31 23 28 4 35 29	16 6 15 21 30 23 28 4 35 29	19 10 20 23 31 24 28 4 35 29	22 15 25 21 33 24 28 4 35 29	25 19 24 21 35 25 28 3 35 29
3	29 12 26 29 23 23 28 3 35 29	32 17 31 33 25 24 28 3 35 29	35 18 36 36 27 24 28 3 35 30	2 23 2 4 28 24 28 3 35 30	5 26 2 8 30 23 28 3 35 30	8 31 7 11 31 23 28 4 35 30	11 34 13 15 31 23 28 4 35 30	14 2 15 18 31 23 28 4 35 29	17 7 15 21 30 23 28 4 35 29	19 11 20 23 31 24 28 4 35 29	23 17 25 21 33 24 28 4 35 29	26 20 24 22 35 25 28 3 35 29
4	29 14 27 29 23 23 28 3 35 29	32 19 31 33 25 24 28 3 35 29	35 19 36 36 27 24 28 3 35 30	2 24 2 4 28 24 28 3 35 30	5 27 2 8 30 23 28 3 35 30	8 32 8 11 31 23 28 4 35 30	11 35 13 15 31 23 28 4 35 30	14 4 15 18 31 23 28 4 35 29	17 9 15 21 30 23 28 4 35 29	20 13 21 23 31 24 28 4 35 29	23 18 25 21 33 24 28 4 35 29	26 22 24 22 35 25 28 3 35 29
5	29 15 27 29 23 23 28 3 35 29	32 20 31 33 25 24 28 3 35 29	35 21 36 36 27 24 28 3 35 30	2 25 1 4 29 24 28 3 35 30	5 29 2 8 30 23 28 3 35 30	8 33 8 11 31 23 28 4 35 30	11 36 13 15 31 23 28 4 35 30	14 5 14 18 31 23 28 4 35 29	17 10 15 21 30 23 28 4 35 29	20 14 21 23 31 24 28 4 35 29	23 19 25 21 33 24 28 4 35 29	26 23 24 22 35 25 28 3 35 29
6	29 16 27 29 23 23 28 3 35 29	32 21 31 33 25 24 28 3 35 29	35 22 36 36 27 24 28 3 35 30	2 27 1 4 29 24 28 3 35 30	5 30 2 8 30 23 28 3 35 30	8 34 8 12 31 23 28 4 35 30	11 2 13 15 31 23 28 4 35 30	14 6 14 18 31 23 28 4 35 29	17 12 15 21 30 23 28 4 35 29	20 16 21 23 31 24 28 4 35 29	23 21 25 21 33 24 28 4 35 29	26 24 24 22 35 25 28 3 35 29
7	29 18 27 29 23 23 28 3 35 29	32 23 32 33 25 24 28 3 35 30	35 23 1 1 27 24 28 3 35 30	2 28 1 4 29 24 28 3 35 30	5 31 3 8 30 23 28 3 35 30	8 35 8 12 31 23 28 4 35 30	11 3 14 15 31 23 28 4 35 30	14 8 14 19 31 23 28 4 35 29	17 13 16 21 30 23 28 4 35 29	20 17 21 23 31 24 28 4 35 29	23 22 25 21 33 24 28 3 35 29	26 26 24 22 35 25 28 3 35 29
8	29 19 27 29 23 23 28 3 35 29	32 24 32 33 25 24 28 3 35 30	35 25 1 1 27 24 28 3 35 30	2 29 1 4 29 24 28 3 35 30	5 32 3 8 30 23 28 3 35 30	8 1 8 12 31 23 28 4 35 30	11 4 14 15 31 23 28 4 35 30	14 9 14 19 31 23 28 4 35 29	17 15 16 21 30 23 28 4 35 29	20 18 21 23 31 24 28 4 35 29	23 23 25 21 33 24 28 3 35 29	26 27 24 22 35 25 28 3 35 29
9	29 20 27 29 23 23 28 3 35 29	33 25 32 33 25 24 28 3 35 30	35 26 1 1 27 24 28 3 35 30	2 30 1 5 29 24 28 3 35 30	5 33 3 8 30 23 28 3 35 30	8 2 9 12 31 23 28 4 35 30	11 5 14 15 31 23 28 4 35 30	14 11 14 19 31 23 28 4 35 29	17 16 16 21 30 23 28 4 35 29	20 20 21 23 31 24 28 4 35 29	23 25 25 21 33 25 28 3 35 29	26 28 24 22 35 25 28 3 35 29
10	29 22 27 29 23 23 28 3 35 29	33 26 32 33 25 24 28 3 35 30	35 27 1 1 27 24 28 3 35 30	3 31 1 5 29 24 28 3 35 30	5 35 3 8 30 23 28 3 35 30	8 3 9 12 31 23 28 4 35 30	11 7 14 15 31 23 28 4 35 30	14 12 14 19 31 23 28 4 35 29	17 18 16 22 30 23 28 4 35 29	20 21 21 23 31 24 28 4 35 29	23 26 26 21 33 25 28 3 35 29	26 29 24 22 35 25 28 3 35 29
11	30 23 27 30 24 23 28 3 35 29	33 27 32 34 25 24 28 3 35 30	36 28 1 1 27 24 28 3 35 30	3 33 1 5 29 24 28 3 35 30	6 36 3 8 30 23 28 3 35 30	9 5 9 12 31 23 28 4 35 30	11 8 14 16 31 23 28 4 35 30	14 14 14 19 31 23 28 4 35 29	17 19 16 22 30 23 28 4 35 29	20 23 22 23 32 24 28 4 35 29	23 27 26 21 33 25 28 3 35 29	26 31 24 22 35 25 28 3 35 29
12	30 24 28 30 24 23 28 3 35 29	33 29 32 34 26 24 28 3 35 30	36 29 1 1 27 24 28 3 35 30	3 34 1 5 29 24 28 3 35 30	6 1 3 9 30 23 28 3 35 30	9 6 9 12 31 23 28 4 35 30	11 10 14 16 31 23 28 4 35 30	14 15 14 19 31 23 28 4 35 29	17 20 17 22 31 23 28 4 35 29	20 24 22 23 32 24 28 4 35 29	23 29 26 21 33 25 28 3 35 29	26 32 24 22 35 25 28 3 35 29
13	30 25 28 30 24 23 28 3 35 29	33 30 33 34 26 24 28 3 35 30	36 31 2 1 27 24 28 3 35 30	3 35 1 5 29 24 28 3 35 30	6 2 3 9 30 23 28 3 35 30	9 8 10 12 31 23 28 4 35 30	12 11 14 16 31 23 28 4 35 30	15 17 14 19 31 23 28 4 35 29	18 22 17 22 31 23 28 4 35 29	20 25 22 22 32 24 28 4 35 29	24 30 26 21 33 25 28 3 35 29	27 33 25 22 35 25 28 3 35 29
14	30 27 28 30 24 23 28 3 35 29	33 31 33 34 26 24 28 3 35 30	36 32 2 1 27 24 28 3 35 30	3 36 1 5 29 24 28 3 35 30	6 4 4 9 30 23 28 3 35 30	9 9 10 13 31 23 28 4 35 30	12 13 14 16 31 23 28 4 35 29	15 18 14 19 30 23 28 4 35 29	18 23 17 22 31 23 28 4 35 29	21 27 22 22 32 24 28 4 35 29	24 31 26 21 33 25 28 3 35 29	27 34 25 22 35 25 28 3 35 30
15	30 28 28 30 24 23 28 3 35 29	33 32 33 34 26 24 28 3 35 30	36 33 2 1 27 24 28 3 35 30	3 2 1 5 29 24 28 3 35 30	6 5 4 9 30 23 28 3 35 30	9 11 10 13 31 23 28 4 35 30	12 14 14 16 31 23 28 4 35 29	15 20 14 19 30 23 28 4 35 29	18 24 17 22 31 23 28 4 35 29	21 28 22 22 32 24 28 4 35 29	24 32 26 21 33 25 28 3 35 29	27 35 25 22 35 25 28 3 35 30
16	30 29 28 30 24 23 28 3 35 29	33 33 33 34 26 24 28 3 35 30	36 34 2 2 27 24 28 3 35 30	3 3 1 5 29 24 28 3 35 30	6 7 4 9 30 23 28 4 35 30	9 12 10 13 31 23 28 4 35 30	12 16 14 16 31 23 28 4 35 29	15 21 14 19 30 23 28 4 35 29	18 26 17 22 31 23 28 4 35 29	21 29 22 22 32 24 28 4 35 29	24 33 26 21 34 25 28 3 35 29	27 36 25 22 35 25 28 3 35 30
17	30 30 28 30 24 23 28 3 35 29	33 35 33 34 26 24 28 3 35 30	36 35 2 2 27 24 28 3 35 30	3 4 1 6 29 24 28 3 35 30	6 8 4 9 31 23 28 4 35 30	9 14 10 13 31 23 28 4 35 30	12 17 15 16 31 23 28 4 35 29	15 22 14 19 30 23 28 4 35 29	18 27 18 22 31 23 28 4 35 29	21 30 23 22 32 24 28 4 35 29	24 34 26 21 34 25 28 3 35 29	27 2 25 22 35 25 28 3 35 30
18	30 31 28 30 24 23 28 3 35 29	33 36 33 34 26 24 28 3 35 30	36 1 2 2 28 24 28 3 35 30	3 6 1 6 29 24 28 3 35 30	6 10 4 9 31 23 28 4 35 30	9 15 11 13 31 23 28 4 35 30	12 19 15 16 31 23 28 4 35 29	15 24 14 20 30 23 28 4 35 29	18 28 18 22 31 23 28 4 35 29	21 31 23 22 32 24 28 4 35 29	24 36 26 21 34 25 28 3 35 29	27 3 25 23 36 25 28 3 35 30
19	30 32 29 31 24 23 28 3 35 29	34 1 34 35 26 24 28 3 35 30	36 2 2 2 28 24 28 3 35 30	3 7 1 6 29 24 28 3 35 30	6 11 4 9 31 23 28 4 35 30	9 16 11 13 31 23 28 4 35 30	12 20 15 16 31 23 28 4 35 29	15 25 14 20 30 23 28 4 35 29	18 29 18 22 31 23 28 4 35 29	21 32 23 22 32 24 28 4 35 29	24 1 26 21 34 25 28 3 35 29	27 4 25 23 36 25 28 3 35 30
20	30 34 29 31 24 23 28 3 35 29	34 2 34 35 26 24 28 3 35 30	36 3 2 2 28 24 28 3 35 30	3 9 1 6 29 24 28 3 35 30	6 13 5 10 31 23 28 4 35 30	9 18 11 13 31 23 28 4 35 30	12 21 15 17 31 23 28 4 35 29	15 26 14 20 30 23 28 4 35 29	18 31 18 22 31 24 28 4 35 29	21 34 23 22 32 24 28 4 35 29	24 2 26 21 34 25 28 3 35 29	27 6 25 23 36 25 28 3 35 30
21	31 35 29 31 24 23 28 3 35 29	34 4 34 35 26 24 28 3 35 30	1 5 2 2 28 24 28 3 35 30	4 10 1 6 29 24 28 3 35 30	6 14 5 10 31 23 28 4 35 30	9 19 11 13 31 23 28 4 35 30	12 23 15 17 31 23 28 4 35 29	15 27 14 20 30 23 28 4 35 29	18 32 18 22 31 24 28 4 35 29	21 35 23 22 32 24 28 4 35 29	24 4 26 21 34 25 28 3 35 29	27 7 25 23 36 25 29 3 35 30
22	31 36 29 31 24 24 28 3 35 29	34 5 34 35 26 24 28 3 35 30	1 6 2 2 28 24 28 3 35 30	4 11 1 6 29 24 28 3 35 30	7 15 5 10 31 23 28 4 35 30	10 20 11 13 31 23 28 4 35 30	12 24 15 17 31 23 28 4 35 29	15 28 14 20 30 23 28 4 35 29	18 33 18 22 31 24 28 4 35 29	21 36 23 22 32 24 28 4 35 29	24 5 26 21 34 25 28 3 35 29	28 8 25 23 36 25 29 3 35 30
23	31 1 29 31 24 24 28 3 35 29	34 6 34 35 26 24 28 3 35 30	1 8 2 2 28 24 28 3 35 30	4 13 1 6 29 24 28 3 35 30	7 17 5 10 31 23 28 4 35 30	10 22 11 14 31 23 28 4 35 30	13 25 15 17 31 23 28 4 35 29	15 30 14 20 30 23 28 4 35 29	18 34 19 22 31 24 28 4 35 29	21 1 23 22 32 24 28 4 35 29	25 6 26 21 34 25 28 3 35 29	28 10 26 23 36 25 29 3 35 30
24	31 3 29 31 24 24 28 3 35 29	34 8 35 35 26 24 28 3 35 30	1 9 2 3 28 24 28 3 35 30	4 14 1 6 30 24 28 3 35 30	7 18 5 10 31 23 28 4 35 30	10 23 12 14 31 23 28 4 35 30	13 26 15 17 31 23 28 4 35 29	16 31 14 20 30 23 28 4 35 29	19 35 19 22 31 24 28 4 35 29	22 3 24 22 32 24 28 4 35 29	25 8 25 21 34 25 28 3 35 29	28 11 26 23 36 26 29 3 35 30
25	31 4 29 31 24 24 28 3 35 29	34 9 35 35 26 24 28 3 35 30	1 10 2 3 28 24 28 3 35 30	4 16 1 7 30 24 28 3 35 30	7 19 5 10 31 23 28 4 35 30	10 24 12 14 31 23 28 4 35 30	13 28 15 17 31 23 28 4 35 29	16 32 14 20 30 23 28 4 35 29	19 1 19 22 31 24 28 4 35 29	22 4 24 22 32 24 28 4 35 29	25 9 25 21 34 25 28 3 35 29	28 13 26 23 36 26 29 3 35 30
26	31 5 30 31 24 24 28 3 35 29	34 11 35 35 26 24 28 3 35 30	1 12 2 3 28 24 28 3 35 30	4 17 1 7 30 23 28 3 35 30	7 21 6 10 31 23 28 4 35 30	10 25 12 14 31 23 28 4 35 30	13 29 15 17 31 23 28 4 35 29	16 33 14 20 30 23 28 4 35 29	19 2 19 22 31 24 28 4 35 29	22 5 24 22 32 24 28 4 35 29	25 11 25 21 34 25 28 3 35 29	28 14 26 23 36 26 29 3 35 30
27	31 7 30 32 25 24 28 3 35 29	34 12 35 36 26 24 28 3 35 30	1 13 2 3 28 24 28 3 35 30	4 18 1 7 30 23 28 3 35 30	7 22 6 10 31 23 28 4 35 30	10 27 12 14 31 23 28 4 35 30	13 30 15 17 31 23 28 4 35 29	16 34 14 20 30 23 28 4 35 29	19 3 19 22 31 24 28 4 35 29	22 7 24 22 32 24 28 4 35 29	25 12 25 21 34 25 28 3 35 29	28 16 26 23 36 26 29 3 35 30
28	31 8 30 32 25 24 28 3 35 29	34 14 35 36 26 24 28 3 35 30	1 15 2 3 28 24 28 3 35 30	4 20 2 7 30 23 28 3 35 30	7 23 6 11 31 23 28 4 35 30	10 28 12 14 31 23 28 4 35 30	13 31 15 17 31 23 28 4 35 29	16 36 14 21 30 23 28 4 35 29	19 4 20 22 31 24 28 4 35 29	22 8 24 22 32 24 28 4 35 29	25 13 25 21 34 25 28 3 35 29	28 17 26 23 36 26 29 3 35 30
29	31 10 30 32 25 24 28 3 35 29		1 16 2 3 28 24 28 3 35 30	4 21 2 7 30 23 28 3 35 30	7 25 6 11 31 23 28 4 35 30	10 29 12 14 31 23 28 4 35 30	13 32 15 18 31 23 28 4 35 29	16 1 14 21 30 23 28 4 35 29	19 6 20 22 31 24 28 4 35 29	22 10 24 22 32 24 28 4 35 29	25 15 25 21 34 25 28 3 35 29	28 19 26 24 36 26 29 3 35 30
30	32 11 30 32 25 24 28 3 35 29		1 17 2 3 28 24 28 3 35 30	4 22 2 7 30 23 28 3 35 30	7 26 7 11 31 23 28 4 35 30	10 30 13 14 31 23 28 4 35 30	13 34 15 18 31 23 28 4 35 29	16 2 14 21 30 23 28 4 35 29	19 7 20 23 31 24 28 4 35 29	22 11 24 22 33 24 28 4 35 29	25 16 25 21 34 25 28 3 35 29	28 20 27 24 36 26 29 3 35 30
31	32 13 30 32 25 24 28 3 35 29		2 19 2 3 28 24 28 3 35 30		7 27 7 11 31 23 28 4 35 30		13 35 15 18 31 23 28 4 35 29	16 3 15 21 30 23 28 4 35 29		22 12 24 22 33 24 28 4 35 29		28 21 27 24 36 26 29 3 35 30

2019

	JAN	FEB	MÄR	APR	MAI	JUNI	JULI	AUG	SEPT	OKT	NOV	DEZ
1	29 23 27 24 36 26 29 3 35 30	32 27 32 27 3 26 29 3 35 30	35 28 36 30 4 27 29 3 35 30	2 33 35 34 7 27 29 4 35 30	5 36 2 2 9 27 30 4 35 30	8 5 9 6 11 27 29 4 35 30	10 8 13 9 12 26 29 4 35 30	13 13 12 13 14 26 29 4 35 30	16 19 16 17 16 26 29 4 35 30	19 22 21 21 18 26 29 4 35 30	22 27 24 24 20 27 29 4 35 30	25 31 23 28 22 27 29 4 35 30
2	29 24 27 24 1 26 29 3 35 30	32 29 32 27 3 26 29 3 35 30	35 30 36 31 5 27 29 3 35 30	2 34 35 34 7 27 29 4 35 30	5 1 3 2 9 27 30 4 35 30	8 6 9 6 11 27 29 4 35 30	10 9 13 9 13 26 29 4 35 30	13 15 12 13 14 26 29 4 35 30	16 20 16 17 16 26 29 4 35 30	19 24 21 21 18 26 29 4 35 30	22 29 24 25 20 27 29 4 35 30	25 32 23 28 22 27 29 4 35 30
3	29 25 27 24 1 26 29 3 35 30	32 30 32 27 3 26 29 3 35 30	35 31 36 31 5 27 29 3 35 30	2 35 35 34 7 27 29 4 35 30	5 2 3 2 9 27 30 4 35 30	8 7 9 6 11 27 29 4 35 30	11 11 13 9 13 26 29 4 35 30	14 16 12 13 15 26 29 4 35 30	17 22 16 17 17 26 29 4 35 30	19 25 21 21 18 26 29 4 35 30	23 30 24 25 20 27 29 4 35 30	26 33 24 28 22 28 29 4 35 30
4	29 27 27 24 1 26 29 3 35 30	32 31 32 28 3 26 29 3 35 30	35 32 36 31 5 27 29 3 35 30	2 36 35 34 7 27 29 4 35 30	5 4 3 2 9 27 30 4 35 30	8 9 9 6 11 27 29 4 35 30	11 12 13 10 13 26 29 4 35 30	14 18 12 13 15 26 29 4 35 30	17 23 17 17 17 26 29 4 35 30	20 27 22 21 18 26 29 4 35 30	23 31 24 25 20 27 29 4 35 30	26 34 24 28 22 28 29 4 35 30
5	29 28 27 24 1 26 29 3 35 30	32 32 33 28 3 26 29 3 35 30	35 33 36 31 5 27 29 3 35 30	2 2 35 35 7 27 29 4 35 30	5 5 3 2 9 27 30 4 35 30	8 10 10 6 11 27 29 4 35 30	11 14 13 10 13 26 29 4 35 30	14 19 12 13 15 26 29 4 35 30	17 24 17 17 17 26 29 4 35 30	20 28 22 21 19 26 29 4 35 30	23 32 24 25 21 27 29 4 35 30	26 36 24 29 23 28 29 4 35 30
6	29 29 28 24 1 26 29 3 35 30	32 33 33 28 3 26 29 3 35 30	35 34 36 31 5 27 29 3 35 30	2 3 35 35 7 27 30 4 35 30	5 6 3 2 9 27 30 4 35 30	8 11 10 6 11 27 29 4 35 30	11 15 13 10 13 26 29 4 35 30	14 21 12 14 15 26 29 4 35 30	17 26 17 17 17 26 29 4 35 30	20 29 22 21 19 26 29 4 35 30	23 34 24 25 21 27 29 4 35 30	26 1 24 29 23 28 29 4 35 30
7	29 30 28 24 1 26 29 3 35 30	32 35 33 28 3 26 29 3 35 30	35 35 36 31 5 27 29 4 35 30	2 4 35 35 7 27 30 4 35 30	5 8 4 2 9 27 30 4 35 30	8 13 10 6 11 27 29 4 35 30	11 17 13 10 13 26 29 4 35 30	14 22 12 14 15 26 29 4 35 30	17 27 17 18 17 26 29 4 35 30	20 30 22 21 19 26 29 4 35 30	23 35 24 25 21 27 29 4 35 30	26 2 24 29 23 28 29 4 35 30
8	29 31 28 25 1 26 29 3 35 30	32 36 33 28 3 26 29 3 35 30	35 1 36 31 5 27 29 4 35 30	2 5 36 35 7 27 30 4 35 30	5 9 4 3 9 27 30 4 35 30	8 14 10 6 11 26 29 4 35 30	11 18 13 10 13 26 29 4 35 30	14 23 12 14 15 26 29 4 35 30	17 28 17 18 17 26 29 4 35 30	20 32 22 21 19 26 29 4 35 30	23 36 24 25 21 27 29 4 35 30	26 3 24 29 23 28 29 4 35 30
9	29 33 28 25 1 26 29 3 35 30	32 1 33 28 3 26 29 3 35 30	35 2 36 31 5 27 29 4 35 30	2 7 36 35 7 27 30 4 35 30	5 10 4 3 9 27 30 4 35 30	8 16 10 6 11 26 29 4 35 30	11 20 13 10 13 26 29 4 35 30	14 25 12 14 15 26 29 4 35 30	17 29 18 18 17 26 29 4 35 30	20 33 22 22 19 26 29 4 35 30	23 1 24 25 21 27 29 4 35 30	26 4 24 29 23 28 29 4 35 30
10	29 34 28 25 1 26 29 3 35 30	33 2 33 28 3 26 29 3 35 30	35 3 36 31 5 27 29 4 35 30	2 8 36 35 7 27 30 4 35 30	5 12 4 3 9 27 30 4 35 30	8 17 10 7 11 26 29 4 35 30	11 21 13 10 13 26 29 4 35 30	14 26 12 14 15 26 29 4 35 30	17 31 18 18 17 26 29 4 35 30	20 34 22 22 19 26 29 4 35 30	23 2 24 26 21 27 29 4 35 30	26 6 25 29 23 28 29 4 35 30
11	30 35 28 25 1 26 29 3 35 30	33 3 34 28 3 26 29 3 35 30	36 4 36 32 5 27 29 4 35 30	3 9 36 35 7 27 30 4 35 30	6 13 4 3 9 27 30 4 35 30	8 18 11 7 11 26 29 4 35 30	11 22 13 10 13 26 29 4 35 30	14 27 12 14 15 26 29 4 35 30	17 32 18 18 17 26 29 4 35 30	20 35 23 22 19 26 29 4 35 30	23 4 23 26 21 27 29 4 35 30	26 7 25 29 23 28 29 4 35 30
12	30 36 29 25 1 26 29 3 35 30	33 5 34 28 3 26 29 3 35 30	36 6 36 32 5 27 29 4 35 30	3 11 36 35 7 27 30 4 35 30	6 15 5 3 9 27 30 4 35 30	9 20 11 7 11 26 29 4 35 30	11 24 13 11 13 26 29 4 35 30	14 28 13 14 15 26 29 4 35 30	17 33 18 18 17 26 29 4 35 30	20 36 23 22 19 26 29 4 35 30	23 5 23 26 21 27 29 4 35 30	26 8 25 29 23 28 29 4 35 30
13	30 1 29 25 1 26 29 3 35 30	33 6 34 29 3 26 29 3 35 30	36 7 36 32 5 27 29 4 35 30	3 12 36 36 7 27 30 4 35 30	6 16 5 3 9 27 30 4 35 30	9 21 11 7 11 26 29 4 35 30	12 25 13 11 13 26 29 4 35 30	14 30 13 14 15 26 29 4 35 30	17 34 18 18 17 26 29 4 35 30	20 1 23 22 19 26 29 4 35 30	24 6 23 26 21 27 29 4 35 30	27 10 25 30 23 28 29 4 35 30
14	30 3 29 25 1 26 29 3 35 30	33 7 34 29 3 26 29 3 35 30	36 8 36 32 5 27 29 4 35 30	3 13 36 36 7 27 30 4 35 30	6 17 5 3 9 27 30 4 35 30	9 23 11 7 11 26 29 4 35 30	12 26 13 11 13 26 29 4 35 30	15 31 13 15 15 26 29 4 35 30	18 35 18 18 17 26 29 4 35 30	21 3 23 22 19 27 29 4 35 30	24 7 23 26 21 27 29 4 35 30	27 11 25 30 23 28 29 4 35 30
15	30 4 29 25 1 26 29 3 35 30	33 9 34 29 4 27 29 3 35 30	36 10 36 32 5 27 29 4 35 30	3 15 36 36 7 27 30 4 35 30	6 19 5 3 9 27 30 4 35 30	9 24 11 7 11 26 29 4 35 30	12 28 13 11 13 26 29 4 35 30	15 32 13 15 15 26 29 4 35 30	18 1 19 19 17 26 29 4 35 30	21 4 23 22 19 27 29 4 35 30	24 9 23 26 21 27 29 4 35 30	27 12 25 30 23 28 29 4 35 30
16	30 5 29 25 2 26 29 3 35 30	33 10 34 29 4 27 29 3 35 30	36 11 36 32 5 27 29 4 35 30	3 16 36 36 8 27 30 4 35 30	6 20 5 4 9 27 30 4 35 30	9 25 11 7 11 26 29 4 35 30	12 29 13 11 13 26 29 4 35 30	15 33 13 15 15 26 29 4 35 30	18 2 19 19 17 26 29 4 35 30	21 5 23 22 19 27 29 4 35 30	24 10 23 26 21 27 29 4 35 30	27 14 25 30 23 28 29 4 35 30
17	30 6 29 26 2 26 29 3 35 30	33 12 35 29 4 27 29 3 35 30	36 12 36 32 6 27 29 4 35 30	3 18 36 36 8 27 30 4 35 30	6 22 6 4 10 27 30 4 35 30	9 27 11 7 12 26 29 4 35 30	12 30 13 11 13 26 29 4 35 30	15 34 13 15 15 26 29 4 35 30	18 3 19 19 17 26 29 4 35 30	21 6 23 23 19 27 29 4 35 30	24 11 23 26 21 27 29 4 35 30	27 15 26 30 23 28 29 4 35 30
18	30 8 29 26 2 26 29 3 35 30	33 13 35 29 4 27 29 3 35 30	36 14 36 32 6 27 29 4 35 30	3 19 1 36 8 27 30 4 35 30	6 23 6 4 10 27 30 4 35 30	9 28 12 8 12 26 29 4 35 30	12 31 13 11 14 26 29 4 35 30	15 36 13 15 15 26 29 4 35 30	18 4 19 19 17 26 29 4 35 30	21 8 23 23 19 27 29 4 35 30	24 13 23 27 21 27 29 4 35 30	27 16 26 30 23 28 29 4 35 30
19	30 9 30 26 2 26 29 3 35 30	34 15 35 29 4 27 29 3 35 30	36 15 36 33 6 27 29 4 35 30	3 21 1 36 8 27 30 4 35 30	6 24 6 4 10 27 30 4 35 30	9 29 12 8 12 26 29 4 35 30	12 32 13 11 14 26 29 4 35 30	15 1 14 15 16 26 29 4 35 30	18 5 19 19 18 26 29 4 35 30	21 9 23 23 19 27 29 4 35 30	24 14 23 27 21 27 29 4 35 30	27 18 26 30 23 28 29 4 35 30
20	30 11 30 26 2 26 29 3 35 30	34 16 35 29 4 27 29 3 35 30	36 17 35 33 6 27 29 4 35 30	3 22 1 36 8 27 30 4 35 30	6 26 6 4 10 27 30 4 35 30	9 30 12 8 12 26 29 4 35 30	12 34 12 12 14 26 29 4 35 30	15 2 14 15 16 26 29 4 35 30	18 7 19 19 18 26 29 4 35 30	21 10 24 23 20 27 29 4 35 30	24 15 23 27 22 27 29 4 35 30	27 19 26 30 24 28 30 4 35 30
21	31 12 30 26 2 26 29 3 35 30	34 18 35 29 4 27 29 3 35 30	1 18 35 33 6 27 29 4 35 30	4 24 1 1 8 27 30 4 35 30	6 27 6 4 10 27 30 4 35 30	9 32 12 8 12 26 29 4 35 30	12 35 12 12 14 26 29 4 35 30	15 3 14 15 16 26 29 4 35 30	18 8 20 19 18 26 29 4 35 30	21 12 24 23 20 27 29 4 35 30	24 17 23 27 22 27 29 4 35 30	27 21 26 31 24 28 30 4 35 30
22	31 14 30 26 2 26 29 3 35 30	34 19 35 30 4 27 29 3 35 30	1 20 35 33 6 27 29 4 35 30	4 25 1 1 8 27 30 4 35 30	7 28 7 4 10 27 30 4 35 30	10 33 12 8 12 26 29 4 35 30	12 36 12 12 14 26 29 4 35 30	15 4 14 16 16 26 29 4 35 30	18 9 20 19 18 26 29 4 35 30	21 13 24 23 20 27 29 4 35 30	24 18 23 27 22 27 29 4 35 30	27 22 26 31 24 28 30 4 35 30
23	31 15 30 26 2 26 29 3 35 30	34 21 36 30 4 27 29 3 35 30	1 21 35 33 6 27 29 4 35 30	4 26 1 1 8 27 30 4 35 30	7 30 7 4 10 27 30 4 35 30	10 34 12 8 12 26 29 4 35 30	12 1 12 12 14 26 29 4 35 30	15 6 14 16 16 26 29 4 35 30	18 11 20 20 18 26 29 4 35 30	21 14 24 23 20 27 29 4 35 30	25 20 23 27 22 27 29 4 35 30	28 24 27 31 24 28 30 4 35 30
24	31 17 30 26 2 26 29 3 35 30	34 22 36 30 4 27 29 3 35 30	1 23 35 33 6 27 29 4 35 30	4 28 1 1 8 27 30 4 35 30	7 31 7 5 10 27 30 4 35 30	10 35 12 8 12 26 29 4 35 30	13 2 12 12 14 26 29 4 35 30	16 7 14 16 16 26 29 4 35 30	19 12 20 20 18 26 29 4 35 30	22 16 24 23 20 27 29 4 35 30	25 21 23 27 22 27 29 4 35 30	28 25 27 31 24 28 30 4 35 30
25	31 18 31 26 2 26 29 3 35 30	34 23 36 30 4 27 29 3 35 30	1 24 35 33 6 27 29 4 35 30	4 29 2 1 8 27 30 4 35 30	7 32 7 5 10 27 30 4 35 30	10 36 12 8 12 26 29 4 35 30	13 4 12 12 14 26 29 4 35 30	16 8 15 16 16 26 29 4 35 30	19 13 20 20 18 26 29 4 35 30	22 17 24 24 20 27 29 4 35 30	25 23 23 27 22 27 29 4 35 30	28 26 27 31 24 28 30 4 35 30
26	31 20 31 26 2 26 29 3 35 30	34 25 36 30 4 27 29 3 35 30	1 25 35 33 6 27 29 4 35 30	4 30 2 1 8 27 30 4 35 30	7 33 7 5 10 27 29 4 35 30	10 2 12 9 12 26 29 4 35 30	13 5 12 12 14 26 29 4 35 30	16 10 15 16 16 26 29 4 35 30	19 15 20 20 18 26 29 4 35 30	22 19 24 24 20 27 29 4 35 30	25 24 23 27 22 27 29 4 35 30	28 28 27 31 24 28 30 4 35 30
27	31 21 31 27 2 26 29 3 35 30	34 26 36 30 4 27 29 3 35 30	1 27 35 34 6 27 29 4 35 30	4 31 2 1 8 27 30 4 35 30	7 34 8 5 10 27 29 4 35 30	10 3 12 9 12 26 29 4 35 30	13 6 12 12 14 26 29 4 35 30	16 11 15 16 16 26 29 4 35 30	19 16 21 20 18 26 29 4 35 30	22 20 24 24 20 27 29 4 35 30	25 25 23 28 22 27 29 4 35 30	28 29 27 31 24 28 30 4 35 30
28	31 22 31 27 2 26 29 3 35 30	34 27 36 30 4 27 29 3 35 30	1 28 35 34 6 27 29 4 35 30	4 32 2 1 8 27 30 4 35 30	7 36 8 5 10 27 29 4 35 30	10 4 13 9 12 26 29 4 35 30	13 7 12 12 14 26 29 4 35 30	16 13 15 16 16 26 29 4 35 30	19 18 21 20 18 26 29 4 35 30	22 22 24 24 20 27 29 4 35 30	25 27 23 28 22 27 29 4 35 30	28 30 27 31 24 28 30 4 35 30
29	31 24 31 27 2 26 29 3 35 30		1 29 35 34 6 27 29 4 35 30	4 34 2 2 8 27 30 4 35 30	7 1 8 5 10 27 29 4 35 30	10 5 13 9 12 26 29 4 35 30	13 9 12 13 14 26 29 4 35 30	16 14 15 16 16 26 29 4 35 30	19 19 21 20 18 26 29 4 35 30	22 23 24 24 20 27 29 4 35 30	25 28 23 28 22 27 29 4 35 30	28 31 27 32 24 28 30 4 35 30
30	31 25 31 27 2 26 29 3 35 30		1 30 35 34 6 27 29 4 35 30	4 35 2 2 8 27 30 4 35 30	7 2 8 5 10 27 29 4 35 30	10 7 13 9 12 26 29 4 35 30	13 10 12 13 14 26 29 4 35 30	16 16 16 17 16 26 29 4 35 30	19 21 21 20 18 26 29 4 35 30	22 25 24 24 20 27 29 4 35 30	25 29 23 28 22 27 29 4 35 30	28 33 28 32 24 28 30 4 35 30
31	32 26 32 27 3 26 29 3 35 30		1 32 35 34 6 27 29 4 35 30		7 3 9 5 10 27 29 4 35 30		13 12 12 13 14 26 29 4 35 30	16 17 16 17 16 26 29 4 35 30		22 26 24 24 20 27 29 4 35 30		28 34 28 32 24 28 30 4 35 30